原创性学术专著

THOUGHT
SURVEYING

# 思维测量学

王传旭　邱章乐　著

首都师范大学出版社

## 内 容 简 介

本书系统地构建了思维测量的理论体系，重点阐述了多元数学模型和多元命题技术，分别从感性思维、理性思维、创造思维等三个方面进行铺陈展现，并开发了一个基于 WEB 的思维题库系统。本书对经典测量技术有积极的探讨，丰富并延伸了现代测量技术和功能，在理论上和操作层面上都有重大突破，不仅对思维科学系统工程的建设和思维评估科学的发展具有重要意义，而且对各级各类的人才选拔与考核具有可供借鉴的使用价值。本书的读者群体为心理及思维科学工作者，组织、人事及教育考试研究人员。

**图书在版编目（CIP）数据**

思维测量学 / 王传旭，邱章乐著 .—北京：首都师范大学出版社，2010.07
ISBN 978-7-5656-0077-7

Ⅰ. 思… Ⅱ. ①王…②邱… Ⅲ. 思维科学—研究 Ⅳ. B80

中国版本图书馆 CIP 数据核字（2010）第 137355 号

SIWEI CELIANG XUE

## 思维测量学

著　王传旭　邱章乐

责任编辑　糜　碧　孙晓红

首都师范大学出版社出版发行
地　　址　北京西三环北路 105 号
邮　　址　100048
电　　话　68418523（总编室）　　68982468（发行部）
网　　址　www.cnupn.com.cn
廊坊市华北石油华星印务有限公司印刷
全国新华书店发行

版　次　2010 年 7 月第 1 版
印　次　2010 年 7 月第 1 次印刷
开　本　185×260
印　张　47.5
字　数　1200 千
定　价　120.00 元

**版权所有违者必究**
**如有质量问题请与出版社联系退换**

# 鸣　谢

林崇德教授　北京师范大学
张厚粲教授　北京师范大学
何克抗教授　北京师范大学
李　丹教授　华东师范大学
戴忠恒教授　华东师范大学
邵志芳教授　华东师范大学
宋维真教授　中科院心理研究所
田　运教授　北京工业大学
孟凯韬教授　西北工业大学
丁润生教授　重庆大学
刘奎林教授　黑龙江思维研究所
陶伯华教授　江苏思维研究所
章毓光教授　温州师范大学
余本祜教授　淮南师范学院
杨春鼎教授　淮南师范学院
韩袁红博士　淮南师范学院
张建兴讲师　淮南师范学院
程永生教授　安徽理工大学
吴观茂博士　安徽理工大学
邓　云博士　安徽理工大学
陆敬闪博士　河海大学
赵　芳博士　南京师范大学
叶　斌博士　华东师范大学
许昌泰博士　第四军医大学
苏　衡博士　第四军医大学
蔡　丽博士　辽宁师范大学

# 序

　　我正在读王传旭、邱章乐两位教授的《思维测量学》书稿。思维测量是人才测评的主要工具。今天，它是竞争社会选择人才的良好手段，因为社会竞争从根本上说是人才的竞争。

　　思维是智力的核心，所有的智力测验都考虑思维在量表中的成分，有些智力测量专门以分析、综合、推理为命题内容，实质上已属于思维测量的范畴了。另外，思维测量与智力测量一样，也是对思维对象化的行为样组的标准化测量，是一种系统程序。因此在制定测量标准和使用量表时，应借鉴心理测验的成功经验。特别注意在标准化、专业化、量表化等方面满足测量学的基本要求。由此可见，尽管智力测验与思维测量有着一定的差异，但两者之间具有更多的一致性和交叉性。

　　对于思维测量我是支持的。早在1986年朱智贤教授与我出版的《思维发展心理学》一书中，围绕对智力测验的评价，我们谈了对思维测量问题的看法。首先，我们肯定了智力测验的价值，指出它是对思维的测量，是对思维能力乃至智力测定的一种科学方法，尤其是测定儿童青少年认知发展的重要方法。与此同时，我们强调了智力测验，特别是对思维测量要改进与更新。一是要克服传统测验存在的缺点，即克服测验的死板性，更多地给被试思维灵活的空间；克服回答问题的暗示性，更多地让被试有主动创新的机会或自由度；克服只讲结果不求过程的倾向，更多地去分析被试的思维过程。二是完善测验的题目，测验的题目不仅要能较真实地测量出被试的思维水平，切忌知识性和地区性过程的趋势，而且在条目编选时必须全面、合理，能够反映绝大多数被试的知识和经验的范围，也就是坚持有代表性、客观性和科学性。三是测量内容多样化，因为思维是一个复杂的结构，鉴别思维的最好方法，是从多方面入手，进行不同内容的多次测定；用一种测验题目的测定来判定全部思维的内容是无法获得可靠的结果的，容易造成偏差，也容易扼杀被试特殊才能的发展；测量内容多样化，以便真正获得思维测量的科学结果，使之在发现人才、选拔人才、培养人才中发挥积极作用。四是坚持时代性，人的思维发展会受时代的影响，测量工具本身也应随着时代变化而逐步更新。

　　今天，随着网络时代的到来，信息技术也应发挥其巨大作用。目前国内外心理测验主要采用单人微机测查和群体纸笔测验两种测验形式，尚没有可供测题呈现、过程控制、结果分析、数据保存为一体的多媒体心理测量与评价系统。因此，我们应开展这方面的研究，设计研制具有这些功能的思维测量与评价的系统。必须指出，目前思维测验理论的发展主要有两个趋势——理论的发展愈趋数学化与理论的应用愈依赖信息技术。相信在将来，测量理论的使用者必须同时具备数学与计算机方面的良好训练，方能对思维测量的操作与应用驾轻就熟，而测验理论在愈趋专业化、专家化后，也唯有在专家指导下方能推广现代思维测量技术。

　　王传旭、邱章乐两位教授是多年来一直活跃在心理学界的理论家和实践者。继《教育思维学》、《心灵信息学》等多部专著之后，今年又推出100余万字的学术大作《思维测量学》。

阅读之后，我觉得最大特点是有新意，特别是在以下四个方面有所建树：

第一，他们对经典测量技术有一些积极的探讨，丰富并延伸了现代测量技术和功能，且有所创新。例如，他们独立开发设计出渐进式投射量表，该量表借助了动画技术，并致力于建立客观的评分标准；他们延伸了模拟情境测验法，开拓了一个崭新的测验领域——虚拟情境的测验方式；针对目前自陈量表的弊端，他们积极投入中国化问卷的研究和实践；另外，他们在思维测量中综合使用了心理投射法、自陈量表、情境控制法等多种方法，使之相互佐证。

第二，他们的心理实验是很有特色的。传统的研究是在同一个假设框架内进行的：如果变量 b 依赖于变量 a，那么这两个变量之间关系的性质可以用实验来确定。而他们认为实验不只是揭示变量之间的线性函数关系，他们强调非线性动力学对心理学研究的意义。非线性动力学改变了心理学长期赖以生存的实证主义哲学基础和信奉的决定论的思想。在非线性系统中存在一种并非由外界随机因素所驱动的而是系统自身所固有的随机行为，因此任何一个演化、开放和复杂的对象，都不能用决定性的简单模式来反映。作者对项目反应理论作了深入探讨，对传统测量技术提出挑战。这些研究也将对构建心理测量新体系产生深远的影响。

第三，他们以人类心理测量的源头为开端，纵观 100 年来信息载体的演化过程，推导出"心理信息的传播、心理信息革命的发展是沿着点、线、面、体的逻辑方向前进的"这一论断，探讨了历史上每一次信息革命的爆发给心理测量带来的重大影响，并提出一个非常重要的命题，即虚拟空间的思维测量。虚拟空间源自计算机仿真，然而其对现实生活的影响远远超越了仿真设计、操作训练之类的技术领域，它是一种前卫的行为方式和心灵的新式家园。这本书以计算机网络时代的发展为背景，对传统测量技术提出了挑战，探讨了计算机网络发展对构建思维测量新体系所产生的深远影响。

第四，他们开发了一个基于 WEB 的思维题库系统，通过网络来征集试题和组织抽样测试，从而减轻建立题库的成本，缩短建立题库的时间，提高题库的运行质量。通过网络运行题库，进行联机测试和评价，可以集中保存测试数据，通过数据挖掘、统计与分析，校正试题参数的估值错误，剔除不良试题，保证测验质量。更重要的是，他们把网络环境下的题库建设与严格的标准化测验相结合，创造了分层抽样组卷的新技术，这一实验拓展了思维测量的领域，改变了传统的测验定势，具有深远的意义。

鉴于以上建树，我认为这是一部内容翔实、原创几多、体系完整的学术专著，给人耳目一新的感觉。它的问世，是心理学界的一大幸事。为此，应作者之约，爱书此文，特向学界同仁及广大读者推荐，以共同探讨。

是为序。

林崇德

于北京师范大学

二〇〇七年四月十日

# 前　言

　　20世纪80年代初以来，著名科学家钱学森发表一系列论著，热心倡导思维科学研究，为思维科学理论体系的创立提出许多开拓性的见解，并以科研系统工程的战略眼光组织研究人员合作攻关。我们都是这支队伍的成员。从20世纪80年代到本世纪初，钱老及其同仁的思想一直滋润着我们创造的土壤。田运的《思维论》、刘奎林的《思维科学导论》、张光鉴和张铁声的《相似论》、朱长超的右脑科学研究、张浩的《思维发生学》、李欣复的形象思维史研究、黄浩森与李名方的描述语言研究、刘奎林和陶伯华的灵感思维与创造思维的研究、孟凯韬的思维数学研究以及戴汝为、潘云鹤、李德华、郭俊义、冯嘉礼等专家在机器思维和人工智能等高科技领域的成果，都为本书的研究输入源源不断的新鲜血液。可以说，在当今信息传播技术高度发达的时代，几乎在任何新的精神产品中间都可以找见前人和同时代人思维结晶，这些思维结晶通过互联网打破了疆域国界。当然，我们不会隅于墙根之下，我们走的是自己的路。

　　感谢北京师范大学林崇德教授，感谢他对我们的一贯的提携和帮助，感谢他亲莅指导并为《思维测量学》写序，给我们以及时的指导和有前瞻性的评价。林崇德先生培养了57位博士并指导了8位博士后，本书作者有幸成为其中之一员。多年来，林崇德先生把教书育人作为自己的终生奋斗目标，以高尚的人格和品德影响我们，他的教育理念和教育实践使我们受益匪浅，他对我们要求高标准、一丝不苟。尤其是对我们的课题，从资料的选择、框架的确立，到数据的分析、结论的提出，甚至文字的修饰，他无一不事必躬亲。我们谨以此书向懿师献上崇敬之情！

　　思维测量科学是一部探索史、创造史，需要代代接力人。20世纪80年代初，北师大毛礼锐老前辈指引我们走上这条探索之路。这位耄耋老人当时伸出四个手指说："宏扬此业，需三年砌灶，一朝升火。"果然，我们的第一本专著粗成时，整整用去四年时间。华师大戴忠恒教授生前也曾告诫我们，完善心理测量技术是一个漫长的过程，万不可操之过急。他身体力行，亲临现场指导了我们10万人的取样实验，一直带领我们在这似乎被神秘的雾纱笼罩的领域里攻城略地。他是心力透支过度而倒下的。学界泰斗李丹教授还在修订瑞文量表时，就无保留地把她的数字指派技术面授给我们，她多次捉笔为拙作写序，催我们努力，就在心脏病发作之际，还规划指导我们下一个专题研究。现在，学界三老离我们远去了，怎不令人痛彻心脾！

　　感谢杨春鼎教授，作为钱学森教授的关门弟子，他30年来一直关注着我们在思维科学研究方面的进展，他把钱学森80多封亲笔信及时与我们共同分享，他还多次给拙作写序；还要感谢张建兴老师、宁雪梅女士，他们参与本书的资料搜集整理、校对测试等工作。吴观茂、井波、邱泉、邱源为本书进行数据统计和文字、文本格式处理，并负责制图和外文资料翻译校对工作；淮南师范学院思维研究所、心理研究所以及科研处给予大力支持，特此说明。

另外，我们还真诚地感谢首都师范大学出版社糜碧先生所付出辛勤劳动，他细心的编辑为本书抹去不少瑕疵。

本书案例多取之和我们一起攻关的同事共同研究和挖掘的资料，也有取之网上资源和相关图书资料，原文引用的大多已注解或在"参考文献"中注明，但仍难免遗漏，特在此说明并致谢意。

虽耗时竭力，由于水平所限，奉上的仍属璧瓦之作，但愿充为拓荒者铺路之用，也望得到鸿儒方家和读者的不吝赐教。

作　者

二〇一〇年七月二日

# 目　录

## 第1篇　思维测量总论 ... 1
### 第1章　思维测量概述 ... 3
　第一节　思维测量的基本概念 ... 3
　第二节　思维测量对象 ... 11
### 第2章　思维测验技术 ... 29
　第一节　测验的编制技术 ... 29
　第二节　测验的实施与反应 ... 38
　第三节　思维测验的信度与效度 ... 43
　第四节　经典测验的发展 ... 50
　第五节　测验量表编制技术例举 ... 64
### 第3章　思维测量的数学模型 ... 84
　第一节　线型数学模型 ... 84
　第二节　非线性数学模型 ... 95
　第三节　概化理论 ... 101
　第四节　项目反应理论 ... 107
　第五节　IRT 与 CTT 评析 ... 112
### 第4章　思维测量的命题方法 ... 118
　第一节　思维命题概述 ... 118
　第二节　作业命题法 ... 127
　第三节　投射命题法 ... 137
　第四节　情境命题法 ... 145
　第五节　自陈命题法 ... 148
　第六节　命题技术的综合创新 ... 156
### 第5章　现代信息技术与思维测量 ... 166
　第一节　思维载体的历史沿革 ... 166
　第二节　网络环境下的思维测量 ... 176

## 第2篇　感性思维测量 ... 193
### 第6章　感性思维概述 ... 195
　第一节　印象结构 ... 195
　第二节　表象结构 ... 205
　第三节　图式结构 ... 210

第四节　感性思维活动过程......223
　第7章　感性思维的传统命题技术......230
　　　第一节　感性思维命题的心理特性......230
　　　第二节　经典感性思维命题......235
　第8章　W-QIUS感性思维命题技术......246
　　　第一节　W-QIUS分形命题技术......246
　　　第二节　W-QIUS演练式命题技术......257
　　　第三节　W-QIUS潜变式命题技术......264
　　　第四节　W-QIUS整合式命题技术......276
　　　第五节　W-QIUS图案式命题技术......284

第3篇　理性思维测量......305
　第9章　理性思维概述......307
　　　第一节　理性思维的认识功能......307
　　　第二节　思维的实践功能......314
　第10章　理性思维的传统命题技术......337
　　　第一节　经典逻辑命题......337
　　　第二节　经典语言命题......357
　　　第三节　数量关系命题......373
　第11章　W-QIUS理性思维命题技术......405
　　　第一节　W-QIUS模拟情境命题技术......405
　　　第二节　W-QIUS承续性命题技术......412

第4篇　创造性思维测量......421
　第12章　创造性思维概述......423
　　　第一节　创造性思维理论......423
　　　第二节　创造性思维的感性活动......430
　　　第三节　创造性思维的理性路径......445
　　　第四节　创造型思维的制约因素......456
　第13章　创造性思维的传统测量技术......466
　　　第一节　发散性思维测验......466
　　　第二节　内隐联想测验......477
　　　第三节　创造成果的产品评定......483
　　　第四节　创造性人格研究法......488
　　　第五节　创造性思维测量面临的问题与挑战......495
　第14章　W-QIUS创造性思维命题技术......499
　　　第一节　W-QIUS多元性思维命题技术......499
　　　第二节　W-QIUS求异性思维命题技术......512
　　　第三节　W-QIUS图式创意命题技术......542
　　　第四节　W-QIUS信息加工命题技术......554

|   |   |   |
|---|---|---|
| 第五节 | W-QIUS 虚拟情境命题技术 | 559 |
| 第六节 | W-QIUS 罗夏投射命题技术 | 570 |

# 第5篇　思维题库建设与运行 ······587

## 第15章　思维题库建设 ······589
第一节　思维题库的基本概念 ······589  
第二节　思维题库编制与运行 ······592  

## 第16章　W-QIUS 题库的运行实验 ······601
第一节　W-QIUS 思维题库的建设 ······601  
第二节　W-QIUS 思维量表的编制 ······606  

附录　W-QIUS 思维题库（部分） ······624  
参考文献 ······732  
跋 ······740

# 第1篇
# 思维测量总论

GENERAL INTRODUCTION OF THOUGHT SURVEYING

▶思维测量概述
▶思维测验技术
▶思维测量的数学模型
▶思维测量的命题方法
▶现代信息技术与思维测量

# 第1章 思维测量概述

思维科学的研究起源于心理测量技术的应用,其源头可以追溯到1883年高尔顿(Francis Galton)出版的《人类能力调查》。但是真正对思维开展测量学的研究通常是以1950年吉尔福特(Joy Paul Guilford)在美国心理学会上所作的主席演说为标志的。半个世纪以来,有关思维的测量学研究取得了一定的成就,尤其对创造性思维的研究有了多种途径,是目前应用最为广泛的研究范式。但是测量学的研究仍然未从智力测量中独立出来,仍然未形成自己的体系。本书依据作者30余年来的研究文献,分析和评论思维测量学的发展、特点和目前存在的困难,并试图结合现代信息技术构建思维测量学的新体系。

## 第一节 思维测量的基本概念

"测量"一词,是对事物的一种量化表现形式,常常用于对某一事物属性的范围进行描述和界定。如何对人的思维进行测量和界定呢?本节主要研究思维测量的基本概念以及相关的辅助性技术问题。

### 一、测量

测量,用史蒂文斯(Stevens)的话来说,"是按照法则给事物指派数字"。这是迄今为人们认可的定义。现代科学发端于物的测量。物理学家花了很大的气力来使物的测量越来越精细。物理学家经常感兴趣的是,在一个特定的量中可测量某事物特征的分布以及这些分布所经历的变化。物理学家凭借数学公式来描述事实,显示其中事物之间具体的量化关系。

世界上任何现象,只要有质的、存在的,总有一种数量。几乎所有的测量家都赞同桑戴克(E. L. Thorndike)所说的:"随便什么东西,只要存在的,总存在于数量之中。"[1] 麦柯尔加了一个很漂亮的说明:"没有一种数量是不能测量的,也没有一种质是不能被测量的。"[2] 现代科学心理学也试图借助物的测量理论,对人的心理进行量化。冯特的记忆鼓、韦伯的感知定律等研究,使人们知道心理功能可以用一些纯粹的量化术语来表示。

#### (一)测量工具

任何测量都要有测量工具。测量长度的工具称为量尺。虽然其他测量的工具不是使用尺子,但一般都将测量工具统称为量尺。例如,我们可以将温度计称为测量温度的量尺,将电流计称为测量电流强度的量尺。思维测量的工具一般是一份包含各种命题的量表,在测验量

---

[1] Thorndike,E.L.: The Seventeenth Yearbook of the National Society for the Study of Education,Public School Publishing Co.,p.16,1918

[2] McCall,W.A.: Measurement,New York,Macmillan,p.18,1939

表中可能包含很多难度不同的问题。

思维测验量表与其他科学测量量尺一样,用来测量事物或人的某种属性的数量特征。理想的测量工具应该有一个绝对零点和相等的单位,但思维测验量表有时却不能满足这样的要求。例如,思维力等于零究竟是一种什么状态是很难确定的。如果一个量表有相等的单位和绝对零点,称这量表为比例量表。比例量表的测量结果可以进行加减乘除四则运算。如果一个量表有相等的单位而没有绝对的零点,称这个量表为等距量表。等距量表的测量结果可以进行加减运算,不能进行乘除运算。如果一个量表既无相等的单位又无绝对的零点,只能将一组人或事物按某种属性的多少排列出等级次序,称这个量表为等级量表或顺序量表。原则上等级量表的测量结果不能进行代数四则运算。如果一个量表只能将被测量的人或事物按某种属性分成若干类别,而各类别之间不具有任何等级意义,称这个量表为分类量表或称名量表。分类量表的测量结果不是某种属性的数量标志,它们如同身份证号码,或考场座位号码,不可以进行任何数学分析。

如果一个思维测验量表是等距量表,可以对测验结果进行多种统计分析。但如果一个思维命题测验量表是等级量表,原则上是不允许对测量结果进行四则运算的,于是就很难进行复杂精细的统计分析。所以,思维测验工作者力求使思维测验量表达到或接近于等距量表的水平。实际上,在很多研究中假定等级量表近似于等距量表,并按处理等距数据的规则处理测量结果,如果对数据分析的结果是有意义的,那么就更可以相信这种假定是没有太大错误的。但是,有必要明确认识:对等级量表的测量结果进行加或减的运算,隐含着该等级量表近似于等距量表的假定。这样可以使研究者作结论时保持一种更为谨慎的态度,以免做出断然肯定或否定的结论。假设对于每一种属性,都客观地存在着一个"真实的量表",但如果实际使用的量表与"真实的"量表之间没有相同的零点或合适的间距,将会造成什么差别呢?具体地说如果一个测量学家假定一个量表是等距量表而其实它并不是,在这个测量学家的研究工作中,将会发生什么错误呢?例如,他可能报告说,两个研究变量之间存在着线性关系,而实际上另外一种曲线函数关系才可能会确切地描述这两个研究变量之间的关系。

## (二)测量结果

目前,绝大多数的心理或思维测量结果都以相关和平均数差异的形式说明,而变量测量值的单调变化对相关的影响和变异数分析结果的影响是非常轻微的。什么是变量测量后的单调变化呢?如果 $Y$ 与 $X$ 之间存在函数关系,例如 $Y=2X+3$,那么,$X$ 变量每取一个值,$Y$ 变量都有一个值与 $X$ 对应,并且,如果 $X_b$ 大于 $X_a$,$Y_b$ 一定大于 $Y_a$,在这种情况下,称 $Y$ 是 $X$ 的单调上升函数。另外一种情况是,如果 $X_b$ 大于 $X_a$,$Y_b$ 一定小于 $Y_a$,这时称 $Y$ 是 $X$ 的单调下降函数。例如,$Y=-2X+3$ 就是单调下降函数。单调上升函数曲线是一条随着 $X$ 值增大,不断持续上升的曲线或直线,单调下降函数曲线是一条随着 $X$ 值增大持续下降的曲线或直线。无论是单调上升还是单调下降。都称为单调变化。如果一个变量测量值发生单调变化,这些测量值之间按大小排列的序列不会变化,因此测量值之间的次序位置不会变化。

相关系数主要与个体在两个测量中的等级次序有关。如果这个次序不被破坏,分布形式的改变只能造成相关系数的微小变化。既然相关系数是许多复杂数学分析的基础(例如聚类分析或因素分析),那么很显然变量的单调转换对这些复杂分析结果的影响也是很微小的。

在分析不同实验组的平均数的差异时,主要牵涉到不同变异来源的变异数比例(变异数分析或方差分析），变量的单调变化对这种分析结果的影响也是很微小的。与其说实际量表是"真实的"量表的近似，不如将它看作是一种公认的测量规则。例如，比率智商和正态分数的高差智商都不宜看作是真正的智力分数，将它们看作按某种测量规则得到的智力分数可能更为合适。本书的一项重要任务是，在对思维的测量上，寻找到更好的测量规则。

在多数情况下，量表的单调转换对研究结果并无太大影响，然而，当需要精确地确定变量之间的关系细节时，量表的零点和刻度间距是不能随意改变的。例如，确定思维物理关系，确定思维领悟曲线的形状，或者描绘思维力随年龄变化的关系曲线时，选择测量所用的测验量表要特别慎重。测验量表的不同选择，可能导致得出不同的关系曲线图。

## 二、思维测量

### （一）测量与测验

思维测量是按照法则给被试的思维水平指派数字。一般是向受测者出示一系列典型命题，要求受测者对这些命题做出反应；然后，对测验的结果加以量化和评判，找出人与人之间在思维上的差异。

思维测量的高级形式是思维测验。思维测验实质上是行为样本的客观化和标准化的测量。通俗地说，思维测验就是依据一定的思维理论和测量技术，遵循一定的操作程序，对人的行为进行量化，从而对思维能力、思维品质等心理特征做出推断。

规范的思维测验应包括以下几个方面的内容。

#### 1. 测试题目

测试题目必须是从相关的大量题目中经过比较和筛选所确定的，必须能够根据思维测验要求，测察所需的个人思维特征，同时必须保证思维测验题目在相当时间内的稳定性。

#### 2. 施测方法

测试的方法必须经过严格的标准化，包括测试材料（问卷、答题纸等）、物理环境（照明、间距等）、主试的指导等都基本一致，以尽量保证平衡掉一些可能对测验结果产生影响的无关因素。

#### 3. 计分方法

思维测验的计分方法应该从测验的原理出发，根据思维测验的常模，确定统一、规范的计分方法，以保证思维测验结果的可比性和一致性。

#### 4. 技术指标

思维测验必须有客观、真实的技术指标，包括信度、效度、区分度等，技术指标在很大程度上决定了思维测验的质量和效果。

#### 5. 结果解释

思维测验必须提供对有关数据结果的解释方法，同时必须根据思维测验的常模，保证思维测验解释方法的规范性和一致性。

按照信息加工理论，思维是一种信息加工过程。思维主体由某种信息"输入"，产生一种信息加工过程，被称之为思维链；而每进行一次信息加工，由一种或数种信息得到另一种信息，称之为一个思维环节；思维所涉及的信息称之为思维元素；"输入"和"输出"分别称之为思维起点和思维终点。

思维成果是思维在人的具体活动和行为中的表现，即所谓思维的"外显"，通过对这些"外显"的测量，可达到思维测量的目的。在这里，思维的外显即思维测量的中介。例如，我们对思维的各种构成有明确的操作定义，便可以根据它寻找一组作业或刺激，用以引起被测者的思维外显，进而推论出其思维的水平。思维外显总是和思维特征发生联系。如果仅凭某一"外显"作推论就可能以偏概全，但测量与某一思维特征有联系的全部"外显"又不可能。所以要正确地、可靠地推论出所要测量的东西，就得凭借一组典型的思维外显，又称为思维样组。

思维样组在测量中大多以命题形式出现，故又称命题样组。正如其他科学观察方法一样，在测量个体思维特征前，必须慎重地选择具有代表性的思维命题样组，凭此推论个体的思维样式及特征。简言之，思维测量的原理和心理测量的原理一样，就是刺激→反应的原理。这些刺激不同于其他刺激的地方就在于它有三种标准：①选择的刺激项目应能测量拟测思维的特点，这就是逻辑性标准；②刺激项目和外部效应具有可观察的关系，这就是实证性标准；③刺激项目之间应有较高的相关量，这就是同质性标准[1]。

## （二）思维测量与心理测量

从严格意义上讲，思维测量是心理测量的一部分，也与智力测验有很大的交叉，但是它们又有许多不同。

比纳（Alfred Binet）是心理测量的鼻祖，从他开始，人类已创立了许多心理测量的法则，并以自己的实践进一步去完善它。尤其是智力测验，通过一代又一代测量专家的努力，已成为人类自我诊断，用于教育、临床、人才选拔、司法参鉴、职业选择等许多领域的测量工具。100多年来，心理测量专家对感觉、情绪、人格都进行过出色的测量。然而，有些人对思维能否经得起量化处理持否定态度。就他们而言，思维属质的范畴，而非量的范畴。至今还没有人尝试着把它作为一门现代科学，并建立独立体系。

思维测量和智力测量有密切关系。正如林崇德教授在本书序言中所说，"思维是智力的核心，所有的智力测验都考虑思维在量表中的成份，有些智力测量专门以分析、综合、推理为命题内容，实质上已属于思维测量的范畴了。另外，思维测量与智力测量一样，也是对思维对象化的行为样组的标准化测量，是一种系统程序。因此在制定测量标准和使用量表时，应借鉴心理测验的成功经验。特别注意在标准化、专业化、量表化等方面满足测量学的基本要求。由此可见，尽管智力测验与思维测量有着一定的差异，但两者之间具有更多的一致性和交叉性。"

但是，思维测量和智力测量还有一些差异性，主要表现为以下四个方面：

第一，思维作为人类认知的高级活动，与处于认知活动的起点的感知觉以及处于认知活动中间阶段的记忆，有着本质的差异。不能将感知与记忆的量化指标用于思维（尽管它们有内在联系），换言之，智力测量的结果，不能代表思维水平。

第二，思维科学的研究越来越独立于一般的心理认知，形成了一门独立的学科，亟需建立服务于思维研究的测量工具。思维科学本身也是一个庞大的体系，仅思维样式的层次、结构、路径、创新、应激、关联、灵动等方面，就需要不同样式的测量工具来对应。而智力测量不能满足这方面的需要。

---

[1] 邱章乐.心理测量法.福州：福建科技出版社.1988

第三，经典心理测量尽管有一些成功经验，但受到的批评也不少，同时在技术上也确实存在一些瑕疵。例如，智力测验往往仅关注测试的结果，而忽视测验过程中大脑的功能质量。这就降低了测量的准确度。因此，在构筑思维测量新体系和创立新法则时，除应借鉴心理测验的成功经验外，还应有自己的创新。

第四，也是重要的方面，随着网络时代的到来，计算机信息技术也应发挥其巨大作用。正如林崇德教授在本书序言中所说，目前国内外心理测验主要采用单人微机测查和群体纸笔测验两种测验形式，如美国空军现行的 AFOQT 和 BAT 测验系统[1]、德国的 CAE Aircrew Selection System 和中国空军新飞行员选拔纸笔测验，但没有可供将测题呈现、过程控制、结果分析、数据保存为一体的，计算机软硬件相结合的群体多媒体心理测试与评价系统，因此，我们应开展这方面的研究，设计研制具有这些功能的心理测试与评价的系统。再例如，在传统的智力测验中，测验结果（正确或错误）是测验得分的唯一依据。而项目反映理论（IRT）借助现代信息技术则以思维的过程作指标，代替传统测量的简单分数依据。IRT 根据测验中每个题目的不同特点，再按照每一测验对象对各测题回答的状况（即项目反应）以统计方法确定每一思维样式的特点或心理素质水平，因而所获得的成绩就是思维能力或心理素质的指标，而不是简单的正确反应次数。因而它为分析测验项目性质提供有力的工具。传统的项目分析（指难度、鉴别度）所提供的有关项目性质的信息相当有限，且始终受特定测验对象团体的限制，难度和鉴别度随测验对象不同而随时变动。相反 IRT 模型中有关难度和鉴别度的参数却具有恒定性，这在许多应用问题上（如建立大型题库）有重要意义。

思维测验理论的发展趋势不外朝两个方向同步进行——理论的发展愈趋数学化与理论的应用愈依赖计算机。相信在可预期的将来，测验理论的使用者必须同时具备数学与计算机方面的良好训练，方能对项目反应理论的了解与应用驾轻就熟，而测验理论在愈趋专业化、专家化后，也唯有在专家或专家指导下方能推广应用。照目前的发展趋势来看，项目反应理论要取代经典测验理论是指日可待的事。

因此，思维测量学将从两方面展开：一是分析传统经典的心测技术和方法，并把它顺利迁移到思维测量体系中来；另一方面是探讨思维测量新技术和新模式，以构建思维测量新体系。

## 三、思维测量的辅助研究

现代思维测量学的建立，除借鉴传统经典的心测技术外，还应使用其他各种辅助研究手段，如实验评估技术、信息论的研究、个案研究、生物统计技术、计算机模拟技术等。

### （一）思维测量与实验评估

心理学从哲学中分离出来，作为一门独立的学科，是从 19 世纪末现代心理学之父冯特（Wilhelm Wundt）设立世界第一所心理学实验室开始的。自从冯特 1879 年创建第一个心理学实验室以来，实验始终是心理学研究的重要领域，其研究成果是心理学知识体系的主体。抛开以内省方法研究人的意识的冯特和反对研究人的意识的行为主义心理学不说，在心理学建立以前，有相当数量的心理学家致力于用生理学的研究方法，研究认知过程中的神经活动以及导致这些神经活动的生物化学过程，试图揭示思维智力潜能的生理机制。这种研究至今

---

1　Kantor JE, Carretta TR. Aircrew selection systems. Aviat space environ Med，1988; 59(11.suppl):A32

已持续了几十年。心理学家在研究较低级的认知过程的生理机制方面取得了一定的进展，而在研究思维等高级认知过程的生理机制时却困难重重，至今仍未取得重大突破。其根本原因是，人的高级认知虽然是在一定的生理基础上形成的，却是比生理活动更高级、更复杂的运动形式。以低级运动形式来解释较高级的运动形式，自然是困难的。在这种情况下，从自然哲学的背景中诞生的心理测量科学，在方法论特征上特别强调实验的作用。从效用上可以区分出两种基本类型的实验，一种是发现性实验，一种是检验性的实验。前者是在没有对事物的属性或函数之间的关系做出确定性假说的情况下进行，旨在发现相应的属性或关系；后者则对某个假设的经验性预言进行实验证实。发现性实验是在同一个假设框架内进行的，如果借助某种假说，有理由相信在某个特定的系统中，变量 $B$ 依赖于变量 $A$，那么，这两个变量之间关系的性质就可以用实验来确定。发现性实验不只是揭示变量之间的函数关系，有时实验往往会导致假说的精致化。假说可能涉及多个变量，但没有任何先验的方式能把所有相关的变量都考虑进去；唯一的标准是实用性的，即假说成功地预言并解释了范围广泛的事实。在预言出了差错，或者离开了补充性的假说就不充分的时候，抱着发现心态的作业者会假定还有一个没有受到控制的变量，从而可以进一步寻找这个变量或就其性质作假设。如果新的作业假说成功地预言并解释了相关的事实，就可以认为作业假说已经考虑到了有关的变量。如果说近代心理测量科学离不开实验的话，这种联系也在于实验方法被赋予了作业一种新的方向。智力学家的注意力首先是局限在那些可以测量和计算的性质上，把一个智力问题转化为可以进行数学处理的问题，实验正是为了数学处理的目的而被组织起来了。实验是人们根据研究的目的，利用科学仪器、设备，人为地控制自然现象，排除干扰，突出主要因素，在有利条件下去研究自然规律的一种方法。

科学心智实验大多用于作业测验、投射测验、情境测验和一些自陈量表编制过程。这种方法比单纯的观察方法有明显的特点和优点。第一，实验可以进一步纯化和简化测验。简化是科学研究的一个重要原则。测验因素十分复杂，各种因素互相联系、互相影响、互相作用，交织在一起，往往使人不易发现其中哪个因素同测验目的发生联系，联系的方式如何。为此在观察中就要进行简化。这种简化，在自然观察中是通过观察对象的选择来实现的。但是，在自然条件下的观察，这种简化和纯化的作用毕竟是间接的，并且对许多现象来说还是很困难的。在实验中情况就不同，人们可以借助于科学仪器、装备所创造的条件，排除自然过程中各种偶然的、次要的因素的干扰，使我们需要认识的某种测验属性或联系以比较纯粹的形态呈现出来。第二，实验可以强化测验对象。思维特征在常态下往往不易出现，只有在一些极端的条件下，才能呈现出来，而这种条件在自然状况下无法直接控制。实验可以凭借各种物质手段，造成这类特殊条件，如剥夺感觉、紧张应激、极限训练等。在这种强化了的特殊条件下，人们遇到了许多前所未有的在自然状态中不能或不易遇到的新现象，从而发现了具有重大意义的新事实。第三，实验取得的结果比较确实，可以重复出现，便于鉴定。在自然观察的情况下，由于情况复杂，各种因素难于控制，所以有的发现，就比较难以重复。实验中各种条件可以控制，因此一般来说，只要在相同的条件下，重复做此项实验，就能够取得相同的实验结果。这样就有利于人们进行长期研究，反复比较，并对以往的实验结果加以核对，一个人的发现，也就可为别人重复证实。另外，实验还可以模拟研究对象的运动过程，对那些时过境迁的现象以及无法进行直接实验的对象，进行间接实验研究，从而认识对象的性质。

实验方法之所以具有上述优点，是因为实验比之于一般观察更具有理性方法的特点。科学实验和观察都是感性活动，但它们都具有理性方法的特点。马克思曾经指出："归纳、分析、比较、观察和实验是理性方法的重要条件。"在这里,马克思把实验和观察的方法看作与归纳、分析、比较的方法一样,都是理性方法的重要条件,这是很有道理的。因为实验与观察本身就是抽象,离不开比较、分析、综合和类比、归纳、演绎。这种理性方法的特点,在实验中体现得特别明显。因为在实验中,我们实际上是把抽象、分析、综合等理性思维的方法物化出来,使之转化为感性的对象,以便为进一步的理性思维提供材料。正因为实验能把抽象的理性方法再现于感性的具体之中,因而就使它不但具有了感性活动的优点,而且又具有了理性方法的优点,更具有了把两者高度结合起来的特殊的优点。

思维评估随着近代科学技术的发展,越来越依赖科学实验,并且根据不同的目的要求和对象特点,发展起来多种多样的实验形式。例如根据目的,可有定性实验、定量实验;根据过程中的不同作用,可分为比较实验、分析实验和综合实验;根据实验手段是否直接作用于心理信息,可分为直接实验和模拟实验等。但是,无论何种形式的实验,都是实验者借助实验手段变革和控制实验对象以取得所需的感性材料的过程,它一般都经过如下几个基本步骤:①明确思维实验的目的;②进行思维实验的设计;③思维实验的实施;④思维实验结果的分析和处理;⑤对思维实验结果作理论解释。由此可见,思维实验的过程是一个在理论指导下进行的过程。没有正确理论,实验就失去了意义和目的,实验的活动就无从安排,在实验中取得了资料也无法得出科学的结论,甚至即使取得了重要的结果也可能理解错误。

**(二)思维测量与信息论的研究**

信息论(Information Theory)的创始人是数学家申农(C. E. Shannon),他为解决通讯技术中的信息编码问题,突破老框框,把发射信息和接收信息作为一个整体的通讯过程来研究,提出通讯系统的一般模型;同时建立了信息量的统计公式,奠定了信息论的理论基础。1948年申农发表的《通讯的数学理论》一文,成为信息论诞生的标志。申农的信息论,是在前人研究的基础上创立的。1922年卡松(Calson)提出边带理论,指明信号在调制(编码)与传送过程中与频谱宽度的关系。同年哈特莱(Hartley)发表《信息传输》一文,首先提出消息是代码、符号而不是信息内容本身,使信息与消息区分开来,并提出用消息可能数目的对数来度量消息中所含有的信息量,为信息论的创立提供了思路。美国统计学家费希尔(J. Fisher)从古典统计理论角度研究了信息理论,前苏联数学家哥尔莫戈洛夫(A. N. Kolnlmogorov)也对信息论作过研究。控制论创始人维纳(Norbert Wiener)建立了维纳滤波理论和信号预测理论,也提出了信息量的统计数学公式,甚至有人认为维纳也是信息论创始人之一。在信息论的发展中,还有许多科学家对它做出了卓越的贡献。法国物理学家布里渊(L. Brillouin)1956年发表《科学与信息论》专著,从热力学和生命等许多方面探讨信息论,把热力学熵与信息熵直接联系起来,使热力学中争论了一个世纪之久的"麦克斯韦尔妖的佯谬"问题得到了满意的解释。英国神经生理学家艾什比(W. B. Ashby)1964年发表的《系统与信息》等文章,还把信息论推广应用于生物学和神经生理学领域,也成为信息论的重要著作。这些科学家们的研究,以及后来从经济、管理和社会的各个部门对信息论的研究,使信息论远远地超越了通讯的范围。

经典信息论的诞生有两个来源:一是来源于物理学的熵理论。玻尔兹曼(Boltzmann)在讨论熵问题时就说过:熵是对失去的信息的度量。信息论中的熵$H(X)$和玻尔兹曼熵$S$存在某种等价关系,这说明了两者有血缘关系。信息论的另一个来源是早期人们对电报通信的研究。自16世纪,吉尔伯特(Gilbert),等人就研究了电报电码问题,这一研究的著名产物是摩斯电码。使用该电码可以用较少的电报符号传递较长的电文。而 Shannon 熵正反映了使用最优方式编码时，平均每个文字需要的最短码长。Shannon 通信模型如下图所示。

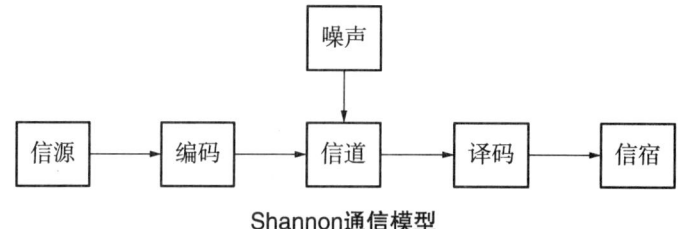

Shannon通信模型

我们用取值于 $A=\{x_1, x_2, \cdots\}$ 中的随机变量 $X$ 表示信源文字，用取值于 $B=\{y_1, y_2, \cdots\}$ 中的随机变量 $Y$ 表示信宿文字，于是信源和信宿可以被抽象为概率分布函数 $P(X)$ 和 $P(Y)$，而信道可以被抽象为条件概率分布函数 $P(Y|X)$。

信源的熵是：

$$H(\overline{X})=-\sum_i P(x_i)\log P(x_i)$$

$Y$ 提供的关于 $X$ 的平均信息量是给定 $Y$ 时 $X$ 的熵的减量，即：

$$I(X;Y)=H(X)-H(\overline{X}|Y)$$

$$=-\sum_j\sum_i P(x_i,y_j)\log\frac{P(x_i|y_j)}{P(x_i)}$$

这就是著名的 Shannon 互信息公式；其中 $H(Y)$ 是 $Y$ 的熵，$H(X|Y)$ 是给定 $Y$ 时的 $X$ 的条件熵。给定 $Y=y_j$ 时，$I(X;Y)$ 变为 $y_j$ 提供的关于 $X$ 的平均信息：

$$I(\overline{X};y_j)=-\sum_i P(x_i|y_j)\log\frac{P(x_i|y_j)}{P(x_i)}$$

上式也叫 Kullback 公式。如果把 $P(X|y_j)$ 理解为预测的可能性测度，则 $I(X;y_j)$ 就是预测和事实一致时的平均信息。可以证明 $I(X;y_j)$ 必然大于 0。

申农定义了两个重要函数：信道容量和保真度信息率。关于后者的理论后来又有所发展，并且保真度信息率被改称为信息率失真（information ratedistortion）。以 Shannon 理论为核心的经典信息理论在编码、检测等方面取得了巨大成就；然而，它远不能解决思维测量领域实际遇到的数学问题。

### （三）思维测量与个案研究

与思维测量方法截然不同的是个案研究法，这种方法是研究者收集思维人才的个案，然后应用定性的研究思路对这些个案进行分析（Ged & Gedo, 1992）。个案分析技术由于其依据的是著名的有关思维的事例，在思维研究中具有不可替代的地位。而历史调查技术与思维心理测量技术一样，也涉及对思维的测量，但又不像心理测量技术所测量的是那种目前和最近的思维水平。历史统计学家几乎完全是从历史文献中得到大量的数据，而很少依赖心理测量研究所使用的自我报告。1980 年以来，在创造性思维测量和领导能力的研究、科技发明研究、思维的年龄特征研究、名人思维研究以及其他领域内广泛地应用了历史调查技术。

### （四）思维测量与生物统计技术

也许与思维测量观点最接近的方法是生物统计技术。这是最近才发展起来的思维研究途径。我们对思维个体的遗传学和神经生物学机制知道得很少。我们既不了解思维个体是否具有与众不同的遗传构造,也不知道他们的神经系统是否具有值得注意的结构和功能。然而,任何有关思维的科学研究最终都需要解决这些生物学问题。

生物统计技术的研究是关于大脑机能和认知功能的特殊类型之间关系的研究。简言之,这种技术是由研究者在个体在完成特定的认知任务时(例如,解决数学问题),测定其大脑中的葡萄糖代谢情况。既然葡萄糖代谢是大脑活动的一个度量指标,研究者就能在认知活动过程中查明并测出正在工作的大脑特定区域的活动。虽然某一具体的神经测量方法可能会面临一些传统的心理测量方法面临的问题(例如,如何确定创造性思维任务以及测量的精确度等),但是随着新技术的产生和应用,应用这种技术而开展的思维研究将会逐渐多起来。

### (五)思维测量与计算机模拟技术

思维测量技术在相当程度上类似于计算机模拟技术。后者的基本假设是运用人工智能技术可以把个人的思维转化为一种计算机程序。它的基本观点是把思维过程看作一种心理计算,因此,思维过程被描绘成一种可运行的计算机程序。这种研究技术的显著特点是注重建立有规则的计算机模型。计算机研究技术试图设计出计算机编码来模拟思维产品,并且已经建立了基于"组合思维"(即在观念之间建立不同寻常的连接)和"探索—转换思维"(即搜寻与操纵一种"结构丰富的概念空间")的一些模型。计算机的研究也试图对有创造性思维能力和缺乏创造性思维能力人的思维过程进行计算机模拟。这种研究的长处是它在思维研究中具有其他方法所难以达到的精确程度,通过计算机模拟可以提供对思维理论的客观检验。亦即通过运行计算机程序,有可能对真正的思维过程所模拟的程度进行评价。

## 第二节 思维测量对象

思维测量对象是思维。思维是什么?这是思维测量学首先要回答的问题。思维的现实形态和加工机制又是什么?这是思维测量必须要弄清楚的问题。

### 一、思维的经典概念

在现阶段,有关思维科学的专著论文已相当丰富,但由于思维问题本身的复杂性,涉及的层次和学科的多样性,不同的专家从不同的角度去定义和研究它,就造成了对思维问题理解的多样性以及随之而来的混乱性。在哲学层面,思维是往往与心理现象、精神现象、意识、心灵、心智等价使用的,但有时人们又将它理解为人所特有的狭义思维。哲学层面概念的模糊也影响具体科学对思维的定义,传统心理学就把思维限制在狭小的范围内,认知心理学也有类似倾向。脑科学研究和思维科学研究中也出现了不同的理解,有的将思维理解为广义的思维,与心理活动等价,有的又将其限制在狭义思维的范围内。有的用思维实现的间接概括反映事物的功能角度去定义它,有的从思维有别于物质存在的信息本质去定义它,有的从思维与载体——脑的关系上去定义它,有的则用思维信息的内容或来源去定义它。概念的不确定性往往造成很大的分歧。

### (一)国内的研究

国内关于思维有二十余条定义,其中称作经典的有四种。由邢贲思主编的《哲学小百科》

认为："思维就是在理性认识阶段人们形成概念，做出判断以进行推理的过程。"[1] 由伍棠棣、李伯黍、吴福元主编的《心理学》一书上说："思维是人脑对客观事物的一般特性和规律性的一种概括的、间接的反映过程。"[2] 谭暑生先生认为："脑内语言在脑内相对活跃的存在状态，就是思维。"[3] 韩民青先生在他的专著《意识论》中，却是这样写的："思维是人脑的一种反映控制机能及活动，思维过程是一个包含着语言与意识二者相统一的过程。在这个过程中，语言过程是形式，意识过程是内容，二者缺一不可。"[4] 四种经典定义看似不同，但他们的解释却有许多共同之处。

"思维就是在理性认识阶段人们形成概念，做出判断以进行推理的过程。"这是从逻辑学出发，给思维下的一个定义，是逻辑学的思维定义。英文"logic"一词虽然原来就是思维、思考等意思，由此而命名的逻辑学也是研究思维推理的学问，但逻辑学毕竟只是研究理性思维的形式——逻辑的科学，它并不研究全部的思维形式。思维除了理性思维以外，还有其他形式的思维存在。著名科学家钱学森就把思维分为逻辑思维、直感思维和灵感思维。我国著名心理学家朱智贤、林崇德编写的《思维发展心理学》一书中论述了思维的发展，在不同的年龄阶段，人的思维是有差异的，并按照一定的规律进行。他们认为在思维的发展中有四种类型：第一种是根据抽象性可以分为直观行动思维、具体形象思维、抽象逻辑思维；第二种是根据实践活动目的性的不同需要分为上升性思维、求解性思维、决策性或决断性思维；第三种是根据思维的智力分为再现性思维、创造性思维；第四种是根据思维的意识性分为我向思维、现实性思维。[5] 因此，从逻辑学出发给思维下的定义，只是逻辑思维的定义，它不能包含整个思维，因而不能作为整个思维的定义。这说明许多学者都是承认有非逻辑思维形式存在的。

"思维是人脑对客观事物的一般特性和规律性的一种概括的间接的反映过程。"这一定义与《哲学小百科》上的定义相比，似乎哲学化一些。但仔细分析，这一定义与前一定义并没有多大实质性的区别，也是逻辑思维的定义，只是下定义的角度有所不同。除此外，还存在着其他一些缺陷：

（1）该定义说思维是人脑对客观现实概括的和间接的反映，也就是说，思维是一种反映，但这里的反映强调的是结果，而不是过程，然而实际上思维是一个过程。

（2）该定义没有指出人脑是怎样对客观现实产生概括的和间接的反映的，即该定义没有指出思维是怎样进行的。

（3）在现实生活中，人脑对客观现实的反映并不都是正确的。依据该定义，产生错误反映的认识就不属于思维，那它属于什么？再说，人脑对客观现实的反映是否正确，实际上往往缺少判断的标准。

（4）该定义没有指出思维的本质是什么。针对"脑内语言在脑内相对活跃的存在状态，就是思维"的说法，邢贲思和伍棠棣在他们的解释中强调了脑内语言与思维的关系。所谓脑内语言，就是语言的脑内形式，就是不出声、未表达的隐性的语言；它是一种不具交流作用的语言，或者说是一种不完全的语言。因为这种语言仅有其意识的内容，而不具备其

---

1 邢贲思.哲学小百科.北京：中国青年出版社，1994：782
2 伍棠棣，李伯黍，吴福元.心理学.北京：人民教育出版社，1983：83
3 谭暑生.人体科学研究的唯物主义哲学.气功与科学，1992（10）
4 韩民青.意识论.南宁：广西人民出版社，1991：67
5 朱智贤，林崇德.思维发展心理学.北京：北京师范大学出版社，2002：18-26

物质的外在形式,就像一个鸡腹里未生下的卵,不能与已生下的蛋等同。脑内语言也决不能与语言等同。并且,脑内语言在脑内相对活跃的存在状态也不能等同于人脑的反映控制机能,而人的思维不仅是人脑的反映活动,还是人脑的控制活动;反映和控制是联系在一起的,共同实现思维过程。因此,"脑内语言在脑内相对活跃的存在状态,就是思维"的说法是不准确的,不符合思维的实际情况。事实上,脑内语言在脑内相对活跃的存在状态只是思考,而不是思维。

心理学研究认为,思维是人脑的一种反映控制机能及活动,人的思维过程是一个包含着语言与意识二者相统一的过程。在这个过程中,语言过程是形式,意识过程是内容,二者密切联系,缺一不可。我们认为,思维可分成广义与狭义思维二个层次。从狭义上讲,人的思维是人的反映控制机能及活动。只不过与动物的反映控制机能相比,人的反映控制机能随着人类实践的丰富和发展,在逐渐进化,并且其活动水平在逐步提高,其理性的程度也越来越高,直至发展到今天的人类思维水平。但从广义上讲,思维是指所有生命体能动地、连续性地获取各种环境信息,由特定的组织或组织体系对获得的内外信息进行一系列的加工,得出应对的方案的活动。在这里,信息加工包括转形、传递、提取、存储、删除、对比、排列、组合等多种最基本的操作。人的思维活动是由动物进化而来。从进化方面讲,人已经超越了动物而成为了人,但从根基方面讲,人仍然还是动物。思维虽然是人超越于动物的标志之一,但思维也永远是以动物的反映控制机能为根基,是永远不能离开这个根基的。而动物对信息加工是否包含着语言与意识二者相统一的过程则另当别论。事实上,韩民青先生恰好给狭义思维下了一个定义。

## (二)国外的研究

国外对思维的研究也十分丰富,我们搜集到的定义不下二十条,其中有些与国内的研究相近,还有一些研究我们将放置于心理学派别中分析。但是,我们也发现,由于思维的歧义较多,有些心理学家往往回避思维的定义或干脆不给定义,例如,著名的认知心理学家斯滕伯格等人(Sternbers & Ben-Zeev,2001)的著作《复杂认知》专门阐述"人类思想的心理学",却没有给思维下一个定义,甚至在该书的"术语"附录中,也找不到"思维"这个词。

下面我们还是择取有代表性的几个观点:

布鲁纳(Bruner,1957)提出,思维是对给出的信息的超越[1]。

巴特利特(Bartlett,1968)提出,思维是填补证据间空白的复杂而高级的技能[2]。

巴伦(Baron,1988)提出,思维是在我们不知道如何行动、不知道相信该相信什么或者不知道该希望什么的时候做的事情[3]。

伯恩等人(Bourne, Ekstrand & Dominowski,1971)对思维作了一个比较完整的描述(可以看作是一个综合的定义):思维是一个复杂的、多侧面的过程,思维主要是一个内在的(而且可能是非行为的)过程,它是运用不直接存在的事件或物体的符号表征而进行的,但又是

---

1　Going beyond the information given. In Colorado University Psychology Department (Eds),Contemporary approaches to cognition (pp.41-69).Cambridge,MA: Harvard University Press

2　Thinking An experimental and social study. New York:Basic Books

3　Thinking and deciding. New York: Cambridge University Press

由某个外部事件所激起的;思维的作用是产生和控制外显行为[1]。

伯恩等进一步解释上述定义:

(1)思维是一个复杂的、多侧面的过程。其涵义是,在每一个思维过程中,在从问题的提出到问题的解决之间,都包括了刺激类化、假设形成、决策等一系列复杂的环节和活动。

(2)思维是一个内在的过程,或内隐的过程。这是因为思维者在采取行动之前,有一系列隐蔽的心理活动。对这些活动的详细情况进行描述和解释应当是思维学研究的基本目标之一。一般认为,这些活动有"寻找刺激"、"记忆"、"检索"、"决策"、"执行"等。

(3)思维往往是用不直接存在的事件或物体的符号进行表征的。利用记忆中存储的经验,思维可以预测尚未发生的事件,可以想象各种从未发生过的事件。

以上说法从不同的角度说明了思维的一些重要属性甚至是主要功能。布鲁纳从信息的提升指出了思维的信息价值;巴特利特的说法强调了思维的功用;巴伦的说法从另一个角度强调了思维存在的价值;伯恩诠释了思维过程的环节和相关因素的作用。这些研究为我们提供了丰富的参考信息。但是仍无人能准确全面地回答什么是思维。

### (三)我们的思维解释

最近几年,多数研究思维问题的专家都倾向于认为思维科学应以思维过程中的信息处理即信息的输入、加工、存储、检索、输出和利用为思维科学的主要研究内容和主要任务。但是对作为思维信息处理的基础问题,即信息到底是什么?什么是信息加工?思维是什么信息?是狭义信息还是广义信息等有所忽略。这些问题如不解决,思维科学的信息加工理论就找不到坚实的信息学基础。

由于什么是思维不能确定,思维与其他问题的关系也不能确定。例如,思维与人体的活动是什么关系?思维过程中的信息处理方式是什么?人的思维与高级动物的心理活动又是什么关系?思维与智能是什么关系,一场混战之后问题还是没解决。针对这一现状,我们将与思维相关的若干概念进行了清理。

(1)思维的本质是思维主体的一种运动。从物理学的研究结果可知,思维的主体是由分子和原子等单位构成的,分子和原子又是由质子、中子和电子等基本微粒构成,而这些基本微粒只能处于物理运动状态之中。在分子角度上,思维运动可以被分解为分子和原子的物理运动和化学反应。

(2)思维运动的过程是一个消耗能量的过程。组成思维运动的物理运动和化学反应都需要消耗能量。生物体的思维运动一般需要消耗生物体的化学能和电能。

(3)思维运动可以被分解为多个最简单、最基本的运算。既然思维的本质是运动,那么它当然可以被分解。生物体的思维运动可以被分解成许多个可以被蛋白质和核酸等生命物质控制和操作的最简单、最基本的运算。

(4)思维是主客体相互作用存在及信息为内容的信息输入、加工、输出的广义信息过程,人类思维是人类智能的信息处理部分,它的功能是指导主体的行为输出,为主体的生存发展服务。思维的信息运动是一种持续性的过程,是对新获得的环境信息和之前的运算结果信息的综合运算,即思维运动的过程是一个信息积累的过程,过去思维运动的结果会对现在

---

1　Bourne L E, Ekstrand B R, Dominowski R L.The Psychology of Thinking.Englewood Cliffs,N.J.:Prentice-Hall 1971

和将来的思维运动产生影响。

（5）思维运动的过程和结果不一定被思维主体所意识。一些思维运动的过程和结果可以被思维主体所直接意识，另一些思维运动可以被思维主体所间接意识，其余思维运动则无法被思维主体所意识。就像光线一样，人们只能看见其中的一部分（可见光），其余部分（红外线和紫外线）肉眼是无法直接看见的。

（6）思维运动不一定能被思维主体支配和控制。其中一部分思维运动受思维主体意志的支配和控制，另一部分思维运动不受思维主体意志的支配和控制。

（7）思维运动因思维主体的思维组织体系的发达程度不同而有低等思维和高等思维之分。低等生物的思维组织体系较低等，具有低等的思维；高等生物的思维组织体系较发达，具有高等发达的思维。

（8）思维现象普遍存在于动物界。思维运动是几乎所有动物共有的一种本能，而不是人类的特能。动物的应激性正是其思维的表现。动物普遍存在着应激性，由此可知，思维现象普遍存在于动物界。

（9）思维是以神经活动为载体，进行思维运动的组织主要是丘脑和大脑皮质。大脑皮质的不同脑叶、功能区与丘脑的相应核团分别构成功能相对独立的功能系统，每个功能系统分别产出样本点亮丘觉进入意识，各个意识之间相互作用形成思维。

从上面九个方面分析，我们将思维分成广义思维和狭义思维两种概念。广义概念指：以神经活动为载体，以主客体相互作用存在及信息为内容的信息输入、加工、输出的广义信息过程，思维的功能是处理信息指导主体的行为输出。本定义从思维的载体、本质、内容和功能四个方面定义思维，借鉴和集中了较多思维定义的优点，也包括认知心理学家对思维的概括，是一种涵盖面较广的概念。狭义思维概念指：以第二信号系统为主要成份的人的心理状态和心理过程，由于第二信号的使用，使思维能间接概括地反映和能动的处理主客体关系。狭义思维是人类区别于其他动物的本质特征。狭义思维与广义思维（等价于心理活动）之间是什么关系呢？狭义思维被心理活动所包容，它是心理活动的一个子集。一般情况下，掌握了第二信号语言系统的人类的心理活动多数情况下就是人的狭义思维活动。

## 二、思维的现实形态

人类思维的现实形态可以分为日常生活思维、科学思维和哲学思维三个层次。

### （一）日常生活思维

人们以为日常生活的思维，一般是简单的、粗陋的、低级的。其实恰好相反，在日常生活中的思维是最复杂、最多样，并且具有高度的复合性。因为日常生活是一个涵盖面相当广泛的概念，它既包括个人的日常生活，又包括如家庭、亲友、社会组织、民族等群体的日常生活；既包括衣、食、住、行等生活资料的消费活动，又包括某些生活资料和某些生产资料的生产活动；既包括人们日常的物质生活，又包括日常的精神生活；既有正式的交往活动，又有非正式、休闲式的个人活动，等。这样，人们在日常生活中，所面临、所思考和所要解决的对象、问题决不是单一的，而必定是多样的、多层次的，不仅有具体感性的生活常识性问题要处理，而且还有关于人生的价值、意义、情感、心理、信仰以及交往关系等一系列不可回避的问题要慎重思考并做出选择。如此多的人群，如此多的问题，就不可能按照同一种思维样式来解决，它必然造成思维样式的多样性。日常生活中的思维活动常具有经验性、形象性、模糊性、情感性和习惯性等多重特征。

### （二）科学思维

科学思维，与日常生活思维和哲学思维的差异主要表现在不同的思维目标、方法和原则等方面。科学思维的目标是完整、准确地认识、把握对象的真面目和变化的内在规律。为了达到这一根本的目的，相应地就利用诸如归纳、演绎等一系列逻辑手段和方法来解析对象，思维活动按照"假说→经验材料的搜集→检验、论证、修正假说→命题、原理→形成理论"的程序推进，在思维活动中遵循着知性认知的种种原则。

20世纪40年代以后，蓬勃兴起的现代科技革命在引起社会生产方式、生活方式变革的同时，也带来了人类思维的巨大变革，剧烈地冲击着一切不适应现时代发展的旧的思维方法，创造着一系列新的科学思维方法。这些现代科学思维方法的创立，主要是通过三条途径实现的：一是深化原有的思维方法，使它更加完善，从而具有现代功能；二是各种方法的移植和杂交；三是创造新的思维方法，这是思维方法变革的主导方面。系统方法、信息方法、控制方法、结构—功能方法、择优化方法等，都是适应现代科技革命需要而创造出来的新的科学思维方法。这些方法都是人们在现代科学研究活动中对客观世界辩证性质的更深刻的反映，它不仅没有偏离辩证思维的轨道，反而在更新的视角和更深的层次上展示了思维方法的辩证性。

### （三）哲学思维

哲学思维的主要特点，就在于思辨性、超越性、高度抽象性、反思性，或最大的综合性、终极性、无限性、超验性和规范性等。"我们称之为哲学的东西，不是以所谓实证科学样式存在的科学。哲学并不是拥有一批并列于其他科学的规范研究领域的实证材料，可以据之进行单独的研究，因为哲学研究整体。但是，这个整体并不像其他任何限定的整体一样，仅仅是包含了它的一切部分的整体"[1]。哲学思维既不同于经验实证性的科学思维，也有别于数学的和纯逻辑的形式科学思维。如果说，经验科学思维是在经验领域或经验空间中活动，它必须始终保持在经验的层面，时刻都必须与经验事实相一致、相符合，从而必须得到经验的不断支撑或证实；而数学、逻辑学等形式科学思维在逻辑领域或逻辑空间中活动，它可以不顾经验内容，或与经验内容相对地、暂时地分离，在纯粹形式空间中运动，那么，哲学思维则是一方面可以在整个逻辑空间中运动，另一方面又必须与经验事实紧密相联接，同时，还要以经验空间为归宿，其结果必须再回到经验世界中去。哲学思维不仅具有了对现实加以认识的认知功能，而且还具有超越性的特点和品质。既然哲学思维是一种形而上思维，那么，其思维对象就不是某一具体的事物，而是指向"思维与存在的关系问题"。思维所要达到的目标是较具体学科更深刻地揭示事物内在的本质和宇宙发展的普遍必然性，并为具体科学提供世界观和方法论。哲学超越具体的科学，并不是脱离具体科学，只是"从形而上学的角度进行思考"，"对有关存在的最基本问题作非任意的、非武断的思考"。黑格尔在科学思维与哲学思维的比较中道出了哲学思维的本质特点。他说，"一切科学方法总是基于直接的事实，给予的材料，或权宜的假设。在这两种情形下，都不能满足必然性的形式。所以，凡是志在弥补这种缺陷以达到真正必然性的知识的反思，就是思辨的思维，亦即真正的哲学思维。"[2]

---

1 伽达默尔.科学时代的理性.薛华译.北京：国际文化出版公司，1988
2 黑格尔.小逻辑.贺麟译.北京：商务印书馆，1980：48

思维的这三个层次在本质上是一致的。它们的区别主要体现在思维活动的"样式"上，即运行规则和特点上。正如黑格尔在区分哲学思维样式与别的思维样式时所说的那样，"哲学思维无论与一般思维如何相同，无论本质上与一般思维同是一个思维，但总是与活动于人类一切行为之中的思维，与使人类的一切活动具有人性的思维有了区别。这种区别又与这一事实相联系，即：基于思维、表现人性的意识内容，每每首先不以思想的形式以出现，而是作为情感、直觉或表象等形式而出现的——这些形式必须与作为形式的思维本身区别开来。"[1]

### 三、思维发展的模式

探讨思维的本质，除了必须探讨思维的结构，还必须探讨思维的发展模式。那么，思维是怎样发展的呢？皮亚杰等众多的心理学家都认为，思维发展的模式，具有替代性、直线性和单向线的特点，在皮亚杰等人看来，思维的发展必须经历四个阶段：第一，直观行动思维阶段；第二，具体形象思维阶段；第三，形式思维阶段；第四，辩证思维阶段；四个阶段之间的关系，是前后阶段之间相互替代的关系。这种观点，可以叫"替代式的思维发展模式"。对于这种模式，林崇德持反对的立场，并提出了一个颇具特色的思维发展模式，姑且称之为"林崇德的思维发展模式"，如下图所示。

个体发展的早期，直观行动思维占主导地位。后来，随着个体的再发展，直观行动思维，既可能让位于具体形象思维，也可能转化为动作逻辑思维。[2]随着个体的进一步发展，具体形象思维既存在向抽象逻辑思维发展的可能性，也存在向形象逻辑思维转化的可能性。此外，在抽象逻辑思维、形象逻辑思维和动作逻辑思维之间，也都存在相互转化的可能性。因此，各种思维形式之间的关系，并不是简单的替代关系，而是替代与共存辩证统一的关系。所以，林崇德在其教学实验中提出，必须重视各种逻辑思维的发展。这就是说，在教学实践中，既要发展学生的抽象逻辑思维，又要培养他们的形象逻辑思维和动作逻辑思维，任何一种逻辑思维能力都不可偏废。

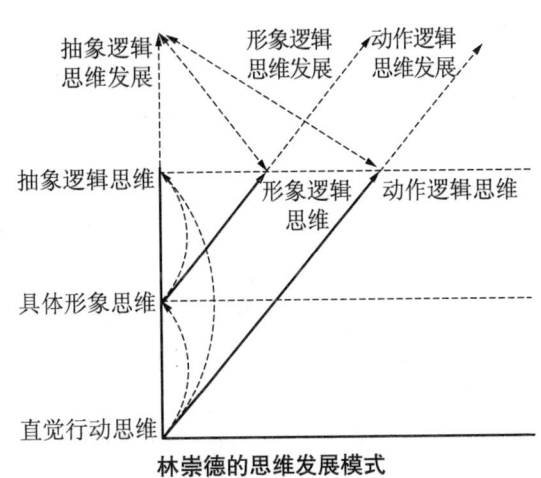

林崇德的思维发展模式

### 四、思维的类型

#### （一）思维类型的五种观点

什么叫思维类型？学术界尚无一个得到大家公认的确切的定义。但大家都在使用这个概念，区别在于所赋予的内涵不尽相同。譬如，有模式、图式、方法、方式、模型、结构、框架等许多种含义。我们采用"类型"一词，从认识论的角度，主要把思维类型看作是人的具有结构及功能特点的思维定势、思维运行模式、思维风格和思维策略的总和。

何克抗在"创造性思维理论——DC模型的建构与论证"中论述，由于我们对思维的本

---

1 黑格尔.小逻辑.贺麟译.北京：商务印书馆，1980：38
2 林崇德.思维心理学研究的几点回顾.北京师范大学学报(社会科学版),2006(5)

质属性有不同的认识，对思维的分类也有不同的见地。第一种观点认为，人类思维的基本形式只有理性（逻辑）思维一种，感性思维和其他思维形式都是次要的，甚至根本否认感性思维的存在。例如，汪安圣把思维看作是运用概念，进行判断、推理的过程，显然，作者只是把思维看作是"运用概念、进行判断、推理的过程"，也就是仅指逻辑思维。

还有一些专门讲授思维心理的教材中你看不到有关感性思维的论述，即使承认感性思维的存在，却极力贬低感性思维的作用。例如，杨玉辉认为，"感性思维只能实现对各种具体、特殊事物此时此地情况的认识和把握……，不能脱离具体特殊的事物，不能超出对具体、特殊事物现在的认识，不能由个别特殊走向一般，不能由现在走向过去和未来，也不能由此达彼，最终无法达到对事物本质和规律的把握。"只是"概念思维的初级阶段"。这种观点虽然也承认有感性思维，但是实际上只把感性思维看成是逻辑思维的附庸，否认感性思维是人类思维的主要形式之一，所以仍可归入到第一种。

第二种观点也认为人类思维的基本形式只有一种，但不是理性（逻辑）思维，而是感性思维（视觉思维）。这种观点的代表人物是国际美学大师、艺术心理学的奠基人、哈佛大学著名教授阿恩海姆（Ruddf Arnheim）。他认为，思维的基本材料是表象，而不是人们通常所说的概念或语言。"语言只不过是思维主要材料（表象）的辅助者，只有清晰的表象才能使思维更好地再现有关的物体和物体之间的关系。"[1] 他还认为，"对事物的整体结构特征的抽象把握，乃是知觉和一切初级认知活动的基础"，而在知觉中最为重要的又是视知觉，因为视知觉的很大优点"不仅在于它是一种高度清晰的媒介，而且还在于这一媒介能提供关于外部世界中各种事物的丰富信息。"视知觉还能灵便地"为意识随意利用"。阿恩海姆以大量的事实证明了视知觉本身已具有认识能力、理解能力和一定的问题解决能力，即已具备了思维的功能，所以视知觉并不低级，相反它是人类思维的一种最基本形式。在此认识的基础上，阿恩海姆首次提出了著名的"视觉思维"概念，在他看来，人们看到一种形象（不管是知觉形象，还是内心表象），就有了抽象活动；而每当人们思考一个问题时，都有某种具体形象作为出发点或基础。按照常识，思维之所以是思维，就在于它是通过一般普遍性的概念进行的；表象之所以是表象，就在于它是个别的和具体的。假如这个别表象进入思维中，就会干扰概念的一般普遍性。如上所述，人们在思考问题时，总要有某种具体形象作为基础，因此，在阿恩海姆看来，这样的思维就既不是纯粹的感性思维，也不是纯粹的理性思维，而是视觉思维。

第三种观点认为，可以把思维划分为直觉动作思维、具体形象思维和抽象逻辑思维。这是目前心理学界和社会人群中比较流行的观点：[2] 直觉动作思维指依据实际行动来解决具体问题的思维过程。3岁前的幼儿只能在动作中思考。例如，幼儿利用掰手指来数数，就是典型的直觉动作思维。具体形象思维指人们利用头脑中的具体形象（图式）来解决问题的思维过程。例如，解几何题的时候，在头脑中设想出一张图，做了辅助线之后会如何，这样的思维就是形象思维。这种思维形式主要表现在3～7岁的学龄前儿童身上，他们更多地是运用形象思维解决问题。艺术家、作家、导演、设计师等的形象思维也非常发达。抽象逻辑思维是指运用言语符号形成的概念来进行判断、推理，以解决问题的思维过程。例如，科学家进行科学推理，学生学习科学文化知识等，都需要运用抽象逻辑思维，它是人类思维的典型形式。这三类都是人类思维的基本形式，但在3岁以前的幼儿中主要是"直观行动思维"（或称

---

[1] 杨玉辉.揭开大脑和意识的奥秘棄脑的工作原理与意识的脑机制.重庆：西南师范大学出版社，1996
[2] 朱智贤，林崇德.思维发展心理学.北京：北京师范大学出版社，1986

"动作思维"），这种观点对理性（逻辑）思维的看法与第一种观点基本相同，即都认为这是"运用概念，进行判断、推理的过程"，虽然理性（逻辑）思维也要依赖动作和表象，但这种思维的主要材料是概念。理性（逻辑）思维又分形式逻辑思维和辩证逻辑思维两种：前者具有确定性并反对思维过程本身自相矛盾；后者则具有灵活性并强调反映事物的内在矛盾。两者既有区别，又有联系：辩证逻辑思维是在形式逻辑思维基础上逐渐发展起来的，它属于理性（逻辑）思维的高级阶段。不应把二者对立起来，而是应当相辅相成。关于感性思维，第三种观点认为，其特征是以表象或意象作为思维的主要材料，并可按其发展程度的高低划分为具体形象思维和一般形象思维这样两个不同的阶段。

第四种观点认为，人类思维的基本形式除了形象思维（感性思维）、逻辑思维（理性思维）以外，还应包括创造性思维。这种观点的代表是我国著名科学家钱学森教授。这里应当说明的是，钱老在20世纪80年代初期和中期所发表的文章中，曾经主张把人类思维的基本形式（或基本类型）划分为形象（直感）思维、理性（逻辑）思维和灵感（顿悟）思维三种，后来在1995年6月28日致杨春鼎教授的信中，钱老指出："思维学是研究思维过程和思维结果，不管在人脑中的过程。这样我从前提出的形象（直感）思维和灵感（顿悟）思维实是一个，即形象思维，灵感、顿悟都是不同大脑状态中的形象思维。另外，人的创造需要把形象思维的结果再加逻辑论证，是两种思维的辨证统一，是更高层次的思维，应取名为创造性思维，这是智慧之花！所以（应）归纳为逻辑思维、形象思维和创造性思维。从前提过的'社会思维'、'特异思维'等皆（属）不同脑状态下的思维，仍不出以上三种基本类型。"[1]

第五种观点认为，根据辩证唯物主义的认识论与时空观推断出，人类思维应当具有空间思维和时间思维两种基本形式。前者用于对事物运动状态的"空间结构特性"做出概括与间接的反映；后者则对事物运动过程的"时间顺序特性"做出概括与间接的反映。[2] 空间思维基本特点就是既要从整体上去把握事物的基本属性即事物在空间的存现形式与性质（这重要通过反映事物属性的空间视觉表象去把握），又要从整体上去把握事物之间内在联系即空间位置及组合次序等结构关系（这主要通过反映事物之间结构关系的空间视觉关系表象去把握）。时间思维的基本特点就是要从一维线性的时间轴去把握事物运动过程的本质属性，而建立在语言基础上的逻辑思维正好最适合这种需求，具有一维、线性的特点，最适合反映具有顺序性、持续性的运动变化过程，所以，应当把它称之为"时间逻辑思维"或"线性逻辑思维"，其简称则为"逻辑思维"。

由以上介绍可以看出，第一种观点是强调和突出理性（逻辑）思维，第二种观点是强调和突出感性思维（视觉思维）。第三种观点把思维划分为直觉动作思维、具体形象思维和抽象逻辑思维，从思维发展理论角度来看，并无过错，但从测量学角度，有两个问题不好解决：一是难以操作，直觉动作思维是3岁前的幼儿特有的思维，作为幼儿特有的思维测量是可以的，但是作为普适性的测量，就不好操作了；二是不全面，人类思维并不仅仅停留在直觉动作思维、具体形象思维和抽象逻辑思维这三个层面上，这三个层面都属于一般性思维，还有更高层面的，即重新组织已有的知识经验，提出新的方案或程序，并创造出新的思维成果的创造性思维活动，这是目前最为广泛的测量对象。第四种观点对形象思维和逻辑思维的看法与第三种观点基本相同（对二者并重），只是在原有两种基本思维形式的基础上又增添了创

---

1 杨春鼎.形象思维学.合肥：中国科学技术大学出版社，1997
2 何克抗.创造性思维理论——DC模型的建构与论证.北京：北京师范大学出版社，2000

造（性）思维。关于创造性思维尽管在心理学界早就有人提出过，并作过认真的研究。例如早在1945年沃拉斯（J.Wallas）就提出了著名的创造性思维过程的"四阶段模式"；到了20世纪60年代吉尔福特（J. P. Guilford）又对创造性思维的特征进行了认真的分析归纳，产生过较大的影响。但是以往总是把创造性思维看作是少数杰出科学家、发明家和艺术家的"专利"，一般人没有资格问津。因此过去对创造性思维，大多是作为少数天才人物或超常儿童的特殊思维现象来进行探索。第五种观点根据辩证唯物主义的认识论与时空观推断出，人类思维应当具有空间思维和时间思维两种基本形式，应该说，这是比较新颖的分类。按照辩证唯物主义观点，客观世界是物质的，并且物质总是处于运动变化之中，运动是物质的根本属性，而空间与时间则是运动着的物质的存在形式，自然和社会中的各种各样具体事物只是物质的各种不同形态。只是这种分类属经典哲学观点，是从哲学高度所进行的研究，还未被广大心理学界接受，也难以进入思维测量的操作层面。

思维类型按不同原则还有多种不同的分类。比如，按思维构成因素是概念还是图式，可划分为具体感性思维和抽象逻辑思维；按思维内容的创造性可划分为再现性思维与创造性思维；按思维过程的目标指向可划分为发散性思维（即求异思维、逆向思维）和聚合思维（即集中思维、求同思维）；按思维过程意识的深浅可划分为显意识思维和潜意识思维，等。以上各种分类原则皆有其合理性，对于研究思维心理的不同方面也是非常必要的。但是，从思维测量的范畴来考虑思维分类，我们必须掌握两个原则：一是认识论原则，要遵循人类对客观事物运动变化的认识规律，也就是要从哲学的高度来认识思维形式的划分问题。另外，还要从操作层面研究思维分类，目的是为了找出可称为思维活动的典型样组。前面我们已研究，对思维的各种构成要有明确的操作定义，便可以根据它寻找一组作业命题或别的刺激，用以引起被测者的思维外显，进而推论出其思维的水平。思维命题总是和思维分类发生联系。要正确地、可靠地进行科学命题，推论出所要测量的东西，首先得明了思维分类。我们只能凭借思维分类才能确定思维命题的样组。

因此，我们将思维首先分成常规思维和创造性思维两大类，再将常规思维分为感性思维和理性思维

**（二）感性思维和理性思维**

感性思维的基本属性是认识事物现象，因此凡属现象认识的过程都可归属感性思维过程。

感性思维的运动过程是：我们肉体上的五类感官——眼睛、耳朵、鼻子、舌头、皮肤，与世界存在的各种景象——光波、声波、气味粒子、热能、材质等相接触，受到刺激，感官将信息传达至中枢神经进行区分处理，形成了感性信息。实际上感觉虽然是认识客观事物的开始，但它都是通过人体五官接受光、声与其他信号获得对客观事物的认识，这类认识获得的不过是事物表面的现象，并非对客观事物本身真正的认识或本质的认识，是需要借助于理性思维的根本原因所在。但人认识客观事物最终是应用它与改造它，使之为人所用，而产生实性思维。但不管怎么样，理性或实性思维都建立在感性思维的基础上，而且感性思维形式绝不仅仅只有感知印象结构形式，它还包含表象结构形式和图式结构形式。

感性思维是理性思维的基础，它所产生出来的感性信息被挑选整理之后变成经验，为理性思维的概念、逻辑提供了材料，最终成为理论。

理性思维又称逻辑思维，它是人类思维的升华。

逻辑成为一门科学，那是从亚里士多德（Aristotle）开始的，这恐怕怀疑的人很少。我们知道亚里士多德并没有把他的研究叫做"逻辑"，但他明确指出他的研究对象是"三段论"，而这是关于从一个真的前提"必然地"推出一些结论的科学。他的三段论有两种，一是蕴涵三段论，二是归纳三段论。前者我们不必说，后者实际上是一种完全归纳，因而也是演绎性的。因此，亚里士多德意义上的"逻辑"，就是关于"必然推理规则"，或"必然证明或论证规则"的科学。他尽管提到过简单枚举归纳，但并不是从"逻辑"意义上来说的，只是为了和"逻辑'进行对比而从论辩的意义上而言的。

从词源来说：赫拉克利特（Heraclitus）最早使用logos也是指语言中体现的"客观次序"，也是在"必然"意义上讲的。因此，"逻辑"的本义不仅仅是指"推理规则"，而且是指"必然推理规则"。逻辑学和其他学科分科的意义，实际上就在这里。理性思维的形成是这样一个过程：来自感性思维认知世界的感官信息——确定各种世界存在形态的内涵、外延，形成各种各样的概念——运用逻辑的各种方法找出概念之间的关系——形成关于世界存在形态间关系的理论，用以指导实践。

理性思维的贡献极大，使人类从纷繁杂乱的感性信息中找出头绪，是一条寻找世界存在规律的捷径，使复杂的事物变得简洁明晰，它所产生的理论最终发展成为科学，有科学指导的人类行为变得理智、有效，从而形成现代高度发达的物质文明。

感性思维和理性思维具有依存关系。它们的材料即加工对象，都在很大程度上与对方的思维材料相关：基于言语概念的逻辑思维要有形象、直观的事物表象作为内涵，才能使思维内容有血有肉，具有活力；而基于事物属性图式的感性思维也要靠言语概念的帮助与支持，才能使图式具有高度的抽象与概括能力，从而更好地反映事物的本质。可见，这两种思维本身是相辅相成、不可以分割的。理想的逻辑思维应当是具有形象性与直观性的生动的理性思维，而不是像传统观念那样干巴巴的纯理性的与具体事物完全无关的抽象思维；理想的感性思维也应当是具有抽象性与概括性、能反映事物本质特征的高级理性思维，而不是象传统观念那样只具有形象性与直观性（而不具有抽象性与概括性）、不能反映事物本质特征的低级感性思维。换句话说，理性思维和感性思维二者都能反映事物的本质，因此都属于人类常规思维，两者之间并无高级与低级之分，而且彼此相互联系、相互支持，唯一区别只是思维的材料不同而已。事实上，在现实生活中，除了尚未掌握语言的婴儿存在与言语概念无关的纯粹形象思维以外，在成人中理性思维与感性思维往往交织在一起，很难截然分开，只能说其中某一种思维相对起比较主要的作用，即使是专业的艺术家（更多地使用感性思维）和科学家（更多地使用理性思维）的情况也是如此。

**（三）常规思维和创造性思维**

常规思维是指人们根据已有的知识经验，按现成的方案和程序直接解决问题，如学生运用已学会的公式解决同一类型的问题。创造性思维是重新组织已有的知识经验，提出新的方案或程序，并创造出新的思维成果的思维活动。创造性思维是多种思维的综合表现，它既是发散性思维与聚合思维的结合，也是直觉思维与分析思维的结合，它包括理论思维，又离不开创造想象等。创造性思维根据思维活动探索目标的不同方向，可以分为聚合思维和发散性思维两个相互缠绕的环节。聚合思维是指人们根据已知的信息，利用熟悉的规则解决问题。也就是从给予的信息中产生逻辑的结论。它是一种有方向、有范围、有条理的思维方式。发散性思维是指人们根据当前问题给定的信息和记忆系统中存储的信息，沿着不同的方向和角度思考，从多方面寻求多样性答案的一种思维活动。

如本章所述，思维的经典哲学定义为："人脑对客观事物的本质和事物之间内在联系的规律性所做出的概括与间接的反映。"严格说来，这样的定义虽然能涵盖人类的一般思维形式，却还不能把创造性思维包括在内。创造性思维的目的是要创造出前所未有的、有价值的精神或物质产品。既然是"前所未有的"全新事物或全新发现，那就不可能仅仅通过对客观事物的本质或事物之间内在联系规律的概括与间接的反映创造出来。也就是说，除了"概括与间接的反映"以外，还应增加一种"能动的"反映，才能满足创造性思维的要求。这种"能动性"体现在：思维不应受原有事物的局限，思维不应当仅仅是客观事物的被动反映，还应当能动地反作用于客观事物的表象，即思维可以通过对图式的操作引起图式的整合、改造乃至重构，从而创造出全新的事物属性图式或关系图式，在此基础上才有可能创造出前所未有的精神产品与物质产品。

如前所述，感性思维是理性思维的基础，它所产生出来的图式信息被挑选整理之后变成经验，为理性思维的概念、逻辑提供了材料，最终成为理论。图式和概念一旦得以突破，则升华为创造性思维。

## 五、思维的运行过程

### （一）感性思维系统的内部运行

感性思维系统是一个非常复杂的开放性的循环运行的大系统。虽然我们目前对这个大系统的内部了解得还不多，但是我们仍然还是可以看出一些系统内部的基本结构。系统内这些基本结构的工作，就表现为我们的思维。感性思维系统的内部结构及思维的运行过程大略可以作下面这样的描述。

首先，客观物质世界的各种信息作用于人的感官，感官对物质信息中的一部分信息的刺激做出反应（如对 16~20000Hz 的声波、370~740nm 的光波做出反应），并将接受到的信息通过神经细胞传往大脑，引起大脑细胞的相应活动，这样就在大脑中产生了对刺激物的感觉。从各个感官得来的感觉，在大脑里被有机地联系在一起，就形成具有整体内容的知觉。感觉和知觉是人脑通过感官对客观世界的直接联系，是人脑对客观世界的反映，同时也是人认识的开端，思维的开始。由感觉和知觉组成的感知系统，可以说是思维系统中的第一个基本结构。它将客观的物质信息转化为人的主观感受，完成了思维的第一道工序。

然而客观世界的信息是丰富多彩、十分庞杂的。各种各样的事物发出的信息对感官发生作用，而人的大脑又不能将所有的信息信号都接受进来，于是只能有选择、有重点地接受一部分，将那些不够强、不重要、多余的、无关的信息拒之门外。只有这样我们的大脑才有能力对接受到的信息进行加工整理并将其纳入意识之中。人的大脑通过对客观事物的同化与顺应，建立平衡后，在脑子里就形成一个鲜明的关于那个客观事物的印象。这个客观事物刺激我们的感官后建构在大脑中的印象，能随时活跃，使客观事物的形象在大脑中再现。大脑中再现的客观事物的形象，就是我们所说的表象。可以说，表象就是人脑中客观刺激物留下印象后的主观形象。表象是对印象的概括和重组，人们还可以从对许多个别事物的知觉中抽取某些共同方面形成一般表象，也可以把印象要素任意组合形成虚构的表象，因此有一定的形象性和概括性，但是表象还没有超出感性认识的界限，仍是感性的具体形象。我们的大脑对接受到的表象信息进行整理的过程，大概就是皮亚杰所说的同化与顺应的过程，建立图式与复习图式的过程。这样，储存在大脑里的表象经过处理，就被编码成了模式块或数据集，送入图式结构存储。图式结构就像一个巨大的存储器，能够随时将存储的数据或模块调出，从而在脑中再现客观事物的形象。

从客观事物对感官的刺激留下印象，到大脑中图象的形成，是思维的最基本的第一个阶段，即感性认识的阶段。完成这一阶段思维活动的，是三个联系在一起的基本的思维结构。它们分别是印象结构、表象结构和图式结构。

印象结构接受外界信息并将其转化为内在信号，表象结构将印象结构送来的信号进行处理（或同化，或顺应，或建立新表象，或装进老表象里），送入图式结构存储。需要指出的是：印象结构、表象结构和图式结构是相互交错、甚至是浑然一体、不能分开的，如下图所示。

图式是形象意识的内容，形象思维的要素，有了图式，就意味着有了形象意识，有了对客观事物的感性认识。图式作为人的形象意识，决定着人的形象语言。在图式指导下的人的活动，即使是最原始的唱歌跳舞画画等，也不仅仅是本能的活动，而是表达了形象意识的形象语言。这样，从感官接受客观事物的信息，经表象结构加工，到由图式指导人体发出形象语言，就形成了一个完整的感性的思维循环。毫无疑问，人表现出的形象语言，又成为新的客观事物刺激人的感官，进行再一次的思维循环。就这样，我们在刺激——图式——语言——再刺激——再图式——再语言的循环中进行着感性的思维，增加着感性的认识。

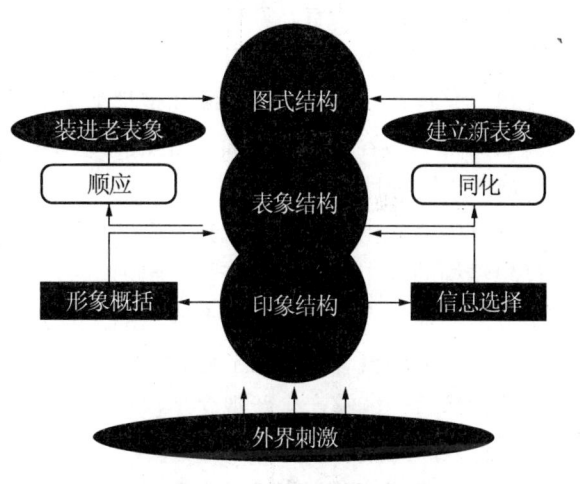

感知结构、表象结构和图式结构

关于思维活动中的表征问题，布鲁纳等（Bruner, R. Olver, P. Geenfield, 1966）曾经指出，内在的思维活动包括对动作图式、知觉图式和言语图式的操作。这些图式都不是直接存在的事件或物体，而是这些事件或物体的表征（其中言语符号表征是最高级的）。

**（二）思维的循环运行的大系统**

人类最早的思维都是建立在图式基础上的，图式是不断生发的，而原生态的图式来自遗传。皮亚杰（Jeah Piaget）认为，"任何图式都没有清晰的开端，它总是根据连续的分化，从较早的图式系列中产生出来，而较早的图式系列又可以在最初的反射或本能的运动中追溯它的渊源。"因此，人的认识图式不是一成不变的，它有发生和发展的过程。主体所具有的第一个图式是遗传获得的图式。以这一图式为依据，儿童不断和客观外界发生相互作用，在这种相互作用中，非遗传的后天图式逐渐从低级阶段向高级阶段发展，这也就是图式的建构过程。皮亚杰把认识图式的发展过程称为主体的建构（construction）。在皮亚杰看来，客体只有通过主体结构的加工改造以后才能被主体所认识，而主体对客体的认识程度完全取决于主体具有什么样的认识图式。就这一意义而言，皮亚杰客体结构是主体建立的。随着主体认识图式的发展，对客体的认识也不断深化，皮亚杰把这个过程称为客体的建构。认识的发展实际上就是通过活动使主体和客体发生相互作用，在相互作用中进行主体和客体的双重建构。

图式不仅是形象思维的内容，而且也是理性思维的基础。理性思维中的概念，就是在图式的基础上形成的。图式经过抽象概括等加工过程，将那些个别的非本质的不重要不突出的东西去除掉，把事物特有的普遍的重要的本质的属性突出出来。这些保留着事物本质属性、重要特点，又十分简要、概括、抽象的图式，就是概念。概念一旦形成，人的思维活动就进入了理性思维的范畴，开始了逻辑思维活动。从图式到概念，是思维的飞跃，它标志着一个更高级的思维形式已经开始。完成从图式到概念的转换的思维结构，我们称它为抽象结构。这是一个从感性思维升级为理性思维的关键性思维结构。

抽象结构将图式抽象为概念，人的思维就进入了逻辑思维的范畴。最先由图式形成的概念是模糊而粗糙的，只是比图式有所进步，更简单更概括更容易表达。但概念毕竟不再是图式，它要比图式高级得多，并有质的不同。由概念而表现出来的语言也不再是形象语言，而是符号性质的抽象语言，即符号语言了。有了概念就更容易进行比较，进行分析，进行综合和概括，使原来不太显露的自然客观规律，能够在更容易的比较、分析和概括过程中显露出来。也就是说，有了概念，判断和推理就显得方便、容易和准确。人们对自然规律的认识和掌握也变得更加容易更加准确。自然而然，人们的能力也得到了提高，人们变得比以前更聪明更能干也更理性。

人脑中最先由图式抽象概括得来的概念一般来说还是比较粗糙的，这些粗糙的概念再经过逻辑结构的加工，就可以变得更精细更准确，更符合客观事物的本质属性。逻辑结构是人脑中概念的加工厂，粗糙的概念经它加工后就会变得准确精致，模糊的概念经它加工后就会变得清晰，旧的概念经它加工后就会变成新的概念等。总之，逻辑结构通过对概念进行判断推理等运作后，能够产生新观念新认识，使人们对世界的掌握与认识更全面更精细。逻辑结构是现代人的主要思维结构，也是现代人最核心的思维结构。

概念是人类意识的核心内容。它不但能通过符号语言表现出来，再作用于人的感官，完成人类思维的大循环，而且能直接通过一个与抽象结构有相反意义的思维结构——想象结构还原成或塑造成图式。为了与从客观事物刺激感官得来的图式有所区分，由概念通过想象结构得到的图式，我们一般不再叫图式，而叫意象。意象虽然也是一种图式，但它却是通过概念的想象得到的。这其中有逻辑思维的成果，是人类伟大的创造力的体现。发明家、艺术家、工程师等的发明创造，往往就是他们头脑中意象的实现，是他们意象创造的结果。

想象结构和抽象结构是人脑中形象思维和抽象思维之间联系的桥梁。抽象结构将形象思维的核心内容——图式转化为概念，实现形象思维到理性思维的转化；而想象结构却正相反，它将抽象思维的核心内容——概念转化为意象，完成由抽象思维到形象思维的回复。就在这一往一复之间，人的思维又向前跨进了一大步，构成了一个内在的向前发展的循环。这个内在的向前发展的循环就是创造性思维结构，是人类思维的核心系统如下图所示。

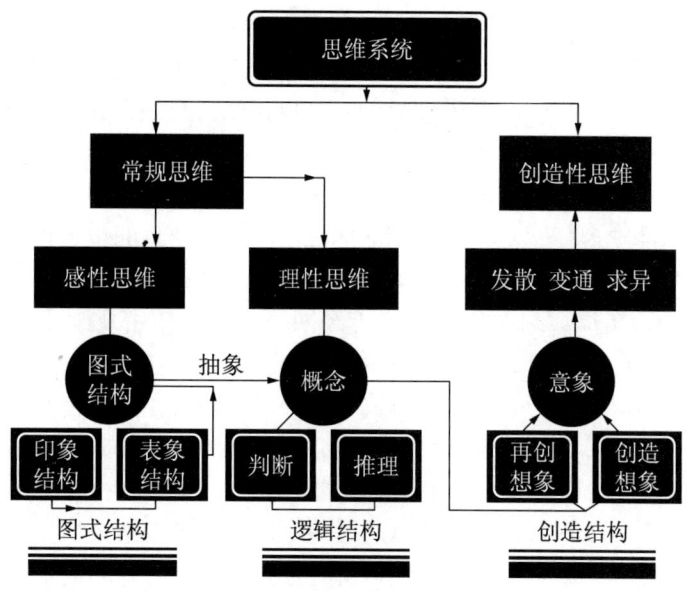

**思维的循环运行的大系统**

我们认为，思维就是这样一个有语言外壳，有历史进程，有现实形态，有物质器官，有逻辑结构、图式结构和创造结构的运动着的大系统。在这个运动着的大系统中，逻辑结构和图式结构是两大支柱性核心结构，分别支撑着逻辑思维和非逻辑思维，亦即理性思维和感性思维。逻辑和图式结构的共同作用，就构成了我们今天人类思维的核心系统——创造性思维结构特征。

从以上简单的描述我们可以看到，在意识领域，我们的思维系统不但是开放的，而且是循环的，并且由三个不同的循环系统组成。第一个是感性的开放的思维循环，这个思维循环为我们提供感性认识。第二个是理性的开放的思维循环，这个思维循环是建立在感性思维基础之上的，为我们提供理性的认识。第三个是创造性的思维循环，这个思维循环将感性与理性融合在一起，突破创新，它是被称为人类特有的高级思维循环。这三个思维循环系统的有机结合，就构成了人类的整个思维系统。

## 六、人类思维的加工机制

我们认为，一般情况下，狭义思维与广义思维的信息在加工机制上是相同的，即是"人脑以神经活动为载体的信息输入、加工、输出的过程"。因此，人类思维信息没有独立于广义思维信息之外或之上的独立的信息加工机制。人类思维不是一个独立的层次。另行寻找这一层次规律或机制的努力是徒劳的。

### （一）实体信息和非实体信息

信息从感觉系统进入大脑皮层后，兼具实体和非实体信息两种性质[1]。

人类思维信息作为非实体信息在大脑中的运动目的可以大致分成三个方面：一是产生外显行为反应，二是产生记忆，三是产生情绪。作为第一个目的，信息可以按感觉系统中的相同机理在大脑皮层中运行。输入信息在大脑已经建立起来的神经网络系统中按照一定的路径

---

1 何克抗.创造性思维理论——DC模型的建构与论证.北京：北京师范大学出版社，2000

通过特定的神经子网络系统进行映射处理（即信号有序地流过该子网络系统），然后输出相应的特异化的信息指令到随意运动系统中，产生相应的行为反应。第二个目的是产生记忆，记忆并不是生命在生存过程中的终极性目的，所以记忆自身还存在目的，其目的是使得生命主体在未来能够（在外来信息刺激下）做出更好的行为反应。要想产生更好的行为反应，只需具备结构更好的神经网络联系，结果就可以实现其终极目的。现实中信号在神经元间流动就会自动地产生或加强突触联系，建立或加深记忆。第三个目的也可以认为只是信息过程的结果，心理学实验发现，情绪反应与记忆效果及与对外来信息的反应能力之间存在高度相关性，所以可以认为情绪反应具有影响建立神经网络联系的作用及改变函数 $U(t)=F(X_1, X_2, X_3, \cdots)$ 中某些影响因素的作用，这种作用具有一定的控制性质。

作为具备实体信息能力的要求，大脑皮层应该能够随时在外来信息刺激作用下迅速发出恰当的指令，支配随意运动系统做出恰当而又必要的行为反应，同时还要求大脑皮层能够主动地建立新的更好的神经网络联系系统（即新的记忆）。这两种要求都是对神经网络系统提出的，前者要求具备一个达到一定功能状态的网络，后者要求网络可达到的功能不断提升，以适应更高的要求。前者是已有记忆的再现，后者是新的记忆内容的增加。记忆的建立存在主动和被动两种形式，在信息以非实体信息性质运动的过程中，神经元之间会自动地产生突触联系，建立起被动性质的新的记忆；人们还会以记忆某些特有信息关系（即知识）为目的，反复输入知识信息对应的信息内容，使得大脑皮层能够按被动记忆同样的机理产生主动记忆。主动输入知识信息的过程就是学习过程。

神经解剖学和神经生物学已经证实，经常受到外来信息刺激的高级动物的神经网络系统比对照组的发达，突起数量和突触数量明显多出很多；神经元的突起会在某些信号的引导下向正确的靶方向延伸。所以"在刺激信号的作用下相应的神经元的突起会延伸发展并建立突触联系"这一现象是毋庸置疑的事实。人类的深度交流就是由种种心灵信息构成。人与周围环境存在大量的信息交流。思维信息反映了信息系统的最高水平。从这一点分析，思维的形式和内容都影响着人的神经网络的通道和内在关联的质量。

突起延伸必然受到外界环境中各种相关物质的引导。谢志平先生为此假设，新的神经通道由两部分内容组成，一是突起要向正确的方向延伸，二是通过突起延伸已经走到一起的突起之间建立新的突触联络。据分子神经生物学介绍，虽然生长锥在前伸，但很多表现活动都是后退的，同时，膜波纹及其附着颗粒都是由生长锥前缘向后运动的。由此可推断，在肌动蛋白微丝向生长锥中心移动的过程中必然给生长锥中心带来了许多物质内容，这些物质内容是使得微管稳定长出新突起必不可少且不能通过轴浆运输的。另一方面，通过轴浆运输到生长锥中心的物质必然无法独立构成突起生长的充分条件，还必须加上生长锥送来的物质才能构成充要条件。在非胚胎期，突起的生长锥由什么物质引导向什么方向延伸呢？在神经元处于静息状态时，神经元膜处于极化状态，不难证明，处于极化状态下的脂质双层膜对带电荷（无论正负）物质的通透性必然相对较低。相反，当神经元处于去极化状态，膜两侧的电位极化状态会产生减弱、消失、极性翻转等变化（局部电位在胞体和树突内的被动电特性也能使得膜电位减弱），这些变化都改变带电物质的通透性，使得通透性大大提高。如果这些带电物质（或者神经元去极化释放的神经递质）就是引导另一神经元突起的生长锥前行的物质信号，那么生长锥的延伸方向就必然指向该正在进行去极化的神经元。如果建构新突起所需的部分带电物质必须从生长锥中心附近的神经元膜表面吸收（或者生长锥的表面膜也存在极化问题），那么神经元自身的去极化就能够提高这些物质的吸收能力，使得新突起在去极化时相对生长得更快。于是，如果两个正在同时去极化的神经元排出和吸收的物质在突起延伸时正好互补，那么，它们就必然会在同时去极的过程中相互伸展各自的突起。同理，建立突触也同样需要双方去极化过程中产生的物质成份（这些成份在神经元外的扩散性较差，只有两个突起碰到一起才能有效地相互扩散和吸收）。记忆的要求是把相关的事物联系起来，在同时去极化的过程中相应需要连接的神经元就能依靠相互提供的物质延伸突起、建立突触、产生新的网络通道。这就是在神经系统中不断产生新的记忆完善神经网络系统的生理基础假说。这一假说可以通过特殊的实验进行检验，也可以通过生物化学进行判断。如果这一假说能得到完全肯定，那么生命的奥秘就已经解开了多半。

### （二）思维活动的信息

思维活动的信息有以下五个方面内容。

#### 1. 思维活动的信息输入

思维信息输入是人脑进行信息加工的起点，不建立信息输入的相关模型无法具体讨论思维活动的信息加工问题。信息输入就是指以人的感官和大脑的神经活动为载体以反映主客体关系存在为内容的信息对人心理系统的作用。信息输入是由神经冲动输入所负载的。思维信息输入与注意机制有关。注意是用于调控信息输入的一种输入至输出反应，是指向自身信息输入窗口的调控过程，其功能是选择信息、切分信息、压缩信息。注意对信息的选择按max择大原则自动进行。显意识知觉的信息是经中枢注意选择的信号较强者。

#### 2. 思维活动的信息编码

思维信息编码是人脑进行信息处理的基础，无论是信息通讯、存储、转换和利用都离不开信息编码和解码问题。信息编码就是指将信息与某种载体以特定方式结合在一起使之变成载体与信息结合的信号的过程。而解码则是信息从载体剥离出来的过程。思维信息编码有物理、化学、神经活动的信息编码的普遍性与多样性。思维活动的信息编码涉及分子水平编码、神经元水平编码和神经元网络关系的信息编码。思维活动信息编码有多通道、多水平、多类型问题。较底层次的是感官水平的信息编码，较高层次的是中枢的信息编码。

#### 3. 思维活动的信息存储

思维信息存储是心理学信息加工理论的核心问题之一。信息以什么方式存储于大脑中将决定信息的检索提取和输出。输入大脑的信息按时间相关性原理存储，即同时或继时呈现于大脑中的信息捆绑在同一记忆结构中，长时记忆以功能离散的单位化的形式存贮于人脑系统中。记忆的信息负载于多种通道多种载体的多种水平之上。

#### 4. 思维活动的信息激活

思维活动的信息激活是大脑信息加工过程的重要组成部分。没有思维信息的激活谈不上输入信息与记忆信息之间的相互作用，信息激活的状态决定心理活动特定时刻的输出，离开信息激活的描述就不能建立整体的心理活动信息加工模型。凡内容相同或相似的心理状态及相应的记忆单元之间，表现为知、情、意、需要、兴趣、动机、气质、能力、性格等具体心理活动内容的相同或相似单元之间具有相互激活的关系。这叫心理状态信息的"共鸣激活"原理。

5. 思维活动的信息输出

思维信息输出是思维活动信息加工的重要组成部分，存储于大脑中的信息要用于指导人的行为就必须从记忆系统中检索和提取出来，信息输出是信息利用的前提。思维活动信息输出是按竞争的择大机制进行，信息输出的反馈与人的显意识知觉的关系密切。

能否对心理和思维活动的总体特征做出科学的判断，关系到思维信息加工模型建立的成败。思维现象是开放复杂巨系统现象，思维现象具有整体性突现特征，思维现象不能还原为心理要素的线性加合。由于心理状态间的非确定性决定了思维过程近似于马尔可夫过程即时变现象这一非线性动力学过程。

# 第2章 思维测验技术

在构建思维测量新模式时，我们有必要回顾经典测验理论。经典测验理论经过几十年的摸索，在20世纪50年代便形成了一套相当完整的理论体系。布朗（F.G.Brown）认为："所谓测验，乃是对行为样本进行测量的系统程序。"[1] 此处系统程序是指测验在编制、实施和评价等方面都依据确定的规则。本章据此从测验的编制、测验的实施、测验的信度与效度三方面展开。经典测验理论并不是测量的终点，相反，有许多问题还值得我们反思。在这一章，我们将对经典测验理论的三个构成进行分析和批评，为构建思维测量新模式奠定理论基础。

## 第一节 测验的编制技术

经典测验对测验的编制提出了一系列具体实用的统计分析方法，这些方法在实际测量工作中产生了巨大影响，至今仍然在使用。林崇德教授在本书序言中强调："在制定测量标准和使用量表时，应借鉴心理测验的成功经验。特别注意在标准化、专业化、量表化等方面满足测量学的基本要求。"经典测验的编制技术是思维测验的基础，是思维学工作者应关注的问题。经典测验的编制是一个复杂的系统，其中比较重要的是选题的编制及命题分析等方面的基本技术。

### 一、测验的编制

编制测验的具体方法，根据测验的性质及用途的不同而不同。但由于测验原理大体相同，在编制过程中有其共同规则和程序。首先要明确测量的功能。是思维能力还是思维样式？如思维样式是由诸要素构成具有多层次性的功能结构体，它的性质及其变化、发展的状况直接受制于构成思维样式的各要素的特点以及各要素之间的关系特征。因此，在初步确定思维样式的结构之后，必须再对构成思维样式的各要素作一一分析，以使对思维的要素与结构获得更完满的认识。其次明确测量对象。编制测验前要明确所要测的对象是个人还是团体，受测者的年龄、性别、智力及文化水平、社会地位等。一般思维量表分为两种，一种为成年人所使用，一种为儿童所使用。如不分年龄，随便使用一种问卷，就很难得到可靠的结果。再次要明确测量用途。即所编制的测验，是用于解决什么问题。是为招聘人员还是检查人员应变能力？是选拔、诊断之用，抑或作为评价或分类之用？目的不同，编制测验的取材范围及难度也就有所不同。

此外，还要确定测验所要探讨的具体内容以及每种内容所占的比重。往往在一个测验

---

[1] Brown, F.G.: Principles of Educational and Psychological Testing, Holt, Rinehart and Winston, 1982

中包括很多分测验。每个分测验又包括有自己的测验内容。例如韦氏根据智力结构模式设计出包括两大类，一为言语测验，一为操作测验的智力测验。每一类中又有数个分测验，共有十一个分测验，其内容包括知识的保持、理解力、判断力、推理能力、概括能力、注意力、记忆力以及对空间和情景的分析综合能力，这就是测验的具体内容。

已经明确了测验的内容，就要进一步根据这些内容进行命题和选题。例如，哪些命题可以反映一个人的应变能力，哪些命题可以反映出一个人的理解力，哪些命题可以反映出一个人的思辨力，哪些命题可以反映出一个人的创造力等。命题和选题是否恰当，直接影响测验的好坏。有关命题和选题，可根据思维样式对号择取相应的命题类型，如作业命题、情境命题、投射命题和自陈命题。这四种命题法又可以分别派生出一些子项，如作业命题法可派生出经典逻辑关系命题、数量关系命题、语言文字命题、图案推理命题等。

编好后可在小范围试用，检验此量表的信度、效度，初步确定此量表是否可用。然后再在较大的范围内试用。除进一步检验其信度、效度外，还要进行命题项目分析，将区分度不高的项目删除。

## 二、命题分析

命题分析，就是检验测验中各个命题项目的好坏。因为一个好的测验，其中每个项目必须有较高的区分度及适当的难度。否则不能算是一个优秀的测验。命题项目的分析包括检验测验中每个项目的应答率、难度及区分度。[1]

通过预测，对测验的各个命题项目或子项目进行分析，是编制和修订测验的主要环节。广义说来。命题项目分析既包括定性分析，也包括定量分析。定性分析主要回答测验是否具有内容效度，定量分析的主要指标是难度与区分度。

### （一）命题指标分析

命题指标是对被试群体的成绩分析，经常使用的测量指针有平均分和标准偏差。

1. 平均分数

平均分数是用得最多的一种集中量数。所谓集中量数是指反映分数集中位置这个特征的数值，它代表一批分数，反映一批分数的典型情况，因此常用它进行不同分数组之间的比较。集中量数的形式有多种，如算术平均数、中位数、众数等。算术平均数则是最常用的一种。

设一组分数分别用 $X_1, X_2, \cdots, X_n$ 表示，则这组有 $n$ 个分数的分数组的平均分为：

$$\overline{X} = \frac{1}{n}(x_1 + x_2 + \Lambda + x_n)$$

2. 标准差

对于一批分数，除了要了解它的集中量数外，还应了解它的差异量数，即分数的分散程度或离散程度。差异量数的形式也有多种，标准差是最重要的差异量数。若有 $n$ 个分数 $X_1, X_2, \cdots, X_n$，这组分数的标准差定义为：

---

[1] 宋维真，张瑶.心理测验.北京：科学出版社，1987

$$S^2=\frac{1}{n}\sum_{i-1}^{n}(x_i-\overline{x})^2$$

$$S=\sqrt{\frac{1}{N}\sum_{i-1}^{n}(x_i-\overline{x})^2}$$

## （二）难度分析

有两种评估办法。一种为以被试者完成每一项目的平均时间来估计难度；一种为以被试者答对或通过每个项目的人数百分比来估计。思维测验多用后者作为难度指标，即以通过率作为难度指标。计算方法可由下面公式表示：

$$P=\frac{R}{N}\times 100\%$$

式中：P= 项目难度（通过率）；N= 全体受测者人数；R= 答对或通过该项目的人数或在答案方向上同样回答的人数。

例如思维测验项目中的选择题，通过则记 1 分，错误则记 0 分。对这类得分的项目，就可用以上公式。如果备选答案为数个，则可用一个难度校正公式再加以校正。

$$CP=\frac{KP-1}{K-1}$$

式中：CP= 通过率（校正后）；P= 实得的通过率；K= 备选答案。假定一个项目有 75% 的被试者通过。若此题有 5 个备选答案，则

$$CP=\frac{5\times 0.75-1}{5-1}=0.69$$

用同样的方法，当有 4 个备选答案、3 个备选答案及有 2 个备选答案时的通过率。

由于选择题允许猜测，所以通过率可能有很大的偶然性。备选答案的数目越少，偶然性的影响越大。为了平衡偶然性对难度的影响，吉尔福特提出了上面的公式，对难度（通过率）加以校正。

通过率达到百分之几的项目为有意义的呢？这取决于测验的目的、项目的形式以及测验的性质。在教育工作中，对被试成绩的检查，可以不考虑难度。只要主试认为项目内容包括了被试已学的知识与技巧就够了。如果测验用于选拔，应该比较多地采用那些难度值接近录取率的项目。例如：要招收百分之四十的申请者，最理想的项目难度应在 0.40 左右，如果我们要把全体被试者做最大程度的区分，则 0.50 左右的难度更合适。通过率为 0 % 与 100% 都作为无辨别性项目，应删去。

## （三）区分度分析

区分度即鉴别度，是指测验项目对被试者的区分程度或鉴别能力[1]。计算区分度的方法有多种，用得比较普遍的一种方法是两端分组法。它是比较得分在高、低两端的受试者通过该题目的比率。假设 $P_H$ 和 $P_L$ 分别为高分组和低分组通过某个题目的百分比，则下式提供了该题目的区分度的指标：

$$D=P_H-P_L$$

式中：D 是区分度指数，D 的值在 –1 和 +1 之间。D=+1，表示高分组全部答对，而低分组全都答错；D=–1 则与上面的情形相反，低分组的全部答对，高分组的却全都答错；D=0，则表

---

[1] 宋维真，张瑶.心理测验.北京：科学出版社，1987

示两个分数组的通过率相等。一般认为，D 在 0.4 以上就非常好了。

上式也可表示为：

$$D=\frac{R_H-R_L}{n}$$

式中：$P_H$ 及 $P_L$ 分别表示高分组和低分组通过该题的人数；$n$ 为每组的人数。

显然，两个组越是处于极端，二者之间的差异越是明显。但很极端的分组（例如最高 10% 和最低 10%），由于每组的人数太少，会降低结果的可靠性。有人证明，在常态分布中，高低分的分组最佳点是上下 27%，以此为分界点，既可以使两个对比组间的差异尽可能大，又可使两组人数尽可能多。当分布比常态曲线更平缓或更陡时，最佳分界点可比 27% 稍大或稍小些。当被试的人数不太多时，分界点可取 25%～33% 之间的任何数字，若被试少于 100 人，甚至可用 50% 作分界点，把上下各半作为高分组和低分组。

求项目区分度的相关法主要是二列相关。二列相关适用于两个可以连续测量的变量，但其中有一个由于某种原因被分成两个类别，通过或不通过，及格或不及格。

$$r_b=\frac{X_p-X_q}{S_t}\cdot\frac{p_q}{y}$$

或

$$r_b=\frac{X_p-X_t}{S_t}\cdot\frac{p}{y}$$

式中：$X_p$ = 二分变量中高分组 $x$ 值的平均数；$X_q$ = 二分变量中低分组 $x$ 值的平均数；$X_t$ = 所有 $x$ 的平均数；$S_t$ = 所有 $x$ 的标准差；$P$ = 高分组人数与总人数之比；$q$ = 低分组人数与总人数之比即 $1-p$；$y=p$ 与 $q$ 交界处正态曲线的高度。

二列相关系数 $r_b$ 显著考验用下面的公式：

$$Z=\frac{r_b}{\frac{1}{y}\cdot\sqrt{\frac{pq}{n}}}$$

这里 N 为总人数，其作符号与上同。

点二列相关：此相关适用于一个变量为连续变量，另一变量为二分变量。通用公式如下：

$$r_{Pb}=\frac{x_p\cdot x_q}{S_t}\sqrt{pq}$$

或

$$r_{Pb}=\frac{x_p-x_q}{S_t}\sqrt{\frac{p}{q}}$$

## 三、定量研究中的抽样技术

### （一）总体的界定

思维测量要通过研究较小的群体来找出一大群个体的一些特征。了解大群体被叫做总体，事实上研究的较小群体叫做样本。在思维测量的定量研究中，抽样是指从一个指定的群体中选择一个样本的过程，目的是使该样本准确地代表总体。

与抽样过程中相关的总体有两类。第一类是目标总体，包括所有真实的或是假的一群人员、事件、事物，或从中研究者想要推广他们研究结果的目标。（有时，统计学家把目标总体称作是母体）从一个大的目标总体中抽取一个小样本的优点是，节约整个总体研究的时间与开支。假如抽样恰当，你就能将抽样样本信息以最小的误差或近似正确地推断到整个目标总体。例如，研究者如果希望建立区域性的大学生的思维量表，他能够通过随机抽样1000人进行研究，进而在极为精确的意义上达到自己的目的。

抽样的第一步是界定目标总体。几乎没有研究人员有那么多时间和经费能从一个很大、地理分布很散的目标总体中抽取一个样本，相反，我们只能从所有个体现实地包含在内的可抽样的总体中抽样取本。例如，我们计划调查区域性的大学生的思维品质，我们可抽样的总体也许是周围的学区，也许再加上邻近几个市的大学。

尽管大部分样本是从可抽样样本中选取的，研究者通常想确定所得到的结果在什么程度上能被推广到目标总体。这种推导需要两个推导性的飞跃：首先，研究者必须把样本的结果推广到样本的可抽样总体中去；其次，他们必须从可抽样总体再推广到目标总体。

假如能够获得可抽样本中一个随机样本，即所有可抽样总体的成员都有同等的机会被抽取到样本中，那么，从样本到可抽样总体的推导的飞跃就将是顺利的。假如样本不是随机形成的，作为研究人员，我们必须比较样本和总体的研究具有重要意义的特征。我们几乎无法为我们想比较的所有特征收集到数据，但是我们必须获取比较信息，至少是关于重要变量的信息。（这样的信息通常有：性别、社会经济地位、人种、年龄及学历等）这些数据将表明，这个样本对于可抽样总体来说是否有代表性。假如样本是具有代表性的，我们就能安全地把研究结果推广到可抽样总体。假如样本有偏差，则需报告偏差的特征，并且讨论它影响研究结果的可能性。

为了实现第二次飞跃——从可抽样总体到目标总体，我们必须收集数据来证明两个总体间的相关程度。当然，也可以在许多变量的基础上比较两个总体。无论如何，我们要能够表明可抽样总体与目标总体在几个与研究特别相关的变量方面上相似。在建立我们的研究结果的总体效度的工作上，我们已经做了不少工作。

研究者应该如何遵循界定一个目标总体和可抽样总体的逻辑，并从中抽取一个有代表的样本呢？我们在研究中使用了4个标准来测评100个不同的学校研究报告的抽样质量，这4个标准如下：

（1）应对结果将推广的总体做出清晰的说明。

（2）抽样的步骤应该加以详细说明，以便其他的调查者可以重复这个过程。这些说明应至少包括以下几项：①样本的种类（简单抽样、分层抽样、方便抽样等）；②样本变量；③地理区域。研究所需的其他描述性数据（如性别、年龄、年级、社会经济地位等）也应包含在内。

（3）应确定抽样结构，即名单、索引或是总体的其他与样本直接相关的记录。

（4）应提供完成率，即样本中参与所有研究步骤的人数比率。

在区域性的大学生的思维的研究中，至少也应努力满足上面所列的四个标准。

样本能用各种各样的方法从可抽样总体中或目标总体中抽取。下面将解释一些基本方法。这些方法复杂的变异基本上都用于大规模的调查研究。

### （二）简单随机抽样

简单随机抽样是指通过一种程序抽取一组个体，使指定总体中所有个体都能有平等、独立的机会被选为样本的成员。所谓"独立",是指把一个个体选进样本不会对其他个体是否被选进样本产生影响。也就是说,简单随机抽样是一种可以为总体的所有成员提供均等的被选择为样本机会的抽样,这样的抽样包括一些特定的步骤,只要样本大小不变,这些步骤保证总体中的成员被选为样本的机会始终不变。换句话说,假设我们的总体有 1000 个成员,我们想从中抽取一个 50 个被试的随机样本,无论我们采用何种方法抽取 50 随机样本,总体中的任何一个成员都会有同等的机会成为我们的样本的一员。

随机抽取样本的主要优点是,所获得的研究数据能在由统计公式决定的误差幅度内被推广到一个更大的总体中去。随机抽样之所以受人欢迎也正因为它能满足这样一种逻辑:可根据它并使用可推断的统计来检测一个虚无假设。

要获得一个简单随机样本,可以使用各种各样的方法。假设研究一个大城市的学校系统的课题组组长想从 A 学区刚升入六年级的 972 名学生总体抽取 100 名学生。首先,他可以获得一份该学区六年级学生的统计数字的复印材料,并且为每一个学生编一个号码。然后他将使用随机数字表从统计名单中抽取一个样本。随机数字表通常由计算机随机产生的很长一系列的五位数系列组成。

使用这种随机数字表时,应随机选择一列作为一个起点,然后选择随后出现在那列的所有数字。因为 972 只是一个三位数(A 学区可抽样总体中的案例数),而我们只要使用每个五位数的最后三位数。假如需要更多的成员,则应进入下一列,直到选择了足够的个数补足了预期样本的容量。

### (三)有序抽样

有序抽样是一种系统抽样,它比简单随机抽样更加简单易行。条件是:被选择的样本十分大,而且可以获得可抽样总体或目标总体的名单。假设总体有 100000 个人,我们想从中选取 1000 个。再假设所有成员都会列在通讯录上。我们若想使用简单随机抽样,我们必须把其成员从 1 到 100000 进行编号,而后使用随机数字表选择出 1000 个人。

若使用系统抽样,我们首先用总体数除以所需样本数(100000÷1000=100),然后随机选择一个比我们除得的商数更小的数字(在这个例子中,一定是一个小于 100 的数,如 36)。从表上第 36 个数开始,选择每隔 100 个后的人的名字。因为没有必要给每一个通讯录中的成员分别编号,并不停地在随机数字表与通讯录之间忙碌,所以可以节约大量的时间。

如果在名单中存在周期性的可能性(也就是说,名单中隔几个人总有一个总体所没有的特征)则应该避免使用系统抽样。例如,我们有 100 个班级的名单,我们决定通过选择每张名单上的第一个名字来抽样。假如名字是按字母顺序排列的,那么我们的样本成员极有可能大部分只是那些以 A 或 B 开头的姓氏的学生。这个样本不能代表某些很少以 A 或 B 作为姓氏首写字母的少数民族群体。

### (四)分层抽样

分层抽样涉及选择一个样本,以使总体中的某些小组能在样本中得到准确的体现。例如:假设总体中有 10000 名学生,其中有 100 名是残疾人。如果我们从总体中抽取一个 200 名学生的随机样本,极有可能发生在我们的样本中不包括或只包括几个残疾人的情况。假如这对我们的研究十分重要的话,分层抽样则确保了样本中有残疾学生的令人满意的代表性。

在比例分层抽样中,样本中每个小组的比例都与他们的总体中的比例相同。假设我们将学生在不同的种族背景中进行比较。每个种族背景——老挝人、非洲裔美国人、拉美人等——都被认为是一个分支。再假设老挝人是总体中最小的种族组——10000人中仅有100名老挝学生，相当于总体的1%。我们想在样本中的至少包括10名老挝人。因此，我们从总体中所有的老挝人中随机抽取10名学生。因为老挝学生数占总体的1%，样本需要按比例包含1000名学生（10÷0.01=1000）。这样一来，样本中其他分支的容量也将以同样的方式得以确定。例如，如果总体中包含2000名非洲裔美国人（占总体的20%），则样本应包括200名非洲裔美国人（1000名学生样本容量的20%）。

这种方法的变异是非比例分层抽样。我们也许决定从总体中每个种族分组中选择20名学生，无论他们在总体中的比例如何，只要我们的研究仅仅需要包容每个种族背景，并且让每个种族的研究中的地位相同，这种方法是相当可行的。在这样的研究中，我们不能根据比例抽样，因为按比例抽取的样本不能精确地代表总体的特征。

（五）群集抽样

在群集抽样中，抽样的单元是自然形成的个体群。有时，将自然形成的群集确定为样本，比之从一个特定的总体中抽取个体样本更为方便，在这种情况下，就应该采用群集抽样。例如，假设我们想对4个学区中的所有六年级学生总体随机抽取含有300名学生的样本实施一份问卷。总体中包括50个班级中的1500名六年级学生，平均每个班30名学生。

随机样本选择的一个方法是从所有1500名学生的统计名单中随机抽取一个容量为300名学生的样本。群集抽样则与此相反，我们可以随机抽取一个10个班级的样本——假设平均每个班级有30名学生，把每班30名学生乘以10个班，我们就得到300名学生这个乘积，而这正是预期的样本容量。这样，为了向一个300名学生的随机样本实施一份问卷，只要用10个班级就达到了效果了。若用简单随机抽样，我们将不得不接触所有50个班级，尽管有些班级也许只在随机样本中包含一个学生。

这一方法的变异是多阶段群集抽样，即首先分成群体，而后在群体中选择个体。现在，用刚才所考虑的例子来分析这一问题。假设我们想用对个体学生的采访来补充问卷。要对10个班级中的每一位学生实施问卷调查，这做起来相当容易，但要采访他们中的300个学生，却十分耗费时间。所以，我们可以制定另一种抽样步骤（多阶段群集抽样的第二个阶段）。例如，我们可以在此分别从10个班级随机抽取5个学生进行采访，那么，采访的样本将包含50个学生。

用于统计计算研究数据的传统公式不能用于群集抽样的样本。我们可以得到特殊的统计公式，但它们对总体的差异不很敏感。这个缺点必须以相对群集抽样可以节约的开支和时间等优点来加以权衡。

（六）方便抽样

上面描述的每种抽样方法都涉及一个指定的总体、个体样本或从总体中随机抽取的群体。事实上，许多研究并不用这些方法来表达样本。相反，研究者选择一个适合研究目的和简便易行的样本。说其方便，这有几个原因：样本设定在研究者工作地或临近地区；研究者十分熟悉周围环境或甚至在该处工作；有些研究者所需收集的数据已被收集等。事实上，许多在研究期刊上发表的思维调查研究都有大学生参加，这是因为研究者本身就是教授，这些学生提供了一个方便的样本。研究者经常需要一个方便样本，否则很可能无法进行研究。尽管人们期望最好能从总体中随机抽取一个样本,但是用一个方便样本作研究比根本不作研究要好得多,当然,这样的样本必须适合研究的目的。

推断统计常用来分析收集的数据,尽管推断统计的逻辑要求样本从指定的总体中抽取。有些思维研究者认为,推断统计无法从这样的样本中得到有意义的结果。其他研究者认为有可能把样本代表的总体概念化。由此他们辩论道:因为样本代表总体,该样本相当于从总体中随机抽取的样本,所以,使用推断统计是合适的。

我们在这一问题上的观点是:如果在思维测量研究中,样本已经过缜密的概念化,并达到能代表上个特殊的总体的程度,那么推断统计就能够使用方便样本中收集的数据。然而我们还是相信,将一次单纯研究得出的结果加以推广,应保持谨慎的态度。结果能得到重复,这与一次性研究所得的某一具有统计意义的结果相比,更加有力地证明了结果的效度与类推性。

**(七)估计所需样本的容量**

在定量研究中,最普遍的规则是尽可能使用最大的样本。样本越大,被试的变量、测得的结果越易对总体具有代表性。同时,增加了样本容量,也就增加了拒绝一个虚无假设的可能性,特别是当这个假设确实虚假之时。然而,在大部分调查研究中,财力与时间等资源也限制了可抽样的被试的数目。所以,研究者以已建立起经验法则来决定不同的研究方法最少需要多少个案例。在相关研究中,传统上一般使用的最小值是30。在因果比较研究和实验性研究中,每组应至少有15个被试作比较。对于调查研究,西摩·萨德曼(Seymour Sudman)建设每个主要分组中至少分析100个被试,每个次要分组中至少分析20到50个被试的答案。

当虚无假设确定发生时,放弃虚无假设所需的样本容量可以用数学程序做出更精确的估计,数学程序同时也用来决定总体参数的可能值(总体平均数和标准差的典型值)。这些程序被称为统计的强度分析。总而言之,统计强度分析表明了通过增加样本容量到某个数字可以获得的好处。它也说明了就应该增加多少样本容量——或者不需要增加多少。增减与否,这都取决于:①为放弃虚无假设而选择的统计意义的水平;②虚无假设是直接说明的还是间接说明的;③我们想发现的效果的大小;④预期的统计强度——它表示我们所确定的概率水平,旨在避免我们在数据分析后发现虚无假设事实上是错误的而且应该被拒绝之时而接受一个虚无假设。

除了这四个因素,另外有其他两个因素影响着我们在设计思维定量研究时努力想获得的样本的容量:

(1)小组分析:在许多定量研究中,有必要将总体分成许多小组以便进一步研究。例如,一个实验的原始数据分析也许多涉及实验组中所有学生与控制组中所有学生的比较。

(2)损耗:有时,损耗会变成研究中一个长期存在的问题。例如,在对农村中学的研究中,我们经常发现在一年中相当多的学生离开学校,这种现象在一些偏僻的农村学校尤为显著。根据罗伯特·古德里奇(Robert Goodrich)和罗伯特·圣·皮埃尔(Robert St. Pierre)估计,在规划研究计划时,现实的做法是把年损耗放在某些方面20%的水平。损耗可以通过一些策略减少至最小,例如可以建立被试对研究的责任心,与他们构建一种良好的和谐关系。当然,最好是把样本的大小增加到某一百分比消除可能出现的损耗。

在许多定量研究中,都存在着与样本容量有关的成本-效益之间的权衡。例如,在一些研究中，人们最好使用角色扮演、深度访谈以及其他一些耗时的测量方法。这些方法不能用在大样本研究中，除非能得到大量的财力支持。另一个选择是获取一个大样本，但要使用一个相对低廉的测量方式，如问卷或标准化测试等。然而，一个深刻的小样本的研究，常常比一个只能获得表面信息的大样本研究对解决问题更有意义。

## 四、建立常模

常模是指一群人测验的分布情形。这一群人到底指"哪一群"很重要。因为一个人做完测验后，它的分数要经过常模比较后才具有意义的。例如：一个人答 100 题数学题，对了 70 题，那么他的成绩是属于优良、普通还是不及格，就看与谁比较了，与小学生还是大学生比，其结果其意义截然不同。再如：一个思考周密但行事作风较缓的人，进入了一个快捷、讲求效率的公司，原本该员工的思考周详对公司应有助益，但由于办事作风与企业文化差异太大，很可能还未等其发挥思考能力，就被周遭同事认定为工作不积极、没有执行力而惨遭淘汰。所以，一个企业，尤其是大型企业，在心理测验上若能建立自己的常模，那么在寻找人才时，就能避免类似事件的发生，就能寻到与企业文化"匹配"的人进入企业。

常模的制定是依据测验适用对象总体的平均成绩。其可信度取决于样组的代表性和可靠性。前者又取决于样组的取样原则（坚持随机取样）和容量大小。一般地说，样组容量越大，取得的常模越可靠。

在心理与教育测验中，常用的有年龄常模和年级常模两种。按不同年龄阶段制定的各年龄阶段的常模，多为智力测验所采用；按学校年级制定的各年级的常模，适合于教育测验。常模可因标准化时选取的样本不同而有其他类别，如民族常模、职业常模等。

常模的适用范围取决于取样的范围。若从全国取样，所得常模是全国的；若在地区取样，所提的常模则是地区的，不能随意使用于其他地区。以 CRT 为例，用 CRT-RC、CRT-RC2 及 CRT-CC 测验及判定同一批农村、城市的 7～14 岁儿童智商水平。结果 CRT-RC 的智商均值为 $104.75 \pm 13.83$，智商呈轻度偏态分布（右移），IQ ≤ 79 占 7.6%，IQ ≥ 120 占 12.7%，两者差异显著（P<0.01）；CRT-RC2 的智商均值为 $100.54 \pm 13.66$，智商呈正态分布，IQ ≤ 79 占 10.1%，IQ ≥ 120 占 9.5%，两者差异不显著（P>0.05）。CRT-CC 的智商均值为 $107.95 \pm 14.25$，智商呈轻度偏态分布（右移），IQ ≤ 79 占 4.8%，IQ ≥ 120 占 14.3%，两者差异有显著性意义（P<0.01）。[1]

例如，福建省的城市、农村联合型瑞文测验的常模的建立，是在 9 个设区市的城区和农村小学中按照分层整群随机抽样的原则确定被试的学校和儿童，结果试题的难度达到理想值（城市为 0.62，农村为 0.58），区分度较好（$r_{pb}$>0.195，P<0.05），鉴别指数 D > 0.2 的测试题占 80%，复测信度高（相关系数 $r_a$=0.91），构想效度较高，结论实现了将联合型瑞文测验在福建省标准化的目的，建立了适合福建省儿童特点的城市、农村联合型瑞文测验的常模。[2]

不同历史时期，样组的平均水平会有不同的变化，常模也将随之变化，因此常模应及时修订。以 QIUS 思维能力的自我测验[3]为例，在使用八年之后，安徽省心理学会心理测量专门

---

1 腾瑞涛，王久春.联合型瑞文测验——辽宁城市和农村儿童智商常模的研制.中国地方病防治杂志，2000（4），199-202

2 邱章乐.思维能力评定量表.脑卒中的康复评定和治疗.北京：华夏出版社，1996

3 邱章乐.心理测量法.福州：福建科技出版社，1989

委员会对 1996 年测试的 4741 名城乡在校学生的智商采用新常模进行了判定，并与原常模判定结果进行了比较。结果，第 2 次修订的常模判定城市、农村在校儿童的智商性别间无显著差异，智商接近于 100 为均数的理论分布，在评价城市儿童智商时稍高，而第 1 次修订的常模判定的智商呈明显偏态分布，高智商比例明显增多。结论是对常模进行第 2 次修订是十分必要的，第 2 次修订的常模具有科学性，且与社会发展相适应，但运用此常模来评价各省人群智商水平时应结合该省的实际情况。

## 第二节 测验的实施与反应

测验如何实施，有哪些主要过程？被试的反应模式有哪些，如何分析这些模式？这是本节讲述的内容。

### 一、施测过程

在思维测验实施过程中，首先应对各种变量进行控制。包括实验变量、反应变量、控制变量、内在效度和实验者效应。实验变量即自变量，反应变量即因变量，在测验中对操纵自变量而引起因变量的变化给予记录。控制变量主要是保持测验环境不变等。其次，根据信度和效度，通过统计方法由原始分数转化到量表从而导出分数。最后，参照常模对导出分数进行解释，如下图所示。

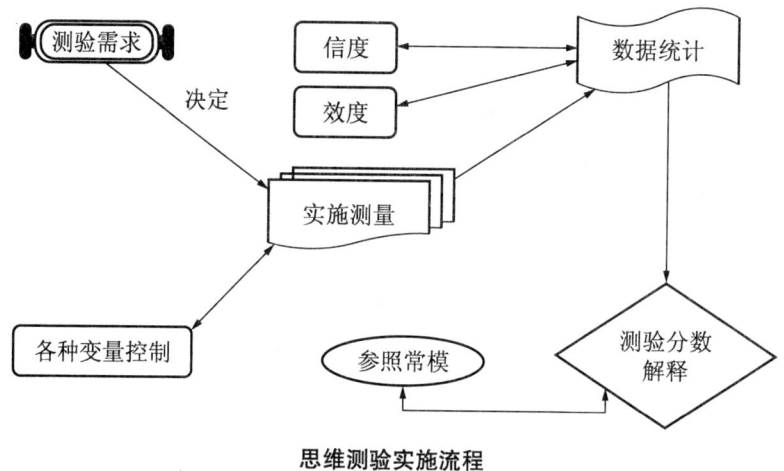

**思维测验实施流程**

心理测验实施的过程中，我们还要注意标准化指示语、标准时限、测验的环境条件等问题。

#### （一）标准化指示语

测验标准化的第一步是指示语标准化，即在测验实施过程中应该使用统一的指示语。指示语通常有两种：一种是对被试的，另一种是给主试的。前者应该力求清晰和简单，向被试说明他应该做什么，即如何对题目做出反应。这种指示语一般印在测验的开头部分，可以让被试自己阅读，也可以主试口头说明；有时指示语仅有一句话，如课堂考试的一句指示；也可以是如标准测验（如 WAIS）那种较为复杂的说明。下面是一般课堂成就测验的指示语的例子：

请在答案的右上角写上你的名字，在测题本上不要做任何记号。本测验主要是为了检验你对有关测验的准备，实施和项目分析的知识和理解情况。请在答卷纸上表示你的答案，在每道题中你认为正确的选择答案上打（√）。你的测验成绩将由你正确回答的题目的数量决定。因此，在你对某题没有把握时可以进行猜测，不要漏掉任何题目。如果测验时有什么问题可以举手。如果在下课时间之前你已完成测验，请安静地坐在位置上直到其他人做完。

由此看来，对被试的指示语一般包括：

（1）如何选择反应形式（划钩、口答、书写等）；
（2）如何记录这些反应（答卷纸、录音、录相等）；
（3）时间限制；
（4）如果不能确定正确反应时该如何去做（是否允许猜测等）以及计分的方法；
（5）例题。当题目比较生疏时，应该给出附有正确答案的例题；
（6）有时告知被试测验目的。

测验的指示语必须清楚、明确、易懂、有礼貌。有时有必要作适当的演示，并且注意观察被试的反应。例如要求被试在答卷纸上写上自己的名字时，最好用这样的指示语：

"请拿起测验本：（举起一个样本，检查是否每一个被试都有了测验本）；'翻开第一页'（演示，等每一位被试做完）；'在第一行写上你的名字'（显示给被试样本，等待被试完成）。"

标准指示语通常要求主试在指示语念完后要询问被试有何问题，主试在回答这些问题时不要另加自己的想法而使得测验不够标准。因为指示语也是测验情境之一，不同的指示语会直接影响到被试的回答态度与回答方式。研究报告已指出其重要性，有人以不同的指示语对几组被试实施同一个能力测验，结果表明：将测验说成"思维测验"的一组被试，成绩最高；说成"日常测验"的一组被试，成绩最低。

为了减少指示语的误差，有些新近出版的测验，采用"录音说明"来代替主试说明，这是指示语标准化的一个可行方法。

给主试的指示语通常单独印在另一张纸上。主要包括对测验的进一步解释及其他注意事项。例如测验房间的安排，测验材料的分发，计时、计分方法，对被试可能提出的问题的回答方法，以及在测验中途发生意外情况（如停电、有人迟到、生病、作弊等）应如何处理，等。

## （二）标准时限

时限的确定，在很多情况下受施测条件（如课堂时间）以及被试特点（如老人、儿童、病人）的限制。当然最重要的考虑是测量目标的要求。

大多数典型作为测验是不受时间限制的。例如思维投射测验中，被试的反应速度就不很重要。但在作业测验中，速度是需要考虑的重要因素之一。大多数测验既要考虑反应的速度，也要考察解决有较大难度题目的能力。通常在思维测验中所使用的时限是大约90%的受测者能在规定时间内完成测验。若题目从易到难排列，大多数人能在规定时间内完成他会答的题目。

如何确定一个测验的时限呢？一般采用尝试法，即通过预测来确定。

测验时间的安排，也是影响测验结果的一个重要因素。例如在某项大规模活动（运动会、晚会、舞会等）的前后实施测验，则测验结果就很难反映被试的真正成绩。此外，个别被试的特殊状况，例如生病、疲劳等，也会影响到他的成绩。在测验时间安排上要考虑这些因素，必要时可依个别被试的状况，延长测验时间。

### (三)测验的环境条件

测验的标准化不仅指指示语、时限、测验材料和其他测验本身的因素,也指施测的周围环境。良好的环境包括安静而宽敞的地点,适当的光线和通风条件。在测验期间还要防止干扰。有时候可在门外挂一"正在测验,请勿打扰"的牌子,或在门外派助手阻止欲进的人。必须知道,测验环境也会影响测验结果,即使是很不引人注目的细节也应予以注意。例如使用一般课桌或仅用带记录板的椅子,对团体测验的被试来说,前者有助于获得高分。也有学者以实验法来研究外在环境的干扰对测验成绩的影响。他们以研究生为对象,随机区分实验组和控制组,两组均接受标准化智力测验,控制组在正常情况下实施,实验组则安排各种干扰,如有人故意弄断笔芯、叹息、拉椅子并和主试说话;有人在门外辩论;有人演奏流行歌曲;主试故意将结束时间弄错等。结果发现,实验组平均得分均显著低于控制组。

因此,对于测验的环境条件,首先必须完全遵从实验手册的要求;其次是记录下任何意外的测验环境因素;第三,在解释测验结果时也必须考虑这一因素。例如,在对一个被试通过个别测验进行严格的评估时,一个有经验的主试偶尔希望不严格地遵从指示语以期获得一些关于被试的其他信息。在这种情况下,主试就不能再用常模来解释结果,测验刺激只能用作定性的分析,其材料也只能与其他观察和晤谈的材料同样使用。

### (四)计算机辅助的测验实施

目前,计算机已进入各个领域,心理测验也不例外。

计算机实施测验,其指示语可以通过视觉呈现或录音说明,测验的反应可以自动记录下来。有时当测验程序不太清楚时,计算机可以给被试以更明确的指导。克伦巴赫(Cronbach)曾指出计算机在辅助测验实施方面的长处和作用:

(1)能准确、严格地遵守计划和时间安排;

(2)能控制刺激和对反应的判断;

(3)能按照被试的作为(或表现)选择题目,例如题目是按难度顺序排列,某人在特定难度水平上正确回答了某些题目,计算机会按照逻辑引导被试跃到更高难度水平的题目;

(4)能不受常有的疲劳、厌烦、注意涣散和记忆误差的影响;

(5)能迅速而准确地计分;

(6)能清楚记录多种互不相同的形式的测验成绩。

由计算机实施的测验不依赖题目的顺序,事实上计算机的一个优点就是能按任何顺序(包括随机顺序)将题目呈现给被试,例如前面所述的选择题目的方式。另外,如果希望严格限定某个题目的呈现时间,计算机会依照要求来完成。此外,计算机还能使被试无法参阅前面或其他部分的题目,也不会看到已经完成的部分。由计算机实施的测验和纸笔完成的测验所得分数的比较表明,二者并无大的差异倾向(Allen,1979年)。但计算机实施的测验得到了更好的控制,更为标准化。

在实际应用中,计算机实施测验使被试感到有利和有趣。

1972年约翰逊(E.S.Johnson)和贝克(B.F.Baker)曾观察由计算机实施的测验和由人实施的测验的差异。他们发现,面对着计算机的被试有时很巧妙地暂停一段长时间的测验工作,不敲任何数据;而面对着人的被试则会感到有某种压力促使他保持某种行为,即使再继续做下去也会有做错的危险。此外,计算机的被试会听到他们有欢笑、有歌唱,甚至撞击实验室的墙壁；而面对人的被试在实验室中绝不可能出现这种行为。因此也许可以说，计算机辅助实施的测验比较适合于有文化的和情绪稳定的被试。不过在实践中发现，学前儿童和精神病患者在这种自我实施的条件下反应较好。的确，计算机的忍耐力是无限的，一个精神分裂症病人在4小时内一动不动，计算机也会等待；一个容易分心的儿童被测验前半部分的图画吸引住了，计算机也不会着急。另外，计算机也可用于对有自杀倾向的被试的晤谈。许多心理学家和精神病学家相信，有困难和烦恼的人必须由热情、关心和耐心的人与之谈心。在许多情况下，有情绪危机的被试可以在自己的终端上与计算机谈心。此外，有研究说明，人们更愿意将自己的隐私泄露给机器而不是给人这样的晤谈者。

## 二、测验的反应

绝大多数测量问题，都要牵涉到三个维度：一个维度是人（被试者），一个维度是刺激，另一个维度是反应。三维是一种相当复杂的结构，为了工作方便人们经常将其转化为一维的问题来处理。有的量表量人，有的量表量刺激，把反应这个维度简化，使之保持稳定。不同的量表需要被试者做出不同的反应，各种反应基本上可以分为两类，第一类反应是判断反应，如果被试者做出的反应中有一个反应是正确的，这种反应一般就属于判断性反应；第二类反应是意见性反应，它包括个人意见、兴趣、态度、价值观等。意见性反应没有正确的标准，例如，一个人说："我喜欢一个人静静地思考问题"，一个人说："我喜欢大家一块讨论问题"，说他答错了或答对了都没有任何意义，因为并不存在正确的回答标准。

一系列重要的原因使思维测量需要有很多个题目，许多题目组合在一起，可以改善测验的质量。

如果一个受试对测验题目做出正确的回答或肯定性的回答，称他的反应为正反应。用直角坐标系中的一条曲线可以表示一个题目的正反应概率与待测属性的关系。这种曲线被称为题目特性曲线，下图显示的是几种不同的题目特性曲线坐标模轴X表示待测属性，纵轴P表示正反应概率。

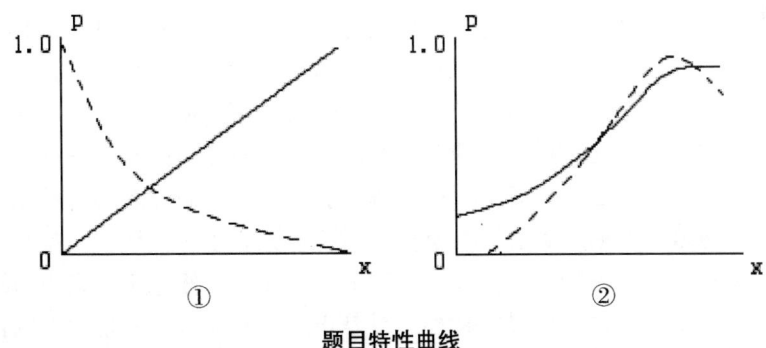

**题目特性曲线**

图①中实线是单调上升直线，虚线是单调下降曲线；图②中实线是单调上升曲线，虚线是非单调曲线。题目特性曲线可以使我们对测验题目的测量特性有一个直观的了解，并且有助于分析各种测验量表模型的特性。下面我们将借助于题目特性曲线。对几种测验量表模型进行分析。

**（一）概率模型**

如果题目特性曲线不是垂直上升或垂直下降的，测验量表的模型一般都属于概率模型。经常用的一种量表模型为瑟斯顿量表，这种类型的量表有两个假定：一是待测属性是连续的；二是题目特性曲线近似于正态分布曲线。

瑟斯顿量表编制的第一步是收集或编写大量的态度陈述句，然后在预备性测验中让被试者对这些陈述句做出肯定或否定的评价。评价一般分为 11 个等级，从最强烈的肯定到最强烈的否定。选择题目按下述两个标准：第一个标准是组成量表的题目的一致性较好，第二个标准是从态度的一个极端到另一个极端，题目的分布比较均匀。按上述两个标准，从大量的题目中精选出 10 至 20 题。作为对某种态度的测量量表。

瑟斯顿量表的实质是每一个题目都应在待测属性的某一区域被做出正反应。一般将整个量表所包括的题目分数的平均值作为量表分数。

作业测验明显地不能采用瑟斯顿量表形式，即使是态度测量，也要求这态度必须具有两极性。编制瑟斯顿量表常常是很困难的，因为一个陈述句给人的信息有时是含糊的，题目特性曲线呈正态分布形式是不容易的。

**（二）单调模型**

单调模型可以分为有一定分布形状的单调模型和无一定分布形状的单调模型两种。

*1. 有一定分布形状的单调模型*

某些测验量表假定。题目特性曲线是单调变化的，并且曲线符合某些统计要求。最经常用的假定是：题目特性曲线是正态分布的累积曲线。

正态累积曲线的重要性在于，如果题目特性曲线是一条正态累积曲线，在待测属性的一定水平上，该题目可以有很高的辨别力。具有高辨别力的区域是曲线的陡峭上升部分。该部分愈陡峭，题目与属性的二列相关程度愈高。如果这部分是垂直的，这个题目就成了古德曼量表中的题目，题目与属性则完全相关。

正态累积曲线有两个优点：一是直观感觉良好。对于每一个题目都可以想象，在待测属性上存在着一个不肯定区域，在这个区域中。人们对题目做出什么反应不是十分肯定的。当一个人从这区域向两侧移动时，这种反应的不肯定性将显著降低，低于这个区域的人将在这个题目上被否定，高于这个区域的人将通过这个题目。这种曲线的倾斜坡度有时是人们希望有的，它比一条直线要好，也更容易为人们所理解。有些实际研究支持这种题目特性曲线模型。例如研究刺激量表的测验学家发现，重量判断符合正态累积曲线；二是有很好的数学特性，允许做出许多重要的数学推论。例如，数学上可以证明，任意正态累积曲线的和仍然是正态累积曲线。如果量表中每个题目的特性曲线是正态累积曲线，将量表中题目的得分加在一起作为量表总分，总分与该待测属性的关系仍符合正态累积曲线关系。虽然这不是线性关系，但由于曲线非常平滑，数学特征明确，仍然很容易进行数学分析，讨论题目的难度、区分度等问题就比较方便。

*2. 无一定分布形状的单调模型*

无一定分布形状的单调模型有三条假设：①每一个题目有一单调特性曲线，但形状可能各不相同；②对于一套特定的题目，特性曲线的总和近似于一条直线；③整套题目倾向于只测量一个属性。下图中四条曲线的和近似于一条直线，见下图。

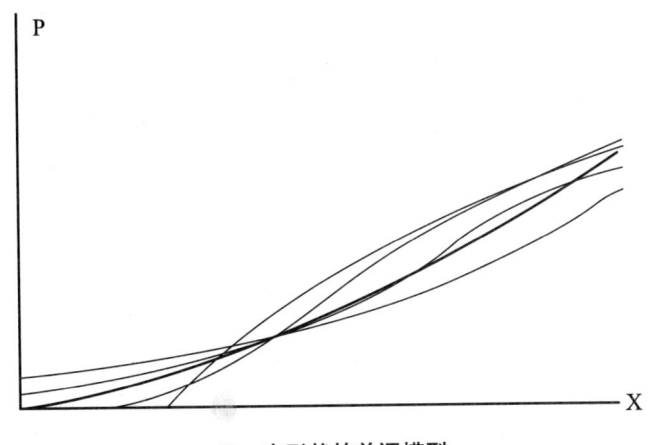

无一定形状的单调模型

符合于上述三条假设的量表称为"总加模型量表"或"线性模型量表",虽然每一个题目的特性曲线不是直线,但是题目特性曲线的总和却常常是近似于直线的,因此整个量表分数的期望值与待测属性常近似于线性关系。

## (三)决定性模型

测量者有时假定,在测验属性的某一点以下,被试者对题目的正反应概率为 0,只要超过这一点,被试者对题目的正反应概率就是 1。每一个题目的正反应概率完全由被测量属性上的一个点所决定。这样一个题目的特性曲线见右图。

但是,决定性模型量表在思维测验中很难实际应用,这主要是因为:①测验题目和思维属性很难有那样高的相关,一般测验题目和总分的相关很少超过 0.4;②三角形反应模式是决定性模型量表的必要条件而非充分条件,如果题目难度差异很大,可以得到三角形反应模式,但量表测量的可能不是同一种属性。换句话说,如果有几个互不相关的问题,只要它们的难度相关很

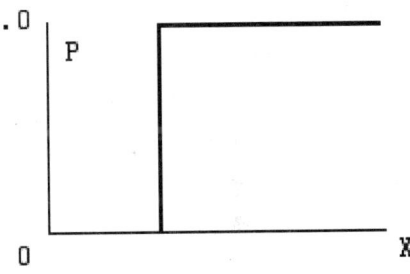

大,就有可能得到三角形反应模式;③这是一个等级量表,等级量表是一种低级量表,不便于作统计计算。

如果仔细考察各种测验量表,几乎每个量表都是把题目分数总加在一起的。大部分量表都是符合线性模型的。线性模型(总加模型)是思维测验实际工作中最常用的量表模型。如果若干题目特性曲线的总和近似于一条直线,一般可以将这些题目的分数总加在一起作为某种思维属性的数量指标。这样的总加分一般是能够满足统计分析的要求的。

# 第三节 思维测验的信度与效度

在思维测验研究中,信度与效度是很常见的两个概念。一个测量量表要有效度必须有信度,没有信度就没有效度;但是有了信度不一定有效度。下面我们详细进行信度与效度的分析技术。

## 一、信度分析

思维测验必须是可信的，有信度的思维测验才有意义。思维测验信度从本质上讲是与其他测验一致的。下面我们从广义经典测量学的理论意义上探讨信度问题。

信度又叫可靠性。在测量理论中，信度被定义为：一组测量分数的真变异数与总变异数（实得变异数）的比率：

$$r_{xx}(信度系数) = 真变异数 \cdot \frac{s_t^2}{s_x^2(实得变异数)}$$

测验过程受很多无关变量的影响，会使我们的测验产生误差。一类为系统误差，一类为随机误差。系统误差产生恒定的效果，不影响信度。随机误差受各种因素作用而影响信度。随机误差越大，信度越低。任何测验只能包括一定的样本，由专门的施测者，对一定的被试者，在一定的时间、地点施测。情况稍有不同，便会得到不同的结果。信度涉及的问题就是测验分数的意义有多大，从对样本的测量来推论总体（真实分数）能达到何种正确程度。从信息论的观点出发，任何一组信息都包括一些真正的信息（信号）和一些错误的信息（噪音），思维测验也就是希望获得有关的真正信息，而尽量减少错误的信息。真正的信息在所测的对象身上应该是一致的，有相对稳定性。而错误信息则是不稳定的，是随着客观环境的变化而变化的。有随时间变化的，有随内容变化的等。信度估计就是要估计某个测验在不同时间进行测验时其结果稳定性及某个测验的两个类型之间的一致性，另外还有一种一致性称之为内部一致性或同质性。即讨论测验里所有的项目是否测量同一特征。如果所获结果一致性较高，则可以认为此测验有一定的信度。信度是个理论上构想的概念。在实际中，只能根据一组实得分数，用同一样本所得的两组资料的相关作为测量一致性的指标，这样的相关系数，称之为信度系数。其定义与信度相等。

与信度系数有关的一个概念叫信度指数。它是实得分数与真分数的相关，等于真正分数的标准差与实得分数的标准差之比，用公式表示为

$$r_{xt}(信度指数) = \frac{S_T}{S_X}$$

信度指数的平方是信度系数，用公式表示为

$$r_{xt}^2(信度指数的平方) = r_{xx}(信度n系数) = \frac{S_T^2}{S_X^2}$$

信度系数是实得分数与真分数的相关的平方。

相关系数的平方表示两个变量间共存的变异数比例。因此，信度系数实际是真正分数与实得分数之间的决定系数，可以解释为在实得分数的变异数中有多少比例是由真分数的变异决定的。例如：当信度系数为 0.90 时，我们可以说，实得分数中有 90% 的变异数是来自真正分数的，仅有 10% 是来自测量误差。在极端例子中，如信度系数等于 1.0 时，则无测量误差。所有差异都来自真分数；若信度系数等于 0 时，则所有的变异均反映了测量误差。信度系数达到多高才可以接受呢？最理想的情况是 1.00，但这是办不到的。一般能力与成就测验的信度系数在 0.90 以上即可认为该测验有一定的信度。而采用问卷法等辅助量表时，信度系数通常在 0.80～0.85 以上即可认为该测验有一定的信度。

由于信度系数总是在特定情况下获得，因此只有当一个测验在很多情况下都被证实具有较高的信度时，才可以说它是比较可靠的测验。

但是必须指出，获得较高的信度系数，并不是心理和思维测量追求的最终目的，它只是迈向目标的一步，是使测验有效的一个必要条件。

根据测验分数误差来源的不同。信度可分四种既再测信度、复本信度、分半信度、同质性信度。

## （一）再测信度

此种信度是检验时间的间隔对测验分数的影响。用同一测验，对同一组被试者经过一段时间，进行前后两次施测，求其两次结果之间的相关，所得相关系数即为再测信度。此种信度反映测验分数的稳定程度，故又称稳定性系数。

计算两次施测的相关系数。可采用皮尔逊积差相关公式的变式表示：

$$r_{xx}=\frac{\sum x_1 x_2/N-\overline{x_1}\,\overline{x_2}}{S_1 \cdot S_2}$$

式中：$x_1$、$x_2$、为同一被试者的两个分数；$\overline{x_1}$、$\overline{x_2}$为两次测验的平均分数；$\overline{s_1}$、$\overline{s_2}$为两次测验的标准差；N为被试的人数。

用再测法估计信度的优点是可以提供测验结果是否随时间变化的资料。其缺点是易受练习与记忆的影响。前后两次施测间隔的长短必须恰当。如果间隔太短则记忆犹新，如果间隔太长，随着身心的发展也会影响测验效果。至于多长为恰当，没有严格限制。一般说来，间隔越长，稳定系数越低。最恰当的时距随测验的目的、性质及被试特点而异。如对年幼的儿童两次施测的间隔应比年纪较大的被试短，大致不超过六个月。

## （二）复本信度

任何测验都是从可能题目中选取一部分。如果抽取不同的部分，则可编制很多平行的等值测验，叫复本。复本也就是内容形式相等的两个测验，因此也叫等值测验。

根据一组被试者接受两个复本测验所得的分数，求其相关系数，为复本信度，也可称之为等值信度。等值测验的信度又可分为两种。一种为在同时连续施测两个等值测验的信度；一种为相距一段时间分两次施测两个等值测验的信度。前者的复本信度又称等值性系数。后者的复本信度又称稳定性与等值性系数。属于复本的等值性系数，其分数不一致，主要来自题目取样的差别。相距一段时间的等值性系数，因为它把复本法与再测法结合起来，其分数不一致，一方面来自题目取样的差别，一方面来自时间的间隔，不一致的可能性较大。可见稳定性与等值性系数是对信度的最严格的检验。

复本法评估信度可避免再测法的缺点。其不足之处是很难掌握到真正的复本。在选题的内容、难度、区分度等方面，两个复本应该相同。若不一致，就会得到歪曲了的信度系数。因此在实际中除了必须采用此法才能达到目的外，评价一个测验的信度很少利用复本法，较多采用再测法。如不能间隔一段时间，进行第二次再测，往往采用分半法。

## （三）分半信度

分半法是将题目分成对等的两半，根据两半测验所得的分数。计算其相关系数作为信度指标。其意义与等值信度一样解释。所不同的是：一是两个独立的复本；一是在测验完了后从原有的题目中分出一个复本，而且后者是在同一个时间完成的。

如何对测验分半？在大部分测验中，前半部较后半部容易。题目往往是逐渐地增加难度。也有其他原因，如在整个测验过程中或逐渐熟悉此测验或逐渐厌倦、疲劳。因此不能将一个测验前后切成两半。适当的分半法是按题号的奇数和偶数分半。在分半时要注意将同一类的题目或有牵连的题目归类分半。

使用分半法求得的两半分数的相关，只是半个测验的信度。而再测信度与复本信度都是根据所有题目分数求得的。由于在其他条件相等的情况下，测验越长，信度越高。故必须使用"斯皮尔曼—布朗公式"加以校正，借以估计整个测验的信度。

$$r_{xx}=\frac{2r_{nn}}{1+r_{nn}}$$

式中：$r_{xx}$ 为测验信度系数；$r_{nn}$ 为两半分数的相关系数。

此公式的假定为两半测验分数的变异性相等。但实际资料未必符合此假定。当两半不等值时，分半信度往往被低估。在这种情况下，可采用下列两公式之一，直接求得测验的信度系数。

弗朗那根公式：

$$r_{xx}=2(1-\frac{S_a^2+S_b^2}{S_x^2})$$

式中：$S_a^2$ 和 $S_b^2$ 分别为两半测验分数的变异数；$S_x^2$ 为测验总分数的变异数。

卢伦公式：

$$r_{xx}=1-\frac{S_d^2}{S_x^2}$$

式中：$S_d^2$ 为两半测验分数之差的变异数；$S_x^2$ 为整个测验分数的变异数。在此式中，被试者在测验两半上的分数差异，代表随机误差。这些差异的变异数被总分的变异数除，就是误差变异所得的比例。减去这个误差变异的比例，就是"真实"变异的比例。

### （四）同质性信度

同质性指的是测验内容即所有题目间的一致性。主要指的是分数的一致，而不是题目的内容与形式的一致。

与前边几种信度估计不同，并不是所有思维测验都要求较高的同质性信度。在什么情况下需要考察题目的同质性，取决于测量目的。一般用于预测的测验或成就测验可不考虑同质性。而在提出或验证某种思维学理论的假设，要求对所研究思维特征或假设做出"纯粹"的测量时要求同质性。可见，同质性信度是开展思维学理论研究所必需的。

对同质性的测量用的较多的为 $K$-$R_{20}$ 公式。

$$r_k=(\frac{K}{k-1})(\frac{S_x^2-\sum p_i q_i}{S_x^2})$$

式中：$K$ 为测验项目数目；$P_i$ 为及格或通过人数的比例；$q_i$ 为未及格或通过人数的比例；$S_x^2$ 为测验总分的变异数。

库德—理查逊公式只运用于答对一题得一分，答错无分的测验，不适用于多重记分的测验。针对此需要，克伦巴赫另创一公式，其公式如下：

$$x_{kk}=\frac{K}{K-1}(1-\frac{\sum s_i^2}{s_x^2})$$

式中：$K$ 为测验项目数目；$S$ 为某一项目分数变异数；$S$ 为测验总分数的变异数。

因素分析法也是测定同质性的一个方法，它是先建立每个被试者在每个题目上得分的资料矩阵，再建立所有题目间的相关矩阵。此种方法只有借助计算机技术才能进行。

## 二、效度分析

效度指的是测量的真实性、准确性。这个测验能够测量出所要测验的东西有多少是真实的。例如：要测量考生的思维灵敏度，设计的命题却在很大程度上受数学水平的影响，那么我们说该命题来测该生思维灵敏度的效度不高。

效度是科学测量量表必备的条件。一个测验若无效度，则其他条件无论怎么完备，都是无意义的。所以在编制思维测验的时候，首先要鉴定其效度。经典思维测验认为没有效度资料的测验是不能用的。但效度不是绝对的，是相对的。一个思维测量量表是否有效，只能对某种思维样式或特性的测量有效。另外效度也只能达到某种程度，不可能十全十美。

影响效度的因素很多。除了一般因素外，还有测验的长度也会影响其效度。因为相关系数的大小与分数范围有直接关系。如测验的项目较多，得的分数数目较大，则相关系数即可增加。所以增加测验的长度，不但能提高测验的信度，也能提高测验的效度。但是，如果测验过长，也会降低其信度和效度。被试者的选择也很重要。用来做效度研究的样本，必须是测验所要应用的团体中的典型代表。如大学新生的思维测验必须用刚入大学的被试作效度研究。如将这测验运用到大学毕业后的被试中，则可能效度很低。因此可以说，效度也是相对的。

根据效度测重的方面不同，测验效度一般可分为三大类，即内容效度、效标关联效度和构想效度。

### （一）内容效度

主要指测验所选的项目是否符合有关的内容。例如。要测某个应聘者创造性思维能力，命题必须符合创造性思维的心理成分，即含"发散与聚合"、"求异与求同"、"横向与纵向"等方面的创造元素"在不同层面上的结合"，而不能把命题重点放在形式逻辑上。想编制有较高效度思维测验首先要对所要测的思维特性有个明确概念，并划定出哪些行为与这思维特性有关，又较密切。这就需要通过查阅大量资料，观察及询问来发现究竟哪些行为是受这些思维特性所制约。有人在编制测验时不在意取样的策略，哪方面编起来容易就选用哪方面的题目，这样会影响内容效度。为了避免出现这种现象，可先将搜集的材料加以分类，然后按比例从各类中取样。为了确定一个测验是否有内容效度，最常用的办法有两种。一种方法是为逻辑法，即请有关专家对测验的项目进行全面的考核，看测验的项目是否代表规定的内容。由于这种估价效度的方法，是一个逻辑分析过程，所以称之为逻辑法。另外一种方法称之为经验法。这个方法是通过实践来检查效度，如创造性思维能力量表是否有效度，经过对应聘者创造性思维能力的调查，然后分析其结果，就可以推测该测验有无内容效度。在这里要特别提到的是必须把内容效度与表面效度区分开。表面效度是由外行人作的表面上的确定，而内容效度是由够资格的专家系统地对测验作评价来确定。前者只考虑题目与测量之间明显的、直接的关系。后者同时考虑题目与测量之间内在的总体关系。表面效度不是效度指标，它往往会受被试者动机的影响。

### （二）效标关联效度

效标关联效度又称实证效度，测验的功能就是预测个人在某些情况下的行为表现。被预测的行为是检验测验效度的标准,由于这种效度是看测验对效标预测得如何,所以叫效标关联效度。这种效度需在实践中检验,所以又称之为实证效度。

根据效标搜集的时间,又可分为同时效度与预测效度。同时效度即测验所得的分数可与效标同时验证。即效标资料可与测验分数同时搜集。这种效度通常与生理特征的评估及诊断有关。如MMPI的临床量表的分数可与临床诊断的资料同时搜集。另一种效度为预测效度,效标资料需要一段时间才可搜集到。从实践中累积资料,衡量测验结果对将来成绩预测的效果,无论同时效度还是预测效度,基本上都是考虑测验分数与效标间的关系。所以统称之为效标关联效度。但是必须指出的是,同时效度和预测效度意义上的差异,不是来源于时间,而是来自测验目的。前者与用来诊断现状的测验有关,后者与预测将来结果的测验有关。由于同时效度与预测效度,都是考虑测验分数与效标间的关系,所以有人把二者统称之为预测效度,并把测验称作预测源。

预测效度由两个测量的相关所决定,只要相关高,预测效度就高,不再需要任何证据。对于选拔人才,这种相关是十分重要的。但是,有些人对预测效度有误解,把它看作某种绝对的东西,这就错了,还需参考其他指标。

在检验一个测验的预测效度时,难点在于找到合适的效标。有些效标无意义,有的效标存在种种缺点。例如,人们常把被试的学习成绩作为被试测验的效标。但并不是所有的课目都能反映出被试的思维水平。好的效标必须是有效的、可靠的,而且是实用的。常用的效标有老师对被试智力的评定,有经验的医生对患者的诊断等。

如何来验证效度?一般是通过测定测验分数与效标的关系来确定。常用的方法是求得二者之间的相关。所得的数量指标称作效度系数。在测验手册中,多用它来报告测验对每种效标的效度。

计算效度系数最常用的是积差相关法。有时在特殊情况下,也采用其他方法。

当测验成绩是等距的连续变量,而效标又是二分名义变量时,可用二列相关公式计算。当测验成绩是连续变量,而效标是等级评定,则可用贾斯朋公式计算多系列相关。(以上这些公式在有关心理统计学中介绍。在此不做说明。)

### (三)构想效度

构想效度(也称为结构效度)与心理和思维学的理论有关。效标关联效度是以一个明确的效标来考察测验的效度。但在有些心理和思维学的理论领域中就没有绝对的效标,而纯粹是人们假定的概念或特质。如:创造力、批判性思维等。这种效度是在实践中逐渐发现并得到证实的,也就是说这个测验是对一个思维学的构想验证。

要想建立思维测量的构想效度,必须先从思维构想的理论出发,制定出与这构想有关思维功能,在设计和编制测验中,由果求因,以相关和因素分析法,审查测验结果是否符合思维样式的理论。根据这个假设。搜集与这些假设有关的行为表现,编制出思维测验量表进行实施。再就实施测验所得的资料加以分析。如果被试者对多项题目反应的相关,确实与构想的几个特质有关,分数在一段时间内变化不大,并且从结果中可看到思维发展与现实表现有着关联,这些结果就是此测验构想效度的有力证据。

在某种程度上,如果一个变量是相当抽象的,我们就把它叫做一个"结构",这是十分重要的。思维科学理论主要论述结构之间的关系,很少讲到具体的、可以观察到的变量。结构有大有小,有的定义得较具体,有的就非常模糊,这些结构所牵扯到的可观察变量非常多。

一个结构究竟包含哪些内容可能不是很清楚。例如几乎所有的人都同意思维力应包括推理能力，思维力在多大程度上包括记忆力和知觉能力，就存在着很大争议。因为一个结构可能包含许多内容。因此，多种测量的复合要优于对某一内容的单一测量；多种分数的组合，其构想效度要高一些。思维学家根据自己的兴趣，从不同的角度，设计不同的测验来测量构想的结构。这种不同的测量是否测量了同一个结构，需要进一步考虑这范围中某些变量测量同质性的程度。经过多种测量的结果，使一个结构的面目逐渐清晰。清晰了的结构一般有三个特点：①它可用操作性的语言来定义；②有几个变量可以很好地代表这结构所包括的可观察范围；③已证明该结构和其他结构的关系。

如何来确立构想效度，有关这方面的资料可用很多方法来搜集，总的来说可以分成三类。第一类是对测验本身的分析。如对测验内容效度的检验，同质性的检验及用因素分析法来进行分析。内容效度有时可作为构想效度的证据。根据构想所编制的测验，是否有内容效度，如果有内容效度也就证明此测验有一定的构想效度。同质性的检验，可以推测此测验是单一的特质还是多种特质，从而确定测验构想效度的高低。因素分析法是通过对测验内容项目的相关进行因素分析，找到影响测验分数的共同因素。每一个项目在一组共同因素上的负荷，亦即各项目与各因素的相关。归类后找出此测验包含几个因素，把这些因素与构想的概念或特质的一致程度，作为此测验构想效度的证据。因素分析法在计算上是个较复杂的方法，没有计算机的帮助是很难完成的。第二类为测验间的相互比较。将测验结果与另一个效度已知的同类测验结果进行相关检验，相关高，说明这两个测验有相同的特质。这就是用公认的有效测验来检验新测验的构想效度。但是，如果新测验较之已知测验没有什么优越性，那么新测验的存在就没有什么必要了。有关特质性的测验，除去检查与同类测验的相关外，还必须与有关的但不同类的测验进行区分度的检验。一个新测验与不同测验的低相关可以证明此测验相对的独立性。但并不保证它一定有效。然而高相关则表明这个新测验的构想效度可疑。第三类考察构想效度的方法，是通过实验或观察来检验构想效度。例如我们要检验一个思维敏捷度量表是否能测定人们的敏捷程度，可将参加选拔的被试者分成两组：一组为多血质（灵活型气质），一组为粘液质（缓慢型气质）。然后将两组分数进行比较。如果两组分数差别明显，则认为该测验有效。另外还可以使用其他实验方法来验证测验的构想效度。

三种效度有一定内在联系。最明显的例子是预测效度和内容效度可以支持构想效度。在很多情况下，用于测量某种结构的测验可以当作预测源使用。思维测验的目的主要是为了测思维的心理和思维结构，但它可以预测许多其他相关变量。如大学学习的成绩，从事某项工作的业绩等。反过来说，这种预测愈成功，愈增加该测验的构想效度。三种效度经常是互相联系，互相支持的。

## 三、信度和效度的关系

信度与效度的关系有：

（1）效度是信度的充分条件。已经证明效度很高的量表，信度一定很高。效度的大小反映研究者的理论架构是否正确，因此追求合乎理想的效度是研究者最终的目标。

（2）信度是效度的必要条件。信度很高的量表，效度不一定够高；信度很低的量表，效度一定不符合要求。因此，即使限于研究资源，一项调查访问做不到分析效度的阶段，至少要达到分析信度，若是信度太低，就要及时修正，以免往后分析数据的步骤变成白费力气。追求合乎理想的信度是研究者最起码的目标。

信度与效度两者的数学关系是什么？前面提到效度的定义公式为：

$$Val（效度）=Vco/Vo$$

展开公式，可知效度与信度的关系为：

$$Val.=（Vt-Vsp）/Vo=rtt（信度）-Vsp/Vo$$

故效度应不大于信度。

分析信度与效度可以了解测量工具是否优良，从而改善测量的内容或方法，更重要的是可以避免作错误的判断及因错误导致的损失。

# 第四节 经典测验的发展

建立在数理统计学基础上的经典测验，带动了测量学的普遍发展，人们对测量误差的控制和估计手段进一步提高，使教育与心理测量研究取得了前所未有的突破性进展。

## 一、标准化成就测验研究

成就测验（Achievement Test）又叫学绩测验，是对经过一定的教学和训练所得的知识和技能的测量。成就测验按照测验编制的标准化程度可以分为非标准化、准标准化和标准化成就测验三种形式。在教学当中，教师自编的、未经过任何标准化程序的课堂测验，就属于非标准化的成就测验；标准化成就测验就是依照心理与教育测量学的理论和方法编制，从测验项目的编制、测验的实施、测验的评阅、测验的记分以及对测验结果的解释整个过程都经过了标准化程序，最终形成的成就测验形式。自从第一套标准化成就测验——斯坦福成就测验（Stanford Achievement Test，SAT）问世以来，标准化成就测验作为一种高效、客观的成就测评工具，一直被人们广泛应用，并且得到不断的编制和修订；准标准化成就测验则是介于非标准化和标准化成就测验之间的一种测验形式，如我国的中考、高考和中学会考试卷就属于准标准化成就测验。

### （一）国内研究进展

我国虽被称为考试大国，成就测验的数目也不少，但大多是以非标准化和准标准化的形式出现，标准化成就测验相对来说比较少。我国现有的标准化成套成就测验和数学单科成就测验有如下几种。

1. 成套成就测验

北京师范大学心理系与总参政治部宣传部编制的中小学生学业水平的综合测验，测验分为三级，分别测量小学生、初中生和高中生。测验全部采用客观题形式，内容涉及语文、数学、理化等领域。

2002年中南大学马惠霞博士为测量人类晶体能力的发展变化以及结合临床需要，初步编制一套多重成就测验（简称MATS）。该测验适用于中学阶段，测试时间为70分钟，采用团体施测的方式。测验包括五个分量表即语文、数学、历史、物理与化学，18个分测验。其中，数学分量表的分测验为代数和几何。该测验有甲乙两套题本。[1]

2004年中南大学范晓玲博士编的4-6年级多重成就测验。该测验包括语文和数学两个分量表，10个分测验。其中，数学分量表中分测验为数概念、数运算、数应用、几何知识、数推理。该测验分 A、B 两套题本，测试时间为 50 分钟，数学分量表需时约 30 分钟。采用团体施测方式。[2]

小学六年级学习困难儿童学业成就筛查测验，由湖南师范大学硕士研究生刘成伟于 2004 年进行初步编制。该测验中，数学项目有 60 个，语文项目有 57 个，项目采用客观题形式，以 0、1 记分。经过实测数据验证，该量表具有一定的学习困难儿童检出率。[3]

2. 单科成就测验

小学生数学能力测验是以赵裕春为首的小学数学能力研究协作组从 1980 年开始设计和编制，经过初试、预试和正式测试于 1987 年全部编制完成。该测验分为 6 套，Ⅰ、Ⅱ 适用于小学低年级学生，Ⅲ、Ⅳ 套适用于中年级学生，Ⅴ、Ⅵ 套适用于高年级学生。每套测验都测试数的概念与推理、空间关系三方面的内容。测验每部分都限定测试时间。题型既有选择题，又有填空题。测验编制的原则是尽量保证测题对学生是构成问题的新课题，即有待学生通过思考才能解决的问题。测验的方法是利用多种题目形式，透过学生知识掌握的深度、广度和在变化的形式中发现不变性的概括化程度的迁移效果，综合地说明学生数学的能力。[4]

上海市初中平面几何标准测验是由初中平面几何学业成绩评定研究协作组 1983 年编制。该测验参照布鲁姆教育目标分类学认知领域的分类，将知识与布鲁姆的学习水平分类系统相结合形成双向细目表。然后依据双向细目表具体明确每一测题所测知识和能力的层次。

小学三年级数学成就测验，由湖南师范大学硕士研究生魏勇于 2004 年进行初步编制。该量表借鉴欧美基础教育考试的经验，在项目反应理论的指导下编制的标准参照的数学成就测验，测验项目采用客观题形式，以 0、1 记分，正式测验包括 52 个项目，估计标准误为 0.1267，符合项目反应理论的要求。

小学低年级数学成就测验，由湖南师范大学硕士研究生刘丽娟于 2004 年进行初步编制。该测验为数学单科成就测验，适用于小学一、二年级，采用团体施测的形式，施测时以朗读方式呈现，测验项目均采用四选一的选择题型，每一年级各有 A、B 两套题册。该测验项目总体质量较好，信度效度都达到了测量学的基本要求。

## （二）台湾研究进展

我国台湾省也大量使用成就测验，用以测量学生学科的学习成就，提供教师诊断学生学习能力，以作为辅导学生，改进教学之依据，并可为教学实验与教育评估提供参考。

国民小学数学成就测验（三年级）：1991 年 3 月周台杰编制，台湾教育部出版发行。测验目的是测量国小三年级的数学学习成就，团体施测。本测验内容以国民小学数学课程的三

---

1　马惠霞.多重成就测验的初步编制:博士学位论文.中南大学湘雅二院心理中心，2002
2　范晓玲.4～6年级多重成就测验编制与信、效度研究:博士学位论文.中南大学湘雅二院心理中心，2004
3　刘成伟.小学六年级学习困难儿童学业成就筛查测验的初步编制:硕士学位论文.湖南师范大学教育科学学院，2004
4　赵裕春.小学生数学数字能力的测查与评价(中年级).北京:教育科学出版社，1990

大领域：数、量、形为主，并包括儿童处理数学问题的四种过程：加或减、乘或除、四则混合、推理。问题解决应用在五种生活范畴：金钱、测量、时间、统计图表、情境推理。再依此三大领域、四种过程及五种应用范畴分别依单位编制概念类（测验一）、计算类（测验二）、应用类（测验三）的题项。

国民小学三年级数学科成就测验：1993年陈东升、陈文枝等人编制，台北市立师范学院出版。本测验可采用团体测验和个别方式实施。供国小三年级普通班、资源班或其他特殊班级教师发现、筛选数学科高成就和低成就儿童，以作为数学教学策略之依据，对高成就儿童，实施充实教学；对低成就儿童，则实施补救教学。经由鉴定与教学辅导，增进儿童数学科的成就水准。本测验的内容分为三部分：甲、数学概念，乙、数学计算，丙、数学应用。本测验依据台湾教育部1975年颁布的国民小学课程标准中数学教材纲要编制。

国民小学低年级数学诊断测验：1996年秦丽花和吴裕益编制。用于初步筛选数学学习障碍儿童；诊断数学学习困难儿童；作为资源班教学前后测的工具，提供教师教学成效评量信息；供三年级教师了解学生起点行为。依据认知心理学原理，以台湾教育部1993年所颁布的新课程标准编制三十六题数学试题，采用单项选择方式。测验内容涵盖：数与计算、量与实测、图形与空间、统计图表、数量关系及术语与符号等观念，并注重各领域的内在与外在连结。适用对象为国小三年级学生。

从国内外数学单科和数学诊断测验的数量来看，国内的成就测验远远少于国外的；从适用的年级来看，国外的成就测验无论是成套的还是单科测验其年级跨度都比较大，而国内的成套成就测验大多只涉及初中，数学成就测验大多只涉及小学；从涵盖的内容来看，无论国内还是国外，一般的测验所涉及的内容都是数概念、数运算和应用、推理和空间关系，几何知识纳入的比较少；从题型来看，国外的一般是选择和填空等客观题居多，文字题偏少；方法上国外大多采用项目反应理论为指导来编制，常模参照和目标参照两种解释方式。

## 二、智力测验与思维测量的发展

目前国内修订的与思维相关的测验量表主要集中在韦克斯勒智力量表和瑞文测验上。已修订完成的韦克斯勒智力量表主要有中国—韦氏成人智力量表、中国—韦氏儿童智力量表（6～16岁）、中国—韦氏幼儿智力量表（3～6岁）。瑞文测验主要是瑞文测验联合型和瑞文标准推理测验。这两个测验现已有不少的版本，如农村版、城市版、全国常模、上海等地区常模等。

这些著名量表的常模区域化工作正在扩大，测验使用者可以根据实际需要选取合适的版本。

近年来儿童智力量表发展很快。根据我们收集到的资料，到2006年为止，各类专门为儿童修订与编制的量表总计已达60余种，在整个心理测验量表中占了很大比重。我国现有儿童心理测验量表涵盖的面比较广，涉及测量人格、神经心理、智力、一般能力倾向、特殊能力倾向等诸多心理品质和过程。其中，用于儿童智能测验的量表约占半数。据美国学校心理学家戴维特（L.W. David）等在其著作中介绍，常用于儿童的心理测验大约有70多个。与此对照，我国儿童心理测验量表的修订、编制和研究工作已经较为成熟。

但专门用于思维测量的量表很少，根据公开资料，2007年以前国内自编的思维测量的量表不足10个：

（1）QIUS 思维能力的自我测验.心理测量法.福州：福建科技出版社，1989.
（2）QIUS 创造性思维自评量表.心理测量法.福州：福建科技出版社，1989.
（3）QIUS 渐进矩阵思维测验.中学生潜能开发.合肥：安徽教育出版社，1992.
（4）QIUS 康复性思维能力评定量表.脑卒中的康复评定和治疗.北京：华夏出版社，1996.
（5）QIUS 思维投射测验.思维命题与测量.北京：中国文史出版社，2004.
（6）QIUS 逻辑思维测验.思维命题与测量.北京：中国文史出版社，2004.
（7）QIUS 大学生反向思维测验.思维命题与测量.北京：中国文史出版社，2004.

这些为数不多的量表现在看来似乎使用范围不太广，影响力还不够大。现代思维学应是本世纪的领航学科，全世界有众多的科学家期盼着这架航母早日出港，以引领万架快艇遨游学术之海，但由于没有常效实用的测量工具，这架航母还处于搁浅状态，这是令人十分遗憾的事。著名科学家钱学森在 20 世纪 80 年代中期就曾关注思维科学的发展动向，当时他不无焦急地说"……我老实讲，对你们这几位文艺理论家论形象思维……总感到不干不净，不那么严密，不够'理论'，也就是我常说的'不如逻辑思维学'！现在我明白点了，你们研究的不是形象思维本身，或形象思维学……你们研究的是应用科学而不是基础科学。这样一认识，你们那一套引章摘句，什么表象，什么意象，也就可以理解了。"[1] 为什么许多研究思维科学的人只能绕道走，只能"引章摘句"呢？这不能怪我们的研究人员无能或不努力。从根本上讲，思维的基础研究比之天体物理和微粒结构的研究更高级、更复杂、更艰深，思维科学的测量较之一般的测量也更难以量化和操作。思维命题和测量是我们亟待解决的一大难题。我们不赞同在任何领域里的"不可知"论，我们必须慎重而严谨地探讨思维命题和测量的途径和方法，历史地、客观地分析各种测量理论与技术，填补科学研究领域的这一空白。

总之，改革开放以来我国心理测量取得了前所未有的突破性进展，研究者们编制、修订了大量的测验工具，教育与心理测量方法学取得新的进展，教育与心理测验的社会效益不断扩大，心理与教育学界再次掀起了测验的热潮。但也应该看到，中国的心理学基本理论研究和心理测量技术毕竟有限，中国的思维测验编制工作艰巨异常，短时期内不可能取得完满成功。可喜的是"海峡两岸教育与心理测量学术研讨会"传来信息：两岸学者表示，要共同努力编制出适合我中华民族使用，并具有国际水平和影响力的测验工具，使中国的心理测验工作更上一个台阶[2]。

## 三、经典测验的最新研究进展

经典测验的最新研究进展表现在智力测验与认知评估的主要理论模型的和实际操作上。

### （一）智力测验与认知评估

1. 智力和认知

在以往的文献中，智力与认知往往被视为同一语。在这里，我们所说的"认知"，指的是个体从环境中获取知识的信息加工过程，它包括诸如知觉、记忆、抽象思维和推理，问题解决等高级水平的心理加工，也包括那些整合和控制过程，它们与计划、策略选择和制定等

---

[1] 钱学森.给杨春鼎同志的一封信，1988
[2] 张厚粲.心理教育与测量（海峡两岸教育与心理测量学术研讨会论文集）.杭州：浙江教育出版社，1997

执行功能相联系。认知不等于 IQ。IQ 是标准化智力测验的分数，IQ 可以包含对认知的测量，也常常涉及了与感觉、运动相联系的能力，而这些能力不属于认知范畴。例如，患有运动控制障碍（如脑麻痹）的个体，可能有较高的认知能力，但由于测验中含有测量运动成分的任务，并有时间限制，其 IQ 得分会低。此外，婴儿已经表现出许多认知能力，但由于早期他们依赖于感觉—运动技能的评估，标准化的发展量表还不足以评估这些认知能力。最后，IQ 测验是否测量的只是个体学习过的东西（这在很大程度上依赖于他们的学习机会），还是能够准确评估个体先天的认知能力或未来的潜能，这存在着很大的争论。

2. 神经心理学对认知评估的贡献

最近，对儿童和青少年的神经功能的评估已成为认知研究的热点。随着人们对大脑与行为关系研究的深入，出现了神经心理学这一领域。临床神经心理学则是一门应用学科，重在研究大脑功能障碍的行为表现。尽管研究成人的神经心理评估已相当广泛，但有关儿童的研究还发展缓慢。

在经典性研究中，鲁利亚（A.R.Luria）提出了三个主要的、有助于我们理解智力的大脑功能区域：①位于脑干和中脑的模块，与唤醒水平相联系；②由颞叶、顶叶、枕叶组成的模块，与感觉的输入相联系；③前额皮层，与组织和计划相联系。无论人们是否相信这些系统的成分与大脑的某些结构相联系，但这个认知的神经心理模式可以用来评价认知的、言语的和感觉运动的功能。

传统的关于认知的心理模式主要是区分言语的和非言语的技能，大多数神经心理评估模式则要求对以下成分进行独立评价：①注意；②听觉、视觉和知觉功能；③言语功能；④空间加工能力；⑤学习和记忆；⑥执行功能（概念推理、问题解决、计划、认知策略的灵活性、认知计划的完成）。

不同认知成分的发展并不是同步的。在婴儿和童年早期，注意和知觉的基本成分快速发展，而在童年晚期和青春期，主要发展的是高级的言语的、空间的、执行功能的成分。由于能力不同出现的进化模式，不同领域发展中的缺陷会导致各种各样的认知系统结构，这些结果对个体功能性调节的适应性或适应不良具有重要意义。

与传统的心理测量学为基础的测验不同，研制新的 IQ 测验要求包括更为新颖的问题解决，以重点了解学习潜能和认知领域。从综合的发展的评估来看，把 IQ 看成是认知功能的总指标是过时的。这一观点并不是指实际的测验是陈旧的，而是指不应把 IQ 孤立地当作一个人能力的总和。

3. 认知范畴及其在智力测验中的体现

近些年来，智力测验遭受了许多批评，其中最有说服力的批评是指出智力测验评估的能力范围太狭窄了。因此，心理学家必须有一个综合评估的观点，既要考虑到各种认知范畴，又要考虑到目前的智力测验如何测量这些认知范畴。下面，我们将简述四个主要的认知范畴及其智力测验中的体现。

（1）注意。注意是个体从一系列刺激中选择保持相关信息，抑制不相关信息的能力。注意是知觉过程的前奏，它控制着参与高级认知过程信息的数量和质量。也就是说，注意是顺利完成复杂的认知活动的先决条件。在目前使用的智力测验中，测量注意的主要是韦氏量表的注意不分心因子。该因子是从算术、数字广度、编码（数字符号）三组测验结果计算而来的。临床心理学家常常使用 IQ 结果来判断造成个体分心的认知因素，这可能是因为智力测验比较适宜于评估注意困难。事实上，在对儿童进行 IQ 测验的过程中，可以观察儿童的行为而获得大量的临床信息。

（2）知觉。知觉是对感觉到或注意到的信息进行加工的关键步骤，通过感觉系统获得的信息随后转换为高级编码，运用于各种高级的认知亚系统中。知觉的功能包括觉察、再认、辨别、模式识别和定向等。知觉是认知能力评估的主要范畴之一，它常常是许多 IQ 分测验（如木块图、矩阵推理、数字广度、单词排序）的主要成分之一，但它却很少是某个分测验所测量的单一能力。

（3）记忆。记忆是认知的另一个要素，它在信息加工过程中可以暂时地保留新信息（短时记忆），或为了将来应用而永久保持学习过的信息（长时记忆）。在临床评估中，人们常常认为，学习和记忆的缺陷在学习障碍和其他神经心理障碍中起着重要作用。韦克斯勒成人智力量表第三版包含了一个工作记忆指数，它是从算术、数字广度和数字序列分测验的结果计算而来的。斯坦福—比纳量表第四版也涉及了记忆范畴。关于短时记忆的四个分测验包括有意义材料，无意义材料，听觉记忆和视觉记忆。韦氏量表中的常识测验则是测量长时记忆的。

（4）执行功能。执行功能是神经心理学认知评估中的决定性成分。执行功能是指个体在实现某一特定目标时，以灵活、优化的方式控制多种认知加工过程协同操作的认知神经机制。现普遍认为执行功能主要包括注意和抑制、任务管理、工作记忆、计划和监控等方面。关于"执行功能"的定义似乎太宽泛了，它涵盖了人类认知的全部范围。尽管有些 IQ 分测验涉及了某些方面的执行功能，如 KAIT 的逻辑步骤、神秘编码和歧义性，韦氏量表的迷津、图片排列和相似概括性，但由于执行功能这一定义过于宽泛，因此很难确定使用智力测验来评估执行功能。然而，许多心理学家会选择使用那些专门测量执行功能的特定测验（如威斯康星卡片分类测验等），而不会依赖 IQ 测验中的某些分测验。

对于认知功能，心理学家不仅要考虑注意、知觉、记忆和执行功能等认知维度，还要考虑"智力"这一传统的概念，明确这些功能对 IQ（即 IQ 测验成绩）的贡献。由于了解认知技能及其性质需要更多的知识，因此，智力的本质和认知技能的确定及其测量将是以后研究的重要课题。

### （二）智力与认知评估的主要理论模型

目前智力测验的两个主要理论基础是高级神经机能模块学说和大脑张力与觉醒水平模块理论。

#### 1. 高级神经机能模块学说

鲁利亚在 20 世纪 60～70 年代提出了高级神经机能学说，他认为人脑从其生理机能上来说包括以下三个主要的机能结构（或模块），这三个机能模块在人脑中均有相应的解剖结构和定位。①调节大脑张力与觉醒水平模块。根据鲁利亚的理论，调节张力与觉醒模块的解剖学结构主要包括网状结构、下丘脑、丘脑、边缘系统及大脑皮层与它们的下行联络纤维。②信息的接受、加工和储存模块。接受外界信息、并将其进行加工和储存的模块位于大脑皮质的颞叶、顶叶、枕叶底部，由那些具有高度感觉形态特征的皮质所组成。③活动的程序编制、调节与控制模块。信息的接受、加工与储存只构成了人的认知活动的一个方面，人们要求获得的信息做出反应，要采取相应的策略，制订计划，进行有意识和有目的行动，在实施行动的过程中不断根据反馈的停息调整自己的行为，从而实现预想的计划，鲁利亚认为这一过程的实现是由程序编制，调节与控制模块保证的。这一机构定位于大脑额叶。

加拿大心理学家达斯（J. P. Das）结合鲁利亚的神经生理学成果提出了研究认知活动的PASS模型，他在此基础上编制的测验称为认知评估系统（CAS）。PASS是指"计划—注意—同时性加工—继时性加工"。它包含三层认知系统和四种认知过程。其中注意系统又称注意—唤醒系统，它是整个系统的基础；同时性加工和继时性加工系统称为信息加工系统，处于中间层次；计划系统处于最高层次。三个系统协调合作，保证了一切智力活动的运行。PASS模型认为，注意、信息编码和计划之间是相互作用并且相互影响的，计划过程需要一个充分的唤醒状态，以使注意能够集中，进而促使计划的产生。编码和计划过程也密不可分，因为在现实生活中任务往往能以不同的方式进行编码，个体如何加工这些信息也是计划的功能，所以同时性加工和继时性加工也要受到计划。达斯用认知心理学的理论和方法来研究和解释智力，他将智力定义为"各种认知活动的总和"，并将高级神经机制模块学说作为其智力理论和生理学和生理心理学基础。

（1）信息编码过程。达斯认为信息编码活动是在鲁利亚的第二模块中进行的，编码过程可表现为两种基本形式，即同时性加工和继时性加工。同时性加工是人们认知事物时，在特定的时间内同时感知到事物各个部分的特征，继时性加工是指人们在某一时刻只感知事物的一种特征，然后随时间的推移陆续感到事物的各部分特征。达斯认为，同时性加工和继时性加工均可用于分析和合成言语与非言语信息，以及任何来自感觉运动的信息，他还认为，同时性加工主要与大脑皮层枕叶和顶叶的功能有关，而继时性加工主要与额叶与颞叶的功能有关。

（2）计划过程。达斯认为计划是第三模块的功能，大脑皮质额叶特别是前额叶起着重要的作用。达斯还将"作出决断"也归于计划。因此计划属于一种相对较高级的智力。

（3）注意唤醒过程。注意唤醒过程是第一模块的主要功能，在达斯的研究中涉及这方面的研究较少，达斯认为这一过程是各种高级认知活动的过程，编码和计划过程均要求一定的大脑皮层张力和注意的积极参与。

2. 智力层次理论

霍恩（Horn）的Gf-Gc理论的名称来源于卡特尔（Cattell）早期提出的一般智力由流体智力（Gf）和晶体智力（Gc）两个主要部分构成的理论。该理论可以认为是一个两层次模型，最底层由40多个一阶因子构成，以一阶因子为基础的二阶因子构成第二层。其中，一阶因子包括基本心理能力，第二层能力则根据功能划分为4种信息加工水平。首先，Gf和Gc代表着认知功能的最高水平，即属于第一信息加工水平。其中，Gf因素包括知觉关系的能力、领会含义以及从关系中做出推论的能力。这些能力主要是依靠中枢神经系统的功能，而不依赖于先前的经验和文化背景。可以借助类比、系列填空和包括抽象推理在内的任务来测查这种类型的智力。Gc依赖于经验和教育，由个体在后天获得的一系列技能和知识组成，包括言语理解、言语关系评价及语义关系认知等能力，可以借助词汇、一般知识和言语理解问题等来对其进行测查。信息加工的第二水平是知觉组织，它包括加工速度、加工视觉信息的能力以及加工听觉信息的能力。第三层水平是联合加工，包括从短时记忆中获得和提取信息的能力以及从长时记忆中提取信息的流畅性。第四水平是感觉接受，包括觉察大量视觉信息并保存在视觉形象记忆中的能力，和觉察听觉信息并保存在声像记忆中的能力。

卡罗（J.B.Carroll）的三层理论把智力模型描绘为金字塔形，认为智力有三个层次水平的因素组成。塔顶最高水平层由一种因素构成，等同于斯皮尔曼（Spearman）的一般因素g。尽管卡罗并不赞成斯皮尔曼把g解释为心理能量的代表，但他同意g是一切智力活动的基础，且它的遗传可能性高。金字塔的中间因素，由受g不同程度影响的八个因素构成，即流体智力、晶体智力、一般记忆和学习、广泛的视知觉、广泛的听知觉、广泛的提取能力、广泛的认知速度、反应时间或决定速度。金字塔底部最低水平层（第一层）由许多特殊的因素所组成，如定量推理、词汇知识、阅读速度等。像在流体智力、晶体智力理论中一样，这些特殊因素中的一部分代表基本心理能力，并且都与第二层中的一种或几种能力相关。卡罗强调，他提出的这三个层次并不是严格定义的，每一层中的能力仅仅反映出它们在支配广泛的智力行为方面的一般性程度。第一层代表最专业的能力，反映了特殊策略和特殊类型知识的习得；第二层包含出现在广泛的智力行为领域中略显专业的能力；第三层只有一种能力即g，它是智力活动各个方面的基础。因为一般性是一个程度问题，所以有的能力很难归到哪一层次，因而，卡罗承认在他划分的这三层之间可能还存在中间层。卡罗的三层理论和由霍恩发展的Gf-Gc理论虽有差异，却有着惊人的相似。Carroll模型包含了第三层，一般能力或g能力，Horn理论中则没有提及。Carroll模型的第一层包含各种狭窄能力，与Horn理论的毫不相关。然而在Carroll模型中，无论从术语上还是从概念的涵义上，第二层（广泛能力）和Gf-Gc理论中罗列的能力都非常相似。由此，他们的模型合称为Cattell-Horn-Carroll模型。

### （三）智力与认知评估工具的新发展

与早期的斯坦福—比纳智力测验、韦克斯勒智力量表不同，新编的智力和认知测量工具采用了一种不同的评估方法。这些新型的认知评估工具基于心理学理论，而不是基于经验性研究。除了最近编制的新工具外，两个广泛使用的认知测量工具的修订版业已出版发行。下面我们简要介绍当代著名的智力与认知评估工具。

#### 1. K-ABC和KAIT

考夫曼（Kaufman）儿童成套评估（Kaufman Assessment Battery for Children，K-ABC）是一个测量智力和成就的成套测验，适用于2.5～12.5岁的儿童。

K-ABC的标准化样本包含了200名儿童，是根据美国人口统计资料按地域、社区大小、种族和父亲教育程度分层取样而来的。尽管K-ABC自诞生之日起都颇具争议，但在许多学校、临床机构和科研机构中，它已成为传统量表的一种替代或补充。而且，K-ABC的理论基础使其在欧洲国家深受欢迎。事实上，对于许多儿童和特殊诊断人群（如孤独症），K-ABC是IQ测验的一种选择。

K-ABC是用来测量以一般的智力功能为基础的认知过程的。测试结果得到一个一般性心理过程分数，它和智商IQ等值。一般性心理过程分数以两个分量表为基础，评估儿童解决问题和信息加工的风格。其中，继时性加工量表测量儿童暂时性地、逐渐地加工信息的能力，同时性加工量表评估儿童立即整合各种信息的能力。

K-ABC与传统的智力测验不同，它不强调言语能力和特定内容的知识，K-ABC还包括一个简明的成就筛选，这种知识是从学校的环境中获得的，独立于其他测验。K-ABC智力测验以继时性和同时性信息加工过程为理论框架，它关注的是儿童如何解决问题而不是儿童必须解决的问题的形式，如言语的或非言语。

1993年，考夫曼编制了第二个以理论为基础的智力测验KAIT，适用于1岁至85岁的人群。KAIT标准化样本是200人，根据美国人口统计资料分层按比例取样。三个认知心理学和神经心理学理论构成了KAIT的理论基础：①霍恩和卡特尔的Gf-Gc理论；②鲁利亚关于计划能力的定义；③皮亚杰发展理论的形式运算阶段。它包括独立的晶体智力和流体智力量表。晶体智力量表测量个体已掌握的概念，它依赖于学校学习和文化适应性，而流体智力量表测量个体解决新问题的能力。

2. CAS

Das-Naglieri认知评估系统（Das-Naglieri Cognitive Assessment System, CAS）是根据计划—注意—同时性和继时性（PASS）的智力理论而编制的。该理论认为，人类认知功能以四个主要的PASS过程为基础，它们运用和改变着个体的知识。

CAS力图反映PASS理论，全套测验包括四个量表，分别对每一个PASS认知过程进行测量。计划量表要求儿童为解决测验问题设计、选择、使用有效策略或行动的计划，必要时管理计划的有效性和自我调整计划；注意量表要求选择性地注意特定刺激而避开分心刺激；同时性加工量表要求儿童把刺激整合为一个相互联系的整体；继时性加工量表要求儿童按特殊的序列合并刺激或了解刺激的线性关系。

CAS包括PASS量表分和全量表分，其标准分数以10为均数，15为标准差。计划量表包括数字匹配、计划解码、计划连线和计划搜寻分测验。注意量表包括数字探测、接受性注意和表达性注意，同时性加工量表包括非言语的矩阵、言语空间关系和图形记忆。继时性加工量表包括单词系列、句子复述、句子提问和继时性言语速度。每一分测验的标准分均数为10，标准差为3。对CAS的解释严格遵循PASS理论，重点在于分析每一量表，而不是分析分测验。如评价测验结果、整合计划量表中使用策略的信息、比较PASS分数、以及运用单一和预测的差异性模型来比较PASS分数和成就的方法等方面，纳格利尔里（Naglieri）提供了充分的指导。此外，还举例说明个案报告，对干预研究进行总结。

CAS的标准化样本包括5～17岁的20名儿童，是按照美国最新统计资料中年龄、性别、种族、地域、教育水平、父母教育程度分层取样而来。常模样本中有160名被试，除了施测CAS外，还施测了Woodcock-Johnson成就测验，这一附加测验提供了丰富的效度资料（如分析PASS和成就之间的关系），而且为解释成就差异提供了可预测的差值。最后，对872名的特殊人群，包括注意障碍、精神发育迟滞、学习障碍等被试进行了信度和效度研究。

CAS的效度研究包含在《CAS解释手册》和《CAS解释要点》中，对白人和黑人、西班牙人和非西班牙人、男性和女性等进行了一系列的成就预测研究，表明CAS具有种族和性别的公平性。此外，PASS分数还具有治疗和教育干预的价值。总之，最新效度研究表明CAS是传统IQ测验的一个颇具价值的替代。纳格利尔里总结了5项研究，包含了800多名5～17岁儿童，他们施测了几乎所有的智力测验。纳格利尔里发现，CAS总分和成就呈中度相关（0.70），高于其他IQ测验与成就的相关（其相关介于0.59～0.63）。

CAS是否能替代广泛使用的IQ测验，还要拭目以待，它的理论基础和充分的测量学特征将有助于它为人接受。

3. UNIT

UNIT（The Universal Test of Nonverbal Intelligence）是一个不要求主试和被试言语的智力评估工具。随着母语不是英语的人数的增多，许多心理学家认为，智力评估的非言语形式和其他形式将是最实际的。另外，非言语测验对评估言语缺陷儿童是非常有用的。

UNIT 包括 6 个分测验，三个测量记忆（物体记忆、空间记忆和符号记忆），三个评估标准（木块图设计，迷津，类比推理）。编制者合并了推理和记忆两层次智力模型圈，提出了两个组织策略：符号组织和非符号组织。当个体利用具体的和抽象的符号（即单词、数字等）了解环境时，个体会使用符号的组织策略。当个体必须对环境中的特定关系做出决定和判断时，个体则使用非符号的组织策略，这种能力类似于流体智力，包括了个体辩别和解决新颖问题的能力。事实上，UNIT 的理论基础和 Hom-Catter 的 Gf-Gc 模型是一致的，记忆和推理是 Gf-Gc 模型中两具重要的方面。也许，和其他非言语智力测验不同，UNIT 的编制者强调，这套工具测量的是通过非言语而获得的智力。UNIT 认为智力是运用记忆和推理解决新颖问题的能力，尽管许多心理学家认为问题解决是智力的一个完整方面，但许多实践家认为言语是评估的关键成分，是智力的一个完整方面。

UNIT 的标准化样本以美国人口代表性取样，包含 210 名儿童和青少年，信效度研究则涉及了 1765 名个体。该常模考虑了几个变量，如性别、年龄、种族、地域、教室位置、特殊的教育服务和父母的教育程度。

Reed 和 McCalum 完成了早期评价研究，包括了信度、构想效度和同时效度等方面的检验。104 名小学生、初中生和高中生施测了 UNIT，斯皮尔曼—布朗信度系数证明了 UNIT 的信度（符号记忆为 0.89，木块图设计 0.92，空间记忆 0.89）。通过 UNIT 和 WJ-R 的相关分析检验 UNIT 的同时效度，两个测验总分的相关较高（>0.50）。但是，UNIT 的记忆分测验在 WJ-R 短时记忆所属的因子上负荷不高。

UNIT 最大的局限性是，常模样本中的白人占绝对优势，只有 2 个被试是黑人。如果编制者希望该测量工具用于评估那些不会英语的人群，其常模样本所包含的人群应多样化。UNIT 出版使用不久，因此，要确定它是一个非常好的智力测量工具，尚需大量的研究。

4. WAIS-Ⅲ

WAIS-Ⅲ 是韦克斯勒成人智力量表的最新修订版，适用于 16 岁至 89 岁的人群。WAIS-Ⅲ 是对 WAIS-R 的修订，其目的是为了更新常模、延伸年龄范围、修改过时的条目和测验材料圈。

在韦氏成人系列量表中，WAIS-Ⅲ 第一个提供了因子分数。三个指数分数同 WAIS-Ⅲ 的因子分数相同，即言语理解、知觉组织和加工速度。WISC 的第四个因子为注意不分心因子，WAIS-Ⅲ 的则为工作记忆。算术、数字广度和新增的分测验—字序列构成了工作记忆这一因子。

WAIS-Ⅲ 的常模样本包括 2450 名成年被试，根据 1995 年人口统计资料对年龄、性别、种族、地域和教育程度进行比率分层取样。WAIS-Ⅲ 的言语智商、操作智商和全量表智商具有很高的信度和效度，各类智商的分半信度介于 0.94～0.98 之间，指数分数的则介于 0.8～0.96 之间，重测信度则在 0.91～0.96。

WAIS-Ⅲ 做了很多的改进，如由于增加了测验手册和工具的视觉刺激，施测更容易了，提出了地面效应和天花板效应。额外的下限项目已合并在每一分测验中，目的是为了测试低认知功能的人群。

WAIS-Ⅲ 最重要的改进是取消了确定个体测验分数的参照组。WAIS-R 是通过 20～34 岁的参照组来计算每一个体的量表分数，而不顾及他们的实际年龄。现在每一个分量表分数的计算是以年龄常模为基础的，由此得出的智力分数比 WAIS-R 的更精确。

另一个主要的改进是将图形拼凑分测验不列入 IQ 分数的计算，该测验对任一因子分数没有重大贡献，意味着这一决定是有心理测量学依据的。之所以在这套量表中仍保留了该测验，是因为一些心理学家发现它在临床上是有效的。尽管韦氏系列智力量表具有与理论无关的特性，但它们至今仍是使用最广的认知评估工具，目前尚无理由认为韦氏量表会在不远的将来会不受欢迎。近年来，除了韦氏量表外，其他测验的趋势是将测量工具和理论和研究成果结合起来。

## 四、经典测验结果的分析

对心理测验的一个重要的批语意见是其对测验结果的滥用。心理测验只是一种鉴别被试心理特点的手段，为后续的决策提供依据，而不应成为最终目的。这样，对测验结果的正确解释就至关重要。标准化测验常用测验分数来表示其结果，而测验分数只是一个相对的数值。1965 年，皮亚杰对"心理测验"提出了批评，他认为，"一切数量上的研究不从属于质量上的分析是没有任何意义的。"因此，一般的说，不应当把这种结果直接告诉被测验者或其他人员，而只是告诉他们对测验结果的解释。如测得智商 IQ 为 100 的话，并不把智商的数值告诉他们，而只是向他们说明其智力是一般的，和大多数人差不多。在当前实际中，有的学校就通过智力测验来剔除一些智力低的学生，以此来减轻教师的负担。这种给人贴上标签的做法是非常有害的，完全违背了心理测验的初衷。早在上世纪八十年代，戴忠恒教授亲临在安徽淮南举办的全国部分省市心理测量研讨班时，就给以预警，至今仍有其现实意义。同时，在作解释时还要注意被试的情况，如被试实际与常模对照后不符合的话务员，在解释结果时要特别慎重，作判断时应采取保留态度。[1]

在当前实践中我们看到，心理测验是以结果定向的，对结果偏重于简单而客观的量化描述，缺乏科学、深入的分析和对人的心理过程的探讨；心理测验本质上是分析式的测定，不能够整合人各方面的情况，这就限制了其实践意义；心理测验在测题取样与观测时间取样上都是很有限的，并且在这一过程中也不能保证被试如实的反应，以此来评价一个人是远远不够的。因此，有的研究者提出了心理测验将会朝着心理评价的方向发展。心理评价要求在对测验结果进行分析时，不仅要利用心理测验结果所提供的信息，还要整合其他各方面的信息，如被试在测验过程中是如何做出反应的、被试在日常生活中的表现及第三者的评价信息等。心理评价在很大程度上弥补了心理测验只重结果不重过程的局限，对于心理测验的发展具有重要意义。另一方面，心理测验作为一种实证研究，在当前测验运用中重视对某种现象的证实，而缺乏对测验结果的再证实或证伪。实践中有使用同种测验量表和大致接近的被试群体施测，结果却得出大不相同甚至完全相反的结论，这就使得测验结果的科学性受到质疑。因此，在今后研究中应重视对测验结果的再证实或证伪。

## 五、主要问题及对策

作为一种工具和方法，经典心理测验在社会生活中的作用是越来越重要了，但同时我们也应清醒的看到经典心理测验在应用中还存在着多方面的问题。首先，依据的理论尚不完善，编译心理测验量表都有不足之处；其次，在心理测验的选用上有其科学性、适用性问

---

[1] 戴忠恒.心理与教育测量.上海:华东师范大学出版社,1987

题；在测验结果的正确的解释与评价上还需提高；最后，对未来发展趋势问题，我们也应该有一个总体把握。

**（一）量表编制问题**

1. 依据的理论尚不完善

心理测量的对象即心理测量内容所依据的理论尚不完善。如什么是智力、什么是人格……心理学家众说纷纭，至今未有统一的定论，理论上的不完善必然导致心理测量方法和技术上的局限性。未有统一的定论，因而量表的公平性、准确性就难以有统一的标准，其具体操作也就不好把握，量表的效度也不好把握。测量的三个要素即测量对象、测量工具、测量结果均受其累。因此，作为心理测量的工具——心理测验的编制是比较复杂困难的。在标准化处理过程中，不仅测验的编制要专业人员来进行，而且实施者也必须是经过专业训练的人员来承当。只有训练有素的心理测验工作者才能胜任测验的选择、实施、记分以及对测验分数做出解释。此外，心理测量的发展还受到诸如政治观念、文化背景、经济条件等社会因素的影响。如20世纪30年代的前苏联和20世纪50～70年代我国受政治观点影响将心理测量斥为伪科学，持禁止和取缔的态度。

2. 非本土量表的修订问题[1]

在我国当前使用的测验量表中，有许多是修订西方的，这些经典心理测验量表被广泛运用于我国的教育、医学、人事等领域。这类量表中目前使用较多、影响较大的仍是那些引进修订完成的国外著名心理测验，如：韦克斯勒成套智力测验量表、瑞文推理测验、斯坦福—比内测验、一般能力倾向成套测验、H-R神经心理成套测验等。促成这种状况的原因，我们认为主要有以下几点：① 这些著名测验都是世界公认的，它们是经过反复研究编制而成，其内在的合理性不言而明；② 修订这些量表的绝大多数是我国著名心理学家，他们的学术造诣及他们修订量表标准化过程的严谨令人信服；③ 这些量表是较早引进我国的，有些还是全国许多单位共同协作修订完成的，对它们的作用、性能已有了全面的了解。就目前而言，国内自编这类量表的数量太少，它们的编制过程本身特别复杂，往往需要多单位的协作，因此难以再达成。但令心理测量工作者们最感兴趣、觉得最有使用价值的还是这类量表。中国心理测量要想取得国际影响力，必须在编制有深度的、本土化的量表上下功夫。[2]

运用西方测验量表也存在着诸多问题：由于文化差异的客观存在，西方心理测验在中国的应用势必会存在一些问题。比如语言体系的差异，中西方文化、风俗习惯上的差异，引进的西方测验中的项目未必都具有跨文化普遍性，并且很容易遗漏了中国文化中认为有意义的现象与行为特征。而且，在某社会文化背景下编制的测验在该背景下施测有令人满意的构想效度，在经济发展水平、文化背景不同的国家使用却未必都有适用性。在不同的文化背景下的心理测验有着测验不同质的问题，具体表现在测验项目在不同文化中使用时的含义同质、翻译同质、被试熟悉程度的同质及其文化背景相关程度的同质等方面。

修订西方测验量表有着一个两难的问题，即如将原有测验量表照搬，会不适合中国国情，而如将原测验改动过大，则无法进行两者间信效度的比较，也不利于进行跨文化的比较

---

1 姜立之.心理测验应用中的几个问题.2007
2 朱腊梅，王小晔.中国心理测量近二十年发展的述评与思考.心理科学，1997（4）

研究。同时，即使同一种测验，在不同的国家有着不同的常模，要进行跨文化的对比研究也有难度。其次，有的研究者还注意到，编译西方测验量表有关知识产权方面的问题。基于多方面的原因，我国修订的国外测验量表大多未能获得原作者或出版商的同意，而未经授权的翻译与修订是不受法律保护的，因此这个问题处理不好将会留下版权纠纷的隐患。

3. 自编测验量表

要想解决思维测量问题，不外乎两条途径：一是消除文化差异，修订国外量表；二是积极编制中国自己的心理测验。目前，国际社会内信息文化交流日益频繁，中西方文化的差异从历史角度看是在逐渐缩小，但我们应该认识到，这种文化差异在长时间内是不可能彻底消除的。因此，编制中国自己的心理测验必不可少。自编量表的优点在于它完全在中国文化情景下设定，因此有可能避免上述应文化差异带来的不适应性。毋庸置疑，我国的心理理论与心理测验技术与西方相比是有一定的差距。这使得我国自己的测验量表编制工作异常艰巨。同时，测验的编制又是非常耗时费财的，心理测验研究的进展很大程度上依赖于经济的支持，而当前我国心理测验的研究中普遍存在着经费不足，从而在一定程度上制约了该领域研究的进展。我国自编的测验量表，大都面临着发展与完善的问题。多数测验量表是在研究者个人兴趣和自己占有资料的基础上编定的，一般较少考虑到社会需求。编制出来的测验常被搁置到一边而没有得到积极的推广应用，其中甚至于一次都未被引用的也大有其在。于是，一方面是自编测验的表面繁荣，一方面是这些测验的质量较差。囿于经费、人力及水平，我国自编测验中有全国常模的屈指可数，大多是在小范围内自编自用或者说建立一个地区常模。全国性的协作较少，这就显著地降低了测验的质量与水平。2000年12月在河北石家庄召开的全国心理和教育测验研讨会上，全国心理和教育测量专业工作者一致认为，由于测验的编制是一个系统工程，需要一定的人力和财力的投入，全国同行都殷切期望上海能牵头，建立一个研究中心，集聚各地研究力量，规范心理测验的修订、编制和使用，对有关测验进行鉴定，迅速推向市场。

### （二）常模过时的问题

常模是心理测验用于比较和解释测验结果的参照标准，是根据有代表性样本的测验结果来制订的。其代表性样本必然随着时间推移而发生变化，这就存在着常模变化的问题。我国心理测验的常模10年甚至20年不修订的现象并不鲜见。[1] 如果所用测验量表的常模过时，用这个常模作解释，其准确性就差。有研究运用卡特尔16PF个性问卷测查，发现其存在着常模过时的问题。测验结果的平均分增高，原始分在8～11分集中，使转换成为难题。较早修订的韦氏智力测验等其他测验也不同程度的存在着常模过时的问题。

### （三）适用性问题

1. 年龄的实用性

年龄是标准化测验比较敏感的变量，在运用时要注意选择与被试年龄特点相适合的测验量表。瑞文标准推理能力测验指导手册上虽说其可以适于5.5～70岁的任何年龄，但我们在实践中发现，其对初中以上年龄段标准偏低（导致智商值约高10分），比较适合于初中以下年龄者。在应用中我们还发现，韦氏智力测验存在着年龄交叉的现象，韦氏幼儿智力测验适用年龄为4～6.5岁，韦氏儿童智力测验适用年龄为6～16岁，而韦氏成人智力测验适用于16岁以

---

1 曹晓平，任百利等.卡氏16PF中译本常模20余年的变化趋向.心理科学，1994（3）

上的成人。这样，对于6～6.5岁的儿童与16岁的敏感年龄儿童选择何种测验量表就成了问题。有的研究证明，对16岁儿童来说，选择韦氏成人智力测验测试会比韦氏儿童智力测验测试结果偏高，6个言语分测验平均相差1.5个标准分，5个操作分测验平均相差0.9个标准分。

2. 测验目的与对象的相适

选用测验量表与测验目的、测验对象应相适应。一定的心理测验量表只能对某些心理特质进行测量，因此，需要根据被试的心理特征与测验目的选用合适的测验量表。如SCL～90测验是准则参照测验，对有心理问题的人有较好的区分能力，但对没有或有较少心理问题者的心理健康水平缺乏区分能力。因而只适用于测查哪些可能有心理障碍、可能有心理障碍者，不适用于普通人之间的心理健康水平的差异的比较，尤其不适用比较两个普通人群间平均心理健康水平与常模的差异。

3. 常模的适用性及时效性

常模的种类颇多，按代表性来说，分区域性、全国性和特殊常模（盲人、智力低下、特殊职业等），选用时予以注意。测验结果解释的有效程度，取决于被试的背景情况与常模样本的可比性。了解常模样本是根据哪些层次（如性别、年龄、教育程度、经济背景等）入组的；常模样本的大小，有无代表性等。一般来说，如果既有地区性常模又有全国性常模，用地区性常模作解释信效度会更高。另一方面，常模样本的材料是否是最近的，如时间相隔太久，可比性就低，因此要注意选用最新修订的常模。

## （四）未来发展趋势问题

思维测量问题的解决，除技术外，我们还应注重理论基础、构建模型和神经心理评估。

1. 注重测验的理论基础趋向的研究

因为思维测验应该是建立在一种正确描述了思维实质的理论之上，这样，测验的效度才能得到保证，才有助于我们对思维活动真实的结构、过程和功能的分析。随着实质心理学特别是认知心理学的研究进展，伴随着人们思维观的转变，一些新型的思维理论逐渐出现，如斯滕伯格（Sternberg）的三元智力理论、达斯等人的PAs模型和加德纳（Gardner）的多元智力理论。这些理论大多建立在大量的实验研究及新的认知测量和分析技术之上，结合了当代认知科学、神经科学，乃至文化人类学的新成果，改变了过去因素理论一统天下的局面。它们突破了传统思维理论对思维结构的静态描述，或者从信息加工的角度对思维活动进行解释，或者寻求人类能力的神经生物和社会文化基础。

2. 我们应注重思维测量的分析技术

目前，许多能力测验和性向测验都已采用拉稀模型作为项目分析和个体评价的依据，如Elliott区分能力量表和新版的SB-RV也都提供了基于IRT测验分数。此外，结构方程模型的应用也将促使智力测验的编制不断完善。通过结构方程模型，研究者可以综合地分析和考虑何种智力的理论构想能更好地吻合实际施测所得的数据，不同测量工具的测试结果能否反映出同一理论构想。

3. 注重神经心理评估

测量不同认知领域的神经心理学评估方法和工具仍然备受关注。在神经心理测验发展的初期，很少测验符合传统的、全国性的、标准化智力测验所要求的心理测量学标准。神经心理测验遵循的将是一个医学的、临床的模式，而不是心理测量学模式。而且，对儿童的神经心理评估将成为一个新的焦点。

# 第五节 测验量表编制技术例举

下面我们以 ISCA 测验量表为例，介绍这些经典测验技术。ISCA 是我国心理学工作者汲取了世界著名智力量表的编制技术与分析技术而制定的本土化的智力量表，该量表最后形成 16～80 岁人群的全国常模。验证性因素分析发现，ISCA 的三因子模型在各年龄组均表现出结构的信度和效度检验符合心理测量学的要求，达到了同类测验的水平。

## 一、测验量表编制方法

### （一）量表的基本结构

ISCA 测验量表共有 12 个分测验，又可分为言语量表和操作量表两个分量表。

1. 言语量表：含6个分测验

（1）词汇测验：共有 26 个以口述和视觉呈现的词汇，要受试者逐一口头回答其意义。

（2）相似概括测验：共有 26 对口述的词汇，要受试者说出每对词汇所指的东西或概念的相似概括之处。

（3）算术测验：共有 20 题算术题，要受试者运用心算后进行口头回答。

（4）数字广度测验：共有 20 题口述的数字系列，分别要受试者口头顺背和倒背。

（5）常识测验：共有 24 题口述题，要考查受试者对一般事件、物体、地方和人物的基本知识。

（6）理解测验：共有 16 题口述题，要考查受试者能否了解并且清楚地叙述社会规范与概念，或解决日常生活问题。

2. 操作量表：含6个分测验

（1）图画补充测验：共有 20 张一般物体或情境的黑白图片，每一张图片都缺少一重要部分，要让受试者指认出来。

（2）数字符号测验：共有 130 个数字，每一个数字都匹配一个符号，要让受试者依照范例在时限内画出与该数字相匹配的符号。

（3）积木构图测验：共有 12 题设计图，要让受试者使用红白两色的方块，依照每一题的设计图，拼凑其图样。

（4）图形推理测验：共有 19 题（含 3 题例题）不完整的矩阵图形，要受试者从可能的答案中指出或说出一个正确的图形，以填补矩阵图形。

（5）图片排列测验：共有 10 套连环图片，主试者先逐套呈现打乱顺序的图片，要受试者重新将这些图片排成一个有意义而合理的故事。

（6）图形拼凑测验：共有 5 套常见物体的拼图，主试者先按照标准化的位置放一套拼图的各块图片，然后让受试者重新组合这些图片，使其成为有意义的图形。

ISCA 将提供两组概括性分数。第一组是智商分，包括传统的全量表智商、言语智商和操作智商。第二组是指数分数。即根据认知功能的更精细层面将各分测验分为晶体智力指数、流体智力指数和记忆注意指数。

## （二）采样

（1）根据2000年全国第五次人口普查资料统计结果，对16～79岁成年人的年龄、性别、文化程度、区域兼顾职业等变量按比率分层进行取样。本文报告的是16～64岁人群的常模，65岁以上人群老年常模的制定见另文。

（2）对取样对象规定了入组条件，凡具有以下任一身心障碍症状者不得作为标准化本：①色盲；②未矫正的听觉障碍；③未矫正的视力障碍；④正在接受戒毒或戒酒；⑤重度残疾导致无法操作；⑥正处于可能影响其认知功能的医疗或精神病治疗状态；⑦正在服用抗抑郁、抗焦虑、抗精神病等药物。

（3）取样时间统一为2004年1月至2005年6月期间，个别单位因特殊原因延长至8月底完成。

（4）所有的采样人员由我们负责培训，经过实习训练确认采样者完全掌握了该方法后开始采样。所有的采样人员经集中培训合格，自愿签署样本完成协议，才能成为正式的协作取样人员。协作取样人员回到当地后，首先寄回5份样本资料，经确认采样方式及记录准确无误后，方开始正式采样。研究者定期分赴采样点巡查采样情况。

（5）常模样本涵盖全国六大行政区，十八个省、直辖市、自治区，二十六家协作取样单位。

## （三）常模形式

ISCA的常模包括各年龄组分测验标准分（量表分）、智商分数、指数分数和百分位四种形式。

### 1. 量表分

ISCA的每一项分测验，均根据各年龄组的原始分数分配，转换为一种量表分（其均数为10，标准差为3）。这种转换程序是先建立各年龄组原始分数的累积次数分配，再修匀使这些分配常态化，然后计算每一原始分数相对应的量表分。

### 2. 智商分数与指数分数

三种智商量表中的量表分数总分，是分别合计每位受试者所得相关分测验的量表分数。言语量表分数总分是合计词汇、相似概括、算术、数字广度、常识和理解等六项分测验的量表分数；操作量表分数总分是合计图画补充、数字符号、积木构图、图形推理、图片排列和图形拼凑等六项分测验的量表分数。

全量表分数总分则是合计上述十二项分测验的量表分数。同样，各指数分数的量表分数总分也是合计其相关的分测验量表分数。晶体智力指数总分是合计词汇、相似概括、常识和理解等四项分测验的量表分数；大体智力指数总分是合计图画补充、积木构图、图形推理和图片排列等四项分测验的量表分数；工作记忆指数总分是合计数字符号、算术和数字广度等三项分测验的量表分数。

三种智商量表和三种指数的每一种量表分数总分的分配，是根据160人的标准化样本资料计算而得，并转换为以平均数为10，标准差为15的量表分。这项转换程序是先求得每一种量表分数的实际总分的百分等级，再将这些值转换成常态化Z分数，并经过适当的修匀，最后变换为以10为平均数、15为标准差的标准分数。这种变换所得分数即为初步的智商分数或指数分数。

3. 百分位

对于非专业人员来说，百分位较量表分和标准分容易理解，所以我们将智商分数和指数分数相对应的百分位编制成表附在手册中供使用者查用。

## （四）信度检验

本研究采用两种方法来考察本测验的信度，一种是基于经典测量理论（Classical Theory，CT）的分半信度、重测信度、测量标准误、评分者信度，另一种是基于概化理论（Generalizability Theory，GT）的 G 研究和 D 研究对测验的可靠性进行分析。

1. 分半信度（splithalf reliability）

ISCA 分测验的信度是由分半信度方式来估计的。首先，将各分测验条目按照由易到难的顺序排列，其次将各分测验条目依据奇偶数分成两个分半测验。各分测验的信度系数就是根据两个分半测验的总分计算其相关系数，并采用斯皮尔曼—布朗公式校正，从而得到整个分测验的信度系数。

$$r_{xx} = \frac{2r_{nn}}{1+r_{nn}}$$

式中：$r_{xx}$ 为测验信度系数；$r_{nn}$ 为两半分数的相关系数。

12 个分测验中数字广度和数字符号测验不使用此法来计算相关系数，由于数字广度测验不便按项目奇偶数分半，我们就将顺背数和倒背数进行比较。数字符号测验属速度测验，也不适合用分半系数来估计其信度，因此该分测验的信度是以重测信度来估计。关于 ISCA 智商和指数分数计算分半相关的方法，则采用吉尔福特的测验组织方法。

2. 重测信度（test-retest reliability）

对 69 名成人间隔 2-8 周后进行重测，计算两次测验结果的皮尔逊相关，主要考验量表跨时间稳定性和一致性。计算两次施测的相关系数。可采用皮尔逊积差相关公式的变式表示：

$$r_{xx} = \frac{\sum x_1 x_2 / N - \bar{x}_1 \bar{x}_2}{S_1 \cdot S_2}$$

式中：$x_1$、$x_2$、为同一被试者的两个分数；$\bar{x}_1$、$\bar{x}_2$ 为两次测验的平均分数；$\overline{s_1}$、$\overline{s_2}$ 为两次测验的标准差；N 为被试的人数。

3. 测量标准误（Standard Error of Measurement，SEm）

测量标准误是指测量误差分布的标准差，其计算公式是：

$$SEm = SD\sqrt{1-R_{xx}}$$

式中：SEm 表示测量标准误；SD 是该量表的标准差单位；$R_{xx}$ 是该量表的信度系数。由于测量标准误与信度有相反的关系，所以信度越高，测量标准误就越低。各年龄组的平均测量标准误是先合计各年龄组 SEm 的平方，再除以年龄组的数目，最后开方而得。

4. 评分者信度（inter-rater reliability）

由两名经过训练的评定者分别对 80 名受试者在词汇、相似概括和理解三个分测验上的测验分数进行独立评定，计算两名评定者评定结果之间的相关系数，主要考察来自评分者方面的测量误差。

5. 概化系数

概化理论是建立在实验设计和方差分析基础上的现代测验理论（详见本书第三章 思维测量的数学模型），用于测验可靠性的分析。其测量分析有交叉（cmssed）、嵌套（Nestyd）和混合三种，其方差分析（或概化分析）有G研究与D研究。G研究与测量过程有关，D研究与应用过程有关。G研究的任务主要是尽可能多地估计测量过程中所有误差来源的变异分量，D研究则以G研究变异分量为基础，通过调整测量过程中各方面关系的方法（如调整各侧面样本大小、各侧面间的关系等），减小测量误差。本研究采用了概化理论中随机单面交叉设计的研究方法，即被试和条目均为随机样本，且每一被试（$P$）要作答每一条目（$i$）的 pxi 设计。

（五）效度检验

本研究从以下几个方面对量表的效度进行检验。

1. 结构效度（construct validity）

（1）量表内部一致性：考查分测验之间以及各分测验与量表总分的相关。

（2）验证性因素分析：考查 ISCA 三因子模型与实际测量到的数据之间的拟和程度，从而验证三因子模型的正确性。运用 Amoss.0 统计软件，采用最大似然法验证考察数据与模型之间的拟合程度，检验量表的结构效度。

2. 效标效度（criterion-related validity）

计算量表分数与效标测量分数的积差相关系数，考验测验的效度，本研究采用的外在效标有：中国修订韦氏成人智力量表（WAIS-RC）、中国联合型瑞文测验（第二次修订版）（CRT-$C_2$）和魏氏成人智力量表第三版（中文版）。

3. 区分效度（discriminative validity）

检验测验成绩区分不同组别的能力，对不同年龄组的测验粗分进行方差分析，对不同性别被试的智商和指数分数进行t检验，对不同教育程度被试的智商和指数分数进行方差分析。

## 二、结果

### （一）常模样本的构成

根据 2000 年全国第五次人口普查资料统计结果，对 16～64 岁成年人的年龄、性别、教育程度、区域兼职等变量依分层按比例抽样的方法进行采样，其计划取样人数如表 2-1 和表 2-2 所示。考虑到我国城乡差异逐步缩小，也限于人力和物力，本研究的常模样全部来自城市（含县、镇）。同时，为最大限度地控制文化差异的影响，所取样本绝大多数为汉族成人，仅包括少数熟悉汉文化的少数民族成人。本研究实测有效样本 1600 人，涵盖全国六大行政区，十八个省、直辖市、自治区，二十六家协作取样单位。

1. 年龄

从 16 岁起至 64 岁共分 8 个年龄组，即 16～17 岁，18～19 岁，20～24 岁，25～29 岁，30～34 岁，35～44 岁，45～54 岁和 55～64 岁共 8 组。各年龄人数见表 2-1。经 $x^2$ 检验，实际取样的各年龄组人数与计划取样没有显著差异（$x^2=10.08$，$p > 0.05$）。

表2-1　年龄、性别人数分配情况

| 年龄 | 计划取样 | | | | 实际取样 | | |
|---|---|---|---|---|---|---|---|
| | 男 | 女 | 共计 | | 男 | 女 | 共计 |
| 16～17 | 100 | 100 | 200 | | 92 | 91 | 183 |
| 18～19 | 100 | 100 | 200 | | 82 | 97 | 179 |
| 20～24 | 100 | 100 | 200 | | 109 | 115 | 224 |
| 25～29 | 100 | 100 | 200 | | 86 | 99 | 185 |
| 30～34 | 100 | 100 | 200 | | 99 | 101 | 200 |
| 35～44 | 100 | 100 | 200 | | 110 | 105 | 215 |
| 45～54 | 100 | 100 | 200 | | 103 | 113 | 216 |
| 55～64 | 100 | 100 | 200 | | 90 | 108 | 198 |
| 共计 | 800 | 800 | 1600 | | 771 | 829 | 1600 |

2. 性别

根据全国第五次人口普查资料，男性略多于女性，其中青壮年中男性稍多于女性，65岁以上女性多于男性。我们取样计划采取各年龄组男女各半（表2-1）。经 $x^2$ 检验，实际取样的性别与计划取样没有显著差异（$x^2=2.10$，$p>0.05$）。

3. 教育程度

教育程度文盲、小学、初中、高中或中专、大专、大学本科。按比率取样，教育程度分配情况见表2-2。经 $x^2$ 检验，实际取样的教育程度与计划取样没有显著差异（$x^2=3.64$，$p>0.05$）。

表2-2　年龄、教育程度分配情况

| 年龄组 | 计 划 取 样 | | | | | | | |
|---|---|---|---|---|---|---|---|---|
| | 文盲 | 小学 | 初中 | 高中 | 专科 | 本科 | 研究生 | 共计 |
| 16～17 | 0 | 4 | 61 | 124 | 9 | 2 | 0 | 200 |
| 18～19 | 0 | 4 | 51 | 89 | 29 | 27 | 0 | 200 |
| 20～24 | 0 | 8 | 66 | 68 | 34 | 24 | 0 | 200 |
| 25～29 | 0 | 15 | 89 | 62 | 25 | 8 | 1 | 200 |
| 30～34 | 1 | 23 | 95 | 51 | 20 | 9 | 1 | 200 |
| 35～44 | 1 | 25 | 77 | 73 | 16 | 7 | 1 | 200 |
| 45～54 | 5 | 68 | 75 | 34 | 14 | 4 | 0 | 200 |
| 55～65 | 15 | 85 | 50 | 32 | 14 | 4 | 0 | 200 |
| 共计 | 22 | 232 | 564 | 533 | 161 | 85 | 3 | 1600 |
| 年龄组 | 实 际 取 样 | | | | | | | |
| | 文盲 | 小学 | 初中 | 高中 | 专科 | 本科 | 研究生 | 共计 |
| 16～17 | 0 | 1 | 69 | 107 | 6 | 0 | 0 | 183 |
| 18～19 | 0 | 2 | 53 | 79 | 26 | 19 | 0 | 179 |
| 20～24 | 0 | 12 | 64 | 74 | 38 | 36 | 0 | 224 |
| 25～29 | 0 | 17 | 61 | 70 | 26 | 10 | 1 | 185 |
| 30～34 | 1 | 27 | 84 | 51 | 26 | 11 | 0 | 200 |
| 35～44 | 0 | 29 | 70 | 81 | 23 | 10 | 2 | 215 |
| 45～54 | 1 | 71 | 85 | 45 | 10 | 4 | 0 | 216 |
| 55～65 | 21 | 67 | 50 | 40 | 15 | 5 | 0 | 198 |
| 共计 | 23 | 226 | 536 | 547 | 170 | 95 | 3 | 1600 |

## 4. 区域

按东北、华北、西北、华东、中南和西南六大行政区人口比例选点，使样本构成大致与人口比例接近，详见表 2-3。结果表明华北、东北、华东、中南地区实际取样较人口比例少，而西南、西北地区人口比例偏多，经 $x^2$ 检验，表明差异有显著性（$p < 0.01$）。

表2-3 各区取样分布情况

| 区域 | 人口比率 | 计划取样 | 实际取样 |
| --- | --- | --- | --- |
| 华北 | 13.5 | 216 | 181 |
| 东北 | 14.03 | 224 | 176 |
| 华东 | 30.47 | 488 | 349 |
| 中南 | 26.57 | 425 | 545 |
| 西南 | 9.6 | 154 | 199 |
| 西北 | 5.83 | 93 | 150 |

## 5. 民族

常模受试主要为汉族成人（95.7%），仅少数熟悉文化的少数民族成人（4.3%）。

## 6. 职业

在我们的取样依据中，以职业一项的资料最为繁杂，而且现在人们的职业变动较以前大，因此无法按比率分配。但我们要求协作单位在取样时，样本的职业分布尽量均匀，大体涵盖：行政人员、专业技术人员、生产人员、商业服务人员率，不包括现役军人，并限制了在校学生样本数，目的是使取样不集中于某些职业。

样本的职业构成为：学生占 16.1%，行政人员占 7.4%，专业技术人员占 15.8%，商业服务人员占 25.3%，生产人员占 18.0%，其他占 15.7% 无业不详占 1.7%。

## （二）常模

### 1. 粗分

不同性别、教育程度和年龄组被试的各分测验及全量表粗分见表2-4至表2-6。

表2-4 不同性别被试的分测验及全量表粗分值（$\bar{x} \pm SD$）

| 分测验 | 总样本 ($n=1600$) | 男性 ($n=771$) | 女性 ($n=829$) | t | p |
| --- | --- | --- | --- | --- | --- |
| 图画补充 | 12.91 ± 3.37 | 13.26 ± 3.31 | 12.58 ± 3.39 | 4.04 | <0.01 |
| 词汇测验 | 31.41 ± 8.78 | 32.08 ± 8.16 | 30.79 ± 9.29 | 2.95 | <0.01 |
| 数学符号 | 67.33 ± 22.88 | 66.67 ± 22.05 | 67.95 ± 23.63 | -1.12 | >0.05 |
| 相似概括 | 20.05 ± 5.07 | 20.53 ± 4.82 | 19.60 ± 5.26 | 3.67 | <0.01 |
| 积木构图 | 23.67 ± 7.09 | 24.78 ± 7.82 | 22.63 ± 8.02 | 5.41 | <0.01 |
| 算术测验 | 15.81 ± 2.95 | 16.27 ± 2.96 | 15.37 ± 2.87 | 6.15 | <0.01 |
| 图形推理 | 9.11 ± 3.34 | 9.50 ± 3.25 | 8.74 ± 3.39 | 4.57 | <0.01 |
| 数字广度 | 20.00 ± 5.20 | 20.36 ± 5.26 | 19.66 ± 5.11 | 2.71 | <0.01 |
| 基本常识 | 17.18 ± 4.03 | 18.06 ± 3.71 | 16.36 ± 4.15 | 8.61 | <0.01 |
| 图片排列 | 12.50 ± 3.93 | 13.03 ± 3.78 | 12.00 ± 4.00 | 5.31 | <0.01 |

续表

| 分测验 | 总样本（n=1600） | 男性（n=771） | 女性（n=829） | t | p |
|---|---|---|---|---|---|
| 图形拼凑 | 26.19 ± 10.43 | 28.20 ± 10.30 | 24.33 ± 10.22 | 7.54 | <0.01 |
| 全量表 | 275.61 ± 62.8 | 282.77 ± 59.84 | 268.96 ± 64.74 | 4.42 | <0.01 |

注：本科以上组含研究生被试3人。

结果表明，除数字符号测验外，在其他分测验及全量表总分上，男性均分略高于女性，且具有统计差异（$p < 0.01$）。

表2-5　不同教育程度被试的分测验及全量表粗分值（$\bar{x}$ ± SD）

| 分测验 | 文盲（n=23） | 小学（n=226） | 初中（n=536） | 高中（专）（n=547） | 大专（n=170） | 本科以上（n=98） | 总计（n=1600） |
|---|---|---|---|---|---|---|---|
| 图画补充 | 8.26 ± 2.34 | 9.65 ± 2.99* | 12.43 ± 3.02* | 13.88 ± 2.84 | 14.65 ± 2.63 | 15.70 ± 2.66* | 12.91 ± 3.37 |
| 词汇测验 | 13.74 ± 7.94 | 22.07 ± 8.85* | 29.74 ± 7.37* | 34.49 ± 6.27 | 37.48 ± 6.07* | 38.50 ± 5.34 | 31.41 ± 8.78 |
| 数字符号 | 20.78 ± 9.80 | 41.79 ± 17.39* | 64.19 ± 19.41* | 75.47 ± 17.92 | 80.05 ± 17.49 | 86.88 ± 18.93* | 67.33 ± 22.88 |
| 相似概括 | 9.87 ± 4.93 | 14.88 ± 5.28* | 18.89 ± 4.11* | 21.90 ± 3.68* | 23.25 ± 3.38* | 24.84 ± 3.17* | 20.05 ± 5.07 |
| 积木构图 | 13.13 ± 5.22 | 16.84 ± 6.01* | 22.21 ± 6.91* | 25.67 ± 7.33* | 28.02 ± 6.96* | 31.16 ± 7.32* | 23.67 ± 7.99 |
| 算术测验 | 11.30 ± 2.18 | 13.07 ± 2.45* | 15.18 ± 2.56* | 16.66 ± 2.49* | 17.56 ± 2.38* | 18.78 ± 2.19* | 15.81 ± 2.95 |
| 图形推理 | 3.65 ± 1.82 | 6.08 ± 2.71* | 8.47 ± 3.10* | 10.08 ± 2.81* | 11.22 ± 2.48* | 11.77 ± 2.74 | 9.11 ± 3.34 |
| 数字广度 | 11.70 ± 3.55 | 15.91 ± 4.08* | 19.12 ± 4.49* | 21.53 ± 4.79* | 22.42 ± 4.87 | 23.37 ± 5.23 | 20.00 ± 5.20 |
| 基本常识 | 10.33 ± 2.67 | 12.98 ± 3.55* | 16.16 ± 3.60* | 18.70 ± 3.01* | 19.77 ± 2.63* | 21.14 ± 2.06* | 17.18 ± 4.03 |
| 图片排列 | 5.96 ± 3.50 | 9.17 ± 4.00* | 11.98 ± 3.49* | 13.60 ± 3.28* | 14.24 ± 3.35 | 15.38 ± 3.05* | 12.50 ± 3.93 |
| 理解测验 | 13.04 ± 3.08 | 15.78 ± 4.34* | 18.37 ± 4.02* | 20.76 ± 4.03* | 21.99 ± 4.22* | 23.80 ± 3.28* | 19.46 ± 4.65 |
| 图形拼凑 | 14.91 ± 7.63 | 19.35 ± 9.26* | 24.71 ± 9.35* | 28.49 ± 10.21* | 30.27 ± 9.67 | 32.84 ± 9.76 | 26.19 ± 10.43 |
| 全量表 | 136.67 ± 32.8 | 197.55 ± 48.5* | 261.43 ± 46.9* | 301.24 ± 43.9* | 320.92 ± 37.3* | 344.15 ± 44.2* | 275.61 ± 62.8 |

方差分析结果表明，不同教育程度被试在分测验及全量表总分上差异极其显著，测验分数随被试教育程度的增高而上升。控制年龄和性别变量之后作协方差分析，不同教育程度被试的测验成绩仍具有显著性差异。总的来说，测验成绩表现出随被试教育程度的提高而提高的趋势。

表2-6　不同年龄组被试的分测验及全量表粗分值（$\bar{x}$ ± SD）

| 分测验 | 16～17（N=183） | 18～19（N=179） | 20～24（N=224） | 25～29（N=185） | 30～34（N=200） | 35～44（N=215） | 45～54（N=216） | 55～64（N=198） | 总计（N=1600） |
|---|---|---|---|---|---|---|---|---|---|
| 图画补充 | 14.11 ± 2.83 | 14.06 ± 2.97 | 13.60 ± 3.13 | 13.79 ± 3.16 | 12.97 ± 3.28* | 12.99 ± 3.13 | 11.44 ± 3.31* | 10.61 ± 3.33* | 12.91 ± 3.37 |
| 词汇测验 | 33.57 ± 7.17 | 33.77 ± 7.18 | 32.26 ± 8.26 | 32.99 ± 8.13 | 31.85 ± 8.71 | 31.65 ± 8.24 | 28.03 ± 9.43* | 27.83 ± 10.37 | 31.41 ± 8.78 |

续表

| 分测验 | 16～17 (N=183) | 18～19 (N=179) | 20～24 (N=224) | 25～29 (N=185) | 30～34 (N=200) | 35～44 (N=215) | 45～54 (N=216) | 55～64 (N=198) | 总计 (N=1600) |
|---|---|---|---|---|---|---|---|---|---|
| 数字符号 | 84.20 ± 15.41 | 81.62 ± 18.43 | 80.27 ± 17.39 | 75.02 ± 17.42 | 69.91 ± 17.08 | 63.27 ± 15.92 | 48.14 ± 17.3 | 39.57 ± 16.64 | 67.33 ± 22.88 |
| 相似概括 | 21.08 ± 4.62 | 21.35 ± 4.49 | 21.14 ± 4.46 | 21.51 ± 4.15 | 19.94 ± 4.72 | 20.38 ± 4.46 | 18.24 ± 5.25* | 17.07 ± 6.30* | 20.05 ± 5.07 |
| 积木构图 | 26.90 ± 7.64 | 27.54 ± 7.94 | 26.50 ± 7.94 | 25.82 ± 7.63 | 23.85 ± 7.15* | 22.68 ± 6.95 | 19.21 ± 6.13* | 17.71 ± 6.44 | 23.67 ± 7.99 |
| 口头计算 | 16.75 ± 2.81 | 16.72 ± 3.09 | 16.35 ± 2.89 | 16.52 ± 2.56 | 15.86 ± 2.59 | 15.82 ± 2.80 | 14.49 ± 2.81* | 14.19 ± 2.88 | 15.81 ± 2.95 |
| 图形推理 | 10.47 ± 2.92 | 10.63 ± 2.78 | 10.25 ± 2.96 | 10.09 ± 3.03 | 9.50 ± 3.04* | 8.96 ± 3.06 | 7.23 ± 3.05* | 6.10 ± 2.91* | 9.11 ± 3.34 |
| 数字广度 | 23.18 ± 4.69 | 22.82 ± 4.71 | 21.92 ± 4.84 | 20.57 ± 4.55* | 20.01 ± 4.95 | 19.16 ± 4.67 | 17.20 ± 4.15* | 15.71 ± 4.01* | 20.00 ± 5.20 |
| 基本常识 | 18.10 ± 3.47 | 18.38 ± 3.59 | 17.69 ± 3.85 | 17.85 ± 3.92 | 17.11 ± 4.11 | 17.64 ± 3.76 | 15.66 ± 4.18* | 15.30 ± 4.18 | 17.18 ± 4.03 |
| 图片排列 | 14.35 ± 3.35 | 14.16 ± 3.24 | 13.50 ± 3.55 | 13.68 ± 3.35 | 12.73 ± 3.55* | 12.10 ± 3.50 | 10.46 ± 3.89* | 9.46 ± 3.99* | 12.50 ± 3.93 |
| 理解测验 | 19.61 ± 4.53 | 20.15 ± 4.54 | 19.71 ± 4.75 | 20.58 ± 4.31 | 19.43 ± 4.55 | 19.77 ± 4.71 | 18.35 ± 4.29* | 18.26 ± 5.02 | 19.46 ± 4.65 |
| 图形拼凑 | 28.81 ± 9.71 | 29.85 ± 10.31 | 28.51 ± 10.71 | 27.97 ± 11.03 | 26.20 ± 9.86* | 26.07 ± 9.18 | 22.30 ± 8.97* | 20.56 ± 10.16 | 26.19 ± 10.43 |
| 全量表分 | 311.13 ± 46.9 | 311.04 ± 51.5 | 301.73 ± 53.6 | 296.38 ± 49.2 | 279.33 ± 53.8* | 270.47 ± 51.9 | 230.74 ± 53.1* | 212.37 ± 57.5* | 275.61 ± 62.8 |

方差分析结果表明，不同年龄组被试在分测验及全量表总分上差异极其显著，测验分析随被试年龄的增长而下降。经事后多重比较发现，各分测验与全量表分数随年龄下降的趋势不一，但大多从30～34岁开始下降。其中，图画补充、相似概括、积木构图、算术、图形推理、图片排列分测验及全量表测验成绩从30～34岁下降；词汇和理解分测验分数下降时间稍晚，从45～54岁开始；数字符号和数字广度分测验成绩下降时间较早，从25～29岁开始。

2. 量表分

按年龄组分别制定"原始分数与量表分等值对照表"，每个年龄组1张换算表，共8张。16～17岁的原始分数与量表分等值对照表见附录表。智商分数、全量表智商、晶体智力指数、流体智力指数、记忆注意指数的等值对照表，共6张换算表。

### （三）测验条目分析

1. 条目的难度分析

难度P是表示条目难易程度的指标，在心理测验中常以答对一个项目的受试者人数的比例作为估计难度的指标，P值越大，难度越低。我们计算了各分测验中每一条目的难度及各分测验的平均难度，结果表明，各分测验的条目平均难度依次是：0.63、0.60、0.52、0.65、0.57、0.72、0.56、0.50、0.70、0.61、0.60、0.49，全量表条目的平均难度是0.60。

2. 条目的区分度分析

本研究采用两种方法考察区分度，首先是分析鉴别指数，做法是把各分测验的总分由高到低排序，取上27%为高分组，下27%为低分组，以高低两组条目通过率之差为鉴别指数来考察各条目的区分度，区分度即鉴别度，是指测验项目对被试者的区分程度或鉴别能力。计算区分度的方法有多种，用得比较普遍的一种方法是两端分组法。它是比较得分在高、低两端的受试者通过该题目的比率。假设$P_H$和$P_L$分别为高分组和低分组通过某个题目的百分比，则下式提供了该题目的区分度的指标：

$$D = P_H - P_L$$

式中，$D$是区分度指数，$D$的值在$-1$和$+1$之间。$D=+1$，表示高分组全部答对，而低分组全都答错；$D=-1$则与上面的情形相反，低分组的全部答对，高分组的却全都答错；$D=0$，则表示两个分数组的通过率相等。一般认为，$D$在0.4以上就非常好了。

上式也可表示为：

$$D = \frac{R_H - R_L}{n}$$

式中：$R_H$及$R_L$分别表示高分组和低分组通过该题的人数；$n$为每组的人数。各分测验各条目的鉴别指数绝大多数条目的鉴别指数都在0.2以上，只有每个分测验起始点之前的项目其鉴别指数较低，这是为测成人智残而特意保留的。

另一种分析是计算每个条目与其所属的分测验总分的相关。各分测验各条目与总分相关系数$r$及各条目的决断值CR大多数条目的相关系数在0.4～0.6之间，绝大多数条目的决断值均达显著性水平。

## （四）信度研究

### 1. 分半信度

ISCA 各分测验（除数字广度、数字符号测验外）采用奇偶分半的方法计算分半相关系数，并用 Spearman-Brown 公式校正。数字广度测验用顺背数和倒背数进行比较，数字符号测验用重测信度进行估计，结果见表 2-7。

由表可见，ISCA 分测验的平均分半信度为 0.61～0.88。其中，词汇、相似概括、算术、常识、数字符号、积木构图等六项分测验的系数比较高（高于或等于 0.80）。

由于图形拼凑属备用测验，因此，不将其列入智商及指数分数的计算中。ISCA 各类智商平均分半信度介于 0.93 至 0.96 之间，指数分数的平均分半信度介于 0.88 至 0.96 之间。

表2-7　各年龄组各分测验、智商及指数的分半信度系数

| 分测验/智商/指数 | 16～17 | 18～19 | 20～24 | 25～29 | 30～34 | 35～44 | 45～54 | 55～64 | 平均 $\gamma_{xxa}$ |
|---|---|---|---|---|---|---|---|---|---|
| 词汇 | 0.86 | 0.81 | 0.83 | 0.86 | 0.88 | 0.84 | 0.89 | 0.92 | 0.87 |
| 相似概括 | 0.79 | 0.77 | 0.80 | 0.72 | 0.81 | 0.76 | 0.82 | 0.86 | 0.80 |
| 算术 | 0.82 | 0.85 | 0.86 | 0.80 | 0.80 | 0.83 | 0.86 | 0.86 | 0.84 |
| 数字广度 | 0.56 | 0.56 | 0.66 | 0.52 | 0.66 | 0.61 | 0.63 | 0.64 | 0.61 |
| 常识 | 0.82 | 0.84 | 0.83 | 0.83 | 0.88 | 0.82 | 0.87 | 0.84 | 0.84 |
| 理解 | 0.66 | 0.68 | 0.77 | 0.70 | 0.62 | 0.69 | 0.64 | 0.71 | 0.69 |
| 图画补充 | 0.78 | 0.75 | 0.78 | 0.80 | 0.81 | 0.78 | 0.77 | 0.76 | 0.78 |
| 数字符号b | 0.87 | 0.87 | 0.87 | 0.87 | 0.87 | 0.87 | 0.87 | 0.87 | 0.87 |
| 积木构图 | 0.88 | 0.89 | 0.90 | 0.88 | 0.89 | 0.88 | 0.84 | 0.88 | 0.88 |
| 图形推理 | 0.75 | 0.69 | 0.76 | 0.76 | 0.74 | 0.82 | 0.76 | 0.81 | 0.77 |
| 图片排列 | 0.59 | 0.58 | 0.59 | 0.57 | 0.59 | 0.60 | 0.71 | 0.68 | 0.62 |
| 图形拼凑 | 0.60 | 0.75 | 0.69 | 0.75 | 0.65 | 0.64 | 0.69 | 0.74 | 0.69 |
| 言语智商 | 0.93 | 0.93 | 0.94 | 0.93 | 0.94 | 0.93 | 0.94 | 0.95 | 0.94 |
| 操作智商 | 0.92 | 0.91 | 0.93 | 0.91 | 0.93 | 0.93 | 0.93 | 0.94 | 0.93 |
| 量表智商 | 0.96 | 0.96 | 0.96 | 0.95 | 0.96 | 0.96 | 0.96 | 0.97 | 0.96 |
| 晶体智力 | 0.92 | 0.92 | 0.93 | 0.92 | 0.93 | 0.92 | 0.93 | 0.94 | 0.93 |
| 流体智力 | 0.90 | 0.90 | 0.91 | 0.90 | 0.91 | 0.91 | 0.91 | 0.92 | 0.91 |
| 记忆注意 | 0.86 | 0.87 | 0.89 | 0.83 | 0.87 | 0.87 | 0.88 | 0.89 | 0.88 |

注：① 平均 $\gamma_{xx}$ 是根据费歇尔 z 转换法而得；② 数字符号测验为重测信度系数。

### 2. 测量标准

标准测量误是用来表示个体测验分数的变异量。各年龄组各分测验标准测量误见表 2-8。结果显示，各分测验的平均标准测量误在 1.04～1.88 之间，各类智商的平均标准测量误在 3.00～4.11 之间，指数分数的则介于 4.07～5.41 之间。

表2-8 各年龄组各分测验、智商及指数的测量标准误

| 分测验/智商/指数 | 年龄组 | | | | | | | | 平均 |
|---|---|---|---|---|---|---|---|---|---|
| | 16～17 | 18～19 | 20～24 | 25～29 | 30～34 | 35～44 | 45～54 | 55～64 | SEMa |
| 词汇 | 1.12 | 1.31 | 1.24 | 1.12 | 1.04 | 1.20 | 0.99 | 0.85 | 1.12 |
| 相似概括 | 1.37 | 1.44 | 1.34 | 1.59 | 1.31 | 1.47 | 1.27 | 1.12 | 1.37 |
| 算术 | 1.27 | 1.16 | 1.12 | 1.34 | 1.34 | 1.24 | 1.12 | 1.12 | 1.22 |
| 数字广度 | 1.99 | 1.99 | 1.75 | 2.08 | 1.75 | 1.87 | 1.82 | 1.80 | 1.88 |
| 常识 | 1.27 | 1.20 | 1.24 | 1.24 | 1.04 | 1.27 | 1.08 | 1.20 | 1.20 |
| 理解 | 1.75 | 1.70 | 1.44 | 1.64 | 1.85 | 1.67 | 1.80 | 1.62 | 1.69 |
| 图画补充 | 1.41 | 1.50 | 1.41 | 1.34 | 1.31 | 1.41 | 1.44 | 1.47 | 1.41 |
| 数字符号 | 1.08 | 1.08 | 1.08 | 1.08 | 1.08 | 1.08 | 1.08 | 1.08 | 1.08 |
| 积木构图 | 1.04 | 0.99 | 0.95 | 1.04 | 0.99 | 1.04 | 1.20 | 1.04 | 1.04 |
| 图形推理 | 1.50 | 1.67 | 1.47 | 1.47 | 1.53 | 1.27 | 1.47 | 1.31 | 1.47 |
| 图片排列 | 1.92 | 1.94 | 1.92 | 1.97 | 1.92 | 1.90 | 1.62 | 1.70 | 1.87 |
| 图形拼凑 | 1.90 | 1.50 | 1.67 | 1.50 | 1.77 | 1.80 | 1.67 | 1.53 | 1.67 |
| 言语智商 | 3.97 | 3.97 | 3.67 | 3.97 | 3.67 | 3.97 | 3.67 | 3.35 | 3.79 |
| 操作智商 | 4.24 | 4.50 | 3.97 | 4.50 | 3.97 | 3.97 | 3.97 | 3.67 | 4.11 |
| 量表智商 | 3.00 | 3.00 | 3.00 | 3.35 | 3.00 | 3.00 | 3.00 | 2.60 | 3.00 |
| 晶体智力 | 4.24 | 4.24 | 3.97 | 4.24 | 3.97 | 4.24 | 3.97 | 3.67 | 4.07 |
| 流体智力 | 4.74 | 4.74 | 4.50 | 4.74 | 4.50 | 4.50 | 4.50 | 4.24 | 4.56 |
| 记忆注意 | 5.61 | 5.41 | 4.97 | 6.18 | 5.41 | 5.41 | 5.20 | 4.97 | 5.41 |

注：表中的测量标准误单位有两种：一是各分测验采用量表分数单位；二是智商和指数分数采用智商/指数单位。计算这些测量标准误是依据表2-6的信度系数与母群体标准差（如分测验是3，智商及指数分数是15）而得。

平均 $SE_M$ 的计算方法是先合计各年龄组 $SE_M$ 的平方，再除以8，最后再开方而得。

3. 重测信度

本项研究从8个年龄组中随机选取69名被试在随后的2-8周内进行重测，平均重测间隔时间是25.6天。这个样本的性别特性是男性占47.8%，女性占52.2%；教育程度特性是小学占2.9%，初中占5.8%，高中占31.9%，大专占24.6%，本科占30.4%，研究生占4.3%。

两次测验结果的平均数、标准差和相关系数见表2-9。

从表中可知，ISCA分数在经过一段施测时间后仍具有相当的稳定性，其中常识测验的稳定系数最高（$r=0.92$），其他11项分测验的稳定系数都很好（均在0.80以上）。智商分数和指数分数的信度值均在0.90以上，达到重测信度的衡量标准。第二次重测的平均分数均高于第一次施测的平均分数，这些差异主要是受到练习效果的影响。

表2-9 各分测验、智商及指数的重测信度

| 分测验 | 第一次 X ± SD | 第二次 X ± SD | 相关系数 γ |
|---|---|---|---|
| 词汇 | 36.04 ± 9.04 | 36.42 ± 7.81 | 0.81 |
| 相似概括 | 21.82 ± 5.44 | 23.05 ± 5.03 | 0.86 |
| 算术 | 17.33 ± 3.17 | 17.95 ± 2.92 | 0.80 |
| 数字广度 | 20.23 ± 5.57 | 21.21 ± 6.24 | 0.82 |
| 常识 | 19.53 ± 3.54 | 20.67 ± 3.34 | 0.92 |
| 理解 | 22.27 ± 4.72 | 22.39 ± 4.75 | 0.85 |
| 图画补充 | 14.68 ± 3.53 | 15.71 ± 3.15 | 0.81 |
| 数字符号 | 75.19 ± 24.42 | 76.11 ± 22.87 | 0.87 |
| 积木构图 | 26.93 ± 8.30 | 27.34 ± 7.55 | 0.87 |
| 图形推理 | 10.23 ± 3.23 | 11.00 ± 3.22 | 0.82 |
| 图片排列 | 12.63 ± 3.87 | 14.14 ± 3.67 | 0.81 |
| 图形拼凑 | 31.84 ± 10.90 | 36.08 ± 11.41 | 0.83 |
| 言语智商 | 137.23 ± 25.89 | 141.49 ± 25.52 | 0.96 |
| 操作智商 | 139.67 ± 38.06 | 144.30 ± 34.99 | 0.93 |
| 全量表智商 | 276.90 ± 60.13 | 285.79 ± 57.61 | 0.96 |
| 晶体智力 | 99.67 ± 20.24 | 102.34 ± 19.05 | 0.95 |
| 流体智力 | 64.48 ± 16.33 | 68.19 ± 15.42 | 0.94 |
| 记忆注意 | 112.75 ± 29.52 | 115.26 ± 29.07 | 0.91 |

注：以上各相关系数均具统计显著性（P<0.01）

4.评分者信度

由于大部分 ISCA 分测验的评分标准是相当简单而客观，所以评分者间的一致性很高。然而，有些分测验的评分需要主试者主观判断，因此要进行一项特别的研究，以分析不同评分者间的评分一致性。针对容易产生评分差异的三项言语分测验：词汇、相似概括和理解分测验进行下列研究。首先从标准化样本中，随机抽取 80 份测验记录资料，然后由两位评分者各自独立评分三项言语分测验分数。结果得到相当高的评分者间信度系数，分别为词汇测验 0.96，相似概括测验 0.91 和理解测验 0.92。

5. 概化系数

由于数字符号、数字广度两个分测验难以确定其条目数量，因而不列入分测验的概化研究当中，但可列入全量表的概化研究。各分测验 p×i 设计 G 研究变异分量估计值见附录表 13。结果表明，各分测验被试主效应占总方差的 8.29%～25.60%，条目主效应占总方差的 8.48%～43.49%，被试与条目的交互效应占总方差的 45.39%～65.92%；ISCA 全量表被试主效应占总方差的 7.14% 左右，条目主效应占总方差的 75.46% 左右，交互效应占总方差的 17.11% 左右。

研究结果见附录表 14 至表 24，表中 $\sigma^2(P)$ 表示估计方差分量；$\sigma^2(\delta)$ 表示相对误差；$\sigma^2(\Delta)$ 表示绝对误差；$\sigma^2(Xpi)$ 表示由样本估计总体平均数的误差变异分量；$Ep^2$ 即概化系数；$\Phi$ 表示可靠性指数。概化系数 $Ep^2$ 在 0.6763～0.8659 之间，可靠性指数 $\Phi$ 在 0.5456～0.8050 之间，此时，由样本平均数估计总体平均数的误差变异分量，即 $\sigma^2(Xpi)$

在 0.0024～0.6975。在所有的分测验上，概化系数均高于可靠性指数，这表明 ISCA 作为常模参照测验是非常适宜的。

当各分测验条目容量减少为现有容量的一半时，概化系数 $Ep^2$ 在 0.4517～0.7635 之间，此时，由样本平均数估计总体平均数的误差变异分量 $\sigma^2(Xpi)$ 在 0.0048～1.6961 之间；当各分量表项目容量增加一倍时，概化系数 $Ep^2$ 在 0.8046～0.9281 之间，由样本平均数估计总体平均数的误差变异分量 $\sigma^2(Xpi)$ 在 0.0012～0.3407 之间。

全量表的 D 研究表明，当取现有的 12 个分测验时，概化系数 $Ep^2$ 为 0.8389，此时，由样本平均数估计总体平均数的误差变异分量 $\sigma^2(Xpi)$ 为 19.4671；6 个分测验时，相应的指标分别为 0.7224 和 38.9199；24 个分测验时，相应的指标分别为 0.9124 和 9.7407。

表2-10 各分测验G研究变异分量估计值及D研究概化系数和可靠性指数

| 分测验 | G研究变异分量估计值 | | | D研究结果 | | |
|---|---|---|---|---|---|---|
| | $\sigma^2(p)$ | $\sigma^2(i)$ | $\sigma^2(pi)$ | $\sigma^2(Xpi)$ | $Ep^2$ | $\Phi$ |
| 图画补充 | 0.0222 | 0.0884 | 0.1230 | 0.0044 | 0.7827 | 0.6769 |
| 词汇测验 | 0.0988 | 0.2114 | 0.3980 | 0.0082 | 0.8659 | 0.8083 |
| 相似概括 | 0.0899 | 0.3516 | 0.3670 | 0.0235 | 0.7861 | 0.6524 |
| 积木构图 | 0.3654 | 0.1211 | 0.9410 | 0.0104 | 0.8233 | 0.8050 |
| 算术测验 | 0.0173 | 0.0724 | 0.0900 | 0.0036 | 0.7931 | 0.6799 |
| 图形推理 | 0.0351 | 0.0775 | 0.1370 | 0.0049 | 0.8040 | 0.7237 |
| 常识测验 | 0.0236 | 0.0573 | 0.1120 | 0.0024 | 0.8348 | 0.7697 |
| 图片排列 | 0.1040 | 0.3623 | 0.5040 | 0.0363 | 0.6736 | 0.5456 |
| 理解测验 | 0.0591 | 0.2505 | 0.4030 | 0.0157 | 0.7013 | 0.5914 |
| 图形拼凑 | 2.9361 | 3.3841 | 7.1180 | 0.6795 | 0.6731 | 0.5826 |
| 全量表 | 22.9646 | 233.4002 | 52.9360 | 19.4671 | 0.8389 | 0.4904 |

（五）效度研究

1. 结构效度

（1）量表内部一致性：分测验之间以及各分测验与全量表之间的相关见表 2-11 至表 2-13，各分测验的相关系数在 0.35～0.71 之间，分测验与全量表之间的相关在 0.64～0.85 之间，各相关系数均在 0.001 水平达到统计显著性。

表2-11 分测验量表分数、各类智商及指数量表分数总和间的内部相关矩阵营

| 分测验/<br>智商/指数 | 词汇 | 相似概括 | 算术 | 数字广度 | 常识 | 理解 |
|---|---|---|---|---|---|---|
| 词汇 | | | | | | |
| 相似概括 | 0.64 | | | | | |
| 算术 | 0.51 | 0.55 | | | | |
| 数字广度 | 0.40 | 0.40 | 0.44 | | | |

续表

| 分测验/智商/指数 | 词汇 | 相似概括 | 算术 | 数字广度 | 常识 | 理解 |
|---|---|---|---|---|---|---|
| 常识 | 0.63 | 0.67 | 0.59 | 0.42 | | |
| 理解 | 0.62 | 0.62 | 0.48 | 0.35 | 0.64 | |
| 图画补充 | 0.53 | 0.56 | 0.51 | 0.35 | 0.59 | 0.48 |
| 数字符号 | 0.41 | 0.46 | 0.39 | 0.37 | 0.40 | 0.35 |
| 积木构图 | 0.43 | 0.50 | 0.55 | 0.41 | 0.51 | 0.42 |
| 图形推理 | 0.48 | 0.53 | 0.55 | 0.41 | 0.58 | 0.48 |
| 图片排列 | 0.40 | 0.48 | 0.45 | 0.34 | 0.50 | 0.41 |
| 图形拼凑 | 0.33 | 0.43 | 0.41 | 0.33 | 0.45 | 0.35 |
| 言语智商 | 0.81 | 0.83 | 0.77 | 0.64 | 0.85 | 0.79 |
| 操作智商 | 0.59 | 0.67 | 0.65 | 0.49 | 0.68 | 0.57 |
| 量表智商 | 0.75 | 0.80 | 0.75 | 0.61 | 0.82 | 0.73 |
| 晶体智力 | 0.84 | 0.86 | 0.63 | 0.46 | 0.87 | 0.84 |
| 流体智力 | 0.57 | 0.65 | 0.64 | 0.47 | 0.68 | 0.56 |
| 记忆注意 | 0.57 | 0.60 | 0.79 | 0.78 | 0.61 | 0.51 |

表2-12 分测验量表分数、各类智商及指数量表分数总和间的内部相关矩阵营

| 分测验/智商/指数 | 图画补充 | 数字符号 | 积木构图 | 图形推理 | 图片排列 | 图形拼凑 |
|---|---|---|---|---|---|---|
| 数字符号 | 0.38 | | | | | |
| 积木构图 | 0.55 | 0.47 | | | | |
| 图形推理 | 0.54 | 0.36 | 0.54 | | | |
| 图片排列 | 0.50 | 0.36 | 0.49 | 0.49 | | |
| 图形拼凑 | 0.50 | 0.32 | 0.56 | 0.44 | 0.46 | |
| 言语智商 | 0.64 | 0.51 | 0.60 | 0.65 | 0.55 | 0.49 |
| 操作智商 | 0.78 | 0.67 | 0.80 | 0.78 | 0.76 | 0.60 |
| 量表智商 | 0.75 | 0.62 | 0.73 | 0.75 | 0.69 | 0.57 |
| 晶体智力 | 0.63 | 0.47 | 0.55 | 0.61 | 0.53 | 0.46 |
| 流体智力 | 0.80 | 0.49 | 0.80 | 0.80 | 0.79 | 0.62 |
| 记忆注意 | 0.53 | 0.76 | 0.62 | 0.57 | 0.49 | 0.45 |

注：以上各相关系数均具统计显著性（P<0.01）

（2）验证性因素分析：验证性因素分析对测验的重要贡献是把测验的构想效度具体化，通过数据和理论模式之间的吻合程度来表示一个测验构想效度的高低。

因图形拼凑分测验的测验稳定性不高，容易影响测验结构。ISCA已将该分测验作为备用测验，未作基本测验，因此，该分测验不包含在此验证性因素分析中。

根据理论研究，我们假定的模型有：

模型一（一因素）：11个分测验全部负荷于一个普通因素上。

模型二（二因素）：6个言语因子（词汇、相似概括、算术、数字广度、常识、理解）和5个操作因子（图画补充、数字符号、积木构图、图形推理、图片排列）。

模型三（三因素）：4个晶体智力因子（词汇、相似概括、常识、理解），4个流体智力因子（图画补充、积木构图、图形推理、图片排列），3个注意/记忆因子（数字符号、算术、数字广度）。

我们的前期研究发现，三因素是拟合最佳的模型，这与研究的最初构想是非常吻合的。

本研究中，我们将对1600名被试按年龄组进行验证性因素分析，通过考察各年龄组数据与模型之间的拟合程度，从而进一步检验量表的结构效度。验证性因素分析结果见表2-13和表2-14。

根据模型拟合指标估计 $x^2/df \leq 2$ 或 $\geq 5$、$GFI \geq .90$、$CFI \geq .90$、$AGFI \geq .80$、$TLI > .90$ 以及 $RMSEA \leq .08$，在各年龄组中，模型三是拟合较好的模型。根据 $\Delta x^2/\Delta(df)$ 的值，在各年龄组中，模型一与模型二、模型二与模型三之间的增进程度都达到显著性统计差异（$P<0.01$）。因此，三因素是拟合最佳的模型，这与本研究的构想是非常吻合的。

表2-13　各年龄组验证性因素分析模型拟合优度指数和增进程度

| 模式 | $x^2$ | $df$ | $x^2/df$ | GFI | AGFI | TLI |
|---|---|---|---|---|---|---|
| 全部样本 | | | | | | |
| 模型一 | 987.985 | 44 | 22.454 | 0.868 | 0.802 | 0.893 |
| 模型二 | 680.696 | 43 | 15.830 | 0.916 | 0.871 | 0.926 |
| 模型三 | 409.389 | 41 | 9.985 | 0.955 | 0.927 | 0.955 |
| 16~17岁 | | | | | | |
| 模型一 | 126.296 | 44 | 2.870 | 0.875 | 0.813 | 0.887 |
| 模型二 | 110.750 | 43 | 2.576 | 0.892 | 0.834 | 0.905 |
| 模型三 | 74.521 | 41 | 1.818 | 0.933 | 0.892 | 0.964 |
| 18~19岁 | | | | | | |
| 模型一 | 143.174 | 44 | 3.254 | 0.858 | 0.788 | 0.880 |
| 模型二 | 121.000 | 43 | 2.814 | 0.888 | 0.828 | 0.904 |
| 模型三 | 78.983 | 41 | 1.926 | 0.928 | 0.884 | 0.951 |
| 20~24岁 | | | | | | |
| 模型一 | 127.956 | 44 | 2.908 | 0.902 | 0.852 | 0.914 |
| 模型二 | 95.928 | 43 | 2.231 | 0.928 | 0.890 | 0.945 |
| 模型三 | 84.104 | 41 | 2.051 | 0.939 | 0.901 | 0.953 |
| 25~29岁 | | | | | | |
| 模型一 | 129.399 | 44 | 2.941 | 0.871 | 0.807 | 0.889 |
| 模型二 | 112.791 | 43 | 2.623 | 0.894 | 0.838 | 0.907 |
| 模型三 | 79.180 | 41 | 1.931 | 0.930 | 0.888 | 0.947 |

续表

| 模式 | $x^2$ | df | $x^2$/df | GFI | AGFI | TLI |
|---|---|---|---|---|---|---|
| 30～34岁 | | | | | | |
| 模型一 | 99.780 | 44 | 2.268 | 0.908 | 0.862 | 0.944 |
| 模型二 | 77.563 | 43 | 1.804 | 0.934 | 0.899 | 0.965 |
| 模型三 | 58.451 | 41 | 1.426 | 0.952 | 0.922 | 0.981 |
| 35～44岁 | | | | | | |
| 模型一 | 93.065 | 44 | 2.115 | 0.922 | 0.883 | 0.950 |
| 模型二 | 73.248 | 43 | 1.703 | 0.941 | 0.909 | 0.968 |
| 模型三 | 65.690 | 41 | 1.602 | 0.949 | 0.918 | 0.973 |
| 45～54岁 | | | | | | |
| 模型一 | 110.77 | 44 | 2.517 | 0.908 | 0.862 | 0.932 |
| 模型二 | 101.127 | 43 | 2.352 | 0.915 | 0.870 | 0.940 |
| 模型三 | 86.288 | 41 | 2.105 | 0.928 | 0.884 | 0.951 |
| 55～64岁 | | | | | | |
| 模型一 | 138.566 | 44 | 3.149 | 0.879 | 0.819 | 0.913 |
| 模型二 | 114.666 | 43 | 2.667 | 0.901 | 0.849 | 0.932 |
| 模型三 | 97.452 | 41 | 2.377 | 0.916 | 0.864 | 0.944 |

表2-14 各年龄组验证性因素分析模型拟合优度指数和增进程度

| 模式 | CFI | RMSE | $\Delta x^2$ | $\Delta$（df） | P |
|---|---|---|---|---|---|
| 全部样本 | | | | | |
| 模型一 | 0.914 | 0.116 | | | |
| 模型二 | 0.942 | 0.096 | 307.289 | 1 | <0.01 |
| 模型三 | 0.967 | 0.075 | 271.307 | 2 | <0.01 |
| 16～17岁 | | | | | |
| 模型一 | 0.909 | 0.101 | | | |
| 模型二 | 0.925 | 0.093 | 15.546 | 1 | <0.01 |
| 模型三 | 0.963 | 0.067 | 36.229 | 2 | <0.01 |
| 18～19岁 | | | | | |
| 模型一 | 0.904 | 0.113 | | | |
| 模型二 | 0.925 | 0.101 | 22.174 | 1 | <0.01 |
| 模型三 | 0.963 | 0.072 | 42.017 | 2 | <0.01 |
| 20～24岁 | | | | | |
| 模型一 | 0.931 | 0.093 | | | |
| 模型二 | 0.957 | 0.074 | 32.028 | 1 | <0.01 |
| 模型三 | 0.965 | 0.069 | 11.824 | 2 | <0.01 |

续表

| 模式 | CFI | RMSE | $\Delta x^2$ | $\Delta (df)$ | P |
|---|---|---|---|---|---|
| 25~29岁 | | | | | |
| 模型一 | 0.911 | 0.103 | | | |
| 模型二 | 0.928 | 0.094 | 16.608 | 1 | <0.01 |
| 模型三 | 0.960 | 0.071 | 33.611 | 2 | <0.01 |
| 30~34岁 | | | | | |
| 模型一 | 0.955 | 0.080 | | | |
| 模型二 | 0.972 | 0.064 | 22.217 | 1 | <0.01 |
| 模型三 | 0.986 | 0.046 | 19.112 | 2 | <0.01 |
| 35~44岁 | | | | | |
| 模型一 | 0.960 | 0.072 | | | |
| 模型二 | 0.975 | 0.057 | 19.817 | 1 | <0.01 |
| 模型三 | 0.980 | 0.053 | 7.558 | 2 | <0.05 |
| 45~54岁 | | | | | |
| 模型一 | 0.946 | 0.084 | | | |
| 模型二 | 0.953 | 0.079 | 9.643 | 1 | <0.01 |
| 模型三 | 0.963 | 0.072 | 14.839 | 2 | <0.01 |
| 55~64岁 | | | | | |
| 模型一 | 0.930 | 0.104 | | | |
| 模型二 | 0.947 | 0.092 | 23.900 | 1 | <0.01 |
| 模型三 | 0.958 | 0.084 | 17.214 | 2 | <0.01 |

2. 效标效度

效标效度（criterion-related validity）是考查测验与某些外在效标变量之间的关联程度。效标效度的形式主要有同时效度（concurrent validity）和预测效度（predictive validity）。前者指测验分数与目前的效标资料之间关联的程度，后者指测验分数与将来的效标之间关联的程度。因时间的限制，本研究仅对前者进行了分析。

（1）ISCA与WAIS-RC间的相关。本项研究样本是106名成人，年龄为36.49±17.28，以抗衡顺序（counterbalanced order）前后施测ISCA与WAIS-RC两套测验，其施测间隔时间是2至8周。利用两套量表粗分结果进行相关分析，结果见表2-15。由此可见，ISCA言语分量表与WAIS-RC言语分量表的相关为0.91，ISCA操作分量表与WAIS-RC操作分量表的相关为0.92，ISCA全量表与WAIS-RC全量表的相关为0.94。

表2-15 ISCA与WAIS-RC的相关

| 分测验/智商/指数 | WAIS-RC 言语智商 | WAIS-RC 操作智商 | WAIS-RC全量表 智商 |
|---|---|---|---|
| 词汇 | 0.79 | 0.62 | 0.75 |
| 相似概括 | 0.76 | 0.67 | 0.77 |

续表

| 分测验/智商/指数 | WAIS-RC<br>言语智商 | WAIS-RC<br>操作智商 | WAIS-RC全量表<br>智商 |
|---|---|---|---|
| 数字广度 | 0.60 | 0.68 | 0.69 |
| 常识 | 0.85 | 0.67 | 0.81 |
| 理解 | 0.73 | 0.50 | 0.64 |
| 图画补充 | 0.62 | 0.69 | 0.71 |
| 数字符号 | 0.61 | 0.86 | 0.81 |
| 积木构图 | 0.55 | 0.75 | 0.71 |
| 图形推理 | 0.72 | 0.70 | 0.76 |
| 图片排列 | 0.55 | 0.73 | 0.70 |
| 图形拼凑 | 0.29 | 0.44 | 0.40 |
| 言语智商 | 0.91 | 0.77 | 0.90 |
| 操作智商 | 0.68 | 0.92 | 0.87 |
| 全量表智商 | 0.82 | 0.92 | 0.94 |
| 晶体智力 | 0.90 | 0.71 | 0.86 |
| 流体智力 | 0.69 | 0.84 | 0.83 |
| 记忆注意 | 0.67 | 0.88 | 0.85 |

注：以上各相关系数均具统计显著性（P<0.001）

（2）ISCA 与 WAIS-III 台湾修订版间的相关。WAIS-III 台湾修订版是 WAIS-III 在台湾地区的修订，并于 2002 年正式出版。本项研究样本是 55 名成人，年龄自 20 至 55 岁（平均年龄为 32.15，标准差为 8.70），前后施测 ISCA 与 WAIS-III 台湾修订版两套测验。将两套量表粗分结果进行相关分析，结果见表 2-16。

由此可见，ISCA 言语分量表与 WAIS-III 台湾修订版言语分量表的相关为 0.88，ISCA 操作分量表与 WAIS-III 台湾修订版操作分量表的相关为 0.83，ISCA 全量表与 WAIS-III 台湾修订版全量表的相关为 0.90。

表2-16　ISCA与WAIS-III台湾修订版的相关

| 分测验/智商/指数 | WAIS-III台湾<br>修订版<br>言语智商 | WAIS-III台湾<br>修订版<br>操作智商 | WAIS-III台湾<br>修订版<br>全量表智商 |
|---|---|---|---|
| 词汇 | 0.74 | 0.30 | 0.56 |
| 相似概括 | 0.65 | 0.45 | 0.61 |
| 算术 | 0.47 | 0.58 | 0.60 |
| 数字广度 | 0.41 | 0.38 | 0.45 |
| 常识 | 0.78 | 0.60 | 0.77 |
| 理解 | 0.67 | 0.36 | 0.57 |
| 图画补充 | 0.62 | 0.63 | 0.71 |
| 数字符号 | 0.43 | 0.74 | 0.69 |

续表

| 分测验/智商/指数 | WAIS-III台湾修订版<br>言语智商 | WAIS-III台湾修订版<br>操作智商 | WAIS-III台湾修订版<br>全量表智商 |
|---|---|---|---|
| 图形推理 | 0.51 | 0.57 | 0.62 |
| 图片排列 | 0.42 | 0.53 | 0.55 |
| 图形拼凑 | 0.45 | 0.64 | 0.63 |
| 言语智商 | 0.88 | 0.57 | 0.80 |
| 操作智商 | 0.59 | 0.83 | 0.83 |
| 全量表智商 | 0.79 | 0.79 | 0.90 |
| 晶体智力 | 0.86 | 0.49 | 0.74 |
| 流体智力 | 0.65 | 0.77 | 0.82 |
| 记忆注意 | 0.50 | 0.76 | 0.73 |

注：以上各相关系数均具统计显著性（P<0.001）

（3）ISCA与瑞文测验间的相关。本项研究样本是55名成人，前后施测ISCA与中国联合型瑞文测验（第二次修订版）(CRT-C2)两套测验。这个研究样本与前述WAIS-III台湾修订版研究样本相同。将ISCA各分测验粗分分别与CRT-C2的粗分进行比较，结果见表2-17。结果表明ISCA各分测验、智商及指数与CRT-C2粗分的相关均有极显著的相关（P＜0.001），其中ISCA言语分量表、操作分量表及全量表与CRT-C2粗分的相关分别为0.60，0.63，0.69。

表2-17 ISCA与瑞文测验的相关

| 分测验/智商/指数 | 瑞文测验 | 分测验/智商/指数 | 瑞文测验 |
|---|---|---|---|
| 词汇 | 0.42 | 图形推理 | 0.75 |
| 相似概括 | 0.45 | 图片排列 | 0.42 |
| 算术 | 0.40 | 图形拼凑 | 0.43 |
| 数字广度 | 0.31 | 言语智商 | 0.60 |
| 常识 | 0.58 | 操作智商 | 0.63 |
| 理解 | 0.36 | 全量表智商 | 0.69 |
| 图画补充 | 0.56 | 晶体智力 | 0.55 |
| 数字符号 | 0.46 | 流体智力 | 0.72 |
| 积木构图 | 0.60 | 注意记忆 | 0.49 |

注：以上各相关系数均具统计显著性（P＜0.001）

3. 区分效度

（1）不同年龄组被试的ISCA原始总分比较：由于ISCA常模是按年龄组制定的，因此，常模样本的智商和指数分数已经消除了年龄组在统计学上的差异。为了便于比较，我们采用ISCA原始总分进行比较，其结果见表2-18。结果显示，随年龄的增长，测验成绩逐渐下降，经F检验，差异具有显著性。

（2）不同性别被试ISCA智商和指数分数比较：不同性别智商和指数分数平均数和标准差及比较列于表2-18。

表2-18 不同性别被试智商和指数分数比较（X±SD）

| 智商/指数 | 男性（n=771） | 女性（n=829） | t | p |
|---|---|---|---|---|
| 言语智商 | 102.90 ± 14.63 | 98.31 ± 15.13 | 6.17 | <0.01 |
| 操作智商 | 102.58 ± 14.99 | 98.85 ± 14.89 | 5.00 | <0.01 |
| 全量表智商 | 102.57 ± 14.67 | 98.21 ± 14.93 | 5.90 | <0.01 |
| 晶体智力 | 102.90 ± 14.52 | 98.68 ± 15.28 | 5.65 | <0.01 |
| 流体智力 | 103.18 ± 14.91 | 98.44 ± 14.77 | 6.38 | <0.01 |
| 注意记忆 | 102.29 ± 15.06 | 99.97 ± 14.71 | 3.13 | <0.01 |

（3）不同教育程度被试ISCA智商和指数分数比较：不同教育程度智商和指数分数平均数和标准差及比较列于表2-19。

从表中可见，无论是各类智商，还是各种指数，都显示出一种趋势：随教育程度的增加，测验成绩逐渐提高，经F检验，差异具有显著性。

表2-19 不同教育程度被试智商和指数分数比较（X±SD）

| 智商/指数 | 文盟（n=23） | 小学（n=226） | 初中（n=536） |
|---|---|---|---|
| 言语智商 | 79.04 ± 9.55 | 87.19 ± 13.09 | 95.68 ± 12.19 |
| 操作智商 | 82.57 ± 12.09 | 88.69 ± 13.50 | 96.80 ± 12.71 |
| 全量表智商 | 79.22 ± 10.87 | 87.05 ± 12.67 | 95.63 ± 12.01 |
| 晶体智力 | 80.30 ± 9.73 | 87.69 ± 12.59 | 95.76 ± 12.26 |
| 流体智力 | 85.48 ± 11.82 | 89.87 ± 13.84 | 97.16 ± 13.07 |
| 注意记忆 | 79.00 ± 11.89 | 88.98 ± 12.64 | 97.19 ± 13.00 |
| 言语智商 | 105.06 ± 11.91 | 111.65 ± 12.52 | 118.16 ± 11.43 |
| 操作智商 | 104.25 ± 13.26 | 110.56 ± 11.97 | 116.20 ± 12.79 |
| 全量表智商 | 104.63 ± 12.17 | 111.44 ± 11.86 | 118.06 ± 11.78 |
| 晶体智力 | 105.28 ± 12.02 | 111.78 ± 13.41 | 117.94 ± 11.58 |
| 流体智力 | 103.91 ± 13.62 | 109.85 ± 12.68 | 115.19 ± 12.72 |
| 注意记忆 | 105.04 ± 12.66 | 111.04 ± 11.77 | 116.12 ± 12.65 |

注：本科以上组含研究生3人。

# 第3章　思维测量的数学模型

阿纳斯塔西（A. Anastasi）对测验所下的定义为大多数心理测验学家所接受："测验实质上是行为样本的客观的和标准化的测量。"这一定义包含了两个基本因素：行为样本标准化和客观测验的评价指标。它包括测验在编制、实施等方面的标准化过程，行为样本的命题方法和评价指标体系的数学模型等具体的内容。本章将研究思维测量的数学模型问题。

从定性描述进入定量分析和计算，是一门科学达到成熟的重要标志。数学语言的运用把数学的抽象能力和精确性带给了心智测量。所以，这种形式化的数学语言就是作业语言，离开了这种符号化的数学语言，就难以确切表述心智水平的概念和定律，无法深刻地反映心智的本质和规律。线性测量模型的内涵，主要是以真实分数模式（亦即观察分数等于真实分数与误差分数之和）为理论架构，依据弱势假设（weak assumption）而来，其理论模式的发展为时甚久，所采用的计算公式简单明了、浅显易懂，为目前测验学界使用与流通最广的理论依据。

但现在非线性科学的研究已经阐明，世界的本质是非线性的。作为最复杂、最变幻莫测的人的心智同样也是非线性的。我们在第一章已经讨论过，人类的思维系统是一个非常复杂的开放性的循环运行的大系统，在这个运动着的大系统中，逻辑结构和图式结构循环往复着，不仅分别支撑着理性思维和感性思维，还突变上升为创造性思维。如果我们还局限于传统的线性模式，回避那些偶然的、随机的思维因素，而且囿于实证主义方法论的局限，那么思维测量科学的构建就会受到很大的制约。本章先介绍经典测验的线性测量模型，然后重点探讨非线性测量模型，即当代数学模型在思维测量科学中的作用。这种以心智的过程作指标，以适应性测验代替传统测量的新兴数学模型，会将思维测量科学带进一个崭新的领域。

## 第一节　线型数学模型

在探讨现代数学模型之前，我们必须了解数学模型、经典线形数学模型及其对心理测量的影响和作用。

### 一、数学模型

所谓数学模型就是用字母、数字及其他数学符号所建立起来的等式或不等式以及图表、图像、框图等描述客观事物的特征及其内在联系的数学表达式。

#### （一）数学模型类型

客观事物的变化，有着种种不同状况，相应地也就有着不同类型的数学模型。

1. 必然现象的数学模型

所谓必然现象就是事物变化服从确定的因果关系，从前一时刻的运动状态可以推断以后各时刻的运动状态。在数学上通常可以用各种方程式，如代数方程、微分方程、积分方程以及差分方程等来表述，其中尤以微分方程应用最广。

2. 或然现象数学模型

或然现象，又称随机现象。这类现象对于某一特定事件来说，它的变化发展有多种可能的结果，到底出现哪一种结果，完全是偶然的、随机的。但从大量这类事件或同一事件多次重复出现的总体来看，又是有规律的。用概率论、过程论和数理统计等方法建立随机性数学模型，就能描述这类现象各种可能结果的分布规律。

3. 模糊现象的数学模型

在自然界中存在大量的模糊现象、模糊信息，反映在人的认识上则有许多模糊语言和模糊的概念。它们具有量的特征，但没有非此即彼的精确性，因而以往的数学对此是无能为力的。1965年，美国控制论专家查德（Zadeh）提出用模糊集合作为表现模糊事物的数学模型，引进隶属函数的概念，用以表示元素属于某集合的程度，它可以在0到1之间的所有实数中取值。运用隶属函数就可以对各种模糊现象进行定量的描述和处理。

4. 突变现象的数学模型

在自然和社会现象中充满着突变和跳跃的过程。微积分所提供的数学方法可以圆满地处理那些连续、平滑的变化过程。但对突变问题，微积分方程就束手无策了。飞跃造成的不连续性把系统的行为空间变成不可测的，这使经典数学遇到困难。20世纪70年代开始，法国的拓扑学家托姆（Thom）创立突变理论，为处理这类现象提供了基础。托姆证明，在控制空间不超过四维时，突变现象可以归纳为七种突变模式，即折迭型、尖角型、燕尾型、蝴蝶型、双曲脐点型、椭圆脐点型、抛物脐点型。其中每一点都各有特定的位势函数和方程式。它们用数学语言清晰地阐明了事物质变过程中出现突变和渐变的原因，揭示了事物的质变方式是如何依赖条件而变化的。

（二）思维测量过程中的数学模型

运用数学模型解决思维测量过程中的实际问题，一般必须经过以下三个步骤。

1. 建立数学模型

第一步是建立数学模型，即将所要研究的思维测量问题翻译成数学语言。建立数学模型是思维测量最为关键也最为困难的一步。首先要对所测量的思维类型及其结构功能进行深入的分析，在已有的数学理论的指导下，找出需要而且能够表示的基本量，确定这些基本量的关系；其次，要善于依据思维测量的性质，找出主要量之间的关系；同时还要善于依据所研究问题的具体要求加以简化，以形成数学问题。最后，对已建立的数学模型进行反复修正，以求不断完善；还可以对同一个问题建立不同的数学模型，通过不断的检验、比较，筛选出最优的模型。

在测量过程中承负刺激任务的信息应遵循"类似原则、邻接原则、因果原则"。一群刺激信息在时间和空间中同时出现，它们具有唤起思维某一能力的作用，其中任何一个的出现会导致思维样组的显示，并且按某种目的、规则来进行排列、组合、分解，使之形成有序的整体，也就是建立关系网络。在集合论系统观念中，关系与集合的乘积的子集恒等。也就是说，建立数学模型的过程是一个科学抽象的过程。即从实际出发，通过分析，撇开一些因素，抽取一因素，再综合起来，构成数学模型。

### 2. 进行数学运算

第二步是进行数学运算，对数学模型求解。数学模型建立以后，接下来的问题就是求解。数学模型应是可解的，如果不可解，就要检查抽象数学模型的过程有无错误。

### 3. 解释和评估

第三步是对所得到的解作解释和评估，以形成对实际问题的判断和预见。在得出确定的数学解以后，应返回到现实原型，对解做出具体说明，形成对实际问题的判断或预见。

## 二、线性思想与线性数学模型

### （一）"线性"与"非线性"

"线性"与"非线性"本来是一对数学概念。所谓线性的数学含义是指两个变量之间具有正比例关系，它在笛卡尔坐标平面上表示为一条直线，线性由此而得名。一般说，如果一个多项式函数的最高次幂是一次的，就称它为线性函数或线性方程。非线性概念就是相对于线性而言的，即多项式函数的幂是高于1的方程称为高次方程或非线性方程。线性函数具有简单的比例关系，满足叠加原理。而非线性函数则不具有简单的比例关系，叠加原理也不成立，整体也不是局部之和。

从"线性"与"非线性"的物理含义来讲，它们的区别主要表现在三个方面。第一，在运动形式上，非线性现象表现为从规则运动向不规则运动的转化和跃变，而线性运动一般表现为时空中的平滑运动；第二，从系统对外界影响和系统参量微小变化的响应上看，非线性系统中参量的极微小变化，在一些关节点上，可以引起系统运动形式的定性改变，而线性系统往往表现为对外界影响成比例的变化；第三，反映在连续介质中的波动上，非线性作用可以促使空间规整形结构的形成和维持，而线性行为则表现为弥散结构。第三点的含义是指在一个非线性系统中，系统自身存在着组织机制，它能够使系统由无序转变并维持一种有序的结构。

### （二）线性思想

从牛顿、伽利略时代开始，线性思想一直是近现代自然科学所遵循的基本准则。科学相信宇宙的和谐、并以研究自然界的秩序和规律为宗旨。"经典科学"或"牛顿体系"所描绘的世界是一个机械的、由决定论支配的世界，在这个世界中，每一个事件都由初始条件决定，而只要给出了初始条件，我们就不仅可以预言未来，甚至还能追溯过去。整个世界就如同一架构造精确的时钟，它的各个零件按照确定的规律在平衡中运行。在决定论看来，按确定方式运行的宇宙是不会出现例外的。爱因斯坦说过："迄今为止，我们的经验已经使我们有理由相信，自然界是可以想象到的最简单的数学观念的实际体现。我坚信，我们能够用纯粹数学的构造来发现概念以及把这些概念联系起来的定律，这些概念和定律是理解自然现象的钥匙。经验可以提示合适的数学概念，但是数学概念无论如何却不能从经验中推导出来。当然，经验始终是数学构造的物理效用的唯一判据。但是这种创造的原理却存在于数学之中。因此，在某种意义上，我认为，像古人所梦想的，纯粹思维能够把握实在，这种看法是正确的。"[1]在

---

[1] 许良英等编译.爱因斯坦文集（第1卷）.北京：商务印书馆，1976

心智作业的意义上，数学提供了一种语言，便于作业与测量间的一致和交流，同时也使测量专家能够对科学作业的"真理地位"达到共识。

## 三、线性思想与心理测量

线性思想对心理科学的影响也是巨大的。精神分析理论就采用线性的模型：弗洛伊德的"固着退化"（fixation-regression）模型就来自他这样一个观点：种系发生的力量要超过个体发生的力量，儿童发展的不同阶段就是人类祖先的经验在他们记忆中的恢复与固着，而心理的病态就是个体退化到种系发生中某一阶段的结果。那么心理疾病治疗的目的就是逐渐发现心理创伤所对应的某个固着点。由于心理病态能够追溯到不同的固着点，因此，人的发展就是线性的。线性的发展观把人的发展看作是一个连续的过程，这个过程可以被测定、被分解为一个个小的不连贯的步骤。[1] 不仅在精神分析理论中，就是在60年代发展起来的认知心理学也受到了线性思想的影响，它采用形式计算系统或符号用来研究人的认知活动，将人和机器进行类比、希望像自然科学通过把自然分析为机器获得成功那样，把人分析为机器来获得成功。

### （一）比纳的开篇之作

最早有目的地将线性思想施用于人的智力测验上，创造作业量表的，当推法国心理学家比纳。

比纳1857年出生于威尼斯，其父是医生，其母是画家。他从小受父母熏陶，好奇心强，对不同领域的很多方面都很感兴趣，其中包括哲学、文艺和艺术，比纳1878年获得科学博士学位。但比纳最感兴趣的还是心理学，写出一些有独特见解的心理学著作。他1894年起就主持巴黎大学心理生理实验工作，开始从多方面探索测量智力的方法。最初的实验几乎全是生理测验，如通过对人的膝盖叩击来测定反射速度，研究人的头盖骨的大小与智力的相关数等。他认为，虽然从总体上讲膝盖叩击的反射速度，头盖骨大小与人的智能有一定关系，但用于个别测量则无法进行。

1903年，他的另一本著作《智力的实验研究》问世，在该书中，他指出智力包含着一切高级的心理过程，非单一的、简单的直接方法所能测量。于是他干脆放弃从人的某项生理指标来测定心理差异的企图，宣布另辟途径。这正是他超越别人的地方。

1904年，该国公共教育部任命他为智力落后儿童特别委员会委员（这个委员会设立的目的是为了对智力落后儿童更好地进行教学）。比纳在西奥多·西蒙（沃克卢斯精神病院的医师）的协助下，将心理测量的方法创造为综合性的认知测量，用不到一年的时间就为收容所和小学正常与异常儿童的智力水平诊断制定了新方法。对这个研究，他在1905年11期《心理学年鉴》上作了论述。这一成果，被人们称作人类20世纪最重大发现之一。

比纳1905年量表又经过1908年、1911年两次修订。从1908年量表起，测验项目按年龄分组，项目由30个增至50个。修订后的量表，采用了心理年龄的方法计算成绩，所通过题数与其实足年龄相当的人为智力正常，多于实足年龄的人为优异，少于实足年龄的人为低劣。并且，该量表以巴黎203个学生为受试者，建立了一个可供比较的常模。

比纳对心理测量的贡献，不仅在于他始创了第一个正式智力量表，更重要的是他为科学

---

1　丘仁宗.科学方法和科学动力学.北京：知识出版社,1984

心理测量寻求到一种良好的方法，打下了初步的基础。他不仅采用心理年龄计算测验成绩，并对测验的效度、信度以及常模等重要事项，也提供了基础的方法和正确观念。今天，心理测量已成为广泛适用于各领域各行业的实用学科，后者皆得益于比纳的贡献。所以有人说，在心理学史上假使我们称冯特为实验心理学的鼻祖，那么，比纳则是智力测量的鼻祖。

## （二）推孟的弘扬

比纳量表传到世界各地之后，引发了心理测量学的一场革命。心理学家将比纳用于智力测验的方法和基本原理转向于专门能力测验、教育测验、人格测验等，在短短的十余年时间内就有了重大突破。除作业量表法之外，还有投射测验法、自陈量表法、情境控制法、观察评估法、民意测验法、仪器实验法等的改造与创新。心理测量已密布到心理差异的各个方面，并且从理论到技术、从方法到实施上都有了长足的进步。

在作业量表法方面，继比纳之后做出伟大贡献的还有美国心理测量专家推孟（lewis Madison Terman）和韦克斯勒（D.Wechsler）。

在比纳所编制的题目中，按照年龄分成难易程度不一的一个个等级。这方面比纳创造了心理年龄这个概念，比如通过比纳量表上4岁组而未通过5岁组题目的那个智力等级，其心理年龄为4岁。这种测定后来又精确到月份，如通过5岁组又通过6岁组的一半，心理年龄即为5岁半。依此类推。

但是心理年龄并没有解决所有的问题。例如一个实际年龄为5岁、心理年龄为6岁的人，其智力差数为6-5=1；另一个孩子实际年龄为1岁，心理年龄为2岁，其智力差数为2-1=1，那么从数值上讲，这两个孩子的智力差数一样。但很明显，这两者的聪明程度并不相同。后者根据资料分析是很少见的，几万人中才有1个，完全可以冠以神童的称号，前者却是不难找寻的，100个人中就有10个。推孟注意到一个在4岁时被测定为早2岁的孩子，在8岁时的结果可能是早4岁，他由此想到这其中可能是一个比值。

于是，一个在今天人们已经非常熟悉的新概念被引进了比纳量表，这个概念就是智力商数（IQ）。

智商公式是：

$$智商（IQ）=心理年龄／实际年龄×100$$

推孟指出，全体人口的智商平均为100；其中50%的人分布在90～110之间，所以这部分人称为智力正常；80～90为次正常智力；70～80为临界正常智力；60～70称为轻度愚钝或轻度智力孱弱；50～60称为深度愚钝；25～50称为痴呆或亚白痴；25以下为白痴。智商高于90～110的都为超常者。110～120为高智力，120～140为很高智力；140以上为极高智力，也被称作天才。天才者只占全人类的2%。

推孟修订后的智力量表被称为斯坦福－比纳量表（斯坦福是推孟所任教的大学）。推孟认为，智力实测的分类采用复本的形式交换使用可以提高测验的效度。他的量表可以测量2岁到成人，大大拓宽了测量对象。

## （三）韦氏的革故鼎新

第一次世界大战期间，美国政府在数百万部队工作人员中进行了广泛的智力测验，在整个社会引起轰动。战后各大学不得不扩大心理系的班级和人数，有更多的研究者投身于心理测量学的研究。其中韦克斯勒就是一个后起之秀。

韦克斯勒生于1896年,第一次世界大战后即投身心理测量科学的研究,1925年获哥伦比亚大学哲学博士学位。从1934年起,在半个多世纪里他先后制定了军队量表(1942年)、儿童智力量表(WISC)(1949年)、成人智力量表(WPPSI)(1967年)以及儿童智力量表修订本(WISC-R)(1974年修订)等。鉴于他对心理测量科学的巨大贡献,1979年耶路撒冷的希伯莱大学授予他"荣誉博士"和"荣誉事业"奖状。

韦克斯勒一生创造的各类智力量表被称作韦克斯勒系列量表。韦克斯勒系列量表在应用范围和准确性上都大大超过了比纳量表,是继比纳量表之后在世界上最为通行的智力量表。

韦氏系列量表编制的原理和特点基本是一样的。每个量表包括文字测验和非文字测验两部分,前者属于语言部分,后者属于操作部分。这两部分可以分别计分,能了解受试者各种能力的特点,为因材施教、诊断病因提供依据。

韦克斯勒对斯坦福—比纳量表的计分方法进行了重要改革,他放弃了智龄的概念,保持了智商的概念。但韦氏量表的智商不是推孟量表的智龄与实龄之比,而是离差智商,它实质上是同年龄组被试的标准分数。它是按每一年龄组智商的平均数为100,标准差为15计算的。这种计分方法改进了斯坦福—比纳量表的不足,其中最主要的是,比纳量表是以人的智力均衡发展为假设前提而制定的,这种假设一直遭到来自各方面的指责,而离差量表却避开了这种假设,显得公正和合理多了。

我们以 WISC-R 为例说明离差智商的计分方法:

1. 量表分的第一次转化

WISC-R 的每个分测验都用点积记分,一个儿童在各分测验直接测得的分数叫原始分数。由于原始分数的参照点、记分单位各不相同,在统计汇合总分时就成了问题。为此,就需要把各个分测验的原始分数转化为均数为10、标准差为3的常态化标准分数。具体作法是:先将每个年龄组的原始分数做出累积分布表,再将分布常态化,然后对每个原始分数计算出与它相应的量表记分。其计算公式如下:

$$X = 10 + 3Z$$

如果原始分数分布呈常态,此式可推演为:

$$X = 10 + 3Z = 10 + \frac{3(X_1 - \overline{X})}{S}$$

式中:$X$ 为所要转换的特定的常态化标准分;10 为指定的常态化标准分数的均数数值;3 为指定的常态化标准分数的标准差数值;$X_1$ 为某一分测验的原始分数;为某一分测验原始分数的均数;$S$ 为某一分测验原始分数的标准差。

2. 量表分的第二次转化

把各个年龄组中每个被试所得的各个分测验量表分数按照语言、作业以及全量表三种加以汇合,然后算出各年龄组三种量表总分的均数和标准差。这样,就可算出某个年龄组三种量表总分的标准分数。不过这时的标准分数的均数是100,标准差为15。这样,我们就可以计算要求的离差智商。

$$IQ_D = 15Z + 100 = 15\left(\frac{X_{ss} - \overline{X}_{ss}}{S_{ss}}\right) + 100$$

式中:$IQ_D$ 为离差智商;15 为指定的标准分数分布上的标准差的数值;$X_{ss}$ 为随意年龄水平某个被试者所获得的量表总分;$\overline{X}_{ss}$ 为随意年龄水平所有被试者所获得量表总分的平均数;$S_{ss}$

为随意一个年龄水平所有被试者所获得的量表总分的标准差。

在构建思维商数的过程中，离差智商是一个重要概念。离差智商与比率智商相比，主要是解决了个人智商变异性的问题，显得更为合理。智商在个人发展期间应该是相当稳定的，否则，它就不能代表个人的智力水平，也就失去预测的价值。智商的稳定程度用前后两次所测结果间的相关系数表示，这一系数即信度系数。信度系数越大，表示智商的变动性越小。一个良好的智力测验，其信度总在 0.9 右。这是指在相隔较短的时间内（一年左右）再测后得到的。如果经过再长一些时间会怎么样呢？许多心理学家用跟踪再测的方式，发现用离差智商即使间隔十年八载，相关系数也维系在 0.7 以上。第一次测验的被试者年龄越大，其相关越高。由此可见，离差智商具有相对的稳定性。但是，这仅仅是大体而言，对于个别被试者，由于某些特殊的变因，智商也表现出变动性，例如，某些被试者的生活环境突然变化，或患某些恶性疾病等，都有可能影响再测的成绩，智商也形成了波动态。但这不是离差智商自身的原因。故而目前世界上测验量表大多采用离差智商的概念和计分方法。

另外，离差智商的常态分布也显得更为合理。最早的比纳量表和以后的韦克斯勒量表都对智商的常态分布进行充分的考虑。韦克斯勒参照前面的推孟的分类，为自己的量表划了一个界限：82%的人的IQ在 90～119，两个极端的人很少，只占全人类的4.5%。故我们认为，用离差智商测量的实际结果来看，比较切合人类智商的理论分布。当然，推孟和韦克斯勒的划界，是相对而言的，主要目的是为评定的方便，因为即使是属于同一类的人，智力程度也仍旧存在着差异，我们不必过于拘泥。

## （四）持续的标准化

在心智测验领域，将线性模型作为自己理论基础的最典型的就是标准化。一个测验正式付诸使用以前，测验的编制者都要建立常模，以使测验分数的解释更加清晰、明确。常模是解释测验结果的参照指标，由总体测量结果的统计平均值表示。将测验施测于一个标准团体，即总体中的一个有代表性的样本是制定常模的必要条件。参加测验的每一个人所得原始分都要与常模团体相比较才能做出解释，即指出该分数在总体上所处的位置。最常见的两种常模表示法是百分位系统和标准分数系统。百分位系统，又称百分制，它是将一组测验分数分成 100 等分。一个百分位数反映在标准团体中高于和低于某个分数的人数比例。例如，不管实际的得分是多少，如果某人在测验中的得分为 80 百分位数，那就意味着高于这个分数的人只有 20%，他处于 80% 下面人的最前端。标准分数系统是一种更复杂的常模表示方法。由于几乎所有能力测验的分数分布都呈正态曲线形式（如下图所示）。

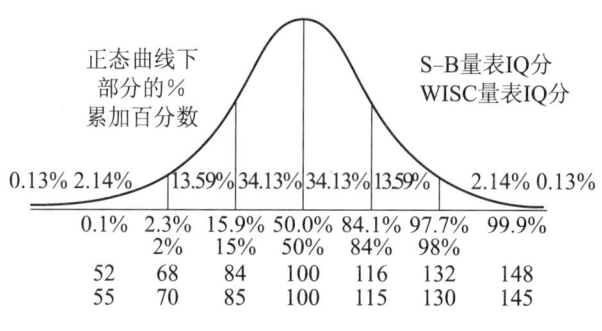

**正态分布与智力测验分数**

标准分数是根据测验分数的正态性质确定的，每个测验分数为正态曲线上的一个点，一个分数离中点越远，获得这一分数的人数越少，而它所处位置以标准分数来表示，即 Z 分数 = $(X-M)/S$，其值介于 +3 和 –3 之间。大量施测的结果测验分数呈正态分布形式。大多数人的智商分数落在中央部分，而高低两个极端则人数很少。该分布的平均数为 100，标准差为 16（比纳量表）或 15（韦氏量表）。常模方法把个体行为与他的同伴做比较，明确个体在特定群体中的地位，这属于相对评价而不是绝对评价。设计常模参照测验就是为了产生正态的分数分布，低、中、高分数段的考生各占一定的比例。由于被试无法控制他人的行为，所以，他们自己也就无法控制自己的等级。他们无论如何努力，也难以保证在常模中位置靠前。显然，如此评价极不公平。

心智作业标准化的线性思维，对心智测验的影响概括为这样三个方面：一是认为心智的分布呈正态形式，其发展是渐进的，过程是平稳的，心理发展的间断、跳跃及突变被看作是心理症状；二是表示整体是局部之和，即心智的整体性可以通过其组成部分来表示；三是强调行为的客观性和因果制约性，同时追求因果的透明性和相互作用的简单性，力求在每一种情形中都辨认出原因和结果来（如晶态智商和液态智商）。不可否认，以牛顿和爱因斯坦为代表的传统的科学精神和科学方法对心理测量学发展的影响是巨大的。线性的模型包括实证主义的思想不仅直接造成了心理学由哲学形态发展为科学形态，而且使心理学在其发展的百余年间积累了大量关于人和动物心理活动的科学材料和科学事实。

## 四、思维测量的线性模型假设

按照思维的信息加工理论，信息"输入"和"输出"分别称之为思维起点和思维终点。[1] 思维主体由某种信息"输入"，产生一种信息加工过程被称之为思维链；而每进行一次信息加工，由一种或数种信息得到另一种信息，称之为思维成果，对思维的成果进行效率和质量的评价，就是思维测量。

### （一）思维链

对于思维链，可以定义长度、阶、新颖度、跨度、拐度、辐射度、非平凡辐辏度、伪度和陡度。所谓长度，即链中所有思维环节的个数；所谓阶，即链中所含创造性思维环节（即具有创造性思维环节）的个数；所谓新颖度，即链中各个思维环节的新颖度（即以区间 [0, 1] 上的数对新颖度的表征）的算术平均值；所谓跨度，即辐中的思维元数所涉及的子系统（即对某个系统按照某种原则进行划分所得的子集）的个数；所谓拐度，即链中所含拐点（即由一个子系统到另一个子系统的转折点）的个数；所谓辐射度，即链中各个思维元素所引发出的思维元素的个数的最大值；所谓非平凡辐辏度，即链中具有统摄性的思维元素所聚集的思维元素的个数的最大值；所谓伪度，即链中所含逻辑思维环节（即进行逻辑思维的思维环节）中不合逻辑者的个数与思维链长度之比；所谓陡度，即思维起点到链中各个思维元素的距离的最大值与最小值之比。

由上述诸量可以导出表征思维独创性的独创度、表征思维敏捷性的思维效度、表征思维灵活性的灵活度、表征思维逻辑流畅性的流畅度、表征思维统摄性的统摄度、表征思维逻辑性的谨严度和表征思维耗散性的耗散度。此外，跨度可以作为思维广度的数量表征。

刺激→反应的实质也是信息交换，我们称之为熵流。有序信息的摄入，称之为负熵流，

---

[1] 邱章乐.思维命题与测量.北京：中国文史出版社，2004

它使思维系统的有序信息度增加。无序信息的输入称为正熵流,它使思维的混乱度增加。人脑在对各种信息加工、处理、从已有信息中产生新信息的能力,其实就是思维系统的有序度增加的水平。因此,我们引入一个新的概念——思维熵,用以描述思维测量环节过程中的量化规律。

如前所述,定义为长度、阶、新颖度、跨度、拐度、伪度、陡度的思维质量,并不是孤立的,它们可以构成某一基本集合,具有相邻相近的质量元素构成基本集合的子集。

## (二)思维测量模型假设

刺激→反应理论与信息论的结合,大体构筑了思维测量框架。如下图,这里 $S_1S_2S_3S_4S_5\cdots$ 为测验的刺激,它们分别能引出相应的思维外显成果 A、B、C、D、E……这些"外显"组合成一个思维样组,而这些样组必须与测量对象有很大的相关,研究这些相关,从而做出对思维特征的判断。

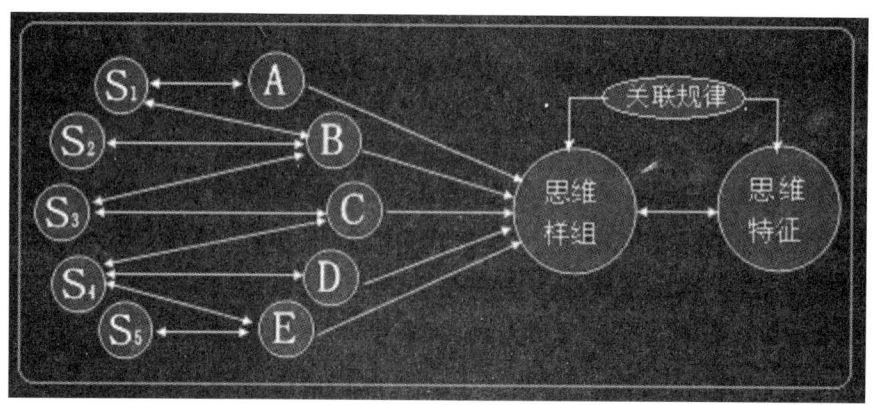

思维测量模型假设

有效刺激所获得的思维成果的评价问题,远比思维品质复杂。思维成果不像思维品质那样,可以从思维主体的角度去观察,而应以全人类(或以某一定范围)的思维成果作为参照系;思维成果种类繁多,其价值的侧重点也会有不同,如理论价值、实用价值、审美价值等。然而,不论何种价值一般都从新颖性、创造性和实用性上表现出来。实用性从社会效益或经济效益体现出来;新颖性用新颖度去表征;创造性用罕见度、凝聚度和繁难度去表征;社会效益用不朽度、扩散度和渗透度去表征;经济效益用增效率或增效度去表征。[1]

所谓新颖度,即新颖程度,其值等于所有与被评价的思维成果可比的思维成果到被评价的思维成果的相对距离的最小值。设 $A$ 是被评价的思维成果,$B=(B_1, B_2, \cdots B_S)$ 是所有与 $A$ 可比的思维成果,那么按照广义的概念,$B_i$ 到 $A$ 的相对距离即

$$D(B,A)=\frac{F(A)-F(A_nB_i)}{F(A)}$$

式中:$F(A)$ 表示 $A$ 的所有特征的数目;$F(A_nB_i)$ 表示 $A$ 与 $B_i$ 共同特征的数目;$i=1,2,\cdots S$。

所谓罕见度,即稀少的程度,其值等于被评价的思维成果出现的概率的倒数。一般地讲,创造性愈强的思维成果出现的概率愈小,如果我们将全体思维成果依创造性水平的高低划分为开创级、开拓级、创新级和改进级这样四个等级,那么任一项思维成果出现的概率既

---

[1] 孟凯韬.思维数学,交流资料

与它所出现的时期（$T$）、所隶属的研究领域（$D$）及它所具有的形式（$H$）有关，又与它所属的等级（$\omega$）有关，即为 $T$、$D$、$H$、$\omega$ 的函数 $P(T, D, H, \omega)$。

所谓凝聚度，即高深的程度，其值等于被评价的思维成果所能统摄的他种思维成果数目。一般来讲，创造性愈强的思维成果凝聚度往往也愈大。

所谓繁难度，即繁难的程度，它是凝聚思路量的函数，设凝聚思路量数为 N，而繁难度为 $F$，则有

$$F = 1 - \frac{1}{N}$$

而所谓凝聚思路量数、即得到评价的思维成果的正确思路的数目（$N$），可由公式

$$N = A_n^p \cdot A_m^{n-2}$$

求得，$P$ 为被评价的思维成果凝聚度，$n$ 为与思维目标有关的知识单元或其他成果的个数，$m$ 为符合条件的组合方式的个数。一般讲创造性愈强的思维成果其繁难度也愈大。

所谓渗透度即渗透强度，它是渗透量数的函数，设渗透量数为 $S$、而渗透度为 $T$，则有

$$T = 1 - \frac{1}{M+1}$$

而所谓渗透度量数，即受到被评价的思维成果影响的其他思维成果的数目。

所谓不朽度，即作用或影响久远的程度，它是寿命量数的函数。设寿命量数为 $M$，而不朽度为 $B$，则有

$$B = 1 - \frac{1}{M+1}$$

而所谓寿命量数，即被评价的思维成果从问世到其作用或影响完全消失的这段时间以年计的量数。

所谓扩散度，即扩散的程度，其值等于实际接受量数与接受量数之比。其中，可接受量数，即有条件接受被评价的思维成果的对象的数目；实际接受量数，即已经接受被评价的思维成果的对象数目。

所谓增效率，即增效量数与初始量数的百分比，其中，初始量数，即采用被评价的思维成果以前的收益量；增效量数，即采用被评价的思维成果以后收益增加的数量。

所谓增效度，即效益增强的强度，它是增效量数的一个函数，设增效量数为 $Z$，而其增效度为 $D$，则

$$D = 1 - \frac{1}{Z}$$

上述 9 个量称为思维成果的价值要素。在这 9 个量中，除了罕见度大于 1、凝聚度和增效率可能大于 1 外，其余的都是介于 0 与 1 之间，不同类型的思维成果，其价值要素也会有所不同，但就全体思维成果而言，价值要素不外这 9 个之中的某几个，对于任一项思维成果，只要能确定它的价值要素，即可定义它的价值函数。

## 五、线性测量模型批评

线性测量模型自比纳以来经历了整 100 年。经诸多学者（如：Cronbach, 1951; Guilford, 1954; Gullikson, 1987; Guttman, 1944; Lord & Novick, 1968; Richardson, 1936; Terman, 1916; Thurstone, 1929; Tucker, 1946）的研究与阐述，终于归纳形成经典测验理论等学说，

为目前测验学界使用与流通最广的理论依据。

但是，近年这种测量模型也受到一些批判，主要有以下几个方面。

## （一）理论假设与实际存在差距

经典心理测量因被罩上"精致"的公式、"精确"的量化数字等光环，使得人们相信这类测验产生的数字一定是准确和有意义的，个人经这类测验获得的测量结果，诸如IQ分数、阅读年龄和计算等级等必然是一个有效的潜力标签。但研究表明，这一"精美"的模型基于的以下假设存在问题。

第一个是一般性（universality）的假设，即经典测验分数能够作一般意义的推广。比如，个体在一个标准化阅读测验上获得的一个分数代表着他的阅读能力，即可以根据阅读测验成绩推断个体的整个阅读能力。果真如此吗？讨论中一个关键概念是"结构"，"结构"是心理学中使用的一个术语，指称所要评价的根源技能或属性。在编制测验过程中，测验编制之前要界定将要评价的结构，以确保测验能够测量到它预期评价的属性，即保证测验的效度。比如，在一个详细的阅读测验说明中，阅读将包括出声和默读情况下阅读的准确性和流畅性、对材料的理解、阅读的兴趣等。但实际上编制的阅读标准化测验往往只评价阅读能力的一个方面，比如对简单句子的理解。这样，从这一测验上得到的分数无疑只能代表对简单句子的理解能力，而不能真正代表个体的阅读能力。因此分数的意义不能做一般性的理解，分数的使用者需要知道测验实际测量了哪些东西。

第二个是单维性（unidimensionality）假设，它也与结构的概念相联系，并影响对测验题目分析的使用技术。这一假设认为，一个测验的所有题目应该测量一个单一的根源属性。这样，在对测验题目进行筛选时，按照老规矩，首先要甄别测题在语言或者图形方面是否具有明显的偏见。然后选择一组在所在属性上与测验打算测试的对象类似的被试（小样本）进行试验性测验。再根据试测结果进行题目分析，去掉与总分相关低的测题，因为测验只评价单一属性。与总分有高相关的题目被看作有区分度，而与总分低相关的题目缺乏区分度，这些题目要么去掉，要么改写。这一方法来自因素分析技术，一个好的测验目标是产生一个而且只产生一个根源属性。

第三是线性测量的测验信度是建立在严格平行测验假设基础上的，即两测验是以相同的程度测量同一心理特质。然而，这一理论假设在实际的测验情景中却难以满足，我们常常无法保证不同测量间得分的平均值和方差都相等，我们也没有一个统一的标准来判断究竟在多大程度上才是"平行测验"。同时，线性测量指导下的测验还要求测量条件完全标准化，从施测指导语到测验记分都有严格而明确的规定，从而使测量目标变得狭小（例如只能对一种非常严格条件下的被试能力进行测量，不够灵活，不便于推广和实际操作），这样就不能对测验进行有效的改进。再例如，线性测量理论尽管有一套相当完整的理论体系，但对误差的分析也受到越来越多的争议。例如，线性测量对误差的分析是，线性测量的真分数的线性模型为 $X=T+E$（观察分数 $X$ 等于真分数 $T$ 与误差 $E$ 之和），同时 $X'=T+E'$（$X$ 和 $X'$ 为平行测验），$\delta^2(E)=\delta^2(E')$，该模型最突出的弱点就是把所有的误差都归为一类，而没能区分测验情景中的各类误差，在误差 $E$ 中包括了类似评定者、测题、测验环境等影响测量目标的各种因素，也没有说明这些测量误差究竟来自哪些误差源以及各自产生的误差的大小。

## （二）线性测验的结果解释不清

经典心理测量模型源于智力和智力测验方面的工作，其基本思想是，智力就象肤色等其他遗传特质一样是先天的和固定不变的，因此它也能像其他特质一样可以被观察、测量出来，并可以根据测量的结果，给个体指定等级，将其分派到适合其智力水平的小组和学校。对于这一思想，人们提出的批评是：既然测量的是个体固定的、未受学校教育教学"污染"的特质，那么怎么能够以测量的结果判断学校教育、主试教学的效果呢？还有，经典心理测量模型把技术问题放在首位，特别注重对标准化、信度和维度等方面的限制。单从标准化程序要求看，如果一个人要与另一个人比较，那么就要确保：对所有的人按照同样的方法实施测验，按同样的方法评分并按同样的方法对分数进行解释。但是现有的研究表明，这些要求可能对结构效度和测验内容（进而对学校教学内容）等方面产生负面的效应，因为只有特定的材料和特定的任务服从这种测验的要求。

## （三）线性测验的因素不明

现在非线性科学的研究已经阐明，世界的本质是非线性的。作为最复杂、最变幻莫测的人的心智同样也是非线性的。我们已经讨论过，人类的思维系统是一个非常复杂的开放性的循环运行的大系统，在这个运动着的大系统中，逻辑结构和图式结构循环往复着，不仅使逻辑思维和非逻辑思维相互转化着，有时还发生突变，如灵犀一点、心气一缕、神光一闪、磁力一曳，虽然神秘、恍惚，却分明负载着某种信息，揭示着某种因果，展现着即将脱颖而出的新事物，对问题做出合理的猜测、设想或突然顿悟，上升为奇妙的创造性思维。如果我们还局限于传统的线性模式，回避那些偶然的、随机的思维因素，则对思维测量科学的构建产生不良的后果。

# 第二节 非线性数学模型

非线性，即non-linear，是指输出输入不是正比例的情形。如宇宙形成初的混沌状态。自变量与变量之间不成线性关系，成曲线或抛物线关系或不能定量，这种关系叫非线性关系。[1]

"线性"与"非线性"，常用于区别函数 $y=f(x)$ 对自变量 $x$ 的依赖关系。线性函数即一次函数，其图像为一条直线。其他函数则为非线性函数，其图像不是直线。

线性指量与量之间按比例、成直线的关系，在空间和时间上代表规则和光滑的运动；而非线性则指不按比例、不成直线的关系，代表不规则的运动和突变。如问：两个眼睛的视敏度是一个眼睛的几倍？很容易想到的是两倍，可实际是6～10倍！这就是非线性：1+1不等于2。

非线性关系虽然千变万化，但还是具有某些不同于线性关系的共性。线性关系是互不相干的独立关系，而非线性则是相互作用，而正是这种相互作用，使得整体不再是简单地等于部分之和，而可能出现不同于"线性叠加"的增益或亏损。例如，激光的生成就是非线性的。当外加电压较小时，激光器犹如普通电灯，光向四面八方散射；而当外加电压达到某一定值时，会突然出现一种全新现象：受激原子好像听到"向右看齐"的命令，发射出相位和方向

---

[1] 数学模型，互动百科．www.hoodong.com

都一致的单色光,就是激光。

非线性的特点是:横断各个专业,渗透各个领域,几乎可以说是:"无处不在时时有。"为了克服线性测验理论的缺失,非线性测验理论才得以诞生。

## 一、非线性数学模型诞生

虽然经典科学或牛顿体系统治了科学界数百年之久,但从牛顿—伽利略时代开始,人们就遇上了非线性问题。伽利略在研究单摆运动中,用自己的脉搏测量教堂挂灯摆动的时间,发现摆动的周期几乎与摆幅大小无关。从理论上讲,就是使摆回复到静止位置的力与摆的偏角成正比,即是一种线性关系。但是当提高测量时间的精确度后,却发现摆幅越大,摆动的周期越长,这是无法用线性方程来说明的[2]。实际上,回复力与偏角之间已经是一种非线性的关系了。在其他的物理现象及化学反应中,非线性问题也是非常普遍的。比如牛顿引力理论中的平方反比定律,热力学中的气体密度与压强的关系式,流体力学中描述动量变化的欧拉方程,化学中离子浓度随时间振荡的贝洛索夫—扎布金斯基(Belousov & Zhabotinsky)反应等,都是非线性的。长期以来,非线性问题一直被人们看作是一类复杂的问题,尤其是按线性思维的方式,非线性问题总是令人感到困惑,也很难找到一个令人满意的解决方案。真正揭开非线性现象研究序幕并开创了一个科学探索新纪元的,是气象学家洛伦兹(Lorenz)研究天气预报时发现的"蝴蝶效应"。

### (一)混沌学的诞生

在20世纪50年代,美国麻省理工学院的气象学家洛伦兹在选择数值天气预报方程时,把一般含有几千个变量的方程简化为只含12个变量的方程组,然后通过计算机作数值运算。由于偶然的原因,他把原来计算机算出的0.506127省略为0.506后输入计算机,出乎意料的是,就这万分之一的初始值的微小误差,竟然使得计算机输出的结果发生了极大的改变,而且呈现出非周期性的振荡。对气象现象来讲,这万分之一的误差大约相当于一阵轻柔的微风,结果却使得天气预报变成了一片混乱。这就是后来被称为的"蝴蝶效应":即使是细微的影响,也会使天气发生急剧的改变。用洛伦兹自己的话来讲就是,在巴西亚马逊河丛林中一只蝴蝶轻轻煽动了一下翅膀,结果却在美国德克萨斯州掀起了一场飓风。从这偶然的发现洛伦兹得出了一个结论:"一个确定性的系统能够以最简单的方式表现出非周期的形态。"1963年,他在《大气科学杂志》上以"确定性的非周期流"为题发表了自己的研究成果。它标志着一门新科学——混沌学的诞生,洛伦兹也因此被誉为"混沌学之父"。在以后的时间里,人们发现和天气一样,许多领域内都存在对初始条件敏感的依赖性。比如,交易所的行情在几个月内保持稳定,却在一瞬间突然崩溃;在澳大利亚,因为有人喜欢打猎而放养了几只兔子,但几十年后竟有几百万只兔子将地表啃得光秃秃的;研究人员花几个小时测量水龙头滴水的间隔时间,得到的却是混乱而无任何规律的结果。在洛伦兹对大气湍流的研究后不久,科学家们就意识到这类问题的普遍性与重要性,并开始用"混沌(Chaos)"这个词来形容这些系统没有规律和无法预测的运动方式。"混沌"概念的提出是人类思维的重大进步,它对我们认识世界的方式产生了深远的影响。

### (二)耗散结构理论

真正系统探讨混沌问题也即非线性问题,并对非线性科学的创立做出重大贡献的是比利时布鲁塞尔自由大学的伊里亚·普里戈金（Ilya Prigogine）和德国斯图加特理论物理研究所的赫尔曼·哈肯（Hermann Haken）。20世纪60～70年代，普里戈金从热力学出发研究化学振荡，发现在远离平衡态处，系统在一定外界能量流、物质流的保证下能够形成新的稳定结构——耗散结构。耗散结构理论探讨一个开放系统在远离平衡态的非线性区从无序向有序转化的规律，从而为研究自然界乃至社会生活中的开放系统，为研究宇宙演化、生命演化打开了通道。由于普里戈金在建立耗散结构理论方面的杰出贡献，他获得了1977年的诺贝尔化学奖。耗散结构理论是研究远离平衡态的开放系统从无序到有序的演化规律的一种理论。

"耗散"一词起源于拉丁文，原意为消散，在这里强调与外界有能量和物质交流这一特性。例如，从下方加热的液体，当上下液面的温度差超过某一特定的阈值时，液体中便出现一种规则的对流格子，它对应着一种很高程度的分子组织，这种被称为贝纳尔流图像，就是液体中的一种耗散结构。又如，化学反应中的贝洛索夫—扎布金斯基反应，某些反应物浓度随时间和空间呈周期性的变化，这种化学振荡和空间图像，就是化学反应中的一种耗散结构。

1971年普里戈金等人写成著作《结构、稳定和涨落的热力学理论》，比较详细地阐明了耗散结构的热力学理论，并将它应用到流体力学、化学和生物学等方面，引起了人们的重视。1971～1977年耗散结构理论的研究有了进一步的发展。这包括用非线性数学对分岔的讨论，从随机过程的角度说明涨落和耗散结构的联系以及耗散结构在化学和生物学等方面的应用。1977年普里戈金等人所著《非平衡系统中的自组织》一书就是这些成果的总结。之后，耗散结构理论的研究又有了新的发展，主要是用非平衡统计方法，考察耗散结构形成的过程和机制，讨论非线性系统的特性和规律以及耗散结构理论在社会经济系统等方面的应用等[1]。

耗散结构理论把复杂系统的自组织问题当作一个新方向来研究。在复杂系统的自组织问题上，人们发现有序程度的增加随着所研究对象的进化过程而变得复杂起来，会产生各种变异。针对进化过程时间方向不可逆问题，借助于热力学和统计物理学用耗散结构理论研究一般复杂系统，提出非平衡是有序的起源，并以此作为基本出发点，在决定性和随机性两方面建立了相应的理论。在决定性理论方面，以化学反应系统为例，耗散结构理论是在等温、等压、稳定的边界条件和局域平衡四个假定下，考察复杂的开放系统，根据系统服从的统计力学规律建立相应的方程。

用微分方程的稳定性理论已经证明：复杂的开放系统在平衡态附近的非平衡区域不可能形成新的有序结构，在这个区域内系统的基本特征是趋向平衡态。在远离平衡态的非平衡区域，系统可以形成新的有序结构，即耗散结构。这种耗散结构只能通过连续的能量流或物质流来维持，它是在热力学不稳定性上的一种新型组织，具有时间和空间的相干特性。这是一种与平衡条件下出现的平衡结构完全不同的结构。在随机性理论方面，耗散结构理论运用数学中的概率论和随机过程论分析复杂系统，考察系统内的涨落，认为耗散结构形成的机制是由于系统内涨落的放大。系统在某个特定的阈值以下，涨落引起的效应由于平均而减弱和消失，因而不能形成新的有序结构。只是在达到阈值以后，涨落被放大才产生宏观效应，因而出现新的有序结构。这实质上对应于一个宏观量级的涨落，并且由于和外界交换能量或物质而得到稳定。

耗散结构理论比较成功地解释了复杂系统在远离平衡态时出现耗散结构这一自然现象，

---

[1] 丘仁宗.科学方法和科学动力学. 北京：知识出版社,1984

并得到广泛的应用。它已在解释和分析流体、激光器、电子回路、化学反应、生命体等复杂系统中出现的耗散结构方面获得了很多有意义的结果,并且正在用耗散结构理论研究一些新的现象。

### (三)协同学理论

与普里戈金不同,哈肯是从对激光形成过程的研究中,发现相变过程与子系统性质无关,而真正左右相变特点和规律的是由子系统之间的关联所引起的协同运动。20世纪60年代初,激光刚一问世哈肯就注意到激光的重要性,并立即进行系统的激光理论研究。在深入研究激光理论的过程中,哈肯发现在合作现象的背后隐藏着某种更为深刻的普遍规律。他在1970年出版的《激光理论》一书中多处提到不稳定性,为后来的协同学准备了条件。

1969年哈肯首次提出协同学这一名称,并于1971年与格雷厄姆(R.Graham)合作撰文介绍了协同学。1972年在联邦德国埃尔姆召开第一届国际协同学会议。1973年这次国际会议论文集《协同学》出版,协同学随之诞生。"协同",在相变中的含义在于,子系统的关联引起了协同作用,使得整个系统由无序变为有序,而对系统有序程度的描述,协同学是用序参量的概念来反映的。所谓"协同学",就是研究在各个领域中由大量子系统所构成的系统,当系统的控制参量(外界环境提供的能量流、物质流、信息流)达到临界值时,系统中产生相变规律和结果。

1977年以来,协同学进一步研究从有序到混沌的演化规律。1979年前后德国生物物理学家艾根(Manfred Eigen)将协同学的研究对象扩大到生物分子方面。协同学研究协同系统在外参量的驱动下和在子系统之间的相互作用下,以自组织的方式在宏观尺度上形成空间、时间或功能有序结构的条件、特点及其演化规律。协同系统的状态由一组状态参量来描述。这些状态参量随时间变化的快慢程度是不相同的。当系统逐渐接近于发生显著质变的临界点时,变化慢的状态参量的数目就会越来越少,有时甚至只有一个或少数几个。这些为数不多的慢变化参量就完全确定了系统的宏观行为并表征系统的有序化程度,故称序参量。那些为数众多的变化快的状态参量就由序参量支配,并可绝热地将他们消去。这一结论称为支配原理,它是协同学的基本原理。序参量随时间变化所遵从的非线性方程称为序参量的演化方程,是协同学的基本方程。演化方程的主要形式有主方程、有效朗之万方程、福克-普朗克方程和广义京茨堡-朗道方程等。

协同学的主要内容就是用演化方程来研究协同系统的各种非平衡定态和不稳定性(又称非平衡相变)。例如,激光就存在着不稳定性。当泵浦参量小于第一阈值时,无激光发生;但当其超过第一阈值时,就出现稳定的连续激光;若再进一步增大泵浦参量使其超过第二阈值时就呈现出规则的超短脉冲激光序列。流体绕圆柱体的流动是呈现不稳定性的另一个典型例子。当流速低于第一临界值时是一种均匀层流;但当流速高于第一临界值时,便出现静态花样,形成一对旋涡;若再进一步提高流速使其高于第二临界值时,就呈现出动态花样,旋涡发生振荡。协同学中求解演化方程的方法主要是解析方法,即用数学解析方法求出序参量的精确的或近似的解析表达式和出现不稳定性的解析判别式。在分析不稳定性时,常常用数学中的分岔理论。在有势存在的特殊情况下也可应用突变论。协同学也常采用数值方法,尤其是在研究瞬态过程和混沌现象时更是如此。

协同学与耗散结构理论及一般系统论之间有许多相通之处,以致它们彼此将对方当作自己的一部分。实际上，它们既有联系又有区别。一般系统论提出了有序性、目的性和系统稳定性的关系，但没有回答形成这种稳定性的具体机制。耗散结构理论则从另一个侧面解决了这个问题，指出非平衡态可成为有序之源。协同学虽然也来源于非平衡态系统有序结构的研究，但它摆脱了经典热力学的限制，进一步明确了系统稳定性和目的性的具体机制。协同学的概念和方法为建立系统学奠定了初步的基础。耗散结构理论与协同学理论不仅大大促进了物理学和化学的发展，而且也为社会科学提供了一种新的理论观点和定量研究的方法，同时也是今天非线性动力学最重要的组成部分。

### （四）分形理论和吸引子理论

除了在化学和物理学领域，在生物学方面，荷兰的费尔呼斯特（Verhulst）通过研究生物群体数量的变化，提出费尔呼斯特循环方程，即逻辑斯蒂方程，该方程描述了通向混沌的周期倍增方式。在几何学中，美籍数学家伯怒瓦·曼德布罗特（Mandelbrot）向自己提了一个有趣的问题："英国的海岸线有多长？"他发现虽然我们可以打开地图，量一量海岸线的长度，但如果换了一张清晰度更高的地图，我们就会发现海岸线变长了，因为会有很多小海湾和半岛出现了，如果不断地去提高地图的精确度，甚至提高到原子级，那所有的海岸线都是无限长的了，由此曼德布罗特发现海岸线的维度其实不是一个整数，即不是我们所习惯的一维或二维，而是一个分数维度，这就向传统的维数理论提出了挑战。1975年，曼德布罗特出版了《分形：构形、机遇和维数》的著作，它标志着分形理论的正式诞生。分形理论研究自然界没有特征长度而又具有自相似性的形状和现象，这些形状或现象不同于微积分学所涉及的具有特征长度、平滑的和可微的图形，而是复杂的、不平滑的和不可微分的。分形理论虽然与混沌理论有着不同的起源，但它们又都是非线性方程所描述的非平衡过程的结果。我们可以把混沌看作是时间上的分形，而把分形看作是空间上的混沌。几乎与分形理论提出的同时，法国物理学家大卫·罗尔（David Ruelle）和荷兰数学家弗罗里斯·塔肯斯（Florus Takens）在题为《论湍流的性质》的论文中提出，在平静水流的模型中，最初的两种振荡会互相叠加，但接着会直接发展到一种湍流状态，这时系统在相空间里会出现一种奇特的图像，它是低维的、非周期性的。罗尔和塔肯斯称这种图像为"strange attractor"，即所谓的"奇怪吸引子"。吸引子本来是指一个运动的系统随着时间的变化将会达到的状态。比如，在没有能量补充的情况下，单摆会在短时间后停止摆动，就仿佛它被某个点吸引那样。而如果吸引子所占据的维数不是整数，那就被称为是奇怪吸引子，它所描绘的往往是混沌系统。奇怪吸引子是混沌研究的另一个重要概念。

这样，从20世纪60～70年代，相继出现了混沌学、耗散结构理论、协同学、分形理论和吸引子理论。而对不同领域中非线性问题的研究终于导致了一门新兴的交叉学科——非线性科学的诞生。今天，非线性科学包含了三大普适类：混沌、分形和孤立子。尽管混沌、分形和孤立子有着不同的起源，但从研究的问题来看，它们又具有类似性。混沌理论主要研究非线性动力系统的不稳定和发散过程，但系统状态在相空间总是收敛于一定的吸引子，这与分形的形成过程十分相似。因此，如果说混沌理论主要研究非线性系统状态在时间上演化过程的行为特征，那么分形几何则主要研究吸引子在空间上的结构。所以，它们是从不同侧面来研究同一个问题的。虽然非线性科学诞生于对物理、化学等现象的研究，但它揭示了一个开放的、复杂的世界的本质特征，它使我们认识到，我们真正面对的是一个与牛顿、爱因斯坦创建的决定性的简单和谐模式不同的世界。一个演化、开放、复杂的世界是一个更接近真实的世界，世界的本质是非线性的。因此，对一个复杂系统要准确地描述它未来运动的轨迹只能是概率的。就像第一次混沌国际学术会议的主持人之一、物理学家福特（J. Fort）所说的："相对论消除了关于绝对空间与时间的幻想；量子力学则消除了关于可控测量过程的牛顿式的梦；而混沌学则消除了拉普拉斯关于决定论式可预测性的幻想。"可以说，混沌学或非线性科学的创立是自相对论和量子力学问世以来对人类知识体系的又一次巨大冲击，是物理学的第三次革命。

## 二、非线性科学对心理学的意义

非线性科学是一门旨在探索复杂性的横断性学科。自从 1960 年代洛伦兹提出所谓的"蝴蝶效应"并进而导致混沌概念的产生以来，非线性问题已经在物理、化学、生物学、社会学乃至心理学领域受到了广泛的重视，并成为当今世界科学的前沿和热点。[1] 美国著名未来学家，《第三次浪潮》的作者阿尔文·托夫勒（Alvin Toffler）将非线性科学的产生看作是改变科学本身的一个杠杆，是当今科学的历史性转折的一个标志，"它迫使我们重新考察科学的目标、方法、认识论、世界观"。[2] 的确，当我们用非线性的概念和方法来考察自然、社会和人的心理的时候，展现在我们面前的是一片广阔而崭新的天空。作为一门横断性学科，非线性科学所揭示的规律不仅对自然界，而且对社会系统及生命系统都具有普适性的意义，这种意义不仅表现在理论上，更重要的是表现在方法论上。它使我们用一种全新的眼光看待自然、社会乃至生命及心理的演化过程。1983 年，在德国的巴伐利亚召开了国际协同学论坛大会，这是首次将非线性科学运用于神经科学的学术交流会议。哈肯在随后出版的论文集《脑的协同学》的前言中写道："人的大脑最有可能是目前我们所知道的最复杂的系统"，而协同学则提供了一个"将实验的结果和理论的探索相交叉以处理脑的结构和功能的复杂问题的方法"。[3]

就协同学在神经生物学的应用来看，众多的研究已经揭示出脑是一个高度复杂的协同系统，它具有对称破缺，临界慢化（如遗觉象）和临界涨落（感觉输入、"注意"现象）等特征。在这样一个系统内，因果关系是非线性的，即因果之间具有随机性，确定性的因果关系以不确定的方式出现。比如当来自各种不同的感觉道上的冲动汇聚在大脑的网状结构上时，只有一部分达到相应的皮质区域（特异性激活），而另一部分则表现为弥散的、非特异性感觉形态的激活，它使大脑半球的状态具有随机性。在对与人的行为和认知有很大关系的大脑诱发电位（Evoked Potential）的研究也表明，对于某一特定的刺激，诱发电位的增值（反映人脑的应答程度）并不相同，它的变化率随脑的状态而改变。因此，作为一个复杂的系统，脑的活动实际上是一个含时的序参数支配的子系统整体随机动态过秒0脑的宏观状态并不是各个子系统简单的线性叠加的结果，而是由各子系统的非线性相互作用决定的。已有的文献表明，愈是脑的高层结构，这种随机动态性愈占主导地位。

从 20 世纪 80 年代末开始，非线性理论不仅在神经科学中，而且在心理学中，受到越来越广泛的重视，并吸引了众多的心理学家将非线性科学的概念和方法运用于心理学的研究之中。具有标志性意义的是在 1991 年在美国成立了"心理学与生命科学混沌理论协会"（The Society for Chaos Theory in Psychology and Life Sciences），至 1997 年已有来自世界各地的 300

---

1 李小平.非线性科学及其在心理学中的应用.南京师大学报(社会科学版),2005(2)
2 I. 普里戈金. 从混沌到有序. 上海：上海译文出版社，1987
3 Haken，H.Preface.In E.Basar et al eds.，Synergetics of the Brain，1983，Springer2Verlag

余名心理学家成为该协会的正式会员。从已有的文献来看，目前非线性科学已经比较广泛且深入地运用于生理心理学、认知心理学、发展心理学、社会心理学、临床心理学等领域。由于非线性动力学或混沌理论对心理学的普适性意义，在美国心理学会1993年1月出版的月报中甚至发表了一篇题为"混沌，混沌，无所不在的理论"（Chaos, chaos everywhere is what the theorists think.）的文章。文章认为，不仅物理学家对非线性动力学构造的数学模型有着强烈的兴趣，心理学家同样也想使自己的工作含有非线性动力学的模型。

就非线性动力学对心理学发展的科学意义，瑞士苏黎克大学的Christian Scheier教授作了较为精辟的概括，她认为，非线性动力学之所以对心理学有强烈的吸引力是因为：①非线性动力学提供了一套新的概念去阐明那些复杂的、看起来不可捉摸的心理现象；②非线性动力学的数学方法使心理学理论更精确，更具有普适性意义；③非线性的时间序列分析使对心理现象，尤其是具有动力学性质的大尺度范围的心理系统演化的实证研究成为可能。[1] 值得一提的是，将非线性科学的观点用于创造性研究也是近年来的一种趋势，[2] 有的研究将复杂的学习过程看作是具有混沌性质的动态活动过程，而个体的创造活动正是在混沌状态下认知发生突变的结果。[3]

就非线性动力学对心理学发展的哲学意义来看，它改变了心理学长期赖以生存的实证主义哲学基础和信奉的决定论的思想。它告诉我们，对任何一个演化、开放、复杂的对象，都不能用决定性的简单模式来反映。对决定性的简单模式的服从仅在线性系统中是有效的，而在非线性或复杂系统中，则表现出混沌现象，即在非线性系统中存在一种并非由外界随机因素所驱动而是系统自身所固有的随机行为。当我们面对心理学所研究的、和别的自然科学完全不同的有意识、有无限能动性和创造性的人时，更应该认为某种心理现象的产生是概率的而不是决定性的。人的心理是世界上最复杂的事物之一，在我们多年追求行为变化的确定性规律而未果之后，我们应该醒悟到，那些被认为是意外的、不确定的、和理论不符的、甚至在心理学研究中希望加以摆脱的，正是我们应该致力去认识的更具有普遍性意义的东西。心理世界的本质是概率的，而一心想获取任何简单的因果性联系并因此来解释人类复杂的心理活动的努力肯定是行不通的。

## 第三节 概化理论

20世纪60年代在克龙巴赫（Cronbach）等学者的研究下，概化理论应运而生，为测量理论界开拓出了一片新天地。

概化理论的基本观点形成于20世纪60年代，但正式提出这一理论的是克龙巴赫等人在1972年出版的《行为测量的可靠性》一书，GT较之CTT有很多实际的优点，但产生之后并

---

[1] Christian Scheier and Wolfgang Tschacher. Appropriate Algorithms for Nonlinear Time Series Analysis in Psychology. In W. Sulis & A. Combs (ed.), Nonlinear Dynamics in Human Behavior. 1996, NJ: World Scientific Publishing Co. Pte. Ltd.

[2] Sheldrake R. Chaos, Creativity, and Cosmic Consciousness, 2001, Park Street Press.

[3] Robert E. Kahn. Chaos theory, scientific revolutions and creativity in learning, In W. Sulis & A. Combs (ed.), NonlinearDynamics in Human Behavior. 1996, NJ: World Scientific Publishing Co. Pte. Ltd. (pp. 319-342)

没有马上引起有关专家的重视,主要是因为模型的复杂性和计算的多样性。这时的 GT 后来被称为一元概化理论(Univariate Generalizability Theory,UGT)。1976 年,为了适应多维度测量的需求,Joe 和 Woodward 将一元的概化系数推广为多元概化系数,从此开始了多元概化理论(Multivariate Generalizability Theory,MGT)的深入研究。多元概化系数又称概括力理论,是与项目反应理论合称为现代测量理论。它是为弥补传统的真分数理论及信度理论之不足而提出的一种理论。经典信度理论只能分析两个测验形式之间得分的一致性程度,而且对于误差来源的成分不加区分,因此,对于处理影响信度各方面中的某一方面或同时处理所有各方面,提不出一套理论及估计方法。概化理论正是为了提供行为测量可靠性的证据而产生。1983 年,美国测验委员会(ACT)的 J. E. Crick 和 R. L. Brennan 编制了 GENOVA 专用软件,从而大大减轻了人们的计算负担,也推动了 GT 向前迈进了一大步。

克龙巴赫认为,获取的测验观察分仅仅只是可获取的测验观察分总体分数中的一个样本而已,因此,测验的编写者有责任说明对这个获取的观察分所来自的观察分总体分数应如何认识。这个观察分总体分数简称为总体分。从统计上说,总体分实际上就是所有观察分析平均数。在一个具体的测验条件下,如一个特定的场合、一个特定的主试以及被试在一个特定的测验形式上所获取的观察分,还有推测出来的总体分,与在另一个测验情形下所产生的观察分及其总体分相比较,一般说来两者总是不一样的。因而,测验编写者在指定了可获取的总体分之后,应对该测验进行一般化研究(即 G 研究)和决策研究(即 D 研究)。

多元概化理论适用于多变量的测量情景,它的测量目标是由多个变量组成,它可表示一个多维的分数向量。国外的一些概化理论专家对多元概化理论进行了一些研究,但直到 1999 年,Brennan 开发了专门用于多元概化理论分析用的 MGENOVA 软件,这些研究才达到一个比较细致的阶段。相对于一元概化理论而言,多元概化理论的优点在于能够处理多个测量变量或维度的问题,这就容易发现一些从整体上看信度较高,而其中某一部分信度不够理想的测验的问题所在,给实际的测验工作提供更有价值的信息。

## 一、G 研究及 D 研究

概化理论有两大部分——G 研究和 D 研究。

### (一)G 研究

G 研究的目的是为了求出一个测验在各种不同的因素(如时间、主试、测验形式及测验情境等)条件下,在各种不同能力水平上测验得分的方差,并通过对方差的分析,求出该测验的概化系数 $\rho$,测验使用者就可以由测验的观察分通过线性回归的方法而求出相应的总体分。一个测验的概化系数一般有许多个。如果一个测验受到几个因素的影响,而且第 $i$ 个因素又有 $m_i$ 个水平,则该测验的 G 研究所需要说明的 $\rho$ 个数多达个。总之,G 研究关心的问题是,在不同条件下被试得分的稳定性以及在两个以上测验形式之间的等值性、测验观察分数之间的等值性等问题,在不同的设计下,概化系数 $\rho$ 的估计公式不相同,但都需借助于方差分析才能估计。

这里表示由测验对象即被试所引起的总体分的方差估计量表示相对误差的方差,即指由测量对象与各种测量条件的随机取样所形成的各个"面"之间的交互作用而产生的误差,它可用对应于相对误差源的加权方差分量的估计值之和来表示。在有交叉的设计中,如果决策取决于观察分数的绝对值而不是相对值,则相对应的概化系数 $\rho$ 的估计中绝对误差的方差表示相对误差的方差与由各随机抽样测量条件所形成的"面"的方差分量之和。

方差分析的模型有三种：模型 A 是指所有的自变量都是固定效应（fixed effect）的情况，即传统的 ANOVA；模型 B 是指所有效应都是随机效应（random effect）；模型 C 既有固定效应又有随机效应的混合效应（mixed effect）。选择恰当的模型，然后借助 ANOVA 等方法为观察全域提供方差分量（variance component）估计，即获得测量目标效应、各种测量侧面效应以及测量侧面和测量目标的交互效应等的方差。G 研究中的方差估计值，只反映可观察全域中的单个测量目标和单个情境。在 G 研究中，以双面交叉设计 p×i×r 为例，p 指被试的语言能力，i 指语言测验的题目，r 指评分者面，这样在方差分析中就有三个主效应 p、i、r，四个交互效应 pi、pr、ir、pir，我们可以通过数据来判断每种效应对总分的贡献。

对于概化系数 $\rho$ 的解释，类似于传统的信度系数的解释。$\rho$ 值越大，表示测验越有把握分辨各被试的分数。

## （二）D 研究

在 G 研究中，方差的估计值为有效的测量方法提供了一定的信息，而这就是 D 研究的目的。D 研究在 G 研究的基础上，通过改进测量侧面结构、测量模式或样本容量，来估计概化系数和 $\phi$ 系数的变化，即提供各种测量设计方案下全域分值、误差的估计和设计优劣的信度指标，寻找有效控制误差、提高信度的最佳方案。也就是说，先根据研究目的确定概化全域，即指明哪些是为研究结果推广的侧面，以及各侧面推广范围有多大，然后根据实际需要来确定测量设计（D 研究设计可以和 G 研究一样，也可以不一样）和样本容量的大小；最后，再根据已经估计出的方差分量，求出 G 系数。在 D 研究，研究者可以通过改变评分者面和题目面的水平数来看 G 系数的变化，或者考虑是否可以固定其中的一个或几个面，以此来增加测验的可靠性。D 研究中将修改设计方案后形成的新的全域称为概化全域（universe of generalization），它区别于 G 研究中的观察全域，把 G 研究初始设计中代表性样本的统计结果推广或概化到了新的全域。这就是概化理论的真正内涵。D 研究的目的在于测验编写者为测验的未来使用者提供有关评定测验设计以及其修改版是否适合测验目的的资料。测验使用者还应根据限制这一测验方法使用的各种条件，对测验设计进行适当的修改，修改的目的在于提高测验的精确度。D 研究中仍有概化系数 $\rho$，但这里的 $\rho$ 是与具体的被试及测验条件相对应的，故可解释性更强。一般说来，G 研究常用来获取一个具有足够概化性的 D 研究，因此，G 研究的设计必须预料到可能用于 D 研究的各种各样的设计是什么。

## （三）G 研究及 D 研究关系

测量方法的决定与概化全域的确定有关，也就是说，要决定在可观察全域中，哪一个侧面要抽取多少个情境，这便构成了 D 研究。可见，G 研究是针对可观测全域，D 研究设计则对应着测量方法和可推论的概化全域空间。

D 研究可以包括与 G 研究中所用的不同的新观测，但在大多数概化理论研究中，G 研究和 D 研究都是用同一组数据。在这种情况下，D 研究被称为 D 研究考虑（角度）（D-study consideration）。D 研究分别提供了两个类似信度的系数，即 G 系数和 $\phi$ 系数。计算 G 系数和 $\phi$ 系数的公式比较麻烦，但我们可以借助专门的软件来处理。

G 系数和 $\phi$ 系数是概化理论的信度指标。有些学者认为，用概化理论提出来 $\phi$ 系数来判定测试的信度，尤其是判定评分者之间的一致性时，要比经典测试理论提出的肯德尔和谐系数（简称 W 系数）合理，理由是它不仅反映了评分中随机误差的大小，而且也考虑了各评分者的系统偏差。这一结论目前还有争议，但它为我们提出了一个研究的方向。

## 二、多元概化理论

概化理论以其动态性、预测性的信度研究为视角，借用试验设计和分析、方差分量模型等统计工具，为复杂、现实的多维测量提供了可靠的信度分析。秉承这一思想，为了满足实际思维测量中复杂的多变量测量信度的要求，Cronbach 等（Cronbach etc., 1972）在有关多元概化分析的阐述中详尽地讨论了方差协方差分量（Variance and Covariance Components）的估计方法和在 GT 中的作用，其后在 1976 年 Joe 和 Woodward 将一元的概化系数推广为多元概化系数（Multivariate Generalizability Coefficient），从此开始了多元概化理论（MGT）的深入研究。相应的，将以往的一元概化研究称之为单变量概化理论（Univariate Generalizability Theory, UGT）。

MGT 与单变量概化理论有着相同的理论构架，是对 UGT 的推广和发展，它适用于多变量的测量情境。MGT 的测量目标是由多个变量组成，它可表示为一个多维的分数向量，不同的测评变量（或维度）上的得分是相互关联的，多维分数构成一个向量，向量的期望观察分数方差、全域分方差和误差方差不仅有赖于各测评变量的方差，还包括测评变量之间的协方差。则向量的观察分数方差可用方差协方差矩阵来表示。

在单变量的概化分析中，期望的观察分数方差可分解为全域分数方差和误差方差，与此相似，MGT 期望的观察分数之方差协方差矩阵也可分解为各效应的方差协方差分量矩阵。单变量概化分析使用 ANOVA 等方法为观察全域提供方差分量，作为单变量的拓展，多元概化研究可借助多元方差分析（MANOVA）等方法计算方差协方差分量。多元概化理论中，方差协方差分量矩阵的对角线元素值即等于单变量概化分析时对应的各测评维度的方差分量值，这表明多元概化研究的结果包含了单变量概比分析的信息；更为关键的是，通过各效应的协方差分量，可获得单变量方差分量模型中没有的信息，MGT 提供了多变量测评中协方差构成的相关信息，为多维度测量的测评结构关联、组合测验分信度提供了更全面的剖析（Shavelson & Webb, 1981）。

多元概化理论中的信度指标是多元概化系数，同样有相对决策和绝对决策两种多元概化系数，多元概化系数为多变量测量提供了综合的整体信度指标。例如，MGT 早期在美国教育发展评估中的应用（Webb & Shavelson, 1981），20 世纪 80 年代初美国劳工部使用一般教育发展量表（GED）评估各类职业所需的推理、算术和语言能力。研究中由来自全美 11 个地区的 71 名评定者（rater）对所抽样的职业（job）在两个情境（occasion）中分别评估其所要求的三方面教育发展水平，测量设计为双侧面完全交叉设计 $r \times j \times o$，其中各类职业在推理、算术、语言三方面的教育发展评估构成的分数向量用于随机效应的多元方差分析（MANOVA）中进行多元概化研究。与此同时，研究者也将三方面组成的教育发展水平作为固定侧面，分别对该侧面的每个水平进行单变量的概化分析。多元概化研究的结果不仅获得了单变量概化分析的方差分量，还借助固定侧面不同水平间的协方差分量提供了诸如评定者在 GED 各分量上的不一致性等信息。

典范系数向量是 MGT 的重要概念，多元概化系数中 α 是应用统计技术为获得最大概化系数而设定的各测评维度的权重，是数据驱动的结果，并不是由研究者决定的，因此在得出权重后，应从理论上阐释其实际含义，即测评维度某种组合的概化性（Lynn, Shavelson &

Webb，1986）。由于这种权重大小往往与理论不吻合，因此大多数研究倾向于依据理论（如心理学的智力结构理论）或实践应用来确定权重（Marcoulides，1994）。例如，请专家来判断各个分测验中的内容相对于测验目的的重要程度，以此确定权重系数；更为简易的方法是直接把 $n$ 个分测验中的题目数占总题数的比重作为权系数（杨志明，张雷，2002）实际上，多元概化系数中权重的确定是测量效度领域的研究内容，多元概化理论 MGT 的发展将测验信度和效度两大研究范畴融合，以崭新的视角成为现代测量理论发展的里程碑。

## 三、概化理论评述

### （一）概化理论和经典测量理论的比较

上一章我们所研究的经典测量理论（CTT）和概化理论（GT）都是随机抽样理论，但与 CTT 相比，GT 提出了一个崭新的角度，是对 CTT 的扩展。CTT 致力于估计真分数在观察分数中所占的比例，这种方法不管估计的值多大，都是一种情况下的值，如果测量情景发生变化，真分数所占的比例也必定发生变化；而 GT 则是比较注重测量的情景，因为任何测验都是在特定测量情景下进行的，所以测量的根本目的不是为了获得在特定条件下得到的固定结果，而是要以此来判断更广泛条件下可能得到的测量结果。Cronbach 在《行为测量的可靠性》一书中提到：其实作为决策根据的分数，只是用于同样目的的所有分数中的一个，决策者几乎从不对特殊被试在特殊情况下参加的特殊测验感兴趣，至少如果其中一些测验条件发生变化，对决策者来说，分数的可接受性不会减少；也就是说，存在一个观察全域，它们其中的任何一个（观察分数）都能为决策提供有价值的根据。在 GT 理论中，"信度"问题转化成了概括或概化的准确性问题。

从具体方法上来讲，二者的区别在于：CTT 将观察分数方差分解成真分数方差和总的误差方差；GT 则把观察分数方差，分解成由测量目的引起的全域分数方差（universe score variance）和多个代表来自测验施测情景的误差方差。

GT 认为，测量情景关系由测量目标和测量侧面构成。"测量目标（Object of measurement）就是研究者通过测量以及测验分数所试图描述、刻画、揭示的研究和那个心理特质"（胡显勇，1994）。测量侧面（Facet of measurement）可以看成是误差的来源，即除了测量目标之外的影响和制约最后测验分数的所有条件和因素。测量侧面有水平的不同，比如说我们把评分者当作一个侧面，如果有三个评分员，就说明这个侧面有三个水平，所以侧面的水平是指一个测量侧面所包含的个别状态。测量侧面还可分为随机侧面（Random Facet）和固定侧面（Fixed Facet），如果侧面的水平是该侧面所有可能的众多水平中的一个随机样本，则该侧面是随机侧面；如果每次所采用的侧面的水平都是相同的、固定不变的，则该侧面是固定侧面。在一定条件下，根据测量目的的不同，随机侧面和固定侧面可以相互转换，测量目标和测量侧面也可以相互转换。固定侧面越多，所得结果的信度就越好；但固定侧面越多，就会使测量目标受到越多的限制，如果所有的侧面都固定，则测量目标将变得毫无意义，所以应用 GT 时至少有一个面是随机的。其实，CTT 就是通过标准化将出了项目以外的其他面固定起来，只考虑一种情况下的信度指标，即真分数在总分数中所占的比例。

可观察全域（universe of admissible observation）指所有可能的不同的实施测验情景（condition）的全体，其中一系列相同的测验情景称之为一个侧面（facet）。同一被试可以在多个不同的测验情景下进行测量，这种情景的结合叫做随机化平行（randomly parallel），随机化平行的前提是大规模题库的存在。所有可能的随机化平行组合，构成了可推论全域（universe of generalizability）。可推论全域可以包括可观察全域中所包含的所有或部分情境，但是不可能超出它所包含的情境。概化理论认为，观察分数方差可以分成多个部分，分别是由测量目标造成的（即总的分数方差，类似于经典测量理论中的真分数方差）和由观测情境造成的，并可采用方差分析的方法将它们分别计算出来。

为了进一步分析误差方差，GT 还提出了相对误差方差和绝对误差方差的概念。相对误差方差是指测量设计中的侧面和测量目标之间的交互作用；绝对误差方差是指所有侧面的主效应和侧面和测量目标之间的交互效应的方差分量。用相对误差方差估计出来的信度系数是 G 系数（Gennerializability Coefficient），用绝对误差方差估计出来的信度系数是可依靠性系数（Dependability Coefficient）或 φ 系数。

### （二）概化理论的应用前景

概化理论在诞生早期并没有得到迅速的推广，直到 20 世纪 80 年代后期才逐步发展起来，但随着 GT 的理论内涵日益丰富，其应用的情景也更为复杂。在各种误差研究中，不仅是对评分误差，而且对于各类组合测验的信度研究和标准参照测验界定分数的误差研究，概化理论都得以大显身手。此外，GT 还用来确定表现评估（Performance Assessment）中的任务个数以及提供聚敛效度（Convergent Validity）的证据等。事实上，GT 模型对于实际应用中所涉 G 系数和 φ 系数到的所有类型的测量设计都是适用的。可见，概化理论作为一种可设计、和可改善测验过程的科学方法正描绘着现代测量理论的新图景。最近几年，国内的一些测量专家已经开始展开了对 GT 的较深入的理论研究，但推广还不够。概化理论虽然有许多独特的优点，但这一理论并不是完美无缺的。首先是 GT 的理论基础方差分量估计，一些概化理论专家把它称作 GT 理论的 The Achilles Heel（唯一致命的弱点），因为这些方差分量估计对我们常见的小样本来说，通常是不太稳定的，但这并不是 GT 理论独有的，同样的问题存在于所有的抽样理论中。另外，在基本思想上，GT 理论注重所测心理和思维特质的单维性，因此在实际操作中要求保持试题样组的同质性；在计量方法上，GT 理论在运用 AVONA 方法分析误差来源时，由于数据结构复杂性，方差分量估计有时会出现负值，Cronbach 在 1972 年提出建议，可将估计值为负值的方差分量用零来表示，或者选用能够排除方差分量出现负估计的其他估计方法，如极大似然估计（Maxium Likelihood Precedures）、有限似然估计（Restricted Maximum Likelihood）或者最小范数二次无偏估计（Minimum Norm Quadratic Unbiased Estimation）和贝叶斯估计（Bayes）。

当前随着心理和思维与教育理论发展的深入，诸多心理和思维与教育测评都是复杂的多特质多维度的测量，研究者也逐渐意识到多元概化理论的应用前景。国际测量理论界有一种观点，将概化理论界定为多元随机效应模型。当 GT 中出现固定侧面时，该侧面就成为测量目标的一部分，它的方差可以看成是真方差的一部分，这时将固定侧面各水平作为一个向量来进行多元概化分析是恰当的，从这个意义上说，GT 最好视为一个多元理论，其中每个固定侧面的每个水平和固定的各水平间的关联都对应的是一个随机效应模型（Brennan，2000b）。正如统计中的多元分析不能由若干个一元分析来代替一样，Brennan 提出，并不是所有的多元概化研究都可以用单变量的混合模型分析来简化的。仅仅当研究者对协方差蕴涵的侧面信息不感兴趣，并且在定义和评估一个全域分的组合时，所有固定侧面的水平都是根据测量中所用样本容量来加权的情况下，单变量的简化分析才有效。即使在固有的多变量情境下单变量混合模型分析可以进行，它也掩盖了方差分量和协方差分量之间潜在的重要差异（Brennan，2000b）。

我国对GT的引进是20世纪80年代，在我国高考改革的推动下，对于教育测量理论中的信度问题，国内测量学家引入了国外现代测量理论对信度的新观念。早在1985年，当时的广州外语学院院长外语测试专家桂诗春的研究生曾应用概化理论研究高考中的作文评分误差，但遗憾的是，由于概化理论模型复杂、计算多样以及国内测量界的忽视，以后关于GT的理论介绍和实践应用的文章寥若晨星，20世纪90年代国内的文章多为概述GT的产生思路，比较基本模型和计量方法上与CTT的异同（戴海崎，1995；杨志明，1996；漆书青，戴海崎，丁树良，1998），实际应用的例子主要是初探性、尝试性的测验信度估计，如作文或面试评分中误差控制（胡显勇，1994；刘远我，张厚粲，1998；刘远我，张厚粲，1999；张雷，侯杰泰，文剑冰，王渝光，2001），采用的均为单变量概化设计。然而值得一提的是，近期国内测量理论界已展开了对GT的较深入的理论讨论（李伟明，严芳，2001；刘远我，2001）。最近，香港的测量学研究者发表了多元概化理论的应用研究论文（杨志明，张雷，2002），而有关多元概化理论的模型、设计和技术方法上的研究仍是空白，多元概化理论在国内测量界仍鲜为人知。[1]

## 第四节　项目反应理论

当今测量学界最有影响的线性测量理论是项目反应理论（Item Response theory，IRT），项目反应理论从另外一个角度来分析每一个项目的项目特征曲线（Item Characteristic Curve，ICC）和项目信息函数（Item Information Function，IFF）。项目反应理论采用的是非线性的概率模型。

美国测量专家洛德（Lord）1952年在其博士论文中首次提出了项目反应模型，即双参数正态卵形模型，并提出了与此相关的参数估计方法，使得IRT可被用于解决实际的二值记分的测验问题。洛德1980年发表以《项目反应理论》为名的专著后，当代测验理论正式以项目反应理论为其中心架构，标志着IRT的正式诞生。在此之前，项目反应理论有个别称：《潜在特质理论》（latent trait theory），由于该词还包括因素分析（factor analysis）、多元度量法（multidimensional scaling）与潜在的结构分析（latent structure analysis）等，涵盖面甚广，因此，自洛德发表专著后，测验学者逐渐以项目反应理论为当代测验理论的代表。前面讲过，线性测量理论存在一定的局限性，突出的表现在用于评价试题质量的指标（如难度、区分度）严重依赖于被测试样本，不适于考察实际能力水平（目标参照测验），项目反应理论与概化理论一样，就是针对着经典测验理论的不足而提出来的一种新的测验理论。

### 一、项目反应的原理

项目反应理论建立在一种数学模型的基础上，即当一个被试者试图回答一个测验项目时而产生的数学模型，充分模拟被试与测题之间交互应所需的必要成分是目前测量理论家所正在争议的问题。丹麦学者拉希（Rasch）的继承者认为：只需要一个人的参数和一个项目的参

---

[1] 严芳，李伟明.国内外概化理论的研究成果与现状．上海市教育考试学院网站

数就能设计模型。而伯恩鲍姆（A. Birnbaum）的支持者认为，项目反应模型必须要有一个人的参数和三个项目的参数。除了拉希模型中的难变参数之外，伯恩鲍姆的三参数逻辑斯蒂模型中还包括了一个区分度参数和另一个极低能力的被试注意到正确答案的概率参数（即猜测参数）。拉希模型假设：具有相同能力的被试对具有同样难度的测题有着同等的成功可能性，伯恩鲍姆的三参数模型则比拉希模型更有一般性。拉希的怀疑者认为，当真实的被试回答真实的多项选择时，单参数模型将不会精确地预言出结果。而拉希的支持者认为，好的测验（或说"最好的"）由仅适合模型的测题组成。显然，这两派之间在测量基本原理上存在着根本的差异，这也可以进一步说成在测验编制和评定中使用IRT方法的提倡者和反对者之间的差异。

赖特（B. D. Wright）认为：科学通过寻求能促使经验产生的最简洁的解释而能征服经验。在发明处理复杂情形的简单方法之中实现了进步。当一个人试图回答某一测题时，这情形具有潜在的复杂性，许多方面影响所得到的结果，以致不能以一种可起作用的人的反应理论加以说明。为了达到一种可操作的状况，我们必须发明一个简单方法，并尽力编好测题且测试个体以便它们之间的相互反应受制于这一方法，然后将其统计结果输入到数据库中来看这种法则能否有用。相反，林奎斯特（E. F. Rehnquist）认为：一个良好的教育成绩测验必须界定其自身被测量的目标。这就意味着，还应该允许评定教育成绩测验的方法决定测验的内容或更改测验中暗示的目标的定义。从测验编制者的立场出发，目标的定义是不可侵犯的，他不能在定义上做手脚。通过那些对教育目标做出决定且负责的社会机构，将目标传递给测验编制者，并且测验编制者必须做的是，在他们的测验中尽可能清楚地、精确地体现目标的定义，形成测验结果。

尽管存在着争议，但项目反应理论还是席卷了整个教育测量领域。洛德指出了怎样才能使用项目反应理论来改进这些不同的测量应用或使这些应用更容易，这些测量应用为：估计一个测验的测量精确性、多步测试、适应性测验、掌握测试、测验等值，测题偏向估计以及估计测试的真实测验分数的分析等。在美国一些教育系统已编制了目标参照测验测题库，每一题库都使用了拉布模型进行了仔细的校正。此外，一些主要的测验出版者使用了IRT方法组成和评定他们最受广泛使用的成套成绩测验。

形成量表的IRT方法和传统方法都需要一个项目库，它比量表的最终形式所要求的项目更多些。两种方法都需要大样本的被试以便计算项目统计量，这些统计量是用来选择项目和评价最终测量工具的替换形式的。

IRT方法和传统方法之间有重大的差异。传统方法是基于比较简单的正确率和项目—测验总分的相关这类统计量；计算这些统计量的费用是低的。IRT方法则基于更为复杂的理论，并要求采用高速计算机的参数估计方法。传统方法允许测验编制者建立量表，量表要求整个样本有指定的内在一致性以及一种特定的原始分数的分布。假如量表建立在大的、有代表性的被试样本的基础上，并且将来的样本是从同一总体随机抽取的，那么，可以期望在将来的样本中获得具有这些特性的量表和测验。IRT方法允许测验编制者建立具有规定的TIC的心理量表。尤其是测验信息能在水平相对应，而且这些决定如果出错，代价将很高。测验总分的分布和内在一致性（即系数）不予明确考虑。这是有道理的，因为测验可靠性与内在一致性估计决定量表的精确度。编制一个量表，就整体而言，它具有可接受的内在一致性水平，在重要的截止分数上或在重要的区间上却不能提供足够充分的信息。关于这一点，（C. L. Hulin）赫林认为应当注意最初的JDI在=−0.5会提供大量信息，但在=1.0时，提供的信息则会减少。比起CTT来，IRT模型作了较强的假设（如局部独立性，逻辑斯蒂ICC）并获得更强的结果。严格说来，IRT项目参数并不是按CTT定义的。但使用CTT编制测量工具的实践工作者，一般采用项目—测验双列相关 $r_b$ 作为项目区分度的测量值。洛德悖论说明了对项目 $i$ 的正确反应的比例 $P_i$ 是依赖于子体的，对子体的依存性 $P_i=E(U_i)$。证明 $r_b$ 对子体也有依存性是很容易的。在 IRT 中，项目参数就不依存于被试子体，能力参数也不依存于项目库。这样，IRT 就从根本上从 CTT 的数学巢穴中破壳而出了。

## 二、项目反应模型的类型

IRT 有三条基本假设：潜在特质空间的单维性假设——指组成某个测验的所有项目都是测量同一潜在特质；局部独立性假设——指对某个被试能力而言，项目间无相关存在；项目特征曲线假设——对被试某项目的正确反应概率与其能力之间的函数关系所作的模型。在 IRT 多种项目反应模型中，主要分为两大类：静态模型与动态模型。静态模型描述被试某时刻的素质、能力水平（不随时间变化）；动态模型则用来描述被试的内在素质、能力水平随时间变化的情况。目前比较成熟的是静态模型。静态模型还可以根据测试能力的维度分为单维、多维，根据测验的评分方式分为二值记分和多值记分（二值记分是指用 1 表示答对，用 0 表示答错），以及根据项目特性曲线的形状分为正态卵型和逻辑斯蒂型等多种，其中著名的是二级评分模型中的单参数逻辑斯蒂模型（即拉什模型）和三参数逻辑斯蒂模型，后者有项目难度、项目区分度、猜测三个参数。只要找到适合数据的模型，就可以对项目进行比较精确的分析。逻辑斯蒂模型是由伯恩鲍姆于 1957 年提出的，他所假设的项目特性曲线如左图所示。项目特性曲线描述的是被试测验得分与被试内在素质、能力水平之间的关系。在图中具有不同能力水平的各个被试用 $Q$ 表示；被试关于项目 $j$（即第 $j$ 题）的测验得分用"正答概率" $P_j(Q)$ 表示。一定能力水平的被试对某一测验项目的正答概率只与该项目（即试题）的质量有关。

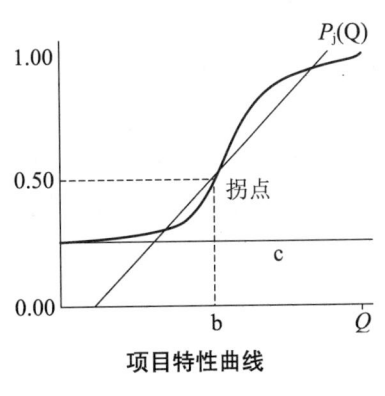

项目特性曲线

由图可见，所假设的项目特性曲线形状是以拐点为对称中心的 S 形。曲线下部的渐近线离坐标原点有一定的距离 $C_j$，这是由于存在猜测因素，即使能力素质很低的被试仍有可能答对该项目，因此距离 $C_j$ 即可定义为项目 $j$ 的猜测参数。由图还可看到，拐点在纵轴上的投影落在 $C_j$ 与 1 之间的中点 $(1+C_j)/2$ 上，这表明对于能力素质水平为 $b$（拐点在横轴上的投影）的被试来说，若不考虑猜测因素，则答对与答错项目的概率恰好相等，即对于能力素质水平为 $b$ 的被试来说，所回答的项目有适当的难度（不太容易也不太难），所以通常就把 $b$ 定义为该项目的难度参数。此外，曲线越陡峭，正答概率 $P_j(Q)$ 随能力 $Q$ 的变化就越敏感，该项目区分被试的能力就越强。而曲线的陡峭程度是由拐点处的斜率决定的，因此我们就可以将曲线在拐点处的斜率定义为该项目的区分度参数，并用 $a$ 表示。

由以上分析可见，项目特性曲线所描述的实际上是，被试的正答概率 $P_j(Q)$ 与项目质量数 $a$、$b$、$c$ 以及被试的能力素质水平 $Q$ 之间的数值关系。

伯恩鲍姆为了较好地描述这种数值关系，选择了"逻辑斯蒂拱形函数"，这就是逻辑斯蒂模型的由来。包含三个质量参数的逻辑斯蒂模型的数学表达公式为：

$$P_j(Q)=C+\frac{1-C}{1+e^{-1.7a(Q-b)}}$$

除了选择题和是非题以外，对于其他类型的试题来说一般不含有猜测因素，因而可令 $C=0$，这样就得到双参数逻辑斯蒂模型的数学表达式为：

$$P_j(Q)=\frac{1}{1+e^{-1.7a(Q-b)}}$$

在不含有猜测因素，并且测验中各个试题又有大致相同的区分度的情况下，可令上式中的 $a$ 取某一数值，比如令 $a=1$，这时项目的质量参数剩下一个难度，从而得到单参数逻辑斯蒂模型如下式所示。

$$P_j(Q)=\frac{1}{1+e^{-1.7(Q-b)}}$$

式中，$Q$ 为被试的能力素质水平值，$b$ 为项目的难度。$b$ 随项目而变化，若第 $i$ 个被试的能力素质水平值用 $Q_i$ 表示，项目 $j$ 的难度用 $b_j$ 表示，第 $i$ 个被试答对项目 $j$ 的正确概率用 $P_j(Q_i)$ 表示，则上式可改写为：

$$P_j(Q)=\frac{1}{1+e^{-1.7(Q_i-b_j)}}$$

可以看出，当被试的能力素质 $Q_i$ 等于难度 $b_j$ 时，正答概率 $P_j(Q)i=1/2$；当 $Q_i>b_j$ 时，$(Q_i-b_j)$ 为正值，$P_j(Q_i)$ 将大于 $1/2$，被试的能力越强（$Q_i$ 越大），$Pj(Q_i)$ 越接近于 $1$，；当 $Q_i<b_j$ 时，$(Q_i-b_j)$ 为负值，$pj(Q_i)$ 将小于 $1/2$，被试能力越弱（$Q_i$ 越小），$P_j(Q_i)$ 越接近于 $0$。

由以上分析可知，在逻辑斯蒂模型中，对项目参数的估计可以和能力素质的估计完全分开。这就是说，只要测验项目符合该模型，对于被试能力素质的估计就独立于所使用的测验项目（即与施测所用试题无关）；反之，只要被试符合该模型，对项目参数的估计就独立于被试样本的能力素质分布（即与被试样本的选择无关）。

## 三、项目与测验的信息函数

信息函数是项目反应理论中的一个重要概念。某个试题中 $j$ 的信息函数值的大小直接反映出该试题对被试能力素质水平的估计精度，信息函数值越大，这种估计就越精确。因而信息函数可作为衡量测验试题是否有效的工具。在项目反映理论中某个测验项目 $j$ 的信息函数定义为：

$$I_j(Q)=\frac{P'_j}{P_jQ_j}$$

式中，$P_j$ 是被试答对项目 $j$ 的概率，$Q_j=1-P_{ji}$，$P'_j$ 是项目反应函数 $P_j$ 的一阶偏导数，以三参数逻辑模型斯蒂模型为例，可求出项目 $j$ 的信息函数为：

$$I_j(Q)=\frac{1.7^2 a_j^2(1-C_j)}{[C_j+e^{-1.7a(Q-b)}][1+e^{-1.7a(Q-b)}]^2}$$

由信息函数定义公式和项目 $j$ 的信息函数公式不难得出以下结论：

（1）对某一测验项目 $j$ 而言，其质量指标 $a$、$b$、$c$ 是一定的，因而信息函数的数值就只与被试能力素质水平有关。这样，信息函数就可以在被试能力素质的每一水平上被用来描述某道试题的测量有效性。而线性测量理论所提供的测验信度，则被用于所有的被试而不管被试的能力素质如何。

（2）对某个特定被试而言，由于其能力素质水平是一定的。所以某一试题信息函数值大小（即所能提供信息的大小）就取决于该试题的质量（即由其质量参数决定）：猜测参数 $C_j$ 越小，$I_j(Q)$ 就越大，区分参数 $a_j$ 越大，$I_j(Q)$ 值也越大。

（3）信息数具有可加性。假定某个测验共有 $m$ 道试题，则该测验的信息函数 $I(Q)$，可通过对该测验所含各个试题 $I_j(Q)$ 简单相加求出。在一个测验中，各测验项目对测验信息函数 $I(Q)$ 的贡献是各自独立的，相互无关的。而在线性测量理论的整体分析中，每个项目对测验信度和效度的贡献与测验中的其他项目密切相关。

信息函数的可加性还表明，组成测验的各道试题的质量越高，它们所能提供的信息量越大，从而根据该测验对被试的能力素质水平所做出的估计就越准确，越接近其真值。信息函数的可加性充分说明了信息函数是反映测验有效性的一个客观而精确的指标。正因为如此，信息函数是项目反应理论中最重要的一个概念。

## 四、IRT测验的编制

用 IRT 编制测验的一般方法有三个步骤。

### （一）项目编写和单维假定

在传统方法中，我们假定，对思维样式进行命题，编写项目是为了测量某种真实的理论所确定的某一构造。单维度，作为所有 IRT 模型的假设，是在 IRT 中使用的专门术语，用以形成所有项目都是测量单个潜在特性的思想。现在，让我们简单地说，编写项目的目的是为了测量个体的思维样式和特征。

### （二）计算ICC

研究人员必须首先确定哪个 IRT 模型最适合于他们所要处理的数据。假如被试不知道题目的正确答案（多项选择能力倾向或成就测验项目），而有猜测的机会和动机时，那么，三参数逻辑斯蒂 ICC 可能是合适的。假如不可能出现猜测因素，那么，二参数 ICC 逻辑斯蒂模型可能是适当的。如果①经过选择的项目具有近似相等的 a 值；②项目内容或项目形式排除了猜测，那么，单参数逻辑斯蒂规模则可能是合意的。

在选定适当的模型之后，可以用 LOGIST 之类的程序估计项目参数（Wood, Wingersky & Lord, 1976）。然后利用项目参数估计值编制合适的测验。

### （三）项目选择

与传统方法选择项目相比，IRT 的项目选择以更直接的方式进行。我们不根据项目得分——测验总分和项目难度选择项目，因为我们能按照期望的测验信息曲线（TIC）选择项目，这样使得能力估计值在每个水平上都有比较适合的精度。传统方法在对项目作选择时，没有直接的方法保证达到某个预先指定的测量精度水平。

形成量表的 IRT 方法和传统方法都需要一个项目库，它比量表的最终形式所要求的项目更多些。两种方法都需要大样本的被试以便计算项目统计量，这些统计量是用来选择项目和评价最终（测量）工具的替换形式的。

IRT 方法和传统方法之间有重大的差异。传统方法是基于比较简单的正确率和项目—测验总分的相关这类统计量；计算这些统计量的费用是低的。IRT方法则基于更为复杂的理论，并要求采用（使用高速计算机的）参数估计方法。传统方法允许测验编制者建立量表，量表要求整个样本有指定的内在一致性以及一种特定的原始分数的分布。假如量表建立在大的、有代表性的被试样本的基础上，假如将来的样本是从同一总体随机抽取的，那么，可以期望在将来的样本中获得具有这些特性的量表和测验。IRT方法允许测验编制者建立具有规定的TIC的心理量表。尤其是测验信息能在水平相对应，而且这些决定如果出错，代价将很高。测验总分的分布和内在一致性（即系数）不予明确考虑。这是有道理的，因为测验可靠性的内在一致性估计是整个分数分布的量表的平均测量精确度。可以编制出一个量表，就整个量表而言，它具有可接受的内在一致性水平，在重要的截止分数上或在重要的区间上却不能提供足够充分的信息。关于这一点，应当注意最初的JDI在=-0.5提供大量信息，但在=1.0时则提供相当少的信息。这适用于许多目的。干预措施通常针对不满的雇员，而不是中立的或满意的雇员。对于其他创新的意图而言，如要奖励在管理的人际关系方面做得特别好的管理人员时，JDI提供的信息可能是不够的。[1]

## 第五节 IRT与CTT评析

CTT与IRT两种理论最核心的部分都是其数学模型，两者模型的共同之处是把可观察到的被试的反应和无法观察的被试的潜在特质联系起来，只是CTT采用了线性确定性模型，而IRT采用了非线性概率模型，能更好地反映人的心理和思维现象。尽管有倾向认为IRT和经典测验理论（CTT）是对立的理论体系，但CTT的真分数T和IRT中的潜在特质$\theta$之间存在一一对应的关系，即，它们是用不同度量方式表示的同一种心理特质。从项目参数和统计量来看，两者有密切关系。余嘉元通过蒙特卡罗实验发现CTT与IRT对被试心理特质和项目难度的估计精确程度除项目区分度以外，都是相近的。但CTT与IRT两种理论还是存在着不同的优点和缺点。

### 一、优点比较

#### （一）CTT的优点

CTT是心理和思维学研究者所熟悉的，其基本思想是把测验的得分（通常称为测验的观察分）看作真分数和误差分数的线性组合，可归结为简单数学模型：$X=T+e$ $X$是观测分数，$T$是真分数，$e$是误差分。传统信度、效度、项目分析的原理与方法均建立在这一模型之上。可以说，CTT是其他测验理论赖以产生的基石。在新的测验理论崛起的今天，CTT仍然占据着不可替代的地位，之所以如此，是因为CTT有以下的优点：

（1）易于被人理解和接受，且计算简便，容易推广；
（2）理论假设较弱，对实施条件要求不严格，适用性广；
（3）在多数情况下CTT是足够精确的，可以放心地应用。

#### （二）IRT的优点

项目反应理论在理论和方法上有以下优点：
（1）采用非线性模型，建立了被试对项目的反应（观察变量）与其潜在特质（潜变量）

---

[1] L·赫林等. 项目反应理论. 华东师范大学教育咨询中心译. 武汉：湖北教育出版社，1988

之间的非线性关系，这一点更符合事实；

（2）对被试能力的估计不依赖于特定的测验题目。IRT将被试能力和测题难度放在同一量尺上进行估计，无论测验的难易，被试能力估计值不变，不同的测验结果可直接比较；

（3）难度和区分度的估计值与被试能力无关，同一个测验项目，高能力和低能力被试的反应拟合同一条项目特征函数曲线（ICC），同一条ICC所对应的项目参数是唯一的；

（4）测验信息函数的概念代替了信度理论，用测验对能力估计所提供的信息量的多少来表示测量的精度，这避免了平行测验的假定，并能给出不同能力被试的测量精度；

（5）据项目信息量的大小来选择对能力估计精度，使测验达到预先规定的满意的精度，对不同能力的被试实施不同测题，既提高了测量精度又缩短了测验长度；

（6）对测验等值、适应性测验、标准参照性测验的编制等问题给出了满意的解决办法。[1]

## 二、缺点比较

### （一）CTT缺点

经典测验在理论假设和实际应用方面存在如下缺点：

（1）真分数与观测分数间存在线性关系的假定不符合事实，CTT假定真分数$T$、观测分数$X$和测验误差分数$E$间的关系可以用一个简单的线性函数$X=T+e$表示，但大量的研究表明，真分数与观测分数间的非线性关系更符合事实；

（2）项目统计量（难度和区分度）严重依赖于被试样本。CTT的项目难度以通过率表示，因此被试样本能力高时项目通过率就高，反之则低；区分度通常以项目与总分的相关或高低能力组的通过率之差表示，两组能力差别大时，区分度就高，反之则低；

（3）对被试能力的估计依赖于测验题目的难度。在CTT中，被试能力与测题难度是不相关的，参加不同难度的测验会得到不同的能力估计值，不同测验结果间难以进行比较；

（4）测验信度建立在平行测验假设的基础之上。平行测验指内容相似，平均分、标准差及误差均相同的测验，但严格平行的测验是不存在的，即使同一测验在不同时间施测，测验分数也会产生较大变异；

（5）测验信度的取值也依赖于被试样本，当样本能力水平的差异大时，测验分数的分布范围就大，计算出的信度值就高，而反之信度值就低；

（6）误差与真分数独立的假设难以满足。CTT假定误差与真分数独立，即RTE=0，这是不符合事实的。低能力的被试答题时一般会比高能力被试有更多的猜测，所以其测验误差分的大小及方差必然要大于高能力的被试；

（7）信度是针对被试全体的，只代表平均测量精度，信度不能给出不同能力水平的准确测量精度，因而对如何提高不同能力水平的测量精度问题，CTT显得无能为力；

（8）对测验等值、适应性测验、标准参照性测验的编制等问题不能给以满意的解决。

### （二）IRT的不足

IRT的理论体系构建于更复杂的数学模型之上，其概念和理论推导更加严谨，但应该看到，IET也有其不足之处，表现在以下几方面：

（1）单维性假定难以满足。这是IRT受到攻击的最主要原因。单维性是指测验测量的

---

[1] 郭庆科.经典测验理论与项目反应理论的对比研究．山东师大学报(自然科学版)，2000(3)

是单一潜在物质，但严格的单维性是难以满足的。目前的现实问题是，单维性需达到什么程度才能应用 IRT，但这一标准的确定尚缺乏充分的理论依据；

（2）目前 IRT 的应用仍以两级记分模型为主，且局限于单维反应模型，更高级的 IRT 模型尚处于理论上的探索阶段；

（3）IRT 建立在更复杂的数学模型之上，依赖更强的假设，计算复杂，不易被人掌握；

（4）IRT 对测验条件要求较严格，样本容量要大，被试的能力分布范围要广，测题数量要多，这些条件不满足就会影响其精确性；

（5）对 CTT 的一些研究领域，如测验效度问题等，IRT 并没有提出独到的见解。正因为如此，在 IRT 出现后的四十余年，尤其在中国，未见流行多广。在心理与教育测量中，仍以 CTT 为基础进行大量心理测验，收集、评价各项目，心理测量关于项目分析的教学部分也仍以 CTT 为主，鲜见 IRT。

## 三、IRT 的突破

CTT 经过长期的发展，在理论与实践上都有公认的成就，但仍存在许多无法克服的技术问题。在这些方面，IRT 却有较大的突破。CTT 的缺点，正是 IRT 的优点。

### （一）IRT 是概率性模型

CTT 依据其项目分析法所得的项目统计量受样本的抽样变动影响大。即项目统计量依赖于测验所实施的被试样组。CTT 中项目统计量主要是项目难度（$P$ 值）和项目鉴别力（$D$ 值或项目得分与测验总分的相关系数）。项目难度 $P=R/N$ 是答对该项目的被试比率。如果抽取的样本中，能力高的被试多，那么 $R$ 值就高，$P$ 值也随之增高；若抽取的样本中，能力低的被试多，$P$ 值就会降低。在以 $D$ 值为项目鉴别力的项目分析中，如果样本同质，那么被试能力高低差不多，高分组与低分组答对项目的比例就会相差无几，$D$ 值就小；若样本异质，$D$ 值就会大。以相关系数为鉴别力也是一样的情况。由此可见，抽样变动是 CTT 无法解决的问题。IRT 能够解决这一问题，它采用局部独立性假设与样本独立项目较准的方法。因为每个项目都各自有一条项目特征曲线，其项目参数固定，不需要根据抽样计算答对率来计算项目参数。因此针对曲线的横轴-能力水平上的某点 $\theta$，被试有一相应的答对概率。CTT 是确定性模型，某个被试确定为答对，或答错，而 IRT 是概率性模型，每个被试有答对概率，随被试能力水平提高，答对该项目的概率提高。（这儿的答对概率与 CTT 总的 $P$ 值不同，后者旨答对人数，前者是某个被试的答对概率）。至于样本独立项目较准，是指在 IRT 中，即使抽取不同被试样组，估计出的项目参数仍旧是相对不变的，因此就可以用任何能力的一组被试的数据估计参数。这些估计值无疑就能运用于其他被试组，包括全部被试。另一方面，即使某个被试没有回答一个测验的全部项目，也可估计出项目的参数。

常见的 IRT 模式有以下几种（如下图）：

# 第3章 思维测量的数学模型

### 二元计分模式
### Rasch模式

$$P_{ij} = \frac{e^{(\theta_j - b_i)}}{1 + e^{(\theta_j - b_i)}}$$

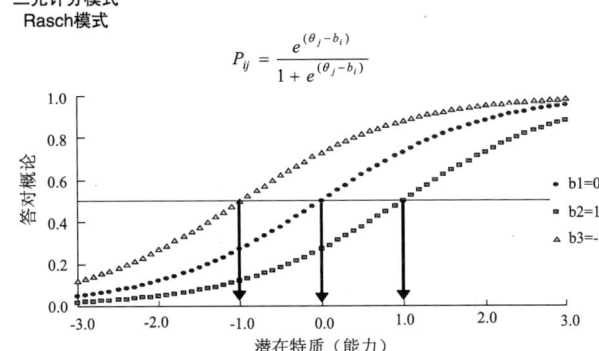

### 二元计分模式
### 二参数模式

$$P_{ij} = \frac{e^{a_i(\theta_j - b_i)}}{1 + e^{a_i(\theta_j - b_i)}}$$

### 二元计分模式
### 三参数模式

$$P_{ij} = c_i + (1 - c_i)\frac{e^{a_i(\theta_j - b_i)}}{1 + e^{a_i(\theta_j - b_i)}}$$

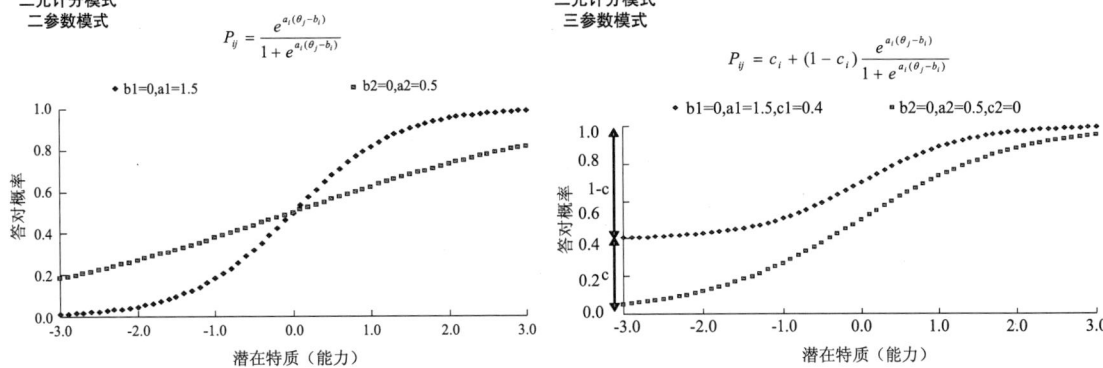

### 多元计分模式
### 一部分给分模式

$$P_{ix}(\theta) = \frac{\exp[\sum_{j=0}^{x}(\theta - \delta_{ij})]}{\sum_{r=0}^{m_i}[\exp\sum_{j=0}^{r}(\theta - \delta_{ij})]} = \frac{\exp[\theta - \delta_{i1}]}{1 + \exp[\theta - \delta_{i1}] + \exp[2\theta - (\delta_{i1} + \delta_{i2})] + \exp[3\theta - (\delta_{i1} + \delta_{i2} + \delta_{i3})]}$$

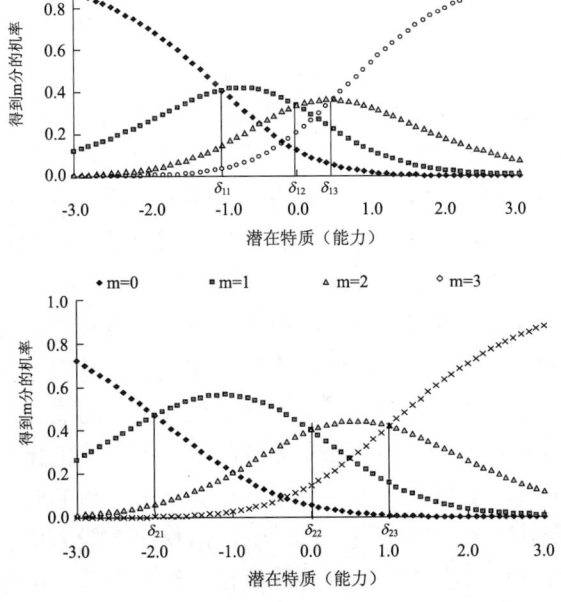

多元计分模式
评定量尺模式

$$P_{ix}(\theta) = \frac{\exp\{\sum_{j=0}^{x}[\theta-(\lambda_i+\delta_j)]\}}{\sum_{r=0}^{m}\{\exp\sum_{j=0}^{r}[\theta-(\lambda_i+\delta_j)]\}}$$

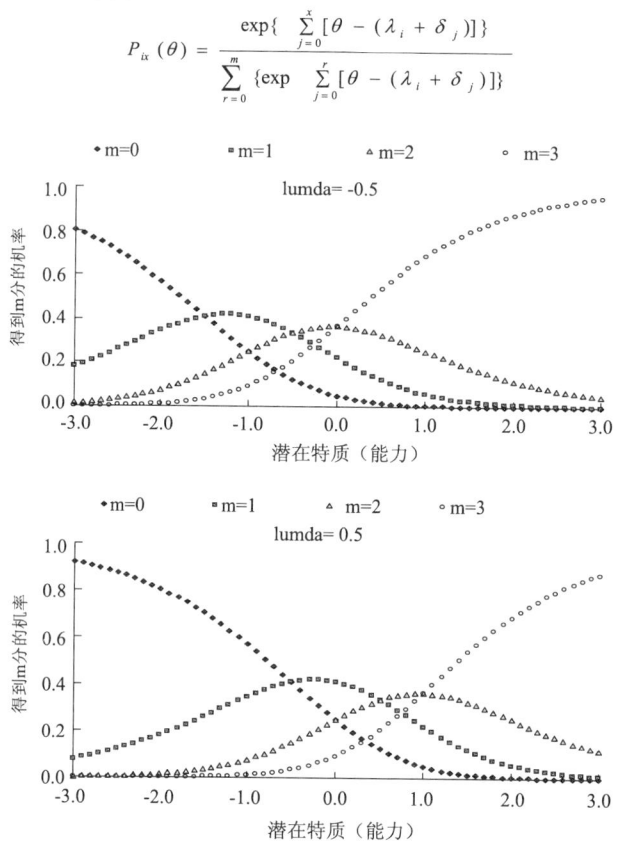

## (二) IRT与适应性测验

CTT中，被试测验分数依赖于项目的难度，使得进行不同测验的被试难以比较。不同测验测量同一种心理特质时，会得到不同测验分数。项目难度高，被试测验分数就低。为了解决这个问题，CTT要求所有被试都实施相同的测验项目，才能对测验结果进行比较，即利用相同测验或平行复本测验被试。但是一般成就测验和能力测验适于中等能力的被试，对一般能力特别高或特别低的被试，估计时就不太精确了，因此需要有适合不同能力被试的测验。这就又回到了源头——适合不同能力的测验，势必项目难度不同。这样，被试的能力仍然难以比较。为此，IRT提出了适应性测验来解决这一困难。适应性测验是根据每个被试的不同水平，对不同的被试实施不同的测验项目，并使这些项目的难度和被试的水平相适应。其方法是先给被试呈现一道中等难度的项目，根据被试的反应情况（答对或答错），再从题库中选择下一个项目呈现给被试。可以采用固定分枝或灵活分枝等多种方法选择和被试能力相适应的项目。在这种情况下，被试能力当然就很容易比较了。适应性测验另一优点是，能力高的被试不会被要求回答低难度的项目，于是增加了挑战性；而能力低的被试又不会由于被要求回答高难度的项目而失去信心。测验独立被试测量和测验等值化是解决这一困难的辅助办法。测验独立被试测量，是指被试能力的测量不依赖于所选择的测验的难度，因此不管何种难度的测验项目，根据其项目特征曲线，都可估计出相应的能力值。这样就可以对这些被试的能力进行比较了。另一种解决方法是测验等值化。经典测验理论也有等值化方法，但是依赖于被试样组，因此它在公平性、对称性和不变性方面都存在严重的缺陷。IRT则不同，因为它具有参数不变性的优点,只要测验数据和模型是拟合的,就能克服上述缺陷。因为项目参数在同一量表上,同一被试的能力估计值不变。

## (三)IRT预测概率

CTT无法预测被试在一个新测验项目上的正确反应概率,这一正确反应概率在适性测验中是十分重要的。更为重要的是,在实际工作中往往要对这一概率进行估计,以使编制的测验与被试的能力水平相适应。如果测验能配合被试的能力水准,那就可得知其答对某题的概率。如果测验的项目都具有不同被试能力可能答对的概率,那么测验编制者就可以根据项目概率资料来预测某些被试组的得分情况。IRT的项目特征曲线就明确表示出被试能力 $\theta$ 与项目的关系,横轴 $\theta$,纵轴 $P(\theta)$,它表示具有某能力 $\theta$ 的被试答对某项目的概率 $P$。因此,只要已知被试的能力值,就可预测出他们可能答对某个项目的概率。

## (四)IRT的精确度。

CTT假设所有被试的测量标准误差都相等,这是不太可能的,因为不同能力组在测验上的稳定性也不同。一方面,让能力低的被试参加一个较难的测验时,由于猜测性,其测量误差肯定比高能力被试参加该测验时的测量误差大;另一方面,再进行一次平行测验,就会发现低能力组被试成绩变动大,所以其测量标准误差也大。所以CTT的等测量标准误差也是一个不小的缺点。良好的测验模式应能针对某一测验得分或被试能力进行精确的估计,不同的得分或能力有其不同的测量标准误差。IRT理论就无此假设,它采用信息函数(包括测验信息函数、项目信息函数、分数信息函数。其中,测验信息函数量是各项目信息量之和)来说明这一问题。项目信息函数是将反映项目特征的难度、区分度和猜测参数合而为一,它反映各个项目对不同能力水平被试所能提供信息的多少,信息量大,测量标准误差小。而分数信息函数 $I(\theta, Y)$ 则表示对于能力为 $\theta$ 的被试得分为 $Y$ 时所得到的信息量,它反映了测量的精确度。信息量越大,测量的标准误差越小。

## (五)IRT与题库建设

运用IRT进行题库建设的基本思路和经典测验理论对题库建设的考虑是类似的,主要区别在于项目参数的获得、标准参照测验项目的选择、常模的建立等方面。CTT提供项目统计量、项目难度和鉴别力,但依赖于被试样组。而IRT项目参数具有不变性,因此各被试团体所得的项目参数具有可比性,对题库建设很有用。在项目的选择上,CTT往往根据内容效度与项目统计量选择测验题;IRT则可以根据各项目在临界分数附近的信息量,选择能够提供最大信息量的最佳项目选择法,可以用这种方法以最少测验项目达到所需的测量精确度。在常模的建立上,因为根据IRT所得的能力估计值具有不变性,因此运用某一样组的实测结果建立的常模可用于解释题库其他项目样组的测验结果。概言之,以IRT为基础,用计算机建立题库是较省时省力的方法。综上所述,IRT确有优于CTT的地方,IRT可以弥补CTT一些显见的缺点,采用IRT方法的确可以推动心理和思维测量理论的发展,进而促进心理和思维测量的发展。[1]

---

1 俞晓琳. 项目反应理论与经典测验理论之比较. 南京师范大学学报(社会科学版), 1998(4)

# 第4章 思维测量的命题方法

思维命题从远古走来，至今已形成作业命题、自陈命题、投射命题及情境命题四大板块，这四大板块都有自己的体系和特色。作业命题法，使用一些"任务导向"的客观作业测验，在掩蔽测验目的的条件下，从被试完成这些客观作业的态度、风格及完成作业的质和量上来了解分析其思维特征和样式，是思维测量的主要手段。自陈命题、投射命题及情境命题是其辅助方法。它们在过去的应用都是各司其能的，现在我们应该考虑它们在思维测量中的综合运用和相互佐证。

## 第一节 思维命题概述

命题是指"通过语句来反映事物情况的思维形式"。思维命题是思维学家设计的一些涵盖着分析、综合、比较、抽象、概括这些操作手段，考察人的思维水平或思维样式的命题。本章将对思维命题的性质、意义、历史延革作较翔实的论述。

### 一、思维命题性质

命题都是由题设、结论两部分组成。题设是已知事项，或者叫已知条件；结论是由已知事项推出的事项，或者叫题断。命题可以通过语词或其他刺激的合乎逻辑的配置产生出来，合乎逻辑就是有意义的，但不一定是真的："一个图像可以表现并不存在的关系"。图像不能只是事实的图像，否则所有命题都必然是真的。真命题所摹画的事态是存在的，换言之，真命题摹画事实。理解一个句子，是知道一种可能的事态；理解一个命题，叫做知道命题为真时实况是怎样的。

原子命题由名称组成，名称的意义即是其指称，如果没有指称，则该名称无意义，该原子命题也无意义。我们直接了解名称的意义，同时就直接了解原子命题的意义。"理解了一个命题的组成部分，就理解了这个命题"。你知道张三、李四都是谁，也知道什么叫"在左边"，你就理解了"张三在李四左边"的含义。复合符号通过定义简约为简单符号。复合符号通过意义（定义）进行指称。日常语言使用的都是复杂符号，这些日常图像、语词、命题是通过分析为原子命题和现实发生联系的。

上面说，图像所摹画的是可能事态，这个事态可能不存在。但在原子层面上，没有可能的事态，只有事实，原子命题不摹画可能事态，它只能摹画原子事实。而且，虽然复合命题所摹画的事态不存在，构成这一事态的原子事实仍必须存在，因为归根结底，复合命题的意义是由它所包含的原子命题确定的，原子命题的意义依赖于它摹画的事实，或说它所摹画的事态确实存在。复合命题是原子命题的真值函式，或者说，一个复合命题必须把一定的真值分配给某些原子命题，这个复合命题才真正有意义。所以，一幅图像即使摹画的是不存在的事态，它也展示了某些原子事实的存在和不存在。

复合命题若与其所含的原子命题的所有真值可能性相矛盾，它就是一个矛盾命题；若它与原子命题的所有真值可能性相一致，它就是恒真的逻辑命题。逻辑命题都是分析命题或重言式。逻辑命题里的名称虽有指称，但互相抵消，因此是无所谓意义的。与此相应，逻辑常项不指称任何对象。逻辑常项包括和、或、不等，它们和左、右等不是同样层次的概念，逻辑常项的功能就像是标点符号。原子命题是原子事态的图像，我们由此会认为，复合命题是复合事态的图像。然而细一想就会发现不完全是这样。张三来了对应于张三来了这一事态，李四来了对应于李四来了这一事态，然而，张三和李四来了对应于哪个事态呢？并没有张三来了、李四来了之外的第三个事态。张三和李四来了并不对应于张三和李四来了这样一个特有的事态，张三和李四来了须分析成为张三来了和李四来了才和事态对应的，也可以说，语言中有"和"，现实中却没有"和"。世界上没有和逻辑常项相应的对象，合取、析取、推导等只是一些纯思想的关系、纯逻辑的关系，在事实世界里并没有对应物。所以，到头来，只有原子命题才是图像，复合命题并不直接是图像。整个语言体系分析到头来是在名称/对象、原子命题/原子事实和现实接触，这里仿佛是两个体系的公共边，仿佛是尺子和它所量的布相贴的边，在这条公共边上，意义和指称合一，原子命题和原子事实严丝合缝地对应。所有合乎逻辑的句子都通过这条边界和现实相接触，所有不合乎逻辑的句子都和现实不相接触。

卡尔·吉奈特（Carl Ginet）指出，从原子命题到复合命题有一条不可逾越的鸿沟，而解决的方法就在于放弃原子命题的互相独立。爱耶尔 Alfred Jules Ayel 也认为原子命题在逻辑上互相独立这一要求是无法满足的，他引证维特根斯坦（Ludwig Wittgensitein）的《关于逻辑形式的几点评注》一文，认为维特根斯坦本人也很快放弃了这一要求。但爱耶尔又认为这一点并不妨碍原子事实的独立性，即使落日是红的、赛车是红的这两个命题都用到了红，但落日是红的、赛车是红的这两件事情仍然是在逻辑上彼此独立的。简言之，命题不互相独立而事实却互相独立。然而，如果事实本来是互相独立的，只是语言把它们联系在一起，那么，借助事实来推论来证明，就不是借助事实之间的联系而成为纯粹的话语游戏了。

一个命题作为事实的图像必然要求命题与事实共同具有一种形式，而命题是思想的直接现实。命题的形式，即逻辑形式作为这种共有的形式便是自明的，这种自明性与命题的存在可能性完全一致。或者说，逻辑形式是构造一个命题的可能性的条件。

命题是指"通过语句来反映事物情况的思维形式"。思维命题是思维学家设计的一些涵盖着分析、综合、比较、抽象、概括这些操作手段，考查人的思维水平或思维样式的命题。本章将对思维命题的性质、意义、历史延革作较翔实的论述。

## 二、命题操作

作为思维命题，分析是命题活动最基本的操作手段和加工方式，其他的命题加工方式都是由分析派生出来的。关于分析方法的经典描述，一般认为是笛卡尔做出的，即"把我所考察的每一个难题，都尽可能地分成细小的部分，直到可以而且适于以圆满解决的程度为止"[1]分析就是将事物的心理表征进行分解，以把握事物的基本结构要素、属性和特征。在思维命题中，分析方法主要体现在：一是在具体命题研究展开之前对研究对象进行分析抽象与概括。抽象与概括是更高级的分析与综合活动。抽象就是将事物的本质属性抽取出来，舍弃事

---

[1] 北京大学哲学系外国哲学史教研室编译.西方哲学原著选读. 上卷. 北京：商务印书馆，1981

物的非本质属性。例如，人们对各种钟、表的抽象就是，将"能计时"这个本质属性抽取出来，而舍弃大小、形状等非本质的属性。概括是在抽象的基础上进行的，是将抽取出来的本质属性综合起来，并推广到同类事物中去。例如，我们把"由三条线段组成的封闭图形"叫做三角形，意思是无论一个图形的大小、形状、位置如何，只要它具有"由三条线段组成"和"封闭图形"这两个特征，就是三角形。分析事物中的那些属性相对于研究目的来说是主要的和稳定的，对经验材料的杂多和繁复进行分离。二是引入还原方法，把复杂的命题材料还原为简单的命题规律格式，通过能够清晰表述的命题规律格式再现思维的样式结构。第一种意义上的分析是思维命题成为独立科学的根本的方法论根据。只有经过这种分析抽象，思维学家才可能面对经验，从经验中寻找命题，才可能不至于轻率地从思辨出发去推演有关命题的结论。在命题科学里，应该像在数学里一样，在研究困难的事物时，总是应当先用分析的方法，然后采用综合的方法。这种分析方法包括用归纳法去从中做出普遍结论，并且不使这些命题遭到异议。用这样的分析方法，我们就可以从思维样式中论证到它们的成分，再从结构到内容，从内容确定命题形式，一直到命题的完成。第二种意义上的分析是科学命题的目标。科学命题把繁多的现象还原在一个概念体系中，以便在理论中构思出或重建命题系列，分析是这种活动的必要环节。爱因斯坦认为："科学的目的，一方面是尽可能完备地理解全部感觉经验之间的关系，另一方面是通过最少个数的原始概念和原始关系的使用来达到这个目的。"[1] 概念结构越简单，解释能力就越强，所以思维学家竭力寻求简单而具有很强综合性的命题理论。

思维命题具有针对性、目标性，明确目标对象和测试对象是进行思维命题的前提条件。目标对象主要指的是思维的各种样式及其特征，测试对象主要指的是有类别特征的被试群。再以创造性思维命题为例，究竟创造性思维的过程是怎样的呢？被试能否就不同创造性思维元素中对其思维加工对象（思维材料）进行不同形式的加工，是否恰恰能代表他们的创造能力和潜质呢？前面我们说过，思维的创新样式在不同的人身上表现的程度和方式都是不同的，思维的创造样式应该被看作一种多侧面的现象，而不是一个可以精确定义的单一的结构。创造性思维就是要打破陈旧的自我延续下来的模式，而不是重新制造一个固定不变的样式。求同思维与求异思维、发散性思维与聚合思维、纵向思维与横向思维、灵动思维与意动思维交织在一起，在许多情况下，它们共存于同一思维过程中，各有其所长和所短，在功能上互为补充，在思维的不同层面上不断分合，不断产生思维产品，不断推进思维，如同不断旋转上升的螺旋通道。以上八种思维可称得上是创造性思维元素。因此，在进行创造性思维命题时，必须从各种思维材料相应的加工原则的角度来考虑。例如，在直觉思维中有无快速判断的命题元素，在发散性思维中有无出多向思考、逆向思考和求异思考的命题元素等。

## 三、思维命题和知识命题

思维命题与知识命题的关系无疑是非常紧密的。没有大脑思维的创造性活动就不会有知识的产生，而不同时代人们的思维活动又都是建立在相应的知识层面上的，所以，尽管思维和知识是两个相交的圆，但是绝对脱离知识的思维命题是不存在的，也是不现实的。而且随着思维命题的层次提高，难度加大，对被训练者的知识修养要求也会越来越高。因为，你不可能让一个丝毫不懂系统论的人明白什么是真正的系统思维，也不可能对没有专业知识背景

---

[1] 许良英等编译.爱因斯坦文集. 第1卷. 北京：商务印书馆，1976

的人进行专业思维命题。这就像生活在沙漠地区的人仅凭道听途说是永远无法真正想象出大海的波澜壮阔。同样的道理，没有现代知识背景的人也不可能真正养成现代的思维样式。

不过，思维命题专家并不主张将大量的专业知识用于命题内容，因为这不是思维命题的任务。知识教育最关心的还是知识的积累速度，把知识的系统学习当作教育的核心任务，这样就难免形成知识灌输的教育模式，使思维畸形发展并定型。思维命题主要还是训练大脑如何更好地获取知识、运用知识和创造知识，以及充分开发大脑的潜在思维智能，提高思维的效率和成功率。如果把知识比喻成杠杆，那么大脑的思维就像使用杠杆的手臂，知识教育的目的是尽量延长杠杆的长度，思维命题是想方设法增强手臂的力量。做功的手臂的力量越大，杠杆的作用就越能得到充分发挥，思维命题的重要意义就在于此。不过如果没有杠杆而空有手臂，那手臂的作用也极其有限。

由此可见，在思维命题中，思维和知识并不像有些人想象的那样，井水不犯河水，界线分明。知识是思维之本，思维是知识之魂。它们在某一层次上谁也离不开谁，在另外一个层次上又各行其道。不重视知识性，思维命题只能止于一个低层面上；过于重视知识性，思维就永远不会超越知识。不学习知识我们就不能站在巨人的肩膀上，而不学会思维我们就只能站在巨人的肩膀上，无法振翅高飞，无法自由翱翔于更广大的空间。

## 四、思维命题意义

### （一）增强大脑的思维功能

思维命题是把发展人的思维能力、培养正确的思维样式放在中心位置，它不只是一个简单的思维样式生成训练，它还包括思维活化和思维创新等训练。这些训练专门用来解决思维定型导致头脑僵化的问题，从而使思维摆脱定势的束缚、超越固定模式的局限，把思维从无意识的被束缚的"睡态"中唤醒，超越旧的思维层面，从更高的位置俯视自己的思维活动。当然，事实上，事情按常规进行时，我们往往不会去刻意思考什么，长期形成的思维定势和操作技能会帮助我们在常规工作和常规生活中稳步滑行。只有当遇到困难、障碍和挑战时，我们才会开动脑筋，想一想如何去应对这些难题。人的一生总会遇到这样或那样的难题的。如果我们没有足够的训练，或者仅仅只有一些盲目的训练，那么，面对现实难题，我们就只有束手无策了。因此，思维命题的主要目的是为思维训练服务的，为将会发生的实践问题作演习性准备的。而人生价值从某种角度讲，就是看你解决了多少现实难题。

### （二）构建思维测量科学

没有思维命题就谈不上思维测量。思维科学研究的最大困难是没有"抓手"。前面我们说过，要正确地、可靠地推论出所要测量的东西，就得凭借典型的思维外显，又称为思维样组。思维样组在测量中大多以命题形式出现，故又称命题样组。正如其他科学观察方法一样，在测量个体思维特征前，必须慎重地选择具有代表性的思维命题样组，凭此推论个体的思维样式及特征。哲学大师维特根斯坦、罗素等人一直没有向我们提供这一方面的研究结果。即便在思维科学突兀而出的现代研究中，也很少有这方面的系统研究。所以，思维命题成为思维测量科学的瓶颈，是构建思维测量科学的关键环节。

### （三）改革各类考试模式

思维命题研究直接对当前以知识为轴心的命题方式发生撞击，从而改革考试模式。我国的用人选拔制度正处于前所未有的大变革时期，亟待解决的问题涉及教育领域的各个方面。随着国家人事制度改革的不断深入，人才测评已经有了一个可喜的开端，尽管尚有不尽如人意之处。然而"如何测好"的问题又刻不容缓地摆在我们面前。应该说，十年间，我们在探索"如何评价"人才选拔方面，已经取得了一定的进步。例如，在人才选拔过程中，重视思想政治素质，强调人才的实际能力，以及开始了向社会公开招考、择优录用的大胆尝试。但是仍然存在一些薄弱环节。例如，虽然建立了考试机制，但缺少统一的标准；在考试的内容上，多偏重于知识考查，忽视发展潜能的预测；在考试技术上，沿用教育测量的作法多，借助于多种科学，引用新技术的尝试少。尽管考试录用人才的作法已赢得社会和用人部门的认可，但是高分低能的问题仍未能得到解决。1980 年以来，无论国内还是国外，标准化的多项选择测验（multiple choice test）由于其简便易行、高效率、造价低廉及在信度、效度方面的优势而备受青睐，但近年的研究却表明其在测查高级思维能力方面存在严重的缺陷。在此形势下，测量专家们倡导了一种新型的更为直接的思维命题来取代，以期为目前正在进行的考试改革及素质教育的实施提供新的技术。2000 年中央国家机关公务员录用考试中，出现一种崭新的命题方式——申论，就属于这类命题。申论命题形式在教育观念上的一个最大突破，就是毅然从客观题型回归到了主观题型。在各级各类考试的所谓"数字化、客观化、标准化、科学化"社会时尚下，能实事求是地从具体的考试内容和考试对象出发，借鉴传统科举考试的内容和形式，选择纯主观的命题方式，这是需要勇气和睿智的。经过几年的实践，以及专家学者们的改进与完善，申论现已成为国家公务员录用考试的一门基本科目，日益受到人们的重视。

## 五、思维命题的评估

命题的成果叫测题，测题可组构试卷或量表，试卷或量表有信度和效度等指标，因此就有了对思维命题质量的评估问题。我国测量学家早在 1950 年代就对国外"assessment"产生过兴趣，朗文现代英汉双解词典中对"assessment"解释为"评估、估价、意见"，新英汉词典中的解释为"估计（法）、评价（法）"，都不包括"测验（test）"的含义。与本书下一篇研究的"测量"或"测验"相比，"评估"更注重多元整合的样式类型，而不是力求精度的取向，因而"评估"的译法更确切些。它最初只是一个与传统的标准化测验相对立的术语。虽有许多的称谓如"另类评估（alternative assessment）"，"真实评估（authentic assessment）"，"新评估（new assessment）"等，无确切、公认的定义，但在与标准化测验相对立的原则上却保持了一致。对思维命题的评估可以从思维命题的层次性和基本功能上展开。但这主要在于揭示不同层次的思维命题所具有的"样式"之间的差异，并不能给予质量和数量的评估。思维命题评估准则用于命题的合适性，借以对思维成果做出准确判断。思维命题评估准则同样可以在古希腊思想中找到起源。思维命题成果总是依赖于具体的价值取向。对于处在一定文化背景中的命题活动来说，选择或放弃某个思维命题可能受多种因素的影响。不同的因素表现为不同的价值标准，但这些价值对于思维科学来说并不都是重要的。政治的、伦理的、宗教的、美学的价值准则虽然可能影响特定时期内具体思维命题的选择，但它们都外在于思维科学，尤其外在于思维命题的评估。

### （一）思维命题评估手段

对某一思维样式的命题，其基本的评估手段是实验和数学表述。这二者在思维命题中是密切结合的,它们不仅仅具有方法的价值,在某种程度上,甚至还有本体论的意味。

1. 实验评估

自从冯特 1879 年创建第一个心理学实验室以来,实验始终是心理学研究的重要领域,其研究成果是心理学知识体系的主体。抛开以内省方法研究人的意识的冯特和反对研究人的意识的行为主义心理学不说,在思维心理学建立以前,思维领域的研究有相当数量的心理学家致力于用生理学的研究方法,研究认知过程中的神经活动以及导致这些神经活动的生物化学过程,试图揭示思维的生理机制。这种研究至今已持续了几十年。心理学家在研究较低级的认知过程的生理机制方面取得了一定的进展,而在研究思维等高级认知过程的生理机制时却困难重重,至今仍未取得重大突破。其根本原因是,人的思维虽然是在一定的生理基础上形成的,但思维活动是比生理活动更高级、更复杂的运动形式。以低级运动形式来解释较高级的运动形式,自然是困难的。

在这种情况下,从自然哲学的背景中诞生的思维科学,在方法论特征上特别强调实验的作用。从效用上可以区分出两种基本类型的实验,一种是发现性实验,一种是检验性的实验。前者是在没有对事物的属性或函数之间的关系做出确定性假说的情况下,旨在发现相应的属性或关系;后者则对某个假设的经验性预言进行实验证实。

发现性实验是在同一个假设框架内进行的,如果借助某种假说,有理由相信在某个特定的系统中,变量 B 依赖于变量 A,那么,这两个变量之间关系的性质就可以用实验来确定。发现性实验不只是揭示变量之间的函数关系,有时实验往往会导致假说的精致化。假说可能涉及多个变量,但没有任何先验的方式能把所有相关的变量都考虑进去;唯一的标准是实用性的,即假说成功地预言并解释了范围广泛的事实。在预言出了差错,或者离开了补充性的假说就不充分的时候,抱着发现心态的命题者会假定还有一个没有受到控制的变量,从而可以进一步寻找这个变量或就其性质作假设。如果新的命题假说成功地预言并解释了相关的事实,就可以认为命题假说已经考虑到了有关的变量。如果说近代思维科学离不开实验的话,这种联系也在于实验方法被赋予了命题一种新的方向。思维学家的注意力首先是局限在那些可以测量和计算的性质上,把一个思维问题转化为可以进行数学处理的问题,实验正是为了数学处理的目的而被组织起来了。实验是人们根据研究的目的,利用科学仪器、设备,人为地控制自然现象,排除干扰,突出主要因素,在有利条件下去研究自然规律的一种方法。

科学思维命题的实验大多用于投射测验、情境测验和一些量表编制过程。这种方法比单纯的观察方法,有明显的特点和优点。第一,实验可以进一步纯化和简化命题。简化是科学研究的一个重要原则。命题因素十分复杂,各种因素互相联系、互相影响、互相作用、交织在一起,往往使人不易发现其中哪个因素同命题目的发生联系,联系的方式如何。为此在观察中就要进行简化。这种简化,在自然观察中是通过观察对象的选择来实现的。但是,在自然条件下的观察,这种简化和纯化的作用毕竟是间接的,并且对许多现象来说还是很困难的。在实验中情况就不同,人们可以借助于科学仪器、装备所创造的条件,排除自然过程中各种偶然的、次要的因素的干扰,使我们需要认识的某种命题属性或联系以比较纯粹的形态呈现出来。第二,实验可以强化命题对象。思维样式与特征,在常态下往往不易出现,只有在一些极端的条件下,才能呈现出来,而这种条件在自然状况下无法直接控制。实验可以凭借各种物质手段,造成这类特殊条件,如剥夺感觉、紧张应激、极限训练等。在这种强化了的特殊条件下,人们遇到了许多前所未有的在自然状态中不能或不易遇到的新现象,使人们发现了具有重大意义的新事实。第三，实验取得的结果比较确实，可以重复出现，便于鉴定。在自然观察的情况下，由于情况复杂，各种因素难于控制，所以有的发现，就比较难以重复。实验中各种条件可以控制，因此一般来说，只要在相同的条件下，重复做此项实验，就能够取得相同的实验结果。这样就有利于人们进行长期研究，反复比较，并对以往的实验结果加以核对，一个人的发现，也就可为别人重复证实。另外，实验还可以模拟研究对象的运动过程，对那些时过境迁的现象以及无法进行直接实验的对象，进行间接实验研究，从而认识对象的性质。

实验方法之所以具有上述优点，是因为命题实验比之于一般命题观察更具有理性方法的特点。科学实验和观察都是感性活动，但它们都具有理性方法的特点。马克思曾经指出："归纳、分析、比较、观察和实验是理性方法的重要条件。"在这里，马克思把实验和观察的方法看作与归纳、分析、比较的方法一样，都是理性方法的重要条件，是很有道理的。因为实验与观察本身就是抽象，离不开比较、分析、综合和类比、归纳、演绎。这种理性方法的特点，在实验中体现得特别明显。因为在实验中，我们实际上是把抽象、分析、综合等理性思维的方法物化出来，使之转化为感性的对象，以便为进一步的理性思维提供材料。正因为实验能把抽象的理性方法再现于感性的具体之中，因而就使它不但具有感性活动的优点，而且又具有理性方法的优点，更具有了把两者高度结合起来的特殊的优点。

思维命题评估随着近代科学技术的发展，越来越依赖科学实验，并且根据不同的目的要求和对象特点，发展起来了多种多样的实验形式。例如，根据命题目的，可有定性实验、定量实验；根据命题过程中的不同作用，可分为比较实验、分析实验和综合实验；根据实验手段是否直接作用于命题，可分为直接实验和模拟实验等。但是，无论何种形式的实验，都是实验者借助实验手段变革和控制实验对象以取得所需的感性材料的过程，它一般都经过如下几个基本步骤：①明确命题实验的目的；②进行命题实验的设计；③命题实验的实施；④命题实验结果的分析和处理；⑤对命题实验结果作理论解释。由此可见，命题实验的过程是一个在理论思维指导下进行的过程。没有正确命题理论，实验就失去了意义和目的，就无从安排实验的活动，在实验中取得了资料也无法取得科学的结果，以至即使取得了重要的结果也可能理解错误。正如恩格斯所说："从歪曲的、片面的、错误的前提出发，循着错误的、弯曲的、不可靠的途径行进，往往当真理碰到鼻尖的时候，还是没有得到真理"。

2. 数学表述

爱因斯坦说过："迄今为止，我们的经验已经使我们有理由相信，自然界是可以想象到的最简单的数学观念的实际体现。我坚信，我们能够用纯粹数学的构造来发现概念以及把这些概念联系起来的定律，这些概念和定律是理解自然现象的钥匙。经验可以提示合适的数学概念，但是数学概念无论如何却不能从经验中推导出来。当然，经验始终是数学构造的物理效用的唯一判据。但是这种创造的原理却存在于数学之中。因此，在某种意义上，我认为，像古人所梦想的，纯粹思维能够把握实在，这种看法是正确的。"[1] 数学表述，是近代科学的基本特征。科学家感兴趣的大多数现象都是明确地用数学术语概念化的，并且是以数学模型和数学理论表现出来的。在思维命题的意义上，数学提供了一种语言，便于命题与测量间的一致和交流，同时也使测量专家能够对科学命题的"真理地位"达成共识。数学的研究对象及

---

[1] 许良英等编译.爱因斯坦文集. 第1卷，北京：商务印书馆，1976

本质属性，决定了数学方法具有以下基本特征：①高度的抽象性。任何科学思维都具有抽象性的特点，然而数学的抽象是一种极度的抽象。它只保留了事物量的关系和空间形式而舍弃了其他一切特性；在数学中，各种量、量的关系、量的变化，以及在量之间进行的推导和演算等，都是以符号形式表示的，它使数学变为一种完全脱离自己内容的符号形式系统。②精确性，即逻辑的严格发表及结论的确定性。数学的抽象性使数学研究能在纯粹化的状态中进行，从而使它获得了单义性、精确性和直观性，并使逻辑程序获得了相对独立性。数学的一切结论只需由也必须由严格的逻辑推理来得出。因此，一切数学结论都具有逻辑上的必然性和量的确定性。正因为这样，数学方法才给予精密的自然科学以某种程度的可靠性，没有数学，这些科学是达不到这种可靠性的。当然，模糊数学的创立，在一定意义上揭示了精确性和模糊性的相对性。但模糊数学并不是要求数学舍弃其精确性，相反的正是在于运用数学的精确方法，深入到现实世界中的模糊事物或现象中去，以求达到认识的数值化、明晰化，它实际上体现了模糊性与精确性的统一。③应用的普遍性。数学的高度抽象性，使它成为不受任何具体内容局限的形式科学。这种抽象性带来了它应用的普遍性。当然，对于不同性质的事物，运用数学方法的要求和可能性是不同的，它既取决于科学技术发展的状况，也取决于数学本身发展的水平。现在，随着信息时代的到来和计算机的普遍应用，数学方法正更加广泛地渗透到科学技术的各个领域，数学化、计算机化已成为科学技术发展的一个重要趋势。

数学方法在思维命题中已经成为一种必不可少的认识手段，在数学中，由于创立了一系列科学而又精确的符号和符号体系，才使命题的量化成为可能。在命题研究中运用数学，对命题来说，实质上是一个抽象概括的过程。如果不运用数学所提供的符号语言，连简单的命题规律也难以说清，更不可能描述思维命题与思维样式的内在联系了。数学语言的运用把数学的抽象能力和精确性带给了思维命题与测量。所以，这种形式化的数学语言就是命题语言，离开了这种符号化的数学语言，就难以确切表述思维命题有关的概念和定律，无法深刻地反映思维命题的本质和规律。另外，从定性描述进入定量分析和计算，是一门科学达到成熟的重要标志。数学方法在其中具有不可替代的作用。"项目反应理论"（Item Response Theory IRT）是近年在数学表述上出现的重大变革。成为当前计量学领域内极引人注目的一类测量模型。"项目反应理论"是传统的鉴别度所不具备的。传统的鉴别物体的性质中区分出了第一性质和第二性质。感觉图景中物体所表现出来的多样性和差异具有虚幻的特点，并不是真实的对象而是依赖于主观感觉的存在，真实的对象是那些能够用数学规则来处理的特性如大小、位置、形状、运动，等，我们不可能依靠心智的力量把这些特性和物体分离开来。在传统的测验中，测验结果（正确或错误）是测验得分的唯一依据。IRT 则以思维的过程作指标，代替传统测量的简单分数依据。IRT 根据测验中每个题目的不同特点，再按照每一测验对象对各测题回答的状况（即项目反应）以统计方法确定每一对象的特点能力或心理素质水平。因而所获得的成绩乃是思维能力或心理素质的指标，而非简单的正确反应次数。因而它为分析测验项目性质提供有力的工具。传统的项目分析（指难度，鉴别度）所提供的有关项目性质的信息相当有限，且始终受特定测验对象团体的限制，难度和鉴别度随测验对象不同而随时变动。相反 IRT 模型中有关难度和鉴别度的参数却具有恒定性，这在许多应用问题上（如建立大型题库）有重要意义。此外 IRT 模型中的鉴别度参数还可表明某一测题项目对何种水平的对象具有最大和最小的鉴别能力，因而对测题的选择，测验的制定有很大的指导意义。

## （二）思维命题的评估准则

将国内外的诸多对表现性评估的界定进行分析后不难发现，在表述的过程中，无不具备四点特征：①评估原因；②问题情景；③评估标准；④评估结果。

1. 表现性评估的优势

表现性评估与选择测验相比，其优势主要体现在：

（1）有助于测查高级思维能力。布鲁姆曾将认知领域的教育目标划分逐渐升高的六个层次，分别为知识、领会、运用、分析、综合与评估，这六个层次同时也是我们运用评估的理论依据。与经典思维测验相比较，表现性评估在测查高级思维能力即运用、分析、综合与评估方面的优势是极为明显的；而就知识与理解层面如知识与领会的考查而言，选择测验的优势又不言而喻；

（2）有助于测查解决实际问题的能力。传统标准化测验受到批判还在于其对于知识与能力的间接测量，测验情境、内容与现实生活不相符合，测得的结果往往与实际生活相脱节。表现性评估则注重于此，强调在模拟真实或完全真实的情境中运用所学的知识解决实际问题，它反映的是学习的真实面貌。值得一提的是，重视培养和考查被试综合运用所学知识解决实际问题的能力是近些年来许多国家实施考试改革的特点。课程大纲与教师都十分强调学生特别是高年级的学生应当把学科的学习与其他学科联系起来，鼓励学生把新学的内容与社会、政治、经济和环境相结合，强调知识的实际应用并与日常生活实际相结合。我国在此方面也进行了尝试，近年来综合能力测试方案的提出与实施就是这种趋势的一种反映。

（3）有助于促进思维个性化的发展。人的思维发展不是整齐划一的，同一年龄的儿童在发展速度、表现特定的任务领域之间会存在很大差异。从尊重个性发展的角度来看，表现性评估根据每个学生的能力和适应性进行，与其说是关心个体间的差异，不如说是关心每个人潜力的充分发挥。

2. 表现性评估的不足

思维命题的表现性评估也有明显的不足。表现性评估以其接近现实、突出个性的鲜明特征有时也被称作真实评估，这种称谓具有一定的迷惑性，似乎就是对作业、表现进行真实的测量。实际上，在运用的过程中，有许多测量学家对其提出质疑。它受到攻击最多方面主要集中在信度和效度问题上：

（1）信度问题（reliability）。表现性评估运用最多的是评分者信度与被试在任务表现上的一致性。评分者信度指的是测量两个或两个以上的评分者对于某领域内一个或多个行为观察后评判的一致性程度。在评分过程中，表现性评估标准的执行具有很高的主观性，所以测量专家对这种评分者信度格外关注。研究表明，通过对评分者认真地训练及认真制定评分规则，评分者信度是可以提高的。Shaw, Laurie, Chissom 则认为此类信度与经典测验理论中的信度不同，并提出了新的计算公式。与此相比，对于任务间或重复任务成绩的一致性则较少受到关注。Linn 和 Dunbar 等指出，得分的信度低于评分者信度。这是由于表现性评估的任务具有高度的任务具体性，实际的任务情景设置导致在表现上的变化，评估的方法如观察、记录、计算机模拟也会影响所测量的表现。他们建议增加在评估上的任务数量比增加评分者人数，来提高分数的可信性。

（2）效度问题（validity）。测量学中，还经常使用的质量指标是效度。在此主要讨论表现性评估的表面效度、结构效度及结果效度问题。表面效度是最浅层次上的效度，它指的是从表现上看起来，测验题目是否与测验目的一致。表现性评估的表面效度比较高是公认的。但仅有表面效度是远远不够的，我们更注重的是评估本身的结构效度与结果效度。结构效度是指测验对某一理论或特质测量的程度。对所要测量的理论或特质进行准确的界定是任何测量的前提，这正是表现性评估遭受批评最多的地方。在研究表现性评估的效度问题时，必须认真地考虑需要评估的领域，是否对其进行完好界定、进行完好抽样、是否可以通过抽样来对整个领域进行推论，许多表现性评估是任务驱动型而非概念驱动型，一些测量的实践者只集中注意于特定表现却用"概念的语言"来推论分数的意义，从而忽视领域的覆盖性及类推性问题。

思维科学作为人类的认识活动，本质价值是认识性的，它表现为寻求真理并为此诉诸证明。当我们说思维样式的价值在于对具体问题的解决时，真实的意思是说，它要为我们按照真正科学的理由接受某个思维成果提供思路和证据，这实际上就是对思维科学价值的认可。但是，由于不同的思维样式处于不同的层次上，不同的思维样式应对着不同的具体问题，我们不能把不同的思维样式放在同一平台上，用同一标准来评估它们。就像我们无法评估爱因斯坦与莎士比亚谁的思维样式更伟大一样，我们不能把思维结构样式、思维路径样式、关联思维样式、应激思维样式、多元思维样式、灵动思维样式混为一谈。

思维样式评估准则首先把经验材料变成了概念体系，对这个概念体系的检验和判别就包含两个方面的要求：一方面需要理性证明，另一方面需要经验检验。

## 第二节 作业命题法

作业本身的含义是指从事某项特定的智力或生产活动，作为心理学术语主要是指一种测量方法。作业命题法，是以行为样组的客观的和标准化的作业让被试者去完成，从而鉴定其潜在能量的一种测量法。它不依赖于被试的语言、观念、思想等，而是使用一些"任务导向"的客观作业测验，在掩蔽测验目的的条件下，从被试完成这些客观作业的态度、风格及完成作业的质和量上来了解分析其作业性格，藉此评价被试的智力或思维等方面的特征。

如前所述，作业命题法是思维测量的主要手段，其他的如自陈命题、投射命题及情境命题都是其辅助方法。无论感性思维还是理性思维，都离不开作业命题。

### 一、古典作业命题

对作业命题的研究可以追溯到公元前 3000 年的美索不达米亚。当时君王招募术士和僧侣时，就用谜语和占卜工具同时进行的。有记载的古典命题已足以使我们吃惊。

在古希腊神话传说中，有一个可怕的怪物叫斯芬克斯。她有美女的头，狮子的身子。斯芬克斯蹲在一座悬岩上面，问过路人各种隐谜。假使过路的人不能猜中她的谜底，她就将他撕得粉碎吞食掉。斯芬克斯甚至吃掉忒拜城克瑞翁国王的儿子，因为他经过悬岩边时未能解答她所提出的隐谜。这迫使克瑞翁国王做出一个决定并公告全国：谁若能靠聪明智慧战胜这个恶怪，就可以获得忒拜城王位。正在这个时候，外乡的青年俄狄浦斯来到忒拜城。他爬上斯芬克斯所蹲踞的悬岩，自愿解答隐谜。怪物斯芬克斯自以为有一个任何人解答不出的隐谜。这个隐谜是："什么在早晨用四只脚走路，中午只用两只脚走路，而晚间却用三只脚走路？"斯芬克斯还怪模怪样地解释道：这是唯一用不同数目的脚走路的生物。脚最多的时候，正是速度和力量最小的时候。俄狄浦斯听到这隐谜并不觉得为难。"这是人呀！"他回答，"在生命的早晨，人是软弱而无助的孩子，他用两脚两手爬行；在生命的当午，他成为壮年，用两脚走路；到了老年，临到生命的迟暮，他需要扶持，因此拄着拐杖，作为第三只脚。"这是正确的解答。斯芬克斯因失败而感到羞愧。她气急败坏，从悬岩上跳下摔死。克瑞翁国王为了兑现他的诺言，将忒拜王国赠给了俄狄浦斯。

这是我们迄今所知的最古老的谜题，它外表或多或少涂染上一些神秘色彩，其实内涵着一些哲理，通过神怪之口发难，迫使人们去思考，咀嚼一些令人回味的道理。古希腊神话中还有类似的谜题，不过都隐蔽在精彩迂回的故事之中，显示出人类初期命题的两个特点，即哲理性和神秘性。另外，古希腊还是一个泛神论的年代，通过众神之口探讨人的本原已是一件了不起的事情。

古代中国的七巧板是一种拼板玩具，大概有上千年的历史。它是从我国古代的燕几图演变而成的。燕几是一种错综分合的案几，可以拼成各种图形。古人饮宴设席，供宾客娱乐。后来，将这种实用品缩小，就演化为七巧板，它是将一块正方形的纸板分成七块，用它们拼成各种各样的图形。这种玩具很早就传到了国外。据说18世纪末的拿破仑一世就十分喜爱玩七巧板，即使滑铁卢战役失败后，他被流放到圣赫勒拿岛上也念念不忘玩七巧板。西方人还给七巧板起了"唐图"这个名字。唐朝是中国十分昌盛的时期，外国人常用"唐"来代表中国。因此，七巧板就成了"中国的图"了。

九连环也是一种古老的智力玩具，据考证它的历史至少有几百年，宋代以后在民间广泛流行。它的结构比拼图玩具稍微复杂一点，是用铁丝和铁片制成的。它共有九个环和一个柄，玩法是要把九个环一个一个套到柄里去，然后一个一个取下来。看起来不难，真正玩起来却颇费周折。美国心理学家罗杰1910年在做课题研究时，就曾用这类交错圆环交给被试者，要求巧妙地解开这些金属制品，从而测试人的智力优劣情况。

中国古代还有一些智力玩具和历史故事联系起来，使人兴致倍增。"华容道"就是其中之一，它取材于《三国演义》里曹操在赤壁打了败仗，从华容道上逃出来的故事。用一个带20个小方格的棋盘，代表华容道，棋盘下方有一个两方格边长的出口，是供曹操逃走的。棋盘上共摆有10个大小不一样的棋子，它们分别代表曹操、张飞、赵云、马超、黄忠和关羽，还有4个卒。玩法就是通过两个空格移动棋子，用最少的步数把曹操移出华容道。这个玩具曾引起许多人的兴趣，大家都力图把移动的步数减少。据国外资料声称，美国数学家马丁·加德纳已经创造了步数最少的世界纪录：81步。

这类智力玩具需要知觉组织的能力和空间想象的能力，而且通过图形中的分解和整合，使人追寻整体和部分的关系。这类智力玩具具有可操作性的特点，用现代心理测量学的术语，叫"操作性作业命题"，只不过许多"操作性作业命题"已从游戏目的转向了测量目的。

## 二、动物作业命题

真正把思维作业命题纳入科学研究的领域，还是20世纪的事。最早把命题与实验结合起来研究的是哥伦比亚大学教授桑戴克。这个谨慎的科学家明白，对思维着的人类大脑，无论从法律还是从道德的角度，都不允许进行破坏性的实验，于是他首先将目光转向动物。

## （一）桑戴克：迷笼与迷宫

20世纪初，桑戴克为探讨动物解决问题的思维规律，创设了两种命题。

一是迷笼。实验时，把一只饿猫放进一只笼子里，笼子的一端敞开着，为了防止动物逃跑，安装了动物不能钻过的栏杆。通过这个栏杆，动物可以看到和闻到笼子外边的食物。笼子内装有机械开关，比如杠杆或者绳圈，控制着笼子一端的小门。动物只有操动笼子内的开关才能跑出笼子。桑戴克做了一个简单的实验。他把一只猫一次又一次地放进笼子里，一直到它操动开关逃跑出来。然后又用第二只动物重复这一实验，接着再用第三只、第四只……结果，他发现每个被试猫都按照一个相似的模式行动。起初，都在笼子里乱跳，推撞笼壁，

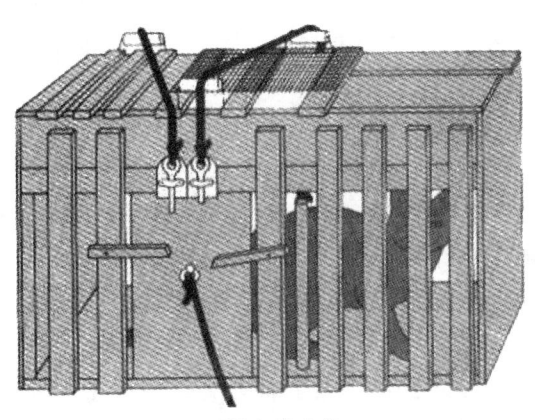

桑戴克的迷笼

撕咬栏杆，竭力想从栏杆的空隙中出来。最后，又都是偶然操动了机械开关，打开小门，跑出笼子，并得到了放在笼子外面的食物。在经过反复试验后，桑戴克注意到被试猫能够一次比一次更快地正确操作机械开关。最后只要把它关进笼子，它就会奔向开关，很快获得食物。

二是迷宫。迷宫是桑戴克设计的另一种命题，迷宫中的路线可以作随意更改和重新安排。他把动物放在这种"迷宫"箱子里，箱子里只有一条用挡板隔出的通道可以跑出。箱子的上端罩有金属网。其中的一种"迷宫"，里面的通道成正方形，并带有两条可选择的途径。饥饿的动物为了得到食物，不得不在迷宫中寻路。实验者通过可随意移动的挡板，给动物造成不同的问题。例如安排它必须向右拐两次后，再向左拐两次等。动物在经过多次尝试之后，就出现了正确的行为，并保持着优势状态。

动物在迷箱里的情境，非常类似于人类解决问题时的情境：首先，通过一系列不成功的努力去解决困难，接着，停止并开始探索，最后，找到了一种可以解决问题的行动。桑戴克称之为"反复试验"学习。

桑戴克曾经假设反复试验学习是一切解题的基础，并根据这一假设发展了一个有关智力行为的理论。直到今天，迷笼与迷宫还是思维命题常用的形式之一，只不过它们大多已改造成纸笔操作的样式，有些还用于儿童的智力测验。用反复试验学习这一理论来解释迷笼和迷宫实验时，似乎显得很完美，可是对人类更加复杂的行为，就不能那样容易地解释了。

## （二）苛勒：猩猩的"顿悟"

第一次世界大战后，德国有一些心理学家提出了一种新的见解，叫做完形心理学。他们之中一位叫苛勒（Wolfgang Kohler）的，认为桑戴克迷笼命题存在一些缺陷，因为那只猫为了得到自由，起劲地爬、使劲地跳，实际上它们做的只是桑戴克安排下的令其泄气的事情。猫不可能发觉这种能帮助它从笼子里逃出来的机械，即使它能够发觉，也不可能理解它。毫无疑问，桑戴克实验中的适应性行为看来像是一种条件反射的产物。不过，有些动物可能表现出更接近于人类的顿悟学习。要想知道它们是否能够理解机械作用的唯一方法，就得另外设计一种只在动物正常反应范围内的实验。

为了进一步揭示人类的思维之谜，苛勒选用黑猩猩作被试者，因为黑猩猩表现出比其他动物具有更高的智力。在实验中，把一只黑猩猩关在一只笼子里，笼子用链子拴在树上。

在黑猩猩可以触到的地方摆上一根棍子。开始时，黑猩猩抓起棍子咬它，最后对它不感兴趣了，就把它摔掉。隔了一会儿，再把一只香蕉摆在以链子为半径的圆周之外（使动物够不着）。经过几次用"手"、用脚去抓水果失败后，黑猩猩抓起了棍子，盯着香蕉，然后突然笨拙但又十分有意地把香蕉拨至可拿到的地方。于是棍子就被当作了一件工具——动物已经有些领会手段与目的的关系了。

在另一实验中，也是把黑猩猩关在笼子里，在笼子外黑猩猩手臂够不到的地方放着一束香蕉。在笼子内正对着香蕉的地方摆着一根短木棍，这根木棍较短，不能够到香蕉，在笼子另一端的木栏杆外，放着一根较长的木棍。

这一设计的命题对于动物来说，的确很不易解决。

（1）黑猩猩必须先拿起短木棍，正确地走到笼子内离香蕉更远的另一端，把长棍子拨近拿到"手"；

（2）然后，它还必须回到笼子的另一端，用长木棍钩取香蕉。

解决这个问题看来需要某种顿悟能力和解决问题所必需的步骤。几只猩猩对这种情境的反应都很相似，起初它们都奋力用短木棍去钩水果，失败之后，表现出灰心丧气和愤怒，并兽性大发，想要撕破坚固的栏杆。经过在笼子内的徘徊，查看情景，动物突然抓起短棍，有意识地用短棍把另一根长棍拨到"手"，然后，兴奋地奔到离水果最近的地方，用长棍子解决了问题。

苛勒声称，黑猩猩所表现出的理智行为，是具有解决思维命题能力的证据。由于在单纯的知觉场中，不能马上就清楚地了解其中的关系，因此，必须通过命题的各部分，以及其相互间关系的某种顿悟，才能了解。苛勒进一步说明这些行为显示了"顿悟"，并避免了（由成功的重复而建立起的）正确运动中的偶然失误。

苛勒的作业命题，大多都含有把动物被试者的几个活动片断"组合成一个有序的整体"。黑猩猩必须马上离开目标对象（笼子栏杆外头的水果），它必须从矮树上折下一根树枝，或者用一只小棍子把长棍拨进笼子，或者得到某些其他合适的工具。然后它必须回到原来的地方，将水果"钩到手"。把这些分离的行为片段组合成一种"合理的"，而且有序的系列，直到今天我们有许多思维作业命题仍采用这类操作性强，而且设计有序的方式。

## （三）梅尔：行为命题

美国密执安大学的梅尔（N. R. F. Meyer），对苛勒的猩猩能否"顿悟"有不同的看法，并试图通过一系列对白老鼠的命题实验来解答这个问题。实验的设计很简单。先给动物做片段行为的训练，然后测试它们是否能够把这些分离的片段组合成为解决问题所必要的有序系列。梅尔的"白老鼠推理命题"大致这样：用四只目标盒子 U、X、H 和 R，分别安放在小台子上，它们之间用相同凹凸花纹的通道连接。每只盒子的形态和盒内地板的覆盖物都不一样（老鼠的脚趾很敏感）。例如 X 的地板使用毛茸茸的丝絮，U 的地板由带着粗纹的冷金属制成，H 选用暖而平滑的金属，而 R 呢，则铺上橡皮垫。

进行单程训练时（如从 R 到 U），应关闭其他所有的通道，以便动物能更容易学习顺序。

连续训练的项目如下：①从 R 到 X 可以吃到食物；②从 U 到 X 可以吃到食物；③从 R 到 U 可以喝到水；④从 R 到 H 可以喝到水。

梅尔试图让老鼠对每一个分步骤的行为都建立牢固的习惯，且每个行为习惯都应相互均等。

每只动物在这四种行为状态中进行彻底的训练之后,让它们分别通过下列的测验:把 R-X 道路上的 B 处堵住,让 R-U 和 R-H 线路畅通。把饥饿的老鼠放到 R 处,看看它是否先奔向 U,然后再奔向 X(这个通往放有食物 X 的迂回路线,需要把 R-U 和 U-X 这两个行为片断组合起来),比先奔向 U 再奔向 H(事先学过的喝水路线)更多次。

实验的结果很清楚,白老鼠选择了更复杂的路线 R-U-X,而不走 R-H。为什么呢?梅尔认为这是白老鼠做了某种推理的结果。当老鼠呆在 R 点时,它一定以某种方式加快经过 U 到达 X 的完整路线。白老鼠不能自言自语,可是一些隐蔽的、内在象征性的过程一定在工作,指导着白老鼠去成功地解决问题。

这种行为主义命题是根据一个特殊的学习理论,即假设各种过程是不可观察的,也不能以任何可观察的因素来推测。这种假设的过程可以作为已知刺激情境与可见反应模式之间的中间体或环节。当然,我们希望终有一天,有关被试者的大脑和神经系统的功能知识,能使心理学家足以按照神经病学的术语说明解题行为。

无论是桑戴克命题还是苛勒、梅尔的命题,其对象都是动物。动物的思维和人类思维之间的差距仍然是很大的。然而在类似的较简单的操作上,人类思维可能有着与动物相似的起源。尤其对儿童思维的研究中,我们发现万物之灵的人类,原本也不过如此。

## 三、人类科学思维命题

经历数千年的长途跋涉和漫漫求索,人类在进行思维命题方面已经积累了大量的经验,为现代科学思维命题的研究奠定了厚实的基础。开启人类思维命题先河并进行研究的,是美国心理学家罗杰(Roger)。1910 年,他把他的研究结果发表在《心理学档案》(纽约)杂志中。他研究了神经活动和词语表达之间的关系。他让被试者解决机械方面的难题,将任一玩具商店里的热门货(比如中国古代智力玩具九连环等)交给被试者,要求巧妙地处理这些金属制品,直到把各个部分都解开。罗杰之后,又有许多科学家加入这一行列。

### (一)邓克尔:实用作业命题

真正设计出实用作业命题的,当推邓克尔(Karl Danker)。邓克尔是德国心理学家、格式塔心理学的奠基者——韦特海默(Max Wertheimer)的学生。他设计的有趣命题,不是用于检验特殊的假设,而是研究思维过程。他设计的这些实验,意义在于开拓解决问题所运用的推理过程。像罗杰的实验那样,在进行实验时,被试者也必须边解决问题边把想法大声说出来。

下面这个实用命题是他的一个著名实验,要解决的问题是一个实际问题:"假如一个人,生了胃肿瘤,又不能够施行外科切除手术,只能采用放射治疗,问怎样才能把它消除呢?"这个问题的难点是,射线不仅可以破坏患病的组织,同样也会破坏健康组织,而肿瘤组织周围又全是健康的组织。

一位被试者,用了一个半小时才得出了最后解决问题的方法。他的整个思路如下:
(1)把射线通过食道(咽喉)送入胃部;
(2)服用化学试剂,使健康组织不致遭受射线的破坏;
(3)把肿瘤移至人体的表面,让射线对其直接照射;
(4)试用一种新的方法,看看能否降低射线的强度,使之不会损伤健康组织,又能杀死肿瘤?射线的强度应是可变的。可是应怎样做呢?

（5）最后一个方法：设法转移或扩散射线。问题突然解决了："把一束宽而弱的射线穿过一个透镜，送入胃部，并把焦点对准肿瘤，使之接受聚焦后增强了射线"。这正是所要求的解决问题的方法。但最有效的解决方法是，把几束较弱的射线射向肿瘤，使得只在肿瘤上才聚集起足以毁灭细胞组织的射线，而对周围的其他组织无害。

邓克尔通过许多不同的实验，他得出了有关寻找解决问题方法的过程的一般性结论。按照邓克尔的理论，人们实际上是这样解决问题的：

（1）提出盲目或错误的解决问题方法，但并非一无是处。上一命题中被试者似乎要保持肿瘤、健康组织和射线的基本关系，提出符合某些事实的建议。让射线从食道通入是行不通的，可是让射线从组织的空隙中通过，而不触及健康组织的主意，却是正确的；

（2）每一个方案都重新阐述这个问题。一个新的假设是在所有因素的灵活转变中建立的，这种"转变"是抽象推理的固有特征；

（3）任何一个假设，都是根据其功能特征来判断是否可行，许多假设都有相同的功能值（例如："移动肿瘤使之直接暴露在射线下，或者单独采用外科手术切除肿瘤"，或"把射线聚焦在肿瘤上，并避开周围的组织"）。一旦提出某些完善的假设，就必须在实际情况中考虑，确定什么是切实可用的；

（4）盲目的解决方法不会超出产生问题的特殊情境。在已经抓住的功能特征的情境下，解决各种问题的方法能迁移和应用到不同的情境中。

在解决问题的严格推理过程中，被试者分析情境，以便发现其中所包含的材料和关键的因素，通过对这些材料的重新组织，使得解决问题的方法越来越清楚。同样，对目标也必须分析，以便使被试者能够看到为了从"认识问题"到"最终解决问题"，必须做些什么。不过，这种在解决问题时进行严格推理的做法是很少见的。

## （二）瑞文：图像推论命题

瑞文（J. C. Raren）运用信息加工的模型，设计出几何图像的推论命题。这位英国心理学家极善于将复杂的图形分解为组成元素，或者将图形的构成元素以某种逻辑关系重新组合、编排、转换成一个系统图群。前者倾向于思维分析，后者可称之为组合创新。用几何图形来命题虽然不是新鲜的事，但瑞文根据斯滕伯格理论构建了一个有关命题的框架。这一框架包括下列假设：

（1）不同结构的图案推理有不同的功能，成分加工随组织类型的不同而发生变化；

（2）将几何规则用于组织系统的设计，但图案的解码系统并非几何规则，而是分析、综合、比较、抽象、概括、具体化这些思维操作手段；

（3）排除言语、文化教育及生活经验的影响来训练人的"纯思维"。

这些假设现在已变成几何图像推论命题的原则。其中"排除言语、文化教育及生活经验的影响"来训练人的"纯思维"成为这类命题的最大优势。这类命题实施简便、省时省力，又适用于语言障碍或交往不便的人们。在研究领域，它更适合于跨文化研究以及正常人、聋哑人和弱智人之间的比较研究，可以作为大规模思维诊断的筛查工具。瑞文测验即为这种图案测验。

研究表明，几何图像推论命题要负荷图形关系推理因素，这对训练人的形象思维和抽象逻辑思维能同时发生作用，对思维过程的信息提取、编码、再造具有可操作性的量化分析作用。

## （三）韦特海默：教育命题

韦特海默在 20 世纪 20 年代时，与苛勒一块在柏林大学工作，尽管韦特海默的著作在他去世以后的 1945 年才出版，可是其中仍包含有 20 世纪早期的研究成果。

韦特海默以儿童为对象做了一系列的实验。其中的一个实验，他用常规的教学方法，说明了儿童们是怎样找出矩形面积的。他是这样进行论证的：如果把一个矩形的高度设想成许多小正方形，那么，这个矩形的面积将等于小正方形的竖列总数。韦特海默声称这个方法可使人们洞悉操作，因为它显示出了本身的结构，表示了不同矩形面积之间的关系，并符合整体与各部分的关系。在这个数学方法背后，一个固定的"主意"帮助儿童自始至终逐步开展思维。当完成这一步之后，韦特海默又向儿童们提出一个问题："求出任意平行四边形的面积"。

五个儿童中，有一个要求给他剪刀，他把平行四边形竖着剪成两个部分，并把剪去的一部分从图形的左边移到右边，于是拼成了一个矩形。显然它等于原来平行四边形的面积。应用已经学过的方法，儿童就能够测定矩形的面积。儿童们已经认识到：如果能够把平行四边形变成面积相等的矩形，就能应用已熟悉的测定面积的方法，顿悟和对这种关系的知觉，帮助儿童解决了问题。

韦特海默从一系列解决问题的实验中，得到了有关解决问题的一般理论。他认为，解决问题取决于抓住问题情境中的结构关系和功能关系。必须找出问题情境中的"内存联系"，以及每个特殊情境由于自身要求所具有的特殊定向，找到这些并根据所表现的事物改变问题情境是解决问题的关键。解决问题不是把已建立的习惯或行为模式自动地应用到老一套的情境中，也不是应用可下定义的原理。它是一种能动的过程，是从每个特殊的情境中产生和形成的。

韦特海默认为"这样一种过程并不一定是几个步骤的总和，也不是几步操作的结合，而是在问题的缺口中引出了一条思路的过程。"这是一个重要的特征。它展现了一条通往解决问题的途径。这里存在着通过形成或抓住新关系模式所必须解决的"结构上"的压力和紧张。每个问题都限制着这种模式的范围，这些模式必须"符合"目标状态，而解决仅是一个对实际改组的单纯认可。要达到这种改组，就必须通过变化进攻的方式，改变用于描述和说明情境的基本概念，以及转变那些构成假设或"线索"的原理。由于问题刺激所产生的紧张，只有在问题解决之后才能消除，因此，解决问题是一种只有根据抽象的特征才能做出不完全描述的活动。这也是一种通过努力改变结构形态的斗争。

## （四）吉尔福特：发散搜索命题

把思维命题与创造品质结合起来研究的首推美国心理学家吉尔福特。吉尔福特在早期研究中，曾把创造性思维品质分为五大因素，即对问题的敏感性、流畅性（包括联想流畅因子、表达流畅因子、观念流畅因子和语言流畅因子等）、灵活性、独创性、精致性和再定义能力。从命题设计上，他多采用语言文字、数字计算、图像再造和识别、操作性作业等形式。吉尔福特的学生托伦斯、吉特泽尔斯、杰克森等三人，继承老师的事业，进一步对创新命题进行研究和设计，命题有了一些新的内容和形式，主要有：词的联想（如给出多义词，让被试说出词义并从相反、相似、从属等方面加以联想）；物体用途（发散式地指出物体的用途，例如提出"粉笔有什么用途"，要求答案越多越好）；从隐蔽的图案中找出完整的东西来（如给被试看一张画着几何图形的卡片，要求找出另一个更复杂隐蔽起来的图形）；解释寓言揭示寓意（如给几个没有结尾的寓言，要求对每一寓言都做出三种不同的结尾）；自编问题并看谁编得新奇等。

吉尔福特及其弟子的思维命题的核心是发散搜索功能，这是一种不依常规，寻求变异，从多方面探索答案的命题形式，命题具有流畅、变通、独特三个特性：流畅是指发散的数量，是量的指标，也是发散的基础；变通是指发散的范围和灵活性，是发散的关键；独特是指发散的新异成分，是发散的目的。因此，吉尔福特及其弟子的思维命题具有不少特色，他们强调思维品质作为创造性因子，并从这个结构出发进行命题设计，从而使人们对自身的创造性思维有了新的认识。这些命题有明确的训练和测试功能，尤其对思维的灵活性、发散性、独特性的发展与促进很有裨益。

### （五）迦纳：多元命题

多元命题专指美国哈佛大学心理学家迦纳（Howard Gardner）的七项基本智能：语言、逻辑、数学、空间、肢体、运作、音乐、人际、内省而言。

自从1905年法国心理学家比纳及西蒙（T. Simon）等人发展出世界第一个智力测验以来，语言、数学、空间推理能力，已被认为是决定一个人智能高下的标准。1983年迦纳出版《心理架构——多元智能理论》一书，驳斥传统狭隘的智力理论，指出至少有七种基本智能的存在。这七种智能代表每个人七种不同的潜能，这些潜能只有在适当的情境中才能充分发展出来。由于此七种智能被发现普遍存在于人群当中，因此多元智能的理论已广为心理及教育学界所接受。

迦纳所称的语言智能是指有效运用口头语言或书写文字的能力；逻辑、数学能力指有效运用数字和推理的能力；空间智能指空间感觉的敏锐度及空间表现的能力；肢体、运作智能指运用整体身体来表达感觉与想法，以及运用双手灵巧制作事物的能力；音乐智能指感觉、辨别及表达音乐的能力；人际智能指察觉并分辨他人情绪、意向、动机及感觉的能力；内省智能指个人自知之明的能力。迦纳进一步指出，每个人都具备所有七项智能，而且大多数人的智能可以发展到适当的水准。

这些智能是经由参与某种相关活动而被激发出来的，虽然智能的成长随着智能类别的不同而不同，但却大致遵循一定的轨迹，即年幼时期开始发展，经过不同的巅峰发展阶段，到了老年时期发展活力迅速或逐渐地下降。如语言智能从儿童早期即开始发展，直到老年时期仍可持续缓慢发展；逻辑、数学智能在青少年及成长早期达到发展高峰；空间思考在儿童时期就已发展成熟，艺术眼光则持续发展到老年期；肢体、运作智能随着生理发展的日趋成熟而发展；音乐智能的发展关键在儿童早期；人际及内省智能的发展取决于幼儿经验。

多元智能的理论，提示各教育阶段的教师在安排教学活动时，要同时兼顾七种领域的学习内容，综合运用多样化的教学方法（如全语言、批判思考、操作、合作学习、独立学习等），同时提供有利于七种智能发展的学习情境，让每个人的七种潜能都有获得充分发展的机会。

迦纳的多元命题虽指向人的智能，但对思维命题也具有一定的指导意义。首先他将人类的思维命题与人的心理发展结合起来，不同的思维命题对应着不同的年龄群体；其次，他启示思维测量专家运用多元命题设计综合量表来测试人的基本思维能力。

人类用不同的方法、不同的渠道、不同的形式培育大量的思维命题，涵盖了人类已有的全部经验，千年的长途跋涉和漫漫求索不仅为现代思维的研究积累了大量的经验，也为思维测量尤其是作业命题奠定了厚实的基础。

## 四、解题策略与技法

### （一）解题策略

命题与解题如同锁与钥匙之间的关系。一把钥匙对一把锁，配钥匙要先明了锁簧结构与大小，选择好钥匙坯，造齿对孔、试用修补等环节，解题也需要有步骤有策略地进行。解决命题的策略是指提出和选择解决命题新方案的原则、程序和方法。命题解决的常用策略有搜索策略、正向分析策略与反向分析策略以及类比迁移策略。

搜索策略的特点是，命题解决者在到达目标状态的进程中要通过许多决策点。下棋就是一个例子，每走一步都要做出决策，必须连续成功地做出正确的决策，沿着正确的途径前进，才是成功的解决办法。在棋类游戏中，如果面临许多可选择的移动时，对各种可能有效的移动都要尽量考虑，即是发散辐射的策略。这种策略的优点是鼓励问题解决者考虑各种可能性，不忽略每一种可能性。这个策略的缺点是问题解决者对每一种选择的前景都要评定，记忆负荷过大。棋手不仅要鉴别每种移动是否能走得通，还要考虑走哪一步最有利，鉴别哪些移动可能导致失败而需要避免，哪些移动会拖长时间、哪些移动能使对手处于被动状态……，当棋手需要面对许多可选择性作"深入"地搜索时，他们的记忆资源会很快耗尽。另一种策略是选择某种走法，检验由此导致的途径，这就是集中择优的策略。在每一个决策点（或图解中的节点）选择一条通路向前移动，假如这一线路导致失败，就返回到该节点选择另一条可选择的途径。事实上，由于受时间和记忆的限制，棋手下棋时不可能考虑所有可能的选择及其通道，一般棋手在运用深度搜索决策时，对各种选择前景的评估通常只能超过当前状态一至两个决策点。

正向分析策略与反向分析策略主要是指解题过程的不同的思维路径。命题解决分初始状态和目标状态，初始状态即现在的样子，而目标状态则是问题最后解决的状态。解决命题策略，大多就是采取各种手段来一步步缩短初始状态与目标状态的距离。命题的解决，并不是简单地一步到位的，而是分出许多步骤。那么该如何来解决它呢？最有效的方法就是把一个问题分成若干比较小的问题，每个小问题都有自己的目标，通过子目标的实现最终使问题的当前状态达到最后的目标状态。命题解决者的任务最初是确认问题的当前状态与目标状态之间的差别，然后通过一个个子目标的实现，使后继的中介状态更为接近目标，直到达到最后的目标。如果说手段→目的分析法是正向策略，那么目的→手段则是相反的分析法。"手段→目的"法适合的范围是当明确问题空间时，从初始状态可以引出分析一些很明确的途径以达到目标状态。但是，也有另外一种情况，在从初始状态引出的许多途径中，只有很少能达到目标状态，或者有许多因素根本无法考虑到，而从目标状态出发，却较容易寻找到接近初始状态的途径。这时候，就可以考虑采取另外一种与之相对的思路："目的→手段"分析法。"目的→手段"分析法，是一种逆向思维法。其特点是：首先确定目标，然后考虑要达到这一目标，先要实现什么子目标，再考虑要达到该子目标，又必须先实现什么子目标，由此类推下去。当所有的子目标都达到了预期效果时，问题也就解决了。"目的→手段"分析法，实际上也就是一种"排障法"。所有的子目标，其实就是子障碍的排除。一个个子目标被实现的过程，也就是一个个子障碍被排除的过程。

类比迁移指先前解决问题的经验应用到理解新问题上的策略。它是人们解决不熟悉问题时运用的主要策略。运用类比迁移时有一个相似基础和一个相似目标，前者可视为先前的命题，后者为要解决的新命题。命题解决者需要运用相似基础与相似目标进行勘测，即从已知怎样做的事开始，找出先前解决过的与当前新的还没有解决的命题之间的相似性，从而运用那些相似性（类比）。所以，类比迁移就是把先前问题的信息抽取出来并运用到新命题上。对类比迁移的探讨，主要集中在从相似基础可抽取到哪些信息以及如何把这些信息勘测到相似目标上。关于类比迁移的不同研究，分别强调不同信息的作用。有的强调深层结构比表面信息的作用更重要；有的认为表面信息和深层信息都重要。人们对相似基础记住的是例子，当一个新问题出现，如果表面和结构与储存的问题相似就会激活它，有关的信息就会运用到要解决的新命题上。但更多的研究支持的观点认为，所储存的先前解决问题的内容、表面信息是迁移发生的关键，用基础相似物勘测目标相似物就是对内容和表面信息的运用。

一般来说，解决命题的策略也可以分为算法策略和启发策略。算法策略即把解决问题的可能方案一一列出，然后再逐一尝试，最后找出一个最佳方案。这种策略需按照一定的规则和步骤逐一尝试，它对于问题的解决比较稳妥，但常常比较繁琐，解决命题速度较慢。启发策略是根据个体已有经验，凭直觉选择一个最佳方案。这种策略不烦琐，速度快，是常被采用的策略。

### （二）解题技法

无论算法策略还是启发策略，都可分别派生出许多具体的解题技法，下面介绍的32法大体可见一斑。可能有人会发出这样的疑问：既然思维命题的目的是让思维灵活，让头脑更富有创造力，那么学习固定的解析方法或进行长期的思维命题训练会不会导致新的思维定势出现？会不会让思维以新的形式"画地为牢"呢？

对于这些问题我们应当从两方面来分析：首先，应当认识到思维定型或形成思维定势是思维发展的必然趋势，是不可避免的。问题的关键是如果我们的大脑不能有意识地塑造高效的、正确的思维模式，任其自由发展，则有可能形成低劣的、错误的思维模式。这就像学习写毛笔字一样，如果没有人教我们如何正确地执笔，如何摆正字的间架结构、不同格式的书法的运笔法则和技巧，只靠我们自己去摸索、去自由发挥，绝大多数人可能只会止于涂鸦乱抹的水平，永远无法窥视书法的艺术境界。所以，思维定型或形成思维定势并不可怕，可怕的是错误的思维定型和形成低劣的思维定势。据统计，思维定势可以帮助人们解决每天所碰到的90%以上的问题，许多学识渊博、经验丰富的专家，能既准又快地解决本专业的难题，其原因就在于他们头脑中形成了大量的解决这类问题的高效思维定势。

其次，有相当数量的技法是反定势的，尤其在创新突破的思维命题领域，思维的发散与变通成为主题。以择优发散法为例，看谁能用最简当的有效办法弄清一台机器的内部结构。要弄清一台机器的内部结构，却没有任何有关的图纸资料可以查阅。这台机器里有一个由100根弯管组成的密封部分。现在要弄清其中每一根弯管各自的入口与出口，你能否出一个简便易行的有效办法来。例如：①往每一根弯管内灌水；②用光照射的办法；③用唐太宗出题考藏王松赞干布的特使禄东赞的故事，让蚂蚁之类的小昆虫去钻一根一根的弯管。这些办法虽然都是可行的，但都很麻烦费事，要花的时间和要付的代价不少。现在还有第四种方法，你能用两只粉笔和几支香烟解决这一道难题吗？

其实方法再简单不过了：点燃香烟，大大地吸上一口，然后对着一根管子往里喷。喷的时候在这根管子的入口处写上"1"。这时，让另一个人站在管子的另一头，见烟从哪一根管子的出口冒出来，便立即也写上"1"。其他的那些管子也都照此办理。采用这样的办法，100根弯管，不到两个小时便把它们的入口和出口全都弄清了。这个巧妙的办法，是参与此事者大家一起从四面八方去想最后所获得的结果。

人们碰到某个需要加以思考的问题，不管是老问题还是新问题，是简单问题还是复杂问题，大都是采取这样一种态度：力图尽快想出一个解决问题的办法来。当开动脑筋想出了某个办法以后，经过一番斟酌，要是认为它切实可行，便着手付诸实施。在实践过程中，想出的这个办法如果被证明是行不通的，或者效果是不好的，人们便会在总结经验教训的基础上再去想第二个办法。要是想出来的第二个办法也依然行不通，或者依然效果不好，那就进一步总结经验教训，再去想第三个办法……如此反复，逐步推进，一直到问题最后获得解决。

人们这样思考问题的习惯是长期培养起来的。从进小学开始，做练习题也好，考试也好，对一个问题，一般都只要求想出一个解决办法。不管这个办法是优是劣，是简是繁，其代价是大是小，其效率是高是低，只要符合答案就行，就能得满分。除了少数例外，一般老师都不鼓励学生去想解决问题的多种办法、多种答案。如果谁想出了解决问题的与众不同的新办法，但它却有这样那样的缺点，老师往往不但不会给他加分，还会扣他的分。既然这样，谁还会愿意去伤精费神地想更多的办法，想新的办法呢！久而久之，这种解决问题只求想出一个办法，便成了人们"源远流长"、"根深蒂固"的一个种思考习惯。

对于思考非常规性的复杂的新问题来说，这样的思考习惯就不见得好了。特别是对于从事科学技术研究、企业经营管理、刑事侦查、复杂病症的治疗等这些创造性很强的工作，如果也以这样的思考习惯来对待，那就很难做到高质量、高效率地解决问题，很难取得出色的效果。案例中列了许多办法，最后"择优"：只需要两支笔和几支香烟就行了。从例析中我们似乎找到了答案，但从思维过程的角度看，发散择优的训练才刚刚开始，也就是说，这种思维解析本身就是破除定势的强化训练。

思维命题解析的核心是把大脑的思维当作一种技能来进行训练，就像是训练绘画技能、言语技能、运动技能一样。思维的本能不等于思维的能力，任何一种能力的形成都是反复的技能性训练的结果。没有人生来就会说话，尽管人有说话的本能，也没有人天生就知道该如何思维，这些能力都是在后天的训练中培养出来的。而要想不断地提高自己的思维能力，就必须把思维视为一种技能反复训练。

## 第三节 投射命题法

心理投射在生活中是常见的。例如，眺望天空飘浮的白云，会看到各式各样的动物姿态或人的形象；奇峰怪石，罗列成形，人们又依据自己的生活经验和精神状态对其进行解释……正所谓"仁者见仁，智者见智"。恨媳妇的婆婆谓媳妇憎恨自己；疑心邻居偷了斧头，邻人处处都像有偷斧的表现；伊人痴迷，风声树影被当作心上人等，这些都是内心深处的想象、愿望、要求、思想方法等无意识活动的对象化过程，它表现了心理反映主观性以及内部结构的模式作用。因此，考虑用投射技术来了解人的思维是有根据的。

## 一、投射命题概述

### （一）投射的发展

投射（projection）这一概念最早由弗洛伊德提出。在弗洛伊德看来，自我（ego）会将不能接受的冲动、欲望和观念转移到别人身上。像那些不能宽恕自己、内心充满敌意的神经症和精神分裂症病人，就常常以迫害妄想的方式将自己的敌意转嫁于别人。可见最早的投射是精神分析家认定的一种防御机制。荣格在他的自由联想测验中发展了这一概念，他认为词的联想中可以激活、投射出情结。默里（H.A.Murray）发展了著名的投射技术主题统觉测验（TAT），其投射概念亦是从弗洛伊德的概念演化而来，但不仅仅是一种防御机制。默里认为人们在认知和解释模糊性刺激时的知觉整合受到需要、兴趣以及总的心理组织（psychological organization）的影响。弗兰克（L.K.Frank）则是最早提出投射方法的人，他认为投射方法可以用以研究人格。这种方法就是使用一些刺激情境，使被试做出反应。使用这些刺激情境是要获得被试本身独特的人格组织投射在刺激情境的信息。

### （二）投射的原理

投射测验是一种特殊的人格测评技术。通俗地说，投射技术是向被试提供一些未经组织的刺激情境，让被试在不受限制的情境下，自由表现他的反应。主试分析反应的结果，便可推断被试的人格特征。

投射技术的基本假设是：①人们对于外界刺激的反应都是有原因且可以预测的，而不是偶然发生的；②个人的反应固然取决于当时的刺激和情境，但个人当时的、心理状况、已有的经验、对未来的企望，对当时的知觉与反应的性质和方向都发生了很大作用；③人格结构的大部分处于潜意识中，个人无法凭意识说明自己，而当个人面对一种不明的刺激情境时，却常可以使隐藏在潜意识中的欲望、需求、动机冲突等泄露出来，即把一个反映其人格特点的结构加到刺激上。

投射测验有四个特点：①测验材料没有明确的结构和固定意义，其结构和意义完全由受测者自己决定；②受测者有广泛自由的反应方式，可作多种反应；③受测者不知道测试的目的；④可以同时测量多个个体纬度，对结构进行整体性分析。

投射技术（projective technique）或投射测验属于心理测验的范畴，这一类测验中有墨迹技术（inkblot technique）、主题统觉测验（thematic apperception test）、颜色测验、逆境对话测验等多种，最具代表性的是罗夏墨迹测验。

## 二、罗夏墨迹测验

以罗夏墨迹测验（Rorschach Inkblot Test，RIT）为代表的投射技术在20世纪40～60年代盛极一时，达到鼎盛时期。罗夏墨迹测验几乎成了临床心理学的同义语，成了临床心理学不可或缺的工具，甚至到了精神病学家不懂罗夏墨迹测验，就不像精神病学家的地步。当时投射技术应用十分广泛，尤其是罗夏墨迹测验，被列为临床心理学训练中的重要课程，并有必须具备某种资历方可使用罗夏墨迹测验的不成文规定。心理学者亦以善用罗夏墨迹测验为傲，投射技术蔚然成风。罗夏基金会曾调查了1970年以前的有关罗夏墨迹测验文献，就有40000篇，专著29本，以后有关的学术论文每年发表多达95.8篇，仅次于MMPI。

## (一)罗夏墨迹测验的起源与发展

### 1. 罗夏墨迹测验的起源

赫尔曼·罗夏(Hermann Rorschach)是瑞士精神科医生,1912年在E.布莱勒(E. Bleiler)指导下以有关幻觉的论文获苏黎世大学学位。嗣后,在俄国莫斯科附近的一个地方工作了一年,其余的职业生涯基本上在瑞士精神病院度过。由于受到弗洛伊德的强烈影响,他成为瑞士精神病医生中精神分析的发起人。其实,墨迹图片并不是罗夏发明的,民间早就有泼墨游戏了,罗夏也因为擅长玩泼墨游戏而得到一个"Kleck"的绰号,意思是墨迹图(如下图所示)。墨迹图片最初制作时,只是先在一张纸的中央滴若干墨汁,将纸对折一下,用力压下。使墨汁四下里溅流,然后打开就可获得一张两边对称但形状不定的图形。后来在纸的中央又加进若干彩色墨汁,用同样方法,可获得彩色图片。

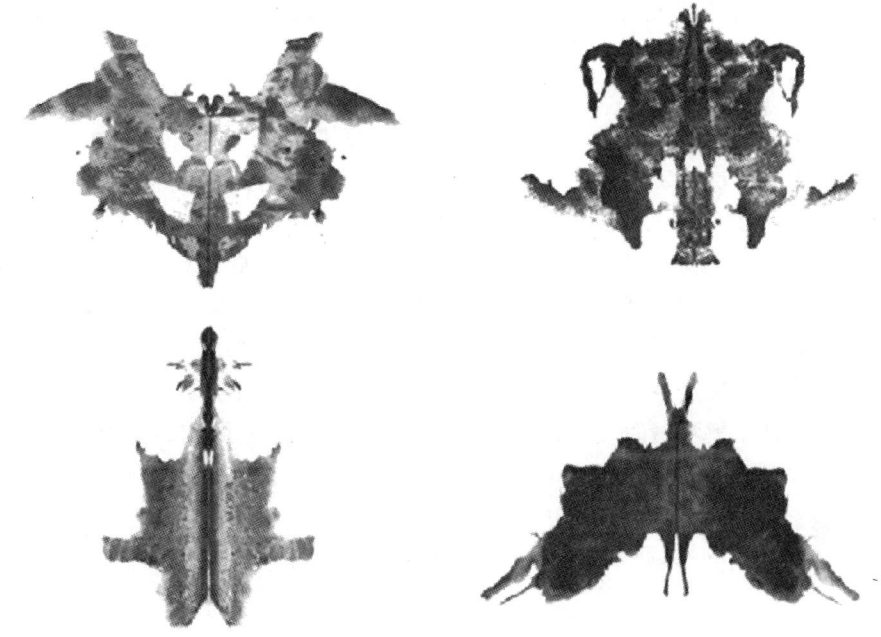

**罗夏墨迹图例举**

罗夏也并不是最早使用墨迹来研究人的心理的人,Justinus Kerner 和 Binet 早在1895年就曾用墨迹图来研究人的想象力,不过,他们并没有探讨到人格的问题。罗夏是个精神病学家,他从1910年开始便在精神病院工作,他见到精神病人往往有知觉障碍,因此,罗夏认为他们的知觉会有某些特点,于是想用知觉测验来作为了解精神病本质的一个手段。主题清楚、意义显而易见的图画,很难发现人们的特征性视知觉,只有模棱两可的墨迹才便于揭示这些特点。他在成千的墨迹图中,经过大量的实际测试,分析了被试的反应,最后筛选出10个图作为一套标准化的图板。这10张墨迹图都是将墨迹放在纸上再加折叠所成的对称的浓淡不匀的墨迹图,其中有5张全为黑色的,2张是黑色和红色的,其余3张是彩色的。在对正常的、智力迟钝的和其他一些特殊的团体进行辅助性测验后,他于1921年发行了有关墨渍测验的第一个德国版本。该测验适用于学前儿童至成人,其记分主要依据颜色与运动反应之比。他记分系统是以临床观察的顿悟为基础的。

1921年，罗夏的《心理诊断法》（Psychodianostics）出版，这是最早的人格投射测验，也就是我们现在所说的罗夏墨迹测验。1922年，罗夏完成论文《形式解释测验的应用》，准备提交给瑞士精神分析学会，不料几周后就猝然去世，这篇论文1923年在奥伯豪尔泽的帮助下发表了。这篇论文后来也并入了《心理诊断法》这本书中。

2. 罗夏墨迹测验的发展

罗夏还没有来得及完善他的研究就去世了，但RIT问世后，引起了很多人的兴趣。若干年后RIT的研究中心转移到了美国，并且发展出不同的体系。1937年，Beck创立了自己的罗夏系统，他坚持罗夏的传统，把测验看作是一个知觉过程，尽量在经验效标的基础上解释测验的结果，并从中累积了很多的效度和信度的研究资料。同年，Klopfer却坚持用弗洛伊德和荣格的理论来解释测验内容，他注重的是被试反应内容里面所包含的象征含义，他认为这些内容反应的是潜意识的欲望、冲突和动机等。他并不关注罗夏和Beck所极力追求的心理测量的各种标准化和经验研究的特征。可见，Beck和Klopfer分别把RIT引向了不同的发展方向。

在20世纪50年代，RIT成为心理学家热衷的技术，人们为自己能够掌握这个繁杂的技术而自豪。到了20世纪60年代，RIT就受到批评、质疑和冷落，不过，20世纪60年代中期，RIT每年被使用100万次，500万个小时被用来实施、记录和分析RIT的结果，花费在这个测验上的钱每年达到25000000美元，这个巨大的数目仍足以说明RIT受重视的程度。

1968年，Exner成立了罗夏基金会（后改为罗夏工作组），开始了大量的临床和实验研究，努力使RIT成为一个标准化的心理测验。Exner在实证效度研究和元分析的基础上保留了以往罗夏系统中有信度和效度的记分，同时也根据实验和临床研究增加了一些综合系统独有的记分，最后将记分项目确定为84个（1999），形成所谓的结构化的总结。

RIT的操作复杂，解释费时费力，对主试的要求很高，在我国的研究很少，很多学心理学的人都听过这个测验的名字，可是具体的内容和操作却没有多少人知道。RIT在我国的修订和研究工作目前还在进行之中，国内只有少数心理学工作者在小范围之内试用过。临床方面的诊断更多的是采用问卷测量和行为观察，而投射测验的使用相对国外来说是有很大的距离的。

（二）罗夏墨迹测验的过程

1. 测验的操作过程

罗夏把他的墨迹测验的操作过程分为三个阶段：第一个阶段是自由联想阶段，就是按一定的顺序把10张图片一张一张的交到被试的手上，让被试回答他看到了什么，这个阶段不限时间，也不限回答的多少；第二个阶段是询问阶段，主试重新把被试对十张图片的回答回顾一下，逐一询问被试回答时是根据整体还是具体那个部位来做出回答的，为什么会做出这样的回答，这两个阶段都要做详细的记录；第三个阶段是主试的计分和分析结果的阶段。这里所讲的是罗夏自己所用的一个操作顺序，其实随着罗夏墨迹测验的发展，出现了不同的操作顺序和计分分析系统。

2. 评分

罗氏测验根据被试者的反应，分别从定位、定素、内容、从众性等四个方面予以评分。

（1）定位，是指被试者着重反应的是墨渍图中的哪一部分，在评分时，从下述5个方面设置参数：①整体（W）：被试者对墨渍图的整体或接近整体的反应；②部分（D）：每一墨渍因其形状结构或墨渍浓淡或色彩的差异明显地分出若干部分，被试者对哪些部分明显地做出反应；③小部分（d）：被试者是利用墨渍中较小的但仍可明显划分的那一部分做出反应；④细节（Dd）：被试者利用的是墨渍中极小的或不同一般方式分割的一部分做出反应；⑤空白（S）：被试者利用的是墨渍中的白色背景做出反应。

（2）定素，是被试者将墨渍图片看成什么，在评分时，从下述4个方面设置参数：①形状（F）：通常的认识的形状为F，少见而很清楚的形状为F+，莫名其妙的形状为F−；②光度（K）：对于黑白光度的反应表示与被试者感情上的满足有关；③色彩（C）：对于纯色彩的反映而自带有形状的为C，形状较色彩显著的为FC，色彩较形状显著的为CF；④运动（M）：把图形看成是静的还是动的。

（3）内容，是指被试者把墨渍看成什么，是人形还是人体的某一部分？是生命的还是无生命的？是可爱的还是厌恶的？例如：一个被试者从图上看到厮打的动物，淋漓的鲜血，另一个被试者从图上看到和睦亲热的举动和温暖的阳光，其心理差异当然可以显现出来的。

（4）从众性，是指被试者的反映是与一般人相同相似，还是与众不同。独特的、积极的反映往往说明其创造心理的丰实；独特的、消极的反应往往可窥视其阴郁病态人格。罗夏本人主张在一般的被试者中有1/3对同一墨渍作反应，则为从众反应。如果在一般人一百次反应中，只出现一次，则可视为独特反应。

测验时被试者行为也是一重要资料来源。例如，老是请求给予指导的被试者可能是依赖性较强的，有的被试者测验时似乎很紧张，把图片翻过来倒过去地看，模棱而拘谨，其人格特征可能多疑、偏执。

被试者对每一张墨渍图片所做的每一反应，均需经上述四个方面予以分析，然后再进行分别就这四方面来研究反应的数量及彼此间的关系。例如，用Ⅴ图片（如下图）进行测验，通常可以得到以下几种反应：

罗夏图版分域图（图版Ⅴ）取自浚文轾 方俐洛 2003年

- 整体（W）反应。Ⅴ图版非常容易产生整体（W）反应（特别是"蝙蝠"、"蝴蝶"之类平凡反应）。没有这种反应，则是非常特异的，应给予注意。在极限检查阶段仍未被接受时，须特别注意。
- 形状（F）反应。被试者通常认识的形状（F）是附在有翅膀生物的反应中。少见而很清楚的形状（F+）如"岛上灯塔及倒影"，莫名其妙的形状（F−）为"飞机"等。
- 运动（M）反应。具有看出运动（M）反应素质的被试者，常常能看到人的姿态。但在该图中的M反应并不是很重要的。
- 回复性。对这个图版做出反应是非常容易的。在前几个图版中表现犹疑不决的被试者，在这里可期待有所回复。如果没有回复，或者在这里开始出现障碍的话，有必要给以注意。在这里引起障碍时，一种可能的解释是认为表面相当强的黑色，使得对不愉快的压抑性反应忍受不了的被试者心情紊乱之故。

如何解释各项分数呢？

W 分，表示有高度的组织能力和抽象思考的能力。

D 分，表示有具体的、实际的、少创见性的心理能力。

Dd 分，表示有特殊的知觉，有时表示有精确的批评能力，如果表现极端，则表示过于注重琐碎之事。

F 或 F+ 分，表示心智的过程和做事上有控制能力。F 分过高，则表示在情绪上和社会适应性上会受到限制。

F− 分，表示其行为无组织，对事曲解，属分裂型的人。

K 分，表示情绪需求，也可视为与焦急、压抑、不满足有关的心理。

C 分，表示其冲动行为以及情绪对环境的关系。

FC 分，表示具有情绪上的控制和社会适应能力。

CF 分，表示冲动和自我中心。

M 分，表示有丰富的社会生活和理想生活，属于思维评估。

M 是被试在静止的墨迹图像中所看到的某些东西的动作。

## （三）罗夏墨迹测验评价

罗夏测验最大的特点是对所呈现的刺激情境，其意义完全由自己决定，并不是由主试者武断地代他决定，因此，被测者可毫无顾忌地表现某种行为或感情，对刺激情境做出反应。与其他技术相比，罗夏测验技术优势在于：①可弥补问卷测验的局限，不依赖于被试是否真实回答，因为它是通过被试的活动产品的分析，揭示其中投射出来的心理反应；②不受文化背景的影响，因此在跨文化研究中被广泛采用；③可以洞察被试的无意识，了解其并非主动、有意表达的内心深处的变化。

对罗夏测验的批评主要来自坚持心理测量学观点的心理学家。严格地说，罗夏测验是不符合心理测量学的标准的。造成这种现象的主要原因有：

（1）缺乏解释者信度。[1] 考察评分者信度的研究暴露出罗夏测验的一个显著问题：两个或多个评分者评价同一测验答案的一致性很低。即不同的测验者会从同一被试的罗夏测验结果中得出不同的结论。没有证据可以支持罗夏测验的跨时间稳定性，同样内部一致性系数也很低。因为测验中每一项目会唤起不同的无意识冲突。跨时间的稳定性也难以建立，因为测验之间存在大量的情绪起伏。为投射测验测验建立良好的效度资料也存在困难，原因主要在于投射测验的两个特征：①投射测验测验的结论不易用观察和实验的研究采用的评价方式检验；②没有好的效标来检验投射测验测验的结论。

（2）测验的实施者片面地坚持了精神分析的理论立场和基本方法。[2] 即仅仅使用投射的观点对罗夏测验的结果进行解释，这是导致罗夏测验面临批评的主要原因。Rorschach 在创立本测验时，并未引入精神分析的观点。受早期的智力、人格测验的影响，他一开始就试图将对该测验的解释建立在客观的量化标准之上。由此他发展出了一套测验记分系统，这就是最初的罗夏系统。该系统由三类符号组成：一类代表被试做出的反应所基于墨迹图

---

1 Pervin.人格心理学. 台北：台湾桂冠图书公司，1987

2 郭庆科，战秉聚.墨迹测验的实质. 山东师大学报（社科版），1998（1）

的那个部分；另一类表明被试所报告的物体的主观印象特征；最后一类表示被试所报告的物体属于什么种类。

Rorschach 发现，精神分裂症和非精神分裂症病人的记分结果是不同的，而且，不同人格类型和特质的人也会有不同的记分结果。

精神分析的人格理论的特征是强调个人人格的独特性、动力性和整体性，把人格视为个人独有的各种力量（如动机、驱欲、需求、冲突）交错而成的动力组织，它不像特质论那样通过定量地研究人的外显行为而发现建构人格的一个个"砖块"，而是整体地给个人的人格一个定性的解释。在弗兰克的投射假说的影响下，坚持精神分析观点的罗夏测验实施者假定被试的每一个反应都是他潜在人格的投射，而综合被试所有的反应则形成对他整体人格的认识。他们的另一个侧重点则是致力发现被试人格的独特性和丰富性，并假定最特异，与大多数人的回答偏离最远的反应最有意义。[1] 由于精神分析学家偏重于对独特的人格动力整体形成认识，而不同人的人格甚至同一个人的人格在不同时期的表现都是各不相同的，这就使得我们难以找到切实可行的办法对其结论进行验证。我们也不能就人格的某一部分进行验证性研究，因为精神分析学家所谓的人格，不是各部分的简单累加，而是一个各部分相互作用的整体，因此他们所谓的人格，或某种人格特征，不一定能被观察到，即与外显行为间并不存在必然的关系。正是测验实施者的这种基本观点和方法，招致了对罗夏测验的越来越多的批评。

（3）操作难度大。由于投射测验测验原理复杂深奥，记分、解释难度较大。罗夏测验的结果分析也远比问卷测验要费时费力，对反应做出解释很大程度上依赖于主试的主观过程，主试的专业水平、临床经验、反应倾向、态度将会对结果解释产生影响，这当然会产生弊端。投射测验最早由临床心理学家设计来诊断病态心理倾向者，而且它的功用，只有在训练有素的临床心理者手里，才会充分表现。由此，我们可以说，投射测验在临床诊断上或有使用价值，但在一般情况下，使用既不方便，解释又甚为困难，没有经过专门训练的人，更不宜随便使用与随便解释，罗氏墨迹测验虽订有评分标准，但各种反应的意义却无法确定，迄今离心理测验的要求相去甚远，因此，投射测验还不能独立成为测量个体行为的工具。

## 三、主题统觉测验

除罗夏墨迹测验外，主题统觉测验（TAT）也是一种常用的投射技术。主题统觉测验原为美国摩尔根（C. D. Morgan）和莫瑞（H. A. Murray）二人于1935年创制的另一种著名投射测验。这种测验和我们在中小学常采用的"看图说话"的形式很为相似。因此，较之墨迹测验，它显得要明朗一点。

### （一）主题统觉测验概况

TAT 全套测验包括30张内容很暧昧的黑白图片，及另外一张空白卡片。图画内容多为人物，兼有部分景物。实际使用时，对每一被试者只能选取其中20张（包括空白的一张在内）使用。选取标准与被试者的性别和年龄有关。按被试者的性别年龄分为四级：①男子少年组（14岁以下）；②女子少年组（14岁以下）；③男子组（14岁以上）；④女子组（14岁以上）。图画内容有的是各组通用（11张，其中一张为空白）；有的是男子少年组专用（1张）；有的是女子少年组专用（1张）；有的是男性通用（7张）；有的是女性通用（7张）等。用 TAT

---

[1] Pervin.人格心理学.郑慧玲译. 台北：台湾桂冠图书公司，1987

实施时,每次给予被试者一张图片,让他以图片的内容为主题,凭个人的想象,编造一个故事。故事的内容虽不加限制,但必须包括:

(1)图中显示的是一种什么样的情境,即发生了什么事?
(2)什么原因导致此情境的发生?
(3)可能会有什么样的结果?
(4)当事人的思想感受如何?

测验设计者认为,被试在看图编故事时,通过描述和解释不确定的社会情境,就会不知不觉地将内在的人格表露出来。

## (二)主题统觉测验分析

TAT在依据被试者的故事进行人格估评时,特别注意该故事的主题,找出故事中的主角或英雄人物。莫瑞认为这个主角或英雄人物是被试者假定的,就是自己的化身。继而分析这些主角或英雄人物的需要和所受到的压力。这种分析主要包括如下6种:

1. 主角本身

在各种画片中,找到能代表被试者的角色,如优越兴奋者、受摆弄者、支配者、隐蔽者、犯罪者等。

2. 主角的动机倾向和情感

主角的行为,特别是非常规行为应成为分析时的重要目标,被试者若反复提到,表示该项动机的强烈。莫瑞认为许多特性如屈辱、成功、控制、冲突、失意等,均可按照叙述的强烈、持续、重复数以及重要性做成一个连续统的五等级量表。

3. 主角的环境力量

图片所示的往往没有具体的背景环境,而在被试者陈述时却加了进去,环境中尤其是人事力量对主角产生不同程度的影响(如拒绝、伤害、阻止、怂恿等),根据其强度而列成一个连续统的五等级量表。

4. 结果

主解本身所显示的力量和环境力量的对比,经历了多少困难和挫折,结果是成功还是失败?是快乐还是痛苦?是悲剧还是喜剧?

5. 主题

主角的需要和环境力量相互作用的结果,单一的成功或单一的失败都属简单的主题,如果一波三折,预示不清,就是复杂的主题。从这些当中分析出被试者最严重且最普遍的难题是来自环境的压力还是自身的需要。

6. 兴趣和情操

依据被试者在故事中自然流露出的认识倾向和道德认识,可辨其兴趣和情操。莫瑞提出如图片中老年妇女被比喻为母亲,老年男子被比喻为父亲,若同时亦为正面角色,则为亲善,若为反向人物,则为抗拒。主题统觉测验的依据,是认为个人面对图画情境所编造的故事与其生活经验有密切关系。当然,故事的内容有一部分受当时知觉的影响,但其中包括着个人对刺激的思维反应。换言之,被试者在编造故事时,常是不自觉地把自己的思维操作方式如归纳与演绎、分析与综合、抽象与具体、结构与功能,以及比较、假说等穿插在故事的情节中表现了出来，亦即将个人的思维过程、思维品质投射在故事之中。

### （三）主题统觉测验例举

我们以 TAT 测试女性的卡片为例，如右图所示。图中画面是一位青年女子的肖像，背景是一个正在做鬼脸的头裹围巾的老太婆。描述这张画使人多有阴森感。不同思维样式的女性在这幅测题面前编述了不同色彩、不同结局的故事。

例如：有甲、乙、丙三个女子，按自己的想象分别编造三个有关此画面的故事。

TAT例举

甲："这女子有了自己的心上人，为了他，她可以付出自己的一切。可是她母亲很不满意，一心一意替她寻找另一个有钱有势的人。她很忧郁，因为她同样爱她的母亲，她母亲为了她，的确吃了很多苦，现在她正处在十字路口，正当她抬脚勇敢地去追求自己的幸福时，她母亲的阴影就出来了。"

乙："女人就怕自己衰老，画上的这个女人也是这样，她很漂亮，越是漂亮就越担心年老色衰。所以她的美丽不但没有给她带来幸福，反而平添了许多忧愁。其实是杞人忧天，担心不担心都无济于事，越是担心，老得越快。不过，话虽这么讲，一旦真的老成画像上的这个老太婆，简直浑身都不自在了。"

丙："这是女人吗？我看更像男人。我认识的一个男青年就是这样的，很标致，和姑娘一样，连体态都那么娇娆。可是他娶的妻子却非常难看，就像画上的老太婆一样，真不知道他为什么愿意和她结婚！他太可怜了，所有姑娘都同情他，因为他心地善良，郁郁寡欢，看他痛苦的样子真叫人受不了……我扯太远了，对吗？看这幅画，不由地就让人想到这件事了。"

不同个性倾向的女子，对这幅图的理解明显烙上生活阅历和价值取向了。

### （四）主题统觉测验评价

主题统觉测验虽然有很详尽的评分手册，并且由专业人员来施测和解释，但评分仍然带有相当的主观性或直觉性，有关主题统觉测验的信度和效度的研究结果还是不太令人满意。即便是两位专业人士也会对同一测验做出不同的判断。但主题统觉测验仍然是有用的，只是应该将测验与个人生活史、其他测验的数据和行为观察联系起来解释。有经验的专业人员往往使用主题统觉测验对被试的人格做出尝试性的解释，然后根据其他资料来决定接受还是抛弃这种解释。

## 第四节　情境命题法

在经典测验理论中，我们将情境界定为人身处其中的，由情绪情态、礼仪规范，角色关系、时空设施等因素构成的并直接作用于人的具体的活动场合。情境是具体的、可感知的，它是一种微观社会环境，具有一定的边界区域，那些宏观的政治经济制度、历史文化传统等所谓社会大环境虽然对人的行为起着根本性的决定作用，但不能称之为情境。情境与人的活动之间存在着交互作用关系，它总是由人构建、创造出来，又反过来影响着人的行为，制约着社会事件发展的。

## 一、古代情境控制概述

控制情境技术古已有之。诸葛亮在《心书·知人性》中写道:"问之以是非而观其志;穷之以词辞而观其变;咨之以计谋而观其识;告之以祸难而观其勇;醉之以酒而观其性;临之以利而观其廉;期之以事而观其信。"这里的"志"、"变"、"识"、"勇"、"性"、"廉"、"信"就是人的心理品质,有些属于能力方面的,有些属于气质和性格方面。而"问之以是非"、"穷之以词"、"咨之以计谋"、"告之以祸难"、"醉之以酒"、"临之以利"、"期之以事"等则是设置的情境或考查的方法。这些,与现代心理学研究的情境控制法极为相近,只不过后者更具有规范性和标量性。下面我们举例将古今情境控制法作一比较。

《史记·留侯世家》有这么一段记录:

良尝闲从容游下邳圯上,有一老父,衣褐。至良所,直堕其履圯下,顾谓良曰:"孺子,下取履!"良愕然,欲殴之;为其老,强忍,下取履。父曰:"履我!"良业为取履,因长跪履之。父以足受,笑而去,良殊大惊,随目之。父去里所,复还,曰:"孺子可教矣!后五日平明,与我会此!"良因怪之,跪曰:"诺。"五日平明,良往。父已先在,怒曰:"与老人期,后,何也?"去,曰:"后五日早会!"五日鸡鸣,良往。父又先在,复怒曰:"后,何也?"去,曰:"后五日复早来!"五日,良夜未半往。有顷,父亦来,喜曰:"当如是。"出一编书,曰:"读此,则为王者师矣!后十年,兴。十三年,孺子见我济北。谷城山下黄石,即我矣。"送去。无他言,不复见。

旦日视其书,乃太公兵法也。

这大概是有史记载的最早的情境探心术了。这位老人为了探求张良求学是否诚心和为人守信之道,设计了"取履"、"着履"和苛刻的约会时间,最后确定张良就是《太公兵法》的传人。张良最后助刘邦奠定汉朝400年基业。

明朝的周新以善于断案而闻名于世。在他当县官的时候,有人来告发有一对盗贼夫妻合伙偷了他的金子,可是没有任何证据。因此盗贼夫妻死不承认,认为周新也奈何不了他们。

可是,周新自有妙法,只见他亲自在这人手心里写上一个"金"字,然后告诉这名盗贼说:"这是本官审案的一个秘方,如果是你偷的,这个'金'字就会自动消失;如果不是你偷的,这个'金'字就消失不掉。"

这名盗贼听了,虽不知周新这是要搞什么名堂,但毕竟心虚,当晚就极力地保护好手上的这个"金"字。

到了第二天早上升堂时,周新让衙役们把盗贼夫妻带上来,一起跪在大堂之上。开始审案了,只见周新一拍惊堂木,冷不丁就突然发问:"呔!'金'字还在吗?"

盗贼知道自己对这个"金"字精心保护的可以,就老老实实地回答说:"还在。"

周新不容分说,立即派人将盗贼带出去。然后再审问他的妻子,这时他妻子早将"金字"听成"金子",认为丈夫既已认罪,自己还硬撑个什么,就当堂将夫妻二人合谋盗金之事全部招认了。

这类古典情境控制法有三个共同点:首先是情境的隐蔽性。一定要将真实用意掩蔽起来不使人发觉。如果被对方识破,不仅导致前功尽弃,甚至于得出相反的结论。其次,情境有明确指向,是针对现实问题而设计的。所设计的情境都是陷阱式的,当事者迷而设计者明。第三,都有一个必要条件,那就是相关中介。相关中介是指与所解决的问题有关联的事物,它要具备两个基本特点,一是与所要解决的问题有较密切或可以替代、诱导的关系,一是可以操纵或凭借现有力量达到的。第一个例子中，老人以鞋子为中介；第二个例子中，周新在一个"金"字上做文章，显然他择取中介的手段相当高明：两计合一，大功告成。

这三个特点与现代控制情境法很相近，但后者更讲究一些科学研究的技术。

## 二、现代控制情境法

现代控制情境法也叫控制情境测验法，以设计、控制、操作某些情境来测试人格品质或其他心理指标的方法。控制情境测验法又叫ABC情境测验。这是一种行为机能分析过程，包括三个组成部分，即：先行条件（Antecedent Conditions），行为本身（Behavior）和结果（Consequences）。这里采用了它们三个英文字的第一个字母，故称ABC情境测验。该法的基本前提是：人的具体行为模式依附于特定的情境，换句话说，特定的情境会引发出人的具体行为模式。而这些行为模式正反映了我们所要研究的心理特征。该方法是指通过给受测者设置一定的问题情境，控制和改变一些条件，记录其反应情况，然后加以分析的一种测评方法。

### （一）情境内容

为了更严格地控制测验变量，测量专家还设计了专用观察室。例如，了解儿童一个人独处时对环境的适应力及兴趣，可以在观察室事先放置好可供选择的玩具或其他杂物，然后将被试者的儿童引进该设置的情境中，由主试者观察并记录儿童的反应。这里有三个基本的鉴定内容。

1. 具体行为的鉴定

具体行为的鉴定即识辨出我们常说的所谓"靶行为"（Target behavior）。这要求主试者需受过相当训练，能清晰地分辨出被试者外显行为的主次顺序、强弱和因果等因素。

2. 引发或强化靶行为的具体环境因素的鉴定

具体环境能引出被试者的必然行为，应根据测试目的来设计相关联的整体情境。例如测试勇敢或胆怯的心理品质，则要考虑情境中必须包含"危险"、"紧急"这类因素，否则会影响靶行为的发生。

3. 能够通过控制以改变靶行为的具体环境因素的鉴定

情境必须是受控的，失控的情境就失去试验的意义。情境控制的目的在于通过教育变量或自然变量找寻靶行为的规律，并以此做出数量分析。情境控制的内容主要包括：①刺激的种类和数量；②所要测定的人格特征；③与要测定的人格特征相应的被试者行为的种类和范围。

根据上述要求，所要测量的心理特征，需在事先确定。例如要对儿童的攻击行为进行估评，那么"攻击性"所代表的行为意义应予事先决定。其目的是要在控制条件下获得与某种人格特征相联系的具体行为资料。

### （二）情境变量

在封闭经典情境控制试验中，主试者最为关心的是单个变量（靶行为）和客观而可靠的资料搜集。被试者行为本身直接能反映出某种人格特征，从这点讲，封闭型情境控制法直接可以获得对所测对象的结论。它不像投射法假定某些行为反映某些构思概念或特质，从而使测验结果朦胧隐晦难以解释，这是封闭型情境控制法的最大长处。其次，它所设计的情境与被试者日常生活的情境类似，可以使被试者自由地表现出自己的行为特征来，而不像仪器测量法造成特别紧张或不安的情境。

情境控制法似乎更多地设计了许多陷阱式情境。例如，为考评人的诚实品质，实验者准备了一些看上去是一样的盒子，里面装有钱，让被试者们按某种要求摆弄这些盒子，并记住自己的操作成绩，他们并不晓得盒子上全都标有记号。结果在还回盒子时，许多被试者将一些钱下了自己腰包。这里在实验的过程中，首先一定要使被试者明确意识到他的越轨行为是不可能被发觉的。如果不是这样，试验就导致失败或得出相反的结论。其次，实验者要观察并记录试验的全过程，如测试中的欺骗行为，报告操作成绩是否属实，在家里是否诚实以及其他有关诚实的行为。最后，将各种行为依据其主从关系予以数量化，获得客观的某种人格特征指标。

较为著名的研究是有关阻碍个体创造力发挥的心理定势现象的研究，以及个体如何克服功能固着，创造性地解决问题的研究。解题障碍是格式塔学派研究知觉时发现的，即人

们在知觉一个物体时，倾向于只从它的一般性功能上认识它，称为功能固着性（functional fixedness）。例如，左图显示的问题是利用给定的工具将两根悬挂在天花板上的绳子接在一起，对于这个问题，唯一的解决方法是把桌上的钳子拿起来，捆在一根绳子的尾端，像钟摆似地使之晃动，然后再抓着另一根绳子，走到房间中间，等捆着钳子的绳子晃到眼前，再将它抓住，这样就可以将两根绳子接在一起了。曾有人用这个问题进行实验，发现只有39%的被试可以在10分钟内找到答案。问题的症结就在于被试只把钳子视为一种功能固定的技术工具，没有想到钳子也可以用它的重量当摆来使用。

同样地，右图显示的问题是利用给定的工具将蜡烛固定在墙壁上，对于这个问题，只有你不仅仅把火柴盒看作是装东西的盒子，而换一个角度看成是一个平台，你才能想出解决办法。导致上述两个问题不能顺利解决的关键，都是因为被试在表征物体时总是按照物体的传统功能，不会

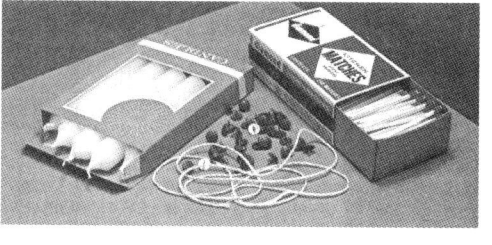

变通，在问题解决时不能用新的方式来表征问题情境。这种功能固着现象有时会限制人们的思维和解决问题的能力。在情境测验中，可以把问题解决定义为具有一系列目标指向性的认知操作，它应具备以下三个特征：①目标指向性，即问题的解决活动具有明确的目的性，问题解决就是通过一系列认知活动有目的、有意识地把初始状态变为目标状态；②操作系列性，问题解决必须包含有一系列的心理操作才能称为情境问题解决活动，能够自动化完成或只有单一操作的不能构成问题解决过程；③认知性操作，问题解决这种目标指向性活动是依存于认知性操作的，不具备认知性操作的活动，不被看作是问题解决。

## 第五节　自陈命题法

自陈命题法是被试者本人对自己心理或思维特质按自己的意见予以评鉴的一种方法。其

测量工具是以实验为基础的、有一定组织形式的问卷和量表构成。由于这种方法简单易行，又被人们转借到能力心理学、犯罪心理学、领导心理学、教育心理学、恋爱心理学等各个领域，成为运用最广泛的心理测验。

## 一、自陈命题的性质

与投射法相比，自陈命题对被试者的反应（回答）有控得多。投射法的测验允许被试者有相当大的自由选择反应的余地，自陈命题却将被试者的反应限制在一定范围内，通常以问卷的形式出现，让被试者凭自己的意见，从若干问题中选择适合于描写自己特质的回答。

投射法的研究者认为，心理或思维特质蕴藏于意识和无意识的动机与冲突之中。这是以心理动力学为理论基础的。而自陈命题法的研究者却认为，所有的问题都要从心理或思维特质中去寻找，用因素分析法即可找到心理或思维特质。投射命题法似乎是一架心理显微镜，能照出被试者本人意识不到的心理特性；而自陈命题法却将人的特质摆出来让人挑选。它们之间的区别可列表，如表4-1所示：

表4-1 投射命题法与自陈命题法的区别

| 测验类别 | 测验特征 | 举例 | 获得的资料 | 理论途径 | 代表人物 |
| --- | --- | --- | --- | --- | --- |
| 投射命题法 | 伪装 | 罗夏墨迹测验 TATA | 意识和无意识的动机与冲突 | 心理动力学 | 弗洛伊德 |
| 自陈命题法 | 明了 | MMPI、16PF | 人格特质 | 人格特质的因素分析学说 | 卡特尔 |

因此，尽管自陈命题法和心理投射法都是用于心理或思维特质测量，但其形式、设计原理和功能都是大相径庭的。

## 二、自陈命题的常见形式

自陈命题多用问卷的形式列出数十甚至数百道题目，让被试者圈选或做简单的回答。以下二例即为常见的试题形式：

我有时说话很快，来不及思考。　是□否□？　□
你喜欢看惊险故事片吗？　　　　是□否□？　□

以上两个问题，每题都有三个可能的回答方式。按个人对自己的实际情况，从肯定（是）、否定（否）和无法判断（？）三者之中挑选出一种回答。

自陈命题的第二种常见形式，就是并列陈述两项或多项心理或思维特质，让被试者按照自己的意见圈选出其中的一项。这种题目形式如下：

A．我喜欢批评那些有权威和有地位的人。
B．在长辈或上级面前，我会感到胆怯。

自陈命题的第三种常见形式，就是一个问题情境中的多种处理办法，让被试者考虑自己最有可能的一种。而这一问题情境，被试者本人并未亲自经历，只是一个假设。如：

滑雪场上，一个滑雪运动员正姿态优美地滑雪，忽然在他的正前方有一个很大的洞口，眼看他掉进冰窟，这时你将怎么办？

a．大声叫喊，让他躲避。

b. 只好眼巴巴看着他掉进去。
c. 让他接受一次教训也好。
d. 赶快喊救护队来搭救。
e. 有好戏看了，谁让他这么逞强。

上述 a、b、c、d、e 并不能包括所有的可能，只让被试者选择最接近的一种。近年自陈命题有一种发展的新趋势，即有意识地将投射技术运用到问卷中去，从而探测被试者隐藏的心理特质。例如下图：在下列三种房顶中选择自己最喜欢的。

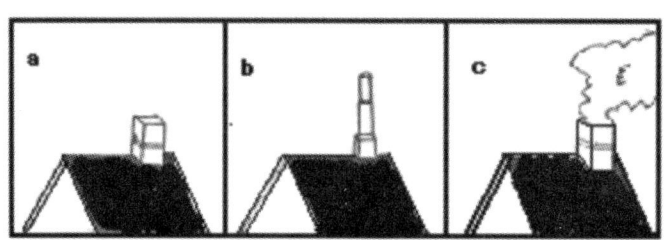

这种测题多用于恋爱、家庭心理问卷中，其目的是弥补自陈命题冷峻面孔和过于袒露的形象。也使被试者的潜在意识得以袒露。这种新趋势受到研究者们的重视。认为它将弥补自陈命题的许多不足，但也有人认为这样混杂的结果，会削弱测验的严肃性，导致理论的混乱。

## 三、自陈命题的设计原理

自陈命题的效度和信度虽较之一般作业量表低。但在编制时也要经过标准化的程序。初看起来，自陈命题制作易如反掌，只要提出一连串问题让被试者回答就是了，但事实上并不那么简单，其中有不少理论和技术性问题。

### （一）相关性

自陈命题的相关性体现在两个方面：首先，问卷的内容要有实际依据，不能凭空想当然。想当然提出的问题只有提出问题的本人感到合适，被试者则不一定感到合适；其次，问卷的内容要有理论依据，即测验的项目要与测验的目的相吻合。例如测量人物的性格的内倾还是外倾（性向），那么在问卷的设计上必须体现内倾性和外倾性格的特征来。

### （二）相对随意性

项目的内容是具体的，有控的，但对每一条项目都有两种以上可供选择的回答，被试者可以选择他们最赞同的或觉得最能反映实际情况的那些回答。这种选择是由被试者主观感觉而定，所以测验是随意的；又因为问卷的项目受测验目的限制，选择是在一定范围内进行的，所以又是有限度的。这比起投射测验随意性要小得多，受控得多。对答卷的评定是以被试者对问卷中全部或者若干项目回答的相互有意义地联系程度为准绳的，有比较固定的界段和评语，不像罗氏墨迹测验或 TAT 的评定由主试者随意而定。

### （三）技巧性

问卷既然以问题的方式提出，设计的问题要力求简明具体，注意技巧。
（1）问题必须具体。应该问一些关于事实的问题，而力求避免一些观点的问题。如不要这样设问："你为什么不喜爱和别人交往？""你对开会学习的意见如何？""你认为老师教课的方法应如何改进？"等。这种问题三言两语很难讲清楚，被试者往往一时答不上而不乐意回答。

（2）问题必须提得简单明了，要不动多大脑筋就能回答。譬如不应该问："你一年看多少本文艺书籍？"这样被试者不得不回忆一下，还得计算一番，这样太麻烦。如果把问题改成"你喜欢看文艺书籍吗？"问题就容易回答得多。

（3）问题应该以肯定式提出，而不应以否定式提出。如不应该问："你没有经常失眠，对吗？"而应该问："你经常失眠吗？"因为用否定式提出问题容易导致否定回答和不置可否的态度。

（4）涉及关于被试者本人私隐的问题不应列入测验项目。譬如不应问："你谈过几次恋爱？""你多少时间洗一次澡？"

（5）应该避免提诱导性问题，如不应这样设问："在公共场合吸烟是很讨厌人的，是吗？""性格内向的人容易得病，你常有病吗？"这样提问，有些被试者往往会把真实情况掩盖起来。

## （四）标准性

量表设计之后，也应该具有可资比较的常模以及一定的实施程序。在建立测验的效度时，通常是选取两组人，作为两个标准化样本之用，一组是由具有良好适应的人口中选出，一组是由不良适应的人口中选出，用同样的题目先测验两组，然后只选取其中得到不同答案的各题，用作测验的正式题目，因为只有这类题目才具有辨别的功用。这个原则，对于用以编制测量病态倾向的人格测验，更有其必要性。

一个自陈命题，可以设计来测量心理或思维特质中的单一特质，例如有单为鉴别支配与顺从的，也有单为鉴别内倾与外向。有的自陈命题是设计来测量整个人格倾向，并用来鉴别个人适应情况以及病态倾向的。当一个自陈测验同时测量数个心理或思维特质时，测量结果将得到几个分数，每个分数表示某一方面的特质，由几个分数的组合，则可得到心理或思维特质的剖析图。由此剖析图，即可对个人的心理或思维特质，获得概括的了解。

## 四、自陈命题的类型

自陈命题的类型，就其编制的不同方法来说，有资料搜集命题法，因素分析命题法和理论推理命题法三种。

### （一）资料搜集命题法

在量表编制过程中，制作者往往从人们日常生活或临床纪录中，找出有关个体的思维样式代表性的表现，然后加以整理、归纳和筛选，进行资料搜集。这方面，经典心理测量有许多经验值得借鉴。

第一个自陈命题是伍德沃斯（R. S. Woodworth）的个人资料纪录（Wood-worth personal Data sheet），当时正值第一次世界大战期间，美国政府试图编制一份测验量表，来测量部队士兵的情绪稳定性和是否有精神崩溃的预兆。伍德沃斯接受任务后，即以这种方式进行工作：他参考有关心理咨询的文献，然后与精神科医生商谈，从而搜集神经质和患神经质前的一些共同特征，然后根据这些症状设计出各种问句，最后应用各种统计方法选定某些合适的问句。第一种统计方法是，如果在试测时正常人有25%以上对某一问句有异常表现则删掉它。因为如果有25%的正常人出现这现象，那么，这一问句在鉴别正常人与神经质患者上的性能就差了。第二种统计方法是对照方法，如果在试测时，神经质的患者组对某一问题所作的答案有各种各样，超过正常组的两倍，则该项目予以保留。用这种方法，伍德沃斯建立了世界上最早的一个自陈命题，该量表劈半相关的信度为0.90，用此种方法编制而成的还有明尼苏达多相人格测验量表。

明尼苏达多相人格测验量表（Minnesota Multiphasia Personality Inventory，MMPI）是目前最著名的人格测验之一。该测验有566个题目，因为有16个题目是重复的，故实有550个。题目大多是从早期出版的人格量表或医生临床笔记中选出来的。题目的内容范围很广，包括身体健康状况（如神经系统心血管系统，消化系统，生殖系统等情况）、精神状态、婚姻家庭、社会态度，以及心境、偏见、教育、职业等26个方面，几乎无所不包。每题印在一张卡片上，测验实施时，受测者只需按个人意见将所有卡片分为"是""否""不一定"三种类别，分放置于三堆即可。MMPI题目采用肯定句式，如：

我的手脚通常是很温暖的。

我做危险的事情总有毛骨悚然的感觉。

我的父母经常使我服从，即使当我认为它是无理的时候。

我很少做白日梦。

测验结果的分析，是将测验后得到的十个分量表分数绘制成人格特质剖析图，即可对人格有个较全面的鉴定。这十个分量表是：

Hs（疑病）共33个项目，它反映对身体功能的不正常的关心；

D（抑郁）共60个项目，它与忧郁、淡漠悲观、思想与行动缓慢有关，得分太高，可能会自杀；

Hy（歇斯底里）60个项目，它可评估歇斯底里的病症，或性格，譬如，情绪不稳定、自我中心、幼稚、自恋；

Pd(病态人格)50个项目，它可以反映性格上的偏移、反社会行为(对现实不满、偷窃)、反社会性格（不顾社会习俗，譬如生活作风）；

Mf（男子气——女子气）60个项目，它反映性别色彩，男人在测验上分数高，偏女性，女人在测验上分数高，偏男性；

Pa（妄想）40个项目，它反映敏感、猜忌、自我中心、妄想观念、被害感；

Pt（精神衰弱）48个项目，它可评估强迫观念、强迫行为、焦虑、恐怖以及内疚感；

Sc(精神分裂症)78个项目，它可评估疏远感、家庭关系、异常知觉(幻觉、走向障碍)、异常思维和行为；

Ma(轻躁症)46个项目，高分数表明活动水平升高或过多、心境高扬或兴奋、观念飘忽；

Si（社会内向）70个项目，反映害羞、对人们无兴趣、社会情境中的动摇性。

在上述10个量表中，Mf是根据男女反应的次数，选出能鉴别男子气——女子气的项目；Si是根据大学生内向和外向两组的反应来决定的；其他8个量表的项目分别比较正常组（约700人）与诊断组（约50人）回答的分数，如果两组经统计检验无显著差异，则该项目予以删掉，凡能鉴别这两组的项目，则给以保留。

此外，还有四个效度量表，它们是用来检查被试作答时是否小心、误解题意、作假、特殊反应以及接受测验的态度：

Q（疑问分数）表示无法回答（"？"）的项目总数，此数目超过一定的标准，说明该测试不可靠；

L（说谎分数）共有 15 个项目，凡分数超过 10 分的人，即表示回答不诚实，这样全部测验就不可信；

F（效度分数）共有 64 个项目，这些项目正常人很少有人（少于 10%）能正面回答（例如，"去年今天你作过一个可怕的梦吗？"），如果此项分数高，则表示被试者粗心大意或误解题意，或记分有误，有时也可能是反映了被试者的严重的偏执或装病；

K（校正分数）分数高表示一种自卫反应，即表示其希望做出正常的表现，对心理上的弱点故意歪曲；分数低，表示被试对自己过分严格，过分直率或过分自责。因此，K 分数可以看作是对被试接受测验态度的测量。

由于每个量表的项目和数目不同，因此各量表的原始分数无法比较，需换算成 T 分数。

MMPI 原为美国明尼苏达大学教授郝兹威（S. R. Hathaway）与莫肯利（J. C. Mckinley）二人于 1943 年编制，在这以后十年间大为流行。该测验原仅适用于测量变态者的人格，后扩大适用于常人，因此，该量表具有常人常模与异常人常模两种。

MMPI 的优点是题目多，能测到人格特质的各方面，信度与效度比一般人格测验为高。但另一方面也因题目太多，使用起来不很方便。此外，该测验对人格特质的描述，多用病理上的名词，在对常人进行测量时既不易解释，也难免会发生误会，这是测验的缺点。近几年我国心理学工作者对 MMPI 进行了修订试用，取得了一些进展。宋维真等人在 1980 年在我国部分区域试用之后，又组织全国协作组做了进一步修订，测试了正常人 1791 人，精神分裂症 1301 人，结果证明信度、效度水平较高，认为此测验在我国有一定的使用价值，尤其对精神病临床诊断意义更大。这次修订还强调了本民族的常模标准的重要性。毫无疑义，宋维真等人的研究是一个良好的开端，为今后制定出适合我国民族文化特色的自陈命题起到促进作用。

### （二）因素分析命题法

因素分析法是一种复杂的统计方法，其主要目的在于通过分析若干变项之间的相互关系，来取得各变项所代表的共同因素。假设如果我们用 30 种测验施测 300 个受测者，根据所得资料就可算出各测验分数间的相关系数。各相关系数可能大小不一，如果按各测验分数间相关的高低，就可将所有分数分为若干组。如此每组关系密切（相关高）的测验，即可代表或测量同一共同因素。因素分析法的功用之一，即在抽取此等共同因素。共同因素的数目通常小于参与分析的变项数目；因此，因素分析法颇能符合科学中讲求简约的精神。

应用因素分析的计算技术来编制量表，最早始于奥耳波特（G. W. Allport）。他从收集描述个人的形容词开始，再加入心理学、精神病学的术语，然后进行聚类分析。卡特尔接着进行因素分析，他从大量各种类别的项目开始，测试为数众多的被试者，然后找出相关的项目，构成一个因素。每一因素代表一种人格特质。卡特尔最后获得 16 个人格因素。这就是说，人格可以放在 16 个相互独立变量坐标体系内加以描述，再增加一个就多余了，少一个则会有一部分的人格属性被忽略了。吉尔福特也用此法却只抽取出 13 个因子，而美国另一名心理学家赛斯通（L. L. Thurstone）抽取的因子更少，只有 7 个。卡特尔、吉尔福特、赛斯通分别以自己的分析结果编制出自陈命题。下面以卡特尔 16 因素测验量表为例说明之：

该测验量表是美国心理学家卡特尔在哥伦比亚大学任心理学教授时编制。该测验由 187

个题目构成，分别测量16个人格特质，故称16因素测验量表。这16因素是：

　　A：乐群性；　F：兴奋性；　L：怀疑性；　Q1：实验性；
　　B：聪慧性；　G：有恒性；　M：幻想性；　Q2：独立性；
　　C：稳定性；　H：敢为性；　N：世俗性；　Q3：自律性；
　　E：特强性；　I：敏感性；　O：忧虑性；　Q4：紧张性。

　　卡特尔认为，这16个特性是各自独立的，它们普遍存在于各年龄和社会文化环境不同的人身上。其中有的起源于体质因素，叫做"体质特性"，有的起源于环境因素，叫做"环境形成特性"。正是这两种特征的改变或社会化，决定着一个人性格的形成和发展。而这种改变或社会化，不论是"体质特征"还是"环境形成特性"，都是由一个人的先天素质和后天经验两个方面决定的。

　　该测验每一题目后有三个答案，让被试者选择其中的一个。如：

　　我喜欢从事需要精密技术的工作。（A.是的；B.介于A、C之间；C.不是的）

　　在需要当机立断时，我总是镇静地运用理智。（A.是的；B.介于A、C之间，C.不是的）

　　在接受困难任务时，我总是：（A.有独立完成的信心；B.不确定；C.希望有别人的帮助和指导）

　　我的神经脆弱，稍有点刺激就会使我颤惊。（A.时常如此；B.有时如此；C.从不如此）

　　卡特尔把每个因素归为两类：高分数，低分数。他用统计方法把每种性格特征所得分加起来，并换算成标准分填在有格子的图表中，就可以看出被试者的性格轮廓。卡特尔16因素测验量表较适合于成人，由于题目中供选择的答案具体而一目了然，不像其他的测验笼统，故使被试者很快找寻到自己的答案，从而增加了测验的实用性和有效性。

## （三）理论推理命题法

　　有的心理测量学专家根据某些人格理论或若干人格概念来推理制定自陈命题。这种方法实质上就是把测题的选择限制在理论规定的范围内，从人们的行为、态度、价值观念等方面找寻出与某些人格理论相联系的内容来。例如：我们从弗洛伊德的"焦虑说"中理解了焦虑的实质、内容、症状，那么，我们便可在问卷中设计有关的题目，让被试者判断这些题目所述是否符合他们的焦虑特征。焦虑量表（MAS）就是用这种理论推理的方法编制的。

　　该量表是泰勒（J. A. Taylor）根据以下两种假设编制而成的：

　　（1）个体动机驱力水平的变化与内在焦虑或情绪激动水平相联系（焦虑成为一种驱力）；

　　（2）焦虑的强度可通过纸笔式测验的结果表达出处显的症状。

　　泰勒首先从明尼苏达多相人格测验量表的200条项目中选择符合上述焦虑理论的项目，结果得到65条，此外，再加入135条缓冲项目，均匀地编插在65条之间。编好后在352个大学生中进行测试。所得结果，最低的记分为1分，最高的为36分，中点约14分。样本分配稍向高焦虑方向偏斜。

　　随后此量表又经过数次修改，最后确定的量表中有50条符合焦虑理论的项目（从65条中筛选而成）；而缓冲项目则增加到175条，其中采用了明尼苏达多相人格测验量表的L、K和F等效度量表中的内容，量表总数达225条。这就是MAS的原本。

　　MAS标准化常模的情况如下：从1948年到1951年MAS的原始资料曾以个人经历调查表的名称乔装，对1971名心理学系大学生做了共五批测试。这次大样本测试的人数分配与原来的少量被试者的分配结果相似。第50百分点（中数）在13，第80百分点在21。第20百分点在 7。平均数 14.56。关于性别差异方面，发现女性较男性的平均记分为高，但两组判别没有统计学上的显著性，因此结果不必分别处理，使用时也不必加以区别。对各种不同类别的被试者测试的结果发现，683 名空军军人在基础训练前的结果与上述正常组的结果无差别；201 名夜校学生的结果也没有发现重要差别。

为了测查焦虑记分的信度问题，研究者曾对 59 名大学生前后相隔三个星期做了两次测定，得到的毕业生相关系数 0.89；在对另外 113 名被试者的间隔五个月的前后测试中，得到相关系数为 0.82。还有数十名被试者，前后测试的间隔期达 9-17 个月，得到的相关系数为 0.81。由此可见，经过较长时间的间隔，个别被试者在全组中的位置，以及他本人的绝对得分都是甚为恒定的。因为对于大学文化程度以下的被试者很难使用 MAS 中的项目，泰勒及其同事后来对它再次作了修订。他们简化了焦虑项目中的某些较难理解的措词和句子。修订的结果得到 28 条项目。这 28 条项目作为修订本使用，并编制有两个替换本。之后，又对每一替换本做了审定。经过这一次次的反复周折，最后编成的量表更为简明。下面列举的是该焦虑量表的 28 个修订焦虑项目中的一部分。项目的标号是"个人经历调查表"上所用的原序号。括号中的是否表示答案的焦虑反应记分。

24. 我不像别人那样常脸红。（否）
38. 我不常感觉到心跳和气短。（否）
51. 我时常由于焦急而失眠。（是）
56. 我时常梦见不可告诉他人的事情。（是）
77. 我对有些事情常常忧虑（是）
82. 我愿意像他人那样快乐。（是）

上述三种编制方法各有特点，但它们有一个基本共同之处，就是它们都是通过实验程序建立自陈命题的。实际上，大多数自陈命题的编制不是用一种方法，而是多种方法，只不过侧重不一而已。QIUS 在校学生的气质量表就汇集了资料搜集法、因素分析法和理论推理法三种方法编制而成。QIUS 在校学生的气质量表不是思维量表，但编制方法和原则是一致的。我们暂时还拿不出一个汇集多种技术的思维问卷，而 QIUS 在校学生的气质量表却能较好地体现这一命题思想。

## 五、自陈命题评价

### （一）自陈命题优势

自陈命题具有以下的优势：
（1）可以不受局限地用以评估人的各方面的心理现象与特质；
（2）节约时间、人力、经费，可以在集中的时间内获取较多人的资料；
（3）明确、易操作、易评分，适合于数量分析，可以通过建立常模来进行比较，获取客观化、标准化的推论等。

因此，这类命题的用途较之其他更广泛。有人将之与多种学科相交叉，更拓宽了它的实用领域，有的甚至已不是原来意义的心理测验。

### （二）自陈命题劣势

自陈命题的劣势体现在以下几个方面。
（1）自陈命题法的研究者是基于这样一种理论，即人是自我行为评价的公平者，没有比自己更能了解自己的了。而投射技术的研究者认为，人们常常不能了解自己，对于问卷的回答，常常带有无意识的防御或有意识地捏造，因而测验的结果是不可信的。自陈命题的研究者认为，这一指责是不正确的。他们说，自陈命题不以假定人们能够而且乐意准确地描述他们自己为前提，它只是假设人们对测验的回答与他们的某些心理或思维特质有联系，并且这种联系的发现是以实验为基础的。所以，回答可以被看作一种行为，它与另一些行为有关系，并不过问它是否代表有关个体自身的准确陈述。

（2）被试者受习惯约束，答题有一种习惯偏向，这种偏向影响了真实性。例如，测题如果用"喜欢—不喜欢""同意—不同意"让被试者选择，被试者如有默认倾向，则多选择肯定的，见到有"喜欢""不喜欢"的回答形式就以"喜欢"反应，见到有"同意""不同意"的回答形式就以"同意"反应。另外，这类测题往往使被试者脱离心理意义而不自觉地用社会意义来认识题义。例如："你喜欢红色还是白色？"有人就与"红色象征革命""白旗意味投降"相联系，宁愿选择"红色"而不愿选择"白色"。这些被试者多半是循规蹈矩谨慎小心和需要自我保护的。

美国心理学家凯利（George kelly）曾经有个著名的假设："人人是科学家"。因此他说：你要想知道人的心理吗？你可以直接去问他。凯利的论断道出了西方普遍流行的问卷测验的主要思路。无疑，问卷测验在欧美是心理评估的主要技术手段。

为了增强量表的信度和效度，弥补它的缺陷，自陈命题的设计者也采取了相应的措施来解决上述问题。例如，在测量心理或思维特质之外，还设置某些试题来测试诚实程度。有一种测题，凡正常人只会做一种回答，如果被试者作别种回答，则判其扯谎。这类测题获得的分数。为"L"分数、"Q"分数、"F"分数和"K"分数。如果这类分数值过高，则判测验无效。另外，用指示语或导言的形式，使被试者明了测验目的，尽管有上述措施，但不少量表的效度问题一直未能圆满地解决。加之目前社会上又出现滥编滥用这类测验的现象，更破坏了自陈命题的严肃性和科学性。

我们认为，自陈命题法尽管是一种比较粗糙的测量，但如果与其他各法相为补益互为参照，各司其能，可以扬其所长，避其所短。在心理或思维特质自我测量方面，自陈命题还不失为一种轻便有效的测量工具，较之别法为优。尤其在自我诊断，自我修养和学习处事之道等方面，还是很有益处的。这是因为个体对自己的心理或思维特质虽困惑不清，但对个体行为基本上还有判断力——尽管不那么十分准确。在测题的编制过程中，要力避那些有强烈社会色彩的问题，减轻被试者的心理负担；严格用标准化的程序筛选测题，防止滥编滥用等。如果这样，自陈命题在心理或思维特质测量中仍不失其重要地位。

## 第六节 命题技术的综合创新

作业命题、自陈命题、投射命题及情境命题是思维学中齐名的四大命题。它们在过去的应用方面都是各司其能的，现在我们应该考虑它们在思维测量中的综合运用和相互佐证。思维测量体系重新构建伊始，综合各种技术是一个重要的课题。我们必须重视各种经典命题法的交叉渗透和综合利用，开辟思维命题与思维测量的新路径。

### 一、四大命题批评

四大命题技术虽然被普遍使用，但遭到的批评也较强烈：对自陈命题的批评主要是问卷测验无法解决"伪装"倾向,另外这种让被试自陈的方式,是否普遍适合于中国文化是个问题。投射命题因其晦涩难懂难以操作而有衰退倾向,开发具有较好效度并容易操作的投射技术迫在眉睫。情境命题所设计的特定情境只能评价到特定的心理特质,并且要花费大量的人力、物力、财力和时间,故也要革故鼎新,虚拟情境命题只是一剂良药。四大命题中,作业命题处于主导和中心位置,对作业命题的重新省视也诚属必要。

## (一)作业命题批评

作业命题的理论假设是:思维过程作为一种精神现象,在一定的刺激下,总会表现为一定的外显行为,在活动中得到物化。通过测量分析人的行为活动,可以间接实现测量思维过程的目的,因此,可以通过作业等操作途径来推断影响作业效率的思维品质。作业命题尽管有一些成功经验,但也存在一些瑕疵。例如作业测验往往仅关注测试的结果,而忽视测验过程中的全程反应,这就降低了测量的准确度。

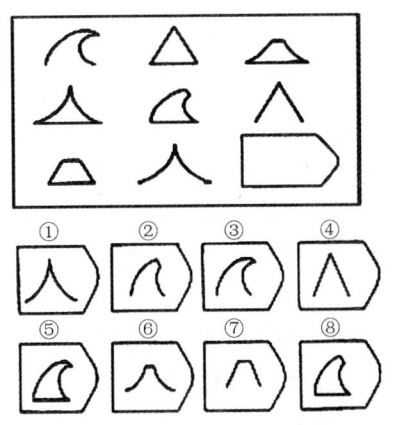

例如,右上的这个九宫图,是渐进矩阵量表的组成部分,要求从所给的 8 个小图中选出一个适当的图形填入空格。从所给的 8 个图形分析得知,每个图形可分为顶、腰、底三个部分。每个部分又有二个变量。例如,图形的顶可分为尖顶和平顶两种;图形的腰可分为直线和弧线两种;图形的底可分为封闭和开口两种。这样,每个图形有 6 个变量。6 个变量在组合过程中又必须满足其在九宫图中的要求,即互不重复的关系。因此,应选择的图形应是尖顶、腰弧、底封这些特征的综合。经典测验只是从总体结果指派原始分数,并不考虑思维过程的质量差异。例如某甲在测试中选中图⑤,某乙在测试中选中图⑥,他们得分都一样,都是 0,其实是不对的。因为乙的思维过程的有序度比甲差,甲比乙更接近正确的答案。但我们在原始分数中看不出这种差异。这里有一个重要概念应该输入测量学:思维熵。刺激→反应的实质也是信息交换,我们称之为熵流。有序信息的摄入,称之为负熵流,它使思维系统的有序信息度增加。无序信息的输入称为正熵流,它使思维的混乱度增加。人脑在对各种信息加工、处理、从已有信息中产生新信息的能力,其实就是思维系统的有序度增加的水平。因此,思维熵,是用以描述思维测量过程中的量化规律的一个新概念。整个测量过程的思维熵度和各时期所对应的熵值均可由思维熵的数学表达计算。方法大体为:基本集合有顶、腰、底的两种不同形状,有 6 个元素加上横竖排列的数目共 8 个元素,按属性的不同分成四个子集 A、B、C、D。每一图形即笛卡儿乘积 $A \times B \times C \times D$ 的一个子集,其总数有 36 种,所要确定的是横向或纵向都具有子项的综合标准,各时期对应的熵值为:$41g3$、$31g3$、$21g3$、$1g3$、$0$。按此法则匹配数字,某甲在测试中总熵变值为 $-21g3$;某乙在测试中总熵变值为 $-1g3$。这样就把"乙的思维有序度比甲差,甲比乙更接近正确的答案"的评价结果显示出来。如果我们把思维熵的概念输入并应用到思维测验当中,完全可以创设崭新而更加规范的法则。

## (二)自陈命题批评

自陈命题的假设是被试能良好地对自己的心理进行内省,并以选出最恰当的描述方式报告出来。由于自我报告对有关变量难以控制且不易客观评分,因此自陈命题一般以问卷形式组成。问卷项目的依据常常是以实验为基础的资料搜集法、因素分析法和理论推理法对拟测量的思维样式编制许多例题,对每一例题都有两种或几种选择性回答,要求被试做出是否符合自己情况的回答,从中来探测其思维特征。自陈命题具有很多种优势:可以以群体方式实施,人们不需要经过太多的培训便可掌握实施方法;节约时间、人力、经费,可以在集中的时间内获取较多人的资料;评分容易、客观,可以通过建立常模来进行比较,获取客观化、标准化的推论。但是仍有不少局限与缺点。国外研究者提出"系统歪曲假设"认为在问卷测验中,所测到的特质只能作为人与人相互知觉评判的标准,而知觉评判的准确性是值得怀疑的,很可能知觉评判只是一个观念的东西,而不是一种真实行为。在实际应用中,也的确发现问卷技术有不少局限。问卷技术所获得的心理资料,完全建构在被试"告诉"的基础上。研究者始终必须考虑被试准确提供自身信息的能力和愿望。过分依赖自陈命题的心理学家都承担着根据错误信息对被试的心理健康状况做出评价的风险。不少研究业已发现,中国人在测谎题上的得分特别高,有时比西方样本高一倍之多。难道说中国人要比西方人更会说谎?两大著名人格测验 MMPI 和 EPQ 用于中国人样本,都出现这种奇怪结果。一开始研究者认为,或许中国人社会赞许倾向高,有可能为了获得社会赞许而说谎。但后来的研究发现,测谎题与其他人格及临床指标的相关也非常高,所以研究者认为,很可能对中国人来说测谎题并不能测到真正的测谎程度,而是另一项人格或临床的指标。[1] 其次,对自陈命题的困惑还来自文化的差异。在大陆、香港和台湾,主要的著名的心理测验量表几乎都是从西方引进、修订的。这种情形在大陆尤甚,像《韦氏智力测验》这样一些需要保密的重要测验工具甚至出现了盗版。国内几家心理学杂志的编辑部都曾提及,呈交的社会心理学论文中,几乎全都是使用问卷调查法来收集资料,其中大多数是使用西方引进的量表。这种大量地引进、修订国外量表,过分地依赖于国外量表的现象,已经引起了批评与反省。杨国枢教授提出由于中西方文化的不同,中国人在做心理测验时,有着不可忽视的与西方人不同的反应心向或方式。如社会赞许心向、默认心向、"中庸"心向、避免反应等。既然外国的量表是为其本国人所编制,其变量是研究其本国人的结果,而中国人与西方人有着很大的不同,所以量表从内容上说是不能适合于中国人的;我们对这些量表仅做一些语言形式上的修订,用以评估中国人,所得到的结果充其量不过是与西方人作了一个比较而已,很难说可以透彻地解释中国人的心理与行为。使用它所得到的结果,必然大有问题,且有诸多奇怪而难以解释的现象出现。引进外国的量表会有如此多的麻烦与困扰,不能不令我们深思。所以,西方的量表用于中国人时,肯定存在不少问题。

## (三)投射命题批评

投射命题的基本假设是:人们对于外界刺激的反应都是有原因且可以预测的,而且个人本身的心理状况及整个的人格结构,对当时的知觉与反应的性质和方向,都起了很大的作用;心理结构的大部分处于潜意识中,个人无法凭其意识说明自己,当他面对一种不明的刺激情境时。却可以使隐匿在潜意识中的欲望、需求、动机等"泄露"出来,即把一个反映他的人格特点的结构加到刺激上。但关于投射技术的特征与性质的问题,曾经争论不休。仅仅将投射技术看作"主观的"评估,而将其他技术看作"客观的"评估,这种观点现在看来是过于简单了。其一,其他的客观测验中,有时也包含投射技术。比奈很早就在智力测验中使

---

[1] 龚耀先. 艾森克个性问卷在我国的修订. 心理科学通讯, 1984(4)

用了墨迹测题，虽然后来因为不便于团体测验而取消。著名的韦氏智力测验中的领悟力测验、词汇测验就被认为属于投射性质。其二，罗夏测验等投射命题测验也遵循测量学的原则，致力于建立客观化的评分标准，并有大量的信度、效度的研究报告。测量专家认为，投射命题技术与其他技术相比，其优势在于：

（1）可弥补问卷测验的局限，不依赖于被试是否真实回答，因为它是通过被试的活动产品的分析，揭示其中投射出来的心理反应；

（2）不受文化背景的影响，因此在跨文化研究中被广泛采用；

（3）可以洞察被试的潜意识，了解其并非主动、有意表达的内心深处的变化。但其局限在于：像罗夏测验、主题统觉测验、笔迹测量，其所能揭示的心理活动是有限的。投射技术评估的思维样式或特征等，是隐含的、间接显现的，是分析者根据自己的临床经验、实证所作的推论。推论是有风险的。它或者可以经受实证的检验，或者可能是一种主观臆测。因此，投射命题的评估技术有一些不确定因素。

### （四）情境命题批评

情境命题技术则是近年来颇受重视的评估技术。除了诸如无人领导小组讨论、管理游戏、公文包测验等外，虚拟情境命题也成为近些年来流行的评价中心技术的成分。中外现已有大量的企事业部门使用了这种技术来进行人才招聘和选拔，并因其在人员选拔中的效度较高而颇受关注，但是它并不是没有任何局限，例如：

（1）所设计的特定情境只能评价到特定的心理特质。也就是说，情境命题所能测到的心理特质是有限的。比如说，无人领导小组讨论能评估到被试作为领导的心理特质，却很难评估到被试作为学者的心理特质。组织心理学的一种理论认为，不同的工作情境对领导特质的要求是不一样的，根据这种理论；很难从一种特定的情境评估到普遍的一般的领导特质。而要想设计出各种不同的情境，是非常困难的。

（2）所设计的特定情境的代表性是值得注意的。设计的特定情境与真实的情境是不是一致，能不能作为真实情境的代表，直接关系到评估的效度。无人领导小组讨论涉及什么话题，可能是一个重要的情境变量；管理游戏中的情境与实际工作情境有多大的相关，所评估到的特质能作多大的推论，都是应该谨慎对待的。

（3）情境命题要花费大量的人力、物力、财力、时间。这一点可以说是情境命题最大的局限。从情境命题的设计，到道具、场地、助手、时间的安排；从评分者的培训，到组织评分者经过讨论得出统一的评估结论，花费的人力、物力、财力和时间，比问卷技术、投射技术均要大得多。这一局限与以上两点局限联合发生作用，会使人不得不考虑，如果不是一个重要的选拔项目，而只是对一个平凡的人做出人格的或临床的诊断，是否值得使用该技术。

## 二、四种命题的特征比较

四种命题的特征迥然。总的说来，四大命题技术是各有千秋，亦各有局限。投射技术与情境命题技术相比其优势在于不囿于特定的具体的情境，并且不必耗费大量的人力与财力。问卷技术与情境技术相比，其优势在于可以集中在一个时间段大规模取样，但是它的效度却没有情境命题高。作业命题虽处于主导地位，却受囿于思维的结构样式，没有情境命题来得真切。

## （一）刺激材料的特征

情境命题是指通过给受测者设置一定的问题情境，控制和改变一些条件，记录其反应情况，然后加以分析的一种测评方法。换句话说，特定的情境会引发出人的具体行为模式。而这些行为模式正反映了我们所要研究的思维特征。问卷属于结构化的和有一定随意程度的命题。因为所呈现的刺激材料即问卷的项目是明确的、具体的，回答也是具体的，所以命题是结构化的。在测验时，被试可随主观感觉自由选择自己的回答，而不要求他做出正确回答或者让他以应该怎样做来进行回答，所以测验又是随意的，当然，其随意程度是有所限制的，因为回答的选项是有限的。这种高度结构化的命题，解释的余地很小，因此解释的个体差异不太重要，非结构化的命题则相反。投射命题就符合这个特点，它为人们提供意义相对模糊（即非结构化）的刺激材料，例如：墨迹、模糊图片等。由于命题没有明确的结构和固定的意义，允许个体有较大的自由反应，以求加大反应的差异性，往往能较充分地表现思维样式及特征。与自陈命题和投射命题有所不同，作业命题并非直接对所呈现的刺激材料做出主观报告或自由联想行为，而是有些类似测定知识和技能那样，把测验的刺激通过被试的反应转化为作业。主试对被试在尽力完成作业时所表现出来的外显行为进行评判，从而推论其思维样式或特征。

## （二）测验的信度和效度

大多数主要的自陈命题测验都具有好的信度。例如，EPQ各量表一个月间隔的重测中关为0.83～0.90，内部一致性系数为0.68～0.81。MMPI分半信度系数为0.70～0.80之间。自陈命题测验的效度相对要高于非结构类型的测验，EPQ具有良好的结构效度，其中外倾性和神经质最为确定，无论是跨人群还是跨方法的研究都表明它们反映了普遍存在的两个基本人格维度。[1]大多数投射命题测验的信度和效度都很差。研究发现，这些测验的信度和效度低得让人无法接受，尤其是罗夏墨迹测验。没有证据可以支持罗夏测验的跨时间稳定性，同样内部一致性系数也很低。因为测验中每一项目会唤起不同的无意识冲突。跨时间的稳定性也难以建立，因为测验之间存在大量的情绪起伏。考察评分者信度的研究暴露出罗夏测验的另一个问题：两个或多个评分者评价同一测验答案的一致性很低。为投射命题测验建立良好的效度资料也存在困难，原因主要在于投射命题测验的两个特征：第一，投射命题测验的结论不易用观察和实验的研究采用的评价方式检验；第二，没有好的效标来检验投射命题测验的结论。然而近年来的许多实证研究表明，关于罗夏测验的十个成功的测量程序，如Exner的Comprehensive System等，信度均令人满意，其中一些和人格的客观测验一样好，甚至更好。Masling指出，在信效度方面，投射技术并不像人们普遍认为的那样糟糕。作业命题测验和情境命题测验具有很好的信度和较好的效度，邓光辉等考察了中国学生平均作业量的隔周重测信度系数，前期平均作业量为0.9165，后期平均作业量为0.9682，达到很高水平。分别用学业成绩、EPQ测验作为能力、灵活性的效标，发现高P分组与低P分组在曲线类型上存在显著性差异；邱章乐等人在使用QIUS情境命题测验时发现该量表与作业量表存在中度相关，QIUS情境命题测验分数高者，作业量表分也高，曲线多为定型，结果显示QIUS情境命题测验具有较好的效度。

---

1　MPI全国协作组.明尼苏达多相个性调查在我国修订经过及使用评价.心理学报（14卷），1982（4）

## (三)技术难度的特征

自陈命题因为施测简单、易操作，记分及解释容易，主试不需要经过太多培训便可掌握实施方法，因此更适合做定量分析。投射命题测验的施测受主试与被试关系的影响。主试的暗示与鼓励影响被试的反应，两者间信任、合作的关系会影响被试反应的质和量。由于投射命题测验原理复杂深奥，记分、解释难度较大，主试需经严格的培训，切实掌握测验的实施、记分与解释。此外，投射命题测验的结果分析也远比自陈命题要费时费力，大部分投射命题测验都未建立常模，对反应做出解释很大程度上依赖于主试的主观过程，主试的专业水平、临床经验、反应倾向、态度等，将会对结果解释产生影响，这当然会产生弊端。作业命题测验过程简单，但在思维评定时，不像自陈命题测验的评分和解释那样简易和客观，同样要求主试有比较丰富的经验，而且主要还是凭借主试的主观判定。与其他测验相比，情境命题测验最明显的长处在于，它是对现实生活和工作的一种模拟，因此能够比较真实地反应被试日常生活和学习中所表现出的思维样式或特征。但该测验评分的客观标准不如自陈命题，难以量化，尤其对测验的解释基本凭主试的主观判定，因此也要求主试有比较丰富的临床经验。

## 三、四大命题技术互补

从上述分析，我们不难看到，尽管四大命题的原理迥异，但它们具有很好的互补性。积极探求各种技术渗透发展的方法和途径，成为四大技术的突破方向。技术是方法的系统化与规范化操作体系，海德格尔言技术为"座架"，认为技术既然成为规范，则又必然束缚限制了人的思维与行动。这一批判是必须重视的。后现代一些学者怀疑、否定技术的观点，虽然有些过激，但也确能令人深思。科学技术是一把双刃剑。以上讨论的都是追求客观、要求量化的技术，不仅各自有诸多局限，而且量化技术本身更有割裂曲解人类经验的局限，所以我们必须有一种全局的、统合的观点与视野，允许和鼓励各种技术相互渗透，全面发展。

### (一)命题互补趋向

国外如今流行的评价中心技术已关注不同命题技术的互补作用。例如采用多种评价技术（特别是不同类型的工作情境模拟技术）来进行选拔人才和培训人员。美国评价中心所采用的主要技术有：公文处理法（使用频度95%）；无领导小组讨论（使用频度85%）；模拟面谈（使用频度75%）；时间安排（使用频度45%）；案例分析（使用频度40%）；管理游戏（使用频度35%）；背景面谈（使用频度10%）；纸笔测验（使用频度5%）；智力测验（使用频度2%）；阅读测验（使用频度1%）；计算测验（使用频度1%）；人格测验（使用频度1%）；投射命题测验（使用频度1%）。其中公文处理、无领导小组讨论、模拟面谈、时间安排、案例分析、管理游戏、背景面谈等都属于情境命题。情境命题既是对现实生活和工作的一种模拟，因此，受到各方的青睐。但情境命题设计难度大，要花费大量的人力、物力、财力和时间。而这一点对作业命题却不存在。作业命题与情境命题的互补性很明显。人类千年的长途跋涉和漫漫求索为作业命题奠定了厚实的基础，可以弥补情境命题的这一局限。而作业命题的情境化设计，也会使作业命题更贴近生活实际。

自陈命题简单，操作容易，但无法探测潜意识内容，刺激的高度结构化又使结果解释余地较小，所以自陈命题很难从个案性上把握个体的思维特征。投射命题测验操作难度大，但可以对思维样式或特征作综合的、完整的探讨，对被试的内心世界作深层探索（可能探测到个体的潜意识内容），并做出动态解释。自陈命题虽然加入了一些测谎命题，但是仍不能很好解决被试作假的企图。因此它比较适合被试不至于有意防范而作虚假的反应。而投射命题测验的表面效度低，即测验的目的常常是部分或全部隐藏着，与问卷测验的一目了然相比，被试很难判断它所测的内容，因此它的表面效度更低，测验目的的掩蔽性较好，能比较真实反映被试的情况。另外，投射技术还可弥补问卷测验的文化背景的影响。

我们尝试用自陈命题、作业命题、投射命题和情境命题的互补性，设计 W-QIUS 反向思维测验。该测验有两部分构成，前一部分是自陈命题，后一部分是作业命题、投射命题和情境命题。但这种综合性命题存在诸多技术问题：第一，是由于国际上心理和教育测量的趋势是越来越多地使用标准参照测验，而这种综合性命题测验并不强调项目的区分度，因此，会遭受到 CTT 的批评；第二，IRT 强调以数学模型为核心，模型的数学公式复杂，加之综合性命题测验形式和内容的多元性将令大多数人望而生畏，心理学工作者并没有统计学家那样丰富的数学知识，向 IRT 靠拢比较困难。另外，IRT 比较复杂，人工计算是不可能的，计算机软件得到了一展所长之处。但由于各种软件有一定局限性，主要是对被试数和项目数及适用的模型有所限制，比如 LOGIST 是根据三参数对数模式设计的，要求被试人数至少为 1000，项目数至少为 40；BI-CAL 软件分析 Rash 模型；BILOG 处理单、双、三参数对数模型等。所以对心理测量人员，首先要懂得什么模型用什么软件，又需要对被试数、项目数进行控制，自由度比较小；第三，综合性命题测验要得出稳定的参数值，其首要的条件是测验项目和模型拟合。由于综合性命题测验是建立在相当强的假设基础上的，因此对假设的检验就变得十分重要了。各种模型都需要进行检验的一条假设是单维性检验。恰恰在单维性问题上，综合性命题测验承受着来自理论上和实际应用方面的巨大压力，学者们对此存在尖锐的不同看法，既然被试的测验数据不仅仅由能力 $\theta$ 决定，还受测验时的多种内外环境的影响，那么综合性命题测验要求的单维性假设就根本不能满足。总之，综合性命题测验仍有存在、发展的趋势。在遇到一般问题，不需精确求解的情况下，用它进行思维样式分析是恰当的，因为比较综合、易于全面反映，而且作为传统集大成者，它相对单一命题而言，已经发展得比较充分了。而综合性命题测验的一些弱点并非不能克服，一旦对应的数学模式建立起来，技术上有根本突破，它就会腾越居上了。

## （二）命题互补例举

下面列举大学生反向思维测验是我们综合近年来的相关量表改制而成的。该量表主要是由自陈量表法与作业量表法互补而成，尤其是作业对自陈的真实性的佐证是十分明显的。

### W-QIUS大学生反向思维测验

（适合17岁以上大学生）

【指导语】反向思维实质是思维的逆向发散过程。这种发散的特点具有颠倒的辐射性质，如视角颠倒一下，位置颠倒一下，角色颠倒一下、表意顺序颠倒一下、观点颠倒一下、输赢颠倒一下、作用颠倒一下、方式颠倒一下、程序颠倒一下、动静颠倒一下、过程颠倒一下、因果颠倒一下、主次颠倒一下、理论颠倒一下……也就是从相反的角度选定突破口，改变事物原本的运行方向。尤其是顺向思维使人陷入困境的时候，反向思维让思维重新选择一个出发点，重新确定一个方向，可能就会使您茅塞顿开，豁然开朗，顺利到达成功的彼岸。下面的问题就是考察你反向思维的能力的,每道题你只能选择一个答案。

【测题】

1. 你经常将问题倒过来考虑吗?
A. 是　　　　B. 说不准　　　　C. 不

2. 你经常站到对方来考虑问题吗?
A. 是　　　　B. 说不准　　　　C. 不

3. 你听老师讲课时,有没有想到如果自己是老师的情况?
A. 有　　　　B. 说不准　　　　C. 没有

4. 你常反驳别人的意见吗?
A. 是　　　　B. 说不准　　　　C. 不

5. 你有时会提出一个与正在讨论的问题完全相反的问题吗?
A. 是　　　　B. 说不准　　　　C. 不

6. 在写作文时,你尝试过倒叙的写法吗?
A. 多次　　　B. 有几次　　　　C. 没有

7. 在解数学题时,你常常使用逆推法(即从结果推到条件)吗?
A. 是　　　　B. 说不准　　　　C. 不

8. 看小说时,你曾直接翻到书尾看看结局如何,然后再决定是否仔细阅读整本书吗?
A. 多次　　　B. 有几次　　　　C. 没有

9. 你能意识到吃了别人亏、上了别人当给你带来的好处吗?
A. 是　　　　B. 说不准　　　　C. 不

10. 你理解否极泰来、泰极否反的说法吗?
A. 完全理解和赞同　　　　B. 有些理解　　C. 不理解或不赞同

下面请准备好纸和笔,把一个钟放在面前。然后以规定的时间完成以下的问题,记下各题答题时间,并做出最适合你的选择。

11. 从相反的方向能观察到一些奇怪的画面。下面图(1)是从口袋里向外看到手伸进口袋取钱包的画面,那么(2)图是从什么角度看到的?(限时2分钟)

 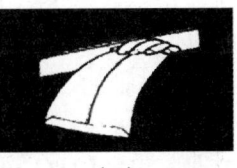

　　　　(1)　　　　　　　(2)

A. 10秒钟内完成　　　　　　　B. 1分钟内完成
C. 1～2分钟内完成　　　　　　D. 2分钟内没有完成

12. 我们知道煮熟的鸡蛋只能平放在桌子上。请你想一个办法,让煮熟的鸡蛋直立在桌子上。注意,不允许借助其他工具或物品。(限时2分钟)

A. 10秒钟内完成　　　　　　　B. 1分钟内完成
C. 1～2分钟内完成　　　　　　D. 2分钟内没有完成

13. 瓶塞已经陷进瓶口里,无法用手取出。请问在不打破瓶子的前提下,你有办法让瓶中的液体流出来吗?注意,不允许借助其他工具或物品。(限时2分钟)

A. 10秒钟内完成　　　　　　　B. 1分钟内完成
C. 1～2分钟内完成　　　　　　D. 2分钟内没有完成

14. 一只乒乓球掉入被固定在水泥地面的一要直立的铁管（铁管长15厘米）中，铁管内的直径比乒乓球的直径大1厘米。在不破坏地面及铁管的前提下，你如何让乒乓球从铁管中出来？（限时5分钟）

　　A. 5分钟内想出5种以上办法　　B. 5分钟内想出2～5种办法
　　C. 5分钟内想出1种办法　　　　D. 5分钟内没有想出办法

15. 在炎热、干燥的沙漠中，两位摩托车手为获得一笔优厚的奖金正在进行一场奇怪的比赛：谁的车最迟到达位于沙漠另一端的目的地，谁就获胜。出发后，两位车手都磨蹭着不肯前进，越来越严重的饥渴感包围着他们。你能替他们想一个办法，使他们尽快地结束这场比赛，又不致因此输掉这场比赛吗？（限时5分钟）

　　A. 30秒钟内完成　　　　　　B. 2分钟内完成
　　C. 2～5分钟内完成　　　　　D. 5分钟内没有完成

16. 下面图(1)是从口腔里向外看到的一个人脸，那么图(2)是从什么角度看到一双鞋的？（限时2分钟）

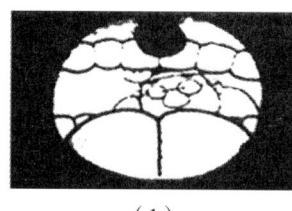 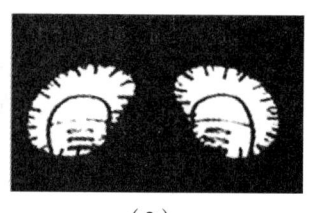

（1）　　　　　　（2）

　　A. 10秒钟内完成　　　　　　B. 1分钟内完成
　　C. 1～2分钟内完成　　　　　D. 2分钟内没有完成

17. 一位老师与两个学生在做游戏："这里有3支笔，两枝是蓝色的，一枝是黑色的。现在我们一人一枝请你们根据自己手上笔的颜色，猜出对方手上所拿的笔的颜色。"这两个学生拿到笔以后，起先都想了一下，好像都猜不出来。突然，两个学生都喊了起来："我们猜着了！"你知道他们是如何猜出来的吗？（限时5分钟）

　　A. 30秒钟内完成　　　　　　B. 2分钟内完成
　　C. 2～5分钟内完成　　　　　D. 5分钟内没有完成

18. 以前，人们是不穿鞋子的。有一个王国，大臣们为了讨好国王，将他所有的房间都铺上牛皮，当国王走在上面的时候，感到十分的舒服。于是国王就下令，将全国所有的土地全部铺上牛皮。这简直是不可能的事！到那儿去找这么多的牛皮！即使有那么多牛皮，又怎能把国王要走的路全铺满呀。大臣们全慌了，他们抓耳搔腮一筹莫展。

　　有什么办法，既不要把国王要走的路全铺满牛皮，又使国王每一步都能踩着牛皮走呢？（限时5分钟）

　　A. 30秒钟内完成　　　　　　B. 2分钟内完成
　　C. 2～5分钟内完成　　　　　D. 5分钟内没有完成

19. 有一家动物园的老板，生意比较清淡。于是，他请来了一些专家给他想办法，讨论的题目是如何捉到老虎。

　　专家们按照K、J方法开展了讨论，K、J方法是1970年日本学者川喜田二郎所创立的，约定在会上须思想解放，展开想象，无论意见怎样荒谬也不许反驳；要求与会者努力寻找联合或改进他人的意见，最后由决策人整理并且做出抉择。

会议开始以后，有一位计算机数学家发言说："不必捉老虎了！把猫拿来就可以了。"他的理由："猫是老虎的近似值。"

"只要给猫照一张照片就可以了！因为猫的照片是老虎的同态像。"接着发言的是一位代数学家，他运用了在数学中"同态象"的概念。

后来，一位拓学者站起来，说："不必再谈了，老虎已经捉到了！我用一个拓扑的变换：把笼子里的内部变成外部，外部变成笼子的内部，不管哪里有老虎，都可以用这个方法做到！"

这则故事听起来荒谬可笑，可是，动物园的老板却受到了启发，这就是："把笼子的内部变成外部，而将外部变成笼子的内部。"按这个设想的动物园建立起来以后，果然吸引了四方来客，生意日益兴隆起来。你如果是动物园的老板，听到拓学者的话后，会有什么设想？（限时5分钟）

A. 30秒钟内完成　　　　　　B. 2分钟内完成
C. 5分钟内完成　　　　　　D. 5分钟内没有完成

20. 一个周末的夜晚，滨海某个城市有一家剧院正在上演从北京来的大型歌舞节目，出场的演员阵容强大，其中不乏大腕歌星、笑星，因此引来不少的人上前去争相购票，一时间，剧场的前面被围得里三层外三层，拥挤不堪。大家正在一股劲地往前挤，突然一个长头发的青年人混在人群中，装出被别人挤得东倒西歪的样子，趁机从前面的一个戴近视眼镜的中年妇女的口袋里掏出一个红色的小钱包，急急忙忙地向自己兜里一塞，还装模作样地向周围的人们看了一眼，自以为无人知道，故意叫到："他妈的太挤了！"一边说一边挤出了人群。

可小偷哪里知道，他所做的这一切，早已被刚买到票的中学生小玫看在眼里，小玫皱起了眉头，思考着：怎么办？

这里人很多又十分拥挤，一旦喊"抓贼"，罪犯在混乱中最容易逃脱；直接去派出所报告吧，小偷可能早已经逃之夭夭了。最好的办法是利用调虎离山之计，将小偷从有利于逃跑的环境，转移到不利于逃跑的地方，稳住他再去派出所报告。作为小姑娘的小玫同学，与高大的男青年对抗，当然不是对手，可使用计谋却无需考虑到身体的条件。

你如果是小玫，能想出什么好办法？（限时10分钟）

A. 1分钟内完成　　　　　　B. 5分钟内完成
C. 10分钟内完成　　　　　　D. 10分钟内没有完成

【评分规则】

1～15选A得3分，选B得2分，选C得0分；16～20选A得3分，选B得2分，选C得1分，选D得0分。

# 第5章 现代信息技术与思维测量

20世纪以计算机为代表的信息产业,标志着人类社会进入了信息时代。计算机网络的研究和发展,特别是Internet在全球的推广和应用,对全世界科学、经济和社会产生了重大影响。计算机网络发展的基本方向对传统测量技术提出挑战,对构建思维测量新体系产生深远的影响。

## 第一节 思维载体的历史沿革

构成人类思维的非常特殊的成分就是语言。语言系统是人类思维的"中介",即实现实践样式向思维样式过度或"内化"的媒质。"语言系统"是实践活动样式内化为思维样式不可缺少的中介或媒质。也就是说,实践样式决定思维样式。实践样式转化为思维样式是通过语言这一特殊的符号系统而实现的或完成的。没有语言系统这一中介系统,那么,实践活动样式与思维活动样式之间就缺乏沟通和转化的"桥梁",同时,也难以深入地解释为什么不同的人在同一实践活动中会形成不同的思维样式。由于语言系统是实践样式内化为思维样式不可缺少的中介,我们则可以说语言(系统)对思维样式具有举足轻重的作用。因为,语言是构成人们思维活动的基本单位和把握客观事物的工具。无论是人们日常生活中的自然语言,还是科学研究活动中的符号化的语言,都是人们进行思维活动不可缺少的信息载体。思维活动的实质即是剥落掉语言的形式,指向语言所指的内容,确定其意义。离开了语言,思维活动就无法进行。语言之所以能在实践样式与思维样式之间架起"桥梁",实现前者向后者的转化,是由于语言是一种结构性的"存在",它具有形式的主观性和内容客观性双重特征。人们在进行思维活动之时,正是凭借、运用语言来对信息加以吸收、编码与变换操作。然而人们对信息的吸收、编码、重组即操作又不是随意而为的,必须顺应语言符号的结构特征,遵循语言的构成规则。

作为思维载体的语言是随着社会的发展而发展的,大体经历了四个重大阶段:第一次口语信息革命发生在距今5万年至20万年前的旧石器时代,这是一种点与点的信息传递方式;第二次文字语言革命发生在距今6000年前后的新石器时代,它应该是一种线的信息传递方式;第三次电磁波语言信息革命发生在19世纪中叶到20世纪上半叶,电磁波和以后通信技术的不断进步,使思维信息传递超越了线的概念,而形成了一个信息覆盖面;第四次计算机语言革命发生在20世纪下半叶,计算机通过超大规模集成电路、超大容量的信息光盘以及智能化的电脑软件和第三次信息革命的成果相结合,组成了一个全方位的语言信息传递网络,进入迄今为止的最高层次,形成了思维信息的多维传递方式。由此我们可以看到,思维信息的传播、思维信息革命的发展是沿着点、线、面、体的逻辑方向前进的。

## 一、口语载体时代

　　数万年以前漫长的口语时代，是人类生活的原始阶段。这个阶段，人类正在和残酷的自然界进行顽强的抗争。当时，人们只能以简单的农作、采集和渔猎来维持生计，以血肉代价和野兽进行拼搏来延续生命。因此这一时期口语生成应该和人类自身的生存革命联系在一起。

　　在最初的原始人群中，人们只能通过手势、眼神、简单的动作和声音来互相传递思维信息，阻碍了经验和知识的传播，因此那时的生产力非常低下。为了维系生命的延续，人们终于创造出了口头语言，并以此提高了在自然界的适应能力。这就是人类历史上第一次伟大的思维信息革命。口头语言成为人类活动中最初的信息载体和相互联系的手段。口头语言的产生和使用，推动了人与人之间的思想交流与沟通，特别在原始人剿捕野兽的过程中发挥了重要作用。人们从此可以前呼后拥，从四面八方包围猎物，并聚而歼之，人们的作战效率提高了，食物开始丰富了。更重要的是，口头语言的使用能够扩大人们的思维领域，刺激大脑的进化，并进一步促使人类最初思维能力的升华。自此，人类原始的本能行为转变成有意识的活动，大大加强了相互之间的合作，提高了和自然界抗衡的能力。人们因而告别了蒙昧，进入到低级有序的状态，口头语言成为人类顺应自然、利用自然、改造自然的第一个信息平台。

　　思维与语言具有共生性。无论从个体心理发生学的角度，还是从本体论的意义上，语言和思维都是同步发生的，没有一个先后问题。无论是直观动作思维、形象艺术思维，还是抽象逻辑思维，都无一例外地需要使用语言。语言对思维具有巨大的作用。没有语言的思维，和没有思维的语言一样都是不可设想的。首先语言贯穿于思维过程诸因素之中，不管是大脑机能的开发，还是感觉的转换，记忆的产生，知识的储存，逻辑的建立等无一不是依赖语言符号。其次，思维过程就是语言过程。有的人在思维的过程中习惯发出声音，这就是外部语言。而更多的人在思维过程则习惯默吟，这就是内部语言。可见，思维过程必须依靠语言才能进行。思维过程在头脑里出现的是事物的符号，即语言是语言符号进行思维活动。只有用语言才有可能把某种属性从被认识的一些事物中抽象出来，也只有语言才有可能概括出一类事物的一般属性，并用词把它们记录下来，也就是用词来标志事物的一般属性，因此，思维高度的概括性和间接性，是借助于语言实现的。这表明语言与思维具有不可分割的关系。语言是思维的物质外壳，而思维是语言的内容，因此，思维与语言是相互依赖而统一的。另外从思维的生理基础来看，思维是在第二信号系统的调节下两种信号系统协同实现的复杂的分析与综合活动。这充分表明人的思维与语言的不可分割性。实验也表明，某些学生，甚至成年人，如果不让他们出声地说出自己的推论，往往在解答问题的过程中感到一定困难；相反的，让他们把推论一个接一个地说出来，即使起先说错了，最后也使问题的解答容易些。这生动表明思维与语言之间密切的联系。总之，思维是用语言概念进行的，或叫概念思维、语言思维。

　　语言是思维的元素，人们借助这种元素在大脑里进行排列和组合的过程。在思维的整个过程中，头脑里表现为词或概念之间种种联系。这些词或概念是物的代表。因此，思维过程当中的语言符号之间的联系，反映了客观事物的联系。但这种联系是思维过程的逻辑关系，在一定程度上说是主观的，所以需要经过实践去验证。自然语言符号系统的基本特征之一是多义性、歧义性、语法结构不够严格和统一。这些特征一般并不妨碍社会信息的交流，而且还能有助于以诗歌等文艺形式表达思想、感情。但在抽象思维中，如果完全运用自然语言符号来表达概念、进行判断推理，就会引出差错甚至悖论，而成为不可容许的缺陷。而且，在用自然语言符号系统来表达事物的复杂关系的规律时，常会显得累赘而笨拙。这样，形式就成了内容发展的障碍，必须改进形式来促进内容的发展。

在原始社会，这种点与点的传递方式，思维水平十分低下，知识积累相当艰难，社会发展的速度还是缓慢。人类只能使用粗劣的石器工具，通过采集和渔猎来维持日常生计，用结绳来记录某些重要的事件和灾难性天气，而人类思维能力主要是通过氏族部落的长者向晚辈的言传身教代代相传承袭下去。这种纯口语传播交流的空间极为狭窄，甚至某些好的思维经验和技术常常因自然界的因素或其他意外原因而夭折。人们的思维能力的发展就受到限制，人类文明的进程非常艰难，以至漫长的旧石器时代占据了人类全部历史的99%以上。

## 二、文字载体时代

文字是语言和文化的载体，也是人们交流思想的工具，这是人类历史上第二次伟大的信息革命。它较之第一次信息革命具有无可比拟的作用，它对人类社会的发展做出了卓越的贡献。从新石器时代中后期文字形态的出现，到殷商甲骨文的形成和金文的不断演变；从陶器、玉器、竹木器、漆器、丝织品的制作到青铜艺术的辉煌成就；从大规模农业生产劳动到手工作坊的兴起、城池的修筑和宫殿的营建；从阶级分化、礼制盛行到国家机器的确立……这一切足以证明文字作为思想传播手段所折射出来的巨大能量。因此，世界上大多数国家都把文字的产生和使用作为人类文明时代开始的重要标志。文字载体时代演化至今，可以分为两个不同的符号系统：

### （一）自然语言符号系统

自然符号系统是口语的对象化，即将语音符号文字化，用文字表述口语。传说中的汉字是黄帝的史官仓颉创造的。李斯《仓颉篇》中说："仓颉作书，以教后诣。"《淮南子·修务训》中引证："史皇仓颉，生而见鸟迹，知著书，号曰史皇，或曰颉皇。"《韩非子·五蠹篇》中亦说："仓颉之作书也，自环者谓之私，背私者谓之公。"其实任何个人都是不可能完成浩瀚文字的创造，文字的创造必然要经历漫长的历史演绎过程。考古证实，殷时期汉字开始了它的实际应用阶段，殷甲骨文记录了当时的历史事件，从此奠定了文字在中国历史上的重要地位。甲骨文的特点是：它所使用的工具是刀具不是笔，因而，它不是书写形成的是刻制的；因此，甲骨文不是中国汉字的代表性之作。此后出现了笔，写字的历史就此产生。应当说"字"一定要写出来，写出来的为"字"，刻出来的仅是"文"。可能这也就是不称"甲骨字"而称"甲骨文"的原因之一。

文字形成走出刀刻的历史阶段，进入笔写的纪元是中华汉字文化走进辉煌的开始。笔的出现为书写及汉字的发展提供了先决条件。比较刻制与书写，书写比刻制要来得便捷，也更容易变化。尤其中国的笔是由毛、发、竹、骨为材料制成的软制笔，具有很强的柔韧性，书写时是按是提，是运是转，撇捺弯勾，随意发挥、任你表现。

在笔写的纪元，书信应运而生。书信有许多叫法，如书札、手札、书牍、尺牍、尺翰等。对唐以前的名人书信，后人称之为帖，是重视它的书法。故宫博物院的镇院之宝《平复帖》，就是西晋陆机问候患病的朋友的书信。这9行84字的草书，是我国存世最早的书法真迹和名人手札。

文字信息的广泛传播，不仅推动了中国古代科技的发展，进一步促使了我国封建社会农业、手工业、商业和城市建设的全面繁荣，同时营造了士大夫文化的昌盛，产生绵绵流长的精神文化长河。著书立说，藏之书馆，传之后人，它使得人类心灵的交流可以跨越空间和时间，使千年相隔的思想传承久远，使个体的心灵小溪汇流至人类文化的汪洋大海之中，永不干涸。

关于自然符号系统对思维的影响，美国人类语言学家沃尔夫（B.L.Whorf）认为，语言支配思维，是思维的塑造者，不同的自然符号系统决定思维的不同样式，由此形成不同世界观。自然符号系统在心理生理学中叫做"言语网络"。这种言语网络影响着整体对信息的加工处理，即不同的自然符号系统造成对某些生活经验的编码样式的不同，不同体系的自然符号系统必然对使用这种符号的人在思维样式上有所影响。有学者认为，导致中西思维样式差异的原因很多，其中一个十分重要的原因即是由于中西方人思维时所使用的自然符号系统的不同。他们认为，中国自然符号系统是形象语言，西方语言是声音语言，在这里可以说明中西方思维样式的差异。因此，"当选择了某种语言的时候就意味着选择了某种思维样式，语言规定了思维样式。"[1] 自然符号系统的变迁同时牵动着思维样式的变迁。在引起思维样式变革的诸多要素中，体现得最明显、最直接、最集中的就是自然符号系统的革新和发展了。从表层上来看，是一个时代、时期人们在其思维活动中用以总结、概括事物、现象的工具的变化；从深层上来看，则反映出人们进行思维活动时思维的框架、思维的重点、思维的方法等一系列都发生了相应的转变。换句话说，自然符号系统是社会发展的一面镜子，它不仅能折射出一定时期社会政治生活、经济生活和文化生活的重点与兴趣之所在，也能反映出一定时期或阶段，人们的思想、思维活动的关注焦点。

## （二）人工语言符号系统

随着科学的发展，人们在自然语言符号系统基础上，逐步建立起了人工语言符号系统。即各学科的专门科学术语，用以表示严格定义的科学概念，表示事物之间的特定关系和运动变化规律，使语言符号保持其单义性、无歧义性和明确性。例如，当说"氧"的时候，人们不知道是指氧元素还是氧气，但人工语言符号 O 和 $O_2$ 就可做出明确的区分。这种新的术语的引进，和旧的用语、词汇在新的、专门的意义上的使用（如"力"、"功"在科学中的重新定义），便构成了人工语言符号系统发展的第一阶段，即"科学行话"阶段。

人工语言符号系统发展的第二阶段叫形式化语言，它实际上是以数学、数理逻辑符号语言为蓝本的科学语言。形式化语言的外在特点是：以紧凑性和可观察性为特色；在这些语言中不仅提供了原始的标志（语言字母），而且准确鲜明地定义了建立名称和含义表述的规则，定义了把一些表述（判断、公式等符号系列）变成另一些表述的规则，因而，形式化语言比原来的人工语言，形式化程度更高，并具有更大的精确性与适应性。由于各门科学的语言从类型上说基本上是描述性、断定性而非评论性的，在描述性语言中又以分析陈述为主，这样各门科学就更有可能充分利用形式化语言，来表达自己深刻复杂的内容并进行演算化的推理。正如玻恩（Max Born）所说，运用科学符号形成的"思维结构"，仿佛是事物本质的"镜像"，"符号是深入到现实背后的自然实在里去的方法的一个必不可少的部分"。现在又有了能被计算机识别的形式化语言——计算机语言。人类还在努力开发具有更强的符号处理功能的智能机，使人的思维过程进一步做到机械化，自动化，这将是科学技术发展的一个新飞跃，

---

1 张岱年，成中英编.中国思维偏向.北京：中国社会科学出版社，1991

也是语言符号发展的一个新飞跃。

形式化语言的推广运用作为一种研究手段，被称为形式化方法。当代著名逻辑学家鲍亨斯基（Bochenski）认为：近代方法论的一个最重要成果，是人们认识到在句法层次上操作语言能使思维活动大为方便。这种操作方法叫做"形式化"方法，形式化方法完全撇开符号的本真意义，而根据某些只涉及符号书面形态的转换规则来进行符号操作。形式化方法本质上是对一种千百年来众所周知的方法的推广，这种方法就是运算。它可以把运算用于非数学对象，用于同数字无关的其他领域。现代科学技术的发展，为形式化语言的推广和应用，正在展示出越来越广阔的前景。

需要指出，无论人工语言符号系统如何发展，它总是建立在自然语言符号系统基础之上的。只有借助自然语言才可能建立人工语言，即确定或描述它的符号含义和它的构成与变换的规则。因此，自然语言符号又称为元语言，没有自然语言，人工语言是不可能存在的。另外，自然语言在记载观察实验结果，在"前概念"的形成过程中在科学的普及和教育中都是必须使用的。现代人工智能如果解决了自然语言理解（处理）技术，则自然语言在抽象思维中的应用还会增强。因此，自然语言符号，不仅在过去而且在今后都是科学语言符号的一个组成部分。

## 三、电磁波载体时代

18世纪末，继瓦特发明蒸汽机以来，引发了各国对科学技术的普遍关注。但由于当时正处于一个农业社会的背景下面，地域间、国家间的相对封闭影响了信息的广泛交流，从根本上阻碍了世界的整体进步。电磁波的发现和利用，包括无线电技术、微波技术和光波导技术的成就，遂使电磁波上升为人类传递信息的最为重要的形式和手段，使人们获得信息的能力达到了无穷无尽。现代电子技术如通讯、广播、电视、导航、雷达、遥感、测控、电子对抗、电子仪器和测量系统，都离不开电磁波的发射、控制、传播和接收；从家用电器、工业自动化到地质勘探，从电力、交通等工业、农业到医疗卫生等国民经济领域，几乎全都涉及电磁场理论的应用，并进一步使电磁波成为人类思维的重要载体。电磁波时代使人际思想交流方式发生巨大变化，思维信息的传递变得更为广泛、便捷和神秘。

### （一）人类视野的无穷延伸

传播学者施拉姆（W. Schramm）尝试将人类约100万年的历史浓缩到1天24小时，即每一分钟代表700年每一秒等于12年，以此计算，人类从发明照相术以至于电话、电影、无线电到电视，总共不到10秒钟的时间。具体地说，午夜11秒前出现电报，8秒前出现电话和留声机，7秒前出现电影，5秒前出现无线电广播，4秒前出现电视。透过历史的目镜，现代传播科技发展，可以毫不夸张地形容为"万马奔腾"，一个浪潮接一个浪潮，节奏快得惊心动魄，完全没有休止符。在无边无界、无微不至、无孔不入、无时不在的电磁波媒介产品中，人类的视野第一次获得了这样无穷的延伸——密西西比河和密苏里河连贯而过，乌拉尔山脉与西伯利亚平原绵延衔接，埃塞俄比亚高原的野山野地，日内瓦整洁有序的大街，散发着粗犷咸湿气味的北海道小镇……这一切纷纷朝传播媒介奔来，使得"坐地日行八万里"的广漠旷远的世界，就此充沛着亘古人类就企求的"地球村"，就像古人所说的那样："鸡犬之声相闻"。更夸张形象的说法，似乎成了吆喝一声就有缭绕回音的清律远韵的仄街小巷。人们都很沾沾自喜，"时间不再成其为时间，距离不再成其为距离"，"天涯若比邻"的幻想变成现实。不仅地球上某一角落发生的事情可以立即使全世界知道,就是远古时代所遗存于各地的文化传统与宝贵遗产,也通过大众传播媒介以全球各地的受众作为它们的共同继承者。

传播媒介无处不在的影响,让人们形成了对生活的固有的看法,即使是亲眼目睹的事情也很难让人有所改变,说明它已经从一般意义的传播信息而深入到人的思维里去了。传播者自身受到这种影响,从而使传播过程带上倾向性,而受众也在传播中不可避免的受到影响,看不到真实的情况,媒介的反复传播很容易让人形成一种远离现实的心灵共振。

## (二)电磁的心灵效应

人出现在现场却将身体隐藏,电磁实现了这一古人的梦想。人可以单凭声音即可巧妙地表达丰富的思想,比莅临更佳的是,它可以伪装表情、隐去尴尬。电话使声音在交流中上升到了中心的位置,虚无缥缈、说过即逝的声音,因为声形错位而具有暧昧的功能。现代人在丰富的物质生活中,渴望思想交流沟通,渴望去体味"生活在别处","别处"是哪里?在电话线的另一头!电话也许只是一次声音的造访,也许只是一个无足轻重的信口一说的许诺,这都无关紧要,重要的是电话使人们思维世界丰富而更易外溢,思想沟通不仅跨越了空间,也跨越了时间。

电磁学一直是,将来仍是新兴学科的孕育点。科学心理学也可以说是它催生的。1879年,德国心理学家冯特在莱比锡建立第一个正式心理实验室,标志科学心理学的诞生。这得益于科学的研究方法与心理学的结合,更得益于电磁波等先进的研究手段。电磁波及电子技术的高速发展,为心理学提供了许多先进的手段,心理学与它们的交叉领域也成为心理学研究的科学前沿。这便是人类历史上第三次伟大的信息革命。这次思维信息革命的成果推动了心理学的全面革新,使其研究方法及探索方向发生了质的变化,即由原来的"经典哲学"脱胎转变为"实验心理科学"。这种革命性的变革使人类对自我思维的了解在短短几十年的时间内超越了以前几个世纪。同时也为下一次思维信息革命的到来做好了准备。

## (三)微电极技术在心测中的应用

最具代表性的当属脑波仪的发明和使用。在电磁波开发和利用阶段,生理学家和物理学家就发明了脑波仪。脑波仪原本是用来诊断脑病的。这是因为脑部神经组织的细胞,不断地活动着,由于这些活动,会产生微弱的电位,当人在情绪状态时,兴奋中心产生阴电,周围产生阳电,这种电位就会发生变化。这些变化可以用脑波仪测量出来。测量方法是将两个或数个电极粘贴于头皮上,将脑部微弱的电流导出,将其扩大后由墨描振荡记录器做成图纸记录,即成为脑电图。脑电图的波形很不规则,依据其频率和振幅的不同,可以将正常的脑电图区分为四种基本波形:

(1) α 波:频率为 8~13 次/秒,波幅为 20~100 微伏。在枕叶及顶叶较为明显。健康人在清醒、安静、闭目不做脑力活动的情况下即出现。α 波出现时,在枕叶部位最大,并可具有时大时小的波幅变化,即波幅先由小逐渐变大,然后又由大变小,接着再由小变大,呈现一"棱形",每一棱形持续时间为 1~2 秒。它是人在清醒、无视觉及其他刺激、停止脑力活动时的基本节律。如果睁开眼睛或接受其他刺激时,α 波便消失而呈现快波,这一现象称为 α 波阻断。如果被试再重新闭目安静,则 α 波又重新出现。

(2) β 波:其频率为 14~30 次/秒,波幅为 5~20 微伏,在额叶和顶叶比较明显。人在安静闭目时,β 波只在额叶出现,如果被试者睁眼视物,或听到突然音响,或进行思维活动（如进行心算等）时，在皮层其他部位也出现β波。它是一种细小的不规则的较快的波动。所以β波的出现，一般代表大脑皮层兴奋。β节律愈高，说明脑细胞兴奋性也愈高。

（3）θ波：频率为4～7次/秒，波幅为100～150微伏。人在幼儿时期，脑电波频率一般比成人小，一般常见这种θ波，成人则在情绪紧张或在困倦时，才可见到θ波。所以，这种波的出现是与中枢神经系统处于抑制状态相联系的。

（4）δ波：频率为1～3.5次/秒，波幅为20～200微伏，是缓慢的大幅度的节律波。成人在清醒状态下是没有δ波的，只有在睡眠期间，皮层脑电才出现δ波，或者在极度疲劳以及麻醉状态、缺氧、大脑有气质性病变时也可出现。如果成人在清醒时出现δ波，则可能表现智力发育不好或者有气质性病变。

脑电图的波形随不同的生理情况而变化。当许多皮层神经元的电活动趋于步调一致时，就出现低频高振幅的波形。比如人在熟睡时所出现的电波，这种现象称为同步化。当神经元活动不大一致时，就表现为频率较高而振幅较小的电波，这就是所谓失同步现象，如人在十分清醒状态或皮层进行工作的时候所出现的电波。所以说，当脑电波由高振幅的慢波转为低振幅的快波时，表示兴奋过程的增强；反之，由低振幅的快波转为高振幅的慢波时，就表示抑制过程的发展。

脑电波的研究，对于探索心理活动的机制有着重要的意义。从开始研究脑电图时起，就已发现注意、兴趣、思维、情绪活动，都在脑电图中有所反映。如人在思维活动时，α波抑制代之以细小的不规则的快波——β节律；在情绪活动时，α波抑制代之以高振幅的慢波——θ节律。即人在身心轻松安静状态时，α波呈现规则而有节律的活动；在激怒或紧张时，原来的律动现象即行消失，一变而为振幅减小而频率增大的现象。

20世纪80年代初，美国密苏里大学的专家们做了一项具有重大突破的试验。他们通过电子技术监视脑电波来阅读人的思维，将人的脑电波破译为文字。他们使用的仪器是一台脑电图机，用它挑选出脑电波形式并纪录到纸上。实验方法是这样的，先在受试者的头部接好脑电图机的电极，然后要求受试者重复某一特定的词，他们记录下受试者要说出该词又尚未说出时的脑电波形式。在对这些脑电波进行处理时，他们采取了联机计算机数据处理技术。心电图数据借助于联机计算机系统而获得。这些数据为集中处理而储存起来。结果研究者们惊奇地发现，每个词都有特定的波形，而且当受试者仅仅想到这个词，实际上并没有说出声时，其特征波形仍然出现。因而研究者们断定："我们识破了脑的密码"，"我们发现读出某人思维，只消辨认出特定的脑波形即可"。目前，尽管这项研究还在早期，能辨认出的脑波形的"词"还很有限，但它对测试人们的心理又打开了一个新的领域。

## 四、计算机载体时代

20世纪下半叶，新知识的迅速传递、艺术与技术的相互融合、文化氛围的不断创新、学科与学科间的碰撞交叉、区域经济的全球联系、世界格局的多极演变、科学家们在新领域的重大突破……各种意想不到的新事物、新概念、新形势层出不穷，使人目不暇接，人类社会经历了巨大变迁，生产力得到了翻天覆地的发展。人们普遍地感到人脑的有限和知识的无限之间的矛盾；人的精力的有限和科学天地广阔无垠之间的矛盾；人生命的有限和宇宙时空无始无终之间的矛盾。社会企盼着更加先进的科技手段的出现，以缩小这些矛盾，从而进一步提高人类文明的层次。我们终于惊喜地发现，一轮崭新的文明已经降临了，这便是轰轰烈烈的人类社会第四次信息革命——计算机革命爆发了。

## （一）计算机技术的发展

现代计算机经过不断更新，成为信息采集、存储处理、通信和人工智能结合在一起的信息智能系统，它突破了诺意曼机以往所采用的顺序控制方式和数据流控制方式，而是实行并行处理，因而大大提高了计算机的推理速度。它的功能由数据信息处理上升到知识信息处理，由计算速度的量变上升到智能运作的突变，人们因此称其为电脑。其特点之一是发展超大规模集成电路，它的电路线宽只有 0.5 微米，仅是人的头发直径的 5% 左右，计算速度每秒可达 10 亿次，最快的达到每秒几百亿次。特点之二就是智能化程度显著提高，能够识别声音、图像并具有学习和进一步推理的功能，真正起到了人脑延伸的作用。同时，计算机仍继续在向巨型化、微型化、多媒体和超媒体化方向发展。

回顾移动通信史，主要的发展都在近几十年，而且发展的速度越来越快。在网络化的今天，手机仅仅作为通话的工具无疑是一大浪费，不少有远见卓识的人看到了最好的个人电子设备就是手机，因为它是真正的个人化用品，可以随时随地无线接入网络。新一代的手机，可以单独地胜任某些原来必须要在电脑上才能完成的工作，如上网、记事、日程管理；也可以和其他设备如电脑、打印机等配合工作，而且不需要接上这根线那根插头。

新世纪之初，移动通信工具正处于快速研发阶段。现在无法想象的科技产品会飞快地出现在每个人身边。手机不会再仅仅是个人通讯工具，它已成为人们可靠的工作助手（上网、记事、制订工作计划、照相、录音）和有趣的娱乐伙伴（游戏、听 MP3、收音、看电影），而它的形状也会有各种各样（手表、头戴式、分离式、笔式）以适应不同人群的要求。由此，可预测未来手机的功能将向两个方向发展：新应用的移入，与现有电子设备的融合。在应用方面，图片铃声下载、金融证券服务、移动商务、娱乐功能、定位功能等是手机将来需要支持的个性化增值服务，随之而来的是 GPS、E-mail、WLAN、PTT 等很可能成为未来手机上不可缺少的功能键。为满足消费者的商务、娱乐、互联上网、学习、生活、健康等日常功能，与 MP3、MP4、DC、DV、游戏机、DVD、TV、PC 等电子设备的融合也成为未来手机个性化的功能需求。

自从网络空间形成以来，网络沟通就一直被人视为思维信息的重要组成部分。那么，网络沟通具有什么样的魅力以至于吸引了越来越多人的热衷呢？网络沟通又有什么值得我们警惕呢？

网络沟通与现实生活中的人际沟通相比，具有如下几个特点。

1. 异时交流

人们在网络沟通时，可以和对方不发生在"真正的时间上"的交流，无论在何时何地，人们只要想接触他们的网络伙伴，就可以建立人—机对话模式去联系。这样的交流方式，不需要当场立即给予答复，可以事先仔细思考一番，用足够的时间去思考，并且用最好的组织方式做出的回答。这就完全避免了现实人际关系中存在的人际尴尬问题。这些都是现实人际沟通所无法比拟的。

2. 信息的重复感受

网络语言的媒体能够把交流的信息保存下来。在网上通常人们可以保存很大一部分他们和网友们之间的交流内容。这样，他们就可以在空闲时间，再次阅读和感受他们和网友们所说过的话，这种价值的重新评估在网络沟通中是非常重要的手段。与现实生活中的人际沟通相比，网络沟通中的形式还是很少的，最常吸引人们的网络沟通形式就是网络聊天和网恋了。

### 3. 全新的网络人际

网络对话形式比现实中人与人交谈方式更具有精神方面的内容。人—机对话式的网络聊天让越来越多的人乐此不疲，人们在这一新型的网络沟通方式中正开辟出一条全新的人际网络。在网络沟通中，网络语言的使用可以反映出一些人在沟通中的表现力、敏感性、组织性或创造性及其不同的认知风格。这一人际网络与人们现实生活中的人际网络碰撞着、交错着、也在融合着。人们通过互联网不仅可以获得大量的信息，而且还可以结交来自天南地北的网友，让来自世界各地的朋友可以像坐在大厅里一样高谈阔论，享受着新技术带来的沟通交流的便利。

## （二）计算机在心理学中的应用

计算机在心理学中的应用主要有三个方面：①人—计算机系统的研究；②心理和行为的计算机模拟；③计算机在心理实验的控制和数据处理中的应用。[1]

这三方面的应用，最典型的是计算机在心理实验的控制和数据处理中的应用，即与心理测验技术的联姻。

现代心测仪器实验是在控制条件下，利用仪器设备对某种行为或者心理现象进行积极地干预，从而观察、研究被试者的心理活动。现代心测仪器实验人为地创设出一些条件，使得被试者做出某些行为，并且这些行为是可以重复出现的。

现代心测仪器实验沿袭冯特的实验研究方法，在利用心测仪器时，必须考虑到三类变量：第一，自变量，即实验者控制的刺激条件或实验条件；第二，因变量，即反应变量。它是实验者所要测定和研究的行为和心理活动，是实验者要研究的真正对象；第三，控制变量，即实验中除自变量外其他可能影响实验结果的变量。为了避免这些变量对实验结果产生影响，需要设法予以控制。总之，利用心测仪器研究个体行为时，主要目的是在控制的情境下考察自变量和因变量之间的内在关系。

人类现代心测仪器实验有个显著标志是借助心理测验技术。自比纳以来，人类已创立了许多心理测量的法则，并以自己的实践进一步去完善它。现代心测仪器在制造和使用方面借鉴了这些法则，并将其融入自己传统之中。它有以下几个特点：①借鉴了标准化的法则，制定和应用了实验研究的一般方法，注重对实验条件的严格控制；②制定和应用了心理测量的特殊方法，如记忆研究法、情绪研究法等；③广泛应用心理测量最新科学技术成就和统计学方法。④使用心理测量量表对实验结果作进一步的验证。这些新类型的心理实验的目的是力图得到精确、可靠和客观的实验结果。

数据处理在仪器测量的过程中，常常涉及多方面的因素，处理多方面的变量，这就必须考虑如何安排实验以及实验后的数据如何处理和分析。仪器测量实验设计和统计学相结合，现已发展成为一门实验技术的专门学科，在这里只讲以下几个基本的问题。

### 1. 随机误差和系统误差

（1）随机误差。在实验中，由于一些难于控制的偶然因素，常使反应变量上下波动，

---

[1] 杨治良.实验心理学．杭州：浙江教育出版社，1998

这样造成的误差称随机误差。如果无法估计它的大小。必将无法判定一个实验结果是否可靠。例如：如果要比较甲、乙两种方法哪一种好．采用的指标是在一定次数的反应中正确反应的次数。用一个被试进行实验，其结果是：甲方法用了400次，乙方法用了370次。从这一数据中是无法判断甲方法比乙方法好。因为在以人作被试时，即使同一个人使用同一种方法，连续试验若干次，每次的结果都不一定完全相同。这是因为有随机误差造成的。有一种方法是用重复实验来估计随机误差的大小，措施之一就是增加实验次数。

（2）系统误差。如果同一被试的实验程序和结果如下：在试验中由于某种因素的影响，使反应变量有系统地发生变化，这类误差称系统误差。要消除系统误差的方法之一是使用抵消（或平衡）的措施，这样，随着试验进程而发展的系统误差在整个试验系列中便平衡掉了。

2. 比较实验

当要比较两种刺激、条件、学习材料、感觉信道、反应的方法等的质或量的差别时，可采用比较实验。此实验设计的基本原则是每个实验都必须有一个实验组和控制组。对实验组加以某种操纵，而对控制组则不加操纵，然后将两组的实验结果进行比较。这也就是在讲"无关变量平衡"时的"控制组法"。有时，实验需要不止一个实验组，以便比较几种操纵的效果。

在比较实验中，被试的分组方法是很重要的。分组方法不当，结果也不可靠。有几种分组的常用方法：

（1）随机分组法。这是比较实验中最简单的分组法，即把被试随机分成两组，可按"随机数表"来分配编好号码的被试。分组后仍必须注意前面所述的实验顺序的安排。

（2）配组法（对手组法）。即以一定标准把被试分成两组。配组的标准要根据研究的课题来确定。有时可以某种心理特点为标准。有时可以成绩、经验或文化水平等的标准。例如在研究视觉时，应使用平均视力相同或极相近的两组被试。如要求更精细些，除平均能力要成为对手组外，在其分配的差异（标准差）上也应基本成为对手。这种分组法的缺点在于需要大量人数，才能选出合用的对手组。

（3）对偶分组法。即使两组中的每个被试都两两成为对手。对手的标准也是根据研究课题而定。对偶分组法与配组法的区别在于被试的个人成为对手，而不是组的平均成为对手。

被试兼作实验组和控制组的成员。每个被试既是实验组的被试，又是控制组的被试。在安排实验程序时，要注意抵消系统误差。例如要比较A和B两种彩色刺激物的视觉清晰度，那就可以使全部被试都作A和B两种刺激的实验。为了抵消系统误差，应让一半被试按ＡＢ顺序试验，另一半被试则按ＢＡ顺序试验。这种设计虽然是经济有效的，但如果两种实验的经验会互相影响（或干扰）时，则不宜采用此法。

比较实验结果的数据处理较简单的是求出平均数，标准差，相关系数，再进行显著性考验．常用的显著性考验有 X 考验、t 考验、F 考验。

现代心测仪器在实验条件严格控制下，借助于专门的实验设备，引起和记录被试的心理现象。心理学的许多课题都可以在实验室进行研究，通过实验室严格的人为条件的控制，可能获得较精确的研究结果。另外，由于实验条件严格控制，运用这种方法有助于发现事件的因果关系，并可以对实验结果进行反复验证。但是，和任何一种研究方法一样，现代心测仪器也有它一定的局限性。由于实验者严格控制实验条件，使实验情境带有很大的人为性质，被试处在这种情境中，意识到自己在接受实验，就有可能干扰实验结果的客观性，并影响到将实验结果应用于日常生活，因而有一定的局限性。这是因为现代心测仪器是在一定控制条件下进行的，实验的结果有时会与现实生活中人们的心理活动不完全一样。这种现象的出现，在科学研究中是并不奇怪的，更不是不能解决的。只要研究课题来自实践，研究结果又不断拿到社会实践中检验，同时在研究过程中不仅注意心理活动的单因素的实验研究，还注意多因素的交互作用的研究，那么其研究结果是会和现实生活一致的。

回顾现代心测仪器发展的过程，我们可以看到，这个时期心测仪器主要依赖于电子计算机技术的开发和利用，使人们获得心灵信息的能力达到了无穷无尽，同时也催化了心测仪器技术更加迅猛的发展。

## 第二节　网络环境下的思维测量

当前随着电子计算机网络技术的飞速发展，现代思维测量技术的新时代已经来临。信息时代计算机网络技术给思维测量带来的冲击已经波及各个层面，同时，给科学测量研究带来了重大的变革。计算机网络对信息的强大处理能力和互联网络的四通八达，已成为思维测量技术更新的归因。计算机网络技术的发展使测量形式呈现多元化，使测量内容呈现多样化，使测量目的呈现多样化。同时，计算机网络技术的发展也引起了思维测量技术研究方法的深刻变革。

### 一、网络环境下的测量功能

网络系统目前提供的功能有：远程测量、统计与分析、IRT 开发。

#### （一）远程测量

远程测量指远距离的测量。主试通过浏览器，输入相应的组卷参数（主要参数有：试卷标题、考试时间、总题数、满分值、曝光时间、考察点、平均难度、平均区分度、题型结构等），系统自动组出一份符合要求的试卷及其标准答案，试卷以两种方式呈现：一种是以 HTML 的方式，将一份试卷形成一个 HTML 文件显示。在这种方式下，主试可通过查询的方式在线修改试题，若想使用组卷结果，直接打印或者另存为 HTML 文件；一种是 RTF 文件的方式，自动形成的试卷以 RTF 文件的方式打包，供主试下载使用。组成满意的试卷后，可以存成正式的考卷，供测验用。

1. 远程联机考试

目前，配一光学扫描器的电子计算机对考试已有了广泛用途，包括：用于审核考生报名资格；印制各类考生统计资料，掌握考生动态；为考生建立个人档案，以便存储考试成绩；计算考生应交纳的考试费用；印制准考证；印制试卷与答题卷；改卷与评分；调整分数，加分，评定等级；对成绩作统计分析；模拟录取；印制成绩单和证书；对题作质量分析；建立题库；根据命题原则建立试卷。远程联机考试时，指定要考试的试卷，调出该试卷，系统在浏览器中以 HTML 的方式呈现该试卷，并通过表单来输入试卷答案，被试提交答卷后，系统将被试答案存入档案之中，主试在阅卷时，可以调出被试的答卷记录进行批阅。

2. 远程联机阅卷

计算机辅助阅卷主要是光标阅读器与计算机联合使用，同时光标阅读器与计算机联合在考试管理中也可以应用，教学工作人员按照计算机辅助阅卷的步骤就可以完成计算机的辅助阅卷。主试通过网络也可以远程联机阅卷。主试登录后，选择要批阅的试卷，再选择被试，调出该被试的考卷及答案，客观题由系统自动判别，非客观题由主试判定给分，主试确认提交后，判卷信息便存入被试的档案之中。

3. 测验结果查询

被试登录后，选择自己考过的试卷，便可调出该试卷，显示出该试卷的内容、标准答案、被试的答卷记录、主试的评分情况等。

## （二）统计与分析

在计算机未能辅助试卷分析之前，对被试试卷的成绩统计和试卷分析，都是由主试自己手工完成，由于是一个大量的重复性操作，从而浪费了大量的时间和精力，同时由于手工操作的准确度有限，导致某些数据的精确性有限，从而导致分析结果不精确，同时，由于手工操作，很难进行进一步的试卷分析，也就不能真正达到为测量服务的目的，所以计算机辅助行试卷分析，成为计算机应用的重要方面。

计算机进行试卷分析可以通过两种途径，一是使用专门的统计和分析软件，例如 SPSS 软件等，现在各个软件公司也先后生产了一些统计和分析软件；二是可以通过一些常规软件进行试卷分析和成绩的统计，包括 Excel 等软件等。

测试数据可以包括两类的数据，一是宏观测试数据，二是微观测试数据。宏观测试数据主要是对教育教学管理应用而需要的数据，包括一个班级和一个学校测量结果等，从而让教育教学管理部门可以通过这些数据，产生相应的管理策略和管理决策，对教育教学进行良好的监控和管理。微观测试数据即用于指导具体教学实践的数据，通过微观测试数据，主试可以了解被试的思维样式和水平，分析被试的思维特点，在那些方面比较强，而在那些方面则比较弱，从而使主试能够掌握今后的训练重点，注意对个别的被试进行特殊的帮助和支持，从而真正对教学进行监控。

对试卷进行分析可以包括这样几个步骤：原始数据的输入、数据的处理、中间数据的统计和分析和最终数据的统计和分析，最后是写出最终的分析结果报告，得出分析结果。原始数据的录入可以采用两种方法，一是计算机录入，二是手工录入。在录入之后必须对原始的数据进行处理，包括对不合格的数据进行处理，可以采取修改和重新录入等方法，并根据需要分析的目标结果，对数据进行删除和添加，接着就可以对相应的数据进行分析，从而得出相应的分析结果，包括对被试情况、试题情况和试卷情况进行分析，得出相应的分析结果，对分析结果进行归纳总结，做出最后的总结报告，从而为教育教学提供相应的依据。计算机的统计与分析的主要内容有以下几个方面。

1. 试卷统计属性

包括试卷的信度、效度、平均难度；考生群体的最高分、最低分、各个分数段的积累人数、平均分、标准差；各个考生的原始分数和经过转换后的分数。折线图和直方图的呈现方式可以直观地表示出被试在各个分数段的分布情况，以及被试成绩是否符合正态分布，异常试题的警告，如考试中全对或全错的试题，及时提出警告。

2. 题目分析和知识点情况分析

包括题目难度、区分度、迷惑答案效力、知识点上的归一化得分。每个题目都对应着要考查的一个或多个知识点以及在知识点上的认知结果分类，分析结果的呈现方式采用表格和图形结合的办法,既直观形象,又有精确数值的支持。

3. 被试情况分析

(1)帮助被试澄清对分数的认识。对于被试的某一次考试,选择参加这次考试的全体被试中的不同样本范围并计算出量表,就可以按照量表转换公式得到这个被试的原始分数在不同的样本范围的转换分数。对这个分数的解释可以帮助被试确定自己在所感兴趣的群体中处于什么样的位置,并正确认识这种位置:它让被试明白分数的含义是相对的,单纯的分数并不能说明全部问题。

(2)获知被试变化趋势。被试如果希望知道自己是否进步了,就需要按时间轴作一个关于考试成绩的历史追踪。由于直接比较原始分数是没有意义的,我们将它们转换成的标准分数、百分等级分数等相比较,就能够得出是前进还是后退的结论。

(3)被试知识和能力的分析。题库系统与被试之间通过联机测试界面进行交互,计算机记录并分析被试有意义的反应信息,通过对这些反应信息的分析,可以很多有价值的教学过程信息。对被试的分析有两个维度,即知识内容和认知能力。由于每道题目都考查了某个(或多个)知识点和认知分类,因此通过分析被试在题目上的表现,就可以知道被试在知识点上达到教学目标的范围和程度,得到知识点掌握情况和能力发展情况。分析结果可以用于生成针对被试个人的指导语,提示被试在哪些方面已经达到教学要求,哪些还需要加强训练;可以为被试准备有关的教学材料,包括错答题目的例题讲解和题目所考查的知识点的教学目标的说明性材料,以帮助被试纠正错误理解和观念、找到并巩固自身的薄弱环节。

(4)激励被试的学习。通过与样本适度的比较,并对比较结果做出合理的解释,可以激发被试学习的动力。

计算机辅助阅卷和辅助试卷分析将更加系统化和责任化,随着计算机技术和网络技术的发展和成熟,计算机辅助阅卷和辅助试卷分析将更加完善。

## (三)IRT开发

1990年美国教育考试中心,也就是ETS,正式在GRE和GMAT考试中使用了项目反应理论。这就意味着,一个考生去参加他们的考试,可能会发现自己题目都作对了,但是分数可能很低,因为作对的都是低难度的题目。现在ETS在GRE考试里面采用的是适应性的方法,虽然大家做的题目数量是一样的,但是根据各人不同的水平会提供不同难度的测验题目。这样考试的区分能力就增加了,可以让考生的能力估计更加精确。

测验的这个理论现在已经广泛应用于各种考试当中(主要在西方发达国家),使得考试越来越复杂,因为测试过程中需要有大型项目数据库以及高速度的处理器支持,甚至现在还需要通过网络进行远程的测试,使得考试的方法越来越专门化和技术化。

了解或者熟悉这个理论,需要有很强的数理基础,但由于我国目前心理学教育基础的限制,使得很多心理和思维测量学研究者都无法很好的了解这些东西。在我们的教育考试和心理和思维测验里面,绝大部分人还在使用经典的目标对照或常模比较方法设计测验。常模的方法是直观的,但是其依赖性很大,和样本有直接的关系,如果取样有问题,就会发生估计的偏差。

以项目反应理论为基础的自适应测验是根据每个被试的不同情况,用几组不同的试题来测量被试能力水平的一种测验。在自适应测验中,考试系统向应试被试提出一个或几个试题，并对被试答题进行判断，根据被试答题情况，再从题库中选择最适合于测量被试个体的题目。通过这种方式，使试题与应试被试的能力水平相符合，向他们提出的题目，既不太容易，也不太难，可以为估测被试的能力提供最大的信息量。自适应测验比常规测验具有更高的效率，它可以用比常规测验更少的试题而获得可与之相比或更佳的测量效果。有实验表明，在同等测量精确度的条件下，自适应测验可缩短40%至60%的测验长度。另外，由于按照个体的能力水平而确定测验的难度，对个体来说能提供最好的测量，自适应测验就可以从题库中对每个应试被试选出难度水平适合他们的试题，从而可以解决测量精确度和能力跨度不能兼顾的问题。

参与远距离学习的被试范围很广，能力参差不齐，这就要求这种诊断性测试具有相当高的效率，要用尽量少的试题，测试出被试的真实能力，否则会引起被试在学习时间上的浪费，也可能引起被试的厌烦或恐惧情绪，从而影响被试的学习。另外，由于基于IRT的题库中，试题的属性可以与施测样本无关，故不同时间内进行的考试，其测量结果是可以比较的，前面介绍美国的大学及研究生入学考试都采用基于IRT的计算机化适应性测试，被试可以随时参加他所选择的考点举行的考试，而不像过去，必须同时参加定期举行的考试。这种不同考试之间测量结果的可比性，正好可以满足远程学习中考核的异步性的要求。因此，未来远程教育中的考核测量，必然是计算机化的适应性测试。

现在，思维测验网络已经在逐步升级，正在转向基于项目反应理论的测验方式，这使得我们的测量越来越准确。我们应该努力掌握这些现代测量技术，以便让被试能够得到一个更加公平准确的分数，同时也要做好思维命题这类基础性的工作，使得网络信息丰富而饱满。

## 二、网络终端计算机辅助测验

### （一）计算机辅助测验概述

网络终端计算机辅助测验（CAT）就是计算机在测验及其评价中的应用。一个完整的CAT系统应该包括测验构成、测验实施、分级和分析、试题分析、题库五部分。首先，根据题库的内容，构成各种思维样式的测验。然后，用被选中的试题对被试进行测验。测验结束后，通过被试的答题情况，对试题的特性进行分级和评价，将不好的题目进行修改或干脆去掉。最后，返回到题库。这是一个完整的循环过程。

1. 测验的优点

在今天，使用计算机辅助测验，测验的构成与传统测验的构成是一样的，但整个过程得到相当大的简化和改进。计算机能够按要求随机构成试卷，无论是题型的搭配、分值的分配，还是时间的确定，都是十分精确的。该类测验如果有足够多的计算机终端系统可以使用，则可以通过终端对被试进行测验，这样做有许多优点：①由于计算机知道那些问题要对被试进行测验，并能记忆对问题的回答，因此问题的排列顺序是无关紧要的；②因为计算机能支持打印、分级和方便对各种问题的处理，因此可以省去考卷；③在具有内部时钟的系统中，允许对被试在一定的时间内进行单独测验，如果给被试的测验相同，又具有相同的格式，有了时间限制，对程度不同的被试他们收到的题目也不相同；④在测验过程中，被试能够及时得到反馈，并且测验一结束，就能得到测验结果和分级。

## 2. 分级和分析

测验结束后，通过被试的答题情况，对试题的特性进行分级和评价，将不好的题目进行修改或干脆去掉。最后，返回到题库。这是一个完整的循环过程。分级和分析的功能包括两个方面：进行阅卷评分，统计成绩报告结果；进行被试情况、分析，并保存被试信息及分析结果，为教学活动的评价、题库管理和测验试卷生成的改进提供依据。

在联机测验和非联机测验（也称脱机测验）中，分级和分析的功能不同。在联机测验中，计算机自动对被试的回答进行评判，根据正确与否给予计分，同时对每个被试测验的评阅结果作记录保存（一般包括题号、正误情况、回答等待时间等），以便进行测验分析。对非联机测验（也称脱机测验）情况，被试用笔在答题纸上作答（即在相应的选择位置上用铅笔做出选中标记），计算机辅助测验系统用光学标记阅读器阅读答题纸上所作标记，转化为被试对试卷各案对比，从而给每个被试打分。

被试的测验情况被记录保留，以便用于各种分析，使主试能够比较准确地获得被试的思维情况：例如，利用所获得的信息进行 S-P 分析得到被试的思维特征和等次。还可以根据需要对成绩进行转换，如百分制计分、标准分或班级加权分等，以进行基本统计分析；如班级平均分、最高（低）分以及均方和标准差等。这些统计值从各个方面反映了班级总体的思维能力情况，可成为教学评价的参考数据。

试题分析的目的是考察一次测验中所采用的各道试题对达到测验目的是否有效。以评价逻辑思维能力为目的的测验，题目应能区分出被试概念、判断、推理等方面的优与差，应能评定逻辑思维过程的正确程度。事实上，试题对测验目的的有效性取决于很多因素，不同的题型影响有效性的因素也各有不同。因此，试题分析一般通过考察测验题目的难度、区分度以及迷惑答案的效度等属性来完成。对这些属性分析的结果将为题库的补充和调整提供参数，有利于后继测验的改进。目前在完整的计算机操作中，计算机保存着每个测验题目的历史轮廓，每次测验都被分级，保存题目、题目的区分特性分析以及题目被修改的历史。用这种方法，在整个测验中，将不好的题目清除掉，将新的题目加进来，这样的过程从根本上保证了继续测验的有效性。

试卷分析就是对测验的信度和效度进行分析。试卷分析的结果能够反映出测验是否真正检查出被试的思维水平与能力，是否真正检查出教学过程的成功与否。也就是说据此可以判定测验的结果是否能作为评价的依据。

## （二）计算机辅助测验（CAT）例举

1. 原理框图（如下图）

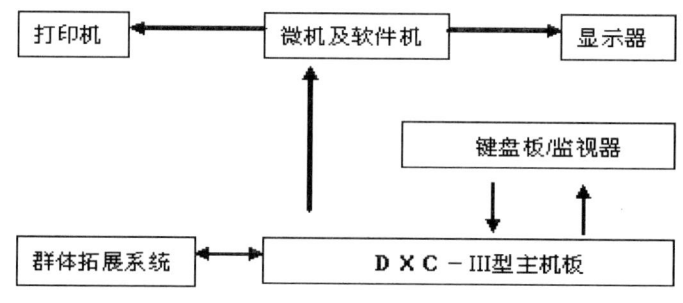

DXC-Ⅲ型多项心理测评仪原理框图

计算机辅助测验（CAT）系统[1]由DXC-Ⅲ型群体多项心理测评仪及配套软件组成,主要由DXC-Ⅲ型主机板、键盘板、显示器、群体扩展系统、电源、打印绘图仪和微机及软件组成。

2. 多媒体呈现方式

由于多媒体系统具有图文并茂、声色具全等特点,因此,制作微机多媒体思维测验系统,采用图像和语音双通道呈现。仪器通过串行口与通用微机连接,在呈现问题图像图形时,可利用语音系统配上解说词或增加背景噪声干扰。刺激物均存于微机中,由主机发出调用指令,通过串行口,由微机调出相应图形、图像、语音。

思维测量可做2张多媒体光盘,一张光盘呈现普通的思维测验,另一张光盘呈现创造性思维测验。光盘软件程序框图如下图所示。

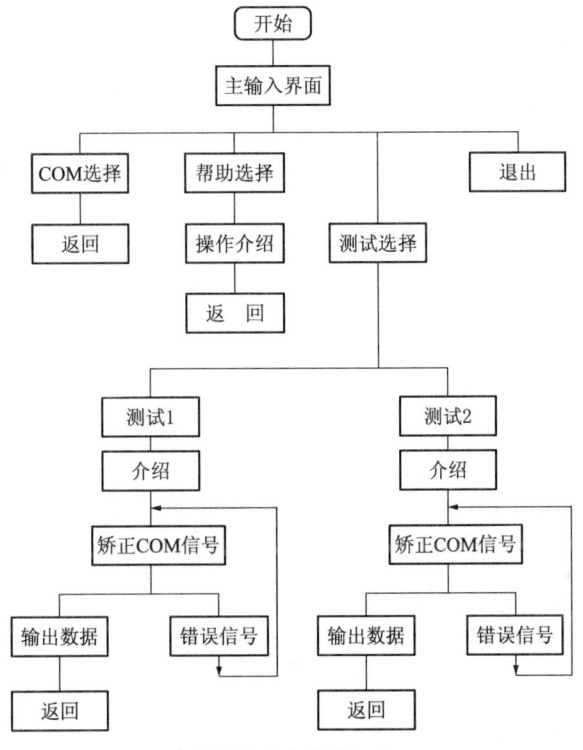

**多媒体光盘软件框图**

3. 记录数据

给被试呈现刺激物后,DXC-Ⅲ型仪器开始计时,并扫描被试输入信号,记录4个值:被试何时按键,何时松键,中间有否修改,按的是什么键。每次测验题目从25项到150项不等,问卷测验可以到566项,一次测验可同时做36人,DXC-Ⅲ型仪器可连续做32批1152人。结果可自动存入DXC-Ⅲ型仪器,该仪器内设制停电数据保护装置,即关断电源后数据不会丢失。

4. 数据处理保存

测试数据通过串行口送入微机存盘,用PROC软件进行处理。首先,呈现一幅图形,图

---

[1] Kantor JE, Carretta TR. Aircrew selection systems. Aviat space environ Med, 1988; 59(11.suppl):A32

中有按照常模的平均反应时间曲线和以二个标准差为界的上下两条曲线，以第一反应为准，一般人反应均在二条曲线之间。结果有正确反应数、错误反应数、无效反应数、标准分、相关检验值。无效反应为刺激呈现后反应时间小于 300 ms，或小于平均时间 3 个标准差，标准分为单位时间内正确率根据常模按 9 分制换算的得分。相关检验值为被试反应曲线与按照常模的平均反应时间曲线的相关作相关显著性检验的值。某测验题目难度理论上基本一样，曲线的走向基本一致，即相关度很高。如果事先做过同类测验，或相同测验则曲线相关度降低，有些不认真或不愿做，则相关度亦降低。处理完的数据存盘保存。

5. 结果输出

在使用现场也可以直接通过仪器并口打印输出，接 PP40 打印机可打印四色剖析图，接通用打印机可打印数字结果。因此，仪器可离开微机单独使用。

原始数据和结果被整理成 ASC Ⅱ 码形式，可以用通用编辑程序（如 PE，WPS，EDLIN）编辑整理叠加。经过专门的处理软件处理后，可直接由通用统计软件包调用（SPSS 或 SPLM 等）。

6. 群体思维测验的可靠性分析

思维测验，主要测验反应时和正确率，群体思维测验被试座位不同，角度和方位就不同。因此，有可能影响测验的结果。为此，在设计测验时适当提高题目的难度系数。每次实验时，应把编号固定，每排 6 人共 6 排。检验前后和左中右被试之间的差异。以识符检数测验为例。识符检数测验结果显示不同座位不存在显著差异（$P>0.1$），如表 5-1 所示。

表5-1 识符检数测验前后两组各成绩比较

| Variaty | Front ($n=116$) | Postern ($n=113$) | $t$ | P |
|---|---|---|---|---|
| Correct | 16.681 ± 5.100 | 17.708 ± 4.714 | 1.258 | 0.115 |
| RT | 464.228 ± 95.139 | 463.375 ± 85.961 | 0.267 | 0.943 |
| Score | 5.103 ± 1.910 | 5.394 ± 1.752 | 1.096 | 0.231 |

该系统可以进行群体测验的项目达 48 种，可同时测量 36 人，解决了大规模的思维选拔和建立心理档案困难的难题。除自动记录和计算常规的思维指标外，还可记录反应时间，通过对反应时间的分析可以得出被试反应的真实性和反应的稳定性指标。利用多媒体技术，测验过程的标准化，减少了由于主试不同而造成测验的误差。

# 三、计算机自适应测验

## （一）自适应测验的由来

自适应测验的一般原则最先由测量先驱比纳应用于智力测验，后来在美国发展为斯坦福—比纳（Standford-Binet）智力测验。在这个测验中，研究者根据不同年龄事先进行智力命题，编制好不同难度的测验题，向被测试者呈现和他年龄相应的题目，如果被试答对了该年龄水平的题目，则呈现更高年龄的题目，如果被试没有答对有关题目，则向被试呈现较低年龄的题目。这是一种由人工控制的自适应测验。它使用了固定的分题规则，一个可变的入口点和一个可变的测验结束标准，比内测验确定了自适应测验的一些基本原则。

洛德 1980 年发表以《项目反应理论》为名的专著后，进行了一种称之为"灵活测验"

的试验，测验试卷中包括了一系列的试题，其难度从极易到极难等距分布。在测验开始时，应试人先回答中等难度的试题，如果回答正确就接着提出较难的试题，如果回答错误则提出容易些的试题。高水平者会很快进入高难试题的领域，低水平者降到较低难度试题的领域，在这两者之间的应试人接受一组能覆盖其特性水平的试题。洛德的贡献不仅创立了项目反应理论，而且最终建立了自适应测验的完整体系。

## （二）计算机自适应测验模块

计算机自适应测验实施分成两个模块：第一模块是对考生能力的探索，以求取该考生能力初值；第二模块是对考生能力的不断修正。测验刚开始时，一般并无被试真实水平的信息，所以应设置一批探察性题目，初步估计其水平。具体做法是，从题库中随机调取中等难度水平题目测试；若被试能正确回答，则继之以较难题目；到被试既有答对题目的反应资料，又有答错的资料时，即行停止。按题目反应理论参数估计要求，采用极大似然估计法时，只有既有答对又有答错资料时，才能进行特质水平估计。所以，只有到这时才能结束测验性探察阶段，并初步估出其水平值。当然，这个值的估计误差是很大的。倘若被试在探察阶段从第一个题目起，连续多个题目一直答对（或答错），就应适时施测一个极难（或极易）题目，以便使这个阶段能实际终止。第一阶段为精确估计真值阶段。这是严格按"因人施测"思想进行测验的阶段。前一阶段初步估出的被试水平值，因施测题目较少，资料提供的信息量不多，不可能做到精确。因此，需继续施测题目，积增信息量，修正所得估计值，以做到足够精确。自适应测验挑选继测题目的原则，就是要从题库中挑选难度最适当、信息量取值最大的题目。

由于自适应考试系统不给定测试题数的上限，如上限为 n 道题，但被测者也可能做 m（m<n）道题就获取了足够信息量，因此，如何保证被测者所测试题的广泛性及知识点分布的合理性是一个关键，可以采用以概率分布合理性方式抽取试题。设需测试的知识点有六大类，在测试中每类比例为 4：2：1：1：1：1，则他们以每 10 道题为一段落，当作完 10 道题后重置比例数组 A［1…6］，当开始出下道题后产生一个 $1 \cdots \sum 6i=1 A[i]$ 的随机数，在这个内容下又按需出题的难度和题型信息随机抽取一道试题供考生测试。此时，屏蔽所有与这道试题小知识点相同的题目，以保证在同一考生中不测试同一小知识点两道题以上（含两道题）。这样，不论考试测试多少道试题，可以在概率意义下保证所需的内容分配比例。

由于系统需提供一个灵活的组卷需求，且保证每次能同时出多份要求相同但题目内容不同的试卷，因此需定义若干参数。

总分指标：S；
内容占分比指标：A［i］；
题型占分比指标：B［i］；
题型难题指标：C［i，j］（j=1，2 设本题库中各笔试试题题型中只分难、易两种题目）
为此，设计算法如下：
a. 参数设置，初始化；
b. 计算当前需出试题的总分：G′；
c. 产生［1…G′］的随机数；
d. 计算当前需出试题中各部分剩余比例分数；

e. 若此随机数落在哪个比例区间，则在此内容出试题；

f. 选取需出题型（按所需分数，每小题总分大小产生随机数按概率排序选择）

g. 随机抽题，G′=G′−R（R 为当前题的题分）

h. 屏蔽该题并将所有与该题同知识小点题目作标记（被屏蔽的题目在本次组卷中不在选用，被作标记的题目在本份试卷中不再选用，但下一次可用（在一次组多份试卷的情况下）；

i. 判断 G′ 是否大于 0，若是返回③执行，否则往下执行；

j. 查询试卷（可随机调整个别题目，也可人工调整个别题目），打印试卷（送到 Word）。

项目反应理论的一个成功应用，就是自适应测验。在通常的考试和测验中，无论被试水平的高低，所接受的都是相同数量、相同试题的测验。对于低水平的被试来说，那些难度大的试题，根本无法作答，这样的题如同虚设；对于高水平被试来说，那些难度小的试题，考不出他的真实水平。只有当试题难度与被试特质水平相适应、大体相当时，试题所提供的信息量最大，测验结果的效度与被试接受测验的积极性均可大大提高。所谓"自适应"，就是测验本身自动地去适应被试的具体情况，在施测试题的难度和数量上去适应被试特点而灵活变通。

在计算机辅助教学软件的开发中，基于题库的试卷生成系统、学习辅导系统、自适应考试系统已成为一个重要的发展方向。试卷生成系统是根据各种组卷要求（这种要求可不预先设定，而是通过人机对话由用户确定），从题库中抽出一份（或几份）满足要求的试卷；学习辅导系统提供一个学习环境，使用户在计算机上以人机对话方式学习；自适应考试系统可以检测评估学习中掌握理解知识的程度，系统根据用户答题情况不断计算能力值及信息量，根据能力值和信息量调整出题策略，最终给被试者一个恰当的评价（报告能力或成绩）。

## （三）理想的思维测验方式

### 1. 以人为本的测试

网络在线考试和单机软件考试，可分为自适应和线性两种测试。如前分析，理想的计算机化的考试应采用自适应测试。由于选择题题型适用于计算机化的考试，因此计算机化考试中采用了大量的选择题或是非题。但这种考试方法存在的主要问题是如何客观公正地评价每个应试者的水平。为了解决以上问题，我们提出一种较为科学的考试方法。非自适应计算机化考试系统软件通常都要设计一个出题的算法。一般的做法是，规定一个考试时间如一个半小时。采用预先从题库中随机抽取预先规定数量的题目组成试卷。试卷按照事先设计好的各类题目的比例组成，例如，试卷中必须有 60% 的思维基础题、20% 的中等难度题目、20% 的较难程度的题目，另外还有其他一些比例要求。因此这类考试按如下规则进行：

（1）考试开始：应试者回答预先设定好的第一道题目；

（2）考试继续：应试者依次回答试卷中的每一道题目；

（3）考试结束：考试时间到，停止考试。

此种考试存在的主要问题是选择题的难易程度评价比较主观。造成每批测验所出题目难易程度不一。因而造成如果同一个被试参加两场考试，所得的评价结果大不相同；其次，在评价应试者考试结果时，无法识别被试是猜对的还是答对的。为了避免以上问题，我们可以采取的规则是：

（1）考试开始：对应试者进行初步测试，为应试者估计一个初步的水平评价参数 θ。然后根据这个参数从题库中抽取第一组题目给被试；

（2）考试继续：在应试者答完每一道题后评价修正水平评价参数 θ；

（3）考试结束：或者是一组题目被做完，或者是 θ 足够精确时结束考试。

我们需要对应试者确定一个参数 θ。它是在应试者考试前，由系统给被试的一个初步的能力评价，实际上也就是假定应试者有某种程度的思维能力。那么，怎么产生这个参数呢？这个参数是一个统计平均值，是对以前若干参加被试水平评价的统计平均。当然，在一个被试刚开始考试时，这个统计平均值可能是偏离被试实际情况的，但随着考试的进行，对应试者的评价信息越来越多，根据这些信息它不断被修正，越来越接近被试的实际情况，最后就可以根据这个参数来确定应试者的实际水平。因此系统对被试的思维评价不是传统的百分制。计算机化的自适应考试系统，在应试者每答完一题后，立即要对该答案进行评判，以便立即就被试对知识掌握的水平参数值作修正。这个算法是建立在项目反应理论上的（Anastasi, 1990; Bachman, 1990; Davies et al, 1999）。我们可灵活掌握开考时间并缩短实际考试时间，从题库中随机抽取题目，且试题难度相同，内容各异，这样先参加测验的考生无法对后去应试的被试提供任何参考信息。系统可将报考时间和开考时间定为一个时间段，而不是一个确定的时间点，以确保被试在其最佳竞技状态下参加测验，使被试正常发挥，考出真实水平。因此，我们认为这种自适应测试更加符合思维科学的规律，是一种以人为本的测试。但要实现这种自适应测试，所面临着极大的挑战，如测验的成本增加问题、适合于自适应测试的试题开发以及思维测验在自适应测试中的处境等。

2. 自适应测试的研制

自适应测试的研制，除了初期的拟题、试测、参数估计与传统测验一样外，尚需建制电脑化题库，设计可在电脑施测的环境，所需的成本较传统测验高。

在采用自适应测试前，需要确定它的难度和内容（Wainer, 2000; Eignor, 1999）。因为，试题功能是通过试题参数来体现的，即：试题难度、试题区分度和题目答案的可猜测因素，评估这些参数的测量模式可采用项目反应理论（Henning, 1987）。为了得到稳定的项目参数，需要抽取有代表性的考生样本进行试测。对于自适应测试来说，试测是很有必要的，但在成本上却需要极大投入，例如：我们建立 W-QIUS 题库就用了 2000 多名考生进行试测来评估它的参数（详见本书第五篇）。对于自适应测试成本增加问题，我们从理论上作出了这样的解释：自适应测试给考生提供了更适合他们能力的试题，测验变得更有趣，评分也更准确了。有专家说：自适应测试所需成本要比纸笔测试多得多，"需要有充分的条件再考虑去做"（Buck, 2001: 255）。

3. 思维测验在自适应测试中所处的境地

目前的思维测验还无法采用自适应测试。通常情况下，思维测验由人工评分，而 CAT 要求考生完成一道题或一项任务后，自动评分，然后根据考生的答题情况，去帮助选择下一道适合考生水平的试题。在思维测验中，计算机目前无法做到这一点，而且，命题人员通常在选择考试内容时，会将思维测验的"灵活性"（flexibility）和"适应性"（adaptivity）考虑进去。尽管如此，我们还是把计算机引入思维测验中，第一步是针对思维命题理论建立题库。题库中的试题存储采用题干、选项/答案和属性分储的方式。试题内容分别存储在题干表和答案/选项表中，试题的大部分属性（难度、区分度、建议得分、建议考试时间、使用次数、最后曝光时间等）都存储在属性表中，试题最重要的一个属性：思维类型，则通过试题与思维特点表之间的关联表示。通过题干表、选项/答案表、属性表以及各表之间关联的关系，将测题的内容和属性完整的记录在网络题库中，为理性思维测量提供详细的参考，并保障网络化考试以及自动批阅顺利进行。

为了充分发挥题库的测量作用，用于网络的题库不仅应该支持改编试题，让专门人员掌握出题自主权，还应该将试题间的变换关系记录在数据库中，以此减少专门人员甄别待选试题是否与已选试题改编自同一道试题的工作。为此应当适当改进数据表设计，并通过开发相应的程序实现试题改编、试题间关系存储等功能（详见本书第五篇）。

任何新事物的降生，带给人们巨大的益处，同时也要面对难以攻克的堡垒，自适应测试也不例外。毋庸置疑，自适应测试的采用可增强思维测验的真实性，对试题题目给出详细的分析，给被试提供非常人性化的报告单，但它同样面临着科研难关的挑战。科学技术的进步应该更好地为思维测验服务，而不是去约束它的发展，因此，测试手段的现代化也应该更好地服务于测试任务。如果削足适履，只是为了迎合测试技术的发展来确定思维测验任务，我们可能就会在"思维测验测试测什么？"这一问题的探索上裹足不前。"被技术所驱动的思维测验，而不是为思维测验服务的技术，很可能会领我们踏上一条并不美好的旅途"（Douglas，2000：275），这句话或许恰当地表达了思维测验技术与思维测验任务之间的关系。

## 四、计算机招聘测验技术

### （一）招聘测验流程

目前企业在人员招聘中使用心理测验技术基本上已经实现了计算机化的操作，整个流程如下所述：①由现在的职位需求决定心理测验的内容；②在心理测验中对各种变量的控制，包括实验变量、反应变量、控制变量、内在效度和实验者效应，实验变量即自变量，反应变量即因变量，在测验中对操纵自变量而引起因变量的变化给予记录，控制变量主要是保持测验环境不变等；③根据信度和效度，通过统计方法由原始分数转化到量表从而导出分数；④参照常模对导出分数进行解释。

### （二）招聘测验技术存在的问题

由于受到各种因素的影响，现代招聘测验技术存在的问题主要有以下四个方面。

1. 公平性问题

由于心理测验的方法一般是让测试者在规定时间内完成一组或多组的测试题目而测试中不准间断，目的是控制环境的不变。然而在思维测验中，被测的题目对某一部分人是会做但稍为不注意会做错的，在这样的情况下他做错了和乱猜错了的人的分数是一样的；同样，这部分人在经过仔细推敲得出正确的答案之后和不会做的人猜中了正确答案分数也是一样的，从而令不公平感产生，影响测验结果的公平性。此外，由于测验是一测到底，没有间隙时间，这样产生的被试者情绪下降或焦虑会影响测验的准确程度，虽然这样可以检验被测者的耐力情况，但在测量上难以控制和把握。

2. 关于"废题"的出现问题

一般来说,思维测验的题目过多,要求所有测试者在规定的时间内完成是有一定难度的。某一部分人在这样的情况下会对没有完成的题目进行乱猜,从而产生"废题"。废题的产生有两个后果:一是对时间有充裕者来说,乱猜中会导致他的不公平感;二是对这部分人自身来说,没有做完题目好像并不是他自身的思维问题,而是测验系统的问题,这样亦会产生公平性问题。

3. 关于分数统计问题

在思维测验中,题目设计者为了设计和分数统计方便而往往在所有的答案选项上采用相同的排列。这极易出现测试者猜测出题者意愿的现象,从而令测试结果偏差过大而失去测试意义。

4. 可行性问题

一个经过标准化的思维测验对信度和效度都有一定的要求,测验内容和评分方法被非专业人员掌握以后,测验的准确性就会大打折扣,影响测验结果的准确性。因而它必须具有保密性的特点。同时也正是保密性这一要求,反过来限制了它的发展。

## （三）修正方案设计

（1）每一题目给定一个基本时间,无论会做的还是不会做的用时都是一样的。这个基本时间是参照以往的平均用时所得出来的标准数据。标准数据的引用要慎重,因为这里很容易导致能力非常强的人没有用完该标准时间所产生的不公平感,所以在题目说明中要注明在该标准时间范围内答完题目是允许的,可以忽略时间上的差异。

（2）在基本时间内答对者可以直接进入下一题。

（3）在基本时间内答错者计算机会要求答题者重做该题目,并开始计时,所用时间会记入"额外用时",同时额外用时会记入导出分数。额外用时表明了该测试者能力比平均能力要差,所以有必要在分数上体现出来。

（4）如果答题者再次出错,计算机认为答题者的确不会做,从而进入下一题。这里说明一下为什么不给答题者第三次机会,如果有第三次机会,答题者会在第二次机会迅速排除一个选项,然后在第三次机会中考虑剩下不多的选项,而且时间上并不相差太多。

（5）可以设计一个选项让测试者放弃该题。可以说测试者是有权利放弃做题的,并不要求其在额外时间上浪费。

（6）答案选项随机排列。

（7）设计一个程序让额外用时不能超过基本时间,如果测试者额外用时达到基本时间,则该题判为零分,而且还会在额外用时扣分。

## （四）计算信度概率

可利用贝叶斯方法计算信度概率。贝叶斯方法是风险型决策方法的一种,一般来说,它是利用贝叶斯定理求得后验概率据以进行决策的方法。在这里提出一种新的运用方式,主要运用它来计算信度概率。

贝叶斯方法可以利用贝叶斯定理来修正先验概率,那么,在对以往资料掌握的情况下,我们同样可以更准确地计算出心理测验是由测试者凭自己智力做对的概率甚至该测试者具有适应该职位所需能力的概率,这无疑给心理测验统计带来极大的方便,同时也使人才选拔的科学化更上一个台阶。

例如,根据过去经验:对于某一职位的某一项能力,在所有申请人员中,仅有65%的人在实际工作中"符合要求",其余则"不符合要求"。若对"符合要求"的人进行测试,则有80%做对测试该能力的题目;若对"不符合要求"的人进行测试,则仅有30%做对测试该能力的题目。则这些信息的基础上,给定的一个测试者在某一题目上做对了,那么,他真正具有该题目所要测试的能力(即在实际工作中符合要求)的概率是多少?

如果AI代表一个在某项能力"符合要求"的某一职位人员,B代表在测试中做对测试该项能力的题目。那么,给定的一个测试者在某一题目上做对,他将是一个在某一项能力上"符合要求"的某一职位人员的概率为:

$$P(AI/B)=\frac{P(AI)P(B/AI)}{P(AI)P(B/AI)+P(A2)P(B/A2)}$$
$$=\frac{0.65*0.8}{0.65*0.8+0.35*0.30}$$
$$=0.83$$

那么,可以证明我们的测试是有价值的。不进行测试时我们随机选一个人"符合要求"的为65%,而进行测试的话这个信度概率将达到83%。这个信度概率还会在统计分数上发挥更大的作用。

## 五、计算机网络的发展及预测

计算机网络开始时是计算机与通信相结合的产物,它的出现和发展促进了计算机应用发生了质的变化。在经历了以大型主机为核心的集中式运算和由个人电脑为基本单元的分布式处理后,计算机的处理模式已发展成现在的网络计算;其应用范围已远远超出了科学计算,成为无所不在的工具。计算机网络的发展既受到计算机科学技术和通信科学技术的支撑,又受到运用计算机网络的那些领域技术的支持。

如今,计算机网络从体系结构到实用技术已逐步走向系统化、科学化和工程化。作为一个年轻的学科,它具有极强的理论性、综合性和依赖性;作为一个相对独立的学科,它必须能在一定的约束条件下合理、有效地管理和调度网络资源(如链路、带宽、信息等),提供适应不同应用需求的网络服务和拓展新的网络应用。

广义的计算机网络是在协议的控制下由一台或多台计算机、若干台终端设备、数据传输设备以及便于终端和计算机之间或者计算机之间数据流动的通信控制处理机等所组成的系统之集合。其中协议是网络的灵魂。1968年美国国防部高级研究计划署决定建立一个分布式计算机网络,奠定了现在大多数计算机网络"存储—转发"的基础。20世纪70年代到80年代中期,计算机网络的发展面临着将多种异构网络互联在一起的挑战,于是出现了两种新思想:①通信协议;②开放体系结构。前者通过各层"协议"来管理同层实体的会话和信息传输,后者旨在遵循统一的国际标准,允许各种异构网络的互联与内部实体无关。在ARP网上试运行的TCP/IP作为一种新的数据通信技术的探索,于1977年到1979年间,推出目前形成的TCP/IP体系结构和协议规范。20世纪80年代国际标准化组织ISO制定了开放系统互连参考模型 OSI／RM，它把计算机网络体系结构分成七层，来说明计算机之间通信应当解决的所有的问题，包括各个层次应当具有的功能、提供的服务以及为实现这些功能各层次之间（对等层和相邻层）交换信息的格式和时序。作为一种支持系统开放的标准，ISO 提出 OSI/RM 时就强调了这种体系结构应可以支持新协议、新服务的增加。事实上，随着应用需求的增加和网络研究的不断深入，OSI 也从对网络逻辑功能的定义逐步发展到对网络性能提出要求，进而加入了网络安全的内容。OSI 标准在计算机网络的发展过程中起到了非常重要的指导作用，作为一种参考模型和完整体系，它仍对今后计算机网络技术朝标准化、规范化方向发展有指导意义。

从计算机网络提供的服务来看，早期的计算机网络提供非常简单的单点投递，即点到点的数据传输，后来，逐步扩大到点到多点的广播方式，但其本质还是利用点到点方式，只是形式上变成了客户机/服务器工作模式。1980 年代早期的共享式网络技术和相关协议提供的是尽力而为的服务，对所有的服务请求按照同一个优先级处理，不能保证服务质量。1990 年代以后，大量实时多媒体应用在网上出现，如计算机视频会议等，它们需要网络能提供可靠的多点投递服务，即群组通信和确保的服务质量控制。ATM 技术的出现，提出了效率更高、更加灵活的信息交换方式，不仅提高了网络传输效率，也为多媒体通信提供了必要的等时服务，同时发展了网络安全和管理的新途径。

计算机网络的基本功能是突破地理限制，实现资源（信息、软件、硬件、服务）共享；依靠网络中可替代的资源，提高系统可靠性；通过对重要资源的共享，减少投资，提供更大范围的分布式处理能力。目前其基本应用可主要分为异地数据访问，异地程序访问和增值通信三大类。通常某种具体的网络系统都包含这三项基本内容。计算机网络发展的基本方向是开放、集成、高性能（高速）和智能化。开放是指开放的体系结构，开放的接口标准，使各种异构系统便于互联和具有高度的互可操作性，归根结底是标准化问题。集成表现在各种服务和多种媒体应用的高度集成，在同一个网络上，允许各种消息传递；既能提供单点传输，也能提供多点投递；既能提供尽力而为的无特殊服务质量要求的信息传递，也能提供有一定时间保障或无差错要求的服务质量。高性能表现在网络应当提供高速的传输，高效的协议处理和高品质的网络服务。高性能计算机网络作为一个通信网络应当能够支持大量的和各种类型的用户应用，具有可缩放功能，即能接纳增长的用户数目而不降低网络的性能；能高速低延迟地传送用户信息；能按照与应用要求相适配地来分配资源；具有灵活的网络组织和管理，这样就能按出现的需求支持新的应用。智能化表现在网络的传输和处理上能向用户提供更为方便、友好的应用接口；在路由选择、拥塞控制和网络管理等方面显示出更强的主动性。尤其是主动网络的研究，使得网络内执行的计算能动态地变化，该变化可以是"用户指定"或"应用指定"，且用户数据可以利用这些计算。网络层互操作是基于所获得的程序编码和计算环境而不是典型的 IP 服务所提供的标准分组格式和固定编码。这种探讨不仅仅是为了增加网络计算的灵活性，而是试图允许应用控制网络服务，促进建立一个"移动网关"（如用于无线网）。

计算机网络的研究和发展呈现一种螺旋式上升的趋势，是一个迭代过程，即网络研究—应用验证—网络研究—应用验证……需要不断地在研究和应用之间反馈，因此，网络研究推动应用发展，新的应用需求又驱动网络研究。

基于网络的应用越来越多，渗透到社会各个领域，已形成了一种新的应用软件开发行业。从事这一行业的软件开发人员迫切需要透明地使用网络，即依靠中间件来实现基于网络的应用。网络性能的好坏更趋向于是否能够根据应用需求有效地分配和使用资源，应用领域的拓宽将取决于网络访问的简单与友好。

现在我们虽然不能准确地预测下一代的 Internet 究竟给思维测量带来什么模样，但我们已经看到了全世界各个领域因 Internet 而发生了变革：无所不在的访问，标准的共享信息数据，更节省和更富表现力的通信方式，更为快捷和方便的资料查询途径……这一切必将继续地、更广泛深入地普及。在 Internet 上建立人类思维测量体系已不再是天方夜谭。在今后的发展过程中仍然要按照集成的哲理，运用网络的手段，从基础研究、技术开发入手，以典型应用为突破口，推进思维测量的工程。

未来 Internet 的体系结构，能够有效地集成新技术，适应各种具体网络的差异和变化。网络环境由于自身的特点反映出网络的交互性，通过人机对话与人工智能化，实现现代思维测量技术的根本性调整。同时网络改变了世界的界限，其信息量大，时代性强，能进行问题情境的模拟和仿真，还能实现信息资源的共享，网络环境的开放性使大规模的测验取样成为可能，为思维测量带来许多有益的帮助。网络的超文本链接和资源共享的特点以及当前信息开放的现状，迫使我们思考和急于解决以下一些实际问题：即思维测量如何在网络环境下进行？网络技术与环境思维测量过程中如何定位？网络环境与思维测量研究如何有效结合？因此，摸索建立适合网络环境下的思维测量策略及其体系，为当前相关研究提供新的思路与视角。这种体系结构有四个要素：①网络服务：支持随时随地的群组通信和 Qos 请求，支持虚拟网络，有效地解决思维测量大题库的创建；②网络管理：通过网络自配置和自组织来解决庞大的人工配置和测验监控困难；③网络性能：网络性能随测验的要求而改变，要能从软件到硬件，从各个层次上体现性能潜力；④适应发展：开发一个系统化的方法来满足作业量表、情境量表、投射量表及问卷命题的融会需求，让思维测验技术可持续发展。

目前，Internet 系统已日趋完善，基本的功能都已经具备，但在思维测量方面，我们仍然需要做进一步的研究和开发。

首先是与基于网络的远程测试平台进行无缝集成。目前，国内基于网络的远程测试正处于筹备阶段，迫切需要一个能够很好地支持专用远程测试平台，相关的研究正在进展之中。在远程测试平台上，作业、考试、自我练习与测试是非常重要的一环。Internet 仅是一个大平台，还需建立组卷、布置作业、提交作业、联机批阅作业、自我练习与测试等多项功能，才可以为远程测试提供强有力的支持。思维测量现在是一个独立的系统，我们今后应将各个功能模块拆分，并与网络课程紧密整合，无缝的集成到远程测试支持平台中。

其次是加强统计与分析功能，提供更加丰富的测量指标分析。目前，思维测量系统只提供了一些基本的统计与分析功能，如平均分、方差、等级量表、难度等。这些指标还不能揭示测量过程的全貌，还需要进一步地引入新的测量指标，并详细阐述它所代表的含义，如前所述，对于思维链，可以定义长度、阶、新颖度、跨度、拐度、辐射度、非平凡辐轮度、伪度和陡度，可以导出表征思维独创性的独创度、表征思维敏捷性的思维效度、表征思维灵活性的灵活度、表征思维逻辑流畅性的流畅度、表征思维统摄性的统摄度、表征思维逻辑性的谨严度和表征思维耗散性的耗散度。此外，跨度可以作为思维广度的数量表征。定义为长度、阶、新颖度、跨度、拐度、伪度、陡度的思维质量，并不是孤立的，它们可以构成某一基本集合，具有相邻相近的质量元素构成基本集合的子集。

在测量过程中承负刺激任务的信息应遵循"类似原则、邻接原则、因果原则"。一群刺激信息在时间和空间中同时出现,它们具有唤起思维某一能力的作用,其中任何一个的出现会导致思维样组的显示,并且按某种目的、规则来进行排列、组合、分解,使之形成有序的整体,也就是建立关系网络。在集合论系统观念中,关系与集合的乘积的子集恒等。早在上世纪中叶,一些测量学家就提出用统计方法来丰富这些测量指标、改进测验的设想,但在当时是无法实行的,任何一种新的测量指标,都足以耗尽测验工作者的一生。在今天,这种设想完全可以变为现实,电子计算机和全球性的网络可以在这方面大显身手。随着计算机及其网络通信技术的广泛应用,用以记录人类已有知识的载体——各种统计的产生样式更加便捷、多样、有效,可以解决的测试问题也越来越多,其作用也越来越大。

# 第2篇
# 感性思维测量

GENERAL INTRODUCTION OF THOUGHT SURVEYING

▶ 感性思维概述
▶ 感性思维的传统命题技术
▶ W-QIUS感性思维命题技术

# 第6章 感性思维概述

感性思维测量是测量学中的新问题，之前没有任何系统的研究。我们知道，逻辑作为抽象意识的形式，是理性思维的核心结构，但不是全部思维的核心结构。因为思维除理性思维外，还有感性思维和创造性思维的存在。既然抽象思维有一个核心的逻辑结构存在，那么，同样安家于大脑的感性思维是否也有一个类似的核心结构存在呢？根据相似论原理，我们认为，感性思维中也有一个相似于逻辑的核心结构存在，并且这个核心结构可能不会比逻辑结构原始和简单。我们认为，图式就是感性思维的核心结构。尽管感性思维的图式结构还没有像逻辑结构那样被人们广泛地接受，但是我们相信，感性思维的图式结构与逻辑思维的逻辑结构一样，是人的思维的核心结构。

完成这一阶段认识活动的，是三个联系在一起的基本的感性思维结构，它们分别是印象结构、表象结构和图式结构，如右图所示。

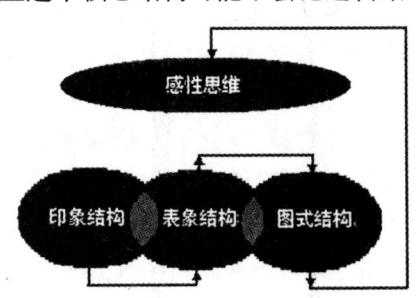

## 第一节 印象结构

感觉本身并不是感性思维，它必须通过印象才能上升为思维。人获得感觉之后，在其头脑便产生记忆性印象，甚至指挥控制自身的人体动作来扩大、加深记忆印象。感觉与记忆印象不可分割地联系在一起，成为现象认识的基本方式。印象主要是带有记忆性的事物的表面分离图像或联合图像以及各种感觉形象，存储在大脑中。印象深刻程度与存储的久暂密切相关，因此印象也是存储信息的重要手段，记忆或存储是印象的基本功能之一，正因为如此，印象才成为感性思维的基础。

印象形式有识别印象、联合印象、知性印象等。大脑记忆印象首先能识别事物感觉后所产生的印象，以后遇到同一或同类事物也有相应比较的印象。识别印象通常将感觉要素，如形状、颜色、状态、声音、气味、味道、冷热、软硬等许多要素联合起来，可以构成一幅较完整的印象，即联合印象。大脑中的印象毕竟不是事物本身，只是事物的图形或要素的映象。正是大脑分解要素实现记忆或存储本能，逐渐形成用语言来表示要素的能力，并在交流中丰富语言。语言所产生的印象是间接印象或知性印象。

### 一、印象结构的基本特征

印象结构具有不实性、转换性两大特征。

## （一）印象的不实性

为什么印象并不为实呢？从视觉原理来讲，人的眼睛得到视觉信号并传到大脑后，有这么几种情况：

（1）人脑一般上对视觉信号只是进行模糊处理。即只对信号进行轮廓辨认和处理。也即只辨认主要特征。比如：人或动物或物体，动或静，大或小，远或近，男或女，高或矮等。

（2）人只有在多次接触或被引起注意的时候才会注意到更多的细节的东西。如：颜色、面部特征、动作细节等。

（3）人得到新的视觉印象时往往会将其和原有的印象进行比较，特别是与自己记忆最深的印象进行比较。如：见到一只狗，一定就会和自己见过的另一只相像的印象中的狗比较并只记住它们的明显差异。看见一个人就马上会想到他像某某人，并记住他们的明显差异。

（4）只有具有专门素质的人才会在特别的方面具有特殊的识别和记忆。如：画家、侦探、某些专业人士等。这也就是说，人在得到一个印象时，一是模糊扫描的，二是将其分成各种要素来记存的。也就是说记存的不是完整的印象。所以，即使是眼光最敏锐和记忆最好的人也无法真正还原一个事物的完整的印象。

康拉德（R. Conrad）的经典性研究是一个最好的证明。他选用 B、C、P、T、V、F、M、N、S、X 等 10 个字母为材料，从中随机取出 6 个组成字母序列，用视觉方式一个一个地呈现给被试，要求他们记住。然后让被试严格地按字母呈现的顺序进行回忆，并对回忆中出现的差错进行分析。结果表明，回忆时出现的错误主要表现为声音混淆。即发音近似的字母混淆程度较高，如将 B 误为 P，将 V 误为 B，而发音不相似的字母之间则较少发生混淆。这一结果表明，即使刺激以无声的视觉形式呈现，印象的信息代码仍然具有听觉的性质。人们看到的视觉形象必须转换成声音代码，才能更好地保存下印象来。

## （二）印象的转换性

人要将自己看到的事物传给别人时，并不能将原来的"印象"原原本本地送到别人的眼中。而是需要用另外的人体器官，如：嘴—语言描述，手—图画描写。这就要转换，即，将脑中记存的要素重新组合成印象并变成语言和动作。因为，印象是要重新组合的，所以，只要意识上出现偏差这种组合就会出现偏差。而且，往往将自己没注意的差异漏掉。

另外，接受这样的描述的人再将这些描述在大脑中进行类似的处理。这样，与事物的原本面貌之间的差异就更大，有时，甚至是离谱了。所以，其他人实际上根本无法真正看到描述人所看到的该事物的原本面貌。这样，印象就不一定为实了。感性思维要遵守反映法则，要尽量做到忠实反映，否则歪曲反映就会带来对现象的误解，难以得到后面的正确思维。特别语言描述最易歪曲事物现象与片面了解事物现象。

悉尼大学心理学家柯林·克利福德（Colin Clifford）日前公开了他的研究小组的最新发现，人脑中存在着一条反馈环路，这条环路会改变我们的视觉感受，以适应人脑对眼前景物的解释。而不像人们以前认为的那样，人脑的解释随着视觉感知而改变。也就是说，人眼实际观察到的内容在很大程度上受到大脑预期的影响。

人脑往往"主观臆断"，眼睛很多时候只是傀儡。这是因为有时人们移动得太快、光线太暗、物体模糊或者你的注意力注意到别的事情上。克利福德博士说："我们的大脑经常存在间隙，而且经常对事物进行完美的想象，我们眼睛看到的也许比我们想到的更主观。"

这个研究小组用一种特别的方法对人的印象进行试验，他们让志愿者观看两张完全不同的、矛盾的图像，每只眼睛看一张。人们很早就知道，如果这两张不同的图片非常简单，比如一张是水平的红线，另一张是垂直的绿线，那么我们的大脑就会简单地在它们之间做出反应，先是说看到了一条线，几秒钟后会说看到了另一条线。当然，我们也早就知道人类对识别移动的人物方面非常敏锐，即使仅有几个点代表着脚踝、手腕、臀部以及其他关节，人们也能分辨出那是人的图形来。

这个研究小组让人一只眼看由小点组成的向左走的人形图案，另一只眼看向右走的图案，大脑还是在两幅图形间做出间隔性的反应，试验者先是说看到了一个人物图形，几秒钟后又说看到了另外一个。

克利福德博士说这个试验显示，大脑中识别移动图形的最复杂的部分把信息反馈给了视觉链，从而压制了一幅图。[1] 人在得到一个印象时，往往是模糊扫描，分类记存。

## 二、印象的生理基础

古希腊哲学家第一个提出这么一个问题：印象是怎么产生的？换言之，外部世界的图像是如何进入内部认知的？

### （一）原始的设想

柏拉图有个想法，认为人的眼睛在活跃地发出可以接触物体的探寻——可以说是从视觉上接触物体。德谟克利特不同意他的说法，认为感知的作用正好相反：每个物体不断地将其同等性印证在空气的原子中，而这些复制品在传达至接受者的时候可以与眼睛的原子相互作用，然后重新在眼睛里面重新构造这个同等性印象，因而就在这个时候传达到了思维。这个想法比柏拉图的稍强一点，可在所有的细节上都是错误的。

德国天文学家约翰内斯·开普勒（Johannes Kepler）在 1604 年在对印象的理解上又产生了一个巨大的飞跃。开普勒时代刚刚出现的光学和光学仪器上的发展使他有能力看出，眼前的清晰物体是一个透镜，它可以弯曲来自物体的光线，再在眼睛里面像筛子一样的视网膜上形成有关一个物体的图像，从这里得到的神经脉冲再传递到大脑里面去，从而产生印象。

从那以后，眼睛是一种相机这种看法就流传开来，这个比喻适合近视、远视和散光的现象，并且符合用眼睛能够对它们给以矫正这一点。可是，虽然从某些方面来说它是符合事实的，可从另外许多方面来说，它又与事实完全不合。拉尔夫·哈伯（Ralph N. Haber）长期以来就是一位在印象研究方面出名的人物，他说，人眼像相机这种比喻"虽然是最有希望但同时也是心理学史上受到误导的一个比喻"，因而也造成了无数的"危害"。

哪一种危害？一方面，在相机里面，由透镜形成的图像是倒过来的，而在 1625 年，天文学家克里斯朵夫·申纳又证明，这对眼睛来说是正确的。他小心地剥开了牛眼后部的包层，并通过半透明的视网膜看见了一个倒置的东西。可是，如果我们看见视网膜上形成的图像，为什么我们不会看到一个倒置过来的世界？这个问题将会困扰心理学家达 300 年之久。

另一方面，随着摄影术的出现，把眼睛看作相机的比喻而引起的麻烦就更明显了。相机要生成一个清晰的图像，必须在曝光的时候抓牢它，如果是拍活动电影，则其快门在一秒钟内必须快速地开关许多次。可是，人眼却是不停地前后闪动的，就算是在紧盯住某东西看时

---

[1] D.Marr. 视觉计算理论，姚国正等译. 北京：科学出版社，1988

也是如此，但人眼却不会看到模糊的影像。尽管我们没有意识到，而且一般也不会体验到这些移动，但是，我们却可以通过非常简单的办法来看到物体。我们可以盯着下图中心的黑点看约20秒钟，然后再快速地把眼睛移过去盯着白点看。你会看到由黑线条构成的一个错觉图案在前后晃动着。这些黑色的线条是一种余象，其成因是，白色线条落在视网膜接收器上约20秒钟，造成暂时的疲劳。晃动的原因就是本章所论的永不停息的移动。这个演示说明，眼球可能会是某种相机，可是，察看事物却与摄像完全不同。

### （二）生理学的解释

现在，生理学一般认为，视觉印象是光作用于视觉器官，使其感受细胞兴奋，其信息经视觉神经系统加工后便产生视觉印象。光线→角膜→瞳孔→晶状体（折射光线）→玻璃体（固定眼球）→视网膜（形成物像）→视神经（传导视觉信息）→大脑视觉中枢（形成视觉印象），在进化过程中光感受器的形成，对于动物精确定向具有重要意义。视网膜上亿的神经细胞排列成三层，通过突触组成一个处理信息的复杂网络。第一层是光感受器，第二层是中间神经细胞，包括双极细胞、水平细胞和无长突细胞等，第三层是神经节细胞。它们间的突触形成两个突触层，即光感受器与双极细胞、水平细胞间突触组成的外网状层，以及双极细胞、无长突细胞和神经节细胞间突触组成的内网状层。光感受器兴奋后，其信号主要经过双极细胞传至神经节细胞，然后，经后者的轴突（视神经纤维）传至神经中枢。但在外网状层和内网状层信号又由水平细胞和无长突细胞进行调制。这种信号的传递主要是经由化学性突触实现的，但在光感受器之间和水平细胞之间还存在电突触（缝隙连接），联系彼此间的相互作用。

经过视网膜神经网络处理的信息，由神经节细胞的轴突——视神经纤维向中枢传递。在视交叉的部位，100万条视神经纤维约有一半投射至同侧的丘脑外侧膝状体，另一半交叉到对侧，大部分投射至外侧膝状体，一小部分投射至上丘。在上丘，视觉信息与躯体感觉信息和听觉信息相综合，使感觉反应与耳、眼、头的相关运动协调起来。外侧膝状体的神经细胞的突起组成视辐射线投射到初级视皮层（布罗德曼氏17区，或皮层纹区），进而再向更高级的视中枢（纹状旁区，或布罗德曼氏18、19区等）投射。从初级视皮层又有纤维返回上丘和外侧膝状体，这种反馈通路的功能意义还不清楚。

视觉信息在视觉中枢通路的各水平上经受进一步的处理。外侧膝状体只是视觉信息传递的中继站，其细胞感受野保持着同心圆式的对称中心-周边颉颃构型。但到初级视皮层，除很少部分细胞仍然保持圆形感受野外，大部细胞表现出特殊的反应形式，它们不再对光点的照射呈良好反应，而是需要某种特殊的有效刺激。

初级视皮层在相当长一段时间内，被认为是视觉通路的终点，就其对所处理的信息的抽象化程度来判断，它可能只是一个早期阶段，其他更高级的视皮层对视觉信息进行着进一步的精细加工。例如在18区，存在着超复杂细胞，对刺激有更特异的要求，只有具有端点的线段或拐角才能引起细胞的最佳反应。超复杂细胞进而又可分成若干亚类。依据这些结果，有人提出了视觉信息处理的等级假说。他们认为，从神经节细胞和外侧膝状体同心圆式的感受野到简单、复杂、超复杂细胞对刺激的特殊要求反映了视信息处理的不同水平，在每一水平，细胞所"看"到的要比更低的水平更多一些，越是高级的细胞具有越高的信息抽提能力。这种等级假说得到不少实验的支持。一般认为，除了这种等级性信息处理外，还存在着平行的信息处理过程，即从视网膜向中枢有若干并列的信息传递通路，这些通路有不同的目的地。担负着不同的信息处理功能。因此单一细胞本身并不代表完整的感觉，视觉中枢不同区域细胞活动的综合，才反映对一种复杂图像的辨认，而每个区域细胞只是抽提某种特殊的信息：形状、颜色、运动等。

其他视觉印象（如颜色、深度等）在视觉中枢的处理过程，至今仍然所知甚少。在视皮层中已发现了对某种颜色或某一个深度有特异反应的细胞。但资料仍然是零碎的，为了透彻地认识视觉的机制还需要进行更为深入的研究。

## 三、印象的变异

尽管几乎所有人都合理地假设知觉是真实的，但是，我们却经常会体会到一些我们明知是误导性的和有错误的东西。远在地平线上的月亮看上去硕大无比，我们都知道当月亮处于头顶的时候，它并不会改变其大小，可是，我们却无法让自己使它看上去比处在地平线上时一样大。我们紧盯着一根明亮的线条，扭开头时会看到一个余象——这是个知觉，它却不是存在于我们之外的任何东西。我们在梦中看到一些人，一些地方，还看到一些并不存在于我们面前的行动，这些东西看上去好像就在身边，可也许根本就不存在。这些，就是我们常常讲的错觉。

### （一）错觉假设

在过去和目前，还有许多被心理学家们研究过的错觉。有好几个经典的例子，每一个都以其发明人的名字来命名的（如下图）：①米勒—莱尔泽错觉图形；②埃冰豪斯错觉图形；③杰士托罗氏错觉图形：

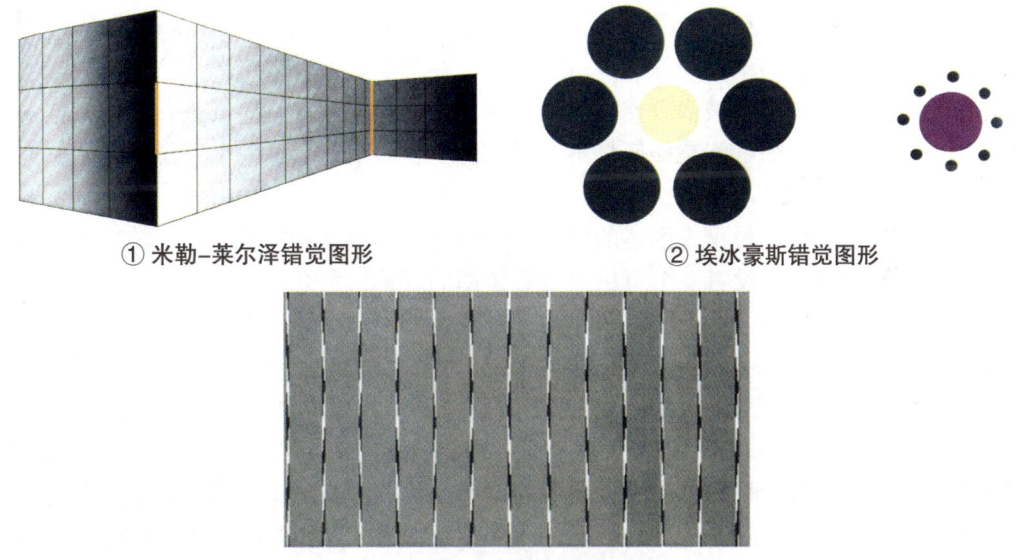

① 米勒–莱尔泽错觉图形　　② 埃冰豪斯错觉图形

③ 杰士托罗氏错觉图形

第一幅米勒—莱尔泽错觉图形中的彩色线段是彼此平行而且长短是一样的，这与眼睛看到的情形不一样（可以用尺子量），第二幅埃冰豪斯错觉图形中的两个内部的圆大小一样；第三幅杰士托罗氏错觉图形中有13根线条，如果你用寻常经验来看待这些线条可能会觉得这些都是弯弯曲曲的东西。可是，你可千万别被经验误导了你的判断：图中的这些线条都是直线，并且是平行的！

眼下，我们关心的是，人的视觉印象不是一个简单的生理过程，只把外部的刺激转移到中枢神经里面去。它常常还包括更高的精神过程,这些过程使通过光学神经传递的脉冲产生(或者使其毫无)意义。至少,许多知觉印象研究者现在都相信是这样的,尽管其他人也都坚持认为知觉并没有利用更高级的精神过程。

有个有趣的问题——艾温·波林(E. Boring)在他里程碑式的作品《实验心理学史》中称这个问题为"第一视觉疑团"——我们有两只眼睛,可是,人类看到每一种事物却都不会是双重的。加伦在很久以前正确地假设,这是因为两只眼睛里的神经细胞都到达同一个脑区。可是,这只不过是答案的一部分。除开较远处的物体外,两个视网膜接受到的所有物体的图像都稍有不同,两只眼睛轮流开闭看一个近处的物体就可以轻易地证明这一点。(每只眼睛看到的物体一侧比另一只眼睛多,而且,物体与周围背景中事物的相互关系也不一样。)距离远近也是这样,如下图,不要试图改变图案,如何使你看到两只手相碰?两眼看着这幅幻觉作品,慢慢地把它靠近你的脸,看见了么?手相碰了。

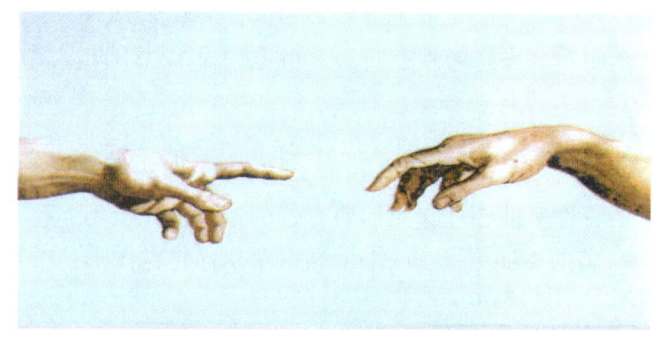

可是,如果这些稍有不同的图像在大脑里面重合,其结果为什么又不会模糊呢?

知觉研究者回答说,不同图像的"重合"发生在视皮层中。得出一个三维的图像。他们甚至还精确地指出了皮层中被双眼差异激发的特别细胞。可是,这些细胞,或者其他一些由它们输送信息到里面去的细胞是如何将不同的图像重合起来,形成一个三维图景的,目前这还是个谜。

另一个有趣的,也是最令人困惑的问题之一是,视网膜上的图像是如何映照在大脑里面变成印象的?大脑里面并没有一个可供投射影像用的屏幕,那么,进入大脑里面来的数据流是如何被看见的呢?而且,如果图像是以某种方式投射到这个屏幕上,或者投射到大脑里面别的什么地方的,是谁,或者是什么东西看到这个图像的呢?

现代科学认为引起错觉的原因很多。感知条件不佳、客观刺激不清晰、视听觉功能减退、强烈情绪影响、想象、暗示以及意识障碍等都能引起错觉。错觉理论包括:①眼动理论:我们在知觉几何图形时,眼睛总在沿着图形的轮廓或线条作有规律的扫描运动。当人们扫视图形的某些部分时,由于周围轮廓的影响,改变了眼动的方向和范围,造成取样的误差,因而产生各种知觉的错误。②神经抑制作用理论:这是从神经生理学水平解释错觉的一种理论,认为:当两个轮廓彼此接近时,网膜内的侧抑制过程改变了由轮廓所刺激的细胞活动,因而使神经兴奋分布的中心发生变化,结果引起几何形状和方向的错觉(该理论忽略了错觉现象和神经中枢的融合机制的关系)。③深度加工和常性误用理论:错觉具有认知方面的根源,人们在知觉三维空间物体的大小时,总把距离估计在内,这是保持物体大小恒常性的重要条件。当人们把知觉三维世界的这一特点,自觉、不自觉地应用于知觉平面物体时,就会引起错觉。可以说错觉是知觉恒常性的一种例外,是人们误用了知觉恒常性的结果。这种理论强调了深度线索在错觉产生中的作用,因而也叫深度加工理论。

## (二)错觉命题

对智力而言,错觉和幻觉是非常有用的工具,因为它们能揭示出隐藏在感知系统中的限制因素,而这是正常感受无法做到的。本书从上千幅作品中选取几幅有代表性的幻觉作品,这些作品将让你的感觉一再上当,尽管你也知道自己在步入圈套。之所以如此,是因为对你的感觉系统来说,遵从它的规律比限制它要重要得多。因为你遇到的是一些不寻常的、不一致的、自相矛盾的事物。正如心理学泰斗威廉·詹姆斯说的"我们所感知的一部分来自于我们眼前的客观事物,另一部分(也许是更大的一部分)总是来自于我们自己的头脑。"

### 1. 外方内圆的漂移

如右图,中间突出的球体里,这些黑白相间的圆点都有松化模糊的连接面。如果你盯着它们,会给你漂移闪动的感觉,并让你恍惚不定。你是这样感觉的吗?你真的认为这些黑白相间的圆点都在漂移闪动吗?如果不是,那是什么原因?

### 2. 图式幻觉·英格玛图的绕行

欧普艺术家以赛亚·勒维安特(Isia Leviant)无意中将麦凯射线和BBC墙板结合到了经典的英格玛(Enigma,意为"谜")错觉中。当你注视着英格玛图(如左图)时,这些紫色的同心圆环仿佛充满了飞快环形运动的粒子,好像无数的微小到几乎看不见的汽车拼命地绕着轨道行驶。但这个错觉是从我们脑子里还是眼睛里产生的?证据是互相矛盾的,直到我们与美国亚利桑那州凤凰城巴罗神经学研究所的神经学家 Xoana G. Troncoso 和 Jorge Otero-Millan 在合作中发现,这一运动是由微跳视所引起的:凝视的时候,眼球会发生无意识的细微颤动。微跳视可能会使图片外围部分的几何图形发生小幅移动。这些移动产生的反差就使运动的错觉发生。现在的问题是:你能用什么方法,使下面英格玛图更快地绕行?

### 3. 图式幻觉·永恒的"水路螺旋"

日本东京立命馆大学的视觉科学家北冈明佳(Akiyoshi Kitaoka),追随着几十年前那些伟大的欧普艺术家们的足迹。"水路螺旋"就是对勒维安特的英格玛错觉进行的"改版",这一版本引人注目,效果强烈。请你盯着下图,看会发生什么样的错觉。

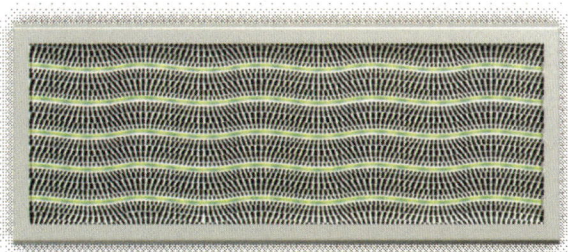

4. 图式幻觉·下落的图案

请你晃动书本，盯着下图，看会发生什么样的错觉。

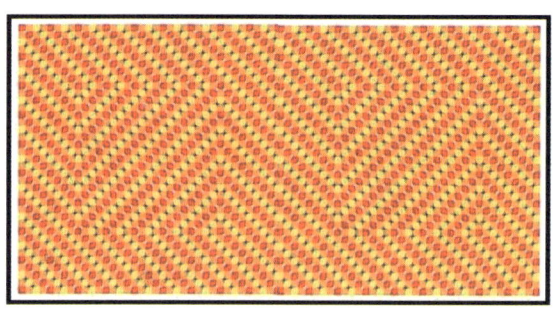

5. 图式幻觉·不停运转的齿轮

请你盯着下图，看会发生什么样的错觉。

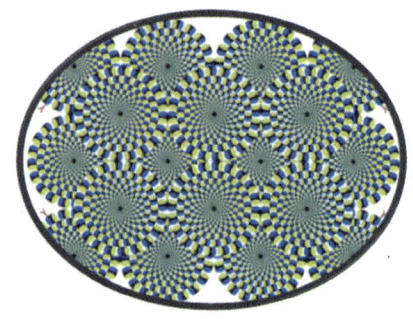

6. 图式幻觉·似动又静

下图中，这些花儿似动又静，你知道，什么情况下它在动，什么情况下它又安静了？

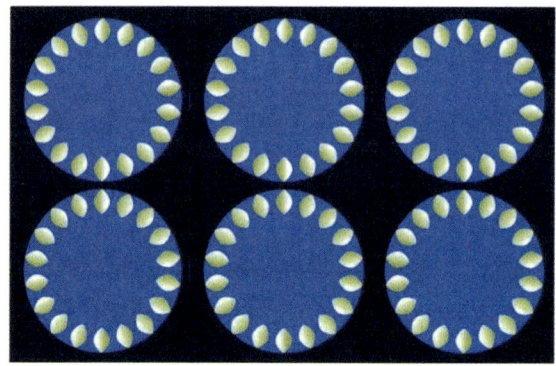

7. 图式幻觉·悬空

下图中，这个青花坛似乎是悬空的，对吗？为什么出现这种幻觉？

**8. 图式幻觉·相似的突兀**

心理学家认为，许多平面的图形，由于受到周围线条轮廓的影响，使我们的眼动方向发生变化，产生错误的知觉。下面几幅图就使我们产生相似的错觉，什么错觉？

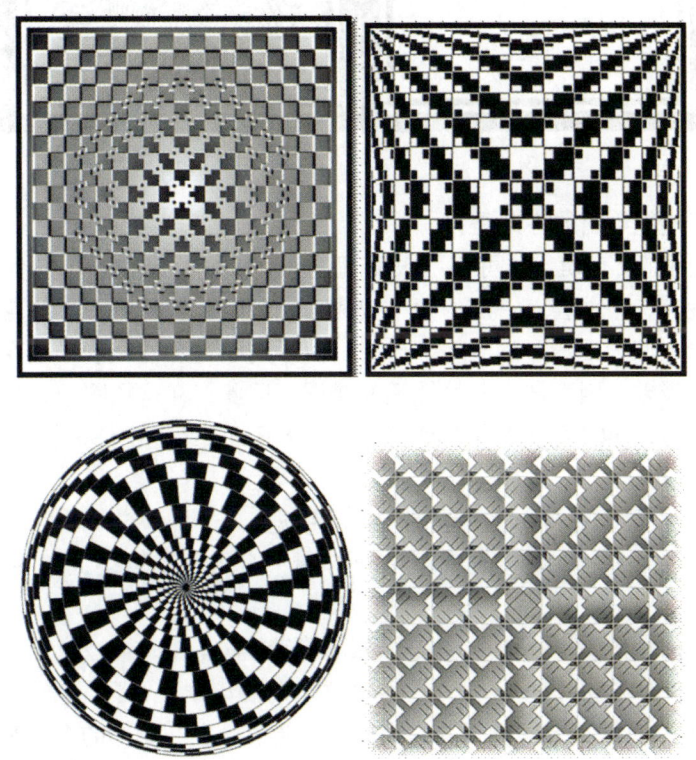

**9. 图式幻觉·不同的幻觉**

下面的图形，也由于受到周围轮廓的影响，使我们产生相似的错觉，什么错觉？

以上现象，我们能给出的答案是：

（1）其实它们都没有动。这可以用眼动理论来解释。我们在知觉几何图形时，视觉系统为了防止视觉疲劳，眼球会以一定的频率快速移动眼睛，并沿着图形的轮廓或线条作有规律的扫描运动。当人们扫视图形的某些部分时，由于周围轮廓的影响，改变了眼动的方向和范围，造成取样的误差，因而产生各种知觉的错误。因此，在这幅图中，我们就会产生黑白相间的圆点都在漂移闪动错觉。这一道理也可以解释下面训练题中许多幻觉的成因。

（2）将本书旋转起来。

（3）蓝色螺旋纹如同蛇行，这是强烈的运动错觉。

（4）晃动书本，这时你就会发现，中间有两个突出的小方块，似乎一不小心就会掉下来……

（5）几乎所有的齿轮都在运转，这是强烈的旋转错觉。

（6）这些小花像淘气的孩子一样，看着它，它就很安静，一不看它，它就动起来了。

（7）这一错觉具有认知方面的根源，人们在知觉三维空间物体的大小时，总把距离和背景估计在内。当人们把知觉三维世界的这一特点，自觉、不自觉地应用于知觉平面物体时，就会引起错觉。将这个青花坛看成是悬空的，是将斜射的阳光投影当成直射的投影了。可以说这一错觉是知觉恒常性的一种例外，是人们误用了知觉恒常性的结果。

（8）这四个图案都由于受到相似的轮廓（该轮廓由远至近按比例扩大）干扰，产生相似的错觉：中间部分凸起。

（9）图①由中心向四周辐射，如连发的箭簇；图②一个个齿轮图案相互衔咬着，由中心带动着旋转；图③如果眼睛盯着中间的黑点不要动，脑袋垂直于屏幕做伸缩运动，两个原盘就非常神奇的转动起来了；图④更为复杂，如果眼睛盯着中间的黑点不要动，脑袋垂直于屏幕做伸缩运动，不仅两个原盘转动起来，而且还具有类似图①的辐射扩展的幻觉。其实上述四图依然是单帧图片，不可能有动画的，之所以感觉在动，都不过是视错觉而已。

也许，在心理学中，没有哪个领域曾弄出这么多的错觉，而又只有少数一些有确定的答案。不久以前，一位有争议但极受注意的知觉理论家詹姆斯·吉布森（James Gibson）很平淡地说过，知觉印象研究者们在过去几百年时间里所学到的只是"对实践性的知觉不相关和偶然的一些东西"。心理学家斯蒂芬·柯斯林和詹姆斯·波梅兰茨说得更轻巧些，他们说，尽管收集到了大量的数据，可是，人们对印象的了解还是相当肤浅的。

# 第二节　表象结构

感性思维的第二层面是表象结构。表象结构在引发感性思维时起着特殊的桥梁作用。

## 一、表象的概述

### （一）表象的概念

表象（representation）是在印象的基础上形成的具有一定概括性的感性形象，是事物不在面前时，人们在头脑中出现的关于事物的形象。从信息加工的角度来讲，表象是指当前不存在的物体或事件的一种知识表征，这种表征具有鲜明的形象性。是感性认识的高级形式。

表象与印象的主要区别在于：印象是对静态的和动态的知觉的再现，表象是对印象的概括和重组。人们还可以从对许多个别事物的知觉中抽取某些共同方面形成一般表象，也可以把印象要素任意组合形成虚构的表象。表象是对印象的重组和加工，接近于理性认识，在感性认识上升到理性认识的过程中有重要作用，但它还没有超出感性认识的界限，仍是感性的具体形象。

表象不但具有印象记忆功能，而且具有对应表达的功能，尤其是使用语言表达事物现象的功能。人总有对所看到的、听到的和接触到事物现象进行交流的愿望，为了交流而逐渐产生了语言与其他表象思维方式，并且随着交流增多，语言与其他表象方式也丰富多彩起来。各民族用各自语言文字表象，因此语言文字是思想外壳，各民族间语言文字对话交流需通过一一对应翻译，以获得信息或思想。

### （二）表象的存在方式

在神经连接基础上，大脑中的各种表象和表象类形成了各种复杂的连接，这种连接的形成是以多种表象被同时内注意到而形成的。表象学研究与理论，对感性思维的形成过程进行了深入的研究与探讨，阐述了（视觉）表象与类、分类、比较、假设、归纳法、假说和感性思维有密切的关系，这些是思维科学的基础。但是，表象学中的许多结论缺乏视觉理论的支持或者不深入。例如，表象学中指出，（视觉）表象中的视颜料存储的是物体的表象，它是思维的基础。但是，表象学并没有告诉我们视颜料中具体存储了什么数据，这些数据行使自己表象视觉信息的任务的机制以及视颜料在大脑胞柱膜上可重复涂抹的机制。表象学对视觉表象产生的机理、过程和结果并没有深究，而只是一般性地研究了这个过程中的一些属性。

实际上，这个过程正是视觉通路所完成的任务，是视觉计算理论所要解决的问题。表象学应该是建立在视觉计算理论的基础之上的，但如前所述，视觉计算理论本身还很不完善，所以（视觉）表象学的基础还不完善。表象学中所说的从视递质到视颜料的过程（也就是视觉通路）是一个十分复杂的过程，图像的表象是处于视递质和视颜料中间的一个环节，是获得视颜料的重要一步。表象学本身目前对这个过程了解不多。需要我们对生物视觉、视觉计算理论和人类思维推理过程做进一步的研究和分析。

需要强调的是，这些技术可能和生物视觉没有任何关系。也就是说，虽然这些应用中的表示和技术在某些方面取得了成功，但是它们并不就是生物视觉中使用的表示和技术，即使具有类似的功能。这些技术和视觉计算过程都可以归结为二维或者三维的信号处理技术。人的视觉是一种特别的二维或者三维信号处理，是研究图像处理和分析技术的样本。之所以这样，是因为人的视觉使用的信息处理机制是生物物种经过漫长的历史进化而产生的，理论上具有一定的优势，而且人类对它已经产生了适应性。但是，不能排除下面的可能，存在与人的视觉机制不同但效果相同的信号处理机制的可能；也不能排除存在比人的视觉机制更好的信号处理机制。

从生理上来讲，表象很可能只是一种经过感官加工过了的信息（或者说检测到的电流），它是当下的，只有外物正在刺激并经过感官转化来的信息才是表象的物理状态，一旦失去外物的刺激，它就变成一种储存的信息。正在接受外物刺激转化而来的信息才能呈现为表象，储存的信息只能呈现为记忆（观念）。表象不是信息的物理状态，而是信息对自我的呈现状态，也就是说表象是信息的意识状态。一块石头在外力作用下也会留下痕迹，但这只是信息的存留，对于石头，这种信息不会有表象的出现。因此表象是信息的另一种表现方式，不是物理的存在方式，只有对自我才有这种表现方式，所以在解剖学中解剖不出表象来。

正因为表象是自我正在接受刺激时信息对自我的一种呈现方式，因此表象就会比观念生动、形象、强烈、实在。正是这种物理的刺激，我们受到外物的物理的作用，我们才会本能的感受到外物的存在，这也是常识坚信外物存在的深层根源，因为我们实实在在的感受到外物的刺激，而得知外物的存在。当储存的观念与刺激联系起来时，也会出现生动的表象，此时尽管没有实在的外物相对应。在梦境中，我们也会有表象的生成，这是我们储存的信息受到刺激的激发，与刺激结合起来出现的情况。在航海模拟舱或飞机模拟舱中，就会产生出表象，虽然没有实在的外物。当然这时的表象是纯粹的表象，是没有外物对应的表象，这种表象不是事物。区分表象和事物只能通过实践，这也就是为什么事物既是意识的对象又是实践的对象，而表象只是意识的对象。如果不通过实践、行为，我们很难区分纯粹的表象和事物。镜子中的物像和实物，如果不通过触摸镜面，就很难把两者区分开来，在第一次见到镜子的原始部落中就会是这样的。

因此，从物理状态上来说，表象是正在转化来的信息；当然储存的信息如果与刺激结合也会生成表象，如梦境与幻觉，但是两者的生成方式是有差别的。从意识状态上来看，表象是信息对自我的呈现方式。生理上测到的东西是信息的物理存在，我们看到的表象是信息的意识状态。因此物质与意识的二分，只是同一种东西不同表现方式，物质与意识是同一个东西。

从生理上来讲，表象是一种信息，这种信息是对来自外面的信息的转化。同样我们也可以把表象这种信息转化为另两种信息：语言和文字。语言和文字之间也可以相互转化，这样，刺激——表象——观念——语言——文字，在自我与外物之间、在人与人之间存在信息和能量的转化，这就是我与外物的物理关系。

### （三）表象的特征

表象的特征主要有两个，即直视性和概括性。

**1. 直观性**

表象是在知觉的基础上产生的，构成表象的材料均来自过去知觉过的内容。因此表象是直观的感性反映。但表象又与知觉不同，它只是知觉的概略再现。与知觉比较，表象有下列特点：① 表象不如知觉完整，不能反映客体的详尽特征，它甚至是残缺的、片断的；② 表象不如知觉稳定，是变换的，流动的；③ 表象不如知觉鲜明，是比较模糊的、暗淡的，它反映的仅是客体的大体轮廓和一些主要特征。然而在某些条件下，表象也可以呈现知觉的细节，它的基本特征是直觉（观）性。例如，在儿童中可发生一种"遗觉象"（eidetic image）现象。向儿童呈现一张内容复杂的画片，几十秒钟后把画片移开，使其目光投向一灰色屏幕上，他就会"看见"同样一张清晰的图画。这些儿童根据当时产生的映像可准确地描述图片中的细节，同时他们也清楚地觉得画片并不在眼前。

在表象的分类上，反映某一具体客体的形象，称为个别表象或单一表象，上述遗觉象就属于个别表象。反映关于一类对象共同的特征称为一般表象。一般表象更具上述与知觉相区别的那些特点。

**2. 概括性**

一般来说，表象是多次知觉概括的结果，它有感知的原型，却不限于某个原型。因此表象具有概括性，是对某一类对象的表面感性形象的概括性反映，这种概括常常表征为对象的轮廓而不是细节。

表象的概括性有一定的限度，对于复杂的事物和关系，表象是难以囊括的。例如，上述产生遗觉象的图片，如果是表呈一个故事的片断，那么，关于整个故事的前因后果，人物关系相互作用的来龙去脉，则不可能在表象中完整地呈现，各个关于故事的表象不过是表达故事片断的例证，要表达故事情节和含义，则要靠语言描述中所运用的概念和命题。对连环画的理解是靠语言把一页页画面连贯起来，漫画的深层含义也是由词的概括来显示的。

因此，表象是感知与思维之间的一种过渡反映形式，是两者之间的中介反映阶段。作为反映形式，表象既接近知觉，又高于知觉，因为它可以离开具体对象而产生；表象既具有概括性，又低于词的概括水平，它为词的思维提供感性材料。从个体心理发展来看，表象的发生处于知觉和思维之间。

### （四）表象形式

表象形式有语音表象、字符表象、形象表象等三大类型。语音主要是指语言，当然还有歌曲、乐器声音等。各民族都有各自逐渐形成的语言来表达事物与状态，开展交流。不少民族为了能广泛交流与保存而逐渐发展起文字，把语言化作文字与图符，加上印刷术发展，文字图符成为重要表象与交流的工具。形象表象源自于人有表情与身体四肢活动的本能以及操作工具能力，如手语、旗语或其他动作等的表象。

语言、文字、符号、手语等是人之间感觉、印象、思想交流，必需约定，否则相互之间无法了解，各地域各民族都按其长期积累下来的习惯语言、文字继承发展下去，新生儿一开始说话就按此习惯语言训练之，久而久之就能在社会活动交流中不断巩固与丰富起来，这类继承性的通俗约定是各地域民族语言文字及其文化的基础。稍有独立文化的各民族语言文字都会整理成字典、词典等，使语言、文字更加规范，更加简明，方便交流与训练，也方便于各民族间的语言文字的翻译，扩大交流功效。但随着科学技术发展与社会交流扩大进步，许多新思想就需要新语词表象，需通过确切定义来约定，以便交流。统称约定法则，只有约定人们才能交流，社会才会进步与发展。

表象在一般人中均会发生，但也可因人而异。由于视觉的重要性，大多数人都有比较鲜明的和经常发生的视觉表象。很多事例说明，科学家和艺术家通过视觉的形象思维能完成富有创造性的工作，甚至在数学、物理学研究中都相当有效。

视觉表象也给美术家、作家带来创造力。柯勒律治（Coleridge）的名著诗篇《可汗王》是一篇完整的以视觉表象呈现的佳作。艺术家往往具有视觉表象的优势。

声音表象对言语听觉和音乐听觉智能的形成起重要作用，运动表象对各种动作和运动技能的形成极为重要；而对于某些乐器的操作，例如钢琴以及提琴等弦乐器，则既需要听觉表象，又需要动觉表象的优势。

## 二、影响表象的因素

表象是一个生成的结果，它在生成时受到诸多因素的制约。下面我们来分析一下影响表象的因素。

### （一）物自身

从物自身来看，物自身的信息是表象产生的根本原因，不同的物自身就会发出不同的信息（当然也会有相同的信息），不同的信息就会产生出不同的表象，通过这些不同的表象在实践中我们就会把外物区别开来。物自身发生变化了，发信的信号就会不同，我们就会看到表象也变化了。比如秋天来了，树叶变黄了，其原因主要不是我们的眼睛变了，而是物自身发生了变化，传到眼睛的信息变了，所以生成的表象也就变化了。

### （二）信息的传播媒介

两小儿辩日的困境就是这种原因造成的，太阳早晨大、中午小，不是因为物自身变化了，也不是太阳在早晨与中午与我们眼睛的距离有多大的差距造成的，也不是人的眼睛有问题，这种差异的主要原因，就是在早晨传播信息的光线距离地面较近，受到地面物体的干扰，信息发生变化造成的。常识坚信物体独立于我而存在的，唯物主义有常识信念的支持对这一点是坚定不移的，"物是不依赖于我们的心灵而独立存在的客观实在"。但事实却并非如此，在实际生活中我们发现许多物体会随着我的变化而变化。我戴上墨镜，实在事物的颜色就改变了，全部变成了墨色；晚上戴上夜视镜，外面的世界就发生变化，明亮起来；通过望远镜，外面的物体与我的距离就会拉近，透过放大镜，世界就会变大。在这些情况下变化的是表象，而不是物自身，表象之所以变化，是因为外来的信息在通过眼睛时发生了改变。

### （三）人的感官

大家看到的一片绿叶，在色盲的人看来不是绿色的；有一种药吃下去，外面的树叶就变成黄色，在盲人的世界中没有颜色；如果所有的人的眼睛都像狗的眼睛一样（据说狗都是色盲），树叶的颜色不会是绿色的；如果所有的人都是瞎子，世界就没有颜色，虽然不同长度的波还存在。物体的大小也是随我们的感官的性质的变化而变化的，据说有一个英国人，眼睛害了病，在他见到的世界中，所有的东西都比平时放大了，看报纸，每一个字像拳头般大小，严重影响了他的阅读。物体的位置也会随着我们的眼睛的变化而变化，用手积压我们的眼球，外面的物体就会上下或左右摇晃，会随着我们的眼睛的变动而变动。我们失掉方向，太阳就会从西边出来。苹果是甜的，在我们生了病的时候，吃起来就是苦的，如果我们吃了糖再去吃苹果，苹果就特别酸；我们把一只手放在冰上，另一只手放在火上烤，然后把它们同时放在一盆水中，这盆同样的水就会变化成既是热的又是凉的。物体的颜色、大小、冷暖、酸甜等属性都会因我们的感官的变化而变化，这些变化都不会是物自身的变化，而是表象的变化，是因我们的感官的变化造成的。

（四）所在的位置

表象与物自身实际上是一种对应关系，而不是真正的融为一体，既然是一种对应关系，那么就会因我与物自体的距离和方位的关系的不同带来表象的变化。同一个物体在近处看就会大，在远处看就会小，科学描述的太阳是如此的大，我们却把它看的如此之小，只是因为我们看到的不是太阳本身，只是它的表象。所谓"横看成岭侧成峰，远近高低各不同"的诗句就是说的这个道理。同一个物体，因我们与它的方位不同，接受到的信息就不同，产生的表象就不同。

（五）经验与环境

表象的形成过程也受到人的已有经验的影响，我们的眼睛在看远处的物体时，并不是严格遵循透视法则，我们并不像照相机一样把远处的东西看成很小。但是长期生活在热带雨林中的部落，由于没有看远处的东西的经验，所以在走出雨林，就会把远处的东西看得很小。同样一般人由于没有从高处往下看东西地经验，所以当从高楼上往下看时，就会见到下面地人很小。但是长期从事高空作业地人员在他们的眼中地面上物体就不会变小。如果说印象来自于信号传递，并在大脑中存储的话，那么要构成可交流的语言、文字与图符，则成了表象。知性印象与表象在很大程度上是相互交叉的。《辞海》中表象描述为："在知觉基础上所形成的感性形象：感知过的事物在脑中重现的形象叫记忆表象；由记忆表象或现有知觉形象改造成的新形象叫想象表象。"记忆表象是在过去对同一或同类事物多次感知的基础上形成的，较有概括性。既有反映某事物特性的个别表象，又有反映一类事物共同特性的一般表象。由于记忆表象的概括性，它不仅是事物形象的重现，而且是关于事物的感性知识，尤其是对客观世界的直接感知过渡到抽象思维的一个中间环节。要对经历过的有趣事物作绘声绘色的描述，须依靠记忆表象。这里要突出一点，事物绘声绘色的描述就需要语言，语言才是一般记忆表象，即有表达记忆印象的意义。

里德等人（Reed, 1974；Reed & Johnsn, 1975）的实验：里德给被试呈现的如下图，图（1）所示的这一结构复杂的图形，要求被试将这一图形的表象保持在自己的头脑中，然后移去这一图形，给被试呈现图（2）和图（3）这些图形，被试认定图（2）和图（3）是图形（1）的组成部分的占65%，而对图（4）做出如此认定的仅占10%。

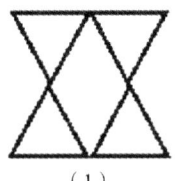 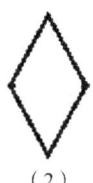  

(1) (2) (3) (4)

为什么会造成上述的实验结果呢？造成这种差异的原因是因为在被试形成图形（1）的表象中，更多地包含了图（2）和（3）这些形式，而很少包含了图（4）这一形式，但实际的图形则并未表现出这种特征。在一张实际的图形中，它的各个部分都得到了同等的表现，它们在纸上都留下了实际的墨迹，墨迹本身不会知道哪些部组合在一起，但作为考察者来说，他会形成一种分隔的表象。里德的实验给我们的提示：人除了对表象可能会做出心理上的旋转、扫视这些心理动作之外，人可能还会对它做出有组织的分割这种心理运作。

## 第三节 图式结构

图式既是哲学概念，也是心理学概念。图式是解决感性思维测量的一把钥匙，我们有必要对图式进行分析。

### 一、图式的哲学概念

几百年以来，哲学家们一直在进行辩论，焦点在于我们是天生就有使看到的事物产生意义的精神能力（康德学派或者先天论者的观点），还是必须通过经验来学习，从而解释看到的事物（洛克或者实验论者的观点）。

洛克（John Locker）和贝克莱（George Berkeley）以及其他一些哲学家和心理学家有时候会提出一些幻想的测试个案，以期最终一次解决这个问题：一个天生的盲人经过手术或者其他一些干预后突然复明，在不触摸正看着的物体时，他会不会知道这个物体是个立方体而不是球体，是一条狗而不是一只老鼠呢？或者，除非他学过物体的真实含义，否则，他的知觉是不是毫无意义的呢？这样一个人的经验把持着事情的关键。

康德（Immanuel Kant）在用"先验图式"沟通纯粹知性概念与感性直观即先验概念与经验之后，继而解决了"经验概念"同现象界里的个别对象如何联结的问题。这是一个认识论的重要问题，如果不能得以妥善地有效地解决，那么，先验概念经由先验图式同经验界沟通之后，在具体的个别的认识行为里则无法展开，因此，康德此前的"先验努力"的成果则如悬在半空中的无线的风筝，无根漂浮，当然，他的工作的意义与贡献也要大大打折扣了。

"经验概念"是一个同"先验概念"相对的术语，"先验概念"，是人的先天能力产生的；而"经验概念"则是人在后天的经验积累的基础上形成的。那么，人如何能够运用"经验概念"去认识个别的对象呢？康德认为："经验概念"与"想象力之图形"有直接的关系。而且，想象力也有"再生的"与"创造的"之别，所以，"经验概念"所直接关系的"想象力之图形"则是与"先验图式"对应的另一种图式即"经验图式"。对此，康德是这样阐释的："心象乃再生的想象力之经验的能力之所产；而感性概念的图形（如空间中的图形）则为先天的纯粹想象力之所产，有若一种略图，心象自身则由此图形且依据之始成为可能者也。此等心象仅由于其所隶属之图形,始能与概念相联结。"[1] 由此,尽管"经验概念"与个别对象是"全然异质"的,但因为存有"经验图式"这一"沟通"的中介,具体的展开的认识行为仍然可能。康德以类概念与个别事物的联结为例展开论证:"犬之概念,即指示一种规律,我之想象力依据之即普泛描画一四足兽之形态,而不限于经验实际所呈现或'我所能具体的表现之任何可能的心象'实际所呈现之任何个别特定形态。"

在康德毕其一生的哲学工作里,"图式"思维贯穿其始终。晚年的康德在1797年12月11日给梯夫屈克的信里对"图式"思维作了进一步的思考和强调:"把一个经验概念置于一个范畴下,似乎是内容上不同种类的东西的从属,这在逻辑上是矛盾的,如果没有任何中介的话。然而,如有一个中介概念,就可能把一个经验概念置于知性纯粹概念之下,这就是由主体内感觉表象综合出某物概念,作为这样的表象,与时间条件相一致,表现出依照一个普遍规律先天综合出来的某物。它们所表现的与综合一般的概念(即任一范畴)同类,从而依照它的综合统一就可能把现象从属在知性纯粹概念之下。我们把这种从属叫做构架。"

在对康德"先验图式"、"经验图式"的分析之后,我们可以清楚地认识到:无论是"先验图式"还是"经验图式"都是相对应的想象力所产生的,是一种无法"图示"出来的又确实存在于主观意识里的具有"构形"能力的结构形式,而且"以能动的结构形态,实现了主客体辩证统一的综合"。于此,这是否意味着康德图式学说纯属臆断呢?当然不是。这在皮亚杰的发生认识论心理学的研究中得到了"证实"。

皮亚杰在研究人的认识发生的心理结构的工作里,通过对儿童认识发生的心理过程及心理结构的系统研究,得出了一个奠基性的结论:作为一切认识图式基础的"感知—运动图式"是胚胎结构的有机延伸与超越性发展。皮亚杰基于心理学实验基础上的这一科学论断及其由此所建构成的发生认识论体系"在心理层次上为康德的图式论找到了根据,澄清了图式发生、发展的实际过程和机制,使康德那种因哲学体系的需要而假设的图式学说成为令人信服的有价值的理论。从一定意义上说,皮亚杰的图式论是康德的图式论的发生学。"对于康德的在主体之内存有确定性的先验假说,皮亚杰在其发生学的论域内明确地说:"看来在发生学上清楚的是,主体所完成的一切建构都以先前已有的内部条件为前提,而在这方面康德是正确的。"[2] 现当代哲学家的图式理论(关于康德的图式学说对英美哲学的影响可参读江怡先生《康德的"图式"概念及其在当代英美哲学中的演变》)同康德的图式学说在针对具体的理论问题,图式的层次划分、图式的形式性与先验性方面有着一些不同程度的差异,或许,可以说,差异本身并不仅仅意味着不同,更意味着在思维发展的广度与深度层面上的逻辑开掘。这是罗格斯必然律使然的必然趋势与必然结果。

最近几个世纪以来,事实上的确出现了这样一批个例。报道得最为详尽的就是一位英国人的例子。他天生患有白底角膜,在1960年他52岁时终于得见天日。英国心理学家和知觉专家里查德·格雷戈里称他为SB先生,并对他进行了仔细的研究。SB是位活跃而且极聪明的人,他很好地适应了盲目之后的生活:他读布里叶盲文读得极好,会使用工具制造物件,经常喜欢丢弃常见的白色导盲杆而散步,哪怕有时候撞在别的东西上也无所谓。他还让朋友扶着他的肩膀帮他骑自行车。

到SB的中年时代,角膜移植已经成为可能,他去做了手术。按格雷戈里的报告,当绑

---

[1] 李明辉.历史哲学论文集.台北:联经出版公司,1990
[2] 皮亚杰.心理发生和科学史.姜志辉译.上海:华东师范大学出版社,1998

带从眼睛上取下时,他听到外科医生说话的声音,并朝他转身,心想一定能看见一张脸。他只看见一片模糊。

然而,经验很快就使他的知觉清晰起来:在几天时间内,他就能够看清很多脸,不用扶着墙就可以顺着医院的走道走路了,他还知道窗外移动而过的东西是小汽车和大卡车。然而,空间知觉对他来说却困难得多。有一阵子,如果他双手抓住窗台,他以为从窗前到地面的距离是他可以用脚趾够到的,而实际上,那个距离有10倍之高。

SB很快就能够一眼辨认出他通过触摸了解的物体了,比如玩具,可是,对于从没有摸过的物体,除非有人告诉他那是什么东西,或者发现那是什么东西,否则,这些东西对他来说就是一些神秘的东西。格雷戈里和同事带他去伦敦,他在那里辨认出了动物园里的大部分动物,因为他曾养过猫和狗,还知道其他一些动物与这些猫狗有何不同。可在一家科学博物馆里,SB看到一架车床——他一直想要使用的工具——可是,除非他闭上眼睛用手四处摸它,否则,他无法用车床车出任何东西来。接着,睁开眼看着这东西后,他说:"现在我摸过它了,因此我就可以看见它了。"

有趣的是,当格雷戈里让SB看一些错觉时,他却没有受这些错觉的误导。比如,他没有把杰士托罗氏图形错觉中的直线看成曲线,也没有把埃冰豪斯图形中的两个内部的圆看成一大一小。这些错觉明显取决于一个人已经学到的提示,因为这些提示具有视角的含义,而通过错觉中的其他线条给定的提示对SB却没有任何意义。

从这个例子中,人们可以得出的结论是相当令人失望和混淆的:有些证据偏向于先天论,有些又偏向于经验论。另外,这个证据是混杂的:SB有一辈子的感觉经验和学习过程,通过这些东西,他能够解释他的第一次视知觉,而他的故事并没有显示出,思维在经验之前准备好理解视知觉的程度有多大。实验研究也没有通过婴儿回答出这个问题,因为婴儿知觉能力在任何时期的发育在多大程度上是因为成熟而造成的,或者在多大程度上是因为经验造成的,这一点目前尚不清楚。只有取消婴儿的知觉和其他感官经验这种不可能进行的实验才能分开彼此,并测量出其相对的影响。

## 二、图式的心理学意义

图式的心理学意义,不同的心理学流派都有一些论述,最突出的是发展心理学、格式塔心理学和认知心理学。

### (一)发展心理学的图式理论

皮亚杰是瑞士儿童心理学家,因研究儿童智力和认识发展而闻名,提出了发生认识论。他通过儿童心理学把生物学与认识论、逻辑学沟通结合起来,从而将传统的认识论改造成为一门实证的实验科学。曾任瑞士心理学会主席、法语国家心理联合会主席和第十四届国际心理科学联盟主席。1966年当选为国家科学院院士,1969年获美国心理学会颁发的杰出科学贡献奖。

皮亚杰理论体系中的一个核心概念是图式(在他后期著作中用scheme一词)。他把图式看作是心理活动的框架或组织结构,是认知或思维结构的起点和核心,或者说是人类认识事物的基础。因此图式的形成和变化是认知或思维发展的实质。

1.图式定义

皮亚杰说,"图式(scheme,schma)是指动作的结构或组织,这些动作在同样或类似的环境中由于重复而引起迁移或概括。"这个定义较为简练,准确地把握其意思有一定难度。皮亚杰对这个图式定义作了一个说明,这个说明比较清楚地解释了上面的定义。皮亚杰说:"在一个活动中,我们把其中的那个能被从一个情景传递到另一个情景因而能加以普遍化和分化的东西称作动作图式。换言之,图式就是同一活动在多次重复和运用中共同具有的那个东西。举例来说,我们把幼儿堆积木的行为或较大的儿童搜集物品加以分类的行为称为'聚集图式'。像这样的图式形式我们可以发现很多,甚至把两类事物联系起来的逻辑运算也是一种图式(父亲+母亲=父母,等)。"按照皮亚杰的观点,认识发生、发展于主体和客体之间相互作用的过程中。如果我们把活动和图式纳入主体与客体相互作用的过程加以考察,可以这样认为,在这个过程中,活动是过程的内容,而图式则是在过程中形成起来的并组织活动的形式或结构。在对图式作这样的理解时应当注意,这种"形式"或"结构"只是一种智力的、认识的结构。对此,皮亚杰也指出,图式"只是具有动态结构的机能形式,而不是物质形式(在具有任何具体形式的意义上)"从上述皮亚杰对图式的定义和说明中可以看出,如果用比较简单的话来说,图式就是主体对于某类活动的相对稳定的行为模式或认识结构。在皮亚杰那里,图式与行为模式、认识结构是同等的概念。[1]

2.图式作用

图式作用是什么?皮亚杰认为,图式是认知结构的起点和核心。有了图式,主体才能够对客体的刺激做出反应。图式在皮亚杰理论体系中的重要地位主要是由图式的作用决定的。根据皮亚杰的论述,图式的作用主要有以下一些:

(1)图式是主体反应刺激和认识事物的前提和基础。皮亚杰指出,刺激引起反应是简单的事实。但是,"什么东西使得机体反应一定的刺激呢?……只有当主体具有一种图式而又有反应的能力时,他才能感到受刺激。而要有这种反应能力,就得先有反应的图式。"简而言之,没有图式,主体就不能反应刺激和认识事物。

(2)图式是主体认识事物的认识形式和智力手段。主体运用图式来识别这处理外来的刺激,把不同的刺激加以区别和概括,形成对客体的认识,以适应和组织环境。

(3)图式是对动作经验的保持。人在活动中形成的对主体有意义的动作经验,会以行为模式或智力结构的形式记忆下来,并同先前的图式组织起来,形成图式系统。事实上,在多数情况下,图式不是单个地起作用,而是以协调的、综合的方式起作用。还有,图式可以使主体对同一类的各种事物或不同状态下的同一事物恰当而又经济地发生作用,从而缩短反应的时间和节省做出反应所需要的精力。

3.图式的特征

认知心理学家鲁墨哈特等人对图式的特征作了如下总结:

(1)图式代表了从简单到复杂各种类型的知识,图式也可以描述一个动作,如用手拿杯子;

(2)多个图式可以链接成一个关联系统,一个图式可以包含许多子图式,生命体的全部认知结构(即图式)按照一定的特性组成了它的"图式知识系统",这个"图式知识系统"是分层的;

(3)图式是有结构的,它具有多个槽道(Slot),槽道可以填充为定值或可选值;

---

[1] 皮亚杰. 心理发生和科学史. 姜志辉译. 上海:华东师范大学出版社,1998

（4）图式不断地合并（同化）收集到的各种知识，包括来自生命体经验的知识和客观事实，并形成新的经验知识；

（5）不同层次的图式通过从上到下（top-down）和从下到上（bottom-up）两个过程不断地识别和解释新的输入。

4.图式的分类

图式按照其发展顺序可分为动觉图式、表象图式和思维运算图式（如下图）。

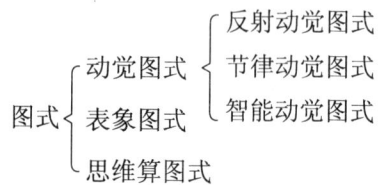

动觉图式决定了行为的具体执行过程，一个动觉图式就对应一个行为，比如如何将盛满水的杯子放到嘴边；表象图式使得生命体能够用表象符号来代替外界事物，进行各种象征性活动，比如绘画；思维运算图式是最高级的图式，当生命体拥有了思维运算图式时，便具有在多种行为之间进行抉择的能力，比如饥饿的动物在面对食物和捕食者时能够进行合理的分析，选择最适的行为。动觉图式按其智能从低到高的顺序分为反射动觉图式、习性动觉图式以及智能动觉图式。反射动觉图式表现为条件反射和非条件反射等发射性行为，节律动觉图式表现为呼吸、心脏跳动等节律性行为，智能动觉图式完成如走钢丝等技能型行为。

对于图式的发展，在生理水平上，图式"绝大多数的程序是遗传获得的"。它们可以区别作用于它的无数刺激和由之产生的感觉，并将其结合到某种结构中。在认识或思维水平上，图式可以代表一个分类系统，这一系统使它能够对客体信息进行整理、归类、创造、改造。由于存在这样一个富有创造性的图式组织，认识主体才能有效地适应环境。正是在这一意义上，皮亚杰得出结论：适应是内部图式与外部环境进行斗争的结果。它体现了环境的威力，也体现了图式的能动作用。皮亚杰认为："从行为（不管它们是多么简单）引起一种自发的努力并形成模式化，图式就诞生了。"举例来说，初生婴儿的吃奶行为是一种本能，出于生理需要，婴儿会经常要求和进行这种活动，形成饿了就要吃的行为模式，这就是一种最简单的遗传性图式或反射动觉图式。随着婴儿在适应环境的过程中，活动范围不断扩大，不断接触新鲜的刺激，婴儿在类似情景的重复作用下，通过图式的同化和顺应形成新的图式。随着图式的不断增多和复杂化，图式的发展水平也不断提高，进而发展起多种图式的协同活动，表现为人的心理水平不断地由低级向高级的发展。

要深入地理解图式的发生和发展问题，还必须了解皮亚杰对主体和客体在图式发展中的作用的看法。对于客体的作用，皮亚杰说："由于图式始终是从经验中提炼的，图式的相互同化或组合无论多么精炼，只不过表示一个过去经验过的现实或者未来将要经验的现实。"他肯定图式的形成依赖于客体，依赖于客体提供的经验材料。然而，皮亚杰也非常重视主体的作用。他指出："经验不是能阐明图式分化的唯一原因。因为，图式还可以通过自身的协调而增加。他针对把逐步建构的图式完全归功于外部环境的观点，特别指出："当然，每个动作图式的内容都在一定程度上依赖于环境，在一定程度上依赖于它所依附的客体和事件。但是，这并不表明图式的形成和功能不依赖于内源因素。……图式始终包括由主体（或机体）进行的动作，它们不是从客体或环境的特性中派生出来的。"所以，皮亚杰特别强调："凡涉及智力的地方，运用图式及建构图式的方式，都以主客体之间连续的相互作用为前提。"总之，图式在主体与客体的相互作用中产生，在主体与客体的相互作用中发展，这就是皮亚杰的图式发生和发展的观点。[1]

以后的发展心理学还研究，儿童心理图式有6种基本类型：

（1）形象图式——这是对有关人物、动物、物体等外形特征以及对这些事物的美术表现形式的认识和知识。

（2）色彩图式——这是对自然物以及各种事物的美术表现形式的认识和知识。

（3）角色图式——这是对有关人物、动物，以及故事、童话里所涉及的拟人化的角色的认识和知识。

（4）事件图式——这是对某一类事物的发生、发展、变化与结果等的认识和知识。

（5）场景图式——这是对各种景物、环境、场地的认识和知识。故事、童话、寓言、神话等都有着人物角色在什么地方、做了什么事，或在什么地方发生了什么事等的描写。

（6）语言图式——这是对口头语言和书面语言的认识和知识。他们认为，0～6岁的学前儿童正是从无到有地吸收与储存各种图式，构建自己头脑里的图式网络的关键时期，是建树孩子的感性思维并为理性思维打下根基的机会。所以，我们应如何丰富儿童的生活、学习与游戏的经验，充分利用各种感官去接触事物，使他们头脑里能建立更多的图式，更好地激活孩子们的各级水平的图式，使他们能利用自己已有的图式为思维服务。

## （二）格式塔心理学的图式理论

对图式所进行的一整套心理学研究，以及由此而产生的理论，被称为格式塔心理学（完形心理学）。格式塔心理学认为，图式首先是作为统一的整体被认知的，而后才以部分的形式被认知，也就是说，我们先"看见"一个整体的图式，然后才"看见"组成这一图式的各个部分。格式塔心理学派断言：人们在观看时眼脑共同作用，并不是在一开始就区分一个图式的各个单一的组成部分，而是将各个部分组合起来，使之成为一个更易于理解的统一图式。此外，他们坚持认为，在一个格式塔（即一个单一视场，或单一的参照系）内，眼睛的能力只能接受少数几个不相关联的整体单位。这种能力的强弱取决于这些整体单位的不同与相似，以及它们之间的相关位置。如果一个格式塔中包含了太多的互不相关的单位，眼脑就会试图将其简化，把各个单位加以组合，使之成为思维过程易于处理的整体。如果办不到这一点，整体图式将继续呈现为无序状态或混乱，从而无法被正确认知，简单地说，就是看不懂或无法接受。格式塔理论明确地提出：眼脑作用是一个不断组织、简化、统一的过程，正是通过这一过程，才产生出易于理解、协调的图式整体。格式塔原理在思维过程中的应用形式有以下几种。

（1）删除。删除就是从头脑构图中排除不重要的部分，只保留那些绝对必要的组成部分，从而达到视觉的简化。

（2）贴近。当各个视觉单元一个挨着一个，彼此靠得很近的时候，可以用"贴近"这个术语来描绘这种状态，通常也把这种状态看作思维归类。以贴近而进行视觉归类的各种方法都是直截了当的，并且易于施行。设计师可以根据需要使用贴近手法创造出完美的格式塔。这是因为由贴近而产生近缘关系，运用近缘关系无论对少量的相同视觉单元还是大量不同的

---

[1] 皮亚杰. 心理发生和科学史. 姜志辉译. 上海：华东师范大学出版社，1998

视觉单元进行归类都同样容易。

（3）结合。在思维过程中，单独的视觉单元完全联合在一起，无法分开。思维可以使原来并不相干的视觉形象自然而然地关联起来，把两种或几种不同的视觉形象结合在一起，使其异形同构，在视觉表达上自然而然地从一个视觉语义延伸到另一个视觉语义。

（4）接触。接触是指单独的视觉单元无限贴近，以至于它们彼此粘连。这样在视觉上就形成了一个较大的、统一的整体。接触的形体有可能丧失原先单独的个性，变得模糊。

（5）重合。重合是思维结合的一种特殊形式。如果所有的视觉单元在色调或纹理等方面都是不同的，那么，区分已被联结的原来各个视觉单元就越容易；相反，如果所有的视觉单元在色调或纹理等方面都是一样的，那么，原来各个视觉单元的轮廓线就会消失，从而形成一个单一的重合的形状。重合，能创造出一种不容置疑的统一感和秩序性。

（6）闭合。有一种常见的视觉归类方法基于人类的一种完型心理：把局部图式形象当作一个整体的图式形象来感知。这种思维上的特殊现象，称之为闭合。当然，我们由一个图式形象的局部而辨认其整体的能力，是建立在我们头脑中留有对这一图式的整体与部分之间关系的认识的印象这一基础之上的。也就是说，如果某种图式即使在完整情况下我们都不认识，则可以肯定，在其缺乏许多部分时，我们依然不会认识。如果一个图式缺的部分太多，那么可识别的细节就不足以汇聚成为一个易于认知的图式。而假如一个图式的各局部离得太远，则需要补充的部分可能就太多了。在上述这些情况下，人的习惯思维就会把各局部完全按其本来面目当作单独的单元来看待。

丹麦心理学家鲁宾（Edgar Rubin）的图像/背景分割（figure/groundsegregation）模式被融入格式塔心理学家建构的有关感知觉组织形式的综合框架中。"感知觉中的优先部分在感知觉输入的过程中是如何被组织的"是这一理论框架主要解决的问题。研究表明，"图像和背景之间的关系可看作方位关系，而这种关系往往是通过方位介词来得以实现的"。也就是说，方位介词的意义可以通过图像/背景关系来理解或进行解释。在上述理论研究的基础上产生了认知语言学家用来分析介词的工具——意象图式。意象图式是我们在与日常生活的互相作用中产生的简明、基本的认知结构，它是"人类经验和理解中一种联系抽象和具体意象的组织结构，是反复出现的对知识的组织形式，是理解和认知更复杂概念的基本结构"。人的经验和知识就是建立在这些基本结构和关系之上的。

例如右图里隐藏的是什么？在查看答案之前，仔细找找，因为一旦看出了隐藏的图形，就再也不能把它看成无意义的状态了。这是一只达尔马提亚狗，一旦你看见这只狗，这幅图就会奇迹地重组为一些圆点拼成的狗和另一些圆点组成的背景。这证明人的先前经验对视觉感知的重要，特别是当图像的组成和意义有歧义的时候。一旦你的视系统赋予一个个体图像以意义，这种富有意义的解释就会占据支配地位。这也是体现图形/背景幻觉"不可倒退"原则的一个例子。

### （三）认知心理学的图式意义

认知心理学家将图式看作是"信息包"，其中同时包括固定的成分和可变的成分，它们分别相当于经典的概念中所说的关键特征和无关特征。例如，关于狗的图式就可以包括如下固定的成分：哺乳动物，有四条腿，可以家养；其可变成分则是：品种、毛色、性情等。另外，图式也常常用来表示信息之间的关系。例如，狗的身体的各个部分要组合在一起才能成为一只狗。人们运用已有的图式对新信息进行加工的时候，能评价原有图式是否适合于正在被加工的新信息以及一定的新情景。如在阅读时，儿童头脑里的原有图式与书中的画面或文字信息进行比较，激活大脑中所储存的相关知识，寻找已有知识与图书中所提供的信息之间的一致性（是否相同）以及差异性（有何不同）。当已有知识与图书中所提供的信息是一致时，就把图书中所提供的信息同化到自己的图式里，反之则进行反复观察，或重新调整和组合图式，或继续寻找与观察对象相同的其他图式。这种过程是动态发展的过程，是儿童对图书内容主动认知的过程。

认知心理学家认为图式应有以下的几个特点：

（1）图式中有许多的变量。这些变量是可以发生多种变化的，可以是概括的，也可以是具体的。例如"人在看书"这样一个图式中，"人"可以是概括成所有的人，也可以是具体到老人、青年人、儿童或男孩子、女孩子等；至于有什么人，在什么地方，看什么书都是可以千变万化的。

（2）图式是有层级性的。一个图式包含了许多个属于它的下一级的图式，而下一级的图式又包含着更下一级的图式。各种相关的、下一级的图式可组成上一级的图式，几个上一级的图式又可以组合成更上一级的图式。例如前面所说的"人"这一个图式，可包含老人、中年人、青少年和儿童，而"儿童"则包含有不同年龄段的男孩子、女孩子等。当然，也有最基本的图式，它不会再包含有下一级的图式了。

（3）图式中蕴藏着各种各样的信息。我们头脑里的图式可以表征我们所具有的全部经验，包括了自然科学和人类社会知识，并可以把经验表征为各种抽象的水平。图式的作用可以帮助我们理解一个事物，对某一客体或某一情景进行各种解释。如前所说的"人在看书"的图式中，我们头脑里的"人"的图式可以呈现出概括成所有的人的信息，也可以呈现出老人、青年人、儿童或男孩子、女孩子等供我们作为参照的信息；至于有什么人，在什么地方，看什么书就需要根据我们的经验和当时的客观情景做出判断，选择恰当的图式来解释。

（4）图式是一种认知或思维的手段，人的图式活动是人的主动认知过程。这里有两个过程，一是概念驱动过程——这是由上而下的图式启动方式，指一个图式活动起来，并使它的一个或几个下一级的图式也活动起来。这些下一级图式的活动就是一种预测，能由某一事物联想出与它直接相关的事物，如儿童在图书中看见"小狗"的图像并要评价它的合适性时，"小狗"的图式活动起来了，并引出了"小狗的头、身体、四条腿、尾巴"等下一级图式的活动。这种由上而下的图式启动过程，就是概念驱动的控制过程。

另外还有一个材料驱动过程——这是由下而上的图式启动方式，指下一级的具体图式活动起来了，引起它的上一级的图式的活动。这下一级图式的活动是上一级图式活动的一部分。如"小狗"这一图式的活动，会引起"动物"这个图式的活动，"动物"这个图式就是由"小狗"的图像这一具体材料驱动所引起的了。图式概念的层次化组织如下图所示。

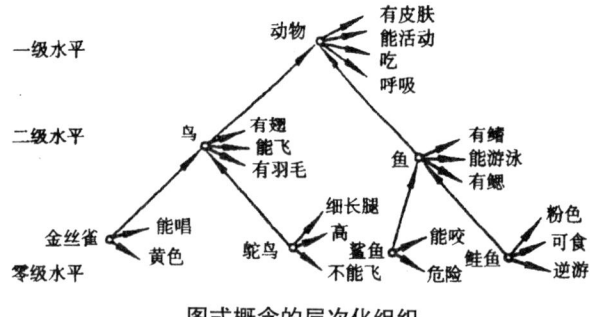

**图式概念的层次化组织**

（5）图式信息不像一个非常规范、整齐的图书馆，它的特点是有一个各种关系混合的大杂烩式的框架。无论在有序或无序的条件下，图式的呈现都是按一定的类别组织起来的。当各种图式信息在概念上有一定层次的逻辑关系时，在记忆中就会按照它们的共同特性构成一个多层次的概念体系。

如下图所示：研究证明，这种有层次的组织结构可以有力地提高记忆效果。但是，并非所有的图式信息都能很好地组织在一个层次化的系统框架里，有些知识被组织在体系不大清晰的框架中，称为语义网络，它包含了表征各种概念的节点和彼此相联系的连线，连线的长短代表着联系的密切程度。依据语义网络，当你想到一个单词的时候，很容易地会想起与之有联系的其他名词，这个过程在理论上叫做图式的扩散激活。

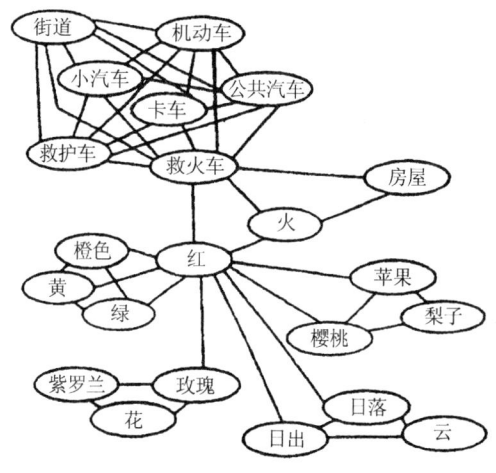

**图式语义网络示例**

通过上述几种组织方式，人的各种知识经验就在长时记忆中构成了一个比较稳定的网络，在心理学中称为图式。图式是一种心理网络结构，它表示的不是许许多多的具体事物，而是各种知识要素的相互联系和相互作用。由于每个人的知识经验不同，所具有的图式也不同。图式对记忆有重要影响：一方面，图式中的一般性知识为编码新信息提供了基础，有助于接受新事物并具有个人特点；另一方面，图式中的一般性知识极大地影响着信息的回忆效果，它使长时记忆中的信息得到激活后，往往不是直接的简单向外提取，而是经过推理进行建构，提取出来的是按照图式改造过的信息。例如，人们根据自己的经验、知识、兴趣、观点重新组织学习的材料，对自认为无关紧要的细节进行删除，夸大感兴趣的内容，将自己不熟悉的事物代之以熟悉的事物等。总而言之，人们利用现有的知识组织新的信息，并将新的信息和原有的图式结合起来，不断地建构和发展着庞大而有序的记忆系统。

## 三、现代图式理论

印象结构接受外界信息并将其转化为内在信号,表象结构将印象结构送来的信号进行处理(或同化,或顺应),经结构处理过的信号,就被编码成了模式块或数据集,送入表象结构存储。人的一生要学习和掌握大量的知识,这些知识并不是杂乱无章地贮存在人的大脑中的,而是围绕某一主题相互联系起来形成一定的知识单元,这种围绕某一个主题组织起来的知识的表征和贮存单元就是图式。

图式实际上是一种关于知识的认知模式。图式理论研究的就是知识是怎样表征出来的,以及关于这种对于知识的表征如何以其特有的方式有利于知识的应用的理论。图式结构就像一个巨大的存储器,能够随时将存储的数据或模块调出,从而在脑中再现客观事物的形象。需要指出的是:印象结构、表象结构和图式结构可能是浑然一体的,并不能分开。

### (一)现代图式理论要点

现代图式理论要点有以下几个方面。

(1)图式描述的是具有一定概括程度的知识,而不是定义。也就是说,图式既描述事物的必要特征,又包括其非必要特征。图式所描述的知识由一部分或几部分按一定的方式组合起来,其中的组成部分称之为变量(variable)或槽道(slot)。例如:动物的图式包括有皮肤、能活动、吃食物、呼吸空气;鸟的图式包括有翅膀、有羽毛、能飞等。总之,一个符号、一种物体等均可以看成是一种图式。图式有两种:一种是反映事物属性的视觉图式(可简称之为"属性图式");另一种是反映事物之间结构关系的图式(简称之为"关系图式")。根据这两种图式的不同,感性思维可进一步划分为两类:一类是以"属性图式"作为思维材料(即思维加工对象),称之为"形象思维";另一类使以"关系图式"作为思维材料,称之为"直觉思维"。换言之,人类感性思维的基本形式(或基本类型)也可划分为两大类,即形象思维和直觉思维。

(2)图式有简单和复杂、抽象和具体、高级和低级之分。简单的图式可以只是一个符号,复杂的图式可以有几个子图式构成。抽象的图式是关于意识形态和文化观念方面的图式,具体的图式则包括生活经历和事物的特征。所谓高级图式和低级图式是指图式之间的层次或隶属关系。比如动物的图式和鸟的图式,后者相对来说构成了一个较为复杂的图式。鸟属于动物,对于鸟来说,动物的图式是高级或上位图式,而鸟的图式则是低级或下位图式。

(3)图式不是各个部分简单机械相加,而是按照一定规律由各个部分构成的有机整体。构成图式的各个部分即变量有恒定的,也有变化的;当一部分变量取一定值时,其他变量的取值也就受到了约束。图式的加工过程是通过对加工的信息进行拟合、优化、评价而进行的,对某些信息的加工甚至有几个图式相互比拟、进行评估,最后才能做出决策。

(4)图式是在以往经验的旧表象与新表象相互联系的基础上,通过"同化"与"顺应"而形成的,是以往经验的积极组织。图式不是被动地接受信息,而是积极地把新表象同图式表征的旧知识加以联系。每个图式在发展过程中受到同化作用和协调作用而发生变化。低级的图式通过同化、协调、平衡而逐渐向层次越来越高的图式发展。"同化"和"顺应"是皮亚杰图式理论的两个重要概念。"同化"就是把外界的信息纳入已有的图式,使图式不断扩大。"顺应"则是当环境发生变化时,原有的图式不能再同化新信息,而必须通过调整改造才能建立新的图式。皮亚杰认为"同化就是将外界因素整合于一个正在形成或已形成的图式",即把环境因素纳入机体已有的图式之中，以加强和丰富主体的动作。[1]例如初次见到足球的儿童会误以为是皮球（假设他已具有拍皮球的图式）而用手去拍，因为他的头脑里没有"踢足球"这个（动作）图式。顺应是指"当同化外界新的刺激到原有的图式失败的时候，要么创造一个新图式来容纳这个刺激，要么修改原有的图式以便这新的刺激能符合这种图式"。当儿童学会用脚去踢足球的时候，儿童的头脑里就形成了"踢足球"的图式。

平衡是指个体通过自我调节机制使认知发展从一个平衡状态向另一种较高平衡状态过渡的过程。个体每当遇到新的刺激，原有的平衡状态被打破，个体首先试图用原有图式去同化这个过程，若获得成功，便得到暂时的平衡；如果用原有图式无法同化这个环境刺激，个体便会做出顺应，即调节原有图式或重建新图式，直至达到认知上的新的平衡。同化与顺应之间的平衡过程，就是认知的适应过程，也是人的智能行为的实质所在。从这个角度看，同化和顺应也是一种学习过程，以图式理论为基础的建构主义学习理论是认知心理学上一种主要的学习理论。皮亚杰认为，图式同化、顺应和平衡经过相互作用，推动认知活动的发展，图式正是经过同化、顺应和平衡的过程而逐步构成更高一级的形式，发展和完善人的智力结构。

（5）图式有两层含义：第一层含义是指日常所说的现象，即如同通过摄像机拍摄出来的每一瞬间的胶片一样，它被储存起来并且成为回忆的系统材料，每个图式系统是相互独立的。第二层含义是指一种意识活动，即意识的图式能力，也称之为图式活动，即能够使某种东西成为图式的能力。在图式活动中，被图式的东西成为被图式之物。在其中，首先要界定的是：被图式之物为何？就通常而言，被图式之物指的是外感知的对象，即可以由感官所捕捉，例如光、声音、质地、气味、味道等，如我们眼睛看见一株玫瑰花，鼻子可以闻到它发出的香味，手可以摸到它的锐利的刺等，把这些刺激组织起来成为被图式之物。但是任何感官都不能够形成整体的观念，它们是相互独立的，只有通过意识对图式的整合才能形成整体的观念。但是，问题在于，意识活动并不一定就是直指当下的被图式之物。何为被图式之物呢？对于这个问题，布伦塔诺提出了第一对象和第二对象区分，"第一对象是心理现象所涉及的外部现象，第二对象是心理现象本身。"这样一来，第一对象在当下被图式之物所呈现出来的图式，它是当下的存在，而"每一所谓事物的个别当下存在都已经是一个被图式的存在。"它总是不断出现和消失的。但是也能够引起诸如情感、判断、意志等心理现象与之相关联。因此，图式活动本身也可以成为图式，成为意识活动的基础。另外，情绪、意志、判断等由对象引起的心理活动同样能够成为图式，成为被图式之物和意识活动的基础。这样一来，图式活动的对象，被图式之物的范围就可以确定了，它不仅仅指的是外感知的对象，也指的是内感知的对象。

## （二）图式的心理功能

把图式与思维直接联系在一起，应该搞清这么一个问题：图式是一种生理功能，还是一种心理功能？

19世纪和20世纪早些年的科学心理学的奠基者们曾试图避开这个问题，他们说，思维是不可观察的，也许是一种幻觉，他们只好让自己局限于对生理现实的研究。那些对知觉有兴趣的人们调查了感觉系统的生理学，特别是视知觉，在一个多世纪的时间里，在欧洲和美

---

[1] 皮亚杰. 心理发生和科学史. 姜志辉译. 上海：华东师范大学出版社，1998

洲的一些人收集了大量有关这个系统的工作机理的数据。到 20 世纪早些年，他们还理清了大部分复杂的连接线路图，柱体和锥体就是通过这些线路图将脉冲传送入大脑的。一丛丛视神经纤维从视网膜一路行进至视觉皮层，这是大脑后部较低地方的一个区域。这些携带有来自每只眼睛的视觉区左右半区信息的纤维一路上被分类和分发。来自每只眼睛的右半边视觉区的信息在左视觉皮层中结束，左半边视觉区的信息在右侧视觉皮层中停止。（进化为什么要按这种交叉的方式进行安排，到今天为止，还没有人能说出一点皮毛。）

可是，在 19 世纪晚期，大脑定位法又获得了一定的声誉——不是颅相学那种定位，而只是指部分功能——这是在维尼克和布洛克发现言语功能是在大脑左半球的两个小区域内进行的之后。这激发起研究者们寻找一个可以接收和理解信息的大脑区域，而且，他们通过对大脑受过损伤的人类进行的尸检和对猴子进行的手术发现了这个区域，按一般的话来说，就是人的后脑。

心理学家 J. A. 斯威茨于 1961 年提出，应把信号检测和信息论这些工程概念引入心理物理学，心理学家们在二战期间开始接触这些概念了。斯威茨及其同事甚至给他们的方法取了一个名称，它反映了工程学的非人格性和客观性——信号检测论。它首先认为，由任何信号激发的神经元的数量一定总是有一些随机的变化的，进入神经系统的"噪音"（无关和偶然的激发）数量也是有随机变化的，这种理论可能通过统计理论来纠正这些变量。第二，它认为，受试者在任何尝试中所做出的反应有一部分是由他的预期和尽量增大回报，尽量减少代价这种企图所决定的，这些变量可以通过决策理论加以解释。

这样，人们终于同意这样一个观点：图式不仅是一个人的组织映像，而且是一种操作，即心理操作可以以图式的形式进行，即形象思维活动。从这个意义上说，图式的心理操作、形象思维与概念思维可处于不同的相互作用中。

1. 图式思维（形象思维）

就是凭借图式进行的思维操作。"心理旋转"研究是一项有说服力的证据。在一项心理旋转的实验（R.Shepard，1973）中，每次给被试呈现一个旋转角度不同的字母 R，呈现的字母有时是正写的（R），有时是反写的（R）。被试的任务是判断字母是正写的还是反写的。结果表明，从垂直方向旋转的角度越大，做出判断所需的时间越长。对这一结果解释为：被试首先必须把呈现的字母在头脑中进行旋转，直到它处于垂直位置，然后才能做出判断。反应时所反映的进行心理旋转—图式操作所用的时间上的差异，证明了形象思维—图式操作的存在。实际上，企图用其他方法，如通过用例题去描述字母的位置，是困难的。

2. 图式与词在心理操作中双重编码

在更多情况下，信息在脑中可以进行编码，也可以图像进行编码。在一定条件下，图像和词是可以互译的。具体的图像可以通过语言提取、描述和组织，例如，电影剧本作者通常进行图像编码，最后通过语言存储起来，这就是剧本；同时，导演按照剧本再生图像，这就是表演，也就是通过语言使图像恢复。

3. 图式是词的思维操作的支柱

词的思维操作所需表象的参与和支持，甚至表象操作在思维操作中是否出现，可因思维任务之不同而异。例如，几何学在运算中，很大程度上依赖图像操作的支持，图形操作是几何运算的必要支柱。但是，代数学、方程式，只用符号概念按照公式进行演算，完全排除了形象操作。

## (三)意象图式的产生及其形态

意象图式最早由约翰逊(M. Johnson)于1987年在《心中之身》中提出。他把意象图式描述为"在人们与外界交互作用的过程中,反复出现的、赋予我们经验一致性结构的动态性模式"。随后,莱科夫也对意象图式作了相似的陈述,将意象图式定义为"相对简单的、在我们的日常身体体验中反复出现的结构,如容器、路径、连接、动力、平衡,或某种空间方位或关系:上—下、前—后、部分—整体、中心—边缘"。作为空间隐喻的心理基础,意象图式是"空间关系和空间位移的动态类比表征(dynamicanalogrePresentation)"。

我们可以通过这样一个例子来理解意象图式的产生及其形态:如前所述,人时时刻刻处于三维空间之中,不论是母体内子宫的环境还是出生后天地包围中的环境,甚至我们人体自身也是一个三维的容器,因此容器图式是产生于我们日常生活经验的一个很普通的意象图式。我们每天都在进出于不同的容器:进出房间、进出车厢;我们也将各种物品放入各种容器,如衣服被放入衣柜、水装入杯子;我们每天也往身体中放入食物、水、氧气等,并从身体中排出食物残渣、二氧化碳等。当我们脑中呈现出这些具体事物从各种容器中进或出的细节时,是具体的心理意象(表象),当把这些物品的具体形态去掉,只留下最本质的框架时——可以用一个任意形状的(圆圈、三角形、方形甚至不规则图形)封闭图形表示容器,一个黑点表示容器内的物体,一个箭头指示物体出入于容器的轨迹——这就是一个有着很强概括性和适用范围的意象图式,莱科夫称其为容器图式。这个容器图式不但可以用来概括上面提到的日常生活中我们进出各种容器、东西被放进或从容器中拿出这些时时发生的具体生活经验,还可以隐喻性地投射到各种非空间的抽象领域。比如"某人陷入困境中"、"出生入死"、"坠入爱河"、"堕入深渊"、"渐入佳境"等表述,就是借助于容器图式来表达和理解人或者关系处于某种状态。在我们日常表达中容器图式结构投射到抽象领域的情况非常多,所不同的只是物体出入于容器的轨迹及物体与容器的相对位置而已。

从上面所述容器图式的形成及其在概念形成中所起的作用可以看出,意象图式是在对事物之间关系的认知的基础上所构成的认知结构,是人类经验和理解中一种联系抽象关系和具体心理意象的组织结构。它在构建空间隐喻时起了两方面的作用。首先,它们提供了一种轮廓性的结构,可以帮助我们在头脑中形成丰富的意象,其次意象图式有自己的内在逻辑,当一个意象图式结构通过隐喻被投射到一个非空间概念上时,该图式的内在逻辑在投射过程中被保留,成为非空间的目标概念的抽象逻辑,这使得我们可以运用空间思维来思考和理解非空间概念。人与外部世界的交互作用形成各种空间关系,这种交互作用经过多次反复,就会在大脑中形成一定的意象图式,这种意象图式不是具体形象,而是抽象的认知结构,它已经脱离了具体、丰富的形象,而是一种只包含少数构成成分和简单关系的结构。没有意象图式,我们就不能理解和表达经验,就不能把不同的经验域联系起来。人类经验中具有多种意象图式,除了上面介绍的容器图式以外,还有部分—整体图式、链接图式、中心—边缘图式、上—下图式、前—后图式、线性顺序图式等。这些空间隐喻是以空间概念为始源域,向其他认知域或目标域进行映射进而获得引申和抽象意义的认知过程。空间隐喻不是用一个概念来构造另一个概念,而是在同一个概念系统内部,参照上—下、先—后、内—外、深—浅、中心—边缘等空间方位而构建的一系列隐喻性概念,它把一些空间关系和性状映射到非空间的关系和性状上,进而使我们能够借助于空间方位来理解抽象概念。

## 第四节　感性思维活动过程

### 一、感性思维模型

感性思维有多种层次和样式，从简单的观察到创造，可以构建不同的模型，大体可分为形象性的思维形式、直觉性的思维形式和灵感式的思维形式。

#### （一）形象性的思维形式

形象性的思维形式是指以具体的形象或图像为思维内容的思维形态，是人的一种本能思维，人一出生就会无师自通地以形象思维方式考虑问题。形象性的思维形式内在的逻辑机制是形象观念间的类属关系。抽象思维是以一般的属性表现着个别的事物，而形象性的思维形式则要通过独具个性的特殊形象来表现事物的本质。因此说，形象观念作为形象思维逻辑起点，其内涵就是蕴含在具体形象中的某类事物的本质。

形象性的思维形式是反映和认识世界的重要思维形式，其主要特点有：形象性、想象性、直接性、敏捷性、创造性、思维结果的可描述性、情感性等。

形象性思维方法有两种：

（1）模仿法。以某种模仿原型为参照，在此基础之上加以变化产生新事物的方法。很多发明创造都建立在对前人或自然界的模仿基础上，如模仿鸟发明了飞机，模仿鱼发明了潜水艇，模仿蝙蝠发明了雷达。

（2）想象法。在脑中抛开某事物的实际情况，而构成深刻反映该事物本质的简单化、理想化的形象。直接想象是现代科学研究中广泛运用的进行思想实验的主要手段。

（3）组合法。从两种或两种以上事物或产品中抽取合适的要素重新组合，构成新的事物或新的产品的创造技法。常见的组合技法一般有同物组合、异物组合、主体附加组合、重组组合四种。

（4）移植法。将一个领域中的原理、方法、结构、材料、用途等移植到另一个领域中去，从而产生新事物的方法。主要有原理移植、方法移植、功能移植、结构移植等类型。

形象性思维的特别形式是想象。想象一般分三个层次：联想、再造想象和创造想象。由于创造想象涉及创造性思维，将在第四篇进行讨论，这里仅就联想作些分析。

联想分相似、相反和相关联想等几种，即根据事物之间在外形特征与基本性质等方面的相似、相反或逻辑上的某种相关来进行联想。因此，联想要牵涉到两种图式：原来事物的图式和被联想事物的图式。前一种图式总是先暂存于感觉缓冲器中，后一种图式（被联想事物的图式）则要从长期记忆中相关的图式记忆子系统去提取。被联想的图式提取出来后，也要与原来事物的图式进行比较（但不是匹配比较，而是看是否符合相似、相反、或相关的联想要求，即看看被联想的图式与原来的图式在外形或性质上是否相似或相反，还是在逻辑上有关联），若比较结果不符合这些要求，则要重新联想，直至符合要求为止。可见，联想过程与上述客体再认过程有不少相似之处，只是更简单一些。

#### （二）直觉性的思维形式

直觉性的思维就是个体直接地获得思维的结果，而缺少中间的推理的环节。爱因斯坦认为直觉是通向理论的唯一道路，他认为直觉思维通常有两种：简单直觉思维与复杂直觉思维。简单直觉思维的加工对象（思维材料）是与空间视觉定位有关的空间图式；复杂直觉思维的加工对象则是用来描述复杂事物之间结构关系的"关系图式"。在空间视觉定位情况下（即简单直觉思维过程中），工作记忆内必有关于客体位置的初始特征值，以便根据这些特征值由思维加工机制确定客体的空间位置；而在判断、处理复杂事物关系的情况下（即复杂直觉思维过程中），由于事物之间隐含的复杂关系是有待发现的，所以在工作记忆中将不会有初始值。这是两种直觉思维的很大不同之处。

此外，还应注意不要把直觉思维理解为仅凭直观感觉、没有什么道理、没有任何依据的思维，更不是主观的臆想，直觉思维是建立在坚实的理论基础、丰富的实践经验、深入的调查研究、和敏锐的观察力与高度的概括力基础上的快速思维。这是因为，如果不具备理论、经验、调研、观察、与概括等诸方面的条件，就绝不可能在一瞬之间看出全局性的复杂问题或复杂关系中的内在联系，并抓住其中的主要关键，从而迅速做出较准确的判断。当然，直观判断毕竟没有经过严密的逻辑分析与推理，因而有时难免不够全面，甚至可能错误，所以在有较充分时间的条件下，最好还是应该运用逻辑思维加以验证，以确保无虞。例如，德国的魏格纳之所以能提出在地质学上有重大影响的"大陆漂移说"，其起源就在于他对世界地图的仔细观察与想象。他发现南美洲与非洲大陆在地图上的外形是如此相似，以致使他产生一个大胆的想象：这两部分大陆原本就是一个整体，是后来由于某种地质力量才分裂开来的。正是基于这种想象，再运用地质学的大量证据，他终于提出了在理论上有所创新的"大陆漂移说"。这是运用外形相似展开的直觉性的思维，从而在科学探索上取得突破的一个范例。

**（三）灵感式的思维形式**

尽管直觉和灵感有许多相似的地方，但它们的区分仍然是可能的。直觉的特点是直接性，灵感的特点则表现为顿悟性，而且灵感常有一个外在的触发物。在玻尔理论的建立过程中，灵感思维是它的一个转折点。在玻尔理论的发育过程中，开始的内容只是涉及定态，后来又形成了多个定态的想法，但是到此就难以进展了。一个偶然的机会使玻尔接触到巴尔末公式，于是玻尔的思维产生了巨大的跃进。一个新的理论很快发育成熟。在海森堡提出测不准原理时也有类似的情况。海森堡对电子穿过云室留下清晰的径迹感到困惑，因为这是和他的矩阵力学是不协调的。长时间的思考和讨论都没有进展，突然的一天他想起了爱因斯坦曾说过的话，这时他茅塞顿开重新调整了思考的角度，于是成功地解决了电子在云室中的径迹问题，而且还提出测不准原理。

上面讨论的直觉和灵感都具有非逻辑性特征。非逻辑特征就是思维的模糊性问题。在普朗克提出量子论之后，有人指出普朗克的推导中有矛盾，或者说它缺乏逻辑一致性。所以不少人重复进行普朗克辐射公式的推导，比较著名的有爱因斯坦、德拜、德布罗意。但是他们也没很好地解决问题，只是到玻尔才真正解决这个问题。再看玻尔理论的情况，在玻尔理论发表以后，不少人认为玻尔理论是不合逻辑的，或者是异想天开。"从玻尔的老师卢瑟福开始，人们就一次又一次地提出了理论的逻辑自洽性问题"。所谓的玻尔理论的"逻辑自洽性问题"直到发现了新量子力学才得到了某种形式的缓解。上述例子表明，思维中的某种模糊性有其必然性。任何人都只能利用已有理论成果来进行思维，而创新思维必然要产生某些前所未有的内容，这样新旧之间的组合必然会存在矛盾。斯滕伯格在创造力二侧面理论模型中指出，某些特定的人格特征与创造行为之间似乎存在着必然联系。在他列举的高创造力个体所可能具有七种人格特征，其中有一条是"能容忍模棱状态"。在我们看来，容忍思维中的逻辑一致性缺乏就是这个特点的表现之一。

## 二、感性思维的神经生理机制

感性思维的加工对象（思维材料）是反映事物属性的表象图式，所以要探讨感性思维产生的神经生理机制，首先要探讨事物属性图式（即客体图式）产生与加工的神经生理机制。

关于感性思维产生与加工过程的神经生理机制，大卫·罗（David Lowe）曾提出一个较好的假说，该假说认为，视知觉的加工过程是自底向上的，即首先对看到的外部事物（客体）进行感觉登记，登记后，关于该客体的视知觉图式（即当前输入信息）就被送入视觉缓冲器暂存。与此同时，这种输入信息将激活长期记忆中与之相关的表象系统。[1] 通常感觉到的输入并非是和客体一模一样的原型，于是要激活长期记忆中的"视觉表象记忆系统"，从中提取出与当前输入信息尽可能接近的记忆表象并送至工作记忆。在工作记忆中的这个记忆表象与当前输入的视知觉表象进行比较，若不一致则表象产生器将根据长期记忆中视觉表象记忆系统的内容对该记忆表象进行调整和加工，使之尽可能与当前的输入匹配。一旦达到这一目标，客体就可以被再认。可见，感性思维生成的能力应是人类再认客体能力的基本成分[1]。这种感性思维过程中的表象匹配过程是通过反馈实现的，利用反馈可以填补输入的视知觉表象中的缺失部分，从而使输入信息趋于完整。

### （一）客体图式产生与加工过程模型

根据大卫·罗的上述假说，我们认为，可以提出基于心理学和神经生理学的"客体图式产生与加工过程模型"如下图所示。下图所示的模型到底是凭空的猜想还是有科学根据的理论？这是令人关心的重要问题。不少心理学家和神经生理学家曾对该模型中的几个主要环节（如图式匹配、图式反馈、图式调整以及图式的抽象等），运用心理学或神经生理学的实验方法进行过认真的检验，都得到了证实，表明该模型是可信的。

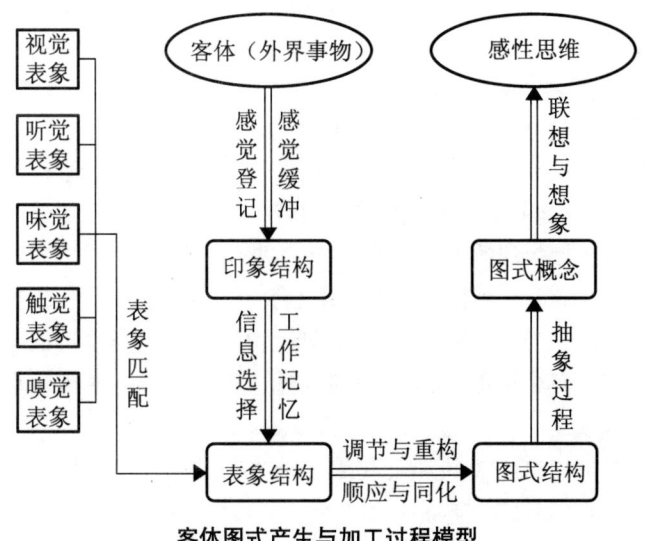

**客体图式产生与加工过程模型**

---

1　D.G.Lowe,1987. Three-dimentional Oject Recognition from Single Two-dimen -tional Images. Artif. Intel.31: 355-395

### 1. 表象匹配的证据

表象匹配是"大卫·罗模型"中的重要环节。图式产生器的内容是否来源于长期记忆中,已产生的表象是否被用来匹配客体再认时的输入图式?卡夫(Cave)和柯斯林于1989年对这类问题进行了研究。他们根据大卫·罗模型认为,当输入属性不足以使人顺利地进行匹配时,人们就会使用记忆表象。于是他们向被试呈现两个客体:一个是菱形,另一个是长方形。其中一个客体用粗重黑线画出,另一个则用较轻细线画出,两个客体相隔一段时间先后呈现。对被试的要求是:确定用来画较轻的、略微模糊客体的线段是否也一样长。在实验中,有50%的线条是一样长的,另外50%则不一样长。卡夫和柯斯林认为,如果有表象匹配存在,则被试会使用先呈现客体所留下的表象(因为这是和后呈现客体最接近的、记忆犹新的表象)。实验过程中,75%继时呈现客体的大小都是相同的,其余25%则不同。如果被试将后呈现的客体与先呈现客体的图式相匹配,则有25%的被试需要调整表象域来适应输入要求。在向被试先后两次呈现的客体中有50%是同类型客体(两次都是菱形),另外50%则是不同类型。显然,被试对同类型客体继时呈现两次所需的反应时,应当比对不同类型客体继时呈现两次所需的反应时要短。正如所料,当后呈现客体与先呈现客体类型相同时,被试对后呈现客体的评价时间随两种客体大小差异的不同而线性增加,这种大小差异的评价函数与被试调整图式所得到的函数非常接近;反之,当先后呈现客体的类型不相同时,被试的反应时延长,其大小差异的评价函数接近于被试调整注意范围所得到的函数。可见,这些实验结果证实了表象匹配现象的存在,即被试确实形成了关于先呈现客体的记忆表象,并用这个记忆表象来对后呈现的客体进行匹配和再认。

### 2. 图式调整的证据

记忆图式与当前知觉图式的匹配是通过调整记忆图式的大小、方向、位置和形状来实现的。谢帕尔德(R. N. Shepard)在20世纪70年代所作的著名心理旋转实验,是图式可以进行操作并可以改变方向、位置的有力证据。1982年谢帕尔德和科柏(Cooper)的实验又进一步证明:被试在想象中要把某种客体旋转更大的角度,他就需要花更多的时间,而大脑并未限制客体的心理图式必须经过某种轨迹。不过,当用手操纵客体时,手臂却需要经过某种轨迹,所以,如果人们心里想象在操作某一客体时会看到的什么,那么想象的客体就会通过那种轨迹。

柯斯林等人还测试了一位脑损伤患者,该患者难于对客体进行心理旋转,测试期间,被试不断移动她的手,好像她确实在对客体进行旋转一样。这表明,如果有谁做了一种特别的举动,他就是在想着自己所看到的事物(在对图式进行心理操作)。

1990年德劳勒兹(Droulez)等人还观察到这样一个事实:一个人所能旋转某种心理图式(即记忆图式)的最快速度与一个人真实的定向运动最大速度是接近的。这一发现使他们提出:心理旋转是以某种定向运动的模拟为基础进行计算的,产生模拟运动的加工与真实运动中所采用的加工是相同的。

如前所述,感性思维的材料(即加工对象)是事物的属性图式即客体图式,感性思维对客体图式的加工方式从心理学角度来看,有分析、综合、抽象、概括和想象等多种,但从神经生理学角度看,其加工模型和"客体图式产生与加工过程模型"相比并无很大差别,这是因为:① 分析是从长时记忆的视觉图式记忆系统中提取出记忆图式,送至图式产生器,在其中进行分解,使之成为若干个组成部件(每个部件仍是一个独立图式)的过程;② 综合是从长时记忆的视觉图式、听觉图式和触觉图式……等记忆系统中提取出若干个同类事物的图式，送至图式产生器，在其中进行整合，使之成为一个整体图式的过程；③抽象是指要抽取出能反映同类事物本质属性的图式，而舍弃与非本质属性相关的图式，概括是指要把反映个别事物本质属性的图式，推广到同类其他事物的心理操作过程。完成这类过程，也要先将有关的图式从长时记忆的有关子系统中提取至图式产生器，然后才能在其中进行抽取或概括。

上述三种加工方式，由于一般不涉及图式的匹配，所以要比"客体再认"的加工环节要少，因而其加工模型可由"客体图式产生与加工过程模型"简化得到。通过上述的实验证据可以看出，"客体图式产生与加工过程模型"具有较坚实的心理学与神经生理学基础。诚然，该模型只是就客体再认而提出的关于"客体图式产生与加工"的模型，并不能涵盖感性思维的所有情况。不过，以上事实表明，图式不仅客观存在而且可以对它进行操作，通过操作而达到调整其大小、方向、位置和形状的目的。

## 三、感性思维的创新功能

### （一）感性思维图式

关于感性思维图式，爱因斯坦有一段精彩的论述，他说："准确地说，'感性思维'是什么呢？当接受感觉印象时出现记忆形象，这还不是'感性思维'。而且，当这样一些形象形成一个系列时，其中每一个形象引起另一个形象，这也还不是'感性思维'。可是，当某一形象在许多这样的系列中反复出现时，它就成为这种系列的一个起支配作用的元素，因为它把那些本身没有联系的系列联结了起来。这种元素便成为一种工具，一种概念。我认为，从自由联想或者'做梦'到思维的过渡，是由'概念'在其中所起的或多或少的支配作用来表征的。概念决不是一定要同通过感觉可以知觉的和可以再现的符号（词）联系起来的；但是如果有了这样的联系，感性思维因此就成为可以交流的了。"

在爱因斯坦看来，①"形象"的记忆不是感性思维，"形象"之间的联想还不是感性思维，只有在以某一"形象"为核心"把那些本身没有联系的系列联结了起来"才出现感性思维。②概念不过是那个联结起来的系列中起支配作用的元素。显而易见在感性思维中运用概念实质上是在运用一个联结起来的系列。概念本身就意味着一个联结起来的系列，一种结构或者是一种组织。③感性思维与理性思维的分野就在于概念是否起支配作用。④概念不是必须和语言联系在一起的，发生这种联系的目的是为了交流。

爱因斯坦以他非凡的洞察力，并以自己科学研究的经验为依托，揭示了感性思维的实质。我们可以把爱因斯坦的话概括成这样的说法，即感性思维是和感性思维图式联系在一起的，没有感性思维图式参与的过程不是感性思维，感性思维图式是形成概念的基础或者说概念以感性思维图式为背景并且两者密切相连，感性思维图式可以是非语义的。

### （二）感性思维图式的创新过程

我们可以通过与逻辑思维的对比来认识感性思维在创新活动中的独特的一面。逻辑思维是人们比较熟悉的思维形式，我们都知道，创新活动中一定有逻辑思维这种思维形式参与，但是它绝对不能替代创新思维。感性思维是创新活动的核心，没有了它恐怕就不能实现创新活动了。我们可以从与逻辑思维的对比中看到这点：①从结果看，逻辑思维的结果包含在前提中，思维的结果和前提之间存在着必然的联系；而感性思维则产生了超越前提的内容，结果与前提之间的联系则是或然的。②从思维的过程看,逻辑思维必然遵循确定的逻辑规则,那么在思维的过程中它一直处于意识的控制之下;感性思维却没有这种确定性,也就是感性思维并不是完全在意识控制之下的。感性思维过程中有无意识阶段,或者说有意识不能控制的阶段。如此,我们可以概括出感性思维有别于逻辑思维的特点,即结果与前提之间联系的或然性和思维过程中的无意识性(思维的发生不是由主体控制的)。

说创新思维有无意识性的特点,是因为创新思维的预期阶段主要是感性思维在运作,但不是说在创新思维的过程中自始至终都是不能意识控制的,感性思维过程只是创新思维的一个阶段而不是整个过程。就创新思维的全过程来看,它是有意识——无意识——有意识交替出现的循环过程。我们依据上述创新思维的特点,把创新思维的过程分为3个阶段:预期阶段、突现阶段、检验阶段。

1. 感性思维图式预期阶段

感性思维图式是通过自组织产生的。依据耗散结构理论,自组织行为是在一定的条件下产生的。这个条件就是系统开放和远离平衡态。思维图式的产生也应该满足这两个条件,只是这两个条件所表现的形式与热力学系统相比有很大的不同而已。系统开放在创新思维中表现为思维开放。思维开放有两层意思:第一层意思是指打开通向显意识的思维通道,让新经验没有阻拦地进入显意识;第二层意思是指加强个体间的信息交流,科学讨论就是这个方面的形式之一。下面分别讨论之出现在意识中的信息无非来自两个方面:来源于自我潜意识的和通过感觉来源于外界的。根据弗洛伊德学说,人的显意识仅仅是人的经验中的很小的部分,而潜意识所拥有的部分则是占绝对的优势。这好比是海水中的冰山,显露的只是很小的部分,在水下则是绝大部分。潜意识的经验并非可以没有阻拦地进入显意识,个体在意识和潜意识之间设置了检查严格的关卡。潜意识的内容要进入显意识中必须先通过这个关卡的检查,才能够进入显意识被个体意识到。思维开放在某种意义上就是调整这个关口的检查标准,允许那些曾经被拒之门外的信息进入个体的显意识,构成创新思维的新颖独特的结论。

通过感觉通道,起源于外界的信息也不是没有阻拦地进入人的意识。现代认知心理学的研究表明,进入个体的所有信息在个体可以知觉之前多被选择了。当然进入主体并且被意识到的信息仍然面临着进一步被选择。这样,改变选择的标准,开放思维系统就有了特别的意义了,它往往决定着什么样的思维图式可以形成的。思维开放不仅仅是打开门户,更重要的是通过开放增大了信息流,加强了主体和信息的相互作用,大脑处于一种积极的活跃状态,再加上对已有理论的批判,主体就有了足够的准备,形成了创造性思维图式的意向,为自组织的出现储备了条件。这就是预期阶段的任务。

2. 感性思维图式突现阶段

突现阶段是思维图式形成的阶段。耗散结构理论指出,系统从无序到有序是通过涨落达到的。这里的无序和有序都是相对的,无序是相对系统的新序来讲的,实际上系统是从一种原始结构过渡到一种新结构。导致思维图式形成的各种涨落可能直接起源于内部,也可能是外部因素引发的。根据涨落的起因不同可以将其分为3类。

(1)类比型。类比,也称类比思维,是指在两类不同事物之间因为有某种相似性而把其中一类中的已知性质或规律运用到另一类上的思维过程。例如,德布罗意在提出物质波理论时,就是由类比引发的思维线索。德布罗意注意到,关于辐射有两种理论,一种是几何光学,在几何光学中用光线描述光的行为,支配光线的基本规律就是最小光程原理,即费马原理；一种是波动光学。当仪器的尺度与光的波段可以比拟时，费马原理就失效了。这说明几何光学仅是一种近似形式，并且它可以从波动光学中推出。动力学中的最小作用原理与费马原理的形式极其相似。经典力学在原 r 领域内处处失效，充分暴露了它的近似性。作用量子的普遍存在，整数的普遍出现，提示着只有把物质看作一种波动才能对其加以解释。德布罗意这样回忆说："突然间，我萌发了把光的形象性推导到物质粒子（尤其是电子）的想法。我认识到，一方面，哈密顿—雅克比理论在某种程度上指明了这一点。因为它能适合于粒子，同时又代表一种几何光学；另一方面，从量子现象中得到的量子数，却常出现在波动现象以及与波的运动有关的所有问题中。于是，我自信一定存在与量子现象联系的波。"德布罗意这个事例的独创性给人深刻的印象。

（2）直觉型。直觉主要特点就是直接性。所谓直接性是指这种理解或认识的获得不是通过从其他命题出发的有意识自觉推理而得出，缺乏逻辑论证以及对其产生的原因的自觉意识，直觉可以看作是洞察力的表现。科学直觉在科学研究中是非常重要的，爱因斯坦就非常看重直觉，认为科学家真正可贵的因素是直觉。他说："物理学家的最高使命是要得到那些普遍的基本定律，由此世界体系就能用单纯的演绎法建立起来。要通向这些定律，没有逻辑的道路；只有通过那种以对经验的共鸣的理解为依据的直觉，才能得到这些定律。"看来科学家多数情况是通过直觉形成思维图式而达到科学创新的目标。

（3）灵感型。新意象、新概念、新思想在思维过程中突然涌现，其主要特点是突发性。灵感的产生往往有一定诱因，但不是绝对的。引发海森堡提出测不准原理的思维就是灵感思维。

3. 感性思维图式检验阶段

思维图式产生之后，感性思维的创新活动并没有就此结束，还有一个对思维图式确证、检验和选择的过程。在选择中，一些思维图式被确立，一些思维图式被放弃。那么选择的标准是什么？这是一个非常复杂的问题。影响选择的因素由一般的因素和个体方面的因素构成。所谓一般因素是指新图式与已知经验的联系方面，这是一个逻辑思维过程。一个理论无论多么新颖、独创，它也必然满足自身的合理性要求或者说合乎一定的逻辑性。例如，德布罗意的理论的创新性是空前的，的确让人耳目一新，但是，它是从物理学最基本的假定出发所做的推理，其严密性也是无懈可击的。所谓个体方面的因素是指由于个体某些方面的偏爱倾向而表现出来的影响选择的因素，主要表现为审美和喜好两个方面，而审美在选择中通常起着非常重要的作用。狄拉克曾经说过："使一个方程具有美感比使它符合实验更重要"。

个人喜好对理论的选择也有其重要的作用。普朗克正是由于喜好对绝对的东西的追求选择了黑体辐射问题，在研究过程中为了维护热力学两个定律的绝对性而逐步接近统计方法，最后在给辐射定律建立可靠基础的探索中再一次坚持能量原理和熵原理的绝对性而提出了能量子的概念。总之，思维图式的形成也不是一下子就以完整的形式出现，它还需要经历一定的演化，最后达到完善。在玻尔的原子结构和辐射理论的提出过程中，我们就可以看到思维图式的演化过程。起初，玻尔只是考虑了原子的正常态，也就是现在所说的基态。后来，在其他文献的启发下形成多个稳定态的想法，这样，原子的模型就由原来的单一态的静态图式发展到有多个态进行选择的动态图式，这就为结合光谱的规律奠定了基础。最后，一个偶然的机会，玻尔在巴尔末公式触发下产生了在定态之间跃迁的图式，到这个时候原子结构和辐射的图式就完整的建立起来了。上述过程的不断重复就构成了思维图式的演化阶段，在这个过程中，思维图式不断被修改、调整，最后达到完善。

# 第7章 感性思维的传统命题技术

感性思维的传统命题方法有哪些？这是本章要研究的主要问题。我们将这些问题渐次展开，不仅为感性思维廓清一个理论体系，也为思维测量学开辟一个新的领域。

本章所讲的感性思维传统命题技术，作为心理学术语主要是指针对特定的感性思维活动的命题方法，它主要是以设计行为样组的客观的图式测验题纳入标准化测验中，从而鉴定感性思维的测量技术。感性思维命题有其成熟的心理学的规律，它不依赖被试的语言、观念、思想等，而是使用一些"任务导向"的形象测验，在掩蔽测验目的的条件下进行的。这种测量系统，需要进行一系列操作。通过这些操作，逐渐从原始命题过渡到图式命题，在这些过渡中有一些中间环节。这些中间环节也可以称为图式的模型定律。它包括感知心理规律和图像的表述规律。

## 第一节 感性思维命题的心理特性

感性思维命题大多是以图像形式出现的，研究图像刺激的心理规律就成为我们首要的任务。

### 一、图像的刺激

#### （一）适宜性

图像刺激是电磁辐射的一部分，称可见光（visible light）。其波长在将近400至750纳米之间。自然界中不同的动物各有适合其生存条件的不同视觉系统。人的视觉虽然在某些方面似乎不如动物敏锐，但是人眼是一个非常完善的视觉机构，它能够看近处和看远处，在亮光下和在昏暗处看东西，适应各种环境，并且更重要的是，人的眼睛有完美的色觉，使人能够欣赏到色彩缤纷的美好世界。

#### （二）适应性

适应指的是在刺激物持续作用下感受性发生的变化，适应既可以是提高感受性，也可以是降低感受性。图像的适应现象最常见的有明适应和暗适应两种。明适应又称光适应。在日常生活中，人们由暗处到光亮处，特别是在强光下，最初一瞬间会感到光线刺眼发眩，几乎看不清外界物体，几秒钟之后逐渐看清物体。这种对光的感受性下降的变化现象称为明适应。从亮处到暗处，人眼开始看不见周围东西，经过一段时间后才逐渐区分出物体，人眼这种感受性逐渐增高的过程叫暗适应。图像的制作应考虑这种适应，如果没有特殊需要，过明或过暗的图像不利于测量。

## （三）色觉

在一定强度下，一种波长的光引起一种特定的颜色感觉。但眼睛很少接受到的是单一波长的纯光。例如，日光是由各种波长的光波混合而成。

颜色感觉具有三种属性：色调、饱和度和亮度。色调是颜色的基本特征或表现，如红色、绿色，它由混合光中起主导作用的波长所决定。在产生白、灰、黑系列的混合光中，由于没有起主导作用的波长，一般认为它们不具色调，称它们为无彩色或中和色。各种彩色依据它在心理上的相似程度排列，可构成一个环形，称色环。在色环上，凡相邻两种不同波长的色光相混合，都会产生位于两者中间的另外一种颜色。例如红与黄相混合会出现橙色。

饱和度与光的强度有关。在一个颜色中，起主导作用的波长越强，表现出色调越纯，也就是该颜色的饱和度越大。亮度指构成该颜色的全部光波的总强度。白色亮度最大，当其亮度减弱时，表现出一系列灰色，最终达到全部黑暗时，视觉消失。色觉理论有以下两种

### 1. 三原色说

三原色说是由杨（Young）和黑尔姆兹（Helmholtz）提出，也称杨—黑理论。他们认为任何颜色都能由三种波长的纯光混合而产生。人具有三种不同形态的锥体细胞，它们分别对红、绿、蓝三种原色最敏感。以不同比例混合这三种原色，可以产生各种不同颜色。生理学家用显微镜观察已发现了三种锥体细胞。但三原色说对于有些视觉现象还不能做出很好的解释。例如视觉后像，当光刺激终止对感受器的作用后，它所引起的视觉并不立即消失，它会出现一个短暂的驻留，称正后像。电影的原理就是利用人们的正后像，使快速呈现的一组断续的图像被看成了连续的动景。

### 2. 拮抗理论

为了解释颜色对比现象，黑林（Ewald Herring）提出颜色拮抗理论，也简称四色说。他提出人眼对光反应的视觉基本单元是成对组织的，有红、绿、黄、蓝四种原色，加上黑与白共成三对，在光波影响下起作用。每一对的两个要素作用相反，具有拮抗作用，表现是当其中一个停止作用后，另一个就激活。所以先看红色，后像就是绿色。

拮抗理论也能解释颜色互补现象。如果产生两种颜色的光波相混合，结果出现灰色，即这两种颜色互补，或称为互补色。互补色在色环上的位置基本相对，红与绿、黄与蓝是互补色。根据拮抗理论，互补现象是由于两个互补色以相反方向刺激同一视觉单元，结果相互抵消而造成的。这三对相互拮抗的活动已得到研究证明。它们不是视网膜上，而是在视神经通路中途的神经结细胞发生的。

三原色说可以解释视觉感受器的活动，拮抗说可以解释视觉信息自感受器输出后在神经结细胞上的活动过程，两种理论互相补充，在解释人类色觉的复杂现象中都起重要作用。

## 二、命题的心理特性

### （一）整体的特性

格式塔学派提出了一系列图式理论，其中包括人在过去经验的基础上把由多种属性构成的事物知觉为一个统一的整体的特性。图式的整体律是图式的积极性和主动性的一个重要方面，它首先依赖于刺激物的结构，即刺激物的空间分布与时间分布。

如右图所示,很容易被知觉为一个正方形。格式塔学派的心理学家指出,整体的图式不等于并且大于个别印象的总和。格式塔学派提出的图式组织原则被普遍接受,也称格式塔原则,主要包括从复杂的环境中将一些印象分离出来加以组织,并根据过去经验做出解释等一系列心理活动。格式塔学派倾向于用共同性、差异性等词汇描述图式整体的性质,并力图发现这些整体发生的规律和法则,主要体现在下面的四个定律。

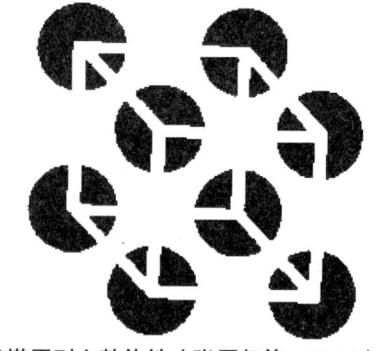

**格式塔原则之整体性**(张厚粲等,1996)

1. 接近律(proximity)

我们倾向于将那些相互靠得很近且离其他相似物体较远的东西组合在一起。这在下图中就看得很明显。该图由许多规则的矩形阵列小黑点组成。你的大脑既可能将它们组织成水平线也可能组合成垂直线。但实际上,你把 A 图看成是横向直线。你把 B 看成是垂直线,这是因为,一个点到其最近点的距离,在垂直方向要比水平方向短。其他实验显示,接近律通常指"空间上接近",而非在视网膜上的接近性,也就是说,距离上相近的物体容易被知觉组织在一起。

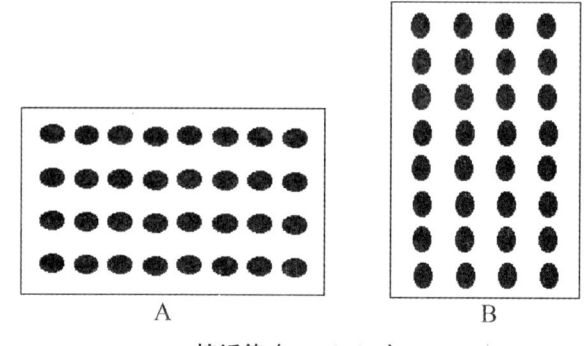

**接近律**(proximity)

2. 相似律(similarity)

格式塔的相似律是说,我们将那些明显具有共同特性(如颜色、运动、方向等)的事物组合在一起。人类图式系统具有非凡的组织能力,它不仅与对象本身的特性有关,而且取决于个体的知识经验与主观状态。例如,在下图中,人们在图形的中心位置似乎看到一个白色三角形,这种在客观上并不存在而由主观认识产生的轮廓称为主观轮廓。

**主观轮廓**(张厚粲等,1996)

### 3. 连续性（continuity）

良好的连续性定律可以由下图加以说明。该图的上部分显示两条相互交叉的曲线。我们的确把它看成是两条线，而不是像该图的下部分所显示的那种交汇于一点的四条线或是两个靠近的 V 型。我们同样倾向于把中断的线段看成是被某个物体遮挡一部分的连续直线。

连续性（continuity）

### 4. 封闭律（closure）

人们倾向于将缺的轮廓加以补充，使图式成为一个完整的封闭图形。如下图，封闭性在线画图形中表现得最为明显。如果一条线形成了封闭的或几乎封闭的图形，那么我们就倾向于把它看成是被一条线包围起来的图形表面，而不仅仅是一条线。

封闭律（closure）

## （二）选择的特性

人类的图式可以从复杂的刺激环境中将一些有关内容抽出来组织成主要对象，而其他部分则留为背景。根据当前需要，对外来刺激物有选择地进行组织加工的特征就是图式的选择特性。表象结构中的对象与背景的关系通常很明显，但有时也并不清楚。一旦进入图式结构，那些具有一定意义的东西似乎突出在背景之上，而作为背景的部分则轮廓模糊。双关图形是最好的示例。如下图，你可以把它看成两个人的面孔或一个花瓶，两者可以反复变动，但你不可能同时把两者都当作对象，看到两者都同时存在。

双关图

### (三) 理解的特性

人类的图式需要有以过去经验、知识为基础的理解,以便对知觉的对象做出最佳解释、说明,印象的这一特性叫理解性。下图是一个斑点图,正是以知识、经验为基础的理解作用,使我们填补了画面信息的不足;把对象知觉为一个有意义的整体。

斑点图

### (四) 恒常的特性

图式具有恒常性。图式不因为刺激变化而变化。图式恒常性包括大小恒常性、形状恒常性与颜色恒常性。

1. *大小恒常性*(size constancy)

对物体大小的图式不因网像大小的变化而变化,称为大小恒常性。大小是由网像大小与知觉距离二者共同决定的,对于网像大距离近与网像小距离远两种组合,人们可以根据经验做出物体大小相等的解释。

2. *颜色恒常性*(color constancy)

颜色的恒常性与经验有很大关系。例如在绿光照射下,问你桌子上的香蕉是什么颜色,你肯定会把香蕉看成黄色。但是倘若在这种条件下,让你说出各种纸片的颜色时,结果就可能受到光照的影响。此外颜色恒常性产生的另一个原因与背景有关。在日光照射下,煤与周围背景相比仍然最暗,白纸与阴影中的背景相比仍然最亮。

3. 形状恒常性（shape constancy）

对物体形状的图式不因它在网膜上投影的变化而变化，称为图式形状恒常性（如下图）。

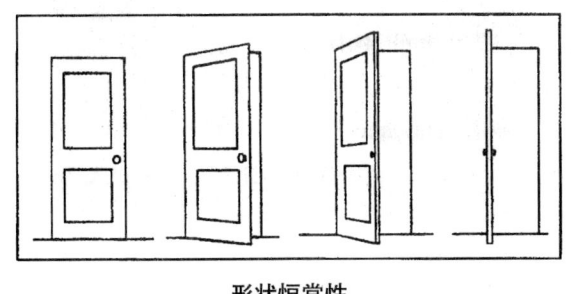

形状恒常性

## 第二节　经典感性思维命题

尽管之前还没有人把图式当作感性思维的基本要素，但是传统的经典命题中有许多测题是图式作业性质的，这些作业大多与智力测验混同使用，单独用于思维测量的命题并不多。

这类传统命题的形式有三个代表，迷宫、韦氏命题和绘画式命题。

### 一、迷宫

#### （一）迷宫的来历

迷宫其实来自现实。在希腊神话中出现的克里特王国的首府是克诺塞斯，矗立在这里的宫殿叫做克诺塞斯宫，而人们更喜欢用克里特王国的传奇国王米诺斯的名字称它为米诺斯宫。米诺斯宫以众多房间和走廊构成错综复杂的迷宫而闻名，以这座宫殿为背景的传说有很多。迷宫在希腊语中写作 nbyrinthos，而克里特文明的后人——希腊首都雅典也以迷宫般的复杂道路而闻名于世。除希腊外，在欧洲很多地方都能找到不同的迷宫。位于英国伦敦附近，1690 年建造的汉普顿宫的庭院也是一座迷宫（如下图）。在北欧波罗的海沿岸，那里有很多用石块或树围建起来的迷宫模样的遗迹。据说渔夫们经常会到这里许下自己的心愿。韩国济州岛也有迷宫般的庭院。声名远播的金宁迷宫，是由代表济州岛历史文化的 7 种象征物与 1200 棵莱兰柏树共同构成的。

汉普顿宫的庭院

金宁迷宫从人口到出口共有 4 条路，游客使用地图可轻松走出迷宫，一般只需要 15 分钟到 20 分钟的时间，不过据说也有 50 多分钟还走不出迷宫的游客。在出外旅游遇到这样的迷宫时，若不想迷路，是否需要动动脑筋呢？

迷宫一般用于评定个体计划能力或预见性、知觉组织、视觉运动协调与速度、非言语推理等。韦氏量表中迷宫分测验与全量表智商相关不显著，其对一般智力测量效果也较差（可能的话9%的变异归于一般智力）。尽管有这些局限，作为另外的有用的测验，特别是对非言语定向的儿童或者对计划、序列和知觉组织的进一步评估是需要的，其主要优点是可以判断高分者可能有事先计划和维持灵活的心理定位的特征，这进一步表明他具有延迟冲动的优秀能力（Ieland-Galman，Pakilla，&Michael，1980）。低分者具有反应冲动和不良的视觉运动协调能力或可以推测被试机体中枢特别是前区可能损伤（Waugh&Bush，1971）。

## （二）约当曲线定理

不要认为迷宫仅仅是儿童的游戏，其实好多迷宫与数学相关，如约当曲线定理等。

以法国数学家约当（Camille Jordan）的名字命名的"约当曲线"，是指与圆连接状态相同的简单闭曲线。如果沿这条曲线向同一个方向移动，则会重新回到起点，即它的起点和终点重合，且以此曲线为准它所在的平面被分为内、外两部分。（如右图）

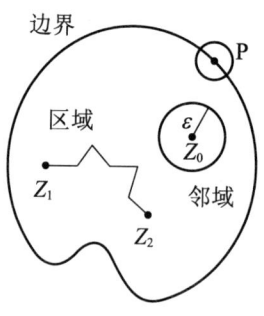

约当曲线

1. 连续曲线

如果$x(t)$和$y(t)$是两个连续的实变函数，则方程组$x=x(t)$，$y=y(t)$（$\alpha \leq t \leq \beta$），代表一条平面曲线，称为连续曲线。

如果用$z(t)=x(t)+iy(t)$或记为$z=z(t)$，$(\alpha \leq t \leq \beta)$来表示，这就是平面曲线的复数表示式。

2. 重点

若对$t_1 \neq t_2$，$t_1$，$t_2$不同时是$[\alpha,\beta]$的端点，有$z(t_1)=z(t_2)$，则称为曲线$c$的重点。

3. 简单曲线（或约当曲线）

没有重点的连续曲线称为简单曲线或约当曲线。

4. 简单闭曲线

如果简单曲线$c$的起点与终点重合，即$z(\alpha)=z(\beta)$，则称曲线$c$为简单闭曲线或约当闭曲线（下图（a）），因此，连续曲线有以下四种情况：

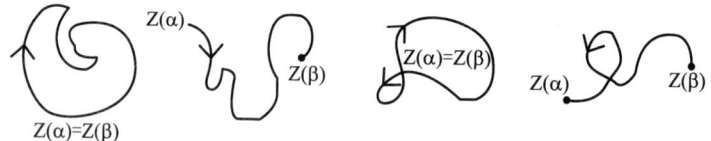

（a）简单、闭　（b）简单、不闭　（c）不简单、闭　（d）不简单、不闭

连续曲线的四种情况

如果在区域D内任作一条简单闭曲线，而曲线的内部每一点都属于D，则称D为单连通区域；如果一个区域不是单连通区域，则称为复连通区域，如下图（b）所示。

单连通区域如下图（a）的重要特征是：区域D内任意一条简单闭曲线，在D内可以经过连续的变形而缩成一点，而复连通区域不具有这个特征。

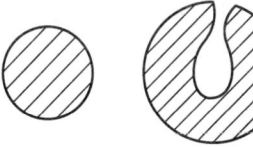 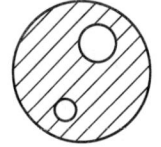

（a）单连通区域　　　　　（b）复连通区域

**连通区域**

也就是说，如果想在约当曲线形成的错综复杂的迷阵中确认哪个点与外部连接，则需画一条连接该点与外部的连线，然后判断与曲线是呈偶数相交，还是呈奇数相交即可，这就是"约当曲线"。

如下图所示，★点与外部的连线均与约当曲线呈奇数相交，从中可以判断★点无法通向外部。

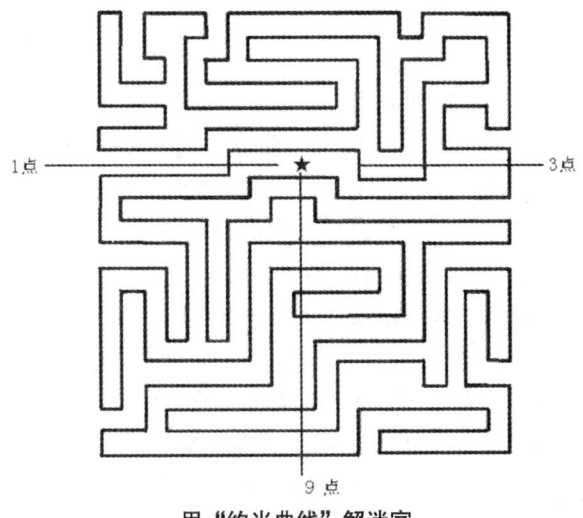

**用"约当曲线"解迷宫**

## 二、韦氏命题

除迷宫外，韦克斯勒的各类智力量表还采用了补图、图片排列、积木和物体拼组等为我们熟知的非语言类命题。

### （一）补图

该测验设计未完成的图画，要求被试说出图画上缺少部分的名称，而不是真正把图画缺少的部分补足（如下图）。例如，一只螺丝缺少顶锋。这种测验可测被试者对于外物形态的辨认能力，或区分外物之重要和非重要部分的能力。

**补　图**

韦氏补图测验量表评定个体视警觉、视觉再认与识别能力（长时视觉记忆）、对环境细节的觉察能力；现实接触、从部分中知觉整体的能力；知觉概念能力、从非本质属性中区分出本质属性的能力、视觉集中兼视觉组织材料的能力。

补图测验是对视觉集中和一般非言语信息的测量。其中包括通过环境的密切注意及长时记忆的评估来区别出其一致与不一致。高分者能够辨别出本质上是最重要的信息，其是有警觉性、展现出良好的视敏度。低分者说明其集中能力差，不能够充分的组织视觉。冲动者同样也成绩低，因为被试可难会在没有仔细分析整张画就已做出了快速的反应。

**（二）图片排列**

图片的次序是乱的，要求被试将该组图片按逻辑次序重新排列，使得每一组图画可以表示出一个故事。该测验可以测量一个人不用语言文字而能表达和评价整个情境的能力。这种测验只能反映中等程度的智力因素。

韦氏图片排列分测验量表评定个体能够从感觉反馈中获益的能力、对部分间关系的预期、视觉运动组织、同时性（整体性加工）、综合，把事物以一种熟悉的完形放在一块、能够区分熟悉完形的能力、在察觉未知物体间联系方式的操作与知觉速度。

图片排列分测验像数字符号的（译码）与积木分测验一样是测量运动协调及控制能力的良好测验。其能测量区分熟悉的完形以及唤起预想与计划的能力。然而，主要是由于潜在的偶然性的把各部分放在一块，分数会表现出高度的浮动。相关领域的研究会产生困惑：在低智商组（60～70）的人有时会做得相当好，另一方面，中等到偏上的智商的人可能会做得相当差。上述的困难降低了重测信度（0.66～0.71）。另外，图片排列分测验仅是对一般智力的中等程度的测量（38%～40%的变异归于一般智力），同全量表智商分也相关不显著（0.56～0.65）；另外，及与其他分测验的相关普遍的低（0.30～0.69）。这样，从心理计量学上讲其算是最差的分测验之一，对其分数应慎重对待。另外，其缺少足够的分测特征（占韦氏成人智力量表的23%的变异，占韦氏儿童智力量表26%的变异）来充分解释测验的潜在能力。

尽管有以上困难，图片排列有一个同积木与拼图分测验一样的优点，主试能够直接观察被试解决问题的类型和对成功与失败的反应。这一测验展示了一个开放的情境，那些在这些情境下能自由作业的人通常会做得很好，然而，有古板视觉组织的被试却会紧紧抓住一个线索不变。在另一方面，灵活的视觉组织者会对新线索快速整合，并应用这些线索来完成任务。对积木分测验的同样结论用在图片排列上也合适，其中包括坚持度、集中度、挫败容忍和信息加工速度。

图片排列得高分者表现出良好的知觉运动协调、有优越的视觉组织、能够维持灵活的心理监控。低分者表现出视觉运动的无组织性和视觉概念形成困难。

**（三）拼图**

拼图（或是物体，或是人物），把物体或人物的拼板给被试要他拼成一物体或人物的整体。韦氏拼图分测验量表评定个体计划能力（理解及估计整个情境）、预期结果、时间顺序与时间观念、精确的理解非言语人际情境、视觉组织和对本质视觉线索的知觉、联想与计划信息的速度。

拼图分测验主要测的是人的计划性和理解力，韦克斯勒（1958）曾说明这个测验要求被试在非言语社会情境下运用一般智力。实际上，每一项都有要求人对人际的相互作用的反应。尽管拼图分测验被发现与加州人格调查表的社会智力相关（Sippsetal，1987），其他研究者对社会相互作用用其他的方法测量（Lipsitzetal，1993），还未发现预想的相关。

拼图和积木分测验均是测量非言语智力的，然而，拼图较积木更加依靠文化变量，在做出正确的反应之前，拼图同样需要被试掌握或构思整个的情境。相反的，在积木测验中，被试通过把任务分成几个小部分，随之把每个小部分的操作与整个设计相比较，这样就可以获得高分。

拼图测验的信息主要适用于韦氏成人智力测验而不是对韦氏儿童智力测验，因为大量的额外速度的信息已经给予了韦氏儿童智力测验修改过的拼图测验。结果发现，其与加工速度显著相关。在心理计量学上，韦氏儿童智力测验在的拼图分测验仅与韦氏成人智力测验有在0.35 上相关，与早期的韦氏智力成人智力量表在 0.42 水平上相关。其实际运用上是，韦氏儿童智力测验对分数的解释应首先强调速度部分或者说至少强调图片安排的其他方面的背景（例如理解非言语人际情境）。

在拼图得分高者通常老练、有高水平的社会智力、表现出其快速预想初始行为结果的能力。低分者可能会表现出少许的想法，对事前计划感受到困难，信息加工速度慢，缺少幽默感，情感协调性差。

## （四）积木

该测验是将 9 块积木（每个积木两面是红色，两面是白色，两面红白各半）交给被试，要求他能按主试交给的样子摆出来。这样子共有 11 个（有的简单，只需要 4 块积木就可摆成，复杂的就需要 9 块，下图是其中 4 块积木就可摆成的）。这个分测验和前述的操作测验均有很高的相关，其目的是在测量分析和综合能力及所谓"一般因素"。

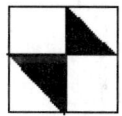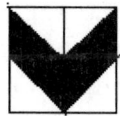

**积木图案**

韦氏积木分测验量表评定个体把整体分成各组分：空间想象能力、非言语概念形成的能力、视觉运动协调及知觉组织、持续努力的能力、空间视觉运动的协调；操作及知觉速度。

由于积木分测验强调把整体分解成各组分，同时再把这些部分重新整合成一个整体，这个分测验包括非言语问题解决的技能。被试要以一定的方式来运用逻辑和推理来解决相关的问题。作为一个测量非言语概念形成的测验，其要求知觉组织、空间想象和抽象概念化的能力。积木分测验可靠、可信与一般智力高度相关，除非由于抑郁和机体损毁的影响，这个测验的分数有可能降低（/Schorr，Bower & Kierman，1982）。要做得好的话，被试一定要能够显示出一定程度的免受具体物影响的抽象水平。通过运用分析与综合的技能来区分部分与整体。这些测验包括保持高度灵活性的同时，能够转换参照框架。被试一定能够抑制其冲动来维持指定的任务。

积木分测验一个重要的特征是能够让实验者精确地观察被试的反应。在处理任务时，一些人可能会冲动性将积木以一种不随意的方式放在一块。然而另一些人可能会显示出谨小慎微的顺序性的类型，这样可以揭示出像运动协调、信息处理速度、挫折忍受能力、从反馈中受益的能力。

高度思维型或强迫型的人能降低其得分,因为这导致完成任务的时间延长。这样,通过观察和记录在解决积木任务上的不同,能够获取潜在的心理的信息。

积木分测验同样是非语言的,相对不受文化影响智力测验。因为其与智力高度相关(差不多占一般智力的53%的变异),所以其是可靠的,可是其与受教育情况有相对较低相关(0.40～0.46)。这样,积木分测验很少有被试的文化或教育背景上的偏差。积木测验分数因此能够作为一个重要的工具,来评估来自不同文化及智力背景下人的智力潜能。

积木分测验是右半脑损伤特别是右顶叶损伤的指示器(Lezak, 1995),右顶叶损毁病人可能会曲解设计,当其尝试去完成时变得失去判断力。相反的,左半脑损毁的人,特别是损毁位于顶叶上,其在积木分测验上并不倾向于做得差。然而,当他们做时,其倾向于简化设计、困惑用具体的步骤重做规划(Lezak, 1995)。对阿尔采姆症患者来说,积木分测验得分最低(Fuld, 1984; La Rue & Jarvik, 1987)。

积木分测验高分者表现出良好的空间知觉,即视觉运动速度、良好的集中能力、优秀的非言语概念形成的能力。低分者说明其不良的知觉能力,视觉整合困难,维持持续的努力的问题。

## 三、绘画式命题

绘画测验的倡导者认为,人类是先学会绘画然后才会书写,每个人都经历过涂鸦的阶段,因此绘画在人类的成长占有重要的地位。绘画可视为一种个人图式独特的表达,若适当地使用绘画,则可以为感性思维诊断提供宝贵的线索。我们可以把绘画过程理解为多种图式的竞争过程。绘画中的多条零交叉点的线连接过程就是图式的对象化。这种试图将这些线条连接得到闭合的轮廓的过程显然有多种可能,图式使之获得"最优"连接,在寻求最优连接的过程中,若干种"较优"的连接也可以形成表象。可能的零交叉点的启发式连接有多种可能,从某种意义上说,任何的连接都可以解释。但实际上并不是所有的连接都可能被对象化。简单地说,这种情况可能是下面两种原因。首先是大脑图示的约束。运动器官不能做无限的设计和操作,只能在已有图式的基础上进行合理的运作。并且,连接的结果要么有客观世界的强有力的支持,要么符合客观世界的常规模式。其次,视觉感知器有一定的选择性,这些选择性可以用格式塔心理学的规律去解释:只有图式中靠得比较近、具有类似结构的才有可能被绘画出来。

绘画也是心理治疗者常用的一种方式,而且绘画对于未正式受过训练的人员而言,绘画通常是一个较安全的表达方式。

### (一)绘画与投射

发展心理学认为,儿童的思维是以感性为主的。当儿童利用铅笔、蜡笔、黏土……等艺术媒介进行创作时,他们就正在进行一种表露性、体验性和游戏性的活动,而且这样的过程是充满感性思维象征的,这些图画的内容都是他的故事或他故事的一部分。儿童在创作的过程是将他在环境中以及和环境的互动以视觉的方式呈现在画面上,他可以以艺术媒介安全的去探索他知觉中的环境变动(Geldard & Geldard, 1997)。

儿童可以利用艺术的媒介将他个人的故事,呈现在他们的作品中。更具治疗意义的是他们是可以修正现实,使他们实现在实际生活中未满足的需求,或将事情的结局作改变,以符合他们内心的盼望,其实这样的过程都是在引导儿童将他们的内在世界透过绘图投射出来。因此,Geldard & Geldard 就建议,利用纸笔图画引导儿童创作的过程,有几个目标要达成:

①引导儿童透过对图画内容的描述,将他们意识或潜意识的故事投射性地讲出来;②引导儿童将内在压抑或强烈的情感表露出来;③引导儿童自身感受绘图的创作过程和咨询师的响应,提升儿童的自尊让他觉得有能力感。

通常要儿童(尤其是较低年级及有适应困扰的儿童)做抽象层次的口语表达是不容易的。透过一个儿童自行创作的作品,然后看着作品引导儿童投射讲出作品的内容故事则会比较容易,但也不是完全没有困难度,因此,研究者在此提出一简要方式来引导儿童投射出作品的内容故事。若儿童无法建构出一则完整的故事,则建议利用引导式的访谈来引导儿童讲出一些内容。

1. 引导儿童讲故事的简要方式

(1)先以开放式的问题为引导;

(2)促使个案持续去谈;

(3)澄清;

(4)同理、简述或覆述;

(5)过程摘述;

(6)引导式的问题。

2. 引导式访谈的问题

(1)他是谁?他是男的还是女的?他几年级?

(2)他正在做什么?他在想什么?他的心情如何?

(3)他过得好不好?他目前最大的希望是什么?

(4)你认为他是一个怎样的人?你喜欢他吗?

(5)他让你想到什么?

(6)这幅画在说一个怎样的故事?之前发生了什么事?之后又发生了什么事?

(7)这是一间怎样的房子?它经历了什么事?如果这房子会说话,他会说些什么?如果这间房子有愿望,他的愿望会是什么?

(8)这是一棵怎样的树?它经历了什么事?如果这棵树会说话,它会说些什么?如果这棵树有愿望,它的愿望会是什么?

(9)这是一个怎样的人?他经历了什么事?如果他想说话,他

(10)这幅画让你想到什么?

## (二)绘画内容指标的探讨

Buck(1948)、Machover(1952)和 Hammer(1967)皆使用人物绘画作为投射的工具,并用来分析情绪的状况。也建构出许多的诊断指标。Koppitz(1968)以期从事儿童心理治疗多年的临床经验,收集归纳 38 个情绪困扰儿童常出现的图形特征,并依据三个标准:①必须具临床效度;②必须不常出现在正常儿童的图画中;③必须不和年龄、成熟度有关。经研究后 Koppitz 整理出 30 个适用于 5~12 岁儿童的情绪指标。Koppitz(1968)将情绪指标分为三类:整体质量、特殊内容特征和缺漏。

此后,我国心理学工作者根据画人测验内容,试图建构跨年龄、跨性别,且具有临床意义的指标。就如同 Sidun&Chase(1985)共同发展出 Sidun-Chase 画人测验检核工具,此工具是对性受虐所设计,将这类族群个案的图画指标归纳为:性征指标、低自尊指标、焦虑性指标、压力性指标、身体意象指标。

## （三）画人测验

美国心理学家 F. L. 古迪纳夫（F. L. Goodenough）于 1926 年编制的一种适于 4~12 岁儿童的智力测量工具。测验方法简单，指示被试在纸上画一个男人即可。当被试画完以后，由主试按照标准化的量表评分。分数代表各年龄被试的智力水平。1963 年，D. B. 海瑞斯（D. B. Harris）将古迪纳夫的测验修订为古迪纳夫 - 海瑞斯画人测验，其重点仍然放在测查儿童观察事物的准确性及概念思维的发展上，并不是测查儿童的艺术技能。

画人测验并不仅用来测量感性思维，也可用来评估人格等方面特征。

在一张约 A4 的白纸上，用一支带有橡皮擦的铅笔，画一张任何人的画，可以画任何种类的人，但不是卡通、火柴人或木偶之类的人物。

在画完第一幅画后，可以再画另一个人，但要与前面所画人物的性别相反或者画你本人。听明白了就可以画了。

画人智力测验评分标准如下：

（1）头的轮廓清楚，什么形状都可得分。无轮廓者不给分。
（2）有眼即可。点、圈、线均算。只画一个眼给半分。
（3）只要能画出下肢，形状不论。但一定要看出有两条腿。若画穿长裙的女孩，只要腰与足之间有相当距离代表下肢部位，也可记 1 分。
（4）只要能画出口来，形状无关。部位不正无关，但不能在面的上半都。
（5）有躯干即可，形状不论，卧位亦可。
（6）上肢形状不限，只要能表示是胳膊，没有手指亦可。
（7）头发不限发丝形状，只要有就行，一根也可。
（8）有鼻即可，形状不限。只画鼻孔无分。
（9）眉毛或睫毛有一种即可。
（10）上、下肢的连接大致正确。从躯干出来，即给分。
（11）须有双耳，形状不论，但不能与上肢混同。侧位即可，正位只画一耳算半分。
（12）衣一件，有衣、裤、帽之一即可，表明有衣着。仅仅画纽扣、衣兜、皮带等亦可。
（13）躯干的长度要大于宽度，长宽相等者不给分。要有轮廓，有纵、横的最长部位比较。
（14）有颈部，形状不限，能将头与躯干分开。
（15）有手指，能与臂或手区别即可；数及形状无关。
（16）上、下肢连接方法正确，上肢从肩处或相当于肩处连接，下肢由躯干下边出来。
（17）在头的轮廓之上画有头发。完全涂抹也可以。
（18）颈的轮廓清楚，能将头与躯干连接起来，只画一根线的不算。
（19）眼的长度大于眼裂之开阔度。双眼一致。
（20）下肢比例：下肢长于躯干，但不到躯干的 2 倍，下肢的宽度应小于长度
（21）衣着有两件以上，是不透明的，能将身体遮盖起来。分不清是身体还是衣服的不能给分。鞋帽、书包、伞等都可算。
（22）齐全地画出衣裤，不透明。
（23）双眼均画瞳孔，眼轮廓内有明显的点或小圈。
（24）耳的位置和比例：耳的长大于宽，侧位时有耳孔。耳的大小适当，要小于头横径

的 1/2。

（25）画出肩的轮廓，角、弧形均可。

（26）眼的方向。瞳孔的位置应两眼一致。

（27）上肢比例：上肢要长于躯干，垂直时不能超过膝部。上肢长大于宽。如膝盖位置不清楚时，以腿的中点算；上肢左右长度不同时，以长的一侧计算。

（28）画有手掌，能将手指和胳膊区别开。

（29）两手必须各有手指，形状无关。

（30）画有正确的头形，有轮廓。

（31）正确地画出躯干形状，不是简单的椭圆或方。

（32）上下肢有轮廓，尤其与躯干连接处不变细。

（33）足跟有明显的轮廓。画出鞋的后跟也可。正位时鞋画得正确就可得分。

（34）衣服 4 件以上，如帽子、鞋、上衣、裤、领带等。各种形式均

（35）足的比例；下肢和足有足轮廓，足的长度比厚度大。

（36）指的细节：形状正确，其中如有一个指头不画清轮廓也不给分。全部手指有轮廓，长大于宽。

（37）有鼻孔，侧位有个凹窝即可。

（38）拇指与其他指分开，短于他指，位置正确。

（39）必须以某种形式表示出有肘关节，角、弧形均可。画单侧也可。

（40）下颌及前额是指眉毛以上及鼻以下部位。要各相当于面部的 1/3，侧位有轮廓也可以。

（41）清楚地表示出下颌，侧位时亦要明确，正位时在口下有明显的下颌部位。

（42）画线：线条清楚、干净。应该连接的地方都连接。不画无用的交叉、重复或留有空隙。

（43）鼻和口皆有轮廓。口有上唇及下唇。鼻不可只用直线、圆或方形。

（44）脸左右对称，眼、耳、口、鼻等均有轮廓，比例协调。若为侧位，头、眼比例要正确。

（45）头的比例：头长是躯干的 1/2 以下，身长的 1/10 以上。

（46）服装齐全，穿着合理，符合身份。

（47）显示有膝关节，如跑步的姿势等。正位时须表示出膝盖。

（48）画线：42 已给分，但如线条清晰，美观，有素描的风度，画面整洁，可再给一分。

（49）侧位 A：头、躯干以及下肢都要正确侧位。

（50）侧位 B：比 49 更进一步。

## （四）画树测验

"画树测验"，也是投射测验的一种，原为瑞士人所作，后由台湾人于 20 世纪 60 年代修订中国版本。画树测验的导语一般是：请画一棵树。在完成后请你介绍自己的画。在介绍时要注意介绍以下问题：①树名；②果实名（如果有果实的话）；③季节；④作画时的心情。对画树测验要做如下分析。

### 1. 树的特征

树所代表的品格，生命力特点，生长状况（枝叶的数量，弯曲度），与背景的关系动；每

个人对树木都有不同的意象。所以画树木的时候，无形中会表露出自己。把画好的树，分为树枝、树干和树根等三个部分。

（1）树枝部分：代表你在现实环境中的表现，可以看出你的生活行动模式（表现力）。

（2）树干部分：表示你自我意识，即本能、爱欲及情感等（生命力）。

（3）树根部分：意味着平时隐而不见的潜意识，也可看出你的自制力。

看你怎么强调这三大部分，就可窥伺你的潜意识与性格，如果树枝部分很茂盛，即可知此人表现欲强，如果树干且很细长，表示此人敏感易受伤害。再者，从画上树木的左、右、上、下，偏向哪一方，也可探测出你的潜意识。

2. 附加成分分析

（1）山：所依附的事物。

（2）路：通道和途径。

（3）家：即房屋。表示渴望归属的地方。房屋形象一般代表作画者的家或理想之家，也代表身体、精神家园。如果出现人物，常表示作画者与家庭的关系，或内心世界与外在世界的关联状态。

（4）附属物：社会关系，象征性行为与状态。

（5）修饰：自我意识和期望，缺陷与不足，指向性行为。

（6）分析时要注意分析成长历程、与环境的关系以及适应环境的能力。搞清楚其中每个符号的代表意义是什么。如把树分为十字形，愈是强调树的上方，愈是属于理智型，追求精神活动的人。如果下方画的大，表示意志力强，有冲劲。画的如果偏向右或把右方画大，表示外向，且对未来充满希望。相反的，如果是强调左方，则表示内向，常拘泥于传统，不敢贸然行事。

3. 作画时所反映出来的潜意识情况

如果你画的树与所用的纸张相比，比例偏小，说明你是一个脚踏实地工作的人；如果您画的树与所用纸张相比，比例偏大，说明你是一个自我张扬的人；将纸上下对折一次，如果你画的树在纸的上半部，表示你是一个理想主义者。如果你画的树在纸的下半部，表示你是一个现实主义者。如果你画的树如果没有叶，你的目前生活状况可能不太理想。如果您画的树长满了果实，说明你是一个内心充满了权力和金钱欲望的人。你如果把叶子画得很形象逼真，说明你是一个追求完美和完善的人。如果你画的是竹子，说明你是一个孤芳自赏的人。如果你画的是杨柳，说明你被生活的磨难压弯了腰的人。如果你画的树上有树洞，说明你是一个缺乏安全感的人。如果你画的树上有树结，说明你是一个有心理创伤的人，结越低，说明你心理创伤的年龄越小。你画的树下面长满了小草，树和周围的景物画得对称，显示你是一个没有开创精神的人，但你却是一个追求工作四平八稳的人。如果你画的树像一个鱼骨头，说明你脑中已有病变。如果你画的树有树根，说明你内心充满了矛盾冲突。如果你三分钟内还画出了一片森林，说明你是一个不太在意外界感受和要求的人。

4. 画树测验的基本分析

（1）有根：执着做事，不轻易自杀，稳重，不投机，不作轻率之举。

（2）无根且无横线表示地面：缺乏自觉，行动无良好的规律，投机。

（3）树立地像山坡的地平线上：把自身置于孤立、孤立自己，不愿与别人在一起，有独处意识，社会关系扰乱。

（4）树干短、树冠大：强烈自觉，有雄心，有要求赞许的欲望，骄傲。

（5）树干长、树冠小：发育迟滞，小孩图画多。

（6）树干为两平行线：斤斤计较，准确，实事求是，少想象，倔强，固执。

（7）树干为两平行波动线：活泼，有生气，较容易适应环境。

（8）树干由断续不整短线构成：敏感，易怒、思想崇尚直觉而少推断。

（9）树干左侧有阴影：性格内向，拘谨。

（10）树干右侧有阴影：外向，乐于与外界接触。

（11）树冠扁平：由于外界压力而行为拘谨，自卑，心力迟钝。

（12）树冠由同心圆组成：富有神秘性，缺乏活动自足自满，没多大进步，内向。

（13）树枝环列的树冠：勤勉，进取，富有创造性，外向。

（14）树冠似云：富于想象，多梦想，易激动，缺乏活力。

（15）树冠由一簇勾圈组成：热忱，坦白无虑，好交际，健谈。

（16）树形似蓬，由平整树枝组成：墨守成规，拘泥形式，善自制，有建筑才能，有艺术天赋。

（17）树倾向右边：好交际，易激动，对将来有信心，善表现，长于活力。

（18）树倾向左边：节制，含蓄，小心，自大，恐惧将来。

（19）树上有果实：有自信心。

（20）树叶、果实落在地上：敏感，富有感悟力，有灵性，听天由命，缺乏坚定性。

# 第8章 W-QIUS感性思维命题技术

W-QIUS感性思维命题技术承接了传统的命题技术，是在广泛吸收心理学、思维科学最新理论成果的基础上，进行大规模测试实践，有所创新的命题系列。这类命题我们不能说是最新设计的，却是最新被挖掘使用的。过去我们没有系统地研究这类命题，现在我们应该认真从被试完成这些客观测验的态度、风格来分析其质量，藉此理清一条与理性思维平行的思维测验体系。

林崇德教授在本书的序中指出，"目前思维测验理论的发展主要有两个趋势——理论的发展愈趋数学化与理论的应用愈依赖信息技术"。要求我们"以计算机网络时代的发展为背景，对传统测量技术提出挑战，探讨计算机网络发展对构建思维测量新体系所产生的深远影响。"我们恰巧在这方面有一些探讨，例如利用计算机算法式"分形开拓图形"技术，部分取代了原始墨迹技术，拓展了命题领域。我们还根据计算机的图像组合功能，设计出一些由从基本图案构成的分拆式命题等。

本章分节介绍性W-QIUS感性思维命题的各种命题技术，包括分形命题技术、演练式命题技术、潜变式命题技术、整合性命题技术以及图案式命题技术，展示了由感性思维到理性思维的过度程序，由以上初步框定了W-QIUS感性思维的命题系统。

## 第一节 W-QIUS分形命题技术

在图式命题过程中，"分形开拓图形"属于计算机算法式创作，它将一种新几何学知识结构体系运用于图式命题过程中，最大的特点在于它能超越人的想象，打破人的思维定势，并为感性思维命题提供新的素材来源。

分形是一种全新的几何学概念。基于科学家对分形几何学的研究而得到的分形图形原本是数学公式的图式，它没有任何象征意义，却能带来蕴藉含蓄、深邃玄妙的视觉感受。在分形图形的创作过程中，随着数学函数的迭代计算，出现了许多我们意想不到的随机形状。这些形状具有不确定性，表现为：微小数据的改变可以引起输出图形的巨大变化；同一图形被赋予不同的着色算法，呈现不同的视觉效果。过去，我们对图形进行创意设计大多是建立在形象思维基础之上的，而分形图形创作是将分形几何学、计算机技术和艺术结合在一起的。

具有实验性、探索性的分形图形能超越我们的想象，对图形创造中人类思维的局限性具有某种突破性的启示。而且，这种图形可利用超级分形软件（Ultrafractal）来制作完成。作为一种新的数码创作方式，它是设计与创造在数学与思维命题这一交集中的延伸。这种富有美感和科学内涵的新型图形，在创造视觉领域新空间、促进多门学科的交叉发展以及思维测量等实际应用上，为我们提出了许多需要进一步研究的新课题。

## 一、分形

分形（Fractal）几何与传统几何相比有两个特点：①从整体上看，分形几何图形是处处不规则的。例如，海岸线和山川形状，从远距离观察，其形状是极不规则的；②在不同尺度上，图形的规则性又是相同的。上述的海岸线和山川形状，从近距离观察，其局部形状又和整体形态相似，它们从整体到局部，都是自相似的。当然，也有一些分形几何图形，它们并不完全是自相似的。其中一些是用来描述一般随即现象的，还有一些是用来描述混沌和非线性系统的。

在欧氏空间中，人们习惯把空间看成三维的，平面或球面看成二维，而把直线或曲线看成一维。也可以加以推广，认为点是零维的，还可以引入高维空间，但通常人们习惯于整数的维数。分形理论把维数视为分数，这类维数是物理学家在研究混沌吸引子等理论时需要引入的重要概念。为了定量地描述客观事物的"非规则"程度，1919年，数学家从测度的角度引入了维数概念，将维数从整数扩大到分数，从而突破了一般拓扑集维数为整数的界限。

分维的概念我们可以从两方面建立起来：一方面，我们首先画一个线段、正方形和立方体，它们的边长都是1。将它们的边长二等分，此时，原图的线度缩小为原来的1/2，而将原图等分为若干个相似的图形。其线段、正方形、立方体分别被等分为$2^1$、$2^2$和$2^3$个相似的子图形，其中的指数1、2、3，正好等于与图形相应的经验维数。一般说来，如果某图形是由把原图缩小为1/a的相似的b个图形所组成，有：$a^D=b$，D=logb/loga的关系成立，则指数D称为相似性维数，D可以是整数，也可以是分数。另一方面，当我们画一根直线，如果我们用0维的点来量它，其结果为无穷大，因为直线中包含无穷多个点；如果我们用一块平面来量它，其结果是0，因为直线中不包含平面。那么，用怎样的尺度来量它才会得到有限值呢？看来只有用与其同维数的小线段来量它才会得到有限值，而这里直线的维数为1（大于0、小于2）。与此类似，如果我们画一个Koch曲线，其整体是一条无限长的线折叠而成，显然，用小直线段量，其结果是无穷大，而用平面量，其结果是0（此曲线中不包含平面），那么只有找一个与Koch曲线维数相同的尺子量它才会得到有限值，而这个维数显然大于1、小于2，那么只能是小数（即分数）了，所以存在分维。其实，Koch曲线的维数是1.2618……

据曼德勃罗（Benoit Mandelbrot）教授自己说，fractal一词是1975年夏天的一个寂静夜晚，他在冥思苦想之余偶翻他儿子的拉丁文字典时，突然想到的。此词源于拉丁文形容词fractus，对应的拉丁文动词是frangere（"破碎"、"产生无规碎片"）。此外，与英文的fraction（"碎片"、"分数"）及fragment（"碎片"）具有相同的词根。在20世纪70年代中期以前，曼德勃罗一直使用英文fractional一词来表示他的分形思想。因此，取拉丁词之头，撷英文之尾的fractal，本意是不规则的、破碎的、分数的。曼德勃罗是想用此词来描述自然界中传统欧几里德几何学所不能描述的一大类复杂无规的几何对象。例如，弯弯曲曲的海岸线、起伏不平的山脉、粗糙不堪的断面、变幻无常的浮云、九曲回肠的河流、纵横交错的血管、令人眼花缭乱的满天繁星等。它们的特点是，极不规则或极不光滑。直观而粗略地说，这些对象都是分形。

请看如下的几个图形，它叫做科赫雪花曲线，从它的任何一个局部经过放大，都可以得到一个和整体全等的图形。[1]

---

[1] Abraham,R.H.& Shaw,C.D.,Dynamics: the Geometry of Behaviour, Part I to III

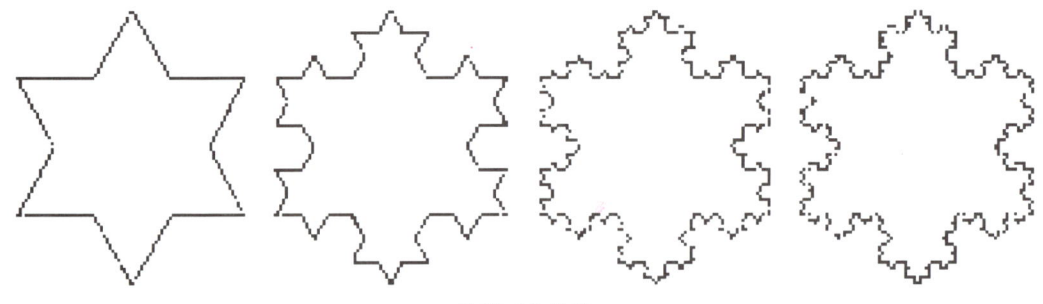

科赫雪花曲线

另一种较复杂的分形图形称为朱利亚集（如下图），它是按照一定的数学原理在平面上构造的点集。朱利亚集具有异常美丽的形状，并且利用他可以模拟出山峰，云彩，湖泊等自然景观，以下图形都是朱利亚集的图形。

朱利亚集图形

最千奇百怪的是曼德勃罗集，从它的原始图形出发，每一个细部都可以演绎出美丽无比的梦幻般的图形。

曼德勃罗集这个点集均出自公式：$Z_{n+1}=Z_n^2+C$，这是一个迭代公式，式中的变量都是复数。这是一个大千世界，从他出发可以产生无穷无尽美丽图案，他是曼德勃罗教授在20世纪70年代发现的。不管你把图案放大多少倍，都能显示出更加复杂的局部。这些局部既与整体不同，又有某种相似的地方，好像梦幻般的图案具有无穷无尽的细节和自相似性。曼德勃罗教授称此为"魔鬼的聚合物"。

为此，曼德勃罗在1988年获得了"科学为艺术大奖"。请看如下的图形产生过程，其中后一个图均是前一个图的某一局部放大。

曼德勃罗图形（1）

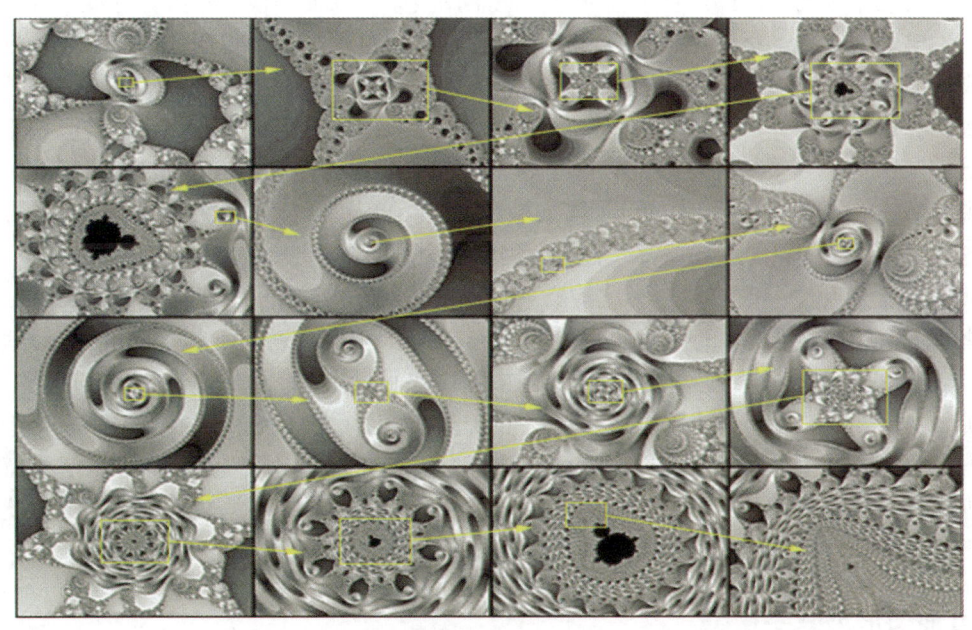

曼德勃罗图形（2）

## 二、分形算法

分形作为一种全新的几何学概念，对于一切涉及组织结构和形态发生的领域均有启示意义，这类图形不以模仿任何自然对象或任何非数字艺术为创作目的，也不是把过去的东西简单数字化，它与现实主义无缘，但又是一种新型的图式命题方法，因为分形图形包括严格确定的数学内容，这些数字是绝对真实的。我们可以称它代表了一种"虚拟现实主义"（virtual realism）设计理念，或者是"数学现实主义"（mathematical realism）设计思想。其特点在于用简单抽象的数学语言再造复杂的图式命题，由数字技术所构造的图式命题"结果"不再是一个终极，在微小的数字变化过程中，图形具有有始无终性。这种图形形式有平面的，有立体的；有黑白的，有彩色的；有静态的也有动态的等。分形世界里，图形的世界就是数学的世界，数字发展的无限性为人脑创意思维的有限性开辟了广阔的空间。在分形图形语言中，计算机"数"与"形"的微妙关系更明显、更深刻地被揭示出来。

分形也是计算机图形学的一个分支。"计算机图形学"是由于 computer graphic 英译过来的，从前常用 CG 来表达数码设计，这一名词虽然可以描述这个概念的形态，但无法传达其特点和本质。导致有观点认为计算机图形属于应用科学范畴，也有观点认为计算机图形属于美学范畴。直到分形图形的出现，就其本质而言，是数学公式的图式，但其外观又极为梦幻、美妙而且充满诗意。人们从此对科学与艺术不再持有两分性的界线，它们原本就是一个不可分割的整体，只是人们根据研究的需要将其分开来谈。现在，不论是分形图形还是其他计算机图形设计都是以计算机为媒介。或许在某种程度上，它们具有机械性的一面，但最终还是会伴随人的设计理念而日趋完善。

从前，我们使用 3Ds MAX 软件建造一个复杂的多面体模型，时常会因为电脑配置不够高、渲染速度较慢而发愁。那是因为这类几何建模依然是基于欧氏几何学的计算方式，每一个细小的面都要通过计算获得，倘若对生成的模型进行细微调整时，还必须不断更改设置参数。不过看似繁杂的分形图形却无需此举，它不用复杂的几何建模，只需在键盘上轻捷地敲入数字，电脑便会自动帮你生成复杂而美丽的图形，而且计算速度相当之快。它是利用一定数学规律而生成的图形，其算法之简单、生成速度之快捷、生成图式之多样都是以往技术无法达到的。目前，计算机技术的进步使命题数字化的夙愿得以实现。分形技术被应用于设计软件的编写中，起到了极为重要的作用，如图形图像处理软件 Photoshop 的滤镜特效、非线性影视编辑软件 After Effects 中的分形噪波滤镜特效，以及三维动画软件 3Ds MAX 的外部造型处理模块等，这些重要的滤镜特效、造型程序都为画面效果增添无穷的艺术魅力。

非线性、复杂性、混沌、分形这些概念从上个世纪 70 年代开始获得迅猛的发展，它们之间有着紧密的内在联系，但它们彼此并不是同义词。科学意义上的分形概念和分形理念是由美国 IBM 的研究员曼德勃罗提出来的，但中国文化和古代文献中并不缺少分形观念。在中国领佛教、道教中亦有相当艺术作品具有分形味道，如元代《萨伽寺喜金刚铸像》、千手佛、化身五五图等，这些作品无穷套嵌的结构正是分形的特征之一。研究混沌理论必定会牵涉到分形理论，但我们研究分形图形式是为了对思维命题的延续与拓展的意义的启示，因此，我们先多从其数学模型研究起。

## 三、分形图形的数学模型

上面我们简单介绍了分形概念和分形理念，现在我们从定量分析的角度扼要介绍分形图形生成的数学与计算机方法。

### （一）逻辑斯蒂方程

首先，介绍逻辑斯蒂（logistic）映射，其数学表达式为：

$$X_{n+1}=aX_n(1-X_n)$$

其中 $a$ 是参数，取值范围是 [-2, 4]，通常人们只注意 [0, 4] 这一半。$X$ 的取值为 [0, 1]。

映射规律是指将输出反馈为输入，构成新的输出，如此反复进行，很容易想到，反馈的结果有发散（趋向无限大）、收敛（趋向一定数）、周期循环几种形式。但还有一种既不发散，也不收敛，也不是周期循环的形式即与混沌有关的有界非周期运动。如果用计算基本内容迭代结果，当参数 $a$ 大于 3 或小于 4 时，则图形出现分岔，而且一分再分，最后成为混沌的一片。值得注意的是，将混沌区的局部放大，则发现局部与整体有相似性，即呈现分形的无穷相似结构。当然，这种实数范围内的逻辑斯蒂映射生成的分形图形没有多少艺术性，但它是作为分形艺术主要内容的曼德勃罗集和朱丽亚集的基础。

## （二）曼德勃罗集

曼德勃罗特集的数学模型非常简单。假设有复数 $Z$ 和 $\mu$，用下式迭代计算：$Z=Z_2+\mu$，由于 $\mu$ 的取值不同，经过若干次数迭代以后 $Z$ 的幅值可能趋向无穷，也可能保持有界，曼德勃罗特集就是那些使 $Z$ 保持有界的 $\mu$ 的集合，把 $\mu$ 在复平面上的分布做成图像，具有极其复杂的结构。

当逻辑斯蒂映射中的 $x$ 由实数换成复数 $z$ 时，则逻辑斯蒂映射：$X_{n+1}=aX_n(1-X_n)$ 就成为复数映射。

$$Z_{n+1}=Z_n^2+c$$

式中，$Z=x+iy$；$c=cx+icy$；i 表示虚数，i=−1。

20 世纪 80 年代曼德勃罗在迭代 $Z_{n+1}=z_n^2+c$ 时，发现了著名的曼德勃罗集，简称 M 集。当时迭代精度和色彩调配均不理想，显示的 M 集图片纷至沓来，尤以德国布来梅大学动力系统图形室所作的图片最为精美，受到举世赞誉。随之而来的是各大学的教师、研究生以及本科生纷纷利用自己的计算机试算复迭代，M 集一时泛滥高等院校，M 集图片作为艺术品在市场上出售。

由于一个复数 $x+iy$ 的平方仍然是一个复数，将实部和虚部进行归并，则 M 集是由 $x \to x_2-y_2+cx$，$y \to 2xy+cy$ 具体实现的。

在复平面上，以横轴 $x$ 记录复数的实部，以纵轴 $y$ 记录复数的虚部。M 集合实际上是常数 $C=(CX, CY)$ 构成的图像。与逻辑斯蒂迭代类似，对于复平面上相当多的初始条件，迭代最终都会跑到无穷远处。但研究发现，在原点附近还存在一个奇特的区域，在迭代过程中此区域永远不会跑掉。在非严格的意义上，这个不变的集合就是 M 集，我们的主要任务就是画出这个集合的边界——实际上边界是分形曲线，极其复杂，M 集合像的全部魅力就在这里。常见的曼德勃罗集的彩色图实际上画的是 M 集的外边区域。

在复平面上，我们以原点（0，0）作为参考点，观察迭代过程中是否远离原点，以及逃离原点的速度如何。为此规定一个距离函数：

$$D=x_2+y_2$$

此处是取的距离的平方。如果算出 $D$ 值较大，表明迭代点离原点较远，反之，表明迭代点离原点较近。让 $C$ 从屏幕左上角开始变化，逐行增加，一直变到屏幕右下角。如果取得区域是 200×200，则一共要计算 40000 个点，把计算的结果用不同的颜色标下来，就得到一幅图像，这就是 M 集。

计算与着色的过程如下：假设对于任何一个 $c$，迭代都从 $(x_0, y_0)=(0, 0)$ 开始，我们观察迭代点列 $(x_1, y_1), (x_2, y_2), (x_3, y_3)\cdots(x_{100}, y_{100})\cdots$ 的变化状况。每一次计算一

下 $D$ 值，即该点与原点（0，0）的距离。取一个参考距离 $R$，比如 $R=40$（实际上取 20 就足够了）。现在想知道迭代多少次后实际的距离 $D$ 大于 $R$。在迭代过程上如果 $D$ 小于 $R$，则继续让计算机迭代，要规定一个上限，比如 300 次。如果迭代了 300 次后结果仍然不跑掉（即 $D$ 仍小于 $R$），则可以近似认为此 $c$ 点属于 M 集合。

对于迭代次数小于 300 次的情况，如果迭代 10 次 $D$ 就大于 $R$，则记该 $C$ 点为白色；如果迭代 35 次 $D$ 开始大于 $R$，则记该 $c$ 点为蓝色，等。分多次级，各级标什么色，有很多技巧，表面上看来好像属于计算机技术，但实际上属于传统美术。懂得传统美术色彩理论的人，在此大有用武之地。

### （三）朱丽亚集

曼德勃罗集记录的是整个区域上的 $c$ 值情况，而朱丽亚（Julia）集是取固定的 $c$ 值后，观察复平面上每一点 $(x, y)$ 在迭代中的表现，并把结果记录下来，朱丽亚集简称 J 集。

每个朱丽亚集合（有无限多个点）都决定一个常数 C，它是一个复数。现在您在复平面上任意取一个点，其值是复数 Z。将其代入下面方程中进行反复迭代运算：

$$Z_{n+1}=Z_n^2 + C$$

因此对于同一个迭代函数，既有 M 集又有 J 集。一个 M 集可以对应无数种 J 集，实际上 M 集就是所有 J 集的浓缩，M 集不同部位的形状，反映了对应于该处的 J 集的形状。

计算 J 集时，初始迭代点就不能总取（0，0）了，而是要根据实际位置取实际的 $(x, y)$ 坐标值。仍以迭代 $z \to z_2+c$ 为例说明。先取定一个 $c$ 值，比如 $c=$（1.0221，0.2433），迭代关系化为：$x \to x_2-y_2+1.0221 \quad y \to 2xy+0.2433$

从屏幕左上角算起，逐行计算，一直算到屏幕右下角。当然，也可以不取整个屏幕那么大，只选一个 200×200 的小区域做。着色原理与上面讲的 M 集合完全相似。改变常数 $c$ 的取值，可以得到各式各样的 J 集。

## 四、W-QIUS 分形的一般命题

分形的三大特点，将大大开拓我们感性思维训练的命题空间。它不仅因其图形的错综、美丽和富于表现，能唤起我们的想象力，同时也使我们感受到它们与真实世界之间深奥的关系。在分形图形生成和变化的过程中，我们看到图形内部任何一个相对独立的分形元，在一定程度是都是整体的再现或是相对缩影，人们可以通过认识局部来认识整体。尤其是相似不相同的个体元素具有其个体的独特性和多样性，它有利于激发我们的联想思维带来新异的创造性构想。从分析事物的视角来看，分形论和系统体现了从两个极端发来确立整体的性质，沿着从微观到宏观的方向展开。系统论强调部分对整体的依赖性，而分形论则强调整体对部分的依赖性，二者的互补构成了完整的辩证思维方法。利用这种思维方式进行命题，我们能从层面、多视角、多维度获取相关信息，从而迅速转移设计思路，由此及彼，触类旁通，使命题不断呈现新的风貌。

分形的思维命题使人们觉悟到科学与艺术的融合，数学与艺术审美上的统一，使昨日枯燥的数学不再仅仅是抽象的哲理，而是具体的感受；不再仅仅是揭示思维品质的测量，而是一种艺术创作，分形搭起了思维测量与艺术的桥梁。"分形艺术"与普通"电脑制图"不同。普通的"电脑制图"可以完成几何图案的思维命题，而"分形艺术"不以模仿任何自然对象或任何已知图形为目的，也不是把过去的东西简单数字化，它与现实主义无缘，但又是一种新型的图式命题方法,因为分形图形包括严格确定的数学内容,这些数字是绝对真实的。其特点在于用简单抽象的数学语言再造复杂的图式命题,由数字技术所构造的图式命题"结果"不再是一个终极,在微小的数字变化过程中,图形具有有始无终性。

W-QIUS分形命题操作大体分为三类:一是从部分寻找母体,二是从整体寻找部分,三是从整体寻找整体。

(一)从部分寻找母体

这类命题给出某一个图形,要求寻求该图形的出处。

【例题1】下面这款世上最精美的宝石项链的设计,其实是从下面六个小图中分形,经过反色、链接、翻转后设计出来的,你能找出原始图案来吗?

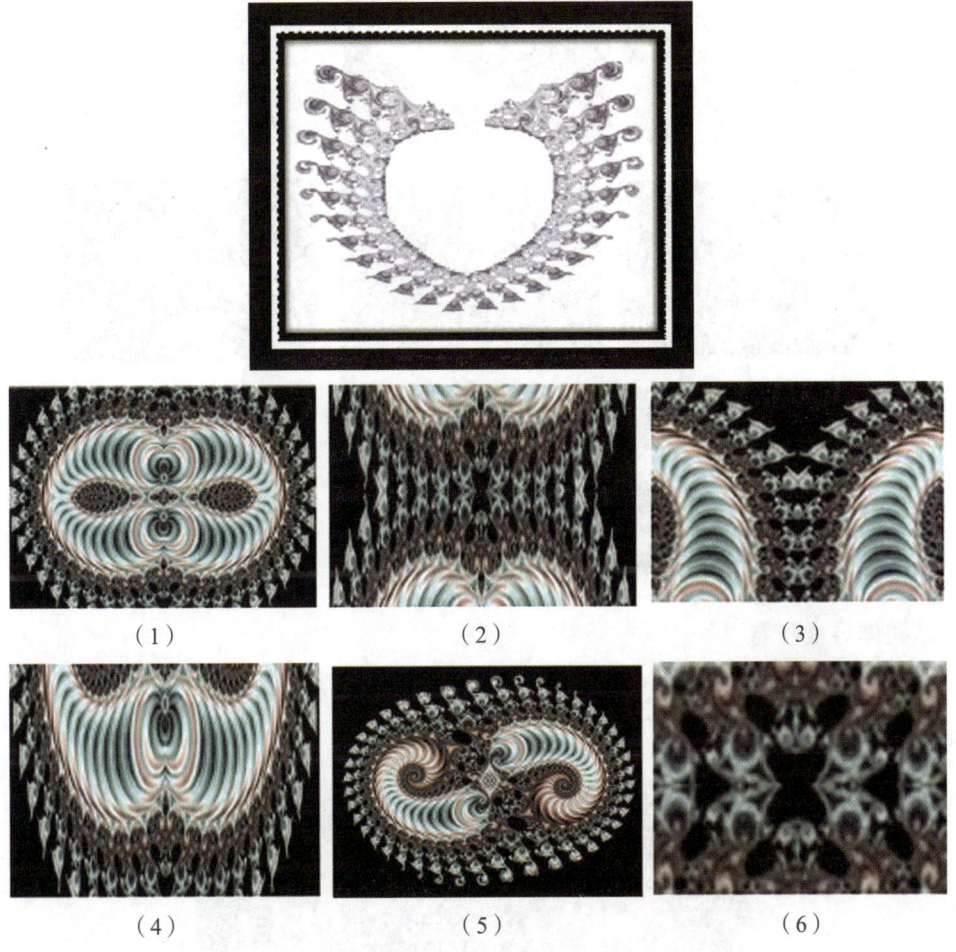

(二)从整体寻找部分

这类命题给出某一个有缺空的图形,要求寻找缺空的图形。

【例题2】下面题为"夜空飞碟"的分形图缺少了2块,要求你从所给的图片中选出原本的。

## （三）从整体寻找整体

【例题3】下面题名"千手罗汉出佛洞"的分形原图，是六幅小图中的一幅直接放大的，哪一幅？

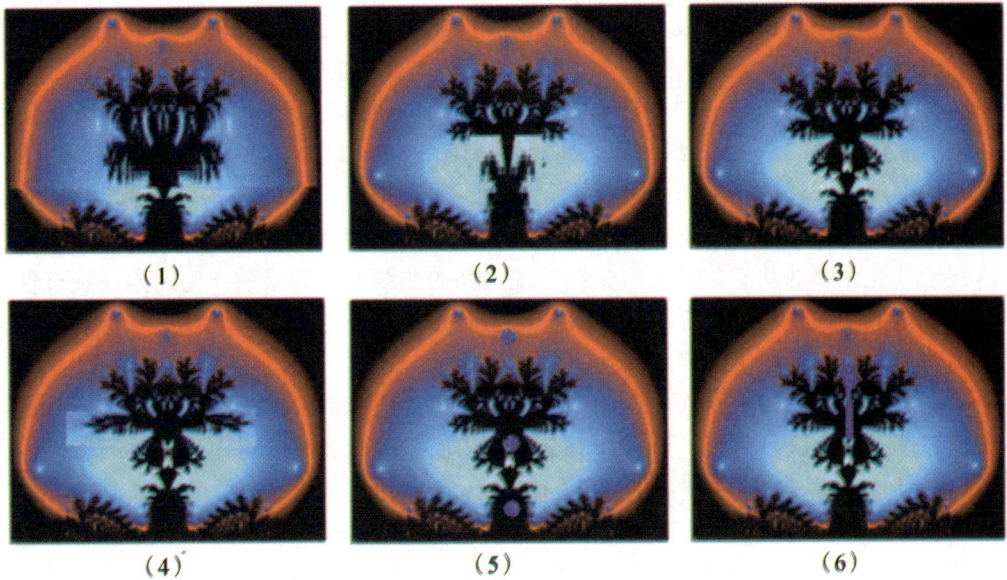

### （四）整体分拆

【例题 4】下面两幅名为黑白蝶影的图案，如果将其分拆，它的最小单位是什么？请你将它勾勒出来。

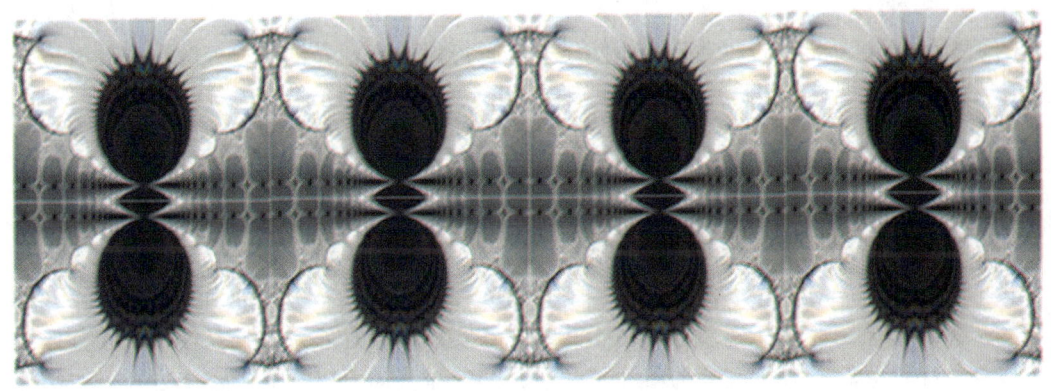

## 四、W-QIUS 分形命题的特征与意义

### （一）分形命题的特征

W-QIUS 分形命题除具有其他命题的特征外，"随机性"是区别于其他的主要方面。"随机性"这一概念可以使我们联想到某种不可预测的、随意的，甚至是混乱无序的状态。"随机、随意"从哲学角度可以理解为"偶然性"的问题，它与必然性、规律性是相对应的。庞加莱（H. Poincar）于 1903 年发表"机遇（chance，机遇、偶然性）"一文，他说：古人区分了必然现象与偶然现象，并且认为必然性不适用于每一个领域，而使"机遇"这个概念有一个"精确而客观的意义"。他说：古人把表面上遵从一劳永逸建立起来的和谐法则的现象与归因于机遇的现象区别开来，后者由于违反一切法则而成为不可预测的。在每一领域中，精确的法则并不能覆盖一切，它们只是划出了一个可能发生概率的界限。从逻辑斯蒂映射生成分形吸引子的过程中，我们可以看出随机性与确定性是同时存在的。在一定的初始条件下，迭

代值可以是确定的，而控制参数若不在规定的数值区域间，迭代会变得不可预测。这说明确定性一定条件可转化为随机性，但这种随机并非是一种完全混乱无序的随机。

就随机的来源来说，某一偶然的现象是事物发展过程中由于外在的、非本质的原因而产生的。我们把这种由"外在原因"引起的偶然现象叫做"外在随机性"。它是一种不可控制的随机性，是由纯属偶然的因素所引起的不确定性，很难把握。非线性科学提示出：系统在演化过程中不受"外在原因"的影响，也可以产生一类新的随机性，它是系统内部所固有的。为了区别于外在无序的状态，就是由分形系统内部的非线性的和参数产生的内在随机性。因此，在分形图形中，我们可以无限放大其局部，而相似的分形元又能呈现出一种非平衡的平衡性。

分形图形的随机风格有点像中国画中的写意泼墨法或是前卫艺术中的即兴创作，有种意想不到的浑然天成。这种随意的美并非完全偶然，而是有着超载的有序，它在激发人们创造想象力的同时，也蕴涵着更深层次的理性的思考。

强调分形图形的随机性并不是否定人的因素是否艺术规则的重要性。分形图形毕竟是机器生成的图形。它在生成方式上具有一定的机械性，无论它如何变幻莫测，人们在设计时还是要根据具体需要进行实际的、灵活的操作运用，人的理性思维还是可以很好地把握这种图形的。图形设计最终是设计者多种思维方式创造的结果，人在设计艺术创作中的主体地位是不能改变的。作为设计者需要具备较高的审美敏感度和扎实的形象表达技能，在通晓与图形设计相关的多种综合知识后，才能对技术、艺术做出心手协调的思考和研究。如何妙用分形图形的随机性以突破固有的视觉魅力而使设计灵感得以显现，要依靠人类的理性思维方式。此时，人们的价值观、审美理想、艺术标准都将起到一定的作用。

## （二）分形命题的意义

首先，在分形图形生成和变化的过程中，我们看到图形内部任何一个相对独立的分形元，在一定程度是都是整体的再现或是相对缩影，人们可以通过认识局部来认识整体。从这一意义上来说，它是对现代系统论思想体系有效的补充。现代系统论提出：整体大于其孤立部分的总和，整体的性质和规律只存在于其组成各要素的相互联系、相互作用中，整体具有其组成部分在孤立状态时所没有的新性质，强调部分对整体可以独立于整体之外，通过探索局部可以认识复杂的整体。尤其是相似不相同的个体元素具有其个体的独特性和多样性，它有利于激发我们的联想思维带来新异的创造性构想，为图形创作从部分过渡到整体提供一定经验。从分析事物的视角来看，分形论和系统体现了从两个极端发来确立整体的性质，沿着从微观到宏观的方向展开。系统论强调部分对整体的依赖性，而分形论则强调整体对部分的依赖性，二者的互补构成了完整的辩证思维方法。利用这种思维方式进行思维测量命题，我们能从多层面、多视角、多维度获取相关信息，从而迅速转移设计思路，由此及彼，触类旁通，使命题不断呈现新的风貌。

其次，人们的加速对科学发展的深入了解后，也为储存在脑内的巨大能量所震惊，尤其是分形图形在计算机上实现。这些原本科学家基于对分形几何学的研究而得到的数学公式的图式，竟产生了如此不同凡响的视觉效果。这种"数"的图形对视觉思维具有一种创造性，同时也推动了人脑潜能的开发。毋庸置疑，人类是自然界生物进化的产物，而"人脑"的进化是最关键的环节之一。人的大脑有左、右半球之分，两半球既各司其职又相互协作，左半球主管语言、阅读、书写、分析以及形成概念，做出判断，进行推理等抽象思维即逻辑思维活动；右半球主要从事图像识别、视觉记忆、空间定位、进行想象等形象思维和直觉思维范畴的活动。①计算机分形图形的诞生促使大脑两半球的共同运营，既以理性、逻辑思维分析图形的形态结构，又能以感性、直觉思维体味图形的艺术含义，两者的结合不仅推进人脑创新思维的发展，也使分形图形的功能超过了一般形态语言，具有表达与计算两种功能。分形图形的视觉独特性使人们对其充满了好奇感，正是这种好奇心成就了人类不可遏制的求知、探索的欲望，从而更有心专注于对它的研究。当视觉思维及人脑的创造力不断提升时，独具匠心的艺术作品将有可能不断呈现于世。

最后，分形图形为我们提供一种新的理性设计方法。自古希腊以来，随着几何学的美妙结构和精美推理的发展，数学变成了一门艺术。然而，在我们以往的数学教学中，几乎从来都只注意它的实用原则，而忽视它的美学原则，对数字本身的和谐性缺乏一定程度的理解。凝结了人类思维创造活动的现代数字化图形设计，是社会进步的文明产物，也是当代科学发展和思维科学的结晶。数字化图形不仅依赖于丰富而灵敏的形象构思，同时也离不开缜密精致的理性分析。德国著名数学家希尔伯特说："在我们眼里数学就像一座盛开的园林。尽管花园里有许多被人踏出的路，但我们还是喜欢去寻找深藏不露的小径，发现更多出人意料的美的景色。"数学本质上就是追求对数的形及其变换，最优美、最简洁是其有力的证明。在分形几何提供的算法下，一种分形公式对应着一类分形图形，这些抽象的分形图形运用数学语言把自然语言进行扩充、深化，从而使其变成紧凑、简明的符号。在计算过程中，富有节奏感的"数字"与"形状"能时时带给我们心灵上的震撼和愉悦。

# 第二节 W-QIUS演练式命题技术

W-QIUS演练式命题技术是我们近年来研究的成果。它不仅从浩瀚的历史长河中撷取命题营养，而且把心理科学、思维科学、现代信息技术结合起来，创设了投射演练、拼接演练、晃动演练、以静制动演练、转移演练、叠加演练、变焦演练、遮挡演练、变距演练等诸多项目。

## 一、W-QIUS演练式命题技术概述

### （一）演练式命题概念

人类的心理图式首先是对动作经验的保持。人在活动中形成的动作经验，会以行为模式或智力结构的形式记忆下来，并同先前的图式组织起来，形成图式系统。这样，我们就可以对同一类的各种事物或不同状态下的同一事物快速做出应答，从而缩短反应的时间和节省精力。由于存在这样一个富有创造性的图式组织，认识主体才能有效地适应环境。正是在这一意义上，皮亚杰得出结论：适应是内部图式与外部环境进行斗争的结果。它体现了环境的威力，也体现了图式的能动作用。

人的动作经验是有限的，所以图式演练是扩大和深化动作经验的重要渠道。它是根据一定的训练目的，人为地控制和模拟自然现象，使图式刺激发生或重演，以便在比较纯粹的形态下使我们遗传性图式或反射动觉图式得以施展和巩固。

W-QIUS演练式命题技术输出了大量形象信息，这些新奇的形象信息在头脑中进行反复加工，可以改造旧有图式或直接构成简单化、理想化的新图式。新图式又可以通过对表象和

意象的分解与组合得到及时强化，这为今后探索新事物、发现新事物、解决新问题奠定基础。W-QIUS 演练式命题技术还借助人类认知的完形功能对事物所存在的"缺环"进行自动充填并使之完整。另外，设置的图式潜变、图式分拆、图式体语、图式序列还有效填补了感性思维命题的空白，让我们的想象冲破时空限制而"思接千载"、"视接万里"，形成完整的、多侧面的思维链条。这不仅给人耳目一新的感觉，而且开通了激活右脑，使概念回归图式，升华为创造性思维的渠道。

### （二）演练式命题特点

1. 演练式命题具有较强的随机性、突发性的特点

这与我们先前所有的思辨性、逻辑性测验不同。因为分形、完形、分拆、反色、翻转、潜变、幻觉等训练项目都具有较强的随机性、突发性的特点。随机性指我们在进行图式演练时，常常出现人们始料未及，难以预测的直觉思辨和思维火花……正所谓，"众里寻他千百度，蓦然回首，那人却在，灯火阑珊处"。图式演练活动又是突发的。它来去无踪，稍纵即逝，需要我们即时捕捉。一般的思维不管如何求异，总可以寻找到思维加工的逻辑程序或基本的思路，而形象思维程序往往游离于逻辑程序之外，它要么没有明确的思考步骤，很难寻求其思维线路；要么发生在思维跳跃的直觉之中，消失了思维过程而直奔目的；要么突现在顿悟之中，石破天惊……

2. W-QIUS演练式命题还具有诱发性

其所设计的内容通常是被我们在日常生活中忽略的，对这些奇特的现象进行演练，可以激活我们大脑的潜能，使我们的形象认知得到更多渠道的延伸，为我们的新发现、新创造另辟捷径。这类命题开启了通往创造性思维的桥梁。创造性思维离不开想象，因为人们要揭示事物的本质，不仅要把握那些能被直接感知的经验材料，更重要的是透过这些经验材料，把握住那些不能为人们直接感知的事物的隐蔽的基础，去设想、构思其内部因素相互联系、相互作用的图景，也就是要借助于想象去探求事物运动的内部机制。想象不拘泥于现有的实际材料，而是一种对实际材料的"超越、突破"，对未知对象的性质及其未来的猜测。想象不仅对于提出科学假说和新的科学概念具有重要作用，而且也是"思维实验"和"模型方法"的重要手段。W-QIUS 综合命题技术可以使人们摆脱技术条件的限制，对假定条件下可能出现的现象和过程进行想象，勾画出可能出现的创造潜能。

3. W-QIUS演练式命题具有科学的操作性

可以对错综复杂的现象通过实验进行简化与纯化，把次要现象因素排除丢，以便突出主要的操作关系与过程，这样比较容易形成富有成效的动作经验；W-QIUS 演练式命题最大的特点是可验证性，它不仅可以纠正我们许多未知的错误，还可以用于心理科学实验，是实验心理学发展的必走之路。

4. W-QIUS演练式命题还具有趣味性

其间反色法、投射法、遮挡法、变角法、动静互制法、空间变距法、叠加生成法、线面延伸法等操作演练会派生出千奇百怪的心理现象，使我们从中感受到无穷的乐趣。

## 二、W-QIUS演练式命题例举

W-QIUS 演练式命题已初步建库，分十一个子库，例举如下。

## （一）投射演练

我们最容易犯的错误往往也是最可怕的，那就是黑白不分、美丑不辨。请看下面这幅图案，很多人把它看作魔鬼，但且慢，这不是魔鬼，而是天使！请以虔诚的心境，用力注视圆形中央的四个黑点 30 秒！然后闭上眼睛仰头朝上，眼睛再慢慢张开看光白的天花板，慢慢的你会看到！如果你没有看到天使，那么还有一个简便的方法帮助你，你知道那是什么方法？

【参考答案】将图片反色一下即可看到下面这幅天使耶稣图。从操作方法上讲，这是色彩反转法。如果你用的是前一种方法，即用力注视圆形中央的四个黑点，再慢慢张开眼睛看光白的天花板的方法叫视角投射法。

## （二）近距演练

同一个画面，从不同的距离能观察到不同的内容，甚至决定生与死的不同结果。你把下图放远一点，再放近一点，分别看到什么？

【参考答案】放远处看，是一个骷髅，是死亡的象征；放近处看，是一对情侣共度良宵，是生命的象征，真是"生死距离"。

## （三）远距演练

上面第二题近距演练是常规性的命题，因为一般情况下，我们距离被观察事物越近，看的越清楚。下面的测题正相反，是远距演练。这道题附加了一个故事：小伙子爱上了美丽的姑娘，但是不好意思直接讲出来。他将下面写有乱码的图片交给了姑娘，可是姑娘不知道如何翻译这些乱码，对这幅图左看右看也看不出名堂。你能帮助她吗？

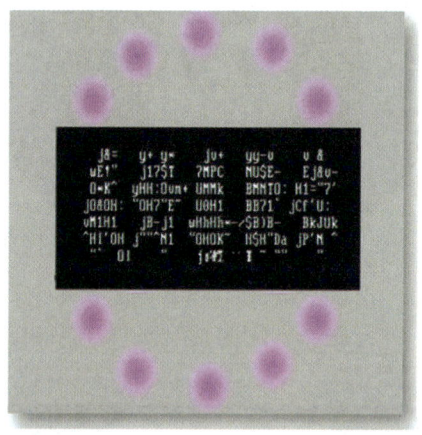

【参考答案】这个需要退后两米才会清楚地看到图片上的5个大字：我好喜欢你。

## （四）遮挡演练

下面两人朝着不同的方向看着什么，你有什么办法让他们朝一个方向看？

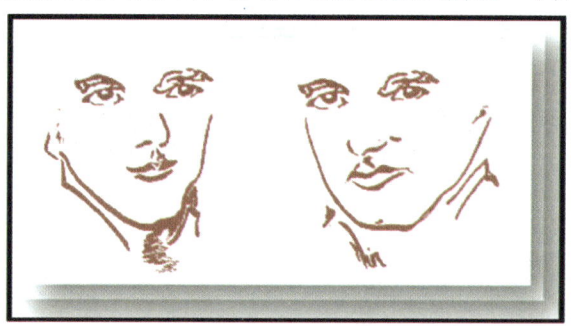

【参考答案】把他们的眼睛下面全遮住，你将发现他们在朝同一个方向看。从操作方法上讲，这是遮挡法。

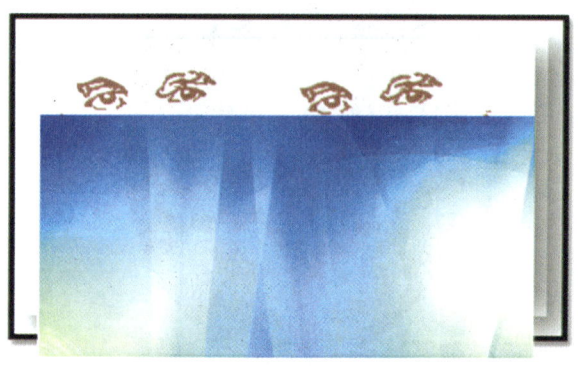

## （五）变焦演练

不要试图改变图案，如何使你看到两只手相碰？

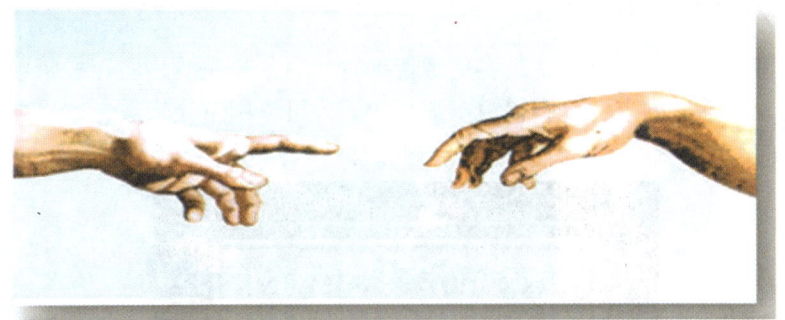

【参考答案】两眼看着这幅幻觉作品，慢慢地把它靠近你的脸，看见了么？手相碰了。从操作方法上讲，这是变焦法。

## （六）叠加演练

下面两个圆内线条的不同。不要用任何工具，仅凭你的眼睛，如何使右图变形？

【参考答案】盯着左手边的格栅看三十秒或更久，保持不要动。然后再迅速盯着右手边的格栅栏看。你会发现右边的弯曲变形了。这是视觉后像叠加在另一图像的结果。

## （七）转移演练

与以上试验不同，下面你将在眼前制造出一个悬浮的手指。把你的双手放在与眼睛同一水平线上，伸出食指让指尖也保持与眼睛在同一水平线，盯着离手指几英寸远的墙看，你将看到一个悬浮的手指。试着将手指逐渐移近脸，发生了什么？

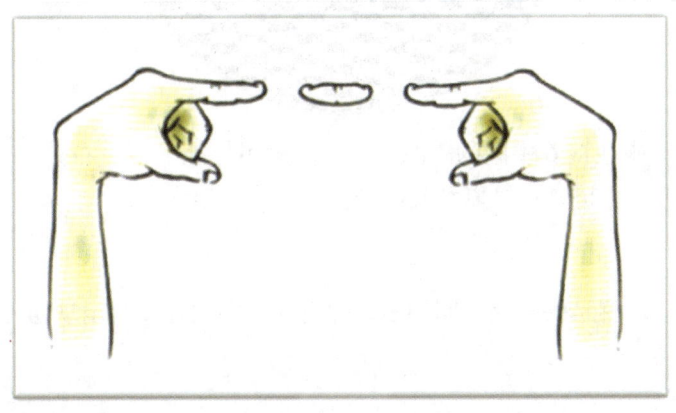

【参考答案】如果你盯着手指而不是墙,幻觉会消失。从操作方法上讲,这是转移演练法。

### (八)以静制动演练

仔细看下图,说是蓝花点点,其实更像传动轮。白色高光的趋向正好暗示了三个轮子传动的时候的转动关系。如果觉得转得没有那么快啊,可以用余光来看,效果可能会好些,但还是转转停停的。现在的问题是,你能让它停止旋转吗?

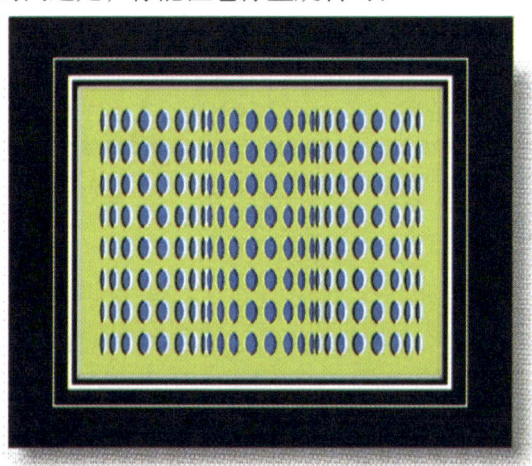

【参考答案】强制自己睁眼一动不动地看着,或离远一点看,都会让它停止旋转。当你使劲盯着某一点看时,这种错觉会消失或减弱。这是因为我们强制眼球的快速移动停止或减弱。从操作方法上讲,这是以静制动法。

### (九)以动制静演练

下面图的中心似乎有个圆,你能使用什么方法使之看起来更清晰?

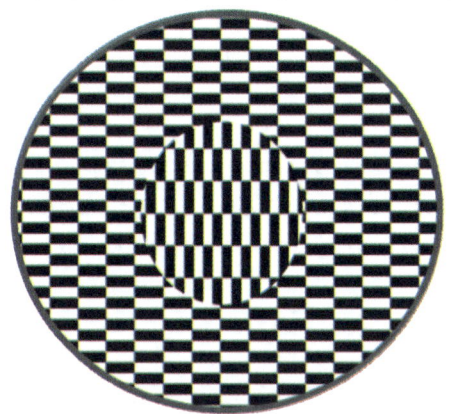

【参考答案】双眼注视着中间的圆圈,头快速地不停地上下左右晃动,就会使中心的圆清晰起来。从操作方法上讲,这是以动制静法。

### (十)晃动演练

下图里有一只扇动翅膀的蝴蝶,问题是,你有什么办法让这只扇动翅膀的蝴蝶出现。

【参考答案】眼睛盯住圆心,上下滚动页面,你就会发现圆中有一只扑动翅膀的蝴蝶。

(十一)拼接演练

美国悬疑大师塞姆·利外德创造了这个精彩的难解之谜(如下图)。你可以用重叠或剪拼的方法让骑师骑在骡子背上(将骑士插入骡背上就可以了),蹊跷在于,你不用加入任何别的东西,就可以让这头安闲漫步的骡子奔跑起来么?

【参考答案】解决的办法与幻觉直接有关。因为骡子的身体引发了歧义。办法是,把骡子从中间剪开(下图①),而后将后腿旋转270度,与骡子的前部分拼合成奔跑的样子(下图②),再将骑士插入中间就可以了(下图③)。注意,后腿旋转270度后,与骡子的前部分要有点距离才可以。

图①　　　　　　　　图②

图③

## 第三节　W-QIUS潜变式命题技术

潜变技术似乎来自艺术家的探索。艺术家早已开始探索图式和认知的关系了。他们遵循詹姆斯、弗洛伊德和比纳的传统，相信图式结构可以通过潜变的方法进行了解。荷兰著名版画艺术家埃舍尔（M. C. Escher）所营造的世界至今仍独树一帜、风靡世界：一些自相缠绕的怪圈、一段永远走不完的楼梯或者两个不同视角所看到的两种场景……半个世纪以前，他创作的《画手》（如左图）等许多作品都是"无人能够企及的传世佳作"。艺术家还创作了很多有趣的双关图形，从不同角度和视角看到的结果是不一样，著名的鸭兔双关图、老妇美女图、耶稣魔鬼图、杯子头像图等，看看你能看到什么吧！双关图形给我们一种妙趣横生的感觉和奇特的审美享受，也给我们带来一些探索其间奥秘的好奇。

如右下图，图里有两个人，一个年轻女子和一个老太太，老太太已经七八十岁了，年轻女子就二十多岁，年轻女子侧着脸，老太太低着头。人们对于大多数拿到手的东西，会先入为主，一眼就以为自己了解了。并且，人们大都对自己的第一印象非常认定，因此即使后来我已经告诉了学员画面有两个人，但大部分人在看第二遍、第三遍甚至更多遍时，仍然坚持自己最初的意见。这就是人们认识中的"失盲"现象。眼见为实的信念误了很多人。但艺术家们并没有把图式研究进行到底，他们最终还是把这一课题交还给心理学家。在格式塔心理学家看来，知觉到的东西要大于眼睛见到的东西；任何一种经验的现象，其中的每一成分都牵连到其他成分，每一成分之所以有其特性，是因为它与其他部分具有关系。由此构成的整体，并不决定于其个别的元素，而局部过程却取决于整体的内在特性。完整的现象具有它本身的完整特性，它既不能分

解为简单的元素，它的特性又不包含于元素之内。下面是我们设计的新型命题，该命题对传统的作业技术作了重要改造，除对传统单一的静态图形进行改造外，我们还利用艺术家的天才创造，设计出一些动态结构的潜变图形。

## 一、潜变的基础

潜变式命题的基础就是双关。双关图构思巧妙，在点线面的设计以及彩色画面的用色上煞费苦心，不仅造出新鲜的、有趣的视觉形象，还牵扯到双重解释，一重表面上的意思，一重是暗含的意思。暗含的意思往往是图形的主要含意所在。言在此而意在彼，可收到含蓄风趣的表达效果。例如有些双关图在图形设计中，或者将单一或相近的元素造型反复整合构成另一视觉新形象，创造新颖的聚集图形来表达观念；或者用非自然的构合方法，将客观世界人们所熟悉的、合理的和固定的次序，移置于逻辑混乱的荒诞反常规的图像世界之中，目的在于打破真实与虚幻、主观与客观世界之间的物理障碍和心理障碍，在显现不合理、违规和重新认识的物形中，把隐藏在物形深处的含义表露出来。著名的"小丑与美女"、"爱因斯坦的表情"等都打破一条轮廓线只能界定一个物象的现实，用一条轮廓线同时界定两个紧密相接、相互衬托的形象，使形与形之间的轮廓线可以相互转换借用，互生互长，从而以尽可能少的线条表现更多更丰富的含义，显现出含蓄风趣的表达效果和精简着笔的魅力。例如，小丑与美女就是紧密相接、相互衬托的两类人物形象。下面的小丑是投于人们视野的"第一映像"，但是一旦被发现这个小丑图实际上是由7个美女构成的（如下图），美女"映像"可能会更深刻些，因为人们对挖掘出来的隐蔽信息会形成较为刻板的印象。

这也说明图式双关还和人的知觉选择性有关，是指人根据当前的需要，对外来刺激有选择地作为知觉对象进行组织加工的过程。这就是说，我们并不是对同时作用于感觉器官的所有刺激都进行反映，而是选择一个或几个刺激。这些被选择的刺激就是知觉对象，其他没有被选择的就成了知觉背景。知觉对象和知觉背景之间的关系是相对的。此时的知觉对象可以成为彼时的知觉对象，而此时的知觉背景也可以成为彼时的知觉对象，它们之间是可以不断发生对换的。当然，这种选择性会受到我们已有的知识经验、生活经历以及兴趣爱好等的影响。

## 二、W-QIUS潜变测验

W-QIUS潜变测验是我国心理学工作者独立开发的一种投射性思维测验，但与传统投射测验有明显区别：①力图在刺激图的变化上形成一个渐进变化的等距连续统，从而为解决投射测验无法建立效标的问题打下基础；②测验材料从单个看似乎与传统投射测验一样，没有明确的结构和固定意义，但以整体系列分析，却有其明确指向和意义；③受测者有广泛自由的反应方式，可作多种反应，却有客观与谬误之分；④受测者不知道测试的目的，但测验本身却内含有主题；⑤借助三维动画技术，一改投射测验呆板晦涩难懂的图式；⑥遵循测量学的原则，致力于建立客观化的评分标准，并有初步的信度、效度的研究。

W-QIUS潜变测验的特征有以下几个。

### （一）差异区别性能

W-QIUS潜变作为一个心灵外向随意安放的操作过程，在不同人不同投射的异同关系维度上，具有共同性与个别差异性相辅相成的特点。如右图，小孩子无法辨识是一对亲密的男女，因为他们并没有此景象的经验。他们看到的只是九只海豚。而所有正常的成年人都会看到这对亲密的男女。另一方面，不同人的不同投射又有不同层次和维度的特殊规定性，相互间具有相应的差异性，如投射的内容差异性、对象差异性、方法差异性、根据差异性、态度差异性、状态差异性等，直至个别人个别投射的个别差异性。因而，W-QIUS投射，既不是用共性研究取代特殊研究、个别研究，也不是用个别研究、特殊研究取代共性研究，而是从共性与个性、一般与特殊的统一中具体展开。

### （二）测验的控制性能

在控制水平的维度上，W-QIUS投射是一个系列的人格组织投射在刺激情境的信息，具有自发性与自觉性相辅相成的特点。在展示图片时，大部分是按先难后易序展开，但也可以根据被试年龄从较易的测题开始。展示图片时，让被试仔细观察，尽可能准确地想象到它们所表现的是什么（测试时，图画是以放映幻灯片方式一张一张展现的，直到被试有答案为止）。在刺激图的变化上形成一个渐进变化的等距连续统，从而为解决投射测验无法建立效标的问题。如下图，小鸟归林，绕树而飞。图（1）我们看到一只鸟，图（2）我们看到两只鸟，图（3）我们还看到第三只鸟的影子……那么图（4）你看到什么？

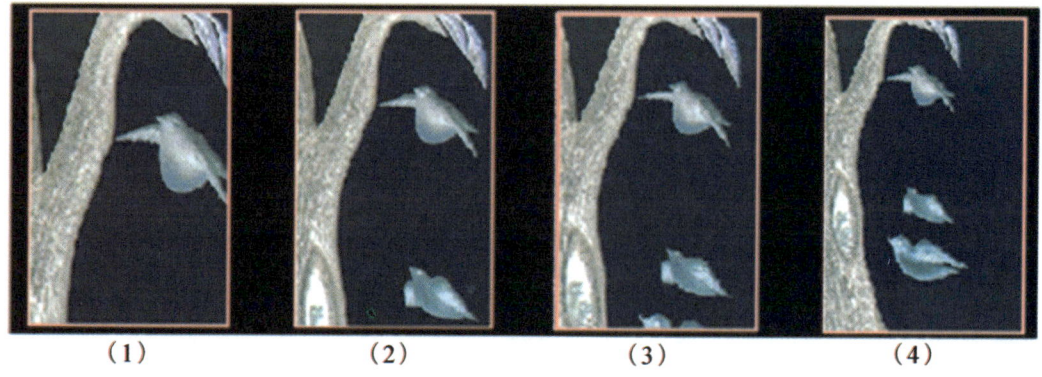

（1）　　　　　　（2）　　　　　　（3）　　　　　　（4）

## （三）客观指向性能

在所投射的思维观念与被投射的对象之统一程度的维度上，W-QIUS 投射具有客观性与谬误性相辅相成的特点。一方面，测验大多是游戏性的，往往被试者虽然进行了投射，但不知道、不理解自己的投射。另一方面，人对自己的某些投射是自觉展开的，如对图案进行系统把握时，思维的逻辑性就突兀而出。一般说来，人们自觉和理解的投射相对为少，不理解而自发进行的投射相对为多。正因如此，测验也显得更为真实。人们所投射到对象上去的思维观念与对象是否统一？在这里就有了真理性与谬误性的区别。所谓真理性，是所投射到对象上去的思维观念与关于对象的经验统一，从而与相应对象统一的特点。下图是一只手潜变为女人的过程，凡属这个范围的说法与科学研究的结论一致，是为客观性投射。相反，有的投射就与对象背道而驰，这相当于罗夏测验的 F 分（形状）：通常的认识的形状为 F，少见而很清楚的形状为 F+，莫名其妙的形状为 F−。F 或 F+ 分，表示心智的过程和做事上有控制能力。F 分过高，则表示在情绪上和社会适应性上会受到限制。F− 分，表示其行为无组织，对事曲解，属分裂型的人。

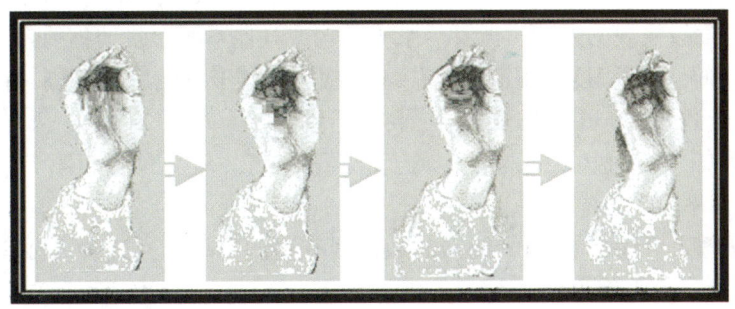

## （四）测验的迁移性能

整个测验具有系统迁移的导向作用，一方面可以测得意识的激活程度，另一方面可间接测取被试的理解与接受能力。从个体测验的角度看，它们有一个由无到有、由简单到复杂的不断建构、发展的过程。相应的，投射的观念也是一个发展过程。这种迁移有根据作用和导向作用。所谓根据作用，就是人们往往根据自己的投射到对象上去的观念决策、规划自己的行为，而不是根据实事来决策、规划自己的行为。所谓导向作用，就是把投射到对象上去的某些观念，当成了引导后继行为的方法。例如识别过本节开篇的老妇美女图后，有利于识别下图的潜变。

## （五）测验的继承性能

W-QIUS 图式测验也继承了墨迹测验的一些特点，如下图。对该图形的指导语是："如果你把图(1)看成骷髅的X片，那不会令人惊奇的。但是我们告诉你那不是正确答案。如果那是骷髅，骷髅也会照镜子？请往下看，图（2）让你看出什么呢？图（3）呢？之后又看到什么？"

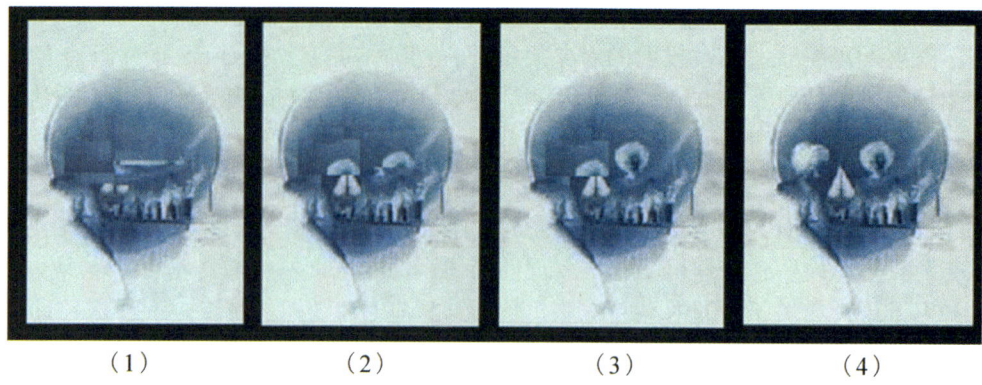

（1）　　　　　（2）　　　　　（3）　　　　　（4）

可作如下大致分析：

（1）把图形看作是臀部、骨盆、内脏、动物、被车压伤的人，或坚持骷髅映像者，大部分在思维上有困扰，思维的流畅度较差，在应激状态下茫然无计。即因过度紧张抑制了人的智能活动，使认识、判断、决策能力降低，以致惊慌失措或呆若木鸡。

（2）看成是逐级显现的人物、仕女、水中动物或其他不明形状动物的人，思维较活跃，其思维的变通性和灵活性程度都很高。他们才思敏捷、敢于打破思维定势，在危急时头脑里能立即产生许多应激办法，并且当机立断、付诸行动。

（3）看作是帽子、面盆、锅的人，属于形式思维者，较为刻板而不灵活。不肯改变自己思维样式，自然不可能急中生智。

（4）看作恶魔、不幸、疾病、地狱的人，很有些病态思维；这种人或思维求异怪诞，或思维混乱无逻辑，在两个极端。

当然，仅凭一张图形是不够的，应把多幅图当作一个测量体系才不至唐突和轻率。

## 三、W-QIUS潜变测验的技术创新

W-QIUS潜变测验在命题方面，除分形、演练、双关、潜变外，还有一些创新。

### （一）翻转技术

W-QIUS潜变测验除利用双关外，采用了一些翻转技术。翻转属于视觉空间的命题，即事物围着或好像围着一个轴旋转的空间顺序。它可以分为平面翻转和立体翻转两种。平面翻转是指在一个平面内，把一个图形绕着某一点O旋转一个角度的图形变换，也就是我们平时所讲的旋转，点O叫做旋转中心，旋转的角叫做旋转角，如果图形上的点P经过旋转变为点P'，那么这两个点叫做这个旋转的对应点。旋转有如下性质：①对应点到旋转中心的距离相等；②对应点与旋转中心所连线段的夹角等于旋转角；③旋转前、后的图形全

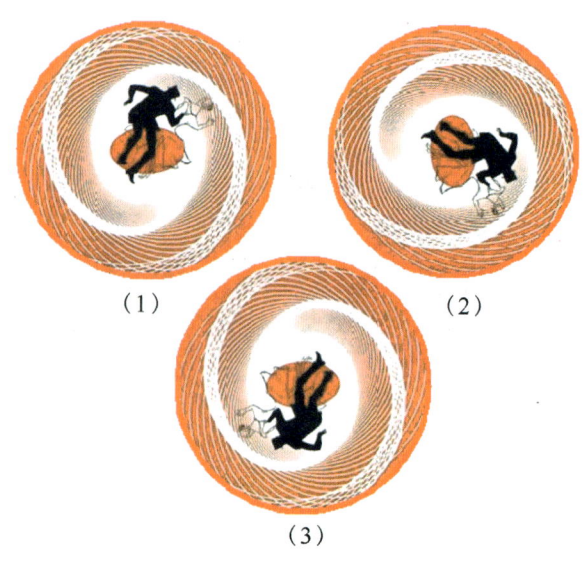

（1）　　　　　（2）

（3）

等。旋转有三个要素：①定点——旋转中心；②旋转方向；③旋转角度。三要素中只要任意改变一个，图形就会不一样。在经典力学与几何学里，所有环绕着三维欧几里得空间的原点的旋转，组成的群，定义为旋转群。如右图，从图（1）~图（3）旋转的中心即圆心，旋转方向是顺时针方向，旋转角度是每旋转一次递增 90°。

立体翻转指在一个立面空内，把一个图形绕着某一点 O 翻转一个角度的图形变换，也就是我们平时所讲的空间翻转。空间翻转较之平面翻转要复杂得多，也显得丰富多彩，我们熟悉的体操运动、花样滑冰运动等就有许多令人炫目的空间翻转项目。

翻转与双关的结合，使命题范围得以扩张，增添了测验的趣味性和复杂程度。如下图，图（1）中的青蛙最终却变成图（4）中的一匹马，由于本书从不同角度考查你的翻转视觉能力。测试题由简单到复杂进行命题，但是受纸质图书的限制，立体翻转并非实际意义上的三维空间翻转。需要我们凭借想象力来弥补。无论平面翻转还是立体翻转都是按不同方向，不同角度进行的。

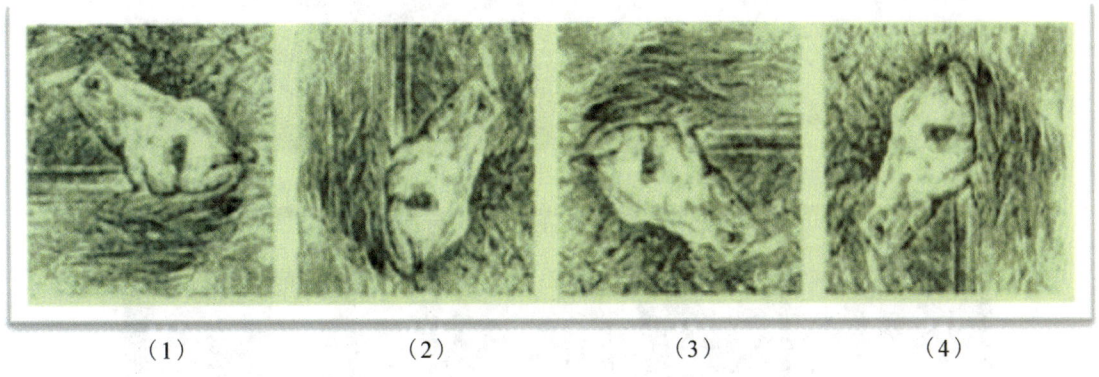

（1）　　　　（2）　　　　（3）　　　　（4）

## （二）反色技术

反色又叫补色，是一种有规律的主观视觉经验。红的补色是绿色，蓝的补色是橙色，黄的补色是紫色，由这三种对比关系可引出很多对比的反色。最典型的和最常用的应是黑与白的反色，在过去一百多年的摄影历史里，黑白胶片的反色原理，为我们留下非常珍贵的照片。

反色有时能产生奇特的效果。下图看似一个茶杯，反色后，我们发现原来是一个女孩。所以说，心理图式在一定程度上受反色心理影响，而反色又受制于色调、饱和度、明度等心理颜色，其中色调是最重要的。在可见光谱中，不同波长的单色光在视觉上表现为不同的色调，如绿色（545nm）、黄色（580nm）等，人眼辨别色调的能力非常精细，随着波长的不同有明显差别，在青绿色（495nm）及橙黄色（590nm）附近的辨别能力最强，即在黄色与青色之间，人眼能识别相差仅 1nm 波长的色光。可见光谱两端颜色和紫色附近色光的辨别能力最弱，即使波长变化较大（相差几十纳米），人眼也不能辨别出差异。人眼所能分辨的颜色约为一万或数万种，其间的差异很大，其原因一方面由遗传因素左右，一方面又受实践和训练影响。

W-QIUS 测验精选了一些有信息含量的图片，设计奇特的建筑物、鬼斧神工的自然妙景、哈勃镜头里的螺旋星云、风情万种的市井图等，为各种体现出奇异念头或怪诞风格的惊世之作留出空间，使其另辟蹊径，一同加入这一非凡的视觉盛宴。下图即正片与反色片的比较。

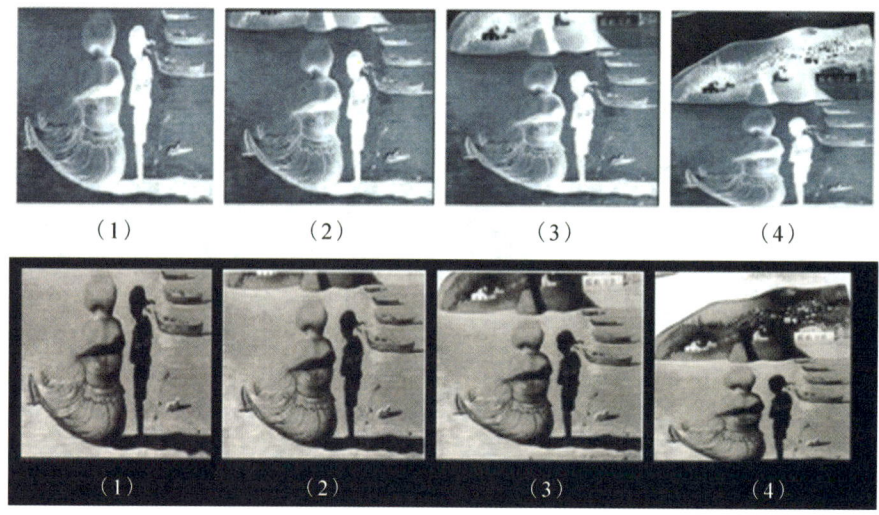

## 四、W-QIUS潜变测验操作

W-QIUS 潜变测验图片（如下图），编有一定的次序，使用时，每出示一张，即同时向被试者发问："这可能是什么？"或"你看到的是什么？"或"这使你想起什么？"并允许被试者转动图片从不同角度去看。

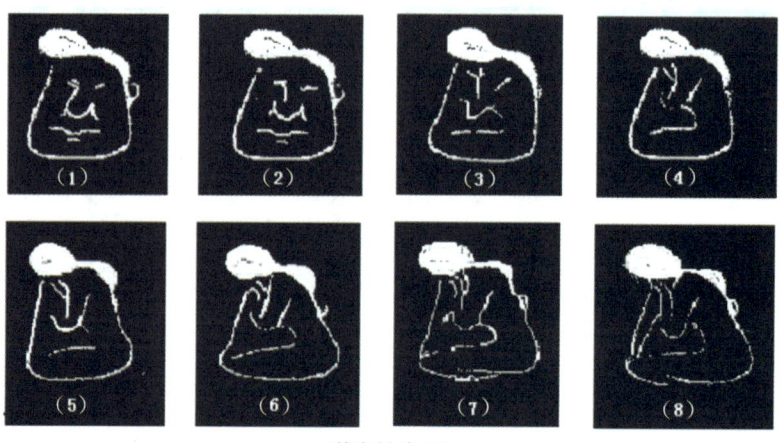

潜变性命题

有的潜变测验，既可从前往后测，也可以从后往前进行。展示图片时，让被试仔细观察，尽可能准确地想象到它们所表现的是什么（测试时，图画是以放映幻灯片方式一张一张展现的，直到被试有答案为止）。在刺激图的变化上形成一个渐进变化的等距连续统，从而为解决投射测验无法建立效标的问题。例如，用上面的潜变测验对80名在校大学生进行测试，发现多数被试在图（5）即可看出潜变结果（占62.5%），也有人在图（4）或图（7）时得出正确答案（分别占16.5%和15%），极少数人（占2.5%）在图（3）或图（7）时看出图案表现的变化态势。这非常符合常态匹配的理论。这类渐进式投射量表对非正常心理具有很好的筛选作用。

W-QIUS潜变测验的过程大体需经历由疏而密的三个阶段，即自由联想阶段、提问阶段和强化测验阶段。

## （一）自由联想阶段

从被试开始注视墨迹图到做出反应的过程划分为三个阶段：[1]

1.视觉信息输入阶段

视觉信息的输入是一个非常快速的过程。对被试扫描刺激时的眼动记录发现，被试只用0.5秒的时间就能将卡I-1的全部区域审视一遍，有的部分甚至被重复扫描。而看完如卡Ⅲ-1这样双关图形也只用2.7秒的时间。但被试的反应时间（自测验开始到说出第一个反应）却长得多，如卡Ⅰ为3.9秒，卡Ⅲ为6.5秒，中间有很长的时间延搁。在这段时间延搁中，被试对墨迹图进行复杂的识别和审视。

2.对墨迹图的识别阶段

视觉信息输入后便贮存在短时记忆里，同时，被试会将贮存在长时记忆中的记忆表象信息与之相比较，将墨迹图或其部分识别为某种物体。这是一个包括自下而上加工和自上而下加工的双向认知加工过程。在这个复杂的过程中，被试要对刺激野进行组织、筛选和重新组织。在这一阶段，被试可能形成了很多潜在反应，但并未报告出来。

3.自由联想阶段

有些被试在看图时会自言自语"这部分像××，又像××，但更像×"，最后他报告了他认为最合适的物体，这种情况是典型的。这种现象反映了被试形成自由联想的过程，也是一个比较、筛选的过程。

所谓自由联想，就是让被试者在W-QIUS潜变测验图中所看到的内容，由此及彼，以类相从，自由反应。在这个阶段，主试应避免一切诱导性的提问，只是记录被试者的自发反应。不仅要尽量原原本本地记录被试者的所有言语反应，而且要对他们的动作表情给以细心的注意，并记录下来。此外，要测定和记录从呈现图版之后到做出第一个反应之间的时间，以及对每一张图板反应终了的时间。

被试者可能会提出各种问题。对这些问题，主试者应尽量暧昧地回答，一般说："你看到或想到什么，就说什么。"被试者如果表现出特别不安，则中断测验，使其平静。应将这种特别不安的内容和情况记录下来。这种不安可能与被试者所持图版的特别刺激价值有关，也可能与被试者的具有特殊意义的反应有关，或可能与测验场合本身几乎毫无关系的环境刺激有关。

---

1 郭庆科，战秉聚. 墨迹测验的实质. 山东师大学报（社科版），1998(1)

当被试者问到自己的反应"对吗"时,主试者要特别给以注意。如果被试者反复提出这个问题,而表现不安的话,则不明确回答正确与不正确,只是对他的努力表示赞意和鼓励。一般在自由联想阶段,主试者努力做到不与被试者说话。

## (二)提问阶段

提问阶段是施测的一个重要步骤。提问主要内容有以下几个方面。

### 1.有关领域的提问

仔细地向被试者提问,请他说明所知觉到的事物是哪个部分。如被试者着重反应的是投射测验图中的哪一部分,对投射测验图的整体或接近整体的反应,还是每一投射测验图因其形状结构或墨迹浓淡或色彩的差异,明显地分出若干部分等。最好的方法就是在被试者所使用的图像领域内,主试者若有不明白的地方,则请被试者说明。如果这种方法不行的话,则可以让被试者自由地画出那个反应,用这些方法仍不明白被试者所知觉到的事物的话,则可先搁下。

### 2.有关决定因子的提问

有关决定因子主要指形状(F)光度(K)、色彩(C)、运动(M)(把图形看成是静的还是动的)意义(Y)等。关于决定因子的提问的目的在于正确地决定所有的潜在决定因子。形状、光度、运动、色彩的浓淡及意义等都可能成为被试者所知觉到的决定因子,其中"这是什么?"或"这使你想到了什么"的问题在所有场合都要提出。另外,在展示连续图,看到人物变化的时候,应稍微停留一下,让被试说清楚概念转变的理由;在运动(M)有可能成为决定因子时,如果反应领域具有色彩或浓淡的话,必须确定在被试者所知觉的事物概念中,是否有这些因子的影响。提问的目的就是证明或排除这些决定因子的存在。

提问要尽量说得模糊不清,并且最好利用被试者自己叙述的语言。因此,如果被试者看到了W-QIUS潜变V中美丽的舞姿(如下图),则最好是问"怎样看到舞姿的?""怎样看到是美丽的?"

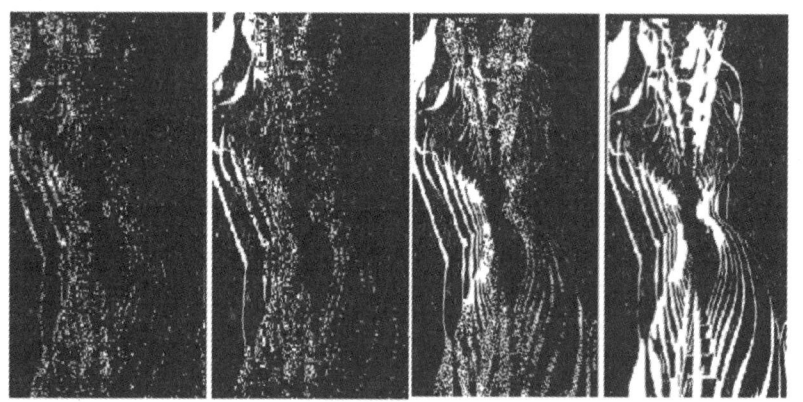

W-QIUS潜变V:无意义→模糊意义→多种意义的图形

在就运动(M)进行提问的时候,主试者可以问被试者怎么看到那个事物的。再如上图中,被试将"美丽的舞姿"变成"旋转的舞姿"时,可以继续就被试者所知觉的事物的姿态进行提问:"从哪儿看出是旋转的?"但是,像"是动的,还是静的?"这样的提问,一般是无益的,有可能过于构造化。

提问同时做好记录，即所谓记号化。记号化是将W-QIUS潜变测验记录的资料进行分类，使资料的处理简单化。为了能正确地提问，主试者不仅要确记该提问有什么样的记号，而且必须充分了解该记号所具有的解释上的意义。

主试者必须充分地搜集信息，以能够清楚他说明某个决定因子是否存在。因此，提问阶段可以说是对被试者在自由联想阶段所隐藏的想法进行确认的过程。必须注意不要诱导暗示特定的决定因子。另外，要注意，必须明确地确认是否有决定因子，不要遗留这样的疑问。

## （三）强化测验阶段

主试者对被试者的反应有时把握不准，会产生各种疑问，如被试究竟是否能看到某种东西？是否能使用某个领域和决定因子？因此，主试者应就这些问题直接提问，加以确认。这样，被试者所未想到的概念，通过提问也许就会出现。

这个阶段，就是制造一种非常构造化的、主试者几乎不加任何限制的场合。在这以前的阶段，有的被试者由于暧昧而感到不安，所得到的记录可能是贫乏的。但在更构造化的场合，他们就能给出相当充分的信息。对于这样的被试者，强化测验是特别有效的。这个阶段的提问原则上是从一般到特殊。因此，主试者应这样开始问被试者："有的人所想到的东西，有时不是单一地看一张图片，而是比较每张图片与上一张的差别。你也能这样吗？"如果这样还得不到结果时，可出示能引起通常反应的领域。如果还看不出的话，可以暗示平凡反应。在被试者拒绝承认所暗示的平凡反应事物或没有这种知觉能力时，主试者应该进行如下的提问："如果别人看到某某的话，什么地方错了？"对这个提问的回答，往往能将所有的问题搞清楚。

在强化检查中，有的方法是根据必要才使用的。当就某个心理领域下结论，而记录本身又没有给出充分的根据时，才使用这些方法。

## 五、W-QIUS测验的评价技术

W-QIUS测验的评价技术较之传统投射要简单些，如形态水平评价仅仅限于 $F$ 反应，不像罗夏测验将 $M, Fc, Fk$ 都成为形态评价的对象。W-QIUS测验评价形态水平有三点：正确度、明细化和组织化。

### （一）正确度

所谓正确度（accuracy），就是被试者的表象在轮廓或形态上与图的领域一致到何种程度。正确度程度可大致区别为三种。

1. 正确反应

首先是这个反应具备一定的形态。这个反应的形态要与图的轮廓一致。例如，W-QIUS 图版Ⅲ-1图（如右图）与平凡概念相联系，在这一点上是独特的。一般是看到是鱼类动物，例如海豚或鲤鱼。由于这个反应出现的次数非常多，所以如果直到极限检查还不能看到的话，则应认为是非常特殊的。这种情况可以假说为被试者与现实的联系是相当弱的。对中性的事物赋予感情，这大概是反映被试者的内心世界。如在图Ⅱ-1里即看到了女孩的翩翩舞姿，或在图版Ⅲ-1里即看到了一条"美人鱼"，这是投射机制起作用的相当具体的例子。

像这种情况，无意识控制的投射是性敏感的特征。

2. 含混反应

这是一种半定形或不定形的反应。概念所表示的形态是非常暧昧的。由于有种种形态，所以不论测验图像的哪个部分都很合适，这就是含混反应。如图版Ⅲ-1的各种突出部分，有时是作为这个平凡概念"鱼"的一部分被使用，有时被试者申明将这些部分除去，编织了一幅"不明形迹的恐怖动物"的图案。

3. 惯势反应

当确认一个概念后，不再动摇，沿着固定的概念走下去，或仅仅在数量上或非本质现象上有些变化。再以 W-QIUS 图版Ⅲ为例，当认定Ⅲ-1 为一条鱼后，将Ⅲ-2 认定为二条鱼，将Ⅲ-3 认定为三条鱼……像这种情况，无意识控制的投射是定势固执难以转移的病态特征。

4. 不正确的反应

这是具备一定形态的反应，但是这个反应与图的形状不符。对 W-QIUS 图版Ⅲ-1 的全体反应为"蚊子"或"飞机"等，都属不正确反应。

## （二）明细化

对最初反应的正确性进行修饰，称之为明细化（specification）。明细化可以分为三种：构造性明细化、无关系明细化、破坏性明细化。

1. 构造性明细化

修饰概念使其在很细微的方面都适合图像的特定构造，就叫构造性明细化。这种明细化又有形态的明细化和决定因子的明细化。前者是使概念更加精细地适合图像轮廓，后者是使用色彩、浓淡、运动使概念更精确地适合于图像。但并不是所有的决定因子都能使概念明细化。为此必须满足两个标准：运动明细化标准和浓淡及色彩明细化的标准；

2. 无关系明细化

所谓无关系明细化是一种既不提高，也不降低概念和图像一致性（正确度）的言语表现。这种明细化已经包含在已明确的概念之中。例如，在识别 W-QIUS 图版Ⅲ-1 时说："这是一条鱼。这儿是鱼头，这儿是尾巴。"鱼头和尾巴包含在"鱼"之内，故只是一种说明，并不增加正确度；

3. 破坏性明细化

这是降低或破坏形态水平的明细化。它有两种类型：一是破坏概念对图像的适合性的明细化，这种明细化对概念的核心有影响；二是减低了概念对图像的适合性，但没有完全损坏基本正确的明细化。

## （三）组织化

将测图的各种部分组织起来，构成有一种意义的包括性概念称为组织化（organization）。有的是松散的组织化，有的是统合得很好的组织化。有的组织化取决于运动姿势的相互作用，也有的取决于机能性的相互依存。有的由位置来决定，也有的决定于象征性的东西。不论被试者使用什么方法都增加形态水平的评定。但是，若只是两个概念的简单拼凑的那种无意义的结合，并不能增加形态水平评定，因而不能称之为组织化。

例如，有人对 W-QIUS 图版Ⅲ-9（如下图）的整体判断为："在海底的一对男女，有鱼做伴"，"在海底""有鱼做伴"形成了构成的明细化。将图像潜变的两方面内容联系起来，这种组织化提高了形态水平。

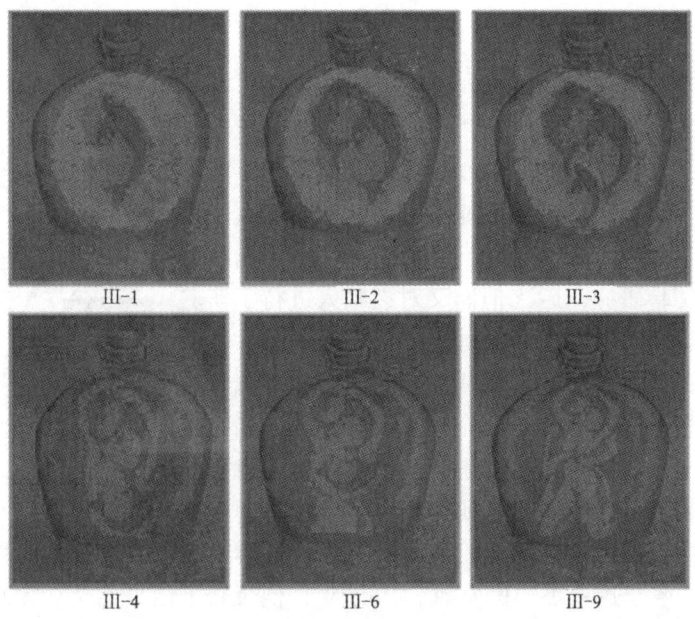

W-QIUS 的功能是多样的，除思维水平测试外，还有思维样式的鉴别功能。思维样式的鉴别步骤如下：

（1）让被试者解释，以投射出主观世界的表象储量、知觉的图式激活规律，和思维的路径；

（2）统计原始分被试做完全部测验题后，可分别得出原始分 j 值（逻辑分值）、f 值（感性分值）；

（3）换算 T 分值。根据 W-QIUS 量表原始分与标准分换算表，将 j 值、f 值分别换算成 J 值、F 值；

（4）思维样式评估。根据所得J值和F值，对照常模确定思维类型；也可以直接在W-QIUS潜变坐标图中（如下图）找到 J、F 的函数坐标，给思维类型以鉴定。

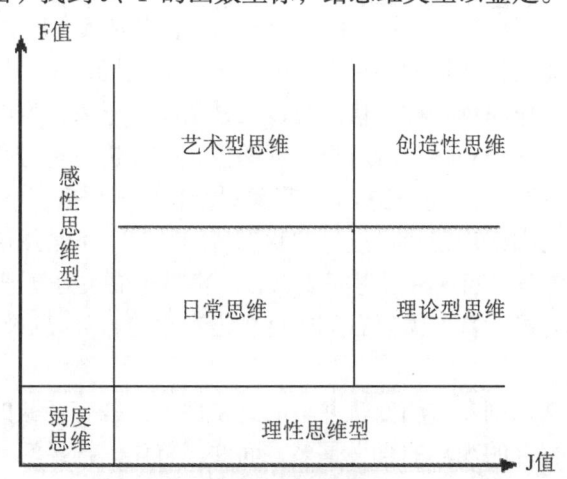

W-QIUS潜变坐标图

# 第四节　W-QIUS整合式命题技术

## 一、整合式命题的提出

人的大脑由左右两半球构成（如右图）。真正确立左右脑分工的新观念，开始于20世纪50年代。在此我们不能不提及一个人，他就是美国加利福尼亚技术研究院的教授、著名生物学家斯佩里（Roger Sperry）。他和他的学生开始在动物身上进行裂脑实验研究，后来他们又对裂脑人进行了实验研究，即对严重癫痫病人切断两半球之间的神经联系，然后挡住其左视野，在其右视野放上画或图形给患者看，患者可以使用语言说明图形或画上的东西是什么。可是，如果在左视野显示数字、文字、实物，哪怕是读法很简单，他也不能用语言说出它们的名称。斯佩里的研究，在科学史上是相当

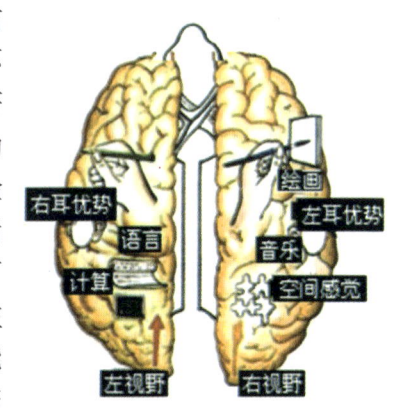

有特色的。他是在设计大量精巧实验的基础上进行"形象的"推理，从而得出两半球功能性差异的科学结论。由于这一杰出的贡献，1987年，他荣获了诺贝尔奖。大脑两半球功能不同的科学论断得到了医学界、心理学界的广泛认可。正是由于斯佩里的这项研究，促使我们产生了右脑革命的新观念，使我们开始认识右脑的工作，引导我们沿着正确的道路去探索心灵中那些未知的空间。

如果进行形象一点的描绘，右脑就像个艺术家，长于非语言的形象思维和直觉，对音乐、美术、舞蹈等艺术活动有超常的感悟力，空间想象力极强。不善言辞，但充满激情与创造力，感情丰富、幽默、有人情味。而左脑就像个雄辩家，善于语言和逻辑分析；又像一个科学家，长于抽象思维和复杂计算，但刻板，缺少幽默和丰富的情感。左右脑两部分由3亿个活性神经细胞组成的胼胝体联结成一个整体，不断平衡着外界输入的信息，并将抽象的、整体的图像与具体的逻辑信息连接起来。奇迹般的事实说明脑功能是一个整体，而且一个半球可以代替另一个半球的功能，半个大脑也能挑起一个大脑的重担。

您如果在日常工作和生活中，对某件困惑已久的事情突然有所感悟，或者突然豁然开朗，其实这都是右脑潜能发挥作用的结果。人脑的大部分记忆，是将情景以模糊的图像存入右脑，就如同录像带的工作原理一样。信息是以某种图画、形象，像电影胶片似地记入右脑的。所谓思考，就是左脑一边观察右脑所描绘的图像，一边进行符号化、语言化的过程。所以左脑具有很强的工具性质，它负责把右脑的形象思维转换成语言。

被人们称为天才的爱因斯坦曾经说过："我思考问题时，不是用语言进行思考，而是用活动的跳跃的形象进行思考。当这种思考完成以后，我要花很大力气把他们转换成语言。"可见，我们在进行思考的时候，首先需要右脑通过非语言化的，"信息录音带"（记忆存贮）描绘出具体的形象。

近年来，人们日益认识到左右脑双轨并举的重要性。一些有经验的科学家提出要用整合的观点来研究左右脑。整合的观点的含义是多方面的。首先，神经活动是多侧面的，而要认识这些不同的侧面，就需要多学科的研究途径。当前在细胞和分子水平上广泛开展对脑的研

究，单一技术已经不能满足研究的需要，而扩展到药理学、生化学、形态学、细胞生物学、分子生物学的许多领域，这成为脑科学发展的另一大趋势。其次，神经系统的活动，从感觉运动到脑的高级功能都有整体上的表现，对这种表现的神经基础和机制进行分析，就必然会涉及左右脑的各种层面。左右脑双轨并举的理念更能推进未来研究的发展。

我们认为，感性思维升级为理性思维也是右脑转移左脑的过程。我们在前面讲过，如果人的右脑就此完成交班任务，那么，人就停留在左脑时代。如果我们要升华到创造性思维阶段，就必须重新开发右脑，将概念回归图式，并与图式结合。

在前面我们论述过图式结构和逻辑结构是人脑中感性思维和抽象思维之间联系的桥梁。图式升华为概念，其方向是实现形象思维向理性思维的转化；而想象结构却正相反，它又将概念转化为意象，完成由抽象思维到形象思维的回复。就在这一往一复之间，构成了一个内在的向前发展的循环。这个内在的向前发展的循环就是创造性思维结构，是人类思维的核心系统。

因此，思维命题就要通过对表象和意象的分解与组合，用以探索新事物，发现新事物，解决新问题。这种命题涉及空间命题技术和时间命题技术。

## 一、空间命题技术

空间命题技术主要有两种：完形命题技术和分拆命题技术。

### （一）完形命题技术

完形又称心理的"完形趋向"，指人脑神经系统的一种独特的图式组织功能，心理学家解释为"只要已具备了主要的条件，心理图式的组织作用总是力趋于完善。"用通俗的话来说就是对尚不完整的事情，人们总是努力作出猜测，应该怎样才能使之完整。完形心理学是探讨人类对于图像的认知反应的一种学问，它是心理学发展中的一个重要分支。完形心理学派认为人类对于任何视觉图像的认知，是一种经过知觉系统组织后的形态与轮廓。这种在客观上并不存在而由主观认识产生的轮廓称为主观轮廓。图形的部分的总和不等于整体，因此整体不能分割；反之，各部分也由整体决定。画面里的每一个部分形成了各自独立的视觉元素，如果想留下深刻的视觉认知，元素与元素之间必须彼此产生某种关联。格式塔学派的心理学家指出，整体的图式不等于并且大于个别印象的总和。完形心理学派提出的图式组织原则被普遍接受，也称格式塔原则，主要包括从复杂的环境中将一些印象分离出来加以组织，并根据过去经验做出解释等一系列心理活动。

能否把几个视觉元素连结起来，看成一个有组织的图形结构，完形心理学派找到了若干著名的原理及法则，被称为 Gestalt Law（完形法则）。如相似性、对称性、连续性、封闭性、共同命运及异质同形等法则。这些被完形心理学派研究归纳出来的视觉规律，可以帮助平面图像的创意与设计人员，辟建一条能够穿透点线面及空间重重繁琐之造形、色彩、图案、质感、动作等障碍，进而通往形成视觉认知的道路。

英国心理学家瑞文运用视觉规律设计出几何图像的完形填空命题，成为 CRT 联合型测验量表的一个构成内容，上面 $A_B6$、$A_B7$ 两题即属该量表的测验。它要求根据上面大图的视觉元素及其关联规律，从下面小图中找出"最合适的图形"放置大图的空白处。从 $A_B6$ 这题所给出的 6 个小图看，只有图（1）放置空白处，才能使大有一个完整、和谐的构成，因此，(2)就是这道题的答案。同理，$A_B7$ 的正确答案应是（3）。这种完形填空命题将复杂的几何图形分解为组成元素，或者将图形的构成元素以某种逻辑关系重新组合、编排、转换成一个系统图群。前者倾向于思维分析，后者可称之为组合创新。

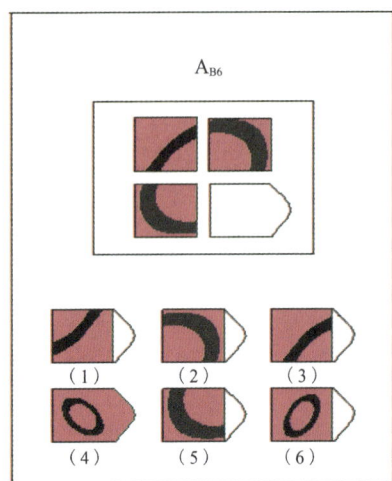
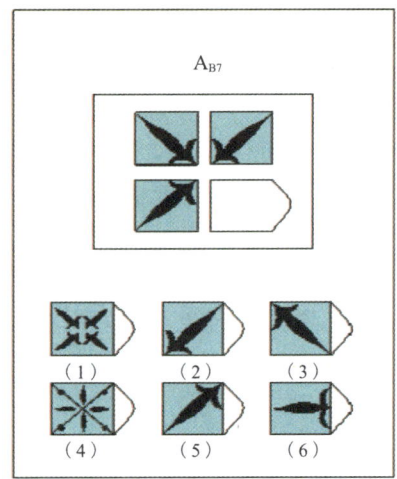

我们吸纳了瑞文的命题思路，但是更想采用心理美图来进行训练，其中有艺术摄影图片、艺术字、分形图片等。如下面这幅古堡迷宫的照片缺少了一块，要求你从下面所给的小块图片（1）（2）（3）（4）中选出原本的。

这种来源于现实的图像应该是感性思维对象，把下面所给的小块图片从头脑里搬家，使之与上面的大图融合为一体，还原成原本的。这与瑞文运用视觉规律设计出的几何图像还是更显"感性"一点。如果说几何图像偏于"理性"，那么，如何使"理性"概念转化为意象，完成由抽象思维到形象思维的回复呢？下面设计的测验题采用了更复杂的形象图（如下图）：

（1）　　　　　（2）　　　　　（3）　　　　　（4）

这类图一方面有其自身的美学结构；另一方面，又可以自由选择，借助人类认知的完形功能对事物所存在的"缺环"进行自动充填并使之完整，有效填补了感性思维命题的空白，让我们的想象冲破时空限制而"思接千载"、"视接万里"，形成完整的、多侧面的思维链条，它们不仅给人耳目一新的感觉，而且开通了激活右脑，使概念回归图式，较好的实现了思维跳跃的需要。

**（二）分拆命题技术**

人脑内储存各种表象，而且能自由调整注意的对象和范围。于是，大脑能把若干个表象的若干部分组合形成一个新的表象，这就是大脑的表象组合功能。另一方面，大脑也能把表象的若干部分拆成一个个新的表象，这就是大脑的表象的分拆功能。大脑能进行（视觉）表象的分拆和组合，这是人类创造性思维的基础。

形象的分拆和组合是互相转化的。我们对某个形象进行具体地分析，一旦确实确定了它的基础图形之后，这时我们的思维方向就开始倒转，分拆开始向组合转化。于是我们就将它们按内在联系贯穿起来，形成对象统一的认识，形成完整的形象。一旦形成完整的形象，更高层次的分拆又开始了，这次分拆，人们就会克服由于视野的局限所造成的缺陷，对具体对象的认识发生深刻的变化，从现象到本质，从本质到更深刻的本质的无限深化的过程。因而形象分拆和组合的相互转化，使我们在认识由浅入深的循环往复中前进。

根据这一理论，我们是选定一个基本图案，将其翻转，变成不同朝向的几个图案，然后把它们组合起来，就构成测题的图形。我们的命题是从其结果来追溯源头，找出这个基本图案。

基本图案是构成的最小的单位，如果你寻找的图案还可以分解为同样或对称的图案，那么，你的答案就不正确了。请看下图：

上面图案的基本构成不是下面的图（1），也不是（2），而是图（3），因为图（3）才是最小构成单位。那么，图（4）是不是更小的构成单位呢？我们说不是的，因为，将图（4）作为一个基本图案，无论如何翻转，也组合不了图（2）或图（1），当然也构不成原图。

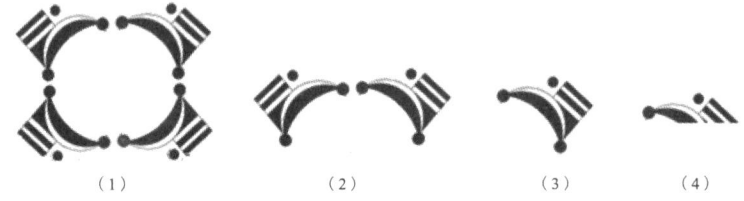

（1）　　　　（2）　　　　（3）　　　　（4）

下面形象的分拆训练也有一个逐步抽象的过程，开始我们提供的形象材料是比较具体的，接下来则是一些几何图案，再下去是从不同的图形中提取相似的骨架，这样就可以形成一个可供测量的连续统。

【例题5】下面这幅名为花花世界的图案，如果将其分拆，它的最小单位是什么？请你将它勾勒出来。

【例题6】下面这幅名为砖墙花窗的图案，如果将其分拆，它的最小单位是什么？请你将它勾勒出来。

第8章　W-QIUS感性思维命题技术

【例题7】下面这幅名为菱菱花的图案，如果将其分拆，它的最小单位是什么？请你将它勾勒出来。

【例题8】下面这幅名为铁蝶花的图案，如果将其分拆，它的最小单位是什么？请你将它勾勒出来。

【例题9】下面是复杂一点的形象分拆命题，要求从不同的图形中提取相似的骨架。提取相似的骨架的一个目的是显现过去的经验，并且在需要的时候有效地恢复。这类命题的答案很难用语言表达，往往是勾勒性的，请你从下面5个图形中寻找出它们的相似的骨架。

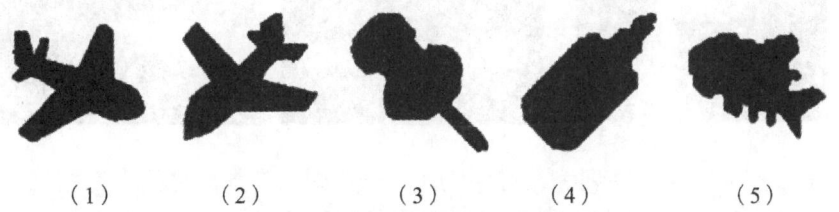

　（1）　　　（2）　　　（3）　　　（4）　　　（5）

该题也使概念回归图式，较好的实现了思维跳跃的需要。
其参考答案如下：

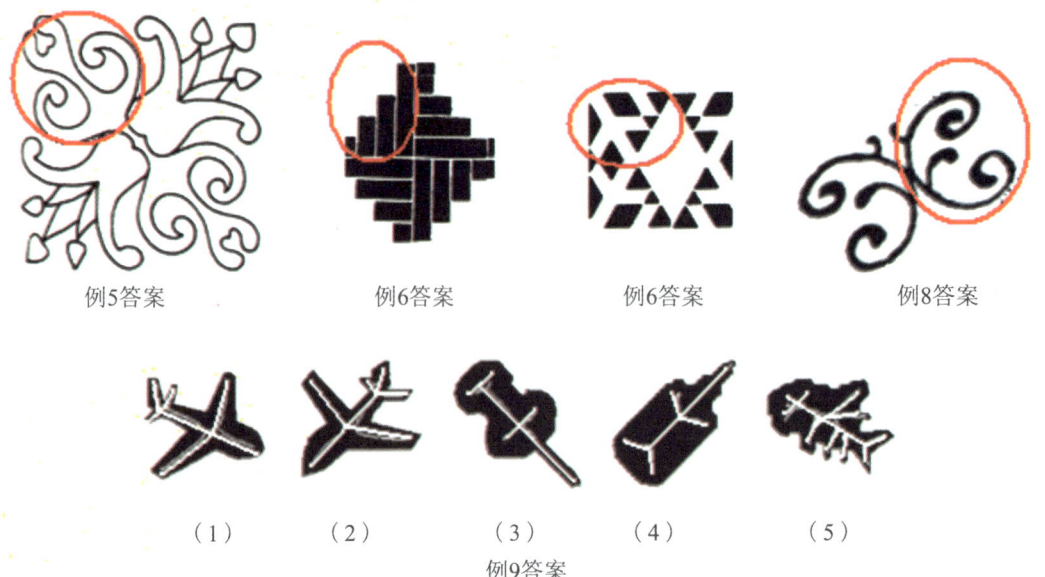

例5答案　　　　　例6答案　　　　　例6答案　　　　　例8答案

（1）　　（2）　　（3）　　（4）　　（5）

例9答案

## 二、时间命题技术

时间命题是显示人脑发送图式信息的先后顺序。它也显示对象之间的交互，就是在思维过程中，某个指定时间点将发生的信息。图式顺序一般从上到下推移，没有插叙或倒叙，显示对象之间随着时间的推移而交换的消息或函数。

图式顺序有两种形态来显示：一般形态和实例形态。

### （一）一般形态

一般形态会描述实物变化的情况，通常表现为空间转换的顺序。例如，一个由左向右或由远而近的空间转换。复杂的形态是几种空间转换的集合，或两个以上实物在不同平面同时进行空间转换。下图提供的是某电影片头的几个画面，即为一般形态的画面。

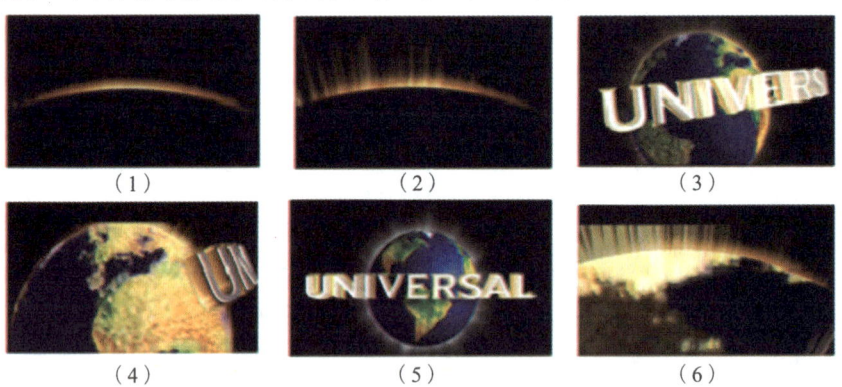

（1）　　　　　　（2）　　　　　　（3）

（4）　　　　　　（5）　　　　　　（6）

进行一般形态的图式顺序训练，首先应认真分析画面与画面之间存在相互联系的信息，当你分析出画面与画面之间存在的顺序规律后，该对象中的一项活动就会启动，我们把这一过程称作激活。激活会显示控制焦点，表明对象在某一个时间点开始执行。因此，图式顺序训练的关键在于画面分析能否被激活。如上图，其中既有由远而近的地球，也有由右向左转出的字幕。画面的信息是递增的。但是要排除错误的信息，例如，本题不能根据画面的大小排序。如果按画面的大小排序，我们可能把图（3）放在图（5）前面，这就错了。正确的解法是：首先确定图（1）是起始点。其排列顺序应是（1）（2）（6）（4）（3）（5），如下图：

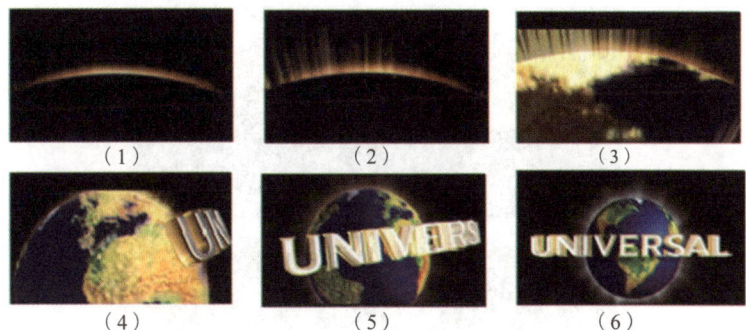

## （二）实例形态

实例形态会较详细地描述一个特定情节，或展示主题服务的有因果联系的生活事件。这个事可能是真实的事，也可能是虚构的事。实例形态的训练提供了推进事态流动的信息，只要我们按照画面的因果关系，让命题的语言信息和画面信息统一起来，将其按顺序排列起来就可以了。如下图：

这是一座年久失修的钢索斜拉大桥，风蚀的钢索断裂，使桥面断裂，裂面越来越大，桥面轰然垮塌，最终只剩下光光的桥墩。从所给的事态流动的信息，我们可以分析出图（3）符合"这是一座年久失修的钢索斜拉大桥"的指示语，图（2）符合"风蚀的钢索断裂"的指示语……"年久失修"和"钢索断裂"是"因"，后面发生的为"果"，还原画面正确的排列顺序如下：

深层的实例形态具有故事性。故事亦可理解为：不为人知的秘密。当人们把这个不为人知的秘密揭破之后，就变成了故事；本系列为一个不确定的交互画面提供详细说明，它没有任何分支或循环，只显示所选定情节的交互。而要完成这一训练，除了让命题的语言信息和画面信息统一起来外，还需要有丰富的生活阅历。

下图是捷克野生动物摄影师 Vaclav Silha 在坦桑尼亚塞伦盖蒂国家公园里拍摄的令人震撼的场面。当时，一条鳄鱼悄悄混入了一群正在河里洗澡的河马中，但由于与一头带着小河马的河马妈妈太过接近，它很快就被敏感的母河马发现。愤怒的河马们立刻对它发起了猛烈地攻击，这条冒失的鳄鱼很快死于非命。这组照片中的一张最早刊登于英国广播公司

（BBC）《野生动物》杂志的 11 月号。

现在我们展现 4 帧照片，请你按事情发生的顺序将它们排列出来。其顺序排列如下：

　　人们的时间概念来自于日常生活中事件的发生次序。当然人们在生活中得到的绝不仅仅是事件发生次序的概念，同时也有时间间隔长短的概念，这个概念来源于对两个过程的比较——比如两件事同时开始，但一件事结束了另一件事还在进行，我们就说另一件事所需的时间更长。从一座年久失修的钢索斜拉大桥到最终只剩下光光的桥墩，这一事件的发生给我们留下"漫长"的概念，而冒失的鳄鱼死于非命的事件，犹如流星划过，瞬间即逝……这里我们可以看到，人们感性思维过程中的时间概念，并可以考虑运用可以测量的过程来测量抽象的时间。

## 第五节　W-QIUS图案式命题技术

　　用图案来命题虽然不是新鲜的事，但我们构建了一个有关命题的框架。这一框架包括下列假设：① 不同结构的图案命题有不同的功能，成分加工随组织类型的不同而发生变化；② 将几何规则用于组织系统的设计，但图案的解码系统并非几何规则，而是分析、综合、比较、抽象、概括、具体化这些思维操作手段；③ 排除言语、文化教育及生活经验的影响来训练人的"纯思维"。

W-QIUS 图案推理测验继承了瑞文几何图像推论命题的技术，将图形分解为组成元素，或者将图形的构成元素以某种逻辑关系重新组合、编排、转换成一个系统图群。前者倾向于思维分析，后者可称之为组合创新。

W-QIUS 图案推理测验还继承了瑞文几何图像推论命题的原则，其中"排除言语、文化教育及生活经验的影响"来测验人的"纯思维"，成为 W-QIUS 图案推理测验的最大优势。W-QIUS 图案推理测验实施简便、省时省力，又适用于语言障碍或交往不便的人们。在研究领域，它更适合于跨文化研究，以及正常人、聋哑人和弱智人之间的比较研究，可以作为大规模思维诊断的筛查工具。

## 一、图案类比命题

### （一）图案类比概述

类比是根据两类或两个事物之间某些属性上的相同或相似所作出的一种推断，是一种将特定事物所附带的信息转移到其他特定事物之上的认知过程，且两者不一定有实质上的同源性。例如，人们发现植物的细胞里都无例外地存在着细胞核，植物是生物，动物也是生物，植物有细胞组织，进而可以推断动物也可能有细胞核。在这里，从植物的细胞核推断动物的细胞核，就是依据两种相近的事物内在联系的；原子中的原子核以及由电子组成的图式，可类比成太阳系中行星环绕太阳的样子。生物学中因趋同演化而形成的的同功或同型解剖构造，例如哺乳类、爬行类与鸟类的翅膀也是类比概念。

世上的事物，几乎无一例外地具有类比关系，两个或两类事物属性之间的类比，被广泛地应用于创造、发现和发明之中。英国物理学家狄拉克把相对论原理引进量子力学中，建立了描述自由电子运动的方程。在解这个方程时，得到了正负对称的两个能量解。正的能量对应着电子，那么，负的能量对应着什么呢？人们知道电荷有正电荷与负电荷的对称性，既然存在带负电荷的电子，那么，是否存在带正电荷的电子呢？为了解释上述方程解，狄拉克运用了对称类比法，认为对应于负的能量的粒子可能是带正电荷的电子，由此成功地预见了正电子的存在。

### （二）图案类比类型

用图案进行类比测验，也有多种类型。最常见的有三种，即对称关系、翻转关系和结构关系。

1.对称关系（如下图）

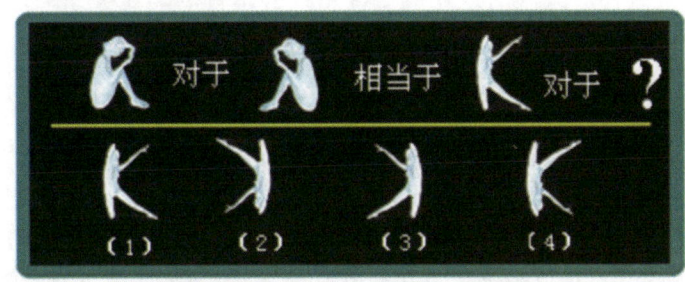

该题题干中前两个图形具有对称性质，所以答案为选项（3）。

2.翻转关系

我们在前面对图形的翻转已做过专门的概述，我们将此规律用于类比就不会显得唐突。翻转的角度一般分为90度、180度和275度。如下图，该题题干中后一图形是前一图形按90度角翻转的，所以类比答案为选项（1）。

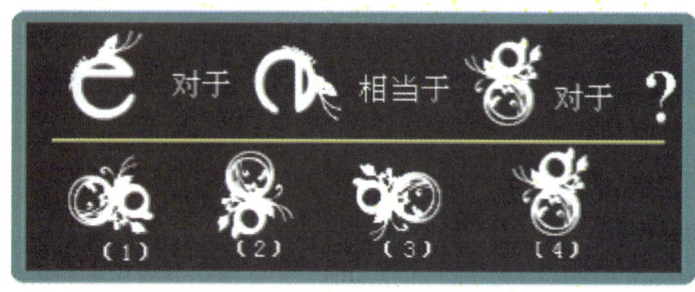

3.结构关系（如下图）

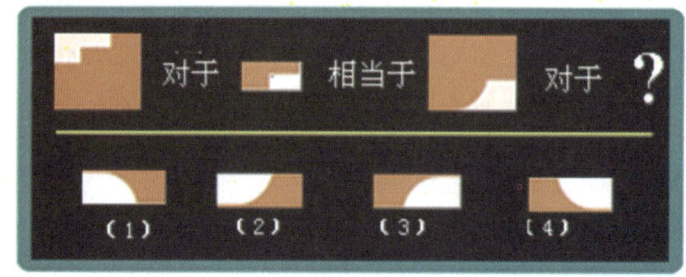

该题题干中前两个图形具有互补结构，是整体与部分的关系，所以答案为选项（2）。结构关系有多种多样，需要我们仔细辨析。下面这道题就不是互补关系，而是数量关系：

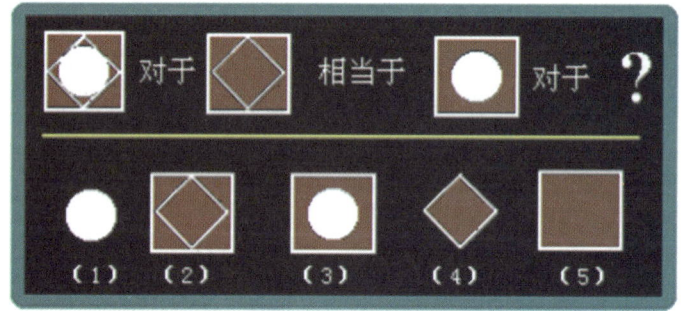

该题题干中后一图形比前一图形缺少了一个圆，所以也顺其变化，去掉一个圆，答案为选项（5）。

另外还有将以上三种形式同时运用的，即不仅有结构的类比关系，也有翻转及对称关系。这类命题就更复杂了。

做类比关系的测验，首先弄清题干所给的两个图案之间的结构关系，然后注意翻转及对称关系，一般来说，关系都是有顺序的。解答这类题目时可考虑以下几点：① 利用自己掌握的常识对所给选项进行分析类比；② 在多数情况下可以采取排除法。

（三）图案类比例举

W-QIUS 图案类比测验有由浅而深的五类图案：①人体字符；②花样字符；③图形字符；

④多维图形；⑤几何图形，以几何图形为主。

1. 形象类比·人体字符1（如下图）

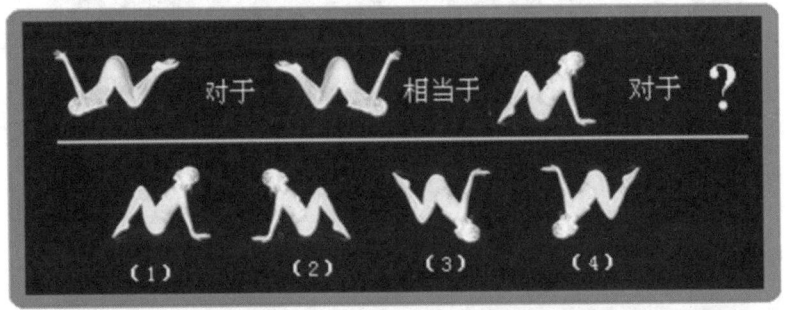

2. 形象类比·人体字符2（如下图）

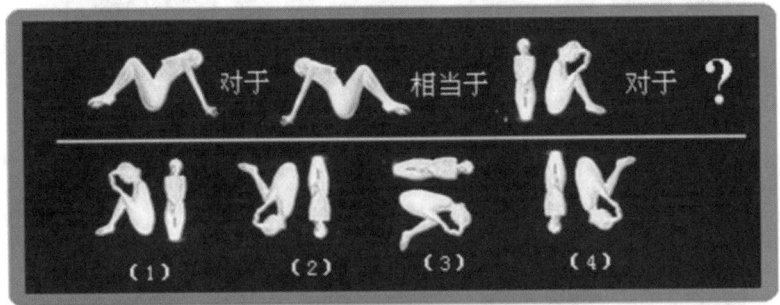

3. 形象类比·人体字符3（如下图）

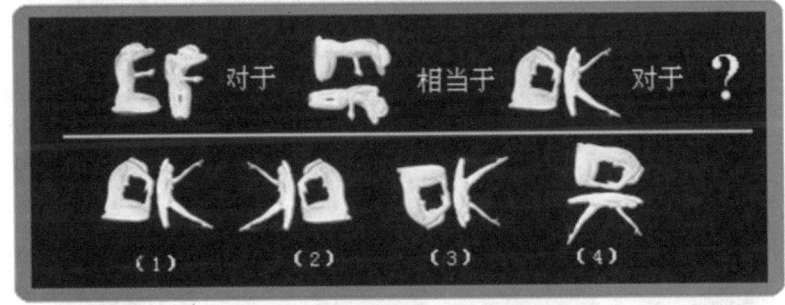

4. 形象类比·花样字符1（如下图）

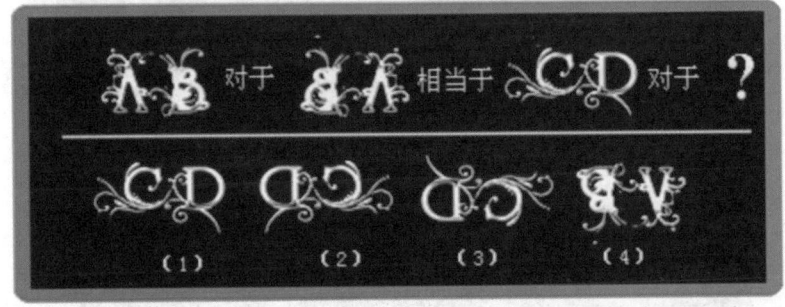

5. 形象类比·花样字符2（如下图）

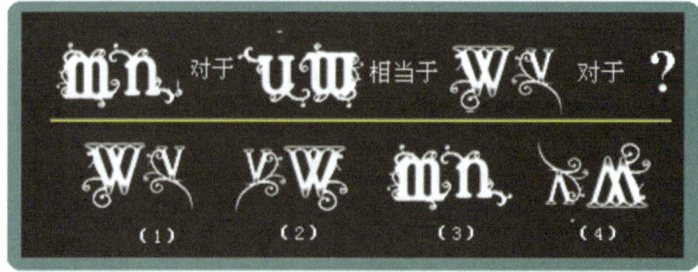

6. 形象类比·图形字符3（如下图）

7. 形象类比·图形字符1（如下图）

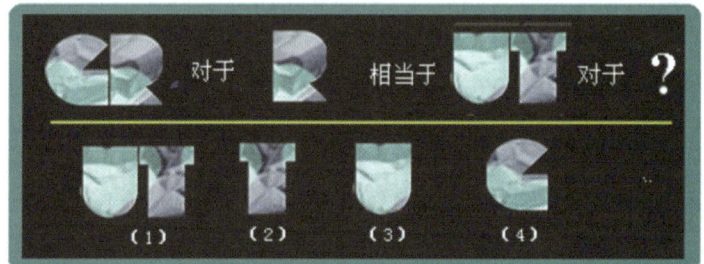

8. 形象类比·图形字符2（如下图）

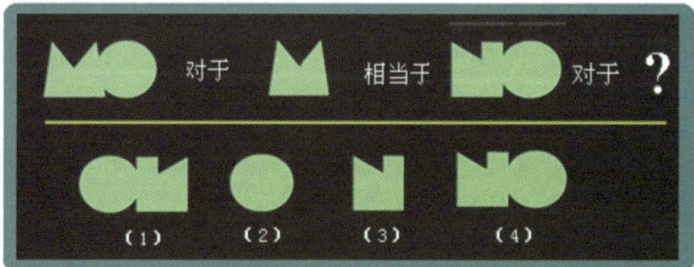

9. 形象类比·图形字符3（如下图）

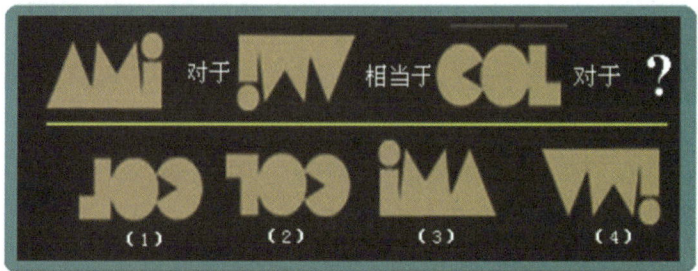

10.形象类比·图形字符4（如下图）

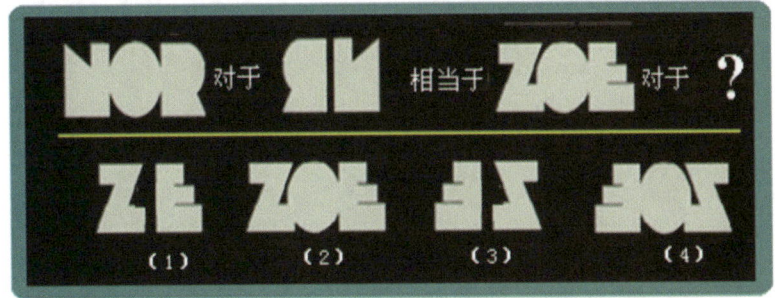

11.形象类比·图形字符5（如下图）

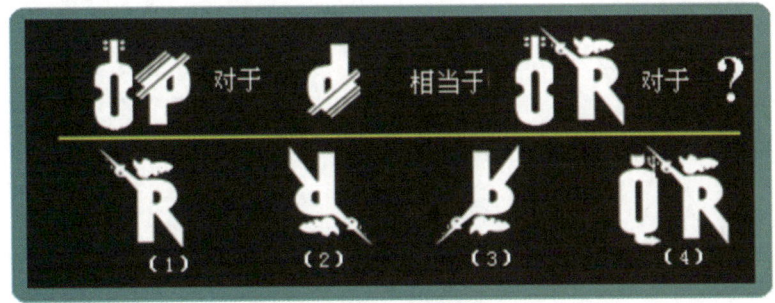

12.形象类比·图形字符6（如下图）

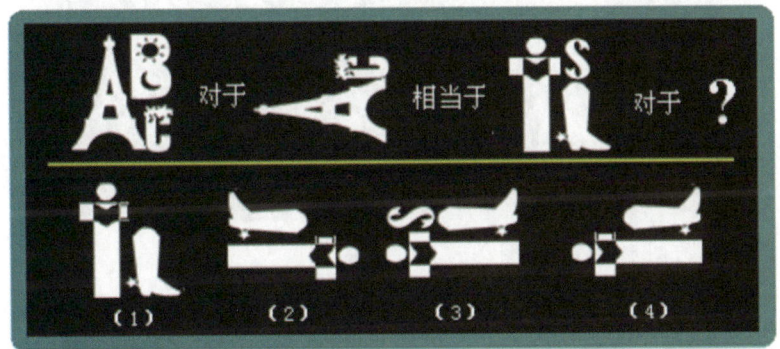

13.形象类比·多维图形1（如下图）

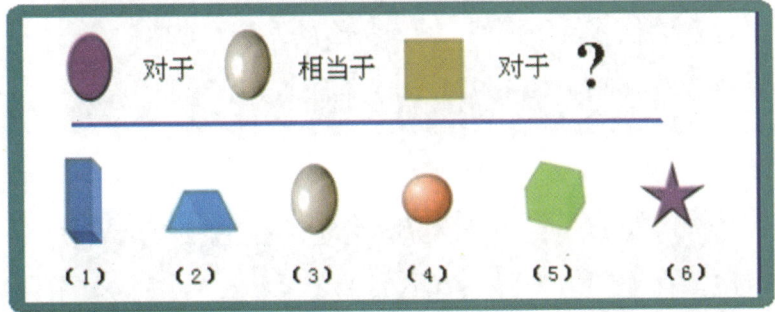

14.形象类比·多维图形2（如下图）

15.形象类比·多维图形3（如下图）

16.形象类比·几何图形1（如下图）

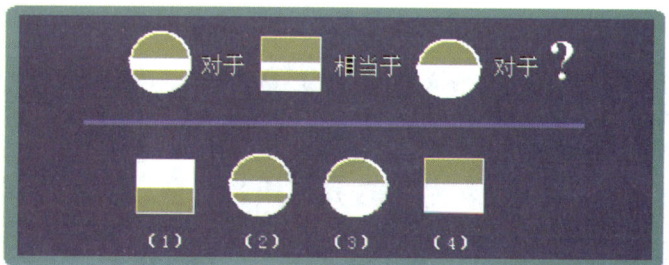

17.形象类比·几何图形2（如下图）

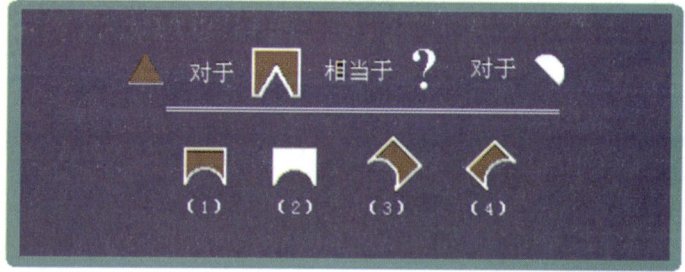

18.形象类比·几何图形3（如下图）

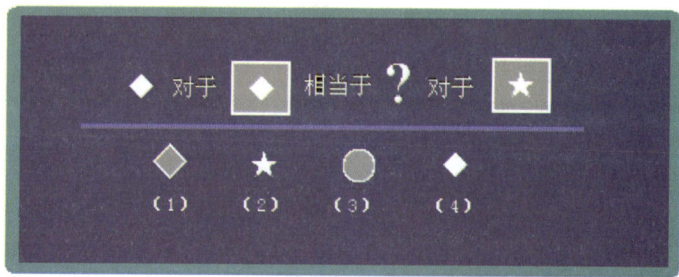

19. 形象类比·几何图形4（如下图）

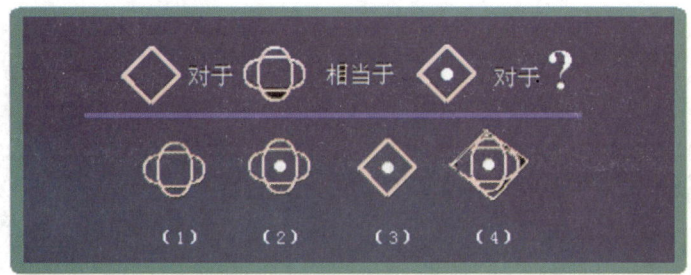

20. 形象类比·几何图形5（如下图）

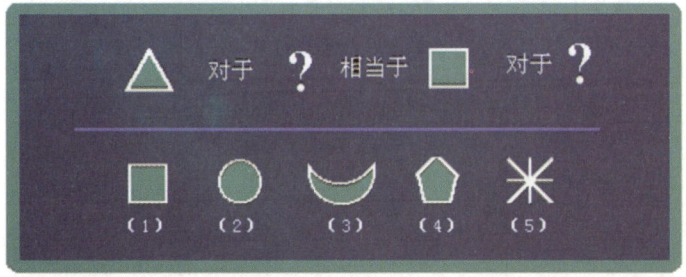

21. 形象类比·几何图形6（如下图）

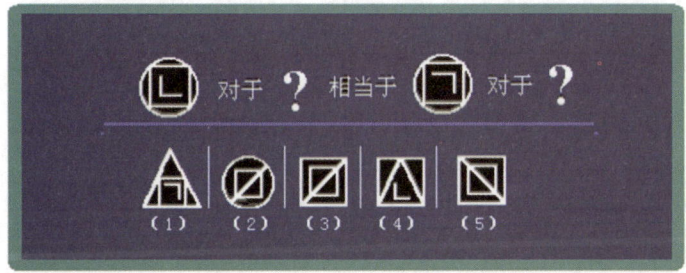

22. 形象类比·几何图形7（如下图）

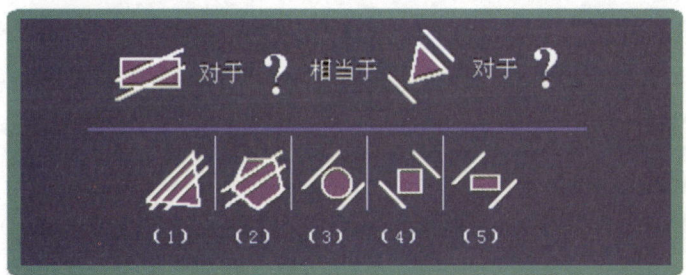

23. 形象类比·几何图形8（如下图）

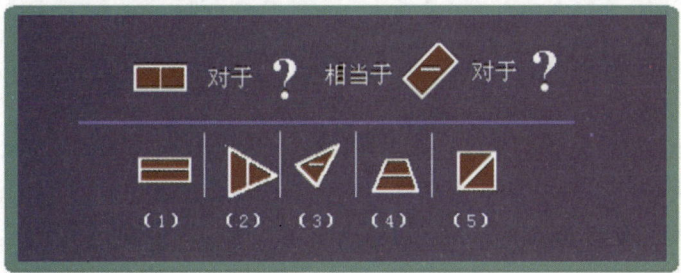

24.形象类比·几何图形9（如下图）

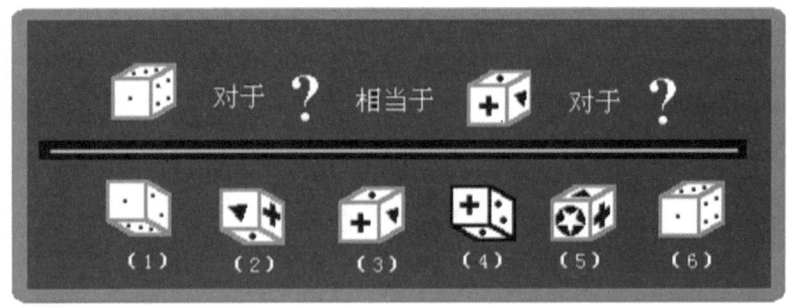

图案类比例举参考答案如表8-1：

表8-1 参考答案

| 题号 | 答案 | 题号 | 答案 |
| --- | --- | --- | --- |
| 1 | （2） | 13 | （5） |
| 2 | （1） | 14 | （3） |
| 3 | （4） | 15 | （4） |
| 4 | （3） | 16 | （4） |
| 5 | （4） | 17 | （2） |
| 6 | （2） | 18 | （2） |
| 7 | （2） | 19 | （2） |
| 8 | （3） | 20 | （1）（4） |
| 9 | （2） | 21 | （1）（4） |
| 10 | （3） | 22 | （2）（3） |
| 11 | （2） | 23 | （2）（4） |
| 12 | （4） | 24 | （1）（4） |

## 二、W-QIUS九宫题图

图案推理有多种样式，最常见的是九宫题图。九宫题图一般有九格，每格一个图案，图案构成元素以某种逻辑关系组合、编排、转换成一个系统图群。一般九格中空一格，由被试者填画或从所给的若干图形中选择正确的。

### （一）九宫题图概述

九宫题图以形象图案考虑人的推理能力和形象思维能力，是目前世界上应用广泛的测量工具之一。最著名的是以英国心理学家瑞文的TRT为代表。TRT是瑞文于1938年设计的非文字智力测验。该量表有两个构成特色。一是矩阵结构，它每个题目中，上面有一个大图，大图右下角留有一块空白，下面附有6~8张小图，每个小图的形状大小与大图右下方的空白相一致。施测时，被测试者把自己认为合适的一个小图补在大图的空白处，以使整个大图成为一张完整一致的图。另一个特色是渐进式，瑞文标准推理量表分为5组，分别为A、B、C、D、E，每组题目的难度也逐步加大，通过图形的辨别、组合、系列关系等来测试一个人的推理能力的。正因为如此，瑞文标准推理量表又称为渐进矩阵量表。量表的渐进性主要表现在图案构成元素及其关系的变化上，如下面五则图案，第一则主要是单个元素的合成，每一列或每一行都是并列关系；第二则是多个元素的合成，不仅有并列关系，还有旋转关系；第三则是单个元素的组合，前两个单元素图组合为后一个图；第四则是多个元素的剥离，将前两个图中的元素分解剥离，再根据图中构成元素及其关系的变化上组合为后一个图；第五则是多个元素的组合，将前两个图中的元素分解剥离，再根据图中构成元素及其关系的变化上组合为后一个图。

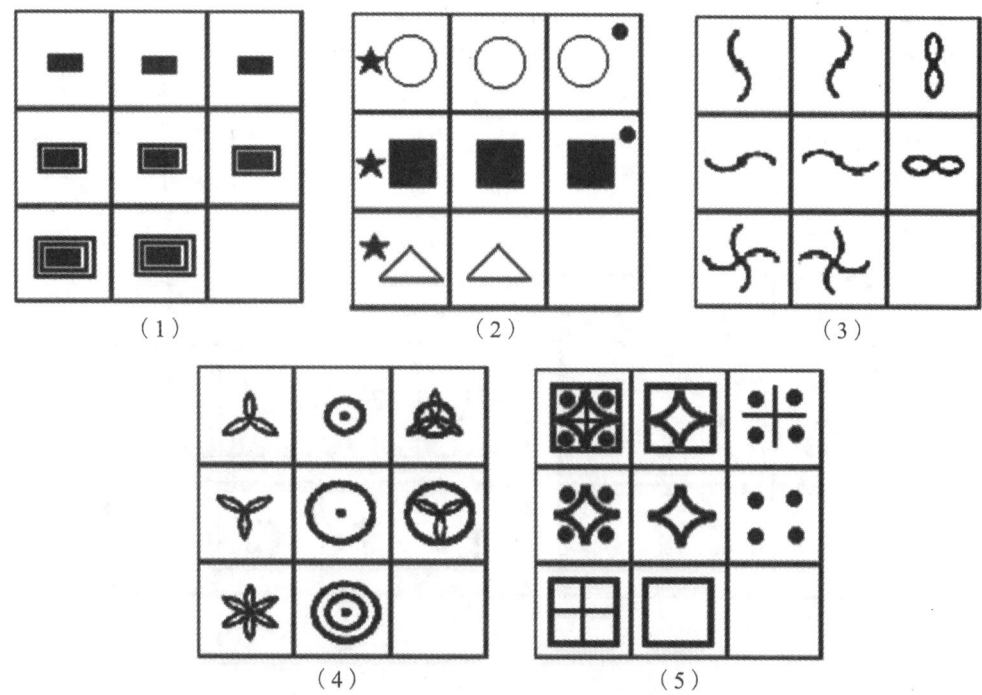

上面五则图案尽管形式上大同小异，但实质上大相径庭。单个元素的图案命题要简单些，重点测量人的观察力；由多个元素组合的图案命题要复杂些，越是复杂的图案命题，越可以测量人的发现和利用所需信息的高级思维能力。

### （二）W-QIUS九宫题图

W-QIUS 九宫题图推理测验继承了瑞文的命题思想，但增添了新的形式和内容。首先，我们选择了当代信息生活中大家熟悉的符号，如人体字母、网络表情之类，这有利于我们迅速进入测验过程。其次，我们在图形配搭方面，引入了诸如图式翻转、反色、双关、对称、类比等概念和技术，设计了多元因素，扩大了思维测验的范畴，延伸了测验的长度；第三，本测验有四个并列的单元构成，第一单元是人体字母（4题）第二单元是网络表情（6题），第三单元是竞技技术（6题），第三单元是几何图形（16题），越往后图形越抽象，每个单元的测题由单项测验到多项测验，形成由易而难，循序渐进的回环。这32道题，既可以分单元测验，也可以按智力测验的规则，一气呵成去完成。

图案推理测验的解析作答的方法有：

（1）排除法。把一些无关的问题先予以排除，可以确定的问题先确定，尽可能缩小未知的范围，以便于问题的分析和解决。

（2）递推法。图案命题大多由已知条件层层向下分析，要确保每一步都能准确无误。可能会有几个"分枝"，应本着先易后难的原则，先从简单的一枝入手。

（3）倒推法。从问题最后的结果开始，一步一步往前推，直到求出问题的答案。有些问题用此法解起来很简单，如用其他方法则很难。

（4）假设法。对给定的问题，先作一个或一些假设，然后根据已给的条件进行分析，如果出现与题目给的条件有矛盾，说明假设错误，可再作另一个或另一些假设。如果结果只有两种可能，那么问题就已经解决了。

（5）计算法。有些问题必须经计算才能解决。要注意的是，图案命题中的问题往往含有隐含的条件，应注意图形符号所表示的数量关系。

（6）综合法。事实上，许多问题都要运用几种不同的方法才能解决。所谓综合法，就是综合各种方法（包括前述各种方法以外的方法）去解决某些问题。在求解任何问题中，都要克服那种不经深思熟虑的分析思考就轻易认为"此题无解"或"此题我解不了"的思想。要按顺序一页页做下去。注意不要翻过了页，不要跳过去做，做好前面的有利于做好后面的。

1. 字母图片1（如下图）

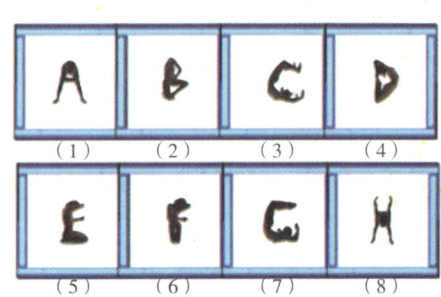

2. 字母图片2（如下图）

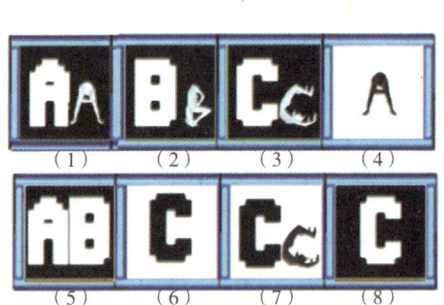

3. 字母图片3（如下图）

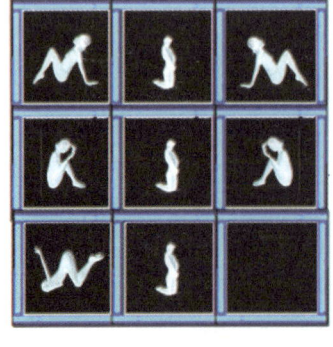
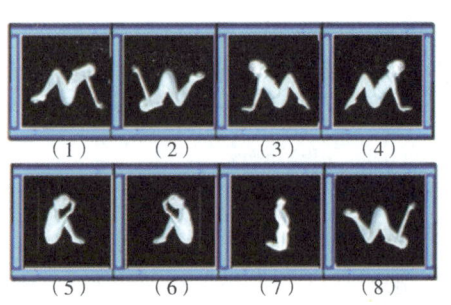

4.字母图片4(如下图)

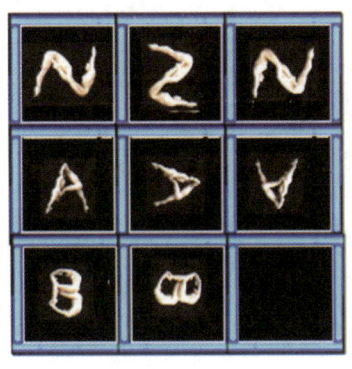
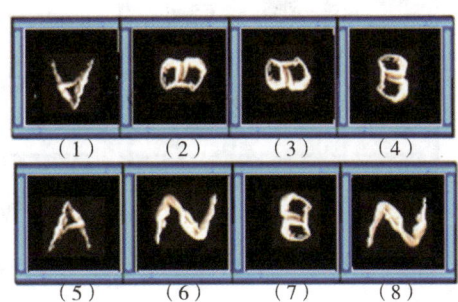

5.网络表情1(如下图)

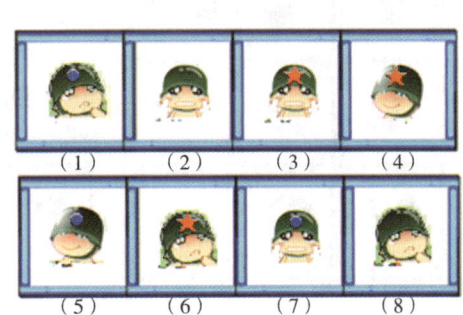

6.网络表情2(如下图)

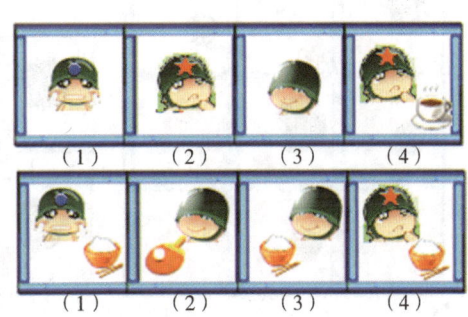

7.网络表情3(如下图)

8. 网络表情4（如下图）

9. 网络表情5（如下图）

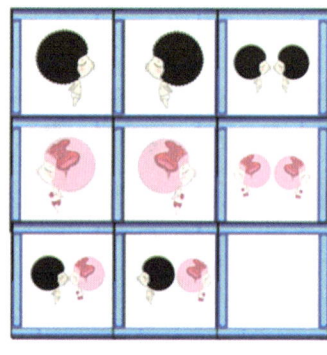
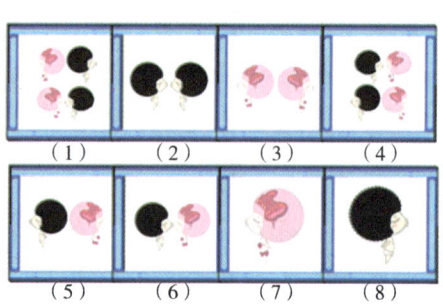

10. 网络表情6（如下图）

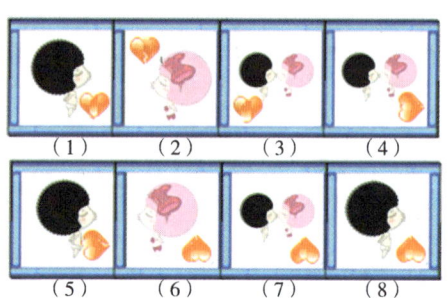

11. 花样滑冰1（如下图）

**12. 花样滑冰2（如下图）**

**13. 花样滑冰3（如下图）**

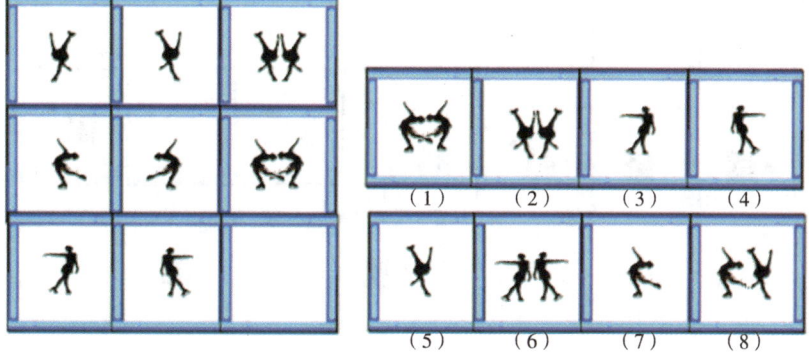

**14. 花样滑冰4（如下图）**

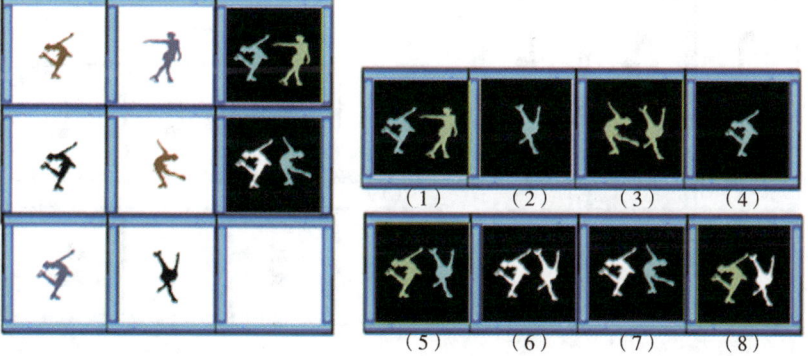

**15. 花样滑冰5（如下图）**

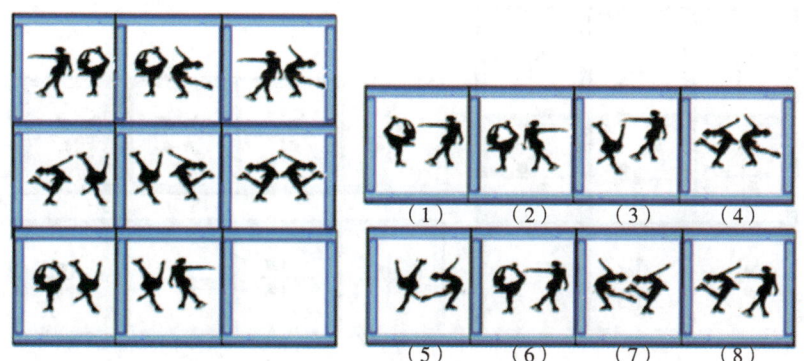

16. 花样滑冰6（如下图）

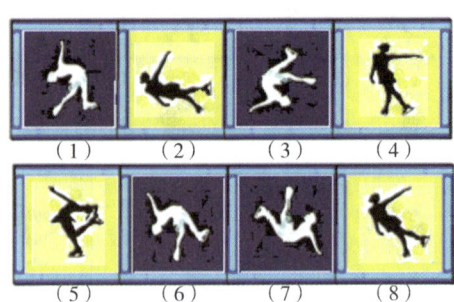

17. 几何图形1（如下图）

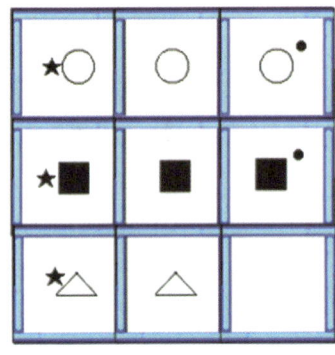
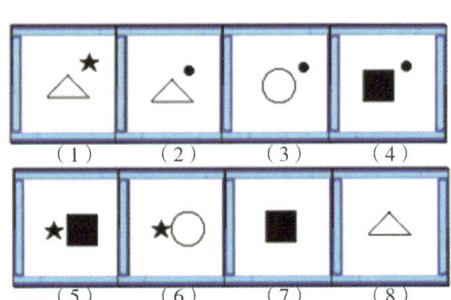

18. 几何图形2（如下图）

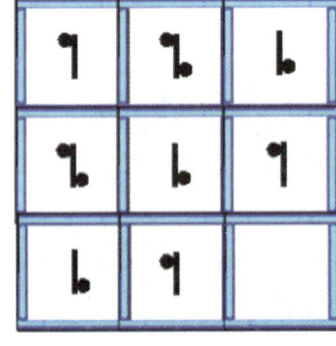
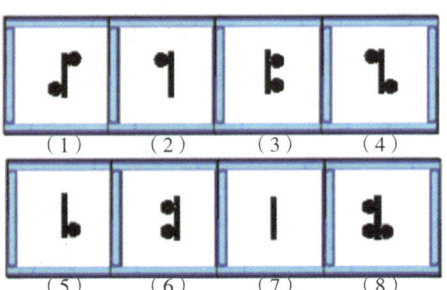

19. 几何图形3（如下图）

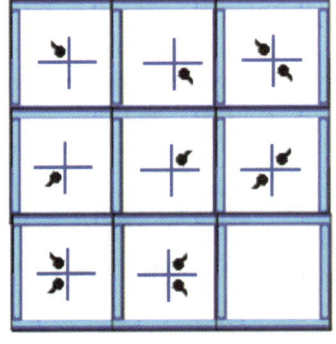
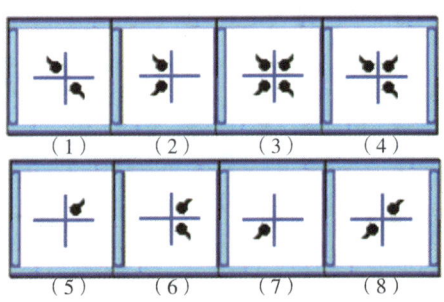

20. 几何图形4（如下图）

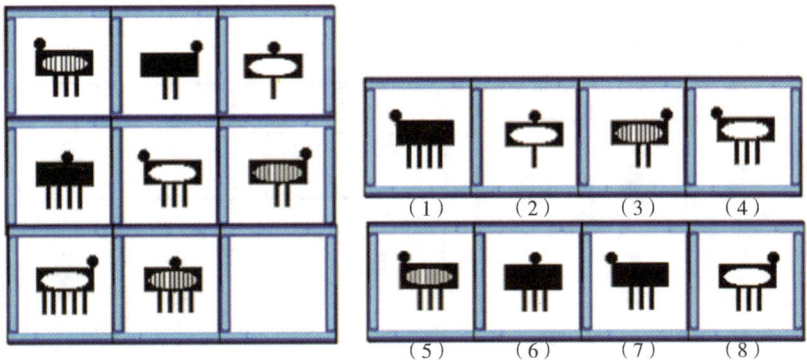

21. 几何图形6（如下图）

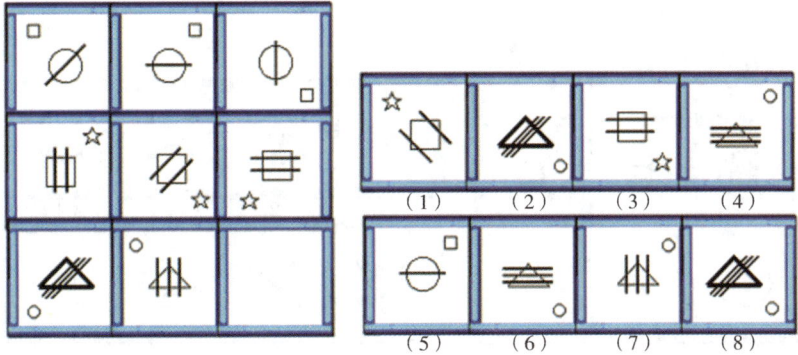

22. 几何图形7（如下图）

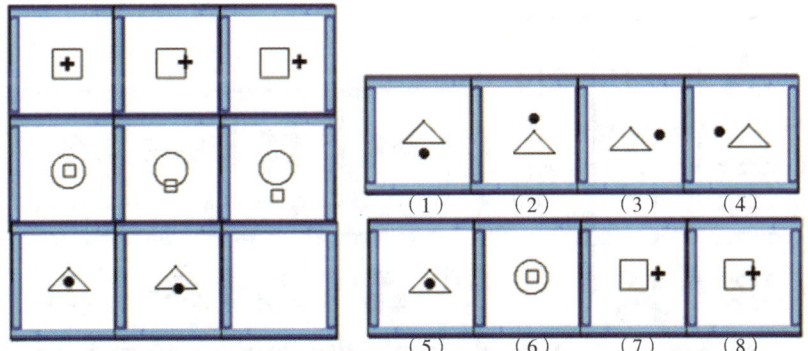

23. 几何图形8（如下图）

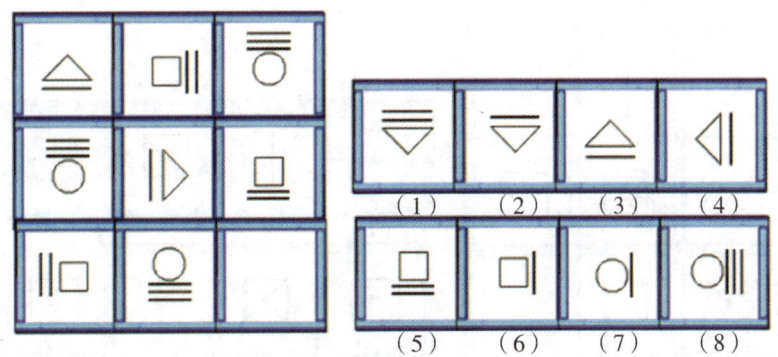

24. 几何图形9（如下图）

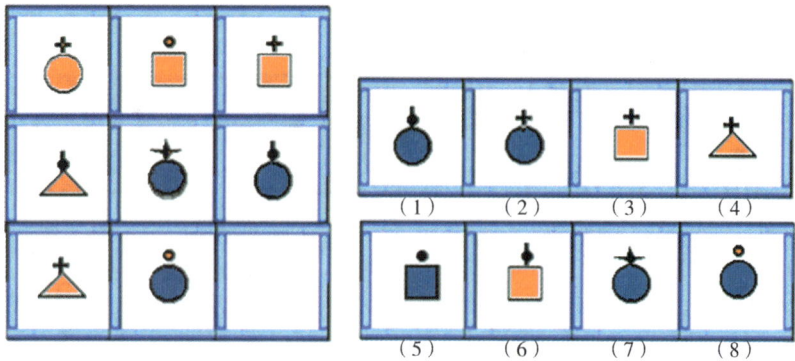

25. 几何图形10（如下图）

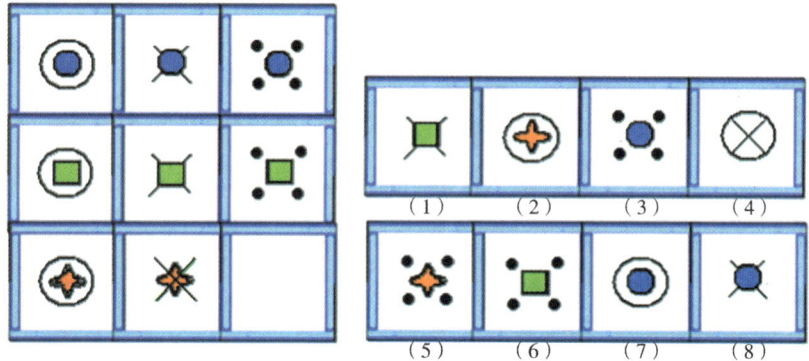

26. 几何图形11（如下图）

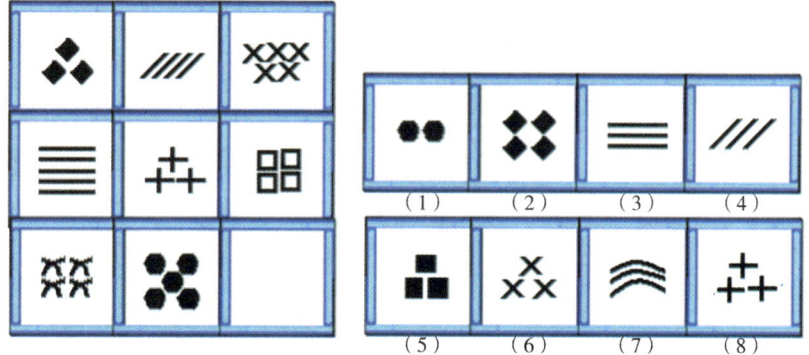

27. 几何图形12（如下图）

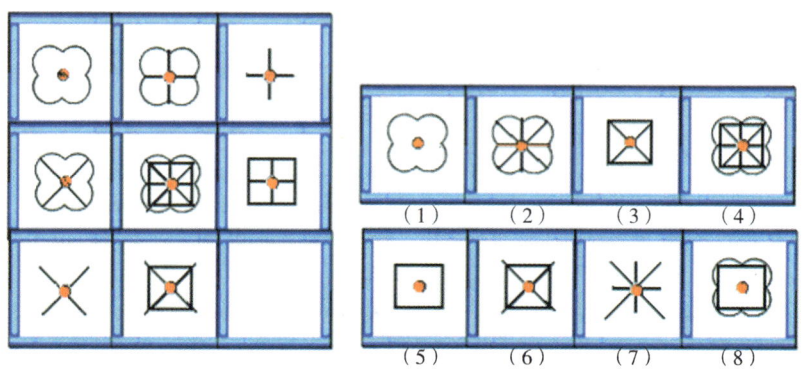

28. 几何图形13（如下图）

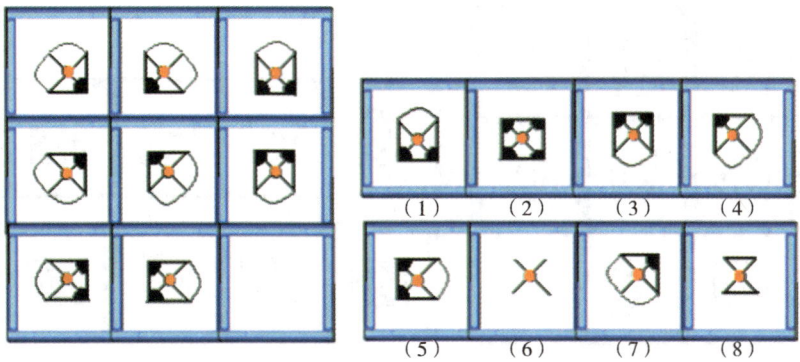

29. 几何图形14（如下图）

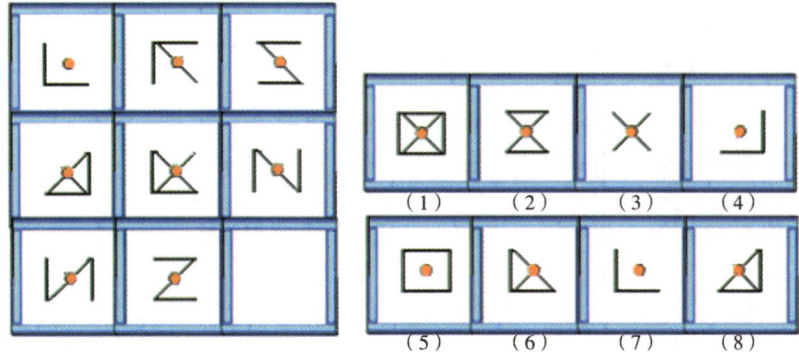

30. 几何图形15（如下图）

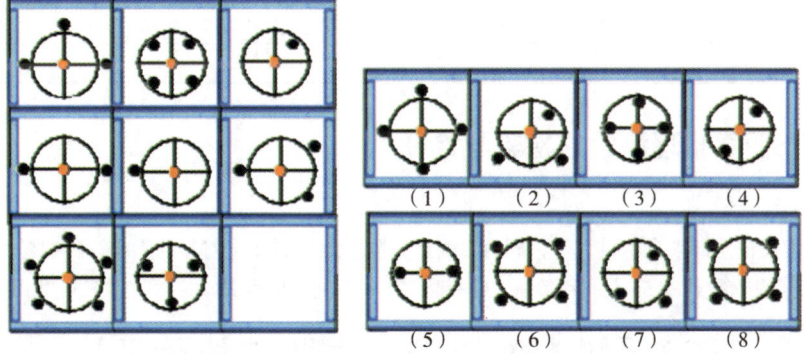

31. 几何图形16（如下图）

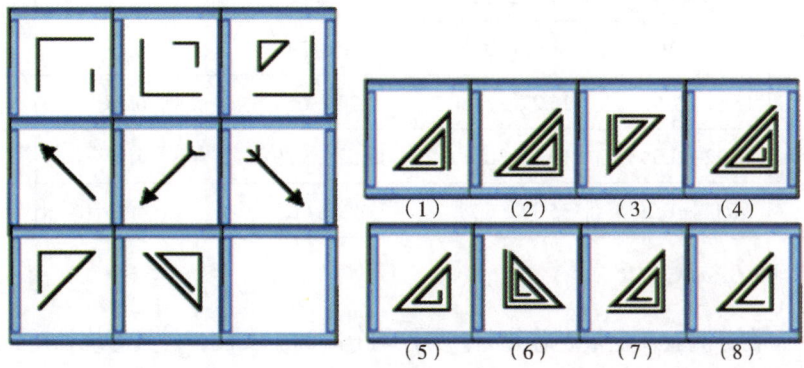

32. 几何图形17（如下图）

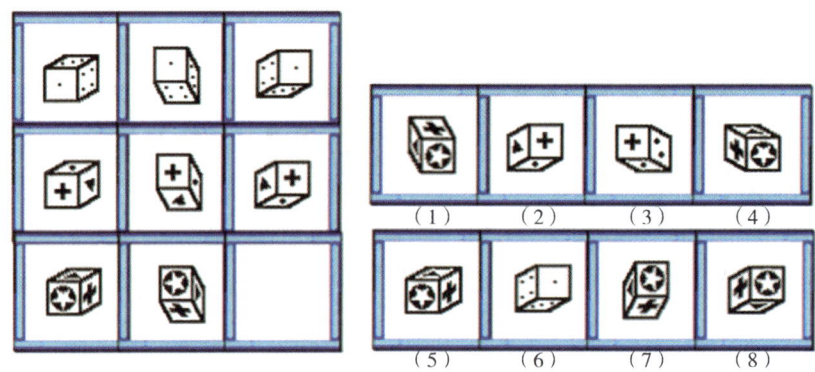

W-QIUS图案推理测验参考答案如表8-2。

表8-2 参考答案

| 题号 | 答案 | 题号 | 答案 | 题号 | 答案 |
| --- | --- | --- | --- | --- | --- |
| 1 | （1） | 12 | （4） | 23 | （4） |
| 2 | （3） | 13 | （6） | 24 | （2） |
| 3 | （8） | 14 | （8） | 25 | （5） |
| 4 | （7） | 15 | （2） | 26 | （4） |
| 5 | （6） | 16 | （6） | 27 | （5） |
| 6 | （5） | 17 | （1） | 28 | （2） |
| 7 | （6） | 18 | （3） | 29 | （5） |
| 8 | （5） | 19 | （3） | 30 | （5） |
| 9 | （4） | 20 | （7） | 31 | （8） |
| 10 | （8） | 21 | （4） | 32 | （8） |
| 11 | （1） | 22 | （1） | | |

## 三、W-QIUS图案推理测验的检验与诠释

### （一）取样与粗分值

本研究的常模样全部来自本科大学，同时，为最大限度地控制文化差异的影响，所取样本绝大多数为汉族成人，本研究实测有效样本56人，年龄从17岁起至21岁，其中男生27人，女生29人。相关数据如表8-3。

表8-3 不同性别被试的分测验及全量表粗分值表（$\bar{x} \pm SD$）

| 分测验 | 总样本 ($n$=56) | 男性 ($n$=27) | 女性 ($n$=29) | $t$ | p |
| --- | --- | --- | --- | --- | --- |
| 类比测验 | 15.81 ± 2.95 | 16.27 ± 2.96 | 15.37 ± 2.87 | 6.15 | <0.01 |
| 九宫推理 | 18.22 ± 3.34 | 19.1 ± 3.25 | 17.52 ± 3.39 | 4.57 | <0.01 |
| 全量表 | 34.03 ± 6.29 | 35.37 ± 6.21 | 32.89 ± 6.25 | 4.42 | <0.01 |

注：本组含研究生被试1人。

结果表明，在分测验及全量表总分上，男性均分略高于女性，且具有统计差异（$p<0.01$）。

## （二）测验条目分析

### 1. 条目的难度分析

我们计算了类比测验和九宫测验的平均难度，结果表明，平均难度依次是：0.58、0.61，全量表条目的平均难度是 0.60。

### 2. 条目的区分度分析

本研究采用两种方法考察区分度，首先是分析鉴别指数，做法是把各分测验的总分由高到低排序，取上 27% 为高分组，下 27% 为低分组，以高低两组条目通过率之差为鉴别指数来考察各条目的区分度。

假设 $P_H$ 和 $P_L$ 分别为高分组和低分组通过某个题目的百分比，则下式提供了该题目的区分度的指标：

$$D = P_H - P_L$$

其中，$D$ 是区分度指数。$D$ 的值在 –1 和 +1 之间。$D=+1$，表示高分组全部答对，而低分组全都答错；$D=-1$ 则与上面的情形相反，低分组的全部答对，高分组的却全都答错；$D=0$，则表示两个分数组的通过率相等。一般认为，$D$ 在 0.4 以上就非常好了。

上式也可表示为：

$$D = \frac{R_H - R_L}{n}$$

其中，$P_H$ 及 $P_L$ 分别表示高分组和低分组通过该题的人数，$n$ 为每组的人数。类比测验和九宫测验的鉴别指数绝大多数条目的鉴别指数都在 0.2 以上，只有类比测验起始点的项目其鉴别指数较低，这是为测智残而特意保留的。

## （三）信度研究

### 1. 分半信度

类比测验和九宫测验采用奇偶分半的方法计算分半相关系数，并用 spearman-brown 公式校正。结果为：类比测验的平均分半信度为 0.61；九宫测验的平均分半信度为 0.68。

### 2. 相关研究

选取与瑞文测验间的相关。W-QIUS 图案推理测验研究样本是 56 名成人，前后施测 W-QIUS 图案推理测验与中国联合型瑞文测验（第二次修订版）（如表 8-14）。结果表明 W-QIUS 图案推理测验与 CRT 粗分的相关均有极显著的相关（$P < 0.001$）。

表8–4　W-QIUS图案推理测验与瑞文测验的相关表

| 分测验/智商/指数 | 瑞文测验 |
| --- | --- |
| A1 | 0.43 |
| A2 | 0.46 |
| B | 0.47 |
| C | 0.39 |
| D | 0.58 |
| E | 0.61 |

注：以上各相关系数均具统计显著性（$P < 0.001$）

解释测验分数，揭示出测验背后的深层含义一直是心理学研究的一个重要领域。测验解释的主要目的是理解被试的思维状况和对未来发展进行预测，如预测职业成功，或者预测特殊干预措施的有效性等。对思维测验分数的解释要从思维测验模式的理论基础出发。W-QIUS测验给解释提供了大量的各种各样的分数，如多重分数、合成分数和分测验分数等。

### （四）W-QIUS图案推理测验诠释

经典智力测验与感性思维间的关系是微弱而模糊的，因此对本测验分数意义的解释就很重要。

1. 全量表得分

首先要考虑到被试的全量表得分，因为全量表得分提供了评估其他认知能力的基础与背景，其通常是唯一可靠且有效的分数。全量表分给出了被试与同龄人相比较时的相对位置，同时给出其全面心理能力的估计。经常把全量表得分转化为百分等级或思维级别，因为百分等级表与思维级别分类通常比全量表得分更易于得到正确的解释。

2. 分测验得分

（1）类比量表：类比量表评定个体下列领域的熟练程度：符号的处理能力、个体从其教育背景从中受益的程度、图像记忆能力、图像分析能力。

类比量表被认为是较不受文化影响的。如果一个人在类比量表得分显著的高（20分或更多）的话，这种差异可能说明其有较高的感性思维水平，思维有趋向优异的倾向；如果一个人在类比量表得分显著的低（10分或更少）的话，可判断其心理活动水平迟钝，处理实际问题困难，操作能力不足，视觉运动整合能力差，思维缓慢、审慎；

类比测验需要概念形成及归纳推理能力。测验中暗含的是个体运用长时记忆的能力及在反应过程的表达。越是精确的表达就越会获取高的分数，这说明图像的长时记忆能力是重要的因素。对最后几个测题的正确反应说明其抽象能力水平特别的高。低分者说明其不良的抽象能力，刻板的言语，不灵活的思维。类比在成人口语记录上是对左脑损毁，特别是左颞叶部损毁和/或左前区损毁敏感的分测验（Dobbings & Russell, 1990）。

（2）九宫量表：九宫量表评定个体与环境的非言语联系的程度与质量、整合知觉刺激物与相关的运动反应的能力、在具体环境中的工作能力、快速工作的能力、评价视觉信息的能力。

与言语量表相比，九宫量表普遍较少受教育背景的影响。如果一个人在九宫量表测验上比言语分测验上显著做得好的话（大于或等于16分说明在0.05水平上显著；大于或等于20分时则在0.01水平上显著），说明他有优良的知觉组织能力，在时间压力下工作的能力；相反，如果成绩较低的话，则存在知觉组织欠缺，视觉概念/加工技能发展不良，或者说是迅速的解决问题比基于知识积累上的问题解决的能力要好。

一些研究表明，九宫量表部分比言语部分得分高（$P>V$）与大脑左半球队损毁相一致（Kaufman，1990）。然而，在一些相关变量与左半脑损毁引起九宫量表部分比言语部分得分高这间的关系复杂。其中一个问题是，对左半脑损毁引者的平均的言语智商高过4分与右脑半球损毁引起的言语部分比九宫量表部分显著的高9分之间并不接近。既然九宫量表部分比言语部分得分高的效应不如言语部分大于操作部分的对脑的作用显著，解释起来应当谨慎些。概而言之，对九宫量表得分大于言语部分的差异对有较低的学业成就的成年男子来说，其倾向于后部的损毁而不是前部的损伤（见Kaufman，1990）。

# 第3篇
# 理性思维测量

RATIONAL THOUGHT SURVEY

▶理性思维概述
▶理性思维的传统命题技术
▶W-QIUS理性思维命题技术

# 第9章　理性思维概述

我们在第一篇已讨论过，理性思维是一种有明确的思维方向，有充分的思维依据，能对事物或问题进行观察、比较、分析、综合、抽象与概括的一种思维。说得简单些理性思维就是一种建立在证据和逻辑推理基础上的思维方式。

现在我们可以深入探讨理性思维的功能。理性思维的功能是多种多样的，总的来说可划分为两大类，即认识功能和实践功能。其中，认识功能是理性思维最本质的功能。理性思维的实践功能主要指：主体以理性思维为内在尺度，对实践对象进行价值衡量的评价功能；主体以理性思维为出发点，对未来实践目标和实践过程预先构想和筹划的决策功能；主体通过理性思维，对实践过程中的各种信息进行调节和控制的调控功能等。如同认识与实践的关系一样，理性思维的实践功能与认识功能也是密切联系的，它们在实践的基础上统一起来。

## 第一节　理性思维的认识功能

理性思维的认识功能也就是指将认识材料按照一定的思维规则编排组合并进行加工制作的功能，包括认识形成过程中所进行的一切活动，既包括思维制定概念、做出判断、进行推理的操作活动，也包括思维加工整理材料、形成认识的其他操作活动，如分析与综合、抽象与概括、从抽象上升到具体、联想与想象等思维活动。思维的这些操作活动贯穿于认识的全过程，既在感性认识中，也在理性认识中，既渗透在常规性思维中，也渗透在创造性思维中，是认识得以有序进行的保证。思维的操作功能也具有两重性。正确的、科学化的思维操作，有助于实事求是和形成创造性认识；错误的、落后的思维操作，又会使认识陷入误区或导致思想僵化。

在实际的认识过程中，理性思维的上述二种认识功能是相互联系、彼此交错的。思维的任何选择都是通过操作实现的；而思维的任何操作，又都渗透着思维的关联选择。人类的认识就是思维诸种认识功能综合作用的过程。下面介绍的不是认识功能的全部，从本书的立足点出发，我们仅概括陈述其中的六种：归纳和演绎、抽象与概括、抽象和具体。

### 一、归纳和演绎

归纳和演绎是人类认识最早、运用最为广泛的思维方法。它所涉及的是个别与一般的关系，是事物和概念之间的外部关系。

#### （一）归纳

所谓归纳，是指从许多个别的事物中概括出一般性概念、原则或结论的思维方法。归纳可分为完全归纳法和不完全归纳法。完全归纳法是前提包含该类对象的全体，从而对该类对象做出一般性结论的方法。不完全归纳法又称简单枚举归纳法，是通过观察和研究，发现某类事物中固有的某种属性，并且不断重复而没遇到相反的事例，从而判断出所有该类对象都有这一属性的推理方法，数学上的穷举法就是完全归纳法。简单枚举归纳法的结论带有或然性，可能为真，也可能为假。在实践中，人们总是跟一个个具体的事物打交道，首先获得这些个别事物的知识，然后在这些特殊性知识的基础上，概括出同类事物的普遍性知识。比如，人们从宏观世界万物都可分为若干层次，微观世界的原子可再分为基本粒子以至夸克等事实，得出"物质是无限可分的"的一般原理。这个认识过程就包含着归纳推理。

### （二）演绎

演绎，是以一般概念、原则为前提推导出个别结论的思维方法，即依据某类事物都具有的一般属性、关系来推断该类事物中个别事物所具有的属性、关系的推理方法。普遍性的原则是关于某一类事物的共同属性或某种必然性的知识，如果掌握了这种知识，就可以将它推广到这类事物的任何个别事物，从而引出个别结论。比如，人们根据"物质是无限可分的"原理，推知基本粒子也是可分的，这就是演绎推理。

### （三）归纳和演绎的区别和联系

归纳和演绎反映了人们认识事物两条方向相反的思维途径，前者是从个别到一般的思维运动，后者是从一般到个别的思维运动。归纳和演绎是形式逻辑和辩证逻辑共有的思维方法，是辩证思维的起点。所不同的是，形式逻辑把归纳和演绎看作是各自独立、相互平行的两种逻辑的证明工具和推理规则，割裂了归纳和演绎的辩证关系，并且，形式逻辑抛开事物的具体内容和矛盾，只注重归纳和演绎的形式，因而总是从不变的前提出发，按照固定的线路，推出僵硬的结论。与形式逻辑相反，辩证逻辑强调归纳和演绎是既相互区别，又相互联系的两种思维方法，是概念、理论形成过程不可分割的两个侧面。

首先，归纳与演绎相互联系，互为条件。一方面，没有归纳就没有演绎，归纳是演绎的基础，为演绎提供前提。演绎要从一般推导出个别，作为演绎出发点的一般原则，往往是先由归纳得出来的。另一方面，没有演绎也没有归纳，演绎为归纳提供指导。归纳要从个别概括出一般，作为对实际材料进行归纳的指导思想，往往又是某种演绎的结果。

其次，归纳和演绎相互补充、相互转化。这是由于在思维运动中，二者虽然都有重要作用，但各自也都存在一定的局限性：归纳法只是对现存的有限的经验材料进行概括，因而不仅不能保证归纳结论的普适性，而且难以区分事物的本质属性与非本质属性，这就使得归纳推理的结论可能为真，也可能为假。演绎法从一般原则出发思考问题，但它无法保证自己的前提即由以出发的一般原则本身是否正确无误。因此，归纳与演绎必须在相互转化过程中，弥补各自的缺陷。归纳之后，需要通过演绎将归纳所得的一般结论推广到未知的事实上，并用这些事实来检验一般结论的正确与否；演绎之后，又要将演绎所得的个别结论与事实相比较，并通过新的归纳来检验、修正、充实原有的演绎前提。归纳和演绎只有在如此周而复始的相互转化过程中，才能弥补各自的缺陷，充分发挥其在探索真理过程中的方法论作用。因为演绎推理的前提是由归纳推理的结论得来的，这本身就证明了归纳对演绎的补充。用作演绎推理的前提也就是归纳推理的结论并不正确。由此可见，归纳方法需要演绎方法的验证和补充。在近代哲学中，归纳和演绎是两种相互对立的推理方法：经验论的归纳主义和唯理论的演绎主义。归纳主义抬高归纳、贬低演绎，把归纳看成万能的、唯一的认识方法，认为一切科学理论都是靠归纳法得来的。而演绎主义则正相反，把演绎看作是唯一可靠的认识方法，认为一切真实可靠的知识，都是从先验的或直观把握的原始原理推演出来的。笛卡儿与培根之间，休厄尔与约·斯·穆勒之间，特别是波普的批判理性主义与逻辑实证主义之间的对立，都根源于这一点。

（四）归纳和演绎的模型

近年来，归纳和演绎的研究逐步朝向思想模型方向。思想模型是人们为了从事科学研究而建立的对原型的高度抽象化了的思想客体或思想事物。如原子模型、层子模型、DNA 双螺旋结构模型、弯曲时空模型、板块构造模型、大气环流模型等。广义地说，思想模型也包括数学模型。

从思想模型同研究对象的关系来说，思想模型是现实原型的近似反映。现实原型即客观事物是建立模型的客观基础，但是现实原型一般来说是各种因素杂处共存，呈现出的面貌是错综复杂的，人们只有通过对原型的科学分析，才能弄清原型的内在联系和规律。思想模型就是在科学分析和科学抽象的基础上建立起来的对现实原型的近似的反映。

理想模型是思想模型的特殊类型，它是既具有高度抽象性，又具有某种极限特征的理想客体或理想事物。如理想的数学点、质点、理想刚体、理想平面、理想气体、理想黑体、理想循环等。

思想模型作为现实原型的近似反映，在科学研究过程中具有多方面的功能，主要表现在如下几个方面。

1. 解释功能

思想模型是现实原型的摹写、样本，因此思想模型应当符合它赖以建立起来的实验基础，能对有关现实原型的各种观察、实验事实做出科学解释。比如化学中结构模型能解释物质的同分异构现象，原子结构模型可以解释元素的个别宏观性质，DNA 的结构模型可用于解释遗传现象等。

2. 判据功能

即借助于思想模型来检验关于原型的知识的可靠性。这种检验的最终标准是科学实践。但是当思想模型建立在科学实践的基础上，并为科学实践所证实时，它就可以间接地起到关于原型知识真实性的判据作用。由于科学规律能在相应的思想模型中以纯粹的准确的形态得到体现，所以这种判据作用往往比实践的检验更有力量。它在现代的理想数学模型的运用中表现得尤为突出。

3. 预见功能

理想模型作为思想模型的特殊类型，是对客体绝对纯化后的产物，因此，它往往可以超越现有条件，揭示出研究对象在理想化条件下可能出现的情况，从而给科学研究指明方向或形成科学预见。比如人们对建立在量子力学基础上的理想晶体模型进行计算，发现它的强度竟比普通金属大一千多倍。这就启发人们用技术手段去最大限度地减少金属材料的缺陷，终于制成了"金胡须"，为发展高强度金属找到了新途径。理想模型的这种预见功能也就是创造性功能。在这个意义上，理想模型方法又是一种创造性思维方法。

近年在世界范围内，归纳和演绎的思想模型取得了新的进展。尤为引人注目的是：哲学理性思维的研究成果显著，其中的认知理性思维已成为国际上研究的一个热点，非单调逻辑诸分支也备受关注；现代归纳理性思维的研究越来越与科学哲学、科学认识论相结合，对模态归纳理性思维和认识论归纳理性思维的研究标志着归纳理性思维从数学化转向哲学化；语言理性思维研究中，语义理论发展很快，目前更出现了语义与语用结合研究的倾向；理性思维科学与现代科学技术的结合日益紧密，成为推动科学技术发展不可缺少的力量，理性思维学在计算机科学和人工智能发展中的作用举世公认。此外，理性思维学与其他学科之间的渗透、交叉更加明显，产生了一些新的边缘性的学科，理性思维学的影响更为扩大。主要有：①演绎逻辑。有学者首创一种"嫁接"方法，建立了一种新型模态逻辑语义学框架；②归纳逻辑。与以往的重在对归纳逻辑的介绍和粗略评估不同，学者们已开始深入研究归纳逻辑自身的一些重要问题，如对非帕斯卡归纳概率的研究、对归纳悖论和休谟问题的探讨、在归纳逻辑与人工智能问题上的探索等，将认知科学与现代归纳逻辑结合进行研究，触及了归纳逻辑研究的核心问题，开辟了归纳逻辑研究的新领域。③语言逻辑。在奥斯汀、塞尔和范德维克的言语行为理论、语用理论基础上，构建了元逻辑研究体系，试图用现代逻辑的方法对汉语的语形、语义和语用进行全面的剖析研究，并取得了初步成果。

## 二、分析和综合

分析和综合是一种比归纳和演绎更为深刻的、揭示事物内在本质的思维方法。它所涉及的是整体与部分的关系，是事物和概念的内部关系。

### （一）分析与综合的层次

分析与综合在人类思维中有两种类型：一是普通思维的（或叫初级的）分析与综合，一是辩证思维的（或叫高级的）分析与综合。后者是辩证逻辑研究的范围。

初级的分析就是把客观对象分解为各个部分（或方面），并认识部分在整体中的地位和作用的思维过程。例如，我们研究植物，把植物在思想中分为根、干、枝、叶、花等部分，并对它们分别加以考察，认识每一部分在植物生长发育中的地位和作用；我们学习某一篇文章，把这篇文章的主题、题材、体裁、思想性、艺术性等在头脑中一一加以认真考察，认识它们各自在这篇文章中的地位和作用；我们研究人体的生理结构，在思想中把人体分为运动系统、循环系统、呼吸系统、消化系统、泌尿系统、生殖系统、内分泌系统和神经系统等八大系统，认识每个系统的功能以及它在人体生理结构中的地位，等。这些都是初级思维的分析。初级思维的综合，就是把认识对象的各个部分（或方面）有机地结合成整体，认识对象整体性质的思维过程。例如：我们对某篇文章的主题、题材、体裁、思想性、艺术性等方面分别加以考察以后，再把文章的这些方面联系在一起，对整篇文章做出评价；再如：经过对人体生理结构八大系统的分别考察，我们对人体的各个系统有了明确的认识之后，再经过全面思考，认识到在内分泌系统的作用下有机地结合起来，使人体成为统一的整体，形成了有生命活动的人体。这些就是初级思维的综合。

辩证思维的分析，是指分析事物的矛盾，也就是对事物的各个矛盾以及矛盾的各个侧面（矛盾的主要方面和次要方面）分别加以深刻的考察，以找出对象的各方面的本质特征的思维过程。辩证思维的综合，就是把对象的各种矛盾以及矛盾的各个侧面，把对象的各个本质方面，按其内在联系结合成对立统一体的思维过程。辩证的分析与辩证的综合的客观基础在于客观世界的一切事物都是对立面的统一体，矛盾存在于一切事物的发展过程中；并且，事物的矛盾推动事物的发展，决定事物的本质和规律。所以，只有辩证的分析与综合，才能透过事物表面现象，看到事物的内部，认清事物的本质和规律。

### （二）分析与综合的关系

分析和综合是对立的，二者思维的出发点和思维运动方向是不同的，一个是从对象的整体走向各个局部，一个则是从对象的局部走向整体。但是，二者又是统一的。分析和综合的统一表现为二者的相互依赖、相互渗透和相互转化。

1. "分析"和"综合"互相依赖、互为条件

分析是综合的基础，没有分析，就没有综合。恩格斯说："思维既把相互联系的要素联合为一个统一体，同样也把意识的对象分解为它们的要素。没有分析就没有综合。"[1]这一点并不难理解。因为没有分析，就得不到反映对象的各个侧面的各种规定，就不能正确地反映事物的多样性，当然就无从进行综合。再说，人们要反映对象的特殊性，就必须以分析事物各个矛盾的特殊性为基础。因此，没有分析的综合，认识只能是抽象的空洞的。反之，从马克思主义经典著作中可以看到其中的综合之所以恰到好处，都是因为它是在正确分析的基础进行的。同时，分析也离不开综合。例如：马克思从资本主义的一切经济关系中，把商品关系抽出来进行单独考察。但是，他是把商品关系当作资本主义经济的"细胞"来对待的，是以资本主义社会这个统一体为出发点的。所以他说："因此，就是在理论方法上，主体，即社会，也一定要经常作为前提浮现在表象面前"。[2]分析如果离开了综合的指导，分析的结果也不会是恰当的。因为统一物的部分、矛盾的侧面一旦脱离了整体，矛盾的这个侧面也无法确定本身的性质和地位。再说分析的唯一目的也是为了综合。如果只有分析没有综合，那就失去了分析的意义。分析和综合所以相互依赖，归根结底决定于客观事物的矛盾多样性和矛盾统一性的相互依赖。矛盾统一性是各个具有特殊性的矛盾统一性，没有矛盾的多样性，也就没有矛盾的统一性；矛盾多样性是统一的矛盾总体中的矛盾多样性，没有矛盾统一性也就没有矛盾多样性。既然矛盾多样性和矛盾统一性是相互依赖的，自然也就决定了作为它们反映的分析与综合是相互依赖的。

2. 分析与综合互相渗透

分析与综合在实际思维中，不仅是相互依赖的，而且是相互渗透的。分析中可以包含有综合，综合中也可以包含有分析。列宁在《哲学笔记》中引有黑格尔的下述一句话："……哲学方法在自己和每个运动中，同时既起分析的作用，又起综合的作用。……"列宁认为这句话"好极了！"[3]黑格尔的这句话就包含了分析与综合相互渗透的意思。分析与综合之所以相互渗透，是因为客观事物是极端复杂的。事物有整体与部分，部分又有更小的部分；各个事物都有众多的矛盾，各个矛盾又有不同的矛盾侧面；每个事物都有自己的发展过程，每个发展过程又都可分为不同的发展阶段，等。这一切就决定了分析与综合必须相互渗透，不如此的话，就不能如实地反映事物的不同面貌和规律。

3. 分析与综合互相转化

客观事物中由于内部矛盾的统一和斗争，在一定的外部条件的作用下，事物矛盾的双方

---

[1] 马克思恩格斯选集.第3卷.北京：人民出版社，1972，81

[2] 马克思恩格斯选集.第2卷.北京：人民出版社，1972，10

[3] 列宁全集.第38卷.北京：人民出版社，1972，257

无不相互转化。同样，在人们的思维中，作为对立的双方的分析和综合，在一定条件下，也向各自对立的方面转化。转化的条件是十分重要的，没有一定的条件，转化的实现是不可能的。例如，我们看分析转化为综合。在实践中，人们为了对某个对象进行具体地了解，就对它做认真的调查，并在调查的基础上，对它的各个部分或方面进行仔细的分析。一旦确实抓住了各部分或方面的单纯规定（即它的基础的东西）之后，这时我们的思维方向就开始倒转，分析开始向综合转化。于是人们就从统一物的各个部分或方面的许多规定性出发，将它们按内在联系贯穿起来，形成对象多样性统一的综合认识。这就是分析向综合的转化。一旦分析完成了向综合的转化，人们就从对事物的局部的认识跃进到对事物整体的认识，克服了在分析时由于视野的局限所造成的缺陷，对客观对象的认识发生深刻的变化。由于客观事物和社会实践都在不断地发展变化，人们对事物的认识，都是从现象到本质，从不深刻的本质到更深刻的本质的无限深化的过程。因而分析与综合的相互转化，在认识由浅入深的无限深化过程中，就表现为分析、综合，再分析、再综合，……如此循环往复的前进运动。

## 三、抽象和具体

抽象和具体的统一，是辩证思维的特有方法。它在综合运用归纳和演绎、分析和综合方法的基础上，揭示了主体在思维中再现客体、掌握世界的逻辑进程和演化机制，即人对客观事物内在本质的认识，是从感性具体出发，通过分析而达到抽象规定，再通过综合，由抽象规定达到思维具体的过程，即"具体——抽象——具体"的否定之否定过程。

### （一）抽象和具体的含义

辩证逻辑所理解的抽象和具体有多重含义。抽象既是思维的成果又是思维的方法。作为思维成果的抽象，指的是思维经过分析所抽取出来的规定，它是客观对象某方面属性、因素在思维中的反映。作为思维方法的抽象，通常是指在思维中把对象的某个属性、因素抽取出来而暂时舍弃其他属性、因素的一种逻辑方法。辩证思维中的具体是指许多规定综合的统一体。马克思说"具体之所以具体，因为它是许多规定的综合，

因而是多样性的统一。"[1] 具体有两种形态，一是"感性具体"，即客观事物表面的、感官能直接感觉到的具体；二是"思维具体"，它是在抽象基础上的各种规定性的综合，是对事物内在本质属性的统一反映。思维运动的过程就是从感性具体到抽象规定再到思维具体的完整过程。

感性具体是人们通过感官，对事物整体所形成的一种"混沌的表象"。它既是一种生动而丰富的感性认识，又是一种相当笼统的、表层性的认识，还没有达到对事物本质的认识。要认识事物的本质，必须从感性具体中把事物的各种特性逐一地区别和抽象出来，单独地加以研究，形成各种抽象规定。抽象规定对事物的认识具有理性形式，但这种认识具有单一性和孤立性，仅仅是对事物某一方面的认识，因而是内容上尚不完全的理性认识。如果只停留在抽象规定阶段，那么即使是科学的抽象，也是片面的、不完整的认识。

人们要认识事物多样性的有机统一的本质，就必须把对事物各方面的抽象规定联系起来，在理性思维中把事物的各种属性、特点和关系作为整体完整地、具体地再现出来，达到思维具体。思维具体就是关于某一对象的各种抽象规定按照其内在联系统一起来的有机整

---

[1] 马克思恩格斯选集.第2卷.北京：人民出版社, 1972, 103

体，是这一对象在思维中的完整再现。比如，当我们遇见一个陌生人，在感性具体中只能了解他的长相、谈吐、举止等外在形象，通过一段时间的接触，对他的性格、情趣、特长、文化基础、行为习惯、思想品质等方面，就有了不同的抽象规定。如果再将这些不同方面的抽象规定统一起来，就达到了对此人全面本质的了解。这时，"他是一个什么样的人"已经在我们的脑海里形成一个具体的概念和理性的认识，这就是对此人的思维具体的把握。从表现形式看，思维具体是抽象的、主观的，但就其内容和实质来说，由于它把握了事物整体本质的联系，所以是具体的、客观的。人们的思维只有达到这一步，才能取得与客观对象的本质相符合的完整认识。

## （二）抽象和具体的功能

科学概念的制作，主要是通过抽象和具体的相互转化形成的。

### 1. 通过具体比较，抽取共同点

因为本质总是通过共同点表现出来的，所以抽象首先要抽取共同点。为此，就必须进行具体比较。海森堡对此作过生动的阐述："当比较三头牛和三只苹果时，有一个共同的特点可以用'三'这个词来表达。这里数的概念的形成，已经标志着从我们直接感觉到的世界迈向理性能够理解的思维结构之网的决定性一步"，并认为"识别共同点可能是一种最重要的认识行为"。

### 2. 深入分析，抽取本质

事物本质的东西是共同的东西，但共同的东西不一定是本质。这就需要在认识诸共同点的基础上，根据科学研究的需要，经过辩证的分析，有选择地重点深入，着重把握共同点中的主要的东西，而把其他次要的东西舍去，才能逐步接近本质，直至抽取事物的本质属性。抽象就是在具体的基础上，对所取得的感性的具体的材料进行一番抽取舍弃、思维加工的改造制作。在我们对大量的感性材料进行了一番"去粗取精、去伪存真、由此及彼、由表及里"的整理加工以后，我们对事物的认识就从感性认识飞跃到理性认识。在这一系列的抽象过程中，事物在我们头脑中的反映经历了一个由具体到抽象，再由抽象到具体的过程。从认识的发展和深化过程来说，"抽象"是以纯粹的形式出现的，每个抽象的规定，只是反映了事物本质的某一方面。为了获得关于客观事物具体的全面的认识，科学的抽象就必须继续深化，必须进一步探求这些规律之间的复杂联系，找出那些是属于基础的东西，把关于事物的各种规定依次地按其内在联系综合上去，把原先撇开的次要的无关的因素加以说明，使它们形成一个概念和逻辑的系统，从而把对象作为整体在思维中再现出来。这又是思维上升到具体的过程。不过，这时的具体，已不是感性的或直接的具体，而是思维掌握具体，把它当作一个精确复制出来的具体了。例如，人们对遗传现象的认识在感性认识阶段，人们感知到"种豆得豆，种瓜得瓜"，子代总是跟亲代相似的生动的表象。这时，各种遗传现象在人们的认识中是一个完整的整体，但是还不能就它的内部联系做出科学的说明。遗传现象对人们来说是一种"表象中的具体"，或者说是"感性的具体"。孟德尔（G. J. Mendel）等人对具体遗传现象进行了分析研究，从而得出了遗传基因的科学概念，这就是从具体的表象得出了"抽象的规定"。然后以此来说明各种遗传现象，再从抽象的规定上升为思维中的具体，这样人们对遗传现象的认识就比较清楚了。现在人们更进一步剖析了基因背后所隐藏的更本质的东西，了解到 DNA 是基因的载体，并阐明 DNA 如何复制和如何通过 RNA 转录和翻译成蛋白质的具体过程，从而对遗传的本质有了更深刻的认识。从具体出发，经过分析研究得到抽象的规定，然后再进一步，由此及彼地，从决定事物的基础的东西出发，按照事物的实际联系和转化关系，把各种"抽象的规定"综合起来，成为完整的知识体系，从而又回到了具体。然而这后一个具体已经不是"感性的具体"，而是"思维中的具体"。感性的具体是关于对象之整体的混沌的表象，它所把握的是现象而不是本质。思维中的具体是关于对象之本质的许多规定的综合，是各种抽象规定的多样性的统一，从而达到对于自然界的具体过程在思维形态上的理论化的再现。马克思写道："具体之所以具体，因为它是好多规定的综合，因而是多样性的统一。因此，它在思维中表现为综合的过程，表现为结果，而不是表现为起点，虽然它是现实中的起点，因而也是直观和表象的起点"。

3. 辩证综合，复现对象

在处理有丰富内涵的概念时，还要对概念的要素进行辩证综合，或者进一步理想化，做到理想地复现对象。以牛顿研究物体的机械运动规律为例，他运用抽象方法，根据力学研究的需要，一切物体经过抽象只余下具有质量、几何形状和位置这样几个要素的总和，为了数学上处理的方便，他又进一步把质量理想化地集中在只有几何位置的数学点上，而舍去了物体的任何形状，这样就达到了高度的抽象和高度的综合，"创造"了极其简单又极为深刻的思想事物——质点。只有这样高度抽象的思想事物，才能与同样高度抽象的数学工具相匹配，顺利地进入逻辑、数学操作过程。牛顿正是沿着科学抽象这条道路，在人类历史上破天荒地实现了认识"经验世界的深刻特征"这一目标的。

综上所述，感性具体是认识的起点，抽象规定是对感性具体的否定，但它又包含着对自身的否定，是向思维具体的接近。思维具体是对感性具体和抽象规定双重否定基础上的辩证统一，是否定的否定，是认识的结果。正是随着这种辩证思维运动的反复和前进，人们对事物的感性认识前进到理性认识，从片面的、孤立的、初级的本质认识进到全面的、统一的、更高一级的本质认识，最终形成比较完整的系统的概念和理论体系。任何一门科学的产生和系统化都经历了"感性具体——抽象规定——思维具体"这样一个过程。例如，17世纪的经济学家总是从生动的整体，从人口、民族、国家、若干国家等开始，通过分析最后找到一些具有决定意义的抽象的一般关系，如劳动、分工、需要、价值等。这些个别要素一旦确定下来和抽象出来，从抽象规定上升到国民经济整体的各种经济学体系就开始出现了。现代科学哲学中历史主义学派的创始人库恩认为，任何一门科学的形成都要经历"前科学——科学"的转变，充分证明了辩证思维的这一过程。实际上，"感性具体——抽象规定"正是一门科学的孕育期，而"抽象规定——思维具体"则是这门科学的形成期。

# 第二节 思维的实践功能

思维的所有功能都是为实践服务的，是为解决问题服务的。因此，本节首先讨论解决问题的思维过程及规律，如动机的强度、个体对问题情境的知觉特点、定势、原型启发等。但归根结底，仍取决于思维的实践功能与认识功能的统一。认识功能是实践功能的基础，实践功能是认识功能的升华。在具体的问题情境中，思维的实践功能体现在两个方面，一是在紧急复杂的情境中，符合简约便当的原则，二是在解决复杂问题的实践活动中，思维操作要满足多元化的要求。多元性思维理论为多元性思维命题提供了理论依据。本章将以简约思维和多元性思维为例，从简约便当和复杂多元两个迥然不同的领域和层面展开。

## 一、问题的解决

### （一）问题解决的定义

解决问题是指人们在活动中面临新情境与新课题，又没有现成的有效对策时，所引起的一种积极寻求问题答案的心理活动过程。思维产生于问题。"问题是接生婆，他能帮助新思想诞生"（苏格拉底语）。只有我们意识到问题的存在，产生了解决问题的主观愿望，靠旧的方法手段不能奏效时，人们才能进入解决问题的思维过程。解决问题的活动是十分复杂的，它不但包括了整个认识活动，而且也渗透了许多非智力因素的作用，但思维活动是解决问题的核心成分。

信息加工理论把问题解决定义为具有一系列目标指向性的认知操作，它应具备以下三个特征：

（1）目标指向性。即问题的解决活动具有明确的目的性。问题解决就是通过一系列认知活动有目的、有意识地把初始状态变为目标状态。

（2）操作系列性。问题解决必须包含有一系列的心理操作才能称为问题解决活动。能够自动化完成或只有单一操作的不能构成问题解决过程，比如，回忆昨晚上吃的菜，通常不被看成是问题解决活动。

（3）认知性操作。问题解决这种目标指向性活动是依存于认知性操作的。不具备认知性操作的活动，不被看作是问题解决。

这三个部分共同界定了所谓的问题空间。在证明一道题目的时候，题目中的已知条件即为这一问题的初始状态，目标状态是证明的结果，中间的一系列证明过程就是为了达到目标所采取的一系列认知操作。可以认为，思维过程就是采取有效的策略和方法不断缩小问题空间，以至问题解决的过程。

### （二）解决问题的思维过程

解决问题是一个非常复杂的思维活动过程，在阶段的划分上，存在着许多不同的观点，目前我国心理学界比较倾向于划分为如下四个阶段：发现问题、明确问题、提出假设和验证假设。

1. 发现问题

问题就是矛盾，矛盾具有普遍性。在人类社会的各个实践领域中，存在着各种各样的矛盾和问题。不断地解决这些问题，是人类社会发展的需要。社会需要转化为个人的思维任务，即是发现和提出问题，它是解决问题的开端和前提，并能产生巨大的动力，激励和推动人们投入解决问题的活动之中。历史上许多重大发明和创造都是从发现问题开始的。

能否发现和提出重大的有社会价值的问题，取决于多种因素。第一，依赖于个体对活动的态度。人对活动的积极性越高，社会责任感越强，态度越认真，越易从许多司空见惯的现象中敏锐地捕捉到被他人忽略的重大问题。第二，依赖于个体思维活动的积极性。思想懒汉和因循守旧的人难以发现问题，勤于思考、善于钻研的人才能从细微平凡的事件中，发现关键性问题。第三，依赖于个体的求知欲和兴趣爱好。好奇心和求知欲强烈、兴趣爱好广泛的人，接触范围广泛，往往不满足于对事实的通常解释，力图探究现象中更深层的内部原因，总要求有更深奥、更新异的说明，经常产生各种"怪念头"和提出意想不到的问题。第四，取决于个体的知识经验。知识贫乏会使人对一切都感到新奇，并刺激人提出许多不了解的问题，但所提的问题大都流于肤浅和幼稚，没有科学价值。知识经验不足又限制和妨碍对复杂问题的发现和提出。只有在某方面具有渊博知识的人，才能够发现和提出深刻而有价值的问题。

2. 明确问题

所谓明确问题就是分析问题，抓住关键，找出主要矛盾，确定问题的范围，明确解决问题方向的过程。一般来说，我们最初遇到的问题往往是混乱、笼统、不确定的，包括许多局部的和具体的方面，要顺利解决问题，就必须对问题所涉及的方方面面进行具体分析，以充分揭露矛盾，区分出主要矛盾和次要矛盾，使问题症结具体化、明朗化。

明确问题是一个非常复杂的思维活动过程，能否明确问题，首先取决于个体是否全面系统地掌握感性材料。个体只有在全面掌握感性材料的基础上，进行充分的比较分析，才能迅速找出主要矛盾；否则，感性材料贫乏，思维活动不充分，主要矛盾把握不住，问题也不会明朗。其次，依赖于个体的已有经验。经验越丰富，越容易分析问题抓住主要矛盾，正确地对问题进行归类，找出解决问题的方法和途径。

3. 提出假设

解决问题的关键是找出解决问题的方案——解决问题的原则、途径和方法。但这些方案常常不是简单地能够立即找到和确定下来的，而是先以假设的形式产生和出现。假设是科学的侦察兵，是解决问题的必由之路。科学理论正是在假设的基础上，通过不断地实践发展和完善起来的。提出假设就是根据已有知识来推测问题成因或解决的可能途径。

假设的提出是从分析问题开始的。在分析问题的基础上，人脑进行概略地推测、预想和推论，然后再有指向、有选择地提出解决问题的建议和方案（假设）。提出假设就为解决问题搭起了从已知到未知的桥梁。假设的提出依赖于一定的条件。已有的知识经验，直观的感性材料，尝试性的实际操作，语言的表述和重复，创造性构想等都对其具有重要的影响。

4. 检验假设

所提出的假设是否切实可行，是否能真正解决问题，还需要进一步地检验。其方法主要有两种：一种是实践检验。即按照假设去具体进行实验解决问题，再依据实验结果直接判断假设的真伪。如果问题得到解决就证明假设是正确的，否则，假设就是无效的。这种检验是最根本、最可靠的手段。另一种则是通过智力活动来进行检验，即在头脑中，根据公认的科学原理、原则，利用思维进行推理论证，从而在思想上考虑对象或现象可能发生什么变化，将要发生什么变化。在不能立即用实际行动来检验假设的情况下，在头脑中用思维活动来检验假设起着特别重要的作用。如军事战略部署、解答智力游戏题、猜谜语、对弈、学习等智力活动，常用这种间接检验的方式来证明假设。当然，任何假设的正确与否，最终还需要接受实践的检验。

## （三）影响解决问题的因素

影响问题顺利解决的因素很多，既有社会因素和自然因素，也有物质因素和心理因素。心理学家发现有一些情况经常阻碍人们的问题解决，如问题表征的方式、对无关信息的注意、功能固着性、心向和不必要限制的设立等。各种因素既既可以发挥积极作用，也会产生消极的影响。认真研究这些因素及其作用的规律性，有利于发挥其积极作用，克服其消极影响，推动思维活动顺利进行，促进问题的解决。

1. 问题表征的方式

解决问题首先要对问题加以理解。所谓理解问题，用认知心理学的术语来讲，就是要以最佳的方式对问题加以表征。表征指客观事物在头脑中的呈现方式。同一事物或问题由于表征的方式不同，在理解上会出现很大差异。以下面的问题解决为例，下图显示的是一个残缺的国际象棋棋盘，它有两个角被切掉了，现只剩下 62 个正方形。假若你有 31 张骨牌，每一张恰好可以遮盖棋盘上两个正方形。你是否能够用骨牌把这个棋盘上的所有部分盖住呢？请用几分钟时间试试看。

研究证明，绝大多数的人，对于这个国际象棋棋盘问题，会用很长时间在头脑中尝试着去摆，但总找不到答案。可是，如果你不是用视觉形象方法去考虑，而改用推理的方法：明确每一张骨牌都必须盖住一个白格子和一个黑格子，而去掉的是两个白格子，那么你马上可以发现，既然剩下的是 32 个黑格子和 30 个白格子，显然无法用 31 张骨牌全部盖住图中的棋盘，这个问题原来是无解的。

再看一下下面两个问题：①小王家兄弟五个，都未婚，他们每个人都有一个姐妹，如果把王妈妈也算在内，试问他们家有几个女人？②某城市有 15% 的人不把电话号码放入电话簿上，如果你从该城市的电话簿上随机抽取 200 个号码，问其中有多少人是不把电话号码放入号码簿上的？

这是两个很简单的问题。但你是否都能很快地得出了答案？在①题中，答案是两个女人，兄弟的数目是无关信息，但它却使多数人费了许多思考。在②题中，人们倾向于注意 15% 和 200 个人数，而实际上这两个数字都是无关信息，因为所有 200 个人都取自电话簿，答案应该是 0。研究发现人们经常错误地假定：问题中的所给出的条件或数字在解题中都有用。因此，总是想办法去利用这些信息。了解了这个普遍倾向，我们在解题时就应该先注意考虑一下哪些信息有用，哪些没用。

2. 动机水平

在解决问题的过程中，激励人们解决问题的动机强弱和解决问题的效率有着密切的关系。

实验研究证明，动机水平的高低影响着人们解决问题的思维活动，进而影响着解决问题的效率。一般情况下，在一定的范围内，随着动机水平的提升，主体活动所获得的激励作用和推动力也随之增大，使解决问题的效率得以提高；但当动机水平超过一定的界限时，活动的效率反而呈递减的下降趋势。有人把动机强度与解决问题效率的关系描绘成一条倒"U"字曲线。可见，在解决问题的过程中，动机太弱或太强，都不利于问题的解决。动机过弱，不能激起解决问题的积极性，人的兴奋性低，注意涣散，易产生退缩行为。而动机过强，人易于情绪紧张、思维紊乱、注意范围缩小，容易忽视其他影响解决问题的因素，急于求成反而会妨碍冷静判断和合理决策。所以说，在解决问题的过程中，存在着一个最佳的动机水平。此状态下，能使人保持积极振奋而又镇静从容的情绪状态，顺利解决问题。同时，耶克斯-多德森通过实验发现，最佳的动机水平与课题的难度成反比例关系，即课题的难度越大，所需的最佳的动机水平越低；反之，则越高。这一现象被称为耶克斯-多德森定律。

3. 定势与功能固着

定势又叫心向，是心理活动的一种准备状态。它表现为一个人按照某种比较固定的习惯方式去思考和解决问题的心理倾向。定势对解决情境类似或相同的课题，有一定的促进作用；但对变化了的情境或新的课题，则产生消极的阻碍作用。

功能固着其本质也是心理定势。在日常生活中，人们倾向于将某种功能固定地赋予某一物体，例如硬币是买东西的，钥匙是开锁的等。因此会使人在解决问题的过程中，只熟悉物品的一般用途，而不能联想到它的其他功能，从而阻碍或干扰问题解决的现象叫做功能固着。功能固着阻碍新思维的进行，影响新假设的提出和问题的解决。实验证明，人们对某种物体、某些事物的功能越熟悉，思想上认为它的某种作用越重要，则其所表现出来的功能固着程度就越大，也就越难看出它的其他功能。要克服功能固着的影响，就要加强思维灵活性和变通性的训练，减少和避免固有经验和思维定势的束缚，把现实事物的用途加以变通，从而促进解决问题新思路的产生。

4. 原型启发

在解决问题过程中，因受到某种事物或现象的启发而找到解决问题途径和方法的现象叫做原型启发。其中与要解决的问题具有一定的联系或相似性，起到启迪作用的事物或现象叫做原形。鲁班因撕茅草划破手，受茅草叶齿的启发而发明了锯；某橡胶厂，因受面包放入酵母菌而多孔、松软的启发，制成了泡沫橡胶；苏格兰医生邓禄普在浇花时，由于受手中橡皮管弹性的启发而发明了充气轮胎等，都是这方面的具体例证。

原型对解决问题能否起启发作用，一是看原型与要解决的问题有无特征上的联系与相似性，相似性越强，启发作用越大；二是看主体是否处于积极的思维状态，若主体不能积极主动地联想、想象和类比推理，即使事物间相似性很大，也难以受到启发。

5. 个性特点

能否顺利地解决问题还与个体的个性特点有着密切的关系。研究证明，一个有远大理想、意志坚强、勇于进取、富于自信、有创新意识、顽强、坚韧、果断、勤奋的人常能克服各种困难，迅速而有效地解决问题。而一个鼠目寸光、意志薄弱、自负、自卑、畏缩、怯懦、拘谨而又优柔寡断的人，往往会使问题的解决半途而废。此外，一个人的智力水平、气质类型、认知风格、需要及兴趣特点等也都直接影响着解决问题的效率和方式。

## 二、问题解决的策略和方法

解决问题需要运用一系列的认知性操作来从初始状态达到目标状态。这些认知性操作也称为算子，问题解决的过程就是利用算子使初始状态逐步到达目标状态的过程。怎样在问题空间中搜索出必要的算子呢。心理学家研究发现，搜索算子（也就是问题解决）可以使用不同的策略与方法。这里介绍几种主要的途径和方法。

### （一）算法式

算法式就是依照正规的、机械性的途径去解决问题。具体做法是将各种可能达到目标的方法都算出来，再一一尝试，确定哪一种为正确答案。这种解决问题的方式是过于费时、费力和缺乏效率。

### （二）启发式

在问题空间的搜索过程中，在目标倾向性的指引下，通过观察发现当前问题状态与目标状态的相似关系，利用经验而采取较少的操作来解决问题的方法称为启发式的方法。启发式方法看上去是直观判断，其实它在很大程度上依赖于经验。使用这种方法并不保证能够准确地找到答案，但作为一种大略的粗算，通常都能得到令人满意的结果。人们在处理日常问题上大部分都使用启发式。虽然它在准确性上不及算法式，但却无需去探讨所有的可能性，因此效率上大为提高。用启发式方法并不见得必定能找到答案，但经验的积累将会逐渐教导我们在何时以及如何去使用这种方法，使我们成为较好的问题解决者。下面是几种常用的启发式策略。

1. 手段—目的分析法

手段—目的分析法就是先有一个目标（目的），它与当前的状态之间存在着差异，人们认识到这个差异，就要想出某种办法采取活动（手段）来减小这个差异。手段—目的分析法的一个核心是将一个较为复杂的问题分解为几个较简单的子问题。其要点是：①比较初始状态和目标状态，提出第一个子问题：如何缩小两者差距；②找出缩小差距的办法及操作；③如果提出的办法实施条件不够成熟，则提出第二个子问题：如何创造条件；④提出创造条件的办法及操作；⑤如果④中提出的办法实施条件也不成熟，则提出第三个子问题：如何进一步创造条件。如此螺旋式地循环前进，直至问题解决。

2. 爬山法

爬山法是指经过评价当前的问题状态后，限于条件，不是去缩小，而是去增加这一状态与目标状态的差异，经过迂回前进，最终达到解决问题的总目标。就如同爬山一样，为了到达山顶，有时不得不先上矮山顶，然后再下来……，这样翻越一个个的小山头，直到最终达到山顶。可以说，爬山法是一种"以退为进"的方法，往往具有"退一步进两步"的作用，后退乃是为了更有效地前进。

3. 逆向工作法

我们前面讲的方法，都是循序渐进，逐级逼近目标。与上述相反的还有一种目标递归策略，也称逆向工作法。这种策略是从目标状态出发，按照子目标组成的逻辑顺序逐级向初始状态递归。例如上图的几何证明题：已知长方形 ABCD，求证两条对角线相等（如下图）。要证明 AD=CB，从目标出发逆向推理，即首先要证明 △ACD 全等于 △BCD。要证明这两个三角形全等，就必须从这个子目标出发，搜索证明三角形全等的定理。在这个题中，可以利用边角边定理解决子目标，然后再进入下一个子目标，把最后一个子目标解决了，整个问题即得到解决。

总之，无论是从初始状态逐级向目标状态递进，还是从目标状态逐级

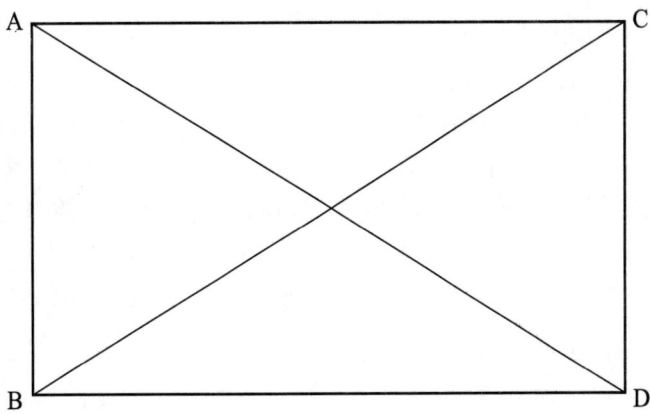

向初始状态回归，都是适用于相应条件的问题解决策略。

## 三、推理和问题解决

### （一）推理的一般概念

推理是指从一组具体事物经过分析综合得出一般规律，或者从一般原理演绎出新的具体结论的思维活动。前者叫归纳推理，后者叫演绎推理。归纳推理过程由假设形成和假设评价两部分组成，概念形成过程实际上研究的是归纳推理。归纳推理的结果受个人的知识经验影响，有很大的不一致性。演绎推理的结论是从前提推出来的，即从一般的规则推导出来的，其结论应该是一致的，在本质上它属于问题解决的范畴。下面我们主要介绍一下认知心理学对演绎推理的研究。

### （二）三段论推理

三段论推理由三个命题构成，其中两个命题为假定真实的前提，另一个命题为结论，该结论可能符合这两个前提，也可能不符合。所有这三个命题都带有直接陈述的性质。例如：

所有的 A 都是 B。

所有的 B 都是 C。

所以，所有的 A 都是 C。

人们的很多认识是用逻辑量词表达的。在三段论推理中，也根据命题中的逻辑量词将命题分为全称肯定命题，即包含"所有……"的命题；全称否定命题，即包含"没有……"的命题；特称肯定命题，即包含"某些……"的命题；特称否定命题，即包含"某些……不……"的命题。

人们如何进行三段论推理呢？心理学上主要用气氛假设说来解释。这一假说是由伍德沃斯和塞尔斯（Woodworth &Sells，1935）提出的。他们认为人们在进行三段论推理中使用的是气氛探索法。他们在研究中给被试呈现各种三段论推理题目。在这些题目中，三段论的结论除包含一个正确的结论外，还包括许多错误的结论。然后让被试根据前提选择结论。结果发现，被试的推理往往受三段论中所使用的逻辑量词（"某些"、"所有"、"没有"、"不"）的影响。即三段论中所使用的逻辑量词产生了一种"气氛"，促使被试容易接受包含有同一逻辑量词的结论。一般情况下，被试会根据肯定性前提接受肯定性结论，根据否定性前提接受否定性结论。如果肯定性、否定性前提都有，则被试情愿接受否定性结论，例如：

没有 A 是 B。

所有的 B 都是 C。

所以，没有 A 是 C。

此外，对特称陈述（带有"某些"、"某些……不"的句子）和全称陈述（带有"所有"、"没有"的句子）的反应。气氛假设说认为，如果前提为全称，则被试会接受全称结论；如果前提为特称，则被试会接受特称结论；当一个前提为特称，另一个前提为全称时，被试宁愿接受特称结论。使用气氛假设说的方法，被试可以在 80% 以上的三段论问题上获得正确的答案。对于这么粗疏的一种发现方法来说，这种结果是不坏的。

## （三）线性推理

线性推理也叫线性三段论，是依据有序事物间的关系进行的推理，它给出的两个前提说明了三个逻辑项之间的可传递性的关系。例如：A比B长，C比B短，A比C长吗？

进行线性推理时，人们是怎样表征前提从而进行认知操作的呢？有人提出是以表象的形式建构起一个垂直的空间序列，再按照建构起来的心理位置进行合乎逻辑的推论；也有人认为转换推理过程是用命题的方式来表征三段论的前提的；20世纪80年代以后，斯滕伯格将上述两种理论结合，提出了语言—表象整合模型。人们在线性推理时，首先对前提中的信息以命题的方式进行表征，继而将表征的命题建构成一种心理表象上的空间序列。依据这种命题的空间序列进行认知加工，从而推论出合乎逻辑的结论。

## （四）条件推理

条件推理又称假设推理，它是指人们利用条件性命题所进行的推理。例如："如果球滚向左边，则绿灯亮"，"现在球滚向左边了"，"所以，绿灯亮了"。在条件推理中，人们发现了一个有趣的现象，就是人们倾向于去证实某种假设或规则，而很少去证伪它们，这种现象称为证实倾向。沃森（P. C. Wason）所做的实验很好地说明了这个问题。在实验中，沃森把写有下列符号的四张卡片摆在被试面前，告知被试，每张卡片的一面印有英文字母，另一面印有数字。他给出的问题是，如果要从这四张卡片证明下述规则是否有效，即"如果卡片的一面印的是一个元音字母，则它的另一面必然是个偶数"，被试者最少必须翻看哪几张卡片。

实验结果发现，46%的被试翻看了E和4，这种选择是错误的。E是必须翻看的，而4却不必翻看，因为不论它的另一面出现元音还是辅音，都不能证明这条规则无效。只有4%的被试做出了正确选择，翻看了E和7，因为无论是E的另一面出现奇数，或是7的另一面出现元音都会使这条规则失效。此外有33%的被试只翻看E。其余17%的被试做出了其他的错误选择。

根据这一实验，沃森等人认为，在检验规则或假设的过程中，人们有一种强烈的对规则加以证实的倾向，后来的研究者认为沃森得出这样的结论是因为他使用的实验材料过于抽象，如果把卡片中的内容换成被试熟悉的内容，被试正确选择的比例就会提高，有实验证明了这一说法。

## 四、关联与问题解决

此事物、现象、观念与彼事物、现象、观念之间，或者事物、现象、观念的各个方面之间，存在着某种或某些联结在一起的关系，人脑对这些关系的本质反映即为关联思维。抓住事物的本质和特征，推之于其他事物发展的情况，来解决问题，这就是关联的本质特征。牛顿从掉在头上的苹果，发现了万有引力；伦琴从底片感光上发现了X射线；奥斯特从电能产生的磁场中反向悟出了磁场可以产生电能；更有众多的考古专家从发掘出来的古生物化石的研究中，推断出远古时期的地理、气候等许多情况，这样的例子真是多得不胜枚举。这些触类旁通、举一反三的思维成果，都是从关联规律开始。当然，事物的关联规律都有一个渐进的认识过程，从表面上风马牛不相及的事物中，发现其中一些规律性的联系，发现隐蔽其里的真相，从而解决那些看似难以解决的问题。事物的关联方式，往往能够决定事物本身的性质，决定此事物与其他事物之间的区别。发掘事物的联系方式，发展事物的活泛关联力，无疑是活化思维、增加创造性的最重要手段之一。

在问题解决过程中,思维的关联选择犹如一个筛子或过滤器,从复杂繁多的认识材料、多种思路和方案中选择与其相关的认识对象、思路和方案,排斥与其无关的认识对象、思路和方案,从而使问题得到顺利解决。思维的关联选择具有两重性:一方面,思维都具有一定的条件和参考标准,因此一定的思维和选择功能势必限定思维的范围,使人们得到一个认识对象的"焦点",这是使思维系统化、有序化的必要前提,有助于提高思维的效率;但另一方面,思维的选择功能也可能造成认识的局限性和片面性,特别是僵化、过时的思维有可能撇去许多有价值的东西,造成思维的保守性和被动性。

无论何种关联思维,其关键是关联点。在分析事物之间的联系时,一定要明确何处是其"关联点"。要将事物之间联系起来,其核心是构建"关联点"。尤其要重视"隐关联"。"隐关联",即关联的隐秘因素。美国加州女子住宿学校发生一起劫持案。有人在学校后面长满牵牛花的小溪边发现了玛丽小姐的图画夹和写生用的其他用品,草地里还有从玛丽小姐外衣上掉下来的一粒纽扣。在发案现场不远处,有汽车停留的痕迹,根据车轮压过的印迹,这是一部"雷诺牌"快速越野车。据守门人反映,这天有两部这种越野车进出大门,一部是上午8时出门向东驶去,一部是上午10时出门向西驶去。到底向哪个方向追捕劫持犯呢?侦探询问在场的住宿生,得知她们最后一次看到玛丽小姐是早晨7点钟,那么,这两部越野车都有可能成为作案工具。必须弄清罪犯作案的时间。侦探取过玛丽小姐的画夹,上面只画了几朵盛开的牵牛花,未画藤和叶。他立即对跟在身旁的警官说:"发案时间知道了,你们立即朝东追捕。"警官按哈代指示的方向,果然很快速住劫持犯,解救了玛丽小姐。原来,侦探根据玛丽未完成的画稿,玛丽小姐是在画牵牛花时被劫走的,而牵牛花只有早晨才盛开,过了上午9点钟就开始萎谢了。所以发案时间应是上午8点之前。由花期推断出案发时间,就是把"隐关联"变成"显关联"的过程。

关联无处不在。关联思维的样式可以分成不同种类,按创造发明和解决问题的关联的显示状况,主要可分为侧向关联、逆向关联、链状关联、系统关联、中介关联、类似关联。

### (一)侧向关联

侧向关联主要特点是:对此物与彼物之间的关系,不从正面直接揭示,而是通过出人意料的侧面来思考和解决问题。把与问题相关联的事物列举出来,不从最容易的角度来思考问题,而是尽量强迫自己从侧面去想问题,这样往往有好的点子。下面举个例子:

问题:请你找一个地理位置,条件是:"最合适开电影院"。

通常最直接的方法就是到各处实地调查,或者请调查公司。但是我们如果用侧向关联思维分析,可能就有新的思路:开电影院最重要的就是地理位置,这个地理位置一定要"人多",那么"人多"的地方有什么特点呢?通常大家都会认为"人多"就已经是特点了,但是侧向思考就有所不同,你需要强迫自己从其他的方向思考,比如人多的地方还有什么特别之处?比如:吵嚷拥挤,这样就容易丢钱包。因此只要知道哪里最容易丢钱包,哪里就是人流最多的地方。想知道哪里最容易丢钱包,去警察局就知道了。

侧向关联的要点是:强迫自己从侧面思考,经常去考虑问题的其他方面,这些方面往往是次要的,表面看起来不是问题的主要矛盾。再举一个例子,可能大家以前都听过:很多年前在美国有很多人都去淘金,通往金山的路上有一条河,需要坐船才能过去,于是有个人放弃淘金,反而买了很多船,搞起了航运,结果比淘金还赚钱。

## (二)逆向关联

逆向关联主要特点是：此事物与彼事物存在一种逆向关系，只要将其运用，本来看来兼容的事物，正好变成相克，或者相反，看来相克的事物，在一定条件下转化为兼容乃至相生。还以普朗克为例：以前物理学界普遍认为能量的辐射是连续的。后来，德国物理学家普朗克发现传统的能量连续分布的理论与试验结果并不一致，他感到，要与实验结果完全相符，需要将传统的观念倒过来想一想。比如说，假定能量的辐射不是连续的，而是一种能量子，就像机枪那样一个一个地射出子弹，那么会怎么样呢？普朗克倒过来想的量子理论掀起了一场现代物理学的革命风暴。

## (三)链状关联

链状关联主要特点是：此事物与彼事物联系，彼事物又与另外事物联系，甚至再联系下去，这样就形成了一串连下去的关联链。1975年3月墨西哥发现了瘟疫病例，美国亚默尔肉食加工公司老板亚默尔由此想到：如果墨西哥发生了瘟疫，就一定会传染到与之接邻的美国的加利福尼亚州和德克萨斯州，而从这两个州又会传染到整个美国，加州和德州又是美国肉食供应的主要基地。这样，肉和肉制品一定会大幅度涨价。他马上叫来家庭医生亨利，让他到墨西哥去实地考察瘟疫情况。几天后，亨利回电证实那里确实发生了瘟疫，而且非常厉害。亚默尔接到电报后，立即集中全部资金购买加利福尼亚和德克萨斯州的牛肉和生猪，并及时运到美国东部。不久瘟疫传染到美国西部的几个州，美国政府发布紧急命令：严禁一切食品从这几个州外运，当然也包括牲畜在内。一时间，美国市场上肉类奇缺，价格暴涨。亚默尔在短短几个月里，净赚了900万美元。我们从这里可以看出：链状关联思维能洞微烛幽，见微知著，对事物的"关联链"进行分析，把信息转化为商机。

## (四)系统关联

系统关联主要特点是：一事物不是片面地、孤立地与另一事物相联系，而是在多方面、系统地与另一事物相联系。史思明反叛唐朝，率军攻陷洛阳。多次平定"安史之乱"的唐朝大将李光雨因兵力不敌，退守与洛阳一河之隔的河阳，形成两军对峙的局面。李光雨固守河阳，史思明攻河阳不下，一筹莫展。于是心生一计，每天让士兵牵着一千多匹良种战马，到河滩上给马洗澡，炫耀自己的兵力，以瓦解唐军的军心。李光雨随机应变，来了一个更绝的绝招。他让部下精选了五百多匹母马，将母马和马驹分开，然后牵到河滩上。等史思明的士兵又牵着千匹战马来河滩洗澡时，就把母马赶出城外。母马失去了马驹，大声嘶喊。叫声正好传到对岸战马的耳中。这些战马多为公马，于是纷纷涉水渡河而来。结果李光雨不费吹灰之力，引来了千匹战马。被放出来的战马，对被困城中的士兵来说，的确让人产生对方人强马壮的印象，斗志容易受到影响。但是这一层关联是"文化"的关联，几在人的心灵中是个什么影响的关联。马更有其自然属性，公马与母马更有异性相吸的关联。在此处，文化属性的"投射"关联怎么斗得过马本身的自然属性关联，史思明的战马自然就成了李光雨的囊中之物了。马的多元关联性，为李光雨创造了克敌制胜的条件。

系统关联的常用功能是整合。爱因斯坦曾经说过："……整合作用是创造性思维的本质的特征。"整合不是简单的数量相加，而是质变。例如单一的钢筋、水泥、沙子没有什么力量，用水调和在一起，就能建成摩天大厦。医生诊断病人是否得了贲门癌，主要是使用听诊器听病人喝水时发出的声音，并根据是否正常来判断。这种诊断的方法，不同的医生会得出不同的结果，往往会由于听觉和分辨能力的差异而大有出入。因此，其准确性成了医生们最头痛的问题。山东医学院的两位医生向山东大学电子系求助，希望能研制一种能将吞水声转为信号图形化的仪器。几位教授科研人员接受这一任务以后，将实现这一功能的目标，分解成为录音、声音转换和热笔描图三个功能。录音有现成的磁记录技术可以采用，声电转换和热笔描述也都有现成的技术可以借鉴。他们采用磁记录技术，利用快录慢放的方法，将1000赫兹音频转为100赫兹；通过声电转换的方式，将声音信号变为电信号；再用心电图仪上的热笔描绘出音图。就这样，他们根据既定的功能目标，对已有的几项技术加以综合运用，发明了"吞水音图描记仪"。这项发明不仅获得了国家的新型发明专利，而且还获得了第14届日内瓦国际发明展览会的金奖。"吞水音图描记仪"的发明是将磁录、声电转换和热笔描图三大板块有机地整合而成。从思考方法上来看，这几种相关因素有机地整合在这一发明的设计过程中起到了主导作用。现代科学证明，多元整合，是科学不断丰富和发展的主要途径之一。牛顿整合了开普勒的天体运行三定律和伽利略的物体运动规律和水平运动定律，从而创造了经典的力学体系；麦克斯韦整合了法拉第的电磁感应理论与拉格朗日·哈密顿的数学方法，创造了更加完备的电磁理论；狄拉克整合爱因斯坦相对论和薛定谔方程，创造了相对论量子力理学，引起了以原子能技术和电子计算机技术为标志的新技术革命。以上都是系统关联思维的整合功能的巨大成果。

## （五）中介关联

中介关联主要特点是：此物与彼物之间，并无直接联系，但是通过另一中介事物，可将两者联系起来。中介关联是迂回变通的主要手段。当我们面临复杂而难以直接攻克的问题时，不采取直接、正面解决问题的思路，而是分析研究与这个问题有密切关联的其他事物，以解决其他相关问题或借助其他力量为手段，最后以较小代价或较高效率解决掉原有的问题。现代心理学的激发内需、古代计谋中的借刀杀人等都属中介关联思维。中介关联思维有一个必要条件，那就是相关中介。相关中介是指与所解决问题有关联度的事物，它要具备两个基本特点，一是与所要解决的问题有较密切或可以替代、互证等关系，一是可以操纵或凭借现有力量征服的。相关中介既可以是现有明确的，也可以通过联想推理的方式寻找出来。中介关联思维的相关中介类型有两种：一是以实为介或叫以物为介；另一种是以虚为介或称心理中介。以物为介有个典例：1805年，拿破仑率法军进攻奥地利，两国在莱茵河两岸开战。拿破仑想用大炮猛轰对手，可是，这莱茵河究竟有多宽却不知道，不知道距离，就不可能调整好大炮，从而准确地命中目标。要知道河的宽度，最有效的方法，当然是实地测量，可在当时的战争情况下，是绝对不可能的。这一天，拿破仑站在河岸上，他已经思考了很长时间，一直也想不出什么好办法。当他再一次向对岸望去的时候，却突然发现莱茵河对岸的边缘线，正好与自己所戴的军帽的边缘在同一条直线上。这个现象立即引起了他的注意，于是，他一步一步地向后退，一直退到自己帽子的边缘与河的这一岸边缘完全吻合为止。这时候，他立即命令人丈量从这里到他原先站立处之间的距离。拿破仑知道，这个距离，就是莱茵河的实际宽度。不久以后，法国炮兵按照拿破仑提供的数据调整好大炮，向对岸的奥地利发动了猛烈的进攻，炮弹果然准确地命中了。此法如同曹冲称象，以可以化整为零的石块为中介物来取代大象。拿破仑以帽檐为测量工具的关联中介物，绕过难以直接测量的困难，将原本互无关系的距离等同起来，从而量出可测距离，推测出不可测距离。在几何学上，这是很简单的测题，但在实战思维中，又有几个这样的拿破仑？

以虚为介，往往依靠具体的实物，所不同的是，它主要是以激活某些心理活动作为思维"把手"的。也有个典例：哈利15岁时在一家马戏团大门口卖炒花生米，马戏团和他的生意都很清淡。后来，他用报纸把花生米分包成一个个小包，买一张马戏票，送一包花生米。结果，花生米的香味引来了不少人，许多本来不看马戏的人，也因为有赠送的花生米，而随意来了。很快，马戏票卖完了。观众们一边看着精彩的马戏，一边嚼着喷香的花生米，不一会儿，花生米就吃完了。正当观众感到口渴时，哈利又带来了他的柠檬水。转眼之间，哈利的柠檬水就卖得精光。他的口袋也鼓囊囊的装满了钞票，赚了一大笔钱。马戏团团主也非常高兴，因为今天他的马戏票全卖完了，更是赚了很多钱。哈利的思维其实就是中介关联。哈利送花生米只是手段，卖柠檬水才是目的。花生米所起的作用是激发观众对柠檬水的需求，也就是我们常说的"要想马喝水，给它吃把盐"。

## （六）类比关联

类比关联思维主要特点是：从两个或两类对象具有某些相似或相同的属性这一事实出发，推出其中一个对象可能具有另一个或另一类对象，已经具有的其他属性的思维方法。

类比关联思维具有指引研究、移植经验的作用。尤其在指导发明和解决问题时，具有很大创造性，得到了思想家、科学家们很高的评价。哲学家康德就说过"每当理智缺乏可靠论证的思路时，类比这个方法往往指引我们前进。"可以说，类比关联思维给创造活动创造一个良好的心理状态。类比关联思维分为许多种类，主要有以下几种。

### 1. 形象类比关联

在A与B之间，存在着形象的相似。大量用于仿生学方面的发明，往往是由某一原型的外形结构类推出与此结构、形象相仿的创造物。模仿昆虫复眼角膜结构，用许多小的光学透镜有规则地排列起来制成光学组件—复眼透镜。用它做镜头制成"复眼照相机"，一次能照出几百张相同的照片。

### 2. 对称类比关联

世上的事物，几乎无一例外地具有对称关系。对称类比关联思维，正是依据两个或两类事物属性之间的对称关系进行的类比，它被广泛地应用于创造、发现和发明之中。英国物理学家狄拉克把相对论原理引进量子力学中，建立了描述自由电子运动的方程。在解这个方程时，得到了正负对称的两个能量解。正的能量对应着电子，那么，负的能量对应着什么呢？人们知道电荷有正电荷与负电荷的对称性，既然存在带负电荷的电子，那么，是否存在带正电荷的电子呢？为了解释上述方程解，狄拉克运用了对称类比法，认为对应于负的能量的粒子可能是带正电荷的电子，由此成功地预见了正电子的存在。

### 3. 对应类比关联

在A事物中，根据某种原则得出某种结论，那么，与此紧密相关的B事物，也得根据同样的原则得出某种结论。有一次，美国前国务卿基辛格陪同尼克松总统动身前往莫斯科，途中经过维也纳。在那里，基辛格就即将开始的美苏首脑会谈问题，举行了一次记者招待会。

《纽约时报》的记者提出了一个所谓的"程序性问题"。这名记者问道:"到那个时候,你在莫斯科发布消息,是打算点点滴滴地发布呢,还是来一个倾盆大雨,大批大批地发布呢?"这时,从来不放过任何的机会嘲讽《纽约时报》的基辛格博士回答说:"您的意思我明白了,你看看,这位记者先生同他的《纽约时报》一样公正,他是要我在倾盆大雨和点点滴滴之间任选一个方式,所以,无论我怎么选择,总是错定了。"基辛格微微一笑,接着一字一顿地说道:"我现在已经做好了打算,要点点滴滴地发表,成批成批地发布。"全场顿时哄堂大笑,无不由衷地佩服基辛格的机智。

4. 因果类比关联

依据两个或两类事物各自属性之间可能具有的同一种因果关系进行推导的类比。与一般的类比关联思维不同,在因果类比关联思维中,对象的各个属性已不再是孤立的、简单的共存,而是通过某种因果联系必然地联系在一起。尽管这种必然联系还具有特殊的性质,但已包含了更为一般的意义。因而以这种联系作为类比关联思维推理与结论的中介,可以大大提高类比关联思维推理的可靠程度。

5. 功能类比关联

以功能与行为的相似为基础,来模拟原型。科学家们撇开人脑内部的结构,仅仅对人脑的功能进行模拟,采用若干个与大脑各部分功能相似的部件,组成了电子计算机。功能模拟随着控制论、信息论等现代科学的出现而得到大力发展。正如控制论发明人维纳所言:"把生命机体与机器做类比的工作,可能是当代最伟大的贡献。"

6. 原理类比关联

由某种事物符合某种原理,体现出某种功能,通过类比而想到同类的事物也符合某种原理并体现某种功能。伽利略在威尼斯一所大学教书。一天,他在给学生做实验时,看到水加热特别是到沸点的时候,水在罐子里就会上升。于是他想起不久前,一位医生请求他实验出一种能量出病人体温的仪器。他想:"水的温度上升,体积就会增大膨胀上升,反过来,体积就会缩小下降,能不能根据这个原理制作某种仪器来测量病人的温度?"于是他开始认真地实验,终于做出了世界上第一支体温表。

由于事物之间的联系是错综复杂的,真正要解决问题,常常不只是用一种关联,而是要将多种关联结合在一起思考,以产生联动。金字塔是埃及的奇迹,但在古埃及,要丈量金字塔的高度可不是一件容易的事。因为它们一般都巨大无比,如果按常规的办法去爬塔,不仅费人费力,由于操作复杂,丈量结果也难以准确。后来,这一问题在欧几里德那里得到很好解决:不必去爬塔,而是通过丈量自己的身体的影子来丈量金字塔的高度。即当自己的身高和影子一样长时,只需量一下金字塔的影子,就知道塔高的多少了。我们不妨从关联的角度,对此一案例进行思路分析:欧几里德测量金字塔高度的思路分析。第一步:认识物体、光、影子的关系。任何物体在光线照耀下,都会在地上投下影子。因此,物体与影子存在对应关系。第二步:关联性质评判。影子与物的关联,具有可逆转性。即在懂得光与物体的关系(高度、角度等)的情况下,丈量物体高度,可以知道影子的长短。与此相对,丈量影子长短即可知道物体的高度。第三步:方案评判。上述方案可用,但是手续繁杂,必须具有仪器,还得掌握比较复杂的光影、代数、几何学等方面知识。应该考虑使用更简便的方式。第四步:找出另一种关联。在共同光影条件下,A物体与其影子的比例,和B物体与其影子的比例相同。即当物体在某时间与其影子是某一比例时,同一时刻金字塔与其影子具有相同的比例。第五步：明确最好测量的时刻。当物体与其影子的比例一致时，最好测量。第六步：通过对应之物测量。任选一好测量之物（如人），当其与自身的影子一样长时，测量金字塔的影子，即得出金字塔的高度。在这里，我们看到的是多种关联的联合。

## 五、问题解决的简约思维

思维简约有个基本任务：要善于把复杂的问题简单化。《易经》之易有三个层次：一是变易，二是不易，三是简易。简易是高层次的思维。明代冯梦龙说："世本无事，庸人自扰。惟则通简，冰消日皎。"其大意是说，世上许多事情，其实都是人为的。只要善于把复杂的问题简单化，问题就会像太阳融雪一样得到解决。爱因斯坦的思维方法有一个明显的特点，就是简约性原则，相信世界的和谐统一，相信规律是简单的，努力用简单的规律说明世界。世界上的向日葵多种多样，但是，所有向日葵果实的排列都符合对数的螺线。世界上的一切物体之间都有着相互作用，牛顿用万物之间吸引作用总结出万有引力公式，用这个简单的公式能说明千千万万种现象。只要我们注意在思维过程中化杂沓为明晰，变繁复为简单，就可能会发现，在扑朔迷离的万事万物背后，总隐蔽着最简约的规律。那么，怎么才能善于把复杂的问题简单化呢？首先，要寻找最简单的途径。把一个复杂问题化为几个简单的问题，从最简单的问题入手找到解决问题的途径，并用最简单的手段进行尝试。其次，要善于排除次要因素。影响事物的因素是多种多样的，有本质的，也有非本质的，有主要的，也有次要的。这些因素缠绕在一起，增加了问题的复杂性，使人不得要领。要想使思维简化，必须排除次要的、非本质的因素，突出主要的、本质的因素。伽利略在研究落体规律时，不考虑空气对铅球和木球的阻力。虽然空气对两个球的阻力是不同的，但这个因素毕竟是次要的。排除这些次要因素，使重点突出，一目了然。再次借换功能。实际上就是功能开发或功能变通，将事物不为人知或不为熟知的功能恰到好处地运用到解决问题的实际中，创造性地解决问题。万事万物是有规律的，而规律又是简约的。总之，简约思维是人类在紧急情境中，通过对事物的迅捷认知，立即找到问题转化的最有利的因素，从而在极短的时间内使得事物向有利的方向转化，使问题得到迅速有效解决的思维路径和技法。

简约思维的生理机制与应激最为关联。当我们面对生死存亡之时、遭遇千载难求的发展之机，往往会引起急速而高度紧张的情感状态，即应激心理现象。应激一词，首先由汉斯·塞里（Hans Selye）于1946年应用于医学领域，他通过多次临床和实验研究，提出了应激和全身适应综合征的理论，受到了医学界的重视，并被广泛用于医学理论和临床实践。所谓应激是指机体对各种内、外界刺激因素所做出的适应性反应的过程。面对威胁时，应激反应是指由大脑发出的一系列调控指令，直到找出一个合适的应对办法。中枢神经系统会下达释放肾上腺素的命令。血液中注入肾上腺素后会引起心率加快，血压升高。通过下丘脑和垂体，大脑会使氢化可的松的血液浓度突然升高。肾上腺素和氢化可的松会促进细胞能量的产生。此外，大脑活动的恢复会提高警觉状态，但也会增加焦虑不安和恐惧。所有这些都有助于提高注意力和判断力，使身体的素质处于最佳状态。那时，机体就可以制定和做出最有效的反应。应激的最直接表现即精神紧张。简单地说，可以把应激理解为压力或刺激。适度的应激反应可以调动机体的身心潜能，尤其是思维潜能，所谓"急中生智"即此谓也。启动"急中生智"灵感的地方学名叫"扣带前回"（ACC）。它处于一个被称为"认知与情绪的交互作用的界面"的布罗德曼24区，该区上部和下部分别与人的认知活动、情感活动密切相关。大量研究证据表明：当存在认知或者情感冲突的时候，ACC活动就特别强烈，能有效地打破原有的不正确思维定势，这一过程包含了认知冲突或者情感冲突的顺利解决。人们正是在这一瞬间摆脱了不正确的思维，找到了正确的思维样式。但应激对弱神经者和那些未经历有效思维训练的人来讲，则多是消极作用。根据塞里的应激学说，如果人不能适应这种刺激，就可能在生理上或心理上产生异常，甚至可能发生疾病。这种生理反应包括三个阶段：第一个阶段叫警戒期，可出现血压下降、血管渗透性增高、血液浓度降低及体温下降等休克症状；第二阶段叫抵抗期，这一时期人体出现各种防御手段，使机体能适应已经改变了的环境，以避免受到损害；第三阶段叫耗竭期，它表示机体"能源"的耗竭，防御手段已不起作用。如果继续发展，则导致多种疾病甚或死亡。因此，急智不是轻而易举就能如愿以偿地，要经过艰苦的、持久的训练过程才能获得。但一旦拥有急智，就会让你受益终身。不管怎样，我们都得设法练就这套本领。急智也不会辜负任何一个钟情于它的人。因此，在应激状态下，人一般有两种表现：一种是急中生智，即因紧张而使神经系统与机体进入高度的激活状态，这时思路明晰，动作敏捷，能迅速做出大胆而合理的举动，甚至创造奇迹；另一种是茫然无措，即因过度紧张抑制了人的智能活动，使认识、判断、决策能力降低，以致惊慌失措或呆若木鸡。能急中生智的人，其思维的变通性和灵活性程度都很高。他们才思敏捷、敢于打破思维定势，在危急时头脑里能立即产生许多应激办法，并且当机立断、付诸行动；而那些轻易不肯改变自己思维样式的人，如刻舟求剑、削足适履者，自然不可能急中生智。

简约思维有多种，主要有还原思维、假借迁移、怪诞求异、反向示弱和反向强变。

## （一）还原思维

还原思维是指用追根寻源的方法，找出问题创造的核心或关键，然后在此基础上重新构造创新系统，返回初始目的的思维。任何创造活动，都有创造的起点和创造的原点，创造的原点是唯一性的，而创造的起点却有无穷性，创造的原点可以作为创造的起点，而创造的起点，却不一定能作为创造的原点。深入研究事物创造的原点，回归本质原点，从原点上解决问题，这就是还原思维的根本特征。随着现代文明进程，人们往往被各种纷纭繁杂的外表现象干扰，思维不能集中到事物的本质属性和特征上，以致简单的问题复杂化了。还原思维则能拨开事物的外衣，把创造对象最主要的性质、特征、结构、原理、功能等抽取出来，还事物以本原面貌，回到根本，抓住关键，创造性地解决问题。

还原思维，有几个基本类型：一是功能还原，二是人性还原，三是理念还原。即明确事物原本的目的，以此为出发点，重新审视事物存在的意义。具体过程中，选择什么作为还原对象，这还要结合实际目标，至于还原思维过程中能达到那个层次，这又要视个人的思维深度及能力高低了。

### 1. 功能还原

功能还原，即探究事物最基本最原始的功能，并以此为原点，解决新问题。第一颗原子弹是在美国的新墨西哥州的沙漠中试验成功的，当时，巨大的蘑菇云冲天而起，激起了巨大的气浪，刮起了飓风。突然，原子弹的研究者之一，诺贝尔奖的获得者费米（Fermi）从掩体里一跃而起，向着实验场的方向飞跑。他一边跑，一边散发着手中的小纸片，小纸片在气浪中飞舞，经过了一段很长的距离才纷纷落下来。费米细心地测量着小纸片落地的距离。回来以后，费米对大家说："这颗炸弹的威力相当于两万吨的TNT炸药。"两个小时后，有人送来了精密仪器计算出结果，果然，原子弹的威力是相当于两万吨的TNT炸药。这个结果与费米利用纸片计算出来的几乎完全一样。那么，费米是怎样计算出来的呢？原来，纸片一方面受到重力的影响，一方面受着原子弹形成的气流的影响，纸片水平移动的速度就是气流水平移动的速度。费米要测定的，就是纸片的水平速度。水平速度大小，落地的距离远近。也就表明了原子弹的能量大小，知道了气流的速度，就能够算出原子弹所产生的气流动能。

原子弹所造成的气流的冲击波的动能，并不是全部的能量，原子弹以三种形式释放能量：一种是热能，它产生极高的温度，以致看到原子弹爆炸时所产生的强光的人往往会瞎掉眼睛；第二种是放射能，产生的放射性射线；还有一种是冲击波，产生的巨大的动能，这三种能量之间，有一定的关系。因此，知道其一就能知道其二，知道其二就能知道其三，而气体的冲击波最容易测量。费米的高明，就在于把一个复杂的问题划成了几个简单的问题，他从最简单的问题入手，找到了解决问题的具体方法，并且用最简单的手段进行了成功的测试。

还原思维的关键是"还原什么"。许多人即使知晓还原思维的原理，但在实际应用中也会有思维不清无从下手的感觉。这主要是思维方法问题，只有在繁杂无序的各种属性中，抽象提取出事物最本质或最关键的属性，才能打开还原思维的缺口。

2. 人性还原

人性还原，即把人的本质从繁杂的社会关系和社会属性中抽象出来，以人为本，探求满足人的基本需求的渠道。美国的麦克唐纳快餐店的经营思想，始终把为顾客提供快捷、方便、周到的服务放在首位。麦克唐纳快餐店的服务员身兼数职，既要管收银机，又要负责开票和供应食品等工作。他们把食物放在事先准备好的纸盒里，顾客们随时能够得到所需要的食物。大大地节省了顾客的时间和精力。后来，他们发现一些人买了食品以后并不马上食用。他们又把装有汉堡包的塑料盒和装有食物的纸袋里，放上了所需要的塑料刀叉、汤匙和吸管等必需品，为他们认真地包装妥善，以避免携带时倾倒或者是溢出来，麦克唐纳快餐店的服务都是从"必须进一步方便顾客的角度"设想，设计出了这种"麦克唐纳方便食品"所以赢得了成千上万的消费者的欢迎，很多人去过一次麦克唐纳快餐店以后，就成了这里的忠实顾客。在强手如林的旅游餐饮业中，麦克唐纳快餐店运用了还原思维的方法，将人的基本需要放在第一位，不断地、反复地修改自己的经营思路，从而从一个成功走向一个成功。尊重人，首先应当还原人；服务人，必当了解人。近年盛行的人本主义理念，说到底，就是拨开笼罩在人身上那些错综复杂、形形色色的虚伪包装，还人以原本面貌，并加以深入探究为之服务的思想。

3. 理念还原

理念还原，即明确事物原本的目的，以此为出发点，重新审视事物存在的意义。犹太人有一种与众不同的经营思路，他们决不做薄利多销的买卖，他们只做厚利适销的生意。犹太人注意到：古今中外生意场上，历来都以"薄利多销"作为成功的经营策略，但这也会引发同行之间的不利竞争，就如同自己在自己人的脖子上套上了绞索，是一种极为消极的做法，同在一个低价位上，小商人们就会被迫降低出售自己的商品。他们还认为：同行业之间的"薄利多销"，简直就是同归于尽，如果大家都相互以低价促销，是不可能长久经营下去的。更何况市场是十分有限的，消费者已经买够了商品，你的价格定得再低，也是很少有人再买了。所以说，这种营销策略，并且不是一个上策。犹太人做生意的着眼点，避开了其他商人"薄利多销"的思路，他们着眼于昂贵的消费者，不经营低价商品。为此，世界上经营金银、珠宝、钻石之类的首饰的商人，犹太人居多。犹太人选择这个行业，显然是因为这些商品要一掷千金，只有大富翁才能够买得起，既然是富裕的人，又讲究自己的身价，对价格就不那么十分计较了。相反，如果商品定价过低，会使他们产生怀疑。俗话说"便宜没好货"，富有者对此更为讲求。犹太人就是这样充分地研究了这一层次消费者的心理，开展了厚利策略，即使是普通商品，他们也会以高价策略来营销。比如，美国最大的百货公司之一——梅西百货公司，所出售的日用品价格一直比其他商场同类价格高出50%，但是，他们的生意仍然比别人要好，这就是上述的心理效应的真实写照。犹太商人的高价位营销策略，表面上看来是面向富有者服务，其实不仅如此，崇尚富有的心理在西方社会还是普遍存在。上层社会流行的东西，很快就会在中下层社会流行起来。犹太人经过统计和分析，富有阶层流行的商品，一般会在两年左右的时间，在中下层社会流行起来。个中的道理非常简单，富裕阶层与中等收入者在追求时尚的心理上是一样的，而中层及以下的人们也总是想进入富裕阶层的消费水平，是为了满足心理上的需求而付出的"面子钱"，为此，购买时，他们也会购买时髦的高价位的商品，当然，下层社会的人士，也会力不从心，消费不起。但在崇尚时髦的心理作用推动下，他们又往往会不惜代价去购买。在这样的连锁反应之中，上层消费的东西也能成为社会流行，比如，金银珠宝首饰现在不是成了各个阶层妇女的宠物了么。可见，犹太商人的"厚利适销"的经营理念，实可谓"醉翁之意不在酒"，他们的目光，从根本上还是盯住了整个大市场。消费的本质是满足需要。拨开商场的硝烟迷雾，商家最终仍以赢利为最终目的。犹太商人的还原思维不是那么漫无头绪无章可循的，它牢牢把握住消费需求的本质和从商赢利的本质，以"厚利适销"的经营理念，从根本上盯住了整个大市场，这也许就是犹太人从商成功的奥妙所在。

　　19世纪中叶，美国加州传来发现金矿的消息。许多人认为这是一个千载难逢的发财机会，纷纷奔赴加州。17岁的小农夫亚默尔也加入了这支庞大的淘金队伍。一时间加州遍地都是淘金者，金子自然越来越难淘，而且生活也越来越艰苦。当地气候干燥，水源奇缺，许多不幸的淘金者不但没有圆发财梦，反而葬身此处。小亚默尔经过一段时间的努力，和大多数人一样，没有发现黄金，反而被饥渴折磨得半死。一天，他望着水袋中一点点舍不得喝的水，听着周围的人对缺水的抱怨，突发奇想：淘金的希望太渺茫了，还不如卖水呢。于是亚默尔毅然放弃了寻找金矿的努力，用自己挖金矿的工具，从远方将河水引入水池，用细沙过滤后成为清凉可口的饮用水。然后将水装进桶里，挑到山谷中一壶一壶地卖给找金矿的人。当时有人嘲笑亚默尔，说他胸无大志：千辛万苦地赶到加州，不挖金子发大财，却干起这种蝇头小利的买卖，这种生意在哪不能干，何必跑到这里来干？亚默尔毫不在意，继续卖他的水。结果，大多数淘金者空手而归，而亚默尔却在很短时间内靠卖水赚了6000美元，这在当时已经是一笔很可观的财富了。这则案例还是还原思维问题。我们从事的活动总有一个起始的目的，例如千里迢迢去淘金，目的是赚钱。淘金的希望渺茫了，转行去卖水，表面上看背离了原来的计划，实际上仍在实施既定目的：赚钱。我们很多失败者在活动开始时目的很明确，但行进过程却被情累、权累、事累，忘记了初始的目的，这时候，看看本则案例，或能回归原点，重新布局谋篇。

**（二）假借迁移**

　　在急智应变时，不仅要认清自己已有的条件，还要发现别人的优势和条件，善于把别人的优势和条件假借迁移过来，以壮大自己的力量。优势相加，不是1+1=2而是等于3甚至更多。借他山之石可以攻玉，借他人之力可以倒海翻江。假借迁移有两种含义：一是借或假借，包括人、财、物及思想、点子、技术等，其归属权是各自独立的；二是迁移，把别人的思想、经验、原理、方法、技术用到自己所要解决的问题中，溶于自己的思维之中，归属到自己思维成分之中。假借迁移在解决问题的过程中依靠中介思维法，即首先需要积极寻找中介因子，在充分掌握可利用的信息的基础上，明确可借用的条件，适应对方与外部的多重关系，采取"拿来主义"，然后利用、改造外部条件，使之为我所用。假借迁移主要有借换功能、借风行船、借题发挥等几种常用的形式和方法。

1. 借换功能

功能俗称用途。我们在日常生活中，常把事物的用途归属到某一方面、某一范围，以至固定起来，想不起来还有别的什么用途，这样就容易干扰思维创新，影响对问题的解决。例如扫把就是扫地用的、砖头就是盖房子用的等。其实扫把和砖头还有其他许多用途。借换功能实际上就是功能开发或功能变通，将事物不为人知或不为熟知的功能恰到好处地运用到解决问题的实际中，创造性地解决问题。

借换功能有两种主要形式，一种是功能替代的应用形式，即用具体的事物来替代另一种事物，其前提条件是功能交叉替用。1969年7月20日，阿波罗11号宇宙飞船登上了月球，宇航员阿姆斯特朗和奥尔德林历史性地在月球上留下了人类的足迹。可是，当他们在月球上逗留了两个半小时，带着月球上的土壤和岩石，准备返回座舱时，却遇上了大麻烦。就在他们进舱门的时候，由于舱门非常狭小，宇航员身上背的"生命保障系统"的外壳撞在座舱内壁，竟然把座舱喷气推进器启动开关的塑料旋钮撞断了，导致无法点火启动。这时候，如果不想办法将点火开关的电路接通，这两位宇航员恐怕将只能"永驻"月球了。由于没有携带任何的修理工具，开关一时无法修复，他们只好火速地向地面控制中心报告求援。控制中心模拟小组的科学家们立即开始制定应急的解决方案。有一位科学家突然想起，每一个宇航员身上都有一把特制的太空圆珠笔，他灵机一动，就在模拟器上取下了损坏的塑料旋钮，然后用圆珠笔的前端深入到启动开关内部，拨动了一个金属片，电路接通了！控制中心立即把这个方法通知了月球上的宇航员。月球上的宇航员如法炮制，果然非常轻松地启动了开关，电路奇迹般地在一瞬间接通了。点火一举成功。登月舱在喷气推进器强大的气流的推动下，缓缓地飞离了月球。人类划时代的登月壮举，却得益于一杆小小的圆珠笔才获成功。一位创造学家说得好："要具备功能迁移的能力，首先必须具备善于发现相似之间的能力"以功能与行为的相似为基础，通过试验来证实替代物的功能可靠性，是本案例的特点。

借换功能另一种形式是借形类比。由某一原型的外型结构类推出与此结构、形象相仿的新事物，即把事物的潜在性质、功能开发转借到另一事物上去，从而创造出新的产品。例如鲁班将齿形草的功能转借到木工匠具的研发上，从而发明了锯子；现代有人模仿昆虫复眼角膜结构，用许多小的光学透镜有规则地排列起来制成光学组件——复眼透镜，用它做镜头制成"复眼照相机"，一次能照出几百张相同的照片。

从思维科学框定借换功能，应将其归于换元思维，是指通过置换系统内的元素或联系从而使系统产生变化的急智思维。换元法关键的一步在于发现并决定可以相互代替的事物及其等值关系和实施代替的具体办法。这种相互代替的事物的等值关系和实施代替的具体方法构成了解决问题的途径和发明新方法的摇篮。

借换功能要与桎梏思维的功能定势挑战。功能定势总是把某一事物机械地归到某一类中，把功能定在某一点上，结果使原本不太难解决的问题搁了浅。上述的案例，尽管较为典范，但我们并无把握仅此就能使我们的思维从桎梏思维的功能定势中解放出来，因为它比我们想象的要顽固。

## 2. 借风行船

借风行船指借助风力行船，一般是比喻借用外力来达到自己的目的。在急智变通过程中，借助外力是常用的手段。借风行船所借之风既有人们看得见、摸得着的显形外力，如自然界的风雨雷电等，也有隐蔽不显的外力，如声名品牌之类。1945年，苏联官员在一个十分友好的场合，送给美国大使哈里曼一份珍贵的礼物——雕刻得极为精致的美国国徽，一只木雕的老鹰。哈里曼非常珍惜它，就将它挂在自己的书房里。这一挂就挂了7年，直到1953年，美国情报人员忽然发现一种奇怪的电信号，跟踪追寻，才知道就在那只展翅欲飞的老鹰的里面，安装了一个不太复杂的窃听器。这七年间哈里曼大使的书房里只要有谈话的声音，苏联的特务在与大使馆相隔只有一条街的房子里就可以清清楚楚地听到。他们已经有效地窃听了七年之久。你如果是这位大使馆的官员，对这一事件将采取怎样的对策呢？通过正当的渠道向对方提出严重的抗议、立即将其暴露在光天化日之下，让世人唾弃？……很显然，这些常规的举措都不是上策，应当来一个借势变通。美国大使是这样做的：他认为这是一个和苏联情报人员斗智的绝妙的机会，他佯装不知，利用这只老鹰向对方输入了大量的假情报达八年之久，直到1960年才将此事公布于世。你偷听了我7年，我欺骗你8年，在这场间谍战的斗争中的"买卖"双方都没有亏本。美国大使的借势第一步：识破对手的计谋以后，不动声色地将苏联人送来的"礼物"留在原地继续使用，掩饰住自己的真实意图；借势第二步：对敌人的行动做出了充分的估计，料定对方会对于从哈里曼大使书房中传送出去的情报深信不疑；借势第三步：虚情假意地迎合对方的实际意图，借用雕鹰内的窃听装置，传递信息，只不过这次已变被动为主动，借对方之势，行自己之便，将计就计，以毒攻毒，使得对方毫不知觉地自动钻进他自己所设计的圈套之中。

与借风行船相类似的还有借题发挥和借实明理。借题发挥本意是指借某个题目，表达自己真正的意图。在急智思维过程中，借题发挥主要是指在条件尚未成熟时，借助偶发事件，引发开来，大做文章，促使事物朝有利的方向发展。借题发挥所借事宜，有的本身就具备正面促进作用，只要顺势发挥便可；而有的偶发事件表面相关不密，需要迂回变通才能为我所用；还有的事件本身带有负面影响，这就需要反相变通，化弊为利。从思路上分析，借题发挥属于中介转换，它强调的不是事物之间通过增加要素，使原本不相关的事物联系起来，而是通过一个中介性的话题，使原来不能直接解决或难以解决的问题，在中介阶段进行结构性转换，从而使问题得以很好的解决。借实明理，和我们平时讲的"摆事实，讲道理"很相近，都是借助事实引申道理的。只不过"摆事实"往往只是通过陈述以往事实的方法，并不一定让当事人亲身经历。而借实明理所借之实则是眼下可操作的。通过可操作的事实，讲明一个道理，从而说服他人的方法即为借实明理。借实明理多用于比较抽象，难以说服之"理"，因此这类案例大多具有哲理性。

## （三）怪诞求异

在时机、人气、主客观条件等"大势"的作用下，以超越事物的常规属性、超越理智的逻辑程序，寻求特异而怪诞答案的思维即为怪诞求异。怪诞求异有三个基本特征。一是超常性。它一般不在意人们对事物属性的共同认知度，而刻意发觉、挖掘事物不为人知的深层或隐蔽的属性和规律，即那些超常属性和规律。一般的思维不管如何求异，总可以有序可循，有样可仿。而怪诞求异要么没有明确的思考步骤，很难寻求其思维线路；要么发生在思维的跳跃之中，直奔目的；要么突现在闪电般的顿悟，石破天惊的大悟之中……怪诞求异的结果也较特异，它往往出在情理之中又在意料之外；它往往独辟蹊径很难复制；它往往来去无踪，稍纵即逝。二是荒诞性。怪诞求异性思维特征癫狂扑朔、惊世骇俗、神秘莫测，很难廓清其内在机制和运作奥秘。三是反叛性。怪诞求异的创造过程就是革故鼎新、弃旧图新或推陈出新的过程。不管是革，是弃，是推，都要打破现存的某种平衡，有可能与传统经验发生矛盾。只有敢于"离经叛道"，才能超越人的一般认识达到自由王国。

秘鲁和美国的一次联合演习中，秘鲁的一艘鱼雷潜水艇正在做战争演习的准备。突然，日本的一艘渔船突然来到这个海域，潜艇上浮的时候措手不及，与日本的这艘渔船猛烈相撞，艇长与6名士兵当场死亡，24名士兵逃了出来，另有22人随着潜艇沉入了33米深的海底。被困在鱼雷潜艇里的这些人，采取了种种方法，试图想逃离这艘被撞坏的潜艇，可是艇身被撞，严重变形，根本无法出去。"难道我们就这样被困死在里面吗？"一个士兵悲哀地说。"我们再想想办法。"另一个士兵说："也许能够找到什么别的通道的。""有了！"鱼雷发射手突发奇想："我们为什么不能把人'发射'到海面上去呢？"一句话提醒了代理艇长，他大胆做出了一个决定，他说："大家在出艇之前，尽量呼出肺里的空气，并且憋气30秒钟。我估计，在这个时间内，从33米的海底到达水面是足够用了。"结果水兵们忍受着压力剧烈变化所带来的巨大痛苦，一个个被弹出了海面，最终的结果是，除了一个人因为脑部出血死亡外，其余的21个人都安然脱险了。把人变成鱼雷"发射"到海面上去。这可是天下奇闻！可是，为了死里逃生，这种荒谬的想象变成了现实。在危险的关头，人们别无选择时，最有可能大胆地利用器械或其他的条件，甚至是荒唐地转化使用。也只有在这种险境中，人的思维最能够从经验定势中解脱出来，以求一逞。因为在这时候，思想解放和求异是化险为夷的唯一出路。

苏联国内革命战争期间，敌人的骑兵部队突然向某火车站发起攻击。这个时候，站内恰好停有一列平板火车，车上面用绳索固定着几架银白色的飞机，正在等待火车头来牵引呢。数架飞机眼看就要落入敌人的手中了。就在这万分紧急的情况下，红军飞行大队技师科夫里日尼科夫急中生智，当即下令飞行员们，把飞机全部发动起来。于是，没有车头的列车借助飞机螺旋桨转动所产生的强大空气动力向前滑行，并且越来越快，戏剧般地"飞"走了。在万分紧急的情况下，没有车头的列车借助飞机的动力"飞"走了，从而避开了一场损失。技师科夫里日尼科夫的急智有两个成分：一是要突破只有火车头才能开火车的定势思维；二是顺势就近寻找取代火车头功能的事物，借助飞机螺旋桨转动所产生的强大空气动力向前滑行，产生了奇特而戏剧性的效果。

怪诞求异往往发生在情急之中。人在危急关头，别无选择时，最有可能大胆地利用平时不敢利用的条件和平时不愿使用的"险招"，甚至是荒唐的办法。怪诞求异往往发生在独辟奇径的创造活动之中。如何别出心裁，如何一鸣惊人成为追求的目标，这时的思维不仅要挑战规则、质疑权威，也要挑战自我，只有这样才能创造奇迹。怪诞求异也往往发生在人们试误性的学习活动中。大胆地试误和冒险也往往会歪打正着，产生意想不到的成功。

### （四）急智示弱

大象无形，大音稀声，大智若愚……用相反的表现形式来掩盖自己的聪明才智和高超技艺，从而达到凡人莫及的成功或效应，这也是急智应变的一种思维。急智示弱的典例是大智若愚。大智若愚的前提是"大智"。谋于前，工于计，隐于心，不显山露水。大智若愚的表现形式是"愚"。或痴或颠，或呆或傻，或聋或哑，其作用是麻痹、诱陷、利用对方，促使事物沿着谋划好的目标转化。大智若愚也是对世态凉热的反叛，尤其对那些自命不凡，略有小智者特别显效，其成因是小智者的心理劣根性中，生成了一种叫"自以为是"的东西。美国有一个总统，他小的时候性格十分内向，很怕羞，大家一直认为他的智商有问题。有人故意在他面前丢下了一些五分钱的硬币和一角钱的硬币，他总是去拾起那个五分的硬币，而对大一点的角币看也不看一眼。人们就嘻嘻哈哈地说他是傻帽。这件事越传越广，很多人纷纷前来测试，可每一次，他还是只拾小的五分硬币而不拾大的一角币，于是，人们认为他的头脑真的有毛病了。有一天，一位贵夫人在屡试不爽之后，带着怜悯之心问他："你为什么每次都去拾那个五分的，难道你不知道哪个钱币大一点，哪个钱币小一点吗？""当然知道。"小孩子冷冷地说道："可是，如果我要了那大一点的钱币，以后，还会有人在我面前扔钱吗？"智者为愚，愚者为智，这位总统后来如何以大智驭小智，使用反向示弱术打败他的敌手，登上总统宝座的，就不问而知了。

当危机的起因与自己密切相关时，运用急智示弱、主动解脱的方法来摆脱危机，是一种十分有成效的应急变术。相传，秦汉时期的著名谋略家陈平年轻时，在一次战斗失败后，独自一人带着剑从小路逃亡，要渡黄河。船夫见他相貌堂堂，一人带剑独行，知道他是逃亡的将领，猜他腰中一定会带有金银玉器，因此，不停地用眼光打量他，想杀掉他夺取财宝。陈平也看出了船夫的企图，虽然十分害怕，但仍沉着应付。他主动解下上衣，光着膀子帮助船夫撑船。船夫见他身上并没有藏财宝，就顺利渡陈平过了黄河。还有一个故事：一艘大船在江上航行，有个旅客拿出一只黄铜杯子喝酒，船夫以为那酒杯是金的，多次注视，似有图谋不轨之意。这位旅客也看在眼里。一会儿，旅客靠近船舷洗杯子，故意把杯子掉落到江中，船夫以为是失落了金杯，感到十分惊骇和惋惜。旅客乘势解释说："这是一只黄铜杯，不是金的，不值得惋惜。"这位旅客和陈平一样主动解脱，免去了一场灾祸。

主动解脱最具特色的运用，是官场上的急流勇退，以免兔死狗烹的结局。越王勾践灭吴班师回越后，君臣共宴庆功。乐师作《伐吴》之曲，曲中有词赞文种、范蠡之功，群臣大悦而笑，勾践却面无喜色。范蠡观察到了这一细枝末节，立刻进行了深深的思索："勾践为了灭吴兴越不惜忍辱负重，卧薪尝胆。如今如愿以偿，功成名就，他便不想归功于臣下，猜疑嫉妒之心已见端倪。大名之下，难以久居。如不及早急流勇退，日后恐怕无葬身之地。"于是，次日范蠡便向勾践提出了辞官申请。勾践不允。当晚，范蠡便不辞而别，携带家眷和珍宝珠玉，乘着一叶扁舟，涉三江，入五湖，辗转来到齐国。范蠡到齐国后，与儿子们耕作于海边，苦身戮力。没有多久，由于经营有方，家产竟多达数十万。后移居定陶，以经商为业，时间不长，又积聚了巨万资财，成为首富，人称陶朱公。而另一功臣文种，不听范蠡要其离开越国的劝告，不久即遭到越王猜忌而伏剑自杀。

## （五）否极强变

《周易》中将天地交合谓之"泰"，不交谓之"否"，泰则亨通，否则失利。事物一旦发展到极致时，就会朝相反的方向转化，如果坏到顶就会转好，这就叫否极泰来。白居易《遣怀》诗有"乐往必悲生，泰来犹否极"，就反映了这一辩证思想。根据这一事物否极强变的规律，人们思维和方法也采取一些相应的策略，特别是身处绝境，事至极险时，索性再添加一些外力，促使其更绝更险，从而使事态发生根本性的变化。例如，我们熟知的破釜沉舟、背水一战、虎口拔牙、绝处逢生、孤注一掷、死里逃生等。在我们社会生活和创新发明活动中，否极泰来又往往演化为失败之极转向成功的变通之术，这方面的案例，似乎更具启迪性。第二次世界大战时，乌克兰方面军在与德军的一次战斗中，苏军的1辆坦克单独冲入了敌军阵地，不料想陷入了一个深水坑里。更糟糕的是，发动机也突然熄了火，再也无法行动。当时，里面的坦克手们除了手枪就再也没有任何能使用的武器。就在这个时候，德国士兵们一窝蜂地冲上来，拼命地敲打着坦克的铁甲，他们找来了柴草和汽油，准备把坦克里苏联士兵活活烧死。就在这时，坦克里传出"当当当！"的几声枪响和几声惨叫。接着，里面就一片沉寂，后来，任凭德国人再怎么样喊叫也没有回音了。德国士兵以为他们一定是自杀了，就爬上了坦克，想要打开坦克的舱门看个究竟。可是，舱门是从里边反扣死的，德国士兵们费了九牛二虎之力，却怎么也打不开，只好决定把他们拖回去。可这是一辆超重型坦克，一辆德国坦克根本拉不动，于是他们又调来一辆坦克，终于将这辆超重型坦克从泥潭中拉了出来，要拖回自己的阵地。可是，德国人做梦也没有想到，当他们如此"热心"又费力地将深陷在水坑里的苏联坦克拉出来以后，那辆坦克却突然发动起来，当年苏军的坦克马力比德军的大出不少倍。巨大的力量使德国坦克无法与之抗衡。结果，苏联坦克反将这两辆德国坦克拉回了自己的阵地。坦克陷入泥潭，功能丧失，成了死坦克，但坦克中的人是活的，索性将陷入绝境的人和物一块推到更险恶的境地（置之死地），造成死人废物的假象，麻痹敌人，俟机而为。后来借助敌人的力量，不但救活了坦克，而且还转败为胜，创造出了军事史上的奇迹。这个事件有其偶然性，但反映的"事至极处易再生"的规律性，却是必然的。

　　否极强变的极端是"以毒攻毒"，属反攻术。其思维过程是将对方提供的信息、手段、方法逆转方向，反作用于对方，即"以其人之道，还治其人之身"。以毒攻毒在日常生活中表现为"反诘"，属弱攻，多用于唇枪舌剑中；以毒攻毒大多用于那些诡计多端、能量较大的敌手身上，用比对手更毒的招数来制服对手。以毒攻毒有三个关键要把握好：一是破解，即识敌识计，改变被动状态；二是逆势变通，将思路反向调整，改变作用目标；三是注意反馈，防止反作用力以保护自己。1945年春季，奥德河两岸剑拔弩张，双方的百万大军隔岸对峙着，接近第二次世界大战尾声的柏林战役，在此拉开了战幕。这场战役的主角是一对老冤家，一位是德军的海因里希上将，另一位是苏军的朱可夫元帅。这两位著名的将领在1942年莫斯科战役中，曾多次拼杀，他们彼此十分熟悉对手的作战样式。这一战，朱可夫已拥有雄兵百万，在力量的对比上处于绝对的兵力优势。可是。处于守势的海因里希却有着极大的心理优势，他与这个老对手作战十分自信。因为在以往的交战中，海因里希很少有被朱可夫打败的记录。早在三年前的莫斯科战役中，海因里希研究并形成了一整套对付朱可夫的办法。他知道，朱可夫在指挥苏军进攻之前，总会要对敌人的阵地进行长时间的炮击，将对方前沿阵地炸得差不多了，这才发动步兵突击。海因里希还发现，朱可夫通常是在进攻前的一昼夜才进行战斗侦察，然后于次日凌晨展开进攻。海因里希早已习惯了朱可夫的这种作战"公式"，并且找到了对付这种"公式"的有效办法。当他综合分析所能得的情报，计算好苏军进攻的时间以后，就会命令部队悄悄后撤几公里，等那倾盆大雨的炮弹倾泻之后，海因里希的部队再迅速地回到战壕里，从而很轻松地就对付了朱可夫的突击队。他就是用这个妙法，使朱可夫指挥的苏军连连碰壁。海因里希简直成了朱可夫的克星。这一次，他还打算故伎重演，用老办法来对付朱可夫这位老对手。1945年4月15日晚上8点，海因里希认真分析了各战场的报告以后，十分自信地发出了极为简短的命令："现在往后撤，占据第二道防线阵地。"海因里希不愧为沙场老将，他的计算十分准确，朱可夫确实是想计划在4月16日发动总攻。这天夜里十分安静。突然，几千枚五彩纷飞的信号弹腾空干起，140部探照灯照向德军阵地，顿时漆黑的夜晚如同白昼，苏军总攻改在当天夜间开始了！海因里希顿时惊惶失措。朱可夫竟把进攻的时刻由第二天凌晨改为了当天夜间,炮击的时间也比以往大为缩短。朱可夫临阵变招,打了海因里希一个措手不及。德军第一道防线很快就被突破。苏军的后续部队如潮水般渡过河来,向德军的第二道防线开展猛烈攻击。黎明时分,德军全线崩溃。

中国有句古语:"请君入瓮"。其核心思想就是"以其人之道,还治其人之身"。在以往莫斯科战役中,海因里希利用朱可夫进攻中的思维定式,成功地打了多次防御战。而在后来的柏林战役中,朱可夫却反用了海因里希防守中的思维定式,使老辣的对手产生了致命失误。

# 第10章 理性思维的传统命题技术

理性思维的命题技术，主要是摆脱研究对象的产生和发展的自然行程，以理论的形式，也就是以范畴的理论体系进行命题的方法。它有两个显著特征：一是抽象概括性，即逻辑方法撇开事物发展的自然线索和偶然事件，从事物的成熟的典型的发展阶段上对事物进行命题；二是典型性，逻辑命题的方法抛开事物发展的完整过程和无关细节，以抽象的、理论上前后一贯的形式对决定事物发展方向的主要矛盾进行概括命题。人类在理性思维命题方面积蓄了丰富的经验，形成了经典逻辑命题、语言思维命题、数量关系命题和情境思维命题为骨干的命题技术。

## 第一节 经典逻辑命题

逻辑命题之所以经典，是因为这类命题历史悠久。古希腊哲学家苏格拉底、柏拉图、亚里士多德构建了思维形式的框架，至今已有两千多年的历史。在古罗马，有相当一段时间，好像专为检测形式逻辑体系的严密性，也出现了个哲学智者流派。如同当今的网络黑客一样。黑客的不断袭击，迫使网络专家建立更严密科学的网络体系；哲学智者流派与经典逻辑派的论战，也使形式逻辑越发成熟和系统，成为研究思维的独立的分支。心理学自十九世纪末成为一门独立的科学后，心理学家用心理学的实证方法对人类进行思维时的心理活动过程进行了大量的实验研究。最近十年，心理学家为各种专门人员的录用而设置的演绎推理命题所进行的实验研究可以分为两个大的方面：①定义判断测验研究；②逻辑推理测验研究。下面我们就这两个方面展开论述。

### 一、定义判断命题

定义是揭示概念内涵的逻辑方法，给一个概念下定义就是用精炼的语句将这个概念的内涵揭示出来的，也就是揭示这个概念所反映对象的本质特征。定义判断是以概念为内容的判断选择。

#### （一）定义判断概述

定义判断最初是一种职业能力的测验，现在发展为思维命题的一种常规类型。它不仅考查人们所掌握逻辑学的基本知识在现实生活中的运用，也考查人们运用所学的基本抽象概念解释具体实例或具体行为的思维能力，主要是检验应试者运用标准进行判断的能力。运用标准进行判断也是公务员一项基本的职位要求，因为，面对大量复杂的工作，公务员必须根据抽象的概念来判断事物的性质和内涵。在每一个问题中，先给出一个概念的定义，然后再给一组事物或行为的案例，要求从中选出最为符合或最不符合该定义的典型事物或行为。这里假设这个概念的定义是正确的、不容置疑的。

定义由被定义项、定义项和定义联项三部分组成。

对象的本质属性是指决定一事物之所以为该事物并区别于其他事物的属性。

解答定义判断，必须理解定义的概念、内涵和外延。概念由内涵和外延两部分构成。内涵是指反映在概念中的对象的本质属性，概念的外延是指具有概念所反映的本质属性的对象。

在定义判断中，定义的概念和外延之间必须是全同关系，表现在解答中，就是在给出的四个选项中，只要能说明概念中的本质属性的选项就是符合要求的选项。

### （二）定义判断例析

定义判断考试的类型题一直在发展着，而且考试的难度也在逐步加强。

定义判断的试题从单纯的逻辑学知识看，并不难，但是由于涉及的内容大多为法律、经济、科技等非常专业的知识，而且许多的知识对于应试者来说非常陌生，所以他们在选择过程中就难以把握正确的选项。从长远的角度看，了解更多的逻辑知识有助于考试取得好成绩，在考试中，应试者在没有掌握专业知识的情况下，必须从给出的各种专业定义中进行认真的理解和把握，仔细研究对定义的解释说明，弄清楚各个句子之间是限制修饰关系还是选择关系，前者是从逐步递进的关系不断缩小概念的外延，使内涵更加集中，而后者，则需要从两个以上的方面进行选择，符合其中一个方面就是正确的，对每一个内涵的解释都应把握住本质和关键。

【例题1】高峰体验，指的是人在追求自我实现的历程中，历经基本需求的追寻并获满足之后，在追求自我实现时所体验到的一种臻于顶峰而又超越时空与自我的心灵满足感与完美感，这种感觉只可意会不能言传。

下列不属于高峰体验的是（　　）。

A. 运动员登上奥运冠军领奖台时的心理体验。

B. 科学家获得诺贝尔奖时的心理体验。

C. 观众见证人类首次踏上月球时的心理体验。

D. 通过十年寒窗苦读，收到理想的大学录取通知时的心理体验。

【解析】根据对概念的解释，主要包含着这样几个关键因素：人，自我实现，顶峰的满足感和完美感。A运动员是人，获得冠军是自我追寻后的实现，是顶峰的满足，是高峰体验；B科学家获得诺贝尔奖的心里体验更是攀登科学的高峰体验；D通过苦读收到录取通知书时的心里更是感到获得了完美的感觉，以上三个都属于高峰体验，C时见证别人时的心里感受，不是个人在追寻之后实现的目标和心里的感受，只是为别人感到高兴，所以不是高峰体验。

【例题2】投机，是指为了以后在销售（或暂时售出）商品而购买，以期从其价格变化中获利。根据上述定义，下列属于投机范畴的是（　　）。

A.10年前老张承包了村里无人要的15亩果园，如今依靠果树发家致富。

B. 小刘最近买了一双皮鞋，因不喜欢样式又转卖给朋友。

C. 老杨以10.03元的价格买入2000股股票，以11.00元的价格卖出。

D. 王老师买了住房自住，后房价上涨，王老师卖出房屋从中获利。

【解析】题干中对投机的解释是从逐步限制的层次进行说明的，先是指出了投机的时机"为了以后"、投机的对象"销售商品"、投机的行为"购买"，又进一步说明了投机的目的"从价格变化中获利"。根据以上的限制，在四个选项中比较，A虽然说明了时机、对象，但没有投机的目的，是承包了无人要的果园，靠果树发家致富。B 说明了投机的对象，但没有目的和行为，只是转卖给了朋友。C 有投机对象"股票"，有明确的目的"以 10.03 元的价格买入，以 11.00 元的价格卖出"从中赚钱获利，有投机行为"买入"、"卖出"，有投机的时机，低价格时买入，高价格时卖出，完全符合投机的定义内涵。D 选项中，主要是没有投机目的，只是"买了住房自住"，所以不是投机。在四个选项中，C 是符合要求的选项。

【例题 3】行政回避，是指行政机关的公务员在行使职权过程中，因与其处理的法律事务有利害关系，为保证实体处理结果和程序进展的公平性，其职务的行使并由他人代理的一种程序法律制度。根据上述定义，下列哪种情况违反了行政回避的规定？（　　）

A. 丈夫是妻子的直接行政领导。
B. 老师提拔自己的学生。
C. 在外任职的警察回家乡办案。
D. 法官审判自己朋友的儿子。

【解析】对行政回避的解释中，明确了行政主体"行政机关的公务员"，明确了应回避的条件"与处理的法律事务有利害关系"，回避的目的"公平性"，选项 A 只是说明了符合回避行政主体，没有条件；选项 B 不符合行政主体的要求，D 也是不符合行政主体的要求（法官不是公务员）。只有 C 选项符合以上的所有要求，是行政主体"警察"、有回避条件"在外任职回家乡办案"，回避目的"公平性"。所以，正确的选项是 C。

【例题 4】双趋冲突，指两种对个体都具有吸引力的需要目标同时出现，而由于条件限制，个体无法同时采取两种行动所表现出的动机冲突。

下列属于双趋冲突的是：（　　）

A. 后有追兵，前遇大河。
B. 是否将病情告诉身患癌症的病人。
C. 鱼与熊掌不可兼得。
D. 樱桃好吃树难栽。

【解析】从给出的定义看，主要包括这样几关键因素："两个目标"，"吸引力"，"同时"，"无法同时采取行动"。A 不符合具有吸引力的条件；B 也没有吸引力；D 二者不是同时的两个目标，而 C 是同时面对两个选择，而且都有吸引力，只能选择一个，所以是正确的选项。

【例题 5】谋杀：是当一个人不但企图造成另一个人的死亡，而且也造成了这个人的死亡；或是由于一个人的行为，明明知道其正做着一件可能造成另外的人被杀死的危险的事件，其仍然不顾别人生命而造成他人的死亡。

根据以上定义，下面哪种行为是典型的谋杀？（　　）

A. 于力清与妻子发生争吵，打了她一巴掌，为的是不让她再哭，不巧将她打倒，她在倒下时头碰在地板上，后来由于头部受伤而死亡。
B. 一位老人得了一种绝症，不能忍受痛苦，请求护士给他服用致死剂量的安眠药，这个护士非常同情老人就给了他，结果老人死亡。
C. 曾宪以每小时 25 公里的速度在拥挤的公路上驾车行驶，没留神，他失去了对汽车的控制，撞上另外一汽车并引起爆炸，结果同车赵某死亡。
D. 汤啸，动物园管理员，正在动物园打扫老虎的笼子，打扫完后，他忘了锁门就离去，结果老虎从笼子里跑出来咬死了一个游客。

【解析】在对谋杀的解释中，有两个条件，只要符合其中的一个就是谋杀行为，但所问的是"典型的谋杀行为",在四个选项中,C和D也存在着谋杀的可能,但是不具有"企图"或"明明知道",而且不典型,A更是不巧而在造成的死亡,更无企图或可能预知死亡,只有B,病人请求服用致死量的安眠药,而作为护士竟然同情并给了他,致使老人死亡,符合列出的关于死亡的第二个定义的界定,所以为正确选项。

【例题6】(2006年试题)

非法经营罪是指违反国家规定实施的国家限制或者禁止经营的,扰乱市场秩序、情节严重的倒卖行为。根据以上定义,下面构成非法经营罪的是(　　)。

A. 浙江省某市某区王某注册了"鑫潭经贸有限公司",采用销售提成和发展下线提成等方式,组织、吸收全国各地9800余名营销员,进行服饰、保健品、皮具、健身器材等商品的传销活动,传销额达千万余元。

B. 东北的杨某在网上注册成立了一家化妆品批发及零售公司,现在拥有网上注册会员1万多名,这些会员大都在网上订货,并通过银行转账方式交款提货。

C. 北京的陈某和李某,通过在商场及街头散发传单等宣传方式,为一家并不存在的美容院做广告宣传,骗取200多名女性成为他们的会员,通过收取入会费获利1.8万元。

D. 学校图书馆的老师,私自将国外捐赠的珍贵图书拿出去卖,获利8000多元。

【解析】定义中关于非法经营罪是指违反国家规定而实施的盗卖行为。从给出的四个选项中,选项A注册公司,采用了销售提成和发展下线的形式,搞的是传销,是典型的违法犯罪,所以构成了非法经营罪。选项B是正常的经营活动,选项C是诈骗罪而非非法经营罪,选项D是非法盗卖罪也非非法经营罪。所以正确选项是A。

【例题7】(2006年试题)

持续犯罪又称继续犯罪,是指犯罪行为在一定时间内处于持续不间断状态的犯罪。持续犯的犯罪行为同不法状态同时继续,而不只是不法状态的继续,如果只是犯罪行为所造成的不法状态处于继续之中,而犯罪行为已经结束,并不处于持续状态,那就不是持续犯。根据以上定义,下列行为未构成持续犯的是(　　)。

A. 田某依靠网络,将青少年诱骗至其家中,并先后杀害5名少年。

B. 谢某虽然有妻子,却仍然同意与王某结婚,婚后一直与王某生活在一起。

C. 张某私自购买了若干枪支弹药,并将其藏在自家地窖里。

D. 某村支书因为村民韩某没有按照村里规定完成务工,便私自将韩某拘禁。

【解析】定义中解释的是什么是持续犯罪,根据解释得知,持续犯罪是犯罪行为同不法状态同时继续,选项B、C属于典型的持续犯罪,因为从一开始就知道违法而且继续进行,选项D也是明知违法继续做,只有选项A所实施的犯罪不可能连续进行,是先后进行的,中间不是持续状态,所以未构成持续犯,是正确选项。

【例题8】(2007年试题)

"E-mail营销是指在用户事先许可的前提下,通过电子邮件的方式向目标用户传递有价值信息的一种网络营销手段"。E-mail营销有三个基本要素:基于用户许可,通过电子邮件传递信息、信息对用户是有价值的。三个要素缺少一个,都不能称之为有效的E-mail营销。

根据上述定义,下列属于有效的E-mail营销的一项是:(　　)

A. 小王2002年成为某品牌产品的会员刊物,入会期满一年后,小王决定退会,但他在网上进行退会操作没有成功,该产品还继续发来信息。

B. 小李在某门户网站注册了免费邮箱,注册时注明愿意接收有关医疗保健和体育比赛方面的信息。使用邮箱后，该网站经常向他的邮箱发送包括医疗保健和商品折扣方面的信息。

C. 小赵曾经给某厂商留下地址，希望对方免费邮寄相关资料，后来他收到一封电子邮件，没有发件人姓名，地址、身份，标题是"产品目录"。他恐怕该邮件有病毒，没有打开就将其删除了。

D. 小高收到一封邮件，标题为："免费赠卡，直接消费"，打开后，发现收件人一栏只有一个地址，但却不是自己的邮箱地址，他感到大惑不解。

【解析】定义中对 E-mail 营销有三个基本要素说明的非常清楚，三个要素缺一不可，给出的四个选项中，选项 A 不具备第一个要素，选项 C 缺少有价值的信息，没有注明发件人姓名，选项 D 与选项 C 相似，把地址发错了，这三项都与给定的概念解释不完全相符，只有选项 B 具备三个条件，是正确的选项。

【例题 9】(2007 年试题)

社会从众倾向是指当群体规范被成员接受以后就会成为控制和影响群体成员的手段，使成员在知觉，判断，信念和行为上表现出与群体中多数人相一致的现象。

根据上述定义，下列情况中没有社会从众倾向的是：（　　）

A. 小李因工作进度慢而被同事们责难，他只好利用业余时间加班赶上。

B. 学生小李认为张老师对自己的期望值太高了，但一想老师就是老师，他表面上还是接受了。

C. 春节长假前，小王准备假期旅游，但看到同事们都打算回家团聚也决定先回家团聚。

D. 刘先生在旅游时看到有几个游客自觉地收集垃圾保护环境，心里很赞赏，但自己却不好意思做。

【解析】社会从众倾向的定义关键词有三个：被成员接受，受到控制和影响，在知觉、判断、信念和行为上表现与多数人一致。给出的四个选项，选项 A 因进度慢被责难而业余时间加班属于从众行为，选项 B 小李从张老师的期望值中想到了老师们的期望而接受，属于从众行为，选项 C 小王看到同事回家也先回家团聚属于典型的从众行为，只有选项 D 中刘先生接受了游客的影响而且在知觉上也认识到了，但是没有采取一致的行为，所以不属于社会从众行为。

【例题 10】(2007 年试题)

借口就是承认活动本身是错的，但是当事人否认他应当承担责任，辩解则是承认应当对活动承担责任，但是当事人否认这项活动是错的。面对失败的事件时，人们使用借口以尽可能地减轻自己应当承担的责任；而人们使用辩解的目的是试图重新界定有争议的行动，使之看起来不至于太差。

根据上述定义，下列属于辩解的是：（　　）

A. 小李失去了一笔业务，给公司造成了一定损失。他说，这是由于他腿伤发作迟到了半个小时造成的。

B. 某部门工作出现失误，其负责人说："他们做决定时根本就没有征求我的意见，我对此一无所知"。

C. 某国消费者对在包装中加入一氧化碳使肉类看起来红润新鲜的做法表示质疑，但该国食品管理局称这种做法"总体上"是安全的。

D. 某公司产品出现质量问题，声明说这是由于他们使用了其他公司生产的不合格部件造成的。

【解析】试题中给出了两个定义，以此说明二者的联系和区别，而要求的对符合辩解的选项选择。选项A和D属于典型的找借口，而选项C的解释内容与此关联性不大，只有选项B，通过负责人的辩解来证明他所承担的责任，使决定本身看起来充满争议，属于辩解的范畴，所以是正确选项。

## 二、逻辑推理命题

### （一）命题要求

#### 1. 一致性要求

恩格斯说："历史从哪里开始，思想进程也应当从哪里开始，而思想进行的进一步发展不过是历史过程在抽象的、理论上前后一贯的形式的反映"。这首先反映的就是逻辑推理命题要与客观实在的历史发展过程相一致。逻辑本身就是历史发展过程的产物。逻辑的思维形式、思维方法、思维规律，都是人类在实践的基础上认识客观事物的历史过程中形成和发展起来的。从逻辑的内容看，逻辑就是客观事物历史发展过程的反映，是客观事物历史发展过程的理论再现。因而，逻辑推理命题必须与客观事物的历史发展过程相一致。这种一致性，不仅表现在经典逻辑命题的起点和历史进程的起点相一致，而且表现在经典逻辑命题的终点和历史进程的终点相一致。

#### 2. 推理性要求

正确推理又被称作有效推理。一个推理是有效的，那么在推理中，作为前提的语句真时作为结论的语句不可能假，不会出现前提真结论假的情况。论证则主要是由推理构成的。一个论证是可靠的首先要求构成论证的推理是有效推理。因此从狭义上讲，逻辑学是以推理的有效性及其根据为研究对象的。逻辑学的任务是提供一种技术，使我们能够判定什么样的推理论证是有效的，哪些又是无效的。而推理的有效性表现为推理的前提与结论之间的一种逻辑关联。有两种方式的逻辑关联，即演绎的与归纳的。我们重点讨论演绎推理，即能够用有效无效概念对其进行分类讨论的推理。

在演绎推理中，由于其结论所断定的知识范围没有超出其前提所断定的知识范围，因而只要其前提是真的，而且其前提与结论之间的联系合乎逻辑规则，那么，其结论就必然是真实的。所以，演绎推理是一种必然性的推理。

三段论是演绎推理的基础，熟练无误地掌握它，可以使你思路清晰畅达，从已有的经验中获得许多间接的经验，从而有效地解决许多难题。

### （二）命题四律

经典逻辑命题要遵循逻辑学的四条基础规律，即：同一律、矛盾律、排中律和充足理由律。

#### 1. 同一律

同一律的基本内容是：在命题过程中，任何一个思想与其自身是同一的。用公式可表示为："A是A"，或"如果A，那么A"，其中的"A"可以表示任何一个概念或判断。具体地说，在同一思维过程中，一个概念的内涵、外延应当是确定的，是什么内涵、外延，就是什么内涵、外延；一个判断的内容也应当是确定的，它断定了什么，就断定了什么。

同一律的基本逻辑要求是：在命题过程中，必须保持概念和判断的确定与同一。就概念来说，在什么意义下使用某个概念，就应该一直按照同一意义去使用它，而不能随意变换概念的意义，或把不同的概念互相混淆。否则，就要犯"混淆概念"或"偷换概念"的逻辑错误。就判断来说，是什么判断就是什么判断，不能在同一思维和论辩过程中，把两个不同的判断随意混淆或等同起来。否则，就要犯"变换论点"或"偷换论题"的逻辑错误。

2. 矛盾律

矛盾律的基本内容是：在命题过程中，两个互相矛盾的判断，不能同时都是真的。用公式可表示为："A 不是非 A"。其中的"A"可以表示任何一个判断。

矛盾律的基本逻辑要求是：在命题过程中，对同一对象不能同时做出两个互相矛盾的判断，即不能既肯定它是什么，同时又否定它是什么。换句话说，在思维和论辩过程中，思维必须前后一致，不能自相矛盾。否则，就会犯"自相矛盾"或逻辑矛盾的错误。

3. 排中律

排中律的基本内容是：在命题过程中，两个互相矛盾的判断，不能同时都是假的。用公式可表示为："或者 A，或者非 A"。其中的"A"与"非 A"表示两个互相矛盾的判断。"或者"表示不兼容的选择，即表示在"A"与"非 A"这两个判断之中，必有一个判断是真的。

排中律的基本逻辑要求是：在命题过程中，对于两个互相矛盾的判断，必须承认其中有一个是真的，不能对两者同时都加以否定。即不能对同一判断既不肯定，又不否定。否则，就会犯"模棱两可"（实际上应是"模棱两不可"）的逻辑错误。

4. 充足理由律

充足理由律的基本内容是：在命题过程中，任何一个真论断，总有其充足理由。所谓"充足理由"是指这样一种理由：它不仅应当是被断定为真的，而且它同由其推出的论断之间是有着逻辑的推论关系的。如果我们用 A 表示任何一个真的论断，用 B 表示 A 的充足理由，那么，充足理由律就可以用公式表述为："A 真，因为 B 真，而且 B 能推出 A"。

充足理由律的基本逻辑要求是：在命题过程中，作为论证根据的理由必须是真实的，理由与其推出的论断之间应当是有逻辑的推论关系的。否则，就会犯"虚假理由"、"预期理由"或"推不出"的逻辑错误。

## （三）逻辑推理过程分析

逻辑推理命题是依据一定的逻辑框架或模式，运用一定的逻辑形式和逻辑方法，遵循一定的逻辑规则，按照一定的逻辑秩序展开的。这里的"逻辑"是从狭义上来讲的，即主要是指"形式逻辑"而不是"辩证逻辑"。形式逻辑思维着眼于事物个体分类及类与类之间的关系，它是运用抽象的分析和综合的方法进行思维加工，达到对同类事物足以与他类事物相区别的本质认识。它不同于辩证思维，辩证思维是人们在思维过程中，通过一系列对立统一的范畴来把握处于普遍联系之中且不断运动着的对象的整体性思维，是认识复杂的动态系统的思维样式。有关辩证思维的训练，本书在求异性思维、急智思维、迂回思维等篇章里进行，这里不再赘述。所以，经典逻辑推理命题考核的是一种形式化的逻辑思维，而亚里士多德的三段论被看作这一考核的核心内容。

经典逻辑命题的"推理"是一个命题序列，是从一个或几个已知命题推出一个新命题的思维形式。主要考查人们概念、判断、推理过程中能否掌握思维的基本规律，我们举一例说明。

有人给大侦探福尔摩斯送来一块旧式金壳怀表，表壳里有怀表的主人——一个强壮汉子的相片。来人要求福尔摩斯给描述一下怀表主人的情况。福尔摩斯用放大镜看到了表壳背面的两个字母、四组数字和钥匙孔周围布满的上千条错乱的划痕，迅速而准确地做出判断：那两个字母指示了怀表主人的姓氏；四组数字是当时伦敦的当铺收进怀表以后用针尖划在表壳上的当票号码，钥匙孔周围的划痕是怀表主人在把钥匙插进孔去给表上弦时造成的。由此，福尔摩斯推论：这个怀表的主人常常穷困潦倒，然而有时也稍有好转，他大概嗜酒成性，经常喝醉……

事实证明福尔摩斯的推断是正确的。

福尔摩斯在这里运用了推理的思维形式。从一个或几个已知判断中得出一个判断的思维形式就是推理。客观事物间的联系所具有的规律性是正确的推理形式赖以存在的基础。推理可分为归纳推理和演绎推理两大类，上述福尔摩斯的推理就是演绎推理。

演绎推理是由普遍性的前提推出特殊性结论的推理，它可分为简单判断的推理——三段论和复合判断的推理——假言推理、选言推理等形式。

福尔摩斯在断定怀表主人情况时，他的推理就出现了上述三种不同的类型。

其一：①经常到当铺当自己东西的人经济窘迫；②怀表主人经常当自己的怀表；③所以，怀表主人经济窘迫。

这是一个三段论。三段论由三个直言判断组成，其中①②是前提，③是结论。第一个前提指的是一种普遍的社会现象，这里讲的"人"，指的是所有的"经常到当铺当自己东西的人"，而不是指个别人，"东西"也是指所有可当的东西，不单指个别。第二个前提是福尔摩斯观察了个别事物（怀表）之后指出的个别人（怀表主人）的个别现象（当怀表）。这个个别现象与普遍现象之间有什么关系呢？我们说，个别现象属于普遍现象的一种，凡普遍现象的性质（如："经济窘迫"）它都有。因此，福尔摩斯断定怀表主人"经济窘迫"。

三段论不一定都要有三句话构成，我们平常说话作文，常用三段论的省略形式。如："我是学生，学习是我的本分"。这里省略了大前提："学生的本分是学习"。

其二：①只有经济好转了，才能去赎回东西；②怀表主人能多次赎回怀表；③所以，怀表主人的经济常有好转。

这是个假言推理。假言推理和三段论是相似，都是由两个前提和一个结论组成。所不同的是：三段论的大、小前提和结论都是由单句构成的简单判断，而假言推理的大前提是由一个复句构成的假言判断，小前提和结论才是简单判断。因此，以假言判断作大前提的演绎推理，叫假言推理，又叫假言三段论，其内在关系也和三段论很相似。假言推理又可根据大前提的不同，分为充分条件的假言推理和必要条件的假言推理。福尔摩斯的第二个推理就是必要条件假言推理。

其三：①不能把钥匙准确地插入孔内给表上弦，结果留下许多痕迹的人，要么是老弱病残，要么经常醉酒；②怀表的主人不是老弱病残者；③所以，怀表的主人是个嗜酒成性的人。

这是个选言推理，它的前提是选言判断。选言推理可分为兼容的选言推理和不兼容的选言推理，上面就是个兼容的选言推理，它的前提是个兼容的选言判断。选言推理在结构上也与三段论相似，又叫选言三段论。

三段论、假言推理、选言推理的推理方向都是：普遍→特殊（即一般→个别）。

在演绎推理中，由于其结论所断定的知识范围没有超出其前提所断定的知识范围，因而只要其前提是真的，而且其前提与结论之间的联系合乎逻辑规则，那么，其结论就必然是真实的。所以，演绎推理是一种必然性的推理。

上述案例说明，三段论是演绎推理的基础，熟练无误地掌握它，可以使你思路清晰畅达，从已有的经验中获得许多间接的经验，从而有效地解决许多难题。

## （三）命题类型与解题技法

在现代形式逻辑学体系中，根据命题本身是否含有其他命题，可把一切命题分为"简单命题"和"复合命题"两大类。"推理"则"是一个命题序列，是从一个或几个已知命题推出一个新命题的思维形式"。根据推理的前提是由简单命题所构成还是由复合命题所构成，又把推理划分为"简单命题的推理"和"复合命题的推理"两大类。其中，"简单命题的推理"又包括范畴三段论推理和线性三段论推理两种；"复合命题的推理"又可分为联言推理、选言推理、假言推理和负命题的推理等推理形式。"复合命题的推理"是逻辑推理命题的主要形式。

逻辑推理命题解析的核心是把大脑的思维当作一种技能来进行训练，就像是训练绘画技能、口才技能、运动技能一样。思维的本能不等于思维的能力，任何一种能力的形成都是反复的技能性训练的结果。没有人生来就会说话，尽管人有说话的本能，也没有人天生就知道该如何进行逻辑推理，这些能力都是在后天的训练中培养出来的。而要想不断地提高自己的推理能力，就必须把逻辑推理视为一种技能反复训练。

### 1. 概念恒定法

逻辑思维的最基本单元和形式即概念。从生动的直观到抽象的思维，形成一系列概念，这些概念的真理性又要返回实践中接受检验。如此循环往复，是人的认识日益接近于客观现实的一般途径。科学认识的主要成果就是形成和发展概念。概念更深刻、更正确、更完全地反映客观现实。概念的最基本特征是它的抽象性和概括性。概念又相对恒定，在一个命题中，概念前后要一致。概念恒定命题法，即考查"通过使用抽象化的方式从一群事物中提取出来的反应其共同特性的思维单位"。

【例题11】有人买了一只手表，用它和家中闹钟测试准度，每小时要快两分钟。他想，不一定是自己买的表走不准，也可能是闹钟走不准。于是，他拿着闹钟去对电台播出的标准时间，发现家里的闹钟比标准时间慢了两分钟。

这一下，他高兴了，说："我的表每小时比闹钟快两分钟，而闹钟比标准时间每小时慢两分钟，可见我买的表准得很。"

你说他买的这只表到底准不准？

【解析】乍看起来，他的表是走得准的。其实，走得并不准。这是因为，当他用新买的手表同闹钟对比时，每小时快两分钟，但这两分钟并不是标准的两分钟（因为闹钟的走时并不是标准时间）；而当他用闹钟和电台播出的时间对比时，每小时慢两分钟，这却是标准的两分钟。所以，前后虽然同是两分钟，但实际上还有着快慢的不同。

如果我们从逻辑的角度来分析，这前后两个"两分钟"的概念的内涵是不同的。前一个"两分钟"，是以走时不准的闹钟为标准的，因而这两分钟不是标准的两分钟；而后一个"两分钟"却是由电台播出的标准时间为标准的，因而是标准的两分钟。既然如此，这两个"两分钟"当然就不一样了。所以，他由此认为手表走时很准的结论是不可靠的。恰恰相反，正由于两个"两分钟"不是一样的，所以，由此认定他的手表走时不准，反而是正确的。这个案例告诉我们，在解题时，概念一定要准确，在用同一词表达概念时，其内涵应恒定。

2. 假言判断法

假言判断是断定某一对象是另一对象存在的条件的判断。例如：① 如果灯泡坏了，电灯就会熄；② 只有生病了，才会发高烧；③ 当且仅当三角形的三条边相等，它的三个内角才相等。从结构上看，任何一个假言判断都由三个部分组成：①前件，就是表示条件的肢判断，用字母 p 代表，前件一般在前，但是并非总是在前；②后件，就是表示结果的肢判断，用字母 q 代表，后件一般在后，但是并非总是在后；③连接词，就是连接前件和后件构成判断的词，最常用的是："如果…那么…"，"只有…才…"，"当且仅当…才…"。

根据前件与后件之间的条件关系的性质不同，假言判断可以分为三种：

（1）充分条件假言判断。充分条件是这样一种条件：有之必然，无之未必不然。公式：有 p 必定有 q，无 p 未必无 q。例如：灯泡坏→电灯熄；物体受到摩擦→物体发热；断定前件是后件的充分条件的假言判断就是充分条件假言判断。例如：如果灯泡坏了，电灯就会熄灭。只要物体受到摩擦，就会发热；

（2）必要条件假言判断。必要条件是这样一种条件：无之必不然，有之未必然。公式：无 p 必无 q，有 p 未必有 q。例如：生病←发高烧；年满十八周岁←有选举权；必要条件假言判断就是断定前件是后件的必要条件的假言判断。例如：只有生病，才会发高烧。除非年满十八周岁，不能有选举权；

（3）充要条件假言判断。充要条件是这样的一种条件：有之必然，无之必不然。公式：有 p 必有 q，无 p 必无 q。例如：三角形的三条边相等⟷三角形的三个内角相等；甲是乙的父亲⟷乙是甲的儿子。充要条件假言判断就是断定前件是后件的既充分又必要的条件的假言判断。例如：当且仅当三角形的三条边相等，它的三个内角才相等。如果甲是乙的父亲，而且只有甲是乙的父亲，乙才是甲的儿子。

假言判断在复合判断中处于核心地位，因为，在传统逻辑中，直言判断和选言判断都是可以处理为假言判断的；在数理逻辑中，"假言命题"与"推演"、"推论"、"推导"等概念是不分的，在数理逻辑学家那里，演绎推理式与假言判断的逻辑形式是一回事。在日常语言中，一个假言判断，从内容上看，它总是客观事物某种条件联系的断定，从形式上看，它必须是两个命题的有机组合。这两个命题有前后次序的限制，不得随意颠倒，而且前后命题表现为或隐含着一种推导关系。这就是说，在日常语言中，那些称之为假言判断的判断，应是内容和形式的统一。

【例题12】"2 加 3 在什么情况下不等于 5？"

注意，这里 2、3、5 都是一般的数，请你从逻辑角度回答。

【解析】答案是："如果 1 加 1 不等于 2，那么，2 加 3 不等于 5。"这是一个充分条件假言判断。我们已经知道，在充分条件假言判断中，前件是后件的充分条件，所以，当前件真（存在）、后件假（不存在）的时候，该判断必然是一个假的判断。但是，如果其前件是假的时候，后件无论真或假，该判断都可能是真的。也就是说，一个真的充分条件假言判断，当其前件真的时候，后件必真；当其前件假的时候，后件可真可假。一个真的充分条件假言判断的后件是假的时候，就必然要求其前件为假。这个命题，实际上是问在什么条件下，2 加 3

不等于 5。而"2 加 3 不等于 5"已知是一个假判断，为了使以这个题目作后件所构成的充分条件假言判断是一个真判断，那就必然要求其前件也是一个假判断。所以，要正确回答提出的问题，只要提出一个相应的假判断作为前件，而把"2 加 3 不等于 5"作为后件，结合成一个充分条件假言判断就可以了。

因此，答案不仅可以是"如果 1 加 1 不等于 2，那么，2 加 3 不等于 5"，也可以把"1 加 1 不等于 2"换成"2 加 2 等于 5"、"2 加 3 等于 0"、"3 加 3 不等于 6"，等。

类似的是一些机变测题也可以这样处理，如：要是有人把月球塞进大西洋，您说应该用什么方法才能取出来呢？"把月球塞进大西洋，这是完全不可能成立的。但是，既然这是个前提条件，答案就很简单了：您是怎么放进去，我就怎么拿出来。显而易见，这是借助假言判断法这个思维工具才能解决的问题。

使用假言判断如何避免逻辑错误？①不能使用无任何条件联系的对象作前、后件构成假言判断，否则，就犯了"强加因果"的逻辑错误。例如：如果没有读过大学，就不能攀登科学高峰；只有入了党，才能当干部。②要避免犯"错认条件联系"的逻辑错误。所谓"错认条件联系"，就是指假言判断做出的断定同前件和后件之间实际上的条件联系的性质不相符合。例如：如果灯泡是好的，电灯就会亮。（把必要条件断定为充分条件）只有采用了更先进的科学技术，才能提高劳动生产率（把充分条件断定为必要条件）。③正确分析假言判断的逻辑结构。对同一个假言判断，如果我们对它的前件、后件和连接词做出了不同的分析，那么它的性质也就不同。例如：不入虎穴，焉得虎子。如果我们把"入虎穴"看作是前件，把"得虎子"看作是后件，把"不…不…"看作是连接词，那么这是个必要条件假言判断。如果我们把"不入虎穴"看作是前件，把"焉得虎子"看作是后件，那么这是个充分条件假言判断。（这里认为连接词"如果，那么"被省略）

3. 试探推论法

它是采用逻辑的方法，形象地进行活动的分析工作，推论活动过程的合理性。其特点是直观、明了，思路清晰，逻辑性强，可以做定性分析，也可以做定量分析。体现了以系统工程方法研究问题的系统性、准确性和预测性，它是情境的主要分析方法之一。试探推论法分析步骤：①确定活动所分析的系统；②熟悉活动的整个情况；③调查活动的发生事由；④确定活动的顶上事件和所要分析的人物；⑤设计与顶上事件有关的活动；⑥推论活动过程的合理性及所有原因事件。

【例题 13】从前，有一个年轻人要出远门。出门前，他把一百块钱寄存在一个老头那里。年轻人回来后，向老头子要回这笔钱。哪知老头翻脸不认账，硬说没有拿过他的钱。于是，年轻人就到法院告状。

法官把老头叫来，问他究竟拿过钱没有？老头连哭带闹，矢口否认。法官又问年轻人有没有证人？年轻人回答说："没有。"

法官又问："你在哪里把钱交给这个老头的呢？"

年轻人答："在一棵大树底下。"

法官说："你现在就到大树那儿去，就说我传它到案问话。"

年轻人发愁地问："我怎么对那棵树说呢？"

"把我的大印带去，吓唬吓唬它。"

年轻人只好带着大印朝大树走去了。这时候，那个老头却在法庭上暗暗地发笑。

过了半小时，法官看了看太阳，问老头："怎么样，他走到大树跟前了吗？"

老头回答说："还到不了。"

又过了一个小时，法官又问："年轻人现在该往回走了吧！"

老头说："该往回走了。"

过了一会，年轻人回来了。他愁眉苦脸地说："老爷，大树不跟我来呀！"

法官笑道："诚实的年轻人，现在我可以判决了。你不要着急，这个不诚实的老头一定要赔钱对你的。"

请问：法官根据什么认为老头子不老实，并判决他还钱？

【解析】法官是用试探的方法来理案的，他是这样推论的：年轻人说在一棵大树下把钱交给老头。如果这话是假的，那么，这个老头就根本不会知道什么地方会有这样的一棵大树。这样，当法官问老头："怎么样，他走到大树跟前了吗？"等两个问题时，老头应该回答说："不知道"。然而，这个老头清清楚楚地知道这棵树在哪里，可见年轻人的话不假。因此，可以断定这个老头是很不诚实的。法官在这里显然也是运用充分条件假言推理的否定后件式来进行推论的。

4. 二难推理法

【例题14】古希腊有个国王，想把一批囚徒处死。当时流行的处死方法有两种：一种是砍头，一种是绞刑。怎样处死这批囚徒？他决定让囚徒自己去挑选一种。挑选的方法是这样的：囚徒可以任意说出一句话来，而且这句话是马上可以验证其真假的。如果囚徒说的是真话，就处绞刑；如果说的是假话，就砍头。结果，许多囚徒不是因为说了真话而被绞死，就是因为说了假话而被砍头；或者是因为说了一句不能马上验证其真假的话，而被视为说假话砍了头；或者是因为讲不出话来而被当成说真话处以绞刑。

在这批囚徒中，有一位是极其聪明的。当轮到他来选择处死方法时，他说出了一句巧妙的话，结果使得这个国王即不能将他绞死，又不能将他砍头，只得把他放了。

这个聪明的囚徒说的是句什么话？

【解析】这个聪明的囚徒说："要对我砍头。"这句话使国王左右为难。如果真的把他砍头，那么他说的就是真话，而说真话是应该被绞死的。但如果把他处以绞刑，那么他说"要对我砍头"便成了假话了，而假话又是应该被砍头的。或者绞死，或者砍头，都没有办法执行国王原来的决定，结果只得把他放了。

从推理形式方面看，这个囚徒是在国王面前，构造了如下的一个二难推理：

如果把他砍头；那么，会违背国王原来的决定；如果把他绞死，那么，也会违背国王原来的决定；或者把他砍头，或者把他绞死；总之，要违背国王原来的决定。

这是二难推理的一种常用形式，即简单构成式。

5. 交替推理法

【例题15】有三只外形完全相同的盒子，每只盒子里放着两个球：一只盒子里放一个白球和一个黑球；一只盒子里放两个白球；一只盒子里放两个黑球。而每只盒子外面分别贴着一张标签，标明"白白"、"黑黑"、"黑白"的字样。但由于疏忽，标签全贴错了，它们都与盒子里装的球不相符合。

试问：如果我们要求从其中的一只盒子里取出一个球，就能推出该盒子中另一个球的颜色，那么，应当从哪只盒里去取出这一个球呢？我们又如何根据这个盒子里两个球的颜色，推出另外两个盒子里各装什么颜色的球呢？

【解析】做这道有趣的逻辑推理题，要把选言推理和假言推理交替使用，才能得出结论的。

在本题中，应从贴有"黑白"标签的盒子里取出一只球来，进行判断和推理。

因为，既然盒子里装的球同所贴的标签都是不符合的，所以在贴的"黑白"标签的盒子里，装的就不是一只黑球和一只白球，而只能是两只白球，或者两只黑球。这从推理形式说，是运用了选言推理的否定肯定式。即盒子里装的球只能有三种不同的组合，现在，既然按题意排除了它装有一只黑球一只白球的可能，当然，就只能肯定另两种组合，即两黑或两白了。如果从贴有"黑白"标签的盒子里取出的是一只黑球，那么，就可以断定其中的另一只球也一定是黑球。从推理形式上说，这里又运用了充分条件的肯定前件式的假言推理。

由此，就可做出进一步推论：在贴有"白白"标签的盒子装的一定是一只黑球，一只白球。因为在这只盒子里，装的或者是两只黑球，或者是一只白球、一只黑球，现在已经断定两只黑球是装在有"黑白"标签的盒子里，所以，只能是一只白球、一只黑球。由此再进一步推论，即可得知在贴有"黑黑"标签的盒子里装的一定是两只白球。这里，运用的是否定肯定式的选言推理。

如果我们不是从贴有"黑白"标签的盒子里取出一只球开始，那是无法进行判断与进一步推论的。例如，从标签是注明内装两只黑球的盒子里取出一只白球，我们就无法断定另一只球是白的，还是黑的，因为，在其中装两只白球或一只白球、一只黑球的情况下，都满足题目的要求，即该标签与盒内所装的球是不相符合的。在这种情况下，我们自然也就失去了进一步推理的充分根据了。

6. 前提设防法

【例题16】一个人上午八时驾车从 A 地外出到 B 地办事，预计办完事后再从原路返回，可以在正午之前赶回 A 地。不料在外出途中，因交通阻塞，以致比预计的时间多两倍才到达目的地，接着按原来所花时间办完了事。现在请问：如果这个在返回时，以四倍于去时的速度加速往回赶，还能否在正午以前赶回 A 地？

【解析】对于这道题，有人这样分析：去时多花的时间，返回时补了回来，因此，可以在正午以前赶回 A 地。其实，这种分析的结论是错的。错误原因在于缺乏具体的细节和数量分析。试问：去时所花费的时间已等于预计来回的总时间了，等办完事后，实际上已是正午了。所以，这人不管如何加速，在正午前是不可能赶回 A 地的。这一问题的思考启示我们：分析问题时，一定要避免想当然，要注意细节的分析，有必要的话，还要进行数量上的分析。

7. 按序检验法

【例题17】有 A、B、C 3 人，面朝同一方向站立。在这 3 人的后背上分别系上了红色或白色的带子，但他们本人都不知道自己背上带子的颜色，只知道共有 5 根带子，2 根红 3 根白。A 能看见 B、C 的后背；B 只能看见 C 的后背；而 C 对 A、B 的后背都看不见。现在有人首先问 A：你后背的带子是什么颜色？ A 回答：不知道。接着又问 B，B 也不知道。最后问到 C 时，C 却一下子猜中了自己背后的带子的颜色。请问，C 是根据什么推断出自己后背带子的颜色的？他的带子究竟是什么颜色？

【解析】有人奇怪 C 什么也看不到，怎么会猜出自己背后带子的颜色？实际上，C 是根据A、B2人的回答来判断出的。这启示我们要能成功地进行推断，一定要善于抓住问题中所给的一切有用信息，作为推断的依据。C的推断过程是这样的：A能看到前面2人的后背，而回答不知道自己背上带子的颜色，说明前面2人后背带子的颜色可能都是白的或是一红一白，而不可能都是红的，因为如这样，A就能回答自己的颜色；B能看到C的后背，他所看到的情况可能是白的或红的，如果C的后背带子是红，B则可断定自己是白的，因为若是红的，A就不会回答不知；所以，C的后背上一定是白色带子，B才回答不知道。如此，C就自然推断出自己背上的带子是白色的。C的推断过程告诉我们这样一个技巧：在推断中，我们把所有的可能情况摆出来，排除那些与已知不符的，剩下来的必是真正的结论。

8. 滚动思考法

【例题18】有一个烟鬼，常把烟头捡起来抽，每3个烟头可以卷一支烟。一天深夜，烟又吸光了，他一看烟灰盒里有7个烟头，问他还可以卷几支烟抽？

【解析】对这个问题一般人的习惯想法是还可以卷2支烟还多一个烟头。而实际上还可以卷3支烟。因为抽完卷好的2支烟又得2个烟头，用这2个烟头和原来的一个烟头又可以卷一支烟。所以总共可以卷3支烟。

这个问题的迷惑人处是"烟头的烟头"。对这种滚动的现象，人们的心理上是空白的，所以难于捕捉。要摆脱习惯思维，有效地解决问题，就应训练滚动思考技能。

9. 实际验证法

【例题19】一建筑物上的报时大钟，到几点就响几下，每两下之间相隔5秒。因此，若是12点，打点的时间自然就长。那么，从打点开始，到底用几秒时间你才能知道是12点呢？为了知道已经是6点了，又要用多少秒呢？

【例题20】猎豹和狮子在平原上进行往返赛跑，单程距离100米，往返加在一起200米。猎豹跳一下3米，狮子跳一下2米；然而在相同的时间内，狮子能跳3次，猎豹却只能跳2次。它们的步幅、频率一直到比赛结束时不变。那么，猎豹和狮子谁胜谁负呢？

【解析】例题19答案：知道是12点，要经过11个5秒，即要用55秒的时间；知道是6点，一般人的习惯思维是要经过5个5秒，即要用25秒的时间，这就错了。因为虽然经过25秒的时间打了第六下，但此时并不能肯定就是6点了，也许还会响第七下。只有再等5秒钟，第七下不响了，才能肯定是6点钟。

对例题20，习惯的思考方式是，在相同的时间里以3米步幅跳2次和以2米步幅跳3次的速度是一样的。因此，认为猎豹和狮子不分胜负，同时到达终点。可是实际上是狮子先到终点。因为虽然猎豹和狮子的速度完全相同，但到100米处的返回点时，猎豹却吃了亏。狮子跳50次正好是100米，而猎豹却由于必须跳34次而超出返回点2米。往回跑也是这种情况，猎豹照样吃亏了2米。这样，猎豹总共要吃4米亏，当然是狮子胜利了。

对于数学，人们习惯于进行计算。但是，数的概念是相当抽象的，如不结合实际，不仔细琢磨，简单地把它纳入计算中，那就会导致谬误。可见，要避免出现差错，就应摆脱习惯思维，将数字与实际结合起来。

10. 审视前提法

【例题21】有一位小本经营的"倒爷"。用一辆自行车卖得50元，转眼之间，又用40元把原车买回来，这样一来，不就赚了10元吗？接着，他又把这辆自行车以45元卖掉，于是又赚 5 元。他一共赚了 15 元。

可是，一位簿记员对上述算法表示异议，他说道："这个男人以 50 元开始的，做了两次交易后，最后到手的只是 55 元，所以只赚到 5 元。这究竟是怎么一回事呢？啊，我明白了。用自行车卖得 50 元，这里面并没有损益，仅仅是单纯的物物交换（用货换钱）。而将 40 元买进的车子卖得 45 元，所以就赚了 5 元，就不正是如此吗？"

一位会计先生力排众议，说道："我是这样看的。卖出 50 元又用 40 元买进，他在这笔交易活动中确确实实是赚到 10 元的，请看，自行车不是又回来了吗？手头又多出 10 元钱，而再用 45 元卖出，此举倒不过是单纯的物物交换，谈不上什么损益。因此，他赚到的钱，恰恰是 10 元。"

为什么会"公说公有理，婆说婆有理"呢？这三个不同的答案中，究竟是哪一个正确？

【解析】其实，这道题目在设置时丢失了一个重要的前提条件：这位"倒爷"究竟用多少钱买进这辆自行车呢？题目中没有交待清楚，三个人各执一词，只能算一笔糊涂账。

### （四）经典逻辑命题题链

下面所列经典逻辑命题题链选自 W-QIUS 思维名题题库之中。这 10 道测题以递进式排列，越往后的测题越难，一般说，前面题做不出来，后面的很难逾越。当然，作为一个思维样式的题链，它显得太短，而初步建成的 W-QIUS 思维名题题库所显示的题链要长许多（参见本书附录）。

经典逻辑命题题链把繁多的现象还原在一个概念体系中，以便在理论中重建形式逻辑命题系列，并将源远流长的历史长河中，许多扑朔迷离的思维名题融于苏格拉底、柏拉图、亚里士多德等人的轶事趣闻中，让读者分析情境，发现其中所包含的材料和关键的因素，通过对这些材料的重新组织，得出相应的解决问题的方法，从而使我们的思维与伟人思维的弧光在不同历史时期一起闪烁。

【题链 1】古希腊哲学家苏格拉底认为有知识的人才有美德，才能治理国家。他因公开反对与奴隶主民主派关系密切的智者流派，被控以传播异说，毒害青年，判处死刑。法官惜其才，欲拖延刑期。他准备了两瓶外观上毫无差别的酒，一瓶为美酒，另一瓶却为毒酒，让两个狱吏分别拿着。两个狱吏也知道自己手中拿的是什么酒。法官对苏格拉底说："人们都称你为智圣，我想试探你是不是真的有本事。现在你可以问狱吏一个问题，其中一个狱吏说真话，而另一个狱吏则说假话，你应该怎样问才能喝到美酒？"

苏格拉底该怎么问呢？

【解析】苏格拉底问甲狱吏："请问乙狱吏将如何回答他手中拿的是美酒还是毒酒？"甲说乙拿毒酒，则一定为美酒。因为若甲说真话，则乙说假话；乙说自己拿毒酒则一定拿美酒，甲如实转述。若甲说假话，则乙说真话；乙说自己拿美酒，甲定说乙拿毒酒。同理，甲说乙拿美酒，则一定拿毒酒。苏格拉底就是靠逻辑思维的力量救了自己。

【题链 2】这是一个传说故事，现在成为逻辑经典。

传说苏格拉底死后来到天堂，圣彼得领着他在天堂各处参观。他们来到高墙下，圣彼得说："嘘……轻点。"

说完，他悄悄从旁边搬来一张长梯子。圣彼得先爬上去，然后招手让苏格拉底也爬上去，他们站在梯子的顶端向里面张望着。原来，这是一块被墙围起来的草地。草地的正中，坐着七个少年。"他们在干什么？"苏格拉底问。

圣彼得说："如果不是早逝，他们都是无与伦比的天才。到了天堂，他们志同道合，天天聚在一起玩推理游戏。今天，他们大概在猜帽子吧。"

六个少年A、B、C、D、E、F按六边形围坐着，另一个少年G则用毛巾蒙着眼睛坐在当中。有人往每个人头上戴一顶帽子，其中4顶白帽子，3顶黑帽子。由于G被挡住了视线，六个少年都看不见自己正对面的人戴的是什么颜色的帽子。

现在，让A、B、C、D、E、F猜自己头上戴的帽子的颜色。智力游戏一开始，六个少年陷入沉思，一时都猜不出来。这时，坐在当中的G说："我猜到了，我戴的是白帽子。"

圣彼得转身问苏格拉底：坐在中间的少年G是如何猜到戴的是白帽子的？苏格拉底解释道：你可以假设自己是围坐着的六个少年中的一人。你能看见五个人头上戴的帽子，如果你看到这五个人中有四个人戴白帽，只有一个人戴的是黑帽，就会猜到自己和对面的人都戴的是黑帽。如果你看到只有两个人戴白帽，就会猜到自己和对面的人都戴的是白帽。可是当一白一黑的两顶帽子分别戴在你和对面人头上时，你就无法判断自己戴的是什么颜色的帽子了。其他围坐的少年也都是这样想的。那么，中间的少年按这个逻辑推理，就会得到一个正确的结论。

圣彼得听后还是不明白，他又问道：坐在中间的少年G接着又是如何推测呢？

请你替苏格拉底回答吧！

【解析】由于围坐的少年都在沉思，坐在中间的少年可以推测：三组对面而坐的少年，一定是三个人头上戴白帽，三个人头上戴黑帽，这样，自己头上戴的当然是白帽子。

【题链3】柏拉图20岁拜苏格拉底为师，跟他学习了10年。柏拉图从苏格拉底那学习了猜心术。他能通过让对方回答几个巧妙的问题，就能知道你在想什么？假如，有四个人在一起，你心中想好四个人中的任一个，那么，柏拉图只要向你提出两个问题，而你也只要回答"是"或"不是"，他就能知道你所想的人到底是谁。如果有六个人在一起，那么，他只要提出三个问题，就能知道你所想的人。下面就以四个人为例来做一说明。

如果贝迪雅尔、加拉哈德、朗斯洛特和珀西瓦尔四个人在一起做这个游戏，贝迪雅尔让加拉哈德心中想好他们四个人中的任一个，于是贝迪雅尔向加拉哈德提出第一个问题："你想的人是贝迪雅尔和加拉哈德中的一个人吗？"如果加拉哈德回答"是"，那么贝迪雅尔便提出第二个问题："你所想的人是贝迪雅尔吗？"这时，不管加拉哈德回答"是"或"不是"，贝迪雅尔都能立即知道加拉哈德所想的人是谁。因为加拉哈德若回答"是"，说明加拉哈德心中想的确实是贝迪雅尔；加拉哈德如回答"不是"，则说明加拉哈德心中想的是加拉哈德。

如果加拉哈德对第一个问题的回答是"不是"，那么可以肯定加拉哈德所想的人一定是朗斯洛特和珀西瓦尔中的一个，于是贝迪雅尔也可以通过与上面相同的第二个问题，知道加拉哈德心中所想的人。

那么，现在问题是，能不能在减少提问次数的前提下，通过提出的巧妙的问题，就能知道对方心中所想的人？例如，对于六个人的情况，你能否通过提出两个非常非常巧妙的问题，知道对方心中所想的人？现在请你动一动脑筋，仔细想一想，应该怎样巧妙地提出两个问题，就能知道对方心中所想的人？

【解析】假定这六个人分别是A、B、C、D、E和F，A提问，B回答。A向B提出第一个问题："你心中想的人是D、E、B三个人中的一个吗？"B的回答只有"是"和"不是"

两种。根据题意，B 心中想的仅限于这六个人中的一个人，那么，假定 B 回答"不是"，于是 A 知道，B 想的人是 A、C 和 F 三个人中的一个。

A 向 B 提出第二个问题："假定在同一时刻，A、C 和 F 都说了一句话，现在已知 C 说的是假话，A 说的是真话，而 F 说了句'某某说假话'。其实 F 所说的'某某'就是你心里所想的人。现在请问，F 说的前一句话是不是真话？"

显然，如果 B 心中想的是 C，他必定回答"是"；如果 B 心想的人是 A，他必定回答"不是"；如果 B 想的是 F，那么，他将无法回答。这是因为 F 如果说的是真话，那么，F 说的"某某人正在说假话"这句话是真话，根据题目中已提供的线索，这个某某人就是 C。那么，按 F 的话，B 心中所想的人应是 C。但是 B 心中所想的人不是 C，而是 F。因此，B 无法回答。反过来，如果 F 说的话是假话，则根据题目中也已提供的线索，F 所说的某某人并没有说假话，而是说的真话，可见，F 所说的某某人就是 A。同样，根据 F 的后一句，B 心中所想的人应是 A，但事实上，B 心中所想的人是 F，所以 B 也无法回答。根据 B 的上述三种反应，立即可知 B 心里想的人是谁。

如果 B 对 A 的第一个问题的回答为："是"，则 A 知道 B 心中所想的人，一定是 D、E 和 B 三人中的一个。他同样可以通过巧妙的第二个问题，知道 B 心中想的是谁。

【题链 4】这是柏拉图学园逻辑学教材中的一则童话故事，在传统逻辑学里连绵了二千年，被称作"柏拉图的健忘森林"。

很古很古以前，有一片"健忘的森林"，人们走进去，就会忘记日期。小姑娘阿丽丝误入了大森林，她也就忘记了当天的日期。她徘徊了很久，很想知道这一天是星期几，但无论如何也回忆不起来。这时，迎面来了只老山羊，阿丽丝就迎上前去打听。

"山羊公公，你知道今天是星期几？"阿丽丝问。

"可怜的小姑娘，我也忘记了。不过，你还可以去问问狮子和独角兽。狮子在星期一、星期二、星期三这三天是说谎的，独角兽在星期四、星期五、星期六这三天也是说谎的，其余的日子，他们俩都说真话。"永远说实话的老山羊回答说。

于是，阿丽丝就去找狮子与独角兽。当她问到今天是星期几时，狮子回答说："昨天是我说谎话的日子。"独角兽说："昨天是我说谎话的日子。"

阿丽丝在这座"健忘的森林"里，尽管忘记了日期，但是她仍和过去一样聪明。听罢狮子与独角兽的回答，她进行了仔细的逻辑推理，终于正确地判断出这一天是星期几。

请你思考一下，这一天究竟是星期几？

【解析】这天是星期四（推理过程略）。

【题链 5】柏拉图学园是历史上最早实行考试制度的书院。柏拉图也以此出过一道推理题。

五门课程中，A 和 B 只有逻辑成绩相同，其他学科的成绩互有高低，但所有课程的分数都在 60 分以下。在录取时只能比较他们的总成绩了。

下列哪项为真，能够使你判断出 A 的总成绩高于 B？

(1) A 的最低分数是算数，而 B 的最低成绩是语言；

(2) A 的最高分比 B 的最高分要高；

(3) A 的最低分比 B 的最低分高；

(4) A 的最低分比 B 的两门课的平均分高；

(5) A 的最低分比 B 的平均成绩高。

【解析】选项(5)，能够判断出 A 的总成绩高于 B。因为 A 的总成绩不会小于最低分的 5 倍，而 B 的总成绩正好是平均成绩的 5 倍，所以，"A 的最低分比 B 的平均成绩高"，意味着"A 的总成绩比 B 的总成绩高"。选项(1)不能提供有用的信息，选项(2)、(3)、(4)提供的信息不充分。

【题链6】柏拉图学园甲、乙、丙三个参加了逻辑和算数两门考试，三个人中，只有一个人考试发挥正常。

考前，甲说："如果我在考试中发挥不正常，我将不能通过逻辑考试；如果我在考试中发挥正常，我将能通过算数考试。"

乙说："如果我在考试中发挥正常，我将能通过逻辑考试；如果我在考试中发挥不正常，我将不能通过算数考试。"

丙说："如果我在考试中发挥不正常，我将不能通过逻辑考试；如果我在考试中发挥正常，我将能通过逻辑考试。"

考试结束后，证明这三个说的都是真话，并且，发挥正常的人是三人中唯一一个没有通过另一门考试的人；发挥正常的人也是三个人中唯一的一个没有通过另一门考试的人。

请问，发挥正常的是谁？

【解析】如果甲是发挥正常的人，则根据甲说的话，可知甲通过了算数考试，但没有通过逻辑考试。（注意，甲发挥正常但没有通过逻辑考试，和他所说的"如果我在考试中发挥不正常我将不能通过逻辑考试"的话并不矛盾，因为从这句话中不能得知"如果我在考试中发挥正常，我将通过考试。"）又由条件可知甲是三人中唯一的没有通过逻辑考试的人；根据丙说的话，可知丙因为发挥不正常也没有通过逻辑考试。这样，就有两个人没有通过逻辑考试，与已知条件矛盾！由此甲不是发挥正常的人。

如果丙是发挥正常的人，则根据丙说的话，可知丙通过了逻辑考试。又由条件可知丙没有通过算数考试，并且是三人中唯一的没有通过算数考试的人。又根据乙说的话，可知因为乙发挥不正常，也没有通过算数考试。这样就有两个人没有通过算数考试，与题目内容矛盾！因此丙不是发挥正常的人。

如果乙是发挥正常的人，则可知乙通过了逻辑考试，但没有通过算数考试。又根据甲和丙说的话，可知甲和丙都没有通过逻辑考试。又由条件可推出甲和丙都通过了算数考试。这里没有任何矛盾，因此，答案是乙。

【题链7】亚里士多德17岁起，就被父亲送到当时著名的柏拉图学园，在那里他学习了20年。柏拉图死后，亚里士多德出走雅典，来到优卑斯亚岛的卡尔喀斯城。

卡尔喀斯城是很有意思的。城东人信奉人的本质是善良的，他们办事说话很诚实，又称"诚实族"；城西人认为人生下来就是自私的，所以他们办事说话很诡诈，又叫"说谎族"。亚里士多德想找诚实族打听一些真实情况。他在街上看到有四个当地人坐在一张桌子旁说闲话。很自然，亚里士多德想了解这四人是城东人还是城西人。但他觉得贸然直问显得唐突，于是就对这四人提出了一个相同的问题。这问题是："你左边的人和你是同一族的吗？"

对这一问题，A 和 B 的回答是"是"，C 和 D 的回答是"不是"。当时 A、B、C、D 四人是按顺时针方向坐的。根据他们的回答，亚里士多德马上判断出谁是诚实族的，谁是说谎族的。

你能知道他们之中谁是诚实族的，谁是说谎族的吗？

【解析】相邻两人的族别总共有 4 种可能情况，下面就这 4 种情况进行分析。

（1）被问人是诚实族，其左侧的人也是诚实族。这时被问人对博士的问题的回答是"是"。

（2）被问人是诚实族，其左侧的人是说谎族，这时被问人的回答是"否"。

（3）被问人是说谎族，其左侧的人是诚实族，这时被问人的回答是"是"。

（4）被问人是说谎族，其左侧的人也是说谎族，这时被问的人的回答是"否"。

由此可见，不管被问人是哪一族的，只要他回答"是"，他左侧的人就是诚实族的；只要他回答"否"，其左侧的人就是说谎族的。由于 A、B 都回答了"是"，可知 D、A 为诚实族；C、D 都回答了"否"，可知 B、C 为说谎族。

【题链 8】一天，卡尔喀斯城的长老聚在一起开长老会，讨论亚里士多德来岛居住的问题。卡尔喀斯东西城两族长老的绝大多数都出席了这次会议。会上他们选出了会议主持和副主持，然后坐在一张圆桌周围开始讨论。主持和副主持并肩而坐。

亚里士多德听到开长老会的消息，急急忙忙赶到会场，但他赶到时，会议已近尾声。亚里士多德想了解各位长老都是什么族的，于是就对他们一一进行了询问，结果都说自己是诚实族的。听到这样的回答，亚里士多德发现自己问的问题实在好笑，因为诚实族的人一定回答自己是诚实族的，而说谎族的人因为要说谎，也不会说自己是说谎族的。想到这里，亚里士多德又对他们逐一问了如下一个问题：

"坐在你左边的人是什么族的？"

结果，每人的回答仍然一样，都说："我左边的人是说谎族的。"

亚里士多德非常失望，只好将这次调查作罢。过了几天，亚里士多德忽然想到当时未曾注意出席会议的人数是多少，现在如能调查出来也算是一个收获吧。于是他又找到了会议主持，问当时出席会议的人数，主持说："出席会议的总人数共 41 人。"但亚里士多德想，会议主持不一定是诚实族的，于是他又去问了开会时紧挨着主席落座的会议副主持，副主持说："当时出席会议的人数总共是 48 人。"

主持和副主持说的人数不同，究竟应该相信谁呢？出席会议的究竟有多少人，你能做出回答吗？

【解析】先分析出席会议的人数是偶数还是奇数。已知在座的人都说自己左边的人是说谎族的，因而在座的人数必为偶数，而且诚实族的人与说谎族的人座位交替（请读者考虑为什么）。

既知出席人数为偶数，那么说出席人数为 41 人的会议主持就是说谎族的了。与他相邻的副主持自然就是诚实族的了（因两族人座位交替）。因而他说的出席会议的人数是 48 人是真实的。

【题链 9】卡尔喀斯城法院开庭审理一起盗窃案件，请亚里士多德主审。A、B、C 三个嫌疑人被押上法庭。根据卡尔喀斯城的特殊情况，亚里士多德得出了这样的结论：说真话的肯定不是盗窃犯，说假话的肯定就是盗窃犯。审判的结果也证明了亚里士多德的这个想法是正确的。

审问开始了。

亚里士多德先问 A："你是怎样进行盗窃的？从实招来！" A 回答了亚里士多德的问题："叽里咕噜，叽里咕噜……" A 说的是某地的方言，亚里士多德根本听不懂他讲的是什么意思。亚里士多德又问 B 和 C："刚才 A 是怎样回答我的提问的？叽里咕噜，叽里咕噜，是什么意思？" B 说："禀告法官老爷，A 的意思是说他不是盗窃犯。" C 说："禀告法官老爷，A

刚才已经招供了，他承认自己就是盗窃犯。"

B 和 C 说的话亚里士多德是能听懂的。听 B 和 C 的话之后，亚里士多德马上断定：B 无罪，C 是盗窃犯。

请问：亚里士多德为什么能根据 B 和 C 的回答，作出这样的判断？A 是不是盗窃犯？

【解析】不管 A 是否为盗窃犯，他都会说自己"不是盗窃犯"。如果 A 是盗窃犯，那么 A 是说假话的，这样他必然说自己"不是盗窃犯"。如果 A 不是盗窃犯，那么 A 是说真话的，这样他也必然说自己"不是盗窃犯"。

在这种情况下，B 如实地转述了 A 的话，所以 B 是说真话的，因而他不是盗窃犯。C 有意地错述了 A 的话，所以 C 是说假话的，因而 C 是盗窃犯。至于 A 是不是盗窃犯是不能确定的。

【题链 10】柏拉图认为，数学的逻辑有时会导致看来十分怪异的结论。一般的规则是，如果逻辑推理没有漏洞，那么结论就必定站得住脚，即使它与你的直觉矛盾。他设计的一道难题，就属于这一类。这道难题失传了至少上千年，但是 Omohundro 十年前发现了它，对它做了改动，使它的逻辑问题变得分外复杂了。

先来看看此难题原先的形状。10 名海盗抢得了窖藏的 100 块金子，并打算瓜分这些战利品。这是一些讲民主的海盗（当然是他们自己特有的民主），他们的习惯是按下面的方式进行分配：最厉害的一名海盗提出分配方案，然后所有的海盗（包括提出方案者本人）就此方案进行表决。如果 50% 或更多的海盗赞同此方案，此方案就获得通过并据此分配战利品。否则提出方案的海盗将被扔到海里，然后下一个提名最厉害的海盗又重复上述过程。所有的海盗都乐于看到他们的一位同伙被扔进海里，不过，如果让他们选择的话，他们还是宁可得到一笔现金。他们当然也不愿意自己被扔到海里。所有的海盗都是有理性的，而且知道其他的海盗也是有理性的。此外，没有两名海盗是同等厉害的——这些海盗按照完全由上到下的等级排好了座次，并且每个人都清楚自己和其他所有人的等级。这些金块不能再分，也不允许几名海盗共有金块，因为任何海盗都不相信他的同伙会遵守关于共享金块的安排。这是一伙每人都只为自己打算的海盗。最凶的一名海盗应当提出什么样的分配方案才能使他获得最多的金子呢？

为方便起见，我们按照这些海盗的怯懦程度来给他们编号。最怯懦的海盗为 1 号海盗，次怯懦的海盗为 2 号海盗，如此类推。这样最厉害的海盗就应当得到最大的编号，在这样的编号提示下大家开始思考吧……

【解析】分析所有这类策略游戏的奥秘就在于应当从结尾出发倒退回去。游戏结束时，你容易知道何种决策有利而何种决策不利。确定了这一点后，你就可以把它用到倒数第 2 次决策上，如此类推。如果从游戏的开头出发进行分析，那是走不了多远的。其原因在于，所有的战略决策都是要确定："如果我这样做，那么下一个人会怎样做？"因此在你以下海盗所做的决定对你来说是重要的，而在你之前的海盗所做的决定并不重要，因为你反正对这些决定也无能为力了。

记住了这一点，就可以知道我们的出发点应当是游戏进行到只剩两名海盗（即 1 号和 2 号）的时候。这时最厉害的海盗是 2 号，而他的最佳分配方案是一目了然的：100 块金子全归他一人所有，1 号海盗什么也得不到。由于他自己肯定为这个方案投赞成票，这样就占了总数的 50%，因此方案获得通过。

现在加上 3 号海盗。1 号海盗知道，如果 3 号的方案被否决，那么最后将只剩 2 个海盗，而1号将肯定一无所获。此外，3号也明白1号了解这一形势。因此，只要3号的分配方案给1号一点甜头使他不至于空手而归，那么不论3号提出什么样的分配方案，1号都将投赞成票。因此3号需要分出尽可能少的一点金子来贿赂1号海盗，这样就有了下面的分配方案：3号海盗分得99块金子，2号海盗一无所获，1号海盗得1块金子。

4号海盗的策略也差不多。他需要有50%的支持票，因此同3号一样也需再找一人做同党。他可以给同党的最低贿赂是1块金子，而他可以用这块金子来收买2号海盗。因为如果4号被否决而3号得以通过，则2号将一文不名。因此，4号的分配方案应是：99块金子归自己，3号一块也得不到，2号得1块金子，1号也是一块也得不到。5号海盗的策略稍有不同。他需要收买另两名海盗，因此至少得用2块金子来贿赂，才能使自己的方案得到采纳。他的分配方案应该是：98块金子归自己，1块金子给3号，1块金子给1号。

这一分析过程可以照着上述思路继续进行下去。每个分配方案都是唯一确定的，它可以使提出该方案的海盗获得尽可能多的金子，同时又保证方案肯定能通过。照这一模式进行下去，10号海盗提出的方案将是96块金子归他所有，其他编号为偶数的海盗各得1块金子，而编号为奇数的海盗则什么也得不到。这就解决了10名海盗的分配难题。

Omohundro的贡献是他把这一问题扩大到有500名海盗的情形，即500名海盗瓜分100块金子。大家接着思考一下怎么分？

## 第二节 经典语言命题

语言即是由人们创造出来，用于思维和交流的工具性符号系统，它由语音、语法和语义等要素构成，它表征着思维活动中所指和能指的关系。一般的说，任何思维活动的进行，都要以语言为工具，都依赖于语言。许多思想家对此均有精辟的见解。马克思、恩格斯说："人并非一开始就具有'纯粹的'意识。……语言和意识具有同样长久的历史。"[1] 马克思还把语言看作是"思维本身的要素，思维的生命表现的要素"，并认为，思想家是用语言来进行活动的，"社会的人是用语言来进行思维活动和交往活动的"，"观念是不能脱离语言而存在的。"可以说："由于语言是一种手段，只是通过语言并且在语言之中概念才成其为概念；甚至它的成功也只是在于，通过思想去推动语言，并使它自身转化为语言。"[2] 这样，我们也才有理由说，人类的思维是语言的思维，语言对人们的思维活动，对人们的思维样式的形成、演变都有着不可轻视的影响和制约作用。

以语言、文字为载体和形式来进行思维命题，主要有两种样式：语词类比和短句仿写。

### 一、语词类比命题

#### （一）传统型语词类比

关于类比的概念，我们在前面已做概述，不再赘述。语词类比从形式上讲是用语词为载体所进行的类比，但其本质是概念类比。类比不等同对比。对比与类比有着一定的内在联系，也有着明显的不同点。它们的相同之处，都具有比较的功能。但它们的功能存在着明显的不

---

1 马克思恩格斯选集.第1卷.北京：人民出版社，1995，34-35

同。对比，就是把正反两方面的概念加以比较，使彼此的本质显现得更加鲜明突出；类比以关于两个事物某些属性相同的判断为前提，推出两个事物的其他属性相同的结论的推理。语词类比常用于智力测验和人格测验。卡特尔 16PF 人格测试题就运用这种形式测验人的聪慧性。例如：

【例题 22】猫与鱼就如同牛与——

A. 牛乳　　　　　　　B. 牧草　　　　　　　C. 盐

【解答】这是关系类比。猫与鱼的关系是吃与被吃的关系，那么牛与什么是吃与被吃的关系呢？答案应是 B，即牛与牧草的关系。

【例题 23】锄头与挖掘犹如刀子与

A. 雕刻　　　　　　　B. 切剖　　　　　　　C. 铲除

【解答】这是功能类比。锄头个功能是挖掘，那么刀子的功能应是什么？答案应是 A，即刀子与雕刻的关系。

语词类比的关系非常丰富，不可一一枚举。常用的有：

1. 原因与结果

【例题 24】努力：成功

A. 生根：发芽　　　　B. 耕耘：收获　　　　C. 城市：乡村　　　　D. 原告：被告

【解答】答案是为 B。该题题干中的两个词具有某种条件（或因果）关系，即只有努力才能成功或者说努力是成功必不可少的原因之一。弄清了这一关系，就很容易找出正确的答案。

2. 工具与作用

【例题 25】汽车：运输

A. 渔网：编织　　　　B. 编织：渔网　　　　C. 捕鱼：渔网　　　　D. 渔网：捕鱼

【解答】此题答案 D。

3. 物体与其运动空间

【例题 26】轮船：海洋

A. 飞机：海洋　　　　B. 海洋：鲸鱼　　　　C. 海鸥：天空　　　　D. 河流：芦苇

【解答】此题答案为 C。

4. 特定环境与专门人员

【例题 27】山野：猪手

A. 生猪：工厂　　　　B. 教室：学生　　　　C. 农民：阡陌　　　　D. 野兽：旷野

【解答】此题答案为 B。

5. 整体与其构成部分

【例题 28】水果：苹果

A. 香梨：黄梨　　　　B. 树木：树枝　　　　C. 家具：桌子　　　　D. 天山：高山

【解答】该题题干中"水果：苹果"两个词之间是一般和特殊的关系，所以答案为选项 C。选项 B 的两个词之间的关系是整体与部分的关系。选项 D 的两个词之间的关系是特殊与一般的关系。

6. 同一类属下的两个相互并列的概念

【例题 29】绿豆：豌豆

A. 家具：灯具　　　　　B. 猴子：树木　　　　C. 鲨鱼：鲸鱼　　　　D. 香瓜：西瓜

【解答】答案为 D。对于此题，考生常常是看到哪里就选到哪里，尤其是选项 C，其中的鲸鱼其实不是鱼，而是哺乳动物。

7. 同一事物的两个不同称谓

【例题 30】芙蕖：荷花

A. 兔子：月亮　　　　　B. 住宅：府第　　　　C. 伽蓝：寺庙　　　　D. 映山红：杜衡

【解答】此题答案为 C。因为芙蕖是荷花的书面别称，而伽蓝是寺庙的书面别称。

8. 事物的出处与事物

【例题 31】稻谷：大米

A. 核桃：桃仁　　　　　B. 棉花：棉子　　　　C. 西瓜：瓜子　　　　D. 枪：子弹

【解答】此题答案为 B。因为稻谷是大米的唯一来源，而棉花是棉子的唯一来源。

9. 工具与作用对象

【例题 32】剪刀：布匹

A. 玻璃：门窗　　　　　B. 锯子：木头　　　　C. 衣服：缝纫机　　　D. 门窗：玻璃

【解答】此题答案为 B。

10. 作者与作品

【例题 33】罗贯中：三国演义

A. 宋江：水浒传　　　　　　　　　　　　　B. 鲁迅：少年闰土

C. 王勃：长恨歌　　　　　　　　　　　　　D. 吴承恩：西游记

【解答】此题答案为 D。

11. 物品与制作材料

【例题 34】书籍：纸张

A. 毛笔：宣纸　　　　　B. 文具：文具盒　　　C. 菜肴：萝卜　　　　D. 飞机：大炮

【解答】此题答案为 C。

12. 专业人员与其面对的对象

【例题 35】作家：读者

A. 售货员：顾客　　　　B. 校长：教师　　　　C. 官员：改革　　　　D. 经理：营业员

【解答】此题答案为 A。

13. 作品中的人物与作品

【例题 36】猪八戒：西游记

A. 水浒传：林冲　　　　　　　　　　　　　B. 蒲松龄：聊斋志异

C. 黄飞虎：封神演义　　　　　　　　　　　D. 红楼梦：林黛玉

【解答】此题答案为 C。

14. 特殊与一般

【例题 37】馒头：食物

A. 食品：饼开　　　　　B. 头：身体　　　　　C. 手：食指　　　　　D. 钢铁：金属

【解答】此题答案为 D。

15. 整体与组成部分

【例题38】阳光：紫外线

A. 电磁波：辐射      B. 海水：氯化钠      C. 生物：鱼      D. 大陆：岛屿

【解答】这是整体与组成部分的关系。阳光与紫外线、海水与氯化钠的关系都是整体与组成部分的关系，故正确答案为 B。

## （二）对称型语词类比

对称型语词类比是今年出现的新形式。所谓对称型语词类比就是题干部分没有完整的参照系，两组词语都不完整，需要通过分析从选项中选择一对词语，使题干的两组词语呈现出相同的逻辑关系。

【例题39】（    ）对于 梨 相当于 服装 对于（      ）

A. 苹果——毛衣          B. 水果——衬衣

C. 书包——鞋帽          D. 果汁——衣橱

【解答】对称型语词类比比传统的语词类比要复杂些。解题时，首先弄清题干所给的两个词之间的关系，然后注意各种关系之间的细微差别。词与词之间的关系是各种各样的，其中有些关系是非常相近的，容易混淆，应注意区别。这一题的正确答案应是 B，是整体与部分的关系。苹果：梨的关系相关于服装与衬衣的关系。另外，一般来说，关系都是有顺序的，整体与部分的关系就不可能是部分与整体的关系。

对称型语词类比的类型与传统型类比的类型有相似，这里不再赘述。

# 二、仿写型语言命题

## （一）仿写型语言命题概述

仿写型语言命题以仿写构句中出现的问题为典型句例，阐释了语言创意中类比思维的特点，从而解决语言创意中的思维问题和思维路径。仿写型语言命题与传统的作文考核有所不同。作文只是要求被试根据给定题目展开论述，侧重考核的是被试的文字功底。被试可以凭自己的主观好恶去立论选材，尽情张扬个性地放言宏论，因此，作文只能在一定程度上反映被试的写作水平，即"纸上谈兵"的能力，而无法准确地体现被试的思维能力。

仿写型语言命题具有以下明显的特点。

1. 针对性强

仿写型语言命题具有很强的针对性，每一命题只瞄准某一思维样式，在语言表达上必须做到准确、简明、生动，必须善于根据命题需要采用恰当的表述方式。仿写型语言命题不局限于对应试者阅读理解能力和文字表达能力进行考察，更侧重于考察应试者抽象概括和解决问题的实际能力，让被试充分发挥自己的潜能；

2. 内容广泛

仿写型语言命题所给资料的范围极其广泛，内容涵盖了政治、经济、法律、教育等社会问题的诸多方面，但它又不同于专业知识命题，给定资料所反映的问题一般都应当已经有定论，主要立足于考察被试的分析和判断能力；

3. 形式灵活多变

就文体而言，仿写型语言命题既可能属于记叙文、说明文、议论文中的某一种形式，也可能综合了多种文体形式，因此，从这个意义上来说，仿写型语言命题形式非常灵活。仿写型语言命题精巧玲珑，构造相对简单，非常适于思维与语言转化训练，这种转换，像电影蒙太奇的剪接一样，充满了盎然的情趣。

### （二）仿写型语言命题类型

仿写型语言命题是根据给定的句式，再写几个句式相同的句子或组成与之前后呼应的排比句。这种题型既能留给被试广阔的思维空间和自由发挥的余地，又有一定的限制，因此深受高考或其他命题者的青睐，所以应该引起高度的重视。

1. 内容上分类

（1）词语型

【例题40】结合语境，在横线上仿写恰当的词语。如果生命是水，尊严就是流动；如果生命是火，尊严就是燃烧；如果生命是鹰，尊严就是搏击。

（2）修辞型

【例题41】仿照例句写一句子，要求句子由两个比喻句组成，比喻要合乎情理，分句间要有联系。"历史"、"时间"仍为本体。例句：如果历史是一条长河，那么时间就是这条长河上涌起的波涛。仿句：如果历史是一曲乐章，那么时间就是这乐章上跳动的音符。

（3）托物寓意型

【例题42】仿照示例，任选事物，用语言解释其特点并阐发一定的道理。示例：蜡烛。①站得不端正，必然泪多命短。②为不能照亮所有的黑暗而流泪。仿写：A 粉笔。①一张智慧的犁，耕耘在神奇的黑土地上。②粉身碎骨浑不怕，要留清白在人间。B 煤。①千年的期盼，只为燃烧自己的一生。②不经受磨炼，发不出生命的光辉。

（4）名著名人名言型

【例题43】仿写句子，使内容句式都与前句协调。例句：幸福是"临行密密缝，意恐迟迟归"的牵挂；幸福是"春种一粒粟，秋收千颗子"的收获。仿句：幸福是"采菊东篱下，悠然见南山"的闲适。幸福是"不畏浮云遮望眼，只缘身在最高层"的追求。

（5）情境型

【例题44】根据文句所提供的情境，将句子补充完整。书是我的精神食粮，它重塑了我的灵魂。简·爱说过："我们是平等的，我不是无感情的机器"，我懂得了作为女性的自尊。白朗宁说过，"拿走爱，世界将变成一座坟墓"，我懂得了为他人奉献爱心是多么重要。裴多菲说过，"生命诚可贵，爱情价更高。若为自由故，二者皆可抛"，我懂得了自由的价值。鲁迅说过，"不在沉默中爆发，就在沉默中灭亡"，我懂得了反抗精神的可贵。每读完一本书，我就完成了一次生命的感悟。

（6）话题型：

【例题45】仿照下面句子，以"腐烂"为话题补写句子。人生只有两种生活方式：腐烂或燃烧。我们选择燃烧，因为燃烧意味着给予，且在给予之时，会让自己闪光。我们摒弃腐烂，因为腐烂意味着变质，且在变质之际，会让别人恶心。

（7）阅读型

【例题46】阅读文段，分析句式特点，在横线上写句。我们赖以生存的地球，自古以来就进行着绿色与黄色的殊死决战。哪儿充满绿色，哪儿必然水源充足，草木茂盛，那是生命滋衍的乐园。哪儿弥漫黄色，哪儿一定水源干涸，尘沙肆虐，那是————————。在我国，沙漠正在以每年两千多平方公里的速度蔓延扩展，黄色对绿色的伤害是绝对无情的。（参考答案：生命凋零的荒漠）

2. 形式上分类

单项语言命题就形式来说，主要有嵌入式、续写式、限定式、开放式四种情况。

（1）嵌入式

所写句子夹在已供材料中间，一般限定了句子表达的思维空间，要求与前后语句搭配得当，句式或前或后要相同。

【例题47】在下面横线处填入适当的语句，组成前后呼应的排比句。（1999年全国卷第27题）

人民共和国迎来了她五十诞辰。五十年像一条长河，有急流也有缓流；五十年像一幅画券，有冷色也在暖色；_____，_____；五十年像一部史诗，有痛苦也有欢乐。长河永远奔流，画卷刚刚展开，_____，史诗还在续写。我们的共和国正迈着坚定的步伐，跨入新时代。

【解析】本题考查考生运用比喻、排比修辞手法的能力。题目要求考生在规定的语境中，拟出一个恰当的比喻句，并且与所给出的语句组成排比格式，还要注意前后呼应。

具体来说：①在第一条横线上要写出的比喻句："五十年像……"与前后的语句构成排比。②"像……"是难点，因为还要在第二条横线上将其扩展，且要用"有……也有……"的格式。③第三条横线上填写的语句要与第一、二条横线所写的内容呼应，还要与其前后语句构成排比。

【参考答案】五十年像一首乐曲，有低音也有高。音乐曲渐趋高潮。

【例题48】在下面的横线处填入适当的语句。组成一组排比句。

生活中，我们需要崇高，有了它，我们就会摆脱平庸和空虚，甚至麻木。一旦你有这种认识，你就会发现崇高就在你的身边；它可能是一座山，让你巍峨；_____，_____；它可能是一首交响乐，让你领悟激越；_____，_____。

【参考答案】它可能是一片海，让你感受坦荡；它可能是一支乡音曲，让你倍尝温馨。

（2）续写式

根据例句的内容和句式，续写一个或多个句子，使之与上文构成一段语意完整的文字。

【例题49】在画线部分填上恰当的话，使分号前后内容、句式对应，修辞方法相同。（2001年全国卷第26题）

①悲观者说，希望是地平线，就算看得见，也永远走不到；乐观者说，希望是，_____，_____。

②乐观者说，风是帆的伙伴，能把你送到胜利的彼岸；悲观者说，风是，_____，_____。

【解析】本题而言，修辞方法、句式都是限制。修辞方法一眼就能看明白；句式要求则除在题干上说明外，还在答案横线上用标点加以限制和暗示。"悲观者说"、"乐观者说"含有哲理性，既是限制，也是引导。而"希望是"、"风是"这类比喻性联想，也会使他们的思维活跃起来。

【参考答案】①(希望是)启明星,即使摘不到,也能告诉人们曙光就在前头。②(风是)浪的帮凶,能把你埋葬在大海深处。

【例题50】根据文意,仿照画线句子的句式另举正面事例写一个句子。

没有自知之明,其害无穷;有自知之明,则能走向胜利。蒋干自作聪明,刘禅妄自菲薄,不都害己误人,遗人笑柄?_____。

【参考答案】①孔子不耻下问,刘备三顾茅庐,不都建功立业,名垂千古?②平原君礼贤下士,唐太宗从谏如流(勾践卧薪尝胆,毛遂敢于自荐,鲁迅弃医从文)不都传为美谈,流芳百世?

（3）限定式

设定一个比喻性语言材料,再另外命题确定内容,按照比喻例句式仿写。

【例题51】仿照下面两个比喻句式,以时间为开头,写两个句式相同的比喻句。(1998年高考题第33题)

书籍好比一架梯子,它能引导我们登上知识的殿堂。书籍如同一把钥匙,它将帮助我们开启心灵的智慧之窗。

时间_____。(不超过60字)

【解析】这道题,既要仿造并列的句式又要用"时间"造出两个比喻。答题时必须注意以下几点:①必须以"时间"为本体;②句子的结构必须与例句相同;③前后两句话之间要注意衔接;④不能超过规定的字数。

【参考答案】①时间好比一把利刀,它能在光滑上的皮肤上刻下深深的烙印;时间如同一面明镜,它能使一切是非在此中显出真相。②时间好比一剂良药,它能抚平人们受伤的心灵;时间如同一盏明灯,它能照亮人生中的每一个足迹。

【例题52】下列两个句子都写到"虚伪"。前一句直接表述,言简意赅;后一句连续类比,形象生动。请在"友谊""勇敢""信任"中任选一个词,仿写两句话。(2000年全国卷26题)

虚伪和欺诈产生罪恶。([美]爱迪生)

蚜虫吃青草,锈吃铁,虚伪吃灵魂。([俄]契诃夫)

【解析】本题条件多、限制严,避免出现了顾此失彼的现象。如:注意了内容的各项要求,又忽视了句式要求;注意了句式相仿,却忘记了内容的性质;有的类比恰当,句式不同。所以,总的要求是内容合理,类比恰当,句式相仿。

（4）开放式

一般有两种形式:①是不提供语言材料,只有内容或形式的要求,所写句子的内容或形式隐含在答题者过去的阅读视野中。②是只提供例句的形式,不限定仿写的内容。

【例题53】仿照下面的比喻形式,另写一组句子。要求选择新的本体和喻体,意思完整。(不要求与原句字数相同)(2002年全国高考试题第25题)

海是水的一部字典:

浪花是部首,

涛声是音序,

鱼虾、海鸥是海的文字。

【解析】这道仿句题把考查的重点放在了修辞手法上,至于句式上的要求则是宽泛的。

从比喻的角度看，要先搞清两个方面的关系：一是海和水、浪花、涛声、鱼虾、海鸥之间是一种包容关系，二是字典和部首、音序、文字之间也是一种包容关系。从形式上来说，尽管没有严格的要求，但大体上还得相似，不能完全脱开，不顾及例子的特点。

【参考答案】①事业是人生的一座大厦／追求是支柱／奋斗是砖瓦／热情是事业成功的脚手架。②生命是人生的一棵树／出生是发芽／过程是树干／成绩、付出则是树叶和果实。

【例题54】仿照示例，改写下面两条提示语，使之亲切友善、生动而不失原意。（2003年高考高考题）

提示语：（公园里）禁止攀折花木，不乱扔垃圾。

改写为：除了记忆什么也不带走，除了脚印什么也别留下。

提示语：（教学楼内）禁止喧哗，不许打闹

改写为：

提示语：（阅览室里）报刊不得带出，违者罚款。

改写为：

【参考答案】"把宁静给予别人，把礼貌留给大家"或"智慧在安静中萌生，在嬉笑中丢失"；"喧哗失掉了你的文雅，打闹破坏了你的气质"；"除了智能什么都不可带出，除了美德什么都别留下"。

【例题55】仿照下面的警句，自选两种事物，造两个句子。

稻穗——空虚者的头总是昂得最高。

篮球——总是坠入圈套，因为有人怕你。

烟花——在生命的奉献中闪耀着动人的光彩。

【参考答案】沙发——软弱不一定就是无能。

气球——太容易爆裂，因为有人吹你。

绿叶——耀眼的光环离不开你。

贝壳——只有漂亮的外壳没有充实的内涵。

墙头草——什么风最得势，就顺从什么风

## （三）仿写型语言命题的解题要求

### 1. 句式一致

试题往往给出了范例句式，或要求与某一画线语句句式相同。这样，就使所造语句是否符合句式一致的要求成了关键。有时候要仿写的是一个短语，那就要首先考虑到短语结构，如例句是主谓结构，仿写语句也应如此。

### 2. 词性相当

除句式外，仿写的词性也要相当。例如仿写句子：生活是什么？生活是一本无字的书，生活是一条崎岖的路。仿写：①生活是什么？生活是一盘莫测的棋，生活是一场自己的戏；②生活是什么？生活是一曲心灵的歌，生活是一扇未知的门；③生活是什么？生活是一列远行的车，生活是一杯自酿的酒。这里，一盘，一曲，一列都是量词；莫测的棋，心灵的歌，远行的车都是形容词或名词＋名词。

### 3. 内容统一

仿造语句在内容上要与上下文衔接自然，连贯统一，形成一个相对完整的有机叙述层次或论述结构,它往往要求仿句与所给语境思想一致,内容贯通,往往还涉及感情一致、风格一致等问题,如所给语句文采飞扬,充满褒奖之情,那么所仿写语句也应与之一致,否则就会显得很不协调,不统一。

4. 修辞恰当

命题往往把句式考测与修辞考测结合起来。从考题来讲,比喻、排比、对偶、反问等修辞手法出现的几率较高。修辞恰当这一要求增加了试题的难度。

当然,"句式一致"、"词性相当"、"内容统一"、"修辞恰当"四个方面并不是截然分开的,它们往往结合在一起,要求综合运用有关技巧和方法。下面我们举例说明之。

【例题56】依照例句,选择某一事物,通过情景表达自己的感受。例句:

墙角的花,

你孤芳自赏时,

天地便小了!

【解析】这一仿写题,从形式上看,使用拟人、比喻等修辞方法;从内容上看又蕴含着深刻的哲理。因此,在仿写此题时,除了要注意从整体上把握结构外,还要注意三点:①要使用拟人修辞方法;②"墙角"是表示事物处所的修饰语;③仿写的句子要表达自己的感受,要有哲理性。比如下面的几个仿写句子,可分析一下正误。

(1) 月下的恋人,

你结婚时,

玫瑰便枯萎了。

(从整体上看,结构与例句相符,但未使用拟人修辞格。)

(2) 小小的蜡烛,

你燃烧自己时,

世界便光明了。

(从整体上看,结构与例句相符,第二句也使用了拟人修辞格,但"小小"不是表示处所的)。

(3) 笼中的鸟,

你安于现状时,

自由便夭折了。

(从整体上看,结构与例句相符,也使用了拟人修辞格,且蕴含了深刻的哲理,符合仿写要求。)由此可见,在仿写时,要做到"形似义合"。即在形式上,与例句相似;在内容上,与例句吻合。做到了这两点,不管题型怎么变化,都会迎刃而解。

## 三、综合性语言命题

综合性语言命题是在检测人的分析、概括、提炼、加工能力的同时,还要检测其运用理论知识解决实际问题的能力,以及检测其阅读理解、综合分析、提出问题的能力和文字表达的能力。我国国家机关公务员录用考试中,出现一种崭新的命题方式——申论,就属于这类命题。

### (一) 申论概述

"申论"一词,出自孔子所说的"申而论之"。从字面来理解,"申"为引申、申述、

"论"为议论、论证,"申论"则指针对特定话题提出自己的观点,并展开论述。申论考试为应试者提供了一系列反映特定实际问题的文字材料,要求被试仔细阅读这些材料,概括出它们反映的主要问题,并提出解决此问题的实际方案,最后再对自己的观点进行较详细的阐述和论证。

1. 申论的思维内容

申论考试作为思维能力测试,针对给定材料主要考查应试者四种能力。

(1)阅读理解能力。指分析事物和概括问题的敏捷性和准确度。应试者首先要读懂所给材料的意义,这是解决后面题目的基础。由于试卷中提供的材料在排列顺序和内容上往往是杂乱的,没有清晰的逻辑线条,所以要求应试者能够通过阅读理解,概括提炼出材料背后所反映的主旨。通常在回答试卷第三部分提出的第一个问题时,这种能力将得到集中的体现。

(2)综合分析能力。在正确理解给定材料的基础之上,运用概念、判断、推理、分析、综合等逻辑思维的方法进行分门别类地筛选、加工,理出逻辑思路,提炼材料所反映的主题思想。

(3)提出和解决问题的能力。针对问题能够提出行之有效的措施、方法和方案,这是应试者能力测试的关键方面。公务员在管理活动中总会遇到各种各样的问题,而许多问题是没有现成的解决方法的,必须由管理人员针对随机出现的现实问题,及时快捷地解决问题。因此在申论考试中测试应试者提出问题和解决问题的能力就成为其核心的目标。通常在回答试卷第二部分提出对策和第三部分进行论证的过程中,这种能力将得到集中全面的体现。

(4)语言表达能力。借助于语言文字将应试者的思想、意见和看法等表达出来。语言表达应逻辑清楚、层次分明、用词准确、结构严谨,并能够深入浅出地说明问题,及时中肯地提出问题和解决问题。这种能力始终贯穿在整个申论试卷的回答过程中。

2. 申论试卷的结构

申论试卷的结构比较规范,总体上分为三大部分:首先是注意事项,说明答卷的要求、时间,提出指导性建议;其次是申论写作的背景资料;最后提出申论要求,要求应试者在弄清背景资料的基础上完成题目。

(1)提出"注意事项",给答卷提出重要的指导性建议。这些提示是应试者完成试卷必须知晓的,应试者拿到试卷首先要阅读这些提示,以便于答题过程中掌握时间,按要求依次回答问题。

(2)给定一篇或一组资料。给定资料的长度一般为1000~3000字左右。根据考试对象和所给时间的不同,资料长度会有变化。比如,在应届大学毕业生中选拔录用公务员,资料的长度一般在1500字左右。在处级、司局级公务员竞争上岗的考试中,资料可能增加到2500字、3000字或更长、内容更复杂。

(3)提出"申论要求"。要求应试者在弄清给定资料的基础上完成若干题目。通常情况下,"申论要求"涉及三个主要方面。

首先是对给定材料的理解、分析、整理、归纳、概括、综合;其次是对主要问题提出见解,提出对策,提出具有可行性的解决方案;再次是对见解、方案的论证。这三个方面的要求,在试卷中,通常都是通过三个题目来体现的。但题目数量允许有灵活性,可以是三个题,也可以是两个或四个题。题目的样式也不会一成不变,也许要求概述事件,也许要求概括主要问题,也许会在不同层面上对解决什么问题或怎样解决问题提出不同要求。

3. 申论试题的特点

（1）给定材料的广泛性与非专业性。申论考试的目的在于考查被试发现问题、阐述问题及解决问题的综合能力，本质上属于一种基本素质测试。因此，申论考试所给定的材料多为人们所熟知的、反映社会生活中热点问题的背景材料，可选择的范围较广，一般不会向某种专业性知识特别倾斜，以便保证每个被试都能有论而发。在近年中央机关和各地的命题实践中，有些试题似乎涉及某一专业领域，但被试作答质量的高低与其是否掌握该领域的专业知识无必然的联系。

（2）命题的针对性。申论命题一般都具有较强的现实针对性，即要求被试就一些社会现实热点问题提出自己的看法与解决该问题的方法及途径。因此，被试应在充分把握所给定材料的内容的基础上，抓住材料中预设的环境和条件，有针对性地、有重点地去分析和论证问题。申论考试中给定材料所反映的问题基本都是现实问题，这些问题不一定有现成的解决方案，但肯定是能够解决的。因此，被试应在抓住主要问题的基础上，从解决方法、措施、步骤、时间、人员安排等度，提出具有现实可行性的方案。如提出的方案缺乏可操作性，则作答肯定是失败的。

### （二）申论的应试技巧

1. 审读技巧

审读材料，是指对给定材料进行阅读分析，以把握给定材料内容的整个过程。审读材料是申论应试的基础性环节，是概括要点、提出对策和进行论证等环节的前提。只有读通且弄懂全部材料，被试才能把握给定材料所反映的问题，并区分所反映的多个问题的主次轻重地位，以便准确概括出主要问题。审读材料的基本要求是全面理解和掌握材料的内容，把众多事实材料分行分门别类，总结归纳出其中的内在联系，将具体问题上升为反映普遍现象的观点，并联系到给定材料以外的其他事物进行思考与分析。

审读材料应该遵循以下原则：

（1）整体性原则。仔细阅读给定材料，整体把握给定材料，找出给定材料的隐含信息，扣住给定材料的中心来拟题。

（2）多角度原则。运用"发散性思维"，分析给定材料，列出2~5个观点。然后找出一个对自己写作有利的角度去写。这个角度是扣紧给定材料的，但不一定是扣紧给定材料的中心的。多角度的原则还可理解为一种"实效性原则"，就是说，只要紧扣给定材料，写哪个角度对你有利，能使你发挥得更好，你就写哪个角度。

（3）筛选性原则。给定材料中很可能包含着许多迷惑信息、多余信息。如果不从总体去概括材料的"寓意"，而只是抓住"只字片语"，常常容易陷入误区，就会跑题。

2. 应对技巧

提出对策是申论的关键环节，重点考察被试思维的开阔程度、创新意识、应变能力和解决问题的能力。它给被试提供了充分发挥的自由空间，被试可根据各自的知识阅历，对同一问题各抒己见，见仁见智。被试在构想对策方案，要通盘考虑，尽力克服与之相悖的因素，使方案合理、具体，便于落实，切忌脱离实际、坐而论道，提出一些很难付诸实施的对策，力避大而空、难以操作的虚话、套话。

### 3. 论证技巧

进行论证是申论应试的最后一个环节,要求展示出分析问题、解决问题和语言表达的能力。进行论证是一个人的知识基础、能力水准、思维品质、文字表达的全面展示。它要求被试充分利用给定资料,切中主要问题,全面阐明、论证自己的见解。

申论考试大都是自拟题目,但要解决的主要问题却是由给定材料限定的,在拟定题目论证问题时必须充分利用给定的材料,紧紧抓住主题或主要问题,突出主旨进行论证,而不可以天马行空,任意挥洒。

在论证角度选择上要尽量取得小,从小处着眼,这样有利于在有限的时间和有限的篇幅内,在所选的这一"点"上作比较深入的开掘,在解决问题的对策和处理意见方面可以谈得比较具体一点。如果面面俱到,涉及面大而广,无法使论证鞭辟入里,就难免空泛,不易于操作。此外,在选择立意成文的角度时还应注意两点:一是要新颖,不落俗套,有创新;二是要贴近现实生活,能为社会所关注,为广大读者所喜闻乐见。

当论述问题的基本主旨确定之后,接下来就是精心安排论文的结构了。由于文章的内容不同,作者的角度各异,文章的结构形式也必然是多姿多彩的。不过,结构严谨、逻辑清晰,是论文的最基本要求。作为一种论文文体,申论考试中对问题的论述的部分也必须遵循这一原则。

(1)紧扣主题,确定论述问题的中心思想。被试在确定论题时必须明确:自己是以某一职位的国家公务人员的身份在论证问题;自己所要论证的主题是材料中已经给定的;给定材料在锁定论证主题时已经限定了被试的基本态度和主导倾向;材料中给定的主题已经体现在自己对材料的概括之中;国家公务员论述问题的目的在于解决问题,而不是一般的"不平而鸣",空发议论。

(2)立意独到,确定论述问题的视角。所谓立意独到,就是要善于围绕主要问题,选择新的角度去立论,使评论仁者见仁、智者见智,并且常写常新。被试在论述问题时,角度一定要新颖、独特,比较而言,这样更容易增强文章的吸引力、感染力和说服力。

(3)确定一个醒目的标题。标题是一篇文章的旗帜。一个醒目的标题,往往能够给人一种先声夺人的气势一下子吸引住读者的目光,抓住读者的心,引起读者进一步阅读和评论的兴趣。一个好的论文题目必须旗帜鲜明,必须准确精当、生动贴切、内容丰富而具体地表明作者论述主要问题的基本立场。被试在确定文章标题时必须注意:文章标题必须与文章内容相契合,不能让人看后不知所云,甚至发生歧义;文章标题应当简明、精练、生动、贴切,不仅读来起铿锵有力、朗朗上口,而且又言简意赅地点出作者的鲜明态度和文章所要论述的基本内容;文章的标题不能干瘪无物,应当体现丰富的意蕴和哲理,但同时又不能流于大而无当、空泛乏味。

(4)结构合理,逻辑严密。在谋篇布局的时候,首先要确定中心思想与材料之间、整体与部分之间、部分与部分之间的内在逻辑联系,精心安排好各部分、各要素在整个结构中的位置。例如,为了论证中心论点,在文章写作时总是会在中心论点下面再确定若干分论点,中心论点与各分论点之间的关系就是一种"纲"与"目"的关系。再如,在整篇文章中,存在着部分与整体的关系,有的部分是提出问题,有的部分则是分析问题,有的部分是解决问题,各自所起的作用是不同的;在部分与部分的关系上,有的属于并列关系,有的属于递进关系,有的属于因果关系,有的属于转折关系,它们相互之间的逻辑联系也是不同的。谋篇布局，就是要根据文章各部分的地位和作用，合理地确定它们在整体结构中的位置，把材料组织得严密周详，无懈可击。

（5）层次分明，条理清楚。一篇好的文章，层次要明确，条理要清楚，让人一目了然。首先，层次之间要有一定的顺序，哪个部分在前，哪个部分在后，要有主有次，有条不紊，否则就会显得颠三倒四、主次不清、逻辑混乱；其次，层次之间存在着某种内在的连贯性，或承接，或转折，或并列，或因果，都必须根据表现主题的需要加以酌定。层次的确定，段落的划分，先后交代，上下的衔接，首尾的照应，也都要有安排得恰当、得体、自然、和谐，使通篇论述顺理成章、浑然一体；最后，层次与层次之间界线要清楚，意思要分明，不可彼此重复或相互矛盾。层次之间一旦夹缠不清，就会出现逻辑混乱，论述问题的思路就会受到阻滞。

## （三）《申论》命题列举

下面我们以中央国家机关考试录用机关工作人员和国家公务员公共科目考试《申论》试题为例说明之。

1. 注意事项

（1）申论考试，是对分析驾驭材料的能力、解决问题能力、言语表达能力的测试。

（2）作答参考时限：阅读资料40分钟，作答110分钟。

（3）仔细阅读给定的资料，按照后面提出的"申论要求"依次作答。

2. 给定材料

（1）"找到网游神，找到幸福"，"每月20台电脑，等你拿"，打开任何一个网站，这样游荡式网络广告几乎随处可见。虽说广告面积有大有小，但广告总是随滚动条一起共同进退，无论是读者在阅读，还是在查找信息，它的突然出现，总是将读者连贯的思路打断。对此，不少读者表示反感，从事新闻工作的黄小姐说："每次打开网站，广告就铺天盖地向我袭来。一次，我在某网站检索一条新闻，一打开，一个大大的手提电脑广告就出现在我眼前，它还正好占据有利地形，将链接堵得死死的。关又关不上，打开后还是无法显示某大学的学生反映："每次我要从一个网站链接到另一个网站时，总是出现一堆堆的小型广告，它们往往没什么意思，但它的危害还不小，我的机子的浏览速度减慢了，严重时还会造成死机。"

（2）一天凌晨，王女士正在家中熟睡，突然被一串急促刺耳的电话铃声惊醒，这一突如其来的骚扰大约持续了2分钟。年前刚刚看完日本恐怖片《午夜凶铃》的王女士，直吓得心里"突突"乱跳，她壮着胆子，扭开台灯一看，只见电话传真机上传过来两页纸，仔细一看，原来是一家名叫"电子商汇网"的公司发送的一份"第14期电子商讯"。在传真第一页的最后还写着："如欲取消订阅，可将回复传真给我们。"

（3）据天津市某区检察院的一份调查资料显示，该地区未成年人因迷恋上网聊天而引发的刑事案件已达8件，有18人涉嫌犯罪。这8起案件呈现以下几个特点：一是犯罪低龄化，28名犯罪嫌疑人中未满18岁的未成年人就有21名；二是文化水平普遍偏低，小学文化的约占一半，共13人，其余的为初中和中专学历；三是均以侵犯财产为目的。侵犯的财产主要以手机、传呼机和现金为主，其中有4起案件涉案金额超过万元；四是团伙作案，在犯罪手段上，呈现出计划性和有组织性。如有的负责在网上选目标，有的负责约见面地点，有的负责实施抢劫等；五是女性犯罪嫌疑人占一定比例，8起案件中共有6名女性参与作案，且均为未成年人。

（4）北京作为中国互联网中心的地位仍是不可撼动，无论是WWW站点数，还是上网用户、域名拥有量，北京都居全国第一。据统计，每4个北京人中就有一个是网民，比排名第二的广东多出近70万人。CNNIC还重新为中国网民下了新定义：平均每周使用互联网1小时（含）以上的中国公民。虽然网民的限定比过去更严格了，但是网民人数比上半年增长33%，并仍保持一种稳步发展的态势。我国女性网民的比例继续增长，已达到30.44%，已接近全球互联网女性用户33%的比例。56%的网民仍是24岁以下的年轻人，学生依旧为网络的主要使用者之一，约占20%以上。

（5）从用户上网的主要目的可以看出，获取信息是绝大多数网民的主要目的（68.84%），而休闲娱乐也成为一个普遍选择（51.37%）。在最常用的网络服务中，电子邮箱的使用率最高（95.07%）。零点调查公司最新公布的数据表明，受访者被要求说出"当前中国最为流行的词语"，1/5的受访者提到了"网络术语"：包括网络、互联网、互联网经济、在线、新经济、IT、信息时代等。以"酷"、"作秀"、"前卫"、"新人类"等为代表的时尚名词，则以两个百分点之差屈居第二位。

（6）吴先生所住的小区安装有局域宽带网，为方便家人上网，他特意购买了一台电脑。但近半个月来，他发现自己的计算机在使用完毕后常有异常响动。20××年10月9日晚，他下网后坐在桌旁整理资料时，意外发现电脑的硬盘响个不停，一直闪烁的硬盘灯引起了他的警觉，他打开电脑上安装的一个专门监视网络系统的软件，竟然发现这台电脑在收发信息。随后，他打开了"网上邻居"文件夹，屏幕上出现了30个"邻居"的电脑标志，他逐一点击，有几个"邻居"的信息可以一览无余。想到自己存在电脑里的个人信息能如此轻易地被"邻居"看到，吴先生十分苦恼："买电脑就想给生活提供方便，没想到却引来意外的麻烦！"

（7）我国《计算机信息网络国际联网安全保护管理办法》第7条明确规定："任何单位和个人不得违反法律规定，利用国际互联网侵犯用户的通信自由和通信秘密。"局域网"黑客"在未经同意的情况下私自翻阅、篡改他人信息，也在一定程度上侵犯了他人的隐私权。隐私权具体到网络上主要包括个人隐私不被窥视；个人信箱、网上账户等不被侵入；使用信箱交流信息及从事交易活动的安全保密性不被干扰等。

（8）中关村科技园区海淀园的网上办公系统几乎完成了园区内所有企业80%以上的业务流程。它完成了5大类64个小项的政府服务，包括企业入园申报和审批、高新技术企业认证、年审、企业统计、财政月报、季报等项目。目前，中关村企业在办理这些业务时，几乎完全在网上进行了。中关村已经有6139家企业加入了网上办公系统，占园区企业总数的99%以上。网上办公系统共接受园区企业及社会各界工作查询访问40.6万人次，日均访问人数4000人次。2001年1月1日以来，网上办公系统受理各种网上审批和初始登记业务分别为3483项和5058项。数字表明，中关村园区的电子政务真正"跑"了起来。

（9）2001年的9月26日，来自西藏自治区各行各业的160名学生作为网上中国人民大学西藏学区第一批学生，开始通过互联网接受先进的教育理念和教育科学知识。和平解放50年来，西藏的教育，从僧侣的贵族教育跨越到民众的大众教育，从传统教育跨越到网络教育。国家为西藏教育事业累计投资近1130亿元人民币，仅1979年至2000年全区教育总投入就达58.7亿元人民币。尽管如此，由于历史遗留、地理特点、交通状况等原因，造成我国东西部教育资源分布不平衡，使得西藏人民很少能够接受国内重点高校所传授的先进文化和科学知识，这在一定程度上制约了西藏地区的教育及经济发展。如今在国家西部大开发战略中，现代远程教育成为西部大发展中的一个重要部分。

3. 申论要求

（1）给定资料反映了网络给社会生活带来的种种影响，用不超过200字对这些影响进行概括。要求：全面，有条理，有层次。（20分）

（2）从政府制定政策的角度，就如何克服资料所反映的种种弊端，提出对策建议。要求：有针对性，有条理，切实可行。字数400左右。（40分）

（3）就所提出的对策建议进行论证，既可全面论证，也可就某一方面重点论证。要求：自拟标题，字数800左右。（40分）

4.《申论》试题综合分析与答卷样本评析

（1）综合分析。

2002年申论试题给定的材料反映了网络时代给人们日常生活所造成的各种影响。对此，我们应从两个角度去认识：一方面，互联网作为新技术革命的产物和信息时代的象征，给人们的生活带来了极大的便利，因此，世界各国都在大力发展互联网。由于经济和技术的落后，我国的网络建设明显落后于西方各国，却也在悄悄改变着人们的生活方式，因此，我国不是不需要发展网络，而是必须采取有力措施迎头赶上；另一方面，在建设网络过程中，网络安全问题日益成为一个为世人关注的热点问题，所以，被试又必须针对维护网络安全问题提出切实可行的对策。

该题的答案要点与要求如下：

第一题，要求从正负两方面总结网络给社会生活造成的影响，其中正面影响有：①快捷获取和传递信息；②资源共享；③远程教育；④远程医疗；⑤电子政务；⑥休闲娱乐等。负面影响有：①干扰正常生活；②大量广告充斥；③侵犯个人隐私；④网络黑客；⑤不良内容对青少年的影响；⑥网络犯罪等。

第二题，针对网络的负面影响，可采取的措施主要有：①加强网络管理；②进行网络知识教育宣传；③加强网络行业的自律与职业道德管理；④加强立法和运用科技手段保障网络安全。

第三题，要求观点正确，论证材料充实具体，论证结构严谨，有说服力，语言表述准确，流畅，格式、文字书写规范。

（2）答卷样本评析。

第一题，给定资料反映了网络给社会生活带来的种种影响，用不超过200字对这些影响进行概括。要求：全面，有条理，有层次。（20分）

【答卷】以先进科技为内核的网络发展就像一柄"双刃剑"，给社会生活带来了正面有利效应和负面不利影响。就其正面和有利之处看，网络以便捷迅速的信息交流与沟通实现了经济、政治（政务与政府工作）、教育等方面的快速发展，加快了社会生活的节奏和人们休闲娱乐多样化的发展，给社会生活提供了便利。与此同时，网络又干扰了人们既有既定的社会生活模式，并在一定程度上造成社会犯罪上升和多发，从而影响了个体生活的安全与整体社会的稳定。

【评析】这份答卷在概括问题方面既全面又切中要害，说明作者有非常强的综合分析概括能力；在文字表述方面，该答卷既简明又准确，说明作者文字功底深厚。总之，这份答卷比较完美。

第二题，从政府制定政策的角度，就如何克服资料所反映的种种弊端，提出对策建议。要求：有针对性，有条理，切实可行。字数400左右。（40分）

【答卷】针对网络发展所带来的用户信息安全、不良广告及因网络而诱发的社会犯罪稳定等问题，并从政府政策制定的角度出发，有如下建议：

（1）加快涉及网络安全的法规与规章的制度性建设。对可能造成和产生的网络用户信息交流与沟通方面的安全隐患，应该采用立法、建制的手段，从制度与办法上进行积极预防和全面治理。

（2）清理不健康和诱发并产生负面的恶劣社会行为的网络信息。网络所提供的公共信息应含至少是健康、积极、向上的内容。

（3）对网上影响和干扰公民正常生产生活秩序的不良商用广告宣传进行限期整治与删废。

（4）对网络与网站建设进行监管、约束与控制。防止网络乱用、网站滥建现象的发生。对已经建立的网络机构与网站进行信息内容等方面积极、合理、有效的规范与管理，从而降低与扼制因网络信息与网络使用而导致的社会违法犯罪的发生，保障网络对社会生活的有利影响。

（5）不断完善网络建设的程序与体系。

【评析】该答卷提出的对策都很有针对性，除第（5）条外，可操作性也都较强。比较遗憾的是，其中第（2）、第（5）条建议不应是由政府来直接实施操作的，而应为政府命令或监督相关网络企业或机构来实施的，所以在文字表述上必须改进明确这一点。

第三题，就所提出的对策建议进行论证，既可全面论证，也可就某一方面重点论证。要求：自拟标题，字数800左右。（40分）

【答卷】
建设稳定安全正常的网络社会

计算机与网络在当今已经成为大众并不陌生的字眼与概念。据有关方面的说法，在21世纪不懂计算机与网络运用的人就是新型的文盲。适应时代与社会发展要求，人们纷纷坐在计算机前，点击鼠标，进行信息交流与沟通，为我们进入一个网络社会开启了大门。

就目前网络发展给人们带来的社会问题而言，主要是涉及人们社会生活秩序与安全的一系列问题。网络在给人们的社会生活提供了极大便利的同时，也在一定程度上干扰和影响了人们原本无此烦恼的正常生活：网上不良广告、个人隐私泄露。更有因网络犯罪带来的伤害与损失。因此，人们在充分享受网络"甜果"的同时，也明显体会到建设一个稳定、安全、正常有序的网络社会的必要。

政府在推进建设稳定、安全而正常的网络社会中负有必须而又必然的责任。从扮演决策者与实施者的政府职能上看，要建设安全稳定，有条不紊的网络社会，政府应当首先着眼于网络社会中关乎网络信息安全的规范"规则"建设。没有规矩，不成方圆。网络社会的正常有序运行，除配套建设自不待言外，仅就网络本身而言，涉及网络信息安全的规章法规就如拳坛上的围栏一样不可或缺。网络用户上网浏览信息，抑或是进行外向交流，如果有"黑客"挡道，那这种交流是不会成功的。

影响和破坏网络社会安全和稳定的另一隐患是网络诱发的社会违法犯罪行为。网络型犯罪具有不同于一般社会犯罪的特点与社会危害性。据调查，网上黄色不健康信息以及暴露的隐蔽资讯，为有犯罪动机甚至是原无犯罪动机的人提供了诱因。鉴于此，政府不可忽视对网络信息、网站建设的管理与监督，而应当采取法制的手段与行政手段，从立法到执法，从监督到约束与控制，进行全面深入的规范与管理。

针对社会主义市场经济条件下网络的社会经济效用，不少商家与网站建设者滥发网上广告，或利用网络便利干扰他人正常生活秩序。这种谋私的做法和事件虽不具严重的社会危害，但如果不予制止，那么部分网民的利益必然得不到保障，整个网络社会的正常秩序也就必然不稳，建设理想的网络社会的责任也就必然存在。

【评析】该答卷在标题中既开门见山地亮出了自己的观点，立意准确鲜明；论证时条理清晰，透彻有力；文字表达也较为通畅，无明显语病。综合以上几点，该答卷为一份优等答卷。

## 第三节 数量关系命题

数量关系是通过给出与数字和运算有关的一些试题来测试应试者的抽象思维能力。在科学技术日新月异的现代信息社会中，有很大一部分信息是通过数字来表达的，或是与数字有关的。现代人必须能够迅速、准确地理解和发现这些数量之间蕴涵的规律，并能进行快速的运算。具备了这些基本能力，对提高其工作效率大有益处。因此，数量关系测验是作为预测人们潜能的不可缺少的组成部分。这种能力对于人们认识客观的世界有着十分重要的作用。

### 一、数量关系命题概述

数量关系测验具有速度与难度测验的双重性质。在速度方面，这种测验要求被试反应灵活、思维敏捷；在难度方面，该测验涉及的数学知识或原理都不超过初中水平，甚至多数知识属于小学水平。如果时间充足，被试答对大部分试题是不成问题的，但是考试作答时间有限，在限定的时间里要求被试答题既快又准，被试个体之间的能力差异就会显现出来了。可见，该测验其实并非数学知识的测验，而是一种基本能力的测验，它实际测查的是个体的抽象思维与逻辑分析能力。因此，解答数量关系测验题不仅要求被试具有数学知觉能力，还需要被试具备快速判断、分析、推理、运算等能力。

数量关系试题一般有两种基本类型：数字推理题和数学情境题。

#### （一）数字推理题

给出一个数列，但其中缺少一项，要求你仔细观察这个数列各个数字之间的关系，找出其中的排列规律，然后从四个供选择的答案中选出你认为最合适、最合理的一个来填补空缺项，使之符合原数列排列规律。

数字推理的应对策略有两点，首先，被试要通过大量的练习来培养对数字的敏感度，熟练掌握各种基本数列，并深刻理解"变式"的概念。其次，被试在做练习时，应"具体问题具体分析"，用最短的时间找出数字排列的规律，从而提高解题速度和正确率。

数字推理题难度较大，但并非无规律可循，了解和掌握一定的方法和技巧对解答数字推理问题大有帮助。

（1）快速扫描已给出的几个数字，仔细观察和分析各数之间的关系，尤其是前三个数之间的关系，大胆提出假设，并迅速将这种假设延伸到下面的数，如果能得到验证，即说明找出规律，问题即迎刃而解；如果假设被否定，立即改变思考角度，提出另外一种假设，直到找出规律为止；

（2）推导规律时往往需要简单计算，为节省时间，要尽量多用心算，少用笔算或不用笔算；

（3）空缺项在最后的，从前往后推导规律；空缺项在最前面的，则从后往前寻找规律；空缺项在中间的可以两边同时推导。

### （二）数学情境题

数学情境题是含有故事情境的题目。数学来源生活，生活中处处有数学。把"问题情境"生活化，就是把"问题情境"与人们的生活紧密联系起来，让人们亲自体验问题情境中的问题、增加直接经验，这不仅有利于人们理解问题情境中的数学问题，培养观察能力和解决实际问题的能力，而且使人们体验到生活中的数学是无处不在，并体会学习数学的价值。在这种题型中，往往用故事形式表述数字关系，要求应试者迅速、准确地列出算式做出答案。这类故事的表述往往使用一些文字障碍，稍不留心，就掉进所设陷阱。如下面这道题：

进了一家礼品商店，看到一架照相机，这种照相机在日本连皮套 共值3万日元，可这家商店要310美元（要美元，不要泰国铢），折合日元约为4万多日元。照相机的价钱比皮套贵300美元，剩下的就是皮套的价钱。请问：现买一副皮套拿出100美元，应该找多少零钱？

不仔细考虑，就会中计受骗。假如皮套是10美元，那么照相机比它贵300美元，即310美元。加在一起就成为320美元。正确答案应该是皮套5美元，应找零钱95美元。这样，照相机为305美元，加皮套共310美元，才符合计算。数量关系运算只涉及加、减、乘、除四则运算和其他初中以下的最基本的数学知识，因此题目难度不会大，如果有足够的时间，也许每个人在此项目上都能得高分，但要在短时间内完成这些题目就应当寻找一些解题的技巧，走一些捷径。

数学情境命题，是人类运用数学知识所进行的思维活动产品。通常流传在日常生活中或出现在报章杂志等出版物上。一般来说，参加者只需具备初等的数学知识便可参与这些训练。数学情境命题往往以代数、算术、几何、图论、概率等形式出现，是思维能力训练的重要组成部分。数学情境命题含有速度与难度测验的双重性质。在速度方面，要求应试者反应灵活，思维敏捷；在难度方面，数学情境命题涉及的数学知识或原理都不超过初中水平，但在一定的时间限制下，需要既快又准地回答出来，所以该测题难就难在对规律的发现和把握上，它实际测查的是个体的抽象思维能力。因此，解答数量关系测验题不仅要求受试者具有数字知觉能力，还需要判断、分析、推理、运算等能力的参与。

数学情境命题在历史的长河里演义出脍炙人口的数学名题，成为人们调节生活，放松情绪、开拓思路的训练。例如韩信点兵、孙子问题、九连环、斐波那契兔子问题、哥尼斯堡七桥问题、迷宫等，此外，围棋、象棋、扑克、桥牌等也可引申出不同的数学游戏。如在这些数学游戏的众多理论上加以研究，不但为许多古老及新兴的数学学科提供了不同的素材，而且促进了这些数学学科的诞生及发展。

无论数字推理题还是数学情境题。都离不开数学运算题。数学运算题主要是一些快速计算和简单的应用题。数量关系类型试题一般较简短，其知识内容和原理总的来说比较简单。但因为有时间限制，所以要算得既快又准，应注意以下四个方面：一是掌握一些常用的数学运算技巧、方法和规律，尽量多用简便算法；二是准确理解和分析文字，正确把握题意；三是熟练掌握一定的题型及解题方法；四是加强训练，增强对数字的敏感程度，并熟记一些基本数字。

## 二、数字推理类型

按数字之间的关系，可将数字推理题分为以下几种类型。

### （一）等差数列

相邻数之间的差值相等，整个数字序列依次递增或递减。等差数列是数字推理测验中排列数字的常见规律之一。它还包括了几种最基本、最常见的数字排列方式：

自然数数列：1，2，3，4，5，6……
偶数数列：2，4，6，8，10，12……
奇数数列：1，3，5，7，9，11，13……

【例题57】103，81，59，（　　），15。
A.68　　　　　　B.42　　　　　　C.37　　　　　　D.39
【解析】答案为C。这显然是一个等差数列，前后项的差为22。

【例题58】2，5，8，（　　）。
A.10　　　　　　B.11　　　　　　C.12　　　　　　D.13
【解析】从题中的前3个数字可以看出这是一个典型的等差数列，即后面的数字与前面数字之间的差等于一个常数。题中第二个数字为5，第一个数字为2，两者的差为3，由观察得知第三个、第二个数字也满足此规律，那么在此基础上对未知的一项进行推理，即8+3=11，第四项应该是11，即答案为B。

【例题59】123，456，789，（　　）。
A.1122　　　　　B.101112　　　　C.11112　　　　D.100112
【解析】答案为A。这题的第一项为123，第二项为456，第三项为789，三项中相邻两项的差都是333，所以是一个等差数列，未知项应该是789+333=1122。注意，解答数字推理题时，应着眼于探寻数列中各数字间的内在规律，而不能从数字表面上去找规律，比如本题从123，456，789这一排列，便选择101112，肯定不对。

【例题60】11，17，23，（　　），35。
A.25　　　　　　B.27　　　　　　C.29　　　　　　D.31
【解析】：答案为C。这同样是一个等差数列，前项与后项相差6。

【例题61】12，15，18，（　　），24，27。
A.20　　　　　　B.21　　　　　　C.22　　　　　　D.23
【解析】答案为B。这是一个典型的等差数列，题中相邻两数之差均为3，未知项即18+3=21，或24-3=21，由此可知第四项应该是21。

### （二）等比数列

相邻数之间的比值相等，整个数字序列依次递增或递减。等比数列在数字推理测验中，也是排列数字的常见规律之一。

【例题62】2，1，1/2，（　　）。
A.0　　　　　　B.1/4　　　　　C.1/8　　　　　D.-1

【解析】从题中的前3个数字可以看出这是一个典型的等比数列，即后面的数字与前面数字之间的比值等于一个常数。题中第二个数字为1，第一个数字为2，两者的比值为1/2，由观察得知第三个、第二个数字也满足此规律，那么在此基础上对未知的一项进行推理，即（1/2）/2，第四项应该是1/4，即答案为B。

【例题63】2，8，32，128，（　　）。
A.256　　　　　　B.342　　　　　　C.512　　　　　　D.1024

【解析】答案为C。这是一个等比数列，后一项与前一项的比值为4。

【例题64】2，-4，8，-16，（　　）。
A.32　　　　　　B.64　　　　　　C.-32　　　　　　D.-64

【解析】答案为C。这仍然是一个等比数列，前后项的比值为-2。

## （三）平方数列

1. 完全平方数列：

正序：1，4，9，16，25

逆序：100，81，64，49，36

2. 一个数的平方是第二个数。

【例题65】直接得出：2，4，16，（　　）

【解析】前一个数的平方等于第二个数，答案为256。

【例题66】一个数的平方加减一个数等于第二个数：1，2，5，26，（　　）

【解析】前一个数的平方加1等于第二个数，答案为677。

3. 隐含完全平方数列：

【例题67】通过加减一个常数归成完全平方数列：0，3，8，15，24，（　　）

【解析】前一个数加1分别得到1，4，9，16，25，分别为1，2，3，4，5的平方，答案35。

【例题68】相隔加减，得到一个平方数列：65，35，17，（　　），1
A.15　　　　　　B.13　　　　　　C.9　　　　　　D.3

【解析】不难感觉到隐含一个平方数列。进一步思考发现规律是：65等于8的平方加1，35等于6的平方减1，17等于4的平方加1，所以下一个数应该是2的平方减1等于3，答案是D。

【例题69】1，4，16，49，121，（　　）。（2005年考题）
A.256　　　　　　B.225　　　　　　C.196　　　　　　D.169

【解析】数列为$1^2$，$2^2$，$4^2$，$7^2$，$11^2$；1，2，4，7，11前后两项的差是：1，2，3，4因而下一个数应该是$16^2$所以答案是A.256。

【例题70】2，3，10，15，26，（　　）。（2005年考题）
A.29　　　　　　B.32　　　　　　C.35　　　　　　D.37

【解析】数列为$1^2+1$，$2^2-1$，$3^2+1$，$4^2-1$，$5^2+1$因而下一个数应该是$6^2-1=35$所以答案是C.35。

## （四）立方数列

立方数列与平方数列类似。

【例题71】1,8,27,64,(　　)
【解析】数列中前四项为1,2,3,4的立方,显然答案为5的立方,为125。
【例题72】0,7,26,63,(　　)
【解析】前四项分别为1,2,3,4的立方减1,答案为5的立方减1,为124。
【例题73】-2,-8,0,64,(　　)。(2006年考题)
A.64　　　　　　　　B.128　　　　　　　　C.156　　　　　　　　D.250
【解析】$F_n=(n-3)\times n^3$ 因此最后一项因该为 $(5-3)\times 5^3 = 250$ 选D。
【例题74】0,9,26,65,124,(　　)(2007年考题)
【解析】前五项分别为1,2,3,4,5的立方加1或者减1,规律为偶数相加1,奇数相减1。即:$a_n=n^3+(-1)^n$。答案为239。

在近几年的公务员考试中,也出现了n次幂的形式。

【例题75】1,32,81,64,25,(　　),1。(2006年考题)
A.5　　　　　　　　B.6　　　　　　　　C.10　　　　　　　　D.12
【解析】逐项拆解容易发现 $1^5,2^5,3^4,4^3,5^2,?,1$。则答案已经很明显是6的1次幂,即6选B。

## (五) 加法数列

数列中前两个数的和等于后面第三个数:$F_{n+2}=F_{n+1}+F_n$

【例题76】1,1,2,3,5,(　　)。
A.8　　　　　　　　B.7　　　　　　　　C.9　　　　　　　　D.10
【解析】第一项与第二项之和等于第三项,第二项与第三项之和等于第四项,第三项与第四项之和等于第五项,按此规律3+5=8答案为A。

【例题77】4,5,(　　),14,23,37
A.6　　　　　　　　B.7　　　　　　　　C.8　　　　　　　　D.9
【解析】与例一相同答案为D

【例题78】22,35,56,90,(　　)(1999年考题)
A.162　　　　　　　B.156　　　　　　　C.148　　　　　　　D.145
【解析】22+35-1=56　35+56-1=90　56+90-1=145,答案为D

## (六) 减法数列

前两个数的差等于后面第三个数:$F_{n+2}=F_{n+1}-F_n$

【例题79】6,3,3,(　　),3,-3
A.0　　　　　　　　B.1　　　　　　　　C.2　　　　　　　　D.3
【解析】6-3=3　3-3=0　3-0=3　0-3=-3 答案是A。(提醒您别忘了:"空缺项在中间,从两边找规律")

## (七) 乘法数列

1.前两个数的乘积等于第三个数

【例题80】1,2,2,4,8,32,(　　)
【解析】前两个数的乘积等于第三个数,答案是256。

【例题81】2，12，36，80，（　　）（2007年考题）
A.100　　　　　　　　B.125　　　　　　　　C.150　　　　　　　　D.175
【解析】2×1 3×4 4×9 5×16 自然下一项应该为6×25＝150 选C。

2. 两数相乘的积呈现规律：等差、等比、平方等数列

【例题82】3/2，2/3，3/4，1/3，3/8（　　）（1999年海关考题）
A 1/6　　　　　　　　B 2/9　　　　　　　　C 4/3　　　　　　　　D 4/9
【解析】3/2×2/3=1 2/3×3/4=1/2 3/4×1/3=1/4 1/3×3/8=1/8 3/8×？=1/16 答案是A。

## （八）除法数列

与乘法数列相类似，一般也分为如下两种形式。
（1）两数相除等于第三数；
（2）两数相除的商呈现规律：顺序、等差、等比、平方等。

## （九）质数数列

由质数从小到大的排列：2，3，5，7，11，13，17，19…

## （十）循环数列

几个数按一定的次序循环出现的数列。
例：3，4，5，3，4，5，3，4，5，3，4

以上数列只是一些常用的基本数列，考题中的数列是在以上数列基础之上构造而成的，下面我们主要分析以下近几年考题中经常出现的几种数列形式。

1. 二级数列

这里所谓的二级数列是指数列中前后两个数的和、差、积或商构成一个我们熟悉的某种数列形式。

【例题83】2 6 12 20 30（　　）（2002年考题）
A.38　　　　　　　　B.42　　　　　　　　C.48　　　　　　　　D.56
【解析】后一个数与前一个数的差分别为：4，6，8，10 这显然是一个等差数列，因而要选的答案与30的差应该是12，所以答案应该是B。

【例题84】20 22 25 30 37（　　）（2002年考题）
A.39　　　　　　　　B.45　　　　　　　　C.48　　　　　　　　D.51
【解析】后一个数与前一个数的差分别为：2，3，5，7 这是一个质数数列，因而要选的答案与37的差应该是11，所以答案应该是C。

【例题85】2 5 11 20 32（　　）（2002年考题）
A.43　　　　　　　　B.45　　　　　　　　C.47　　　　　　　　D.49
【解析】后一个数与前一个数的差分别为：3，6，9，12 这显然是一个等差数列，因而要选的答案与32的差应该是15，所以答案应该是C。

【例题86】4 5 7 11 19（　　）（2002年考题）
A.27　　　　　　　　B.31　　　　　　　　C.35　　　　　　　　D.41
【解析】后一个数与前一个数的差分别为：1，2，4，8 这是一个等比数列，因而要选的答案与19的差应该是16，所以答案应该是C。

【例题87】3 4 7 16（　　）（2002年考题）
A.23　　　　　　　B.27　　　　　　　C.39　　　　　　　D.43
【解析】后一个数与前一个数的差分别为：1，3，9 这显然也是一个等比数列，因而要选的答案与16的差应该是27，所以答案应该是D。

【例题88】32 27 23 20 18（　　）（2002年考题）
A.14　　　　　　　B.15　　　　　　　.16　　　　　　　D.17
【解析】后一个数与前一个数的差分别为：-5，-4，-3，-2 这显然是一个等差数列，因而要选的答案与18的差应该是-1，所以答案应该是D。

【例题89】1，4，8，13，16，20，（　　）（2003年考题）
A.20　　　　　　　B.25　　　　　　　C.27　　　　　　　D.28
【解析】后一个数与前一个数的差分别为：3，4，5，3，4 这是一个循环数列，因而要选的答案与20的差应该是5，所以答案应该是B。

【例题90】1，3，7，15，31，（　　）（2003年考题）
A.61　　　　　　　B.62　　　　　　　C.63　　　　　　　D.64
【解析】后一个数与前一个数的差分别为：2，4，8，16 这显然是一个等比数列，因而要选的答案与31的差应该是32，所以答案应该是C。

【例题91】（　　），36，19，10，5，2（2003年考题）
A.77　　　　　　　B.69　　　　　　　C.54　　　　　　　D.48
【解析】前一个数与后一个数的差分别为：3，5，9，17 这个数列中前一个数的2倍减1得后一个数，后面的数应该是17×2-1=33，因而33+36=69 答案应该是B。

【例题92】1，2，6，15，31，（　　）（2003年考题）
A.53　　　　　　　B.56　　　　　　　C.62　　　　　　　D.87
【解析】后一个数与前一个数的差分别为：1，4，9，16 这显然是一个完全平方数列，因而要选的答案与31的差应该是25，所以答案应该是B。

【例题93】1，3，18，216，（　　）
A.1023　　　　　　B.1892　　　　　　C.243　　　　　　D.5184
【解析】后一个数与前一个数的比值分别为：3，6，12 这显然是一个等比数列，因而要选的答案与216的比值应该是24，所以答案应该是D：216×24=5184。

【例题94】-2 1 7 16（　　）43
A.25　　　　　　　B.28　　　　　　　C.31　　　　　　　D.35
【解析】后一个数与前一个数的差值分别为：3，6，9 这显然是一个等差数列，因而要选的答案与16的差值应该是12，所以答案应该是B。

【例题95】1 3 6 10 15（　　）
A.20　　　　　　　B.21　　　　　　　C.30　　　　　　　D.25
【解析】相邻两个数的和构成一个完全平方数列，因而答案应该是B。

【例题96】102，96，108，84，132，（　　）（2006年考题）
A.36　　　　　　　B.64　　　　　　　C.70　　　　　　　D.72
【解析】后面一项与前面一项的差是：-6，12，-24，48，为等比数列，公比为-2，后一项应该是：-96，答案应该是A：132-（48×（-2））=36。

注意：在05年考试中出现了三级数列，也就是经过两次差的运算后数字才呈现出基本数列的排列规律。

【例题97】1，10，31，70，133，(    )。（2005年考题）
A.136                B.186                C.226                D.256

【解析】后面一项与前面一项的差是：9，21，39，63 再求一次差为：12，18，24 这显然是一个等差数列，后一项应该是：30，答案应该是C：133+（63+30）=226。

【例题98】0，1，3，8，22，63，(    )。（2005年考题）
A.163                B.174                C.185                D.196

【解析】后面一项与前面一项的差是：1，2，5，14，41 再求一次差为：1，3，9，27 这显然是一个等比数列，后一项应该是：81，答案应该是C：63+（41+81）=185。

【例题99】0，4，16，40，80，(    )。（2007年考题）
A.160                B.128                C.136                D.140

【解析】后项减前项的得数：4，12，24，40；再求一次差得到新数列：8，12，16，即公差为4的等差数列，下一项应为20，还原为：4，12，24，40；20+40=60；再次还原：0，4，16，40，80，80+60=140。答案为D

【例题100】0，2，10，30，(    )。（2007年考题）
A.68                 B.74                 C.60                 D.70

【解析】后一项与前一项的差为：2，8，20，再求一次差为：6，12，自然可以推出后一项应该为：18 答案应该是A：30＋（20＋18）＝68。

2. 双重隔项数列

两个数列相互间隔而排列成一个数列，一般来说这种题给出的数项都较多。

【例题101】34 36 35 35 (    ) 34 37 (    )（2002年考题）
A. 36，33                                B. 33，36
C. 37，34                                D. 4，37

【解析】奇数项数列为递增：34，35，36，37 偶数项数列为递减：36，35，34，33 因而答案应该是：A。

【例题102】257，178，259，173，261，168，263 (    )
A.275                B.279                C.164                D.163

【解析】答案：D。

【例题103】1，3，3，5，7，9，13，15，(    )，(    )。（2005年考题）
A.19，21             B.19，23             C.21，23             .27，30

【解析】答案：C。

3. 分数数列

数列中数字都是分数形式，一般这种数列分子与分母会呈现一定的规律出现。

【例题104】2/3，1/2，2/5，1/3，2/7，(    )（2003年考题）
A.1/4                B.1/6                C.2/11               D.2/9

【解析】分母是等差数列：3，4，5，6，7 分子都是2，因而答案应该是A。

【例题105】5/7，7/12，12/19，19/31，(    )（2003年考题）
A.31/49              B.1/39               C.31/50              D.50/31

【解析】前一个数的分母使后一个数的分子，前一个数的分子与分母之和是后一数的分母，因而答案应该是：C。

【例题106】2/5 4/9 6/13 8/17（　　）

A.10/19　　　　　　B.11/21　　　　　　C.9/20　　　　　　D.10/21

【解析】分子与分母各自成一个等差数列，答案为D。

【例题107】1，1/2，2/3，3/5，5/8，8/13，（　　）

A.13/21　　　　　　B.21/13　　　　　　C.25/6　　　　　　D.12/30

【解析】答案是：A，分母等于前一个数的分子与分母的和，分子等于前一个数的分母。

【例题108】3/2，2/3，3/4，1/3，3/8（　　）（99年海关考题）

A.1/6　　　　　　　B.2/9　　　　　　　C.4/3　　　　　　　D.4/9

【解析】3/2×2/3=1 2/3×3/4=1/2 3/4×1/3=1/4 1/3×3/8=1/8 3/8×？=1/16因而答案是A。

【例题109】0，3/2，4，15/2，（　　）

A.35/2　　　　　　B.10　　　　　　　C.25/2　　　　　　D.12

【解析】分母都是2，分子分别是：0，3，8，15因而答案应该是D：24/2。

【例题110】133/57，119/51，91/39，49/21，（　　），7/3

A.28/12　　　　　　B.21/14　　　　　　C.28/9　　　　　　D.31/15

【解析】每个分数的值是：2因而答案应该是A：28/12=2。

【例题111】1/6，2/3，3/2，8/3，（　　）。（2005年考题）

A.10/3　　　　　　B.25/6　　　　　　C.5　　　　　　　　D.35/6

【解析】将分母都变为6之后：1/6，4/6，9/6，16/6分子是一个完全平方数列，后面一项应该是25/6，答案为B。

4. 多项关系数列

数列中相邻几项（一般是二项或三项）之间有简单的函数关系。

【例题112】0，1，1，2，4，7，13，（　　）。（2005年考题）

A.22　　　　　　　B.23　　　　　　　C.24　　　　　　　D.25

【解析】相邻4项之间的关系为：第四项为前面三项的和，答案为C：4+7+13=24。

【例题113】1，2，3，7，46，（　　）。（2005年考题）

A.2109　　　　　　B.1289　　　　　　C.322　　　　　　D.147

【解析】相邻三项之间的关系为：$F_{n+2}=F_{n+1}^2-F_n$ 答案应该是A：46²-7。

【例题114】1，1，3，7，17，41，（　　）。（2005年考题）

A.89　　　　　　　B.99　　　　　　　C.5　　　　　　　　D.35/6

【解析】相邻三项之间的关系为：$F_{n+2}=2F_{n+1}+F_n$ 答案应该是B：41×2+7=99。

【例题115】1，2，2，3，4，6，（　　）。（2005年考题）

A.7　　　　　　　　B.8　　　　　　　　C.9　　　　　　　　D.10

【解析】相邻三项之间的关系为：$F_{n+2}=F_{n+1}+F_n-1$ 答案应该是C：6+4-1=9。

【例题116】3，4，6，12，36，（　　）。（2005年考题）

A.8　　　　　　　　B.72　　　　　　　C.108　　　　　　D.216

【解析】相邻三项之间的关系为：$F_{n+2}=F_n \times F_{n+1}/2$ 答案应该是D：12×36/2=216。

【例题117】1，4，3，5，2，6，4，7，（　　）。（2005年考题）

A.1　　　　　　　　B.2　　　　　　　　C.3　　　　　　　　D.4

【解析】$F2_n = F2_{n-1} + F2_{n+1}$ 答案为：C：7-4=3。

【例题118】2，3，13，175，(　　　)（2006年考题）

A.30625　　　　　　B.30651　　　　　　C.30759　　　　　　D.30952

【解析】$F_n = 2F_{n-2} + F_{n-1}^2$ 所以下一项为 $2 \times 13 + 175^2 = 30651$

【例题119】3，7，16，107，(　　　)（2006年考题）

A.1707　　　　　　B.1704　　　　　　C.1086　　　　　　D.1072

【解析】$F_n = F_{n-2} \times F_{n-1} - 5$ 因此最后一项应为 $16 \times 107 - 5 = 1707$

【例题120】1，3，4，1，9，(　　　)（2007年考题）

A.5　　　　　　B.11　　　　　　C.14　　　　　　D.64

【解析】$F_n+2 = (F_{n+1} - F_n)^2$ 答案为：D：$(9-1)^2 = 64$

## （十一）W-QIUS数字推理命题题链

W-QIUS 数字推理命题题链选自 W-QIUS 思维命题题库，题链由60题构成。W-QIUS 数字推理命题题链属于渐进式数列，它有两个特点，一是纯数字排列，不含附加条件，二是题链加粗，难度逐渐加大。渐进式纯数字命题在设计时大多采用反向思维命题法，即先设计前后数字的关系，再指派最原始的数字，按规律排列起来即可。例如，先设计前后数字的关系为"后一数为前一数的3倍减1"，如果第一数为5，那么，这个数列即为：5、14、41、122……问号可打在最后，也可以打在前面任何一个位置。在进行纯数字型题链子系统或单元命题时，应将前后数字关系由易至难先行排序。一般是加、减、乘、除、平方、立方（一般仅止于立方），中间可穿插两项或多项混合关系，如"后一数为前一数的3倍减1"即先乘后减的多项混合关系。数字关系由易至难，比较容易形成递进式题链。W-QIUS 纯数字型题库即按这一原则建库，下面是题库中每隔2题抽取1题合成的。纯数字型命题看起来比较简单，但解题时所需智慧一点也不少。下面这20题难倒俊才无数。在数百名大学生中，仅有70%的人能通该题链的60%，尤其后面的测题难度相当大，即使你在一天内才能完成全部测题，也可以进入天才行列了。

【题链11】根据所给数字的关系填写出问号处的数字。

题链（1） 3 6 9 ？ 15

题链（2） 5 6 8 11 ？

题链（3） 18 20 24 32 ？

题链（4） ？ 18 13 9 6 4

题链（5） 212 179 146 113 ？

题链（6） 4 7 13 ？ 49

题链（7） 15 24 42 78 ？

题链（8） 96 48 24 ？ 6

题链（9） 0 3 8 15 ？

题链（10） 168 164 155 139 ？

题链（11） 0 6 24 60 ？

题链（12） 0 4 18 ？ 100

题链（13） 7 10 ？ 9 463

题链（14） 0 2 8 18 ？

题链（15） 260 216 128 108 62 54 ？ 27

题链（16） 1 1 2 3 5 8 13 21 ？
题链（17） 2 20 42 68 ？
题链（18） 8 24 12 ？ 18 54
题链（19） 3．5 4 7 14 49 ？
题链（20） 8 10 16 34 ？

【解析】

题链（1）12。前一数加3，便得到后一数。

题链（2）14。前一数按序加1、2、3、4，便得到后一数。

题链（3）48。前一数按序加2、8、16便得到后一数。

题链（4）24。前一数按序数字分别减少6、5、4、3、2。

题链（5）80。前一数减去33，便得到后一数。

题链（6）25。两数间隔数分别为先乘2再减1。

题链（7）150。前一数先减3再乘2，便得到后一数。

题链（8）12。前一数除以2，便得到后一数。

题链（9）24。数字按12-1、22-1、32-1、42-1的顺序排列。

题链（10）114。前一数按序减去22、32、42、52便得到后一数。

题链（11）120。数字按13-1、23-2、33-3、43-4、的顺序排列。

题链（12）48。数字按13-1、23-22、33-32、43-42、53-52的顺序排列。

题链（13）25.（7×2-4＝10；10×3-5＝25； 25×4-6＝94； 94×5-7＝463。）

题链（14）32.（0、1、2、3、4的平方的2倍即0、2、8、18、32。）

题链（15）29.（两列数字交替出现，一列是前一数字减4后除2得到下一数字，即（62-4）÷2＝29；另一列数字是前一数字除以2即得到后一个数字。）

题链（16）34.（第一种方法：每一数字都等于它前后两个数字的差，因此所缺数字是13＋21＝34；第二种方法：每一数的平方与它前后两个数的积只差1，如8×21＝168，132＝169，13×34＝442，212＝441。）

题链（17）98.（2、20、42、68各加30为32、50、72、98，再乘以2为64、100、144、196，开方为8、10、12、14，因此所缺数字应为162÷2-30＝98。）

题链（18）36。（前一数字交替乘3或除2，就得到后一数字，如12×3＝36，36÷2＝18。）

题链（19）343．（前两数字相乘再除以2，就得到后一数字，如14×49÷2＝343。）

题链（20）88．（每一数字乘3后减去14，即得到后一数字，如34×3-14＝88。）

## （十二）星幻图

星幻图是数列形式，有五角星幻图、六角星幻图、七角星幻图甚至到十五角星幻图。这类数字推理类似数字游戏。以七角星幻图为例，它由1～14（七个数对）共十四个数填在幻星的交叉点上，使每条直线上四个数之和均等于"30"如下图。以数对的排列不同分类，共五类64种。下面只列出16个幻图；因每个幻图都可生成另一个幻图，只要把下面每个幻图中的每个数都用它的补数来代替即可（如1用14代、2用13代……7用8代，反之亦然）。

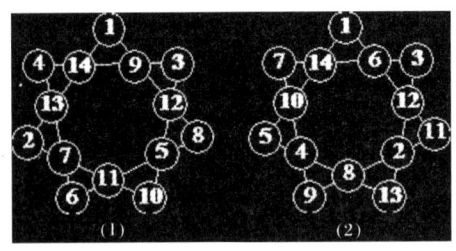

第一类：两条直线上各有两对数对相邻排列。数对排列形式为：xx xx，xx xx，共五种数对：1、2、3、5，1、2、3、6，1、2、3、7，1、2、4、6，1、5、6、7，每种数对有两个幻图，见下面图。

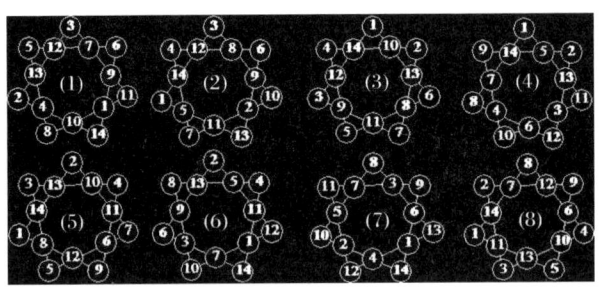

第二类：两条直线上各有两对数对排列。数对排列形式为：xx xx，x xx x，共八种数对：1、2、3、4，1、2、3、5，1、2、4、5，1、3、4、5，1、3、4、7，1、3、6、7，2、3、4、5，2、3、4、6，每种数对只有一个幻图，见下图。

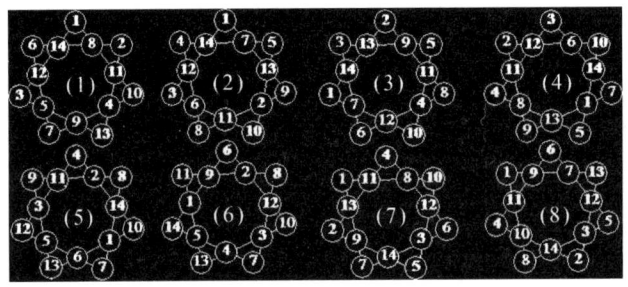

第三类：两条直线上各有两对数对，数对排列形式为：x xx x，x xx x，共五种数对：1、2、3、4，1、2、5、7，1、2、6、7，1、3、4、7，1、4、5、7，每种数对有两个幻图，图可参照上图，不再另示。

还有一种数列形式叫反幻星，其各条直线上的数和不但不等，而且是一组等差数列。下面是5～10角反幻星的类型范例，类型以等差值的不同来划分。当等差值为'1'时；则为一组连续数。

五角反幻星共有四类（如下图），直线和分别为：20、21、22、23、24（连续数），18、20、22、24、26，16、19、22、25、28，14、18、22、26、30。

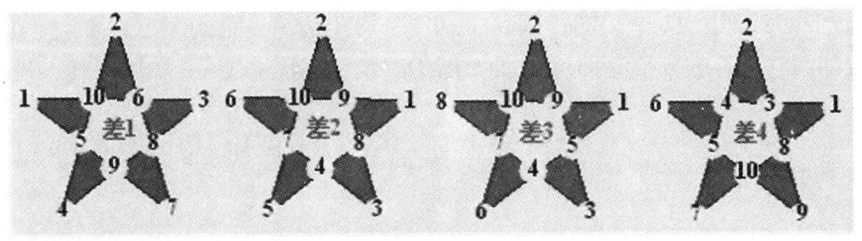

六角反幻星只有两类（如下图），直线和等差数列的差值分别为'2'和'4'，图（1）和图（2）同一类型；但图2 直线和21、23、25、27、29、31 呈顺时针排列。

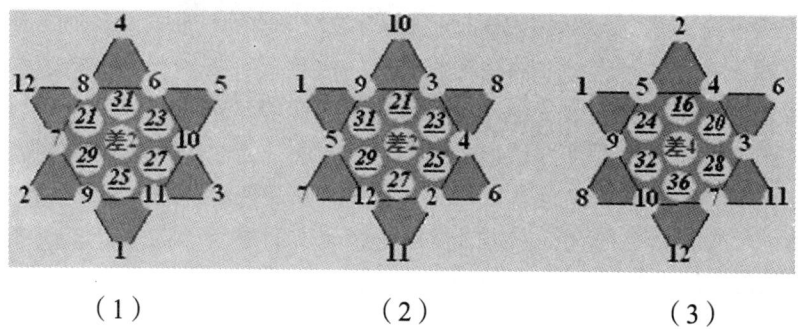

（1）　　　　　　　（2）　　　　　　　（3）

七角、九角反幻星各有六种类型；八角、十角则各只有三种类型，不再赘述。七角反幻星如下图所示。

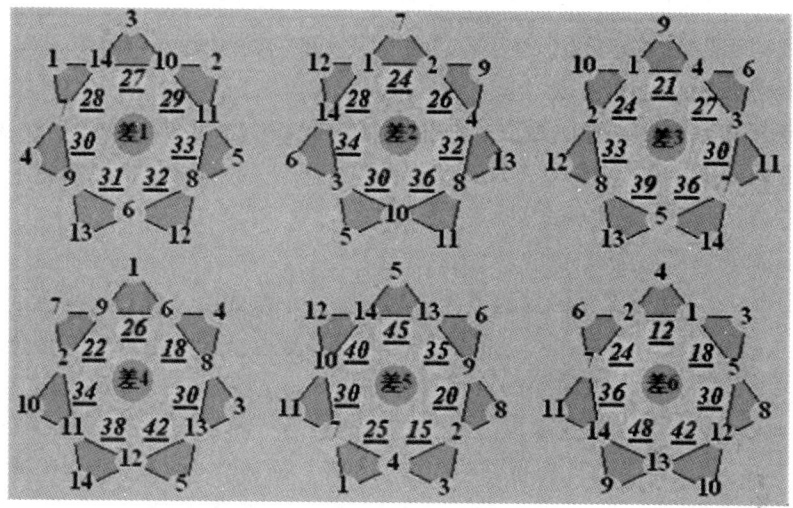

## 三、数学情境命题

数学情境命题不但对新数学分支的创立有一定的作用，还对数学知识的普及和传播作出独特的贡献，为数学教育提供了有效的方法。正是由于数学情境命题具有严格的程序性、准确性、普适性和可通约性等特点，所以在生活中经常用到。

另外，数学也是自然科学中最可能令人感受到"美"的学科之一。科学技术带来的许多影响或许是丑恶的，然而科学探索的活动本身却应该是洋溢着感受"美"的愉悦的——任何一位伟大的科学家都会这样告诉我们。在山外打转永远也代替不了亲身往山中幽深处摸索探险时的心情。

### （一）数学情境命题概述

数学情境命题基本上可分为九类。

#### 1. 代数命题

一般用代数方程或代数方程组来求解的问题都可纳为代数命题。例如，在公元前3世纪，古希腊数学家阿基米德提出"群牛问题"：涉及8个未知数的方程组；一千五百年前《张丘建算经》记载的"百鸡问题"涉及的三元不定方程式组。这些问题对促进代数的发展有很大的帮助。

2. 算术命题

算术命题可分为两种问题，一种是算数，另一种是运用算，术知识解决的问题。常见的算术问题包括数字间的有趣关系及各种不同的数学逸事等。例如，对数码 123456789 以不改变它的排列次序，只加上运算符号和必要的括号的方法，使它运算结果等于某数。而另一种算术命题，往往配合文字来表达问题。例如，3 世纪古希腊数学家丢番图逝世后，相传他的墓碑上刻着猜他年龄的诗歌碑文，参加者便可透过碑文的提示计算他的年龄。许多的算术问题也可以用代数的方法求解的，这可使问题更简化。

3. 几何命题

由勾股定理设计出来的问题在许多国家都出现过，如莲花问题等。而古希腊亦提出了几何作图三大问题，及后人提出的直尺作图问题，图规作图问题以至定角圆规作图问题，以及用相同形状的图形铺满整个平面问题等都是典型的几何命题。

4. 组合命题

13 世纪杨辉曾系统的阐述过幻方，中国古代称为纵横图，使它在理论上得到很大的发展，另外，"抽屉原理"亦可构造出大量的有趣问题。至于 19 世纪中提出的柯克曼女生问题，人们对它的求解使集合论得以不断发展。

5. 数论命题

数论命题是由数论中的基本定理构造出来的问题，能激发起人们学习数学的兴趣。3 世纪成书的《孙子算经》中记载了著名的"孙子问题"，实际上，这是一次余式问题。由于题解的理论十分深奥而为后人所研究。在 13 世纪由秦九韶成大衍求一术，这问题就被多种数学的专着改头换面地采用。

6. 图论命题

18 世纪提出的柯尼斯堡七桥问题，被后人改为邮递员问题或周游世界问题等式。这些直接地引起了图论的创立，并促进了网络理论及拓扑学的建立。

7. 概率命题

在 15 世纪末提出，并在 17 世纪中叶引起了人们对"合理分配赌注问题"的广泛讨论，其影响甚为深远，成为概率论始创的基本问题之一。而在 18 世纪出现的"比丰投针问题"也开创了几何概率的先河，这亦是最早用随机数处理确定性数学的例证。

8. 分割命题

中国古代流行的七巧板便是分割游戏的典范。在 18 世纪末已有了专着的论述，并在 20 世纪后，严格的在数学理论上进行探究。例如，在 1942 年，证明了七巧板最多可拼成 13 个不同的凸多边形等。而在公元 3 世纪，刘徽证明勾股定理所用的"出入相补"原理也是分割命题的一种。

9. 博弈命题

例如，中国的"翻摊"游戏，便是博弈命题的一种，而翻摊游戏可以引出深奥的组合数学理论。还有各种的棋类游戏等也属于博弈游戏。此外，博弈游戏还为对策论提供了素材，也对人工智能的发展有莫大的影响。

## （二）W-QIUS数学情境命题题链

下面所列都属情境型的数量关系命题，选自 W-QIUS 思维名题库之中，测题也基本以递进式排列，越往后的测题越难，一般说，前面题作不出来，后面的很难逾越。因限于篇幅，作为作业命题的常见形式，我们仅选10道测题构成题链，以显其样，试图说明这样一个道理：即使枯燥无味的数字，只要赋予其活脱脱的生活情境，也会鲜活起来。

【题链12】著名的古希腊数学家刁藩都的生平历史，几乎没有记载保留下来，后人仅从很特别的墓志铭中略为知道一些。

墓志铭："过路人!这里埋着刁藩都的骨灰。下面的数目可以告诉您，他的寿命究竟有多长。

他生命的六分之一是幸福的童年。

再活了生命的十二分之一，长起了细细的胡须。

刁藩都结了婚，可是还不曾有孩子，这样度过一生的七分之一。

再过五年，他得了头胎儿子，感到幸福。

可是命运给这孩子在这世界上的光辉灿烂的生命只有他父亲的一半。

打从儿子死后，这老头在深深的悲痛中活了四年，也结束了尘世的生涯。

请问您，刁藩都活到多少岁才和死神见面。"

你能解这道别开生面的数学题吗？

【解析】设刁藩都的寿命为 x，即可将墓志铭翻译成数学的语言："他生命的六分之一是幸福的童年"，即为 $x/6$。

"再活了十二分之一，他长起了细细的胡须"，即为 $x/12$。

"刁藩都结了婚，可是他不曾有孩子，这样又度过了一生的七分之一"，即为 $x/7$。

"再过五年，他得了头胎儿子，他感到很幸福"，即为 5。

"可是命运给这孩子在这世界上的光辉灿烂的生命只有他父亲的一半"，即为 $x/2$。

"打从儿子死后，这老头在深深的悲痛中活上了四年，也结束了尘世的生涯"，即为 4。

那么，刁藩都的寿命即为：$x=x/6+x/12+x/7+5+x/2+4$。解此方程得：$x=84$。

所以，刁藩都的简单历史是这样的：他活了84岁，21岁结了婚，38岁做了爸爸，80岁死了儿子。

【题链13】有一首歌谣体算术题叫"韩信点兵"，它与不定方程有关，是我国古代数学家秦九韶最早研究出来的。

秦九韶求解的方法叫"大衍求一术"，外国人把它叫做"中国剩余定理"，在数学发展史上是极有名的。

这首歌谣是：

七七数时余两个，

五个一数恰无零，

九数之时剩四盏，

红灯几盏放光明？

这四句是一道算术题，它的意思是有一条由许多五彩电组成的灯桥，用 7 为单位去数时，最后剩下两盏，用 5 为单位去数时正好数完，但用 9 为单位去数时剩四盏，现在要问："这条灯桥上共有几盏灯？"

你能解出这个算术题吗？

【解析】在公元二世纪左右，我国的一部古代数学书——《孙子算经》中，就曾有这样一类算术题目。例如有个数，用 3 除余 2；用 5 除余 3；用 7 除余 2，问这个数是多少？凡这类题目，均可用我国古代数学家秦九韶的"大衍求一术"方法来求解。

所谓"大衍求一术"就是先把余数均化为 1，然后再用迭加的方法来求解。

上题的解法是这样的：

一个用 3 除余 1 且又是 5 和 7 的公倍数的数是 70；

一个用 5 除余 1 且又是 3 和 7 的公倍数的数是 21；

一个用 7 除余 1 且又是 3 和 5 的公倍数的数是 15。

根据题意：70×2140 正好是用 3 除余 2 且又是 5 和 7 的公倍数；21×3=63 正好是用 5 除余 3 且又是 3 和 7 的公倍数；15×2=30 正好是用 7 除余 2 且又是 3 和 5 的公倍数。如果把这三个数迭加起来，140+63+30=233，它既包含了用 3 除余 2，用 5 除余 3，用 7 除余 2 的这个数，又包含了 3、5 和 7 的最小公倍数 105（3×5×7）。所以，只要把包含在 233 中的所有 3、5、7 的最小公倍数除去，剩下的数便是我们所要求的这个数，即 233 包含了两个 3、5、7 的最小公倍数。所以，这个数为 233-2×105=23。

根据同样方法，就可以很快地解决这道算术题了。

5 和 9 的公倍数且用 7 除余 1 的数是 225，所以 225×2=450

5 和 7 的公倍数且用 9 除余 1 的数是 280，所以 280×4= 1120。

5、7、9 的最小公倍数是 5×7×9=315，而 450 与 1120 之和 1570 中包含了 4 个 5、7、9 的最小公倍数。

因此，（450+1120）-4×315=1570-1260=310。

即看到的灯共有 310 盏。

"大衍求一术"是一种普遍求解的方法，只要是这类题目，就可以用此法求解。

【题链 14】16 世纪，德国还是由许多小公车的国王统治时，发生了这么一件事：

有两个相邻的公国，彼此关系很好，不仅互通贸易，而且货币也互相通用，就是说 A 国的 100 元等于 B 国的 100 元。可是，有一次因故翻了脸，两国国王相互指责，险些动了刀兵。后来，A 国国王下了一道命令：B 国的 100 元只能兑换 A 国的 90 元。立即，B 国国王也宣布 A 国的 100 元也只能兑换 B 国的 90 元。聪明的数学家阿德诺得知这个消息，分别对两个国王说，这种决定太愚蠢了，我只要稍稍跑跑脚，就可以趁机赚大钱。两国国王不信，各给了他 100 元，看看他是不是有本领赚大钱。

阿德诺拿着双方国王给的合计 200 元钱，不消几天，就发了财。他把赚来的财物，分别摊在两国国王的面前，两个国王很受启发认识到分裂的危害，于是取消了上述的命令。从此，两国和好如初。

你知道阿德诺"发财"的巧妙手段是什么吗？

【解析】阿德诺拿着 A 国钞票 100 元在 A 国购物 10 元，在找钱时，他声称自己将到 B 国去，要求找给 B 国的钞票，因为 A 国的 90 元等于 B 国的 100 元，所以就找给他一张 100 元的 B 国钞票。他加上原来 100 元 B 国的钞票就有 200 元。于是他就用 200 元到 B 国购 20 元货物，再要求找回 A 国钞票，然后又回到 A 国购物……如此往复，阿德诺自然是要大发横财的。

【题链 15】公元三世纪，有一位名叫依勒斯塞尼斯的希腊学者常到埃及去旅游。经过多年观察，他发现埃及的阿斯旺地方有一口很深很深的井，平时，由于太阳光射不到井底，所以这口井总是漆黑一团，神秘莫测，只有每年的 6 月 21 日正午，太阳光才能直射井底。因此，每年的这一天正午，人们云集阿斯旺，都想一睹这口神秘井的井底风采。除此之外，这位希腊学者还发现，在阿斯旺正北的亚历山大港，如果在这一天（6 月 21 日）正午地面上垂直竖一根 5 米长的竹竿，则竹竿在地面上的影子长为 80 厘米，他好奇地计算了一下太阳光和这根竹竿的夹角，发现正好是 7.5 度。希腊学者由此萌发了一个想算一算地球周长的愿望。

于是，他骑着骆驼从阿斯旺出发，沿着正北方向走向亚历山大港。第一天的行程是 16.8 公里，他感到这样的速度非常适宜，于是，以后每天都按这个速度前进。说来也巧，他从阿斯旺到亚历山大港整整走了 50 天，一到亚历山大港，希腊学者立即就算出了地球的周长。

现在请问：这位希腊学者是用什么方法来计算地球周长的？他算出的地球周长是多少？当然，希腊学者计算地球周长时，他是把地球看作一个圆球体的。

【解析】要解这道题目，首先要假设两点。其一是，因为太阳远比地球大，而且它又远离地球，所以，可以把射向地球的太阳光视为平行光线，即投射到阿斯旺的太阳光与投射到亚历山大港的太阳光是平行线；其二是，垂直竖立在亚历山大港口的竹竿，其延长线是通过地心的。以上两点虽然是假设，但在一定的范围内可以认为是正确的。

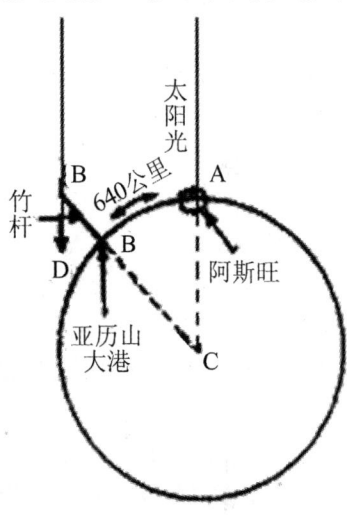

从右图可见，因为太阳光是平行的，故 $\angle DEC = \angle ACE$（平行线之间的内错角相等），因此，$\angle ACE = 7.5°$；另外由于依勒斯塞尼斯骑骆驼从阿斯旺到亚历山大港整整走了 50 天，而且每天走的路程又是相等的，均为 16.8 公里，可见，从阿斯旺到亚历山大港之间的距离是 $16.8 \times 50 = 840$ 公里。

由于 $\angle ACE = 7.5°$，即阿斯旺和亚历山大港两地之间的圆心角为 7.5°，所以，地球的周长为：

$$840 \text{公里} \times 360° / 7.5° = 40320 \text{公里}$$

【题链 16】依勒斯塞尼斯发现有一个 6 位数 ABCDEF（每个字母各代表 0～9 这十个数字中的一个），这个 6 位数有个奇妙的特点：它乘以 3 后所得的数仍是一个 6 位数，而且这个 6 位数中的 6 个数字和原来 6 位数的数字均相同。只是原来 6 位数中的第一位数字 A，在新的 6 位数中变成了最后一个数，即 ABCDEF×3=BCDEFA；如果它乘以 5，所得的数也仍是一个 6 位数，而且它的 6 个数字也和原来 6 位数中的数字都相同。不过，此时的 6 位数中的第一位数，却是原来 6 位数中的最后一个数字 F；如果它乘以 7，所得的数也仍是一个 6 位数，而且它是一个了不起的数。

这个了不起的六位数是什么？

【解析】或许有人会猜想，这个"了不起的六位数"究竟是怎样一个数呢？不过，我可以告诉大家，这种猜想是没有用的，还是动脑筋将这个六位数求出来吧！

由于 ABCDEF×5 的积仍为一个六位数，可知 A=1，不然，它们的积便是七位数。将 A=1 代入这个六位数中，得 1BCDEF。

由于 1BCDEF×3=BCDEF1，可见 F=7，并将它代入这个六位数，得 1BCD57。

由于 1BCDE7×5=71BCD5，可见 E=5，并将它代入这个六位数，得 1BC57。

由于 1BCD57×5=71BCD5，可见 D=8，并将它代入这个六位数，得 1BC857。

由于 1BC857×5=71BC85，可见 C=2，并代入这个六位数，得 1B2587。

由于 1B2857×5=71B285，可见 B=4。因此这六位数是 142857。当它乘以 7 后所得的数为 999999，它是所有六位数中最大的一个数，当然堪称"了不起的六位数"了。

【题链 17】有一位富翁，临终前写下一份遗嘱，打算把遗产均分给一大群子孙后辈。

不幸的是，这份列有算式的医嘱被火烤焦了。大数学家坦尼斯用显微镜仔细察看后，终于辨认出唯一的一个数字以及曾经写有数字的所有位数，结果见右图。

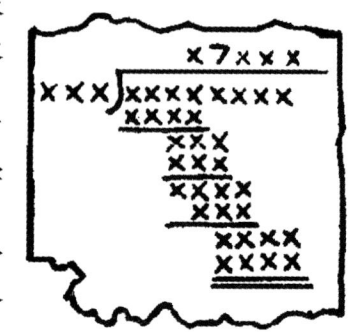

就凭这些，坦尼斯利用他杰出的分析能力成功地复原出整个模式，从而弄清了富翁的遗产分配方案。您知道这位数学家是怎样做的吗？

【解析】解这道题可以有许多不同的办法，有些解法非常复杂。下面的推理或许是最简洁明了的一种，它包括以下几个主要步骤：

（1）商的第四位数显然是 0，因为在它后面的那一位被除数被强迫立即参加了运算；

（2）商的第一位和最后一位数字显然都大于第三位数字，因为它们与除数的乘积都是四位数，而商的第三位数字与除数的乘积只是三位数。与此同时，商的第三位数字又大于第二位数字 7，从算式可以看到：一个四位数减去商的第三位数与除数的乘积，所得的差是一个两位数；而从一个三位数减去商的第二位数字 7 与除数的乘积，所得的差却是一个三位数。由此可知，商的第三位数字必定是 8，第一位和最后一位数字必定是 9。总之，至此已经求出商是 97809。

（3）为除数与 8 的乘积是三位数，所以除数不能大于 124，于是竖式中最后一个减法的头两位数字就决不能大于 12（否则的话，商的第四位数字就不会是 0 了）。既然这个不大于 12 的两位数是一个四位的被减数（它至少是 1000）与一个三位的减数之差，那么这个减数就一定不能小于 988。又因为这个减数是商的第三位数字 8 与除数的乘积，所以除数就既不能大于 124，又不能小于 124，那么它就必须正好等于 124。

（4）将商 97809 乘以除数 124，得到被除数为 12128316。坦尼斯已经做过调查，这位富翁确实有 124 位后代。可见他的遗产共有 12128316 英镑，每个后辈将分得 97809 英镑。

【题链 18】不是数学家也能参加数学研究并作出贡献，这句话似乎不可相信，但事实如此。

魔方就是一例。据不完全的统计，魔方在前三年的销售量达到一亿只以上，其发明人鲁比克的个人财产达 300 万美元以上，成为匈牙利屈指可数的大富翁。

日本大文豪幸田露伴先生业余时间也研究魔方，称为"开天窗魔方"这种"开天窗魔方"有两个基本参数 $m$ 与 $n$，其形状也呈正方形。虽然形式有异，可是它的基本要求则与普通魔方并无二致：

（1）魔方中的数字必须是以 1 开始的连续自然数；

（2）各行、各列与两条对角线上各个数字之和应该等于一个常数。这个常数应为 $m(mn+1)/2$。

那么，最小的一个开天窗魔方应该是什么呢？让我们来考虑 $m$ 与 $n$ 不相等的情况（如果两数相等；则就是普通魔方）。如果 $m$ 是奇数，而 $n$ 是偶数的话，由于从 1 加到 $mn$ 的总和不是 $n$ 的倍数，所以这种魔方不能成立。

基于以上的理由，我们已经排除了 $m=3$，$n=3$ 的情况，又排除了 $m=3$，$n=4$。于是，最小的"开天窗魔方"就是 $m=3$，$n=5$。而这位大文豪果真亲自动手排出了下面的图形。它是由 1

至 15 连续数所构成，其和为 24。

对于喜欢动脑又动手的读者，请你们如法炮制一下来制造一个"天窗"形状相当规则的魔方，请把 1 到 20 这二十个自然数填充进去（见下左图），你能办得到吗？

【解析】这个"天窗"形状的魔方是由 1 到 20 的连续自然数所组成（见下右图），其和为 42。

【题链 19】退役的五星上将尼古拉耶夫是一个数学迷，他对我谈起他的保密号码时，露出一丝狡黠的神态。

"我总是用下面的方法记我的保密号码。拿一个五边形，沿其边标上 0 至 9 十个数字。这十个数字不重复地各使用一次，其中五个数字放在五个角上，其余的五个数字放在各边的中点上。"

"不过这样的组合实在太多啦。"我轻声问道。

"这里还有个窍门。每条边上的 3 个数字的和都相等。"

"还是太一般了，将军。"

他笑着说："还有，五个角上的数字要么全是奇数，要么全是偶数（包括零）。"

"这至少还有两种可能。"

"确切地说有 4 种可能。"他答道。"我将这 10 个数字不重复地填在五边形的角和边上。具体填时，可以顺时针走向填，也可以逆时针走向填。角上的数字可以是奇数，也可以是偶数（包括零）。不过 4 个可能的数字中最大的那个就是我的保密号码。"

根据将军提供的信息，你能知道他的保密号码吗？

【解析】根据题意，要完成此题，关键是确定每条边上三个数字的和是多少。现分两种情况考虑，即角上的数码是奇数或是偶数。

（1）角上的数字是偶数时，三个数字的和为
$S = 1/5 \times [2(0+2+4+6+8+1+3+5+7+9)] = 13$。

（2）角上的数字是奇数时，三个数字的和为
$S = 1/5 \times [2(1+3+5+7+9+0+2+4+6+8)] = 14$。

知道三个数字之和后，只要再进行简单的试填，就能马上确定各数之间的相对位置（见下图）。

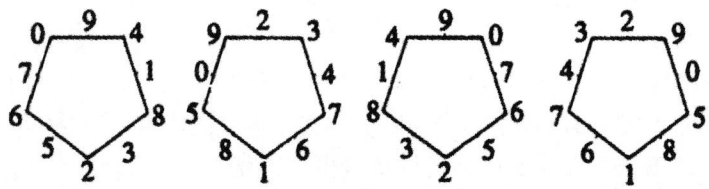

显然，在这四种可能的数字中，最大的是 9418325670，它就是将军的保密号码。

【题链20】一位数学家在饱食了一顿美餐以后，还坐在餐桌旁忘情地回味刚才那盘法国式烤鸡的滋味。他随手拿了根牙签设法剔除牙缝里的鸡肉，另一只手则用牙签在桌上摆出了1×1和2×2的两个方阵。"唔！"数学家忽然发现一个有趣的问题，自言自语地说："在右图中我只消拿走1根牙签就把正方形给破坏了，而在左图中要想破坏掉所有的正方形，我至少得拿走3根才行。因为这里实际上有4个1×1和一个2×2的正方形呢。"

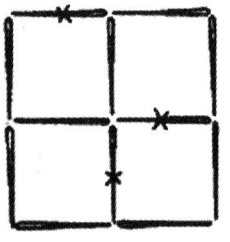

数学家俯身向前，也忘记了剔牙，因为他已经在苦苦思索着，至少要拿走几根牙签才能破坏掉一个4×4方阵。不言而喻，这里有1×1的16个，2×2的9个，3×3的4个，4×4的1个，共30个正方形呢。尽管他不难拿走几根火柴便破坏了所有的正方形，但并不敢确信这就是本题的最小答案。

进一步说，对于5×5，6×6…甚至是$n×n$的方阵来说，答案是多少呢？换句话说，能不能摸索出一个规律，以便确定至少拿走的根数？

数学家在彻底消化了烤鸡的同时，也彻底解决了本题。对读者来说，第一步只要设法回答出上面第一个问题：一个4×4的方阵至少需拿走几根牙签就能破坏所有这30个正方形？然后不妨再考虑进一步的规律。

【解析】对于4×4的方阵来说，只需拿走9根牙签就足以破坏掉所有的正方形了。下图是这种拿法之一，但我们还得证明这是最少的根数。可以先把全部正方形涂成斜线和空白相间的形式。由于8个斜线正方形互相分离，这就需要拿走8根，考虑到还得破坏那余下的8个空白正方形，所以被拿走的8根牙签势必都应落在斜红和空白正方形的交界处，这样可以一举"消灭"两个正方形（它们构成一个骨牌式长方形），但无论如何还得从最外边界上拿

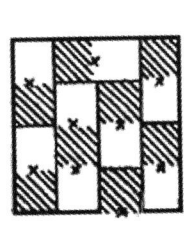
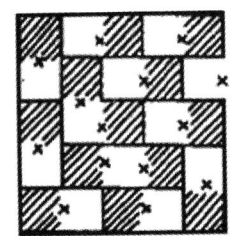

掉一根才能破坏最大的正方形，所以少于9根是不可能的。对所有具有偶数边长的方阵来说，推理过程同上，即当$n$为偶数时，需拿走$n^2/2+1$根牙签。

当$n$为奇数，例如对于5×5的方阵，由于斜线和空白正方形的个数不相等，所以将需拿走$1/2(n^2+1)+1$根牙签。

从上面公式可知，对于一个5×5的方阵来说至少应拿走14根（如上图），才能将所有的正方形破坏掉，这个问题读者可自行证明。

【题链21】有一天，A、B、C、D、E 5个数学家在一起称体重，他们3个人合在一起称了2次，两人合在一起也称了两次。具体数量如下：

① A+B+D=145 千克；
② C+A+E=135 千克；
③ D+B=100 千克；
④ B+C=110 千克。

现在已知道5个人各自的体重均在40-70千克之间（包括40千克和70千克），且均是5的倍数，请问：A、B、C、D、E各人的体重是多少千克？

【解析】根据①和③可知，A=45 千克。将 A 代入②可得 C+E=90 千克。由题意可知：C

的体重可能为40千克、45千克和50千克三种。若C=40千克由④得B=70千克,将B代入③,得D=30千克,与题意相矛盾,所以C不是40千克。同理可知,C也不能为45千克。可见,C只能是50千克。则E=40千克,B=60千克,D=40千克。

## 四、解题技巧

### (一) 快速计算方法

快速计算的方法有两种:①尾数排除法:先计算出尾数,然后用尾数与答案中的尾数一一对照,利用排除法得出答案;②简便计算:利用加减乘除的各种简便算法得出答案。

通过下面的例题讲解,来帮助您加深对上述方法理解,学会灵活运用上述方法解题。

1. 加法

【例题121】425+683+544+828

A.2480　　　　　B.2484　　　　　C.2486　　　　　D.2488

【解析】先将各个数字尾数相加,然后将得到的数值与答案的尾数一一对照得出答案。尾数相加确定答案的尾数为0,B、C、D都不符合,用排除法得答案A。

【例题122】1995+1996+1997+1998+1999+2000

A.11985　　　　　B.11988　　　　　C.12987　　　　　D.12985

【解析】这是一道计算题,题中每个数字都可以分解为2000减一个数字的形式2000×6-(5+4+3+2+1)尾数为100-15=85得A。

注意:

(1) 2000×6-(5+4+3+2+1) 尽量不要写出来,要心算;

(2) 1+2+…+5=15 是常识,应该及时反应出来;

(3) 各种题目中接近于100、200、1000、2000等的数字,可以分解为此类数字加减一个数字的形式,这样能够更快的计算出答案。

【例题123】12.3+45.6+78.9+98.7+65.4+32.1

A.333　　　　　B.323　　　　　C.333.3　　　　　D.332.3

【解析】先将题中各个数字的小数点部分相加得出尾数,然后再将个位数部分相加,最后得出答案。

本题中小数点后相加得到3.0排除C,D

小数点前的个位相加得 2+5+8+8+5+2 尾数是0,加上3确定答案的尾数是3答案是A。

2. 减法:

【例题124】9513-465-635-113=9513-113-(465+635)=9400-1100=8300

【例题125】489756-263945.28=

A.220810.78　　　　　B.225810.72　　　　　C.225812.72　　　　　D.225811.72

【解析】小数点部分相加后,尾数为72排除A,个位数相减 6-1-5=0,排除C和D,答案是B。

【例题126】从0,1,2,7,9五个数字中任选四个不重复的数字,组成的最大四位数和最小四位数的差是(　　)。(2006年考题)

A.8442　　　　　B.8694　　　　　C.8740　　　　　D.9694

【解析】B 为正确答案。0，1，2，7，9 五个数字中任选四个不重复的数字，组成的最大四位数为 9721，最小的四位数为 1027，其差为 8694，因此选 B。

3. 乘法

方法：①将数字分解后再相乘，乘积得到类似于 1、10、100 之类的整数数字，易于计算；②计算尾数后在用排除法求得答案。

【例题 127】$1.31 \times 12.5 \times 0.15 \times 16=$

A.39.3　　　　　　　B.40.3　　　　　　　C.26.2　　　　　　　D.26.31

【解析】：先不考虑小数点，直接心算尾数：$125 \times 8=1000$　$2 \times 15=30$　$3 \times 131=393$　符合要求的只有 A

【例题 128】$119 \times 120=$

【解析】此题重点是将 119 分解为 120-1，方便了计算。

【例题 129】$23456 \times 654321=$

A. 80779853376　　　　　　　　　　B.80779853375

C.80779853378　　　　　　　　　　D.80779853377

【解析】尾数是 6，答案是 A。此类题型表面看来是很难，计算起来也很复杂，但我们应该考虑到出题本意决不是要我们一点一点地算出来，因此，此类题型用尾数计算排除法比较容易得出答案。

【例题 130】$125 \times 437 \times 32 \times 25=$（　　）

A.43700000　　　　　　B.87400000　　　　　　C.87455000　　　　　　D.43755000

【解析】答案为 A。本题也不需要直接计算，只需分解一下即可：

$125 \times 437 \times 32 \times 25=125 \times 32 \times 25 \times 437=125 \times 8 \times 4 \times 25 \times 437=1000 \times 100 \times 437=43700000$

【例题 131】一个五位数，左边三位数是右边两位数的 5 倍，如果把右边的两位数移到前面，则所得新的五位数要比原来的五位数的 2 倍还多 75，则原来的五位数是（　　）。（2006 年考题）

A.12525　　　　　　B.13527　　　　　　C.17535　　　　　　D.22545

【解析】A 为正确答案。A、B、C、D 选项均符合第一个条件，按第二个条件分别将四个选项代入，$12525 \times 2+75 = 25125$，因此选 A。

有些问题需要综合考虑，用排除的方法能较快得到正确答案

【例题 132】一个三位数除以 9 余 7，除以 5 余 2，除以 4 余 3，这样的三位数共有（　　）。（2006 年考题）

A.5 个　　　　　　B.6 个　　　　　　C.7 个　　　　　　D.8 个

【解析】A 为正确答案。根据"除以 5 余 2"，可知该数的尾数仅为 2 或 7；而根据"除以 4 余 3"，可知其尾数仅为 7，因为若其尾数为 2，则减 3 后不可能被 4 整除；根据"除以 9 余 7"，该数可以表示为 $9x+7$，其中 $x$ 的范围为 11～110；其中尾数为 7 的有 $9y+7$，其中 $y$ 的范围为 20 至 110，经检验可知，当 $y$ 为 30、50、70、90、110 时，该三位数仍不能符合"除以 4 余 3"的条件，即只有当 $y$ 为 20、40、60、80、100 时，该三位数才满足三个条件，因此共有 5 个三位数，所以选 A。

4. 混合运算：

【例题 133】$85.7-7.8+4.3-12.2=85.7+4.3-(7.8+12.2)=90-20=70$

4532÷158×79=4532×（79÷158）=4532÷2=2266

【例题134】计算（1-1/10）×（1-1/9）×（1-1/8）×……（1-1/2）的值：

A.1/108000　　　　B.1/20　　　　　　C.1/10　　　　　　D.1/30

【解析】答案为C。本题只需将算式列出，然后两两相约，即可得出答案。被试应掌握好这个题型，最好自行计算一下。

【例题135】2004×（2.3×47+2.4）÷（2.4×47-2.3）的值为（　　）。（2005年考题）

A.2003　　　　　　B.2004　　　　　　C.2005　　　　　　D.2006

【解析】（2.4×47-2.3）=（2.3×47+0.1×47-2.3）=（2.3×47+2.4）因而 2004×（2.3×47+2.4）÷（2.4×47-2.3）的值为：B.2004。

【例题136】分数 4/9，101/203，3/7，151/301 中最大的一个是（　　）。（2005年考题）

A.4/9　　　　　　B.17/35　　　　　　C.101/203　　　　　D.151/301

【解析】4/9=（1-1/9）/2，101/203=（1-1/203）/2，3/7=（1-1/7）/2，151/301=（1-1/9）/2 因而 D.151/301 最大。

【例题137】173×173×173-162×162×162=（　D　）。（2005年考题）

A.926183　　　　　B.936185　　　　　C.926187　　　　　D.926189

【解析】173×173×173 的末位数为27，162×162×162 的末位数为8 因而 173×173×173-162×162×162 的末位数应该为9，答案应该为 D.926189。

【例题138】某原料供应商对购买其原料的顾客实行如下优惠措施：①一次购买金额不超过1万元，不予优惠；②一次购买金额超过1万元，但不超过3万元，给9折优惠；③一次购买金额超过3万元，其中3万元9折优惠，超过3万元部分按8折优惠。某厂因库容原因，第一次在该供应商处购买原料付款7800元，第二次购买付款26100元，如果他一次购买同样数量的原料，可以少付（　　）。

A.1460元　　　　B.1540元　　　　C.3780元　　　　D.4360元

【解析】A为正确答案。第二次购买付款26100元意味着不优惠的情况下应付26100÷0.9=29000，则一次购买同样数量的原料共需费用29000+7800=36800，优惠后的实际支付数为30000×0.9+6800×0.8=32440，则可以少付26100+7800-32440=1460，故选A。

虽然就是一个数学的混合运算，但是加入逆向思维的思维方法，会使问题难度提升

【例题139】现有50名学生都做物理、化学实验，如果物理实验做正确的有40人，化学实验做正确的有31人，两种实验都做错的有4人，则两种实验都做对的有（　　）。

A.27人　　　　　B.25人　　　　　C.19人　　　　　D.10人

【解析】B为正确答案。求解两种实验都做错的人 50-10-19+4=25人，故选B。

（二）时钟问题

【例题140】从上午五点十五分到下午两点四十五分之间，共有多少时间？

A.8小时　　　　　B.8小时30分　　　　C.9小时30分　　　　D.9小时50分

【解析】答案是 14.45-5.15=9.30 C

【例题141】有一只钟，每小时慢3分钟，早晨4点30分的时候，把钟对准了标准时间，则钟走到当天上午10点50分的时候，标准时间是（　　）。（2005年考题）

A.11点整　　　　B.11点5分　　　　C.11点10分　　　　D.11点15分

【解析】慢钟显示经过的时间是：10：50-4：30=6小时20分钟=380分钟，实际经过的时

间应该是：380÷[（60-3）/60]=400 分钟 =6 小时 40 分钟，答案为 C：4：30+6：40=11：10。

【例题 142】一个快钟每小时比标准时间快 1 分钟，一个慢钟每小时比标准时间慢 3 分钟。如将两个钟同时调到标准时间，结果在 24 小时内，快钟显示 10 点整时，慢钟恰好显示 9 点整。则此时的标准时间是（　　）。（2005 年考题）

A.9 点 15 分　　　　B 9 点 30 分　　　　C.9 点 35 分　　　　D 9 点 45 分

【解析】答案为 D。

【例题 143】从 12 时到 13 时，钟的时针与分针可成直角的机会有（　　）。

A.1 次　　　　B.2 次　　　　C.3 次　　　　D.4 次

【解析】B 为正确答案。一个小时内，分针转一圈，因此与时针可构成直角的机会只有 2 次，所以选 B。

### （三）百分数问题

【例题 144】如果 a 比 b 大 25%，则 b 比 a 小多少？

【解析】本题需要对百分数这个概念有准确的理解。a 比 b 大 25%，即 a=1.25b，因此 b 比 a 小：(a-b)/a×100%=20%

【例题 145】乘火车从甲城到乙城，1998 年初需要 19.5 小时，1998 年火车第一次提速 30%，1999 年第二次提速 25%，2000 年第三次提速 20%。经过三次提速后，从甲城到乙城乘火车只需要（　　）。（2005 年考题）

A.8.19 小时　　　　B.10 小时　　　　C.14.63 小时　　　　D.15 小时

【解析】2000 年第三次提速后火车速度是原来的 1.3×1.25×1.2=1.95 因而经过三次提速后，从甲城到乙城乘火车只需要 19.5/1.95=10 小时。

### （四）大小判断

【例题 146】$\pi$，$\sqrt[3]{14}$，10，10/3 四个数的大小顺序是：

A.10/3 > $\pi$ > $\sqrt{10}$ > 3.14

B.10/3 > $\pi$ > 3.14 $\sqrt{10}$

C.10/3 > $\sqrt{10}$ > $\pi$ > 3.14

D.10/3 > 3.14 > $\pi$ $\sqrt{10}$

【解析】答案为 C。本题关键是判断 $\sqrt{10}$ 的大小。而另外三个数的大小关系显然为 10/3 > $\pi$ > 3.14。因此就要计算 $\sqrt{10}$ 的范围。我们可计算出 3.15 的平方为 9.9225 < 10，由此可知符合此条件的只有 C。

【例题 147】某商品在原价的基础上上涨了 20%，后来又下降了 20%，问降价以后的价格比未涨价前的价格：

A. 涨价前价格高　　　　B. 二者相等

C. 降价后价格高　　　　D. 不能确定

【解析】答案为 A。涨价和降价的比率都是 20%，那么要判断涨得多还是降得多，就需要判断涨价的基础，显然后者大，即降的比涨的多，那么可知原来价格高。

【例题 148】393.39 的小数点先向左移动两位，再向右移动三位，得到的数再扩大 10 倍，最后的得数是原来的

A.10 倍　　　　B.100 倍　　　　C.1000 倍　　　　D. 不变

【解析】答案为 B。本题比较简单，左移两位就是缩小 100 倍，右移三位就是扩大 1000 倍，实际上扩大了 10 倍，再扩大 10 倍，就是扩大了 100 倍。

## （五）比例问题

【例题 149】甲数比乙数大 25%，则乙数比甲数小：
A.20%　　　　　B.25%　　　　　C.33%　　　　　D.30%

【解析】答案为 A。计算这类题目有多种方法，最简便的是假设乙数为 1，则甲数可知为 1.25，再加以简单的计算就可推知答案。

【例题 150】a 数的 25% 等于 b 数的 10%，则 a/b 为：
A.2/5　　　　　B.3/5　　　　　C.2.4 倍　　　　　D.3/5 倍

【解析】答案为 A。可列一个简单的算式：a×25%=b×10%，即可算出答案。

【例题 151】三个学校按 2:3:5 的比例分配 27000 元教育经费，问最多一份为多少？
A.2700 元　　　B.5400 元　　　C.8100 元　　　D.13500 元

【解析】答案为 D。

【例题 152】在某大学班上，选修法语的人与不选修的人的比率为 2:5。后来从外班转入 2 个也选修法语的人，结果比率变为 1:2，问这个班原来有多少人？
A.10　　　　　B.12　　　　　C.21　　　　　D.28

【解析】答案为 D。假设原来班上有 $x$ 个人，解一个简单的一元一次方程即可：
$2/3(x+2)=5/7x$ 或者 $2(2/7x+2)=5/7x$。

## （六）工程问题

【例题 153】某车间原计划 15 天装 300 台机器，现要提前 5 天完成，每天平均比原计划多装多少台？
A.10　　　　　B.20　　　　　C.15　　　　　D.30

【解析】答案为 A。原计划每天装的台数可求为 20 台（300÷15），现在每天须装的台数可求为 30 台（300÷10），由此答案自出。

【例题 154】一本 270 页的书，某人第一天读了全书的 2/9，第二天读了全书的 2/5，则第二天比第一天多读了多少页？
A.48　　　　　B.96　　　　　C.24　　　　　D.72

【解析】答案为 A。第二天读了 108 页书（270×2/5），第一天读了 60 页书（270×2/9），则第二天比第一天多读了 48 页书（108-60）。

【例题 155】一项工程甲单独做需要 20 天做完，乙单独做需要 30 天做完，二人合做 3 天后，可完成这项工作的：
A.1/2　　　　　B.1/3　　　　　C.1/4　　　　　D.1/6

【解析】答案为 C。甲、乙两人同时做，一共需要的时间为：1÷（1/20+1/30），结果为 12 天，因此，3 天占 12 天的 1/4。

【例题 156】一个水池，装有甲、乙、丙三根水管，独开甲管 10 分钟可注满全池，独开乙管 15 分钟可注满全池，独开丙管 6 分钟可注满全池，如果三管齐开，几分钟可注满全池？
A.5　　　　　B.4　　　　　C.3　　　　　D.2

【解析】答案为 C。甲、乙、丙三管同时开放，注满水池的时间为：1÷（1/10+1/15+1/6），结果为3天。

【例题157】某水池装有甲、乙、丙三根水管,独开甲管12分钟可注满全池,独开乙管8分钟可注满全池,独开丙管24分钟可注满全池,如果先把甲乙两管开4分钟,再单独开乙管,问还用几分钟可注满水池?

A.4　　　　　　B.5　　　　　　C.8　　　　　　D.10

【解析】答案为A。甲、丙两管共开4分钟,已经注入水池的水占全池的比例为:1-(1/12+1/24)×4,结果为1/2。乙单独开注满全池的时间为8分钟,已经注入了1/2,显然只需4分钟即可注满。本题与前题类似,只是稍微复杂一些。

### (七)路程问题

【例题158】甲乙两地相距40公里,某人从甲地骑车出发,开始以每小时30公里的速度骑了24分钟,接着又以每小时8公里的速度骑完剩下的路程。问该人共花了多少分钟时间才骑完全部路程?

A.117　　　　　B.234　　　　　C.150　　　　　D.210

【解析】答案为B。前半段花了24分钟时间,走的路程为:24/60×30=12(公里)。则剩下的路程为:40-12=28(公里)。28公里的路程,时速为8,则花时候为3.5小时(28÷8),3.5小时与24分钟之和即为234分钟。

【例题159】小王在一次旅行中,第一天走了216公里,第二天又以同样速度走了378公里。如果第二天比第一天多走了3小时,则小王的旅行速度是多少(公里/小时)?

A.62　　　　　　B.54　　　　　　C.46　　　　　　D.38

【解析】答案为B。第二天比第一天多走3个小时,多走的路程为162公里(378-216),则速度可知。

【例题160】某人从甲地步行到乙地,走了全程的2/5之后,离中点还有2.5公里。则甲、乙两地距离多少公里?

A.15　　　　　　B.25　　　　　　C.35　　　　　　D.45

【解析】答案为B。全和的2/5处与1/2处相距2.5公里,这一段路程占全程的1/10(1/2-2/5),则全程为:2.5÷1/10=25公里。

【例题161】A、B两地以一条公路相连。甲车从A地,乙车从B地以不同的速度沿公路匀速率相向开出。两车相遇后分别掉头,并以对方的速率行进。甲车返回A地后又一次掉头以同样的速率沿公路向B地开动。最后甲、乙两车同时到达B地。如果最开始时甲车的速率为 $x$ 米/秒,则最开始时乙车的速率为( )。

A.$4x$ 米/秒　　　B.$2x$ 米/秒　　　C.$0.5x$ 米/秒　　　D.无法判断

【解析】B为正确答案。本题变换观察角度,将两车相遇后互换速度且调头视为两车相遇后未换速度也未调头,即视为甲车从A点到B点时,乙车已经从B点到A点再返回B点,即相同时间内乙车走过甲车的两倍路程,所以选B。

### (八)对分问题

【例题162】一根绳子长40米,将它对折剪断;再对剪断;第三次对折剪断,此时每根绳子长多少米?

A.5　　　　　　B.10　　　　　　C.15　　　　　　D.20

【解析】答案为 A。对分一次为 2 等份，二次为 2×2 等份，三次为 2×2×2 等份，答案可知。无论对折多少次，都以此类推。

## （九）"栽树问题"

【例题163】如果一米远栽一棵树，则 285 米远可栽多少棵树？

A.285　　　　　　　B.286　　　　　　　C.287　　　　　　　D.284

【解析】答案为 B。1 米远时可栽 2 棵树，2 米时可栽 3 棵树，依此类推，285 米可栽 286 棵树。

【例题164】有一块正方形操场，边长为 50 米，沿场边每隔一米栽一棵树，问栽满四周可栽多少棵树？

A.200　　　　　　　B.201　　　　　　　C.202　　　　　　　D.199

【解析】答案为 A。根据上题，边长共为 200 米，就可栽 201 棵树。但起点和终点重合，因此只能栽 200 棵。以后遇到类似题目，可直接以边长乘以 4 即可行也答案。

【例题165】为了把 2008 年北京奥运办成绿色奥运，全国各地都在加强环保，植树造林。某单位计划在通往两个比赛场馆的两条路的（不相交）两旁栽上树，现运回一批树苗，已知一条路的长度是另一条路长度的两倍还多 6000 米，若每隔 4 米栽一棵，则少 2754 棵，若每隔 5 米栽一棵，则多 396 棵，则共有树苗（　）。

A.8500 棵　　　　　B.12500 棵　　　　C.12596 棵　　　　D.13000 棵

【解析】D 为正确答案。设两条路共长 $x$ 米，共有树苗 $y$ 棵，在两条路的两旁栽树则有 4 条线要栽树。则 $x÷4+4=y+2754$，$x÷5+4=y-396$，解出 $y=13000$ 棵，因此选 D。

## （十）跳井问题

【例题166】青蛙在井底向上爬，井深 10 米，青蛙每次跳上 5 米，又滑下来 4 米，像这样青蛙需跳几次方可出井？

A.6 次　　　　　　B.5 次　　　　　　C.9 次　　　　　　D.10 次

【解析】答案为 A。被试不要被题中的枝节所蒙蔽，每次上 5 米下 4 米实际上就是每次跳 1 米，因此 10 米花 10 次就可全部跳出。这样想就错了。因为跳到一定时候，就出了井口，不再下滑。

## （十一）会议问题

【例题167】某单位召开一次会议。会前制定了费用预算。后来由于会期缩短了 3 天，因此节省了一些费用，仅伙食费一项就节约了 5000 元，这笔钱占预算伙食费的 1/3。伙食费预算占会议总预算的 3/5，问会议的总预算是多少元？

A.20000　　　　　　B.25000　　　　　　C.30000　　　　　　D.35000

【解析】答案为 B。预算伙食费用为：5000÷1/3=15000 元。15000 元占总额预算的 3/5，则总预算为：15000÷3/5=25000 元。

## （十二）日期问题

【例题168】某一天小张发现办公桌上的台历已经有 7 天没有翻了，就一次翻了 7 张，这 7 天的日期加起来，得数恰好是 77。问这一天是几号？

A.13　　　　　　　B.14　　　　　　　C.15　　　　　　　D.17

【解析】答案为 C。7 天加起来数字之和为 77，则平均数 11 这天正好位于中间，答案由此可推出。

【例题169】2003 年 8 月 1 日是星期五，那么 2005 年 8 月 1 日是（　）。（2005 年考题）

A. 星期一　　　　　B. 星期二　　　　　C. 星期三　　　　　D. 星期四

【解析】从 2003 年 8 月 1 日是星期五至 2005 年 8 月 1 日一共有：365+366=731 天，731/7 的余数为 3，因而答案为 A. 星期一。（注意：2004 年有 366 天）

【例题170】一名外国游客到北京旅游，他要么上午出去游玩，下午在旅馆休息；要么上午休息，下午出去游玩，而下雨天他只能一天都待在屋里。期间，不下雨的天数是 12 天。他上午待在旅馆的天数为 8 天，下午待在旅馆的天数为 12 天。他在北京共呆了：（　）（2007 年考题）

A.16 天　　　　　B.20 天　　　　　C.22 天　　　　　D.24 天

【解析】下雨的天数是 4 天，所以他在北京共呆了 12+4=16 天。

## （十三）方程问题

这类题型是根据题意，建立相应的方程，解方程求得其解。

【例题171】一块试验田，以前这块地所种植的是普通水稻。现在将该试验田的 1/3 种上超级水稻，收割时发现该试验田水稻总产量是以前总产量的 1.5 倍，如果普通水稻的产量不变，则超级水稻的平均产量与普通水稻的平均产量之比是（　）。（2006 年考题）

A.5∶2　　　　　B.4∶3　　　　　C.3∶1　　　　　D.2∶1

【解析】A 为正确答案。设超级水稻的平均产量是普通水稻的平均产量的 $x$ 倍，则 $2/3 + x/3 = 1.5$，解出 $x=2.5$，因此选 A。

【例题172】有甲、乙两个项目组。乙组任务临时加重时，从甲组抽调了甲组 1/4 的组员。此后甲组任务也有所加重，于是又从乙组调回了重组后乙组人数的 1/10。此时甲组与乙组人数相等。由此可以得出结论（　）。（2006 年考题）

A. 甲组原有 16 人，乙组原有 11 人；

B. 甲、乙两组原组员人数之比为 16∶11；

C. 甲组原有 11 人，乙组原有 16 人；

D. 甲、乙两组原组员人数之比为 11∶16

【解析】B 为正确答案。设甲组有 $x$ 人，乙组有 $y$ 人，则：$3/4 x+(y+x/4)\times 1/10 = (y+x/4)\times(1-1/10)$ 解得 $x/y = 16/11$，故选 B。

【例题173】某市居民生活用电每月标准用电量的基本价格为每度 0.50 元，若每月用电量超过标准用电量，超出部分按基本价格的 80% 收费，某户九月份用电 84 度，共交电费 39.6 元，则该市每月标准用电量为（　）。（2006 年考题）

A.60 度　　　　　B.65 度　　　　　C.70 度　　　　　D.75 度

【解析】A 为正确答案。设该市每月标准用电量为 $x$ 度，则 $0.5x+(84-x)\times 0.5\times 80\% = 39.6$，解得 $x=60$，故选 A。

【例题174】有关部门要连续审核 30 个科研课题方案，如果要求每天安排审核的课题个数互不相等且不为零，则审核完这些课题最多需要（　）。（2006 年考题）

A.7 天　　　　　B.8 天　　　　　C.9 天　　　　　D.10 天

【解析】A 为正确答案。每天审核的课题应尽可能少，才能增加审核天数，即第一天审 1 个，第二天审 2 个，依此类推，审到第六天时，共审了 21 个课题，第七天需审 9 个，如果拖到第八天,则一定会出现两天审核的课题数量相同的情况,因此只能选 A。

【例题 175】某离校 2006 年度毕业学生 7650 名,比上年度增长 2%.其中本科毕业生比上年度减少 2%.而研究生毕业生数量比上年度增加 10%,那么,这所高校今年毕业的本科生有:(2007 年考题)

A.3920 人　　　　　B.4410 人　　　　　C.4900 人　　　　　D.5490 人

【解析】设今年毕业的本科生有 $x$ 人,则有

$$\frac{x}{1-2\%} + \frac{7650-x}{1+10\%} = \frac{7650}{1+2\%}$$

解得 $x=4900$ 人。因而答案为 C

【例题 176】小明和小强参加同一次考试,如果小明答对的题目占题目总数的 3/4,小强答对了 27 道题,他们两人都答对的题目占题目总数的 2/3,那么两人都没有答对的题目共有:(2007 年考题)

A. 3 道　　　　　B. 4 道　　　　　C. 5 道　　　　　D.6 道

【解析】假设题目总数为 $x$ 道,两人都没有答对的题目有 $y$ 道,则有 $x-(3/4x+27-2/3x)=y$,得到 $x=\{(y+27)\times 12\}/11$,因 $x$ 是整数,只有选 D,即 $y=6$ 时,才能符合题意。因而正确答案为 D。

【例题 177】某班男生比女生人数多 80%,一次考试后,全班平均成绩为 75 分,而女生的平均分比男生的平均分高 20%,则此班女生的平均分是:(2007 年考题)

A.84 分　　　　　B. 85 分　　　　　C. 86 分　　　　　D. 87 分

【解析】假设女生有 $x$ 人,则男生有 $1.8x$ 人,假设女生的平均分为 $y$,则男生的平均分为 $5/6y$,可得到 $(x+1.8x)\times 75=xy+1.8x\times y$,解得 $y=84$。

【例题 178】乙两个容器均有 50 厘米深,底面积之比为 5:4,甲容器水深 9 厘米,乙容器水深 5 厘米.再往两个容器各注入同样多的水,直到水深相等,这时两容器的水深是:(2007 年考题)

A.20 厘米　　　　　B. 25 厘米　　　　　C. 30 厘米　　　　　D. 35 厘米

【解析】设此时两容器的水深为 $x$ 厘米,则有 $(x-9)s=(x-5)s$,而甲、乙两容器的底面积之比为 5:4,所以可解得 $x=25$ 厘米。

【例题 179】一篇文章,现有甲乙丙三人,如果由甲乙两人合作翻译,需要 10 小时完成,如果由乙丙两人合作翻译,需要 12 小时完成。现在先由甲丙两人合作翻译 4 小时,剩下的再由乙单独去翻译,需要 12 小时才能完成,则,这篇文章如果全部由乙单独翻译,要(　　)小时能够完成。(2007 年考题)

A.15　　　　　B. 18　　　　　C. 20　　　　　D.25

【解析】设甲、乙、丙单独翻译各需 $x$、$y$、$z$ 天,则可列方程 $(1/x+1/y)\times 10=1$,$(1/y+1/z)\times 12=1$,$(1/x+1/z)\times 4+1/y\times 12=1$,解得 $y=15$ 天。

【例题 180】共有 20 个玩具交给小王手工制作完成.规定,制作的玩具每合格一个得 5 元,不合格一个扣 2 元,未完成的不得不扣.最后小王共收到 56 元,那么他制作的玩具中,不合格的共有(　　)个。(2007 年考题)

A.2　　　　　B. 3　　　　　C. 5　　　　　D.7

【解析】假设合格的有 $x$ 个,不合格的有 $y$ 个,则 $5x-2y=54$,由此可知 $5x$ 的尾数必为 0,$2y$ 的尾数必为 6,所以答案为 B。

## （十四）推理问题

这类问题需要通过简单的运算，通过推理，排除不正确的选项，从而得到正确结论。

**【例题181】** 人工生产某种装饰用珠链，每条珠链需要珠子25颗，丝线3条，搭扣1对，以及10分钟的单个人工劳动。现有珠子4880颗，丝线586条，搭扣200对，4个工人。则8小时最多可以生产珠链（　　）。（2006年考题）

A.200条　　　　　　　B.195条　　　　　　　C.193条　　　　　　　D.192条

**【解析】** D为正确答案。珠子4880颗最多可以生产珠链195条，丝线586条最多可以生产珠链195条，搭扣200对最多可以生产珠链200条，8小时共有48个10分钟，则4个工人最多可以生产珠链 $4 \times 48 = 192$ 条，选择最小数，所以选D。

**【例题182】** 四人进行篮球传接球练习，要求每人接球后再传给别人。开始由甲发球，并作为第一次传球，若第五次传球后，球又回到甲手中，则共有传球方式（　　）。（2006年考题）

A.60种　　　　　　　B.65种　　　　　　　C.70种　　　　　　　D.75种

**【解析】** A为正确答案。细分一下传球路径，第一次接球的人只能是非甲，第二第三次接球的人可能是甲或非甲，第四次接球的人只能是非甲，第五次接球的人一定是甲，每次传球后接到球的人可分析如下：

第一次 第二次 第三次 第四次 第五次
第一种情况：非甲 甲 非甲 非甲 甲
第二种情况：非甲 非甲 甲 非甲 甲
第三种情况：非甲 非甲 非甲 非甲 甲

按排列组合，第一种情况的传球方式有 $3 \times 1 \times 3 \times 2 \times 1 = 18$；第二种有 $3 \times 2 \times 1 \times 3 \times 1 = 18$；第三种情况有 $3 \times 2 \times 2 \times 2 \times 1 = 24$，相加共有60种，故选A。

**【例题183】** 在一条公路上每隔100公里有一个仓库，共有5个仓库，一号仓库存有10吨货物，二号仓库存有20吨货物，五号仓库存有40吨货物，其余两个仓库是空的。现在要把所有的货物集中存放在一个仓库里，如果每吨货物运输1公里需要0.5元运输费，则最少需要运费（　　）。（2006年考题）

A.4500元　　　　　　B.5000元　　　　　　C.5500元　　　　　　D.6000元

**【解析】** B为正确答案。按题意，一至五号仓库为依次排列，最有效的货物集中方式为把一和二号仓库中的货物集中到五号仓库中，则总费用为 $0.5 \times (300 \times 20 + 400 \times 10) = 5000$，所以选B。

**【例题184】** 有一食品店某天购进了6箱食品，分别装着饼干和面包，重量分别为8、9、16、20、22、27公斤。该店当天只卖出一箱面包，在剩下的5箱中饼干的重量是面包的两倍，则当天食品店购进了（　　）公斤面包。（2007年考题）

A.44　　　　　　　　B.45　　　　　　　　C.50　　　　　　　　D.52

**【解析】** 6箱食品的总重量为8+9+16+20+22+27=102公斤，由题意可知，卖出一箱后，剩余的重量能被3整除，所以卖出的为9公斤或27公斤。若卖出的为9公斤，则剩余的饼干为62公斤，面包为31公斤，无法得出；所以卖出的是27公斤，剩余的饼干为20+22+8=50公斤，剩余的面包为9+16=25公斤。总共进了面包25+27=52公斤。

**【例题185】** 一个车队有三辆汽车，担负着五家工厂的运输任务，这五家工厂分别需要7、9、4、10、6名装卸工，共计36名；如果安排一部分装卸工跟车装卸，则不需要那么多装卸工,而只需要在装卸任务较多的工厂再安排一些装卸工就能完成装卸任务。那么在这种情况下,总共至少需要要(　　)名装卸工才能保证各厂的装卸需求?(2007年考题)

A.26　　　　B.27　　　　C.28　　　　D.29

【解析】若每车有 6 名装卸工跟车装卸,则五家工厂分别再安排 1,3,0,4,0 名装卸工即可完成装卸任务。此时需要 6×3+1+3+4=26 名装卸工。

【例题186】32 名学生需要到河对岸去野营,只有一条船,每次最多载 4 人(其中需 1 人划船)。往返一次需 5 分钟。如果 9 时整开始渡河,9 时 17 分时,至少有(　　)人还在等待渡河。

A.16　　　　B.17　　　　C.19　　　　D.22(2007年考题)

【解析】往返 3 次需 3×5=15 分钟,到河对岸的人有 3×3=9 人,第 17 分钟时,有 4 人在船上。所以还有 32-9-4=19 人在岸边等着过河。

【例题187】A、B 两站之间有一条铁路,甲、乙两列火车分别停在 A 站和 B 站,甲火车 4 分钟走的路程等于乙火车 5 分钟走的路程。乙火车上午 8 时整从 B 站开往 A 站,开出一段时间后,甲火车从 A 站出发开往 B 站,上午 9 时整两列火车相遇。相遇地点离 A、B 两站的距离比是 15:16。那么,甲火车在(　　)从 A 站出发开往 B 站。(2007年考题)

A.8 时 12 分　　B.8 时 15 分　　C.8 时 24 分　　D.8 时 30 分

【解析】由题意可知,甲、乙两列火车的速度比为 5:4,它们行驶的距离比为 15:16,所以甲、乙两列火车行驶的时间之比为 3:4。乙火车行驶了 60 分钟,那么甲火车行驶了 45 分钟,即甲火车是 8 时 15 分出发的。

【例题188】学校举办一次中国象棋比赛,有 10 名同学参加,比赛采用单循环赛制,每名同学都要与其他 9 名同学比赛一局。比赛规则,每局棋胜者得 2 分,负者得 0 分,平局两人各得 1 分。比赛结束后,10 名同学的得分各不相同,已知:(2007年考题)

(1)比赛第一名与第二名都是一局都没有输过;

(2)前两名的得分总和比第三名多 20 分;

(3)第四名的得分与最后四名的得分和相等。

那么,排名第五名的同学的得分是:

A.8 分　　　　B.9 分　　　　C.10 分　　　　D.11 分

【解析】因条件(1),前两名都没有输过,所以第一名赢 8 平 1 得 17 分,第二名赢 7 平 2 得 16 分。因条件(2),第三名得 13 分。每一局 2 分,所以十人比赛共 45 局 90 分,第四至十名共得 44 分。第四名最多 12 分,即后四名之和为 12 分。第五、六名之和为 20 分。所有人分数不相等,所以第五名为 11 分。

【例189】现有边长 1 米的一个木质正方体,已知将其放入水里,将有 0.6 米浸入水中。如果将其分割成边长 0.25 米的小正方体,并将所有的小正方体都放入水中,直接和水接触的表内积总量为:(2007年考题)

A.3.4 平方米　　B.9.6 平方米　　C.13.6 平方米　　D.16 平方米

【解析】这个木质正方体分割后与分割前在水中受到的浮力相等,也就是排开水的体积相等,排开水的体积为 1×1×0.6=0.6 立方米。分割的小立方体的个数为 64 个,每个小立方体浸入水中的部分为 0.15 米,所以直接和水接触的表内积总量为:$0.25^2×64+0.25×0.15×4×64=13.6$ 平方米。

## （十五）其他问题

**【例题190】** 在一本300页的书中，数字"1"在书中出现了多少次？

A.140　　　　　　B.160　　　　　　C.180　　　　　　D.120

**【解析】** 答案为B。解题时不妨从个位、十位、百位分别来看，个位出现"1"的次数为30，十位也为30，百位为100。

**【例题191】** 一个体积为1立方米的正方体，如果将它分为体积各为1立方分米的正方体，并沿一条直线将它们一个一个连起来，问可连多长（米）？

A.100　　　　　　B.10　　　　　　C.1000　　　　　　D.10000

**【解析】** 答案为A。大正方体可分为1000个小正方体，显然就可以排1000分米长，1000分米就是100米。被试不要忽略了题中的单位是米。

**【例题192】** 有一段布料，正好做16套儿童服装或12套成人服装，已知做3套成人服装比做2套儿童服装多用布6米。问这段布有多少米？

A.24　　　　　　B.36　　　　　　C.48　　　　　　D.18

**【解析】** 答案为C。设布有 $x$ 米，列出一元一次方程：$x/6×3-x/2×2=6$，解得 $x=48$ 米。

**【例题193】** 某次考试有30道判断题，每做对一道题得4分，不做或做错一道题倒扣2分，小周共得96分，问他做对了多少道题？

A.24　　　　　　B.26　　　　　　C.28　　　　　　D.25

**【解析】** 答案为B。设做对了 $x$ 道题，列出一元一次方程：$4×x-(30-x)×2=96$，解得 $x=26$。

# 第11章　W-QIUS理性思维命题技术

理性思维命题较之感性思维命题要成熟多了。我们在这方面的创新是很有限的。本章主要介绍我们尝试尝试设计的模拟情境测验和承续性命题，前者是根据行为主义心理学的情境理论，在经典控制情境的命题法的基础上延伸的；后者是经典语言命题的再创。

## 第一节　W-QIUS模拟情境命题技术

在经典测验理论中，我们将情境界定为人身处其中的，由情绪情态、礼仪规范，角色关系、时空设施等因素构成的并直接作用于人的具体的活动场合。情境是具体的、可感知的，它是一种微观社会环境，具有一定的边界区域，那些宏观的政治经济制度、历史文化传统等所谓社会大环境虽然对人的行为起着根本性的决定作用，但不能称之为情境。情境与人的活动之间存在着交互作用关系，它总是由人构建、创造出来，又反过来影响着人的行为，制约着社会事件发展的。情境既不是纯客观的，也不可能是纯主观的，情境中的客观因素与主观因素总是交织在一起的，所谓客观情境与主观情境的区分不是绝对的。这就为模拟情境命题提供了可能。模拟情境分析可取的维度有，虚拟的——真实的、正式的——非正式的（随机的）、合作的——竞争的、复杂的——简单的、熟悉的——陌生的、紧张的——松弛的、危险的——宽松的、目的性的——盲从性的等。因此，用于思维测量的情境刺激也可分为客观情境和主观情境，客观情境经人工设计，成为经典控制情境的测量法，而主观情境则成为模拟情境的命题测验。

### 一、模拟情境概述

模拟情境是指在特定的时间和空间里面对面地以观察、询问、测验等多种手段对被试的思维品质、思维能力等多方面素质进行综合性评判与考核的一种情境命题方式。

#### （一）模拟情境的心理意义

行为主义心理学把行为看作是对刺激的反应，有刺激始有反应，反应之所以引起，追根穷源都不外乎由于刺激。勒温却没有把问题看得这么简单，他根据格式塔心理学的原则，在行为分析中，注重整个情境而不是从情境中分离出来的刺激，认为行为是个体与环境的函数，随着人和环境的变化而变化。勒温所谓整个的情境系包括人及环境，因为情境一词常用以指环境，并兼指环境和人，所以勒温创造了一个新名词——"生活空间"，用以指称所谓"整个的情境"[1]。生活空间就是作用于个人的心理场，它包括可能对个体发生影响的所有既存

---

[1] 高觉敷.高觉敷心理学文选.南京：江苏教育出版社，1986

因素，诸如需要、目标、潜意识、记忆、信念、政治和经济事件，以及社会活动等，它是个动力整体。勒温用椭圆形表示生活空间，认为凡是那些处于生活空间之外的东西和事件，个体未能意识到它们，或它们不对个体行为发生作用的，都不是生活空间部分。勒温始终把情境看作是一个动力的系统，一个格式塔；强调整体的特性，强调各部分之间的相互联系；指出情境不仅仅是指环境，而且包括人的活动，情境的活动与环境的统一等，这些都是我们认识情境时需要注意的地方。

强调了情境的整体性，不等于讲不可以对情境加以必要的分析与模拟。社会心理学家阿盖尔(Michael Argyle)将"社会情境"作为他关于社会心理的系列研究的课题之一，进行分析与实验，著有《社会情境》一书。阿盖尔认为，若想解释和理解社会行为，就必须去解释情境是如何影响这些行为的。他以"情境"一词指称"某个文化或次文化中的成员所熟悉的社会互动类型"。他借鉴艾弗登（1971）对游戏情境的分析，筛选出九种主要的社会情境特性，这就是：目标和目标结构、规则、角色、要素戏码、行为序列、概念、环境背景、语言与说话、困难与技能等，并逐一通过实验研究提示这九种特性应如何进行测量，它们又是怎样影响社会行为的。

这些要素可否模拟？阿盖尔用社会行为科研方法，对情境特性进行精确分析。将要素戏码界定为"一定的表演戏码，包括一些被允许、被承认具有意义的步骤"，指出所谓的要素有语言分类、语言内容、非言语的沟通和肢体行动等，对六个情境（幼童的社会行为、社会化与家庭互动、委员会和协商、医生与病人的沟通、学校课堂上的行为、心理治疗访谈）各自的行为要素逐一分析讨论，并分别用实验揭示自然情境与模拟情境中的行为要素结构的差异所在，揭示哪些要素对所有的情境都很重要，哪些要素只对特殊情境有意义[1]。

很明显，勒温与阿盖尔的研究奉行的方法论准则迥然有别，但他们有一点是共同的，这就是他们都把社会情境看作是人与环境的交互作用，勒温认为情境包括人与环境；阿盖尔则干脆将情境界定为"社会互动类型"，他将社会情境分析的重点放在要素戏码、互动序列、概念及认知结构、语言与说话等互动过程上。的确，情境与人的活动是密切联系着的，情境是被人主动感知和建构出来的，是被人定义出来的，是动态性的。一个情境的要素是由人所聚合、安排、操作与控制的，没有人的主动感知与建构，就无所谓社会情境的存在。情境又总是因人而异，因文化的不同而不同，它离不开具体的文化形态。但我们不能由此而笼统地讲人的活动都包含于情境之中，因为情境总是相对于身处其中的活动主体而言的，是指人的活动、人的行为产生直接影响的一种具体的社会事态、背景因素，如果对人的活动（即情境主体的行为）与情境不加区分，以为人的活动、人际互动就是情境的话，那么就尤需使用"情境"这一概念，而只要对人的活动、互动行为直接进行分析就是了。

既然情境是可以模拟的，那么模拟情境命题也就可行了。模拟情境命题法起源于二次大战期间。当时德、英、美先后采用了模拟测验来选拔军事人员和特工人员。1956年，美国长途电话电报公司首次应用模拟测验大规模进行管理发展和职业培训方面的工作，其公司有100000多人接受这种评价。随后，此种技术得到推广。美国现已有大量的企业组织使用了这种技术，像著名的通用电器公司、西尔斯公司、国际商用机器公司、福特公司、柯达公司等，都先后应用了这一技术。如今各国都已普及。在我国，公务员或其他管理干部的选拔中，如何客观有效地评价管理能力和判断其思维的能动程度，已成为人才选拔需要解决的问题，

---

1　阿盖尔.社会情境.张君玫译.台北：台湾巨流图书公司,1997

也是科技进步和社会化大生产提出的新课题。一些测量专家设计出的模拟情境命题是目前效度较高的方法。

## （二）模拟情境命题特点

将情境命题法用于人才选拔，可从多角度全面观察、分析、判断、评价应聘者，这样就可能得到最佳人选。由于被测试者被置于其未来可能任职的模拟工作情境中，而测试的重点又在于实际工作能力。因此，通过这种测试选拔出来的人员往往可直接上岗，或只需经过有针对性的简短培训即可上岗，从而为企业节省大量的培训费用。

模拟情境命题具有五大基本特点。

### 1. 直观性

模拟情境命题是对求职者的直观性考核，强调进行面对面、直接地观察、询问和测试。求职者的外在表现，对主试人的评判将有一定的影响作用；求职者的现场表现，如口才，构成面试考核的重点。因此，感性因素在面试中有着重要地位。

### 2. 综合性

模拟情境命题是对求职者的综合性考核，既可以考察笔试难以考察的知识运用和处理实际问题的能力，也可以考察那些通过笔试不能考察到的求职者的仪态、谈吐、举止以及待人接物方式等。

### 3. 过程性

模拟情境命题是对求职者的过程性考核。笔试强调结果，即考生最后上交的书面文字材料，通过对这些文字材料进行审阅判分；而情境模拟测评强调过程，即从求职者准备进入考场到离开考场这一时间阶段的所有表现，都可能影响主试人对求职者的评判。而且由于首因效应和先入为主等心理现象的存在，一些专家指出，求职者在面试前 5 分钟的表现甚至是决定面试成败的关键。

### 4. 互动性

模拟情境命题是用人单位和求职者之间的双向互动式考核。在笔试中，考生与评分者之间没有接触，评分者依据那些既定不变的答案进行评分，评分者与考生之间缺乏沟通与互动；而在模拟情境命题测评中，当主试人对求职者的回答和表现有疑问或感兴趣时，可以提出追加性的问题，求职者亦可根据主试人的言谈表情等，了解主试人的意图，提出问题或作进一步的解释。有时，求职者还可以主动提出一些令双方感兴趣的话题，以活跃面试气氛，扩大相互了解，争取主试人的好感。

### 5. 多样性

模拟情境命题在形式上具有灵活多样性。模拟情境命题的形式多种多样，既可以坐在办公室里很正式地进行，也可以在咖啡厅里边喝边聊地进行。例如：为了评鉴管理干部的思维力、想象力、责任心、组织才干等特征，可设置无领袖团体情境（leaderless group situation）。该测验是在一组彼此不相识的人群面前，提出一项在有限的器材条件下需参加者通力合作，并在规定时间内完成的任务。在这里，谁是小组领导人未确定，而且规定如不能按期完成任务每人都要受惩罚。在此情境下，如有人自动承担起领导者的责任，获得小组成员的支持而顺利完成任务者，此人即具有管理干部的特质。

类似的测验在西方很流行，方法都是模拟实际管理工作的典型情境，对每个被试者都提供一个机会和均等的条件，从而更加接近实际地测量管理技能和才干。

## 二、模拟情境命题的应用

运用先进的科学手段对社会各类人才的知识水平，能力及其倾向，工作技能，个性特征及其发展潜力，实施有效的客观的科学的测量及评价，成为人事管理的基础环节，科学测评人才成为一切人事工作的起点。在现代企业的人事工作中，很多管理环节均不同程度地借鉴引用人才测评技术，如公司招聘员工、政府机关录用干部、公务员竞争上岗、人才招聘考核都在利用测评技术，构建公开、公正、平等、竞争、择优的用人机制和选人理念，但总体而言，我国的人才测评尚处在起步阶段或者说粗放发展阶段。这是由于两个原因：一是人才测评市场发展迟滞，据有关部门统计，至今不到18%的企业采用人才测评方法选拔员工；二是人才测评本土化技术开发不够，这其中固然有中西方文化差异，国情及民族心理等原因。可见，时代赋予我们发展本土人才测评事业，做到既要借鉴别国最新成果，又要吸收我国传统的人才测评思想和技术之精华，因地制宜，开发有中国特色的人才测评技术。模拟情境命题技术是近年来颇受重视的评估技术。诸如无人领导小组讨论、管理游戏、公文筐测验等，这些技术实际上已成为近些年来流行的评价中心技术的核心成分。

我国心理学工作者在研究我国评价管理人员经验的基础上，对美、德、日、苏等发达国家选拔管理人才的情境模拟作了比较和分析，结合我国国情和管理基础，编制了一套模拟情境命题的样本、标准和方法。

该测验编制了四方面供测评用的工作样本，即公文筐作业，小组集体讨论，上下级对话和工作布置。

1. 公文筐作业

公文筐作业是让被试者在所安排的假想的情境中扮演某种管理者的角色，对事先设计的文件进行处理，进而针对被试者处理公文的方式、方法、结果等进行评价。公文筐测验一般用于对高级管理者的评价，它可以对应试者的计划、预测、决策、沟通等管理能力进行测查，在管理领域应用十分广泛。

公文筐作业也可以算作是一种模拟情境测验。因为应试者对文件的处理结果就是待考察的工作样本。但它又和一般操作性的模拟情境测验不同。被测者并没有处在一种真实的情境中，而是通过测验指导语的说明，让被试假想自己正处于某个情境当中。

这个测试项目由15个文件组成。所有文件都是中层干部经常要处理的会议通知、申请报告、电话记录和备忘录等。要求被试者在两小时内处理完毕。文件处理以团体测试方式进行，有主试统一的指导语。15个文件的来源大体分为三类：第一类是管理中已有正确结论的文件，在文书档案调查的基础上对某些文件做了加工提炼。这样产生的文件易于对被试处理结果的有效性进行评价；第二类是文件处理的条件已经具备，要求被试在综合分析基础上进行决策，这类文件有容易处理的，也有比较难以处理的；第三类是尚缺少某些条件或信息的，看被试者是否善于提出问题和假设，或者有无获得进一步信息的要求。这类文件的处理具有一定的难度。

本测验需要特别注意的事项：

（1）公文筐作业的适用对象为中、高级管理人员，它可以帮助企业选拔优秀的管理人才或考核现有管理人员。由于它的测验时间比较长（一般约为两个小时），因此它常作为选拔和考核的最后一环使用。

（2）公文筐作业从以下两个角度对管理人员进行测查，一为技能角度，主要考察管理者的计划、预测、决策和沟通能力。一为业务角度，公文筐的材料涉及财务、人事、行政、市场等多方面业务，它要求管理者具有对多方面管理业务的整体动作能力。包括对人、财、物流程的控制等。

（3）公文筐作业对评分者的要求较高，它要求评分者了解测验的内核，通晓每份材料之间的内部联系，对每个可能的答案了如指掌，评分前要对评分者进行系统的培训，以保证测评结果的客观和公正。

2. 小组集体讨论

这个测试项目是讨论一项人事安排问题。为了引起争论，按实际管理中常碰到的复杂因素，设计了测试内容。该项目也以团体测验形式进行，将被试者分成若干小组，每组六个人。不明确谁是召集人。在主试讲完指导话后即开始讨论。看谁善于集中正确意见，并说服他人，把讨论引向一致。

3. 上下级对话

这个项目属于管理角色扮演。设计了一个上级做下级思想工作的材料，由被试者扮演上级，测评者担任下级，以个别测验方式进行。如面对一个经常迟到且满不在乎的人，看被试如何应对。

4. 工作布置

这个测试项目属于即席发言。要求被试者看阅报纸报道后，以职能科长的身份即席发言。结合个别测验方式进行。下级由测评者担任。

该测验采用五个等级分别评定六种思维能力，即语言思维能力、分析与综合思维能力、变通思维能力、关联思维能力、急智思维能力、组织协调思维能力等，并对被试者的群体能力特征做出综合分析。

该测验能在短时间内（每个被试者测两天）客观地评价各人的管理能力及其潜力，经上海有关单位试用后，不仅符合平时观察的结果，而且测出许多平时凭经验观察不到的东西，使人事部门对原来举棋不定的人敢大胆使用。原来使用方向不明的有了目标，原来吃不准的现在有把握了，而且对每个人的培养有了明确的方向。这对建立国家"人才银行"很有价值。

## 三、W-QIUS角色模拟命题例举

W-QIUS 模拟情境命题在传统命题的基础上做了一些新的尝试。这种测试体现在两个方面：一是贴近现代职业思维设计，以满足人才招聘的需要；二是利用自然团体的效能，将自然角色与模拟角色相结合，减少测试的成本。

首先，向应试者介绍有关的背景材料，然后告诉应试者，他现在所扮演的角色，要根据自己的经验、知识和性格在给定的时闻内真刀真枪地处理每一件事。测评组根据被试的表现，按既定的考评维度与标准进行考评。通常不是定性式的给予评语，而是就某些维度逐一定量式的评分。W-QIUS 模拟情境命题所取素材大多来自思维故事和智力游戏，其命题方式主要有两种：研讨式和游戏式。

## （一）研讨式

【目的】选聘销售员

【主题】如何把木梳卖给和尚

【模拟角色】经理（主试扮）、销售员甲（主试扮）、销售员乙（主试扮）、销售员丙（主试扮）销售员丁（应试者）。

【案由】有家公司由于经营有方，所以效益非常好，这里的高薪工作成了人们追求的热点。去年，公司决定扩大经营范围，招聘一批营销人员，广告刊登以后，前来报名的人非常多。人多职少，这家公司便用了一个绝妙的考试办法，从中选拔出最理想的营销人才。

【研讨】

经理："为了能够选拔出高素质的营销人员，我们现在一道谋划，如何把木梳卖给和尚，要注意，和尚全部都是光头，连一根头发也没有，我们有什么办法让和尚买木梳？。"

销售员甲："和尚心善，只要我苦口婆心哀求，必定会'精诚所至，金石为开'。"

经理："这办法我试过，我曾经历尽千辛万苦，到了许多的庙宇，结果都被和尚们赶了出来。最后，我好不容易见到了一个善良的老和尚，好说歹说才卖给他1把木梳。"

销售员乙："老和尚要木梳也没有用呀。"

经理："是啊，他是听到我诉了半天苦以后，为了安慰我才买的。（面向乙）你有什么好办法？"

销售员乙："我去了一座名山的寺庙，由于山高风大，前来烧香拜佛的善男信女的头发都被吹乱了，我就劝庙里的主持说，这样拜佛，是对佛的不敬，必须先梳梳头发，然后再仪容整洁地叩拜。于是，寺庙里的主持采纳了我的建议，买下了10把梳子。"

经理："这办法还可以，至少梳子通过和尚的手转到需要它们的人手中，体现了梳子的价值。（面向应试者）你有什么好办法？"

应试者：……

（根据应试者的反应，主试可作出适当评述，如果应试者讲不出来，可进行下一步的诱导）

经理："（面向丙）他们都卖了一些梳子，你卖了多少把？"

销售员丙："我卖了100把。"

经理："哦，那么，你是怎样做的呢？"

销售员丙："我也上了一座名山，这座山上有许多的庙宇。在上山的路上，我见到了许多善男信女，他们都有一颗极其虔诚的心。于是我想，他们费了那么大的劲，爬了那么多的山路，好不容易才上了高山去烧香拜佛的，这个庙宇里的主持老和尚书法非常好，如果庙里能回赠给他们一些书法作品做信物，那么，他们一定会认为自己不虚此行。"

经理："可是，这与卖木梳有什么关系？你让我们猜一猜。（（面向应试者）你先猜。"

（根据应试者的反应，主试可作出适当评述，如果应试者讲不出来，可进行下一步的诱导）

经理："（面向丙）那你接着说。"

销售员丙："我找到了主持老和尚告诉他，您的书法非常好，你可以先在梳子上刻上"积善行德"四个字，然后送给那些施主与香客，他们一传十，十传百，你们庙宇里的香火一定越来越旺。老和尚听了小赵的意见以后，觉得挺有道理，他一下子就买下一百把梳子。"

（主试可让应试者作出归总评述，如果应试者讲不出来，可进行下一步的诱导）

【点评】卖梳子给和尚好像是一件很荒诞的事情，因为和尚是不梳头的，没有这方面的需求。要想让和尚买木梳，就应该在激活和尚购买木梳的需求上下工夫，这就是"间接中的"。案例中三个卖梳人有三种思路，三种思路的差异归根到底是激活和尚购买木梳需求的层次不同：

（1）销售员丙甲苦苦哀求把梳子卖给和尚用，梳子在和尚手中体现不了价值，和尚仅仅出于同情心才买了一把，需求层次太低，因此销售效果自然不佳。

（2）销售员乙通过和尚把梳子借给善男信女用，这个办法较前有进步。买梳人和用梳人区别开来，梳子的功能派上了用场，可是这仅仅停留在梳子的原本功能上，与和尚的需求有些脱节，故而销售成绩平平。

（3）销售员丙把梳子卖给主持，并让主持在梳子上刻上"积善行德"四个字，然后送给那些施主与香客，使庙宇里的香火越来越旺。这样一变通，梳子的价值大大超过梳子原本的功能，满足了和尚"使寺院香火越来越旺"的需求，故而销售成绩飙扬。可见不管遇到多么荒诞的问题，只要能够运用灵活变通的思维方式，总能找出解决的办法。

【评分】（常用五分制）。本测验的考评维度有五个，即思维逻辑、思维路径、思维敏捷、思维发散、思维求异；但也可按具体情况增删，如加上创造性思维能力、工作方法的合理性等。总之，应当将应聘者的岗位胜任能力与远程发展的潜质作为浏评的重点。

## （二）游戏式

【目的】选聘刑侦人员

【主题】"好人"与"杀手"

【说明】这是一个思维游戏，里面蕴涵了很多饶有趣味的人生哲理。游戏里的"杀手"与"好人"是相对的，如果不幸你成为"好人"，那么整个游戏过程完全凭借你的智慧，你必须独立分析和判断，否则稍微犹豫和没有主见就会正中"杀手"下怀。

【道具】和人数相等的扑克牌，或以名片代替。

【地点】团体活动室

【人数】以 10~20 人范围较好，最佳人数 12~16 人，另设"法官"一名。

【示例】参加游戏人数共13人，选其中1人做法官。由法官准备12张扑克牌。其中3张A，6张普通牌和3张K。众人坐定后，法官将洗好的12张牌交由大家抽取。抽到普通牌的为良民，抽到A的为杀手，抽到K的为警察。

法官开始主持游戏，众人要听从法官的口令，不可作弊。

法官说："黑夜来临，请大家闭上眼睛睡觉。"只有法官一人能看到大家的情况。等大家都闭好眼睛后，法官又说："杀手睁开眼睛，可以出来杀人了。"听到此命令后，只有抽到黑色牌的3个杀手可以睁开眼睛，3杀手此时可以互相认识一下，成为本轮游戏中最先达成同盟的群体。并由任意一位杀手示意法官，杀掉所有在座闭眼中的任意一位。

法官看清楚后说："杀手闭眼。"稍后再说："警察睁开眼睛。"抽到王牌的警察可以睁开眼睛，相互认识一下，并可以怀疑闭眼的任意一位为杀手，同时看向法官，法官可以给一次暗示。

完成后，法官说："所有人闭眼。"稍后说："天亮了，大家都可以睁开眼睛了。"

待大家都睁开眼睛后，法官宣布谁被杀了，此良民即为被杀之人，同时法官宣布让大家安静，聆听被杀者的遗言。被杀者可以指认杀手，并陈述理由。遗言说罢，被杀者在本轮游戏中将不能够再发言。法官主持由被杀者身边一位开始任意方向挨个陈述自己的意见。

意见陈述完毕，会有几人被怀疑为杀手。被怀疑者可以为自己辩解。由法官主持大家举手表决选出嫌疑最大的2人，并作最后的陈述和辩解，再次投票后，杀掉票数最多的那个人。被杀者如是真正的凶手，不可再讲话，退出本轮游戏。被杀者如不是杀手，可以发表遗言及指认新的怀疑对象。

在聆听了遗言后，新的夜晚来到了。又是凶手出来杀人，然后警察确认身份，然后又都在新一天醒来，又有一人被杀。继续讨论和杀掉新的被怀疑对象。如此往复，凶手杀掉全部的警察或良民即可获胜。

【点评】这是一个很有意思思维游戏，在这个游戏中，人们可以在真实的人际关系中表演不真实的事。现实空间不可能一下实现的事，可以在游戏的空间集中表现出来。在游戏中，你可以当个坏蛋，可以随意'杀人'，有一种征服欲，而征服欲却是人类原始的人性本能之一，在现代社会里，这种欲望在很大程度上被道德、法律等必须遵守的原则压抑了，只能通过游戏的空间释放出来。本游戏的目的不仅是测试思维推断能力，而且有些谋略上的组织能力。例如，你是"杀手"，就应该绝对镇定，不要让人家看出你与上局游戏中的差别。谋略上先"杀"不太受人注意的人物，因为他们留下的线索最少。举手投票"杀人"时要坚定。"黑夜"里你可以肆无忌惮地"杀"人，在"白天"你是个"大好人"，还要为你认为的好人辩护，这样可以隐蔽得更深。当局势越来越清晰时，"杀手"要表现得思路清晰。每次发言都要澄清2个问题：你为什么不可能是"杀手"；谁谁为什么一定是"杀手"。这时候，诚恳、简洁的解释更为有利。你如果是"好人"，就要做好充分心理准备。在第一夜，你可能被杀，但你要留下线索，这完全凭靠"直觉"。要凭借智慧，独立分析和判断，否则稍微犹豫和没有主见就会正中"杀手"下怀。

## 第二节 W-QIUS承续性命题技术

承续性命题是在所给材料的基础上，拓展思路，进行仿写或再创的命题方法。它是从成熟的思维产品中派生出来的新的命题结构和设想。被试从这种承续性命题中派生出的思维产品，虽然有被试的精神成果在内，但又未改变所给材料的基本思路和表达形式。

### 一、承续性命题技术概述

#### （一）W-QIUS承续性命题特征

W-QIUS承续性命题分为两大类：一类是对语言作品的仿写，但不是词或单句的仿写，比传统的命题要复杂，一般没有固定的答案；一类是对经典案例的再创造，延伸思路，获得更佳思维产品。虽然这两种形式各异，但是它们实质上仍有一些共同的特征。

（1）依附性。无论是对语言作品的仿写还是对经典案例的再创造，都是被试在对原作品充分的分析，研究的基础上，加上自身的感悟和构思发挥而成的。所以，原材料是承续的根基，他们之间存在着天然的依附关系。这种依附性主要表现为：①在对原材料三要素上的依附，即人物、故事情节和环境；②对原作的名气的依附性，一般而言，被承续的原作为名家名作或发明家、企业家、思想家的作品或案例作为命题基础，正是这种依附性，使得承续性产品对原作品具有反作用性。

（2）承续产品的独创性。无论是在理论上还是在实践中，承续产品含有多大的独创性、创新性，是个尚存质疑的问题，即使其具有创新性，也是要打些折扣的，因为承续产品对原材料的依附性，降低了其独创性的含金量。所以我们把这种命题方式归于理性思维测量，而没有将其放置创造性思维测量。但是并不否定承续产品中的思维、构思、创造的独立性。

### （二）测试注意

（1）把握承续命题所供材料的中心思想。无论是对语言作品的仿写还是对经典案例的再创造与所供材料的中心思想必须一致，不能前后矛盾。若承续的那部分偏离了材料的中心，就不能称之为承续了。

（2）确定承续的线索。能贯穿所给材料始终，对经典案例的再创造按照这条线索思考发展变化，作出故事的结局或事情发展的结果。

（3）展开合理想象。首先，必须根据所供材料和题目的要求，按照所供材料的线索，联系自己的生活实际，设计符合生活实际的情节。其次，想象的内容要能够反映所供材料的思想。最后，想象的内容要形象、生动，因为没有感情的想象是不能表情达意的。

检测人的分析、概括、提炼、加工能力的同时，还要检测其运用所给信息及思路解决实际问题的能力。

## 二、W-QIUS语言承续命题

### （一）语言承续命题概述

W-QIUS语言承续命题大多属于续写式仿写，也有嵌入式、命题式和开放式。语言承续命题有修辞要求，多是比喻、排比、对比、类比、反问等辞格，也有几种辞格同时使用的。语言承续命题要求仿写材料语脉清晰，有典型性，与测试目的相一致。在做这类测题时，应认真分析提供的语言材料，认真分析例句，弄清例句以下几方面的特点：①理解例句的意义，特别是隐含意义，保证仿写的句段义与原的一致。②注意例句的句式特点，特别是分句间的关系，甚至关联词也要一一对应。③注意例句的修辞方法，仿句要与之保持一致。④注意例句的用词特点，如词语的褒贬雅俗色彩等，仿句用词要与之相似。⑤注意例句的感情基调，如忧伤、喜悦、沉重、明快等，仿句要与之一致。

### （二）W-QIUS语言承续命题例举

W-QIUS语言承续命题是W-QIUS理性思维题库的组成部分，关于W-QIUS理性思维题库我们将在第五篇介绍。下面题链即选自W-QIUS思维命题题库。

【题链1】金钱不万能

金钱确实可以买到许多东西，但它毕竟不是万能的。请你联想它的作用和局限，将下文写下去，想得越多越好。

金钱能买床铺，不能买甜蜜的梦；

能买书，不能买记忆；

能买食物，不能买食欲；

能买衣服，不能买风度；

能买金银首饰，不能买感情……

【解析】首先从整体上看，例句的结构是：金钱能买来……，但买不来……；金钱能买来……，但买不来……；这一步是做仿写题的关键所在。其次分析例句的内容，从例句可知：①"能买来"的是表示具体事物的名词（床铺、书籍等）；②"但买不来"的是表示抽象事物的名词（记忆、食欲）；③"书籍和记忆"、"食物和食欲"之间具有内在的联系。所以，根据例句，答案可填写为：

能买药物，不能买健康；能买奢侈品，不能买教养；能买娱乐，不能买幸福；能买房屋，不能买温情；能买权力，不能买权威；能买选票，不能买人心……

【题链2】仿照下面的句式，以"只有"开头，写一个结构与之相似的复句：

只有波涛澎湃的大海，

才能创造出沙滩的光洁与柔软；

而平静的湖边，只好让污泥环绕。

【解析】这种类型属于语段仿写。语段仿写比局部仿写从难度上说要高得多了。主要是内容上要注意与例句保持一致。从句式上看，这是一个二重关系的复句，"……而……"构成第一层，意为转折，"只有……才能……"构成第二层，意为假设。如果不懂复句的知识，这个题目恐怕就不太好完成了。句式研究后就要研究句中的词语，"波涛澎湃"对应"平静"，"光洁柔软"对应"污泥环绕"，完成这一题目不能不注意这些词语的对应，否则便不能很好地完成这一题目。

【题链3】根据下面这句话的格式仿造一句话，再在后面加一句话，作为前面四句话的总结。

如果你是一棵大树，就洒下一片绿荫；

【解析】这是一种综合类型的仿写题，综合了仿写和理解两种能力的考查。首先要仿写句式，"如果你是……，就……"，其次是要理解这句话的内容，这是一个假设关系的复句，它强调的内容包含两个方面：一是从"洒下绿阴"来看是强调个体的奉献精神，二是从仿写的一组句子上看它又是强调集体的团结协作精神。所以填入的句子前四句应注重强调个体的奉献精神，最后一句的总结应强调集体的团结协作精神。

【题链4】以"爱心"为陈述对象，仿造下面的句式，续写两个恰当的比喻句，使之构成一组排比句。

爱心是一片照射在冬日的阳光，使贫病交迫的人感到人间的温暖；

爱心_____，_____；

爱心是_____，_____。

【解析】本道题既考查仿用句式、修辞方法，也考查了扩展语句。本题所给句子是个兼语句。前句是一个判断形式的比喻句，它作后句的主语。后句说明前句将产生的结果。

【题链5】仿照下面两个比喻的句式，以"时间"开头，写两个句式相同的比喻句。（不超过60个字）

书籍好比一架梯子，它能引导我们登上知识的殿堂。书籍如同一把钥匙，它能帮助我们开启心灵的智慧之窗。

【解析】题目中的两个比喻句，前句中"书籍好比一架梯子"，是个明喻句。"它能引导我们登上知识的殿堂"中的"它"，复指前面的明喻句，并共同作后面的主语，整句话是一个兼语句。这道题，是从句式和修辞方面来考查。

【题链6】根据下面这句话的格式仿造一句话，仿写不包括首句。

心正则笔直。宋代抗金名将岳飞，精忠报国，一心收复失地，不是写下情真意切、壮怀激烈的《满江红》？

【解析】首句是一个紧缩复句，以下分别是朝代、人物、人物精神品质概括和人物的主要事迹；最后以反问形式点出该人物独具特色的一部作品。

【题链7】在横线处填写恰当的句子，构成前后连贯、合理的排比句。

人的一生像金，要刚正，人格须挺立；_____，_____，_____；人的一生像水，要灵活，方法须随和；_____，_____，_____；人的一生像土，要本色，作风须朴实。

【解析】这道题是考查仿用句式、扩展语句和修辞方法。排比句的五个喻体分别为"金""木""水""火""土"。释喻部分前一分句要与喻体有一致性，后一分句再扣住人；释喻要兼顾本体、喻体，具有合理性；选择词语尽量避免重复，语义覆盖尽可能完整。

【题链8】根据例句句式特点，在横线上另外仿写句子。

例句：太阳无语，却放射出光辉；高山无语，却体现出巍峨；大地无语，却展示出广博。

_____，_____；_____，_____；_____，_____。

【解析】这是一道自选话题的仿写。品读所给例句，我们能看出以下特点：一是全句运用了排比、拟人的修辞手法，歌颂了一种默默奉献的精神，二是例句是一个二重复句，第一层为并列关系，第二层为转折关系（有标志词"却"）。我们做这道仿写题时可不考虑所写句子的内容，因题干无此项要求，但整齐的排比句式、活泼的拟人手法则必须用上，且句间关系也一定得跟例句一致。否则，便会被视为不合要求。（仿写示例：青春无语，却焕发出活力，鲜花无语，却散发出芬芳，春雨无语，却滋润着大地。）

【题链9】依照例句，续写一个句子，与例句构成语意连贯的排比句。

例句：人生的意义在于奉献而不在于索取。如果你是一棵大树，就撒下一片阴凉；如果你是一泓清泉，就滋润一方土地；_____，_____；_____，_____。

【解析】所给语段的中心话题是谈人生的意义，仿写句与前面两个分句构成的排比，从内容上说，要具体阐释"奉献"的内涵。通过分析，我们可看出例句形式上的以下特点：都是假设复句，用了关联词"如果……就……"；都是借助比喻（暗喻）对奉献作了形象的阐释。我们的仿写，必须得扣住这些特点。（仿写示例：如果你是一棵小草，就增添一分 绿意、如果你是一朵鲜花，就装点一分春色。）

【题链10】作者说：阳光是一种语言，它和树叶攀谈，和鲜花对语，动情地向人们倾诉，给世界带来温暖和力量。还有人说：阳光是跳动的旋律，将七色幻化为七个美丽的音符，在大地上谱写着动人的乐章。你想把阳光比喻成什么呢？请写句话表达你对阳光的感受。

【解析】"阳光是一种语言"、"阳光是跳动的旋律"，这样的比喻不仅贴切，而且鲜活，既形象地写出了阳光温柔、明媚、给人希望与生命活力的特征，又细致地表达出生命个体对于阳光的独特体验。参读例句，我们就不能不动脑筋地写一些陈旧的、俗套的比喻，而应该力求写出有创意的比喻。本题对考生思维的创造力和感受的新颖性提出了更高的要求，（答案示例：①阳光是美丽的油画，将变幻不定的七色定格在记忆的画框中，成为永远的回忆。②阳光是灿烂的微笑，它用温情融化坚冰，以坦然直面人生，让人平添信心和勇气。）

## 三、W-QIUS经典案例承续命题

### （一）经典案例承续命题概述

W-QIUS 经典案例多来自商界，表达的是在市场化条件下所产生的思维方式和方法。W-QIUS 经典案例承续命题是人脑对商业筹划、运作活动本质规律的反映。它包括对市场机会的判别和把握，对产品的定位和消费者群体的确定，对潜在利益的准确预测和战略分析以及对商业活动各个环节的战术研究……W-QIUS 经典案例着重在商界创业、营销、广告、商战等四个领域展开，将商界思维放置在五彩缤纷的案例背景之下作深入的命题探讨。

首先，W-QIUS 经典案例承续命题考察的既是理性思维，更是创新思维。它有二个基本特征：一是充分利用原有的惯势进行思维决策，经验逻辑力强；二是不断朝纵深方向探究市场现象的成因，做出突破性发现。也就是说既有其常态的一面，也有其创新的一面。创新是商界思维的灵魂。

其次，W-QIUS 经典案例承续命题是一种可操作性的思维命题。它的关键在于其严密性和科学性。同样一种操作，有人可以在事先看到结果，有人事后才恍然大悟。因此，在事先的筹划中，趋利避害就成为这一命题的必然轨迹。W-QIUS 经典案例承续命题是一种利益原则的思维，因此，对许多操作手段性质的考虑是非公益性的，而对于操作的可行性和实效性则是首位的。因而，W-QIUS 经典案例承续命题是实战型和实用型的。

再次，W-QIUS 经典案例承续命题还具有可变性、可量性。可变性指的是"思维"是动态的，应有很强的应变准备，是有多种可能的演绎。可量性，也正是思维的严密性。它除了对投入和产出比要了然于胸外，还要随时能翻变出各类数字的花样以促成功。

W-QIUS 承续性命题大多选自成功的商界人士的事迹。成功商界人士具有一种只可意会而不可言传的能力。商界中人也可能认作这是一种天赋，因为无数的大富翁、大财阀或当今社会的大老板、大款几乎无例外的是非科班出身，同时也绝少世家子弟，似乎可以证明这一点。但若理性地看待这一问题，便很难承认"天赋能力"说，事实上，绝大多数的成功者领先的是"商界思维"这一法宝创造了奇迹，而不是"天赋"和撞上门来的"运气"。有一个事实很能说明问题：当今可称为企业家、商业家的，尽管他们的年龄、出身、学历、个性、经营项目各不相同，但他们无一例外的都是多谋善断的思想者，当然，这不包括昙花一现、如同流星瞬间即逝的商界投机者。

W-QIUS 承续性命题有五大新特点：第一是美学性，即美的意识和艺术性；第二是知识性，即修养性和科学性；第三是身体性，即体感性；第四是脑感性；第五是心理性。上述五大特点，不仅改变了传统测试冷冰冰的面孔，也会大大改变测试文化。不言而喻，以信息力和知识力为核心的经典案例承续的过程，已不仅仅是测试本身，也将涉及脑力开发系统的革命。

W-QIUS 承续性命题主要考查应试者三种能力：

（1）分析能力。在正确理解给定材料的基础之上，运用概念、判断、推理、分析、综合等逻辑思维的方法进行分门别类地筛选、加工，理出逻辑思路，提炼材料所反映的思想。

（2）再创造和解决问题的能力。主要是能否延伸原作的思维或提出新的理念。

（3）语言表达能力。借助于语言文字深入浅出地说明问题，及时中肯地提出问题和解决问题。

## （二）经典案例承续命题例举[1]

【案例1】慷慨的以旧换新

1947年，威廉·伯恩巴克与几位朋友成立了一家广告公司，正式营业后，纽约的奥尔巴克百货公司老板奥尔巴克先生来拜访伯恩巴克，请他为自己的公司做广告代理。

位于纽约古老的34街区的奥尔巴克百货公司，一向因价格低廉而为人们所熟悉。奥尔巴克先生不满意自己的经营状况，他希望能通过广告改变人们的固有印象，能够将奥尔巴克百货公司塑造成品位很高的时尚商店。

接受任务后，伯恩巴克经过周密调查，发现顾客之所以将奥尔巴克的公司作为廉价商场而少有光顾，主要是受到传统观念——便宜没好货的影响。伯恩巴克经过认真的思考，决定为奥尔公司确立一个鲜明的广告主题——"精致服装，低廉价格"，这也就是人们常说的价廉物美，并亲自创作了精美的系列广告作品。

其中，有这样一则广告：一张大幅照片占据了版面很大部分，画面上，一位青年男子挽着个年轻女子，一齐大步向前迈进，两个人都是笑容满面，青春的身体洋溢着满足得意的光彩。那个女子虽然看不见全身的正面形象，却可以通过其特有的神态，想到她有迷人的魅力。在画面的空白部分，引人注目地打上几行广告文字：

标题："慷慨的以旧换新"。

副标题："带来你的太太，只要几块钱……，我们将给您换个新女人。"

正文：为什么你硬要欺骗自己呢，认为你买不起最新与最好的东西？在奥尔巴克百货公司，你不必为买美丽的东西而付出高价钱。有无数种服装供你选择——一切都是全新的，一切都会使你兴奋。

现在就把你的太太带给我们，我们会把她换成一个可爱的女人——仅仅只需花上几元钱而已。这将是你有生以来最轻松最愉快的付款。

口号：做千百万的生意，赚几分钱的利润！

这则广告刊出以后，引起了消费者们的极大兴趣，人们纷纷来到奥尔巴克百货公司，有的消费者还给奥尔巴克打来电话，半开玩笑地要奥尔巴克履行承诺，给他们一个新的女人。就这样，随着广告的深入人心，奥尔巴克的公司被人们牢牢地记住了。

现在的问题是：请你模仿伯恩巴克的标题、副标题、正文、口号，再以"慷慨的以旧换新"为标题，为奥尔巴克百货公司做一个男性服装商场的广告文字。

【解析】这则系统广告具有一定的普适性，因此，最简单的模仿就是把"太太"换成"先生"，把"女人"换成"丈夫"。当然，广告文字也要做适当调整，例如，"我们会把她换成一个可爱的女人"应改为"我们会把他换成一个伟岸的男人"等。

【案例2】麦当劳"牛肉在哪里？"

在美国汉堡包市场上，麦当劳占据着45%的份额，雄居榜首。汉堡包屈居第二，而排名第三的是万迪。

1969年创立万迪公司，经过十多年的努力，营业额已达到了麦当劳的1/4，万迪雄心勃勃，决心寻找机会向竞争对手麦当劳发起挑战，以便抢占更多的市场份额。1983年，这个机会终于来临。美国农业部的一项正式调查表明，麦当劳的双层四盎司牛肉馅巨型汉堡包，容

---

[1] 邱章乐,杨一华.商界思维.哈尔滨：黑龙江人民出版社，2004

量从没有超过三盎司（一盎司约28克）。万迪抓住这个有利时机，创造出了"牛肉在哪里"这个最著名的比较广告，而万迪的业务也得到了迅速的发展。

广告是由著名的影星克拉拉扮演，一位爱挑剔而又风韵犹存的老太太，来在一家餐厅里吃午餐，开始的时候，她眉飞色舞地盯着桌上的一个硕大的汉堡包，撕开以后却大惊失色：这么大的汉堡包，牛肉馅居然只有指甲片那么大。她左看右看，越看越愤怒，终于控制不住大声叫起来了："牛肉在哪里？"接着响起了浑厚有力的话外音："如果老太太能够去万迪用午餐，就不会发生找不到牛肉的情形了。"

广告发布以后，在消费者中激起了强烈的反响，"牛肉在哪里？"很快成为美国人的口头禅。甚至出现在美国总统的演讲里——蒙代尔竞选总统时用了这句话。该广告还被纽约国际广告大奖评为经典。这就极大地提高了万迪公司的知名度，万迪销售额当年比预计的还增加了18%。

现在的问题是：请你设想这则克拉拉广告十年之后，自己是万迪代理，想继续与克拉拉合作，将"牛肉在哪里"作进一步演绎，你能否承续原广告的影响力，设计一则有情节的广告。

【解析】实际上，1984年，万迪又与克拉拉再度合作。这一次，克拉拉扮演耳聋的老太太，她从墨西哥返回美国，在机场，由于弄丢了返程入境卡不能入关。她一面回答验关人员没完没了地询问，一面惊慌失措地把口袋翻了翻，可还是找不到能证明自己是美国人的证件。后来，老太太实在忍无可忍，对验关人员大声叫嚷起来："你难道不认识我？我是广告大明星！"接着便加上美国家喻户晓的那句话："牛肉在哪里？"验关人员与受检的旅客们都被吸引过来，大家一下子认出了这位"爱挑剔的老太太"。随后爆发哄堂大笑。验关人员破例让他入境了。这则广告较好地开掘出克拉拉的个性资源和原广告的影响力，可供我们设计时借鉴。

【案例3】亲兄弟的双簧戏

美国费城有两家廉价货商行——纽约廉价货商行和美国廉价货商行，两家正好门挨着门。有道是同行为冤家，两家店主犹如死敌，他们之间经常爆发舌战和价格战。一天，纽约廉价商店的橱窗中挂出一幅广告，上书：居民们看到这则消息，纷纷奔走相告，趋之若鹜。但同往常一样，没过多久，隔壁美国廉价商店的橱窗里赫然出现了这样一则广告：我店的被单与隔壁的相比，犹如罗密欧与朱丽叶的亲密关系一样，注意价格：每床5.95美元。这样一来，拥向纽约廉价商店的人们看到隔壁卖的比这里更便宜，马上放弃了这里的交易，转而拥向另一家廉价商店，一齐挤进店内，只消片刻，被单就被蜂拥而至的人们抢买一空。像这样的竞争在这两家商店之间可以说从未间断过。忽而东风压倒西风，忽而西风压倒东风，无尽无休。而当地的居民也总在盼望他们之间的竞争。因为他们的竞争会给人们带来好运气，可以用很少的钱就买到十分"便宜"的商品。除了利用广告相互压价竞争外，两家商店的老板还常常站在各自的商店门口，相互指责、对骂，甚至拳脚相加，场面十分激烈，但最终总有一方败下阵来，才能停止这场残酷的"战斗"。这时等待已久的市民们则好比在比赛场上听到起跑令一般拥向胜利一方的商店，将店内的商品一抢而空，不论能买到什么样的商品，他们都感到很惬意。就这样，两家商店的矛盾在当地最为著名、最为紧张，也最为持久。而附近的居民却从中获得了巨大的利益，买到了各种物美价廉的商品。他们总在盼望着两家商店的"战斗"再起，好使自己从中获益。这已经成了他们生活中不可缺少的一部分。

一晃，几十年过去了，两家商店的主人也老了。突然有一天……

突然有一天发生什么事情？请你续写下去。

【解析】首先，我们对本案要有一个基本了解。商战如戏，亲兄弟的双簧戏目的只有一个：促销。他们平时的咒骂、威胁、互相攻击，都是人为扮演的。所有的"战斗"都是骗局。因为在他们两个人的"战斗"中，不论哪一方胜利了，只不过是由胜利一方把失败一方的货物一齐卖掉罢了。但如果仔细思量一下，其间还有点学问。首先，俩兄弟营造了竞价氛围，将顾客引入"二择一"的圈子，非此即彼，使人误以为捡了便宜；其次，见好就收，善得其终，连上当数十年的顾客也只能一笑了之。"烟幕战"，双簧戏也。据此，我们可续写如下：

……突然有一天，美国廉价商店的老板失踪了，铺面上了锁。大家再也看不到他们相互竞争的精彩场面了，感到很茫然，心里好像缺点什么。每一天，都在盼望出现奇迹：铺面又开张了，两家店主人开始"战斗"；但奇迹没有出现。过了一段时间，纽约廉价商店的老板也将自己的商店拍卖了，随后也搬走了。从此，附近的居民再也没有见到过这两个带给他们刺激和利益的怪人。终于有一天，商店的新主人前来清理财产时，发现了一桩令人费解的事情：两家商店间有一条秘密通道相连；在楼上，还有一道门连接两家老板的卧室。这是怎么回事？大家都有些惊讶，猜不透昔日"仇敌"的卧室为什么会相通。经过调查得出了一个让人哗然的结果：这两个死敌，原来竟是一对亲兄弟。回想他们演出的一幕幕闹剧，真让人哭笑不得。

# 第4篇
# 创造性思维测量

CREATIVE THOUGHT SURVEY

▶ 创造性思维概述
▶ 创造性思维的传统测量技术
▶ W-QIUS创造性思维命题技术

# 第12章 创造性思维概述

创造性思维是思维功能的特殊派生,从严格意义上讲仍属功能性思维。目前在我国,较一致的看法是把创造性思维定义为:根据一定的目的,运用一切已知信息,产生出某种新颖、独特、有社会或个人价值的产品的思维。这里的产品既指思维成果,也指物质成果。创造性思维是相对于常规性思维提出来的。后者是指对于客体只要求重用过去在类似情况中所用过的办法即可解决的思维活动。该定义实际上已反映了创造性思维的功能特征,但是要对思维的创新样式进行梳理,仅仅依据这样一个高度概括的定义是不够的。我们必须认识到思维的创新样式复杂多元的特征。Isksen(1987)曾提出,思维的创新在不同的人身上表现的程度和方式都是不同的,思维的创造样式应该被看作一种多侧面的现象,而不是一个可以精确定义的单一的功能结构。创造性思维就是要打破陈旧的自我延续下来的模式,而不是重新制造一个样式。许多研究者也认识到,思维的创新是一般人共同具有的智力品质,它的表现是形形色色的。如果把创造力看作是一个静态结构和动态结构相统一的心理系统,那么它就是一个包括创造目的、创造过程、创造材料、创造结果中的认知和非认知因素等诸多复杂心理结构的系统。

## 第一节 创造性思维理论

迄今在创造性思维研究领域所取得的成果基本上可以分为两类:一类是建立在传统心理学基础上的理论或样式(仅用心理学理论来研究创造性思维的心理过程),属于这一类的有沃拉斯、韦特海默、吉尔福特和斯滕伯格等人的理论;另一类是建立在脑神经科学基础上的理论(不仅运用心理学还运用脑神经科学乃至其他现代科学成就来研究创造性思维的心理过程),属于这一类的则有若宾等人的理论。其实,对创造性思维研究远未结束,我们准备在这一章提出多元螺旋说,为创造性思维研究添上新的砖瓦。

### 一、创造性思维的传统学说

对"创造力"的研究可以追溯到两千多年前的柏拉图时代,但一般认为,英国生理学家高尔顿于1869年发表的《遗传的天才》一书是最早的关于创造力研究的系统科学文献。但是作为创造力核心的创造性思维,真正被运用科学方法进行系统的研究,则比这要晚得多。真正可以作为这一领域开创性研究标志的是德国心理学家韦特海默。他于1945年出版了名为《创造性思维》的专著,明确地提出了"创造性思维"这一概念。该书的主要成就是,运用心理学的格式塔理论分析创造性思维过程,从简单的一节数学课到爱因斯坦这个天才人物都作了认真的思维心理分析。韦特海默认为,创造性思维过程是通过顿悟而获得。这些思想是很有价值的,值得借鉴。同年,美国心理学家沃拉斯发表《思考的艺术》一书。在该书中,沃拉斯首次对创造性思维所涉及的心理活动过程进行了较深入的研究。在此基础上提出了包含准备、孕育、明朗和验证等四个阶段的创造性思维一般模型，至今在国际上仍有较大的影响。从这以后，对创造性思维的研究就日益引起心理学界的重视，特别是1950年吉尔福特在美国心理学年会上发表了题为"创造性"的著名演讲后，这一领域的研究就更加繁荣起来。

### （一）联想与模仿创造论

联想主义心理学创立较早，在古希腊时期，柏拉图、亚里士多德等人在他们的著作中已初步提到三大定律（相似律、对比律或接近律）。以后还有霍布斯、洛克、贝克莱、休谟、哈特莱等人。现代联想主义心理学从1885年艾宾豪斯（Hermann Ebinghaus）发表他的名著《论记忆》算起，以后有格奥尔格·缪勒（G. Müller）、桑戴克等人。尤其是桑戴克1898年发表的《动物的智慧：对动物的联想过程的实验研究》，此书涉及学习心理、创造心理等一系列问题。联想创造论者认为：联想是创造想象的重要基础，没有联想便谈不上创造想象。创造想象不是原有表象的再现、复活，而是表象的重新组合、综合，独立地创造出新形象的心理过程。在创造新技术、新产品、新作品之前，头脑中一定先构成这种新事物的形象，这种新形象越新颖、社会意义越大，它的创造水平就越高。

模仿创造，以逻辑方法而论是属类比推理方法，历代皆有。巧匠鲁班在登山中被荆棘划伤时，由类比推理而发明创造了锯子。这是受着原模的启示而模仿、比拟、类归、扩充产生新的创造的典型例子。当今仿生学的整个学科都是建立在这种理论思维基础上的，即模仿生物的形态、构造、功能等而创造新的合乎人类需要的物品。创造心理过程的模拟法，戈登提出有下列方式：自身模拟，是发明家以自身对问题的各要点进行模拟，以消除传统观念对问题看法的束缚。在化学史上，化学家凯库勒曾把自己想象为一条蛇，正在吞噬它的尾巴，从而发现了取代传统的连锁式碳分子结构的无环状结构。直接模拟，是直接模拟相类似的事实、知识和技术，如计算机模拟人脑的构造，仿生学模拟生物的功能。符号模拟，这是各种身心活动型的信息突然形成紧凑的形式，写诗填词就是符号模拟的运用。一旦采用符号模拟，各种分散的事物会像磁铁一样立刻汇集为有意义的形式。想象模拟，有些科学家往往受现有理论的束缚，不易产生新的观点与见解，这对研究是很大的障碍。戈登提出，科学家必须先故意地自我欺骗，认定已有的理论是错误的而重新创造。比如法拉第曾用此法放弃了他已感到厌倦的电学，而重新创立了电磁学。

### （二）博格森的直觉创造论

法国哲学家伯格森（Henri Bergson）提出直觉主义，他认为人具有一种神秘的直觉能力，能够不经过逻辑思维直接理解。现象学的创立者德国的哲学家胡塞尔（Edmund Husserl）也认为直觉的发现本质的意识的经验方式。以后，对直觉思维进行实验研究的是符茨堡学派的屈尔佩（1901年）、法国的比纳（1903年）和美国的吴伟士等人。他们发现被试者解决问题时，往往是突然受到某种启示后直接想到答案，而没有明确意识到解决问题的过程。完形心理学派研究直觉与创造的关系最有成效。苛勒的"顿悟"实验有独到的工夫。如他用人猿做取远处香蕉的实验，观察者设计必用短条拨取长条才能取到香蕉，当人猿直接取不到时，懊丧之中，突然参照周围整体环境想出解决问题的办法来。这类实验，为"顿悟说"提供了有力的论证。韦特海默研究创造性思维时发现无论是儿童解决简单的几何题，还是爱因斯坦创立复杂的相对论都有赖于局部的顿悟。前苏联在20世纪60年代以来，不少学者对直觉进行了研究，如别里亚耶夫（1959年）、西蒙诺夫（1962年）、马兹马尼杨（1962年）、盖尔施科维奇（1963年）、阿斯莫斯（1963年）、波诺马廖夫（1967年）、B.普希金、费季索夫（1969年）、尼基福罗娃（1972年）。O. N. 尼福罗在《论直觉》一书中，强调在艺术典型化过程中，艺术家直觉创造出典型形象，是创造的基本的、主导的过程，没有这个过程就不可能建立反应本质的艺术可信的典型形象，直觉是艺术创造的基础之一。对于直觉创造，中外学者很早就已注意到，但直觉长期囿于哲学的概念中，以后心理学才单独讨论。近来创造心理学对此研究较多，而且从哲学思辨性的讨论深入到一定的定性、定量研究。倡导思维科学的钱学森，强调形象直觉在艺术和科学创造中的意义，呼吁不可忽视其重要作用。

### （三）吉尔福特的发散性思维

1967年，美国心理学家吉尔福特在对创造力进行详尽的因素分析基础上，提出了"智力三维结构"模型。吉尔福特认为，人类智力应由三个维度的多种因素组成：第一维是指智力的内容，包括图形、符号、语义和行为等四种；第二维是指智力的操作，包括认知、记忆、发散性思维、聚合思维和评估等五种；第三维是指智力的产物，包括单元、类别、关系、系统、转化和蕴涵等六种。这样，由四种内容、五种操作和六种产物共可组合出 $4 \times 5 \times 6=120$ 种独立的智力因素（后来在1971年和1988年吉尔福特又对该模型作了两次修改、补充，最后成为具有180个因素的三维结构）。

吉尔福特认为，创造性思维的核心就是上述三维结构中处于第二维度的"发散性思维"。发散性思维也叫辐射思维，是指针对某一思维对象，思维主体充分发挥自己的想象力，突破原有的知识圈，从不同的角度、不同的方向和不同的关系去思考问题，多方面、多层次地寻求解决问题的答案和方法。他和他的助手们（托伦斯等人）着重对发散性思维作了较深入的分析，在此基础上提出了关于发散性思维的四个主要特征：①流畅性（fluency）：在短时间内能连续地表达出的观念和设想的数量；②灵活性（flexibility）：能从不同角度、不同方向灵活地思考问题；③独创性（originality）：具有与众不同的想法和独出心裁的解决问题思路；④精致性（elaboration）：能想象与描述事物或事件的具体细节。

吉尔福特认为，这也就是创造性思维的主要特征，并研究出一整套测量这些特征的具体方法。然后，他们又把这种理论应用于教育实践，围绕上述指标来培养发散性思维（按吉尔福特的理论，这也就是培养创造性思维），使发散性思维的培养变成了可操作的教学程序。尽管把创造性思维等同于发散性思维是一种简单化的理解，但是对于创造性思维的研究与应用来说，毕竟是起了不小的推动作用。吉尔福特和托伦斯等人的贡献的确功不可没。

### （四）斯滕伯格的三维模型理论

1988年，美国耶鲁大学教授斯滕伯格在运用创造力内隐理论分析法、对创造力进行深入分析的基础上，提出了一种在国际上有较大影响的"创造力三维模型理论"。该模型的第一维是指与创造力有关的"智力"（智力维），第二维是指与创造力有关的认知方式（方式维），第三维是指与创造力有关的人格特质（人格维）。其中的第一维所涉及的智力又分"内部关联型智力"、"经验关联型智力"和"外部关联型智力"等三种。内部关联型智力是指与个体内部心理过程相联系的智力，它由三种成分组成：①元成分——在创造性地解决问题的过程中，起计划、监控和评估作用，具有问题发现和辨认、问题界定、形成问题解决策略、选择问题解决的心理表征与组织形式、监控、反馈与评估问题解决的过程等功能；②执行成分——执行由元成分所设定的问题解决过程,包括编码、推论、图示、应用、比较、判断、反应等步骤;③获得成分——这是创造性思维中顿悟能力的主要组成部分,它又包含选择性编码、选择性结合和选择性匹配等三个要素。经验关联型智力是指与已有知识经验相联系的智力。外部关联型智力是指与外部环境相联系的智力(包括适应、改造和选择环境的能力)。

斯滕伯格在其创造力三维模型理论中所论述的智力维实际上与创造性思维密切相关,因为它既涉及创造性思维的心理过程(执行成分)、创造性思维的核心组成要素(获得成分),又涉及创造性解决问题过程中的计划、监控与评估(元成分)。所以我们也可以把斯滕伯格所提出的"创造力三维模型理论"中的智力维,看作是一种创造性思维样式。

## 二、创造性思维的脑神经机制

1995年,美国加州大学心理学系的若宾(Nina Robin)等人发表了一篇题为"前额叶皮层的功能和关系复杂性"的论文。该文从"前额叶皮层"是控制人类最高级思维形式的神经生理基础出发,试图探索出人类最高级思维样式与脑神经机制之间的联系。若宾等人认为,人类思维对于事物的本质属性和事物之间内在联系规律性所作的反映,实际上可看成是对事物之间存在的各种关系所做出的反映。根据数理逻辑中谓词逻辑的表述方式,事物本身所具有的本质属性也可看成是一种最简单的关系——一元关系;事物之间的相互联系则可看成是 $n$ 元关系。$n$ 是关系的维度,$n$ 愈大,关系的复杂程度愈高。换言之,$n$ 可作为描述关系复杂性的指标。在此基础上,若宾等人提出了一种用于确定关系复杂性的理论框架。然后,又根据当代脑神经科学所取得的成就对前额叶皮层结构与机能的新认识,把对不同水平关系复杂性的处理和前额叶皮层中不同部位的控制机能联系起来,从而使我们对人类高级思维过程的认识,不仅建立在心理学的基础之上,而且深入到大脑内部的神经生理机制,因而有更为科学、更为坚实的基础[1]。若宾等人在其论文中并未使用创造性思维这个术语,而是采用"最高级思维形式"、"最独特思维形式"或"高水平认知"等概念。从该论文力图处理最高复杂程度的关系以及对"最高级"、"最独特"的强调来看,作者所说的"最高级思维"其本意应当是指"创造性思维"。不过,就该论文中关于"最高级思维"的实际含义来看,若宾等人所提出的、用于处理关系复杂性的理论框架,实质上是一种建立在脑神经科学基础上的抽象思维。尽管它还不是创造性思维样式,但是它对真正创造性思维样式的建立将具有一定的启迪意义。

### (一)大脑皮层定位学说

关于逻辑思维加工机制的大脑皮层定位,目前有以下几种观点。

1. 若宾等人的观点[2]

若宾等人认为,人类用来解决实际问题的各种知识不外乎两大类:明确的关系知识和内隐的关系知识。明确的关系知识以有意识的、可一步步进行逻辑推理的思维加工为基础;内隐的关系知识则以潜意识的、快速直觉思维加工为基础。若宾等人通过脑神经解剖和电生理测量证实,前额叶皮层的主要功能就是获取和运用"明确的关系知识",并负责注意的分配,

---

1 何克抗.创造性思维理论——DC模型的建构与论证.北京:北京师范大学出版社,2000
2 Nina Robin & J.Holyoak, 1995. Relational Complexity and the Functions of Prefrontal Cortex. In The Cognitive Neurosciences, VIII THOUGHT AND IMAGERY, M.S.Gazzaniga,ed. London:The MIT Press

行为的计划、监督和调节，以及时间序列活动的控制等。换言之，前额叶皮层就是实现逻辑分析和推理的神经生理基础。若宾等人还指出，前额叶包括主沟及其周围的背侧部、弓沟及其周围部位和眶额部等三个组成部分，每一部分所具有的功能都是分析、认识事物的性质和处理事物之间的复杂关系，即实现逻辑思维所需要的：主沟周围的背侧部位，负责控制注意和工作记忆，制订计划，并对"刺激——反应"这类偶然性事件的学习有一定的影响。弓沟及其周围部位，这一部位对"刺激—反应"这类条件性偶然事件的学习起决定作用，尤其是对突发事件的反应及处理更是至关重要。眶额部位，负责与选择性有关的心理加工和情绪控制。

2. 克奈特等人的观点[1]

人类的思维活动通常包括三个层次：第一个层次是感知功能；第二个层次是执行功能，第三个层次（最高层次）是意识和自我意识。

克奈特（Robert T. Knight）等人认为，除了第一个层次以外，其余两个层次的功能（也是实现人类认知的关键功能）都依赖于前额叶皮层的背侧部。克奈特等人还指出，第三层次中的意识包含四个子成分：对感觉的意识，对行为的有意识监控，对未来计划的内部模拟（即能预期和评价未来活动的结果），和对行为进行连续的监控（以保证行为在不同时间的完整性、连贯性和一致性）。由于上述第二、三层次的功能都依赖于前额叶皮层的背侧部，所以克奈特等人认为，前额叶在为目标的实现进行计划，对面临问题作出决策，对行为进行监测与调节以及对时间顺序任务进行控制等方面起着决定性的作用。

克奈特等人所确定的前额叶皮层背侧部是指大脑皮层布洛德曼分区的第6、8、9、10、44、45和46区（不包括眶额部和正中区域）。

3. 伽赞尼伽的观点[2]

伽赞尼伽（M. S. Gazzaniga）认为，大脑是由神经系统在各个水平上进行活动的多个子系统以模块形式组织在一起的，每个子系统分别负责行为发生、情绪控制和认知过程等。但是所有这些子系统的活动为了能协调一致，必须受一个称之为"解释器"（interpreter）的特定系统整合与监控。伽赞尼伽认为，这个解释器应位于大脑皮层的左半球，它是人脑的最重要系统。它使我们具有推理能力，使我们对日常生活中的各种刺激不再作出简单的反应；它使我们形成信念和心理结构，使各种心理活动得以进行。可见，伽赞尼伽所说的"解释器"实际上就是实现逻辑思维的加工机制。但令人遗憾的是，他只肯定这个解释器是在大脑的左半球，却未能指出应具体定位在左半球皮层的哪一部位。

综合上述三种观点，我们同意何克抗的选择，把逻辑思维的加工机制定位在克奈特等人所确定的"前额叶皮层背侧部"是比较可信的，其理由有三个。第一，克奈特等人所说的"前额叶皮层背侧部"与若宾等人所确定的前额叶皮层三个组成部分中的第一部分（主沟及其周围背侧部）是基本一致的。而若宾等人所说的另外两个组成部分，虽然也与逻辑思维有些关系，但不起主要作用（尤其是"眶额部"，它与情绪控制的关系更为密切）。第二，克奈特等

---

[1] Robert T.Knight and Marcia Grabowecky, 1995. Escape from Linear Time: Prefrontal Corter and Conscious Experience. In The Cognitive Neurosciences, XI CONSCIOUSNESS , M.S.Gazzanige, ed.London: The MIT Press

[2] M.S.Gazzaniga,1995.Consciousness and the Cerebral Hemispheres.In the Cognitive Neurosciences, XI CONSCIOUSNESS, M.S.Gazzaniga, ed, London: The MIT Press

人对前额叶皮层背侧部所定义的功能（包括为目标的实现进行计划，对面临问题作出决策，对行为进行监测与调节以及对时间顺序任务进行控制）正好与逻辑思维所要达到的目标一致。第三，克奈特等人给出了关于前额叶皮层背侧部比较确切的脑皮层定位枣布洛德曼分区的第 6、8、9、10、44、45 和 46 区。

## （二）关于言语工作记忆区（逻辑思维加工缓存区）

目前关于逻辑思维的加工缓存区（即言语工作记忆区）在大脑皮层中的定位有以下几种看法。

1. 皮特瑞兹的观点[1]

皮特瑞兹（M. Petrides）等人认为，与言语材料有关的工作记忆区是在布洛德曼 6 区。

2. 克奈特等人的观点[2]

按照克奈特等人文章的原，该文中所说的"前额叶皮层背侧部"在大脑皮层中的定位区域，是指与逻辑思维有关的全部区域（即与克奈特所说的第二、三层次有关的全部区域），也就是说，言语工作记忆区也应包括在上述七个布洛德曼区（6、8、9、10、44、45 和 46 区）之内。结合皮特瑞兹的看法，我们可以认为，克奈特等人对言语工作记忆的脑皮层定位也应当是在布洛德曼 6 区。

3. 钟尼兹等人观点[3]

钟尼兹（J. Jonides）等人在运用 PET 和 MRI 技术将"客体工作记忆区"比较准确地定位在左前额叶皮层（集中于布洛德曼 6 区，空间定位坐标为：39、3、29）以后，曾经专门针对皮特瑞兹的上述看法作了进一步的补充实验。对这个补充实验的结果，钟尼兹是这样描述的：有人认为这个部位的激活与采用言语材料的工作记忆有关（Petrides et al., 1993），如果被试想对几何图形进行命名并复述这些名称的话，那么在我们的实验数据中所看到的激活与使用语言加工的激活是一致的。在钟尼兹等人的客体识别实验中（该客体为几何图形），如果增加对该几何图形进行"命名并复述"的实验内容（即增加以言语概念作为思维材料的逻辑思维实验内容），则实验中看到的大脑皮层被激活的部位与原来未增加此实验内容时所看到的激活部位是一致的。

根据以上三种看法，特别是钟尼兹等人针对皮特瑞兹看法所作的补充实验的结果，我们可以得出结论：在涉及形象思维的情况下，逻辑思维的言语工作记忆应当与形象思维的"客体工作记忆区"相同（二者重合），即应在左前额叶（集中于布洛德曼 6 区，空间定位坐标为：39、3、29）；而在涉及直觉思维的情况下，钟尼兹等人虽然未曾做过类似的补充实验，但我们有理由相信逻辑思维的言语工作记忆区也应与直觉思维的"空间工作记忆区"相同，即应在右前额叶（集中于布洛德曼 47 区，空间定位坐标为：−35、19、−2）。

---

[1] M.Petrides et al.1993.Dissociation of Human Mid-dorsolateral from Posterior Dorsolateral Frontal Cortex in Memory Processing.Proc.Natl.Acad.Sci.U.S.A. 90:873-877

[2] Robert T.Knight and Marcia Grabowecky, 1995. Escape from Linear Time: Prefrontal Corter and Conscious Experience. In The Cognitive Neurosciences, XI CONSCIOUSNESS , M.S.Gazzanige, ed.London: The MIT Press.

[3] Edwars E.Smith and John Jonides, 1995. Working Memory in Humans: Neuropsychological Evidence. In The Cognitive Neurosciences, VIII THOUGHT AND IMAGERY,M.S.Gazzaniga,ed. London:The MIT Press.

## 三、传统理论批评

通过以上对创造性思维研究发展脉络的回顾，不难看出，迄今在创造性思维研究领域所取得的成果基本上可以分为两类：一类是建立在传统心理学基础上的理论或样式（仅用心理学理论来研究创造性思维的心理过程），属于这一类的有沃拉斯、韦特海默、吉尔福特和斯滕伯格等人的理论或样式；另一类是建立在脑神经科学基础上的理论或样式（不仅运用心理学还运用脑神经科学乃至其他现代科学成就来研究创造性思维的心理过程），属于这一类的则有若宾等人的理论及样式。其实，对创造性思维研究远未结束，自亚里士多德那个时代以来，人们一直认为逻辑是利用大脑达到某种实际目标的唯一途径。但逻辑是利用大脑的唯一方法吗？沃拉斯、韦特海默、吉尔福特和斯滕伯格、若宾等人的理论或样式是不是穷尽创造性思维奥秘了呢？我们认为：吉尔福特关于发散性思维的研究只涉及创造性思维的一个因素，过于狭窄。韦特海默的"结构说"虽有其合理性，但是没有对创造性思维过程做具体分析，因此缺乏可操作性，对培养创造性思维的实践指导意义不大。斯滕伯格的"三维模型理论"虽然给出了创造性思维的心理操作过程（包含编码、推论、图示、应用、比较、判断、反应等操作步骤），但是并没有从理论上阐明为什么必须包含这些心理操作及这些操作之间有何必然的联系，所以不能令人信服，难以用于指导实践。近年，有人根据当代心理学和神经生理学最新研究成果而提出的关于创造性思维的"内外双循环理论模型"（DC 模型）指出，创造性思维结构应当由发散性思维、直觉思维、形象思维、抽象思维、辩证思维和横纵思维等六个要素组成。这六个要素并非互不相关、彼此孤立地拼凑在一起，也不是平行并列地、不分主次地结合在一起，而是按照一定的分工，彼此互相配合，每个要素发挥各自不同的作用。对于创造性突破来说，有的要素起的作用更大一些（甚至起关键性作用），从而形成一个有机的创造性思维结构。在创造性思维结构的六个要素中，发散性思维主要解决思维目标指向，即思维的方向性问题；辩证思维和横纵思维为高难度复杂问题的解决提供哲学指导思想与心理加工策略；形象思维、直觉思维和抽象思维则是人类的三种基本思维形式，也是实现创造性思维的主要过程（即主体）。换言之，六个要素中，一个用于解决思维过程的方向性（起指引作用），两个用于提供解决高难度复杂问题的指导思想与策略，另外三个用于构成创造性思维过程的主体。

我们认为，"内外双循环理论模型"在构建创造性思维的大系统框架有极好的启迪作用，集传统心理学和脑神经科学之大成，给我们重新审视创造性思维打开新的思维路径。但也有些值得深入探讨的地方，例如，"内外双循环理论模型"强调的是意识域和潜意识域的相互作用，并将这一相互作用当作必要条件。但我们知道，人类很多创造活动或创造理念也可以独立地在意识域和潜意识域进行，并不一定要穷尽所有创造性思维的因子。例如当我们在意识域独自寻得完美创造时，很可能又要重新审视我们的理论模型了。如前所述，思维的创新样式在不同的人身上表现的程度和方式都是不同的，思维的创造样式应该被看作一种多侧面的现象，而不是一个可以精确定义的单一的结构。创造性思维就是要打破陈旧的自我延续下来的模式，而不是重新制造一个固定不变的样式。人类的大脑是一种特殊系统，具有非凡的效率。该系统可以在对立和混乱中建立秩序，而且也只有在矛盾的对立统一中才能不断创新。非平衡是有序之源。这对创造性思维也极有启发。创造性思维是对思维的平衡状态的突破，因此，能否突破思维的平衡状态对创造性思想的产生至关重要。人的创造性思维经常发生在由思维的平衡态向非平衡态转化的过程中，这是一个由混沌走向有序的过程。因此，如果说创造性思维一定有样式的话，那它就像两个缠绕着的螺旋盘升系统：求同与求异、发散与聚合、纵向与横向、灵动与意动交织在一起，平衡→不平衡→平衡→不平衡……盘升而上，以其特有的方式创新与守护、突破与更新着思维的机理。

感性思维和理性思维、求同思维与求异性思维、发散性思维与聚合思维、纵向思维与横向思维、灵动思维与意动思维交织在一起，在许多情况下，它们共存于同一思维过程中，各有其所长和所短，在功能上互为补充，在思维的不同层面上不断分合，不断产生思维产品，不断推进思维，如同不断旋转上升的螺旋通道。总之，根据唯物辩证法的对立统一规律，感性与理性、求同与求异、发散与聚合、纵向与横向、灵动与意动是矛盾的统一。另外，考虑到意识域和潜意识域的相互独立性过于明显，我们将灵动与意动的相互作用，归并到下一节感性思维和理性思维中论述，而将求同思维与求异性思维、发散性思维与聚合思维、纵向思维与横向思维这三组缠绕着的螺旋盘升系统的思维样式放置命题技术层面上展开。

## 第二节　创造性思维的感性活动

在现代科学研究中，感性思维的创造作用愈益受到重视，它与理性创造性思维一起，形成了创造性思维的功能互动。这是现代科学思维方法中体现出的一个重要的辩证关系。理性创造性思维在科学创造中的作用，主要在于将观察、实践中获得的感性材料进行分析、抽象、概括、类比、演绎等，使认识发生一个飞跃，得出新的结论，形成新的构想或假说，并有待于进一步的检验和论证，以达到向科学真理的逼近。

"感性"是相对于"理性"而言的。与理性相比，感性因素在认识过程中的作用方式具有三个明显的特点。第一，感性思维具有非逻辑的特点。理性思维具有严密的逻辑性，它在感性认识的基础上形成概念，然后运用概念进行判断和逻辑推理；而感性思维是以兴趣、体验、冲动、倾向等非逻辑的形式表现出来，其核心是图式结构。第二，感性思维不一定以语言为媒介。理性思维作为一种逻辑思维离不开语言，它直接以语言作为思维工具；而感性思维不依赖语言，它是一种借助于生动的图式而展开的思维活动。因此，感性思维在人的认识过程中具有更大的灵活性。第三，感性思维不仅包括主体的情感、意志以及想象、直觉等意识形态，还包括梦呓图式、顿悟图式和完形图式等潜意识因素，这些意识和潜意识在感性思维过程中往往是相互结合、交互发生作用的，它们对于创造性思维都是不可缺少的。而且，创造活动中的感性思维，归根结底受理性思维制约。不仅想象、直觉和灵感的产生要以一定的理性思维为前提，而且梦呓图式、顿悟图式和完形图式等潜意识思维的结果只有经过理性思维的进一步逻辑加工，才能发展为完备的创造性成果。

马克思主义认识论从不否认非理性因素在认识活动特别是科学研究活动中的作用，既看到非理性因素在科学认识中的积极作用，也看到它可能产生的消极作用。因此，马克思主义哲学强调人应当在理性因素的主导下，充分发挥感性思维中非理性因素的积极作用。把人的某些本能、欲望、情绪、潜意识等当中一切有意义的东西挖掘出来，对非理性、非逻辑的东西做出正确的解释。因此，我们在重视并承认人的感性因素及其作用的同时，应当认清并批判非理性主义把理性同非理性相割裂、相对立的错误，在创造过程中坚持理性思维与感性思维辩证统一的性质。

## 一、感性创造活动概述

### （一）感性创造活动的发生机制

近年来，我国思维科学界对感性思维中的非理性创造活动的发生机制进行了探讨，有代表性的是钱学森和刘奎林的显意识和潜意识相互作用的理论。

我们先来分析一下钱学森对灵感思维机制的阐述，他说，我们的中枢神经系统接受外界的信息，有几种可能性，一种就像人走路，已经开步走了，脚已经踩在地下，这些反应传到人的神经系统，神经系统产生反射式的动作，来控制人的肌肉。这些反射式的动作，是下意识的，根本没有进入到大脑的上层，所以人没感到想怎么走，自然就走起来了。另外，这些信息到了人的大脑之后，是经过显意识，就是人对意识到的思维过程进行加工，然后是有意识的动作，不是反射式的动作。但是所谓灵感，恐怕是人脑有那么一部分对于这些信息再加工，但是人并没有意识到，这在国外也称为"多个自我"，即人不光是一个自我，而是好几个，一个是自己意识到的，还有没意识到的，但它们也在那里工作。那么，假设一个很难的问题，在这些潜意识里加工来加工去，得到结果了，这时可能与我们的显意识沟通了，一下得到了答案。整个加工过程，我们可能不知道。这就是所谓灵感。早在20世纪80年代钱学森就说过，灵感、灵感，不是什么神灵的感受，而是人灵的感受，还是人，所以并不是神秘的事。不过在人的中枢神经里是有层次的，而灵感可能是多个自我，是脑子里的不同部分在起作用，忽然接通，问题就解决了。为了更好地讲解这一机理，钱学森画了个框图，说明潜意识多路并进的情况和几种意识之间的关系。从图中可以看出，在人脑中有显意识、潜意识和下意识三种意识形态，当外界感受信息传入大脑后，这三种意识在同时工作着，彼此之间并形成密切频繁的反馈关系和转化关系。而且潜意识不只有一条路，而是有许多路，好像是有许多个频道在同时工作一样。钱学森的这一理论，被一些研究者称为"多路理论"。

刘奎林认为，显意识和潜意识都是主体对客体的反映，是人脑这块特殊复杂物质的机能。所不同的是，显意识的信息加工是主体可意识的，或者说是在自我意识的控制下自觉进行的；而潜意识的信息加工则是主体无意识的，或者说是不在自我意识的控制下非自觉地进行的。潜意识是人脑不可缺少的潜在的反映形式，人的意识活动是显意识和潜意识的一种综合性的复杂的反映过程。按照刘奎林的解释，灵感的发生，首先是显意识将所追索的课题作为"指令性信息"输送给潜意识后才开始的。这是灵感发生的前提，潜意识的信息加工活动就是围绕这根主线进行的。潜意识的信息加工，是未被意识的一种特殊推论，刘奎林称之为"潜意识推论"。潜意识推论，是一种多因素、多结构、多层次、多功能的系统整合过程。这种整合过程，是信息同构与相关脑生理功能结构间的相互作用、相互制约的辩证发展过程。

信息同构，是输入的知觉信息与已存储的经验信息按照指令性课题所进行的整合活动。通过信息同构，可以把相关信息或者整合推论出一种简单的可能的良好图形，或者整合推论出一种可望的新信息。这种信息同构活动是很复杂的，它的自行加工不知多少次才会成功。

脑神经系统功能结构的建构，是信息同构活动的物质基础。客体信息在作用于人的内外感官之后，又以强弱程度不同的电流刺激着脑细胞的大分子。由于神经细胞的电位变化、生物化学的变化，便引起神经系统功能结构的变化。很可能脑细胞的某一分子就与某一信息产生暂时或固定的联系，成为某一信息的真实载体和确定符号。因而，在信息同构活动中，通过新旧信息的辨识、匹配等，无一不驱动脑细胞大分子功能结构的变化。信息同构与脑神经系统功能结构的建构，虽然不是同步进行的，也并非是等同的，但在潜意识推论过程中，二者是密不可分的。可以说，它们是共建于将信息形式转化为精神产品存在形式的创造之中的。

潜意识就是这样默默地对新输入的知觉信息和过去的经验信息进行综合的整合加工，从而得到某种期望的新信息。而当潜意识推论后所得的新信息偶然受某一相关信号的诱导，便可能跃入显意识，这时灵感也就出现了。

总之，感性创造活动的发生有一个过程，即知觉信息由显意识扩大到潜意识，潜意识经过加工形成新信息，再通向显意识而成为灵感。灵感，是显意识与潜意识相互通融、交互作用的结果。

### （二）感性创造活动的特点

感性创造活动有随机性、突发性、特异性的特点。随机性指感性创造活动的出现常常是人们始料未及，难以预测的。它有时出现在人们的梦呓中，有时出现在洞察事物的直觉思辨中，有时又爆发在思维火花的瞬间……正所谓"众里寻他千百度，蓦然回首，那人却在，灯火阑珊处"。感性创造活动现象又是突发的。它来无影去无踪，稍纵即逝，需要我们即时捕捉。特异性是感性思维的主要特点，它一般不可复制，是个体思维劳动的结晶，带有鲜明的个性色彩。一般的思维不管如何求异，总可以寻找到思维加工的逻辑程序或基本的思路，而感性思维程序往往游离于逻辑程序之外，它要么没有明确的思考步骤，很难寻求其思维线路；要么发生在思维跳跃的直觉之中，消失了思维过程而直奔目的；要么突现在顿悟之中，石破天惊……

感性创造活动建立在创造想象的基础上，是一种动象活动。它在头脑中对已有图式进行反复加工过程中，抛开事物非本质特征，直接构成深刻反映该事物本质的简单化、理想化的形象。思考者在头脑中，通过对表象和意象的分解与组合，用以探索新事物，发现新事物，解决新问题。这种想象还借助人类认知的完形功能对事物所存在的"缺环"进行自动充填并使之完整。想象是创造性思维的一种重要的形式，也是创造性思维最重要的品质和最常用的方法。想象是对记忆中的感性材料进行加工重构以后得到的一种形象思维，也就是说在人头脑中把过去感知的形象进行加工所产生的一种新的形象。想象能够冲破时空限制而"思接千载"、"视接万里"。创造性思维离不开想象，因为人们要揭示事物的本质，不仅要把握那些能被直接感知的经验材料，更重要的是透过这些经验材料，把握住那些不能为人们直接感知的事物的隐蔽的基础，去设想、构思其内部因素相互联系、相互作用的图景，也就是要借助于想象去探求事物运动的内部机制。想象不拘泥于现有的实际材料，而是一种对实际材料的"超越、突破"，对未知对象的性质及其未来的猜测。想象不仅对于提出科学假说和新的科学概念具有重要作用，而且也是"思维实验"和"模型方法"的重要手段。思维实验可以使人们摆脱技术条件的限制，对假定条件下可能出现的现象和过程进行想象，勾画出可能出现的图景。如经典力学的奠基人伽利略曾想象：在一个比冰还要光滑的摩擦系数等于零的平面上，一小球一旦进入运动状态，且不施加任何外力时，它将无休止地运动下去，通过这样的思维实验，伽利略发现了著名的惯性定律。爱因斯坦创立相对论，也首先是从想象光速运动的"思维实验"开始的。在科学研究中，任何一个理想模型的构思，都不能没有想象。

感性思维正是有了这么多奇特成因，引发思维学家、创造学家极大兴趣和关注，成为他们孜孜以求的研究目标。

## 二、感性思维的潜意识推论

以弗洛伊德为首的精神分析学派认为,人所意识到的仅仅是人的整个精神活动中位于心理表层的一个很小的部分,即显意识,而人的大部分精神活动则存在于心理的深层,往往意识不到,属于潜意识(无意识)范畴。他们认为,潜意识包括各种各样的先天的本能和后天的长期积累起来的贮存在头脑中的知识经验。潜意识思维不像显意识思维那样遵循着正常的逻辑轨道,而是不断地、无规则地流动、跳跃、弥漫、渗透和交融。

现代思维科学的研究表明,人们可以在潜意识水平上处理并理解所见到的现象,潜意识能阻碍来自客观的大多数刺激,而让少数几种选择的刺激信息进入潜意识思维过程。在显意识思维过程中不能组合加工的信息,能在潜意识思维过程中加工形成结合块。因此,潜意识思维常常在创造中起着重大的作用。创造活动中的孕育阶段,实际上就是潜意识思维的过程。此外,科学上的许多事实表明,做梦能激发创造,如凯库勒透过梦进而发现苯的分子结构。剑桥大学的一份关于各类科学家工作习惯的调查中,有70%的科学家回答说他们曾在一些梦中得到过帮助。而梦是潜意识思维的具体体现,在睡梦中,潜意识的信息容易进入显意识中来,使人豁然开朗。

由于潜意识思维的内容是在显意识状况下长期积累而成的,而且潜意识思维的成果一旦闪现,即表现为显意识,并通过显意识思维修正、变形而完善。因此,创造活动是在潜意识与显意识思维的交替作用(往往是反复多次交替作用)下,最后达到创造目标的。在这个意义上,创造性思维可以说是潜意识思维与显意识思维的有机结合。潜意识思维又称作非理性思维,显意识思维也称为理性思维。

因此,如果完全摆脱弗洛伊德的潜意识论,我们就无法傍得有关感性思维的理论体系;如果我们完全依赖弗洛伊德的潜意识论,又有可能陷入否定或贬抑人的理性及其思维的作用的神秘主义。而把刘奎林的创造性思维模型搬迁到感性思维的理论建树上,却恰到好处。早在1986年,刘奎林就发表了一篇颇有影响的论文"灵感发生论新探"。该文对灵感的本质、灵感的特征和灵感的诱发等问题作了较深入的探索,并力图在19世纪80年代国际上已取得的科学成就(特别是脑科学、心理学与现代物理学等方面的成就)的基础上,对灵感发生的机制做出比较科学的论证。值得注意的是,该文提出了一种称之为"潜意识推论"的理论,并运用这种理论建立起"灵感发生模型"。由于该文作者刘奎林认为灵感思维"居于创造性思维过程中的重要位置",因此我们也可以把刘奎林提出的"灵感发生模型"看作是创造性思维模型。由于该模型是建立在"潜意识推论"的理论基础上,所以也可以称之为基于潜意识推论的创造性思维模型。这是迄今为止,在国内外有关文献中所能看到的关于创造性思维研究中比较完整、比较有说服力的模型。特别是作者力图从脑科学和现代物理学基础上阐明创造性思维过程,这是前所未有的。尽管该模型仍有明显的不足之处,但是与以往的模型相比,毕竟突破了仅仅局限于从心理学角度来研究创造性思维的传统做法,因而在理论上给人一种耳目一新的感觉。

就狭义而言,意识是人脑对时间抽象思维和空间结构思维(包括形象思维和直觉思维)的觉察、调节或控制。要判断是否有意识产生,至少要能"觉察"出思维过程(觉察出来后,才有可能在此基础上加以调节或控制)。任何思维过程(不管是何种形式的思维过程)都离不开四个要素:思维加工对象(即思维的材料)、思维加工的手段或方法(如分析、综合、抽象、概括、判断、推理、想象等)、思维加工缓存区(也叫"工作记忆",用于暂存思维加工对象及加工结果）和思维加工机制。换言之，只要缺少其中任一要素，思维过程都将因难以进行而不能被觉察出来。因此，如果只是要判别是有意识或无意识即仅局限于觉察思维过程的话，问题就简单得多，因为要觉察出某种思维过程，并不需要去仔细分析四个要素中的每一个要素，只要抓住其中一个最简单又与觉察直接相关的要素就行了。这个要素就是"工作记忆"（思维加工的缓存区）。这是因为，工作记忆与长时记忆不同，工作记忆中的内容并不长期保留，它只起缓冲存储器作用：在思维加工过程中暂存加工对象和加工结果，加工完成后，其中内容就会很快消失。因此，我们不必考虑思维加工的方式、机制，也不必管思维加工的对象，只需考虑工作记忆中是否有内容（有或无，至于有什么样的内容则不必管），以及工作记忆持续时间的长短就可以觉察出是否有思维过程发生。

刘奎林的创造性思维模型是建立在"潜意识推论"的理论基础上，该推论是19世纪德国的物理学家和生理学家亥姆霍兹（H. V. Helmholtz）提出来的，是指未被意识到的一种特殊推论。它是信息同构与脑神经系统功能结构的建构之间相互作用与相互制约的辨证发展过程。这里所说的"信息同构"是指当前知觉到的关于客观事物的信息与大脑中原来存储的经验信息之间的一种整合过程。这里所说的"脑神经系统功能结构的建构"是指客观事物的信息作用于个体的感官，使之产生知觉之后，即形成强弱程度不同的电流，刺激脑细胞的大分子，从而发生电位变化和生物化学变化，并引起神经系统功能结构的变化。于是脑细胞的某一分子就与某一种信息产生暂时或固定的联系，成为某一信息的载体和确定的信号。这就完成了某一脑细胞分子功能结构的建构。在信息同构过程中，通过当前知觉信息与原有经验信息之间的辨认、匹配、映射等整合作用，不断驱使脑细胞大分子功能结构发生变化。这就是潜意识推论得以发生的神经生理基础。

显意识推理和潜意识推论是人类意识活动的两种不同方式。所不同的是，潜意识推论不像显意识推理那样自觉意识强，并以清晰的概念进行分析、综合、归纳、演绎等逻辑推理；它是新输入的知觉信息和过去的经验信息相互整合，并有和这种整合相关的大脑生理功能结构的建构与之配合的辨证发展过程。因此"潜意识推论是一种理性的、非归纳、非演绎的非逻辑推论"。

刘奎林在阐述了关于潜意识推论的上述原理以后，提出了如下所述的灵感思维发生过程模型：首先，显意识把认知主体当前正在积极思考并寻找解决办法的课题，作为"指令性信息"输送给潜意识。这是灵感发生的前提，潜意识推论活动就是围绕这条"主线"进行。这种指令性信息，不管是以光波、声波、压力、温度等形式出现，还是以形象、语言、概念出现，都一律转换成生物电流脉冲信号，并通过神经纤维传给右脑（刘奎林认为潜意识在右脑）。第二步，显意识把"指令性信息"传给潜意识后，由于自我意识的强烈要求，使形成的电脉冲信号的时空分布呈现比平时强烈得多的信息，从而促使新输入知觉信息与已有经验信息之间的同构活动加快，也使右脑神经网络功能的重新建构配合更为默契，由此得到潜意识推论后的"新信息"或"良好图形"；接着，第二步整合的结果又反馈到显意识。显意识对反馈信息常以抽象思维、形象思维等形式进行综合分析。鉴别后如不符合要求，则又以新的指令性信息输送给潜意识。如此往复多次，一旦合目的的推论结果涌向潜意识，便会顿时获得柳暗花明的感觉，这表明灵感迸发了。

刘奎林认为："灵感思维作为人类的一种基本思维形式，同抽象思维、形象思维一样，都属于人脑这块特殊物质的高级反映形式。灵感思维的发生也有一个过程，只不过不是在显意识之内，而是在潜意识。潜意识孕育灵感时，除了靠潜意识推论，还常有显意识功能的通融合作,当孕育成熟即突然沟通,涌现于显意识,成为灵感思维。"由这段论述可以看出,刘奎林所说的灵感思维实质上就是创造性思维。

刘奎林对创造性思维的研究,打破了仅仅从心理学角度去探讨的传统做法,开始把基于心理学的研究和基于脑神经科学的研究结合起来,并且越来越重视基于脑神经科学的研究。从上面所述的后两种模型可以清楚地看到这种有突破性意义发展趋势。

## 三、感性思维的图式创新

### (一)创造性思维的根本是产生新的思维图式

我们在第一篇曾论述过,创造性思维是产生前所未有的新颖独创的概念、规律或原理,或者更概括地说创造性思维就是产生新的意义。因为意义的获得依赖于思维图式,所以创造性思维的根本是产生新的思维图式。我们可以从量子论的提出过程中看到量子论的创立过程不过是思维图式的形成、检验和完善的过程。

在普朗克着手研究辐射问题时,人们还没有关于辐射和吸收的正确认识。如果不对辐射和吸收的机理做进一步的探索是不可能从理论上推导出辐射的普适公式的。维恩迈出了第一步。他做了一个新奇的假设,并推导出了一个与当时的实验符合的公式,但是这个假设的机理并不明晰。正是在这样的情形下,普朗克开始了他的创造之路。首先,普朗克利用类比思维把赫兹的研究方法运用到黑体辐射中,他创造了一个新的思维图式,即用谐振子来说明辐射问题。起初,他错误地认为谐振子的辐射是不可逆的,当这一点被玻尔兹曼指出之后,他不得不修改他的思维图式,引入了"自然辐射"的假设来保证谐振子的辐射不可逆性。其次,为了求谐振子的平均能量,普朗克又赋予了谐振子具有熵的性质。这一步是一个不小的跨越,这样普朗克把热力学的概念运用到了电磁现象中了,在谐振子上实现了热力学和电动力学的某种结合,形成了前所未有思维的图式。

在定义谐振子的电磁熵的步骤中,普朗克得到了熵对平均能量的三阶导数与平均能量成正比的简单表达式,由于简单性使他确信已经接近了问题的本质,然而实验做出了否证。由于普朗克已经建立正确的思维图式,所以他很容易把新的实验事实纳入他的思维图式之中,很快他就得出了正确的黑体辐射公式。新的实验否定了他原来有关谐振子电磁熵的定义的基础,普朗克必须在他的思维图式中引入新的成分才能合理地对辐射公式做出解释。由于他的表达式与玻尔兹曼熵的定义式的相似形式,使普朗克看到了用玻尔兹曼方法来解释他的电磁熵的可能性,于是他就转向了统计方法。在这种考虑中他不得不假设谐振子的能量只能按一定的单元不联系的变化,否则他就得不出正确的结果,于是一个前所未有的新思维图式建立了。在新思维图式中谐振子只能不连续地吸收和发射一个能量单元的能量,而不是像经典的思维图式那样,可以任意连续地变化。这样的一种思维图式启发人们用一个新的视角去看待问题,并且被证明它是富有成效的,于是它成为人们思考问题的一个原则或者说成为一个新的范式。正是在这种新思维图式的引导下,人们建立了描述微观世界的量子力学的理论。因此我们得出,创造性思维的根本是形成新的思维图式。

### (二)思维图式的自组织特性

可以说创造性思维意味着产生新颖独特的意义,而意义是和思维图式相关联的,那么对创造性思维的研究本质上应该着力在思维图式的过程。我们发现思维图式的产生具有突现性的特点。库恩则认为科学革命是图式的改变,是不可通约的东西之间的过渡,因而不可能在逻辑和中性经验的推动下一步一步地前进，而是像格式塔转变一样，要么一下子出现，要么什么都没有。思维图式的产生具有无意识性的特点。如果我们问一位做出杰出贡献的科学家这样的问题："请告诉我，你解决这个问题时是怎样想的，都想了些什么。"科学家们很可能就会说："我自己也不知道问题解法是怎样找到的。"历史上很少会有哪位科学家把他在研究过程的思路详细地陈述出来或记录出来。究其原由是因为思维图式的产生不是意识控制的结果，它是一个无意识的过程。

自组织的概念来源于耗散结构论和协同论。各种系统按其结构与环境的关系大致可分为两类：一类系统的组织结构和功能是靠外部的指令形成和运转的，这类系统称之为组织系统。系统工程多研究的是这类系统；另一类系统的特点是，在外界所加给系统的控制参量未达到一定值（临界值）时，系统的状态只产生量的变化，但当控制参量达到这个值时，系统发生了突变（相变），进入新的结构或状态。当我们思考这类系统为什么会以这种变化时发现，在变化前后，控制参量并未有质的改变（即未增加什么新的内容），系统的这种新结构或新状态是在一定外界条件下系统内部自身组织起来而形成的。对此，我们称之为自组织系统。

思维图式产生的突现性和无意识性正好具有自组织的特点，即它是在一定的条件作用下自发形成的结构。但是，从上述自组织的定义中不难看出，自组织并不意味着失去控制。自组织也是受外界控制参量的决定，不过这种决定已经和组织结构的外部指令控制完全不同了。所以，思维图式的自组织特性并没有否定人的主体作用．不过人的主体作用已经和通常理解的含义有所区别了。

## 四、创造性思维图式的自组织类型

创造性思维图式的自组织类型可分为梦呓图式、顿悟图式、直觉图式、意象图式、完形图式等样式，这些都是创造性思维研究的新领域，其内部机制还有待进一步研究和验证，但已有大量事实佐证了它们的存在。

### （一）梦呓图式

梦是潜意识域最活跃、最有能量的创造源。最早研究梦呓的是奥地利心理学家弗洛伊德。弗洛伊德把人的心理过程分成原发性和继续性两种。他说在梦中原发性心理占据主要部分，这时候，在正常状况下抑制着原发性心理的"自我"处于相对沉寂状态。所以原发性心理才得以冲破"自我"的监督而自由自主地活动起来。可是，"自我的相对沉寂"不同于"完全沉寂"。如果"自我"真的处于完全沉寂状态，睡眠时将不会有梦。他说，往往是在"自我"处于浑浑噩噩状态下，就是既要休息又得不到休息的时候，被"自我"压抑的原发性心理，即"潜意识"才开始活动，这便是梦的由来。实际上，这仍是他的心理结构三部说的另一种表述而已。

弗洛伊德在分析梦的改装变形时，把梦分为显梦和隐梦。对梦的解释并不是就其对梦的表面内容作解释，而是探查梦里头所隐藏的思想内容。他说，我们必须假设每个人在其心灵内均有两个心理步骤。第一个步骤是在梦中表现出愿望的内容，而第二个步骤起着扮演检察官的角色，它促成了梦的伪装变形。凡能为我们所意识到的，必须通过第二个步骤的认可。否则，第一心理步骤的材料是无法通过第二关的，无从为意识所接受，它必须由第二关加以各种变形到它满意的地步。由此看来，显梦是指说出来的未经分析的梦，而隐梦是指其背后隐含的意义由分析联想得到。显梦和隐梦好像猜谜语一样，谜面是显梦，谜底是隐梦。释梦就是要猜破谜底，谜面只提供线索。如果把显梦和隐梦对照着进行研究，不难发现梦仍是愿望的变形满足。弗洛伊德在研究时将梦分为4种情况，以部分代替全部、暗喻、象征、视觉转换。他在解释梦时将梦的含义作了浅层次与深层次的区分。

尽管人类还没有完全揭开梦呓的面纱，但并不妨碍我们借助梦呓发明创造。门捷列夫周期表的发现、胰岛素结构的设想、塔季尼的《魔鬼之歌》、拉斐尔的"圣母像"……这些著名的发现发明以及音乐美术创作都与梦呓有关。梦呓是一种梦思维，它需有一种特别的心理和生理状态。一般认为，梦境中和梦后一段时间的似睡非睡、似醒非醒的朦胧状态，就是这样有利于梦呓造势的生理和心理状态。同样，梦思维也只青睐那些有准备的大脑。梦呓图式有几点规律可循：①假寝可能更容易产生梦思维；②带着问题入梦可能使梦思维更易寻求目标；③入睡前提醒自己记住所做的梦；④醒来后尽量努力回忆梦的细节。19世纪后期，德国出现了一位重要的作曲家、音乐家和戏剧家，他就是被誉为"歌剧之王"的瓦格纳。瓦格纳少年时代非常喜爱贝多芬、莫扎特和韦伯的音乐，15岁时就展现出了才华，写出一出诗悲剧。1833年夏天，瓦格纳在维尔斯堡任歌剧指挥，并且开始了歌剧创作。1841年，创作出代表作《漂泊的荷兰人》。瓦格纳对音乐有着独特的理解和表现样式，在他看来，音乐的形式是作为情感的、心理的表现手段。他以具有催眠般的音乐来表现被文明所压制的人的心灵本质，从根本上改变了音乐创作的技巧，从而形成了他的表现主义音乐的创作思想。他的这种音乐创作样式，改变了作曲样式也造就了表现主义音乐的形成。瓦格纳构思歌诗剧《贝尼龙根的指环》中的三部曲《莱茵河的黄金》开场调，竟是在梦境中完成的。瓦格纳在《自传》中说，当时，三部曲全部完成，但开场曲却一直没有写出来。后来，他因事乘船出海，在茫茫的大海上，瓦格纳耳边听着大海的波涛阵阵，心中想着自己那还没有完成的开场曲，一连几天都难以入眠，这天，他实在太疲倦了，不自觉地进入了梦乡。睡梦中，他仿佛置身于大海的流水中，而流水声，很自然地形成了一种极为和谐优美的乐曲。瓦格纳醒来以后，马上将梦中的音乐写了下来，这就是闻名于世的三部曲那脍炙人口的开场曲。

德国化学家凯库勒，长期从事分子结构的研究，为有机化学现代结构理论做出了奠基的工作。凯库勒年轻的时候很想成为一个建筑师。后来，他听了化学家李比希的实验课以后，不由地被化学发展的美好前景所吸引，从而转向了学习化学，并受到以发明磷火而闻名于世的化学家弗里德里希•莫登豪尔的指导，并且在李比希的化学实验室里从事化学分析实验，获得了博士学位。由于他早年对于建筑学有所研究，因此，他在热拉尔有机结构类型论的基础上不断地开拓自己的思路，发展了自己的思想，形成了自己独特的有机化学方面的结构理论。1858年，凯库勒在比利时大学任教，担任化学教授。据说有一天他外出，在公共马车上打瞌睡的时候想出了碳链的结构式，从而确立了有机化合物中碳原子为四价的理论和碳链学说，这一论断，几乎在同时也为库珀所宣布。这一成就，打开了对脂肪类化合物了解的途径。而他对于苯分子的环形结构式的研究成功，则是在1865年在根特的书房里打瞌睡的时候得到的一种想法而引起的。当时，凯库特正在研究苯及其衍生物的结构，并作为他教授芳香族化合物的一章中的内容。有一天晚上，他在书房里写着教科书，由于写得太累了，不知不觉在火炉边打起了瞌睡，做起了梦。梦中他见到了赫尔利茨伯爵夫人，并且极为清楚地看见了戴在夫人手上的宝石戒指上面的蛇。其实，这也是许多年以前的记忆再现：凯库勒的家住在赫尔利茨伯爵夫人家的对面。有一天，伯爵夫人家里发生了火灾，凯尔勒目睹了这场火灾的全过程，并被传到法庭上作证。当时，赫尔利茨伯爵夫人丢失了一颗美丽的宝石戒指，戒指上的图案是两条蛇，一条是黄金做的黄蛇，一条是白金做的白蛇。这枚戒指后来在仆人那里查到了，但是，这个仆人狡辩说是自己的传家宝，而且早在1805年就有了。为此，法庭请李比希化验作证，指出白金是从1819年起才用于首饰。拆穿了仆人的谎言。在那次法庭辩论休息的时候，李比希曾拿出那枚戒指给他看过，戒指上那两条相互缠绕在一起的蛇的生动图案，给凯库勒留下了极为深刻的印象，现在，他梦见了宝石戒指上的两条蛇，这两条蛇却蠕动变幻成了碳原子，就如同发散的火星，弯曲盘旋起来。突然，他见到了其中的一条蛇咬住了自己的尾巴。这幅图案在他眼前闪烁个不停，凯库勒突然惊醒了，醒来以后，他激动不已地根据梦中的启示，花了几天的工夫，弄清了苯的六角形结构式。这就是苯环碳链的新结构式。也就是苯的一个环状式。后来，，凯库勒以此写出了论文《论芳香族化合物的结构》，并于1865年1月刊登在《科学院通讯》上。近代化学用X射线对于芳香化合物结构进行了研究，证明了这种平面六角环形。凯库勒的研究成果对于有机化学的发展起了重大的作用。1867年，他被任命为波恩大学化学研究所所长。1890年3月，学校隆重纪念凯库勒创造的结构理论创立25周年，从而得了世界公认。

根据上述材料，我们可以得出这样一个结论：梦蕴藏着人类潜意识域最丰富的图式，是创造的工厂。

## （二）顿悟图式

思维顿悟是意识活动的爆发式质变和飞跃，是令人豁然开朗的茅塞顿开，是智慧之光的瞬间闪烁。往往有这样的情况，人们经过长期紧张的理性思考，寻求某一问题的答案，但百思不得其解。然而这时人的思维实际上是处于高度兴奋、高速运转的状态下，好像电子线路的触发装置一样，一种线路接不通就换另一种。这时，一旦某条信息联系的关键性思路接通，就会一通百通，立时大放光明，使认识者豁然开朗、顿然醒悟，一下子抓住了事物的症结，找到了问题的答案。爱因斯坦回忆说，直到1905年的一天早晨起床时，他才突然想到：对于一个观察者来说是同时性的两个事件，对别的观察者来说就不一定是同时的。他立即抓住这一"灵感闪光"，很快写出了有关狭义相对论的著名论文。可见，很多重大的发明创造来源于顿悟图式。但是，顿悟并非神灵启示，亦非凭空产生，而是发明创造者长时期艰苦实践、深入思考的结果。不从事某方面的科学研究，就不会有这方面的图式。

思维顿悟的心理机制一般用潜意识理论解释：当一个人长时间思考某个复杂问题而又得不到解决时，如果暂时摆脱苦思冥想、或者改变原有的思索环境时，潜思维反而被激活起来（把意识没解决的任务接了过去）。大脑在"顿悟"过程中的工作机制是否与用常规办法不同，在科学上一直不甚清楚。美国西北大学和德雷克塞尔大学科学家的一项最新研究，以比较有说服力的证据表明，"顿悟"其实和大脑不同寻常的工作方式有关。其研究方法是，让18名研究对象玩一种字谜游戏，内容是找出一个单词，使它能与列出的其他3个不同英文单词搭配，分别重新组合成三个有意义的新词。每名研究对象在解题过程中都需要报告他们经历过的"顿悟"般时刻。利用功能磁共振成像和脑电图技术对研究对象大脑活动和脑电波的监测显示，"顿悟"的出现与大脑右半球颞叶中的前上颞回区域有密切关系。当研究对象"顿悟"出答案时，这一区域活动明显增强，并在"顿悟"前0.3秒左右突然产生出高频脑电波。通过常规方式获得答案的研究对象则没有这些情况出现。科学家们得出结论认为，"顿悟"的产生有赖于大脑神经中枢独特的活动机制，这一机制为大脑"顿悟"时的独特认知过程提供了支持。他们由此推断，前上颞回区域能促进大脑将看似不相关的信息进行集成，使人们在其中找到早先没有发现的联系，从而"顿悟"出答案。新研究首次表明，大脑独特的计算和神经中枢机制,导致了灵感降临的那些"突破性时刻"。有专家评论说,这一新结果是最具原创性的研究之一,有助于消除笼罩在人类创造性思维过程之外的神秘色彩。瓦特的顿悟发生在"四周的景物显得格外亮丽"的大学校园;而汤斯的顿悟发生在观赏"跳跃着奇特而灵动红光的"的杜鹃花之时。潜思维一旦被激活起来,就能从比"显意识信息库"信息量更大的"潜意识信息库"中,以极高的速度一遍又一遍地尝试进行各种各样的信息提取和加工,因而它常常能获得意识域所不能获得的思维成果。当潜思维对问题的思考有了一定结果后,便立即与意识域中的思维沟通,意识域中的思维会对潜思维的结果进行评鉴和筛选(潜思维的成果许多是荒诞无稽的),一旦得到认可,意识思维的顿悟就爆发了。思维顿悟的技术条件有:①对目标的执着追求是图式的前提;②善于捕捉稍纵即逝的灵感;③学会在适当的时候自我放松;④善于寻求图式的思索环境。

英国发明家瓦特,20岁以前在英国格拉斯哥大学工作,负责修理教学仪器。有一天,格拉斯哥大学里的纽可门蒸汽机坏了,学校让瓦特前去修理。瓦特在修理的过程中,发现这种纽可门蒸汽机有严重缺点,气筒裸露在机体之外,四周的冷空气使它的温度下降,蒸汽放进去以后,热效还没有充分利用,蒸汽就变成了水,白白地浪费了四分之三的蒸汽。瓦特要对这种纽可门蒸汽机进行改造。以提高其热效率。为此,瓦特入迷地成天思考,还到图书馆里去查阅了大量资料,进行深入的研究探讨。可惜就是找不到有效的好方法。一个夏日的早晨,天气晴朗,瓦特在大学校园里一边散步一边思考。随着太阳的升起,四周的景物显得格外亮丽。突然,瓦特的头脑里电光石火般地冒出了一个念头:如果在气筒的外面再加上一个分离凝结器,使气筒与凝结器分开,不就可以解决的热能浪费的问题了吗?想到这里,瓦特立即跑向工作室,立即进行试验。经过几天的试验,瓦特终于成功地创造出了高效率的新型蒸汽机。1769年,他取得了"降低火机的蒸汽和燃料消耗量的新方法"专利。在此以后,瓦特又多次对蒸汽机进行了改进,使其能够在工农业生产中得到广泛应用,对推动工业革命起到了重大的作用,瓦特因而也被人们称为"蒸汽机大王"。为了纪念他的发明以及对于工业革命的巨大贡献,1832年,在英国格拉斯哥乔治广场上,树立起了瓦特的一尊铜塑像。

1951年的一个春天,美国的哥伦比亚大学物理学教授汤斯先生在华盛顿参加美国的物理学大会。一天清晨,汤斯很早就起了床,来到附近的一个公园里,呼吸着早晨的新鲜空气。他在公园里找了一张椅子坐了下来,观赏着眼前正在盛开的杜鹃花,阳光洒在花瓣上,跳跃着奇特而灵动的红光,汤斯看着看着,心中猛地一激灵。就在这个瞬间,汤斯的脑海里突然出现了一种从分子发出的非常单一形式电磁波的实际方法,即产生激光的实际方法!这正是汤斯长期以来,不懈努力追求的一种方法。爱因斯坦早在1917年就提出了受激辐射的原理,他指出:"一个原子,一旦受到通过它的光线等辐射的刺激以后,就会产生和那种放射在振动数和方向上完全相等的新的放射。"爱因斯坦的受激辐射原理是实现微波激射器和激光器的主要依据。为此,许多科学家多年来都在为探索现代激光科学技术而进行了不懈的努力。汤斯在花园的椅子上想到的,就是如何通过一种装置能够产生一种爱因斯坦所预言的"激光"。这次会议结束以后,汤斯回到哥伦比亚大学,立即将自己的设想付诸于实践,和助手们一起动手,利用新的放大样式制造出了能够产生激光的装置。几年以后,他终于获得了成功,第一只氨分子束微波激射器制造成功,汤斯称它为Maser(脉泽),即微波发射器。

## （三）直觉图式

爱因斯坦于1931年在《论科学》一文中申明"我相信直觉和灵感"[1]。他在这里"直觉"与"灵感"并用，说明二者关系密切又有区别。直觉图式是相对于分析思维而言的。根据得出结论是否经过明确的思考步骤和主体对其思维过程有无清晰的意识，可以将思维划分为直觉思维和分析思维。

直觉图式即人脑对信息的一种突如其来的颖悟或理解、揭示或启示的心理地图。"是认识过程的一个重要的环节，通常表现为认识的突变、飞跃、逻辑过程的中断。从一定意义上来说，直觉图式是从感性思维达到理性飞跃的一种特殊表现形式。是经长期的、艰辛的实践经验积累的结果。直觉和灵感这种突跃式的认识方式有一个共同特点，即看爆发只是一瞬间，看积累不仅时间长、空间大，而且选择艰难、筛选复杂，真可谓"胸中积资如山，笔下江河奔腾"。这种"厚积薄发"是直觉和灵感的本质特色。

关于直觉，有不同的理论。笛卡尔是最早的数学直觉主义代表性人物，他说："我所理解的直觉的意思，不是对不可靠的感性证据的信念，不是对混乱的想象之靠不住的判断，而是智慧这明确和细致的概念。它是如此简单和明确，以至于它对于我们所思维的，或者智慧的同样明确和细致的可靠概念不存在任何怀疑。这种概念只是从理智的本性中产生的。而且由于自身的简单，比演绎法更可靠。"[2]伯格森属于本能直觉主义代表，他把直觉与人的本能联系了起来，并指出直觉是超脱利害与自己内省的本能。他同时还提出理智是内核，由直觉的边缘"凝结"而成，所以把理智与直觉结合起来，就能看到直觉本体的全部。汤川秀澍是物理直觉主义的代表者，他说："在任何有成效的思维中，直觉与抽象总是相互影响的，不仅某种东西必须从我们丰富但多少有点模糊的直觉图像中抽象出来，而且被当作人类抽象能力的成果，而建立某种概念到最后的确定，往往变成了我们直觉图像的一部分。"[3]我国学者刘奎林认为，直觉的发生与经验密不可分，以显意识制导下收集到的丰厚的实践经验沉积以短时或长时记忆存贮在大脑中，成为潜经验，这种潜经验偶遇客观信息的引发，在潜意识的辅助下与客观事件（现象）相匹配、契合成功，便成直觉。直觉与灵感既有联系密切又相互区别，直觉主要是发生在显意识制导下进行的，辅助以潜意识；而灵感主要是酝酿在潜意识。[4]

我们认为，与分析思维相比，直觉图式具有以下特征。

（1）非逻辑性。从表面上看，直觉思维的进行，既没有某种明确的逻辑规律，也没有经过严密的推理，因而具有非逻辑性。而分析思维总是按照一定的规则进行，具有严格的逻辑性；

（2）直接性。直觉思维总是以跳跃的方式，径直指向最后结论，似乎不存在中间的推导过程。分析思维则需要经过一系列的中间推理过程，才能间接地认识事物的性质和关系；

（3）自动性。直觉思维是一个自然而然的过程，无需主体有意识地做出意志努力，表现出自动化特征。而分析思维则需要积极地、有目的地活动，付出努力和克服困难；

（4）快速性。由于直觉思维以直接、自动化的方式进行，故不用推理就得出结论，具

---

[1] 爱因斯坦文集.第3卷.北京：商务印书馆，1976，39

[2] 科学史译丛，1982（1），55

[3] 自然科学问题丛刊，1982（3），1

[4] 刘奎林.直觉发生的路线图新探. http://siwei.beida-qinghua.com

有快速性特征。而分析思维由于采用逐步推进的方式，需花费一定的时间，才能得出结论；

（5）个体性。直觉思维的主体对思维过程的各种运算、心理活动，没有清晰的意识，无法向他人说明，带有很大的个体性。而分析思维的主体能清晰地意识到思维的过程并表述出来；

（6）坚信感。直觉思维的主体在主观上对结论（无论实际上正确与否）具有一种坚信感。而分析思维的结论正确性如何，在客观上都是十分明确的；

（7）或然性。由直觉思维得出的结论，可能正确，也可能错误，具有或然性，需要逻辑或实践加以检验。而由分析思维得出的结论，经严密的逻辑推理而来，因而具有确定性。

直觉图式是一种普遍的心理现象，是人类的一种基本的思维模式，贯穿于人类生活的各个方面。它在创造活动中起着十分重要的作用。在创造活动中，往往不存在一种凝固不变的逻辑通道，去引导我们按图索骥地解决各种问题，通常是各种可能性并存。而借助直觉思维，则可以在客观现实提供的各种可能性中做出适当的选择，在纷繁复杂的情况下做出有效的决策，在事实证据有限的条件下做出准确的预见，在问题空间不明确的情形中迅速地寻找到解决问题的一般性原则和中介环节。显然，这对于创造、发明、发现的产生至关重要。

直觉图式在创造活动中作用重大，但并不排斥分析思维在创造活动中的作用。创造活动常常是在直觉思维和分析思维的密切配合、协同活动下进行的。直觉图式思维和分析思维各有所长，也各有所短，重要的是如何取它们之所长，去它们之所短。在创造活动过程中，当遵循严密逻辑规律、采取逐步推进方式的分析思维难以施展和奏效时，富有探索性的直觉思维便被启用，而在直觉图式思维的探索取得初步结果之后，则又需要分析思维来加以整理和检验。这样，往往要经过多次反复，才能最终使问题得到解决。由此可见，在创造活动过程中，可能会发生多次直觉图式思维和分析思维指导地位的变化，但不管怎样，问题的最后解决乃是两者协同活动的结果。所以说，创造性思维是直觉图式思维和分析思维的最佳结合，是感性和理性、具体和抽象的辩证统一，是认识过程的飞跃和渐进的中断。爱因斯坦认为物理学家的使命就是要发现那些普遍的基本定律，但物理学家"要通向那些定律，并没有逻辑的道路，只有那种对经验的共鸣的理解为依据的直觉，才能得到这些定律。"[1]在很多情况下，直觉与顿悟是指同一个事实，只不过顿悟是意识活动的爆发式质变和飞跃，直觉指直接认知的能力。直觉是洞察事物的一种特殊的思维活动，是思维快车道上的"飙车好手"，是对事物本质和规律的直接判断。它是一种将结论直接地突然跃入脑际的思维，往往表现为知其然而不知其所以然。由于直觉过程中可能导致顿悟（灵感）的出现，因此人们常常将直觉与顿悟（灵感）混为一谈。其实，直觉图式思维中不一定有顿悟（灵感）现象，例如生活中农夫识牛、工人听音判断机器故障、大夫望色诊断等，都有直觉图式因素，但这些都不是顿悟。另外，思维的顿悟，是问题的解决，而直觉大多靠不住。18世纪，英国的物理学家和化学家卡迪文许主要致力于氢气的研究。在一次试验中，他将氢气与空气混合，再用电火花去点燃。突然，装满了这种混合气体的容器发生了猛烈爆炸。卡迪文许对这种现象感到非常奇怪。后来，他又进行了多次试验，每次都会发生爆炸现象。而且，卡迪文许还发现，每次爆炸以后，容器的壁上都会出现一些小水滴。经过化验得知，这些小水滴是极为纯净的水。那么，这些小水滴是从哪里来的呢？在后来的所有实验中，卡迪文许把容器都极为认真地擦得非常干净，可仍然还是有小水滴出现。于是，他感觉到这些小水滴肯定是与氢气有关系。从此，卡迪文

---

1 爱因斯坦文集.第1卷.北京：商务印书馆，1976，102

许把水与空气之间的关系作为自己研究的新课题。经过反复试验与研究，他终于揭开了水的组成成分的秘密。水是由两份氢气和一份氧气化合而形成的。卡迪文许根据这一研究，写出了《关于空气的试验》一书。卡文迪许做出的"水滴肯定与氢气有关"的结论，并没有经过严密的逻辑推断，也没有经过层层深入的观察就得出来。所以直觉的结论具有猜测性、试探性，需要实践作进一步检验。

直觉图式通常有两种：简单直觉图式与复杂直觉图式。简单直觉图式的加工对象（思维材料）是与空间视觉定位有关的空间位置表象，即空间表象；复杂直觉图式的加工对象则是用来描述复杂事物之间结构关系的"关系表象"（关系表象是空间表象的一个子类，其全称应是"空间结构关系表象"，与"空间位置表象"同属空间表象的两个子类，但目前已习惯把空间位置表象简称为"空间表象"，"空间结构关系表象"则简称为"关系表象"）。在空间视觉定位情况下（即简单直觉图式过程中），工作记忆内必有关于客体位置的初始特征值，以便根据这些特征值由思维加工机制确定客体的空间位置；而在判断、处理复杂事物关系的情况下（即复杂直觉图式过程中），由于事物之间隐含的复杂关系是有待发现的，所以在工作记忆中将不会有初始值。这是两种直觉图式的很大不同之处。

此外，还应注意不要把直觉图式理解为仅凭直观感觉、没有什么道理、没有任何依据的思维，更不是主观的臆想，而是建立在坚实的理论基础、丰富的实践经验、深入的调查研究、和敏锐的观察力与高度的概括力基础上的快速思维。这是因为，如果不具备理论、经验、调研、观察、与概括等诸方面的条件，就绝不可能在一瞬之间看出全局性的复杂问题或复杂关系中的内在联系，并抓住其中的主要关键，从而"成竹在胸"迅速做出较准确的判断。当然，直观判断毕竟没有经过严密的逻辑分析与推理，因而有时难免不够全面，甚至可能错误，所以在有较充分时间的条件下，最好还是应该运用时间抽象思维加以验证，以确保无虞。

由以上分析可见，以空间表象作为加工对象的空间结构思维（即直觉图式），由于其特点是整体综合、直觉判断的快速思维（而非线性、顺序、逐步分析的缓慢思维），其工作记忆必然短暂，因而，这种思维过程是比较难以觉察的；加上其思维过程一般没有明确步骤，也就难以用言语来描述。换言之，这种直觉图式若不专门给予注意是不容易觉察的，因而往往表现为"潜意识思维"。尤其是在复杂直觉图式中，由于事物之间复杂的内在关系一时很难把握住，甚至经过较长时间思索也找不到这种关系。这时将会出现和创造想象过程中的类似现象有一段时间工作记忆的内容为空白。与创造想象过程的区别只在于：创造想象中要建构的是前所未有的新事物的表象，而在复杂直觉判断中则是要发现他人从未揭示过的事物之间的某种隐蔽的关系。可见复杂的直觉图式是和创造想象一样的真正的潜意识思维，即使神经中枢事先给予充分注意（有预期），也无法觉察出其思维过程，更无法用言语去描述该过程。

## （四）意象图式

对于事物表象（包含事物基本属性的信息，用于识别不同的事物）的加工，通常是用分析、综合、抽象、概括、想象（又分再造想象和创造想象）等方法。每一方法的具体操作过程都有较明确的步骤。但是由于空间结构的思维场，是以完整的表象作为思维加工单位（而不是以一个个零碎的词语作为加工单位），因而在这种思维场，尽管在对表象进行分析、综合、抽象、概括、想象等过程中（通常把这样的思维加工过程也称作"形象思维"），也是按顺序一步一步操作，但由于加工单元少，步骤较简单，所以工作记忆持续时间往往较短，有时在一瞬之间对事物表象的分析、综合就已完成。这种思维也能划分出心理操作步骤，故也能用言语描述，因而具有显意识思维的特征。也就是说，在以事物表象作为加工对象的空间结构思维场（既通常所说的形象思维场），一般是属于显意识思维，但是有两种情况应该除外：一种情况是在工作记忆持续时间过短（比如只有不到一秒钟），而思维主体神经中枢又为事先分配注意的情况下，这种很短暂的思维过程可能未被觉察，从而成为潜意识（或称"无意识"）思维；另一种情况是在"创造想象"的酝酿阶段，一般也有一段潜意识思维过程。由于创造想象和再造想象不同，它没有现成表象可以利用，要"无中生有"，重新创造出一个前所未有的新表象来，因此在这样的新表象被初步构想出来之前，在工作记忆中将会有一段空白。这段工作记忆为空白的时间，由于缺乏思维加工对象，一般说来思维过程将不能进行，也无法被觉察，更不能用言语描述，所以这是真正的潜意识思维过程。但是，如果这段时间内有时间抽象思维与之配合的话，这种思维过程就有可能展开，从而使创造想象过程得以完成。

对于空间表象（用于空间视觉定位）的加工，和对事物表象的加工相比又有许多新的特点。除了是用完整表象作为思维加工单位，这一点与事物表象的加工有共性以外，其他方面皆与对事物表象的加工不同：它不能通过分析、综合、抽象、概括、想象等手段来对空间表象一步一步的顺序结构关系做出判断；它着重考虑的是事物之间的关系（空间位置关系，或其他结构关系），而不是每个事物的具体属性。总之，这是与时间抽象思维不同，也与以事物表象为加工对象的空间结构思维（即形象思维）不同的另一种空间结构思维。它不是线形、顺序的慢节奏加工，而是在整体综合、直观透视基础上快速做出的直觉判断。所以把这种思维称之为意象图式。意象图式是创造性思维的一种重要的形式，也是创造性思维重要的品质和最常用的方法。爱因斯坦说："对于承担创造性劳动的理论家，不应当吹毛求疵地说他是'异想天开'；相反，应当允许他有权去自由发挥他的幻想，因为除此以外就没有别的道路可以达到目的。"意象图式是对记忆中的感性材料进行加工重构以后得到的一种形象思维，也就是说在人头脑中把过去感知的形象进行加工所产生的一种新的形象。意象图式能够冲破时空限制而"思接千载"、"视接万里"，不仅要把握那些能被直接感知的经验材料，更重要的是透过这些经验材料，把握住那些不能为人们直接感知的事物的隐蔽的基础，去设想、构思其内部因素相互联系、相互作用的图景，也就是要借助于想象去探求事物运动的内部机制。据说，亚里士多德通过月牙上的弧形阴影联想到地球可能是圆形的，他就是将这个弧形阴影加以延伸和改造，用一个想象中的球形物填补于其中而天衣无缝，从而获得这一预见的。意象图式不拘泥于现有的实际材料，而是一种对实际材料的"超越、突破"，对未知对象的性质及其未来的猜测。正因如此，意象图式也是"思维实验"和"模型方法"的重要手段。思维实验可以使人们摆脱技术条件的限制，对假定条件下可能出现的现象和过程进行想象，勾画出可能出现的图景。如爱因斯坦创立相对论，首先是从想象光速运动的"思维实验"开始的。在科学研究中，任何一个理想模型的构思，都不能没有意象图式。19世纪末20世纪初所出现的一系列原子模型：洛伦兹的弹性束缚电子模型(1896年)，勒纳的动力学模型(1902年)，汤姆逊的正电原子球模型（1903年）、长冈平太郎的土星系模型（1903年）以及卢瑟福的太阳系模型，无一不是意象图式的产物。

意象图式也是指在头脑中对已有图式和意象进行反复加工，抛开事物非本质特征，直接构成深刻反映该事物本质的简单化、理想化的形象。如同漫画大师，了了几笔就能勾勒出最能突现的人物神态，而其他细节完全忽略不计一样。亚里士多德曾经断言：当推动的物体得到外力而停止作用的时候，原来运动的物体便归于静止。也就是说，物体的变动需要依靠外力来维持。他的这种论断，在两千多年的漫长岁月中，一直被公认为"真理"。著名的意大利物理学家伽利略是第一个公开怀疑亚里士多德这一论断的学者。他没有单凭着自己的直观经验去体会亚里士多德的理论，而是运用了思考的方法加以研究和分析。伽利略注意到，一个小球沿着第一个斜面滚下来，再滚上第二斜面，而这个小球在第二个斜面上所达到的高度，从它在一个斜面上开始滚动的时候的高度相差很少。这个差距是由于摩擦所产生的阻力而形成的。斜面越光滑，摩擦力就越小，这个差距也就越小。因此，伽利略上想象到：在没有摩擦力（或摩擦力产生的阻力为零）的情况下，不管第二斜面的倾斜度是多少，小球在第二个斜面上总是要达到和在一个斜面上的相同的高度。接着，他又进一步想象：假如第二斜面变成可以无限延伸的水平面，那么，小球从第一个斜面上滚下来以后，将沿着这个平面永远地运动下去。通过这种十分巧妙的思考，伽利略得出了一个全新的结论：一个运动着的物体在不受外力的作用时，将会保持原有的运动状态，维持直线的匀速运动。他的这一论点，完全打破了亚里士多德被世人公认的两千多年的观点。后来，英国物理学家牛顿将伽利略的这一理论进一步总结为力学的第一定律——惯性定律。

伽利略"没有摩擦力（或摩擦力产生的阻力等于零）"以及"把平面无限延伸"的意象，都是经过理想化的加工，在现实生活中是不可能存在的。伽利略也正因为经过理想化的加工之后，才产生意象图式。意象图式生发条件有：①扩大形象信息，要有丰富的表象储备；②积极开发右脑功能，强化右脑的形象思维训练；③让思维在浮想联翩中自由驰骋、并学会驾驭想象的能力。需要指出，意象图式构成事物本质的简单化、理想化的形象是其过程的关键，但不是全部，最终仍靠理性思维修复和补充。

### （五）完形图式

完形心理学是西方心理学重要流派，又称格式塔学派。它反对元素分析而强调整体组织的心理学理论体系。完形主义认为：人对事物的"认识链条"上所存在的"缺环"有一种自动充填使之完整的功能。完形心理学是西方现代心理学的主要流派之一。Gestalt在德文中含有"形状"、"形式"与"完整"这两方面的意义，所以一般译为"完形"或直译为"格式塔"。他们的基本观点，就是意识经验具有结构性和整体性，反对构造心理学的元素主义和行为心理学的联结主义，认为整体不等于部分之和，意识经验不等于感觉和情感等元素的总合，思维也不是观念的简单联结。完形主义有两个基本特征：①强调整体性，认为心理现象是个整体而不是彼此独立元素的拼合；②描述现象，主张心理学要描述现象而不是分割现象以追求它的构造。场论的思想是格式塔心理学产生的主要自然科学基础。19世纪以来，自然科学进入一个重视整体研究的新发展阶段，那么物理学首先抛弃机械的观点而采取场的理论。场是一个限定的域，是一种整体的存在，是一种新的力学结构的实体。其中，每个部分的性质都是由场的整体所决定，而场的整体性又非其各个组成部分性质的简单相加或算术总和。场论不仅是格式塔学派反对元素主义的理论武器，而且也被他们借用作为论证格式塔心理学理论的自然科学基础。格式塔心理学家把动物和人的心理均描绘成为一个具有一定结构的完整的现象场。苛勒认为，场就是完形或格式塔，以后又发展成勒温的心理动力场说。勒温认为，所有心物场是有组织的。首先，它表明了自我的极性和环境的极性，其次，这两极都具有其自身的结构。因此，如果我们想把行为作为心物场中的一个事件进行研究，那么必须采取以下步骤：①必须研究环境场的组织；②必须调查这些力如何影响物体的运动；③必须把自我作为主要的一个场部分加以研究；④必须把自我与其他场部分联系起来的力和环境场不同部分之间的力属于同一性质，同时还必须表明，它们如何以其所有的形式产生行为；⑤心物场存在于一个实际的有机体之内，该有机体依次又存在于一个地理环境之中。鉴于此，真正的认知问题，以及迎合或适应行为的问题，也将进入到我们的纲领之中。奥地利心理学家厄棱费尔（Ehrenfels）在马赫感觉理论基础上提出"形质学说"。"形式"与"形质学说"是两个差不多的概念。"形质学说"是"形式"的进一步发展。"形式"的基本思想就是整体不等于部分之和，比如说尽管一个圆的颜色和大小改变了，但其圆周性并不随其改变，它还是一个圆。厄棱费尔认为形质是存在于人的大脑中，独立于个体感觉之外，属于另一种组织形式的新的性质，即为整体所具有，而整体中的任何部分所不具有的形式和性质。例如，四条直线组成一个正方形，直线是正方形知觉的基本感觉，成为要素，而合在一起的正方形为基体，但对正方形这一基体的知觉并不依赖于这四个要素中的任何一个，只有当它们按一定的比例组成基体后，正方形的知觉才可突现出来。因此，它是一种新的元素，即形质，它是可以直接经验到的，而且具有移位不变的特性。比如，组成正方形的四条直线可按相同的比例加长或缩短，但基体的性质不变。因此从这些看来，厄棱费尔的形质学说可以作为格式塔心理学的直接先驱。因为，一方面它强调经验的整体性及整体对部分的决定作用，另一方面它侧重于知觉问题的研究。但是格式塔心理学家不愿承认形质学说对其理论的影响，他们对形质学说进行了批判和扬弃，他们认为厄棱费尔并没有背离元素注意，只不过把形质看作是一种附加在其他元素之上的一种新元素罢了。

将刘奎林的"潜意识推论"的理论与"格式塔"的基本观点相对照，会发现两者惊人的吻合。"潜意识推论"提出当前知觉到的关于客观事物的信息与大脑中原来存储的经验信息之间的一种整合过程，恰巧在人的完形图式中实现了。19世纪的时候，物理学家都知道了这样一个物理现象：在一个原子里，既有带着正电的粒子，也有带着负电的粒子。但是，这两种粒子在原子的内部相互保持着什么样的关系，他们却很难搞清楚。在当时的情形下，他们无法通过实验来揭示，只能运用逻辑推理的样式，但是，这是无法得到准确解释的。到了19世纪末20世纪初，许多物理学家们都曾经做过各种各样的想象，并且将他们的想象物化为一定的"样式"。后来，经过反复比较，大家公认，英国物理学家汤姆逊所提出的葡萄干面包样式和出生于新西兰的英国物理学家卢瑟福提出的太阳系模型是最为合理的。汤姆逊提出的葡萄干面包模型，是将原子的内部想象为：带负电的粒子，像葡萄干一样，镶嵌在有带有正电的粒子所构成的像面包一样的没有空隙的球状的实体里。而卢瑟福提出的太阳系模型则是想象为：带负电的粒子像太阳系里的行星一样，围绕着占原子质量绝大部分的带正电的原子核旋转。原子的内部有无空隙，是这两个模型的主要区别。卢瑟福提出的模型显示出原子的内部有空隙，这已经成为后来的实验所证实。

汤姆逊和卢瑟福同当时的物理学家们一样，弄不清楚原子内部带正电的粒子和带负电的粒子之间究竟是一种什么样的关系，它们又是如何构成原子。他们都是根据自己所掌握的知识，经验和形象的积累，做出了正电粒子和负电粒子之间关系的具体情景想象，以填补和充实对于原子内部结构的认识。而完形图式所起到的作用，就在于将原子内部模型所存在的"缺陷"进行必要的"格式塔"化，即完整完美化。

## 第三节 创造性思维的理性路径

创造性思维活动必然按照一定的方向和路径行进，由一个环节、阶段向另一个环节、阶段过渡，形成有序的流向，带有明显的理性色彩。创造性思维结构和创造性思维运行模式是紧密相连的。也可以说，创造性思维中已包含、隐藏或决定着思维运行模式，思维运行模式是思维结构的显现和展开。创造性思维运行模式乃是创造性思维结构的动态表现，在这里，态势转变为动势。静态方面和动态方面结合起来，才能完整地表现创造性思维的方向和路径。

## 一、创造性思维路径概述

思维路径即思路，这里特指创造性思维的运行模式。思维的运行模式有起点形式、过程形式和终止形式。思维路径是这三种形式的统一。思维起点形式是指思维的出发点，一个特定的思维过程总是从外界信息和内储信息汇总出发，具有指向性的性质。思维过程形式是指思维运动的方向、线路、途径和程序。思维的终止形式是思维成果的证明形式。思维活动的运行起点、步骤、终点和规则等的有序过程就是思维的运行模式。思维的运行模式是由多因素综合作用的复杂的动态系统。在这个系统中，思维运动从什么"地方"出发，经历什么具体的步骤，达到什么目的、以及以什么作为检验思维活动正确与否的准则等。而要规定思维的路线，关键在于选择、确定思维目标，有了目标，思维的运行模式才有明确的方向，也才能获得相应的思维成果，从而显现出创造性思维的动态特征。

人的思维路径反映了思维过程中的转换和灵活应变的特征。思路畅达者，其思维活动触类旁通，灵活多变，不受定势和功能固着的束缚，能从一个方面通达另一个方面。顺应事态的变化而采取符合客观事物发展规律的举措。审时度势，及时发现潜在机遇，舍末求本，构筑最佳方案。月晕知风、缸润知雨、见微波而识暗流、闻强歌而明情思，这已实属不易，但也只是中等智力水平。要能在顺境中觉察危机，事先构想智谋方案，安排好回旋的余地，不是应变化而变，而是先变而待变，才称得上是上等智力。思路的畅通与豁达，会使得原本是"山穷水尽"的处境转化为"又一村"。

与思路畅通相反的是思路障碍，是指思维进程中思维连续性和广阔性的异常。正常人的思维是连续的，清醒状态下发育成熟的大脑皮层始终保持一定的兴奋性，概念的出现一个接着一个，按一种固定的思路，朝着既定方向进行联想，绝不发生某一思路到另一思路的跳跃或思路中断。一个人在形成一个新概念或解决一个新问题时，需要积极思维，周密地考虑、正确地判断，既要全面又要考虑重要细节，既注意问题本身又不忽略与此问题有关的一切条件。这取决于一个人脑中优势兴奋中心区域的大小，两半球兴奋中心区内容易形成新的条件反射，产生新的联想，使联想通路增加。思维的广阔性也与一个人已掌握的知识和经验的多少密切相关，缺乏丰富系统的知识经验，就会舍本求末、粗枝大叶，无法细致地发现并明确问题。在某种遗传、代谢、心理或社会因素的影响下出现精神障碍时，思维连贯性及广阔性就会受到影响、产生思路障碍。

常见思维路径的病因有三种：①精神疾病：精神分裂症，精神发育迟滞，神经症，双相情感性障碍抑郁相；②癫痫：癫痫所致的精神障碍或人格改变；③器质性疾病：脑器质性痴呆综合症。临床表现有以下几种。①**病理性赘述**：是指病人思维过程中的联想极易脱离中心话题，出现节外生枝的联想，通常说讲话人的抽象概括和理解能力低下，表现为说话啰嗦，抓不住重点，思维进程给人以举步艰难的印象，迂回曲折，过分详尽，包含了许多不必要的细节和无关的分枝。对别人让其围绕话题简述的要求置之不理，固执地按照自己预想的思路赘述下去。思维进行虽慢，但说话的主题还隐约可见，最终能够达到预定的目标。②**病因性简述**：与病理性赘述恰恰相反，陈述过于简略，这种简单回答并不是不愿回答问题，而是由于思想是空洞的，可利用的概念减少了，反映出患者思维的抑制和观念贫乏。患者答话时内容大致切题，但单调空洞，常泰然回答"不知道"、"什么也没想"。③思维中断：是指病人在意识清晰的情况下，谈话中思路突然中断，思维变成空白，停顿片刻再开口时已经换成另一个全新的思维内容。这种中断不是为推敲措辞而另有所想，也不是由于外界刺激的干扰而打断，而是无缘无故地思维活动片刻间停顿，其发生是不自主的。对于尚有一定自知力的患者来说，这是一种恐怖的体验，患者感受到思维被外力"吸去了"，"夺走了"，主观体验为思维被夺，思维被夺只是患者对思维中断的妄想性解释。④重复言语：思路在原地徘徊，踏步不前，在语言中表现为思维活动停留在对先前问题的回答上，思维过程停滞不动，不再发展，不能随问话的变换而产生联想形成新概念，仍然重复先前的回答。病人若总是机械刻板地重复与当前情景不相关的询问，长时间地反复不止，则称为刻板言语。患者思维短路，在原地绕圈，大脑无法形成新概念，故而概念不能转换。此症也有人称为持续言语。⑤模仿言语：是指患者仿模周围人讲话的内容，别人说什么患者就说什么，只是一味地机械性重复，好像是别人言语内容的翻版。轻度思路障碍者经科学训练是可以治疗的。

正常人思维的路径尽管复杂，但概括起来只有三类。在思维起点，思维一般都朝着事物发展的方向，就像指南针的朝向。但一旦进入信息编码阶段，思维的朝向就有可能改变。顺着事物发展的方向去思考问题和解决问题，这叫做顺向思维；在解决问题的过程中，充分利用已有的全部信息和条件，人的思维朝相反的方向发散，寻求问题解决的办法，这就叫反向思维；在知己知彼的基础上，明确主客观条件，如果不宜单纯采取正面或逆反的策略，就必须适应对方与外部的多重关系，采取迂回曲折的方法，利用、改变或者创造外部条件，间接作用于对手，这就是迂回思维。

## 二、反向思维路径

人们习惯于顺着事物发展的方向去思考问题和解决问题，这叫做顺向思维。顺向思维符合常理、常规、常情，有利于人与人之间的理解和沟通。因此，比较容易达成共识。顺向思维遵循事物的发展的一般顺序，比如说：从上到下，从左到右，从近到远，从前到后等。因此，很容易被大多数人所掌握，并且很快形成思路。由于人们在日常生活中的学习、工作大多数处在常规问题的情境中，因此，每解决一次问题，那种特定的思维模式、方法、思路就在我们的大脑中烙印了一次。随着一次一次地重复，这种特定的思维过程和特点就成为习惯而被固定下来，以至于以后任何事物出现时，人们都首先自觉地或不自觉地沿袭着先前的思维习惯思考下去，所以，我们把顺向思维又称作习惯性思维或常规思维。

顺向思维有其积极的一面，也有其消极的一面。如果我们面临的是常规性的问题，那么顺向思维可以使得我们很快地形成思路，提高我们的思考效率，节省时间，使问题得以解决。

比如下棋，对方"当头炮"，你就来一个"马来跳"，用不着多考虑，一般是不会出错的。但是，如果客观事物的发展有了变化，或者我们面临新的事物、新的问题时候，顺向思维往往把人的思路固定在既有的轨道之中，堵塞了人的思路，阻碍了人们的创造活力，使问题难以得到顺利地解决。从这个意义上来说，顺向思维又很不可取。

与顺向思维对应的是反向思维，或者称作逆向思维。所谓逆向思维，是与一般的正向思维相反，与传统的、逻辑的或习惯的思维方向相反的一种思维。它要求在思维活动时，从两个相反的方向去观察和思考，避免单一正向思维和单向度的认识过程的机械性，克服线性因果律的简单化，从相向视角（如上一下，左一右，前一后，正一反）来看待和认识客体，这样往往别开生面，独具一格，常常导致独创性的发现，取得突破性的成果。逆向思维是一种重要的创造性的思维方法，它能够使我们注意到顺向思维想不到的或者是被忽略的问题，并进而产生新的突破，获得新的创造，从而使问题得到意外的解决。历史上的司马光"破缸救人"、军事上的"声东击西"、"欲擒故纵"、"空城计"，数学上的所谓"反证法"等都与逆向思维有关。司马光"破缸救人"早已被传为佳话，脍炙人口，这是典型的逆向思维的案例。按照通常的想法，人掉进水里以后，人们采取的办法就是把它从水里捞出来，也就是"让人脱离水"，这是顺应常规的思维。但是，对于一个年仅十岁的司马光来说，要把另一个掉进水缸里的小孩子抱出水面，既不现实也不可能，也就是说，常规的方法只能使他陷入困境。司马光的聪慧之处就在于没有按照常规的方法，而是从相反的方向，开通出一条思路，也就是"让水脱离人"。他打破了水缸放水，从而顺利地把水缸里的小孩子抢救了出来。事实上，有许多问题用顺向思维无法解决的时候，要攻克这个难题，摆脱困境的最好的最有效的方法就是把我们的脑袋反转一下。在解决问题的过程中，充分利用已有的全部信息和条件，人的思维朝相反的方向发散，寻求问题解决的办法，这就叫逆势变通。逆势变通有三种基本样式：时间逆反、空间逆反和因果逆反。

## （一）时间关系逆反

由于时间思维形式是要对事物的"时间顺序特性"（与事物运动的先后顺序及持续时间长短有关的特性），即事物处于运动状态（或显著地变动的状态）的本质属性作出概括与间接的反映，显然，这种思维的基本特点就是要从一维线性的时间轴去把握事物运动过程的本质属性，而建立在语言基础上的逻辑思维正好最适合这种需求。建立在语言符号序列直线性基础上的逻辑思维，尽管其优势只是对一维时间轴上展开的活动事件作出反应，但由于三维空间中的视觉景象也可转化成一维时间轴上的一系列活动事件，所以，只要时间不受限制（不要求瞬间作出决断），逻辑思维原则上可以满足人类对思维提出的全部需求。也就是说，它既可适用于时间思维的场合，也可适用于空间思维的场合。但就逻辑思维的实质来说，由于它是建立在语言符号序列基础上，具有一维、线性的特点，最适合反映具有顺序性、持续性的运动变化过程，所以，显然它更适合于时间思维的场合。不过，我们并不同意像目前学术界绝大多数人的看法那样，把它称之为"抽象（逻辑）思维"或"抽象逻辑思维"，更不能简称之为"抽象思维"。而是应当把它称之为"时间逻辑思维"或"线性逻辑思维"，其简称则为"逻辑思维"。这是因为以下原因：

（1）抽象性、概括性是所有思维的特征，并非只是逻辑思维才具有。在逻辑思维之前冠以"抽象"，或干脆称之为"抽象思维"，容易使人误认为只有这种思维才具有抽象性，从而不适当地抬高了逻辑思维而贬低了其他形式的思维，而这点恰恰是当前学术界（尤其是哲学界和心理学界）的一大弊病；

（2）由于逻辑思维是建立在语言符号序列的基础之上，如前所述，其本质特征是直线性、顺序性，最适合于反映事物在一维线性时间轴上顺序展开的运动变化过程。因此，将这种思维命名为"线性逻辑思维"或"时间逻辑思维"是最合乎情理、最顺理成章的事情。

时间逆反主要表现在事物的程序反向变化上。顺序是事物的时间特性，显示事物的某种发展趋势，当事物的发展顺序颠倒时，其趋势和性质也会产生变化。程序颠倒的目的就是找寻更简约、更方便、更有效益的捷径，而思维途径往往顺着原有程序朝相反的方向行进，其长度既可是全程性的，也可以是某一阶段或流程的。顺序颠倒也会反作用于人的大脑，引发出一些奇思妙想来。例如，工厂里的生产环节，都从前往后，即先要采购原料，然后再进行加工、组装、出厂。前一道工序决定后一道工序，而前一道工序生产多少个零件，则决定了后一道工序就要组装多少零件。为了保证每道工序都能顺利进行，就需要有大量的生产资料准备。否则，前一个程序出了问题，后面就会停工待料。所以，每一个生产工序的车间都要有一个零件储备仓库。这种样式，有明显的占用资金和场地等问题。而日本的丰田公司第一任总经理丰田喜一郎，却改变了这种样式，他偏偏实行了从后向前的样式来安排生产，社会上需要什么样的汽车以及多少数量，他就生产多少。采取了"以需定产"的样式。市场情况调查清楚以后，再决定采购的数量和品种，也就是说，让后一道工序决定前一道工序的生产规模和样式。现在，这种样式已成为现代化生产管理样式的一个方向。

## （二）空间关系逆反

由于空间思维形式是要对事物的"空间结构特性"（是指和事物在空间的存现形式与性质以及该事物与其他事物相联系时的空间位置、组合关系或排列次序等有关的特性），即事物处于存现状态（或相对静止状态）的本质属性和事物之间内在联系的规律作出概括与间接的反映，显然，这种思维的基本特点就是既要从整体上去把握事物的基本属性即事物在空间的存现形式与性质（这重要通过反映事物属性的空间视觉表象去把握），又要从整体上去把握事物之间内在联系即空间位置及组合次序等结构关系（这主要通过反映事物之间结构关系的空间视觉关系表象去把握）。由于这两方面的特性（事物的基本属性和事物之间的结构关系）都要通过空间视觉表象去把握，而空间视觉表象具有整体性与结构性，正是由于这个原因，所以这两方面的特性就被称之为"空间结构特性"。反映"空间结构特性"就是空间思维的最主要特征。为了强调这种特征，我们也可以将这种思维形式命名为"空间结构思维"，或简称之为"结构思维"。事实上，这种"空间结构特性"不仅是某个事物通过视觉表象的具体体现，也是事物之间内在联系规律性的直观透视。人们都有这样的经验：如果把某种事物从它所在的背景（即空间结构）中分离出来，从而使事物之间的内在联系改变，该事物就将成为完全不同的另一种事物。

对空间结构特征的把握既是对事物属性的直观形象的整体把握，也是对事物之间内在联系规律作出的快速综合判断，这就是对事物处于存现状态（相对静止运动状态）本质特征把握的具体含义。我们必须明确地认清这一点。在解决问题的过程中，按照常规的思路解决不了问题时，可以将事物的空间关系倒过来想一想，俗话说："你顺着河流走，你能发现大海；你逆着河流走，你能发现源头。"采用与现有的思维结论、思维对象、思维样式相反的思路来思考空间问题，往往能够有重大的发现。

## （三）因果关系逆反

对具有因果关系的事物，采取由因求果的逆向思维策略，往往能够寻找到被隐蔽的思维切入口。当我们用常规思维无法排除各种干扰因素时，从作为结果的事物乙出发，倒回去思考作为原因的事物甲，以及其间演变的过程和规律，往往能更便捷地解决问题。俄国的大作家列夫·托尔斯泰设计了一道题目。从前，有一个农夫在死之前，留下了一些牛要分给自己的亲属。这位农夫在遗嘱中写道：他的妻子可以分到全部牛的一半再加上半头牛；他的长子可以分到剩下来牛的半数再加上半头，所得的牛是他的妻子所得牛的一半；他的次子可以分到剩下来的牛的半数再加上半头，所得的牛是长子得到牛头数的一半；他女儿可以分到最后剩下来的牛的半数再加上半头,所得的牛是次子的牛头数的一半。这样一来,一头牛也没有杀,正好全部分完。问题是,农夫在死的时候一共留下了多少牛?这个问题看起来比较复杂,人们通常在解决这个问题的时候采取假设法。比如说,假设农夫死的时候留下了二十头牛,要按照遗嘱中对妻子、长子、次子和女儿所分配的数量,逐一进行检查和核对,看是否完全相符。如果全部分对了,做出的假设便是问题的正确的结论。如果不相符,那就要另作假设然后再逐一去检测核对。用这种思路来思考和解答这道题目当然是可以的,但要浪费很多的时间和精力,效率非常之低,的确是一个比较笨拙的办法。

比较起来,解方程的方法更好一些,但是,也需要列出很长的方程式,也是非常繁琐和复杂的。于是,有人就想起了一个非常简洁的办法,思路是倒过来想一想:女儿所得到的牛的头数,是最后剩下来的牛的半数加上半头,结果一头牛也没有杀掉。既然说剩下来的牛的半数加上半头;那么女儿得到的牛是多少,这个问题十分明显,只能是一头牛。沿着这个思路想下去,女儿得到的牛是次子的一半,那么,第二个儿子得到的牛应当是两头。长子得到的牛:次子得到的牛是长子的一半,那么,长子的牛就应该是次子的牛的一倍,也就是四头。最后,妻子得到的牛:长子的牛是妻子的一半,那么妻子得到的牛是长子的牛的一倍,也就是 8 头。然后把这四个人所得到的牛数加在一起,1+2+4+8=15。这就是农夫所留下来牛的总数。

因果逆反延伸到理论创造更具意义。所有的理论都是人的主观意识的产物,它们归根到底都是客观事物及其规律在人们头脑中的反映。客观事物的空间属性和时间属性在一定条件下是可以互为颠倒的,那么,人们的思想观点和理论观点也可以作相应的颠倒。"理论颠倒"是思想解放、知识创造的一个方面,并应由实践来证实。

例如,欧几里德的几何学是建立在五条公理之上的。可是许多数学家对其中的平行线公理持怀疑的态度。他们认为,这条公理可以通过其他的几条公理加以证明,所以它并不是一条公理而是一条定理。历史上也有许多的数学家为了证明这条公理不是独立的而付出了大量的心血,但是都没有成功。后来,到了19世纪,俄国的罗巴切夫斯基、匈牙利的鲍耶等人敏锐地意识到,既然不能证明这条公理的正确,就说明它不可能成立,那么就可以倒过来想一想,如果认为它是独立的,并且可以将这条公理倒过来想,建立一条新的平行线的公理,从而给公理一条直线之外的某一点,可以引起无数条直线与这条直线平行。以这样倒过来想一想作为突破口,经过努力,几位杰出的数学家各自独立深入研究,人类数学知识宝库中才有了新的不同于欧式定理的几何学。

美国科学家奥斯本在思维技法中提出了一条共同的基本要求和基本做法,那就是,见到大的东西就颠倒过来想一想,把它变成小的会怎么样?见到朝里的东西就倒过来想一想,把它变成向外的东西会怎么样?见到实心的东西就倒过来想一想,把它变成空心的东西会怎么样……这样"想一想"获得变通的实例,还真是不少。英国的物理学家戴维根据化学能可以转换为电能的原理,倒过来想一想,从而最终发现了电能也可以转化为化学能。发明家爱迪生发现声音能使音膜振动,倒过来想一想,使声膜振动产生原声,最终发明了能说话的机器——留声机。英国的物理学家法拉第根据电产生磁场,倒过来想一想,最终发现了磁场也可以产生电能。意大利物理学家伽利略注意到水的温度变化会影响水的体积的变化。倒过来想一想,由水的体积变化推测出了水的温度变化,最终设计出了最早的温度计。

科学家们发现了各种元素都有自己独特的光谱以后,倒过来想一想,探测到某种光谱就能够确定相关的元素的存在。在这种思路的引导下,我们就可以用光谱分析法来判断宇宙某个神秘星球的物质元素了。

　　反向思维不是人头脑的凭空想象或人为杜撰,而是有其客观依据的。首先,事物之间的顺序关系都是相对的,"顺"与"逆"往往取决于思维者所处的位置。例如大会主席台前排就座的顺序,既可以从左到右排列,也可以从右向左排列,当然,也可以从中间往两边数。其次,事物之间的对立关系往往是可以相互转化的,否极泰来,泰极否反。物理能可以转化为化学能,化学能也可以转化为物理能;朋友可以相煎为仇,仇人也可以化敌为友。第三,还有不少事物在相反的极端条件下产生相同的结果。例如吃太饱和饿太狠都容易伤人;人太弱和人太强都难与人沟通;光太强或光太弱都会使人"伤眼";水过浊和水过清都无鱼等。以上种种规律佐证了逆向变通存在的必然性和必要性,由此启发我们,反向思维是解决许多棘手问题的思维把手。

## 三、顺向思维路径

　　顺着事物发展的方向去思考问题和解决问题的理性思维。顺向思维中的线型思维大多属日常生活中的理性思维类型,但顺向思维也内含有创造性。在解决问题的过程中,充分利用已有的全部信息和条件,人的思维延着事物发展的方向进行发散,从而寻求问题解决的办法,这就叫顺势变通。顺势变通有两个基本特征:一是方向性,顺势变通与逆势变通在方向上是相反的,也就是说,逆势变通改变了事物原本运行的方向,顺势变通并不改变事物原本运行的方向,而是建立在顺向思维的基础上,充分利用原有的惯势行进;二是纵横连动性,一方面朝纵深方向探究客观现象的原因,做出突破性发现,另一方面进行横向检索,把相似、相关的事物加以联系,扩散思路以求思维的流畅性、求异性和独特性。顺势变通的这种发散性质与逆势变通是一致的,只是更强调它的连动性,这种连动能使思维的触角像发射的电波一样,朝前辐散,为解决新问题,创造新事物开辟道路。

　　顺势变通虽源于顺向思维,与一般的顺向思维在方向上是一致的,但本质却大相径庭。一般的顺向思维是定势思维,或称习惯思维,它对解决常规性的问题、进行常规性的思考较为有利,而且一旦遇到其他问题,也首先用顺向思维来进行思考。有位心理学家说:"只会使用锤子的人,总是把一切问题看作是钉子。"用一种固定的思维模式来思考繁复杂沓的问题,后果可想而知。因此,顺向思维不利于创造思考。顺势变通讲究"变通",是创造性思维的组成部分。顺势变通往往源于顺向思维,却升华于变通之中。例如,20世纪中期,美国和苏联都具备了将火箭送太空的科学技术条件。相比之下,当时的美国在这方面的实力比苏联更加强大,但双方都面对着一个比较严重的实际问题,这就是火箭的推动力不够强大,摆脱不了的地心吸引力。如何来解决这个问题,成了苏联与美国专家很头痛的问题。后来,他们根据各自长时间的实践经验,只是在尽量设法增加火箭的分级数量上入手,以求不断增加火箭的推动力,可是尽管火箭的数量增加了不少,但最终还是解决不了问题。后来,苏联的一位青年科学家摆脱了不断增加火箭数量的思路,产生一个新的设想——只串联起上面的两极火箭,把下面的火箭改成用20个发动机串联在一起的方法,经过严密计算和试验;这个方法终于得到了成功。这样一来,火箭的初始推动力和速度一下子就大大地增强了,完全达到了可以摆脱地球吸引力的速度。于是,一个长时间使许多科学家束手无策的技术难题,由于这样一个简单的新设想,很快得到了解决,所以苏联能够在美国之前,于1957年首先将人造卫星送上蓝天。这个例子很能说明顺向思维与顺势变通思维的区别和联系,不断增加火箭的分级数量与串联发动机都是为了增大火箭的推动力,思维方向是一致的,只是前者仅仅沿用传统的方法，而后者却是一种变通。

顺势变通讲究"大势"的作用。例如时机、人气、主客观条件等因素，条件成熟了，机会抓住了即可顺势而为，这相对于逆势变通容易为人所接受。欧洲一体化的创造，听起来高深玄妙，其实就是顺应历史发展的趋势，欧洲各国取消关卡，畅行无阻，币制统一等罢了。分析其中的奥妙，不就是顺势合一合、统一统嘛，之前那么多人不知是怎么回事，没有认识到它的意义，但当莫尔振臂一呼，立即得到许多国家的认可。莫尔的大创意是顺势变通的典例。它顺应了欧洲发展的大趋势，大潮流，莫尔因此被尊为"欧洲之父"。

顺势变通的形式是多种多样的。其中最基本的变通样式就是，在原有的事物运行规道上进行量的增减扩缩，从而促使事物的内涵、功能、作用等方面的飞跃，达到既定目的，甚至使事物的质也发生一定变化。有一家大商场的电梯过于陈旧，运行缓慢。顾客们每坐一次就抱怨一次，说太慢太慢。如果要改装新式电梯，必须花上几百万元钱，而商场的正常运转与财力都不允许这样做，后来有人想了个办法，他在电梯前放上舒适的坐椅、躺椅、还有鲜花，茶水，还放上人们喜爱的各类杂志，还有一面正衣镜……顾客们的抱怨一下子就没有了。一个要花上几百万元钱的难题，结果只花几百元钱就解决了。顺势变通的增减扩缩主要方法有以下几种。

**（一）删减路径**

清朝怪才郑燮的《楹联》中有"删繁就简三秋树，领异标新二月花"之佳句，删除繁琐的，使之趋向简约，是古今中外思想者一致认同的思维理念。在顺势变通中，用缩小、减少或者用替代、限定、简化的方法改变事物的功能性质即为删繁就简。另外，以人为规定的样式将事物的功能锁定在某一方面，某一领域或某一点上，将其他功能忽略隐蔽起来，也能起到化繁复为简约的目的。例如"大路通天，各走一边"，这是古训，训的是人们走路的规矩，但这个规矩比较模糊，不好操作。现代交通规则明确规定行人"靠右走"，从此人们走路有了规范，通衢大道，畅通无阻。再例如：灯有照明、指示、装饰、发热等功能，把它放在十字路口，仅取其"指示"一项功能，确定为"红灯停，绿灯行"，于是人们在较远处就能知晓自己的动静取舍，保障了交通安全。上两例中，"靠右走"，和"红灯停、绿灯行"，都是定一定的结果。所谓定一定，就是用一种简捷明了的判断，根据事物的某一属性指派某一特定意义，或者制定某些条例来规范、约束人们的行为，使人们的生活更为方便，人类社会更为有序和稳定。定一定在科学发明创造中是经常被应用的，例如，电子围绕电子核的运动在绝对零度时处于静止状态，这一温度在现实生活中是很难遇到的，使用这种温度计量方法很不方便。科学家摄尔休斯用"定一定"的方法确定："水在结冰时为零度，水在沸腾时为100度"这一摄氏温度的确立虽不尽科学，却极大地方便了我们生活。"定一定"在我们的社会生活中也被大量采用，没有规矩不成方圆，小到一个单位的规章制度，大到国家的法律文本，无一不是通过"定一定"而制订出来的。

**（二）增添路径**

童话中，有一个百鸟献羽，将一只无毛丑鸟装扮成凤的故事。在创造技法中，通过对事物的增添扩充，使其性能更为完备，使其功用更具特色，即使原本无名丑鸟，也能变成光彩四溢的凤凰。增添也常是人类事业追求的目标：楼房越盖越高，企业越做越大，影响越传越广……把蛋糕做大一点，把利润做丰实一点，总之，做大做强正是人们共同的愿望。思维的增添路径内容其实很简单，无外乎大一大、添一添、挤一挤、等一等、移一移、扩一扩、增一增之类，但它所揭示的规律却是人类实现崇高理想所应该关注并遵循的。锦上添花的例子不胜枚举。有一个法国商人，他发现现在的电话机功能尽管越来越多，然而许多人打电话却因为一时找不到笔录用具而非常着急。于是，他设计推出了一种带有笔录附件的电话机，也就是一架电话机旁添加一支笔和备忘本而已。虽然这个改进没有任何特别的新技术，却因为解决了一个生活小难题而受到市场的青睐。

增添路径的实质是思维信息的整合配置。这是根据需要，将不同的事物或同一事物的内部要素进行重新匹配组合，择优除劣，优势互补，从而创造出新事物的过程。《易》有"太极生两仪，两仪生四象，四象生八卦"语，老子有"道生一，一生二，二生三，三生万物"句，说的都是世间万物生生息息的规律。古人把看得见的物质分为金、木、水、火、土，现代科学将物质分为粒子、分子、原子、质子、夸克和轻子，这些基本物质经过整合配置，就会一生二，二生三，三生万物，……不断地创造丰富着物质世界。作为顺向变通思维，整合配置过程不能拘泥守旧，而应从多方面、多个事物中寻找可供整合配置的资源，并使其发挥更大的效益。整合配置的子项目为附加整合、配对整合、自由整合、功能整合、分离整合、嫁接整合等不同形式。

### （三）顺变路径

有些事件的发生并非初始所料，却鬼使神差地提供了成功的契机；有些事情眼看谬误或败局已定，却又电闪雷鸣，途中变盘；还有些为常人忽视的细枝末节突然成为大决策的重要开端或依据……它们有三个特点：一是功自天意，很难复制；二是始于谬误，却超乎常规逆转，终为大成；三是平凡常态中隐伏蹊跷，非慧眼识别不得昭然。思维者顺其然，夺其时，识其本，即可成事。歪打正着就是顺势变异的典型。法国著名生物学家巴斯德有句名言："机遇只偏爱那种有准备的大脑。"机遇常常是在人们意料之外的时间和场合出现，同时常常混杂和隐藏于纷纭杂沓的日常事物中间，歪打正着作为一种抓住机遇，顺势而为的变通方法，主要解决的问题是：当发现所采取的解决某个问题的方法引发意想不到的结果时，需要冷静地辨析隐藏其中的原因和规律，并迅速调整思路，寻求解决新问题、发现新事物的渠道。丹麦的科学家芬森，就是通过观察猫最爱晒太阳的生活习性，从中获得启发，发现了紫外线的杀菌作用，从而获得了诺贝尔奖。法国的科学家贝拉纳的成功，也是从小猫一次闯祸中间偶然获得的。有一天，他拿起了两只小瓶子，一只瓶子装的是酒精泡着的一种海洋植物，一只瓶子装的是用硫酸浸着的一块生铁。恰好在这个时候，他养的一只小猫惊慌失措地从桌上往下跳，可是，它跳得太不利索了，一下子撞在了贝拉纳的手背上。这时候，只听到"哗啦"两声响，贝拉纳粹不及防，手中的两只瓶子打在地上，全都碎了。刹那之间，奇迹发生了，两个瓶子中的液体混在了一起，形成了奇特的化学反应，只见一团团紫色的蒸汽袅袅升起。就像是打开了魔法师神奇的魔盒一般。贝拉纳被这奇特的景象惊呆了，当水蒸气消失以后，他连忙弯下身来，却意外地发现、这些蒸汽居然结成了一种黄色的、闪闪发亮的晶体。于是，他对这种晶体进行了深入的研究，经过反复试验，终于认定是发现了一种新的化学元素，这就是——碘。

芬森和贝拉纳的发现都得益于猫，而猫却养于千万家，何处懒猫不沐日，何处痞猫不碎瓶，万人饲猫，几人得道？非猫之功，实在人为也。注意到"歪打"有可能"正着"是大有好处的。它能使我们保持良好的创造灵敏度，避免在歪打即将正着时仍处于麻木不醒状态，而让机遇擦肩而过。研究歪打正着的过程，主要研究如何抓住机遇顺势变通的思维方法和技巧，变被动为主动。因为歪打一般不会是将问题全部解决干净的，往往有待于我们进一步去挖掘、充实、验证、完善和发展。

## 四、迂回思维路径

在知己知彼的基础上，明确主客观条件，如果不宜单纯采取正面或逆反的策略，就必须适应对方与外部的多重关系，采取迂回曲折的方法，利用、改变或者创造外部条件，间接作用于对手这就是迂回创造性思维。这种思维类型更能体现思维的收益性、独特性和流畅性。

客观事物的发展，大都是由简单到复杂，由低级到高级，是不断前进、不断上升的。但在事物发展的某一个阶段，则又可能是后退的、下降的，这说明了事物发展的复杂性和曲折性。人的思维不仅应反映出事物前进和后退以及上升与下降的过程，还应采取相对应的策略。当我们所思考的问题面临障碍，特别是巨大障碍时，一般有两种对策：一是直线前进，或逆或顺，尽力消除障碍。这样做必须具备足够的力量和条件，力量不足要先积蓄，条件不够要先创造，否则，贸然向障碍发动进攻，即使付出巨大努力和代价，也常常落个徒劳无功，甚或惨败的结果。另一种对策是迂回变通，具体一点，就是考虑能不能避开障碍，走一条迂回曲折的道路；考虑能不能以解决甲问题为手段而达到解决乙问题的目的；考虑能不能为了前进而先后退，以求宽平之途等。这样做，不去直接向障碍挑战，不直接触动和攻击障碍本身，而思考如何设法变不利为有利，至少不让其成为拦路虎、绊脚石。这样做似乎没有直接消灭障碍那样痛快酣畅，但最终却能取得令人满意的结果。

有这样一个被人传颂的金点子：北京的一个文化馆需要扩建，北京市政府为此拨款1400万元，当时，需要迁走的居民将近100户，按照当时的商品房售价，一套住房要16到18万元，总共需要两千万元，可是，市政府只给1400万元，还差600万元。后来，有人给他们出了个主意：可以在北京的郊区为搬迁居民购买100套住房，同时，再买100辆天津"大发"汽车赠送给每个搬迁户。搬迁户再将车租给北京的一家出租车公司，由他们每月付给千元以上的租金。当时，郊区一套住房只要3万多元，一辆"大发"只要4万5千元，两者加起来也不过8万元左右，这样，100户居民，总共只需要800万元就能解决问题了。政府的1400万元拨款不仅可以满足需要，而且还能节约600万元。这个点子就是用迂回变通的方法，绕过了筹借600万元资金这么一个大难题，成功地解决了问题。

迂回变通是建立在顺势变通和逆势变通基础上的，在解决问题的整个过程中，顺势变通和逆势变通交替进行。它有两个基本模式：先顺后逆和先逆后顺。前者是沿着事物原本的发展方向，再向前推进一步，然后逆转方向，采取逆势变通的战术取得成功；后者是先用违背常规思维的逆向变术打破事物的既定格局，然后再遵循事物发展的方向进行发散变通。迂回变通所能操作的，也有两个基本变量：时间变量和空间变量。前者主要在事物的顺序性和延序性上做文章，如田忌赛马之类；后者主要在事物形态、大小、位置的变换上做文章，如红军的四渡赤水等。

### （一）先顺后逆

先顺势促进，待时机成熟，再逆势求成。《资治通鉴》卷六十四，汉纪五十六中记载着这样一个故事：东汉献帝建安九年（公元204年），丹阳（如今安徽宣城）大都督妫览带兵谋反，杀死了孙权的弟弟孙翊，妫览见孙翊的妻子徐氏十分美丽，想要霸占她。徐氏正要报杀夫之仇，怎么能够应允？但是，她想到自己是女流之辈，一时无法对付这个恶魔。徐氏是一位很有才智的妇女，她对妫览说："我的丈夫新亡，我身穿孝服，怎能与你成婚？等到了月底，我给丈夫设祭摆完了供品以后，脱去孝服换上艳装，再听任您的摆布。"妫览一心想得到徐氏，徐氏的这个要求也在情理之中，也就满口答应。可他不知道，这是徐氏的缓兵之计，她暗中找来孙翊的亲信孙高、傅婴和20多个知己，结盟宣誓，一定要为孙翊报仇。大家准备好以后，约定按计行事。月底很快就到了，徐氏果然摆好了贡品，为孙翊设祭，她想起了丈夫，泣不成声。哭完以后，徐氏脱去了孝服，用香料沐浴，收敛了愁容，言谈中露出了喜悦的表情，在妫览的面前装出了祭祀完了丈夫，情愿顺从的样子。妫览派人来侦察，看到徐氏的表情和举动，便不再怀疑了。妫览到来以后，徐氏出门迎接，给他行了见面礼，妫览十分高兴。正待还礼的时候，只听到徐氏高喊一声："可以动手了！"这时候，早已埋伏在一边的孙高、傅婴等20多个人闻风而动，举起了钢刀，杀死了妫览。徐氏除去仇人，又重新穿上了孝服，派人提着妫览的头，到孙翊的坟上祭祀。徐氏的举动震动了全国，孙权闻讯后急忙赶来，将妫览的余党全部杀光。

当陷入强大对手的包围之中，难以招架之时，采取避其锐气，假意顺从，投其所好，麻痹对方（先顺），然后组织力量，选择或创造有利的时机进行反攻（后逆），从而有效改变不利的处境。屈原在《离骚》中写道："屈心而忍志兮，忍尤而攘诟。"讲的就是忍受暂时的屈辱，为的是等待时机雪耻。

**（二）先逆后顺**

先蓄势不动，再伺机求成。历史长篇小说《斯巴达克斯》，有一段描写杰出的奴隶起义军领袖斯巴达克斯沦为角斗士的情节，在一场惊心动魄的团体角斗中，斯巴达克斯的同伴们一个个倒下去，最后，只有他一个人要对付三个对手，要按格斗技巧，斯巴达克斯能够胜过对方的任何一个，可是，现在是三个人向他展开联合进攻，他就会因寡不敌众而难以招架。这个时候，斯巴达克斯突然转身就跑，三名对手在后面穷追不舍，由于这三名对手追赶的速度有快有慢，很快就拉开了彼此间的距离，这时候，斯巴达克斯突然返身，打倒了第一个追上来的对手，过了一会儿，又打倒了第二个，等第三个对手追到他面前时，他很容易就打倒了第三个。一开始的时候，斯巴达克斯转身逃跑，看台上的贵族发出了轻蔑的嘘声，这时，见他运用计谋，采取化整为零的战术而取得了成功，又一致为他叫起好来。

这一则是"武斗"战术，下面一则是"文斗"的计谋：一位商人向哈桑借了2000元金币，并且写了借据，在借据快要到期的时候，哈桑突然发现他的借据丢失了，这使他焦急万分，因为他知道：一旦没有了借据，向他借了这笔钱的人一定会赖账的。哈桑的朋友纳尔斯金知道了这件事情以后，对哈桑说："你给这个商人寄去一封信，要他到时候把向你借的2500元金币还给你。"哈桑听了十分奇怪："那个商人明明是向我借了2000元金币，现在要他还这些钱都成了问题，你居然还要加上500元？"可是，尽管哈桑没有想通，但还是照办了。信寄出后，哈桑很快就收到了回信，那位借钱的商人在信中写道："我是向你借了2000元的金币，而不是2500元金币！你放心吧，到时候，我一定会还给你的。"有了这样一封信做依据，哈桑心里的石头落了地。原来，纳尔斯金要哈桑写信向商人要2500元只是一种手段，促使商人主动地承认他借了哈桑2000元，才是他的真正目的。

这两个例子中，斯巴达克斯用的是先退后进，各个击破的谋略；纳尔斯金用的是先攻后守的计谋，但从思维方向上分析，都是属于先逆后顺型。角斗士当进攻时却故意退却，这是逆动；借据丢失者当处被动时却主动出击索要债款，更属反常之举。这些逆反常规的做法，并非贯彻始终，而是为了改变眼前不利的状态。一旦形势发生有利己方的变化（斯巴达克斯在空间上分化了敌人、纳尔斯帮商人取得新证据），立即改变思维方向和套路，顺势而为，取得成功。

### （三）时空迂回

迂回思维的主体形态，不是时间迂回就是空间迂回。时间迂回的思维过程主要是对事物的顺序性和延序性进行剖析、调度和安排；空间迂回的思维过程主要在事物形态、大小、位置的变换上进行分析、综合、比较和概括。在军事上，我们所用的"时空迂回"计谋，大多用转移搬迁以及运动的样式蛊惑对方，造成对方指向错误，以满足战略转移和战术调整的需要。如大家熟知的毛泽东四渡赤水，可谓时空调度、用兵如神的典范。空间迂回往往采取"声东击西"的计谋，忽东忽西，即打即离；声此击彼，欲进却退；不攻而示之以攻，欲退而示之以进；似可为而不为，似不可为而为之。对方按情推理，我却因势施计，从而达到出其不意而取胜的目的。空间迂回的关键在"隐"，如对方不明我情，用之则可取胜，对方已明了我情，用之则易遭失败，所以此为险招。

应该看到，反向思维、顺向思维与迂回思维之间存在着互为前提、相互转化的关系。反向思维与顺向思维是相对的，没有顺向思维，也就无所谓反向思维的说法。在某种情况下的正向思维，在另外一种情况下很有可能为反向思维，反向思维在很大程度上就是别的方向上的顺向思维。反向思维的运用常常是建立在一定的顺向思维的基础上，没有一定的顺向思维为基础，是很难产生反向思维的。建立在反向思维和顺向思维基础上的迂回思维也是如此。总之，反向思维、顺向思维与迂回思维不可分。许多问题的解决，从表现上看是反向思维所致，但在其产生过程中，既需要以正向思维为基础，又需要迂回思维来参与。因此，全面地说，解决问题的思维过程是反向思维、顺向思维与迂回思维的有机结合。

## 第四节　创造型思维的制约因素

关于创造性影响因素的研究经历了一个由关注个体内部因素（如智力水平、个性特征等）向关注外部环境因素的转变，这一点对于如何进行创造教育具有重要的启发意义。斯滕伯格和陆伯特（1991）认为影响创造性的因素主要有智力、知识、智力方式、人格、动机、环境等六个方面的因素。而一些关注环境因素对创造性影响的研究者进一步将阻碍创造个性发展的环境因素总结为"五大杀手"：奖励、评价、监督、时间限制和竞争（Hennessey，1996）。但令人遗憾的是，在实际的课堂环境中，教师恰恰是按照一种势必会损伤创造性的方式来组织教学的（Hennessey，2003）。创造性思维是由诸要素构成的功能结构体，它的性质及其变化、发展的状况直接受制于构成创造性思维的各要素的特点以及各要素之间的关系特征。因此，在分析创造性思维的基本特征之后，必须再对构成创造性思维的各要素作一研究，以使对创造性思维的要素与特征获得更完满的认识。通过对人类既有的创造性思维的剖析和研究，我们发现元认知、知识、思维场和思维符号等要素是任何一种创造性思维构成都必须具备的，缺一不可。然而，它们在创造性思维之中所居的地位、所起的作用以及发生作用的途径又各不相同。

## 一、元认知

元认知是个体对自己的思维认知活动的认知。董奇曾给元认知下过这样的定义:"元认知,就是个人在对自身思维过程自我意识的基础上,对主体认知过程的自我反省、自我控制、自我评价和自我调节。它是学习理论文献中的元记忆、元注意、元理解、元学习等术语的总称,属于认知活动中更高一级的策划、指挥和执行机构。"[1]

元认知由三种心理成分组成:一是元认知知识,主要包括个体对自己或他人的认知活动的过程、结果等方面的知识;二是元认知体验,指伴随认知活动而产生的认知体验和情感体验;三是元认知监控,指认知主体在认知过程中,以自己的认知活动为对象,进行自觉的监督、控制和调节。元认知监控主要包括确定认知目标、选择认知策略、控制认知操作、评估认知活动并据此调整认知目标、认知策略和认知操作等环节。元认知监控是元认知最重要的心理成分。思维过程的元认知又是在长期价值活动中积淀而形成的关于某一事物的价值信念、价值取向、价值标准、价值规范的稳定的思维模式,是指主客体之间的价值关系、主体的价值创造活动及其结果的性质与意义在意识中的反映。它是价值关系、价值创造活动和评估活动的经验的理性积淀和内化。在思维活动中,首先,它使知识性的概念、观念构成或显现为一种"先入为主"的概念框架成为可能;其次,它渗透、灌注于思维活动的各个环节之中,影响、规范和调整着主体思维的选择与指向。总的说来,思维元认知借助价值体系在创造性思维的深层起着作用,具有强烈的定向、选择和调节功能。思维元认知对创造性思维的作用,具体说来主要表现为以下几个方面。

### (一)元认知是建构创造性思维的"内聚力"

创造性思维的各因素只有自组织化、内化、定型化,才不至于离散、孤立,才能建构为创造性思维。创造性思维的组织、建构的原则,不仅是由客观对象的结构及其属性所规定,而且也为主体元认知所制约。因为人的思维不仅反映现实,而且表明主体的态度,所以,主体总是从自己的愿望出发,以特定的价值观念来进行创造性思维的建构。这就是说,主体的元认知在创造性思维的建构过程中,起着一种聚合作用,它能使离散的、相对独立的知识结构、情感结构等凝聚、定型为具有一定思维指向的创造性思维。这样,在人的精神结构中占主导地位的思维元认知一旦更新,必然会引起思维样式的颤动、裂变,甚至各构成要素就会相互离散,从而带来思维样式的改建或重组。

### (二)元认知决定着创造性思维的指向

思维活动是有其内在价值指向的活动。在思维活动中,人不只是信息的被动接受器和储存器,而是运用创造性思维有选择地接收对自己有用的信息。这就说明,创造性思维具有一定的思维指向功能。然而,面对各种各样的刺激信息,创造性思维从什么角度、在什么层次上进行选择,以及选取什么、舍弃什么,这不只是取决于创造性思维中知识结构的性质,而更主要的是取决于主体的元认知所做出的价值判断。创造性思维总是选择与其价值观念相符合的客体信息,而舍弃与其不符合的客体信息,从而使思维的内容带有元认知价值规定、价值倾向和价值色彩,成为对人"有用"的思维。

---

1 董奇. 论元认知. 北京师范大学学报,1989(1)

### （三）元认知影响创造性思维的程序和方法

这里所说的元认知并不是指主体的一般价值观念，而是主体的元认知监控在思维活动过程中所施加的影响，体现在主体对客体信息的价值判断与选择等问题处理的元认知监控过程中。主体进行思维的过程即是对客体信息加工整理制作的过程，在这个过程中，元认知监控要对所涉及的一系列客体信息进行价值判断，解决诸如信息的性质怎样、信息有无价值等。由于元认知监控与主体的利益直接相关，并且在很大程度上是主体在长期社会化过程中不知不觉地积淀在思想深处的，因此，它对主体思维活动的作用常带有自发的性质和特点。

## 二、知识

按照心理学对知识的划分可以分为广义的知识和狭义的知识。广义的知识概念包括三类知识，即陈述性知识、对外办事的特殊的程序性知识（智能技能）和对内调控的一般性程序性知识（认知策略、策略性知识）。狭义的知识概念仅指陈述性知识。如下图所示。

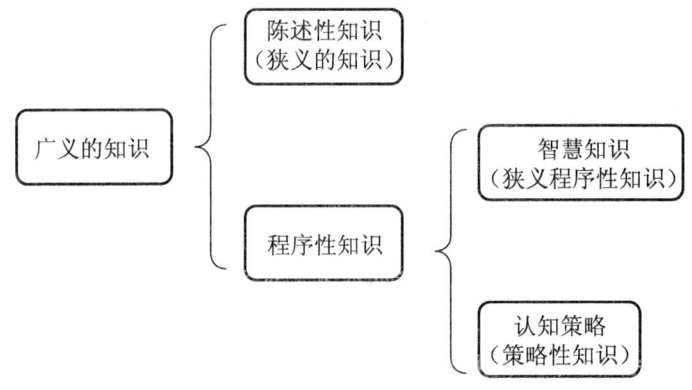

知识的心理分类系统

著名认知心理学家安德森（J. Anderson）把个体的知识分为两类。一类为陈述性知识。陈述性知识（declarative knowledge）也叫描述性知识，是个人具备有意识的提取线索，因而能直接陈述的知识。这类知识通过记忆获得，也叫记忆性知识。学习陈述性知识的目的主要在于获得语义，著名教育心理学家梅耶（R. E. Mayer）称其为语义知识（semantic knowledge）。加涅（Robert Gagne）称其为言语信息（verbal information）。另一类为程序性知识。程序性知识（procedural knowledge）也叫操作性知识，是个人缺乏有意识的提取线索，只能借助于某种作业形式间接推测其存在的知识。

按照概念和规则办事的指向性不同，程序性知识又可分为两个亚类：一类为运用概念和规则对外办事的程序性知识，加涅称之为智慧技能（intellectual skill），主要用来加工外在的信息。另一类为运用概念和规则对内调控的程序性知识，加涅称为认知策略（cognitive strategy），主要用来调节和控制自己的加工活动。

梅耶认为：策略性知识和程序性知识是一种并列关系，而不是一种包含关系。他认为，程序性知识是指个体在特殊情境下所使用的规则和步骤，它只相当于加涅的智慧技能；而策略性知识（strategic knowledge）是关于如何学习和如何思维的知识，是关于如何使用陈述性知识和程序性知识（智能技能）去学习、记忆、解决问题的一般性方法。

钱学森在北京召开的全国首届思维科学讨论会上说："我们要认识客观世界，不但靠实践,而且还要利用过去人类创造出来的精神财富。什么知识都不用,那就回到了一百多万年以前我们的祖先那里去了。所以人的思维质量的好坏,一是靠社会实践,二是靠知识。知识是人类社会实践的一个非常重要的补充。"[1] 知识是人们在实践活动中所获得的认识成果,它总是以一定的结构形式存在于主观世界之中,凝结为主体的精神财富。而主体的思维总是以一定的知识为中介、手段对客体进行间接反映,因此知识、知识结构是思维、创造性思维所依存的基础。知识总是按照一定的结构而存在的,由此,我们可以从以下几个维度或层面上来分析和规定知识。从横向上来看,可以将知识(结构)规定为知识系统中知识数量、知识种类、知识层次之间相互作用和相互联系的样式;从纵向上来看,可以把知识(结构)划分为深层结构和表层结构。深层结构的内容主要是主体在认识活动中所遵循的方法和原则,如"形而上学"、"辩证法"、观察、比较、分析、归纳和演绎等方法。表层结构的内容是为上述这些方法和原则所统摄的知识。从知识反映、把握对象的程度上来看,可以将知识分为经验知识和理论知识。在现实生活中,知识结构和主体的关系,总是具体的,特定的知识结构总是与特定主体相对应。因此,对于特定主体来说,只有为他所掌握的并与其特定活动对象具有内在联系的知识,才能成为他的知识结构的内容,这就说明,知识结构是因人而异的。作为创造性思维基础性因素的知识结构对思维样式有着不可忽略的作用。具体地说,知识结构对创造性思维的影响作用可以从以下几个方面来加以认识和分析。

(1)知识结构中知识数量的多少制约着创造性思维总体规模的大小。知识既然是对世界认识的结晶,反过来,它也就成为人们认识世界的出发点和阶梯。一种新知识的形成,就为人们的思维开拓了一个新的领域。所以主体所具有的知识愈多,能够加工的客体信息量就愈大,在认识活动中产生的新知识也就愈多。随着新知识的不断输入与增加,思维的内容也就更为复杂多样,相应的是主体思维容量。思维空间获得新的拓展,思维视野得到新的增加和开启。相反,知识数量少,必然导致主体思维总体规模的狭小,限制主体的思维视界。

(2)知识结构所包含的知识种类在总体上规定了创造性思维的性质和功能指向。由各种不同种类的知识构成的知识结构,其内容和性质是不同的,因而以不同知识结构为基础的创造性思维,不仅在内容上呈现出质的差异,而且在功能上也表现出明显的不同,即不同的知识结构对思维活动具有不同的规范作用,能导致不同的思维样式与思维结果。

(3)知识结构中知识层次的高低制约着创造性思维反映客观世界的深浅。主体所具有的各种各样的知识,因其反映客观世界的深度不同而划分为不同的等级,在知识结构中表现为不同的知识层次。由较高层次的知识结构构成的创造性思维,其系统质也高,能更深刻地反映客观世界。反之,知识层次低,那么,由较低层次的知识结构所构成的创造性思维的系统质也就较低,对对象的反映与把握也就相应的浅一些。总的说来,在一般情况下,知识层次与主体反映客观世界的深度成正比,知识层次愈高,对客体的认识也就愈深刻。

(4)知识结构中所含的知识数量和质量制约着主体思维能力的强弱。虽然知识(结构)并不等于思维能力,但思维能力必须以一定的知识、知识结构为基础、为依托,并由此转化而形成,这是结构与功能关系的具体表现。一般而言,主体的思维能力是与主体知识结构中知识的数量、种类和质量之间具有一致性。主体知识结构中的知识数量大、种类合理。质量高,那么他的思维能力相应也就强,反之,就弱。总之,知识结构从思维的总体规模、性质和功能指向、反映世界的深度以及思维能力的强弱等方面制约并规定着创造性思维,构成了

---

[1] 钱学森.关于思维科学.上海:上海人民出版社,1986

创造性思维的基础[1]。

## 三、人格因素

对创造性人格的研究,引起广泛的关注。比如,差异性研究中的一个重要问题就是领域和人格之间的因果关系,即创造性人格特质是领域定向的结果,还是这些人选择该领域是因为他们具有这些人格特质?追踪研究中可以探讨创造力和智力的发展同步性问题,也就是创造力和智力是一开始就发展不同步还是到某一年龄以后才开始分离?还有一些非常重要的问题是考察影响儿童早期创造性人格形成的主要影响因素,可以包括发展的、认知的和家庭的、社会的等各种影响因素。比如,学习和练习对创造性技巧和人格的影响,动机和情绪的影响,家庭环境、社会支持的影响,只有当这些问题得到系统的、实证的解释以后,创造性个体的理论模型才有可能被建立、评价、检验和完善。

下面的研究试图采用16PF作为工具来测算大学生的创造力,在此基础上对影响创造力的各种因素进行分析,以便为高等学校的创新教育提供依据。

本研究的调查对象是本科学生,经过随机抽样,有250名学生参加测试,回收有效问卷242份。其中男生156人,占64.15%;女生86人,占35.15%。大一学生82人,占34%;大二58人,占24%;大三75人,占31%;大四25人,占10%;另有2人为研究生。

卡氏藉"因素分析"演绎出估量各种行为及其有关人格因素分量高低标准的特殊公式,所得总和即系其个人在此情境中的行为与某种行为标准的符合程度,并依此推算相应的标准分。

计算公式为 $[(11-A)\times 2+B\times 2+E+(11-F)\times 2+H+I\times 2+M+(11-N)+Q1+Q2\times 2]$,标准分在7分以上的属于创造力强者。

### (一)性别

创造力与性别有一定的关系,呈现微弱的负相关。经过检验,并不存在显著差异。测试学生对于"男性比女性更富有创造性"的说法,38%的人表示"非常同意"或"比较同意",其中男生中占近一半(48%),女生中五分之一稍多(21%)。在人类的发展史上,做出创造性成果的固然男性居多,但这并不表明女性缺乏创造性品质和潜力。传统的刻板印象即使在大学生中也是明显存在的,且被明显地泛化和夸大。

### (二)年龄

在创造力发展的特征方面,年龄是最早引起人们在理论和实践上的兴趣的因素之一。虽然创造力无可非议是需要意识的努力和理性,需要现实导向的发展和随年龄而增长的逻辑的发展,但是创造力至少部分地须具有儿童式的顽皮、幻想以及第一过程思维的非理智性。青年时期创造性的发展具有以下特点:处在创造心理的大觉醒时期,对创造充满渴望和憧憬;受传统习惯的束缚较少,敢想敢说敢做,不被权威、名人所吓倒,有一种"初生牛犊不怕虎"的创造精神;创新意识强,敢于标新立异,思维活跃,心灵手巧,灵感丰富;在创造中已崭露头角,孕育着更大的创造性。可以说,青年是创造力发展的关键时期。

### (三)智力、学业、兴趣

沃拉斯在1970年指出,富有创造力的人并不一定是高智商或学业成绩出众的人,而是

---

[1] 陈中立,杨楹,林振义,倪键民等.思维方式与社会发展.北京:社会科学文献出版社,2001

往往具有独立的态度和自己的兴趣。聪慧性 B 与创造力有着密切的关系。低 B，思想迟钝，学识浅薄，抽象思考能力弱；高 B，聪明，富有才识，善于抽象思考。反映在创造力上，差异显著，说明心智机能的正常是高创造力的必要条件。

创造力的高低与学生当前的学业成绩状况没有一定联系。说明当前大学生的学习成绩评定并没有反映出学生的创造力，相反，学校太注重学业而排斥了其他方面，压制了学生和教师的创造性才能的发挥。这也可以从学生对教育与创造力的认识上反映出来。对于"创造力是教育培养的结果"的说法，三分之一的人表示赞同，超过一半的人（52%）表示反对。我们的大学教育在培养创造力方面确实出了问题。

创造力的高低与个人的兴趣有一定的关系。对于体现为独立性和个体性倾向的活动如科技制作、琴棋书画等感兴趣的，创造力相对较高；而对于社交性活动感兴趣的，体现的创造力水平反而较低。这和通常研究的多产科学家的一些性格特征相一致。如"独立性，即在寻求经验和行动上的独立性，视觉，认知和行为的自我满足"，"人际关系较淡漠，好离群索居，不健谈，有女性化倾向，对人际间的敢作敢为敏感"；"在人际关系上虽然敏感或领悟，但会抱着有点疏远或孤立的态度，喜爱处理事物或抽象的东西，不喜欢处理人际间的事情"。对于同学周围的"'偏才'和'怪才'往往富于创造性"的说法，三分之二的表示"非常同意"和"比较同意"。

关于心理健康水平与创造力的关系比较复杂，如表 12-1 所示。弗洛伊德精神分析学派认为，艺术的高创造性与心理健康总是有矛盾的，高创造性的个体有一种神经症的焦虑感；罗杰斯和马斯洛的研究却认为病态对创造力没有利，只有障碍；库比（Kubi）则从临床角度分析心理健康对创造有正相关性。本研究也证实创造力与心理健康水平呈负相关，这说明高创造力者敢说敢为，超尘脱俗，极为明显的独立性往往会引起他人的反感和排斥，而他们一旦受挫就会引起情绪问题，久而久之成为病态。

表12-1 心理健康水平与创造力关系

| 心理健康水平 | 均 值 | 标准差 | 容 量 | F | 显著性 |
|---|---|---|---|---|---|
| 低于12分 | 93.88 | 6.15 | 17 | | |
| 12～22分（均值） | 90.90 | 10.34 | 131 | 3.194 | 0.043 |
| 高于22分 | 88.45 | 8.87 | 94 | | |

## （四）家庭因素

家庭因素是影响个体创造力发展的一个重要因素。这里主要包括家庭出身、父母教育程度、职业类型、教育方式、家庭排行和重大生活事件等。

### 1. 家庭环境

奥斯本经研究得出了"城市生活扼杀创造力"的结论，即出生在农村的，比出生在城市的人有更大机会成为出众的创造者。日本学者恩田彰等的研究也得出了类似的结论，认为："文明过度，生活于其间的人的身心就必定软弱"。本研究似也证实了这个结论。就出生在大中城市和农村的进行比较，"城市生活远比农村生活更有规则。因此，城市儿童没有面临过某些种类的问题。"也就不可能发展此方面的创造力。

### 2. 父母教育程度、职业

父母的教育程度、职业与子女的创造力应该说存在一定的关系。父母的受教育水平和文化程度比较高，特别是父母的职业为教师或从事其他专业工作的家庭，可能比较重视对孩子的启蒙教育，并且注意培养他们良好的学习习惯和行为习惯，以促进其创造力的发展。调查表明，父母的教育程度、职业与子女的创造力的总体差异并不明显，但部分比较差异较大。例如父亲职业为党政机关干部、企事业负责人与农民相比，其子女的创造力存在显著差异，这或许可以认为干部家庭鼓励遵从，降低风险，而农民家庭可能会给孩子提供自己解决问题的机会，并接受风险，反而培养了他们的创造力。

3. 父母的教育方式

家庭的教育方式，一般分为专制型、放纵型和民主型。专制型和放纵型的教育方式，易使孩子养成依赖、顺从的习惯，思维懒惰，缺乏创新性，创造力水平低。民主型的家庭教育，则让儿童积极参与各种事务，以激发孩子强烈的创造动机。尼克尔斯（Nichols，1964）对母亲抚养态度的调查，发现母亲专断性抚养态度，与儿童的独创性和创造力呈负相关[1]。韦伯斯格等人的研究表明，父母在儿童创造力发展上起的作用有所不同。母亲的强制行为同儿童创造性思维能力有负相关；创造力高的儿童同父亲接触较多，父子关系与儿童的创造能力高低有较高的正相关，父亲对儿童创造力发展的影响比母亲的影响大得多。

4. 家庭排行与重大生活事件

有证据表明，出生顺序与个体创造力的发展有一定联系。罗杰斯发现，杰出科学家大多数是长子或长女。吉尔福特认为"运气不好的儿童和家庭中排行较前者，面临着大量需要解决的问题，这就使他们有更多的机会来发展解决问题的能力"，因而比较富有创造性[2]。但是也有一些研究并不支持上述结论，表12-2 中的实证数据也不能支持这个结论。

表12-2 家庭排行与创造力的关系

| 家庭排行 | 均值 | 标准差 | 容量 | F | 显著性 |
|---|---|---|---|---|---|
| 独生子女 | 89.79 | 9.19 | 77 | 0.278 | 0.841 |
| 排行老大 | 89.39 | 9.81 | 46 | | |
| 排行最小 | 90.59 | 9.90 | 102 | | |
| 其他 | 91.29 | 10.25 | 17 | | |

为了解决结论的冲突性，奥尔波特（Allbort）对此提出解释，他认为从本质上看，不是出生顺序影响了个体后来的创造力发展，而是由于个体在家庭中处于特殊位置，引起父母的特殊关注和重视。最先出生意味着在家庭中占有特殊的位置，而其他在家庭中处于特殊位置的儿童，如独子、长子或长女病逝而成为老大的次子或次女，早年丧父或丧母的孩子，也可以产生同样的回应。

（五）学校因素

学校教育在人的创造性素质培养中起着极为重要的作用，学校是知识掌握、人格品质培养和制造创造性气氛的场所。调查表明，原毕业学校为重点中学的要比一般中学在各方面占优势，表现出较高的创造力。

---

1 俞国良.创造力心理学.杭州：浙江人民出版社，1996
2 赵克坚，陆兴发.国外创造教育研究述评.外国教育资料，1993(5)

## 四、创造性思维场

　　思维场即思维相互作用场，精神存在的两种基本形态之一。场本身具有能量、动量和质量，而且在一定条件下可以和物质相互转化。根据心理学原理，场与个体心理因素有着不可分割的联系，如同电子场联系于电子、电磁场联系于光子一样，个体的感知、思维、情感、意志在场的作用下，相互作用、相互渗透、相互结合与排斥，更具爆发力和诱导力。任何思维场都以积淀到的世界图景为依据和背景，以思维共振的过程，特别是已经取得成功的思维共振为途径，以最理想或最急需实现的价值目标为评估标准，对客体信息进行选择、取舍、裁剪、整合、规范和重新建构。所以，思维场是人类分析和处理问题的群合性的思维框架和思维工具。人们如果没有现成的思维场，那么，他在认识任何一个客体时，就得重复他的祖先在认识客观世界时所经历的几百万年的演化过程，那是不可想象的。所以，思维场内涵的认知定势、认知运行模式、认知风格和认知策略不仅是使人们的现实认识成为可能的机制，而且是人类认识不断进化的阶梯和契机。因此，有什么样的"场"，就容易形成什么样的创造性思维。例如大学校园这一特异的人文环境容易形成有别于其他人群的创造性思维，因为大学有其特有的"思维场"。大学这一特异思维场造就最具前沿性的创造性思维，前沿性的创造性思维更易造就成批顶天立地的人物。比如牛顿便是从剑桥大学走出来的。康德则是哥尼斯堡大学的灵魂。牛顿为18世纪英国工业革命和西方工业文明的到来奠定了力学基础。因为工业文明的精髓只一个字："力"。康德则把德国引上了哲学思考的大道，因此哲学成了一件全民族的事业。一大群出色的德国大思想家突然出现在德国的土地上。歌德、席勒和贝多芬都受到过康德哲学的熏陶。贝多芬音乐在本质上是康德哲学的旋律化或音响化。爱因斯坦从13岁便开始读康德的书。他在瑞士联邦工业大学就读的数学物理系，有门必修课"科学思想理论——康德哲学"。进入青年时期，爱因斯坦则反复研读了康德的《任何能作为科学而出的未来形而上学的绪论》，即《绪论》。1918年，建立了狭义和广义相对论的爱因斯坦在夏天给友人写信："我正在这里读康德的《绪论》，并且开始理解到这个人所发散出来的和仍在发散的那种发人深省的力量。"20世纪奥地利杰出数理逻辑学家哥德尔年仅16岁即开始阅读康德的书。1974年，68岁的他在回顾往事中说，康德在他的思想发展过程中影响最大。然而，康德却是哥尼斯堡大学精神培育出来的。他就读于该校，后来成了该校教授和校长。同样，康德也反过来参与铸造了哥尼斯堡大学的精神。他的一生都没有离开过哥尼斯堡这座城市，但他的思想却渐渐传播到了整个文明世界。

　　各个地域、国家、民族、群落不同的思维场派生出五彩缤纷的思维样式。譬如，我们常说的美国式思维、英国式思维以及东西方思维等。东西方思维场的差异主要体现在辩证思维力与抽象思维力的差异上：学者们常常用辩证思维来描述东方人，尤其是中国人的思维样式；用抽象思维或者分析思维来描述西方人，尤其是欧美人的思维样式。在他们看来，中国人的思维场有三个模型：变化场、矛盾场及中和场。变化场没有永恒的对与错；矛盾场则把万事万物构成的矛盾统一体，没有矛盾就没有事物本身；中和场则体现在中庸之道上，把事物存放在着适度的位置上。与中国人的辩证思维不同，西方人的思维是一种抽象思维。这种思维场有三性：世界的同一性、非矛盾性和排中性。同一性认为事物的本质不会发生变化，一个事物永远是它自己；非矛盾性相信一个命题不可能同时对或错；排中性强调一个事物要么对，要么错，无中间性。西方人的思维场显示的是逻辑力量，他们在考虑问题的时候不像中国人那样追求折中与和谐，而是喜欢从一个整体中把事物分离出来，对事物的本质特性进行逻辑分析。场派生样式，因此我们感受到东西方在思维样式上的显著差异。

思维场还影响着创造性思维的变革。个体先前认识过程及其成果在头脑中最概括、最抽象的积淀形成了思维定势、思维运行模式、思维风格和思维策略。但这些思维样式一旦更换了思维空间，便有可能发生变化。很多历史事实证明了思维场的演变史从总体上决定着思维样式的演变史，二者具有内在的一致性或直接的对应性。中国文革期间的思维场与改革开放后的思维场，对中国人的思维样式就具有一定的铸型作用。在封闭的计划经济体制下，我国的政治、经济、文化各个方面处于封闭状态，造成了人们封闭的思维方式。当今世界是开放的世界，任何一个国家想关起门来，采取闭关锁国的政策发展经济、科学技术和文化已不再可能。时代的发展和现代化建设迫切需要思维方式由封闭型转向开放型，从更加广阔的空间中吸收先进的东西，弥补我们的不足，缩短与发达国家的差距。改革开放的政策改变了传统的自给自足、封闭自守的孤立观念，代之以普遍联系、相辅相成的开放型的思维方式。所以，随着各个地域、国家、民族、群落的思维场的变化，思维样式也不断地发生着变革。旧思维样式为新思维样式所取代，是人类思维进化的规律。

变革思维样式，一般有两种形式。一种是某个思维场已经千疮百孔，实在无法继续维持下去，而新的可以取代它的思维场也已基本形成，这时新思维样式取代旧思维样式便采取比较激进、比较快速的形式。尽管开始时人们还不太适应，但随着时间推移也就慢慢习惯了。这种情况多半发生在社会政治激烈变动的时期，在对待社会政治问题的思考上。另外一种情况就是旧思维场已暴露出许多问题，已不能和社会实践的发展相适应，但还没有完全失去可以对客观对象进行反映、理解和解释的功能；同时，新思维场虽已见端倪，但也还没有完全形成，还不完善。这时新思维场取代旧思维场便采取渐进的形式，旧思维样式逐渐退出人们的头脑，失去它的市场；而新思维样式则逐渐从旧框架中突破出来，逐渐形成和完善自己特有的形式和特色，并逐渐被人们接受，成为人们思考问题的普遍方式。这种情况比较普遍，爱因斯坦等人提出了相对论、量子理论等新的物理理论后，相对论突破了牛顿力学的时空绝对性的框框。根据狭义相对论，时间、空间、质量再也不是在经典力学中那样绝对不变的，而是随着物体匀速运动而变化。空间、时间、质量失去了绝对性，成了具有相对性的东西。相对论极大地推进了人们对高速运动、宏观物理现象的认识。人们的时空观、自然观、物质观、运动观也发生了巨大的变化；适应这种变化，人们的思维样式也从原来的简单性向纵深方面发展，由封闭型思维方式向开放型思维方式转变。

## 五、思维符号

抽象思维必须通过概念等基本的思维形式进行，但"纯粹"的概念是一种无定型的精神性的东西，它还必须借助于它的代替物——物质性的、可感知的符号（语言、文字等）而获得完善并得以显示。不然，人类既无法使自己的思想清晰化，更无法做到互相交流和沟通。

人类的语言（文字）就是人类最普遍地使用着的符号系统。其最基本、最普遍的形式是自然语言符号系统，是人类为了生存的需要在劳动和生活交往中逐渐产生的，彼此约定俗成的具有承载意义的信息符号系统。自然语言是某一社会中历史地形成的一种民族语言。它以特定的语音、文字作为存贮和传递社会集团所需信息的手段。这种手段是人类在一切活动中交流思想、认识、感情、意志所必需的。语言系统是实践样式决定创造性思维的"中介"，即实现实践样式向思维样式过度或"内化"的媒质。"语言系统"是实践活动样式内化为思维样式不可缺少的中介或媒质。也就是说，实践样式决定思维样式。实践样式转化为思维样式是通过语言这一特殊的符号系统而实现的或完成的。没有语言系统这一中介系统，那么，实践活动样式与思维活动样式之间就缺乏沟通和转化的"桥梁"，同时，也难以深入地解释为什么不同的人在同一实践活动中会形成不同的思维样式。由于语言系统是实践样式内化为思维样式不可缺少的中介，我们则可以说语言（系统）对创造性思维具有举足轻重的作用。因为，语言是构成人们思维活动的基本单位和把握客观事物的工具。无论是人们日常生活中的自然语言，还是科学研究活动中的符号化的语言，都是人们进行思维活动不可缺少的信息载体。思维活动的实质即是剥落掉语言的形式，指向语言所指的内容，确定其意义。离开了语言，思维活动就无法进行。语言之所以能在实践样式与思维样式之间架起"桥梁"，实现前者向后者的转化，是由于语言是一种结构性的"存在"，它具有形式的主观性和内容客观性双重特征。人们在进行思维活动之时，正是凭借、运用语言来对信息加以吸收、编码与变换操作。然而人们对信息的吸收、编码、重组即操作又不是随意而为的，必须顺应语言符号的结构特征，遵循语言的构成规则。

关于语言系统对思维的影响，美国人类语言学家沃尔夫认为，语言支配思维，是思维的塑造者，不同的语言决定思维的不同样式，由此形成不同世界观。语言系统在心理生理学中叫做"言语网络"。这种言语网络影响着整体对信息的加工处理，即不同的语言造成对某些生活经验的编码样式的不同，不同体系的语言必然对使用这种语言的人在创造性思维上有所影响。有学者认为，导致中西思维样式差异的原因很多，其中一个十分重要的原因即是由于中西方人思维时所使用的语言符号的不同。他们认为，中国语言是形象语言，西方语言是声音语言，在这里可以说明中西方思维样式的差异。因此，"当选择了某种语言的时候就意味着选择了某种思维样式，语言规定了思维样式。"[1] 语言的变迁同时牵动着思维样式的变迁。在引起思维样式变革的诸多要素中，体现得最明显、最直接、最集中的就是语言的革新和发展了。语言的变迁，特别是具有典型性、代表性的语词的变迁，从表层上来看，是一个时代、时期人们在其思维活动中用以总结、概括事物、现象的工具的变化；从深层上来看，则反映出人们进行思维活动时思维的框架、思维的重点、思维的方法等一系列都发生了相应的转变。换句话说，语言是社会发展的一面镜子，它不仅能折射出一定时期社会政治生活、经济生活和文化生活的重点与兴趣之所在，也能反映出一定时期或阶段，人们的思想、思维活动的关注焦点。

总的说来，引起创造性思维发展变化的因素是多方面的，是一个具有不同层次的复杂系统。复杂系统中，除元认知、知识、符号外，社会意识的各种形态，如政治思想、法律思想、道德、科学、艺术宗教等，也都对人们的创造性思维起着潜移默化的作用[1]。此外，职业、年龄或社会心理等因素，也都对创造性思维的变化发生影响。

---

1  张岱年，成中英.中国思维偏向.北京：中国社会科学出版社，1991

# 第13章 创造性思维的传统测量技术

虽然西方学术界公认吉尔福特于1950年的演说辞标志着创造性思维测量研究的真正开端，但是有文献回顾托兰斯（Torrance，1982）发现，早在19世纪末20世纪初，就有人试图应用测验技术探讨想象与创造现象。巴隆和哈林顿（Barron & Harrington，1981）指出，早在1900年之前，比纳和亨利（Henry）就提出过后来被视为创造性核心要素的发散性思维测验。甚至吉尔福特本人也提到1898到1950年期间有关创造性和智力相互关系的研究文献。但是，总的来说，在20世纪上半叶，有关创造性的科学研究还仅仅是开端。

在技术层面上，心理测量的范式关注的主要是如何改进测量工具以便准确地测量出个体的创造性。托兰斯创造性思维测验是历史上最重要的成就，被认为是"最常用的发散性思维测验"（Plucker & Renzulli，1999）。在比较研究层面上，心理测量的范式重在对创造测验中得分高的人和得分低的人之间进行比较。例如，对文献的回顾表明，具有创造能力的人在人格测验中倾向于表现出与缺乏创造能力的人不同的人格特征（Plucker & Renzulli，1999；Feist，1999）。在描述性研究层面上，心理测量的范式注重探讨创造性测量和其他测量之间的关系，大量的文献报告了有关创造测验的得分和智力测验的得分之间的关系（Sternberg & O'Hara，1999）。

## 第一节 发散性思维测验

在众多的测量创造力的方法中，以发散性思维为指标而编制的测验，是最常见的一种。

### 一、发散性思维与聚合思维

#### （一）发散性思维

发散性思维这一概念，是由伍德沃斯于1918年提出来的。后来，被吉尔福特纳入智力三维结构之中，我们在上一章已作较详细介绍。根据吉尔福特的研究，发散性思维这一操作（D），与视觉（V）、听觉（A）、符号（S）、语义（M）、行为（B）等五种信息内容，与单元（V），类别（C）、关系（R）、系统（S）、转换（T）、蕴含（I）等六种信息形式相互结合，便能产生30种不同的发散性思维能力。例如七巧板就是一种视觉系统的发散性思维能力（DVS），让学生尽可能多地举出可以食用的各种圆形食品，是一种语义单元的发散性思维能力（DMU）。

发散性思维所涉及的是变革样式。这里所说的样式是指信息在记忆表层即头脑中的排列。样式是神经活动的可重复顺序。对于它用不着做更严格的定义。在实践上，样式是任何一种可重复的概念或观念在时间上的可重复顺序，也可以指共同构成诸如解决问题的方法、观点、观察事物的方式等其他样式的排列。样式的大小没有限制，唯一条件是它必须可重复，可辨认，可使用。发散性思维所涉及的是变革样式。发散性思维不像聚合思维那样先取得一个样式，然后再使其发展。发散性思维是试图通过以另一种方式把事物聚合在一起来重新构建样式。由于信息在自我提高体系中到达的先后顺序对其排列方式影响巨大，为了最好地利用禁锢在各个样式中的信息。有必要对样式进行某种重新构建。

发散性思维既是一种态度又是一种使用信息的方法。发散性思维这种态度把观察事物的任何特殊方式都视为有用的，但却认为它不是独一无二的或绝对的。这也就是说，人们承认每种样式的使用价值，但并不把这种样式视为必然，而只把它看成是把事物拼凑在一起的方式之一。发散性思维的态度是：第一，拒绝僵化的模式；第二，试图以不同的方式把事物组合起来。一个人在进行发散性思维时总是努力生成选择方案，重新构建样式。这并不是一个宣布现存样式是错误的或不适合的问题。发散性思维从来不是一种评判，一个人可能对现在的样式很满意，但他仍然会努力生成更多可供选择的样式。发散性思维不仅是一种态度，而且是一种为了达到重新构建样式的目的而使用信息的特殊方式。在发散性思维中，信息之所以有用，并不是因为其本身的缘故，而是其效果。在聚合思维中，人们把信息构建成某种结构、桥梁或路径，信息成为发展线的一部分；在发散性思维中，信息被用来改变这种结构，但却不会成为结构的一部分。我们可以用一根针把两张纸别在一起，也可以用它刺某人，让他跳起来。发散性思维不是起固定作用而是在起刺激作用，它只能如此以造成样式的重新构建，发散性思维可以故意违反常情。基于同样理由，发散性思维可能使用不相关的信息，可能推迟裁决，听任一种观念的发展，而不是宣布说这种观念是错误的，使其夭折。

发散性思维把信息当成一种刺激来使用，它使旧样式解体以解放其中的信息；它通过把似乎没用的信息并列来激发新样式的形成。所有这些调动都必将在把信息迅速收集在一起组成新样式的自我提高的记忆系统中产生有益的效果。没有记忆系统的这种行为，发散性思维只会起破坏作用。发散性思维与聚合思维这一传统的思维样式截然不同。在聚合思维中，人们按部就班地思考，每一步都必须有充分的根据。这两种思维的不同之处是十分明显的。例如，在发散性思维中一个人使用信息并不是因为信息本身的缘故，而是为了它的效果。在发散性思维中，为了得到一个正确的答案，一个人可能在某一发展阶段中不得不犯错误；而在聚合思维（逻辑或数学）中却不是这样做的。在发散性思维中，一个人可以故意地寻找毫无关系的信息；而在聚合思维中却只能寻找有关系的信息。

发散性思维的功用有两个：一是寻找更多的可能性。有时候，去寻找其他的可能性既容易又有趣味。英国德·波诺（Edward de Bono）思维训练教程就认为"从每一个我们能够想象出来的新选择中我们都能得到某种快乐"。这个教程中有一道题目是这样的：请你想一下一个放在桌子上的盛满水的杯子，任务是请你弄干杯里的水却又不允许你损坏杯子或使杯子倾斜，你能想出多少种不同的方法呢？你可以把书放在一旁，自己列出这些方法。或者你可以接着读下去，然后增加更多的你自己提供的选择：

（1）用虹吸管或者用嘴把水吸出来；

（2）把水吹出来；

（3）使用发泡剂，用发泡的方法把水排出；

（4）利用毛细管原理（比如一块抹布）；

（5）使水沸腾蒸发；

（6）把水冻成冰，再把冰取出来；

（7）让杯子在离心作用下把水甩出来；

（8）放入沙子、卵石或其他物体把水排挤出来；

（9）使用海绵或其他吸水材料；

（10）用气球把水灌进去，再把它提出来；

等……

这个任务是相对容易的，因为几乎没有什么约束条件。在有些情况下则比较难于发现其他的选择。下面是另一个任务：你能用多少种不同的方法把一个方块分成四个相等的部分，以使每一部分的大小、形状和面积都是相等的。在实际生活中，大多数人能够很快地讲出六、七种不同的方式。而事实上，按照这种要求去划分一个正方形的方法是无穷无尽的。创造这种变化无穷的形状也有几种不同的方法。在上述情况下，某些方法就不那么容易发现了，尽管在事后看起来它们又都是那样显而易见。

当我们真正着手寻找其他的可能性时，我们能找到若干选择确实一点也不难（也许要找到很多是困难的，而想要找到所有的选择则几乎是不可能的），真正的困难在于首先要有心计去寻找其他的选择。

发散性思维结构不仅在开放中形成，还必须在开放中维持。它与聚合结构不同，聚合结构的有序状态可以在孤立的环境中不需要从外界环境补充物质和能量就能保持下去，而一个生命力长久的系统，必然是一个开放的系统，创造性思维也不例外。创造性思维这个发散结构系统必须不断地与外界进行信息与思想交流。信息与思想的交流具有互补性与互增益性，它可激活人们的思维，头脑风暴法在决策科学中的有效应用就是一例。只有通过开放，引进负熵，不断地吐故纳新、推陈出新，创造性思维才会日益丰富多彩，产生越来越多的新质，形成各种新的有序结构。同时，开放的创造性思维系统还必须是动态的，只有不断变化与发展，才能保持与发展创造性思维的活力。在创造性教育中，应大力加强思维的广阔性、流畅性、灵活性与求异性等特质的训练，增强辐射思维能力，发展联想、类比等思维品质。发散性思维可以提高聚合思维的效率。聚合思维能发展由发散性思维生成的思想。你把一个坑挖得再深也不会变成两个坑。聚合思维就是在同一个地方往深处挖坑，而发散性思维则是在另外的地方挖坑。

## （二）聚合思维

与发散性思维结对成双的是聚合思维，是指依据研究对象所提供的信息，使思维对已知信息进行多方位、多层次思考，寻求或选择解决问题的最佳方案或最新途径的思维形式。在进行聚合思维时，人们可以通过一系列有根据的步骤得到一个结论。由于步骤是坚实的，人们会肯定这个结论是正确的。但是不论这个结论如何正确，出发点却只是一种目的性很强的选择，这种选择塑造了所使用的基本概念。比如下棋，对方"当头炮"，你就来一个"马来跳"，一般是不会出错的。

一般来说，在创造活动的开始阶段，问题的情境往往不很明确。这时必须进行聚合思维，综合已知的各种信息，明确所要解决问题的关键并导出发散点。因此，聚合思维是发散性思维的基础，是创造性思维的第一步。接下来，则必须以解决问题的关键为发散点，重新组合和应用以往经验，结合有关信息，广开思路，尽可能多地提出解决问题的可能途径和方法，这是一个发散性思维的过程。最后，需要在上面发散的基础上，从多种设想、途径和方法中敏锐地抓住其中的最佳线索，使发散结果去假存真、去粗取精，找出最佳的解决方案来，从而创造性地解决问题，这又是一个聚合思维的过程。由此可见，创造性问题的解决，一方面是主体的思路沿着一些不同的有新意的通道发散，另一方面必须应用主体的知识，通过聚合——发散——再聚合的多次循环，按照严密的逻辑规律，以最佳的方式解决问题。

从最后决策的角度来说，聚合思维显得比发散性思维还要重要。哲学界有个"巴拉姆的驴子"的典故似乎就是证明这个重要问题的。"巴拉姆的驴子"更经常被人们称作"布里登的驴子"，但表示的意思是相同的。这只虚构的驴子刚好被置于距两堆完全相等的干草垛同样远近的中心点。这头驴子终于饿死了，因为它始终无法决定何去何从，两垛干草的绝对平衡使这头驴子进退两难。当几种选择方案具有同等的吸引力时，它本应当是最容易做的决定，因为你无论选中哪一个都会带来愉快的结果（应用掷骰子的方法）。但是为什么这样的决定又是如此难做呢？就像一个年轻的姑娘想要在两个符合条件的未婚男子之间决定取舍一样。这种状况的难处就在于让我们放弃一个有吸引力的选择。换句话说，这头驴子的问题出在无论哪一捆诱人的干草垛它都不肯放弃。因此，聚合思维的功能一方面是选择，一方面是放弃，放弃会使人的烦恼增加。"巴拉姆的驴子"的典故就告诉我们，在一般情况下放弃比选择更难。

"巴拉姆的驴子"直接抓住了这个问题的本质。做决定的人逐项地对每一个选择方案极尽挑剔之能事，使它失去原有的吸引力。如果他成功了，那么放弃它们就不再成为痛苦的事，于是最好的决定就产生出来了。由此可见，当我们一味强调发散性思维而轻视了聚合思维时，当我们一味把吉尔福特理论当作创造样式而忽略了两个缠绕着的螺旋系统时，"巴拉姆的驴子"就出现了。

## （三）发散与聚合的关联

聚合思维与发散性思维是从不同方向上寻求问题答案的两种思维形式，人们往往较多地注意到两种思维形式相互对立的一面，而对两者相互依存、相互渗透、相互补充、相互促进的一面缺乏认识。因此正确地认识聚合思维与发散性思维的辩证关系，对于提高创造能力具有十分重要的意义。完整的创造性思维应包括发散性思维和聚合思维两个方面，缺一不可。只有发散性思维和聚合思维的高度协调，方能构成相辅相成的高水平的创造性思维，才能保证创造活动的顺利进行。在许多情况下，人们往往从某一侧面，将某一解题思维称为聚合思维或发散性思维。事实上，聚合思维与发散性思维通常共存于同一思维过程中，纯粹的无发散的聚合与无聚合的发散客观上都是不存在的。

聚合思维和发散性思维各有其优点、缺点和独特作用，因此在思维过程中必须把两者辩证统一起来，使之相互补充、相辅相成。如果只有思维的聚合过程，而无发散过程，不善于多方向敏捷而灵活地思考问题，只沿着同一方向苦苦思索，也许会有所得，但往往会对新的领域、要素、方面无所涉及，使思维陷入呆板、保守和僵化，从而抑制思维的创造性，也不利于思维的全面发展。相反，如果只有思维的发散过程，而无聚合过程，尽管可以爆发出许多智慧的火花，但由于不能统一起来，不能形成集中的思维力量，会使思维失去控制，而陷入无序状态。所以，发散性思维若没有聚合思维作补充，容易发散无边，变成幻想、空想、乱想。科学的方法应该是，当思维发散到一定程度，就要收敛聚合一下，进行比较，寻找较好的解决问题方案；然后又在新的基础上再进行发散，进而在更高的层次上再收敛聚合。总之，根据唯物辩证法的对立统一规律，发散性思维与收敛思维是矛盾的统一。不"发"则"收"，则"收"是无本之木，只"发"不"收"，则我们只能得到众多的感性知识，不利于能力的提高。若"发"是"同中求异"，则"收"是"异中求同"、是一个抽象过程。要注意两种思维的功能互补，否则，创造性思维就如同"巴拉姆的驴子"一样不知所从。

创造性思维中，发散性思维与聚合思维的螺旋盘升性质，决定了创造性思维与辩证思维方法的内在一致性：一方面，创造性思维样式应以辩证思维方法作为自己的前提；另一方面，辩证思维方法要从创造性思维样式中吸取营养，丰富发展自身。辩证思维方法和创造性思维样式，构成现代思维方式的最重要组成部分。创造性思维样式就是辩证思维方式在现代的发展和深化，是现代实践活动方式与科学技术革命的产物。正如马克思说的，"那些发展着自己物质的生产和物质交往的人们，在改变自己的这个现实的同时也改变着自己的思维和思维的产物。"[1] 在新的历史时期，创造性思维样式内涵丰富，作用巨大，且又在不断总结提高之中。确立创造性思维样式，是时代的需要，是社会发展的需要，加强对创造性思维样式的研究，自觉地用创造性思维样式改变我们的思维现状，对于开发认识能力，提高实践水平，是十分有益的。

## 二、世界著名发散性思维测验

国外 20 世纪 50～60 年代编制的三种著名的创造力测验，尽管在内容上有很大的差异，但从编制测验的指导思想看，都是以发散性思维为指标的，而且它们的分测验都可以归入 30 种不同类型的发散性思维能力中去。

### （一）托兰斯创造性思维测验

1966 年正式出版的托兰斯创造性思维测验（TTCT）是目前应用最广泛的创造力测验，适用于各年龄阶段的人。托兰斯测验由言语创造性思维测验、图画创造性思维测验以及声音和词的创造性思维测验构成。这些测验均以游戏的形式组织、呈现，测验过程轻松愉快。言语测验由 7 个分测验构成。前三个测验是根据一张图画推演而来，他们分别是：A.提问题；B.猜原因；C.猜后果。后四个测验是：A.产品改造；B.非常用途测验；C.非常问题；D.假想。图画测验有三个，都是呈现未完成的或抽象的图案，要求被试完成它们，使其具有一定的意义。这三个分测验分别是：A.图画构造；B.未完成图画；C.圆圈（或平行线）测验。声音和词测验的指导语和刺激都用录音磁带形式呈现。它包括两个分测验：A.音响想象；B.象声词想象。这三套测验的记分有所不同，言语测验从流畅性、变通性和独特性三方面记分；声音和词测验只计独特性得分。具体的使用细则、信度资料、常模参阅测验手册。

### （二）南加利福尼亚大学测验

由吉尔福特和他的同事们于 1957 年编制的南加利福尼亚智力结构发散性能力测验（SOI），是吉尔福特根据其提出的智力三维结构模型编制的。吉尔福特认为发散性思维是创造力的外在表现，由此他将该测验发展为一套创造力测验。该测验由言语测验和图形测验两部分组成，共 14 个项目。言语部分有 10 个项目：字词流畅、观念流畅、联想流畅、表达流畅、多种用途、解释比喻、效用测验、故事命题、推断结果、职业象征。图形部分包括 4 个项目：作图、略图、火柴问题、装饰。这套包含 14 个分测验的测验适用于初中生。另一套包含 5 个言语分测验和图形分测验的测验适用于初中以下的学生。这两套测验都根据被试反应的数量、速度和新颖性，依照记分手册的标准记分。

---

1　马克思恩格斯全集.第3卷.北京：人民出版社，1972，30

### （三）芝加哥大学创造力测验

芝加哥大学创造力测验是美国芝加哥大学的两位心理学家盖策尔斯（J. W. Getzels）和杰克森（P. W. Jaekson）在20世纪60年代初编制的，共有5项分测验，其中有些源自吉尔福特的创造力测验。这五个分测验分别是语词联想、用途测验、隐蔽图形、完成寓言、组成问题。该测验适用于小学高年级至高中阶段的学生，可集体施测。其记分标准以反应数量、新奇性、多样性分别对应于流畅性、独特性和变通性。

### （四）沃利奇—凯根测验

沃利奇—凯根测验由沃利奇和科根（Wallach & kogan）在20世纪60年代中期编制，侧重于联想方面的发散性思维测验，其评价程序主要源自吉尔福特的工作，但有两点不同。其一是测量的内容只限于观念联想的生产性和独创性；其二是施测时无时间限制，以游戏形式组织，施测气氛轻松。测验共5个项目，3项是言语的，包括列举例子、多种用途、找共同点；2项是图形的，包括模式含义和线条含义。该测验从反应数目和独创性两方面记分，适用于青少年中小学生，1968年经修订后适用于幼儿。

## 三、发散性思维测验例举

【测题1】惑言发散：享曼的画龙点睛

享曼先生被派到美国新兵培训中心推广军人保险。听他演讲的新兵百分之百都自愿购买了保险，从来没有人能达到这么高的成功率。培训主任想知道他的推销之道。于是，悄悄来到课堂，听他对新兵讲些什么。

"小伙子们，我要向你们解释军人保险的好处。"享曼说，"假如发生了战争，你不幸阵亡了，而你买了保险的话，我们将赔偿你的家属20万美元。如果你们没有买保险，政府只支付6000美元的抚恤金。"

"这有什么用？多少钱也换不来我们的生命。"一个新兵沮丧地说。

可是享曼和颜悦色的一句话，立刻说服了这些士兵，都自愿购买了保险。

享曼说："……"

说什么？

下面是我们编写的五句话，但只有一句是享曼说的，你知道哪句么？

（1）"你错了，你想想，一旦你不幸阵亡了，而你买了保险的话，你的家属生活就不用发愁了。"

（2）"你错了，你想想，一旦你不幸阵亡了，而你没买保险的话，你的家属生活就没保证了。"

（3）"你错了，你想想，一旦发生战争，而你买了保险的话，你就不用为别的事情发愁了。"

（4）"你错了，你想想，一旦发生战争，政府会派哪种士兵上战场，是买了保险的，还是没买保险的？"

（5）"你错了，你想想，一旦发生战争，政府只会派没买保险的士兵上战场。"

【参考答案】享曼说的是（4）。他和颜悦色地说，"你错了，你想想，一旦发生战争，政府会派哪种士兵上战场，是买了保险的，还是没买保险的？"这句话的潜台词是不言而喻的，它暗示保险的更重要的功能——保命。亨曼在这里使用了画龙点睛法。

讲话时在关键地方用一两句话点明要旨，使内容更加生动有力。画龙点睛如同相声"丢包袱"前面要有铺垫，铺垫和后面的"叫响"有内在联系。亨曼说，"假如发生了战争，你不幸阵亡了，而你买了保险的话，政府将赔偿你的家属20万美元。如果你们没有买保险，政府只支付6000美元的抚恤金。"这就是铺垫，而"你想想，一旦发生战争，政府会派哪种士兵上战场，是买了保险的，还是没买保险的？"明示出不买保险的严重后果，若讲"你错了，你想想，一旦发生战争，政府只会派没买保险的士兵上战场。"那就太直白了，不但起不到画龙点睛作用，反而给人以挑弄是非之嫌。亨曼这点睛之语当然"够厉害"的！

【测题2】缩减发散：缩一缩的结果

最近，在日本的市场上又出现了索尼公司推出的一种超小型复印机，它只有笔记本那么大，可以随身携带，方便地复印报刊文章。这种新产品的出现，就如同袖珍电子计算器走入市场那样，给消费者带来了极大的方便。难怪有人戏谑道："索尼不算是有什么发明，只不过是'缩小'了现有的技术。"

缩一缩属初始性的再创技能，易学易懂，为人们经常所用。缩一缩，缩小的不仅仅是对象的体积，更主要的是节约了人们有效利用的空间，提高了产品的实用价值。把热水瓶的体积缩小，就成了保温杯；把钟的体积缩小，就制造出手表，还有什么东西缩一缩就成为另一种东西来呢？请说出5个以上来。

【参考答案】如收音机、电视机、电子计算机、录音机等电子产品的体积过去都比较大，结构也相当复杂，经过多次改革以后，不但体积相应缩小，结构也相对简单多了。再如微型的日常生活工具：微型电吹风、微型电吸尘器、微型计算机、电动卷发器、电动梳子、电动按摩器、小型烘干机、折叠式的雨伞、袖珍词典、压缩饼干、微型胶卷、儿童自行车等，都是体积缩小的产物。

【测题3】颠倒发散：反一反的结果

英国科学家法拉第，把当时已由别的科学家证明的"电流能够产生磁场"，颠倒过来想，通过实验证明了"磁场能转变为电"，从而发明了世界上第一台发电机。还有什么东西是由这么"反一反"而创造出来的呢？请说出4个以上来。

【参考答案】①由吹风机而发明的吸尘器；②由一般的镜子而发明的反光镜；③由放大尺而发明的缩小尺；④自行车刮泥板等。

【测题4】配置发散：整一整的结果

整一整就是整合配置，这是根据需要，将不同的事物或同一事物的内部要素进行重新匹配组合，择优除劣，优势互补，从而创造出新事物的过程。一些基本物质经过整合配置，就会一生二，二生三，三生万物……，不断地创造丰富着物质世界。

整一整不能拘泥守旧，而应从多方面、多个事物中寻找可供整合配置的资源，并使其发挥更大的效益。请从附加整合、配对整合、自由整合、功能整合等方面分别举例说明。

【参考答案】①附加整合举例：晚上要上洗手间，在没有照明的情况下，很难一下子找到马桶的位置。如果在马桶盖上涂上一层夜光涂料，洗手间再暗也能方便地找到马桶。再例如，在汽车上安装一部类似于电视机的仪器，遇到堵车的时候，就能从屏幕上看到前面堵车的原因，由此来决定是等待还是绕道而行。②配对整合举例：剃须刀本应是男士专用，但女人们因为爱美，也偷偷地用剃须刀剃去腋毛、腿毛，可以把女式刀具与男士剃须刀整合一起，起个漂亮的名字，叫"甜蜜刀具"，这就叫"世有男女之合，物有阴阳之配"。③自由整合举例：书柜、衣柜等原本都是独立存在，分开使用的，组合在一起，在色彩、造型等方面进行合理设计，形成统一的整体，这就是我们熟知的组合家具。组合家具既可合并排列，也可拆开另放，这种具有相对独立的物体构成自由整合态。再例如，现在有各种各样的服装，都有男女老幼大人小孩之区别，是否可以设计出一种男女老幼都能用的服装的？这种服装的衫、领、袖可以分割下来重新组合，可长可短，可上可下，可以根据每个使用人的需要，随时改变大小和式样。④功能整合举例：把旅馆放在车厢里，整合成流动旅馆，将旅客们的居住与游览合为一体，既方便顾客游山玩水，又随时随地提供住宿的场所。等。

【测题5】规矩发散：定一定的结果

"大路通天，各走一边"，这是古训，训的是人们走路的规矩，但这个规矩比较模糊，不好操作。现代交通规则明确规定行人"靠右走"，从此人们走路有了规范，通衢大道，畅通无阻。再例如，灯有照明、指示、装饰、发热等功能，把它放在十字路口，仅取其"指示"一项功能，确定为"红灯停，绿灯行"，于是人们在较远处就能知晓自己的动静取舍，保障了交通安全。上两例中，"靠右走"，和"红灯停，绿灯行"，都是定一定的结果。所谓定一定，就是用一种简捷明了的判断，依事物的某一属性指派某一特定意义，或者制定某些条例来规范、约束人们的行为，使人们的生活更为方便，人类社会更为有序和稳定。你身边还有什么东西是由这么"定一定"而创造出来的呢？请说出4个以上来。

【参考答案】①科学家摄尔休斯用"定一定"的方法确定："水在结冰时为零度，水在沸腾时为100度"这一摄氏温度法；②小到一个单位的规章制度，大到国家的法律文本，无一不是通过定一定而订出来的；③地图规定的"上北下南，左西右东"；④人们的各种风俗习惯；⑤体检规定的各项指标参数等。

【测题6】猜测发散：4万年前的尼德人颅骨

美国著名心理学教授吉尔福特在英国的一所博物馆里，看到保存着一具4万年前的尼德人颅骨。它是在非洲罗得西亚的布罗肯希尔铅矿附近发掘出来的。颅骨的左颞骨上有一个圆洞，它与被长矛、弓箭或动物的獠牙等袭击而留下的裂洞不同，而是像玻璃上的弹眼一样，边缘比较平滑，所以有人认为这个圆洞很可能是枪伤。但4万年前，人类还处在旧石器时代，根本不会制造火器；也很难设想，谁会在现代用手枪朝着这具埋在地下的颅骨射击。无独有偶。他在苏联科学院的古生物博物馆里，又看到陈列着一具4万年前的一种野牛的颅骨，其额上也有一些类似枪伤的痕迹。研究表明，这些圆洞是在动物生前被束状高压气体冲击而成的，但当时地球上的人类还远未掌握这种技术。由于这头野牛在遭"袭击"后未被杀死，所以在"枪"伤周围，还可以见到后来新长出来的颗粒状骨质结构。形成这种骨质物大约需要1年多时间，这就证明，颅骨上的圆洞不可能是以后伪造的。

根据这两个材料，吉尔福特提出了大胆的猜测。这一猜测真有点惊世骇俗。在没有公布他的猜测之前，请问，你有什么假说呢？

【参考答案】吉尔福特认为，假如这是枪杀的，就应有制造枪。但那时人类根本不会制造火器，只能假想是外星人考察地球时，因某种缘故留下的。在这里，只要前提（枪杀）正确，推论也是合乎逻辑的。但前提的真实性尚待证明，所以它只能是一个假说。

【测题7】立意发散：季羡林先生逸事

秋天，北京大学新学年开始了。一个外地学生背着大包小包走进了校园。实在是太累了，他就把包放在路上。这时，正好一位老人迎面走过来，年轻学生走上去就说："您能不能替我看一下包呢？"老人爽快地答应了。那位新生于是轻装地去办理各种入学手续。一个多小时以后回来了，老人还尽职尽责地完成着自己的使命。年轻学子谢过老人，两人各自离去。几天以后，北大开学典礼，这位年轻学子惊讶地发现，主席台上就座的北大副校长季羡林先生正是那一天替自己看行李的老人。

对季羡林先生这一逸事，如果让你写篇杂感，可以有多个立意，你能拟出几个？

【参考答案】经过多方考虑后，可以有以下立意：

（1）平易近人，以身作则；

（2）谦虚为人，长者风度；

（3）北大第一课；

（4）渊博的学识，高尚的人格；

（5）己所欲，施于人；

（6）不以善小而不为；

（7）呼唤平等和博爱；

（8）超凡脱俗境界高；

（9）没有大人物与小人物之分；

（10）不必仰视，不可俯视……

【测题8】评析发散：没有手的雕像

经过不知多少个昼夜的辛劳，法国大艺术家罗丹终于完成了法国大文豪巴尔扎克的雕像。为了这件作品罗丹访问了巴尔扎克的故乡，阅读了他的全部作品，搜集了他的大量照片，甚至找到了一个为巴尔扎克做过衣服的裁缝，向他了解巴尔扎克身材的精确尺寸。当罗丹刻完最后的一刀时，已是清晨4点钟了。面对那尊粗犷、勇敢而富有智慧的巴尔扎克的雕像，他心头充满了喜悦。

为了让别人分享自己的喜悦，他迫不及待地叫醒了自己的一个学生，然后目不转睛地盯着学生的反应。学生也被这座雕像所吸引。他的眼光渐渐地被吸引到巴尔扎克那双充满生命力的手上，他夸奖说："这是一双多么奇妙的手啊。"

罗丹的笑容消失了。他叫起了另一个学生，他要再听一下别人对雕像的反应，学生凝视片刻，也被那双手所吸引，赞叹说："只有上帝才能创造这样的手，这是一双活着的手。"罗丹的脸色阴沉起来，他忙叫起第三个学生。

这位学生也把目光投向了巴尔扎克的双手，他激动地说："那双手！那双手！单单是那双手就足以使您不朽了。"

又是夸奖这双手，罗丹像头被激怒的狮子，在房间里跑来跑去。过了一会儿，他从工作室里拿来一把斧子，对着雕像那双被别人连连夸奖的手砍去。只听"咔嚓"一声，巴扎尔克的雕像失去了一双精妙的手。学生们感到莫名其妙，深深为这双美妙的手的消失而惋惜。

你在惋惜之余，也一定知道罗丹有他的理由。这是什么理由呢？

罗丹说："这双手太突出了。它们已经有了自己的生命，会引起观念特别的注意，它们已经不是这个雕像了，所以我只好把它们砍去。要记住，任何一件艺术品，部分永远不能超过整体，整体总是比部分更重要。"

从上述材料中可以提取五类不同的论点：

第一类论点："艺无止境"、"追求完美"。

第二类论点："人应该具有严谨工作的作风"。

第三类论点："注重整体"、"局部服从整体"、"以大局为重"、"忍痛割爱"。

第四类论点："敢于面对缺点"；"面对赞扬要冷静、清醒"；"'窥一斑而知全豹'也有局限"；"只有不断否定，才会有进步"；"人在不同的阶段，认识有所不同"；"仁者见仁，智者见智"；"多余的形式会妨碍主题的表达"；"真理再向前一小步，就成为谬论"。

第五类论点：①"对自己严格要求，但不要苛求"；②"整体固然重要，但个性发挥也不可少"；③"为什么不努力去使其他部分与手一样完美呢"；④"何必把自己的主观意识强加于人"。

请你对这五类论点一一进行评析，择取佼佼者。

【参考答案】

第一类论点："艺无止境"、"追求完美"。

评析：中规中矩，典型的稳健派论点，这样的论点各类考试中应该最易被接受，因为它永远不会偏题。

第二类论点："人应该具有严谨工作的作风"。

评析：与前几个论点相比，有了一定的进步，但这一进步同样立足于事件表层，也是很容易想到的，正因为容易想到，所以缺乏新颖性、独特性。

第三类论点："注重整体"、"局部服从整体"、"以大局为重"、"忍痛割爱"。

评析：这些立论本身没有任何不对，在应试教育中，一些教师甚至大力提倡这种永不逾矩的立论，虽然看在分数和升学率的分上，这样做很保险，稳当，但有见识的评卷教师肯定不会给高分。且站在发展的人才观和未来观上来看，这无异于把："爱因斯坦"和"牛顿"活活扼死于摇篮内。所以在我们的作文训练和以后的作文立意中应尽量避免此类论点。

第四类论点："敢于面对缺点"；"面对赞扬要冷静、清醒"；"'窥一斑而知全豹'也有局限"；"只有不断否定，才会有进步"；"人在不同的阶段，认识有所不同"；"仁者见仁，智者见智"；"多余的形式会妨碍主题的表达"；"真理再向前一小步，就成为谬论"。

评析：这一类立论较之前几类，的确有了进一步的思考，有些论点似乎还很有点哲学意味，但是换一个角度来想，其实还是思维受到了局限。一旦有需要，我们首先想到的便是前人怎么说，谚语怎么说，有没有名言警句或诗词歌赋之类的现成的东西可供借用。其中最后一个论点较有特色，也引用了名言来表达观点，并且它"胆大妄为"地把大师推上了批判席。罗丹的行为有些过了，过犹不及。他那种过分的精益求精，造成了一件可能成为最伟大艺术品的杰作毁于一旦；当然，我们也可以不这样想，而是站在正面来看待这件事：那双手因过分突出，造成了整体的失衡。这个论点允许有多种不同的理解。这本身就是一种创造。

第五类论点：①"对自己严格要求，但不要苛求"；②"整体固然重要，但个性发挥也不可少"；③"为什么不努力去使其他部分与手一样完美呢"；④"何必把自己的主观意识强加于人"。

评析：大师不是神，所以不必认为大师的行为都具有合理性，这一类论点能突破惯性思维的局限，采用逆向思维，独辟蹊径、别出心裁地提出自己的见解，摆脱了人云亦云的窠臼。每个论题都有自己独特的角度，并且完全扣住原文，没有偏题之嫌，是这几类论点中的佼佼者。如果我们经常进行这样的作文立意训练，就会自然而然地产生由此及彼的思路。我们从中既可以观察到思维连续上升发展的轨迹，又可以发掘思维的多向性和发散性，这样的联系不仅有利于创造性思维的培养和开发，还可以使自己的作文立意新颖、独特而宽泛。

【测题9】主题发散：海岛开辟鞋市场

下面这则故事被称为创造性思维经典。

某鞋厂派两名推销员一同飞往一个海岛去开辟市场。一下飞机,他们就了解到:所有的岛民从来没有穿鞋的习惯。推销员甲心里凉了,立即向厂长发电报:"没有市场,他们的需求量等于零!"而推销员乙却万分惊喜,也立即向厂长发电报:"前途无量,他们的需求都将从零起步!"

根据材料,尽可能多地进行发散,确立主题。我们把提炼的观点分为:

A类:①要有乐观精神;②锐意开拓;③事在人为;④市场是需要培养的;⑤切忌鼠目寸光;⑥从零起步。

B类:①用发展的眼光看问题;②绝不轻言放弃;③路是人走出来的;④柳暗花明又一村;⑤挑战与机遇;⑥横看成岭侧成峰

C类:①零,不等于无;②真的无所作为吗?;③智者不惑;④巧妇能为无米之炊。

D类:①深入调研,稳操胜券;②盲目乐观,必遭败绩;③岛民明天会穿鞋。

请你对所有观点进行筛选、比较,提出理由,确定较好的立意,在写作中进一步开掘深度。

【参考答案】A、B、C类立意切于题意,立意准确。但在创新和深度上比较一般的是A类,较好的是B类,更好一点的是C类。以上的题目基本上都是批评推销员甲保守,无所作为,称赞推销员乙乐观向上,锐意进取,思想解放等,角度比较单一。

D类这几个观点突破思维定势,从否定推销员乙,肯定推销员甲的新角度写,且能够言之成理,自圆其说,令人信服。有人举了一个生动的例子:鸦片战争之后,国门被帝国主义列强打开了,一个英国商人发现中国人吃饭只用两根"木棍儿",没有用西洋刀插,于是主观地认为这是个发财的好机会,于是从美国运来了几十万副刀叉。可是过了好多年竟一副也没卖出去,结果亏了血本。文章说,中国人至今仍习惯于使筷子吃饭,不习惯于用刀叉吃饭,这不仅因中西餐不同,更因为使用筷子优点很多,对于开发人脑有益。也许岛民不穿鞋是由于岛上多细沙,石头平滑……脚直接接触温暖的细沙,光滑的石头,爽适的海水十分舒服,且有治病,防病诸多益处,比穿鞋当然要好得多,任你怎样推销也无济于事。如果贸然把鞋运进岛上,再盖商店乃至工厂,岂不亏大了?

这样的文章立意新颖。

## 四、发散性思维测验结果评析

以发散性思维为指标的创造力测验,通常要从流畅性、变通性和独特性三方面评分。所说流畅性,指在规定时间内产生正确答案的数量,每一个正确答案可记一分;所说变通性,指在规定时间产生正确答案的种类之多少,每答出一种便可记一分;所说独特性,指在规定时间内产生新颖别致答案的多少和程度,按其每个答案的新颖程度分别记分。如果一名学生在完成发散性思维测验中,与同组被试中的其他人相比,不仅写出的正确答案多,而且这些答案是从多种角度答出的,新颖独特,那么这名学生将被评为创造性水平。

发散性思维测验虽然很简单,但它的确测量了创造能力的主要成分。如果我们把创造力定义为创造性解决问题的能力,那么创造性解决问题与一般解决问题的区别在于:一般解决问题,无论是解决知识性问题,还是解决日常生活的问题,均可依赖已有的知识经验、现成的方案;而创造性解决问题,却没有现成的方案,它要求对现有的信息进行加工、创造性的构思。发散性思维测验,从流畅性、变通性和独特性三方面评分,这就在一定程度上评价了创造性解决问题所需要的能力。

曲别针有多少种用途？这一发散性思维测验的答案曾成为众多心理学家感兴趣的话题。"曲别针可以别相片，可以用来夹稿件、讲义，纽扣掉了，可以用曲别针临时钩起……"大多数人可以说出十几种。日本创造力研究专家村上幸雄先生在短时间内可以讲出 300 种。而中国的一位以"思维魔王"著称的怪才许国泰能说出三千种，三万种！

他把曲别针的总体信息分解成重量、体积、长度、截面、弹性、直线、银白色等 10 多个要素。再把这些要素，用根标线连接起来，形成一根信息标。然后，再把与曲别针有关的人类实践活动要素相分析，连成信息标，最后形成信息反应场。他将信息反应场的坐标，不停地组切交合。如，把曲别针分别做成 1、2、3、4、5、6、7、8、9、0，再做成"+"、"-"、"×"、"/"的符号，用来进行四则运算，运算出数量，就有 1000 万、1 万万……曲别针的用途，几乎近于无穷！

这种新的发散式思维能够打破原有的思维格局，特别是对于创造者可提供一种全新的思考方式。

托兰斯曾追踪研究了一批高中毕业生。他在 1959 年曾对他们实施了创造力测验，12 年之后即 1971 年对这批学生的成就进行了评定，评定其创造成就的标准是：①创造性成果的数量；②由五名评定者对被试者的三个有代表性的成果作质量评定；③想象被试者以后生涯中的创造力水平。研究结果表明，他们在高中读书时的创造性思维得分，与其 12 年之后的创造成就有 0.51 的相关。

1950 年以来，研究者开展了大量有关创造性的研究，其中大部分研究依赖于发散性思维测验所收集到的数据（Howieson，1981）。在这些研究中，发现一个非常普遍的令人困惑的现象，即"四年级低谷"（the fourth grade slump）现象（Torrance，1968）。托兰斯经过大量的横断和纵向研究发现，四年级学生的 TTCT 测验分数下降了很高的百分比，然而到五年级时几乎又反弹回来。其他的研究者和理论家也发现小学高年级学生的创造性表现为长时间的普遍下降。不过研究者通过对班级的集体干预矫正了低谷现象的负面影响（Torrance & Gupta，1964），从而表明，造成小学高年级学生创造性普遍下降的原因之一是升级后学校环境的改变。这为教育改革提供了实验依据。

将创造性思维仅仅视为发散性思维，除了以上原因之外，还存在其他理由。首先，在科学发展史中，有很多事例都说明了这一点。当科学的发展受到某种偏见束缚时，需要人们找到一种新的观念或方法战胜偏见，促使科学向前发展。比如丹麦天文学家第谷，工作勤奋，技术高超，但由于缺乏发散性思维，不能摆脱"地心说"的影响。相反，他的助手开普勒虽然技术不如第谷，但具有良好的发散性思维，最终导致了行星运动第三定律的发现。其次，在学校教育中，大部分教师所关心的是训练学生寻找一个正确答案的聚合思维，从而大大束缚了学生的创造力。这说明忽视发散性思维的训练会影响创造性思维的形成和发展。再次，在现实生活中，确实存在着只用发散性思维的创造性思维，这主要指那种具有多种答案的问题。如要求对一缺结尾的故事续上结尾，被试就可以做出多种答案。所以说，发散性思维的确是构成创造性思维的最重要的成分。

## 第二节　内隐联想测验

上世纪末，出现了一种引人注目的测量技术，即关于创造性思维的内隐联想测验（implicit

association test，IAT）。内隐联想测验是以神经网络模型为基础的，该模型认为信息被储存在大脑中一系列按照语义关系组织起来的、彼此联系的神经节点上，因而可以通过测量两个节点联结的紧密程度来考察两个概念之间的联系，而内隐态度、内隐人格等心理结构都建立在这种概念间的联结之上。内隐理论通常被定义为非专业人员所作的特定构想。例如，内隐智力理论的研究在过去的研究文献中尤其突出。研究者认为关于创造性的内隐理论知识将有利于规划和评价创造性培养的工作。

## 一、内隐联想测验理论的创立

内隐联想测验是 Greenwald 于 1998 年提出的一种通过测量概念问题和属性词之间评价性联系从而对个体的内隐态度等内隐社会认知进行间接测量的新方法。它发端于内隐记忆研究，后来又用内隐联想测验研究调查不良行为的态度行为一致性，是新近兴起的社会认知领域新的研究热点。

创造性思维的内隐理论的测量是在无意识状况下发生的一种自动化的思维过程。正是由于其无意识、自动化的特征，很难通过传统的、自陈式的方法进行直接测量。Greenwald 认为，投射测验、传记分析法、情景测验法等由于难以量化、主观性强而难以得到广泛应用，而反应时法近年来正日益得到特别的关注。反应时法是认知心理学中最常用的范式之一。它给被试事先规定好一定的刺激，要求被试在刺激呈现之后既快又准确地作出反应。同时记录从刺激呈现到被试作出反应之间的时间，其间的时间即为反应时。一般说来；反应时的长短标志着机体内部加工过程的复杂性。

在社会认知研究中，由于所呈现的刺激多具有复杂的社会意义，其必然引起被试心理的复杂反应，这些刺激可能与内在需要或内隐态度相一致；也可能与之相矛盾，刺激所暗含的社会意义不同，被试的加工反应过程的复杂程度就会不同，从而反应时的长短就会小同。在快速反应条件下，被试对刺激的反应形式是很难有意识控制的，在这种条件下所获得的认知结果通常被认为是内隐的。并且此前反应时法已经在内隐社会认知研究中占有重要地位，现在对传统的反应时方法加以改进和发展，把实验设计的思想运用于测量之中。于是，Greenwald 于 1998 年提出了一种新的间接测量方法——内隐联想测验。

## 二、内隐联想测验的原理

斯滕伯格提出内隐理论研究的一个基本原理："在研究内隐理论时，研究者总想发现内隐理论的固定模式是什么，发现人们是怎样加工信息的。知道这个是很重要的，至少可以清楚在什么情况下应该进行干预"[1]。

内隐联想测验在生理上是以神经联系模型为基础的。该模型认为心理信息被储存在一系列按照语义关系分层组织起来的神经联系的结点上，因而利用通过测量两概念在此类神经联系上的距离来测量这两者的联系。在认知上，内隐联想测验以态度的自动化加心理信息为基础，包括态度的自动化启动和启动的扩散化程度。有关内隐态度的研究表明，对评价性的语义内容的加工是一种在视觉基础之上的自动化过程。内隐联想测验就是通过 种训发机化的分类任务来测量两类词（概念词与属性词）之间的自动化联系的紧密程度，继而对个体的内隐

---

[1] Greenwald A G, McGhee E, Schwartz J L K. Measuring Individual Differences in Implicit Cognition: The Implicit Association Test. Journal of Personality and Social Psychology, 1998, 74(5): 37-38.

态度进行测量。

内隐联想测验是以反应时为指标，基本过程是呈现一属性词，让被试尽快地进行辨别归类（即归于某一概念词）并按键反应，反应时被自动地记录下来。概念词（concept words）（如博士、文盲）和属性词（attributive words）（如聪明、愚蠢）之间有两种可能的关系：相容的（博士——聪明，文盲——愚蠢）和不相容的（或相反的）（如博士——愚蠢，文盲——聪明人）。所谓相容，即是指二者的联系与被试内隐的态度一致，或对被试而言，二者有着紧密且合理的联系，否则为不相容或相反。

当概念词和属性词相容，即其关系与被试的内隐态度一致或二者联系较紧密，此时的辨别归类在快速条件下更多的为自动化加工，相对容易，因而反应速度快，反应时陈述概念词和属性词不利害，即其关系与被试的内隐态度不一致或二者缺乏紧密联系时，往往会导致被试的认知冲突，此时的辨别归类需进行复杂的意识加工，相对较难，因而反应速度慢，反应时长；不相容条件下的与相容条件下的反应时之差即为内隐态度的指标。这样，概念词和属性词关系与内隐的态度一致程度越高，联系越紧密，辨别归类加工的自动化程度就越高，因而反应时越短，而不相容条件下，认知冲突越严重，反应时自然会更长，其间的差就会更大，表明内隐态度越坚定。可见，内隐联想测验是通过测量概念词—属性词之间的自动化联系（automatic association）强度继而实现对内隐态度的测量，或者说 IAT 程序是通过测量潜在的自动化评价来寻求对内隐态度的测量，所以内隐联想测验和用来测量自动化的情感或态度的认知启动程序相类似。

内隐联想测验一般都在计算机上进行，屏幕的左上侧和右上侧分别呈现类别标签，刺激词呈现在屏幕中央。内隐联想测验一般分为 5 个部分，每一部分都包含一个辨别任务（discrimination task）。

（1）呈现概念词：让被试对花的名字（如郁金香）和昆虫的名字（如蜘蛛）归类并做出一定的反应（看到花的名字按 F 键，看到昆虫的名字按 J 键）；

（2）呈现属性词：让被试对积极的词汇（如可爱的）和消极的词汇（如丑陋的）做出反应（积极词汇按 F，消极词汇按 J）；

（3）联合呈现概念词和属性词：让被试做出反应（花的名字或积极词汇按 F，昆虫的名字和消极词汇按 J）；

（4）让被试对概念词做出相反的判断（花的名字按 J，昆虫的名字按 F）；

（5）再次联合呈现概念词和属性词，让被试做出反应（昆虫的名字或积极词汇按 F，花的名字或消极词汇按 J）。

上述每一反应的反应时及对错情况均由计算机自动记录。按照 Greenwald，McGhee 和 Schwart（1998）提出的记分方法[1]，先把低于 300ms 的以 300 记，大于 3000ms 的以 3000 记，错误率超过 20% 的予以删除；接下来对所有原始反应时数据进行对数转换，再对相容组和不兼容组（本例中的第三部分和第五部分）分别计算其平均反应时。最后，把不兼容组的平均反应时减去兼容组的平均反应时，这样，所得到的分数便为被试相对于不愉快的词而言，把愉快词与自我相连的程度，即内隐自尊的强度。测量内隐自尊的 IAT 样例表如表 13-1 所示。

---

1 Greenwald A G，McGhee E，Schwartz J L K. Measuring Individual Differences in Implicit Cognition: The Implicit Association Test. Journal of Personality and Social Psychology，1998，74(5): 181-198.

表13-1 测量内隐自尊的IAT样例表

| 测验顺序 | 任务描述 | 靶概念词 | 刺激例证 |
|---|---|---|---|
| 1 | 联想属性词辨别<br>（associated attribute discrimination） | E 坏<br>好 I | E 死亡<br>愉快 I |
| 2 | 初始靶词辨别<br>（initialtarget-concept discrimination） | E 非我<br>我 I | E 他<br>我 I |
| 3 | 初始联合辨别<br>（initial combined task） | E 坏，非我<br>好，我 I | E 悲伤，他<br>高兴，我 I |
| 4 | 相反靶词辨别<br>（reversedtarget-concept discrimination） | E 我<br>非我 I | E 我<br>他 I |
| 5 | 相反联合辨别<br>（reversed combined task） | E 坏，我<br>非我，好 I | E 疾病，我<br>他，顺利 I |

## 三、内隐联想测验的性能

Greenwald 等（1998）曾就该方法中可能影响测验结果的因素进行了全面的研究，发现靶概念词的位置（出现在左边还是右边），相容辨别与不相容辨别出现的先后次序，反应键的选择，刺激词呈现的间隔时间的长短，及各部分刺激词的数量的多少对测量的结果均没有显著的影响，并且，对错误反应的处理方式、对呈偏态分布的数据处理方式等对结果也没有显著影响。后来，Dasgupta、McGhee 和 Greenwald 等（2000）研究还表明对刺激词的熟悉程度对结果也没有显著影响。这表明，测验程序本身是合理可靠的。

就内隐联想测验对所测量的对象的敏感性，Greenwald 等（1998）也进行了研究。他们以效应大小 $d$ 值（$d=$ 均值差/标准差）作为敏感度的指标，$d$ 值越大，表明测量工具越敏感。从理论上讲，由于内隐联想测验是对内隐态度进行间接的测量，可以有效地避免自我矫饰（self-presentation）和印象整饰（impression management）等作用，因而可以敏感地反映内隐态度的差异。Greenwald 曾把 IAT 和 Fazio 等曾运用过用于测量内隐认知的评价性语义启动方法相比，前者的效应大小为 $d=1.21$，而后者的效应大小为 $d=0.62$，前者要敏感得多。这是内隐联想测验近年来应用日益广泛的重要原因之一。

好的内隐测量还应该能有效防止意识的干扰作用。对此，Greenwald 等（1998）也曾进行过研究。研究是针对 3 个社会意义丰富程度不同的现象开展的。第一个现象是人们常将鲜花和乐器联系在一起，而将昆虫和武器连在一起；第二个现象是日裔美国人常将积极性评价和日本连在一起，而将消极性评价和韩国连在一起，韩裔美国人则相反；第三个现象是美国白人倾向于将积极性评价和白人连在一起，而对黑人则多施以消极性评价。一般而言，所测对象的社会意义越丰富，人们就越可能迫于社会压力而掩饰他们的真实想法，越会在意识的驱动下作出和社会期望相一致的反应，从而使相关外显测量的敏感性降低。由于这三个现象的社会意义丰富程度依次增加，结果表明，外显测量的敏感性依次降低（即效应大小依次减小），而内隐联想测验的敏感性不受其影响而保持相对稳定（即效应大小相对不变）。这说明内隐联想测验能有效降低意识的干扰作用，较准确地测量人们无意识中的真实态度。此外，Greenwald 等（1999）对测量自尊的内隐联想测验进行了研究，结果发现，其能很好地防止自我矫饰的作用。

Greenwald 等（1998）在上述 3 个研究结果的基础上，继续对内隐联想测验的效度进行了研究。他们分别对上述 3 个研究中的外显测量和内隐测量结果的相关矩阵进行了分析。结果发现，各指标间均存在一定程度的相关，这说明外显测量和内隐测量都测量了某一共同的结构，证实了内隐联想测验具有一定的聚合效度。同时，不同外显测量和内隐测量内部都具有很高的相关，而两测验群之间相关却相对较低，这表明内隐联想测验具有良好的区分效度。后来，Greenwald 等（2000）又在一项以内隐联想测验为工具对自我概念进行的研究中，分别以实证性因素分析、相关等方法证明了内隐联想测验具有良好的结构、区分、预测效度。此外，Jennifer K. Bosson 等（2000）在一项关于内隐自尊的测量方法的研究中发现，在诸多测量方法中，内隐联想测验的预测效度最高。

对于信度，Greenwald 等（2000）对测量自尊和自我概念的内隐联想测验复份信度和重测信度进行了研究，发现不同复份之间的相关分别为 $r = 0.43$ 和 $r = 0.68$。在 Dasgupta（2000）等研究中，复份信度为 $r = 0.39$。这表明内隐联想测验具有很好的可靠性和稳定性。Jennifer K. Bosson 等（2000）的研究表明，在内隐自尊的测量上，内隐联想测验显现出了良好的内在一致性（$\alpha = 0.88$）和重测信度（$r = 0.69$）[1]。William A. Cunningham 等（2001）对 3 种常见的内隐态度的信、效度进行了研究，结果发现内隐联想测验在对种族态度的测量中，标志内在一致性的行为 $\alpha$ 系数为 0.78，稳定系数为 0.36[2]。国内，蔡华俭等在以内隐联想测验为工具，对大学生的性别自我概念的结构进行的一项研究中发现，测量性别自我概念的平行的内隐联想测验之间的相关分别为 $r = 0.72$ 和 $r = 0.65$[3]。

除了上述性能外，Jan De Houwer（2001）还对内隐联想测验的加工过程和结构进行了分析和实验研究[4]，结果发现内隐联想测验反映的是对目标概念的态度，而不是概念的例证，自动化的态度激活有赖于由情境所激发的对目标的理解。这在一定程度上揭示了导致内隐联想测验效应的操作过程。

## 四、内隐联想测验在创造性思维测量中的应用

由于诸多社会认知现象均涉及评价性联想，故内隐联想测验一经提出，便在内隐态度、内隐刻板印象、内隐自尊等领域迅速得到运用。Greenwald 等率先（1998）运用内隐联想测验对黑人/白人种族刻板印象进行了研究。他们以一些典型的黑人姓氏及白人姓氏和包括积极和消极词在内的形容词作为材料，设计了一个内隐联想测验。结果发现不兼容部分的反应时明显长于兼容部分，这说明人们更易于将白人和好的属性连在一起，而将黑人和坏的属性连在一起，证实了种族内隐刻板印象的存在，还发现种族内隐刻板印象和相应的外显态度测量之间是相对独立的。

以往心理学研究中对于人格、态度等心理结构的测量大都采用的是自陈问卷的方法，这些方法也可以被称为外显测量，因为它们都要求个体有意识的参与到测量中来。这些技术容

---

1 Bosson J K, Swann W B Jr, Pennebaker J W. Stalking the Perfect Measure of Implicit Self-Esteem: The Blind and the Elephant Revisited? Journal of Personality and Social Psychology, 2000, 79(4): 631-643

2 Cunningham W A, Preacher K J, Banaji M R. Implicit Attitude Measures: Consistency, Stability, and Convergent Validity. Psychological Science, 2001, 12(2): 163-170

3 蔡华俭，杨治良.大学生性别自我概念的结构.心理学报，2002, 34（2）: 168-174

4 Jan De Houwer. A Structural and Process Analysis of the Implicit Association Test. Journal of Experimental Social Psychology, 2001, 37: 443-451

易受到印象管理等反应偏差的影响，从而可能无法对个体的真实情况进行准确的测量，有效性遭到质疑。因此，在社会认知领域，一些内隐测量技术被开发出来并得到了应用，包括投射测验、生理测量、启动以及一些反应时测验等（Fazio & Olson，2003）。这些内隐测量技术不需要被测者的意识参与，能够有效的排除印象管理的影响，从而测量到那些人们在自陈问卷中不愿意或者不能够报告的心理联结（Greenwald et al，1995）。但是这些内隐测量技术都存在一定的局限性，比如投射测验难以标准化、主观性太强，生理测量以及启动实验的条件要求严格、难以施测，已有的反应时测验缺乏良好的信效度指标等。因此，这些测量技术一直以来都未能得到大范围的应用，更无法在企业人事测量中进行推广。后来，Greenwald等人（1998）基于反应时的原理开发了的内隐联想测验，使得内隐测量领域取得了突破性进展。大量研究表明，该测量技术具有良好的信、效度，不会受印象管理等反应偏差的影响，加上它的易操作性和规范性，内隐联想测验开始用于创造性思维的测量上。

如前所述，内隐联想测验的基本原理很简单，即通过测量两对概念联结的紧密程度来对某个心理结构进行测量。因此，根据测量目的，对两对概念进行仔细的定义，便可以将内隐联想测验应用于诸多测量领域。首先，IAT可以用来对习惯化的思维方式方面。现有的思维方式测验较多，常用的包括卡特尔16人格因素问卷（16PF）、梅耶—布里基斯人格特质问卷（MBTI）以及DISC人格测验等。内隐联想测验用于创造性思维的测量，只需对相应的人格概念词按需要进行改动即可，例如，将概念词改为表示思维路径的词汇，就可以测量出个体的思维发散特征。另外，内隐联想测验也可以用来测量创造性思维的求异水平。

内隐联想测验融合了实验设计的基本思想，设置了兼容组和不兼容组，并且利用反应时的差作为测量指标，最大限度地排除了个体本身反应快慢的影响，减少了个体差异对测量结果的影响，较为纯净地反映了过去经验的强度。设计还使概念词和属性词的关系处于相容或相反的两个极端上，这就在被试反应相对稳定的条件下，大大增加了测量的敏感性，扩大了效应大小。

由此可以看出，内隐联想测验一个重大突破就是通过对过程的动态的评估从而实现对内隐态度的静态测量。表面上看它是对反应过程的记录，是一个动态的过程，实际上该方法是在一个更高的层面上，测量了一个较为稳定的静态的内隐特质。和传统的内隐社会认知研究方法相比，由于内隐联想测验是建立在对内部认知过程的测量之上，能有效地防止意识的干扰作用，因而更具效度；并且，由于它是以反应时为指标，融入了实验设计的基本思想，因而也更灵敏；此外，它还极具灵活性，可以通过不同的设计从而实现对涉及内隐态度的不同的特质的测量（如内隐自尊、组内认同等）。

当然，内隐联想测验也有自身的缺点，在广泛应用到实践中之前还需要进行改进。首先，内隐联想测验只能测量个体对两个相反概念的相对态度评价，例如黑人和白人、外向和内向、成功和失败；其次，内隐联想测验在测量时需要尽量避免外在因素对被测者注意力的干扰，对施测环境有比较高的要求；另外，IAT还未被广泛应用于组织测量之中，对它的预测效度还需要在实践中进行仔细考察。

但是如前所述，内隐联想测验操作简单，测量和计分程序标准化，具有良好的信、效度，最为重要的是它避免了印象管理的干扰，拥有传统心理测量方法不可比拟的优势。尽管它目前还存在一些问题，但相信随着组织管理者对内隐测量方法重视程度的提高，必然会加速测量技术的改进，届时内隐联想测验一定可以在创造性思维的测量领域发挥出巨大的价值。

## 第三节　创造成果的产品评定

通过创造成果评定个体创造能力的方法，是被大家公认的。因为一个人的创造能力，作为一种潜在的特质，总是要通过创造活动而表露于外的，而且常常凝固在活动产品里。因此，用创造产品来评定个体创造能力的高低，这是较为客观与公正的。

创造产品，是个体的创造活动完成之后，仍然保留的创造活动的产物，它是创造能力的具体表现，是物化了的创造力。它是被公认的最有权威性的一个指标。在编制创造能力量表的过程中，常以它的效标考查量表的效度。如托兰斯就以创造成果的数量和质量为效标，考查它与12年前测验得分相关之大小，用来说明测验的效度。

### 一、论文及制作产品评估技术

#### （一）论文评估

由于创造活动的多样性，创造成果的形式也是多种多样的。发表论文，这是创造成果之一。

首先是发表论文的数量。据统计，一般科学家一生平均只发表3.5篇论文，美国科学院院士一生平均发表145篇论文，而一位诺贝尔奖获得者一生中发表论文的数量就更多了。比如1947年获诺贝尔化学奖的鲁宾逊，总共发表了770多篇论文。其次，是发表论文的质量。常用引用指数估计科学论文的质量。所谓引用指数，指被引用的论文数与发表文章数之比。有人统计了1986～1990年50位最有影响的心理学家的引用指数。他们发表的文章均在10篇以上，其引用指数为8.41～19.90，为这一时期心理学平均引用指数的4.5～10.5倍。

前苏联学者还提出了一种更为精确地计算科学论文发表成绩的方法。这种方法不仅考虑引用次数，而且按引用目的划分为三种类型，分别记分。

第一种引用，只列举所有从事某项研究的人，每引用一次记一分；

第二种引用，引用某人获得的实际成果，如引用公式、实验方法、治疗手段等，此种引用记10分；

第三种引用，为了发表与完善作者提出的思想而引用。这种引用记100分。

根据上面规定的评分标准，可计算出论文发表成绩的指数：分子是引用得分，分母是发表论文总数。比如某科学家共发表10篇论文，总共被引用34次，其中第一种引用为31次，第二种引用2次，第三种引用为1次。

其论文发表成绩指数为：

$$31+（10\times 2）+100）/10=15.1$$

#### （二）制作产品评估技术

制作产品，如发明家发明的机器、服装设计师设计与制作的服装、厨师的美味佳肴，等，均属于不同领域的创造性制品。许多科学家都强调对产品分析的重要性。贝西默（Besemer）和欧奎（O'Quin）因在多年研究的基础上，还提出一个评价创造产品的模型。

这个模型强调从新颖、解决、精细与综合三个维度和隶属于其下的11个属性对产品的创造性进行评价。所谓新颖性，指过程、材料的设计的新奇性，包括独特、惊异、始创等第三个属性；所谓解决，指产品的功能、用途和可操作性，包括价值、逻辑、实用等三个属性；所谓精细与综合，指产品的最终风格，包括组织、优美、复杂性、理解、精致等五个属性。

贝西默等以这三维模型为指导，设计了一个包括11个分量表、70个测验项目的产品语义量表。该量表中的每个项目都是向被试者呈现一对双向形容词，如新鲜的——过时的，惊人的——陈腐的等，总共70对。测量时，评定者要根据量表所列项目对创造产品作七个等级评定，最后，得出三个维度和11个分量表的分数，用来表示产品制造者创造能力之高低。

他们使用这一量表，对两件被认为具有不同创造性的T恤衫进行评定的结果表明，在独特、惊异、始创、价值和复杂性等五个分量表的得分上，那件高创造性的t恤衫明显高于另一件，证明该量表具有较好的效度，是一种可行的创造产品评定工具。

学生也有多种创造产品，如他们在课外活动的小发明、小论文；他们参加各种竞赛所取得的实验成果，他们在各种刊物上发表的文学创作和艺术作品等，均可以从数量和质量对其作评价。

MacKinnon（1978）认为："所有创造性研究的出发点（或基础）是对创造性产品的分析，即确定是什么使它们与普通产品不同"。Runco（1989）指出，对创造性产品的分析有助于解决由发散性思维测验与成人评定量表的测量特性之间的不一致所造成的测量问题。事实上，对创造性产品特征的研究之所以重要，主要是为了满足研究者建立外部标准的需要。但是应用心理技术评定创造性产品的特征在技术上存在许多限制。到目前为止，创造性产品测量最常用的方法是基于外部判断的等级评定，如教师评定、父母评定和专家评定。

近10年来，教师评定受到最为广泛的重视。每一种评定工具都要求教师详细评定学生作品的特征。例如，由贝西默和欧奎因（1993）设计的创造性产品语义量表（the creative product semantic scale）要求评价者判断作品的新颖性、问题解决的有效性、精密性以及其他综合性特征；由Reis和Renzulli（1991）设计的学生作品评定表（the student product assessment form）列出了9个作品特征的等级评定指标（如问题的集中性、方法的适当性、独创性、功能定向等）。所有这些工具都具有一定的信度，但是它们的效度还有待于进一步证明。

## 二、同感评估技术

美国哈佛大学的阿玛贝尔（T. Amabile）教授认为，尽管人们对创造力的定义可能不完全一样，但是同一领域的专家们对同一作品会有基本一致的同感（consensus）。这种同感可以成为评价创造力的基础。因此，她于1982年提出了"同感评估技术（consensus assessment technique，CAT）"。宋晓辉、施建农撰文对CAT做介绍，并对其合理性提出评论[1]。

### （一）CAT的理论基础

任何测量技术都是建立在特定理论基础之上的，CAT也不例外。在阿玛贝尔看来，一个人的创造力必定反映在其作品所具有的创造性中，而作品的创造性则主要反映在作品的新颖性（newness or originality）和适宜性（usefulness or appropriateness）两个方面。

显然，现实中，一个作品的新颖性和适宜性既取决于作品本身的特征，也取决于人们，特别是熟悉该领域的专家们对该作品的评价。在通常情况下，专家们对该作品的评价能够比

---

[1] 宋晓辉，施建农. 心理科学进展，2005（6），739-744

较好地反映该作品的特征。同一领域的专家们对一个作品的评价通常会有较好的一致性。因此，阿玛贝尔对创造力的"同感（consensual）"定义是创造力评价的一个操作性定义，评价的主要依据是评价者对创造力的内隐标准。不过，阿玛贝尔认为，能够采用 CAT 技术评价的作品必须满足下面两个条件：①具有新颖性和适宜性；②作品生产是开放式的[1]。显然，从广义上看，第一个条件是所有作品都能满足的，因为，所有作品都可以被看成是有新颖性和适宜性的，只是新颖和适宜的程度不同而已。但第二个条件并不是所有作品都能满足的。那些显而易见有统一标准答案的作品是不能用 CAT 来评价的。

同感定义隐含了这样一个假设，即：人们知道什么是创造力。这个假设在一定程度上得到了创造力内隐理论的支持[2]。内隐理论是一种内在的信念，人们使用它来解释环境中的事件，做出判断，并计划自己的行动。在创造力内隐理论的研究方面，美国耶鲁大学的斯滕伯格在 20 世纪 80 年代所做的有关创造力内隐理论的研究具有广泛的影响。他考察了不同领域的专家和外行对创造力的看法，结果发现，无论是专家还是外行，人们对创造力是有共识的，即人们具有共同的内在评价标准。斯滕伯格称之为创造力的内隐理论。在我们看来，这种内隐理论与当前发展心理学界特别关注的发展心理理论（theory of mind）有类似之处。在发展心理学家看来，即使没有人正式地告诉孩子，年幼的孩子对外部的世界仍然会有自己的看法，而且，这种内在的看法具有普遍性。因此，对创造力的内隐理论是真实的、重要的，是我们的一部分，它会影响到我们对创造力以及创造性行为的认识。正是由于内隐理论的存在，专家在评定产品的创造性时，才会达到较高的一致性。

阿玛贝尔近年来也对观察者的主观评价标准作过考察，发现在对各个评价标准进行重要性排序时，评价者之间有相当高的一致性，10 个评价者中就有 7 个认为想象力（新颖性）是评价产品创造力的最重要的标准，这与她对创造力所作的概念定义有一致性。Christiaans 在 2002 年的研究中也发现，在众多维度中，评价者更重视作品的新颖性（包括独创性和不寻常性）。

### （二）同感评估技术介绍

1. 评价者

评价者是同感评估技术实施的重要因素。不过，基于内隐理论的 CAT 技术要求评价者对相关领域比较熟悉。在评价时，要求评价者根据自己对创造力的内隐理论，对产品或反应的创造性做出独立的评价。

2. 适用于 CAT 评价的作品

能适用于 CAT 技术评价的作品或反应需要满足一定的条件。换句话说，不是所有的作品或反应都可以 CAT 技术来评估。就像前面提到的，具有明显标准答案的作品或反应不适宜用 CAT 评价。如数学计算，或物质的常规分类，如常规动植物的分类，或基本测量，如长度或体积的测量等。一般来说同感评估技术对引发创造性产品或反应的任务有如下要求：①能

---

1　Amabile T M. Creativity in context: Update to the socialpsychology of creativity. Boulder, GO: Westview, 1996

2　Runco M A, Bahleda M D. Implicit theories of artistic, scientific, and everyday creativity. Journal of creativebehavior, 1986（20），93-98

够引发产品或可清楚观察的反应，以供观察者对其评价；②所有被试的测试环境、实验材料和指导语是相同的；③对应于创造力的概念定义，任务是启发式的，即具有足够的开放度，允许产品具有相当的灵活性和新颖性；④在社会心理研究中，任务不能过于依赖某些特殊技能；⑤其引发的产品或反应可以由适宜的评价者对其进行信度较高的评价。

目前，同感评估技术主要用于与言语或语言、艺术或表演或具有多种解决方案的问题解决等有关的作品或反应的创造性。与言语或语言有关作品或反应有诗歌、故事或为图片定标题等；与艺术或表演有关的作品或反应有拼贴画、绘画（包括线条画、油画和素描等）、手工艺品和动作表演等；而与问题解决有关的作品或反应有计算机编程、沙漠求生或建筑设计等。在心理学研究中，CAT 应用得最为广泛的是用于评价儿童言语创造力和艺术创造力。

3. 评价过程

在对某个作品或某类作品进行评价时，首先要挑选熟悉相关领域的成员组织评价小组，其次要告诉评价者，应该对作品的哪些方面进行评价，最后由评价者对所有被试的产品或反应做出独立评价。所有评价者根据自己对创造力的内隐理论对作品或反应做出评价。通常有三种做法：第一种是按照产品所具有的创造性由高到低对所有产品进行排序；第二种是将所有产品分为五类：创造性很低、创造性稍低、无法判断、创造性稍高和创造性很高；第三种是采用 Likert 五点量表，并在其中三个上分别写上：高、中和低。在这三种方法中，第三种方法的评分者一致性较高，使用较多的也是这种方法。

采用 CAT 评价时，以下几点是非常重要的：①评价者必须熟悉该领域，即有该领域的工作经验；②所有评价者必须对作品进行独立评价；③评价者必须先了解要评价的所有作品，然后根据作品的相对水平对创造性高低做出评价；④评价时，应该以随机顺序评价作品。

4. CAT 的信度检验

由于 CAT 技术是基于评价者对创造力的内隐理论的，其主观性比较大，因此，评分者一致性的高低就反映了 CAT 技术的信度水平。通常，对 CAT 的一致性检验有 3 种方法：

（1）Winer 在 1971 年提出的通过分析内外部变异得到的信度系数，即

$$\alpha = 1 - \frac{MS_{\text{评分者内}}}{MS_{\text{评分者间}}}$$

（2）Spearman-Brown 预测公式，一致性系数：

$$\alpha = \frac{nr}{1+(n-1)r}$$

式中，$n$ 为评价者数目；$r$ 为评价者之间的相关系数。

（3）使用 SPSS 软件计算 Cronbach 系数。

从已有的众多研究结果看，用这 3 种方法得到的结果非常相似。由于 SPSS 软件的强大统计功能和使用的广泛性，使得用 SPSS 软件计算 Cronbach 系数成了最简单的方法，因此，在实际研究中也是最常用的一种方法。

评分者一致性系数的高低非常重要，较高的一致性系数表明同感评估技术的有效性。阿玛贝尔对各种任务的评分者信度做过考察，发现都具有较高的一致性系数。我们从 Spearman-Brown 公式可以看出，一致性系数高低还与评价者的数目有关，评价者越多，则评分者一致性越高。通常，CAT 技术能接受的一致性系数为 0.70 以上，因此，对与言语有关的产品的评价需要至少 3 个评分者，与问题解决有关的产品需要至少 4 个评分者，而对艺术领域产品的

评价则至少需要 7 个评分者。

### （三）CAT 技术的应用

同感评估技术由于其接近于真实生活的评价方式，得到越来越广泛的使用，逐渐成为创造力评价的一种重要方法，被广泛应用于社会心理学、个体差异及领域特殊性和领域一般性研究。阿玛贝尔认为社会和环境因素对创造力表现有重要影响，而同感评估技术的产生正是为了社会心理研究。这些研究包括评价和奖赏对创造力的作用、榜样和动机导向的影响以及其他环境因素（如，学校、工作以及家庭）的影响等。例如，她和 Hennessey 在 1982 年做过的奖赏和任务标签对儿童创造力的影响的实验，使用了讲故事的任务，由三位小学教师作为评价者，评分者信度为 0.91，最后得到了有奖赏组的言语创造力高于无奖赏组的结果。国内曲小军使用同感评估技术作过评价和奖赏对于场依存和场独立儿童的语言创造力的影响[1]。

另外，随着越来越多的研究使用同感评估技术，阿玛贝尔发现它也可以用于个体差异的研究，例如她和她的合作者在一项关于工作的内部动机和外部动机的个体差异的研究中发现，使用同感评估技术测量的创造性与个体内部动机相关显着[2]。在关于创造力是领域特殊性的还是领域一般性的争论中，CAT 也有经常被采用。例如，Baer 在关于发散性思维是否具有任务特殊性的研究中，使用同感评估技术评价被试在讲故事任务和诗歌任务上的创造性表现；Han 在关于领域特殊性的研究中，使用同感评估技术研究了语言、艺术和数学领域的创造性表现。

CAT 技术最初只用于对在相同的实验条件，尤其是相同的指导语要求下得到的平行作品进行评定，最近，Baer 经过试验，发现同感评估技术还可以扩展到对非平行产品的评定。他将 8 年级被试在不同实验条件下的 103 篇故事、102 篇诗歌和 103 篇个人叙述放在一起由 13 位专家进行评定，然后进行评分的一致性分析，结果故事的评分的一致性达到 0.94，诗歌达到 0.968，个人叙述达到 0.957。这表明 CAT 技术受任务和实验条件的限制可以进一步缩小，可将许多作品放在一起进行评定。这就大大扩大了 CAT 技术的适用范围。

### （四）对CAT 技术的评价

为了对 CAT 技术有一个客观的评论，我们认为，将它与基于发散性思维的传统创造力测验作比较是比较合适的。

自吉尔福特提出发散性思维是创造性思维的核心以来，很多在国际上有影响的创造力测验，如 TCT（Torrance Creative Thinking Test）、WCAP（Williams Creativity Assessment Packet）、TCT-DP（Test for Creative Thinking - Drawing Production）等都是基于发散性思维理论的。在吉尔福特看来，在发散性思维中表现出来的反应的低频性和不寻常性就可以代表独特性，而独特性是创造性的一个核心。然而，事实上，有创造性的东西是独特的，但独特的东西不一定是有创造性的，因为，有创造性的东西必须同时满足例外一个条件，那就是适宜性和合适性。换句话说，一个新异独特的东西，如果是没有用的，那它只能算是古怪的而不是

---

[1] 曲小军.评价和奖赏对场依存、场独立儿童语言创造力的影响. 中国心理卫生杂志，2005（1），408-411

[2] Amabile T M, Hill K J, Hennessey B A, et al. The work preference inventory: Assessing in trinsic and extrinsic motivational orienttations. Journal of personality and social psychology，1994，66: 950-967

创造性的。显然，适宜性具有相对性，并且在很大程度上依赖于外界的评价。传统的创造性思维测验对此的考虑比较少，因此，测试结果的生态效度受到严重影响。而CAT技术则在这方面考虑的比较多，因此具有很好的生态效度。实际上，CAT技术对创造性产品的考虑更侧重于质量而不是数量，这正好与传统的发散性思维测验不同。传统的发散性思维测验更重视数量。

在理论基础上，CAT技术的基础是人们对创造力的内隐理论，也就是人们对客观事物的主观评价是有共性的。这种观点得到了当前内隐理论研究的支持，而且，在实际的研究中也证明CAT技术有很好的适用范围。

然而，值得提醒的是，正因为这样，CAT技术也必然存在着致命的弱点，那就是，当一个产品的创造性程度远远超出该时代的认识程度时，该产品就会因为不能被识别而被误认为不具有创造性。历史上有不少伟大的科学发现就是因为不能在当时被评价而被延迟了很多年。不过，不管过了多久，最终能被识别也说明，创造性是要通过别人的评价才能被识别的。这一点也正好是CAT技术的主要思想。或许这就是为什么CAT技术越来越得到认可和推广的原因。

## 第四节 创造性人格研究法

创造性思维和创造性人格的关系犹如哲学命题里母鸡和鸡蛋的关系：是先有创造性思维后有创造性人格，还是先有创造性人格后有创造性思维？创造性人格的研究和创造性思维的研究，二者是相生相长的。在吉尔福特（1950）呼吁心理学家携起手来开展对创造性问题研究的前25年里，对创造性的研究热情得到空前的激发。这期间，几乎所有的研究都是应用心理测量技术完成的。托兰斯（1979）总结了这个时期创造性心理测量技术的两个类型：一种是用于测量认知情感技能的测验，如托兰斯创造性思维测验等；一种是用于测量创造性人格特征的测验，如传记调查表等。教育家和心理学家力图回答这样一个问题：创造性在本质上是否是一种包括对经验的开放性、冒险和自信在内的综合性人格特征，以及在创造性思维中，推理和逻辑思维的认知过程是否与高智商儿童的认知过程相同？

在测量人的创造力量表中，以创造性个性为指标而编制的调查问卷有：高夫（Gough）编制的"修饰词检查创造性个性量表"；托兰斯编制的"你是哪一种人"量表；戴维斯（G. A. Davis）和里姆（S. Rimm）编制的"发现创造性才能的集体调查表"（GIFT），等。

研究结果表明，以创造性个性为指标评定个性的创造能力是可行的。这种方法不仅同发散性思维测验一样有效，而且与发散性思维测验、产品评定等方法相比，更具有经济、方便、易实施的特点，故此种测量方法问世后，一直博得广大研究者的青睐。

### 一、创造性人格研究模式

综合目前国内外的实证性研究成果，关于创造性人格的研究可以总结为3种主要研究模式，即：个体差异的研究、时间一致性的追踪研究和创造性人格的结构研究。

#### （一）个体差异的研究

从20世纪50年代起，人们就一直不断地在研究一些典型的创造者的人格特征。综合起来，主要有两种研究思路。其一，是对科学界和艺术界已做出突出成就、或者被公认为有创造性的人进行回溯性研究；其二，是专家和公众（老百姓等非专业人士）认为的高创造性者应该具有的品质。

Barron（1958）以不同领域的科学家为对象进行了研究。他发现这些科学家共同的人格特质是：不拒绝混乱或不对称，独立判断，容易接受新事物。Roco（1993）研究了30位在生物医学领域做出突出创造的被试，并对他们的人格剖面图进行了评估，发现对创造力有重要影响的因素包括：智力、求知欲、创造性想象、灵活性、观察能力、职业热情和坚持性。多数研究支持，高创造性的科学家通常都比普通人表现得更加开放、灵活、有动力、有雄心，虽然他们常常缺乏社交，但当他们真正和人接触时，总是表现出某种程度上的傲慢自大、自信、而且不友善。

Roy（1996）用卡特尔16人格因素量表对51名艺术家和51名非艺术家做了调查。结果表明，和非艺术家相比，艺术家表现得更加内向，独立，而且头脑敏感。Richardson（1995）以218名巴贝多的（Barbadian）艺术和科学领域的学生（平均年龄18岁）为对象，考察了领域定向和创造性人格的关系。结果发现，艺术领域和科学领域的被试创造性表现比较相似，然而也存在一些差异。和科学领域学生相比，艺术领域学生表现得更加独立，更具女性化，更喜欢变化；另一方面，科学领域学生则表现得更加独断专行。总的来说，艺术家大多是：好想象，容易接受新思想，内部动机强烈，神经质，感情不稳定，缺乏社交[1]。

以上是两种最有代表性的高创造性群体表现出来的人格特征。美国著名心理学家斯滕伯格列出了高创造力个体可能具有的7种人格特征：能容忍模棱状态；具有克服障碍的意志；具有自我超越的愿望；受内在动机驱动；具有适度的冒险精神；希望得到认可；具有为获得认可而工作的愿望。我国学者蔡华俭、桑标等（2001）对创造性的公众观进行了调查研究，结果发现：公众认为高创造性者的特征主要涉及认知和人格两个方面；公众对高创造性者的特征的认识与专家的认识存在广泛的一致性，但在广度、深度和具体项目的重要性上存在不少差异[2]。

## （二）时间一致性的追踪研究

差异性研究证明高创造性个体确实表现出某些特定的人格特征，但是这些所谓的创造性人格在时间维度上的效度、信度如何呢？能够最直接最有效地提供时间一致性证据的研究就是追踪研究。时间一致性的追踪研究要解决的基本问题包括：儿童早期或青少年时期表现出来的创造性人格，到成人或中、晚年以后是否依然保持？早期的创造性人格能在多大程度上预言个体创造力发展水平和他最终的创造性成就？前者为创造性人格的时间一致性，后者为创造性成果的时间一致性。

关于创造性人格的时间一致性，已有一些研究给出了一些答案。比如，Schaefer（1973）对一些高创造性青年进行了为期5年的追踪研究，结果表明，有许多在早期能将高创造者从同龄人中区分开来的分量表5年后仍能把他们从成年人中区分出来。后来Cangelosi和Schaefer（1991）进一步研究发现，即使是25年之后，那些高创造性的被试在创造力测验中

---

1　RICHARDSON A G，CRICHLOW J L.Subject orientation andthe creative personality.Educational Research，1995，37(1):71-78

2　蔡华俭，符起俊，桑标.创造性的公众观的调查研究——关于高创造性者的特征.心理科学，2001(1)，46-49

的成绩仍然显着高于对照组。另外，Dudek & Hall（1991）对 Mckinnon 于 1958～1960 年研究过的建筑师被试的幸存者中的 70 人进行了追踪研究（年龄在 62～88 岁），并得出结论：3 组被试的明显的人格特征保持稳定。可见，创造性人格是相对较稳定的，具有良好的时间一致性[1]。

从青少年时期或成人早期开始，高创造性个体表现出的独特的人格特征已趋于稳定。另外，最具天才才能的儿童和青少年往往最终会过着较无创造性的生活。特定领域里表现出的创造性潜能或倾向是比智力更好地对后来的创造性成果的预测指标。早先，人们认为天才儿童或神童成人以后很可能会取得杰出的创造性成果，但事实上，尽管智力早熟和天才能力可以预言学业成绩和职业成就，但是，它们并不能有效地预言成人以后的创造性成就。他们之中有相当大比例的人成人以后并没有继续从事他们先前表现出特殊才能的领域，或者在他们的领域里没有做出突出的创造性成就。例如，Martino（1993）发现，早期的音乐天才成人以后通常都没再在音乐领域有突出的创造性作品。很可能是某些特定的人格特征在很大程度上决定天才和神童哪些将最终实现他们的潜能，而哪些不能[2]。

### （三）创造性人格的结构研究

关于创造性人格还有一个最难的问题是：创造性人格能否用结构的形式来描述，否则它只能是一系列从以往研究发现中或多或少的重叠特征的列举。

人格心理学家的研究主要集中在探讨创造性人格与"五因素模型"上，五因素模型又称大五模型（Bi-Five Model），五因素包括：开放性、宜人性、外向性、神经质和责任心（openness, agreeableness, extraversion, neuroticism, and conscientiousness）的关系，尤其是和"开放性"、"宜人性"的关系。Laura 等（1996）考察了"五因素人格模型"、创造能力和创造性成果三者之间的关系。结果发现：经历开放性、外向性和创造能力之间存在正相关；宜人性与创造性成果之间存在负相关；言语创造力和开放性都和创造性成果有显着正相关。进一步等级回归分析结果表明这些相关中存在交互作用。对高创造能力的被试，当开放性水平较高时创造成果也较高；但是如果开放性较低，即使是高创造能力的个体创造成果也相对较少。相比之下，对于低创造才能的个本，责任心和高成果有相关。可见，"开放性"可能是创造性人格的主要表现，但是几个因素并不是独立的，而是相互作用，共同影响着创造性过程和产品。

精神分析学派主要代表人艾森克（H.J.Eysenck）却认为，天才——无论是艺术领域或科学领域里的天才，都表现出高水平的精神分裂症状，艾森克有不少研究支持高创造性者和精神分裂病人很多时候有着非常一致的行为表现，但是，精神分裂并不是成为天才的必要条件，许多天才的创造者并非精神病患者。创造性人格和精神分裂，二者到底是如何相互作用、相互影响的，这个问题还需要进一步的研究。

人本主义心理学家认为真正的创造力是两种创造力的整合，即初级创造力（primary

---

1 CANGELOSI D M, SCHAEFER C E.A twenty-five year follow-up study of ten exceptionally creative adolescent girls[J].Psychological Reports，1991，68(1):307-311

2 WINNER E, Martion G.Giftedness in the visual arts andmusic[A].International handbook of research and developmentof giftedness and talent[C].In:K A Heller, F J Monks, & A HPassow(Eds).Oxford:Pergamon，1993.253-281

creativity）和次级创造力（second creativity）。初级创造力来源于无意识里的冲突，而次级创造力则是自我状态良好的、心理健康的成人的行为中自然的、逻辑的产物。人本主义关于创造性人格的观点和高自尊的特征基本相同。只有那些具有高自尊的个体才能获得高水平的创造力[1]。

林崇德在对创新人才长达25年的研究中发现，创新人才在一定意义上就是创造性思维加创造性人格。创新人才在创造性思维上表现出五个特点：①创造性活动表现出新颖、独特且有意义的特点；②思维加想象是创造性的两个主要成分；③在创造性思维过程中，新形象和新假设的产生带有突然性；④在思维意识的清晰性上，创造性是分析思维与直觉思维的统一；⑤在创造性思维的形式上，是发散性思维与辐合思维的统一。

而在人格方面，创新人才也表现出五方面的特征：①健康的情感（涉及情感的强度、性质和理智感）；②坚强的意志（在意志自觉性、果断性、坚持性和自制力等方面品质出众）；③合理的个性倾向性（即创造的需要，特别是理想、动机和兴趣）；④顽强的性格（涉及求异的理智、强烈的好奇心、勤奋的行为等）；⑤良好的创新习惯。

创新型的科学研究人才是创新人才中的一部分，他们在建设创新型国家的过程中发挥着重要作用。那么创新型的科学研究人才有什么样的心理特征，哪些因素对他们的创新性产生了影响呢？林崇德研究得到的主要结论有：

（1）科学创新人才重要的心理特征，主要包括内部驱动的动机形式、面向问题解决的知识构架、自主牵引性格、开放深刻的思维与研究风格、强基础智力等五个因素。内部驱动的动机形式包括有理想有抱负、积极进取、内在兴趣和工作中的愉快感；面向问题解决的知识构架主要包括专业素质与功底、研究技能与策略、知识广博、愿意尝试和发现问题的能力；自主牵引性格包括勤奋努力、乐于交流与合作、坚持有毅力、独立自主和自信；开放深刻的思维与研究风格包括开放性、思想独特新颖、思维灵活变通、富于洞察力、系统的研究风格；强智力基础包括一般智力水平、综合思维水平、分析思维水平和联想能力。

（2）科学创新成就的心理特征是由一般成就基础和个体主动性两个维度构成，在这两个维度上同时具有较高特征值的心理特征有六项：有理想有抱负、内在兴趣、思维综合能力强、积极进取、自信以及独立自主。

（3）科学创新人才的重要生活事件包括早期促进经验、研究指引和支持、关键发展阶段指引三个要素。其中早期促进经验包括父母的作用、成长环境氛围、青少年时爱好广泛、挑战性多样化的经历。研究指引和支持包括导师的作用、科研环境氛围和交流与合作氛围；关键发展阶段指引包括中小学教师的作用和大学教师的作用。

（4）以科学创新人才关键特征的出现为标志，科学创新人才的发展历经自我探索期、才华展露与专业定向期、集中训练期、创新期与创造后期五个阶段。

（5）在不同发展阶段，个体创新心理的发展任务不同，生活事件的意义也不相同。自我探索期和才华展露与专业定向期是个体主动性形成的重要阶段，早期促进经验对此间个体主动性的形成具有重要意义；集中训练期是一般成就基础形成的时期，这一时期的关键发展阶段指引具有重要意义；创新期是个体主动性与一般成就基础共同发挥作用并产生创新成就的时期，研究指引与支持有利于创新活动的顺利进行；创新后期是老一代科学创新人才成为新

---

1 YAU C.An essential interrelationship:Healthy self-esteem and productive creativity.The Journal of CreativeBehavior，1991，25(2):154-161

（6）科学创新心理特征及各个影响因素对创新过程及其成果的影响是有层次的，其中强基础智力、问题导向的知识构架、开放深刻的思维与研究风格直接影响创造过程及其成果；自主牵引性格通过影响知识构架、思维与研究风格进而影响创造；内部驱动的动机通过作用于自主牵引性格进而影响创造；不同时期的生活事件通过影响知识构架、自主牵引性格、内部驱动的动机进而影响创造过程及其成果[1]。

以上国内外的理论或研究结果之间可能并不是完全一致的，甚至有些看起来是矛盾的。这并不奇怪，甚至有时候，创造性人格的结构本身就是以一些被认为和创造力有关的十分重要的矛盾来描述的。Csikszentmihalyi（1996）提出了10对辩证存在的常见的高创造性者具有的人格特质。即：他们拥有充沛的体能，但是通常都是很安静地休息着；聪明又天真；既贪玩又遵守纪律，或者说既有责任感又无责任感；有时想象、幻想，有时又有根深蒂固的现实感；既外向又内向；有时谦逊有时自傲；某种程度上回避刻板的性别角色；既反叛又传统；大多数人对自己的工作充满热情，同时对工作又极端地拒绝；他们开放性和敏感性使得他们经受苦难和痛苦，同时也带给他们无穷的乐趣。

或许，上面提到的各种核心特征以后将彼此越来越接近，最终被证明其本质是一致的。但是，从目前来看，要构建一个广为接受的创造性人格的结构或构成因素图，还有很长的路要走。

## 二、创造性思维的自陈问卷

自陈问卷，即对拟测量的个性特征编制许多测题（问句），使被试回答，从其答案中来评鉴这项特征的量表。这不仅可以测量外显行为（如情绪、同情等），同时也可测量自我对环境的感受（如独居、欲望的压抑等）。编制自陈量表的方法有：①内容效度的方法；②经验准则记分法；③因素分析法；④按照人格理论编制测验。其实，这些方法并不相互排斥，有时有相互重叠之处。

在编制创造性思维自陈量表时，要特别注意题目的提法和安排，尽量避免涉及社会价值或道德的内容，以免被试难于做答。回答方式可为是非式、选择式，还可并列出两种或多种陈述句，请被试按自己的情形加以选择，这些并列的陈述句内容是彼此排斥的，个人只能选择最符合自己情形的一句。自陈式人格测验具有实施简单、记分方便的优点，但编制时难于寻求客观的效标。因此编制、修订、使用该类测验时，要特别注意其效度标准。由于创造性思维自陈量表内容也涉及情绪、动机、态度等各方面问题，被试的反应在不同时期或情境会有所不同，这是和作业测验有所不同的。

创造性思维的自陈问卷既有他评形式的，也有自评形式的，如关于过去创造成果的问卷或自传式陈述，自省报告等也能打开一个与创造行为有关的广阔视野。典型的自陈项目通常是"我喜欢创造新游戏"等。考察与创造力有关的情感行为的自陈式评价工具主要有《发现才能团体问卷》（Group Inventory for Finding Talent）（Rimm，1980）和两个自评量表《Khatena-Torrance 创造性知觉问卷》（Khatena-Torrance Creative Perception Inventory）、《你属于哪一类人》（What Kind of Person Are You）、《关于我自己》（Something About Myself）（Khatena & Torrance，1990），这些工具主要用于测量青少年对创造性自我的知觉。传记

---

[1] 林崇德.多元智力与思维结构.心理发展与教育,2005（21）10-15

式问卷一般由对过去创造成果的自传性陈述组成。对于年幼中小学生，这种问卷通常由其父母完成。此外，兴趣问卷能反映出一个学生在某一特定领域具有创造力的可能性（Cohen & Gelbrich，1998）。有关其他人格建构如学习或思维风格的测量也能反映出中小学生的创造力。然而，人格角度的测量信效度较低，对创造力训练的效果的敏感度也较低。

下面介绍几个常用的鉴别创造力人格的量表。

## （一）发现才能团体问卷

该问卷是里姆和戴维斯分别于1976年和1980年研究出来的一种测试方法。其使用和研究范围很广，涉及各种族、各国度的各种中小学生。它包括三个年级型，初级型用于一、二年级，基本型用于三、四年级，高级型用于五、六年级。问卷分别由32、34和33道是非题组成。该测验主要测量中小学生的独立性、坚持性、变通性、好奇心、兴趣广度、过去的创造活动及爱好等。下面是一些项目举例，如，我有一些很好的看法（测独立性）、猜容易的谜语最有趣（测坚持性）、我喜欢玩我熟悉的游戏，不喜欢玩新游戏（测变通性）、我喜欢把东西拆开，看他们是怎么回事（测好奇心）。

## （二）你属于哪一类人

托兰斯在1965年编制了一个简便、易行、相对有效的创造性人格自陈量表《你属于哪一类人》。该量表包括66个从50项有关研究中收集来的创造性人格的特征。其中的项目均是自选形式，即二择一式，其目的是让受测者本人提供其创造性人格特征的报告，以了解他们的创造性水平。下面是该量表中的一些例题：

（1）办事情、观察事物或听人说话时能专心致志。
（2）说话、作文时经常用类比的方法。
（3）能全神贯注地读书、书写和绘画。
（4）完成老师布置的作业后，总有一种兴奋感。
（5）敢于想权威挑战。
（6）习惯与寻找事物的各种原因。
（7）能仔细地观察事物。
（8）能从别人说话中发现问题。
（9）在进行创造性思维活动中，经常忘记时间。
（10）除日常生活外，平时大部分时间都在读书学习。
（11）能主动发现问题，并能找出与之有关的各种关系。
（12）对周围事物总持有好奇心。
（13）对某一问题有新发现时，精神上总感到异常兴奋。
（14）通常能预测事物的结果，并能正确地验证这一结果。
（15）即使遇到困难和挫折，也不气馁。
（16）经常思考事物的新答案和新结果。
（17）具有敏锐的观察力以及提出问题的能力。
（18）在学习中，有自己选定的独特研究课题，并能采用自己独有的发现方法和研究方法。
（19）遇到问题时，常能从多方面探索可能性，而不是固定在一种思路或局限在某一方面。

（20）总有新设想在脑子里涌现，即使在游玩时也能产生新设想。

评分标准：每项肯定回答记一分，最后记总分。测量结果分四个等级：0～9分是创造性差，10～13分是创造性一般，14～17分是创造性好，18～20分是创造性很好。

### （三）劳德塞的创造才能"简易测试"量表

美国普林斯顿创造才能研究公司总经理、心理学家尤金·劳德塞曾设了一套50个题的创造才能"简易测量"量表，后来他又改进了自己的方法，而仅仅使用形容词的选择法，其题目及评分标准如下：

1. 题目

从下面描述人物性格的形容词中，挑选出10个你认为最能说明你性格的词：

| 精神饱满 | 热情 | 骄傲自大 | 有朝气 | 孤独 | 泰然自若 | 虚心 |
| 脾气温和 | 自信 | 实惠 | 不屈不挠 | 有独创性 | 具说服力 | 具高效率 |
| 好交际 | 束手束脚 | 不拘礼节 | 机灵 | 严格 | 好奇 | 乐于助人 |
| 观察敏锐 | 老练 | 不满足 | 有主见 | 严于律己 | 易预测 | 复杂 |
| 思路清晰 | 谦逊与求是 | 足智多谋 | 时髦 | 有理解力 | 性急 | 感觉灵敏 |
| 柔顺 | 创新 | 拘泥形式 | 谨慎 | 有献身精神 | 有远见 | 善良 |
| 坚强 | 一丝不苟 | 无畏 | 实干 | 漫不经心 | 有组织力 | 有克制力 |

2. 评分标准

（1）选下列每个形容词可得10分

精神饱满　有主见　创新　观察敏锐　有献身精神　好奇　不屈不挠
有独创性　有朝气　柔顺　感觉敏锐　热情　足智多谋　无畏
严于律己

（2）选下列每个形容词可得5分

自信　虚心　一丝不苟　有远见　机灵　坚强　不拘礼节
不满足

3. 分级标准

91分以上 非凡；81～90 优良；71～80 良好；41～70 普通；21～40 薄弱；20分以下毫无创造力。

### （四）自陈量表法的优缺点

1. 优点

自陈量表法的优点主要有：①可操作性强；②采用标准化测试的形式；③简单易行，解释比较容易，可进行自我诊断；④客观、全面，应用非常广泛。

2. 缺点

自陈量表法的缺点主要有：①稳定性差，由于个人的创造行为随时间而有所改变，所以测试所测量的行为比能力测试的稳定性；②被测试者容易弄虚作假。测试中的问题明显，稍有头脑的被试往往可以伪述或伪测；③大多数问卷调查表容易被钻空子，所以预测效度不太理想。尤其在录用考核中进行该类测试时，被测试者往往偏向好的一面，即选社会所期望的答案，或把自己表现得更好的倾向。

## 第五节　创造性思维测量面临的问题与挑战

　　经过半个世纪的发展，心理测量的研究范式代表了众多创造性研究范式中发展最为成熟的类型。但是，对于创造性思维测量技术的批评从来就没有停止过。

### 一、创造性思维测量技术面临的批评

#### （一）效度证据问题

　　创造性思维测量技术面临的最主要的批评是创造性测量的效度证据不足。有的批评家（Plucker & Renzulli, 1999）认为，发散性思维测验不能真正地测量或预测人的创造性思维，因为测验中的任务太具体，与实际的创造能力的距离太远。目前国内有一种很流行的观点：在讲创造性思维时，不讲别的，只讲发散性思维，以为发散性思维就等同于创造性思维。其实，发散性思维固然是创造性思维结构的一个组成要素，它在创造性思维活动中也确有不可替代的作用——为思维活动指明方向，即要求朝着与传统的思想、观念、理论相反的方向去思维，其实质是要冲破传统思想、观念和理论的束缚。发散性思维的这一作用是很重要的，但不应夸大，而且要看到它仅仅起这一个作用（思维定向作用）；发散性思维并非创造性思维过程的主体，更不是创造性思维的全部内容。韦斯伯格（1993）认为发散性思维测验"既不能测量创造性思维，也不能测量创造能力"。有研究者（Hattie, 1980）指出，发散性思维测验容易受训练、施测条件以及其他施测因素的影响，其测验分数难以反映出实际的创造潜力。

#### （二）思维混同问题

　　对创造性心理测量技术的第二个批评是将直觉思维混同于形象思维。直觉思维是目前心理学界尚未进行深入研究，因而对其本质以及思维加工特征还不十分清楚的一个领域。正因为如此，所以不仅在一般群众中，甚至在一些学者中也流行一种说法"直觉是第六感觉"。什么是"第六感觉"，就是一种说不清楚的、莫名其妙的感觉。"直觉"在许多人看来似乎是一种凭空而来的毫无根据的主观臆断。这种对直觉的理解是不对的，直觉思维加工至少有以下三方面的基本特征：第一，整体把握——撇开事物的细枝末节，从整体、从全局去把握事物，是一种从大处着眼、总揽全局的思维；第二，直观透视与空间整合——对直觉思维来说，整体把握是指对事物之间关系的整体把握，即直觉思维只考虑事物之间的关系，而不考虑每个事物的具体属性（对事物具体属性进行分析、综合、抽象、概括是逻辑思维与形象思维的任务，不是直觉思维的任务）；要从整体上把握事物之间的关系，直觉思维所用的方法是"直观透视"和"空间整合"，而不是靠逻辑的分析与综合；第三，快速判断——直觉思维要求在瞬间对空间结构关系作出判断，所以是一种快速的、跳跃的空间立体思维（而逻辑思维则是在一维时间轴上的线性、顺序的慢节奏思维）。目前许多文献都抹杀直觉思维的基本特征，否认直觉思维是一种独立的思维形式，更不属于人类的基本思维形式。这样做的后果必然是削弱甚至完全取消对青少年在直觉思维方面的培养与训练。

### (三) 核心性的理论问题

对创造性心理测量技术的第三个批评是一些核心性的理论问题。

1. 实证性方法的科学性问题

爱因斯坦说："我们日常使用的概念有如此权威，以致忘记了它们的具体起源和把它们当做无可改变的事实"。创造性心理测量目前对实证的态度就是如此，以致出现这样的情况，一项研究是否为人接受，结论的可靠程度如何，往往取决于它是否进行了"实证"。然而，很多人没有意识到实证方法自身的理论不足。现有的实证方法是以处理线性不兼容事件的概率论为基础的，而心理现象大量的是非线性的。把以概率论为基础的心理统计学应用到创造性心理测量技术中，这有无方法的适应问题？我们认为，实证固然有科学性一面，但不能极端。心理学家们不应把自己异化，把自己的最宝贵的东西——思维让位给操作性实证。

2. 相对与普遍的准则问题

心理学家希望创造性心理测量技术是一门普遍性的科学，然而现实不是如此。例如，西方对"领袖"的创造性心理认同过程与东方人是不同的，东方人往往把领袖创造性心理道德化，而西方人则把"领袖"作为一种社会职业来平等看待。因而，西方的或东方的创造性心理测量技术，存在着差异。

3. 文化背景问题

与此相应，创造性心理测量技术面临不同文化背景的心理学思想融合和创新问题。目前，不同文化的融合构成我们创造性心理测量技术的发展趋势，然而，文化的差异可能是永在的。创造性心理测量作为具有文化属性的"存在"，决定了不同文化之上有相应的、差异的测量技术。因此，这些理论如何融合？是值得心理学家们思考的。另外，这里面还有一个优势文化和非优势文化的心理学思想影响力问题。例如，产生于美国的创造性心理测量理论，它的影响显然大于产生于非洲的创造性心理测量理论。这是我们在处理这个问题的时候应当注意的。

4. 有效性的接受问题

目前社会公众对创造性心理测量技术的期望很高，但创造性心理测量技术毕竟不能达到立竿见影的效果，这使公众有些失望，创造性心理测量技术是否有一天能够达到诸如物理、医学那样的有效性效果呢？

## 二、创造性思维的影响因素

影响创造性思维发展的因素是复杂的，上一节调查中所确定的各种影响因素对创造性人格形成的解释还相当有限。但有关研究似乎已充分指出，在个人天赋的创造才能和他各种创造的实现之间的差距，是能够通过对创造性思维（以及有利于创造的个性）的有意识教育而予以缩小的。也就是说，教育在培养人的创造性方面是有所可为的。创造性教育的关键是发展个性。调查表明，那些不善于社交却长于个体性和独立性兴趣活动的学生，有时被认为其心理不够健康的"怪才"、"偏才"，恰恰是他们表现出更好的创造性。这就是说，创造教育必须允许和鼓励个性发展。个性在活动中表现为独立性，如独立思考、独特的兴趣爱好、独立的人格等。个性以及见之于行为的独立性，有利于取得创造性成果，是人的创造性的基础。

如何创造发展个性、鼓励冒尖并容忍错误的宽容环境，是创造性培养过程中一个值得重视和不可回避的问题。

个体差异的研究基本上都是回溯性研究。回溯性研究有一个很严重的问题，如果有一些对天才人物的发展产生重要影响的因素没有被回顾起来，那么这些信息就可能得不到重视。另外要归纳出跨领域的、普遍存在的创造性人格特征还需要长时间的积累和总结，需要进行更多更广泛的差异性研究。

时间一致性的追踪研究可以说是前瞻性研究，前瞻的准确性是问题的关键所在。追踪研究的效率很低，首先追踪的被试容易流失；其次测验人员的连续性也是一个问题；另外，战争、经济、文化的变化和技术的进步，都将对测验产生相当的影响；最后，追踪研究需要耗费大量的金钱和时间，后续研究难度很大。

创造性人格结构的研究，希望把差异研究的结果进行统合或解释，很明显，差异性研究的主要研究者关心的是人格对创造力的影响。创造性人格结构研究的研究者关心的是人格的因素，从心理测量的角度考察创造性人格和其他因素的相关。两条思路，要达到殊途同归，共同构建一个完善的创造性人格结构还需要很长时间。

上述三类研究有一个很大的共同之处：大部分研究都是横断式、静止的研究。人格和创造性活动是彼此分离的。通俗地讲，创造性人格是指有利于创造性活动的人格特征，或是在创造性活动过程中表现出来的人格特征。高创造性个体所具有的人格特征只有在创造性活动中才能表现得淋漓尽致，也就是说创造性人格具有创造性活动所具有的时间性和情境性，只有在特定时间、特定场景中才表现出来，并不是时时、事事都能体现的。然而，在目前的研究中都无形中忽视了创造性人格的时间性和情境性。这是目前研究模式中普遍存在的问题，也是创造性人格研究的困难所在。在将来研究中可以考虑采用观察法、现场实验、或计算机模拟等方法对被试在创造性活动的过程中表现出来的人格特征进行评价，而不是简单地、孤立地问卷测量，从而使创造性人格的研究更进一步。

## 三、创造性思维测量技术面临的挑战和对策

### （一）思维测量研究面临三大挑战

通过文献考察，我们认为未来关于创造性的思维测量研究面临三大挑战。首先，有关测量工具的预测效度的研究遇到理论上的难题。过去有关预测效度的纵向研究很少能够解释创造性与智力的交互作用。面临这一挑战的可能原因是大多数纵向研究建立在对两变量的相关分析基础上。困难的是难以证明或证伪创造性与智力之间的区别，这就容易导致研究者忽视这些概念之间的交互作用，由此研究者可能会错过获得创造性测量的预测效度的重要资料。因此，如何通过对创造性概念的扩展式界定来丰富创造性测验的内容，使其更能够预测更长时间里的创造性表现，将是测量学家的一个关键性研究课题。其次，对早期的测量资料需要根据新的统计技术的要求重新处理。许多创造性的研究发生在几十年前，而那时候对测量数据的统计技术还不完善，并且在应用上受到许多限制。因此，要评价从前的研究结论，就需要应用最新的统计分析技术（比如结构方程模型分析技术）对以前的数据进行再分析，或许会得到对从前的创造性测量研究更加严格和简洁的评价。这一设想在纵向研究、预测效度研究以及创造性与智力相互关系的研究中显得特别重要。再次，对整合性和实践性研究的要求变得日益迫切。随着创造性研究系统模型（张锋，2001）的提出，过去那种局限在一个

特定领域（例如过程、个人、产品或者环境）中的创造性测量学分析将会受到更大的挑战，而需要把创造性个人、创造性的过程和创造性产品融合到创造性环境中加以整合式研究。正如 Renzulli（1991）所说：新的研究必须把注意力集中在还没有被解释清楚的难懂"事物"上。这是我们感兴趣的创造性生产能力的真正神秘之物，并且可能代表 21 世纪研究的前沿领域……例如，我们通过对世界著名创造家的研究所获得的仅仅是在我们理解这种神秘现象过程中的节点，但是我所关心的是如何提高课堂上的创造性倾向。在大多数情况下，这种类型的创造性不可能在核心期刊上记载，但是如果我们能够提出一种用于促进越来越多的青年人的创造性的操作方式，就会为造就 21 世纪的诺贝尔奖获得者做出实实在在的贡献。

### （二）以综合指标评价与预测创造力的尝试

长期以来，人们多采用创造产品、创造性思维、创造性个性这三个指标评价与预测创造能力。其实，这三个指标是反映了个体创造活动的不同方面。创造产品，是个体的创造活动完成之后，仍然保留的创造活动的产物，它是创造能力的具体表现，是物化了的创造力。它是被公认的最有权威性的一个指标。在编制创造能力量有过程中，常以它的效标考查量表的效度。如托兰斯就以创造成果的数量和质量为效标，考查它与 12 年前测验得分相关之大小，用来说明测验的效度。创造性思维，特别是发散性思维，它是创造过程的主要认知成分，是构成创造能力的核心因素。各种创造性个性，它是使创造能力得以发挥、促进其发展的因素。

除此之外，还有一些指标，如动机、环境、特殊能力等。因为这些因素也参加到创造活动中去，影响创造能力的发挥与发展。因而它们也可当作指标，对个体创造能力作评价与预测。创造性行为发生在特定的环境中，因此研究创造性与环境的交互作用就成为近年来研究者们感兴趣的问题。研究者试图确定影响创造性的环境变量，并且相信对这些环境因素的测量将有利于创造性环境的设计。

多年来，也有一些科学家尝试以综合指标评价与预测个体创造能力。早在 1977 年，帕勒斯（Parnes）就提出创造力的"万花筒"模型，认为创造力是知识、想象力和判断力的函数。塔伦鲍姆（Tannenbacm）于 1983 年提出一般能力、特殊能力、非智力因素、环境以及机遇等因素的综合，可以很好地预测创造力。阿玛贝尔于 1983 年提出成分理论，认为创造力是动机、有关领域的知识技能和有关创造力技能综合作用的结果。威特利（Wheatley）于 1991 年提出对创造力的评价，应包括认知风格、个性定向、控制点和想象力等诸多方面。1992 年，斯滕伯格等综合各家意见，在《人类发展》杂志上发表文章，指出："创造行为受六方面的共同影响，即智力过程、知识、认知风格、个性、动机、环境等，创造力是六因素结合和相互作用的结果。"

以综合指标评价和预测创造能力的方法，目前尚处于理论探索与方法研制阶段，还没有编制出信度效度俱佳、可供广泛使用的量表，但这种方法是很有前途的。因为影响创造行为的因素是多方面的，而目前采用单个指标所进行的测量，只是测了创造能力的某些方面，因而其效度是有限的。如将这些指标综合起来，编制出多指标的量表，定能提高量表的效度，将能更好地评价与预测创造能力。因此，以综合指标评价将成为未来创造能力的测量发展的趋势。

# 第14章  W-QIUS创造性思维命题技术

前面我们已介绍传统的创造性思维测量技术。应该说，有关创造性的测量学研究比起从传统的认知和人格角度开展的研究来说具有很大的发展，当前的心理测量学研究也呈现出多样性的特点。例如，在刚刚过去的15年到20年里，研究者已经将心理测量技术应用于对作品的创造性特征、与创造性有关的环境特征、创造性观念的产生和评价的测量过程中，并提出了用于测量同创造性行为有关的人格特征的新的测量技术。就目前来说，心理测量的研究技术代表着众多创造性研究方法中发展最为成熟的种类。正如 Plucker 和 Renzulli（1999）所指出的："大多数对创造性的研究都依赖于心理测量的方法"，并认为"对于有关创造性的心理测量研究来说，它的优势就在于通过运用发散性思维测验来对创造过程进行定量分析"。

但是，创造性思维的表现是多种多样的，个体在一个领域没有表现出创造性，却可在另一个领域表现出创造性，在言语上没有表现出创造性，却可在操作上表现出较高的创造水平，因此鉴别个体的创造性思维水平应坚持多样性的形式。另外，当代测验理论的发展趋势不外朝两个方向同步进行——发展愈趋数学化与理论的应用愈依赖计算机。这为创造性思维的测量提供了新的技术支持。我们在坚持30年的研究基础上，在理论和实践运用上积累了一些经验，本章我们将重点介绍 W-QIUS 虚拟情境命题、W-QIUS 多元性思维命题、W-QIUS 求异性思维命题、W-QIUS 信息加工命题、W-QIUS 投射命题等方面的技术。仅管 W-QIUS 系列命题技术还有待完善和提高，但我们希望这些尝试能为后来者铺路架桥。

## 第一节  W-QIUS多元性思维命题技术

传统或经典思维命题大多是单线思维的，即所给出的条件与所要解决的问题是比较简单的，我们所用的思维也是单一的。实际上，无论是战略上还是战术上，我们经常要使用多元性思维。例如，在知己知彼的基础上，明确主客观条件，如果不宜单纯采取正面或逆反的策略，就必须考虑适应对方与外部的多重关系，采取迂回曲折的方法，利用、改变或者创造外部条件，间接作用于对手，这种思维类型更能体现思维的收益性、独特性和曲折性，是高层次的思维。

另外，客观事物的发展，大都是由简单到复杂，由低级到高级，是不断前进、不断上升的。但在事物发展的某一个阶段，则又可能是后退的、下降的，这说明了事物发展的复杂性和曲折性。那么，人的思维不仅应反映出事物前进和后退以及上升与下降的过程，还应采取相对应的策略。

当我们所思考的问题面临障碍，特别是巨大障碍时，一般有两种对策：
一是直线前进，或逆或顺，尽力消除障碍。这样做必须具备足够的力量和条件，力量不足要先积蓄，条件不够要先创造，否则，贸然向障碍发动进攻，即使付出巨大努力和代价，也常常落个徒劳无功,甚或惨败的结果。

另一种对策是迂回变通。具体一点,就是考虑能不能避开障碍,走一条迂回曲折的道路;考虑能不能以解决甲问题为手段而达到解决乙问题的目的;考虑能不能为了前进而先后退,以求宽平之途等。这样做,不去直接向障碍挑战,不直接触动和攻击障碍本身,而思考如何设法变不利为有利,至少不让其成为拦路虎、绊脚石。这样做似乎没有直接消灭障碍那样痛快酣畅,但最后却能取得令人满意的结果。

因此,我们在进行思维命题创新时,不得不考虑多元性思维的课题。

# 一、多元性思维命题概述

## (一)多元性思维命题特征

多元性思维命题是指通过对多个相关因素的离散整合,分别操作,连动解决问题的创造性思维命题。多元性思维命题有两个基本特征:一是系统性。系统思维是指在分析和解决系统问题时遵循整体与部分的联系以及部分功能从属于整体功能的原则。一个系统并不是组成该系统的各部分的简单相加,系统会产生更多的功效。在考虑解决某一具体问题时,不是把某一要素、某一组成当作孤立、分割的单元来处理,而是当作一个有机关联的系统进行思考。系统理论来自亚里士多德的名言"整体大于各部分的总和"。在分析和解决系统问题时,要注意整体与部分的联系以及部分从属整体的原则。例如田忌赛马取胜的原因,在于他采纳了孙膑的系统思维方法。多元性思维的另一个基本特征是离合性。离即离散,合即整合,它们在思维活动中一般有三个步骤:①母系统分离解体,使整体结构发生离散运动,产生策动效应;②许多子系统独立运作,母系统由控制功能转向监督功能;③子系统回归母系统,并进行整合,使母系统的整体功能发生新变化。以人为例:如果个体为母系统,那么脑袋、四肢、五脏六腑即子系统。但是任何个体绝非由脑袋、四肢、五脏六腑等拼凑而成的。个体在从事某项具体活动时,脑袋、四肢、五脏六腑各司其能,各用其功,发生离散运动。但所有的离散运动又不可能是独立的,它们都处于同一个系统之中,相互影响、相互制约、相互促成,时时产生互动效应。

## (二)多元性思维命题原则

多元性思维命题有三项原则。一是整体性原则。多元性思维命题必须着眼于系统的整体功能和综合优势,子系统的目标无论怎样重要,都得为系统的整体功能服务,绝不能计较一时一事之利害、一城一地之得失,必要时还得做出牺牲。正所谓"不谋万世者,不足谋一时;不谋全局者,不足谋一城。"二是层次性原则。多元性思维命题所设计的母系统和子系统都是相对的。某一独立系统往往是另一系统的子系统,同时也是另系统的母系统,因此都呈现出一种层次性关系。系统层次之间同样存在着相互影响、相互制约、相互促成的互动效应。三是动态发展性原则。系统内部的相互关系是不断发展变化的,是一个动态发展的系统,即使是母子系统,在一定条件下也可能相生相克,相互转化,甚至会子转母,母为子。平行系统之间的关系更值得注意,应积极发挥它们互补互助的关联作用,防止它们之间反面演化的可能。

## (三)多元性思维命题路径

多元性思维是建立在顺势思维和逆势思维基础上的。在解决问题的整个过程中,顺势思维和逆势思维交替进行。它有两个基本模式：先顺后逆和先逆后顺。前者是沿着事物原本的发展方向，再向前推进一步，然后逆转方向，采取逆势思维的战术取得成功；后者是先用违背常规思维的逆向变术打破事物的既定格局，然后再遵循事物发展的方向进行发散思维。

多元性思维所能操作的，也有两个基本变量：时间变量和空间变量。前者主要在事物的顺序性和延序性上作文章，如田忌赛马之类；后者主要在事物形态、大小、位置的变换上作文章，如红军的四渡赤水等。本章的部分命题就是展现这些迂回模式，构成迂回思维的基本范畴，这是各种智谋变通理论与实践的基础。

多元性思维有五种比较复杂的类型：间接中的、绕道迂回、以退为进、虚实相间和连环叠加。

（1）"间接中的"是多元性思维的主要手段。当我们面临复杂而难以直接攻克的问题时，不采取直接、正面解决问题的思路，而是分析研究与这个问题有密切相关的其他事物，以解决其他相关问题或借助其他力量为手段，最后以较小代价或较高效率解决原有的问题。如通过激发内需促进消费，通过设置钓饵引人上当，通过甲来说服乙等。

（2）"绕道迂回"是指解决问题的思维过程中，当遇到难以克服的障碍时，为了降低难度，或减少代价，可以考虑用不直接消除障碍的方法，避开正面冲突，有意识地走一条曲折的路径。绕道迂回的做法，表面上似乎耗时费力，但往往因为避开或越过了障碍，反而赢得了时间、人力和财力。

（3）"以退为进"是指在思维迂回变通过程中，为积蓄力量，创造条件，以俟时机成熟时再向前推进，达到最终解决问题的目的，思考先采取某种与自己愿望或利益相抵触的做法，即有所"让步"或"后退"。以退为进也可以解释为欲进先退、以退求进。都是指在条件或力量还不具备时，可先暂时采取某种保守、妥协甚至自我惩罚的姿态与做法，在保守、妥协中积蓄力量，等待时机，再发动攻势。这就如同一个人先将拳头向后缩，然后才有力地挥拳出击一样。

（4）"虚实相间"是指在思维变通过程中，利用人们真假难辨、亦幻亦惶的心理状态来以虚击实，以假乱真，以弱显强，以表掩里等。从思维的切入先后与手段来划分，虚实相间大体有四种基本类型：虚而实之、实而虚之、实而实之、虚而虚之。还有从这些基本类型派生出的回环往复的其他类型。

（5）"连环叠加"常有两种理解：一种是指在迂回变通中的计谋迂回，即把同时运用两个以上计策的谋略，称为连环叠加。另一种则是把整个构思分为前后相互叠加关联的两个部分，即前计和后计。前计是铺垫性的，目的是削弱对方实力，改变力量的对比；后计则是在前计的基础上，对敌实施攻击而战胜之。从思维路线分析，前计属迂回手段，后计属最终目的，两计并用，相得益彰。

## 二、多元性思维命题类型

多元性思维命题有多种样式：①多元并举；②多元轮动；③多元序作；④多元滚动；⑤多元离散；⑥多元整合。

### （一）多元并举

指同一时间操作多种思维要素的多元性思维。三国时期，魏国新城太守孟达，秘密地联结蜀国和吴国意欲进行谋反。司马懿当时屯军在宛城，当他得知这一消息以后，决定要前往进行平定叛乱。但是，按照规定，他要发兵，必须先要上报给远在洛阳的魏主，等到准奏以后才能出兵。从宛城到洛阳有1600多里路，要走半个多月才能到达，而从宛城到新城有1000多里，也要走10多天。如果等到魏主降旨以后再前往平定谋反的孟达，就会因为拖延了一个多月的时间而贻误了战机。同时，司马懿的军中，粮草也只够用一个月的，也就是说，如果接到魏王发来的旨意后再到达谋反地，军中也是没有粮草可以使用了。然而根据情报，孟达的粮草十分充足，完全可以用上一年多。司马懿认真分析了这些情况以后，认为不能等到降旨以后再发兵，应当将两件事情同时进行。于是，司马懿当机立断，采取了三管齐下的计策：先派快马给孟达发信，假作安慰，施以缓兵之计；再派人火速向魏王报告；一面采取先斩后奏的方法，立即发兵去讨伐孟达。就这样，司马懿发兵向反叛的孟达处进行急行军，昼夜兼程，两天的路程并做一天走。最后，司马懿之军竟用了8天的时间就到达了新城地界。而孟达与司马懿所计算的时间一样，他以为司马懿发兵，最快也要一个月多月，所以他的备战正在以缓慢的速度进行着。当司马懿的军队兵临城下的时候，孟达不由大声地惊呼："吾举事八日，而兵临城下，真乃神速也。"因为工事还没有修好，在司马懿军队的强行攻击下，孟达无防可守，结果司马懿只用了16天的时间就全歼了孟达的军队。一般分析认为，这个战例说明兵贵神速是战争中取胜的永恒的法则。从思维角度分析，三管齐下又属于多元并举的造势变通，即指同时操作多种变通要素来为同一个目的服务。司马懿所采取的三管齐下的计策属一个系统的三个方面，并在同一个时间进行：①给孟达发信，假作安慰，施以缓兵之计；②派人火速向魏王报告，以正视听；③立即发兵去讨伐孟达。三管齐下看似多头排列，实际上都是为速战灭叛服务的，速战灭叛是多元并举的出发点和归宿点。

## （二）多元轮动

指依照客观形势，轮番操作并列关系的几个子系统的多元性思维。最具典型意义的战例是名扬海外的解放战争中的三大战役。在解放战争的开始阶段，毛泽东同志就进行了精心布局，到了第三个年头，他根据战场上的局势发展，科学地分析了战争形势，果断地做出决定：抓住战略决战的有利时机，紧紧地把握住"执行有利决战"的原则，亲自组织实施了威扬中外的"辽沈"、"淮海"、"平津"三大战役，与国民党进行了战况空前的大决战。1948年的下半年，全国的军事形势发生了重大变化，中国人民解放军已发展到了280万人，而国民党军队已经减少到了365万人。就当时战局来看，敌人可以调集使用在一线的兵力，在战场上是明显多于我军的，但从宏观上分析，敌人的兵力又被我军分割牵制在西北、中原、华北、华东、东北五大战场上。因此可以说，国民党军队已无法也无力能够发动全面战略进攻了。按当时敌我双方力量对比的态势，可以进行两种选择，一是立即组织力量进行大规模的战略进攻，和敌人展开大决战，迅速地掌握整个战场上的主动权，一是耐心地等待时机，等到解放军壮大到可以在全局占绝对优势时，再与敌人展开决战。由此可见，要选择第一个方案，决策者就必须要具备极大的勇气和丰富的谋略。毛泽东同志就是面对这样的形势，以战略家的胆略，及时地做出了决定中国命运的重大战略决战的决定。

毛泽东首先组织发动了辽沈战役，在东北战场上，我军的兵力占有优势，消灭了东北军，就可以粉碎蒋介石的"战略收缩"的目的，而且拿下东北以后，我军主力就能向关内机动，更有利的是，我方取得东北后，能够利用当地丰富的工业资源，发展生产，支援全国的解放战争。就在辽沈战役进行得如火如荼之时，毛泽东命令其他战场进行密切配合，我军在华北地区发动了钳制性战斗，使傅作义的部队不敢去增援东北地区的战场。毛泽东考虑到华北地区敌人的兵力比较强，在辽沈战役中，极有可能要去增援东北军，因此果断地发动了淮海战役，及时地将敌牵制住，使得我军能够在东北如期地完成任务。正当辽沈战役即将取得决定性的胜利，而淮海战役也打得淋漓酣畅之时，毛泽东又迅速地把握战机，命令东北野战军提前入关，与华北野战军一起，发起了平津战役。这样一来，傅作义军团不但难以再增援华东战场，连自己也处于中国人民解放军的包围之中，于是平津战役与淮海战役同时进行，最后，两大战役都如期地完成了。三大战役就这样相互配合轮动，一共歼灭和改编国民党军队154万人，取得了战略决战的伟大胜利，为解放全中国奠定了基础。

这三个战役无论在空间上还是时间上都是独立性很强的。但是毛泽东运用多元造势的变通思维，将三大战役运筹于股弦之中。在时间上相互穿插，彼扬我抑，彼抑我扬，在某一时间段集中兵力打歼灭战；在空间上既分而治之，又以连动样式彼此呼应、相互配合，取得了战略决战的伟大胜利。三大战役从属于解放全中国这一母系统和总目标，每个战役在时间和空间的分配上都服从于这一母系统和总目标。在具体运作上，每个战役又有自己的特色和具体的情况，又形成自己的系统。这就构成了一个完整的、多层次的轮动系统。

### （三）多元序作

多元序作是指按时间顺序操作多种变通要素的多元性思维。这可以辽沈战役为例。1948年秋天，解放战争进入了第三年，战略决战的条件已经成熟。当时，国民党军队在东北的总兵力为4个兵团、44个师，再加上地方保安团一共大约有55万人，而东北野战军有野战兵团12个纵队、53个师，在加上2级兵团和地方武装共有100万。可以说，东北野战军不仅在质量上，而且在数量上都超过了国民党军队。由于这些条件和原因，中央军委和毛泽东主席决定选定东北作为战略决战的首战地点，这就是名扬中外的解放战争之一"辽沈战役"。

辽沈战役分为三个阶段。第一阶段是夺取锦州。将国民党在东北的军队全部封闭起来。当时，锦州的守敌有10万余人，由范汉杰指挥。1948年9月12日，东北野战军主力南下，全面出击北宁线，到了10月1日，解放大军先后占领了昌黎、北戴河、绥中、兴城、义县以及塔山、高桥等地，切断了北宁线。10月3日，东北野战军的5个纵队和两个师的兵力在塔山地区阻击了敌人援兵侯镜如的东进兵团；以3个纵队在新民地区牵制敌援兵廖耀湘的西进兵团。10月4日，解放军以泰山压顶之势分别从西、南、中三个方向对于锦州发起了总攻。一直激战了31个小时，于10月15日晚攻克了锦州。歼灭了10余万国民党军队，并且生擒了范汉杰。从而封闭了国民党军队从陆上逃回关内的通道。锦州即将失守的时候，蒋介石企图夺回去，命令长春的守敌突围。10月17日，长春守敌60军军长曾泽生率部起义。10月19日，东北"剿总"副总司令郑洞国和新7军军长李鸿率部投降。长春解放。

第二阶段是会战辽西，歼灭了廖耀湘的兵团。攻占锦州以后，解放军以两个纵队的兵力继续佯攻锦西、葫芦岛的敌人。其主力则立即向东北方向回师。一个纵队在黑山、大虎山一带，两个纵队由阜新、彰武南下，断了国民党的后路。并在运动中灵活机动地歼灭敌人。到10月28日，已全歼国民党军10万余人，俘获了廖耀湘等一批国民党高级将领。

第三阶段是攻克沈阳，解放全东北。紧接着围歼廖耀湘军团，为了防止沈阳的国民党军队从营口往海路上逃跑，东北野战军调集了三个纵队和5个独立师四面包围了沈阳。又让三个纵队南下直入营口，切断敌人的海上退路。11月2日，解放军占领沈阳。歼敌13万余人。同日，营口解放。至此，历时52天的辽沈战役结束，东北全境解放。一共歼灭了国民党军队47万人。这一重大胜利，使人民解放军获得了巩固的战略后方和强大的战略预备队，从根本上改变了敌我双方力量上的对比。解放军采取"关门打狗"的战略，终于使蒋介石"跳不了墙"。

辽沈战役是多元序作的大战役。它主要从时间上进行分解，按阶段操作，最终达到新的统一。历时52天的辽沈战役分三个阶段：第一阶段是夺取锦州，将国民党在东北的军队全部封闭起来（1948.9.12～1948.10.19）；第二阶段是会战辽西，歼灭了廖耀湘的兵团（1948.10.20～1948.10.28）；第三阶段是攻克沈阳，解放全东北（1948.10.28～1948.11.2）。这三个阶段有比较严格的时间分割，不像"辽沈"、"淮海"、"平津"三大战役在时间上相互交叉，轮流行动。而辽沈战役即使在某一个阶段，也遵循时间顺序。例如，在夺取锦州第一阶段中，解放军首先全面出击，将国民党军打散，如同康乐球开盘，将整框球子打开一样。然后在塔山阻击敌援、在新民牵制廖兵团，打锦攻援、闭关擒将等几个在时间上紧密衔接，环环相扣的序作的战役，如同大潮滚滚，一浪连接一浪。这一阶段围绕着锦州进行严密的军事部署，同时为会战辽西、攻克沈阳、解放全东北奠定了基础。多元序作的关键在于多种要素的连续性和顺序性，因为，任何一个子系统都处于一个完整的时间链上，动一发而牵全身。

## （四）多元滚动

多元滚动是指操作某一主要元素，辐射带动其他思维要素滚动发展的多元性思维。皮埃尔·卡丹是意大利人，他白手起家，于1950年起自己开办了一家时装公司，专门制作做演出用的服装。以后，皮埃尔·卡丹的设计时装天才得了充分的发挥，他设计的服装越来越受到了上层消费者的热烈的欢迎。皮埃尔还实行了"让高雅大众化"的理念，使得他所设计的服装在全世界受到了极为热烈的广泛欢迎。由于皮埃尔·卡丹奉行了"让高雅大众化"这一重要经营理念，作为自己的竞争手段使得他在全世界获得了巨大的成功。现在，全世界五大洲的近百个国家里，有大约600多家企业在按照皮埃尔·卡丹的标准设计"卡丹牌"和"马克西姆"牌各种服装、香水、家具、食品和各种装饰品，年销售额达到了45亿美元。其中，领带竟占法国市场销售量的一半。香水占美国市场的一半以上，其总的资产，估计在4至10亿美元之间。正因为皮埃尔·卡丹奉行了"让高雅大众化"，所以他的领域得以无限延伸起来。20世纪50年代打入世界的最有潜力的市场——美国和日本；20世纪60年代和70年代又分别打进了世界上人口最多的两个国家——印度和中国；20世纪80年又全力以赴地向前苏联进军。皮埃尔·卡丹之所以能够在世界范围内创造出一股"皮埃尔·卡丹"风，其主要的手段是通过转让技术，但这与"让高雅大众化"一样，是一个"酝酿于敌"的计谋的运用。皮埃尔·卡丹将自己设计的方案卖给厂家，把商标使用权转让给经营者，有经验的厂家买到专利以后，就可以生产皮埃尔·卡丹设计的高雅时装；如果再花钱买来商标使用权，就可以在皮埃尔·卡丹设计时装上再贴上"皮埃尔·卡丹"的牌子了。皮埃尔·卡丹则从中收取7%～10%的技术转让费。这样一来，皮埃尔·卡丹的名气也就越来越大，逐步地形成了高档次的商品的代名词。因而，不少的服装公司就想方设法来买皮埃尔·卡丹的名字，作为自己生产产品的牌子，当然皮埃尔·卡丹只将自己的名字卖给各行业中的真正能够生产优质高档产品的公司，因为，他也不想砸了自己的招牌。现在，全世界都知道：无论是服装还是香水、手表，甚至普通的内衣，只要贴上皮埃尔·卡丹的牌子，就马上身价百倍，格外畅销。

## （五）多元离散

多元离散指母系统离散开来朝不同空间运作的多元性思维。离散相对于综合，不太为人们注意和研究。其实离散也是创造。且不说日常分析问题和解决问题时我们就在头脑里将事物分成不同的部分、阶段，或不同的性质、属性，以求思路有所突破，就是科研、军事、商场这些人类的大活动，也必须经历层层离散分解的思维探索过程。离散的关键是选准离散对象，即母系统。我们的眼界往往限制了我们不能超脱环境之外分析问题，找不到可离散的对象，这样就很难打开思路。闭关锁国的思维本质即属此弊。本案例商战海外离散运动的统计，这种离散运动随着中国加盟 WTO 将更令我们关注。它的实效概括起来就是：可以有效地推销产品，扩大影响，提高企业的市场占有率；可以充分地利用廉价劳动力和资源，增强产品的竞争力；可以巧妙地突破关税壁垒与配置限额，在国际市场上纵横驰骋，可以避风求安，永远立于不败之地，真可谓是"此一举，竟数得也"。由此可见，如果要想在国际市场上有所作为，就应当千方百计地向海外"分身"，将自家的"身影"投放在全世界的每一个角落。根据报刊报道的相关资料表明，美国现在已有 3000 多家的公司在日本开设了子公司或是工厂；日本却有 700 多家企业向西欧开拓；而西欧的一些国家则向东南亚扩展，仅芬兰一个国家就在新加坡设立了 50 余家公司或工厂。东南亚诸国也积极地向外面的世界发展。韩国的三星企业集团在海内外有 25 家当地法人企业和 90 多家分公司。80 年代以来，全世界对外直接投资额增多，增长率高达 8%，大大超过了世界出口增长率的 2% 至 4% 与 3% 至 5% 的增长速度。就销售额而言，1988 年世界出口额为 2.88 万亿美元，这一年世界的对外投资额（存量）为 1.03 万亿美元，按联合国公司中心估算，每 1 美元的直接投资额可以创造出 3.8 美元，由此计算，全世界的对外投资可以创造年销售额总额达到 3.92 万亿美元，比世界出口总额高出了三分之一以上。从以上的数字中，我们不难看出，企业界的分身之术实在大有文章。这些跨国公司或者是内外发展的企业，把子公司、分支机构分设在世界各地，让他们以相对独立的身份，在当地分权行使母公司的职权。这种"分身术"好处实在是太多了。一是作为维系国内外的纽带。二是可以作为向腹地发展的跳板。比如芬兰在新加坡办企业，是为了打进远东的市场；日本在德国开办工厂，则意在开拓欧洲的市场。三是成为化外为内的熔炉。日本索尼公司以"美国索尼"为名，在美国建立了销售机构，进而办起了工厂。后来，"索尼"在美国不仅家喻户晓，还被许多美国人误认为它是个美国的公司。四是成为外为内用的窗口。五是成为名利双收的乐园。发达国家向发展中国家投资，发展电子工业，即利用了廉价的劳动力资源，降低了产品的成本，又获得了促进发展中国家生产技术发展的美名，可谓是一举两得。六是突破进口关卡的妙法。七是减少贸易摩擦的滑润剂。八是防险求安的避风港式的海内投资，分散资金，还可以减少因为市场风云突变所带来的重重风险。

## （六）多元整合

多元整合指不同元素通过整合发生质变的多元性思维。爱因斯坦曾经说过："……整合作用是创造性思维的本质的特征。"多元整合属于系统思维方式，它要求对任一系统的研究都必须从它的组成、序列、功能、相互关系、历史发展等多方面考察，综合地揭示系统本质特征。多元整合的显着特征，表现为三个方面。第一，微观分析与系统整体相结合。钱学森强调系统思维不仅要把握系统客体的整体效应，而且还要研究系统客体微观机制，深入分析系统内部诸毒素的相互作用、序列、层次、秩序和整体组合方式，分析各要素对整体效果的影响，这就是系统工程方法论的实质[1]。第二，理论与经验相结合。没有理论指导的实践是盲目的实践；不能指导实践的理论是空洞的理论。经验是实践知识的总结，因而经验和理论必须

---

1 钱学森等.论系统工程（增订本）.长沙：湖南科学技术出版社,1988

相结合。钱学森主张,在解决复杂的系统工程时,往往不可能一下就从理论入手,可以直接引用一些经验的知识,利用专家系统的方法,才能找到最关键的突破口。第三,整合不是简单的数量相加,而是质变。例如单一的钢筋、水泥、沙子没有什么力量,用水调和在一起,就能建成摩天大厦。现代科学证明,多元整合,是科学不断丰富和发展的主要途径之一。牛顿整合了开普勒的天体运行三定律和伽利略的物体运动规律和水平运动定律,从而创造了经典的力学体系;麦克斯韦整合了法拉第的电磁感应理论与拉格朗日·哈密顿的数学方法,创造了更加完备的电磁理论;狄拉克整合爱因斯坦相对论和薛定谔方程,创造了相对论量子力理学,引起了以原子能技术和电子计算机技术为标志的新技术革命。以上都是多元整合再创新的巨大成果。"吞水音图描记仪"的发明是将磁录、声电转换和热笔描图三大板块有机地整合而成。从思考方法上来看,这几种相关因素有机地整合在这一发明的设计过程中起到了主导作用。过去医生诊断病人是否得了贲门癌,主要是使用听诊器听病人喝水时发出的声音,并根据是否正常来判断。这种诊断的方法,不同的医生会得出不同的结果,往往会由于听觉和分辨能力的差异而大有出入。因此,其准确性成了医生们最头痛的问题。如何使之程序化、标准化?山东医学院的两位医生向山东大学电子系求助,希望能研制一种能将吞水声转为信号图形化的仪器。几位教授科研人员接受这一任务以后,将实现这一功能的目标,分解成为录音、声音转换和热笔描图三个功能。录音有现成的磁记录技术可以采用,声电转换和热笔描述也都有现成的技术可以借鉴。他们采用磁记录技术,利用快录慢放的方法,将1000赫兹音频转为100赫兹;通过声电转换的样式,将声音信号变为电信号;再用心电图仪上的热笔描绘出音图。就这样,他们根据既定的功能目标,对已有的几项技术加以综合运用,发明了"吞水音图描记仪"。这项发明不仅获得了国家的新型发明专利,而且还获得了第14届日内瓦国际发明展览会的金奖。

创造性思维的功能是不能穷其尽的。人们在实践活动中对事物的一般特性和规律性的联系和关系的认识,对所形成的知识系统的掌握,常常不是一次就完成的,也不是一次就达到十全十美的。它常常是一个漫长的过程,在不断的实践中多次地进行分析、综合才能逐渐达到、逐渐深入的,它要在不断的实践中得到检验、得到修正、得到巩固、得到发展。人们有了这种对事物正确的概括的认识,有了这种对事物内在规律的认识,人们就能在自己的行动中不断完善思维的创造功能样式,利用它来改造世界,造福人类。

## 三、多元性思维命题例举

多元性思维命题的原材料大多来自古今中外令人拍案叫绝的神机妙算中,我们不能仅仅拍脑袋设想创造命题,而应该从人类智慧宝库里挖掘命题的资源,这可能是一条有效的捷径。例如凝聚着文韬武略的三十六计,其中大多闪烁着多元性思维的智慧光芒,如"围魏救赵"、"借刀杀人"、"以逸待劳"、"趁火打劫"、"声东击西"、"李代桃僵"等。他们或者思圆行方,理事圆满、周全、或计谋老辣,令死灰复燃,江河倒流。但也有些使人咋舌的事态变故,非人之初始所料,却也是鬼斧神工,足以使人拍案叹绝。我们注意到这些谋略中的思维形式和思维内容,并以积极的态度对待之,并通过测量技术,删繁就简,将其改造为命题素材。我们知道,尽管思维与计谋如影随形,寸步不离,但计谋学并不等同思维学,这二者的区别还是很明显的,那就是,思维是源,计谋是流,善思多谋,源远流长;计谋为壳,思维是核,壳裂核现,蓄里秀外。即使我们从古今中外择取了大量的计谋案例,那也还是为剖析其核其质服务的,尤其是多元性思维是那样的五彩斑烂又深刻如渊。

1. 连环使计 借雀送火

唐朝的薛礼东征到岩洲城（如今的辽宁辽阳）的时候，那里的守军依仗着自己城内粮草充足，进行了十分顽强的抵抗，固守着等待援助。薛礼带着自己的军队攻打了许多次，也没能攻打下来。当时，正值冬季，如果再拖下去，则对唐军很不利。为了追求速战速决，薛礼在强攻中损失了不少兵力。

这天，军帐里来了一位谋士，只听他说："如此强攻，绝非良策，莫若使用'麻雀送火种'之计。接着便如此这般地说了一个计策。

薛礼听罢大喜，依计而行，马上下令让士兵去捉来大量的麻雀，然后将它们都关在笼子里饿着。又让人去弄来许多的硫磺和火药。

几天后的一个夜里，天上下了一场大雪，到了清晨，又刮起了大风。薛礼立即吩咐士兵做了许多的小纸袋，把硫磺和火药装到小纸袋里，然后，再用纸条捻成的绳子将小纸袋子系在麻雀的爪子上，将已经饿了好几天的成千上万只麻雀放了出去。

这时，城外四处大雪茫茫，又没有草垛之类的堆积物（薛礼早已下令将自己的草垛全都烧光），麻雀无处寻找草籽和粮食，就都向城里飞过去了。麻雀们因为饥饿难忍，见到草垛就拼命地刨，想从里面找到一些可以果腹的东西。这样一折腾，拴在爪子上装着硫磺和火药的小纸袋就被弄在了草垛上了。

下一步该怎么办？薛礼仍以麻雀为介，将草垛点燃了。你能设想薛礼如何利用麻雀将草垛点燃的？

【解析】薛礼等第一批麻雀送过硫磺后，跟着又命将第二批麻雀的爪子上拴上点燃了的香头，也放了出去。同样这些麻雀也都飞到城里的草垛上去找食，不一会儿，就点燃了第一批麻雀送来的装着硫磺和火药的小纸袋，就这样，城里的草垛同时都燃起了冲天大火，城里成了一片火海。薛礼抓住时机，发动了猛烈的进攻，一举攻进城去，大获全胜。

这是一则连环叠加、功能借换的典型案例：抓雀—饿雀—清草场—运火药—送火种。这一环环相扣的计谋，既有内需激发，又有功用分派，将麻雀的功能运用得炉火纯青。

2. 将计就计 窃听七年

1945 年，前苏联官员在一个十分友好的场合，送给美国大使哈里曼一份珍贵的礼物——雕刻得极为精致的美国国徽，一只木雕的老鹰。哈里曼非常珍惜它，就将它挂在自己的书房里。

这一挂就挂了七年，直到 1952 年，美国情报人员忽然发现一种奇怪的电信号，跟踪追寻，才知道就在那只展翅欲飞的老鹰的里面，安装了一个不太复杂的窃听器。七年来哈里曼大使的书房里只要有谈话的声音，前苏联的特务在与大使馆相隔只有一条街的房子里就可以清清楚楚地听到。他们已经有效地窃听了七年之久。

你如果是这位大使馆的官员对这一事件将采取怎样的对策呢？

【解析】美国大使馆的官员是这样做的：他认为这是一和苏联情报人员斗智的绝妙的机会，他佯装不知，利用这只老鹰向对方输入了大量的假情报达 8 年之久，直到 1960 年才将此事公布于世。你偷听了我 7 年，我欺骗你 8 年，在这场间谍战中，"买卖"双方都没有亏本。

美国大使的成功，在于迂回借势。迂回借势第一步：识破对手的计谋以后，不动声色地将苏联人送来的"礼物"留在原地备以借用，掩饰住自己的真实意图。迂回借势第二步：对敌人的行动做出了充分的估计，料定对方会对从哈里曼大使书房中传送出去的情报深信不疑。迂回借势第三步：虚情假意地迎合对方的实际意图，借用雕鹰内的窃听装置，传递信息，只不过这次已变被动为主动，借对方之势，行自己之便，将计就计，以毒攻毒，使对方毫不知觉地自动钻进他自己所设计的圈套之中。

3. 调虎离山　弱女子智擒窃贼

一个周末的夜晚，滨海某个城市有一家剧院正在上演从北京来的大型歌舞节目，出场的演员阵容强大，其中不乏大腕歌星、笑星，因此引来不少的人争相购票，一时间，剧场的前面被围得里三层外三层，拥挤不堪。

大家正在一股劲地往前挤，突然一个长头发的青年人混在人群中，装出被别人挤得东倒西歪的样子，趁机从前面的一个戴近视眼镜的中年妇女的口袋里掏出一个红色的小钱包，急急忙忙地向自己兜里一塞，还装模作样地向周围的人们看了一眼，自以为无人知道，故意叫道："他妈的太挤了！"一边说一边挤出了人群。

可小偷哪里知道，他所做的这一切，早已被刚买到票的小玫看在眼里，小玫皱起了眉头，思考着：怎么办？

这里人很多又十分拥挤，一旦喊"抓贼"，罪犯在混乱中最容易逃脱；直接去派出所报告吧，小偷可能早已经逃之夭夭了。

最好的办法是利用调虎离山之计，将小偷从有利于逃跑的环境，转移到不利于逃跑的地方，稳住他，再去派出所报告。

你如果是小玫，能想出什么好办法？

【解析】小玫灵机一动，急急忙忙地掏出了自己的那张戏票看了一下，是24排4座，然后走到小偷面前，问："戏票，这一场的，你要票吗？"小偷得了手，目前正好没事，便回答说："我要的！"见小偷进了剧院，小玫一口气跑到派出所将刚才发生的事情经过以及小偷的相貌特征一五一十地对值班民警讲了一遍。值班民警赶到剧院来个瓮中捉鳖。有些事正面思考不行，反向思考不通，只有采取迂回变通的方法。本例中的小姑娘所使用的"调虎离山"之计，就是在对手不知不觉的情况下，引诱其从有利于他的地方退出，并自动地进入有利于我方的地方，然后迂回出击取得成功。

4. 身陷困境　儒书生智斗艳女

吴拥智是北京一所名牌大学的研究生，毕业以后受聘于南方的一家公司。这一天，他从北京坐火车去公司报到。小吴在北京时就因为患了感冒而声音发哑，在列车上一直沉默不语。

当列车经过武汉长江大桥的时候，夜幕已经降临，旅客们大多数都已入睡。小吴感觉便急，就去了车厢一端的卫生间，正当他打开门的时候，冷不妨一个艳装的女郎也挤了进来，只见她反手将厕门一拴，厉声说道："先生，把您的钱包给我，不然我就要喊人了，说你侮辱我！"

事件发生得非常突然。小吴知道，在厕所这种地方，没有旁证，有口难辩，稍有迟疑，自己就会身败名裂。身陷困境的小吴紧张地"啊，啊"了两声，嘶哑的嗓音遭到了女人不耐烦的抢白："啊什么啊，你是哑巴呀？"这句话突然提醒了小吴，他灵机一动，想出一个计策，结果获得对自己有利的证据，变被动为主动。

请问，小吴使用了什么计策？

【解析】小吴使用了大智若愚之策。他随即张开了嘴巴，指着耳朵，不停地"啊，啊"叫着，真的装成了聋哑人，表示不知道她在说什么。这女人为难了，赶忙打手势，小吴仍然摇头。女人失望了，又不知道如何是好，这时，小吴抓住女人，拿出钢笔，并且将手伸给她，示意她把意思写在上面。女人不知是计，便写道："把你的戒指和钱给我，要不然，我就喊人，说你侮辱我！"这次，小吴收回了手掌，抓住了这个女人说："你犯了抢劫罪，这就是证据。"女人立即目瞪口呆……

在出乎意料的被动情况下，很灵敏地接收到有利于改变逆境的信息，装聋作哑，顺势积极出动，获取有利证据，从而扭转被动局面。在本案例中文儒书生可谓大智若愚也。

5. 反转思考　放出老虎关起人

国外有一家动物园的老板，生意比较清淡，于是，他请来了一些专家给他想办法，讨论的题目是如何捉到老虎。

专家们按照K、J方法开展了讨论。K、J方法是1970年日本学者川喜田二郎所创立的，约定在会上须思想解放，展开想象，无论意见怎样荒谬也不许反驳；要求与会者努力寻找联合或改进他人的意见，最后由决策人整理并且做出抉择。

会议开始以后，有一位计算机数学家发言说："不必捉老虎了！把猫拿来就可以了。"他的理由："猫是老虎的近似值。"

"只要给猫照一张照片就可以了！因为猫的照片是老虎的同态像。"接着发言的是一位代数学家，他运用了在数学中"同态象"的概念。

后来，一位拓学者站起来，说："不必再谈了，老虎已经捉到了！我用一个拓扑的变换：把笼子里的内部变成外部，外部变成笼子的内部，不管哪里有老虎，都可以用这个方法做到！"

这则故事听起来荒谬可笑，可是，动物园的老板却受到了启发，他采取一个重大的措施，调整了人与老虎的空间位置，按这个设想的动物园建立起来以后，果然吸引了四方来客，生意日益兴隆起来。

请问，你如果是动物园的老板，会采取什么有效的创新措施？

【解析】建立一个天然的动物园，将老虎和其他野兽放在自然的环境下生活，而参观者去参观时，进入一个活动的笼子——密封的汽车里游览。这就是"把笼子的内部变成外部，而将外部变成笼子的内部"。也就是从相反的角度选定突破口，改变事物原本的位置。这个案例告诉我们，当顺向思维使人陷入困境的时候，应反转思考方向，让思维重新选择一个出发点，重新确定一个方向，可能就会使您茅塞顿开，豁然开朗，顺利到达成功的彼岸。

6. 逾期不还　馆长催书有妙法

加拿大卡尔加里市有一家公共图书馆，历史悠久，规模宏大。有位名叫卡尔的学者，为了学术研究，成了这家图书馆的常客。可遗憾的是，他列出的书单常常有些书籍借不到，为此他常望书架而兴叹。

一日，卡尔写一篇论文需查证一些资料，借书单开上书名交给了管理员。过了一会，管理员空着手歉意地对他说："先生，实在对不起。这些书一本也没有。"

卡尔想，这家图书馆徒有虚名，便去找馆长提意见。

馆长是个和蔼的老头，听完卡尔的陈述，马上打电话叫管理图书的负责人来到办公室，询问究竟。

那位负责人无可奈何地说："不错，这些书全有，可都在别人手中借着，有的借了几年仍不归还。"

馆长生气他说："为什么不催？"

负责人回道:"催了,各种办法都试过,就是不奏效。"
馆长问:"逾期不还的图书大约有多少?"
负责人红着脸说:"有5000多册。"
馆长大吃一惊,对卡尔说:"卡尔先生,十分抱歉,今天没能满足您的要求。可是如果您不着急的话,过一星期您再来,我保证您能如愿。"

馆长送客走后,苦思冥想,终于想出了一个绝妙的催书办法。他立即把秘书叫来,交待了一番,秘书依照他的吩咐去办了。

这一招果然见效,在短短的几天内,逾期借书者争先恐后地将书还给了图书馆,一个星期内大多数完璧归赵。其中有一本书是读者在1927年借的。

一个星期后,卡尔带着似信非信的心情再次来到图书馆,果然如愿以偿地借到了所需的书。他好奇地询问馆长这是怎么一回事。馆长笑笑,递给他一张报纸广告。卡尔看完广告,心悦诚服地说:"如果我手中有超期未还的书,也会赶来还书的"。

你能猜想他在广告上是怎么写的吗?

【解析】馆长广告是这样写的:"本图书馆将在一周内对归还借阅时间最久的一本书的读者颁发奖品。"那位1927年借书的读者果真得了奖。

7. 蓄势逆转 范西屏借店饲驴

清代有一位被称之为"棋圣"的范西屏,点子特别怪异。

有一年,他向朋友借了一头小毛驴去扬州探亲,当他长途跋涉来到了长江岸边的时候,船老大却不让他的小毛驴上船,因为这只渡船太小了,只能载人,而不能载牲畜。

范西屏为难了,因为他不能把朋友的小毛驴丢在岸边,万一丢了不好向朋友交代。当他一筹莫展地牵着这头小毛驴在街头闲逛的时候,突然有了机会。

范西屏走到一家布店前面,见到这布店的老板正在与一个年轻人下棋,年轻人的棋路全被店老板给封死了,正在苦苦思考着如何杀出重围。

范西屏不由来了主意,他将小毛驴拴在了街边的树上,也挤进人群观棋。过了一会儿,范西屏似乎终于忍不住了,为年轻人出起了点子,却说出了一些外行话。围观的人对他很是不屑一听,可他还是喋喋不休地说着,后来,终于把店老板给惹火了,教训他说:"你会不会下棋?在这里胡扯些什么?你要是认为自己能行,与我下一盘!"

范西屏趁机道:"下就下,可我有个条件,如果我下赢了,你就给我一块布;如果你下赢了,我就把我的小毛驴给你。"

老板同意了,一局下来,范西屏输得很惨,店老板高兴得开怀大笑。范西屏只好让老板把小毛驴牵了去,却显得非常不甘心,说:"我因为现在有事,没有尽全力,所以输得不服气,一个月以后,我再带些钱来与你下一盘,一定要赢回我的小毛驴。"

店老板心里想道:就你这三脚猫的水平,下多少盘棋,我也一定能赢,于是就极为爽快地答应了。

你知道,接下来发生什么事?

【解析】一个月以后,范西屏果然如约而来。店老板见他又来了,连忙摆下了棋盘,再与他下棋。可是店老板想不到,棋局一开始就完全两样了,店老板无论走哪一步棋,对方像是完全看透了他的心思一样,没下多久,店老板就败下阵来。这时候,范西屏牵过了小毛驴,还顺手摸了摸被店老板喂了一个月上好的草料,长得膘肥体壮的小毛驴肚皮,一偏身就骑了上去。直到这时候，店老板才回过神来，自已白白地为这位棋圣养了一个月的驴子。

这是一则比较典型的蓄势逆转的案例，其迂回的线路比较清晰：先是顺势铺垫，使对方形成错误的判断（店主认定范西屏是劣等棋手，三脚猫水平），而后潜伏蓄势（输棋，存驴），在适当时机使双方形态逆转，最终脱颖而出（赢棋，取驴）。

8. 愚者不愚　狡猾人钓饵卖猫

有一位古玩商，因为在城里很难再得到古玩，就去了乡下，想碰碰运气。

有一天，他来到了一家农舍前，眼睛突然一亮：他看见了一个非常别致的碟子！凭他对于古玩高超的鉴别能力，立即看出，这碟子是几世纪以前的好东西，价值极高。当时，他看到拥有这个碟子的主人显然对它的价值一无所知，居然拿这个碟子去喂养一只小猫。

古玩商稳住自已心中的狂喜，像是很随意地走了过去，与小猫的主人闲聊起来，又像是刚刚才发现了小猫的模样，对着这只小猫赞扬不已，还编造了一个动听的故事：说他的太太如何喜欢小动物，前不久因为一只小猫死去了，令她伤心不已，而眼前的这只小猫，看上去又太像他太太的那只小猫了。古玩商说着说着，竟为自己的故事感动得热泪盈眶，连那位看起来木木讷讷的农夫也陪着他长吁短叹起来。后来，他终于像是不大经意地试探道："您的小猫卖不卖呀？"

"当然卖了"农夫很快地回答说："既然您的太太喜欢小猫，我就卖你吧！"古玩商非常激动，他为了表示自己的诚意，出了2倍的价钱买了这只小猫。当他正要把小猫带走的时候，这才开始进入了他自己编造的故事的高潮，他故意若无其事地说了一句："看来，你一直是用这个碟子喂小猫的吧？我想最好今后还用它，以免小猫不习惯，你就顺便就把这个碟子送给我，怎么样？"

古玩商心想，农夫一定会同意的，因为这只碟子看起来对他并没有什么用处。可是，他作梦也没有想到，农夫的一句话把他的美梦彻底粉碎。

你该知道农夫怎么回答的吧？

【解析】"对不起，我不能送给你，因为每天我都要靠它卖掉我的小猫！"这就是农夫的回答。实际上，狡猾的古玩商遇到了更狡猾的农夫。农夫目的是帮农夫卖猫，而古碟则是钓饵，用古碟作中介达到目的，不仅显示了其迂回变术之巧妙，同时也显示了大智若愚的恢诡谲怪。故事不仅告诉人们智者不智、愚者不愚的结果，也留下可供人们深究的原因。

9. 前后关联　帅克打赌

东欧民间故事：

有个叫人帅克的人特别聪明，跟人打赌时总是赢。

一天，一个警察找到他，要对他进行敲诈，说有人告他偷了东西。帅克一口咬定自己从没偷过东西，家里的东西都是他打赌赢来的。警察不信，说："除非你和我赌一次我认为不可能的事，如果你赢了，我才相信。"帅克当即答应："好，我打赌你明天会长出一条尾巴。如果你赢了，我就输给你100元，反过来你就要给我100元。"警察一听，认为这种事根本不可能，于是满口答应。

第二天，警察来到帅克家，得意地说自己根本没长尾巴。帅克说："我没检查，怎么知道是真的，你得脱下裤子给我瞧瞧。"警察一见四处没人，于是照办了。不料帅克高兴地冲进内屋，大声说："我赢了！"然后拿出一大叠钱，数了100元给警察。这时，警察的父亲、舅舅、姨夫走出来，一人狠狠地给警察一耳光，说："真不像话，露出屁股让人摸。"

这是怎么一回事？乡绅的叔父、舅舅、姨夫在故事里充当什么角色？

【解析】原来，和警察打赌后，帅克又跑到警察的父亲、舅舅、姨夫面前，说警察愿意让他摸自己的屁股，他们不信，于是每人与他打赌100元。这一来，帅克输给警察100两，却赢了警察的父亲、舅舅、姨夫300两，他既多赚了钱，又让乡绅丢了丑。在这里，帅克把打赌当作一个系统：前赌和后赌。即后一赌局和前一赌局合为一个整体：尽管在前面一局输了，但在后面的一局中却得到了加倍的回报。另外，帅克之所以成功，首先是因为他与两边打的赌，两边的人都认为绝不可能输，所以他们非赌不可；其次，有一方参与打赌的人认为是"无关紧要"的"附加"后果（脱裤子），却成了在第二个赌局中使帅克得胜的关键内容。

在这里，如果把帅克与警察的打赌当做一个系统，那它不过是另一场赌局——与警察父亲等人打赌的一个部分，即后一赌局是前一赌局的"母系统"。在这两个赌局中，有一点是相同的，那就是帅克与两边打的赌，两边的人都认为绝不可能输，所以他们非赌不可；另一点却不同，有一方参与打赌的人，的确赢了，但产生了一个被当事人认为"无关紧要"的"附加"后果（脱裤子），这一后果却成了在第二个赌局中使此人得胜的关键内容。所以，经管设局人在前面一局输了，但在后面的一局中却得到了加倍的回报。

10. 连环运作 一举而三役济

宋代的丁渭曾主持过被大火焚毁的皇宫的修复工作，丁渭以过人的智慧和超乎常理的举措，给后人留下了一个"一举而三役济"的动人故事。这个故事，是在工程建设构想之中，运用了时空交错多元的范例。

宋真宗年间，京城汴梁发生过一场大火，一夜之间，大火把整个皇宫化成了一片废墟。火灾之后，真宗皇帝命令丁渭迅速组织修复皇宫。当时，这么浩大的工程，困难确实不少。比如说，取土就非常不易，因为要到郊区去取土，非但路途遥远，运输也很不方便，与此同时，还要运输各种建筑材料，而且这些废墟上的垃圾杂物也很难清理运走，再加上修复皇宫的期限十分紧迫，这诸多的困难真上难上加难。

但是，丁渭却非常出色地完成了任务！他采取的"一举而三役济"，实则是一个工程连环运作，先后照应，互为补充的过程。此举主要在时间和空间的交错运用及相互衔接上，思维科学称之为立体思维，也就是多维度的变通思维。这种思维从大局着眼，从宏观的高度寻找微观层面问题的解决办法。故其所作所为常有"出乎意料之外，却在情理之中"的奇效。

你知道他是怎样做的吗？

【解析】丁渭是这样做的：先下令开挖皇宫前面的大街，不出几天，这条大街就变成了一条大沟；接着，丁渭又下令把汴河的水引入了大沟之内，使之成为临时河道，很方便地解决了运输问题。皇宫修复以后，丁渭命令将这些废墟上的杂物垃圾填入沟中，重新整为平地，恢复大街原貌。就这样，在挖渠——放水——运物——填废——还原这一系统工程中，丁渭不仅巧妙地解决了一系例的难题，而且大大地加快了工程的进度，使工程提前完工，同时，使国家"省费以万计"，如此"多元迂回"，真可谓"一举数得"。

# 第二节　W-QIUS求异性思维命题技术

所谓求异性思维，从本质意义上是指，在人类物质文明、精神文明的一切领域、一切层面上，能先于他人，见人之所未见，思人之所未思，行人之所未行，从而获得人类文明的新发展、新突破。

## 一、求异性思维概述

求异性思维的内核是：敏于生疑，敢于存疑，勇于质疑。并由此源源生发出新异、多彩、多元的、具有发展性、创造性、突破性的新构思、新思想、新思维。

人们已经悟到，求异性思维是孕育一切创新的源头。求异性思维的对立面、限制面是求同思维。因为，求异性思维总是生发于疑，见思于疑，突破于疑，最后形成异彩纷呈的新思路、新见地。而求同思维则总是要求人们信于一统，定于一尊，在丰富多彩、多元的客观存在面前，强调和强求主观观念、主观意念上的一元和一统，从而进一步影响、引导人们自觉不自觉地在各种认识活动、判识过程中排斥、戒除一切合理的疑心、疑虑，使人易于轻信，放弃独立思考、独立判断，乃至由"轻信"到"迷信"。结果往往导致人们从思想、观念到行动逐渐陷于僵化，久而久之，人们潜在的创新性思维源泉也必然随之陷于枯竭。

### （一）求同与求异的盘旋样式

根据在解决问题时，思维活动的方向和思维的成果的特点，可将思维分为求异性思维与求同思维。求同思维是人们利用已有知识经验，向一个方向思考，得出唯一结论的思维。求同思维是一种有条理的思维活动。例如，由 A>B，B>C，C>D，得出唯一结论：A>D。求异性思维是指人们沿着不同方向思考，得出大量不同的结论的思维。求异性思维得出的各种结论是否适当，需要通过求同思维进行检验。一般说来，创造性思维就是求异性思维，这种思维以生物信息处理原理为基础。它不同于数学、逻辑和计算机的物理信息处理原理。许多人常常感到，逻辑和数学满足不了人们的需求，把逻辑和数学应用到人们的日常生活还有一定的困难，这更强化了人们的这种感觉。逻辑、数学和计算机都是二级信息处理系统，这些系统靠事先搜集并编制好的过程控制运行，如果通过这种方法工作，有时未免来不及。创造性思维侧重于第一阶段，因为那里潜藏着新的想法。例如，在利用生物信息处理原理时，可能必然要出现差错，而在利用物理信息处理过程中，这一点是不可理解的。正是生物信息处理原理才使得求异性思维成为产生创造性思维及新思想所必需的东西。

求异性思维是与创造性紧密联系的。但是创造性常常只是对结果的描述，而求异性思维却是对过程的描述。有的人只赞赏结果，但有的人却能学会运用某种过程。创造力被一种神秘的色彩所笼罩，它被看成是一种天赋，是一种不可捉摸的东西。这在艺术领域或许是正确的，在那里，创造需要有审美观、情绪上的共鸣以及善于表达的天赋。但在艺术领域之外，却找不到这种根据。人们越来越看重创造性，把它视为变化与进步的基本组成部分。人们对创造性的重视高于对知识与技术的重视，因为后两者越来越容易达到了。为了能够运用创造力，人们必须剥去它的神秘色彩，把它视为一种使用头脑的方法——一种处理信息的方法。这就是求异性思维要做的工作。

许多人只掌握一种精心利用大脑的方法，也就是求同的方法，包括抽象思维。求同思维遵循一条最明显的思维路线，即直上直下地思考。这是大脑自我完善系统的工作方式（虽然它可能需要利用逻辑技术进行加工）。头脑根据大脑自我完善系统的工作方式制造模式。这些模式一旦形成，头脑就会将它们存储下来；而这些模式被反复应用时，它们就被更牢固地确定下来。模式应用体系是一种高效率的掌握信息的方法。模式一旦确立，它就形成了某种代码。代码系统的优点是一个人不必收集全部信息，而只要收集足以辨认代码模式的信息就行了。这就像在图书馆里，根据目录代码找到一本关于某一具体科目的书籍一样。人脑可以根据这些代码找到已有的模式。

求同与求异的盘旋样式表现为以下几个方面。

1. 求同做选择，求异促生成

在求同思维中，重要的是正确性；在求异性思维中，重要的是丰富性。求同思维通过排除其他途径来选择一条路途；求异性思维不是选择途径而是试图开辟其他途径。人们用求同思维选择出解决某一问题最有希望的方法，察看某一形势的最佳方位；求异性思维则使人们生成尽可能多的方法。使用求同思维人们也可能寻找多种不同的方法，直到找到有希望成功的一种；使用求异性思维，即使在找到了有希望成功的方法之后人们还要继续生成尽可能多的方法。使用求同思维，皆在寻找最佳方法；使用求异性思维则是为生成不同方法而生成不同方法。求同思维只是在有方向时才运动；而求异性思维运动可以生成方向。一个人在进行求同思维时，他是朝着解决某一问题这个明确规定的方向运动，使用的是某种确定的方法或某种确定的技巧。人们在进行求异性思维时，则为运动而运动，并不一定朝着什么目标，倒有可能要离开某种东西：重要的是运动或变化。在进行求异性思维时，运动的目的不是要遵循某一方向而是为了生成某一方向。在进行求同思维时，人们设计了一种实验以显示某种效果；在进行求同思维时，人们必须总是朝着某一方向做有用的运动。一个人在进行求异性思维时，他可以毫无方向地反复实验，对模式，对概念，对思想进行反复考虑。求异性思维的运动和变化本身不是目的，而是进行重新构建模式的手段。一旦出现运动与变化，头脑中的择优功能就会注意有用的东西的出现。求同思维说："我知道我在寻找什么。"求异性思维说："我在寻找，但在我找到所寻找的东西之前我不知道我在寻找什么。"

2. 求同按序，求异跳跃

一个人在进行求同思维时，他每次挪一步，下一步总是直接来自上一步，两步之间紧密相联。一旦做出结论，结论的合理性由导出这一结论各步骤的合理性证实。求异性思维不必按部就班。它可以向前跳进一个新观点，而由此产生的空白以后再填补。这就是试误法。在尝试失误的经历中，成功的尝试和错误的尝试交错进行着。有时会有这样的情况：在达到某一点之后，则可以建立起一条回到起点的合理的逻辑途径。这种途径一旦建起，它是从哪一端建的并不重要，而且很可能只能从后往前建。有时可能需达山顶之后才能找到上山的最好道路。

3. 求同定向，求异试误

求同思维的要素是思维中的每一步都必须正确。这是求同思维的基础。没有这一点作保证，抽象思维与教学就不能进行。而在进行求异性思维时，不必每一步都正确，在思维过程中，求异往往是试误性的，只要结论正确就行。这恰如建造一座桥梁：在建筑中，并非每个部件都必须能自立，而当最后一个部件安装就绪，大桥顿时便能自立了。如果有人说：子弹可以拐弯。对这一判断可能有三种不同态度：①你错了，子弹不可以拐弯；②太有意思了，请你告诉我，你是怎么样得出这个结论的；③很好，接下去做什么？你准备怎样从这一思想出发继续向前发展？一个人想要发挥求异性思维的启发性能，他接下去也必然能够使用求同思维的选择性能。为了获得正确的结果，过程中有时出现错误也是难免的。求异的试误实践可能会导致许多失败，甚至很惨烈，但总有一些试误会胜利，这些胜利推动着我们的进步。这包括根据当时的参照来判断一个人是错的，而后来参照系变了，又认为这是对的。这种情况在社会大变革中尤为经常，如我们近半个世纪所作的"社会主义"这篇大文章，昨非今是的不在少数。即使参照系不改变，为了达到某个正确目的，可能依然需要通过错误地段。经历错误地段之后，可能更容易找到正确途径。

4. 求同求纯，求异迎新

求同思维靠排除进行选择。思维是在一定参照系中进行，它会尽力排除不相干的东西。而求异性思维欢迎外部的多元信息和影响，因为它们具有激发作用。这种外部信息和影响越是不相干，就越有可能改变既定模式。对于求同思维，只有当范畴、类别及名称是一致的时候，这些东西才有用，因为求同思维是靠认定某一东西属于某一类别或将其从该类别中排除出来进行。如果某一种东西被确定了名称或归入了一个类别，那么这种名称、这种类别就应纯净地保持下去。对于求异性思维，对某一事物忽儿从这个方向看，忽儿从另一方向看，因此，名称可以改变。范畴与类别并不是帮助鉴别的固定分检格子，而是帮助运动的路标。对于求异性思维，名称不是永远不变的，而是为了临时方便使用的。求异性思维可能故意违反常理，一个人在进行求异性思维时，他试着勘察最不明显的路径而不是那些最有希望的路径。重要的正是这种勘察最无希望的途径的意愿，因为常常不可能有其他理由来探察这些途径。在刚刚进入这些途径时，没有任何东西说明这些途径值得探察，但是走下去也许可以找到有用的东西。而在进行求同思维时，人们则是沿着一条方向正确、路面宽阔的途径前进。

5. 求同有限，求异无疆

进行求同思维者期望会找到一种正确答案。对于求异性思维，也许根本没有答案可言。求异性思维增加了重新构建模式的机会，增加遇到洞察解决办法的机会，但有可能这种机会永不出现。求同思维许诺至少可以找到一种最差的解决办法；求异性思维增加了找到最好解决办法的机会，但不做任何许诺。如果一个袋子中装着几个黑球却只有一个白球，那么掏出白球的机会很少。如果你不断增加袋中白球的数量，那么掏出白球的机会也就不断增加。但哪一次也不能绝对肯定掏出的是白球。求异性思维增加了产生洞察再建的机会。一个人越善于求异性思维，出现这种机会的可能性越大。求异性思维的过程酷似向袋中追加白球，然而其结果仍具有概率性。然而求异性思维很值得一试，因为我们可以由新思想的产生或旧思想的洞察再建而收益巨大，却不会有任何损失。当求同思维碰壁时，我们只能使用求异性思维，即使此时求异性思维成功的可能性很小。

总之，求异性思维与求同思维有着根本区别。两种过程截然不同。问题不在于哪一种效率更高，因为两种思维样式都是必需的。问题在于我们必须认清二者的区别，以便更有效地使用它们。在进行求同思维时，人们把信息当成信息使用，以求达到问题的解决；在进行求异性思维时，人们并不把信息当成信息使用，而是当成一种启发，以求重新构建模式。

求异性思维与求同思维在创造性思维的完整体系中，既有求异性思维的活跃，也需求同思维的介入。在功能上是捆绑在一起，相互缠绕盘旋上升着。有些人对求异性思维感到不快是因为他们认为求异性思维威胁着求同思维的合法性。其实完全不是这样。这两种思维方法是相辅相成而不是相互对立的。求异性思维用来生成新观念与方法，求同思维用来发展这些观念与方法。求异性思维为求同思维提供更多供其选择的对象，从而提高求同思维的效力；求同思维很好地利用求异性思维所生成的观念，因此使求异性思维的效力成倍增加。一个人大部分时间可能都是在使用求同思维，但是当他需要使用求异性思维的时候，不论求同思维多么好，也代替不了求异性思维。当应该使用求异性思维的时候，仍坚持求同思维是危险的。两类思维样式的技巧都是需要的。求异性思维恰似汽车变速器的倒车档。谁也不会一直使用倒车档行驶。而另一方面倒车档是必需的，而且我们需要学会使用它，以便能够从死胡同里把思维之车退出去。

## （二）纵向与横向的求异开拓

在思维求异活动过程中，对信息的挖掘和开拓有两个方式，即纵向与横向的挖掘和开拓。这两种思维在许多情况下共存于同一创造过程中，在思维的不同层面上不断分合，在功能上互为补充，如同不断旋转上升的螺旋通道，推进着思维的行进。

### 1. 纵向思维

所谓纵向思维，是指在一种结构范围中，按照有顺序的、可预测的、程序化的方向进行的思维方式，这是一种符合事物发展方向和人类认识规律的思维方式，遵循由低到高、由浅到深、由始到终等线索，因而清晰明了，合乎逻辑。我们平常生活、学习中大都采用这种思维方式。所谓横向思维，是指突破问题的结构范围，从其他领域的事物、事实中得到启示而产生新设想的思维方式，它不一定是有顺序的，同时也不能预测，不受范式的约束。有人把这种利用"局外"信息来发现问题的途径的思维方式同眼睛的侧视能力相类比，称它是"侧向思维"。中国古代《诗经》中的"他山之石，可以攻玉"即为这种思维的写照。

纵向思维通过纵向的挖掘，力图冲破多重复合函数中层层嵌套的掩蔽作用。这里分上下两个方向的挖掘。

（1）向下挖掘：这是通过对当前某一层次的某个关键因素，努力运用发散性思维和联想思维，并按照新的观点、新的角度或新的方向去进行分析与综合，以发现与该因素有关的新属性，从而挖掘出新的函数关系，对于第一层次的初始创造性目标来说，函数的复合则进入更深的一层。在发明电子计算机的例子中，冯·诺依曼之所以能提出"程序计数器"这一创新思想，就是对第四层次的"线性存储"这个因素，能够突破只按"存储方式"划分存储器的传统观念，而从"存储内容"这一新的角度去分析，从而得出有关存储器的新分类，在此基础上重新综合出"数据存储"和"程序（指令）存储"两大类。这样就在线性存储方式之下发现了一种新的与存储内容相关的函数关系，即挖掘出一种新的函数关系，与此同时，函数的复合也进入更深的一层。

（2）向上挖掘：这是通过对当前某一层次中若干同现因素的已知属性按照新的观点、新的角度或新的方向去进行新的抽象与概括，从而挖掘出与这些同现因素相关的某种新函数关系，对于第一层次的初始目标来说，函数的复合则退出到上一层次。冯·诺依曼之所以能提出"中央处理器"（CPU）这一创新概念（CPU至今仍是计算机的心脏），就是对第三层次的运算器、存储器和控制器三者的属性，从对"整个系统的运算与控制"这个新角度出发（而不是拘泥于原来的运算、控制、存储的纯功能模块划分）进行新的抽象，从而发现（即挖掘出），除了运算器与控制器以外，原属存储器的"程序计数器"也对整个系统的运算与控制有密切关系。于是在这基础上，他大胆地做出了新的概括，把"程序计数器"从存储器中划出来，将它和运算器、控制器结合在一起，组成一个新模块即"中央处理器"，而CPU与运算器、控制器、程序计数器之间则形成一种新的函数关系，对于初始目标来说，函数的复合则退出到上一层次，这就是"向上挖掘"的含义。

### 2. 横向思维

横向思维由于一改解决问题的一般思路，试图从别的方面、方向介入，使求异性思维的信息广度大大增加，有可能从其他领域中得到解决问题的启示。因此，横向思维常常在求异活动中起着巨大的作用。人们在进行思考、解决问题时，常常存在着优势想法，这是一种建立在知识经验基础上的得心应手而且根深蒂固的对待问题的方式，它决定并支配着整个思维过程。显然，优势想法不利于提出新观念、新思维，是创造性思维的一种障碍。很多事实表明，运用横向思维有助于打破优势想法，冲破旧观念、旧秩序的束缚，产生新观点，推动对创造性问题的解决。横向思维是指通过发散性思维和联想思维先确定同一层次中具有平行、并列关系的各个因素，尽量不要有遗漏（也叫"横向搜索"）。对于当前的创造性目标来说，同一层次中的诸因素其作用并不相同：有些因素是"可选择的"，只需选出其中最适当的一个即可。因此在横向搜索结束后（即把有关因素尽可能不遗漏地联想出来后），还要作两种思维加工：一是分析、比较、选择：对可选择诸因素的已知属性进行分析、比较（或是通过直觉判断）从中选择出一个最适合当前创造性目标要求的因素；二是分析、综合、判定：对同现诸因素的已知属性进行分析，在此基础上进行综合，看看是否能满足当前创造性目标的各方面要求，从而判定是否还有遗漏的因素。

3. 横纵思维的缠绕盘升

横向思维已成为创造性思维的重要组成部分。但这绝不是说，在创造活动中，要完全抛弃纵向思维而由横向思维取而代之。相反，一个真正有创造性的人，往往是将两者有机地结合起来运用。一方面，当纵向思维不能解决问题时，应当尝试横向思维的方法；另一方面，应该看到，横向思维的许多结果也可能是无成效的，即使有成效，采用纵向思维作为补充、完善也是很有必要的。因此，横向思维与纵向思维的有机结合也是创造性思维所必需的。

横向与纵向思维方法都属于比较性思维，由于比较的角度不同，就形成两种不同的思维活动。纵向思维侧重于从时间和历史的角度去思维，具有历时性的特点，它要求从事物的过去、现在的比较分析中，发现事件或社会在不同时期的特点和前后的联系，从而把握事件发展脉络及其本质的思维过程，探求历史事件或社会发展的内在规律和逻辑关系。横向思维是一种共时性的横断性思维。横向思维是截取事物的某一个横断面进行比较研究。它具有同时性、横断性和开放性的特点。纵向思维和横向思维是沿着不同方向运行的比较思维。由事物既有历时性的纵向过程，又有共时性的横向联系，因此在实践中我们应把这两种不同的思维样式结合起来，才能增强创造性思维的力度。

创造性思维加工过程要涉及对表象的重组和整合，而对表象重组和整合的思维加工方法是对表象的分析、综合、抽象和概括，换言之，对表象的分析、综合、抽象和概括也是创造想象的基本思维方法。由于二者的思维成果不同则使我们想到，创造想象的思维加工过程与一般的想象肯定有差异，而且有较大的差异。但是，这种差异究竟在哪里？我们认为，差异就在于，创造想象中要运用上述横纵思维。横纵思维是在基本思维方法（包括分析、综合、抽象和概括等）基础上实现的更高层次的思维加工方式，是"发散性思维→联想思维→创造想象"等三个环节的串并存线性加工过程的具体化。在横纵思维过程中，横向围绕什么目标发散，朝什么方向联想都有明确要求；横向加工内容和纵向加工内容也有具体的指示；尤其是纵向加工，其目的是要挖掘、发现前所未知的新属性，所用方法则是通过发散和联想思维（也可以与直觉判断相结合），对某一层次的某个关键因素按照新的观点、新的角度或新的方向进行分析与综合，从而发现与该因素相关的新属性即形成新函数关系（对于初始的创造性目标来说，则相当于发现更深一层的复合函数）。这正是实现创造性目标的关键。由此可见，横纵思维加工过程就是创造想象的过程；横纵思维所用的心理加工策略就是创造想象所特有的心理加工策略。

另外，直觉思维是通过整体综合、直觉透视方法，对事物空间的结构关系做出快速判断。其特点有二：一是从全局、从整体快速综合考虑问题而不是一步一步进行分析和推理；二是只抓事物之间的关系而不管事物的具体属性和细节。事实上，这种直觉思维与形象思维特别是创造想象，经常是结合在一起难以分割的。例如在上述发明电子计算机的例子中，第一层次的有关因素是"数制"，到底有几种数制和提高运算速度的目标有关，可以通过"横向思维"的联想来确定（横向搜索）；联想出有关因素后，如何从中做出选择（例如是选十进制还是二进制）则可在形象思维或抽象思维的分析、比较基础上进行（形象思维与抽象思维在很多情况下也是结合在一起的、难以分割的），也可以通过直觉思维来判断。这种直觉判断尽管有时不一定对，但是在很多情况下都是正确的（思维主体的知识与经验愈丰富、观察力愈敏锐、愈注重调查研究，这种直觉判断就愈准确），而且速度快、不会丧失时机，这更是其他思维样式所不及。就发明电子计算机的例子而言，冯·诺依曼在第一层次中对二进制做出的选择，以及阿塔纳索夫在第二层次中对"电子数字式"做出的选择，都是先通过直觉判断做出选择后，才运用抽象思维去进一步证实或检验的。这表明上述"横向思维"过程与复杂直觉思维是相辅相成的：一方面横向思维要依靠直觉判断做出选择；另方面直觉判断要依靠横向思维提供必要的思维材料，才能真正发挥作用（缺乏必要的材料，直觉判断将失去依据）。

横纵思维缠绕盘升的关键在于，要按新的观点、新的角度或新的方向对某一层次的关键因素进行分析、综合，以便从中挖掘出与该因素有关的新属性。但是按照什么样的新观点（或新角度、新方向）去对该因素进行分析、综合，就要依靠直觉判断，因为现在涉及的是前所未知的属性，要想通过基于已知言语概念的逻辑推理来做出这种判断，显然不太可能；要运用想象即形象思维也比较困难，因为既然是未知的属性，当然不可能从思维主体的长时记忆中直接提取出有关属性的表象来作为形象思维的材料；可见，在这种场合，运用横纵思维的相互作用就是最适当的选择。这表明，"纵横挖掘"过程恰恰为复杂直觉思维提供了用武之地。一方面，横向挖掘开始阶段的"发散"与"联想"过程，可为直觉思维提供较充分的材料；另方面，"纵向挖掘"的加工要求又可为直觉思维提供具体的目标和内容。以上分析表明，纵横思维的缠绕盘升过程也必然包含复杂直觉思维过程，而且横纵思维所用的心理加工策略对于复杂直觉思维也是必不可少的。

## 二、求异性思维命题法

### （一）求异性思维命题的源流

对创造性思维命题，有一种声音是消极的。他们认为，能进行这种命题的人，必须是发明家、创造家、思辨家，否则就不可能设计出创造性思维命题。我们认为未必。因为我们还有另外的路径，即借这些人的脑子来开展命题。对人类思维命题感兴趣者，不乏文明社会最有影响的名人：苏格拉底、柏拉图、亚里士多德、休谟、黑格尔、马克思……这一系列伟人无疑是史学上的亮点。但同样应当注意的是，这些人的思想并不是凭空产生的，每个人都是站在巨人的肩膀上才走得更高的。没有黑暗时代的经院哲学，可能就不会有作为西方哲学里程碑的休谟，没有休谟就不会产生康德，没有康德，黑格尔的辩证法就无从说起，没有对黑格尔辩证法的扬弃，马克思就不可能提出辩证唯物主义……今人看到的名人智慧不仅仅是一个个亮点，而是一条延绵的长河。智慧是前人最值得给予后人，后人最应该从前人处得到的瑰宝。

一部中华民族的文明史，从某种程度上讲，就是中华民族的智慧史。它不仅留下了以孔子为代表的儒学财富，更有道家、佛家、兵家等多方面的智慧。各种智慧的理念，更是众彩缤纷，让人目不暇接。它们不仅在中国历史上曾经灿烂一时，而且至今还能在多方面起到积极的启示和指导作用。挖掘中华智慧，让其在现时代为民族素质的提高及为世界作贡献，是每一个重视中华传统文化的人，都应该关心的问题。

古人有"吉光片羽"的说法。吉光是传说中的神马，我们虽然无缘得见，能看到它身上一片毛，这也就很值得珍贵了。因此，我们从这些历史名人的轶闻趣事中探索他们思维的"片羽"，为创造性思维命题再开辟一条通道。

大凡思维名人，其思维方式有四个特点。一是大跨度的思维方式。他们具有广博的知识，集智慧之大成，并能触类旁通，大跨度地思维，从各个方面去把握事物整体关系的"形象"，抓住了事物的机理，深入探索，找到创新与成功之路。钱学森曾以自己的体验说："跨度越大，创新程度也越大。而这里的障碍是人们习惯中的部门分割、分隔、打不通。大成智慧教我们总揽全局，洞察关系，所以能促使我们突破障碍，从而做到大跨度地触类旁通，完成创新。"二是整体的思维方式。他们总是习惯于把相互关联的事物作为一个完整的、有机的体系，进行系统的分析。正确区分部分与整体、微观与宏观、特殊与普遍、具体与抽象等的辩证关系，从整体中把握部分。否则，就只见树木不见森林，只拣些零碎的瓦片、木椽、窗格子，看不见整体结构和大厦，难以形成独具创见的智慧。三是综合集成的思维方式。这是系统的思维的一种表现形式。当他们每日驰骋在古今中外浩瀚的知识海洋里的时候，绝不是良莠不分，像一块巨大的海绵，无批判地兼收并蓄。而是极善于去伪存真，去其糟粕、取其精华，予以辩证地否定即扬弃，批判地综合集成一切有用的知识。因而，他们总能在无边的知识海洋里，不断发现鲜花遍地的绿洲。四是逻辑思维与非逻辑思维相结合的思维方式。他们很注意捕捉灵感思维，发挥灵感思维的神奇力量。灵感的出现常常带给人们渴求已久的智慧之光。

下面设计的求异性思维名题，大多是名人思想派生出来的。但不一定是名人亲历。流传中的一些名题，也有不同版本。同一名题的主角也不尽相同，但有一点是肯定的，他们一定是名人，而且是思维名人。名人名题从本质意义上是指，在人类物质文明、精神文明的一切领域、一切层面上，能先于他人，见人之所未见，思人之所未思，行之所未行，从而获得人类文明的新发展、新突破。名人名题符合前面我们对求异性思维的分析：敏于生疑，敢于存疑，勇于质疑，并由此源源生发出新异、多彩、多元的、具有发展性、创造性、突破性的新构思、新思想、新思维。

## （二）求异性思维命题的任务与方法

当然，由名人名题来进行求异性思维命题，并不是让我们不着边际地去胡思乱想，去异想天开，去任意蛮干。求异性思维也是要在科学精神、科学理性、科学方法的引导下，才会有正确的方向和积极的成果的。名人名题的首要目的是打破旧有的思维定势。定势是求异的大敌。思维方式与人的心理活动密切相关，建立一种全新的、良好的思维习惯，不断创新是我们研究思维科学的目的，因此，打破心理定势，克服思维障碍，提高思维的变通性，从而掌握全新的、正确可行的思维方法及运作技巧，就成为命题的重要任务。信息的提取与信息的整合是综合训练的第二项任务。无论是那一则实例，在事件的发展过程中，大量的"解题信息"实际上已经裹于故事之中，这就需要我们认真细致的分析判断，由表及里，去伪存真，理清思路，从中提取有用的东西，再经过解剖整理以后，梳理出解决问题的思路。

求异性思维命题方法没有固定的模式，但有一些原则性的方法。一是大跨度的求异命题方式。用广博的知识，集智慧之大成，触类旁通，大跨度地思维，从各个方面去把握事物整体关系的"形象"，抓住了事物的机理，深入探索，寻求命题和解题之间的关系。二是整体的求异命题方式。把相互关联的命题作为一个完整的、有机的体系，进行系统的分析。正确区分部分与整体、微观与宏观、特殊与普遍、具体与抽象等的辩证关系，从整体中把握部分，否则，就只见树木不见森林，只拣些零碎的瓦片、木橼、窗格子，看不见整体结构和大厦，难以形成独具创见的命题。三是综合集成的求异命题方式。这是系统思维的一种表现形式。当人们每日驰骋在古今中外浩瀚的知识海洋里的时候，绝不应良莠不分，像一块巨大的海绵，无批判地兼收并蓄，而是极善于去伪存真，去其糟粕，取其精华，予以辩证地否定即扬弃，批判地综合集成一切有用的知识。因而，总能在无边的知识海洋里，不断发现鲜花遍地的绿洲。四是逻辑思维与非逻辑思维相结合的求异命题方式。注意捕捉灵感思维，发挥灵感思维的神奇力量。求异性思维命题不只是从形式上的变化来考虑，而更注重于思维的多维度与多侧面。所以，求异性思维命题包括思维结构类型、思维路径类型和思维功能类型，这些思维类型还沿伸出"哥丹结思维"、"奥卡姆剃刀"等求异效应。下面缤纷绚丽的求异性思维命题犹如一盏盏明灯，照亮着人们的创新之路。

## 三、求异性思维例举

求异性思维并不是让人们不着边际地去胡思乱想，去异想天开，去任意蛮干。

1. 斜面思考法

有一个容积为1升的木升。试问，不用其他量具，只用这个木升，怎样才能准确地量出0.5升的米来？

【解析】只要把木升倾斜成45度角就可量出0.5升的米。但平常人们对于量米的问题，总是习惯于从水平的角度来考虑。这种习惯思维使被试者找不到解决这一问题的办法。因此，要摆脱习惯思维，还应善于运用倾斜思考法。倾斜思考法的本质是求异，即打破习惯定势，从多维度去寻求解决问题的技法

2. 情境推导法

一幅绳梯悬挂在轮船舷侧，有一丈露在海面上，潮水上涨时速为6寸，问多少时间后绳梯只有7尺露在海面上？

【解析】有人坚持认为5小时后绳梯只有7尺露在海面上。当他们被告知"水涨船高"这一因素时，才恍然大悟。

他们为什么不能正确地回答这一问题？这是因为"多少时间后绳梯只有7尺露在海面上"这句话，往往使被试者不去考虑绳梯会不会只有7尺露在海面上，而是考虑何时只有7尺露在海面上；而且问题中的那些数字引导被试者去计算。而且故意有丈、有尺、有寸，这样给被试者一种印象，似乎要设法把丈化为尺，把尺化为寸。于是"计算"这种心理倾向强烈地吸引他们的注意，使他们全神贯注，以至忽略了在问题情境中隐蔽的，但却是最重要的"水

涨船高"这一情境变化因素。该事实表明,要有效地解决问题,必须注意隐蔽的情境变化的因素。

**3. 形象换元法**

埃及金字塔高耸入云,巍巍壮观。但是它究竟有多高?这个谜曾经困惑了许多人。

有一天,古希腊的哲学家泰勒斯来到金字塔下,深为金字塔的非凡气势所折服。当他听说自公元前3000年埃及人建造金字塔后,竟无人能测量出它的高度,大为惊讶,便答应用最简单的方法解决这个千古难题。

一天上午,阳光明媚,金字塔下人山人海。泰勒斯和他的助手带了一把尺子来到金字塔下。开始,太阳斜照着,人影很长;太阳越升越高,人影越来越短。当助手测得泰勒斯的影子长度跟其身高一样时,泰勒斯立即将金字塔的影子做上记号,并用尺子量出影长。然后,泰勒斯当众宣布,这个影长就是金字塔的高度。当即,人群沸腾了,大家都被这位哲学家的智慧所折服。

一个千古难题,解决得如此巧妙简当,其奥秘是什么呢?

【解析】其实,泰勒斯用的是形象换元法(当时的人们,对于三角形相似的一些性质,还不甚了了)。当泰勒斯的影子长等于身长时,构成了一个等腰直角三角形。同样,金字塔中心垂线也与其影子构成了一个等腰的直角三角形。泰勒斯巧妙地运用两个形象(人和金字塔)之间的关系,解决了问题。

形象换元,属于形象思维的组成部分,它借助形象(如事物的形体、色彩等)之间的逻辑关系,推导出未知形象的相关结论。它是对形象信息进行加工处理的思维,是一个促进感性映像上升为理性意象的认识过程。泰勒斯的形象换元法是通过置换系统内的元素或联系,从而使系统产生变化的变通思维。换元法关键的一步在于发现并决定可以相互代替的事物及其等值关系和实施代替的具体办法。这种相互代替的事物的等值关系和实施代替的具体方法,构成了解决问题的途径和发明新方法的摇篮。

**4. 立体思维法**

【问题1】现有一块红砖,给你两把直尺,你如何用这两把尺测量出砖的顶点A到顶点B的长度(如图)?

【问题2】用5根火柴摆出2个等边三角形,这是很容易的一件事。如若再多给你1根火柴,能用这6根火柴摆出3个与之同样大小的等边三角形吗?

【解析】问题1的难度在于A点到B点的长度是在砖的内部,因此,无法用直尺去直接测量。于是,有人想到把砖剖开,实际上这是不容易做到的,因为你做不到使剖面很平整且又正好通过A、B两点。那么能否从砖的外面去测量A、B两点的长度呢?这步思考已前进了一步,但A、B两点不是在同一平面上,因此也无法直接测量。这个题的正确测量方法有两种:一种是把B点和A点变成同一平面内的两点,这是由立体思考转换成平面的思考。另一种是在砖的外部空间寻找一个可以直接测量的与B等效的点,这是一种由里变外的思考转换。这两种思维角度的变换,使本来较难的问题变得比较容易解决了。

问题2用6根火柴摆出3个等边三角形,摆来摆去,似乎总是摆不出来。如果你变换一下思维角度,不是从平面上考虑,而是从立体的角度去考虑,很快就会找到答案。用6根火柴摆出一个三棱锥体,上面就有三个等边三角形,其实共有4个。这就是由面的思考转向立体的思考。当然,在实际思考问题时,必要的话,还可以由三维空间的思考转向二维空间的思考。

5. 角度变异法

考生在绝对不能作弊的考场中进行包括作文的语文测验，居然出现了两个一模一样的答卷，你认为在什么情况下会出现这种现象？

【解析】很多人在回答这一问题时，仅仅从完全一模一样的答卷着手，苦思冥想，想象出各种作弊方法。有的说，是其中一个学生用复写纸答卷；有的说，一个学生自己答卷后又给另一个学生抄卷。显然，这些解释违背了题意。其实答案很简单，即两个人都交了白卷。但为什么连大学生都想不到这个正确的答案呢？这是因为他们不能采用角度变异法的思维，不善于从不同的角度去考虑问题。似乎一提到答卷，就一定是在卷子上作了回答，而想不到有可能是没有作任何回答的白卷。

所谓角度变异法，就是变换不同的思维角度去分析问题、解决问题。在解决问题时，要把可能出现的各种情况考虑进去，要灵活运用大脑中的思维网络。特别是对于创造来说，采用角度变异法就显得更加重要。

6. 滚动思考法

有一个烟鬼，常把烟头捡起来抽，每3个烟头可以卷1支烟。一天深夜，烟又吸光了，他一看烟灰盒里有7个烟头，问他还可以卷几支烟抽？

【解析】对这个问题，一般人的习惯想法是还可以卷2支烟还多一个烟头。而实际上还可以卷3支烟。因为抽完卷好的2支烟又得2个烟头，用这2个烟头和原来的一个烟头又可以卷1支烟。所以总共可以卷3支烟。

这个问题的迷惑人处是"烟头的烟头"。对这种滚动的现象，人们的心理上是空白的，所以难于捕捉。要摆脱习惯思维，有效地解决问题，就应训练滚动思考技能。

7. 特异搜索法

当问某人的年龄时，她说："我后天22周岁，可去年过元旦时我还不到20周岁。"试问，这样的事可能吗？

【解析】乍一看，这样的事情似乎不可能。人们习惯的想法是既然去年元旦她还不到20周岁，再过两天怎么可能是22周岁呢？但事实上是可能的。这个人的生日是1月2日，她说话时是12月31日。这样一来，她去年元旦时是19岁，1月2日是20岁；而今年1月1日还是20岁，1月2日21岁。所以明年1月1日（即明天）仍是21岁，而1月2日（后天）就是22岁了。

事物往往都存特异性，这个例题说明，思考这种特殊问题，重要的是使自己的思路延伸、扩展，寻找事物的特异现象。这就要我们经常有意识地把握事物的一些特异属性，搜集这方面的资料，增大知识储量。

8. 实际验证法

【问题1】一建筑物上的报时大钟，到几点就响几下，每两下之间相隔5秒。因此，若是12点，打点的时间自然就长。那么，从打点开始，到底用几秒时间你才能知道是12点呢？为了知道已经是6点了，又要用多少秒呢？

【问题2】猎豹和狮子在平原上进行往返赛跑，单程距离100米，往返加在一起200米。猎豹跳一下3米，狮子跳一下2米；然而在相同的时间内，狮子能跳3次，猎豹却只能跳2

次。它们的步幅、频率一直到比赛结束时不变。那么，猎豹和狮子谁胜谁负呢？

【解析】问题1答案：知道是12点，要经过11个5秒，即要用55秒的时间；知道是6点，一般人的习惯思维是要经过5个5秒，即要用25秒的时间，这就错了。因为虽然经过25秒的时间打了第6下，但此时并不能肯定就是6点了，也许还会响第7下。只有再等5秒钟，第7下不响了，才能肯定是6点钟。

对问题2，习惯的思考方式是：在相同的时间里以3米步幅跳2次和以2米步幅跳3次的速度是一样的，因此，认为猎豹和狮子不分胜负，同时到达终点。可是实际上是狮子先到终点。因为虽然猎豹和狮子的速度完全相同，但到100米处的返回点时，猎豹却吃了亏。狮子跳50次正好是100米，而猎豹却由于必须跳34次而超出返回点2米。往回跑也是这种情况，猎豹照样吃亏了2米。这样，猎豹总共要吃4米亏，当然是狮子胜利了。

对于数学，人们习惯于进行计算。但是，数的概念是相当抽象的，如不结合实际，不仔细琢磨，简单地把它纳入计算中，那就会导致谬误。可见，要避免出现差错，就应摆脱习惯思维，将数字与实际结合起来。

9. 心理造势法

有两个酒鬼在喝酒时谁都怕自己少喝了吃亏。现在有两个形状不同又无刻度的杯子，其中一个杯子里装有酒，怎样把酒分开才能使双方都满意呢？

【解析】解决此题的办法是，首先让其中的一个人分酒，把酒分到自己认为拿哪杯都没有意见的程度，而认为拿哪杯都不吃亏的人当然也不会有意见。

但许多人想不出这个办法。这是由于一提到公平，人们往往着眼于绝对量上的公平，即从客观上把量量准，这也是人们的习惯思维。可是，这里说的公平却是"双方都满意"，这种公平完全是两个人的主观判断。这样一来，单纯从物质上考虑问题恐怕难于得出满意的结果，必须从两个人的心理和情绪上考虑问题。在日常生活中常常会遇到类似情况，我们在解决这类问题时，要善于考虑心理因素，使彼此都得到心理平衡。

10. 经验清除法

以下是有名的"邓克尔蜡烛"问题，经常用于智力测试题。请你仔细思索一下：

给你几根普通蜡烛、一盒火柴、一些图钉（如左图），要求你在尽短的时间内，把其中一根蜡烛安放在垂直的木板墙上。

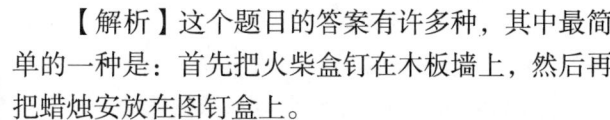

【解析】这个题目的答案有许多种，其中最简单的一种是：首先把火柴盒钉在木板墙上，然后再把蜡烛安放在图钉盒上。

但实际情况并不这么简单。当火柴装在火柴盒里时，多数人束手无策。这是因为在火柴装在火柴盒的情况下，他们所想到的是"火柴盒是用来装火柴的"，却想不到火柴盒还可以用来做"小台子"，这就是受"功用固着"的影响。而当把火柴从火柴盒内拿出来，把空盒子放在桌上时，多数人却能想出上述那个办法来。这也进一步说明，如果火柴盒空着，那么，被试者对火柴盒的功用的思路就不一定局限于"容器"的范围内。这时他们的思路比较开阔，可以进行多维度的概括，即火柴盒不仅可以作容器，用来装火柴，而且可以作"小台子"，用来支托小蜡烛。这就是抛弃"功用固着"的结果。人们往往由于经验的作用，存在着"功用固着"的思维习惯因此，抛弃这种思维习惯，有助于培养思维的灵活性，从而创造性地解决问题。

11. 定势突破法

请看以下几个测试题：

（1）某足球运动员有个亲弟弟，可这个弟弟却没有亲哥哥，怎么回事？

（2）一个瞎了眼的人走在熙熙攘攘的人群中，不借助任何东西，却能快步如飞，怎么回事？

（3）一个人坐在屋子的沙发上，另一个人能在屋子中找到一个第一个人永远不能坐的地方坐下来吗？

【解析】用上述题目对不同层次的人进行了测试，结果许多人思索许久，也未能找到正确答案。原因只有一个：头脑为既有的思维定势所束缚。我们现有就以此为例来做一番分析。

一般人的头脑中总有这样一种思维定势：足球是男子汉的运动，于是碰到第一题便百思不得其解。其实答案很简单，这位"足球运动员"是女的。

看到"瞎子"两个字后，我们头脑中马上有了个概念：双目失明。于是为第二题找出了种种牵强附会的理由。其实答案同样简单：只瞎了一只眼。

看到第三题时，人们便习惯性地把目标锁定在习惯的坐处。其实答案就是坐在第一个人身上。

很多容易的命题使人绞尽脑汁也想不出来，可见思维定势就是创造性命题的思维枷锁。

12. 添加发散法

"有个装满了水的杯子，请你在不倾斜杯子或打破杯子的情况下，设法取出杯中全部的水。"请注意，办法越多越好。

【解析】这是有关开发创造性领域中相当著名的问题，狄波诺先生在他的著作《狄波诺思考术》中也提到过。为提供给各位参考，我们在此列举几项狄波诺先生随意提出来的解决方法：

（1）将沙或小石子放入杯中以替换水；

（2）使用海绵或其他的吸收剂；

（3）以布块利用毛细管现象使水流出来；

（4）用吸管把水吸出来；

（5）将水结成冰块再取出来；

（6）用强风把杯中的水吹出来；

（7）使用清洁剂使水变成泡沫流出来；

（8）将水煮沸使水蒸发；

（9）以离心力让杯子旋转；

（10）把充满气的汽球放入杯中，将杯中的水挤出来。

这些解决方法的共同点，就是在外面加入任何东西以除去杯中的水，以吸管、风、清洁剂、布块、加热、冷却、旋转力、沙石、海绵等取出水。

以上所使用的都是添加思维法，但最好能由思考架构和添加思维双方面来整理以上的解决方案。

13. 平行发散法

下边有一幅图，请你给它起个名字吧。

【解析】如果你起的名字是"休息",我要祝贺你,这个名字很形象!它完全是一幅休息的样子。

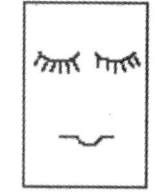

有人可能给它起名为"疲劳",你也说对了!它确实显得有点疲劳,它提示了"休息"的前因。

"梦幻"!这个名字也不错,有诗意!一旦处于"休息"状态,往往会进入梦幻境界的。

至于"睡眠"、"深思"、"痛苦"、"小憩"、"养神"……这些名字都切合画意,所以都是可用的。换句话说,由于各人感受不同,答案也不尽相同;由于各人的思维方法不同,答案的质与量也有悬殊。

我们有人习惯于找寻一个答案,而且认定只有一个答案,那么当他寻到一个答案之后,就会停止追求其他的答案,这就大大地阻碍了他的创造性思维。事实上,生活中许多问题的答案是不确定的,有各种正确的答案——依你所追求的目的而定。富于创造性思维的人就会打破平时习惯想法的束缚,将自己的思想从各种途径、角度扩散开去考虑问题,心理学上把这叫作"发散性思维"。

本书中有一些命题并非仅仅追求一个"标准答案",事实上,绝对的"标准答案"是不存在的。

14. 择优发散法

要弄清一台机器的内部结构,却没有任何有关的图纸资料可以查阅。这台机器里有一个由100根弯管组成的密封部分。现在要弄清其中每一根弯管各自的入口与出口,你能否想出一个简便易行的有效办法来。例如:

(1)往每一根弯管内灌水;

(2)用光照射的办法;

(3)用唐太宗出题考藏王松赞干布的特使禄东赞的故事,让蚂蚁之类的小昆虫去钻一根一根的弯管。这些办法虽然都是可行的,但都很麻烦费事,要花的时间和要付的代价不少。现在还有第四种方法,你能用两只粉笔和几支香烟解决这一道难题吗?

【解析】其实方法再简单不过了:点燃香烟,大大地吸上一口,然后对着一根管子往里喷。喷的时候在这根管子的入口处写上"1"。这时,让另一个人站在管子的另一头,见烟从哪一根管子的出口冒出来,便立即也写上"1"。其他的那些管子也都照此办理。采用这样的办法,100根弯管,不到两个小时便把它们的入口和出口全都弄清了。

这个巧妙的办法,是参与此事者大家一起从四面八方去想最后所获得的结果。

15. 打开背景法

如右图,每个黑圈代表一枚硬币,只允许移动一个硬币,使三行的硬币数都变为6个。

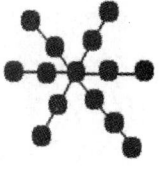

【解析】这道题的答案其实很简单,只要将右下角的那个硬币叠放在中心的硬币上即可。有人左思右想,解决不了这个问题。这是因为问题的背景是硬币本来是没有叠起来的,所以一般人在解决这一问题时,总想不到将硬币摞起来的办法。但解决这一问题,只有打破硬币没有摞起来的背景,在中间的那枚硬币上重叠地再放一枚,问题才能得到解决。能否打破认知背景,这是思维灵活性的重要标志,也是摆脱习惯思维的重要方法。

16. 迂回变通法

思维命题的解决常常是直来直去的，而且在紧要处设置一些障碍。因此，我们在解决这类问题时，也需要在思考过程的一定环节上拐拐弯。例如这样一道题：一个老人留下遗言：将他的17头骆驼分给三个儿子，长子分给1/2，二儿子分给1/3，三儿子分给1/9，骆驼一头也不许宰杀。

【解析】这是一道很简单的算术题，可是仍会有很多人不知道该怎么解。因为在他们看来：17头骆驼是单数，又不许宰割，那就不可能分给长子1/2，也不可能分给二儿子1/3，三儿子1/9，这样分是分不下去的。

循着这种直线式的思路来思考，17头骆驼的确不可能按照老人的遗言来分。拐个弯想行不行呢？可以试一试。怎么拐个弯想？不妨思考：能不能从邻家借一头来按老人的遗言分呢？如果借一头骆驼分得下去，而且能符合老人遗言的要求，那么，分完以后再把借来的骆驼还给人家就是了。只要这么一想，我们的头脑就会豁然开朗。比如先试试只借一头骆驼。借来一头以后，骆驼的总数成为18头，那就可以分得下去：长子分1/2，得9头；二儿子分1/3，得6头；三儿子分1/9，得2头。三个儿子实际上得到的骆驼的总数仍然是17头。分完以后，借来的那一头骆驼可以物归原主了。

17. 颠倒解题法

据说，下面这道题是俄国大作家列夫·托尔斯泰设计的。

从前，有一个农夫，死后留下了一些牛。他在遗书中写道：

妻子：分给全部牛的半数再加半头。长子：分给剩下的牛的半数再加半头，所得的牛是妻子得牛头数的一半。次子：分给还剩下的牛的半数再加半头，所得的牛是长子得牛头数的一半。女儿：分给最后剩下的牛的半数再加半头，所得的牛是次子得牛头数的一半。结果一头牛也没杀，正好全部分完。问：农夫死时留下了多少头牛？

【解析】思考和解答这一类问题，人们常常是采用"做出假设"的方法。比如，先假设农夫死时留下了20头牛，然后按照遗嘱中对妻子、长子、次子和女儿所分配的数量，逐一加以检验、核对，看是否完全相符。要是全都相符，做出的假设便是问题的正确结论；如果有所不符，那就需要再另作假设，然后又再逐一检验、核对。比如再假设农夫死时留下的牛的头数是30头、40头、50头，等，直到最后与遗嘱所作的各项分配完全相符为止。用这样的思路来思考和解答这道题自然是可以的，但要费去很多时间和精力，效率很低，是一个较笨的办法。比较起来，用解方程的办法更好一些，但需列出很长很长的方程式，也不免有些繁琐。

解这道题，最好是就"事物发展的结果"，即，就这道题的最后一个数据——女儿所得牛的头数，倒回去想，倒回去算：

女儿得的牛，是最后剩下的牛的"半数"加"半头"，结果一头牛都没杀，也没有剩下。既然剩下的牛的"半数"，加上"半头"便刚好分完，那么，女儿得的牛是多少呢？这不十分明白吗？只能是：1头。

次子：女儿得的牛是次子的一半，那么，次子得的牛就是女儿得牛头数的二倍：2头。

长子：次子得的牛是长子的一半，那么，长子得的牛就是次子得牛头数的二倍：4头。

妻子：长子得的牛是妻子的一半，那么，妻子得的牛就是长子得牛头数的二倍：8头。

把4个人得的牛的头数相加：1+2+4+8=15。可见，农夫留下的牛的头数是15头。

解这道题，这样倒过来想、倒过来算，不是比采用其他的思考和计算方法要快得多，也容易得多吗？

18. 叠加思索法

有这样一道思维命题：将 20 个红枣放入摆在桌上的三个同样大小的碗里，要求每个碗里的红枣都是单数。问：红枣该怎么放？

【解析】很多人都会认为这不可能。理由简单明了：20 个红枣是双数，三个碗是单数。红枣在三个碗里都放单数，加起来自然也是单数。所以，总数是双数的 20 个红枣，不可能都以单数分别放入三个碗里。

实际上这道题按要求来解答是可能的。许多人认为它不可能，那是因为人们的思路被堵住了。思路被堵在什么地方呢？堵在："这三个碗是怎样放在桌上的？"一般人都会认为"这三个碗当然是并列地放在桌上"。可题目并没有这样说呀！这个所谓"三个碗当然是并列地放在桌上"的想法，其实在这个问题上是妨碍我们创新思考的一种思维樊笼。

这种思维樊笼从何而来？来自人们头脑中的"想当然"。人们在实际生活中看到，往桌上的几个碗里放食物，碗都是"并列地放在桌上"，因而便会认为，现在要往桌上的三个碗里放红枣，这三个碗自然也"理所当然"、"不言而喻"地是"并列地放在桌上"。

我们现在思考的这道题，能用有关的生活经验和常识简单地往上套吗？不能。它是一道思维命题，需要我们进行创新思考。思考这道智力测验题首先需要做一点自我检查，看看头脑中有无束缚创新思考的思维定势存在。只要我们意识到了头脑中存在上面说的那个思维定势，那么，想出解决这个问题的办法也就不难了。如果不把三个碗都并列地放，而把其中的两个碗重叠起来，然后在单独放的那个碗里，比如放 1 个红枣，再在重叠起来的上面那个碗里放 19 个红枣，这样不就三个碗里放的红枣都是单数了吗？（在重叠的两个碗中，上面那个碗里放的红枣，实际上同时也是下面那个碗里放的红枣。）

突破了"当然是并列地放在桌上"这一思维定势的束缚，想到了"可以将其中的两个碗重叠起来放"，那么解决问题的具体做法很快就能想出很多个：不仅可以按 1∶19 来放，还可以按 3∶17、5∶15、7∶13 等多种比例来放。

这道思维命题可以给我们这样的启示：思考各个领域中的许多有待创新的问题，有时之所以会陷入困境，原因就在于我们头脑中有了自设的前提。这里所说的自设的前提，包括对问题的解答提出某些先决条件，给以某些限制，或划定某个范围。它们往往来自我们想当然的主观判定。这样的自设前提，对思考和解决某些常规性的问题可能是必要的，但对创新问题的思考和解决，则往往会成为一种障碍。

19. 紧急变通法

星期六晚上，爸妈都到厂里值班了，10 岁的小明自己在家。

有两个歹徒到小明家里抢钱。正在这时，小明的妈妈来电话了，原来她为小明一人在家而担心。歹徒用匕首逼着小明接电话，小明只好一只手拿着话筒，另一只手扶着话筒镇定自若地说："妈妈，家里没有事，我在这没危险，您不用尽快回来！"但是妈妈在那一端听到的却是："妈妈，家里有事，我在这危险，您尽快回来！"小明的妈妈立刻报了警，警察冲进来把歹徒逮住了。为什么小明电话讲的与小明的妈妈听到的正好相反呢？

【解析】电话不打不行，在电话上明说还不行，握着话筒的手轻轻动一动就行了。"妈妈，家里没有事，我在这没危险，您不用尽快回来！"原来，小明用手在下划线中捂住话筒，使传出去的话与歹徒听到的意思完全相反。

小明能机智自救，一个重要的前提是他在信息输出时做作出重要的技术处理，这在信息时代是一种不应忽略的信息素养。

20. 换位思维法

公元1174年的某一天，蒙古草原上正在进行着一场特殊的赛马——最后到达终点的骑手取胜，而输了的就要把马匹奉献出来。这是成吉思汗的父亲，因为打了一个大胜仗，为庆祝胜利而特意安排的奇特赛马。

骑手们你慢我慢大家慢，眼看夕阳西下了，赛马却无法结束。这时成吉思汗的父亲也很后悔，不该搞这种别出心裁的赛马，真不知道该怎样收场了。天渐渐黑下来，成吉思汗忽然有了主意："父王，您只须采用换位的方法，这场比赛马上就可以结束。"

成吉思汗的父亲一听，立即依计传令，很快就决出了胜负，结束了比赛。你知道成吉思汗的换位法是怎么回事吗？

【解析】成吉思汗的换位法是让骑手们互相调换赛马。因为胜负以马计，以先到终点为输，而骑的马不是自己的，所以骑手们互换马匹后，都争先恐后，这场比赛马上就可以结束。成吉思汗的聪明在于他设身处地深入思索了骑手们内心的想法，然后调换坐骑，坐骑调换了，骑手的想法也就调换了，由慢而快，从而结束了比赛。

思维换位，是这个故事的根本。

21. 旋转思维法

有三个著名的演员应邀到一个剧场同台演出，他们向剧场经理提出同样一个要求，即：在海报上把自己的名字排在前面，否则，他们将退出演出。

三名演员同台献艺的消息早已传出，总不可能改为个人专场演出，何况这几位演员都是走红明星，得罪哪一个都对剧场经营不利，这真是个令人头痛的问题。

不过，剧场经理略经思索之后就满口答应了他们的要求。到演出那天，三位演员到剧场一看演出名牌，谁都可以说自己的名字排在前面，于是三个演员皆大欢喜地参加演出去了。

这位经理是怎么解决这个棘手的问题呢？

【解析】这位经理一改演出名牌的纸面形式，而是采用一个不断转动的大灯笼，三个演员的名字都写在灯笼上，三个名字转圈出现，结果谁都可以说自己的名字排在前面。

演出名牌一般是写在纸上，贴在墙上的，如果按常规去做，剧场经理将无法解决排名的难题。思维转换，想到了灯笼，将平面变成立体，变成圆形，问题轻而易举地解决了。

22. 简约思维法

不久前，美国太空总署曾对外招标，征求一种太空笔的设计方案。

按照要求，这种太空笔应是航天员使用的超现代化书写工具。它必须能在真空环境中使用，必要时能用笔尖向上书写，还要求几乎永远不需补充墨水或油墨。当然，设计的太空笔能够在地球上的工厂里生产出来，生产成本最好不要太高。至于设计费用，那肯定是让中标者欣喜若狂的。

全世界的天才都为此大伤脑筋。后来，太空总署收到一份电报，是德国的一位小学生拍来的，上面只有一句话："试过铅笔没有？"

太空总署负责设计招标的官员看了一眼电报，顿时呆若木鸡。他们没有想到，如此复杂的问题竟被一个小学生轻而易举地解决了。

【解析】思维简约有个基本任务：要善于把复杂的问题简单化。只要我们注意在思维过程中化杂沓为明晰，变繁复为简单，就可能会发现，在扑朔迷离的万事万物背后，总隐蔽着最简约的规律。简约思维是人类在紧急情境中，通过对事物的迅捷认知，立即找到问题转化的最有利的因素，从而在极短的时间内使得事物向有利的方向转化，使问题得到迅速有效解决的思维路径和技法。太空笔踏破铁鞋无觅处，得来全不费功夫。人们往往忽视身边那些司空见惯的东西。

这个故事提醒我们，时时关注生活。

23. 怪诞思维法

秘鲁和美国的一次联合演习中，秘鲁的一艘鱼雷潜水艇正在做战争演习的准备。突然，日本的一艘渔船突然来到这个海域，潜艇上浮的时候措手不及，与日本的这艘渔船猛烈相撞，艇长与6名士兵当场死亡，24名士兵逃了出来，另有22人随着潜艇沉入了33米深的海底。被困在鱼雷潜艇里的这些人，采取了种种方法，试图逃离这艘被撞坏的潜艇，可是艇身被撞，严重变形，根本无法出去。"难道我们就这样被困死在里面吗？"一个士兵悲哀地说，"我们再想想办法。"另一个士兵说："也许能够找到什么别的通道的。""有了！"鱼雷发射手突发奇想："我们为什么不能把人'发射'到海面上去呢？"一句话提醒了代理艇长，他大胆做出了一个决定，他说："大家在出艇之前，尽量呼出肺里的空气，并且憋气30秒钟。我估计，在这个时间内，从33米的海底到达水面是足够用了。"结果水兵们忍受着压力剧烈变化所带来的巨大痛苦，一个个被弹出了海面。最终的结果是，除了一个人因为脑部出血死亡外，其余的21个人都安然脱险了。

【解析】把人变成鱼雷"发射"到海面上去，这可是天下奇闻！可是，为了死里逃生，这种荒谬的想象变成了现实。在危险的关头，人们别无选择时，最有可能大胆地利用器械或其他的条件，甚至是荒唐地转化使用。也只有在这种险境中，人的思维最能够从经验定势中解脱出来，以求一逞。因为在这时候，思想解放和求异是化险为夷的唯一出路。

24. "哥丹结"思维法

"哥丹结"思维就是还原思维。任何创造活动，都有创造的起点和创造的原点。创造的原点是唯一性的，而创造的起点却有无穷性。深入研究事物的原点，回归本质原点，从原点上解决问题，这就是"哥丹结"思维的根本特征。

公元前333年的一个冬天，亚历山大率领马其顿军队进入了亚洲的哥丹城。在城里，亚历山大听到了一个著名的预言：城中有一个非常复杂的"哥丹结"（如左图），谁能够打开它，谁就能成为亚细亚王。

亚历山大对这个预言非常感兴趣，让人带他去看看这个难解之结，并试图打开它。可是，亚历山大尝试了几个月，也无法找到解决的办法。他茫然没有头绪，自问道："我用什么方法才能打开这个结呢？"有一天早晨起来以后，他突然恍然大悟：我只要按照"打开这个结"的规则去做就可以了。他只用了一个很简单的方法，就打开了那个节。亚历山大因此扫清最后一个障碍，成为亚细亚王。

那么，亚历山大是怎样打开这个结的呢？

【解析】亚历山大挥起手中的剑，一下子将"哥丹结"斩成了两半。这是一个典型的还原思维方式。遇到难以解开的结，只要将这个问题限定在"打开就是成功"的规则上就可以了。

25. 极大思维法

婚后第十年，皮埃尔·居里不幸被载货马车轧死。居里夫人得到皮埃尔·居里老父亲的支持，带着两个孩子继续埋头于研究工作。她作为一位杰出的女科学家，曾在短短 8 年的时间内就分别摘取了两次不同学科的最高科学桂冠——诺贝尔物理学奖与诺贝尔化学奖，并且一生中获得了难以计数的其他科学殊荣，可谓是智能超群，硕果累累。

她的长女伊伦娜，核物理学家，与丈夫约里奥因发现人工放射性物质共同获得诺贝尔化学奖；次女艾芙，是著名音乐家、传记作家，其丈夫曾以联合国儿童基金组织总干事的身份接受瑞典国王于1965年授予该组织的诺贝尔和平奖。

作为普通的母亲，居里夫人又是怎样培养和教育自己的子女的呢？有一次伊伦娜和艾芙向她讨教成功的奥秘。这位慈爱的母亲，对孩子说了一番至今令人深醒的话："我们考虑问题，一定要越出生活的圈子，去探索现象的一些极限状态，如极大、极小等。比如，我们立足的地球，和银河系相比较，真好像太平洋上的浮游生物，沧海一粟！

"好了，孩子们，这也是思维训练的绝好话题。那就让我来问问你们，迄今为止，你们见到的最大影子是什么影子？

"如果你有一双观察自然的锐眼，问题其实很简单，可是……"

你有这双锐眼吗？

【解析】地球上最大的影子，即是夜晚。

26. 旋转思维法

有许多旋转的事物值得我们研究、我们的思维应随着旋转开来。

美国麻省理工学院机械工程系主任谢皮罗教授在洗澡时发现，每次放掉洗澡水时，水的漩涡总是向左旋转，也就是逆时针方向旋转。这是为什么呢？

谢皮罗教授百思不得其解。但他紧紧抓住这个问题不放，为了弄清这一现象背后潜藏着的科学奥秘，谢皮罗教授开始了实验操作，他设计了一个底部有漏孔的碟形容器，先用塞子堵上，往容器中灌满水，然后重复演示这一水流现象。谢皮罗教授注意到，每当拔掉碟底的塞子时，容器中的水总是形成逆时针旋转的漩涡。这证明放洗澡水时漩涡左旋转并非偶然现象，而是一种有规律的现象。

经过长期不懈的实验探索，谢皮罗教授揭开了水流漩涡左旋的秘密，他发表论文指出：水流的漩涡方向是一种物理现象，与地球自转有关。如果地球停止自转的话，拔掉澡盆的塞子，水流不会产生漩涡。由于人类生存的地球不停地自西向东旋转，而美国处于北半球，地球自转产生的方向力使得该地的洗澡水朝逆时针方向旋转。

谢皮罗教授还指出，北半球的台风都是逆时针方向旋转的，其原因与洗澡水的漩涡方向一样。

谢皮罗教授的论文发表后，引起各国科学家的极大兴趣，他们纷纷在各地进行实验，结果证实谢皮罗教授的结论完全正确。

现在的问题是：你在澳大尼亚，洗澡水或台风将按什么方向形成漩涡？在地球赤道呢？你在中国北京呢？

【解析】如果在澳大尼亚（地球的南半球），情况则恰好相反，洗澡水将按顺时针方向形成漩涡，而在地球赤道则不会形成漩涡。在中国北京（地球的北半球），情况则恰好相反，洗澡水将按逆时针方向形成漩涡。

27. "微量放大"思维法

多米诺骨牌呈长方形，将它们按适当距离排列，然后推倒第一张；该张骨牌倒下时会撞到第二张，接着第二张又会撞倒第三张……很快，一整排骨牌全部被撞倒了。这个现象通常被称为"多米诺骨牌效应"。然而，多米诺效应更惊人、更神奇的威力却是一种隐蔽的"微量放大程序"。原来多米诺思维要说的就是量变引起质变的道理。他说："在这个世界上，你不可以忽视任何一个微小的事物。往往，一个微小的东西很可能就是改变大局的开端。"

多米诺的一道著名思维题是：

假设有一个人被囚禁在高高的石塔顶上，所有通向石塔顶部的门都已被彻底封死，也没有任何工具可以让他从塔顶爬下来，即使没有卫兵看守，看来他也插翅难飞。如果他的妻子想要救他，该怎么办呢？

如果暂时还没想出好点子，就先看下面一例，以便打开思路。

非洲南部高原德卡拉哈里盆地边缘的草原地带，那里降雨量小，水源也不丰富，特别是到旱季，当地居民更是因缺水而惶惶不可终日。怎么才能找到水呢？他们发现了一个有趣的现象，当地的动物狒狒并不因为缺水而"搬家"。于是，逻辑思路就出来了：天大旱——动物们无法在此地生存——应当搬家——既然不搬家——证明其不缺水——不缺水证明其找得到水源。按这一思路，当地人想出了一个绝妙的找水源的方法。

他们将狒狒捉回家中，给它们大把的盐吃，然后将其放跑。渴得要死的狒狒一旦被放走后，像脱缰的野马一样，沿着坎坷的小路，飞奔到一个隐蔽的山洞里，扑向洞中一股潜流的泉水边，拼命地喝了起来。追踪而来的当地人，就这样巧妙地找到水源。

循着同样的思考路径，前面问题的答案也就比较容易理解了。

【解析】囚徒自己想出一个令人叹为观止的好办法：他让妻子捉来一个小虫，名叫金龟子，然后金龟子的头上涂一点黄油，金龟子以为黄油在前方，于是就直向塔顶爬，金龟子腿上系了一根极细的丝线爬到塔顶，继而连接一根稍稍粗一点的丝线，再接一根更粗一些的丝线，随后又连接一根细棉线，然后一段段加粗，再接上相应的麻线……直到一根粗粗的麻绳被拉到了塔顶，最后囚徒顺着绳子从塔顶滑下去逃走了。

囚徒的办法不仅仅是表面的偶然聪明，在这聪明的背后，还隐藏着一种"多米诺"式层层递进的过程性思考。正是这种由某微小变量开始，再逐级放大，直至最后出现质变的逻辑推进性思考，才能更好地帮助我们走出思维困境。

28. 迂回思维法

利用、改变或者创造条件，间接作用于对象，从而解决问题，这就是迂回思维。

南京东郊紫金山南麓的玩珠峰下，有明太祖朱元璋陵墓明孝陵。游人拾级而上，就会见到一座正方形的城堡建筑，这就是四方城。在城中有赞颂朱元璋功绩的《大明孝陵功圣德牌》。碑高三丈余，碑首盘着六条龙。碑下是一个形似龟状的兽。

这个巨大的石碑，约有十几米高，在当时的条件下，是用什么方法将碑立到这龟背上去的呢？据说，当时明成祖在四方城为他父亲朱元津璋建碑时，因龟太高，石碑又大，碑怎么也站不到龟背上去。

一天，明成祖梦见神人对他说："想立此碑，必须使龟看不见碑，碑看不见龟。"醒后，他想了一想就想出一个办法来了。

请问，他想的是什么办法呢？

【解析】到工地后，他叫人往龟背上运土把龟埋起来，然后顺土坡将碑拉上去，待碑立起后，将土去掉，这就是古代建筑上使用的"堆土法"。"堆土法"就是一条迂回曲折的道路；考虑能不能以解决甲问题为手段而达到解决乙问题的目的；考虑能不能为了前进而先后退，以求宽平之途等。

### 29. 荒诞思维法

有些名人的想法看起来很荒诞。

爱迪生5岁那年，从家里拿了好多鸡蛋，一动不动地蜷伏在干草堆里孵小鸡。原来，他看见母鸡孵蛋，觉得很有趣，便决定自己亲自试一下——这当然是荒诞之事。

爱迪生10岁那年，看见小鸟在天空中自由地飞翔，就想：人为什么不能飞呢？他联想起用柠檬酸加苏打制成的"沸腾散"，可以产生大量的氧化碳，说不定用这个方法可以使人像鸟一样飞来飞去呢？于是他找人做了试验，让他的合作者喝了大量的"沸腾散"，看看能不能飞起来——这当然也是荒诞之事。

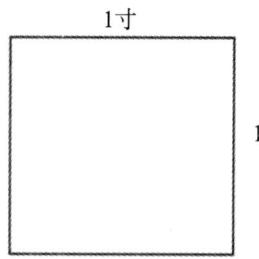

爱迪生15岁那年，认真地研究了如何把一块铜熔化，再加点其他什么金属，使它变成金子——这当然更是荒诞之事。

爱迪生后来却做了许多可能的事，例如把声音留下来，把电码传到千里之外，把开水浇到120°等。他一直到70岁还是童心未泯。

有一次，他拿出一张纸，这张小纸宽1寸，长1寸，没有巴掌大（如左图）。

他对膝下儿孙说："有什么巧妙的方法能够把这张纸剪出个洞，并使你从中钻出来钻进去呢？大概你们又会认为这是不可能的荒诞之事。但是，所有荒诞的事，都是暂时的。这个游戏，只要异想天开地动动脑筋，你就会懂得这么一个道理：许多荒诞不可能的事，原来是那么简单地可能了。

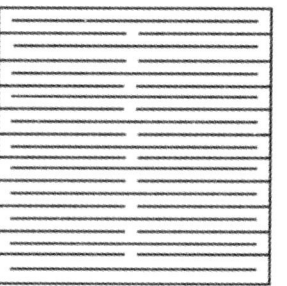

从方寸大小的纸中钻来钻去，你可能吗？

【解析】如右图所示，沿着纸上的线剪开再展开，即可让人钻进钻出。这是把"面"变为"线"的做法。

### 30. 换位思维法

爱迪生认为，换位思维，就是设身处地将自己摆放在对方位置，用另一种思路解决问题的思维方式。

他的一位朋友对他说："我给你介绍一位助手吧，那个小伙子还是挺伶俐的。"爱迪生表示感谢。

助手来了，爱迪生瞧那年轻人说话干脆利索，知识也挺扎实，他想：嗯，这个年轻人还差不多。

可是，不久，爱迪生就把那位助手解职了。

朋友莫名其妙，跑来向他询问原因，爱迪生叹惜道："他只有知识和习惯，没有我要的那种……换位思维。"

"换位？"朋友真是疑团一片。

于是爱迪生就讲了这个故事：

古代有一个国王，他觉得自己老了，想让儿子继承王位，但他有两个儿子，让谁来继承好呢？国王想出了一个简单的问题，想考考两个儿子，看哪一个比较聪明，值得托付他继承自己的王位。有一天，他把两个儿子叫到跟前，对他们说："孩子们，我想给你们两匹马，一匹是黄骠马，这匹马属于老大；另一匹是青骢马，这一匹属于老二。让你们驱马到10里外的清泉边饮水，谁的马走得慢，谁就是优胜者。"

哥哥想，既然慢者为胜，那就骑上马慢慢地走，或者再睡个觉，洗个澡，让老二先骑马走吧。他这么想着，动作慢条斯理的，一点也不着急。他想用拖时间的办法，取得慢的冠军。

弟弟却不然，当国王吩咐完毕，他就首先上马，飞奔而去。不一会儿，到了目的地，把马牵到池里饮水。

国王很高兴，他觉得老二思维敏捷，与众不同，决定让他继承王位，自己方可放心。

"这是怎么回事？"那位朋友听了故事后，仍是丈二金刚，摸不着头脑。

你是不是明白了呢？

【解析】弟弟抢先跳上的是哥哥的黄骠马，哥哥的马先到，当然是哥哥输了，弟弟取得了慢跑的优胜。爱迪生的"换位思维"实则是变通求异性思维。

31. 极限思维法

思路最容易受阻的情况是：在实际生活中，由于现状过于复杂，各种现象之间的变量受随机因素影响太大，使人无法理清极为复杂的各种关系。在这种情况下，运用极限思维（极限假设法）似乎是一条出路。所谓极限思维，就是把所思考的问题及其条件进行理想化假设，当假设被一步步地推到极端时，问题的实质便会凸现出来。

很长一段时间，物理学界认为，能量的辐射是连续的。比如说，一个物体加热以后，就会有热量辐射出来。这种辐射出来的热量，具有各种不同的连续的电磁波。

后来，德国物理学家普朗克经过深入的研究和反复的试验发现，传统的能量连续分布的理论与试验结果并不一致，他感到，要与实验结果完全相符，需要将传统的观念倒过来想一想。比如说，假定能量的辐射不是连续的，而是像机枪那样一个一个地射出子弹，（布朗克将这种不连续的子弹称之为能量子，或者说是量子）这种倒过来想一想的理论，在物理学上具有重要的指导意义，它被视为掀起了一场现代物理学的革命风暴。

但是，真正洞察到量子假说革命意义的是爱因斯坦。爱因斯坦认为，即使是在空气中传播，辐射也不是连续的，他大胆地推论，光也是不连续的，于是，提出了光量子的概念。并且他还由量子理论重新正确地解释了光电效应，辐射过程和固体的比热，因而获得了1921年的诺贝尔物理学奖。

有人问爱因斯坦，这种极限假设法大概只能在量子说理论的研究中才有作用，在实际生活中并没有意义。

爱因斯坦摇摇头，说："我们先解一道题目：两个人在圆桌上轮流平放一枚同样大小的硬币，后放的硬币不能压在先放的硬币之上，连续下去，谁放下最后一枚而使对方没有位置再放时，谁就获胜。设两人都是能手，试问是先放的胜还是后方的胜？这个看似很难的问题，如果我们把想象推到极限，这个问题就不难回答了。"

你能用这种极限假设法回答这个问题么？

【解析】如果我们把想象推到极限，假设桌子小到只有一枚硬币大小，或者硬币大到桌面一般大小，情形会怎样呢？显然是先放的人会获胜。由这个极端的情况推论，不管桌子有多大，硬币有多小，先放的人只要将第一枚硬币放在圆桌的中心，然后总是将硬币放在对手所放硬币的对称点，这样，先放者就一定会获胜。

32. 功能借换思维法

功能借换，实际上就是功能开发或功能变通，将事物不为人知或不为熟知的功能恰到好处地运用到解决问题的实际中，创造性地解决问题。

公元前218年的一天，古希腊叙拉古城的城楼上，一位士兵像往常一样向远处了望。突然，他发现了远处的海面上出现了无数的战船。

"罗马人向我们进攻了！"这名士兵惊恐万状地大叫起来。

这时候，罗马人阵容强大的战船扇形排开，快速地向这里推进。可是，当时这城里的强壮男人都被派到其他前线作战去了，只留下了少数的士兵，眼看着形势万分危急。

留守指挥官心急如焚，束手无策。这时，有人向他建议说："城里有一位很有名望的智者，他常常能想出别人想不出的办法来解决难题，我们为什么不请他来想一想退敌的主意？"

指挥官这才一拍脑袋："是啊，我怎么就没有想到他呢，快，快去把阿基米德请来！"

阿基米德知道了眼前的危险情况以后，不由神色严峻，他冥思苦想，走来走去，不知不觉走到院子里。这时，火红的太阳高挂在天上，向大地洒下了无限的光和热。阿基米德抬起头，太阳强烈的光线刺痛了他的眼睛，他看了一会儿，突然灵机一动，有了主意。

只见他快步上了城楼，向一筹莫展的指挥官建议道："快，立即发布命令，让全城的妇女每人带着一面镜子，全部集中到城楼上来。"

指挥官听了，很是纳闷，这是什么怪主意？可是看到阿基米德自信的神情，还是照办了。为了全村人的安危，也只有把希望寄托在阿基米德的身上。

过了一会儿，全城的妇女全都奉命上了城楼，她们带来了大大小小各式各样的镜子。

阿基米德就是靠这些镜子战胜了敌人，成为古今军事史上的一个奇迹。

请问，阿基米德用这些镜子干什么？

【解析】阿基米德等到敌船靠得很近时，让全体妇女一起举起了手中的镜子，瞄准那艘最前面的指挥船刷地直射过去。上万面镜子，将太阳光反射到敌船的帆上，巨大的热量立即引燃船帆，火借风势，整个敌船立即被大火包围起来了，整个的船队陷入一片火海之中。罗马士兵不知道这是中了什么魔法，吓得连忙掉转船头，逃了回去。就这样，阿基米德不费一兵一卒，巧借阳光，在这样危急万分的劣势战争中，大获全胜。

阿基米德借光为火，是建立在镜子具有聚光反射的原理。除此功能外，阿基米德还运用了聚光发热的原理。这些物理性功能在物理学家头脑中，较之常人当然会有非常之用。

33. 借天思维法

借天思维指借助自然界的风雨雷电等外力来达到自己的目的。

1493年，哥伦布率领的船队在大西洋遭到风暴袭击。幸存的几条船漂泊到牙买加岛一个偏僻的小港湾，因绝粮断炊，便向当地印第安人求救。而这里的居民曾遭受过西班牙海盗的洗劫，说什么也不肯支援。哥伦布心急如焚，却又无可奈何，顺手翻阅着身旁一本天文历书。突然，他欣喜地一拍桌子，跑了出去。

他又一次要求印第安人首领借粮，首领大发脾气。哥伦布却心平气和地说："你再不借，我就夺走你们的月亮。"印第安人听了根本不信。当晚，他们正象往常一样，在月下歌舞。一忽儿，明亮的天空暗了下来，玉盘似的圆月，果真不见了。他们害怕极了，于是由首领带着米向哥伦布苦苦哀求。哥伦布慷慨地说:"既然你们愿意借粮,我就将月亮送回天上。"

第二天,船队载满粮食驶离港湾。晚上,印第安人又在月光下欢乐地歌舞。

你知道哥伦布巧妙地利用了什么知识,才使船队化险为夷吗?

【解析】哥伦布巧妙借用了"月蚀"这一天时。

34. 灵动思维法

突如其来的灵感,是一种高度复杂的思维求异活动,是人们在解决问题的过程中表现出来的一种突发性的精神现象。它如灵犀一点、心气一缕、神光一闪、磁力一曳,虽然神秘、恍惚,却分明负载着某种信息,揭示着某种因果,展现着即将脱颖而出的新事物,对问题做出合理的猜测、设想或突然顿悟。

哥伦布发现新大陆后,人们祝贺他具有灵感如泉涌的大脑。但在一次庆功宴上,有人不服气地说:"不就是那么一点点的发现吗?"哥伦布从盘子中拿起一个煮熟的鸡蛋,问那位先生:"你能把它竖立在台子上吗?"那人愣了半天,不知如何作答。哥伦布拿起鸡蛋往台子上一拍,鸡蛋下面被打碎,熟鸡蛋果然立住了。"你差的正是这一点点!"哥伦布意味深长地说道。

这可贵而难得的一点点,获得它,需要思索、观察、分析,而决不是轻而易举、一蹴而就的事。头脑中突如其来的灵感,能在一闪念之间洞察到一种简单、巧妙的解题方法。也许有时就差一点点而达不到这种境界。

下面的问题,也是哥伦布提出的,你能否回答,全在于你能否突破这"一点点"。

把一块金币和一块稍大的银币,放在葡萄酒

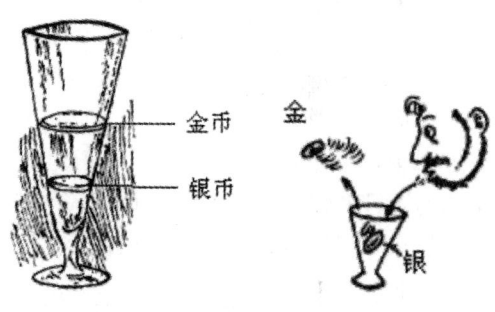

杯中(如右图),你能否不用手或其他工具,从杯中取出金币?请你试试看。

【解析】如果用嘴朝着杯口用劲吹气,那么银币会旋转起来,金币就可以飞出去了(如图)。

35. 简明思维法

爱因斯坦最反对这样的科学家,他们"拿起一块木板,寻找最薄的部位,在容易钻孔的地方,钻上许许多多孔"。但是我们不要误解这位伟人每天只沉湎于统一场论这样的大课题之中,实际上,他这颗不停思维的大脑,有时也把别人不屑一顾的测题拿来做点调味品。

在一次学术会议上,爱因斯坦与许多参会者互相握手致意。

爱因斯坦一边与参会者握手,一边在头脑里求证:那些握手次数是奇数的与会者的数量一定是偶数。事实证明了爱因斯坦的这个想法是正确的。你一定也有多种方法可以证明这个定理,问题是,哪个证明称得上是比较简明和巧妙的。

【解析】有多种方法可以证明这个定理。以下这个证明称得上是比较简明和巧妙的。

为了简明起见,我们把已经握奇数次手的与会者称为"奇数握手者",把已经握了偶数次手的与会者称为"偶数握手者",因为0是偶数。

在会议上出现第一次握手之前,"奇数握手者"的人数是0,第一次产生了两个"奇数握手者"。此后,与会者之间的握手有且只有三种类型:①在两个"偶数握手者"之间;②在两个"奇数握手者之间";③在一个"偶数握手者"和一个"奇数握手者"之间。

(1)两个"偶数握手者"之间的依次握手,使"奇数握手者"的人数增加2;

（2）两个"奇数握手者"之间的一次握手，使"奇数握手者"人数减少2；

（3）一个"偶数握手者"和一个"奇数握手者"之间的依次握手，使"奇数握手的人数增加1并且减少1，因而保持不变。

因此，"奇数握手者"的人数，始终是偶数，而不会变为奇数。

36. 扩张思维法

有些数字目前看起来并不惹人注意，可一旦扩张起来，将会十分可怕。

马尔萨斯的一则故事挺有趣：

A和B两人打赌，双方商定在两个月内，A每天给乙十万元，B每天只给甲一分钱，但必须每天加一倍。B心中暗喜，以为得了大便宜，于是一口答应。等到第十天时，B口袋里已经装进100万元，而自己只付出5元钱。想不到随着时间的推移，双方的进帐开始逆转，并一发不可收拾。知道第60天时B应当付给A多少钱吗？2500亿都不够。

这则故事让我们体会到发展着的东西和停滞的东西在本质上的区别。孕育着变化和发展的时间是多么的神奇，一切登峰造极的演化都和时间结下了不解之缘。由此可见，扩张思维是一种用变化发展的眼光看世界的方法，运用到生活中，就具有积极的意义。

马尔萨斯的《人口论》于1789年发表后，引起世人的惊觉。为了更进一步说明自己的观点，马尔萨斯又出了一道关于人口扩张的测题：

地球上人类可居住的地区（包括撒哈拉沙漠和南北极地区）大约是53400000平方哩。在过去160年左右，即到1950年底，在这些土地上居住的人口是2509800000。据估计1987年底，人口将膨胀到点5019600600，至20世纪末，将会超过60亿。

如果人口增长的这个相对速度不变，那么哪一年我们就会达到世界上每个人只有1平方码的土地？

为了节省你查表的时间，这里可以告诉你：1平方哩是3079600码。

回答这样的问题，通常需要用所谓对数外推法，但这是一道关于测试智力的题目，不是纯数学题。所以出这个题的目的是要找出一种简单方法来得出答案——这是一个令人吃惊和可怕的答案。

你知道答案是什么吗？

【解析】世界人口密度按目前增长速度，到公元2543年，即离现在500多年的时间内，将达到每平方码的土地上，就有1个人。从所给的数据中可以直接得出两个数字：首先，1950年的人口密度为47人／平方哩；其次，每过37年世界人口就增长1倍这样到1987年人口密度将翻1番，即94人／平方哩。2024年则为188人／平方哩，以此类推，到2542年人口密度翻了16个番，以后将达到3080192人／平方哩。根据题目所给的数字每平方哩是3079600码，很明显，人口密度只要比2542年的3080192人／平方哩再增加约15‰，那么就会达到世界上每个人只有1平方码的土地。

37. 轮动思维法

轮动思维是指依照目的的要求，轮番操作并列关系的几个子系统的思维方式。轮动无固定格式，如同下棋，该出马则出马，该动炮则动炮，因势轮番作业。

号称"圆舞曲之王"的奥地利作曲家斯特劳斯1872年到美国旅行。美国有关团体同他签定了一项合同，要他在波士顿指挥一次由两万人（包括声乐演员）参加演出的音乐会。为此，美国特地盖起一座能容纳两万名演员和数万名观众的大厅，这么庞大的乐队，斯特劳斯一人当然无法指挥。但他想出了一个好办法，演奏那天，他指挥得很好，近两万件乐器发出震天的乐声，数万名观众掌声雷动，真是盛况空前。

斯特劳斯想的是什么办法呢？

【解析】他的办法是：由他任总指挥，下设100名助理指挥。开场用鸣炮作信号。斯特劳斯指挥棒一挥，眼望着总指挥的一百名助理指挥紧跟着也相应指挥起来，2万多件乐器霎时齐鸣，数万名观众掌声如雷，真是世上少有的壮观。斯特劳斯的多元轮动，无论在空间上还是时间上都是独特的。但是他运用多元轮动的思维，将指挥权运筹于股弦之中。在时间上相互穿插，彼扬我抑，彼抑我扬，；在空间上既分而治之，又以连动方式彼此呼应、相互配合，构成了一个完整的、多层次的轮动系统，取得了神奇的效果。

### 38. 顺势思维法

在解决问题的过程中，充分利用已有的全部信息和条件，人的思维延着事物发展的方向进行发散，从而寻求问题解决的办法，这就叫顺势变通。

第二次世界大战后期，德国法西斯企图绑架丹麦著名核专家波尔博士，强迫他为德国制造原子弹。

丹麦地下抵抗组织得到消息，立刻帮助波尔逃往国外。临走时，波尔告诉抵抗组织的人：他的大部分研究资料还在办公室，已无法取出，但是有四张记着关键公式和重要数据的手稿，塞在他住所牛奶箱后面的砖缝里。他请求抵抗组织赶快设法把他的手稿取出来。波尔博士知道德国兵把守严密，就给地下抵抗组织出了一个主意。

第二天清早，十四岁的尼斯扮成送牛奶的孩子来到波尔住所，没费什么周折就取到了手稿。但当他推着送奶车出门时，就发现十字路口有几个德国兵把守，正在严密搜查过往行人，还有几个盖世太保向波尔住所走来。尼斯按波尔博士办法，顺势闪进了身旁的邮局。

尼斯不能在邮局久留，几分钟以后，尼斯推着车走了。在十字路口，盖世太保对他搜查得非常严密，但什么也没搜到。

两天后，地下抵抗组织拿到了那四张重要的手稿。

那么，波尔博士给尼斯出了一个什么主意？

【解析】尼斯在邮局里将手稿装进信封，寄往地下抵抗组织成员的家里。

### 39. 空间思维法

空间思维过程主要在事物形态、大小、位置的变换上进行分析、综合、比较和概括。

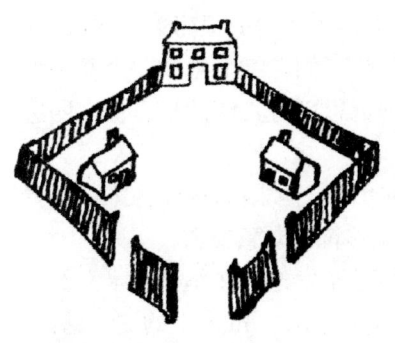

萨姆·罗伊德是美国最出名的智力难题设计家。他十四岁那年，就在《纽约星期六使报》上发表了他的第一个空间思维国际难题。到20岁时，他就获得了"娱乐活动史上最伟大的国际难题的发明家"的称号。罗伊德在10岁前，就发明了一些很吸引人的空间思维难题。其中之一是关于三个合用一个院子的男人（如左图）。这三个男人分别从不同的院门，即正对每个人家的出口处，都在院内修了一条通向自己进出院门的小路。这三条小路，互不交叉。请问，他们是怎样修筑的？

【解析】如下图：

### 40. 实证思维法

林肯在担任总统之前，曾经当过一段时间的律师。有一次，他得知自己亡友的儿子小阿姆斯特朗被指控谋财害命，并已初步判定有罪，于是就以被告辩护律师的资格，向法院查阅了全部案卷。

原告方面的一位证人福尔逊发誓般地提出证据，说10月18日晚上11点钟，在月光下他清楚地目击小阿姆斯特朗用枪击毙了死者。按照美国法庭的惯例，作为被告辩护律师的林肯和作为原告证人的福尔逊，进行了一场面对面的对质。

林肯："你发誓说认清了小阿姆斯特朗？"

福尔逊："是的。"

林肯："你在草堆后，小阿姆斯特朗在大树下，两处相距二三十米，能认清吗？"

福尔逊："看得很清楚，因为月光很亮。"

林肯："你肯定不是从衣着方面认清的吗？"

福尔逊："不是的，我肯定认清了他的脸蛋，因为月光正照在他脸上。"

林肯："你能肯定时间在11点吗？"

福尔逊："充分肯定，因为我回屋看了时钟，那时是十一点一刻。"

林肯问到这里，就发表了辩护演说，用实证说明这个证人是个彻头彻尾的骗子，他在作伪证！

你知道林肯说的实证是什么？

【解析】因为10月18日晚是上弦月，到了11点钟，月亮早就下山了，所以不可能有月光照射被告者的脸。因此说福尔逊的证词是虚假的，根本不能作为判案的依据。

### 41. 立面思维法

俄罗斯大军事家苏沃洛夫很善于突破平面思维。他给将士们出了道看似很简单的测试题：在一块土地上种植四棵树，要求每两棵树之间的距离都相等。将士们在纸上画了一个又一个图形，有正方形、梯形、菱形、平行四边形……等，大家感到百思不得其解的是，什么四边形都不行。

这时，苏沃洛夫给大家点破"天机"：把其中一棵树种在山顶上！因为这样一来，只要让其余三棵树与山顶上的那颗构成正四面体（等边锥体），就能够符合题意要求。

苏沃洛夫巧借"种树"的道理启发将士们的空间想象能力，激发他们在军事战术上的立体思维，使将士们加深对四面体空间特征的理解。现在他又给将士们出了战术上的测试题：

兵营布哨，地势平坦。三个士兵按等边三角站住。现在头儿又想增加一个哨位，其位置也与其他人的间距一样，该怎么办才好呢？

你能按苏沃洛夫的要求布兵么？

【参考答案 32】这个难也不难，那就是，在等边三角中心位置竖一高度与三角边长一样的哨兵塔楼即可。

42. "奥卡姆剃刀"思维法

600 多年前，教皇约翰二十二世把一个神学领域的异端分子关进监狱，目的是不使他的思维得到传播。这个异端分子叫威廉·奥卡姆。上帝保佑，奥卡姆竟然逃跑了，并投靠教皇的死敌——德国的路易皇帝。他对路易说："你用剑来保卫我，我用笔来保卫你。"

奥卡姆一生写下了大量的著作，但最享盛名的只有 8 个字："如无必要，勿增实体。"即如果没有必要，就不应该去增加事物实际存在的含量，换句话说，其本意是：只承认一个确实存在的东西，凡干扰这一具体存在的空洞的普遍性概念都是无用的累赘和废话，应当依据这一原则一律取消。这一似乎偏激独断的思维方式后来被称为："奥卡姆剃刀思维"。

德国的路易皇帝很喜欢收集名画，皇宫到处挂满了历代名家之作。有一次，皇宫进行了一次有奖智力竞赛，其中有这样一个题目：如果德国最大的博物馆失火了，而当时的情况非常紧急，只允许你抢救出一幅画，那么，你会去抢救哪一幅画？结果，在皇宫所收到的成千上万份回答中，奥卡姆的回答最佳，获得了很大一笔奖金。

他的回答是什么呢？

【解析】奥卡姆的回答是："我要抢救距离出口处最近的那一幅画。"他的理由是：成功的最佳目标不是最有价值的那个，而是最有可能实现的那一个目标。人生有很多的目标，有近的，也有远的，如果要想不白费力气，使我们的努力能够达到最佳结果，那么，最好的办法就是尽可能地选择那些离自己最贴近的目标，千万不要去做那些只是想入非非、可望而不可及的蠢事。

43. 弃子思维法

有所弃方有所得，是从棋术迁移过来的理论。客观事物的空间属性和时间属性在一定条件下是可以互相转化的，那么，人们的思想观点和理论观点也可以作相应的调整。弃子思维即放弃原来的计划、策略、项目等而作相应的调整。

1938 年，匈牙利人拉德依斯拉奥·拜罗发明了圆珠笔。由于有漏油的毛病，这种笔风行了几年，便被抛弃了。1945 年，美国人米鲁多思·雷诺兹发明了一种新型圆珠笔，也因漏油的毛病而未获得广泛应用。为了解决圆珠笔的漏油问题，许多人都循着常规思路去思考，即从分析圆珠笔漏油的原因入手来寻找解决办法。漏油的原因很简单，笔珠由于写了 20000 多字后磨损而蹦出，油墨也就随之流出。因此，人们首先想到的就是增加笔珠的耐磨性能。于是，许多国家的圆珠笔商投入大量经费进行研究，甚至使用耐磨性能极好的不锈钢和宝石来做笔珠。耐磨性能问题得到了解决，但又出现了新的问题，由于笔芯头部内侧与笔珠接触的部分被磨损，又产生了漏油的问题。

正当人们对圆珠笔漏油的问题一筹莫展的时候，日本的发明家中田藤山郎非常巧妙地解决了圆珠笔的漏油问题。他是这样思考的：既然增加笔珠的耐磨性不能实现，那么，不如干脆放弃增加笔珠耐磨性的努力，而把圆珠笔写的字数控制住，不就能解决漏油的问题了吗？

你知道他这一简单有效的办法是什么？

【解析】减少油量，每支笔的油都只灌到能写 15000 字左右的量。他是这样思考的：既然圆珠笔是在写到 20000 字开始漏油的，那么如果控制圆珠笔写到 15000 字左右，不就能解决漏油的问题了吗？

## 44. 三维思维法

瓦特获得了蒸汽机专利后,从一个大学实验员一跃为波士顿——瓦特公司的老板,还成为英国皇家学会的会员。在一次皇家音乐会上,有个贵族故意嘲讽地对他说:"乐队指挥手里拿的东西在物理学家眼里仅仅是根棒子而已。"瓦特回答:"是的,那的确是根棒子。我们都知道用这样3根棒子,可以组成5个直角。可是我还可以组成12个直角,而你最多却只能摆出六个直角。"

这个贵族不服气地用3根指挥棒摆来摆去,但始终无法摆出12个直角。

试问你能摆出几个?(指挥棒的粗细可以不计)

【解析】这个问题如左图所示,它可以较好地促使我们的思维从平面转向立体。一个经过思维训练的人,一看到三维空间的形态,就能使自己的思路开阔起来。

## 45. 添加思维法

美国著名的旅馆业大亨希尔顿很欣赏这样一个童话:有一个百鸟献羽,将一只无毛丑鸟装扮成凤凰。他认为,在创造技法中,通过对事物的增添扩充,使其性能更为完备,使其功用更具特色,即使原本无名丑鸟,也能变成光彩四溢的凤凰。

希尔顿年轻时准备到阿拉伯推销地毯。临行时,朋友们纷纷劝阻他。因为众所周知,阿拉伯的地毯业在全球首屈一指,而且畅销全球。他的举动无疑是班门弄斧,注定要失败。

希尔顿偏偏不甘罢休。他带着自己的地毯来到阿拉伯,一开始,正如朋友所料,几乎赔了老本,但他却发誓不成功绝不罢休。

希尔顿一面继续四处推销,一面认真观察当地风俗人情,他发现阿拉伯国家的人大多是穆斯林教徒,每天都得跪在地毯上,朝着麦加的方向祷告。

希尔顿突然想到个好主意。他巧妙地设计出一种能帮助穆斯林教徒朝着麦加的方向祷告的地毯。这个小小的创新,不但使希尔顿销光了所有积压的地毯,而且从此在阿拉伯的地毯市场上占据了一席之地。

你知道希尔顿采取了什么方法吗?

【解析】在地毯上添加一枚指针固定指向北方的小罗盘,也就是说无论何时,它的指针都指向圣城麦加的方向,然后,希尔顿将此种小罗盘挂在自己的地毯上,专供穆斯林教徒们在祷告时用。

## 46. 换轨思维法

换轨思维用一句通俗的话解释,就是指思维完全摆脱原有轨道,对思维路径作出更大的跳跃。

马尔斯是法国历史上以公正、严厉著名的大法官。他用换轨所做的许多判决,已成为司法经典。

法国一对离婚夫妇,为两个亲生骨肉的抚养权和住宅居住权互不相让,最后只好再次对簿公堂。法官庄严地宣布了判词。这份判词令当事人、公众舆论都大吃一惊。但仔细回味,无不承认这是绝妙的判决。判词是:

鉴于父母离婚的最大受害者是孩子,为了保护儿童的合法权益,本庭判决如下:父母归两个孩子所有;原有住宅的居住权也归孩子所有,而不判给离婚的母亲或父亲。

但对离异的父母该做什么,你知道马尔斯法官是怎么判的吗?

【解析】马尔斯法官判决是:离异的父母定期轮流返回孩子身边居住,履行天职,直到孩子长大成人。

47. 造势思维法

造势是指在思维的过程中,调动已有的全部信息,创造有利于解决问题的条件,从而将弱势逆转为强势,将不可能的事情变为可能。

伟大的印象派画家毕加索,少年闯荡巴黎的时候,默默无闻,非常贫穷。他的画一张也卖不出去,因为画店老板主要是经营一些名家的画,可是,当时毕加索的名字没有任何的光彩。

当毕加索的口袋里只剩下15个银币时,他决定孤注一掷。他雇用了几个大学生,让他们每天都在画店里转悠,每个人在临走的时候都要询店老板:"请问,你们这里有毕加索的画吗?……""请问,在哪里能买到毕加索的画?""请问,毕加索到巴黎来了吗?"

请问,毕加索这样做使用的是什么计谋?请想象后面发生了什么事情。

【解析】毕加索使用的是造势变通之计,也就是在绝望中造就了一个先声夺人之势。他雇用了几个大学生在画店里转悠,不到一个月,巴黎大大小小的画店老板的耳朵里都灌满了"毕加索"几个字,他们多么渴望能够见到这个先声夺人的毕加索!直到这时,毕加索才露面,他带着自己的画出现在如饥似渴的画店老板面前,成功地拍卖了自己的作品,一夜成名。这是针对那些画店老板根深蒂固的社会偏见而设计的"小动作"。如果他要按照社会的惯例,耐心地等候画界的接纳,也许会比另外一个印象派的大师凡高的命运更加悲惨。凡高是在饥寒交迫中用子弹结束了那颗伟大的、天才的大脑的活动。现在,全世界都接纳了毕加索的艺术。人们微笑而宽容地谈论着当年毕加索自我拍卖——一夜成名的怪招,因为他的画毕竟是真正的艺术瑰宝。

48. 反向思维法

柏拉图是古希腊最著名的唯心论哲学家和思想家,28岁至40岁,他都在海外漫游。有一天他来到西西里一个镇上小住。小镇只有两位理发师,他们各开了一家发廊。这两家发廊可谓天壤之别:一家窗明净几,理发师本人仪表整洁,发型大方得体;另一家则是又脏又乱,理发师也不修边幅,头发乱糟糟的。柏拉图想理一下发,他观察了这两家发廊后,却走进了那家脏发廊。请问这是为什么?

【解析】因为干净发廊理发师的头发肯定是那位脏发廊理发师理的。

49. 简化思维法

有一天,爱迪生在试验室里工作。因为急需要知道灯泡容量的数据,而手头上的工作太多,他便将一个没有上灯口的灯泡交给了他的助手阿普顿。阿普顿是大学数学系的一位高材生,让他把有关的数据算出来,应当是很容易的事,他接受了任务后,就去了另一个房间,他要认真地进行测量演算。

过了很长的时间,爱迪生把手头上的工作全部忙完了,还没见到阿普顿过来,便亲自去找他。一进门,却见他还在忙着计算呢,桌上演算的纸张已经放了很多。

爱迪生站在一边,问道:"你还需要多长的时间?"

阿普顿说:"一半还没有完成。"

爱迪生这才看明白,他的助手是用软尺测量了灯泡的周长、倾斜度以后,正在用复杂的公式进行计算。

这时，满头大汗。干得正起劲的小伙子还想把运算的程序说给爱迪生听。爱迪生没有等他说完，便拍了拍他的肩膀说："你别忙了，小伙子，这么干。"爱迪生拿起那只空灯泡，采用一种简单的方法，仅仅一分钟就得出灯泡容量的数据。

阿普顿看见爱迪生采用如此简便的方法，脸一下子红了。

你知道爱迪生采用什么方法？

【解析】先向灯泡里注满了水，然后把水倒在量杯里面，即可读出它的容量。清朝怪才郑燮的《楹联》中有"删繁就简三秋树，领异标新二月花"之佳句，删除繁琐的，使之趋向简约，是古今中外思想者一致认同的思维理念。用替代、限定、简化的方法改变事物的功能性质即为删繁就简。

## 第三节　W-QIUS图式创意命题技术

图式创意是什么？图式创意是传统的叛逆；是打破常规的哲学；是导引递进升华的圣圈；是一种智能拓展；是一种文化底蕴；是一种闪光的震撼；是破旧立新的创造与毁灭的循环；是宏观微照的定势，是点题造势的把握；是跳出庐山之外的思路；是超越自我、超越常规的导引；是智能产业神奇组合的经济魔方；是思想库、智囊团的能量释放；是深度情感与理性的思考与实践；是思维碰撞、智慧对接；是创造性的系统工程；是投资未来、创造未来的过程。简而言之，图式创意就是具有新颖性和创造性的想法。

### 一、创意与抽象

创意是感性思维的衍射和深化。我们在第一章论述过，图式不仅是感性思维的内容，而且也是创造性思维的基础。图式经过抽象概括等加工过程，将那些个别非本质的不重要不突出的东西去掉，就把事物特有的普遍的重要的本质的属性突出了出来。这些保留着事物本质属性、重要特点，又十分简要、抽象的图式，就是概念。概念一旦形成，人的思维活动就进入了理性思维的范畴，开始了逻辑思维活动。由概念通过想象结构得到的图式，我们一般不再叫图式，而叫意象。意象虽然也是一种图式，但它却是通过概念的想象得到的。这其中有逻辑思维的成果，是人类伟大的创造力的体现。发明家、艺术家、工程师等的发明创造，往往就是他们头脑中意象的实现，是他们意象创造的结果，这种意象创造也就是我们下面要研究的图式创意

#### （一）图式抽象

图式创意的关键在于图式抽象过程的。图式抽象，是意象变形运动中的一种。有人认为意象变形运动主要是"情感表现性特点"的变化所引起的拓扑之变；而意象抽象运动主要是人们内在"秩序要求"所引起的"具象形式化"[1]，从而导致的繁简之变。

感性认识一定会上升为理性认识，具体生动的图式一定要演化为抽象图式，就如同青年人一定会走向壮年、老年一样，我们每个人想象中的意象，都会由生动具体的形象→模式化意象 →粗线轮廓图形→标志性符号（抽象形式）。不但每个人如此，进而可以说在总体思维中的意象运动亦是如此。

---

[1] 王宝增.意象抽象运动.思维科学通讯，2009（2）

具象性抽象，遵守着"由写实到抽象"的趋向，其所显现的"象"日益疏离原初的物象。阿恩海姆（Rudolf Arnhaim）关于抽象的定义："许多经验中的现象都是围绕着一个'简单而又集中的阶段'（或时刻）组织起来的"。这个"秩序结构"演化为表现形态时，我们把它叫做"形式"，它包含于具象之身，就如埋葬在血肉之内，所以抽象形式就如同从血肉中"剔出"、"抽取"、"提炼"出的，绝不是外加的。在美术的范畴内，抽象是美的也是丑的。抽象的表现是最简单省力的，也是最复杂费力的。从理论上讲，抽象体现出的是人为的主观意识，因此抽象画最好画，只要会拿笔，只要画得怪，都可以称之为抽象画。现今无论是国内还是国外，都有相当数量的人热衷于抽象艺术，看似艺术繁荣，其实并不尽然，因为在这诸多的主张抽象的画家中，有才气的画家视抽象艺术为最美但又最难画，其中包含的艺术内涵太丰富，难以表现得有"理"有"术"。毕加索终生喜欢画牛。年轻时他画的牛体形庞大，有血有肉，威武雄壮。但随着年龄的增长，他画的牛越来越突显筋骨。到他八十多岁时，他画的牛只有瘦瘦数笔，乍看上去就像一副牛的骨架。那些牛的外在的皮毛、血肉全没有了，只剩一副具有牛的神韵的骨架了（如右图）。

阿恩海姆认为，图式具有明显的抽象能力，图式的抽象舍弃了事物无关紧要的东西，保留其主要特征。这个主要特征，一方面合于对象所具备的"秩序结构"一方面合于被试内在的（预成图式中的）"秩序结构"。图式的抽象就是被试以内在"秩序结构"（多数情况下被看作"情理结构"）对意明象"有价值特征"（有价值则视为主要，无价值则视为无关紧要，而"价值"则由心灵"秩序结构"决定）的提取的结果，若把意象视作（理解），一个动词，就是进行提取或提取过程；所以我们把它叫做抽象运动。

想象结构和抽象结构是人脑中形象思维和抽象思维之间联系的桥梁。抽象结构将形象思维的核心内容——图式转化为概念，实现形象思维到理性思维的转化；而想象结构却正相反，它将抽象思维的核心内容——概念转化为意象，完成由抽象思维到形象思维的回复。就在这一往一复之间，人的思维又向前跨进了一大步，构成了一个内在的向前发展的循环。这个内在的向前发展的循环就是创造性思维结构，是人类思维的核心系统。因此，图式加工命题技术是创造性思维测量必须大力开拓的一项工程。

图式的抽象（或简化），也是紧接着意象显现的后续运动，它与意象变形是同一层级的思维现象。另外，图式抽象也使意象的形象特征发生了变化，故我们曾说它是意象变形的另类。

在创造性想象中，同是抽象化的意象程度的不同。当一个意象已经在抽象化的道路上走得很远了，当它尚未走到终点时，这样的抽象意象并未完全抛弃意象的"生动整体"中感性信息的"生动"性，这时我们仍可以对它进行分析、分化、分解、抽取其整体的个别要素，以满足不同的需求。

**（二）图式抽象的依据**

图式抽象的有两个依据，一是客观根据，二是主观根据。

1. 客观根据

图式抽象的客观根据——物质世界运动秩序。早期抽象主义理论家沃林格（W. Worringer）认为"抽象的冲动"产生于对"秩序"的要求，而秩序，他认为是"从自然原型中抽取出的法则"。当人未能认识面对世界所隐含的秩序时，内心会萌发一种"抽象冲动"（抽出世界秩序的需要）。爱因斯坦在他的科学实践中"发现世界是在以严整的秩序运动"。并为之激动不已。

宇宙的秩序被发现、认识之后，就被人工制作的某种表现形态的秩序所代替，表现在艺术创作方面，那是由语言、音响、线条、色彩等构成的表现形式，以其独特的规则、章法、呈现世界秩序。

总之，心理上（内在图式）对秩序的要求，来自客观世界的运动"秩序"；人造的抽象形式体现着世界的运动"秩序"，对这种秩序的关照与发现会满足人对秩序的要求，从而获得美感。

2. 主观根据

图式抽象的主观根据主要有以下几点。

（1）抽象冲动说与内在需要说。抽象冲动说认为，现象世界五光十色与变动不居造成了人们心灵的不安，当尚未认识其中的秩序与规律时，就会萌生一种巨大的要求安定的心理欲望，强烈的抽象冲动就这样产生了。所以沃林格认为："抽象冲动是由外在世界引起巨大的心理不安的产物"。抽象冲动是图式运动的内在动力，艺术抽象也是因为它（对秩序的要求，要求慰服抽象冲动的心理愿望）而产生的。

沃林格把抽象的根本规定为秩序感。他说："第一性的东西不是自然原型，而是从自然原型中抽出的法则"。这种法则就是从纷乱的自然世界中整理出的秩序，把纷繁杂乱的世界秩序化，也就是抽象。把外在世界的秩序从它的变化无常的偶然性中抽取出来；把它从自然的关联中，从无限变幻不定的存在中抽离出来；使之永恒并合乎必然，使之接近其最高价值；如此而行并获得成功，就会获得形式美。

（2）知觉、思维的抽象机能。我们的知觉结构，生来就有一种忽视细节的抽象机能，我们在创造性想象（形象思维）内在关照某一"物象"时，也总是去捕捉对称、简洁、整一、精确度图式，以组织与建构关于物之"象"。尤其是当我们的注意集中于所感兴趣的那些有价值的因素时，知觉或观照不但可以忽略对象的细节，而且可忽略对象的整体，而且可以忽略整个宇宙。

生活或对象中的纷繁的具象性形象信息，经过创造想象（形象思维）内在观照的选择，只有被注意到对象身上的最有价值特征，显现为图像，它是被知觉或内心观照的抽象机能"制作"的简化图形。"我们的知觉偏爱简洁结构、直线、图形以及其他简单秩序"[1]。想象的内在观照，亦复如是。

（3）情感、理智对象图式抽象的作用。情感最是普遍存在，微妙难察。宇宙间万物，都以其形象对应着我们心理上相应的情感模式，所以当我们观看浩渺的宇宙，就觉得它到处、随时向我们内心中构成一个"情象模式"，这正是"情"对"物"的选择。从万物中择一物，从一物多特征中选一个"情感表现性特征"，世界就在这情感选择面前简化了、抽象了。被选择的保留，丢弃其他，图式被抽象了。这是从"以情择物"的"情"这一方面说的。

---

1　E. H. 贡布里希. 秩序感. 杭州：浙江摄影出版社，1987

情感之于对象的选择、把握，并不遵守"务实求详"的原则。它就像一个饥饿而视力模糊的人，对于一块月饼，只要能吃就是好的；至于形状、色彩、花纹如何，并不重要；情感使人所见，只在对象与需要之间确定对应关系，专拣符合需要与愿望的物及其形式去看，其他则视而不见。所以，情感在进行选择时又是无情的，不讲情面的。

### （三）图式抽象的形式

这里说的"形式"，是一个相对来说很狭义的概念，专指图式中抽象运动中具象性（在现性）被全部舍弃之后所得到结果，它是仍可感知的非具象性的可以表现情意的载体样式。若按沃林格的理论解释，是将内在的抽象冲动，即心理上对秩序化的需要赋予一定的可见闻到表现性载体。这种形式，既是心灵的东西，也是物质对象的东西，体现着精神与物质的结合。

从不同的方位观之，可以见出"形式"的不同性质，当它呈现在我们的眼前，它是一个物质性的客观存在物；当它于被试内在图式中作为一个"内在形式结构"（心理结构）时，是精神的存在；在思维测量的过程中，当我们以形式化的形象和情感来把握测量对象时，它是一个类创造的认知：如果我们以绘画为例，那形式就是线条及其所构成的轮廓；如果再提高一步，视那抽象后的意象为美的表现，那形式就不只是从线条所感知的轮廓，而是它的鲜明、雄健、刚柔、秀雅、优美。

首先，形式要素存在于生活中，对象上，一定量时空域中的生活，世间万物作为存在的客体对象，它们都具备可以构成形式的"基因"，或者说，外在于被试的形式结构。否则在意象抽象运动中被试所要把握的最终形式，到哪里去把握什么？

其次，形式美，不是凭空捏造的，它是被试长时间地对生活对象进行捕捉、咀嚼、吸收的结果，那真是踏破铁鞋无觅处，众里寻他千百度，一方面是不断地积累、丰富；一方面选择、丢弃、蒸发，最后把生活、对象所具备的形式要素，结晶为心理上的"内在形式结构。"

再次，被试在心理上建构了"内在形式结构"之后，再看测量对象时，就把它投射到测量对象上，这时被试就是在用"内在形式结构"捕捉测量对象的形式要素，也就是说被试在把握测量对象上的形式是凭着自身的"内在形式结构"。

最后就自然形成如下的结论：是被试的"形式要素"在长期的生活中积淀成"内在形式结构"；被试把它投射于生活、对象，并把握其中的"形式要素"，进而又将这种能力转化为"内在形式欲望"；在图式抽象中把具象抽象为形式。

## 二、图式创意的过程。

图式创意一般分三个阶段。我们以著名的苹果电脑标志为例，从下面三幅图中，我们可以看同样的苹果图形，怎么从实体演变为标志的：

（1）　　　（2）　　　（3）

图（1）为实体设计，它以"实体化"为目标。比如这款苹果图形就以"苹果就是苹果"

为概念，标志设计就像绘画一样真实表现实体。"实体化"的标志当然缺乏思想性和艺术性。

图（2）为润泽设计。他在实体设计的基础上再深入简化图形的非重要部分（比如简化苹果的枝叶），更精炼化主要部分（比如圆润苹果的果身），以便于增加美感和记忆元素。

图（3）才是创意设计。因为它除了具备了实体设计和润泽设计的因素外，更融入了"与众不同的设计理念——创意"，以苹果为标志的公司太多了，设计师必须以苹果公司的公司理念为基础来思考图形的创意，因此这个理念也是设计过程中时刻要注意和表现的，它要求创意设计作品必须脱离实体化或在仅仅止于润泽的倾向，要具备不雷同的气质形态，并且给不同视觉受众群以不同的美好联想，这就是创意设计的要求达到的目标和与普通设计的区别。

图式创意不是在头脑里将图片进行拼凑，而是一种创造性的图式模式。例如在广告创意中，你可能需要将文字语言视觉话，也可能要将平面设计立体化，但这些都仅仅是设计的手段。对于设计人来说，最为重要的不是掌握什么样子的设计工具和手段，而是你有什么样的设计思维。铅笔和尺子是设计工具，电脑也是设计工具，但是不等于电脑先进就能做出比铅笔尺子更好的设计，因此在设计上有想法，有创造力，突破普通的思维方式去寻求设计表现的创造，就是图式创意。

图式创意是创意产业的先导。例如右图显现的是手机的创意产品，这是地道的"手机"，它把"手"和"机"完美结合，表现现代人的功能理念。按照英国的定义，创意产业是起源于个人创造、技巧及才能，透过智力财产权的生成与利用，而有潜力创造财富和就业机会的产业。在此定义之下，英国的创意产业包含 13 个项目：广告、建筑、艺术及古董市场、工艺、设计、流行设计与时尚、电影与录影带、休闲软体游戏、音乐、表演艺术、出版、软体与电脑服务业、电视与广播。

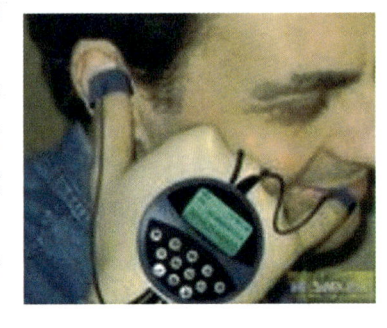

心理科学认为，创造过程包括"显意识激励"、"发散性思维"、"联想思维"、"创造想象"（或"直觉判断"）、"论证检验"等五个环节。如果这一结论是正确的，那么其中属于图式创意的部分是"发散性思维"、"联想思维"、"创造想象"（或"直觉判断"）等三个环节。围绕这三个环节，我们设计了多种创意命题，除广告创意外，还有功能创意、涂鸦创意、漫画创意、艺术创意等。当然，我们的训练并不能穷尽所有的创意形式，但可以帮助我们建树自己的创造图式。

## 三、图式创意命题例举

### 1. 功能创意（一）

创造性思维的功能首先是主体对实践过程中的各种信息进行调节和控制的能力。如同认识与实践的关系一样，创造性思维的功能识别与创造性思维的潜能也是密切联系的。右图是 Yun Hwan Sung 设计的钥匙优盘。请你设想该设计增添了优盘的什么功能？

【参考答案】钥匙优盘如果仅仅只是一个外表很像钥匙的优盘，显然有些华而不实。不如这款带锁的优盘：它真真正正的实现了将优盘加密，而且是纯硬件加密方式。在上方有一个圆环，四周有很多数字，在使用优盘前需要转动圆环，就像打开保险柜那样，然后才可以用一个推送装置将优盘的接头推出来，进行使用。这样的方式极大地提高了优盘内数据的安全性，如果不进行毁灭性的破解，那么如果没有密码的情况下，是休想得到优盘内数据的。让我们回顾一下：移动存储设备由软盘 - 光盘 - 优盘，直到现在提出要将优盘加锁，这个过程已经足以说明：人们已经慢慢地习惯将重要数据保存在电子设备中了，所以安全问题是重中之重，不可忽视，哪怕只是一个优盘，里面也可以存储无数个账号和密码。

2. 功能创意（二）

请你设想该设计增添了钟表的什么功能？

【参考答案】钟表如果仅仅只是增添外表的色彩，显然是不够的，右图中钟表设计的功能是让钟表到时能使灯泡亮起来，聋哑者对这种功能尤为欢迎。

3. 设计创意

现代生活，人们越来越有一种贴近大自然的冲动，而家具设计师们正是看到人们这种心理需求，在自己的产品设计中融入了自然地气息。下图中这些设计都是同一功能的生活用品，你知道是什么吗？

（1）　　　　（2）

（3）　　　　（4）

【参考答案】这些都是防滑垫。

4. 涂鸦创意

下面的行人斑马线够创意的吧，但还不能令人耳目一新。你对斑马线有什么创意？画得越多越好。

【参考答案】下面六图都是欧美国家的设计，供参考。

5. 双关创意

下面这幅爱因斯坦的头像，如果仔细观察，可以发现其面部寓意较为含蓄，你能将其可能双关的轮廓勾勒出来吗？（提示：爱因斯坦的面部由三个人物与五官构成双关）

【参考答案】爱因斯坦的面部由三个浴女与五官构成双关（如下图）：

6. 连接创意（一）

日本心理学家多湖辉曾发起让头脑进行暴风骤雨般的思维训练。下面这道题大致体现了他的设计思想：他假设了一个最简单的问题，一个看似只有唯一答案的问题，请将这两点连接起来（如下图）：

最直接的办法就是将 AB 两点用一条直线连接起来。但是，思维继续扩散的结果是，一些新的连接方法出现了（如下图）：

 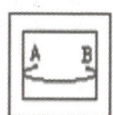

更进一步的扩散，你还会发现有更大的空间在等着你。你能画出来么？

【参考答案】如下图：

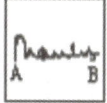 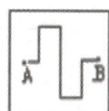 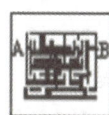 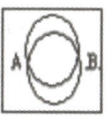

7. 连接创意（二）

下图（1）是著名的九子图，无数心理学家不厌其烦地用它来做创造案例，它一般要求：
（1）用四条直线把所有九个点连接起来；
（2）不能移动任何点；
（3）连线必须一笔完成；
（4）连线画完前，笔不能离开纸面。

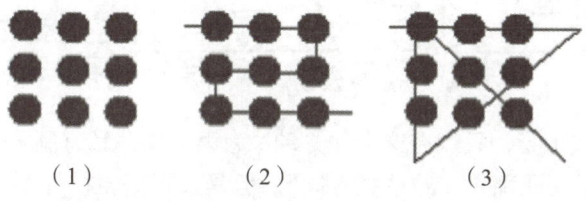

大家知道 5 条直线是很容易做到的，如上图（2），但是四条直线的难度就陡然增大了。多数第一次思考这道题的人都一筹莫展，当你绞尽脑汁快要放弃并几乎认为不可能时，一旦下图的答案出现在你面前时，你会惊得哑口无言。是的，这是一个近乎完美的答案。如上图（3）。这里，既没有脑筋急转弯的机智，也不存在偷换命题的狡辩，它符合了一切前定的规则，可我们为什么做不出来呢？这个答案后面真正的意义是什么呢？那就是——发散越界思维。人们在惊讶自己不自觉地陷入九子图边框的同时，发现了隐匿在思维深处的障碍，这是一种无形的边界，它之所以难以逾越是因为人的思考会屈从于一种前提性假设，尽管问题中并未规定直线的长短以及是否可以逾越，但思考总是倾向于将九子图当作封闭的整体，九子图的边界与人们头脑中无形的框式不谋而合了。边界就这样作为前提被无意识地限定了。

还是这九子图，没有心理学家敢做进一步要求，现在我们要求用三条直线把所有九个点连接起来，其他条件不变。

你能做到么？

【参考答案】

如右图：首先改变九个点的属性，将源自希腊几何学关于点的定义重新界定。长期以来在平面几何的思维中，"点"是"没有部分的东西"，"点只是一个坐标"，但是，眼前我们所看到的点却是一个具体的、活生生的、有一定面积的特定的"点"。我们并没有用希腊的定义界定过它，凭什么一定是抽象的"点"呢？可见，从抽象到具体的超越，从理论到现实的超越才是问题的关键。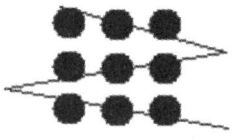

唯有对问题属性的越界思维，唯有这决定性的一跃，才会顺理成章地想到用切线的方法求解。

8. 漫画创意

三天之内，某编辑部连续收到大漫画家华君武寄来的表现同一主题的三幅漫画。他的三次随画附言先后是："忽得一画，不知能用否？""刚寄一画，感到（主题）不甚明确，又想了一幅，可否将前画取消？""前两画均不满，今天重作一幅，请将前两幅取消。"

（1）请指出下面三幅画哪一幅是第一稿，哪一幅是第二稿，哪一幅是改定稿。

（2）"浆遇良才"中"浆"是不是"将"的误写？

（3）有一幅画上画了许多个"士"（棋子），请说一说这样画违反了真实吗？

（4）请以这三幅画为材料，从中提炼出一个正确的观点。

【参考答案】（1）"士嘛，只能在这个地方动"为第一稿，"私有制"为第二稿，"浆遇良才"为改定稿；第一稿原意在讽刺人才的"私有制"，但是，根据象棋规则，"士嘛，只能在这个

地方动"这句话并不错。这样,画的主题就"不甚明确"了。第二稿主题明确,但是,与改定稿相比,无论表现主题的深度还是角度,都略逊一筹。

(2)"浆"不是误写。这里运用的是谐音双关的修辞手法,不仅含有"将"的意思,还含有"糊涂干部"的意思。

(3)符合艺术真实。漫画运用夸张手法,更突出人才积压的弊端。

(4)表现了漫画家艺术上精益求精的严谨态度。

9. 补缺创意

现在,当人们见到维纳斯雕像时,也许认为当时从土中被发掘时就是这个样子。可实际上,被发现时是破碎的断片,经过修复加工接合起来才成为现在这个样子(如下图)。维纳斯雕像在卢浮宫展出后,人们立刻卷入了对雕像争论的漩涡,其争论范围发展到了美术史和整个美学领域。其中雕像所缺两臂的姿态,也许是最使人兴奋的论题了。

这个振奋现代人的杰作,因为欠缺,引起了人们各种想象。你又是怎么想的呢?你能讲出或画出维纳斯所缺两臂的姿态吗?请你提出几个方案来。

【参考答案】

① ② ③ ④

如上图:第一种说法:维纳斯左手拿苹果,手臂搭在木台上,右手紧贴腰布(图①为什么手腕必须放在台座上?难道苹果太重了吗?)

第二种说法:维纳斯两手拿着胜利的花环(图②好像是女神正在进行曲艺表演?!)

第三种说法:维纳斯右手拿着鸽子,左手拿着苹果(图③是喂鸽子吗?)

第四种说法:维纳斯正要入水沐浴,左手曳着头发,右手提着腰布(图④),有这样入水的吗?)……

10. 攻略创意

下图(1)讲在十八世纪的英国文献记载中,曾有利用老鼠作战的记录。现在我们设想有人用这一攻略捣毁敌方伪钞印刷老巢。下图(2)是老鼠喜欢吃调成粘状的谷物,我们把它叫做诱鼠剂。好了,就从做诱鼠剂开始。

下面还有10帧照片,记下鼠战的全过程,包括敌方伪钞印刷老巢的覆灭。请你仔仔细细把它们看过,然后把他的鼠战计划写在每幅图下面,将照片按事件发生的顺序排列起来。

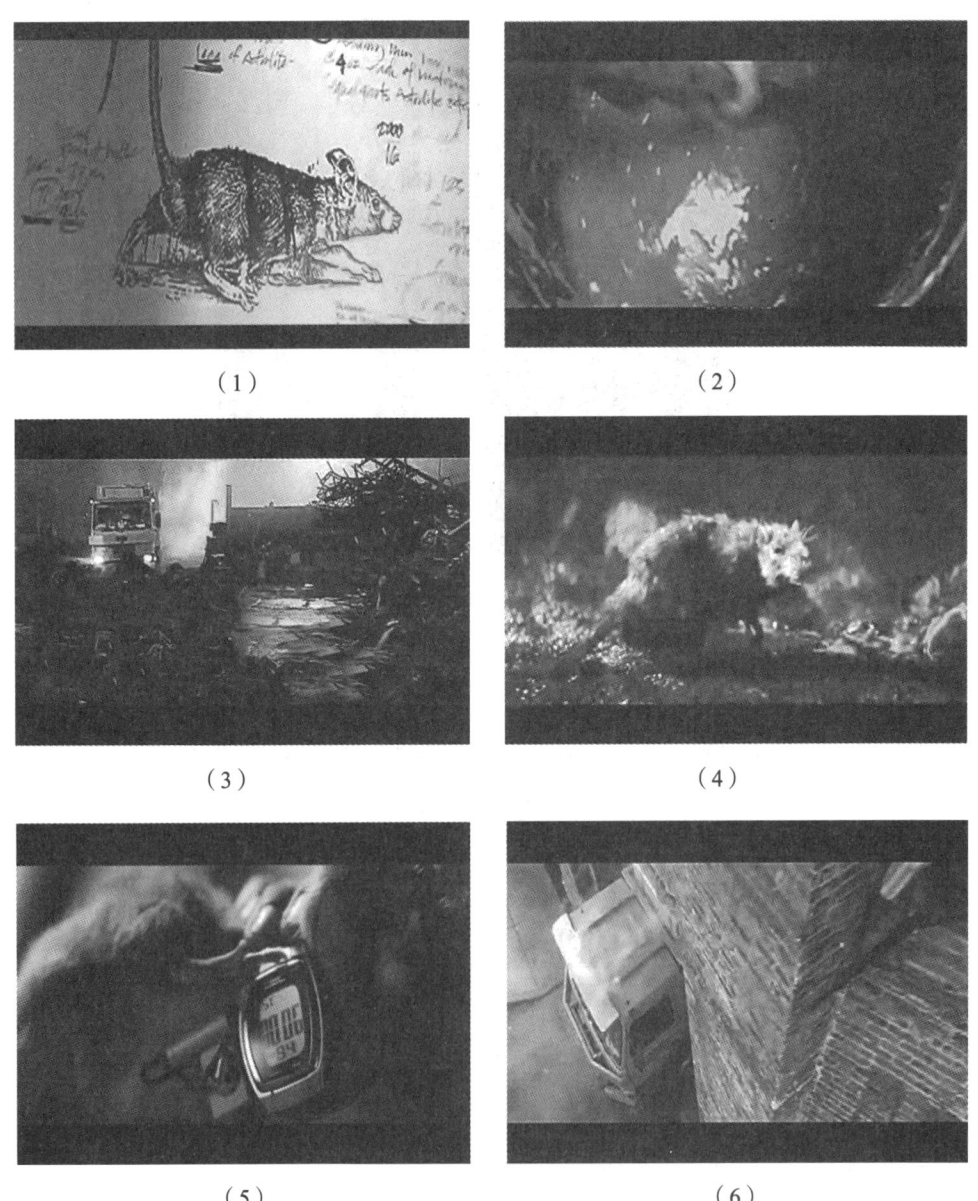

(1)　　　　　　　　　　(2)

(3)　　　　　　　　　　(4)

(5)　　　　　　　　　　(6)

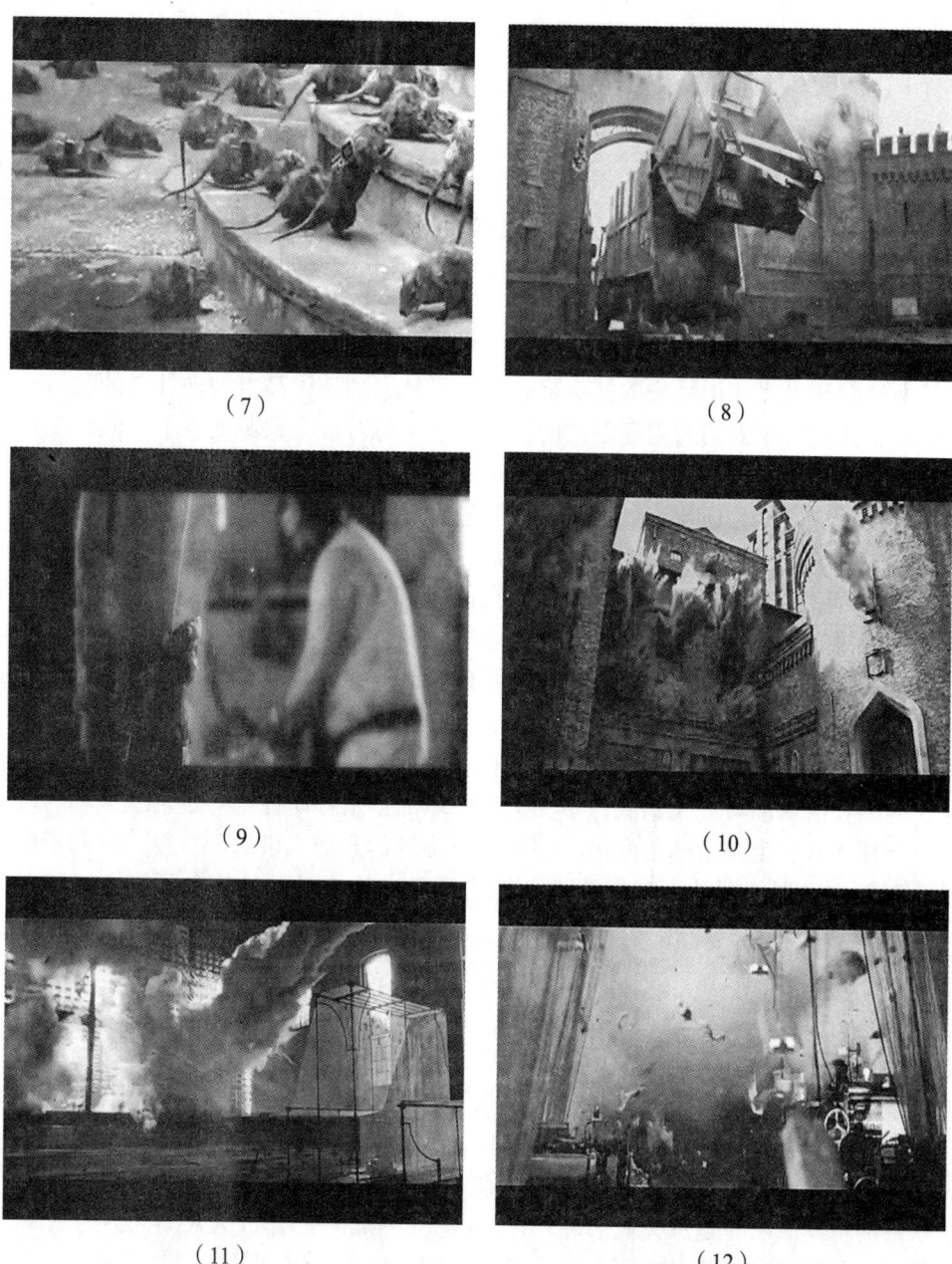

（7）　　　　　　　　　　　　（8）

（9）　　　　　　　　　　　　（10）

（11）　　　　　　　　　　　（12）

【参考答案】
（1）在十八世纪的英国文献记载中，曾有利用老鼠作战的记录；
（2）首先用蜜糖和着老鼠喜欢吃的谷物，调成粘状的诱鼠剂；
（3）然后带着诱鼠剂把车开到老鼠出没的垃圾场；
（4）垃圾场老鼠闻味而出；
（5）扑捉老鼠，将这些老鼠身上绑上可遥控的炸弹；
（6）将车开到匪巢大门口；
（7）掀开后车门；
（8）身上绑有炸弹的大群老鼠从台阶向屋内蹿去；
（9）绑有炸弹的老鼠出现在匪徒面前；

（10）遥控炸弹在房间爆炸；
（11）连匪巢里的印钞机也被炸毁
（12）火越烧越大，匪巢被摧毁。

# 第四节　W-QIUS信息加工命题技术

人是一个开放系统，是社会关系的总和，无时无刻不与外部环境进行物质、能量和信息的交流。信息社会不同于传统的以大量消耗原材料和能源为特征的工业社会，它是一种全新的基于最新科技和人类知识精华的社会形态。信息社会加速了高科技向社会的政治、经济、军事、法律、文化乃至人们的生存方式的渗透，这必将对社会领域的各个方面产生重大而深远的影响，尤其对人类的创造实践活动的影响。人类不仅需要对周围世界的信息有所选择并能做出正确的反应，而且还要有效地运用于创造实践活动。这就是说，创造性思维不仅时刻需要从各方获得信息，而需要对信息进行有效加工，进入思维流程。从以往的文献可以看到，在思维过程、创造性问题解决过程和信息能力方面，都有一些研究，但是，将三个领域加工在一起的研究尚没有看到。现代社会强烈要求的创新能力或者说创造力是什么呢？它实际上就是把头脑中那些被认为毫无关系的情报信息联结、联系起来的能力。这种并不关联的信息之间距离越大，把它们联系起来的设想也就越新越奇。人是不能创造出原始信息的，所以，创造力也就是对已有的信息再加工的过程。创造性信息的加工，涉及决策思维过程、创造性问题解决和信息能力三大领域，是一个跨领域的创新性研究。对于信息量的提取和选择的研究，有利于从一个崭新的角度揭示创造性思维的信息加工机制和规律，有利于创造性思维测量的创新和发展。因此，我们认为，创造性思维的信息加工的命题将会另辟一条测量路径。

## 一、信息与信息加工

自然界、人类社会、思维领域中都存在着大量的自然信息、生物信息、社会信息等。人类自古以来就不断通过感官摄取信息，通过头脑处理信息，通过科学研究和创造性思维产生新的信息，通过语言、文字、图画等交流信息，并根据所积累的信息去进一步认识世界和改造世界。因此，信息既是主观与客观相互联系、作用的媒介，又是物质世界与精神世界相互作用、联系的桥梁。从一定意义上来说，它同物质、能源一起，成为人类社会的三大支柱。

"信息"使用的广泛性使得我们难以给"信息"下一个确切的定义，但是，一般说来，信息可以界定为由信息源（如自然界、人类自身等）发出的被使用者接受和理解的各种信号。作为一个社会概念，信息可以理解为人类共享的一切知识，或社会发展趋势以及从客观现象中提炼出来的各种消息之和。信息并非事物本身，而是表征事物之间联系的消息、情报、指令、数据或信号。一切事物，包括自然界和人类社会，都在发出信息。我们每个人每时每刻都在接收信息。在人类社会中，信息往往以文字、图像、图形、语言、声音、表情、体态等形式出现。就本体论意义而言，信息标志着事物存在及其关系的属性。

创造性思维信息是指创造性思维过程中获取、传递、加工、利用的信息，是人类思维信息的重要组成部分，它们之间具有包容关系。过去认为，信息的含义是情报、资料、消息、报导、知识的意思。所以长期以来人们就把信息看作是消息的同义语，简单地把信息定义为能够带来新内容、新知识的消息。但是后来发现信息的含义要比消息、情报的含义广泛得多，不仅消息、情报是信息,指令、代码、符号语言、文字等,一切含有内容的信号都是信息。

信息与结构有密切联系,结构不同,信息则异,结构决定信息。遗传信息与核苷酸的排列顺序有关;计算机的信息与所给的指令与程序有关;社会语言信息与声、词、词形、句子的排列组合有关。因此,信息本身就是一种模式和组织形式。信息必须有载体,但又不等同于载体。我们不能把信息机械地归结为物质和能量,也不能认为信息可以脱离物质和能量而独立存在。应当既承认信息是以物质、能量为载体,又不否认信息与物质、能量有本质区别。

信息加工是指通过判别、筛选、分类、排序、分析和研究等一系列过程,使收集到的信息成为能够满足我们需要的信息。进行信息加工是为了:①避免真假混杂;②有效地使用;③具有更高的使用价值,包括创造价值。

## 二、信息加工的模型

从信息加工的角度来研究学习,起自不同的来源。有人认为(Ellis,1978),是受了格式塔记忆理论的影响,这种理论强调,有机体如何组织他们记忆的内容,反映了他们是如何主动地组织知觉的方式。也有人(Norman,1970)区分了对当今信息加工理论有影响的三种理论:①由埃斯蒂斯和斯彭思等人最早提出的学习的数学理论(mathematical learning theories);②强调以选择性注意为起点、长时记忆痕迹为终点的信号探示理论(signal detection theories);③注重人工智能和计算机模拟的计算机模型理论(Computer-model theories)。从创造性思维的角度来研究信息加工模型,我们认为主要有理性模型和感性模型两种。

### (一)理性模型

理性模型是指用逻辑程序的方法进行信息加工,其代表是帕恩斯—奥斯本模型。该模型最早是由奥斯本于1963年创立的,后来得到帕恩斯(1981)的发展与完善,后又被伊萨克森和特瑞分格(Isaksen & Treffinger, 1985)进一步发展,由多个心理学家历时20年之久才得到完善。帕恩斯—奥斯本模型在大量的训练计划中得到应用,被认为是效果最佳的教学模式之一。

帕恩斯—奥斯本模型引导主体在创造过程中对照9个方面的问题进行思考,以便启迪思路、开拓思维想象的空间、促进人们产生新设想、新方案的方法。9个大问题:有无其他用途、能否借用、能否改变、能否扩大、能否缩小、能否代用、能否重新调整、能否颠倒、能否组合(例如表14-1)。

表14-1 利用帕恩斯—奥斯本模型引导杯子的创造过程

| 序 号 | 检核问题 | 创新思路 | 创新产品 |
| --- | --- | --- | --- |
| 1 | 有无其他用途 | 用于保健 | 磁化杯、消毒杯、含微量元素的杯子 |
| 2 | 能否借用 | 借助电脑技术 | 智能杯:会说话、会作简单提示 |
| 3 | 能否改变 | 颜色变化、形状变化 | 变色杯:随温度而能变色<br>仿形杯:按个人爱好特制 |
| 4 | 能否扩大 | 加厚、加大 | 双层杯:可放两种饮料<br>安全杯:底部加厚不易倒 |
| 5 | 能否缩小 | 微型化、方便化 | 迷你观赏杯、可折叠变携杯 |
| 6 | 能否代用 | 材料替代 | 以刚、铜、石、竹、木、纸、布、骨等材料制作 |

续表

| 序 号 | 检核问题 | 创新思路 | 创新产品 |
|---|---|---|---|
| 7 | 能否重新调整 | 调整其尺寸比例工艺流程 | 新潮另类杯 |
| 8 | 能否颠倒 | 倒置不漏水 | 旅行杯；随身携带不易漏水 |
| 9 | 能否组合 | 将容器、量具、炊具保鲜等功能组合 | 多功能杯 |

帕恩斯—奥斯本模型对创造性信息加工是很有启发性的。第一，决策总是从发现问题、明确界定问题开始的，是一种目标定向的行为。第二，一个创造性方案的产生总是在收集信息、研究信息、加工信息的基础上产生的。第三，创造性信息加工过程是主动的发散性思维和主动的聚合思维的联合作用的结果。不仅需要发散性思维，而且要对发散出来的各种方案依据一系列标准进行评价和判断，这就需要克服定势和证真偏向。

### （二）感性模型

感性模型是西蒙顿（Simonton，2003）最近提出一个新的创造性思维的信息加工理论，认为创造过程是有限制的随机行为的结果。科学创造所面临的问题往往比较模糊，其中的一些问题空间成分是不清楚的（Klahr & Simon，1999）。通常问题空间信息越模糊，潜在启发的数量便越大，通过任一特定启发获得解决方法的可能就越小。如果这种可能性出现了，那在很大程度上具有随机的感性特性。他认为这一结论的最好例子是最近一项关于遥远联想测试（RAT）的研究结论（Friedman, Fishbach, Forster&Werth，2003）。该研究的理论假设是：创造性是在各个信息概念之间建立遥远联想的能力。西蒙顿认为，如果考虑以下三个方面，便会发现联想层次梯度平坦的被试，其测试结果有明显的随机性，在不同领域里随机过程受限的程度不同。这些限制包括：①对进入组合过程的想法（idea）的限制；②对组合过程完全随机程度的限制；③对确认优秀组合的标准的限制。这就涉及个体因素对创造性过程的影响。个体的信息加工差异变量必然会使联想过程更难预测，更带有随机性。

西蒙顿的感性信息加工过程中，决策者所面临的问题，往往比较模糊，其中的一些问题空间成分是不清楚的（Klahr &Simon,1999），因此在信息的创造性加工中，具有偶然性和随机性。要成功探索投资决策中的创造性信息加工的机制和规律，具有很大的难度，因此，不能通过一个测试就下结论。必须通过一系列测试，借助巧妙的实验设计，才有可能揭示创造性信息加工的机制和规律。

## 三、信息加工命题例举

### （一）命题构想

和以往心理学研究采用简单问题情景不同，信息选择力图还原现实，仿效现实决策中的复杂问题情景。要求被试阅读了下面的6条必要信息以后，提出一个投资建议：

（1）美国居民最常吃的食物是牛肉；

（2）墨西哥刚刚爆发了一种罕见的畜牧类瘟疫；

（3）此瘟疫在畜牧类动物（如猪、牛、羊）中传播非常快，全世界都还没有方法成功地控制这种瘟疫的快速传播；

（4）德州是美国最主要的牛肉产地，占全国牛肉产量的一半；

（5）德州与墨西哥接壤；

（6）美国法律明文禁止疫区食品外运。

这是根据美国大商人亚默尔的一个真实的成功案例自编的投资决策问题。正确的答案是：以最快的速度在德州大量收购牛肉，外运到其他州储存起来。几个月以后，当墨西哥的畜牧瘟疫传到德州，德州牛肉禁止外运，导致牛肉价格暴涨的时候再出售。

信息选择命题，是在上述 6 条必要信息的基础上，增加了与"德州牛肉"问题无关的 14 条干扰信息。干扰信息分为两类：一类是状态信息（关于美国地理、文化等方面的信息），一类是变化信息（关于禽流感发生的变化信息）。

（1）墨西哥刚刚爆发了一种罕见的畜牧类瘟疫。

（2）此瘟疫在畜牧类动物（如猪、牛、羊）中正快速的传播，势不可挡。

（3）人吃了染上瘟疫的动物也会引发严重的传染病。

（4）由于此类瘟疫之前从未出现过，国际上亦对此束手无策，估计数月内都无法控制。

（5）美国民众各大媒体争先报道墨西哥某个村被封锁的消息。

（6）最近亚洲又出现禽流感，日本、韩国正处于禽流感的恐慌之中。

（7）据研究候鸟迁徙是禽流感传播的重要途径之一，因而无法控制。

（8）到目前为止，国际上对禽流感尚无有效治疗措施。

（9）国际卫生组织在日内瓦研讨目前的严峻局势。

（10）美国德州占地 69 万 1 千 30 平方公里，是全美面积第二的大州，与墨西哥接壤。

（11）德州是美国农业与畜牧业的重镇，也因此孕育出了牛仔文化，同时也是美国最主要的牛肉产地，占全美牛肉产量的一半。

（12）由于德州牛肉的产量巨大，因而一直有大量库存牛肉。

（13）美国的加州是禽鸟类生长的天堂，是美国最主要的鸡肉生产基地。

（14）美国居民最常吃的食物为牛肉和鸡肉。

（15）牛的饲养是美国最重要的畜牧产业之一。

（16）牛奶被认为是美国人强身之宝，美国的小孩每天要喝大量的牛奶。

（17）快餐是美国一般居民的主要食品之一。

（18）鸡肉是美国快餐的主要原料。

（19）美国法律明文禁止疫区食品外运。

（20）一旦出现畜禽类无法控制的疫情，国际上都会采取地区封锁以及大面积销毁的措施。

**（二）测量程序和方法**

采用个别测试，让被试设想出答案（或没有想出答案但是到了截止时间）之后，要求被试进行口头报告，回顾自己是排除冗余信息选择出答案的，报告自己"开始怎么想、其后怎么想、最后怎么想"的。

**（三）信息选择命题讨论**

1. 目标在信息的创造性加工中的作用

决策是一个目标定向的思维过程。整个决策过程都是在一个特定目标的指引下进行的，其最终目标也是实现这个目标。从确定如何收集信息、如何明确问题、如何加工信息、如何提出发散出多种供选择的方案，直到对多种供选择方案作出评价并形成最后的决定，都离不开目标的指引。如果目标不明确，那么整个决策过程都将是盲目的、混乱的，这样的决策其结果最终将是低质量的，甚至是错误的。而决策包含了创造性思维的过程。从确定如何收集信息、如何明确问题、如何加工信息、如何提出发散出多种供选择的方案，直到对多种供选择方案作出评价并形成最后的决定，都需要克服定势、打破限制、突破禁锢，产生新颖的、合理的、可执行的新方案。因此，决策过程也包含了创造性的顿悟过程。

2. 关于命题的要点

命题的核心或关键是信息的创造性加工。决策离不开信息，信息不充分或有偏差，决策必定质量低下。但是，在当今信息时代，决策者面临的最大挑战，往往是在大量的信息面前，很难对纷繁杂乱的信息进行加工，并提出一个有创意的完善方案。如果缺乏这种对大量信息的创造性加工，就很难及时把握机遇，很难在激烈的竞争中"出奇制胜"。而这就是我们所说的决策信息的创造性加工。

在本研究中需要对6条必要信息作出创造性地加工，其中有两个需要顿悟的结点：首先要由"（2）墨西哥刚刚爆发了一种罕见的畜牧类瘟疫"和"（5）德州与墨西哥接壤"以及"（3）此瘟疫在畜牧类动物（如猪、牛、羊）中传播非常快，全世界都还没有方法成功地控制这种瘟疫的快速传播"这三条信息综合而得出"德州即将染上此种畜牧类瘟疫"；再进一步发现"（4）德州是美国最主要的牛肉产地，占全国牛肉产量的一半"和"（1）美国居民最常吃的食物是牛肉"会产生牛肉生意也许是一个不错的商机，形成初步的意向。但这里还有一条必要信息"（6）美国法律明文禁止疫区食品外运"，这就是第二个顿悟点：需要将牛肉外运出德州，待到德州牛肉封锁时，全美牛肉的供应将一下子紧缺起来，因而此时抛售早已运出德州的大量库存牛肉，将获得很大的利润。由此可见，这6条信息都对此决策的形成有着必要作用，只有将这6条信息进行充分加工才能得到一个独特的有创意的可行的决策。这个过程需要顿悟的存在，是一个创造性的信息加工过程。这也符合"低进高出"理论，这6条信息都是现实生活中或者已存在或者刚发生的一些看似并无价值也毫无关联的分散信息，产生一个"可行的"且"创新的"（别人不容易想到的）方案。因此从零散信息到形成一个好的方案的过程亦是一个创造性的信息加工过程。

本研究的正确答案必须包含四个要点："在德州大量收购牛肉"、"运出德州"、"先储存起来"、"等待牛肉涨价再卖"，且这四点以外没有错误的要点。

信息的创造性加工是有一定难度的，在大学生被试中，正确率为8.6%。但这比较符合创造性人才的常态分布情况。

3. 结论

通过对决策信息的创造性整合过程中信息的冗余度、冗余信息干扰性质、被试整合信息的策略、被试人格特点等因素对信息的创造性整合的影响的实验探索，在本研究条件下得到以下结论：

（1）信息的创造性整合是一个困难的实验任务，该任务有助于探索人们在信息整合中可能出现的思维偏向和策略缺陷。

（2）专业知识和冗余信息都会增加信息创造性整合的困难，信息整合的领域中存在了"少即是多"效应。

（3）变化信息和状态干扰信息对信息整合的影响不同，状态信息尤其是表面突出的状态信息对人们的影响更大。

（4）被试面临冗余信息的干扰之后，一旦形成某种错误的策略，就会产生一种思维定势，难以克服。

（5）策略提示增加了被试的认知负荷，在本试验的研究条件下，不利于信息的创造性整合。

（6）人们在形成一个直觉方案后，不善于利用一定的思维策略进行完善，存在一定的思维缺陷。

（7）外部动机在大量信息的创造性整合中起到了反作用，不利于信息的创造性整合。

（8）奖罚提升了个体的冒险性，和单纯奖励相比，更有利于被试创造性信息整合的能力的提升。

（9）信息需求有利于被试创造性信息整合能力的提升。

（10）自编的决策信息创造性整合的三个测试总分与创造性人格中好奇性与挑战性相关，证明创造性信息整合量表编制的可行性。

## 第五节　W-QIUS虚拟情境命题技术

在经典测验理论中，我们将情境界定为人身处其中的，由情绪情态、礼仪规范、角色关系、时空设施等因素构成的并直接作用于人的具体的活动场合。情境是具体的、可感知的，它是一种微观社会环境，具有一定的边界区域，那些宏观的政治经济制度、历史文化传统等所谓社会大环境虽然对人的行为起着根本性的决定作用，但不能称之为情境。情境与人的活动之间存在着交互作用关系，它总是由人构建、创造出来，又反过来影响着人的行为，制约着社会事件发展的。情境既不是纯客观的，也不可能是纯主观的，情境中的客观因素与主观因素总是交织在一起的，所谓客观情境与主观情境的区分不是绝对的。情境分析可取的维度有，虚拟的——真实的、正式的——非正式的（随机的）、合作的——竞争的、复杂的——简单的、熟悉的——陌生的、紧张的——松弛的、危险的——宽松的、目的性的——盲从性的，等。因此，用于思维测量的情境刺激也可分为客观情境和主观情境，客观情境经人工设计，成为经典控制情境的测量法，而主观情境则成为虚拟情境的命题测验。本章将根据行为主义心理学这一理论，在经典控制情境的命题法的基础上，延伸模拟情境命题法，并拓展另一崭新的命题领域——虚拟情境的命题方法。

### 一、虚拟情境概述

情境控制命题最大的局限是要花费大量的人力、物力、财力、时间。这一点可以说是从情境控制命题的设计，到道具、场地、助手、时间的安排；从评分者的培训，到组织评分者经过讨论得出统一的评估结论，花费的人力、物力、财力和时间，比其他命题要大得多。这一局限使人不得不考虑情境的虚拟化问题。

所谓虚拟情境，是指问题呈现的方式脱离控制性情境，是用文字、影像等刺激形势展现问题情境，让被试设想在一定情境中解答问题，达到思维训练与评估的目的。随着计算机的普及，网络虚拟实验环境也可以提供一些在现实中无法体验的情景。网络虚拟实验是在Web中创建出一个可视的三维环境，如各类卡通动画，演义现实情节，创设问题情境。其中每一个可视的三维物体代表一种实验对象。通过鼠标的点击以及拖曳操作，用户可以进行虚拟的情境测验。网络虚拟实验室实现的基础是多媒体计算机技术、网络技术与仪器技术的结合。虚拟仪器技术与认知模拟方法的结合也赋予虚拟情境的智能化特征，被试可以自由地、无顾虑地进入虚拟情境中扮演虚拟角色，进行各种测验。它不仅能够使测验的空间无限扩展（可用于远程测验），更加重要的是可以增加命题的真实性，使被试产生"身临其境"的体验，甚至和异地的被试进行同步对比测验。美国著名未来学家阿尔温·托夫勒（Alvin Toffler）在《第三次浪潮》中指出"虚拟智能环境可能最终将不仅开始改变我们分析问题和综合情况的方法，并且将开始改变我们大脑的物质组成和化学性质。"可见虚拟智能环境对人的大脑的重要作用。虚拟情境的关键在于情境具有何种问题。问题是引起思维活动的重要条件。当人们面临疑问时，总是倾向于消除这种疑问。这种倾向不会因虚拟情境而影响人们的思维活动。因此虚拟情境所设置的各个问题环节，都是以思维活动为中心。

虚拟情境命题的关键是指命题要解决的情境问题。对"问题"一词有多种释义，除了指需要研究讨论并加以解释的矛盾、疑难外，还有问题对人的主观心理方面的影响。早期行为主义心理学家认为："问题是机体缺乏可以利用的现成反应的情境。"格式塔学派心理学家则认为"问题是完形上的缺口"，而信息加工学派心理学家则把问题定义为"给定信息和目标之间有某些障碍需要被克服的刺激情境。"目前，大多数教育学家和心理学家都赞同美国学者纽厄尔和西蒙（Newell & Simon）对"问题"所下的定义"问题是这样一种情境，个体想做某种事，但不能马上知道所需采取的一系列行动。"显然，心理学家更倾向于从人的主观心理方面来解释什么是"问题"，在他们眼中"问题"是一种特写的心理情境，是一种与缺乏、困惑、矛盾联系在一起的心理状态。这也就是我们通常所说的问题情境。

创设问题情境在设计上更关注诱发情感的氛围设置。刘勰在他的《文心雕龙》中提出"心物交融"说，所谓"物色之动，心亦摇焉"，"情以物迁，辞以物发"等观点，说明客观外物会激起人的情感活动；情感活动又会触发思维动机，提高推理的技巧。

虚拟情境的命题，多取材于关联事物，这类命题有两个特点：一是悬念性。情境多能引发人们对人物命运和事件结果的关切之情，激活起人的理智情感；二是隐蔽性。已知的关键条件暗藏在情境故事之中，需要细心挖掘，尤其要注意关键情境的交待。个体对问题情境的知觉特点将影响问题的解决。当问题的呈现方式越符合人们的经验或知觉的习惯，人们就越易于知觉问题情境，问题的解决也就越容易。

另外，虚拟情境命题大多将问题放置在紧迫的故事情境之中，让被试从千头万绪中理出来龙去脉，从山重水复中迈向柳暗花明，从走投无路中获得勃勃生机，取得意想不到的成功。无论是哪一个实例，在事件的发展过程中，大量的"信息"实际上已经"裹胁"于其中，鱼龙混杂，真伪莫辨，这就需要以缜密的思维样式，经过认真细致的分析判断，由表及里，去伪存真，理清思路，从中找出有用的信息，再经过解剖整理以后，开辟出一条全新的思路，从而达到成功。

## 二、虚拟情境测验的性质

虚拟情境测验是一种三层金字塔结构，其中虚拟情境理论构成了金字塔结构的底层。虚拟情境理论，顾名思义是有关电脑动画和心理测量相结合的理论。它应该能超越具体电脑动画的纷繁复杂的外部特性，对有关虚拟情境测验最本质、最共性的问题进行理性的思考，最终提炼出虚拟情境测验的一般模型。虚拟情境测验有其特有的空间性质、刺激特点和交互形式，可以分层次研究虚拟情境所包含的科学技术层、艺术审美层、心理情感层等问题。

### （一）虚拟情境的刺激特性

虚拟情境的刺激不同于勒温的"生活空间"，"生活空间"是客观存在的，可以触摸的，而虚拟情境是空灵的，不可触摸的，但却有"生活空间"同样的感受效应。我们同样可以把虚拟情境看作是一个动力的系统，一个格式塔；强调它的整体的特性，强调各部分之间的相互联系；不仅仅把它当作环境，而且包括人的活动，情境的活动与环境的统一，等，这些都是我们认识虚拟情境时需要注意的地方。虚拟情境测验包括虚拟情境的外部效果和操作性两部分。外部效果指展现在被试者面前的画面、动画、音乐、音效和文字等。被试对外部效果是处在被动欣赏的位置。而操作性才是被试所特有的使被试者有一定主动性的关键内容。显然，被试的操作性的重要性应引起设计者重视。而更关键的则是虚拟情境测验内核，因为虚拟情境测验的操作性只是决定了如何进行输入／输出行为，而并不决定输入／输出什么，决定输入／输出集及输入／输出响应策略的是虚拟情境测验内核，它才是虚拟情境测验真正的核心，才是虚拟情境测验最深层次的灵魂。拥有了优秀的虚拟情境测验内核，才有发挥外部效果的可能性，否则虚拟情境测验的外部效果将成为无源之水、无本之木。

### （二）虚拟情境的娱乐特性

虚拟情境测验的刺激，除指向问题情境外，还意在激起一种情感，并且作为有价值的某种东西使人享受，这样，它就具有娱乐性。娱乐世界和日常事务之间存在着一堵滴水不漏的挡壁．娱乐所产生的情感就在这间不漏水的隔离空里自行其泄。虚拟情境测验作为一种娱乐形式，也存在着自己的情感隔离室。虚拟情境测验是以不干预实际生活的方式释放情感的一种方法，现实生活中的情感也许会渗入虚拟情境测验的虚拟情感中，而虚拟情境测验的虚拟情感不会影响到现实生活，因为在虚拟情境中它们已经被有效地释放了。

从动态观点来考虑，任何情感在其存在过程中都有两个阶段：①负荷即兴奋阶段，②释放阶段。一种情感的释放，是在那种情感的推动下完成的动作，借助这一动作我们就消除了那种情感，也就使我们自己从情感释放以前加在我们身上的紧张中解脱出来了。虚拟情境测验本身在扮演一个"双簧"的角色，它实际上在一定程度上"玩弄"了被试。这一点与音乐带给我们的情感体验是一样的，在交响乐作品中，作曲家通过反复重现一个旋律片段，使我们进入某种情感体验，但随着旋律重复的继续，我们开始期待看它的变化和完成，产生疑惑、焦虑的情绪，随着时间的流逝，听众的紧张度越来越大，迫切需要从这种精神状态中解脱出来，这时作曲家等待听众的紧张度达到承受的极限，马上使用与上一个旋律截然对立的另一个旋律来打破上一个旋律，从而使听众从某一个感情的高点跌落下来。获得强烈的解脱感。在虚拟情境测验中，为了让被试最终获得快感，往往通过无休止的测验反复探试被试者，使之增加焦虑和紧张感，达到一定阶段后，被试者最终通过艰苦战斗获得胜利，产生无以名状的快乐。因此我们看到，虚拟情境测验的目的在于产生确定的、预期的效果，即在被试身上唤起某种情感，并在虚拟情境内释放这种情感，情感释放使被试获得快乐。

虚拟情境测验的一个重要组成部分是不可预见性，由此产生期待与悬念。被试进行虚拟情境测验前对最后目标将是什么有一个大概的感觉，但是关于当前这个过程将怎样带他到达那里，在途中将遇到什么曲折和障碍，他是不能断定的。因此对于自己动作的结果有一种忐忑不安的期待。期待是在与特殊的虚拟情境测验规律相联系中发展起来的习惯反应。在虚拟情境测验中，期待和对期待的控制很有意义。不能使被试的期待完全落空，这会使被试产生严重的挫折感，也不能使被试的期待完全应验，否则虚拟情境测验将失去不可预测性。应该时而使被试的期待变成精确的结果，使其增强信心，获得欣喜；时而抑制被试的期待，使其产生疑惑，疑惑的时间持续越长，悬念的情绪就愈强烈，建立起来的悬念紧张度越大，由解决引起的情感上的解脱感就越强。悬念产生的价值不在其本身，而在于随之而来的解脱。期待、悬念及其解除过程实际上与焦虑、释放过程是相对应的。只不过一个更偏重于经验方面，另一个更偏重于情感方面。

### （三）虚拟情境测验的交互特性

虚拟情境测验的行为系统是一个封闭系统，但不是一个静态系统，应采取向下兼容、渐进发展的行为模式，尽可能不被被试"琢磨"透，使其尽可能长地具有挑战性。虚拟情境测验的行为系统，实际上是情境测验内部运行机制决定的输入/输出集，它决定了被试在特定的测验系统中可以做什么，不可以做什么。

任何测验的行为系统，都是一个封闭系统。被试所具有的选择能力和处理能力都被严格限制在这一封闭系统中。这个封闭系统具有自己特有的反应机制，对应一定的输入产生一定的输出。一个封闭的行为系统有两个组成要素：交互手段（输入/输出手段）和交互法则（输入/输出映射关系）。目前我们所熟知的与计算机交互的手段，如菜单、窗口、鼠标操作等，都是建立在计算机科学与技术前一阶段研究的基础上。像构成GUI（图形用户界面）的诸要素，就是先在大学的实验室中得到实验与应用，后来成为工业界的实际标准。而作为软件中对市场和底层技术反应最快的游戏软件，往往最早应用这些研究成果。当然目前的交互手段有很大局限性，带有太大的计算机色彩，像键盘、鼠标等，目前很热门的研究领域，如人机交互（Human-Computer Interaction），虚拟现实（Virtual Reality），如能突破技术难关，则比之现在的交互手段将会有很大进步直至飞跃，将使我们置身于梦幻般的虚拟世界，带来强烈的临场感受。这样一个虚拟的物理世界和一个虚幻的情感世界结合在一起，将产生最具震撼力的虚拟情境测验，其表现力将使电影、电视相形见绌。当然这大概是很远的将来的事情了，因为技术上的难度很大。

作为行为系统第二个要求的交互法则（输入/输出法则），应该具有一定的动态性，也就是说在虚拟情境测验过程中，测验行为系统的反应机制从来都不是一成不变的。被试在测试过程中通过学习、运用、获得反馈，内部机制。这时测验应该改进反应机制，迫使被试调整自己的学习——反馈——掌握——运用曲线，基本保持全程新鲜感。当然反应机制应该采用渐进的方法，向下兼容、渐进发展的行为模式，现在的经验是将来可用的、有用的，但将来的情况又不是现在的经验完全对付得了的。即现在是将来的真子集。所以，在虚拟情境中要故意制造某种情感的负荷，使被试产生焦虑，然后巧妙地使其解除焦虑状态，产生解脱感和兴奋感。同时要针对被试不断增长的经验，使其能感到虚拟情境测验处于一种动态的变化中。

## 三、虚拟情境测验类型

虚拟情境测验类型按其形式和内部程序设计原理可分为场景式、游戏式、投射式三种。

## （一）场景式

场景是具体的、可感知的，它是一种微观社会环境，具有一定的边界区域，前面我们已经强调，那些宏观的政治经济制度、历史文化传统等所谓社会大环境虽然对人的行为起着根本性的决定作用，但不能称之为场景。场景与人的活动之间存在着交互作用关系，它总是由人构建、创造出来，又反过来影响着人的行为，制约着社会事件发展的。场景式虚拟情境可以很有效地弥补自然情境的不足。如下面一道情境测验：

一家旅馆招聘侍者，前来应聘的人很多。老板想考考他们："有一天当你走进客人的房间，发现一女客正在裸浴。你应该怎么办？"

这样的情境是无法用自然情境或模拟情境展现的，因为这类场景很令人难堪，但用虚拟的卡通场景就比较合适。卡通场景不仅可以设计出那些在测验中不能再现的难堪场景，还可以以切换场景的方式演义考场情景。如上面这道测题，可以展现众人抢答的场景：有的说"对不起，小姐，我不是故意的。"有的说"小姐，我什么都没有看见。"……这样虚拟的场景可以增加真实感，使问题情境得以延伸。场景展示到此告一段落，被试回答后，再以画外音告之老板满意的回答并给以讲解：

"老板满意的回答是'对不起，先生！我不是故意的。'明知对方为女士，却称其为先生，不仅解除了自己的难堪，也为对方创造了慰藉，可谓大智若愚，机变有术。"

这类测验主要考查被试在被动情境下的反向思维能力。

场景式虚拟情境具有测试的三维空间。可以用一个三维坐标系统来定位场景，三个坐标轴所表示的内容分别为：①艺术性（$Z$轴）；②故事性（$Y$轴）；③交互性（$X$轴）。倘若我们把每个坐标轴的最大坐标值定为 1，那么坐标点（0，0，1）代表纯粹的艺术作品、如：视觉艺术（Visual Arts）、音乐作品等；（1，0，0）点代表完全的操作性活动，如：体育运动；（0，1，0）点则代表故事情节及其纯线性的展现和播放，如：电影剧本、VCD 和录像磁带。场景式虚拟情境则位于点（$X$，$Y$，$Z$）。其中：$0 < X < 1$，$0 < Y < 1$，$0 < Z < 1$。而不同类型的场景式虚拟情境，在这个三维空间所处坐标不同。偏重交互性的，其 $X$ 值较大；偏重故事性的，其 $Y$ 值较大。需要指出的是：$X$，$Y$，$Z$ 的值都不能为 0，因为构成场景式虚拟情境的三大特性或者说三大要素对任何一个场景都是必不可少的。在艺术性上，场景式虚拟情境和其他网络游戏一样，借助于多媒体视听（MAV）的强大能力，综合了美术、动画、音乐、音效、文学、戏剧等多种艺术娱乐表达形式。在故事性上，与其他游戏类型相比和电影的关系更为密切。因为它们的"情节"都是由"剧本"严格限定的。所有类型的电影同样位于这个坐标系所界定的三维空间中。如果说飞行模拟类（Flight Simulation）、体育类（Aethetics）、动作类（Action）等电影场景都是对现有的某项人类活动的再现与模拟的话，那么场景式虚拟情境体现的则是对整个心理的再现与模拟。正因为如此，场景式虚拟情境所构造的人格、智能、情感是所有类型的传统测验不可比拟的，能带给我们深刻的体验感。这种体验感来源于每个人内心深处对人生的感悟和迷茫。与被动欣赏的电影不同的是场景式虚拟情境提供了虚假的主动性。这种虚假的主动性和被动的故事设定情节相结合而构成了测验的交互性。

## （二）游戏式

游戏式主要用于考查被试操作应变能力。无论 RPG、SLG 还是 ACT，用于测试的软件和被试应构成统一的、动态的多层模型系统。测试本体包含游戏内核（内层）和交互层两层。

通过交互层，游戏可以有效地向被试展示内层的某些信息，又能接受被试者的输入，交互层是被试眼中所能见到的游戏。而内层对被试者来说相当于一个黑箱，被试者通过交互输入一定的行为，内层根据自己的内部机制产生一定的反应，又通过交互层输出。这种根据一定输入决定产生什么样输出的内部机制对被试来说是不可见的。一个设计出色的智能游戏必须要细心地隐藏内层的运行机制，因为内层的运行机制一旦泄露，被试者完全掌握了其规律，测试在被试者眼中将失去一切挑战性和趣味性。则测试的生命周期也就至此结束了。

例如，下面这个侦探游戏：

你赶到××女子住宿学校时，劫持案已经发生了。有人在学校后面长满牵牛花的小溪边发现了美术系女生玛丽的图画夹和写生用的其他用品，玛丽的画夹，上面只画了几朵盛开的牵牛花，未画藤和叶。草地里还有从马丽外衣上掉下来的一粒纽扣。在场的住宿生说她们最后一次看到马丽是早晨7点钟。

在发案现场不远处，有汽车停留的痕迹，根据车轮压过的印迹，这是一部"雷诺牌"快速越野车。据守门人反映，这天有三部这种越野车进出大门，一部是上午8时出门向东驶去，一部是上午9时出门向南驶去，一部是上午10时出门向西驶去。到底向哪个方向追捕劫持犯呢？

你如果选中向东，请按1键；你如果选中向南，请按2键；你如果选中向西，请按3键。
……

(如果你选中按2) 你开车向南追捕，你追呀追，最后筋疲力尽，无功而返……

(如果你选中按3) 你开车向西追捕，你追呀追，最后筋疲力尽，无功而返……

(如果你选中按1) 你开车向东追捕，因为你知道玛丽是在画牵牛花时被劫走的，而牵牛花只有早晨才盛开，过了上午9点钟就开始萎谢了。根据玛丽未完成的画稿，你断定发案时间应是上午8点之前。现在你来到三叉路口，这里有三道车辙，……第一道车辙约5厘米宽，向东拐；第二道车辙前后轮相距约3米，向西拐；而第三道车辙不很清晰，照直向南开。

你如果选中向东，请按1键；你如果选中向西，请按2键；你如果选中向南，请按3键。
……

每一次正确选择，都会引发新的问题，而新的问题是非重复性的，而在难度上是递进的，直至被试失败。这就如运动员跳高，每一次成功，都会面临新的高度。在测试过程中，被试获得操纵权后，进行输入。引发某个事件（显然单线RPG游戏同一时刻只可能引发一个唯一的事件），被试操纵权被剥夺。当事件完成后，操纵权又被赋予被试，用来引发下一个事件。被试就是这样不停地交替地被赋予和剥夺操纵权，测验也就这样按设定的轨道发展下去。所以被试实际上只拥有决定何时引发事件的权利（被试的能力高低就在于是否能很快找到引发事件的"点"，能力低者会淹没于RPG游戏中各种信息的海洋中，不知那个信息是决定事件发展的关键），而不具有任何决定事件发展顺序或事件本身的权利。这种动态的多层模型系统，就构成游戏式虚拟情境测验的灵魂。

## 四、虚拟情境命题脚本

脚本是虚拟情境设计的依据，脚本负载着设计者的创造理念和命题思想。用于思维测评的虚拟情境，应首先针对思维的路径样式、思维的创造样式、思维的关联样式、思维的应激样式、思维的多元样式创设出相应的卡通式、或语言式脚本。下面举例说明之。

## （一）反向思维命题（卡通式）

【画外语】我们在生活中常会遇到一些问题，由于受经验的影响，一时无法找到快速解决的方法，常常觉得已陷于山穷水尽的地步。但是，如果改变一下思维的角度，以相反的方向进行变通，又往往能够柳暗花明，豁然通达。下面这个传统而经典的故事，就很能说明这个道理。

【虚拟画面】一笔巨额债务到期了，心怀叵测的老债主向一个商人许愿，可以不必还债，也不需要受到惩罚，但商人必须把心爱的女儿许配给他。

商人和女儿非常恐惧和绝望，请求再给一次机会。债主想了一下，提出了一个十分苛刻的建议，他要在一个口袋里放入一个黑石子和一个白石子，让商人的女儿从中抓出一个石子。如果她抓到白颜色的，就可以取消父亲的债务，自己也可获得自由，如果抓到了黑颜色的石子，她就要许身给债主，债务也将同时取消。如果她拒绝抓，商人就要被控入狱。商人知道这个黑心债主的主意，他一定会在袋中放上两个黑石头的，商人一时急得没了主意，连忙跑回家去告诉了女儿。不料他女儿一听，笑着说："这有何难。"接着将自己的主意说了出来。商人一听，不由转忧为喜。

这天，他们一起走到一条撒满白石头和黑石头的路上。债主抓了两个石子迅速地放进了布袋里。这个少女早已看在眼里，这个老家伙抓的两个石子都是黑的。

你如果是这个少女，该如何应对？

【解析】开始摸石头了，少女故意表现出很紧张的样子，颤抖着手从债主的口袋里摸出了一个石子，"不小心"掉在了石子路上，再也找不出来。她说："这下好了，我们只要看一看袋子里留下来的那个石子，就可以知道我抓的石子是白的还是黑的了。"由摸出的石子决定命运，改为由留在袋中的石子决定命运。这是一则比较典型的运用逆向思维解决问题的实例。这位少女就这样凭着自己的智慧，救了父亲也救了自己。

## （二）造势思维命题（卡通式）

【虚拟画面】你去参加一个公司的面试，以为自己去得很早，可前面已经排了很多的人了，这家公司只招收3位，看情形成功的机会已经非常小了。你灵机一动，找出一张纸来在上面匆匆地写了一行字，把它递给负责接待的先生说："这张纸条非常重要，请您一定交给老板。"负责接待的先生照办了。好不容易等到面试了，老板在里边主持面试，你非常轻松地回答了老板的问题。最后老板拿出你写的字条说："您的真实水平大约和我期待的一样。"结果，你战胜了几百名应聘者，如愿以偿。

【画外语】你会给老板写什么字条？

【解析】上面写道："我排在了第39位，在您没有见到我之前，千万不要做出决定。"这位应试者使用的是延时变通法。这类命题主要考察被试主动应变，造势取胜的思维能力。

## （三）关联思维命题（卡通式）

【画外语】某超级市场屡屡发生失窃，派你去临时充当一下收款台的帮手。

【虚拟画面】这家公司平时就装备了一种非常特殊的计算机管理系统：顾客来到这家公司都要领一个标有数码的计算机软盘，输入顾客来公司的时间，待顾客离开百货公司时，就把软盘交还收款台，收款员把软盘插入计算机，信息就输入计算机系统。这样，经理部随时随地都能知道有多少顾客在商店里，并且停留了多长时间，在公司关门时，能及时发现滞留在商店里的人，防止失窃。

你当班的第二天下午，时钟指在4点20分，整个商场熙熙攘攘。你正在19号收款台帮活，一对上了年纪的夫妇步履艰难地缓缓朝你走来。那位老妇人躬背拄杖，走几步就停下喘喘气，她身旁的老头儿边扶着老妇人，边推着一辆购货车，看上去他很担心他的妻子，生怕她随时会倒下来。

真是怪可怜的一对老人！你忙上前帮忙推车，到柜台后，收起软盘，插入存储器，计算器显示出他们是下午2点50分来公司的。接着，帮老人把购货车里的商品一一拿出来让收款员算账。1袋糖果，2瓶洗发膏，3包火柴，1条丝围巾和2听罐头，此外还有一只蓝色热水瓶。你正想拎起热水瓶，男的急忙摆手，和蔼地解释道："对不起，这不是在这儿买的，是我们随身带的。瓶里装的是咖啡，我妻子每20分钟要吃一片药，遵医嘱用清咖啡服药。"老妇人想笑笑表示歉意，但她难以表达，似乎深受疾病的折磨，痛得扭歪了脸。当她丈夫看到你仍有些将信将疑时耸耸肩，旋开瓶盖，顿时，空气里飘逸着诱人的咖啡香。

19号收款台的值班员证实道："这是对老主顾了，他们总是这样结伴购物，我们已很熟知他们的这种习惯了。"他很快为他们找好了钱。

"请慢慢走。"你扫了一眼满满一瓶咖啡，刹那间，你觉得很过意不去，居然怀疑这个被病魔深深折磨的老人。你向这对老夫妇彬彬有礼地鞠了一躬，帮他们一直送到门口。

刚走几步，突然，你打了一个寒战，顿时恍然大悟，身上立刻升起一阵燥热，你知道等候多时的猎物就在身边，于是毫不犹豫地掏出了手枪："对不起，请跟我走一趟！"

经检查，热水瓶的清咖啡下面藏有偷来的价值3000美元的珠宝。

你凭什么在最后一分钟发觉这对夫妇是不该怜悯的窃贼的？

【解析】根据计算机软盘上的记录，这对夫妇是下午2点50分进店，4点20分结账离店。他们在店里呆了足有90分钟。既然这个男人说他妻子每20分钟吃一片药，并用清咖啡服药，那么在这段时间里，女的应4次用瓶内清咖啡吞服药片。然而，你看到的却是满满一瓶清咖啡，由此可见，咖啡里有被窃物。这类命题主要考察被试见微知著，透察事物内部关系的关联思维能力。

**（四）急智思维命题（语言式或卡通式）**

【虚拟画面】两位画家一同去风景秀丽的山上作画，在不知不觉之间，他俩来到了一座悬崖边，一位画家画了一幅自己很满意的画，画家们都有一个习惯，喜欢退到比较远的地方观察自己的作品。谁知道，这位画家完全沉浸在创作的激情之中，向后退的时候，根本就没有想到自己已退到了悬崖的边上，倘若再退后一步就会掉下悬崖！

【画外语】正在这个危险关头，另一位画家发现了这个险情，当时他可以采取的行动有：1、大声叫喊，让他立即回来。2、立即猛扑上去，把他抱着。3、用别的方式，阻止他后退。

第一种方法固然可能会有效果，但在那种情况下，如果大声叫喊，那位画家一定会因为受到刺激而加速后退，所以，这个办法很不保险。第二种方法需要时间，但是当时的情形已万分危急，分秒之差，就有可能造成惨祸。那么，什么方法最好而最有效果呢？

【解析】当时，急中生智的那位画家是这样做的，他飞快地抓住那幅已经画好的画，三两下撕得粉碎。于是，还不知道已身处巨大危险的画家立即停止了后退，反而冲过来，要抢救自己的得意之作，这个反常的举动，反倒拯救了他的性命。这类命题主要考察被试在紧急关头迂回变通的思维能力。

## （五）顺势思维命题（语言式或卡通式）

【虚拟画面】美国牙膏业模特儿贝蒂·艾伦小姐美丽过人，可谓一笑千金。她盯上了眼前这位来自远东某国的富商阿布卡袋中的珠宝，并决计掠为己有。

当晚8点30分，他们一道住在美人馆，并让旅馆服务员把点心送到房间来，以吹奏销魂之夜的序曲。

他们点了一大盘海蟹和一大盘草莓饼，饼上涂有苹果酱。餐桌上的银制餐具不时地发出碰击声，贝蒂·艾伦目光深沉，若有所思地看着阿布卡用餐叉吃着蟹肉和草莓饼，她的嘴角悄悄抹过一丝微笑。

30分钟后，当旅馆服务员进门准备收拾餐具时，发觉这一对男女都倒在座位下的地毯上。医生赶来现场抢救，贝蒂·艾伦首先苏醒过来，她茫然地看看四周，张大了嘴巴，露出一排洁白光亮的牙齿，装做什么也不知道的样子。阿布卡仰面躺着，昏迷不醒，打着嗝。

"一定是谁看中了阿布卡的珠宝，在我们的饭菜里做了手脚。"这位女模特儿假作伤心地指着餐桌盘子中剩下的碎末说，"我眼看着阿布卡倒了下去，刚想去扶他，只觉得眼前一片漆黑，什么也不知道了。"

所有人都知道问题的关键是这位女模特儿有没有真的吃了这些有毒的蟹肉和草莓饼，如果她没有吃过这些东西，那么在30分钟内完全可以做许多事情。"

贝蒂·艾伦露出委屈的样子，发誓说她和阿布卡吃了相同的东西。

"这很好办。"有人说道，"我们马上就可以实验一下。"

"难道你们要化验我的粪便？"

"那倒用不着，有一种比这简便多的办法。"

【画外语】什么办法？

【解析】可以端盆清水，让她将漱口水吐进去，这位牙膏业模特儿洁白光亮的牙齿里如果没有残屑的蟹肉和草莓饼，那么她说也吃了蟹肉和草莓饼明显是谎言。既然没吃蟹肉和草莓饼，那么假装中毒必有隐情。这类命题主要考察被试抓住关联事物，主动设套，顺势取胜的思维能力。

## （六）借势思维命题（语言式或卡通式）

【画外语】范西屏是清朝乾隆年间天下公认的棋圣。他常有非凡之举。传说御林兵统领泰珅多次被范西屏捉弄，心里不服气，总想找个机会报复他一下。

【虚拟画面】一天，泰珅把范西屏找来，商议两人下赌。泰珅下赌：若范西屏10天吃下100只鸭子，吃下的鸭子不但不付钱，泰珅还要送他100只；若范西屏吃不下，赔100只鸭子钱，还要范西屏赤膊负荆谢罪。10天吃100只鸭子，平均每天10只，再大肚皮也吃不了，但范西屏灵机一动，还是接赌了。打赌开始，泰珅叫手下人把柴米油盐、日常饮食和买来的100只鸭子，统统关在一个屋里，又让范西屏搬进去住。把所有的门窗都上锁关死，还派御林兵在外边严密把守，防止范西屏捣鬼。十天后，御林兵把门打开。鸭子不见了，只剩下一堆鸭毛，一堆骨头。泰珅一时被范西屏的大肚皮吓蒙了。范西屏10天怎么吃下100只鸭子呢？你知道吗？

【解析】如果按照常规思维，范西屏无论如何傻吃硬撑，也很难十天吃100只鸭子。那么，范西屏10天怎么吃下100只鸭子呢？头一天，范西屏杀了30只鸭子，拔毛去骨剁成肉丁，撒给70只鸭子吃。第二天，又杀了20只，去毛去骨剁肉给了50只鸭子吃。第三天，又杀了15只，给35只吃……就这样，鸭吃鸭，到了第十天，只剩下一只鸭子，范西屏把它杀了，美美地吃上一顿。范西屏赢赌的谋略在哪里？在于他突破常规思维，巧妙地运用了借势变通、化整为零、九九归一法，即先"借鸭吃鸭"，后"人再吃鸭"。这种由多化少，由少化了之法，实际是矛盾的转化之法。

### （七）应变思维命题（卡通式）

【虚拟画面】两名女大学生走进一家饭店，服务员热情地递过菜谱。她俩的目光在"熊掌"一栏停住了。一看价格，一盘20.00元，于是要了两盘熊掌，加上饮料、三鲜汤、米饭等。吃完饭准备付账时，一看账单4025元，回头再看菜谱，明明写着熊掌每盘2000元，四位数中间的小数点不翼而飞，两人急得满头冒汗，留下学生证，哭着走回学校想法借钱了。

【画外语】其实，这是黑心老板宰客的常用手段：用"廉价"吸引顾客品尝昂贵的佳品，再用牛蹄筋之类顶替"熊掌"，然后伺机改换菜谱价格，达到蒙骗的目的。你如果知晓此事，能为这她们设法解难吗？

【解析】首先，可让两位学生把钱筹齐送去，就势找饭店开张发票。发票应注明："熊掌两盘，收款4000元"。然后，以此为据，可告之老板："用国家保护动物加工菜肴谋取暴利，违反了《野生动物保护法》的有关规定"，轻则罚款两万元，重则刑法处置。在这种情况下，老板一般会把女大学生吃的不是熊掌，而是牛蹄筋一事的真相说出。最后，"既然承认用牛蹄筋冒充熊掌，一盘牛蹄筋顶多只值10元钱，那么就该把多收的钱退还给顾客，并赔偿精神损失费1000元"。如果老板不认罚，可会同当地有关部门官员来处理。

### （八）应急思维命题（语言式或卡通式）

【虚拟画面】一位孤独的老太婆，不慎在家中跌倒，一头撞在桌棱上，再也爬不起来。在绝望中，她看到了电话上的报警号码"09"。她忍着剧痛，抓起话筒，拨了这个号码。

【画外语】这是一九五三年十一月十三日凌晨两点发生在丹麦首都哥本哈根的事。

【虚拟画面】消防支队的值班员拉斯马森听到报警的电话铃声后，立即拿起话筒："喂，我是消防支队，请讲。"

可是老太婆处于昏迷状态，无法很快回答拉斯马森的问题。这样，拉斯马森只能从话筒里听到那艰难的喘息声，他耐着性子呼叫了许久，终于，一丝微弱的声音传了出来：

"我不行了，快来救命……"

"你是谁？在哪里？"

"我是孤老太婆，在我家中，我跌倒了……"

"请告诉我门牌号码，我们立即就去！"

"我……我记不清……"

"是在市区吗？！"

"……是，是的。靠马路……灯太亮……我受不了……快来呀……"

对方大概昏迷过去了，只有电话里那喘息声还能隐约分辨出来。救命如救火！但必须先查出老太婆的住址才行。

拉斯马森望着手中尚未挂断却无人答话的话筒，望着车库里严阵以待的十几辆救火车，果断地做出决定……

【画外语】如果你是拉斯马森，将采取什么办法，迅速找到那位亟待抢救的老人的住址？

【解析】拉斯马森采取的办法是：让消防车拉响警笛沿街奔驰，因老太太的电话未挂，消防车一旦经过老太太所住的街道，警笛声就会通过老太太的电话传到值班室，一旦传入，即令消防车上的队员就近查找亮着灯的人家。本来应该打到医院的电话打到了消防支队，这使得本来就显紧急的事情更显急迫。拉斯马森在紧急时刻调动救火车以救人，一是就其职便，二是就其物便。重要的是，拉斯马森挖掘就便之物的潜在功能：警笛开路属其常规功用，警笛传讯寻人属换元造势。尝试用一种元素来置换另一种元素，用一种程序替代另一种程序的可能和效果，从而使常规方法难以解决的问题获得解决。这类命题主要考察被试利用事物潜在的性质、特征、功能解决非兼容问题的思维能力。

## 五、虚拟情境测试评估

虚拟情境测试评估通常要从流畅性、变通性、独特性三个方面评分。所谓流畅性，指在规定时间内产生正确答案的数量，每一个正确答案可计一分；所谓变通性，指在规定时间内产生正确答案的种类之多少，每答出一种便可计一分；所谓虚拟情境评估与同组被试中的其他人相比，不仅写出的正确答案多，而且这些答案是从多种角度答出的，新颖独特，那么这名被试将被评为高水平者。虚拟情境评估虽然很简单，但它的确测量了创造能力的主要成分。如果我们把创造力定义为创造性解决问题的能力，那么创造性解决问题与一般性解决问题的区别在于：一般解决问题，无论是解决知识性问题，还是解决日常生活的问题，均可依赖已有的知识经验、现成的方案；而创造性解决问题，却没有现成的方案，它要求对现有的信息进行加工、创造性的思维。虚拟情境评估从流畅性、变通性和独特性三个方面评分，这就在一定程度上评价了创造性解决问题所需要的能力。

虚拟情境测试评估还把非语言应对作为一个辅助指数。因为在情境交流中，非语言形式的作用甚至比语言作用更为重要，非语言形式包括辅助语言、姿态语言、眼色语言、空间距离语言等。言语中非词汇、非句法的变化会使语言的含义发生变化，声音的音调、音量、节奏、变音、转调等都可以传达信息。同样几个字，由于说出者辅助性语言及相伴随的眼神、动作等非语言手段的不同，其含义可能大相径庭。因此，在评估主体与客体具有这种直接交流的时空条件时，与不具有这种直接交流的时空条件时所传达的信息是有差异的，对评估主体情感的影响是不同的，因此极有可能引起不同的评估。

虚拟情境测试评估的精确度往往受到怀疑，主要是因其答案的不确定性。但一味受囿于传统测量的形式，也是一种消极的定势。诺贝尔经济学奖获得者赫伯特·西蒙提出了对于人活动的许多领域都具有重要影响的理论，即有限理性论。该理论认为人类的理性是非常有限的，它受到人所处于其中的情境限制，受到人的生理、心理及所接受的文化等的限制。按照西蒙有限理性的理论，可以说合理的评估仅仅是符合评估目的、符合评估情境的评论。

虚拟情境测试评估的价值判断依赖于评估主体所掌握的关于评估客体本身的信息、关于与评估客体相关的与之形成对比的其他客体的信息等。这些信息的获取在每一具体评论中，都不仅受到评估主体心理背景系统的限制，同时受到评估情境——评估的时限、域限、目的任务等种种的限制，评估主体无论在个人能力上、精力上、财力上都不可能无限制地收集情境测试评估信息。现实的情境测试评估或具有有限合理性的情境测试评估都只是或只能是有限的（有限合理的）评估。情境测试评估主体所收集到的信息只是一定时间、一定空间范围内的信息。对这一点的确认，不仅有可能使我们不去做我们永远做不到的事情，而且有可能使我们对任何一种情境测试评估的价值判断都更恰如其分，而不是将其奉若神明。

## 第六节 W-QIUS罗夏投射命题技术

罗夏测验自1921年问世后，即引起了心理学和精神病学界的极大兴趣，并被广泛应用。但关于罗夏测验的争议也最多。批评它的人认为它不具备心理测量学所要求的信度和效度，不能有效地预测行为。赞同它的人则认为它能探索人的深层心理，把握人的整体人格。争议的存在使人们难以对罗夏测验形成统一的认识，也妨碍了它在诸多领域的应用。在思维测量中，如何运用罗夏墨迹投射测验技术解决思维中的疑难问题，特别是检测创造性思维中的一些技术问题，我们进行了一些有益的探讨。

### 一、W-QIUS罗夏投射命题概述

罗夏墨迹测验是在一定的投射命题条件下进行的，通过投射测验分析被测查着内心愿望、动机、人格以及潜意识层面的心理反应。如何将罗夏墨迹投射测验技术应用到思维测量领域，为此，我们进行了一些有益的探讨。

#### （一）罗夏投射测验的功能开拓

我们认为罗夏测验为我们设计了富有弹性的刺激情境，或构建了相当文化形态的刺激。尽管它可能没有预先设定的意义，但是还是有规律可循的。首先，测验实施前，主试就通过测验的指导语向被试注入了这样一个观念，即被试要看的是墨迹图形，而非某种实物。当主试问"这可能是什么"时，绝大多数被试是根据图形的整体或部分与他记忆中的什么东西最为相似而作出反应的。而图形本身，也确实与现实中的某些事物有相似之处，这是被试反应的依据。资料显示，10张图版中的9张有常见回答，即1/3以上的被试都会作出的同一种回答，因此有理由相信，被试所报告的物体与相应的墨迹图形间确实相像。既然罗夏测验引发的是被试的问题解决行为，那么，除其人格和心理特征能在测验中体现出来外，罗夏测验还有没有其他功能呢？

Exner（1978）做了这样一个实验：他选择了100名被试，实施测验时，10张图版每个呈现60秒，在每次呈现间隙让被试尽可能多地报告能看出的物体。结果被试看出的物体的总数，相当于正常测试条件下的3~5倍。而实验条件下形状质量为正的反应（即报告的物体的形状与墨迹图基本符合）占总反应数的百分比并不低于正常测试条件。这说明，在实验条件下被试报告的物体的数量虽然增多了，但反应仍大多是依据墨迹图的固有特征作出的。实验条件下被试反应的增多可以使我们确信，在不限制时间的正常测试条件下（上述实验是限制时间的），被试实际看到的物体应远远多于他所报告的，但为什么被试只报告了有限数量的物体呢？为明确这个问题，我们可以把从被试开始注视墨迹图到作出反应的过程划分为如下5个阶段：

（1）视觉输入或对刺激野的视觉编码阶段。视觉信息的输入是一个非常快速的过程。Exner通过对被试扫描刺激野时的眼动记录发现，被试只用0.5秒的时间就能将卡Ⅰ的全部区域审视一遍，有的部分甚至被重复扫描。而看完象卡Ⅲ这样各部分彼此分离且不规则的图形也只用1.1秒的时间。但被试的反应时间（自测验开始到说出第一个反应）却长得多，如卡Ⅰ为5.79秒，卡Ⅲ为7.74秒，中间有很长的时间延搁。在这段时间延搁中，发生了如下复杂的过程。

（2）对墨迹图整体或部分的识别。视觉信息输入后便贮存在短时记忆里，同时，被试会将贮存在长时记忆中的记忆表象信息与之相比较，将墨迹图或其部分识别为某种物体。这是一个包括自下而上加工和自上而下加工的双向认知加工过程。在这个复杂的过程中，被试要对刺激野进行组织、筛选和重新组织。在这一阶段，被试可能形成了很多潜在反应，但并未报告出来。

（3）通过对潜在反应的排序而放弃一些不恰当的回答。有些被试在看图时会自言自语"这部分像××，又像××，但更象××"，最后他报告了他认为最合适的物体，这种情况是典型的。这种现象反映了被试对所有测验形成的一种心理定势。在完成其他测验（考试或智力测验等）时，被试总希望答题能准确而有效，以便得到主试的良好评价。在这种测验定势的影响下，被试不会不考虑墨迹图的固有特征而任意报告物体。他会尽量根据图形作出较恰当的回答。这是一个比较、筛选的过程。

（4）通过审察机制放弃一些回答。研究表明，在 MMPI 卡量表上得分高的受试，对罗夏测验的反应偏少。这是因为这些人由于对社会接受性的过多关心而放弃了许多可能"不受欢迎"的回答，过多地使用了审察机制。被放弃的潜在反应大多包含有关性、伤害及暴力等的内容。态度和蔼。

（5）人格类型或特质影响被试选择不同种类的反应。人格类型或特质指人的有代表性的、长期的、稳定的心理特征，这种特征会在他应付事件、解决问题的操作中体现出来。由于罗夏测验是一个问题解决的任务完成过程，被试面临这一刺激-情境时会作出怎样的反应，就必然受其人格特征的影响。这就使得被试在完成测验时无意识地选择特定的潜在反应而舍弃另一些潜在反应。因此，对被试反应的记分中也就包含了被试人格类型或特质的信息。近年来的研究证实了这一点。综合罗夏系统中有关人格特质的记分都有很高的信度和效度。如 Exner 发现，涉及稳定的人格特质的罗夏测验记分间隔一年和三年的重测信度都是非常理想的[1]，这种一致性不是指具体某个反应的前后一致，而是指总记分的前后一致。

### （二）罗夏测验与思维测量

从以上的讨论中可以看出，罗夏测验具有鉴别图形识别和感性问题解决的功能，那么。罗夏测验可否用于思维测量呢？

我们认为是可以的，原因有以下几点：

（1）主试的指导语、墨迹图的固有特性（形状、颜色、阴影及各部分的关系）、以往形成的测验定势等都对被试的反应有相当程度的规定性。被试先是形成多个潜在反应，然后经过筛选作出自己满意的回答，这就使得罗夏测验具备了一些客观测验的性质。这类反应一般不会超出墨迹图的固有特征，因此测验就具有基本的评判条件；

（2）罗夏测验又不同于客观测验，因为图中许多部分的结构是相当模糊的，为被试主观地赋予它独特的、"私有的"意义提供了可能性；

（3）测验也不限于仅要求被试报告一些物体，还鼓励他（尽管不是明确地）对物体进行进一步的联想，这就为创造想象开了方便之门。从这一点上看，罗夏测验又在一定程度上类似发散测验。所以，罗夏测验不仅可用于思维测量，而且可以开拓创造性思维测量的功能。

---

1　Exner. The Rorschach: a comprehensive system, 1986（1）：45-47

## 二、W-QIUS罗夏投射命题条件

判断被试的反应中是否包含了投射要依据以下两点：

（1）被试的反应是否歪曲了墨迹图形。这表现为测验记录中形状质量为负的记分（即对墨迹图歪曲的、任意的反应，记分为"-"）。这一类回答中的事物与图形不符合。其发生是由于知觉或形成概念时的认知错误，或由于先占观念的干扰。几乎所有的被试都会作出负反应，但其未必都有投射。只有那些因先占观念的存在而引起的负反应，才可以认为包含了投射。为避免滥用投射假说，综合罗夏系统规定了如下较为保守的原则：只有包含相同内容的负反应重复出现，且被试不存在认知上的问题（如精神分裂症）时，投射才有解释性意义。例如，有严重躯体疾病的病人反应中有很多与X光片和解剖学概念有关的内容，这些内容表达了他们对躯体的先占观念，投射了他们的情感和态度。

（2）对反应的修饰中是否加进了主观的、脱离墨迹图固有特征的意义。这主要发生在询问阶段，即在报告物体之后，在主试要求下被试对所作反应的进一步的说明。投射多在这一过程中发生。询问中，不同被试对同一反应内容描述的复杂程度是不一样的。对卡Ⅰ，最简单最常见的回答是"蝙蝠"，但接着被试会对它做进一步说明，如"这是个飞翔的蝙蝠"，"这是个死亡了的蝙蝠"这些修饰有的是基于墨迹图的固有特性，有的则完全出于被试的想象，加进了主观的意义，这些反应为我们提供了丰富的投射信息。

尽管罗夏测验为创造性思维开了方便之门，但在应用投射—创造性思维的链接假说时必须慎重，许多似乎包含了投射的反应中却未必是创造性思维。如对卡Ⅰ的D1，最常见的反应是"两个人"，因图形的轮廓很容易使人产生运动联想（即两个人在干什么），若被试报告的是有形的运动（主动运动，如洗衣服、抬东西等）则不应认为此类运动反应中创造性思维，因为这是由图形的固有特征引起的。若是无形的运动（即被动运动，如两个人互相仇视，或在含情脉脉相望等），则有理由认为其中包含了思维的发散，因为图形本身并不能提供此类运动的线索。

## 三、W-QIUS罗夏投射命题说明

我们这里借用罗夏墨迹测验所进行的测量，与罗夏设计的人格测验不是一回事。我们在对罗夏测题的改造中加进思维命题的各种命题技术，包括分形命题技术、演练式命题技术、潜变式命题技术、反色命题技术、旋转命题技术等，设计了由感性思维到创造性思维的过度程序。当然，我们也继续了罗夏测验的基本功能，让被试有广泛自由的反应方式，可作多种反应，这将迅速唤醒我们大脑中独具创造性的思维空间，激发大脑全部思维（包括左脑和右脑），使右脑积极地与左脑联系在一起，达到测量的目的。

我们借用罗夏墨迹测验，尽管不能像专业测验那样讲究信度和效度，但是我们设置了评估标准，这些标准遵循各国专家提供的心理特征的数量资料，比较客观，也便于比较，操作也简便易行，较之完全的主观评价，还是有进步的。但是，这种评估也存在误差，并不能完全替代思维的诊断。更何况罗夏墨迹测验的内容受社会文化制约，其测验的标准也不是普遍适用的。

我们的评估一般从五个方面设置参数：①整体：对墨迹图的整体或接近整体的反应；②部分（图案上显示为D）：每一墨迹因其形状结构或墨迹浓淡或色彩的差异明显地分出若干部分，你是对哪些部分明显地做出反应；③小部分（图案上显示为d）：是利用墨迹中较小的但仍可明显划分的那一部分做出反应；④细节：利用的是墨迹中极小的或不同一般方式分割的一部分做出反应；⑤空白：利用的是墨迹中的白色背景做出反应。除上述参数外，还有你把墨迹看成是人形还是人体的某一部分？是生命的还是无生命的？是可爱的还是厌恶的？是通常的形状，还是莫名其妙的形状？是对于纯色彩的反映还是与形状关联的反映？把图形看成是静的还是动的？你的反映是与一般人相同相似，还是与众不同？等。每一回答都要用上述诸变量加以评定。一般来说，思维力高的人联想内容丰富。与众度多说明见解与大众相似的多，也就是独特见解少，同时也说明他易于适应；与众少而联想特别多，一方面说明见解与众不同或者有独特见解，即创造性高，另一方面可能是被试很难与环境适应。

下面一部分我们将依次展示罗夏墨迹测验的图版，因版面所限，我们看到的图版比原版要小一些，所以请被试观察时更需仔细些；所展示的10幅图，其结果评估也是分项罗列的，被试所得的评价也是"这一副"图版的，是局部的，甚至版图之间的评价还有冲突矛盾的，因此，应最后把它们汇总起来，得出总体性的综合评价。

### 四、W-QIUS罗夏投射测量

下面的测量包含两个步骤：首先，我们提供某一张罗夏墨迹测验的图版以及若干小图，小图中有的是原图中的构成成分，有的是另外加进去的，需要被试把他们区别开来。在区别的过程中，被试会深入地观察和对照原图，获得一些有益而新鲜的信息，这为下一步的判断提供前提基础。其次，请被试认真分析图版的构成，回答从中看到了什么。回答时可以根据整体，也可以根据具体那个部位来作出答案。完成上述两个步骤后，就可以把答案带进评估体系中对号入座，根据被试的反应，分别从从常规反应和异常反应两方面予以评价。

**（一）图式投射·图版Ⅰ的测试**

下面展示的是罗夏墨迹测验的图版Ⅰ，请你回答两个问题：

1. 在它下面有四个小图（1）（2）（3）（4），这四块小图中，只有一块是原图中的构成成分，是哪一块？

2. 请你分析图版Ⅰ的构成，回答从中看到了什么。回答时可以根据整体，也可以根据具体那个部位来作出答案。

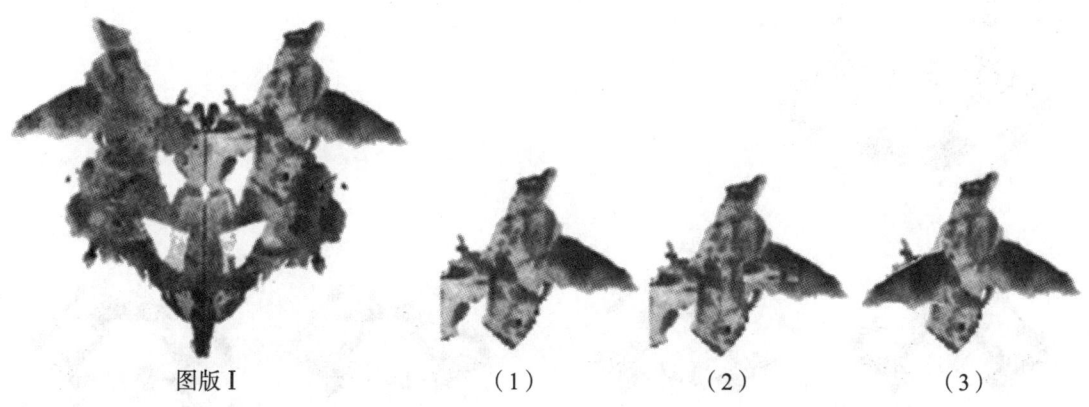

图版Ⅰ　　　　（1）　　　　（2）　　　　（3）

**（二）图式投射·图版Ⅱ的测试**

下面展示的是罗夏墨迹测验的图版Ⅱ，请你回答两个问题：

1. 在它下面有 8 个不同朝向的小狗或别的东西。这 8 块小图中，只有 2 块是原图中的，是哪两块？

2. 请你分析图版 I 的构成，回答从中看到了什么。回答时可以根据整体，也可以根据具体部位来作出答案。

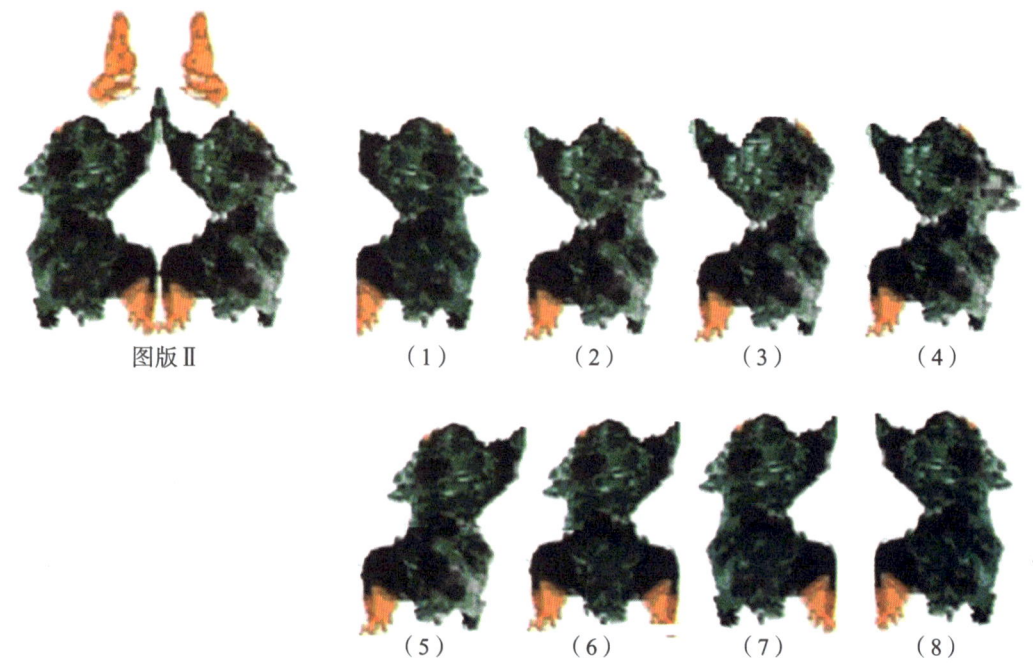

（三）图式投射·图版Ⅲ的测试

下面展示的是罗夏墨迹测验的图版Ⅲ，请你回答两个问题：

1. 图版Ⅲ下面四幅图中，只有一幅是原图略微缩小后旋转 180 度构成的，是哪一块？

2. 请你分析图版Ⅲ的构成，回答从中看到了什么。回答时可以根据整体，也可以根据具体那个部位来作出答案。

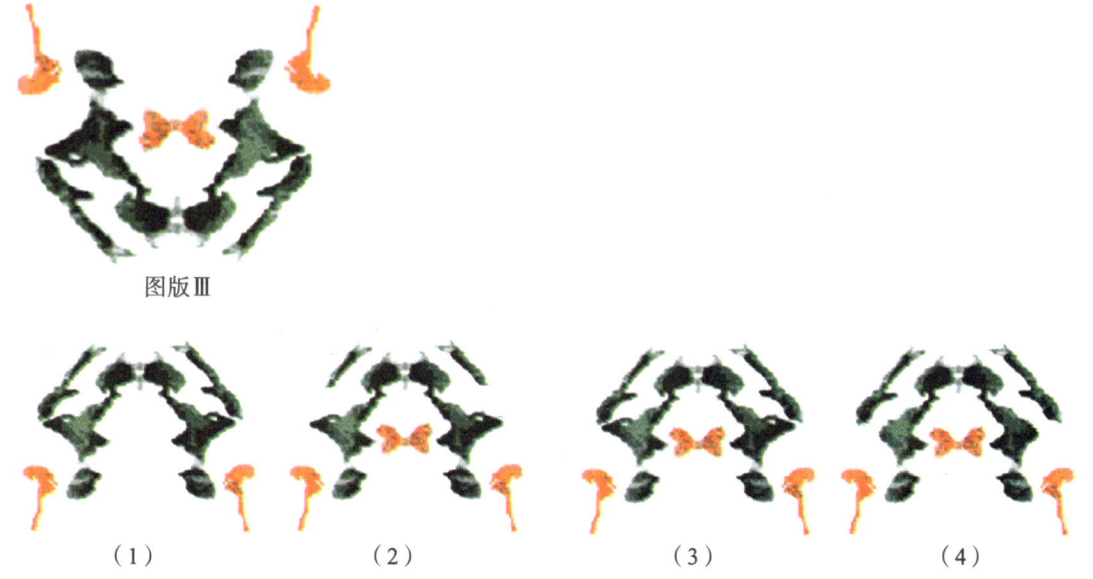

## （四）图式投射·图版Ⅳ的测试

下面展示的罗夏墨迹测验的图版Ⅳ，请你回答两个问题：

1. 把图版Ⅳ旋转不同角度，可以观察不同的墨迹测验的图版。在它下面四幅图中，只有一块不是原图旋转而成的，是哪一块？

2. 请你分析图版Ⅳ的构成，回答从中看到了什么。回答时可以根据整体，也可以根据具体那个部位来做出答案。

## （五）图式投射·图版Ⅴ的测试

下面展示的罗夏墨迹测验的图版Ⅴ，请你回答两个问题：

1. 在它下面有8个小图，这8块小图是从原图中截取的。由于角度不同，我们从中可以看到"美女"、"鳄鱼头""盔甲勇士""昆虫"等不同的形象。但其中有2块不是通过旋转得到的，请你从这8块图像中找出2块与众不同的来。

2. 请你分析图版Ⅳ的构成，回答从中看到了什么。回答时可以根据整体，也可以根据具体那个部位来作出答案。

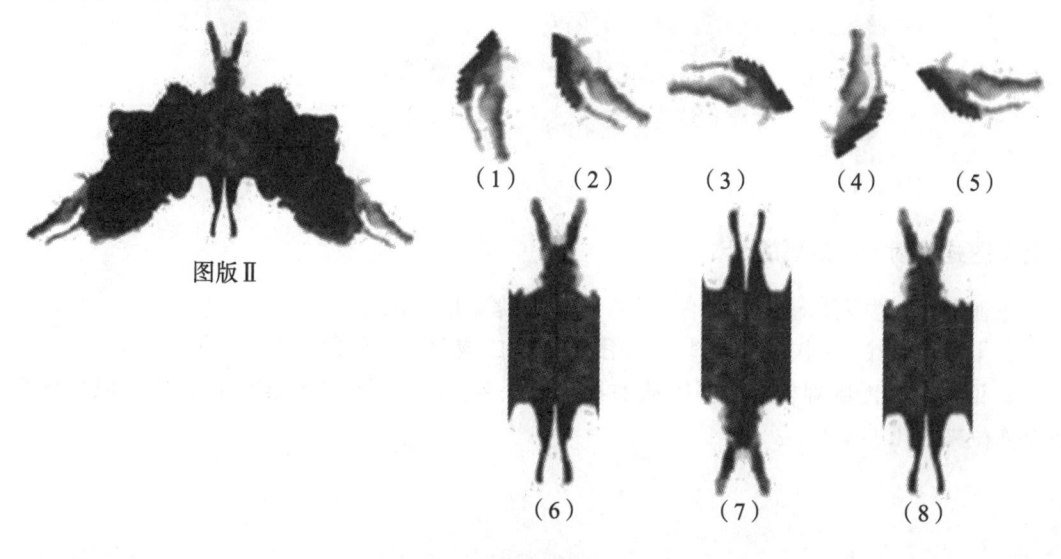

## （六）图式投射·图版Ⅵ的测试

下面展示的罗夏墨迹测验的图版Ⅵ，请你回答两个问题：

1. 它下面的 6 个小图，都是从大图分离出来的。我们从这 6 块小图中，可以看到兽皮、乐器、飞鸟、舞者、唇甚至坦克车。你还看到什么？请你大胆说出来，说得越多越好。

2. 请你分析图版Ⅵ构成，回答从中看到了什么。回答时可以根据整体，也可以根据具体那个部位来作出答案。

图版Ⅵ

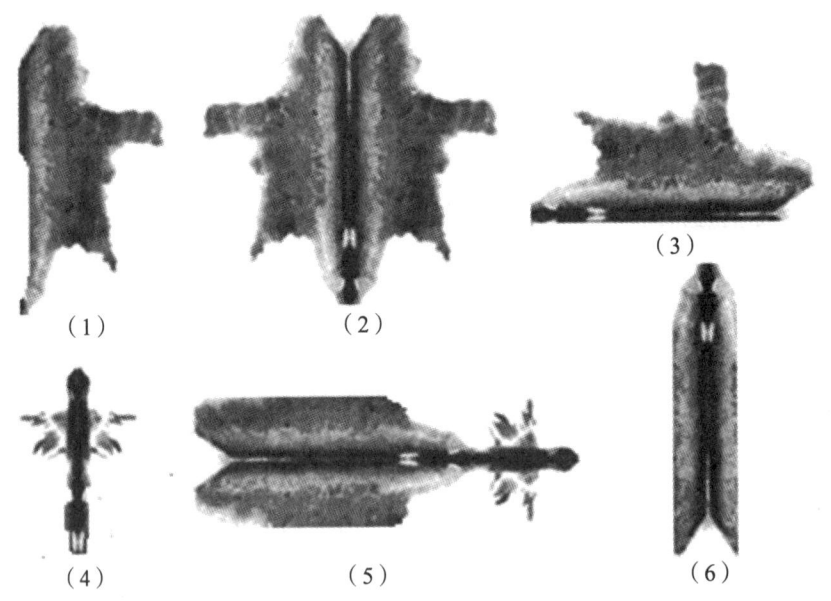

（1）　　（2）　　（3）

（4）　　（5）　　（6）

## （七）图式投射·图版Ⅶ的测试

下面展示的罗夏墨迹测验的图版Ⅶ，请你回答两个问题：

1. 下面有 7 个小图中，有 3 块是原图中的构成成分，经反色而成，是哪 3 块？

2. 请你分析图版Ⅶ构成，回答从中看到了什么。回答时可以根据整体，也可以根据具体那个部位来作出答案。

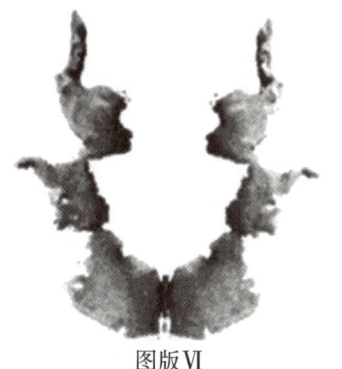

图版Ⅵ

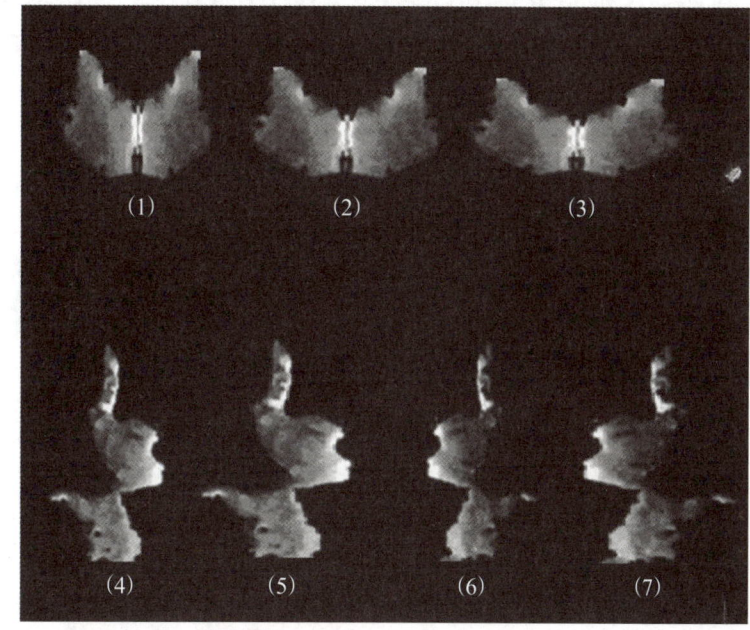

（1）　（2）　（3）

（4）　（5）　（6）　（7）

**（八）图式投射·图版Ⅷ的测试**

下面展示的罗夏墨迹测验的图版Ⅷ，请你回答两个问题：

1. 下面 7 块小图中，有一块不是原图中的构成成分，是哪一块？我们从这 6 块小图中，可以看什么？请你大胆说出来，说得越多越好。

2. 请你分析图版Ⅶ构成，回答从中看到了什么。回答时可以根据整体，也可以根据具体那个部位来做出答案。

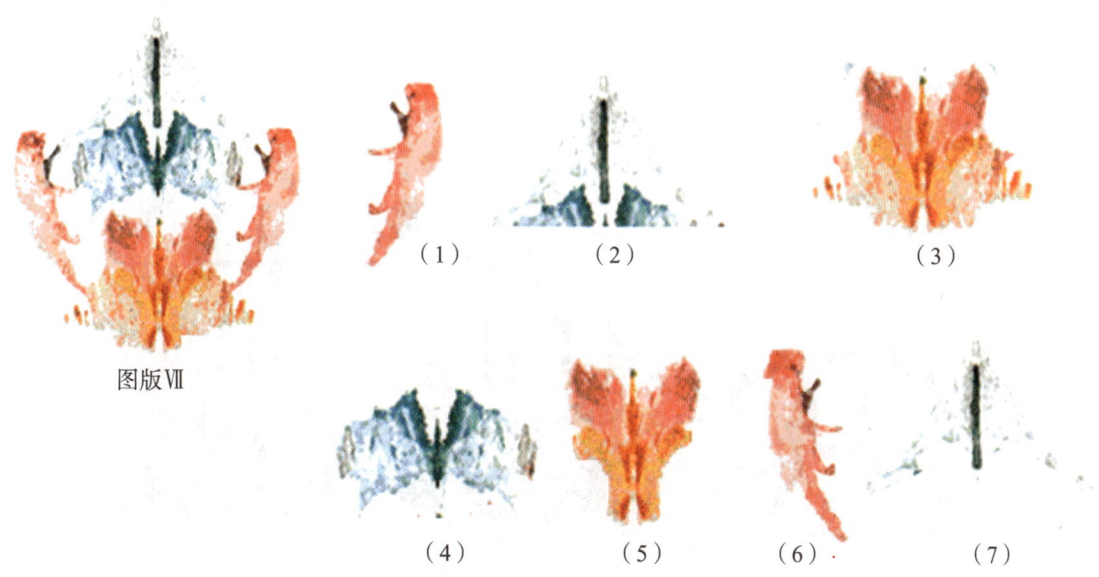

图版Ⅶ

（1）　（2）　（3）

（4）　（5）　（6）　（7）

**（九）图式投射·图版Ⅸ的测试**

下面展示的罗夏墨迹测验的图版Ⅸ，请你回答两个问题：

1. 图版Ⅸ下面有 6 个小图，这 6 块小图中，有一块不是原图中的构成成分，是哪一块？

我们从这 5 块小图中,可以看什么?请你大胆说出来,说得越多越好。

2. 请你分析图版Ⅸ构成,回答从中看到了什么。回答时可以根据整体,也可以根据具体那个部位来做出答案。

## (十)图式投射·图版Ⅹ的测试

下面展示的罗夏墨迹测验的图版Ⅹ,请你回答两个问题:

1. 图(1)是由什么图案合成的?图(2)又是由什么图案合成的?图(3)呢?

2. 请你分析图版Ⅹ构成,这个图版墨迹像的各个部分非常分散,所以即使在其他图版没有答案,在这里也容易产生反应。请你回答从中看到了什么。回答时可以根据整体,也可以根据具体那个部位来做出答案。

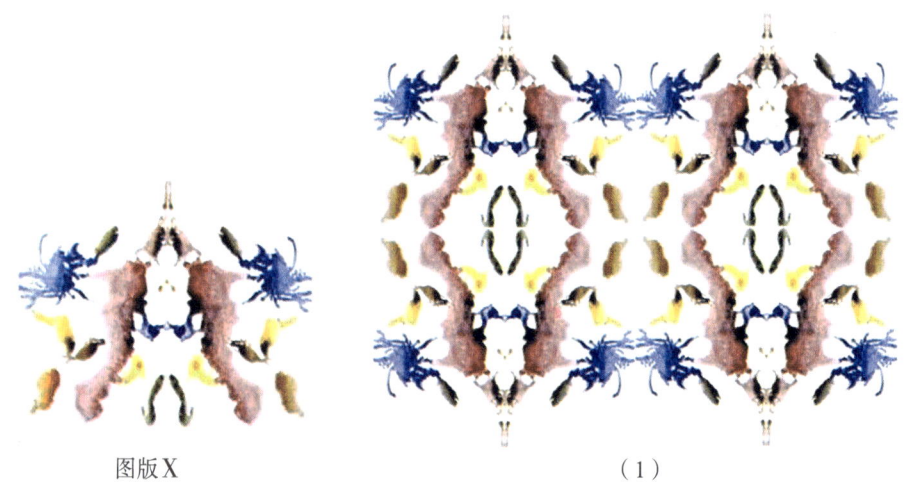

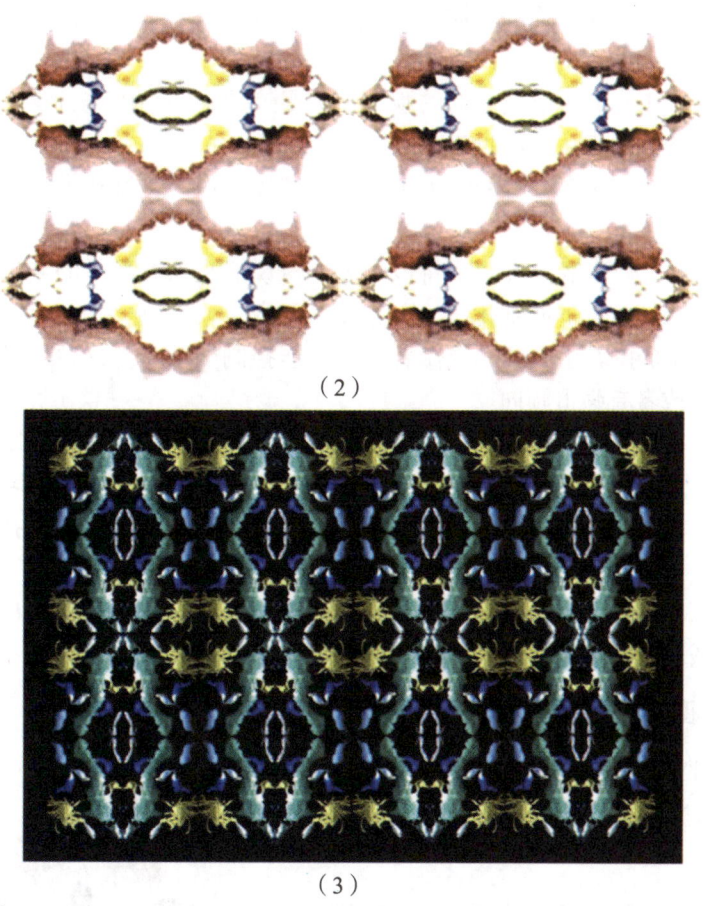

（2）

（3）

## 五、W-QIUS罗夏投射评估

### （一）图（1）是原图中的构成成分

对图版Ⅰ，一般有两种反应方式：一是把图为一个整体看待，一是将其分为两个区域D1、D2（如右图），在D2区域里，我们又可以将d1和d2定为感知敏感部位。

1. 常规反应

• 有翅膀的动物（通常为蝙蝠或湖蝶）。这是典型的正常反应，表示被试者在同样的场合能够产生与多数人同样的知觉。

• 天使跳舞。将该图墨迹像说成是"像长着翅膀的天使"或"能飞的神仙"，说明被试者想象力丰富，内心充满活力，但不排除幻想或想入非非的人格特点。

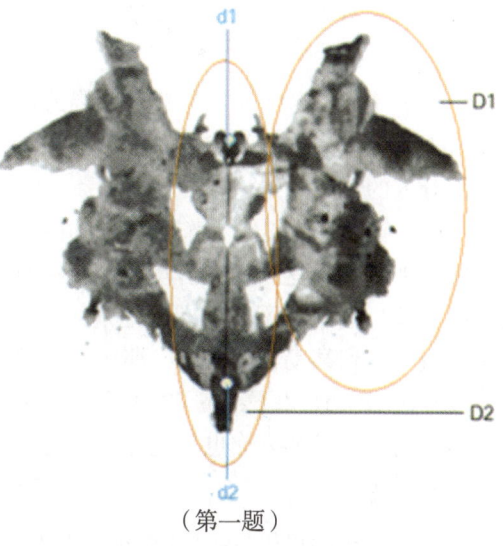

（第一题）

• 墨迹像的中央部分D2，一般被解释为某种人或类似人的像。最普通的是看作为女性像，或穿着衣服，或没穿衣服。把她说成是穿着透明衣服的人，则反映被试者属于那种具有通过事物外表或假面具看其真实一面的习惯。

2. 异常反应

• 猫脸、鬼脸或其他不明形迹动物的脸。在把墨迹像作为整体进行解释时，这种反应，表达了被试者对外界的恐惧，内心世界多有不安的因素。

• 人体的一个部分。这是从解剖学上来解释全体墨迹像。这反映了被试者对身体抱有关注或对性有某种倾向。

• 戴着帽子的人（分不清男女）或将该图墨迹像说成是从后面看的某种人或类似的人。这反映了被试者回避性特征的明细化。

• 把这个像说成是拉着手旋转，或做着自己不能控制的动作。这种情况可以认为被试者是分裂性性格者，或者有强迫倾向。

• 把墨迹像的右部分 D1 被解释为侧面像、人体像，说明被试者过于强调对人关系的倾向。如果看到的是魔女，则反映被试者潜意识中残留有过去曾感受到的恐惧感情。

• 把这个图版 d2 解释为单脚独立的人，往往与无依靠的感情，或想寻找依靠的欲求有关系。

• 把这个图版 d2 被叙述为攻击的或具有威力的东西。如在这个图版内部看到乌云袭来，则表现悲观主义或恐惧的感情。

## （二）图（2）、图（7）是原图中的构成成分

分析时，一般将其分为两个区域 D1、D2，d1、d2 和 d3 为感知敏感部位（如右图）。

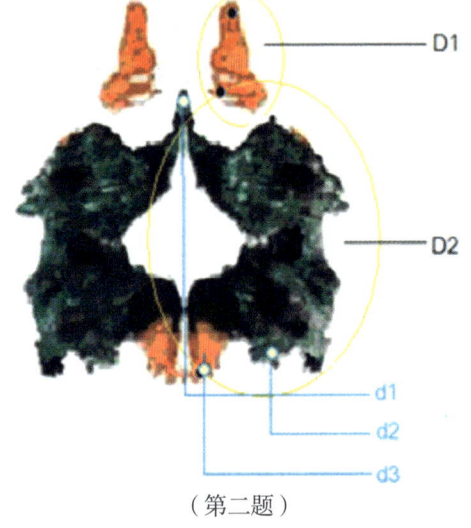

（第二题）

1. 常规反应

• 对这个图版的常规反应是两侧各有一头动物。动物的朝向可能是面对面（如坐姿的两只狗熊），也可能是背对背的（如尾部向对的两只狗）。如果能感觉到的有毛的动物时，那么一定是具有超常的感受性。

• 另一个常规反应，是把全部墨迹图像看作类似如"两个小丑在做拍手游戏"、"两个小孩在推搡"等，大部分人的答案就是这样。

• 把全部墨迹图像看作两个巫师的人像或类似的人像。如果巫师这一概念若反复出现，你可能在心理层面有些自信心的困惑，即常把别人或自己看做愚者或没有用的人。如果你只看到某动物的头，或只看到某动物的身体，那么你的幻想程度要高于一般人。

• 中央的 d1 和下部的 d2 往往与性相联系。下部的 d2 往往说得明确些，而 d1 也许被认为是性的象征。如果你也是这样反应的，那么你仍属正常。

2. 异常反应

• 斗殴者。如果仅仅是"两个小丑在做拍手游戏"、"两个小孩在推搡"等，应属于常规反应，但是讲"两个男人在打架，瞧！地上流了很多血……"表示其焦虑状态或进攻性情绪。

• 人体解剖学概念或性的概念。属于有情绪障碍但不是那么崩溃。

• 对色彩无控制或非合理反应。例如将红色解释为火的燃烧、血的喷发，多半表示焦虑状态。

## （三）图（3）是原图倒转180度形成的

分析时，一般将其分为 D1、D2 两个区域，d1 和 d2 以及中的红 d3 为感知敏感部位（如右图）。

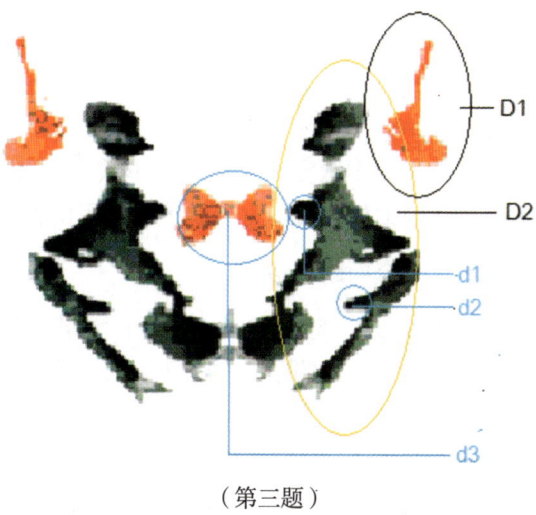

（第三题）

1. 常规反应

• 人像。在图版Ⅲ中完全看不到人像的情况是稀有的。看到人像时，对人像的性特征反应是特别有意思的。某些人由于看到有乳房（d1）而把这个姿态设想为女性。另一些人，由于看到有隆起的男性性器（d2）而设想为是男的。还有一些人，以衣服为基准来区别男女。有些被试者，从一方面看认为象男的，从另一方面看认为又像女的。因此，在男女区别上表现出困难也不奇怪。人像在作什么样运动？这个运动是否与人像的性别协调？这个运动是友善的还是对抗的？这些回答颇有意思，但是一般都属于正常范畴。

• 能看到穿衣服的动物，人影以及滑稽的舞蹈姿势也都属于常态反应。不论是男性的动作还是女性的动作，要看所说的与性别是否吻合，如果是矛盾的，可能是存在着内在紧张感情，或不能控制的强迫观念。

2. 异常反应

• 在这个图版中没有看到人像，表示与他人的交往能力有障碍，也可以解释为性格中有些不那么容纳他人的因素，或不能一视同仁地对待他人。

• 不能决定人像的性别或者两个对称像分别被说成是不同的性别；或者对同一墨迹像看成是男女两性等情况的出现，表明在性别的识别和接受中，存在有种种困难。

• 将中央的红 D3 给出解剖学的反应或暧昧的形状反应，属于异常反应。如"把心掏出来了"对这样的反应应该引起充分注意。一般可以解释为情感性焦虑，也可能是精神分裂。

• 将上部的红 D1 看做动物，并对长形突出部的部分导出各种荒诞假说的，一般可以解释为幻想性焦虑。

• 如果将图版倒转，看到两个黑人的头或异常种族的人，可以判断其人际交往有障碍。

## （四）图（2）不是原图旋转而成的（是水平翻转而成的）

分析时，一般将其分为 3 个区域 D1、D2、D3，中间上部的 d1 和下部的 d2 为感知敏感部位（如下图）。

图版Ⅳ有时被称之为"父亲图版"，它具有与父亲概念相结合的许多特征，往往可测定在这方面的重要态度。

1. 常规反应

对这个图版把两侧的 D2 解释为长靴，对整体反应为动物皮是很常见的概念。把中央 D1

解释为树干或动物的头，或把两侧的 D2 说成是蛇、跳舞的女人等，或把上部的 d1 看成植物、或某种脸谱，也属于正常。即使有性器的概念，也是常规反应。

2. 异常反应

如果把全体墨迹像知觉为巨人、类人猿、怪物等，这与对权威或权力的过度崇拜心理有直接关系。如果对图版完全无反应或不敢说出来，恐怕是由于惧怕权威或权力造成心理障碍所致。

（五）第一个问题（略）

分析时，一般将其分为两个区域 D1、D2，D1 和中间下部的 d2 为感知敏感部位（如右图）。

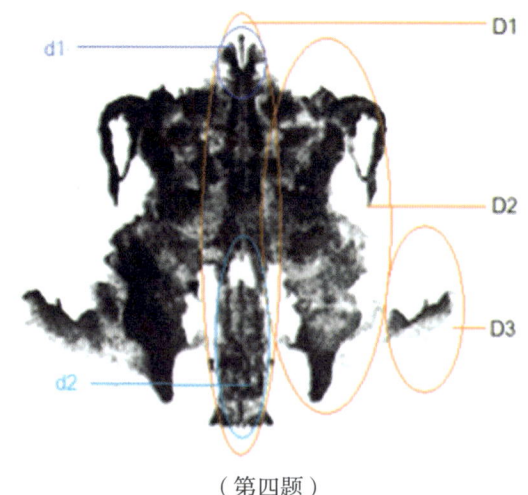

（第四题）

1. 常规反应

一般是看到有翅膀的动物，例如蝙蝠或蝴蝶。即使看到了具有鲜艳色彩的蝴蝶等，也不属于过度反应。

2. 异常反应

• 如果直到最后还不能看到有翅膀的动物的话，则应认为是异常的反应。这种情况可以

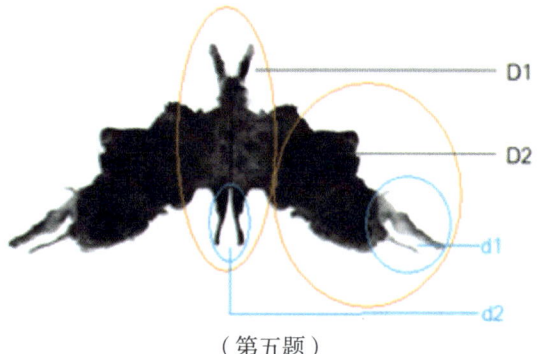

（第五题）

判断被试者与现实脱节，尤其不能处理其环境的阴暗面，包括不能忍耐抑郁的感情。

• 把这个图版的中央领域 D1，看做人或动物，两侧的轮廓部分看做侧面像或整体人像，或看作是前面什么阴影遮盖着的东西。这大概是与对环境的恐惧或被试者在其中所扮演角色有某种关系。

• 两侧的 D2 如被解释为鳄鱼头，或 d1 被解释为鳄鱼嘴的，可诊断其具有言语侵略性。

（六）第一个问题（略）

分析时，一般将其分为上图将其分为三个区域 D1、D2、D3，中间的上部 d1 中部 d2 和下部的 d3 为感知敏感部位（如右图）。

1. 常规反应

• 从整体上把图版Ⅵ看成动物的毛皮或一把弹奏乐器都是常规反应。

• 在这个领域，看到"被弯弯曲曲的丘陵所围着的美丽而富饶的山谷"，以及"用斧头劈开的动物"这类概念也是正常的。

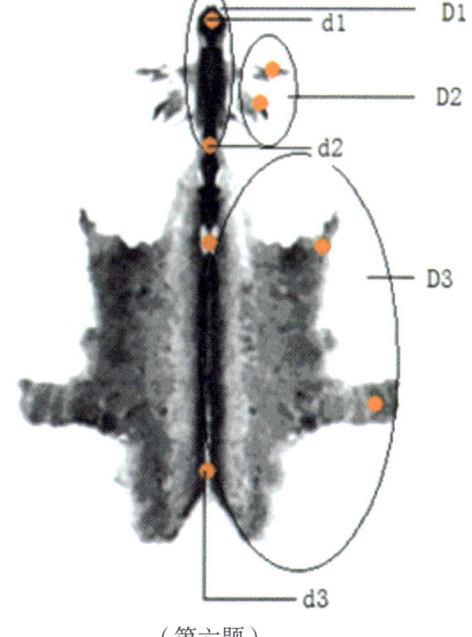

（第六题）

2. 异常反应

• 把上部的 d1 看成是阴茎或相当明确地具有男性性器的意义，一方面表示被试者对性器的特别态度；另一方面，也许存在着性的障碍。

• 把图版 d2 部分说成卵巢或类似的意义，则说明被试者不能很好地对待成人的世界，注意力被引向生殖或幼儿的东西。

• 把两侧 D1 被解释为国王头的，与对权威的过度崇拜态度有关。

• 在上部 d1 看作为蝴蝶，属于异常投射，需要进一步考察。

（七）图（2）（4）（6）是原图中的构成成分（反色）

分析时，一般将其分为两个区域 D1、D2，上部 d1 和下部的 d2 为感知敏感部位（如右图）。

1. 常规反应

这个版图被称之为"母亲图版"。关于这一理论，是与在图版Ⅳ中所叙述的一样，这个图版的许多方面，往往与女性的性连接着。

• 整体反应是戴着特别帽子的两个女人者特别多。有人如果看到的不是女人，而是孩子或动物，这也是常规反应。

• 将图版倒转过来，往往看到没有头的像。这可假说为，被试者在异性关系的情绪性方面凌驾于理智之上。

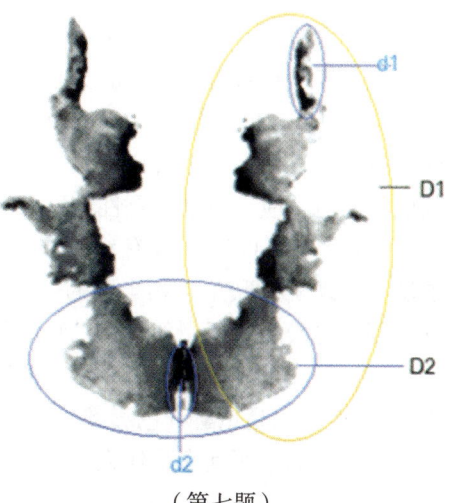

（第七题）

• 把 D2 部分看做女性的性或象征女性性器的领域也属正常反应。但是，如果不仅把图版 D2 部分小开口解释为女性性器，而且将这个概念扩大到大的中央领域，则属于过度反应，至少品行庸俗。

2. 异常反应

• 把 d2 这个领域说成是打开着的拉锁、闭着的拉锁、门、小人，或被说成是"小房子"，往往与幼年期的安乐和追求安全的欲望结合在一起，所以要注意。如果是由成人给出这种反应，可能表示对安全的幼儿状态的一种憧憬，也就是说，他目前有危机感。

• 把墨迹像的全体解释为云或烟雾之类，往往被认为与不确实的感情、暧昧性、焦虑结合着。但仅仅如此是不够的，还需要其他信息的支持。

（八）图（6）不是原图中的构成成分

分析时，一般将其分为三个区域 D1、D2、D3，中间的上部 d1 和下部的 d2 为感知敏感部位（如下图）。

1. 常规反应

• 把两侧 D2 看做动物，是出现频率较多的正常反应。

• 把上部 D1 看做树的一部分。这是建设性地或构造性地使用了色彩的缘故。

• 如果把整体分为三个部分进行了组合："背景是一座雪山（D1），有两只红色的虎在上山（D2），但它们的身体悬空着，下面有两只石猴仰头啼叫（D3）……"没有实验证据证明这是普适性反应，但一旦说出，会引起从众效应，是正常反应。

• 对这个图版的 D3，很多人是以解剖学的概念进行解释的，与图版Ⅶ的 D2 可以互为印证。

• 认为是花或植物的知觉，可以判断对色彩有较敏感的反应。

2. 异常反应

• 解剖反应在以前的图版中未给出过，而在这个图版却出现时，表示有情绪压力，将注意力集中在对自己身体的关心上。

• 对下部 D3 领域说成"热带蝴蝶"之类或把两侧 D2 说成"红色的动物"，是一种强制性的感情反应，或是任意性的感情反应。

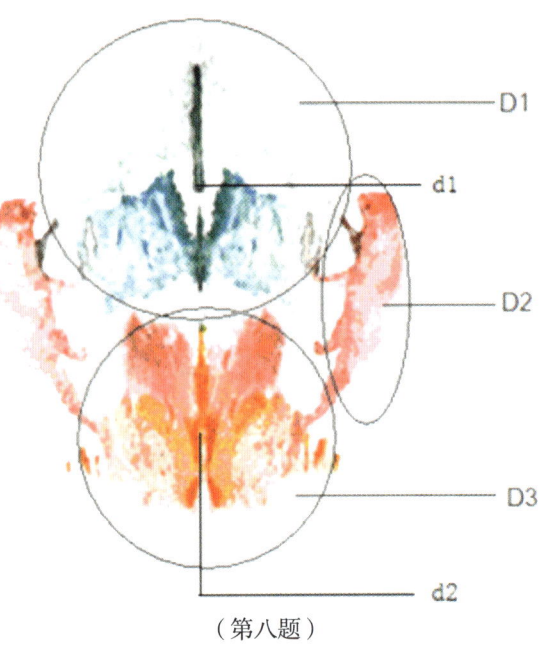

（第八题）

• 如果反应内容中没有动物，则可认为被试者与现实的联系是相当弱的；如果笼统地谈到动物或类似于动物，则可认为被试者是极具批判性的人的特征。如果将动物的行为做进攻性的描述，则可认为被试者具有持强个性。

• 这是全色彩图版，正常反应无法回避色彩的使用。如果知觉混乱到看不到平凡的"动物"，那么一定是想避开色彩部分，退缩到白色的空白或比较中性的灰色和淡蓝色部分。应深入考虑顾虑的东西到底是什么。

（九）图（3）不是原图中的构成成分。

分析时，一般将其分为三个区域 D1、D2、D3，d1、d2、d3、d4 为感知敏感部位（如下图）。

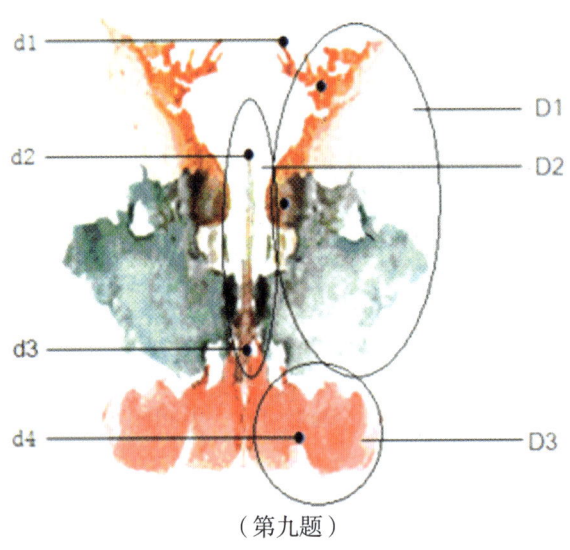

（第九题）

1. 常规反应

• 上部橙色领域是女人或巫师。这与把他人或自己解释为可怕的、愚笨的或不能接受的等有关。下部粉红色领域是某种人的头。通常被说成是普通人的头，也有被试者倾向于是幼儿的头或胎儿的头。绿色的领域常被解释为脸，表现为傻气的、掉了魂似的或差劲的脸神，使人产生不舒服的感情。

- 也有人较长时间给不出答案，也应看做是正常的。因为把图版Ⅸ进行解剖是困难的，似乎必须有平均水平以上的能力。那些没有构造能力和解剖能力的被试者，就不能构成高度分化的知觉。

2. 异常反应

- 对这个图版进行反应时，在许多情况下是非常异常的，因而值得注意。从色彩动力学的方面分析，这个图版虽然是全色彩，但不少人不容易做出色彩反应。如果被试者因回避一些念头而有不使用色彩倾向的话，应深入追问其顾虑的东西。
- 对图版色彩有极端的反应倾向。如某些被试者把这个图版看成是性娱乐的图版，并给以色彩反应，这是他们把来自社会环境的情绪刺激在这里宣泄了；另有一些被试者，把这些色彩看成是非常讨厌的泛性行为，而给以排斥的反应，表示他们内心世界有强烈的道德冲突。

（十）该图区别其他图的地方在于其比较零散

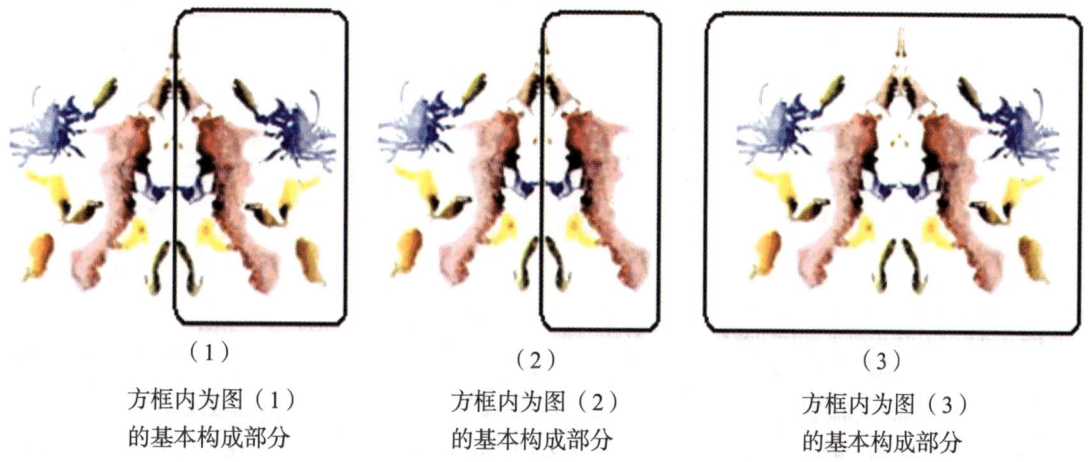

（1）　　　　　　（2）　　　　　　（3）

方框内为图（1）的基本构成部分　　方框内为图（2）的基本构成部分　　方框内为图（3）的基本构成部分

分析时，一般将其分为 D1、D2、D3、D4、D5、D6、D7、D8 较多的区域（如下图）。

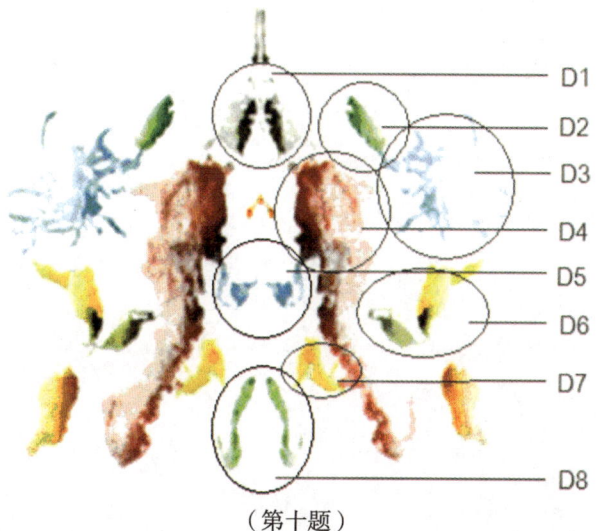

（第十题）

1. 常规反应

· 对图版 X 的常规反应，多是把感情的反应和理性的反应统合起来。例如，把上部 D1 看做争斗的昆虫；把绿色 D2 看做游动着的鱼；把两侧蓝色 D3 看做爬着的蜘蛛；把桃色 D4 领域看做人像；把中央 D5 看做蓝鸟；把 D6 看做黄尾巴的金鱼；把下部 D8 看做两条青虫等，都属于正常范围。

投射以运动。经常产生的知觉是人在吸着什么。这可能反应此人处理事情的依赖性或停留在口头上。

2. 异常反应

图版 X 各个部分可以分别独立，分开解释。因此，许多被试者对这个图版的反应比对前面图版的反应，可以表现更多的可塑性、独创性和自发性。而对于某些习惯于整体感知的被试者，也许具有与此相反的效果，他们可能会因此而不知所措。另外，我们可以把图版 X 当做极限检查，因为在此图版以前，由于墨迹像的复杂性和新奇性，被试者未能充分展现自己的能力，现在在这个图版面前可以充分表现他的天资。如果普通智能的被试者对这个图版不能做出判断，可认为是因为情绪因素而产生了严重心理障碍。

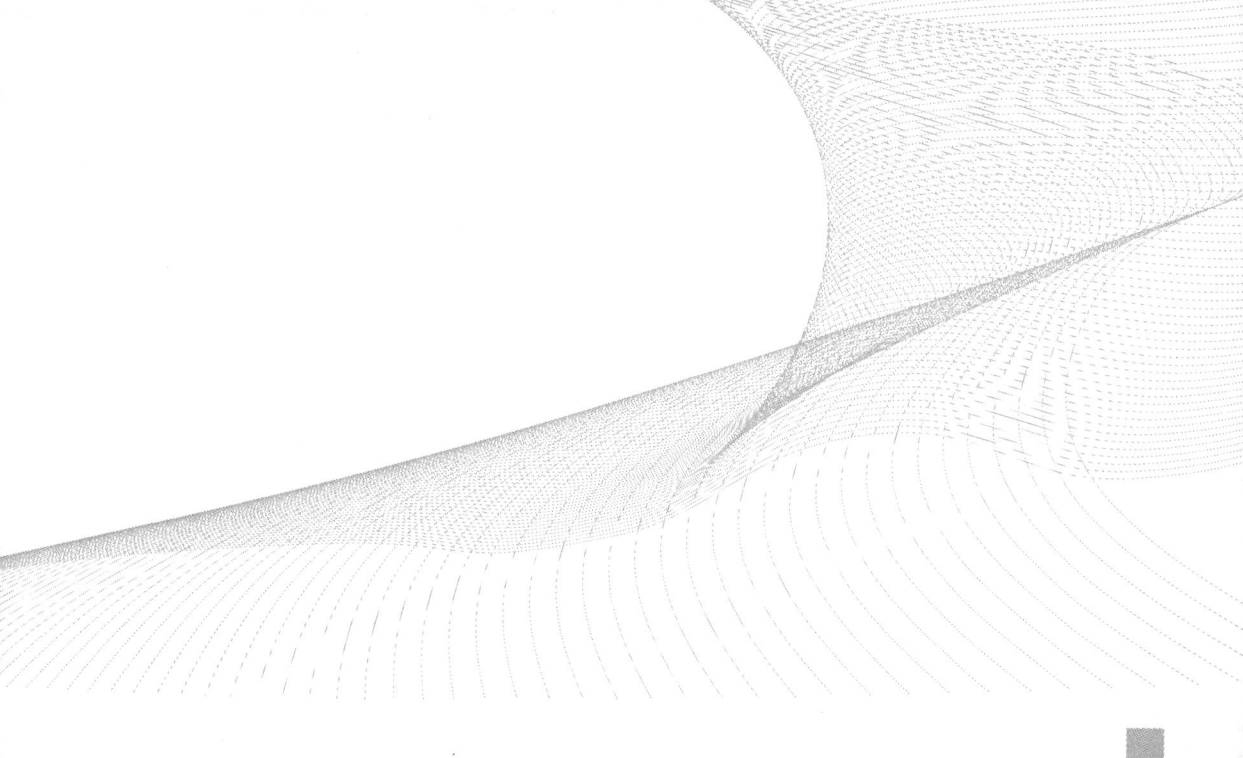

# 第5篇
# 思维题库建设与运行

CONSTRUCTION AND MOVEMENT OF THOUGHT EXAMINATION QUESTION BANK

▶思维题库建设
▶W-QIUS思维题库的运行实验

# 第15章 思维题库建设

题库（Itembank）是"按照一定的测量理论，在计算机系统中实现的某个学科题目的集合"[1]。它是严格遵循测量理论，在精确的数学模型基础上建立起来测量工具。

建立思维题库更是一个复杂的系统工程，尤其对于网络题库来说，它就更为复杂，不仅要考虑到建立系统的数学模型，确定思维命题的属性指标以及思维命题的组成结构，还要考虑到题库的开放性和保密性，不仅要考虑到思维题库自身的系统性和操作性，还要考虑与标准化测验接轨的问题及网络的管理问题。

## 第一节 思维题库的基本概念

建立思维题库是一个复杂的系统工程，首先要建立思维系统的数学模型，然后确定思维试题的属性指标以及试题的组成结构，再组织大批的测量专家进行思维命题。为了保证思维命题的科学性和有效性，还要组织大的被试样本，进行抽样测试，对思维命题参数的有效性进行校正，一个相对完整的基于经典测量理论的题库系统，需要成千上万道试题，编写和测试这些试题的工作量是无比巨大的，是一般单位所不能承担的，应在国家有关项目的支持下进行[2]。

### 一、思维题库的性能

随着Internet的出现和广泛使用，WEB使得实现广泛的网络共享、集中的安全控制和友好的使用界面达到了完美的统一。这为解决思维题库系统运行中存在的一些问题提供了新的可能。

#### （一）思维题库的特性

一个思维测量的题库有其本身特性，主要表现以下两个方面。

（1）按思维样式将它们分类。每一思维样式的题目又可细分为若干个题目组合，这些题目组合用于特定的目标。

（2）在题库中的每一个题目有两部分组成：题目标识符号和题目本身。题目标识符号类似一串数字，含有多种信息，这些信息将该题目与数据库中的其他题目区别开，并保存着题目的使用历史和行为特性。

除了上述两点外，它还具有构成和给出测试的等价形式的能力。等价形式由不同题目的

---

[1] 张厚粲，刘昕.考试改革与标准参照测验.沈阳：辽宁教育出版社，1992

[2] 余胜泉，何克抗.网络题库系统的设计与实现.教育技术通讯，2000

测验构成,而每个测验显示出相同的统计结果。也就是说,这些题目测验相同的目标,并用相同的统计方法来区分思维样式时,每次得到的分数应是相同的。

### (二)思维题库的系统和功能

思维测量的题库,不仅要有足够数量的试题,同时还要明确它的系统和功能。对思维的各种构成要有明确的操作定义,便可以根据它寻找一组作业命题或别的刺激,用以引起被测者的思维外显,进而推论出其思维的水平。思维命题总是和思维样式发生联系。要正确地、可靠地进行科学命题,推论出所要测量的东西,首先得明了思维样式。我们只能凭借思维样式才能确定思维命题的样组。

对每一思维命题的样组要有指标、题文、附图、答文、答图等五部分。为了储存和管理的方便,试题的这些信息不一定存放在单一的大库中,而可分别存放在指标库、题文库、附图库、答文库和答图库五个子库中。各子库中同属一道试题的各种信息通过题号进行联系。此外,也可以根据测量需要,把全部试题分成若干类,这样又要把各子库相应的分成若干分库,分别存放不同思维样式的试题。

思维题库必须有查询检索子系统。查询检索子系统的作用是查询题库中试题的分布情况,包括总库及各分库的试题按任一指标分布的情况。此外,也可根据的要求,查询任意指定试题的指标、题文、附图、答文和答图。以便及时了解题库中试题的分布情况,对使用、修改和扩充进行必要的指导。对于较大的题库系统,其试题库总体结构是分层分块的,总库下有子库,子库中有分库等。试题信息常按题文(题目中的文字部分)、题图(题目中的附图)、答文(答案信息为文字)、答图(答案信息为图形)、属性指标等分类,分别存放于不同的子库当中;全部试题按测试目标层次分类存储,这样每个子库被相应的分成若干分库。各个子库要设定相同的关键字,利用关键字把同一道试题的各种信息联系在一起(例如同题号作关键字,那么在各子库中部应有题号这个数据项)。为了提高检索和库管理速度,一般要根据需要建立各种索引文件,如对各个子库建立各分库的题号索引,以指出各分库中存放的试题题号范围。通常可用分库中第一个试题的题序号和该库中存放的试题总数目来标明该范围(因题库中题号是有顺序的,题目按题号有序地存储在分库中)。

设计题库总体数据结构时要考虑图形存储问题。思维测量题库不可避免地存储带有图形的试题,而图形需要占据大量存储空间,应采用数据压缩技术来解决节省图形存储空间的问题。有关压缩存储的方法很多,针对图形特点可设计不同的方法来实现图形数据压缩。题库还应有交互式组卷子系统。该子系统的功能是允许用户通过人机对话方式指定试题的指标来选择试题生成试卷。可用不同的方法指定指标选题,可指定试题题号或逐项指定试题的指标,并允许进行调整,生成符合要求的试卷。

题库还应设计自动组卷子系统。自动组卷子系统是由用户向系统送入试卷要求,例如试题所属的章节或所属的题数,试题难度、区分度等指标,系统就自动地生成试卷。用这种方式生成的试卷客观性强,也比较规范化。就整个系统来说,组卷子系统的功能是极为重要的。

## 二、思维题库的设计

思维题库系统是一个相当复杂的系统,它的建立需要程序设计人员和思维测量专家的分工合作。思维测量专家为建立题库提供经典的和当代的测量理论,使题库具有科学的数学模型。这样建立起来的题库不光是为主试提供各种试卷,免除主试出题之苦,更重要的是能够根据不同要求生成高水平的试卷，并能对测试结果进行科学的统计、分析和评价。

程序设计者的任务是设计程序，使之实现题库系统的各种功能，并能迅速、协调和可靠地工作。因此，程序设计者的工作情况，直接影响着题库系统的质量。具体说，程序设计者应完成以下工作。

### （一）创设运行环境

计算机系统是题库系统赖以生存的物质基础，它为建立题库、使用题库提供了必不可少的环境。也可以认为，计算机系统是题库系统的重要组成部分。因此，在具体建库之前，要根据题库的规模、功能和速度要求，选用合适的硬件环境和软件环境，包括计算机主机的类型、内存的容量、外存储器的容量以及监视器和打印机等硬设备。由于计算机软件对硬件有极强的依赖性，因此，在选择硬件环境时还要考虑它的先进性和使用的广泛程度，以利题库的发展和推广。软件环境的选择包括操作系统和编程工具，例如选择高级程序设计语言、数据库管理系统以及题库生成系统等。

### （二）设计结构框图

对题库的功能要求是由建库的目标决定的。一方面考虑近期要达到的目标，例如组卷、项目分析、试卷分析、自动修改试题指标等；另一方面还要考虑今后的发展目标，使题库能够不断地完善和发展。

当对题库的功能要求确定之后，就可以着手设计题库系统的结构框图。思维题库的结构是题库的灵魂，是其他内容的基础。即把整个系统分成若干个子系统，每个子系统完成一个固定的功能，并用方框把它框起来，方框之间用带箭头的线联结，表示它们之间的数据流动和控制关系。这样就构成了结构图，需要指出的是，把整个系统分成多个子系统，并不是机械地按功能要求来分的，还要考虑生成题库软件时的一些技术问题。例如为了使各子系统成为一个整体，方便用户使用，要有主控模块，菜单结构，为用户提供良好的界面。

### （三）进行程序设计

在完成结构设计之后，可对每个子系统进一步加细，首先是做出流程图，然后进行程序设计。当然，在整个软件编制完之后，还需不断调试，排除和修改错误，使之能实现预先提出的各种要求。

## 三、思维题库的管理

题库的管理，主要是使该题库具有添加、修改和删除试题的权力，实现网络题库的可扩充性和开放性，使用户对题库具有至高无上的支配权。但是题库对试题的质量要求较高，同时试题又是具有一定的保密性、稳定性和严谨性的。这样就形成一对矛盾体，解决这一矛盾的好坏，是检验题库管理的关键。

为解决这一问题，在网上建立该题库时，就并列建立了两个结构完全相同的数据库，一个做正规题库用，归测验专门人员管理，一个做录入题库用，可以让相关人士出题使用，该录入题库没有密码，可任意录入，并利用 PHP 语言建立两者之间的相互关联，当测验专门人员用一高级权限的密码打开正规题库的录入程序的时候（只能用高级权限打开），如果出题题库中有新的试题出现，则给以提示，提醒查看审核，以决定是否录用，以利于题库的更新。为便于两题库的转换和修改，题库应提供转换、修改的程序，便于把适用的题目录入到正规题库中。对两个题库，都提供查询、输入和编辑的功能，查询时可根据思维类型、命题类型等题库结构中关键字段单独查询，也可利用与或关系进行关联查询，显示的内容可以是单一字段内容，也可以是所有内容，为题库的输入和编辑提供了便利。通过这样的管理就实现了题库的开放建设，通过网络，可以广泛征集思维试题，大大减轻建立题库的成本、缩短建立题库的时间、提高题库的运行质量，并且保证了题库内容的权威性。

## 第二节 思维题库编制与运行

近年来，经过各地、各有关部门的共同努力，我国已陆续建立了一系列实用的题库系统，如高等教育基础学科系列题库、劳动部职业技能鉴定题库、国家医学水平考试题库、基础教育系列题库等。例如职业技能鉴定国家题库由劳动保障部总库和地方分库、行业分库组成的国家题库网络已经形成，国家题库规模容量不断扩大。这些系统，有的由国家机关控制，有的作为商品出售，产生了巨大的经济效益和社会效益。但随着这些系统的运行，也出现了很多的问题：首先是封闭运行，缺乏开放性。由于题库是一个精密的测量工具，其维护、管理、更新、数据统计与分析都是由专业人士来进行的，故基本上都是由某一重要的大机关封闭运行，其他普通的中小单位，无法支付庞大的购买和维护费用，很难有机会使用，这样，国家投入大量资金建立的权威性题库，只局限于某些权威单位使用，不能得到广泛的普及，无法真正在政治、经济和教学过程中发挥其应有的作用。另外，封闭运行无法得到广泛的使用和参与，对于题库的修订和校正缺乏数据基础，使得提高整个题库数据质量较为困难；其次，重视组卷功能，轻视测量功能。题库作为一个测量工具，它不仅仅是只有试题管理和组卷的功能，更重要的功能是收集测试数据，并对这些测试数据进行统计与分析，发现题库中所存在的问题。这些问题都隐藏在考试分数的后面，题库系统应该通过分析考试数据，发掘信息，提供给主试以更多的教学过程信息[1]。

因此，我们应加快国家思维题库建设工作。为完善国家思维题库网络体系，相关部门应统筹规划国家题库建设工作，形成国家、地方和行业部门协同开发，动态更新的题库建设工作格局。选择社会通用性强、人数多、技术含量高的智能单位进行题库示范性开发和更新，加快国家题库开发速度，组织新开发题库试考工作。各地应发挥自身技术优势，积极申报和参与国家题库开发和审定工作。相关部门汇总多渠道征集的试题资源，作为国家题库试题资源修订、更新和改造的基础资料。

思维题库建设应加强命题人员队伍建设。相关部门可以通过组织开展业务培训、技术交流和专业研修等活动，提高命题管理人员和技术人员业务能力和水平。要加大命题专家队伍建设，建立专家队伍资源信息库。对在国家题库开发中做出突出贡献的单位和个人，相关部门应给予奖励。同时，各地、各行业部门要加强思维命题理论、技术方法和题库质量保障指标体系的研究和探索，特别是加强对高技能人才多元评价命题技术方法的研究，进一步提高思维鉴定命题质量。

---

[1] 余胜泉，何克抗.网络题库系统的设计与实现.教育技术通讯，2000

## 一、思维题库的编制

首先应规划编写出大量的测试题目,并在大容量被试样本上试测并取得各种统计参数。施测前要做好题目参数及测验分数的等值设计。施测后要进行模型—资料拟合检验,估出题目参数并实现参数等值。经试测、检验,筛选出的合格题目,要跟其参数一起,有序地贮存在计算机中。编写出大量的测试题目可以考虑用要素交合法对传统经典测验进行改造和充分利用。下面我们以瑞文标准推理量表为例来说明之。

瑞文标准推理量表一共只有 60 个题目,显然不能够成题库。但瑞文标准推理量表很有构成特色。它每个题目中,上面有一个大图,大图右下角留有一块⇒形的空白,下面附有 6～8 张小图,每个小图的形状大小与大图右下方的空白相一致。施测时,被测试者把自己认为合适的一个小图补在大图的空白处,以使整个大图成为一张完整一致的图。60 个题目分为 5 组,分别为 A、B、C、D、E,一组比一组难度大,每组题目的难度也逐步加大,每组题所测试推理能力各有侧重,其中,A 组:测辨别力;B 组:测类同与图形组合;C 组:测类比推理与图形组合;D 组:测系列关系、图形组合;E 组:测套合、互换、交错等抽象推理能力。解这些题目,需要各种能力的协同配合。瑞文标准推理量表是通过图形的辨别、组合、系列关系等来测试一个人的推理能力的。为了对该量表进行分析和方便地制作多套测试题,首先简要地说明下面关于图形操作的基本概念。

在计算机图形学或多媒体制作中,引入了关于图形操作的一些比较直观的概念,它们是:复制、旋转、翻转、填充、平移、并、交、差、粘合、单元分解、并组、拆组、剪裁、擦抹、放大、缩小等。把图形的总体信息分解成若干个要素,然后进行要素分解,把两种信息要素用坐标法连成信息坐标 X 轴与 Y 轴,两轴垂直相交,构成"要素反应场"。每轴各点上的要素依次与另轴各点上的信息交合而产生一种新的信息,这种图形重组的方法就叫做要素交合法。设有 $n$ 个图形 $a_1, a_2 \cdots a_n$ 按照某种位置方式排列为一组记为 $a=(a_1 \cdots a_n)$,关于图形的某一操作 op,图形 $a_i=(i=1, \cdots, n)$ 变为 $A_i$,则称组 $a$ 通过操作 op 变为组 $A=(A_1 \cdots A_n)$。

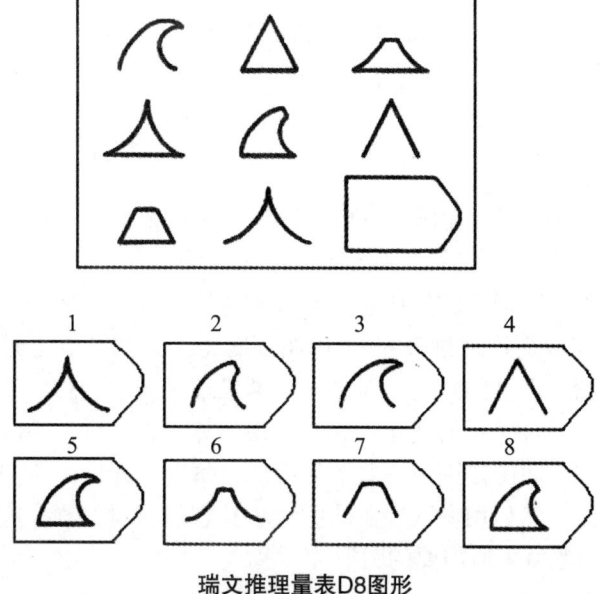

**瑞文推理量表D8图形**

例如上面瑞文推理量表 D8 图形，我们可剖析如下：从现有的图形分析得知，每个图形可分为顶、腰、底三个部分。每个部分又有二个变量：图形的顶可分为尖顶和平顶两种；图形的腰可分为直线和弧线两种；图形的底可分为封闭和开口两种。这样，计有九种基本图形（如右图）：①尖顶、弧腰、封底；②尖顶、弧腰、开底；③平顶、弧腰、封底；④尖顶、弧腰、封底；⑤平顶、弧腰、封底；⑥尖顶、弧腰、开底；⑦尖顶、线腰、封底；⑧平顶、线腰、封底；⑨尖顶、线腰、开底。

这样，每增减一个要素，就能重构一个命题（如下图）：底部全闭，就产生下面测题①；顶部全尖，就产生下面测题②；顶部全平，就产生下面测题③；腰部全弧，就产生下面测题④等。

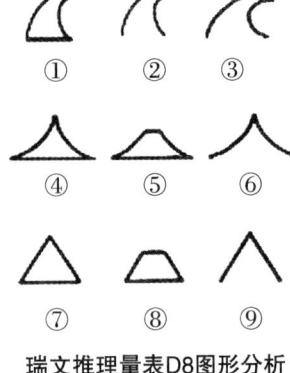

瑞文推理量表D8图形分析

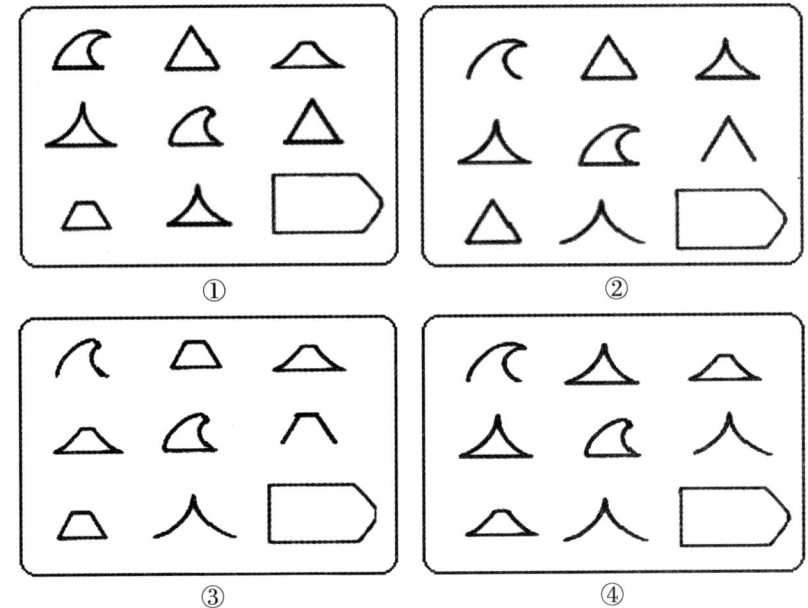

瑞文推理量表D8图形变异1

设有两个图形组 $a=(a_1\cdots a_n)$，和 $b=(b_1\cdots b_n)$，其中的每一对 $(a_1, b_1)$（$i=1,\cdots, n$），进行图形之间的操作⊕（如并、交、差等），结果记为 $a_1 \oplus b_1$，则 $a$ 和 $b$ 两个级之间的操作⊕为：$a \oplus b = (a_1 \oplus b_1 \cdots a_n \oplus b_n)$。

仍以瑞文推理量表 D8 图形为例，只要另外加上某一要素，也可以构成新的测题。如下图"瑞文推理量表 D8 图形变异 2"二则图案，左图在匹配关系上加了两条横线，右图在此基础上又加上涂黑的要素，这样生成的测题需要被试有更多的考虑才能解答：无论是减少要素或增加要素，都可以使瑞文推理量表 60 个原始图案得到量的开发。同时，我们还可以从数学表示形式和计算机图形设计的角度，对瑞文标准推理量表中题目的类型进行改造和创新。其中图形之间的联系及套合关系的变化为我们利用计算机设计延伸性题库找到一条捷径。例如，将图形以图段拼成，而图段则由一些图元组成，每个图元给予不同的编码，不同的编码值代表不同的作图算法，然后用参数表明图的大小及它的相对位置。这样使用适当的编辑命令，就能很方便地绘制题目中所需要的图形。

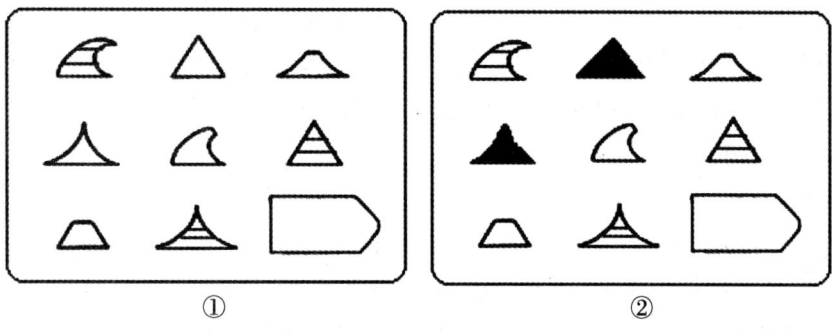

**瑞文推理量表D8图形变异2**

可以看出，这种方法已把一幅图形变成一些代码和参数存储起来。当图形显示时，应调出相应的图形记录，分解并翻译那些代码和参数，然后根据代码值所表示的算法，绘出每个图段的各图形元，这样一幅题图就显示出来。采用这种办法编制和存储图形，可以快捷地建造标准化、情境化、大容量、便于计算机随机提取的命题库，同时可以节约计算机的存储空间。当然，瑞文推理量表题目的形式有限，题目与生活实际脱离，因此是无法据此建立功能齐全的题库。可是由于瑞文标准推理量表具有好操作、使用面广等特点，值得我们深入研究其内在结构，在实践中进行科学的修正与创新。

## 二、思维题库的检验

### （一）融贯性检验

思维题库的检验证明要求检验假说的融贯性。融贯性检验有两层意思：一层是要求题库与科学理论整体背景的融贯，即一个思维题库不能与该时期内占主导地位的理论相矛盾，比如我们现今时代的创新理论鼓励着内涵发散、变通、求异、独特的思维命题题库；另一层是思维题库体系内部结构的逻辑融贯性。融贯意念最早来自笛卡尔，人们据此相信融贯性检验足以断定任何理论的有效性。科学研究倾向于大量运用数学，不能说没有追求融贯性的心理原因，因为数学这种语言通过数学"证明"的形式特别适用于逻辑分析。但是"不管我们对融贯性的说明多么严格，我们都得承认，可能存在不止一个融贯的命题集合。融贯性的概念并没有给我们任何权利说存在一个唯一的最融贯的集合。"[1]

所以，融贯性检验对于题库体系的科学性来说只是必要的，要证实题库的科学性，还必须再作一系列经验检验。

### （二）经验检验

对题库的经验检验形式多种多样，概括起来，大致有三种基本类型。

1. 符合性检验

用来确定某思维命题与对实在世界所作的检验观测是否相符。某个思维命题对经验观测的预言能力越强，它就越容易使人们相信它与现象世界是符合的。科学界这方面的典型的例子很多。牛顿力学并不单单是靠其理论体系的融贯性使人们信服的，更重要的是这个理论对经验观察的预言能力，当勒维叶和亚当斯根据牛顿运动定律推断出并实际发现了海王星时，

---

[1] J. Dancy. An Introduction to Contemporary Epistemology, NY: Basil Blackwell Inc., 1985, 113

牛顿体系的声望达到了顶峰。另一个例子是埃丁顿1919年对日食的观测，这个观测结果和爱因斯坦依据相对论所作的预言完全一致。这些符合性检验对关联思维样式特别有效。思维命题的符合性检验不如自然科学来得快。这方面的极端例子是心测专家曾用20年的时间检验命题结果的可信度和可靠度。

2. 包容性检验

判定思维题库是否能够包容与它的对应的思维样式相关的所有信息。题库对应的信息越多，它就越具有包容性。经验性命题就无法包容抽象命题。在下述两种情况下，思维题库可能经受不住包容性检验：一种情况是这个思维题库无法解释某些能做经验观测的现象，另一种情况是在某些情形下，经验所观测到的东西与该题库成果引导人们所预期的东西不一样。这两种情况在题库建设进程中都会经常遇到。与理论预期不一样的命题对该理论思维成果来说是"反常"，但反常并不可怕，因为每一种思维命题在初始阶段都会被反常所包围，在思维命题出现反常的情况下，包容性检验主要用于确定在什么情形下该思维成果仍然成立，也就是确定思维成果的局限性。

3. 简洁性检验

确定思维命题的某种假定，从某种意义上讲，如果从某一思维成果中去掉某个因素是可行的，那种命题因素就应视为是多余的。简洁性检验正是以这种方式来消除命题过程中空洞无物的因素和不必要的实体，以保证思维命题的简单性并防止对观察的误导。急智思维最主要特征是简约性。这一特征受制于急智过程的时间性。许多问题来去急促，要求你能在极短的时间里做出决策。因此，急智思维有个基本任务：要善于把复杂的问题简单化。在解决问题的过程中，不可避免地会出现这样一种情况，即有两个同样能够"拯救所有现象"的思维路径，此时，命题学家的选择，自然倾向于那个简洁路径，即能够用较少的未加定义的术语和未经证明的物理假设解释同样数量事实的假说。简洁性实际上就是逻辑简单性，它和心理上的简单性不是一回事。前者涉及理论的要素，后者则涉及人们对这些要素的熟悉程度。

当然，完全的融贯性检验和经验检验在具体环境中并不总能顺利实现，但这一点并不妨碍思维题库的评估的规范性。对思维题库的评估不止有认识标准，起作用的可能还有其他非认识的价值或标准，不过其他标准都随具体情景不同可以相互替代，而认识价值则是本质的。另外，以融贯性检验形式体现出来的思维题库的评估是科学实践的理想，它为思维题库探究提供了最基本的动机。放弃对此价值的追求，任何形式的认识都不可能称之为"科学"。我们认为，一种评估方法再有效，也难以对被试的能力进行全面的测查，况且思维本身就是多维度的。每个人在思维力的发展方向及水平方面存在着个别差异，所以以单一的评估方法、从单一的维度来评估思维题库水平是不科学的。只有超越单一的评估模式，集中多元评估于广泛的能力范围之内，反映思维发展的多重维度，并根据需要与实际情况，建立包括表现性评估在内的多元评估系统，即以多重变通的方式来展现特定思维外显，才有助于题库评估的真正实施。

# 三、思维题库的运行

## （一）思维题库运行的特点

随着Internet的出现和广泛使用，WEB使得广泛的网络共享、集中的安全控制和友好的使用界面达到了完美的统一。这为解决题库系统运行中存在的一些问题提供了新的可能。目前，有人在已有开发单机题库系统的基础上，成功地开发了一个基于WEB的通用题库系统，该系统在一个WEB站点上运行，题库软件体系结构采用浏览器/服务器(B/S)网络计算模式，采用三层体系结构，即包括数据库系统、应用服务器、客户浏览器三部分。数据库服务器端采用的是大型商业数据库系统（SQL Server），这有利于提高大批量数据（如用户计费数据）的吞吐时间，使整个系统管理规范化，使数据的完整性、安全性得到保障。应用服务器端采用可扩展的通用组件对象模型计算模式（COM），采用分模块层次结构，多模块分立，允许系统进行分布式并行处理来提高系统的工作效率。各功能模块之间通过TCP/IP、HTTP、RMI等多种协议进行消息和数据交换。

用户运行环境为标准的中文浏览器环境（Netscape4.0或以上版本或IE4.0或以上版本，不需要特殊的插件），硬件环境不限，包括PC机、手持式电脑、电视机顶置盒和网络电脑等，只要能够运行基本的浏览器软件就可以。该系统通过浏览器访问，它提供了传统单机题库系统不具备的一些特点。

1. 集中管理，共享使用

由于题库对试题的质量要求较高，都是由统一的权威机构来进行维护和管理，一般试题的增、删、改都是通过专家确认后进行的，分散运行的题库，一般都无法保持一个专家群体，故一般题库无法更新。通过主试的自主修订，容易导致题库总体质量下降。但题库同时要具备广泛的使用才真正具有价值。对于单机题库来说，这是一对不可调和的矛盾，基于WEB的题库则可以达到完美的统一。由权威机构建立一个WEB站点，统一管理和控制试题库，经过授权的用户，可以通过浏览器自由使用，包括组卷、测试、评价等。此外，它还可以远程收集试题：各地主试可通过网络提交试题，提交后试题存储在一个缓冲试题库中，自动形成标准的RTF文档，供学科专家审查修改，然后批量录入题库。系统还可以预置组卷策略：对于一些常见的考试组卷，可以预置一些常用的组卷策略，主试组卷时可以选择现成的组卷策略，无需重复输入复杂的参数便可组卷。

2. 通过网络，开放建设

可以广泛征集试题和实施大范围的抽样测试，用户只要通过浏览器连上网络，便可使用题库，包括提交试题，参加测试等。用户提交的试题，经专家审订后，便可正式纳入题库中，集中存储到样本数据库中，通过试题参数校正程序的统计与分析，可校正试题参数的估值误差。通过网络来征集试题和组织抽样测试，可以大大减轻建立题库的成本、缩短建立题库的时间、提高题库的运行质量。

3. 集中存储测试数据

通过网络运行题库，进行联机测试和评价，可以集中保存测试数据，通过数据挖掘、统计与分析，用以校正试题参数的估值错误，剔除不良试题，保证试题质量。全面服务：提供全面的组卷、考试、自测、评卷、统计与分析、辅导等全面的评价服务，使得基于网络的无纸化考试成为可能。个人自测可以使被试根据自己的思维特点，进行有针对性的辅导与练习。

4. 傻瓜操作，简单易用

用户只要通过浏览器，连上网络，便可在图形用户界面的引导下，轻松使用，无需复杂的配置、安装和管理，大大降低了对题库使用者的技术要求。

总之，题库系统是计算机辅助测验系统的一种重要形式，在国内外得到了越来越广泛的应用。它在生成试卷、进行试题和试卷分析等方面可以为主试节省大量的时间，而且能够在大范围内进行高质量的测验，这无疑会对思维测量产生积极的促进作用，因此必将受到普遍的重视。

## （二）组卷

### 1. 手工组卷与智能自动组卷

组卷是题库的最终目的，思维题库根据组卷对象的不同，提供两种组卷方式，一种是手工组卷，一种是智能自动组卷。一般情况下，测验专门人员根据试题类型、测试点、难度、区分度、思维分类、测试对象等由试题库智能组卷，但是一份高质量的试题，需要测验专门人员反复地推敲、比较和琢磨，因此只提供简单的智能组卷功能，并不能满足出题的需要，因此题库还应提供手工组卷功能，首先测验专门人员根据需要，起用查询功能，应采用MYSQL数据库作为基础，在浩大的试题库中快速寻找到合适的试题，题库系统不仅允许测验专门人员按属性值查询，而且允许对试题和答案中的字符进行模糊检索，支持"与"和"或"条件综合查询，这样就极大地方便了组卷，而且这样的组卷系统能够满足测验专门人员出题的各种需要。经过他们的修改，系统给出一份符合要求的试卷及其标准答案，试卷以两种方式呈现：一种是以HTML的方式，将一份试卷形成一个HTML文件显示，供网络考试使用。一种是RTF文件的方式，自动形成的试卷以RTF文件的方式打包，供测验专门人员下载打印使用。

智能组卷是组卷系统的重点，现把分数和难度组卷原理简单介绍如下：

（1）试题难度：试题整体平均难度应控制在一定的范围，一般在中和较难之间，以 $l$ 代表最难，0代表最易，则整体平均难度应在 0.6～0.9 之间，该项内容由测验专门人员定义，整体平均难度 $p$ 的计算公式如下：

$$P = (\Sigma p_i * q_i) / (\Sigma q_i) \quad (i=1, 2, \cdots, k)$$

其中，$k$ 是试卷所含的题目数；$p_i$ 和 $q_i$ 分别是第 $i$ 题的难度值和分数。

（2）分数指标：分数指标主要是指各种题型，各知识点所占的分数比例，其计算公式如下：

$$S_{1j} = \Sigma a_i \quad (i=1, 2, \cdots, k)$$
$$S = \Sigma S_{1j} \text{ 其中} S_{1j} / b_j \text{为常数或由教师指定}, (j=1, 2, \cdots, n)$$
$$S = \Sigma S_m \quad (m=1, 2, \cdots, l)$$

其中，$k$ 是某种思维测验点的题目数；$a_i$ 和 $b_j$ 分别是第 $i$ 题分数值和该题所属思维类型的权重；$S_{1j}$ 是某种思维测试点的分数总值；$S$ 是总分数值；$S_m$ 是某一题型所占的分数总值；$n$ 是测试点的总数；$l$ 是题型的总数。

### 2. 远程组卷与远程阅卷[1]

远程组卷可以通过在浏览器中输入相应的组卷参数（主要参数有：试卷标题、考试时间、总题数、满分值、曝光时间、考察的测试点，平均难度、平均区分度、题型结构等），系统自动组出一份符合要求的试卷及其标准答案，试卷以两种方式呈现：一种是以HTML的

---

[1] 何荣桂.远距测试的可行性与相关问题. CCC99论文集特邀报告，1998

方式，将一份试卷形成一个 HTML 文件显示，在这种方式下，教师可通过查询的方式在线修改试题，若想使用组卷结果，直接打印或者另存为 HTML 文件；一种是 RTF 文件的方式，自动形成的试卷以 RTF 文件的方式打包，供专门人员下载使用。组成满意的试卷后，可以存成正式的考卷，供考试用。

对远程联机考试，系统可在浏览器中以 HTML 的方式呈现该试卷，并通过表单来输入测验答案，被试提交答卷后，系统将被试答案存入档案之中，主试阅卷时，可以调出被试的答卷记录进行批阅。

选择已经组出的试卷，进行联机考试，提交所做的试卷后，系统将自动保存被试的做题答案，并转给主试批改。

对远程联机考试也可以采取远程联机阅卷。主试通过网络批改被试试卷。客观题由系统自动判别，非客观题由主试判定给分，确认提交后，判卷信息便存入被试的档案之中。[1]

### （三）统计与分析

统计分析的项目可以大致分为以下三类别。

#### 1. 测验统计属性

测验统计属性包括测验的信度、效度、平均难度；被试群体的最高分、最低分、各个分数段的积累人数、平均分、标准差；各个被试的原始分数和经过转换后的分数。折线图和直方图的呈现方式可以直观地表示出被试在各个分数段的分布情况以及被试成绩是否符合正态分布、异常试题的警告，如测验中全对或全错的试题，及时提出警告。

#### 2. 命题情况分析

命题情况分析包括题目难度、区分度、迷惑答案效力、测试点上的归一化得分。每个题目都对应着要考查的一个或多个测试点以及在测试点上的认知结果分类，因此通过分析被试在每道题目上的得分情况，就能够推知在所关心的测试点上，被试们在多大范围、多大程度达到了预期的要求，还存在哪些思维障碍，问题出现在哪里，我们应该采取什么样的措施来扭转被试的不利局面，确保心智目标的实现。分析结果的呈现方式采用表格和图形结合的办法，既直观形象，又有精确数值的支持。

#### 3. 被试情况分析

被试情况分析包括以下几个方面。

（1）帮助被试澄清对测验结果的认识：对于被试的某一次测验，选择参加这次测验的全体被试中的不同样本范围并计算出量表，就可以按照量表转换公式得到这个被试的原始分数在不同的样本范围的转换分数。对这个分数的解释可以帮助被试确定自己所在群体中处于什么样的位置，并正确认识这种位置：它让被试明白测验的单纯的分数并不能说明全部问题。

（2）获知被试变化趋势：被试如果希望知道自己是否进步了，就需要按时间轴做一个关于测验成绩的历史追踪。然而直接比较原始分数是没有意义的，必须要通过转换后的标准分数、百分等级分数等相比较，才能够得出是前进还是后退的结论。

（3）被试思维能力的分析：题库系统与被试之间通过联机测试界面进行交互，计算机记录并分析被试有意义的反应信息。对于纸笔测验来说，被试在试卷上作出的反应情况，也

---

[1] 何克抗. 建立题库的理论. 全国CBE学会第七届学术会议论文集. 北京：科技大学出版社，1995

可以通过手工的方式录入到库中，作为分析的素材。对被试的分析有两个维度，即感性思维能力和理性思维能力。由于每道题目都考查了某个（或多个）思维特点和类型，因此通过分析被试在命题上的表现，就可以知道被试在思维能力或思维类型上的相关信息。分析结果可以用于生成针对被试个人的指导语，提示被试在哪些方面还需要加强训练；可以为被试准备有关的训练材料，为"个别化思维力发展"创造了条件[1]。

---

1　Mark D. Shermis, Paul M. Stemmer & Patrick M. Webb Computerized Adaptive Skill Assessment in a Statewide Testing Program, Journal of Research on Computing in Education, 1996, 29(1), 49-67

# 第16章 W-QIUS题库的运行实验

本章重点推出一项新的思维测量方法——分层抽样思维量表试验，希望这一试验能改变测量学现有的定势。

## 第一节 W-QIUS思维题库的建设

W-QIUS分层抽样思维量表（简称W-QIUS思维量表）是在W-QIUS思维题库基础上，经分层抽样随机组成的不确定测题的思维量表。其目的主要是改变传统固定量表的模式，运用计算机题库系统在一个测验体系中组合无固定的测题，并使之达到标准化的基本要求。传统测验用一个固定量表进行无数次重复测验，测题几十年不变，难免影响测验的信度和效度。例如，瑞文测验图案，早已通过各种渠道彰显，有人知晓，有人不知，用其测验会产生不公平。另一方面，我国的用人选拔制度正处于前所未有的大变革时期，亟待解决的问题涉及测量领域的各个方面。例如，虽然建立了考试题库，但缺少标准化手段；在考试的内容上，多偏重于知识考查，忽视发展潜能的预测；在考试技术上，沿用教育测量的作法多，借助于多种科学，引用新技术的尝试少。我们应脚踏实地地从题库建设做起，使之"数字化、客观化、标准化、科学化"。W-QIUS分层抽样思维量表把题库建设和标准化手段相结合，可以说是一个新的尝试。

W-QIUS分层抽样思维量表（本实验经分层抽样组成A、B两个题本）先期在特定人群（高中被试）中实验，已建立区域性常模，并通过研究得到以下几项结论：①通过比较A、B题本，两套题本基本平行，证实分层抽样组建量表的方法是有进一步探索的价值；②经过对测验的项目分析，其难度适中，鉴别度优良，证实W-QIUS思维题库选题思路是好的；③信度检验结果表明，无论是分半信度、克龙巴赫a系数、复本信度还是测量标准误都达到了测量学的基本要求；④内容效度较高，因素分析结果表明，结构效度理想；⑤通过比较，该测验具有较高的鉴别能力，性别之间无显著差异。

### 一、W-QIUS思维题库系统

前面我们将题库定义为"按照一定的测量理论，在计算机系统中实现的某个学科题目的集合"，W-QIUS思维测验量表的背后，需要有一个严格遵循测量理论，在精确的数学模型基础上建立起来可供随机抽样的题库。

题库规模以多大为好？我们对题库系统的进行模拟分析，对题库中的不同题量（分别为500、1000、5000和10000）进行了四次模拟，每次迭代20次，分析每一代所得到的数据仓库pareto解三个参数的平均偏差。

设定的遗传算法参数为：popSize = 50；Pc=0.9；Pm0 = 0.2；generation = 20；其中，

popSize：种群大小，Pc：交叉概率，Pm0：变异概率，generation：迭代终止代数。值得注意的是，因为交叉和变异模型的不同，这里的交叉概率和变异概率不代表种群的平均交叉概率和平均变异概率。

组卷参数如下：图式操作式命题：5%，图式选择性命题：5%，图式投射性命题：5%，定义判断命题：10%，逻辑推理命题：10%，数量关系命题：5%，语言思维命题10%；数字推理：10%，情境思维命题：20%，综合：20%。难度：0.5，区分度：0.4。按题库中不同的题量，四次组卷的结果如下图所示：

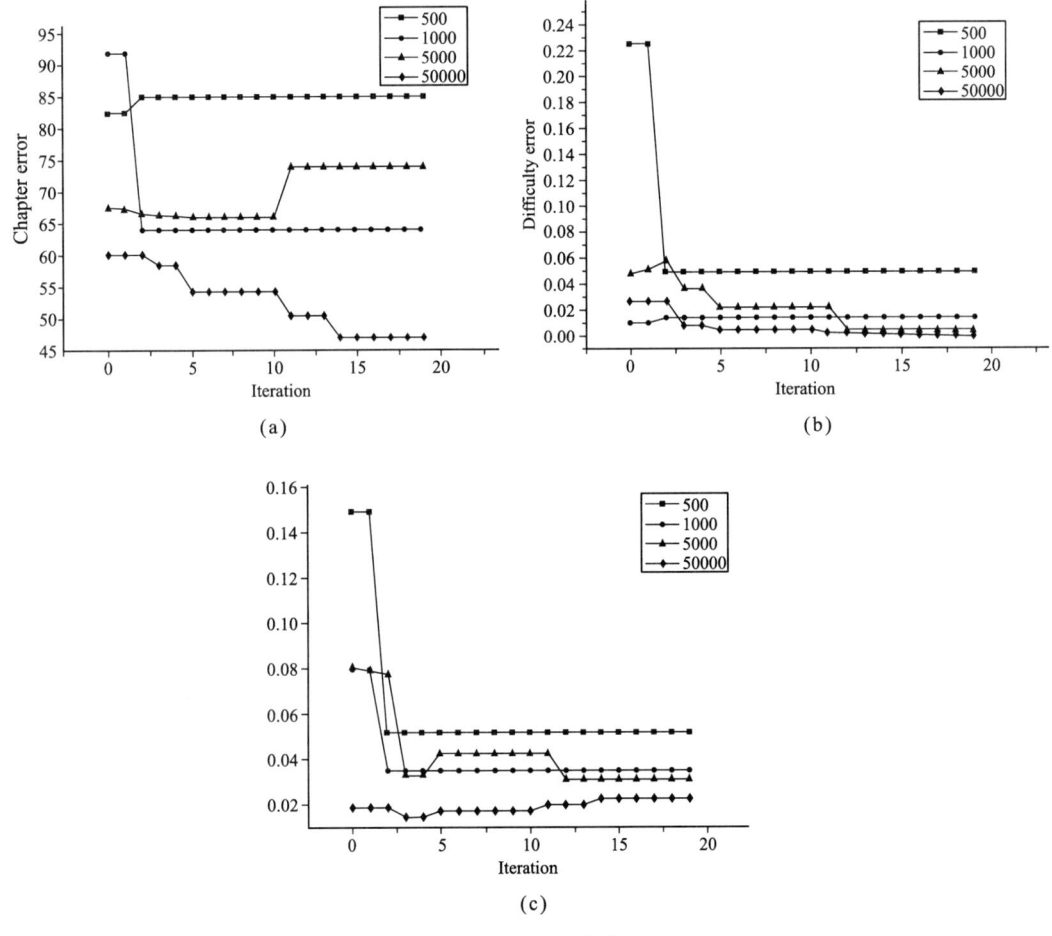

难度和区分度偏差

对上图分析可知：

（1）题量在500时，即能成功组卷。而且在减少种群popSize大小的情况下，成功概率越高。一般迭代1～5次，便使章节平均偏差降到7分左右（本次组卷共选中11种命题），难度和区分度偏差降到0.05。由于题量较少，迭代后期各参数偏差基本趋于水平。

（2）题库题量在1000时，一般迭代1～5次，可以使命题平均偏差降到5.5分左右，难度偏差降到0.01，区分度偏差降到0.035左右。

（3）题库题量为5000时，命题平均偏差降到6分左右，然后有所回升到7分附近。而难度偏差下降明显，在12代左右降至0.01以下。同时区分度偏差也在12代左右降至0.03附近。

（4）题量达到10,000时，各偏差下降更加明显。命题平均偏差在14代左右降至4分；

难度偏差在 12 代降到 0.01 以下；区分度在 10 代后有所回升，且保持在 0.03 以下。

（5）由图分析可以看出，三个参数偏差很难同时明显下降；一般在两个参数都作下降的情况下，另一个参数偏差会稍作上升或者水平移动。这与三个参数偏差之间的内在约束有关。

经过数据模拟分析，可以得出结论：本题库系统在即使很少量的试题情况下，仍能保持较高的组卷成功率。一般迭代只要进行 5 代左右，就可以得到平均偏差较小的 pareto 解集。而且，每一代 pareto 解集中，一般会出现 5 个左右的解；决策者通常可以组成出比较满意的题本。

## 二、W-QIUS理性思维题库建设

根据数据模拟分析和目前题库建设的实际情况，我们首先完善了理性思维题库。我们现在所建的理性思维命题库精选了 480 题，其中经典逻辑命题 120 题（定义判断 60 题，推理命题 60 题）；语言思维命题 120 题；数量关系命题 120 题（数字推理 60 题，情境数量关系 60 题）；情境思维命题 120 题（见本章附录）。这些测题属作业命题，是以行为样组的客观的和标准化的作业让被试者去完成，从而鉴定其潜在能量的一种测量法。它不依赖于被试的语言、观念、思想等，而是使用一些"任务导向"的客观作业测验，在掩蔽测验目的的条件下，从被试完成这些客观作业的态度、风格及完成作业的质和量上来了解分析其作业性格，借此评价被试的智力或思维等方面的特征。如前所述，作业命题法是理性思维测量的主要手段，其他的如自陈命题、投射命题及情境命题都是其辅助方法。

W-QIUS 理性思维题库不仅是网络化测量得以进行的基础，也为专门人员提供了资源积累的工具。因此，题库建设是网络测量系统中极为重要的环节。目前，基于网络的题库建设的研究很多，从题库的系统架构探讨，到试题存储方式、试题属性标注的具体描述，都有相当多的介绍。针对网络测量和使用题库的特点，从增强使用题库的自主性和扩展试题内容、增强点评卷的反馈功能这两点出发，我们对题库的设计增添"反馈、解题思路分析、判分规则"等试题存储项目，增强试卷的点评功能，从而增强测量在实际运用环节中的反馈作用。

### （一）思维题库的总体结构

根据本书的思维分类法，我们将思维题库首先分成常规思维题库和创造性思维题库两大类，再将常规思维题库分为感性思维题库和理性思维题库，按两层分类法搭建了一个思维题库系统（如下图）：

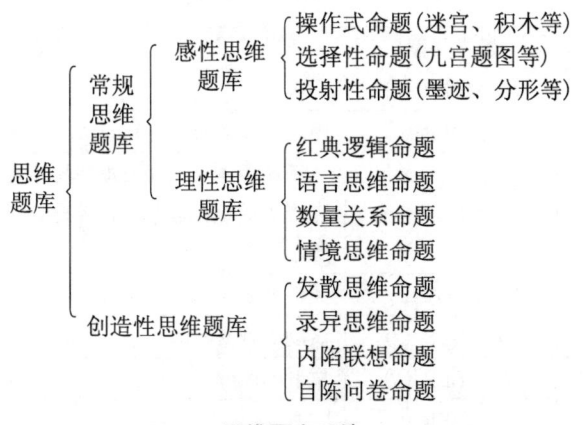

**思维题库系统**

## （二）理性思维题库的结构

针对理性思维命题理论，理性思维题库的总体结构如下图所示。题库中的试题存储采用题干、选项/答案和属性分储的方式。试题内容分别存储在题干表和答案/选项表中（不同题型的答案/选项表中的记录项有较大的差异，因此根据题型设计了不同的答案/选项表），试题的大部分属性（难度、区分度、建议得分、建议考试时间、使用次数、最后曝光时间等）都存储在属性表中，试题最重要的一个属性：考思维类型，则通过试题与思维特点表之间的关联表示。通过题干表、选项/答案表、属性表以及各表之间关联的关系，将测题的内容和属性完整的记录在网络题库中，为理性思维测量提供详细的参考，并保障网络化考试以及自动批阅顺利进行。

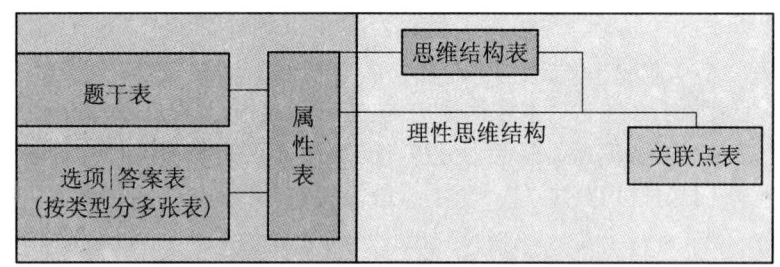

**理性思维题库的结构**

为了充分发挥题库的测量作用，用于网络的题库不仅应该支持改编试题，让专门人员掌握出题自主权，还应该将试题间的变换关系记录在数据库中，以此减少专门人员甄别待选试题是否与已选试题改编自同一道试题的工作。为此应当适当改进数据表设计，并通过开发相应的程序实现试题改编、试题间关系存储等功能。

数据库的改进如下：W-QIUS 思维题库属性表（见表 16-1）中添加两个字段——试题版本号（version）和组号（groupid）。属性表中以试题号（itemid）为主键，与每道试题一一对应。同一道试题演变而来的不同版本的试题被统一成组，用相同的组号标示，同时给每一道试题标注版本号。数据库中还分别通过试题—题干表（见表 16-2）、试题—选项/答案表（见表 16-3）与对应的题干（见表 16-4）、选项/答案表建立关联。通过这些表完整地记录下试题的所有内容、属性以及试题间的演变关系。

**表 16-1  W-QIUS 思维题库属性表**

| 名称 | 字段名 | 数据类型 | 说明 |
| --- | --- | --- | --- |
| 试题号 | ITEMID | NUMBER（） | 主键 |
| 组号 | GROUPID | NUMBER（） | 由同一试题演变得到的所有试题编入同一组 |
| 版本号 | VERSION | NUMBER（） | 新题版本号为1；如果改编自其他试题，入库时，首先查出同组试题最高版本号，然后加1，记作本试题的版本号 |
| 关键词 | KEYWORDS | VARCHAR2 | 关键词之间通过"+"连接 |
| 难度 | DIFF | NUMBER（） | 试题的难易程度 |
| 区分度 | DISTINT | NUMBER（） | 试题的区分度 |
| 建议时间 | SUGTIME | NUMBER（） | |

续表

| 名称 | 字段名 | 数据类型 | 说明 |
|---|---|---|---|
| 建议得分 | SUGSCORE | NUMBER（） | |
| 题型 | TYPE | NUMBER（） | 1 单选 /2 多选 /3 判断 /4 问答 /5 填空 |

表 16-2　W-QIUS 思维题库试题—题干表

| 名称 | 字段名 | 数据类型 | 说明 |
|---|---|---|---|
| 试题号 | ITEMID | NUMBER（） | 外键 |
| 题干序列号 | ITEMCONTID | NUMBER（） | 外键 |

表 16-3　试题—选项/答案表

| 名称 | 字段名 | 数据类型 | 说明 |
|---|---|---|---|
| 试题号 | ITEMID | NUMBER（） | 外键 |
| 选项/答案号 | OPTID/ANSID | NUMBER（） | 外键 |

表 16-4　题干表

| 名称 | 字段名 | 数据类型 | 说明 |
|---|---|---|---|
| 题干序列号 | ITEMCONTID | NUMBER（） | 主键 |
| 题干 | ITEMCONT | VARCHAR2 | |

## （三）理性思维题库的结构功能

相应的程序设计实现下述功能。

1. 命题修改及存储新版命题

选择题库中的任一命题修改，修改完毕，可以选择将其存储成一道新命题，或者存储成原有命题的改版命题。如果存储成改版命题，就会分别在数据库的题干表、答案/选项表和属性表中增加新记录，其中属性表中该记录的组号将继承原题的组号，版本号为该组中原有最大版本号加 1。然后自动在命题—题干表和命题—选项/答案表中添加关联记录。

2. 题库浏览时有效减少命题呈现量，降低选题负担

在浏览试题时，根据组号列出每组中版本号为 1 的命题，即每组只列出最初的那道命题（同一道命题演变而来的不同版本命题有太多雷同之处，一一列出只会增加甄别命题的负担，最初的命题足以代表该组命题），从而方便选题。当然在组卷时，我们也可以根据需要进一步选择该组中其他版本的命题，或者再次改编命题。

数据库端的具体改进如下：

在选择题的选项表中增加两个字段，原因剖析（analysis）和相关知识点（knowid）（见表 16-5）。

在判断题的答案表中增加两个字段，原因剖析和相关知识点（见表 16-6）。

在问答题的答案表中增加两个字段，判分规则和常见错误答案及原因（见表 16-7）。

表16-5 选择题选项表

| 名称 | 字段名 | 数据类型 | 说明 |
|---|---|---|---|
| 选项号 | OPTID | NUMBER（） | 主键 |
| 正确/错误 | ISRIGHT | NUMBER（） | NOT NULL，0/正确，1/错误 |
| 选项分数 | OPTSCORE | NUMBER（） | 可为空 |
| 原因剖析 | ANALYSIS | VARCHAR2 | 可为空 |
| 相关知识点 | KNOWID | NUMBER（） | 可为空 |
| 选项 | OPTCONT | VARCHAR2 | NOT NULL |

表16-6 判断题答案表

| 名称 | 字段名 | 数据类型 | 说明 |
|---|---|---|---|
| 答案号 | ANSID | NUMBER（） | 主键 |
| 答案（正确/错误） | ISRIGHT | NUMBER（） | NOT NULL |
| 原因剖析 | ANALYSIS | VARCHAR2 | 可为空 |

表16-7 问答题答案表

| 名称 | 字段名 | 数据类型 | 说明 |
|---|---|---|---|
| 答案号 | ANSID | NUMBER（） | 主键 |
| 答案 | ANSWER | VARCHAR2 | NOT NULL |
| 判分规则 | RULE | VARCHAR2 | 可为空 |
| 常见错误答案及原因 | ANALYSIS | VARCHAR2 | 可为空 |

这些表可以保证将命题内容和各种反馈信息完整地记录到数据库端。通过相应的程序实现如下的功能：①在试题编辑模块中添加编辑命题分析的功能。根据不同的题型，增加不同内容的编辑功能；②在显示端自动生成点评卷。具体显示内容因题型而异：如选择题可以分析测试题的测试点，针对各干扰项分析干扰因素，解释造成错误选择的可能原因，提出相应的解决方法；对判断题，可以分析测试点，解释判断题错误或正确的原因，指出相关知识点；对问答题，可以分析测试点，给出正确答案，解释得分点和判分规则，并列出常见的错误答案和原因分析，指出相关知识点。在编辑界面中，测题分析内容的编辑都是可选的，因此数据库中相应的字段设置为"可以为空"，这样可以增强系统的适用性。

# 第二节　W-QIUS思维量表的编制

W-QIUS思维量表的编制涉及理论依据、组卷与统计技术、结果分析等诸多项目，其中结果分析又有几十个分项目，是一个复杂的工程。

## 一、W-QIUS思维量表的编制理论依据

### （一）理性思维的功能理论

理性思维的功能是多种多样的，总的来说可划分为两大类，即认识功能和实践功能。其中，认识功能是理性思维最本质的功能。理性思维的实践功能主要指被试以理性思维为内在

尺度，对实践对象进行价值衡量的评价功能；被试以理性思维为出发点，对未来实践目标和实践过程预先构想和筹划的决策功能；被试通过理性思维，对实践过程中的各种信息进行调节和控制的调控功能等。如同认识与实践的关系一样，理性思维的实践功能与认识功能也是密切联系的，它们在实践的基础上统一起来。

理性思维的认识功能主要是操作功能和关联选择功能。理性思维的操作功能，是指将认识材料按照一定的思维规则编排组合并进行加工制作的功能。思维操作包括认识形成过程中所进行的一切活动，既包括思维制定概念、做出判断、进行推理的操作活动，也包括思维加工整理材料、形成认识的其他操作活动，如分析与综合、抽象与概括、从抽象上升到具体、联想与想象等思维活动。思维的操作活动贯穿于认识的全过程，既在感性认识中，也在理性认识中，既渗透在常规性思维中，也渗透在创造性思维中，是认识得以有序进行的保证。思维的操作功能也具有两重性。正确的、科学化的思维操作，有助于实事求是和形成创造性认识；错误的、落后的思维操作，又会使认识陷入误区或导致思想僵化。

理性思维的关联选择功能犹如一个筛子或过滤器，从复杂繁多的认识材料、多种思路和方案中选择与其相关的认识对象、思路和方案，排斥与其无关的认识对象、思路和方案，这就是理性思维的关联选择功能。思维的选择功能具有两重性，一方面，一定的思维都具有一定的条件和参考标准，因此一定的思维和选择功能势必限定思维的范围，使人们得到一个认识对象的"焦点"，这是使思维系统化、有序化的必要前提，有助于提高思维的效率；但另一方面，思维的选择功能也可能造成认识的局限性和片面性，特别是僵化、过时的思维有可能撇去许多有价值的东西，造成思维的保守性和被动性。

在实际的认识过程中，理性思维的上述二种认识功能是相互联系、彼此交错的。思维的任何选择都是通过操作实现的；而思维的任何操作，又都渗透着思维的关联选择。人类的认识就是思维诸种认识功能综合作用的过程。

思维的所有功能都是为实践服务的，是为解决问题服务的。解决问题思维过程一般由发现问题、分析问题、提出假设、验证假设四个阶段组成。发现问题就是认识到问题的存在，并产生解决问题的动机；分析问题就是明确问题中条件与要求之间的关系。通过分析问题，人们可以明确问题的关键，决定解决问题的方向；提出假设就是提出解决问题的方案，需要对已有的知识经验进行重新组织，以适应问题的解决；验证假设就是通过一定的方法，确定所提出的假设是否可以有效地解决问题。验证假设有两种方法：一种是直接检验，即通过实际操作，来检验这个假设解决问题的实际效果；另一种是间接检验，即通过思维活动来检验。思维的实践功能受到各种心理因素的影响，如动机的强度、个体对问题情境的知觉特点、定势、原型启发等，但归根结底，仍取决于思维的实践功能与认识功能的统一。认识功能是实践功能的基础，实践功能是认识功能的升华。在具体的问题情境中，思维的实践菜单现在两个方面：一是在紧急复杂的情境中，符合简约便当的原则；二是在解决复杂问题的实践活动中，思维操作要满足多元化的要求。多元性思维理论为多元性思维命题提供了理论依据。

## （二）晶体思维力和流体思维力理论

现代思维理论认为，思维或多或少经验—教育—文化等综合因素的影响。20世纪60年代早期，卡特尔和霍恩提出的晶体智力（Crystallized Intelligence，GC）和流体智力（Fluid Intelligence，GF）的层次理论，经过心理学家们不断的实验研究和探索，证明该理论有良好的可行性,因此被广泛应用于各种测验编制的理论依据,或以该理论分析现行心理测验的结构或层次。晶体智力与流体智力概念迁移到思维领域,即为晶体思维力与流体思维力,它们既有区别,也有密切的联系。

首先,从晶体思维力与流体思维力的概念来看,晶体思维力与日常思维能力或思维习惯有关,流体思维力与个体对新环境的适应有关。霍恩认为晶体智力与言语知识以及后继的教学、人文科学、社会和自然科学、一般的文化及问题定义有着明显的关系,霍恩等将其称为"文化知识",表达成知识领域的概念。

其次,从晶体思维力与流体思维力的两大特征来看。一是遗传特征,卡特尔等认为两种能力的个体差异很大程度是由遗传决定的,不过晶体思维力受遗传的影响较小(约70%),流体思维力受遗传的影响较大(约为90%),因此,教育对晶体思维力的影响非常重要。二是年龄特征。流体思维力在儿童期随年龄的增长而迅速提高,12～15岁时达到成熟水平;而晶体思维力的增长是一个渐进过程,18或18岁以后才达到成熟水平。研究表明,流体思维力的下降趋势出现较早,晶体思维力则不断增长,且可维持很长时间,词汇、数字计算等方面成绩的保持时间更长,即使有下降也极小[1]。为了证明这种学说,考夫曼等人在1989和1999年,对 Wechsler Adult Intelligence Scale-Revised(WAIS-R)和 WAIS-III 的标准化样本作了分析研究,得到相似的结果,证明在年龄和智力关系中教育成就的影响。其中,操作性量表测量了流体智力,其衰退与年龄有关;词汇分测验测量了晶体智力,在人的一生中保持着[2]。

再次,从测量的内容上来看。智力学家提出流体智力和晶体智力都可以测量言语、数字和图形的内容,但各有侧重,其中流体智力测量的是言语、数字和图形推理,晶体智力测量的是言语、数字和图形知识。流体智力涉及各种关系,如分类的相似性、因果关系、归纳推理、抽象数字关系及推论关系等,测量流体智力的良好形式是归纳推理、概念形成、视觉概念、运用问题解决策略的效果。测量晶体智力的内容则为一般知识、词汇、阅读理解等[3]。

具体到理性思维测量,流体思维力与晶体思维力并非是截然分割的,而是相互联系,互为重叠的。因为思维力既有层次性的特点,也有重叠性的特征,只是在编制智力测验或思维测验时各有侧重而已。本研究根据晶体思维力和与流体思维力的关系,选择了定义判断、逻辑推理单项语言、数字推理、数学情境和九宫题图等六种命题,其中,有三项(数字推理、数学情境和九宫题图)偏于流体思维力,有三项(定义判断、逻辑推理和单项语言)偏于晶体思维力。我们在这种理论指导下,构建了 W-QIUS 理性思维测验量表的命题结构。

---

1　J.P.Guilford.Fluid and Crystallized Intelligence:Two Fanciful concepts. Psycho logicaal Bulletin, 1980, 88(2).406-407

2　Jacques Gregoire.What Factors Underlie the Aging Effects on WAIS-R and WAIS-III Subtest?. International Journalof Testing,2001(3).217-218

3　Richard Lynn,Paul Irwing.Sex differences in general knowledge,semantic memory and reasoning ability. British Journal of Psychology,2002,93(4).545-557

## 二、W-QIUS组卷与统计处理

### （一）理论组卷

在思维题库系统建设中，试题质量控制与参数设置、组卷策略是最重要的两个环节。题库建成后，我们需要输入一些查询参数，系统将根据这些参数抽出最适合参数要求的试题，组成能够实际使用的试卷，定义这种查询参数以及对这些参数进行变换算法，我们称之为组卷策略。组卷策略的实质是将对人比较直观明了的组卷参数变换成计算机能够直接操作的试题属性项，然后根据这些属性项，在题库中抽取测验组成试卷。因此，完整的组卷策略应该由三个部分组成：试题属性项定义、组卷参数的定义和变换算法的说明。根据组卷方式和评价的类型不同，下面我们对组卷策略作简要说明。

1. 设置总体参数

总体参数包括试卷标题、考试时间、总题数、满分值、曝光时间、考查点、平均难度、平均区分度。

2. 设置题型比例表

示例值见表16-8，检查约束条件，生成最终组卷参数原型表，表的格式见下表：

表 16-8　题型比例表

| 题型 | 试题数 | 分数 | 考查知识点 |
|---|---|---|---|
| A | 10 | 20 | （1）（6）（5） |
| B | 5 | 20 | （2）（4） |
| … | … | … | … |
| N | 1 | 5 | （3） |

注：表中数据为示例数据，A、B…N 表示有（n）个题型。

3. 题型与测试点分布对应

根据题型比例表，来计算某类题型所出的试题数，并预写最终组卷参数表。

变换公式为：题型比例表某测试点某类题型所出的试题数 = 题型比例表某类题型的试题数 DIV(整除)该类题型的考查的知识点数 + Random(题型比例表某类题型的试题数,MOD(取余)该类题型的考查的测试点数)(Random 是将余下的试题数，用补零的方式补足与知识点相等的个数，再取随机值，若随机取的值为零，则加值为零，否则加 1；若考查测试点列为空，则默认为所有考查的测试点。)

4. 测验难度比例的分配

在平均难度计算模式表中随机取一模式值，得出这份试卷的试题的难度比例，将此难度比例变换成最终组卷参数表中的难度级别参数。变换算法如下所示(用类 PASCAL 语言说明)：

变量说明：

$n$：难度的等级数，这里为 5；

$N_n$：表示各难度级别的比例值，$n$ 的取值范围是 1～难度的等级数；

$m$：思维题型比例表中试题的题型数；

$M_m$：某一类思维题型，$m$ 的取值范围为 1～题型比例表中试题的题型数；

num：某类题型所占的题数；
j、tmp：中间变量；
算法说明：
j=m
SortMn（num）(将题型按题数多少从多到少排列)
While j>0 do
Begin
IF num>n THEN
IF Nn>Sn THEN Extract（n，Sn）(此类题型抽n道题，第n道题的难度比例为Sn（Sn为题型分数比），若Nn<Sn，则此题型不抽)
Nn=Nn-Sn
num=num-n
Else
WriteLeftMn（num）(将此题型记录在剩余试题表中)
SortLeftMn（num）(并按剩余试题的多少从多到少排列)
End if
SortMn（num）(将题型按题数多少从多到少排列)
j=j-1
End
For I=1 to num（剩余试题表的记录数）

每类题型抽一道题，按分数比例值排列，再将难度比例余值按大小排列，抽两者重合的值，并对应减少难度比例余值。若某难度级别不够(允许的不够的范围为-3%)，则不抽此题。

5. 试卷区分度比例的分配

在平均区分度计算机模式表中随机取一模式值，得出这份试卷的试题的区分度比例，并将此区分度比例变换成最终组卷参数表中的区分度级别参数，由于在组卷时，区分度参数与其他参数（如难度，测试点等）无很强关联关系，故采用与平均难度类似的随机比例分配的形式。

6. 形成最终抽题的组卷参数表

上面所陈述的都是为了使用方便而设置的组卷参数，而计算机进行处理时，并不能直接用上述参数来抽题，我们需要对它们进行变换，变成如下所示的最终组卷参数表（见表16-9），这两者之间的变换方法就是组卷策略。

表16-9 最终组卷参数表

| 试题编号 | 题型 | 难度等级 | 区分度等级 | 思维分类 | 测试点 |
|---|---|---|---|---|---|
| 1 | A | 难 | | | （1） |
| 2 | A | 难 | | | （1） |
| … | … | … | … | … | … |

## （二）分层抽样

W-QIUS 思维量表编制时兼顾一定的广泛取向。根据本章理性思维命题分析，编制双向细目表（见表 16-10）。在双向细目表的单元格中，是代表对应的晶体智力和与流体智力在测验中所占的比例或权重。

表 16-10  QIUS 思维测验各分测验内容

| 测验 | 分测验内容 | 项目数 | 分值 |
| --- | --- | --- | --- |
| 逻辑命题 | 定义判断命题 | 6 | 6 |
| | 逻辑推理命题 | 6 | 6 |
| 语言命题 | 单项语言命题 | 12 | 12 |
| 数学命题 | 数学推理命题 | 12 | 12 |
| | 数学情境命题 | 6 | 6 |
| 图案命题 | 九宫题图测验 | 12 | 12 |

权重的确定是经过两个方面的考虑而获得：一是由测验标准决定；二是进行了小样本施测，听取资深的测量专家的意见和建议，在题目的正确性上、出题方式以及内容是否重复上都得到了一些有价值的意见和建议。

结合小样本施测结果，我们采取分层抽样的方法组题。分层抽样组题目的是选择并列的 A、B 两个题本，A、B 题本中每个细目的比例都与各分题库的比例相同。题本中其他分支的容量也将以同样的方式得以确定。例如，在逻辑命题中包含 6 个定义判断（占总体的 10%），也包括 6 个逻辑推理命题（占总体的 10%）。

采取分层抽样的方法完成对项目的初步筛选，把项目按难度从易到难排列，调整 A，B 题本的难度，确定了正式施测题本。A、B 题本的项目数均为 54 个。形成两套预测平行题本：A、B 题本。测验适用于高中在校被试。测验的时间为 60 分钟。

## （三）测题的统计处理方法

试卷的评阅、记分工作均由一人完成。数据分析采用 W-QIUS 统计软件进行统计处理。

### 1. 项目分析方法

难度分析主要通过对项目的通过率进行分析，就是高分组和低分组的平均通过率。区分度分析主要通过项目鉴别度指数和相关法来分析。

### 2. 信度分析方法

采用分半信度和克龙巴赫 a 系数对测验的内部一致性信度进行了分析。使用分半法求出的两半分数的相关，只是半个测验的信度。由于在其他条件相等的情况下，测验越长，信度越高，所以必须采用"斯皮尔曼—布朗公式"加以校正，借以估计整个测验的信度，校正公式为：$r_m = \dfrac{2r_m}{1+r_m}$；采用复本信度对测验的外部信度进行了分析。在本研究中，由于复本信度是在同质性团体进行施测，其在异质性团体高三年级的信度需要校正，校正公式为：$r_m = 1 - \dfrac{S_\phi^2(1-r_\omega)}{S_n^2}$。同时，还对测验的测量标准误进行了分析。[1]

---

[1] 郑日昌.心理测量.长沙:湖南教育出版社,1987

3. 效度分析方法

本研究对测验的内容效度和结构效度进行了分析。内容效度采用专家评定法；结构效度采用探索性因素分析来获得，同时，采用验证性因素分析对结构进行验证，另外，我们还通过方差分析从发展变化的角度来验证测验的结构。

## 三、W-QIUS思维测验结果分析

本研究正式施测采取分层整群抽样，样本来自两所普通中学。分层抽取高中1～3年级各两个班；另外，随机从图书馆自习室抽取不同年级混合的样本作为信、效度分析样本。团体施测。

### （一）样本分布统计

本研究实测有效样本798人，A本401人，B本397人；另外还有用于复本信度分析的混合样本282人，总共获得样本1080人。被试的年级分布、男女分布经过了检验，性别在A、B题本上的样本分布无显著差异（见表16-11）。

表16-11 样本分布表

| 性别 | 高一 | | 高二 | | 高三 | | 混合 | | 小计 | | $x^2$ |
|---|---|---|---|---|---|---|---|---|---|---|---|
| | A | B | A | B | A | B | A | B | A | B | |
| 男 | 68 | 69 | 70 | 71 | 67 | 66 | 69 | 69 | 274 | 275 | 0.05 |
| 女 | 67 | 65 | 68 | 69 | 59 | 57 | 71 | 73 | 265 | 264 | 0.06 |
| ∑ | 135 | 134 | 138 | 140 | 128 | 123 | 140 | 142 | | | |

### （二）测试结果

各年级分测验以及总分的原始分数（见表16-12）。从表中可以看出，分测验1、3、4的测试结果都具有很强的年级特征，年级越高，成绩越好。只有在分测验2上，高二的成绩反而比高三的成绩好。从总测验的角度看，A、B题本都表现出年级特征。

表16-12 测验原始数

| 年级 | 题本 | 分测验1 | 分测验2 | 分测验3 | 分测验4 | 小计 | 总分 |
|---|---|---|---|---|---|---|---|
| 高一 | A | 2.75±1.23 | 2.78±2.47 | 5.21±2.40 | 1.95±1.70 | 12.68±5.29 | 12.80±6.00 |
| | B | 2.11±1.42 | 3.21±2.52 | 5.66±2.80 | 1.92±2.30 | 12.91±6.71 | |
| 高二 | A | 6.09±2.49 | 11.20±7.28 | 5.22±2.71 | 5.96±5.85 | 28.47±14.11 | 28.56±14.86 |
| | B | 5.73±2.95 | 10.98±6.57 | 5.22±3.12 | 6.70±7.22 | 28.63±15.61 | |
| 高三 | A | 5.84±2.42 | 9.90±5.14 | 6.77±3.84 | 8.06±5.59 | 30.58±14.48 | 30.65±10.91 |
| | B | 5.33±2.38 | 9.33±4.13 | 6.97±2.35 | 9.09±6.20 | 30.72±13.34 | |

续表

| 年级 | 题本 | 分测验1 | 分测验2 | 分测验3 | 分测验4 | 小计 | 总分 |
|---|---|---|---|---|---|---|---|
| 混合 | A | 6.65±1.86 | 15.62±5.94 | 4.44±2.35 | 7.15±5.18 | 33.86±11.58 | 36.40±12.01 |
| | B | 6.96±2.18 | 15.48±5.84 | 5.68±2.32 | 10.82±6.70 | 38.94±12.44 | |
| 总计 | | 5.19±2.11 | 9.82±4.99 | 5.61±2.88 | 6.46±5.10 | 27.10±11.70 | |

## （三）项目分析

### 1. 难度分析

项目的难度以该项目的通过率来表示，即每一项目回答正确的比率。难度（P）等于正确回答该项目的人数（R）除以作答总人数（N），P=R/N。[1] 项目难度见表16-B，难度在0.20～0.80的项目A本中占75%，B本中占72%。

将难度以0.10组距单位划分为8个等级，各难度等级包含的条目数及百分比。对难度等级我们进行了正态拟合性检验，结果也列在表中。

表 16-13　A、B 题本的难度等级分布

| 难度等级 | A本 | | | B本 | | | $f_t$ |
|---|---|---|---|---|---|---|---|
| | $f_0$ | % | $x^2$ | $f_0$ | % | $x^2$ | |
| <0.20 | 5 | 11 | 4.5 | 10 | 20 | 32 | 2 |
| 0.2 | 3 | 6 | 0 | 6 | 12 | 3 | 3 |
| 0.3 | 7 | 14 | 0.125 | 10 | 20 | 0.5 | 8 |
| 0.4 | 8 | 16 | 0.82 | 11 | 22 | 0 | 11 |
| 0.5 | 7 | 14 | 1.45 | 6 | 12 | 2.27 | 11 |
| 0.6 | 5 | 11 | 1.125 | 0 | 0 | 8 | 8 |
| 0.7 | 7 | 14 | 2.25 | 2 | 5 | 1 | 4 |
| >0.80 | 7 | 14 | 12.5 | 4 | 8 | 2 | 2 |
| ∑ | 49 | 100 | 22.77 | 49 | 100 | 48.77 | 49 |

A、B题本项目难度分布的实际次数（$f_0$）与理论次数（$f_t$）的比较结果表明，项目的难度等级分布从总体上看还未实现正态分布，但从各等级的实际次数和理论次数看，A本0.20～0.80之间的难度等级分布与正态分布的拟合较好，其$x^2$值绝大多数分布在0.00～2.25之间，而难度在0.20以下和0.80以上的项目数偏多，造成总体上正态拟合性较差；B本0.20～0.50之间的难度等级和0.70以上的难度等级分布与正态分布的拟合的也比较好，其$X^2$值绝大多数分布在0.00～3.00，而难度在0.20以下和0.60～0.69之间的项目数偏多，造成总体上的正态拟合性较差。

---

[1] 戴海崎，张锋，陈雪枫. 心理与教育测量. 广州:暨南大学出版社，2002

各年级分测验难度等级分布如表16-14所示。

表16-14 各年级分测验难度等级分布表

| 分测验 | 难度等级 | 高一年级 | | 高二年级 | | 高三年级 | | 混合 | |
|---|---|---|---|---|---|---|---|---|---|
| | | A | B | A | B | A | B | A | B |
| 分测验1 | <0.20 | 8（66.7） | 7（38.3） | 0（0） | 0（0） | 0（0） | 2（16.7） | 1（8.3） | 0（0） |
| | 0.20~0.39 | 2（16.7） | 3（25） | 5（41.7） | 3（41.7） | 4（33.3） | 3（25） | 2（16.7） | 2（16.7） |
| | 0.40~0.59 | 0（0） | 1（83） | 4（33.2） | 5（41.7） | 5（41.7） | 4（33.3） | 4（33.3） | 5（41.7） |
| | 0.60~0.79 | 2（16.7） | 0（0） | 2（16.7） | 2（16.7） | 1（8.3） | 1（8.3） | 3（25） | 4（33.3） |
| | >0.80 | 0（0） | 0（0） | 0（0） | 0（0） | 2（16.7） | 2（16.7） | 2（16.7） | 1（8.3） |
| | 平均值 | 0.23 | 0.10 | 0.50 | 0.47 | 0.50 | 0.44 | 0.56 | 0.57 |
| 分测验2 | <0.20 | 9（75） | 6（50） | 0（0） | 1（8.3） | 2（16.7） | 4（33.3） | 0（0） | 1（8.3） |
| | 0.20~0.39 | 1（8.3） | 3（25） | 4（33.3） | 3（25） | 3（25） | 2（16.7） | 1（8.3） | 1（8.3） |
| | 0.40~0.59 | 0（0） | 1（8.3） | 4（50） | 3（41.7） | 2（16.7） | 3（25） | 5（41.7） | 4（33.3） |
| | 0.60~0.79 | 1（8.3） | 1（8.3） | 0（0） | 2（16.7） | 4（33.3） | 3（25） | 4（33.3） | 4（33.3） |
| | >0.80 | 1（8.3） | 1（8.3） | 2（16.7） | 1（8.3） | 1（8.3） | 0（0） | 2（16.7） | 2（16.7） |
| | 平均值 | 0.21 | 0.25 | 0.47 | 0.45 | 0.5 | 0.44 | 0.5 | 0.58 |
| 分测验3 | <0.20 | 5（33.3） | 4（26.7） | 4（26.7） | 4（26.7） | 0（0） | 0（0） | 7（46.7） | 5（33.3） |
| | 0.20~0.39 | 5（33.3） | 5（33.3） | 5（33.3） | 5（33.3） | 6（40） | 6（46） | 5（33.3） | 4（26.7） |
| | 0.40~0.59 | 2（33.3） | 2（13.3） | 4（26.7） | 4（26.7） | 5（33.3） | 5（33.3） | 1（6.7） | 2（13.3） |
| | 0.60~0.79 | 1（6.7） | 2（13.3） | 0（0） | 2（13.3） | 2（13.3） | 2（13.3） | 1（6.7） | 2（13.3） |
| | >0.80 | 2（13.3） | 2（13.3） | 2（13.3） | 0（0） | 2（13.3） | 2（13.3） | 1（6.7） | 2（13.3） |
| | 平均值 | 0.5 | 0.41 | 0.35 | 0.3 | 0.5 | 0.4 | 0.3 | 0.38 |
| 分测验4 | <0.20 | 6（60） | 7（70） | 2（20） | 2（20） | 1（10） | 2（20） | 2（20） | 2（20） |
| | 0.20~0.39 | 2（20） | 1（10） | 3（30） | 3（30） | 3（30） | 3（30） | 4（40） | 2（20） |
| | 0.40~0.59 | 2（20） | 2（20） | 5（50） | 5（50） | 4（40） | 5（50） | 4（40） | 5（50） |
| | 0.60~0.79 | 0（0） | 0（0） | 0（0） | 0（0） | 2（20） | 0（0） | 0（0） | 1（10） |
| | >0.80 | 0（0） | 0（0） | 0（0） | 0（0） | 0（0） | 0（0） | 0（0） | 0（0） |
| | 平均值 | 0.1 | 0.15 | 0.34 | 0.21 | 0.39 | 0.24 | 0.34 | 0.4 |
| | 总分 | 0.25 | 0.26 | 0.41 | 0.4 | 0.48 | 0.43 | 0.44 | 0.47 |

表中结果表明，每个分测验对于高一年级样本难度分布在0.15~0.41，在高二年级难度分布为0.31~0.50，在高三年级样本难度分布在0.34~0.50，在混合组样本难度分布为0.34~0.59。由此，我们可以得出，每个分测验对于高一年级来说都最难，随着年级升高，难度减小。

分测验与总分的难度等级见表16-15，结果表明，各分测验的平均难度分别在0.30~0.45之间，整体测验平均难度A本为0.40，B本为0.39，按照难度等级分布的标准，属于中等偏难水平。

表 16-15 分测以及总分的难度等级分布

| 等级 | 题本 | 分测验1 | 分测验2 | 分测验3 | 分测验4 | 总分 |
|---|---|---|---|---|---|---|
| <0.20 | A | 0（0） | 0（0） | 3（20） | 2（20） | 5（10.2） |
|  | B | 0（0） | 1（8.7） | 3（20） | 2（20） | 6（12.2） |
| 0.20～0.39 | A | 6（50） | 7（58.3） | 7（14.6） | 5（50） | 25（51） |
|  | B | 5（41.7） | 6（50） | 5（33.3） | 4（40） | 20（40.8） |
| 0.40～0.59 | A | 3（25） | 3（25） | 3（20） | 3（30） | 12（24.5） |
|  | B | 6（50） | 3（25） | 3（20） | 4（40） | 16（32.7） |
| 0.60～0.79 | A | 3（25） | 0（0） | 0（0） | 0（0） | 3（6.1） |
|  | B | 1（8.3） | 0（0） | 2（13.3） | 0（0） | 3（6.1） |
| >0.80 | A | 0（0） | 2（16.7） | 2（13.3） | 0（0） | 4（8.2） |
|  | B | 0（0） | 2（16.7） | 2（13.3） | 0（0） | 4（8.2） |
| 平均值 | A | 0.45 | 0.44 | 0.38 | 0.33 | 0.4 |
|  | B | 0.41 | 0.41 | 0.42 | 0.3 | 0.39 |

## 2. 区分度分析

区分度是指测验项目对被试心理特征的区分程度，本研究采用两种方法对项目的区分度进行了分析。一是鉴别度指数法，即比较高分组（27%）和低分组（27%）的每一项目的通过率。鉴别度指数用高分组和低分组通过率的差值来表示，即 $D=P_H-P_L$，D 值越大，项目的区分度越高。A 本的鉴别度指数，>0.30 的项目占总数的 79.6%，>0.40 的项目占总数的 50%，B 本的鉴别指数，>0.30 的项目占总数的 77.6%，>0.40 的项目占总数的 55.1%；按照美国测量专家伊贝尔（L.Ebel）提出的用鉴别度指数评价项目性能的标准，将鉴别度指数分为<0.20（区分度很差），0.20～0.29（区分度尚可），0.30～0.39（区分度较好），>0.40（区分度很好）四个等级，A 本各分测验的平均鉴别度指数为 0.48～0.58，B 本的各分测验的平均鉴别度指数为 0.49～0.60，A、B 题本总测验的平均鉴别度指数为 0.53，都达到了优良水平。分测验以及总分的区分等级分布如表 16-16 所示。

表 16-16 分测验以及总分的区分等级分布

| 区分度等级 | 题本 | 分测验1 | 分测验2 | 分测验3 | 分测验4 | 总分 |
|---|---|---|---|---|---|---|
| <0.20 | A | 2（16.7） | 2（16.7） | 0（0） | 1（10） | 5（10.2） |
|  | B | 0（0） | 3（25） | 2（13.3） | 2（20） | 7（14.3） |
| 0.20～0.39 | A | 0（0） | 0（0） | 4（26.7） | 1（10） | 5（10.2） |
|  | B | 2（16.7） | 0（0） | 2（13.3） | 1（10） | 5（10.2） |
| 0.40～0.59 | A | 0（0） | 0（0） | 1（6.7） | 0（0） | 1（20） |
|  | B | 0（0） | 1（8.3） | 1（6.7） | 1（10） | 3（61） |
| >0.40 | A | 10（83.3） | 10（83.3） | 10（66.7） | 8（80） | 38（77.6） |
|  | B | 10（83.3） | 8（56.7） | 10（66.7） | 6（60） | 34（69.4） |
| 平均值 | A | 0.52 | 0.58 | 0.48 | 0.55 | 0.53 |
|  | B | 0.6 | 0.52 | 0.49 | 0.51 | 0.53 |

各年级各分测验区分度等级分布见下表 16-17，从表中数据可以发现，对于高一、高二年级来说，分测验和总测验的区分度相对较低，而对高三年级来说，区分度优良。

二是用相关法来计算区分度，即以某一项目分数与测验总分的相关作为该测验项目的区分度指标。我们知道，相关系数大于0.30即有理论意义。A本相关区分度大于0.30且显著的项目占总数的77.6%，B本相关区分度大于0.30且显著的项目占总数的67.3%。

表16-17　各年级分测验区分度等级分布表（1）

| 分测验 | 区分度等级 | 高一年级 A | 高一年级 B | 高二年级 A | 高二年级 B |
|---|---|---|---|---|---|
| 分测验1 | <0.20 | 4（33.3） | 5（41.7） | 1（8.3） | 0（0） |
| | 0.20~0.29 | 3（25） | 2（16.7） | 1（8.3） | 0（0） |
| | 0.30~0.39 | 3（25） | 1（8.3） | 0（0） | 2（16.7） |
| | >0.40 | 2（16.7） | 4（33.3） | 10（83.3） | 10（83.3） |
| | 平均值 | 0.25 | 0.25 | 0.31 | 0.61 |
| 分测验2 | <0.20 | 7（58.3） | 6（50） | 2（16.7） | 2（16.7） |
| | 0.20~0.29 | 2（16.7） | 3（25） | 1（8.3） | 1（8.3） |
| | 0.30~0.39 | 1（8.3） | 0（0） | 1（8.3） | 1（8.3） |
| | >0.40 | 2（16.7） | 3（25） | 8（66.7） | 8（66.7） |
| | 平均值 | 0.22 | 0.24 | 0.55 | 0.51 |
| 分测验3 | <0.20 | 4（26.7） | 4（26.7） | 3（20） | 2（13.3） |
| | 0.20~0.29 | 2（13.3） | 1（6.7） | 3（20） | 1（6.7） |
| | 0.30~0.39 | 1（6.7） | 2（13.3） | 1（6.7） | 1（6.7） |
| | >0.40 | 8（53.3） | 8（53.3） | 8（53.3） | 11（73.3） |
| | 平均值 | 0.37 | 0.43 | 0.43 | 0.51 |
| 分测验4 | <0.20 | 5（50） | 5（50） | 1（10） | 1（10） |
| | 0.20~0.29 | 0（0） | 2（20） | 0（0） | 1（10） |
| | 0.30~0.39 | 1（10） | 0（0） | 1（10） | 0（0） |
| | >0.40 | 4（40） | 3（30） | 8（80） | 5（80） |
| | 平均值 | 0.26 | 0.28 | 0.61 | 0.56 |
| | 总分 | 0.29 | 0.32 | 0.52 | 0.54 |

表16-17　各年级分测验区分度等级分布表（2）

| 分测验 | 区分度等级 | 高三年级 A | 高三年级 B | 混合 A | 混合 B |
|---|---|---|---|---|---|
| 分测验1 | <0.20 | 1（8.3） | 1（8.3） | 0（0） | 0（0） |
| | 0.20~0.29 | 2（16.7） | 0（0） | 4（33.3） | 1（8.3） |
| | 0.30~0.39 | 1（8.3） | 4（33.3） | 3（25） | 3（25） |
| | >0.40 | 8（66.7） | 7（58.3） | 5（41.7） | 8（56.7） |
| | 平均值 | 0.49 | 0.4 | 0.37 | 0.44 |

续表

| 分测验 | 区分度等级 | 高三年级 A | 高三年级 B | 混合 A | 混合 B |
|---|---|---|---|---|---|
| 分测验2 | <0.20 | 1（8.3） | 4（33.3） | 1（8.3） | 2（16.7） |
| | 0.20~0.29 | 3（25） | 2（8.3） | 2（16.7） | 3（25） |
| | 0.30~0.39 | 2（16.7） | 1（8.3） | 1（8.3） | 2（16.7） |
| | >0.40 | 6（50） | 6（50） | 8（66.7） | 5（41.7） |
| | 平均值 | 0.42 | 0.3 | 0.47 | 0.41 |
| 分测验3 | <0.20 | 1（6.7） | 2（13.3） | 2（13.3） | 5（33.3） |
| | 0.20~0.29 | 1（6.7） | 0（0） | 6（40） | 1（6.7） |
| | 0.30~0.39 | 0（0） | 1（6.7） | 1（6.7） | 1（6.7） |
| | >0.40 | 13（86.7） | 12（80） | 6（40） | 8（53.3） |
| | 平均值 | 0.54 | 0.58 | 0.38 | 0.38 |
| 分测验4 | <0.20 | 1（10） | 3（30） | 0（0） | 2（20） |
| | 0.20~0.29 | 1（10） | 1（10） | 3（30） | 3（10） |
| | 0.30~0.39 | 0（0） | 0（0） | 0（0） | 3（30） |
| | >0.40 | 8（80） | 6（60） | 7（70） | 4（40） |
| | 平均值 | 0.58 | 0.44 | 0.54 | 0.45 |
| | 总分 | 0.53 | 0.48 | 0.43 | 0.42 |

3. 选择题的反应模式分析

在A、B本分测验4中各有四个四择一的单项选择题，对选择题进行项目分析，除了分析其难度和区分度，还要分析被试对各个备选答案的反应情况。

在进行反应分析时，主要有以下依据：如果所有被试都选择了正确答案，则说明该项目太容易或题目中提供了某种暗示；如果某个错误选项没有一个被试作答，说明该选项不具迷惑性，应该修改；如果所有被试都选择同一个错误选项，说明在编制测验时可能把答案定错了；如果高分组被试的选择集中在两个答案上，说明该题可能有两个答案或另一个答案也有一定道理；如果高分组对正确选项的选择低分组相等或低于后者，说明所考查的东西与水平无关；如果一个题目被试未作答人数过多或选择各个备选答案人数相等，则说明题目过难或题意不清，使得被试无法作答或凭猜测作答。本测验A、B本中的四个选择题的反应分析结果列在表中。结果表明，A、B本中每个选择题的正确选项的作答人数都是高分组大于低分组，错误选项的作答人数大致都是低分组大于高分组，并且几乎每个错误都有人作答。

4. 信度分析

（1）内部一致性信度。信度就是测量工具的稳定性和可靠性，具体来说就是用问卷对同一事物进行测量时，所得结果的一致性程度。内部一致性信度是指调查量表中的一组问题测量的是否是同一个概念，也就是这些问题之间的内在一致性程度，是在测验既无复本，也没有重复测量时，常用的一种估计测验信度的形式[1]。本研究采用两种方法来估计测验的内部一致性系数。

---

[1] 金瑜.心理测量.上海:华东师范大学出版社，2001

一是分半法，本研究各分测验项目按难度顺序（由易到难）排列，可以对测验进行分半信度分析。分测验2和分测验4中有些题目是多重记分，需要通过等值处理求得分半信度系数。用分半的方法估计的信度会因减小测验的长度而降低其信度，所以用斯皮尔曼——布朗公式对其进行了修正，所得结果见表16-18。

表16-18　分测验与总分相关区分度和鉴别度指数

| 分测验 | A | | B | |
|---|---|---|---|---|
| | I | D | t | D |
| 1 | 0.80xy | 0.52 | 0.81xy | 0.60 |
| 2 | 0.87xy | 0.58 | 0.85xy | 0.52 |
| 3 | 0.57xy | 0.48 | 0.58xy | 0.49 |
| 4 | 0.85xy | 0.36 | 0.87xy | 0.51 |

从表中结果可以看到，A本各分测验的分半信度为0.62～0.74，B本各分测验的分半信度为0.60～0.77，A、B本总测验的分半信度分别为0.73和0.75。

二是求克龙巴赫$\alpha$系数。本测验中部分题目是一题一分，答错无分，还有部分题目是多重记分，所以我们采用$\alpha$系数来估计内部一致性信度。所得结果也列在表中。A本的。系数分布在0.65～0.80，B本的$\alpha$系数分布在0.73～0.81，总测验的。系数各为0.89和0.88。

（2）复本信度。复本信度指的是两个平行的测验测量同一批被试所得结果的一致性程度，其大小等于同一批被试在两个复本测验上所得分数的皮尔逊相关，用于考查两个等值测验跨形式的一致性。本研究对112名高一被试相隔一周进行A，B两个题本的复本测试，在实际施测时，为抵消顺序效应，随机选取一半被试先做A卷后做B卷，另一半被试先做B卷后做A卷。由于复本信度是在其同质性团体年级进行施测，必须对其在异质性团体的复本信度进行修正，所得结果见表16-19：

表16-19　分测验与总分的复本信度表

| 分测数 | A本均数 | B本均数 | $r_{00}$ | $r_m$ |
|---|---|---|---|---|
| 1 | 6.83±1.71 | 6.75±1.86 | 0.31 * | 0.50 |
| 2 | 14.93±5.79 | 15.79±6.22 | 0.69 * * | 0.55 |
| 3 | 4.44±1.99 | 5.83±2.44 | 0.35 * * | 0.61 |
| 4 | 5.09±4.81 | 8.90±4.83 | 0.60 * * | 0.64 |
| 总分 | 32.29±10.84 | 37.27±11.76 | 0.74 * * | 0.76 |
| K | 52 | 62 | | |

结果表明，各分测验的复本信度修正系数在0.50～0.64之间总测验的复本信度为0.76。

（3）测量标准误。测量标准误表示个体测验分数的变异，是解释个人分数时更有效的信度指标。根据$SE_e=S_x\sqrt{1-r_{xx}}$计算各年级各分测验的测量标准误[1]结果见表16-20。

---

1　郑日昌．心理测量．长沙：湖南教育出版社，1987

表 16-20　各年级各分测验的测量标准误

| 分测验 | 题本 | 高一 | 高二 | 高三 | 混合 |
| --- | --- | --- | --- | --- | --- |
| 1 | A | 0.73 | 1.43 | 1.47 | 1.10 |
|   | B | 0.74 | 1.24 | 1.53 | 1.13 |
| 2 | A | 1.13 | 2.36 | 3.54 | 2.72 |
|   | B | 1.23 | 2.02 | 3.22 | 2.86 |
| 3 | A | 1.07 | 1.72 | 1.21 | 1.05 |
|   | B | 1.22 | 1.53 | 1.36 | 1.01 |
| 4 | A | 0.82 | 2.68 | 2.81 | 2.48 |
|   | B | 1.15 | 3.1 | 3.61 | 3.35 |
| 总分 | A | 1.75 | 4.8 | 4.68 | 3.84 |
|   | B | 2.32 | 4.62 | 5.41 | 4.31 |

结果显示，各年级各分测验的测量标准误分布在 0.73 ～ 3.54 之间，都在 3 个标准差以下或 3 个标准差左右，表明所编制的成就测验具有优良的可靠性代[1]。

5. 效度分析

（1）内容效度。编制思维测验首要考虑的效度就是内容效度。本研究在编制测验的项目时，进行了小样本试测和访问学科专家，经过项目分析和专家建议筛选一部分题目，组成题库，根据分析结果和专家建议，筛选题目，最后形成实测题本，这个过程保证了测验的内容效度。

对于本研究中的实测题本，我们请三位专家对照命题双向细目表，并从思维理论出发对测验项目进行符合度（1 ～ 5 级，1 代表非常不符合，2 代表较不符合，3 代表符合，4 代表较符合，5 代表非常符合）的评定。结果见下表 16-21。从表中结果可以看到，专家对测验项目的评定等级的符合度比较高，A本只有 3 个项目较不符合，B本只有 2 个项目较不符合。

表 16-21　数学教学专家对 A、B 本测验项目的平均评定等级

| 项目 | 等级 | | 项目 | 等级 | | 项目 | 等级 | |
| --- | --- | --- | --- | --- | --- | --- | --- | --- |
|  | A | B |  | A | B |  | A | B |
| 1 | 4.5 | 4.0 | 19 | 4.5 | 4.5 | 37 | 4.0 | 4.0 |
| 2 | 4.5 | 5.0 | 20 | 5.0 | 4.5 | 38 | 3.0 | 3.0 |
| 3 | 4.0 | 4.5 | 21 | 5.0 | 5.0 | 39 | 3.5 | 3.0 |
| 4 | 4.0 | 3.5 | 22 | 3.0 | 4.0 | 40 | 3.5 | 3.5 |
| 5 | 4.5 | 4.5 | 23 | 5.0 | 4.5 | 41 | 3.0 | 3.5 |
| 6 | 4.5 | 4.5 | 24 | 5.0 | 5.0 | 42 | 2.5 | 2.0 |
| 7 | 3.5 | 4.0 | 25 | 5.0 | 5.0 | 43 | 5.0 | 4.5 |
| 8 | 2.0 | 3.0 | 26 | 3.0 | 4.0 | 44 | 4.5 | 4.0 |
| 9 | 3.5 | 3.0 | 27 | 3.5 | 3.0 | 45 | 4.0 | 4.5 |
| 10 | 3.0 | 3.0 | 28 | 3.5 | 3.0 | 46 | 4.5 | 4.5 |

---

1　陈英豪，吴增益.测验与评量.台湾：复文图书出版社，1989

续表

| 项目 | 等级 A | 等级 B | 项目 | 等级 A | 等级 B | 项目 | 等级 A | 等级 B |
|---|---|---|---|---|---|---|---|---|
| 11 | 5.0 | 4.5 | 29 | 3.0 | 3.5 | 47 | 5.0 | 5.0 |
| 12 | 3.0 | 4.0 | 30 | 2.5 | 3.0 | 48 | 3.0 | 4.0 |
| 13 | 5.0 | 4.5 | 31 | 3.0 | 3.5 | 49 | 3.0 | 2.5 |
| 14 | 4.5 | 5.0 | 32 | 3.5 | 3.0 | 50 | 3.0 | 3.0 |
| 15 | 4.5 | 4.0 | 33 | 3.5 | 3.0 | 51 | 5.0 | 4.5 |
| 16 | 4.0 | 4.5 | 34 | 3.5 | 4.0 | 52 | 5.0 | 4.5 |
| 17 | 4.5 | 4.0 | 35 | 4.5 | 4.5 | 53 | 4.5 | 4.0 |
| 18 | 4.0 | 3.5 | 36 | 4.0 | 4.0 | 54 | 4.0 | 4.0 |

从表中各分测验的符合度评定结果可以看出，A本分测验符合度平均评定等级为 3.23～4.58，B本分测验符合度平均评定等级为 3.40～4.54，四个分测验与学科基础性和命题双向细目表的内容的符合度都比较高（如表16-22）。

表16-22 A、B本分测验的平均评定等级

|  | 分测验1 | | 分测2 | | 分测3 | | 分测4 | |
|---|---|---|---|---|---|---|---|---|
|  | A | B | A | B | A | B | A | B |
| 等级 | 3.83 | 4.00 | 4.58 | 4.54 | 3.23 | 3.40 | 4.30 | 4.10 |

另外，复本信度也为测验提供了内容效度方面的依据。A、B题本的复本信度为0.76，达到0.01水平的统计显著性，说明测验具有较高的内容效度。

（2）效标效度。效标效度是考查测验与某些效标变量之间的相关程度[1]。效标效度有同时效度和预测效度，本测验只对同时效度进行了分析。

搜集施测样本中高一年级的两个班的数学期末成绩作为效标，计算测验分数和数学成绩之间的相关，所得结果见表16-23。结果显示，A、B题本的测验总分与数学成绩的相关分别为0.603和0.687，在0.01水平呈现显著性。

表16-23 理性思维测验与被试数学成绩相关

| 题本 | N | 测验总分数 | 学科均数 | | r | |
|---|---|---|---|---|---|---|
|  |  |  |  |  | A | B |
| A | 45 | 18.36±5.67 | 97.24±14.55 | 0.603xx | A | B |
| B | 51 | 19.14±6.97 | 89.18±28.61 | 0.687xx | 3.23 | 3.40 | 4.30 | 4.10 |

（3）结构效度。通过因素分析可以对问卷的结构效度进行评价[2]。本研究用探索性因素分析对测验问卷的结构进行了分析。在探索性因素分析数据中，本研究实测有效样本798人，A本401人，B本397人；另外还有用于复本信度分析的混合样本282人，总共获得样本1080人。A、B题本的样本容量分别为197和191，均是变量数的10倍以上，符合因素分析的理想的样本容量。经KMO统计量和Bartlell's球形检验，A、B题本的KMO值分别为0.73和0.75，都在0.70以上，Bartlell's球形检验的扩值分别为345.78和362.90，在

---

[1] 简明国际教育百科全书.教育测量与评价.北京:教育科学出版社，1992

[2] 邱章乐. 心理测量法. 福州:福建科技出版社，1988

0.001 水平达到统计显著性，表明各变量之间并非独立，其取值是密切相关的，适宜做因素分析。

本研究以主成分法进行初始分析，采用方差最大化正交旋转，得到的结果见表 16-24。

表 16-24　因素负荷、特征段以及累积贡献率

| 题本 | | 分测验1 | 分测验2 | 分测验3 | 分测验4 | 特征段 | | 方差百分比% | 累积贡献率% |
|---|---|---|---|---|---|---|---|---|---|
| | | | | | | 旋转前 | 旋转后 | | |
| A | 因素1 | 0.810 | 0.017 | 0.150 | 0.698 | 2.500 | 2.023 | 50.59 | 50.59 |
| | 因素2 | 0.331 | 0.10 | 0.958 | 0.479 | 0.782 | 1.258 | 31.45 | 82.04 |
| B | 因素1 | 0.801 | 0.890 | 0.173 | 0.763 | 02.500 | 2.145 | 53.62 | 53.62 |
| | 因素2 | 0.249 | 0.021 | 0.907 | 0.384 | 0.790 | 1.145 | 28.63 | 92.24 |

表中的结果显示，抽取 2 个因素时，A 本的第一个因素可解释总方差的 50.59%，第二个因素可解释总方差的 31.45%，两个因素可解释总方差的 82.04%；B 本的第一个因素可解释总方差的 53.62%，第二个因素可解释总方差的 28.63%，两个因素可解释总方差的 82.24%。两个题本的累积贡献率均达到 80% 以上，说明提取两个因素很充分。从因素负荷表中，我们也可以看到，A、B 题本的第一个因素均负荷在分测验 1、2、4 上，第二个因素均负荷在分测验 3 上。分测验 1 测查思维的逻辑性，分测验 2 测查语言能力，分测验 3 测查数学推理能力，因此可把因素 1 命名为逻辑力，分测验 2 为语言力，分测验 3 为推理能力。

（4）方差分析。

在发展变化上，我们对不同年级在测验的得分上进行了协方差（排除学校类型和性别的影响因素）分析，分析结果见表 16-25。从表中的结果可以看出，年级变量在 A、B 题本的分测验和总测验上均呈现显著差异。

表 16-25　不同年级分测验的方差分析

| 分测验 | 年级 | A | | | B | | |
|---|---|---|---|---|---|---|---|
| | | N | 均数 | P值 | N | 均数 | P值 |
| 1 | 高一 | 135 | 2.75±1.23 | 159.86xx | 134 | 2.11±1.42 | 167.37xx |
| | 高二 | 138 | 6.09±2.69 | | 140 | 5.73±2.95 | |
| | 高三 | 128 | 5.84±2.42 | | 123 | 5.33±2.38 | |
| | 混合 | 140 | 6.65±1.86 | | 142 | 6.96±2.18 | |
| 2 | 高一 | 135 | 2.78±2.47 | 151.71xx | 134 | 3.21±2.52 | 162.12xx |
| | 高二 | 138 | 11.20±7.28 | | 140 | 10.98±6.57 | |
| | 高三 | 128 | 9.90±5.14 | | 123 | 9.33±4.13 | |
| | 混合 | 140 | 15.62±5.94 | | 142 | 15.48±5.84 | |
| 3 | 高一 | 135 | 5.21±2.40 | 12.97xx | 134 | 5.66±2.80 | |
| | 高二 | 138 | 5.22±2.71 | | 140 | 5.22±3.13 | |
| | 高三 | 128 | 6.77±3.84 | | 123 | 6.97±9.50 | |
| | 混合 | 140 | 4.44±2.35 | | 142 | 5.68±2.32 | |

续 表

| 分测验 | 年级 | A | | | B | | |
|---|---|---|---|---|---|---|---|
| | | N | 均数 | P值 | N | 均数 | P值 |
| 4 | 高一 | 135 | 1.95±1.69 | 84.31xx | 134 | 1.92±2.30 | 99.21xx |
| | 高二 | 138 | 5.96±5.85 | | 140 | 6.70±7.22 | |
| | 高三 | 128 | 8.06±5.59 | | 123 | 9.09±6.20 | |
| | 混合 | 140 | 7.15±5.18 | | 142 | 10.82±6.70 | |
| 总分 | 高一 | 135 | 12.68±5.29 | 159.53xx | 134 | 12.91±6.71 | 185.11xx |
| | 高二 | 138 | 28.4±14.11 | | 140 | 28.63±15.62 | |
| | 高三 | 128 | 30.85±11.58 | | 123 | 30.72±13.35 | |
| | 混合 | 140 | 33.86±11.58 | | 142 | 38.94±12.44 | |

本研究还对测验成绩在性别上做了均数比较，结果见表 16-26。从表中结果发现，A、B 题本各分测验和总测验在男女性别上均无显著差异。

表 16-26　不同性别分测验的均数差异比较

| 分测验 | A | | | B | | |
|---|---|---|---|---|---|---|
| | 男 | 女 | T值 | 男 | 女 | T值 |
| 1 | 5.37±2.63 | 4.96±2.50 | -1.80 | 5.03±2.99 | 4.75±2.81 | -1.09 |
| 2 | 9.39±6.95 | 9.39±7.28 | 0.01 | 9.40±6.59 | 9.29±6.51 | -0.20 |
| 3 | 5.68±3.37 | 5.19±2.53 | -1.90 | 6.07±3.05 | 5.81±3.07 | -0.97 |
| 4 | 5.88±5.45 | 5.30±5.22 | -1.23 | 7.01±6.77 | 6.80±6.67 | -0.21 |
| 总分 | 26.32±15.01 | 24.84±13.80 | -1.16 | 27.5±5.62 | 26.73±15.45 | -0.57 |

6. 两套测验平行性检验

A、B 题本是否平行，我们从分测验和总测验的均数差异上进行了初步比较，结果见表 16-27。从表中结果可以看出，A、B 题本虽然在分测验 3 和 4 上存在显著差异，但对于整个测验来说，A、B 题本之间均数比较并未呈现显著差异，所以 A、B 题本基本平行。

表 16-27　A、B 题本平行性体检

| 分测验 | A | | B | | T |
|---|---|---|---|---|---|
| | 均数 | N | 均数 | N | |
| 1 | 5.18±2.58 | 516 | 4.88±2.50 | 502 | 1.72 |
| 2 | 9.39±7.10 | 516 | 9.34±6.55 | 502 | 0.11 |
| 3 | 5.45±3.01 | 516 | 5.94±3.05 | 502 | 2.56x |
| 4 | 5.00±5.35 | 516 | 6.95±6.71 | 502 | 2.54xx |
| 总分 | 25.62±14.46 | 516 | 27.11±15.52 | 502 | -1.58 |

本研究还对测验成绩在性别上做了均数比较，结果见表 16-28。从表中结果发现，A、B 题本各分测验和总测验在男女性别上均无显著差异。

表 16-28　不同性别分测验的均数差异比较

| 分测验 | A | | | B | | |
|---|---|---|---|---|---|---|
| | 男 | 女 | T值 | 男 | 女 | T值 |
| 1 | 5.37±2.63 | 4.96±2.50 | −1.80 | 5.03±2.99 | 4.75±2.81 | −1.09 |
| 2 | 9.39±6.95 | 9.39±7.28 | 0.01 | 9.40±6.59 | 9.29±6.51 | −0.20 |
| 3 | 5.68±3.37 | 5.19±2.53 | −1.90 | 6.07±3.05 | 5.81±3.07 | −0.97 |
| 4 | 5.88±5.45 | 5.30±5.22 | −1.23 | 7.01±6.77 | 6.80±6.67 | −0.21 |
| 总分 | 26.32±15.01 | 24.84±13.80 | −1.16 | 27.52±5.62 | 26.73±15.45 | −0.57 |

## 四、W-QIUS分层抽样思维量表讨论

前面我们已介绍，W-QIUS 分层抽样思维量表是在 W-QIUS 思维题库基础上，经分层抽样随机组成的不确定测题的思维量表。其目的主要是改变传统固定量表的模式，运用计算机题库系统在一个测验体系中组合无固定的测题，并使之达到标准化的基本要求。可以说是一个新的尝试。

本研究只是对高中年级思维测验的初步编制，其中尚有一些不足之处，有待改进。在测验内容方面，本测验的分测验 4 是数应用和几何证明，题型采用的是主观题形式，受测验时间的限制，这种题目数量不能太多，所以这些题目内容的代表性还有待验证和改进；项目难度方面，分测验 4 无论对哪个年级来说都比较难，难度值都 ≤ 0.40，鉴于其内容的特殊性，应考虑在题型方面有所改进。在项目区分度方面，在本测验中，有部分区分度低于 0.30 的项目因为考虑到其内容在初中阶段的基础性而保留下来，还需要对这些题目的出题方式、题型进行分析和修改。在 A、B 题本的平行性上，分测验 3 和分测验 4 在 A、B 题本之间存在显著差异，需要对这两个分测验中的题目在内容、出题方式上进行分析修改，还要对其内容、难度和题型在两题本间的平行配置进行分析和完善。在样本以及测验的使用性问题方面，本研究分层抽样，学校样本只抽取了 2 所，样本的代表性不是很充分，测验的使用性也限制在市区，所以还应该在后续研究中扩大样本范围。

# 附录  W-QIUS思维题库（部分）

## 一、经典逻辑名题

### （一）测题

**【经典逻辑1】苏格拉底的生死之答**

古希腊哲学家苏格拉底认为有知识的人才有美德，才能治理国家。他因公开反对与奴隶主民主派关系密切的智者流派，被控以传播异说、毒害青年，判处死刑。法官惜其才，欲拖延刑期。他准备了两瓶外观上毫无差别的酒，一瓶为美酒，另一瓶却为毒酒，让两个狱吏分别拿着。两个狱吏也知道自己手中拿的是什么酒。

法官对苏格拉底说："人们都称你为智圣，我想试探你是不是真的有本事。现在你可以问狱吏一个问题，其中一个狱吏说真话，而另一个狱吏则说假话，你应该怎样问才能喝到美酒？"

苏格拉底该怎么问呢？

**【经典逻辑2】苏格拉底的天堂推理**

这是一个传说故事，现在成为逻辑经典。

传说苏格拉底死后来到天堂，圣彼得领着他在天堂各处参观。他们来到高墙下，圣彼得说："嘘——轻点。"

说完，他悄悄从旁边搬来一张长梯子。圣彼得先爬上去，然后招手让苏格拉底也爬上去，他们站在梯子的顶端向里面张望着。原来，这是一块被墙围起来的草地。草地的正中，坐着七个少年。"他们在干什么？"苏格拉底问。

圣彼得说："如果不是早逝，他们都是无与伦比的天才。到了天堂，他们志同道合，天天聚在一起玩推理游戏。今天，他们大概在猜帽子吧。"

六个少年A、B、C、D、E、F按六边形围坐着，另一个少年G则用毛巾蒙着眼睛坐在当中。有人往每个人头上戴一顶帽子，其中4顶白帽子，3顶黑帽子。由于G被挡住了视线，六个少年都看不见自己正对面的人戴的是什么颜色的帽子。

现在，让A、B、C、D、E、F猜自己头上戴的帽子的颜色。智力游戏一开始，六个少年陷入沉思，一时都猜不出来。这时，坐在当中的G说："我猜到了，我戴的是白帽子。"

圣彼得转身问苏格拉底：坐在中间的少年G是如何猜到戴的是白帽子的？苏格拉底解释道：你可以假设自己是围坐着的六个少年中的一人。你能看见五个人头上戴的帽子，如果你看到这五个人中有四个人戴白帽，只有一个戴的是黑帽，就会猜到自己和对面的人都戴的是黑帽。如果你看到只有两个人戴白帽，就会猜到自己和对面的人都戴的是白帽。可是当一白一黑的两顶帽子分别戴在你和对面人头上时，你就无法判断自己戴的是什么颜色的帽子了。其他围坐的少年也都是这样想的。那么，中间的少年按这个逻辑推理，就会得到一个正确的结论。

圣彼得听后还是不明白，他又问道：坐在中间的少年 G 接着又是如何推测呢？
请你替苏格拉底回答吧！

【经典逻辑 3】柏拉图的猜心术

柏拉图 20 岁拜苏格拉底为师，跟他学习了 10 年。柏拉图从苏格拉底那学习了猜心术。他能通过让对方回答几个巧妙的问题，就能知道你在想什么了。假如，有四个人在一起，你心中想好四个人中的任一个，那么，柏拉图只要向你提出两个问题，而你也只要回答"是"或"不是"，他就能知道你所想的人到底是谁。如果有六个人在一起，那么，他只要提出三个问题，就能知道你所想的人。下面就以四个人为例来做一说明。

如果贝迪雅尔、加拉哈德、朗斯洛特—加龙省和珀西瓦尔四个人在一起做这个游戏，贝迪雅尔让加拉哈德心中想好他们四个人中的任一个，于是贝迪雅尔向加拉哈德提出第一个问题："你想的人是贝迪雅尔和加拉哈德中的一个人吗？"如果加拉哈德回答"是"，那么贝迪雅尔便提出第二个问题："你所想的人是贝迪雅尔吗？"这时，不管加拉哈德回答"是"或"不是"，贝迪雅尔都能立即知道加拉哈德所想的人是谁。因为加拉哈德若回答"是"，说明加拉哈德心中想的确实是贝迪雅尔；加拉哈德如回答"不是"，则说明加拉哈德心中想的是加拉哈德。

如果加拉哈德对第一个问题的回答是"不是"，那么可以肯定加拉哈德所想的人一定是朗斯洛特-加龙省和珀西瓦尔中的一个，于是贝迪雅尔也可以通过与上面相同的第二个问题，知道加拉哈德心中所想的人。

那么，现在问题是，能不能在减少提问次数的前提下，通过提出的巧妙的问题，就能知道对方心中所想的人？例如，对于六个人的情况，你能否通过提出两个非常非常巧妙的问题，知道对方心中所想的人？现在请你动一动脑筋，仔细想一想，应该怎样巧妙地提出两个问题，就能知道对方心中所想的人？

【经典逻辑 4】柏拉图的健忘森林

这是柏拉图学园逻辑学教材中的一则童话故事，在传统逻辑学里连绵了二千年，被称作"柏拉图的健忘森林"。

很古很古以前，有一片"健忘的森林"，人们走进去，就会忘记日期。小姑娘阿丽丝误入了大森林，她也就忘记了当天的日期。她徘徊了很久，很想知道这一天是星期几，但无论如何也回忆不起来。这时，迎面来了只老山羊，阿丽丝就迎上前去打听。

"山羊公公，你知道今天是星期几？"阿丽丝问。

"可怜的小姑娘，我也忘记了。不过，你还可以去问问狮子和独角兽。狮子在星期一、星期二、星期三这三天是说谎的，独角兽在星期四、星期五、星期六这三天也是说谎的，其余的日子，他们俩倒都说真话。"永远说实话的老山羊回答说。

于是，阿丽丝就去找狮子与独角兽。当她问到今天是星期几时，狮子回答说："昨天是我说谎话的日子。"独角兽说："昨天是我说谎话的日子。"

阿丽丝在这座"健忘的森林"里，尽管忘记了日期，但是她仍和过去一样聪明。听罢狮子与独角兽的回答，她进行了仔细的逻辑推理，终于正确地判断出这一天是星期几。

请你思考一下，这一天究竟是星期几？

【经典逻辑 5】柏拉图学园的考试分数

柏拉图学园是历史上最早实行考试制度的书院。柏拉图也以此出过一道推理题。

五门课程中，A 和 B 只有逻辑成绩相同，其他学科的成绩互有高低，但所有课程的分数都在 60 分以下。在录取时只能比较他们的总成绩了。

下列哪项为真，能够使你判断出 A 的总成绩高于 B？

（1）A 的最低分数是算数，而 B 的最低成绩是语言；
（2）A 的最高分比 B 的最高分要高；
（3）A 的最低分比 B 的最低分高；
（4）A 的最低分比 B 的两门课的平均分高；
（5）A 的最低分比 B 的平均成绩高。

【经典逻辑 6】柏拉图学园的考试结果

柏拉图学园甲、乙、丙三个参加了逻辑和算数两门考试，三个人中，只有一个人考试发挥正常。

考前，甲说："如果我在考试中发挥不正常，我将不能通过逻辑考试；如果我在考试中发挥正常，我将能通过算数考试。"

乙说："如果我在考试中发挥正常，我将能通过逻辑考试；如果我在考试中发挥不正常，我将不能通过算数考试。"

丙说："如果我在考试中发挥不正常，我将不能通过逻辑考试；如果我在考试中发挥正常，我将能通过逻辑考试。"

考试结束后，证明这三个说的都是真话，并且，发挥正常的人是三人中唯一一个没有通过另一门考试的人；发挥正常的人也是三个人中唯一的一个没有通过另一门考试的人。

请问，发挥正常的是谁？

【经典逻辑 7】柏拉图的海盗难题

柏拉图认为，数学的逻辑有时会导致看来十分怪异的结论。一般的规则是，如果逻辑推理没有漏洞，那么结论就必定站得住脚，即使它与你的直觉矛盾。他设计的一道难题，就属于这一类。这难题失传了至少上千年，但是 Omohundro 十年前发现了它，对它做了改动，使它的逻辑问题变得分外复杂了。据说，在美国在 20 分钟内能回答出这道题的人，平均年薪在 10 万美金。

先来看看此难题原先的形状。10 名海盗抢得了窖藏的 100 块金子，并打算瓜分这些战利品。这是一些讲民主的海盗（当然是他们自己特有的民主），他们的习惯是按下面的方式进行分配：最厉害的一名海盗提出分配方案，然后所有的海盗（包括提出方案者本人）就此方案进行表决。如果 50% 或更多的海盗赞同此方案，此方案就获得通过并据此分配战利品。否则提出方案的海盗将被扔到海里，然后下一个提名最厉害的海盗又重复上述过程。所有的海盗都乐于看到他们的一位同伙被扔进海里，不过，如果让他们选择的话，他们还是宁可得到一笔现金。他们当然也不愿意自己被扔到海里。所有的海盗都是有理性的，而且知道其他的海盗也是有理性的。此外，没有两名海盗是同等厉害的——这些海盗按照完全由上到下的等级排好了座次，并且每个人都清楚自己和其他所有人的等级。这些金块不能再分，也不允许几名海盗共有金块，因为任何海盗都不相信他的同伙会遵守关于共享金块的安排。这是一伙每人都只为自己打算的海盗。最凶的一名海盗应当提出什么样的分配方案才能使他获得最多的金子呢？

为方便起见，我们按照这些海盗的怯懦程度来给他们编号。最怯懦的海盗为 1 号海盗，次怯懦的海盗为 2 号海盗，如此类推。这样最厉害的海盗就应当得到最大的编号，在这样的编号提示下大家开始思考吧……

【经典逻辑8】亚里士多德在卡尔喀斯

亚里士多德17岁起,就被父亲送到当时著名的柏拉图学园,在那里他学习了20年。柏拉图死后,亚里士多德出走雅典,来到优卑斯亚岛的卡尔喀斯城。

卡尔喀斯城是很有意思的。城东人信奉人的本质是善良的,他们办事说话很诚实,又称"诚实族";城西人认为人生下来就是自私的,所以他们办事说话很诡诈,又叫"说谎族"。亚里士多德想找诚实族打听一些真实情况。他在街上看到有四个当地人坐在一张桌子旁说闲话。很自然,亚里士多德想了解这四人是城东人还是城西人。但他觉得贸然直问显得唐突,于是就对这四人提出了一个相同的问题。这问题是:

"你左边的人和你是同一族的吗?"

对这一问题,A和B的回答是"是",C和D的回答是"不是"。当时A、B、C、D四人是按顺时针方向坐的。根据他们的回答,亚里士多德马上判断出谁是诚实族的,谁是说谎族的。

你能知道他们之中谁是诚实族的,谁是说谎族的吗?

【经典逻辑9】亚里士多德与长老会

一天,卡尔喀斯城的长老聚在一起开长老会,讨论亚里士多德来岛居住的问题。卡尔喀斯东西城两族长老的绝大多数都出席了这次会议。会上他们选出了会议主持和副主持,然后坐在一张圆桌周围开始讨论。主持和副主持并肩而坐。

亚里士多德听到开长老会的消息,急急忙忙赶到会场,但他赶到时,会议已近尾声。亚里士多德想了解各位长老都是什么族的,于是就对他们一一进行了询问,结果都说自己是诚实族的。听到这样的回答,亚里士多德发现自己问的问题实在好笑,因为诚实族的人一定回答自己是诚实族的,而说谎族的人因为要说谎,也不会说自己是说谎族的。想到这里,亚里士多德又对他们逐一问了如下一个问题:

"坐在你左边的人是什么族的?"

结果,每人的回答仍然一样,都说:"我左边的人是说谎族的。"

亚里士多德非常失望,只好将这次调查作罢。过了几天,亚里士多德忽然想到当时未曾注意出席会议的人数是多少,现在如能调查出来也算是一个收获吧。于是他又找到了会议主持,问当时出席会议的人数,主持说:"出席会议的总人数共41人。"但亚里士多德想,会议主持不一定是诚实族的,于是他又去问了开会时紧挨着主席落座的会议副主持,副主持说:"当时出席会议的人数总共是48人。"

主持和副主持说的人数不同,究竟应该相信谁呢?出席会议的究竟有多少人,你能做出回答吗?

【经典逻辑10】亚里士多德的判断

卡尔喀斯城法院开庭审理一起盗窃案件,请亚里士多德主审。A、B、C三个嫌疑人被押上法庭。根据卡尔喀斯城的特殊情况,亚里士多德得出了这样的结论:说真话的肯定不是盗窃犯,说假话的肯定就是盗窃犯。审判的结果也证明了亚里士多德的这个想法是正确的。

审问开始了。

亚里士多德先问A:"你是怎样进行盗窃的?从实招来!"A回答了亚里士多德的问题:"叽里咕噜,叽里咕噜……"A说的是某地的方言,亚里士多德根本听不懂他讲的是什么意思。亚里士多德又问B和C:"刚才A是怎样回答我的提问的?叽里咕噜,叽里咕噜,是什么意思?"B说:"禀告法官老爷,A的意思是说他不是盗窃犯。"C说:"禀告法官老爷,A

刚才已经招供了，他承认自己就是盗窃犯。"

B和C说的话亚里士多德是能听懂的。听B和C的话之后，亚里士多德马上断定：B无罪，C是盗窃犯。

请问：亚里士多德为什么能根据B和C的回答，作出这样的判断？A是不是盗窃犯？

【经典逻辑11】亚里士多德的关门弟子

亚里士多德知道自己的年岁已大，他想在卡尔喀斯城找一个助手协助他搞研究。亚里士多德一生收徒无数，这次招的是最后一个被试了。最后一个被试也称关门弟子，关门弟子必须十分聪明才行。消息传出的三天后，他原先执教的吕克昂学园有两个被试千里迢迢前来报名。这两个人一个是年青的迪喀尔，一个是格米修斯。

亚里士多德为了试一试迪喀尔和格米修斯两个人中哪一个聪明一些，就把他们带进一间伸手不见五指的漆黑的房子里。

亚里士多德点着灯说："这张桌子上有五顶帽子，两顶是红色的，三顶是黑色的。现在，我把灯吹掉，并把帽子摆的位置搞乱，然后，我们三人每人摸一顶帽子戴在头上。当我把灯再点着时，请你们尽快地说出自己头上戴的帽子是什么颜色的。"说完之后，亚里士多德就把灯吹掉了，然后，三个人都摸了一顶帽子戴在头上。同时，亚里士多德把余下的两顶帽子藏了起来。

待这一切做完之后，亚里士多德把灯重新点亮。这时候，迪喀尔和格米修斯两人看到亚里士多德头上戴的是一顶红色的帽子。

迪喀尔见格米修斯在犹豫，马上说道："我戴的是黑帽子。"亚里士多德于是将迪喀尔收为关门弟子。

你知道迪喀尔是如何推理的？

【经典逻辑12】卡尔喀斯监狱的逻辑

"我真发愁，"卡尔喀斯城监狱看守格米修斯说，"监狱头头贝迪雅尔留了个条说，昨天晚上他逮捕了两个武士打扮的流氓。可我今早上班时却发现一共有三个武士打扮的人，看来其中有一个似乎是真正的武士，他是来监狱探望这两个误入歧途的人的。可我现在已是真假难分了。"

"想法问问他们嘛，"亚里士多德建议说，"总可以相信真正的武士是会讲实话的。"

"这么说倒是对，可也许我问的人正好是那个骗子呢？"格米修斯说，"这个骗子是个撒谎的老手，他从不讲真话。而那个赌棍可是个见风使舵的家伙，他撒不撒谎要看情形对他是否有利。"

亚里士多德走到牢房跟前。"你是谁？"他问在一号牢房里的人。

"我是那个赌棍。"这个人答道。亚里士多德又走到二号牢房前问："一号牢房里那个人是谁？""骗子！"

亚里士多德又问三号牢房里的人："你说一号牢房里那个人是谁？"三号牢房的人回答："武士"。

亚里士多德转向看守格米修斯说："这很明显，我看，你最好释放……"

释放哪个牢房的人？

【经典逻辑13】卡尔喀斯监狱调房

卡尔喀斯城监狱不大，只有5间单人监狱，但关的都是罪恶滔天的犯人。在下图所示的监狱区，只有最右边的审讯房现在空着。其他几个狱房里分别住着艾克、布鲁克、科弗、多克尔等四个犯人,我们分别用他们姓名的头一个字母A、B、C、D来标志。A住4号牢房,B住3号牢房,C住2号牢房,D住1号牢房。如下图:

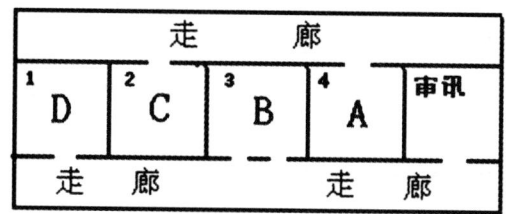

犯人都很危险,监狱头头贝迪雅尔考虑D应该与A换位置,C与B换位置。看来,他很有条理,因为这样一来,犯人的位置就会按字母顺序排列,便于管理。

既然所有的犯人都很危险,所以根本不能想象把任何两个犯人同时安排在同一间狱房里,而且也不可能在一个犯人搬家时将另一个犯人留在走廊里无人看管。那个可怜的看守格米修斯最少要为犯人搬几次家?

【经典逻辑14】卡尔喀斯监狱的死因判断

B·布鲁克死了,是中毒而死。为此,A·艾克和C·科弗受到了警察的传讯。

A·艾克:"如果这是谋杀,肯定是C·科弗干的。"

C·科弗:"如果这不是自杀,那就是谋杀。"

监狱头头贝迪雅尔做了如下的假定:

(1)如果A·艾克和C·科弗都没有撒谎,那么这就是一次意外事故;

(2)如果A·艾克和C·科弗两人中有一个撒谎,那么这就不是一次意外事故。

最后的事实表明第二个假设是正确的。

那么,B·布鲁克之死究竟是什么原因?

【经典逻辑15】卡尔喀斯的古玩店

卡尔喀斯店主都喜欢用粗大醒目的数字标明价格。但珠宝商和古玩商却相反,他们非常谨慎,即使是在小价格牌上,也不用数字标明价格,而是使用字母码。你想要知道价格,就得开口问。例如,珠宝商他们可用如下10个字母来代表10个数字(见表附-1):

表附-1

| S | O | U | T | H | W | A | L | E | R |
|---|---|---|---|---|---|---|---|---|---|
| 1 | 2 | 3 | 4 | 5 | 6 | 7 | 8 | 9 | 0 |

这样只有店主才知道HA表示0.57元,或UATR表示37.40块钱。

一天,A君去一家古玩店买了2件古玩,一件标着OF,另一件标着TEA,总计6.41块钱。A君的妻子也买了2件,一件标着FB,另一件标着IRP,总计5.69块钱。他们的女儿买的2个小玩意儿,一件标着BT,另一件标着LP,总计1.77块钱。

亚里士多德想在该古玩店买一件标着FAE的古玩,他是否还需要开口问店主其价格是多少呢?

【经典逻辑16】斯巴达克斯的生死之位

罗马时代,奴隶起义军领袖斯巴达克斯与上千奴隶沦为角斗士,在一场惊心动魄的团体角斗中,斯巴达克斯的同伴们一个个倒下去,最后,只有他一个人要对付三个对手。按格斗技巧，斯巴达克思能够胜过对方的任何一个，可是，现在是三个人与他展开联合进攻，他就会因寡不敌众而难以招架。

这时候，斯巴达克斯突然转身就跑，三名对手在后面穷追不舍，由于这三名对手追赶的速度有快有慢，很快就拉开了彼此间的距离。这时候，斯巴达克斯突然返身，打倒了第一个追上来的对手，过了一会儿，又打倒了第二个，等第三个对手追到他面前时，他很容易就打倒了第三个。

一开始，斯巴达克斯转身逃跑，看台上的贵族发出了轻蔑的嘘声，这时，见他运用计谋，采取化整为零的战术而取得了成功，又一致为他叫起好来。斯巴达克斯用的是先退后进、各个击破的谋略；取得了成功。

但事情还没结束。奴隶主贵族把遍体鳞伤的角斗士排成一列，然后开始报数，每第十个就会被拉去处死，这就是"decimae"（杀掉十分之一）一词的来源。连斯巴达克斯一共一千个角斗士在罗马大角斗场排成一个圆圈，从头报数，每第十个被处死，直到剩下最后几个。智者斯迪喀尔非常同情斯巴达克斯，他把斯巴达克斯放在一个安全的位置上保住了他的性命。

请问，斯巴达克斯该站在哪个位置上？

【经典逻辑17】亚瑟王的圆桌座次

亚瑟王用来和他的骑士们就座的圆桌，一定是一个巨大的桌子，因为大多数权威们都说亚瑟王朝时，一共有150个骑士。

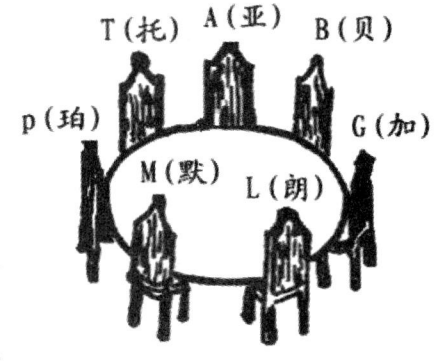

也许这张大桌子只是在特殊的庆祝场合中才用，在一般的正式场合中，亚瑟王可能用一张小一点的桌子，正好能坐下他自己和他的六个好朋友：贝迪维尔、加拉哈德、朗斯洛特-加龙省、默林、珀西瓦尔、托尔（如右图），现在假定这七个人。为了友谊，决定在一个月中每个人只能与同一个人在一起坐一次。例如：在上图的座位安排坐过一次以后，下一次亚瑟就不能同贝迪维尔和托尔坐在一起了。

按照这个规定，一个月中这七个人能坐在一起共餐几次？

【经典逻辑18】耶稣的裹尸布

意大利的都灵大教堂，因为珍藏一件绝世圣物而名传遐迩。该圣物相传是耶稣遇难后包裹尸体的布幅。这块裹尸布，用细亚麻织成，长4.3米，宽3米，供放在一只精致的盒子里，终年摆在圣坛上。

这块裹尸布是1357年首次展示的，这以后的600多年里，关于它的真伪问题，一直引起信徒们的激烈争论。一些信徒把它奉为至高无上的圣物而顶礼膜拜，不许对它有一丝一毫的亵渎和不敬；另一些信徒却认为它不过是好事者伪造出来的赝品。

某年，某神学院的A、B、C、D、E五个被试到都灵旅行，他们看了这块裹尸布后，也就它的真伪问题发表自己的看法。

A说：我认为这件圣物是真的。因为如果它是假的话，那么它就不可能在600多年时间里一直被我们的教会所敬奉，事实上，我们都是虔诚地敬奉它，可见它是真的。

B说：我也相信这件圣物是真的。耶稣是钉死在十字架上的，那时手腕上、大腿上一定流了大量的血,如果这件圣物是真的,那么,在它上面必定也有大量的血迹,现在我们亲眼看到它上面有斑斑的血迹,可见它是真的。

C说:我同意B的分析,此外,我还要补充一点理由:只有这块布上有血迹,才有可能是圣物,像刚才B所说的,我们亲眼看见它上面有很多血迹,可见它是圣物无疑了。

D说:我不认为它是圣物。许多研究纺织史的专家认为,在欧洲,细亚麻布直到2世纪才出现,如果这块布真的是耶稣的裹尸布,那么,耶稣应该是公元2世纪以后才受难的。可是,《圣经》说他是公元1世纪受难的呀!可见,它根本不可能是什么圣物。

E说:研究纺织史专家的意见不一定百分之百的可靠,我看最可靠的是用现在的"碳14测定法"。如果这块亚麻布是圣物,那么,它应该是公元1世纪的织品,我建议教堂用"碳14测定法"去测定一下,如果确实是公元1世纪的织品,我们就可以肯定它是圣物了。

请问:A、B、C、D、E五人的言论谁正确?为什么?

【经典逻辑19】鲍细霞的三只匣子

莎士比亚的名著《威尼斯商人》中原来有这样一个情节:

富家少女鲍细霞,不仅姿容绝世,而且有非常高尚的品行。许多王孙公子纷纷前来向她求婚,但是鲍细霞自己并没有择婚的自由,她的亡父在遗嘱里规定要"猜匣"为婚。鲍细霞有三只匣子:金匣子、银匣子和铅匣子,三只匣子上分别刻着三句话。在这三只匣子中,只有一只匣子里放着一张鲍细霞的肖像。鲍细霞许诺:如果有哪一位求婚者,能通过匣子上刻着的三句话,猜中肖像放在哪只匣子里,她就嫁给他。

金匣子上刻的是:"肖像不在此匣中";银匣子上刻的是:"肖像在金匣中";铅匣子上刻的是:"肖像不在此匣中"。同时,大家都知道这三句话中,只有一句是真话。

请问,求婚者应该选择哪一个匣子呢?

【经典逻辑20】威尼斯的千年老店

威尼斯商行中有三家千年老店:一家古玩店、一家百货店和一家银器店,这三家老店的开门营业时间也传承了千年,每星期中只有一天全都开门营业。

(1)这三家店铺每星期各开门营业4天。

(2)星期日这三家店铺都关门休息。

(3)没有一家店铺连续3天开门营业。

(4)在连续的6天中:第一天,百货店关门休息;第二天,古玩店关门休息;第三天,银器店关门休息;第四天,古玩店关门休息;第五天,百货店关门休息;第六天,银器店关门休息。

在一星期的七天中,威尼斯商行的这三家店铺哪一天全都开门纳客呢?

【经典逻辑21】比萨斜塔的球体物

为了让试验更有说服力,伽利略选取了四个外表看起来没有分别的球体物a、b、c、d,它们的重量可能有所不同。取一个天平,将a、b归为一组,c、d归为另一组,分别放在天平的两边,天平基本是平衡的。将b和d对调一下,a、d一边明显地要比b、c一边重得多。

可奇怪的是,伽利略在天平一边放上a、c,而另一边则放上b,还没有来得及放上d,天平就压向了b一边。

请你判断这四个球的重量由重到轻的顺序是什么?

【经典逻辑22】牧师的生死排列

有一次,一艘不大的船在海上遇到了风暴,狂怒的巨浪击坏了船舱,船身开始倾斜,船上能丢掉的东西已经全部丢掉了。摆在乘客面前的路只有两条:要么所有的人与船同归于尽;要么牺牲一部分人的生命,把他们抛进大海,减轻船的载重量。这样船和另一部分人还有得救的可能。但这至少得将一半以上的人抛进海里。大家虽然都同意第二个办法,可谁也不愿意自动跳下海去。乘客中有10个基督教徒,另有一个牧师,于是大家就公推牧师出个主意。

奸诈的牧师眉头一皱就让大家坐成一个环形,并且从他开始,依次报数:"1,2,3,1,2,3……"规定报到"3"的人,就被抛进海里;下一个继续由"1"报起。并且说明这是耶稣的意旨,大家的命运全由我主耶稣来安排,不得抗拒。结果有14人被抛到海里,而剩下的10个人,全部都是基督徒。

惊魂方定的基督徒们,突然醒悟过来,原来这是牧师用诡计救了他们。

试想想,这10个人都在什么位置上,才避免抛进海里去的呢?

【经典逻辑23】"王牌"的花色

在一盘纸牌游戏中,某个人的手中有这样的一副牌:

(1)正好有十三张牌。

(2)每种花色至少有一张。

(3)每种花色的张数不同。

(4)红心和方块总共五张。

(5)红心和黑桃总共六张。

(6)属于"王牌"花色的有两张。

红心、黑桃、方块和梅花这四种花色,哪一种是"王牌"花色?

【经典逻辑24】靠不住的供词

一个精神病医生在寓所被杀,他的四个病人受到警方传讯。

警方根据目击者的证词得知,在医生死亡那天,这四个病人都单独去过一次医生的寓所。

在传讯前,这四个病人共同商定,每人向警方做的供词,其中两条必是谎言。

每个病人所做的两条供词分别是:

埃弗里:

(1)我们四个人谁也没有杀害精神病医生;

(2)我离开精神病医生寓所时候,他还活着。

布莱克:

(3)我是第二个去精神病医生寓所的;

(4)我到达他寓所的时候,他已经死了。

克朗:

(5)我是第三个去精神病医生寓所的;

(6)我离开他寓所的时候,他还活着。

洛克期:

(7)凶手不是在我去精神病医生寓所之后去的;

(8)我到达精神病医生寓所的时候,他已死了。

这四个病人中谁杀害了精神病医生？

**【经典逻辑 25】玛丽的白马王子**

玛丽心目中的白马王子是高个子，黑皮肤，相貌英俊。他认识帕克、比尔、卡尔、戴夫四位男士，其中只有一位符合她要求的全部条件。

（1）四位男士中，只有三人是高个子，只有两人是黑皮肤，只有一人相貌英俊。

（2）每位男士都至少符合一个条件。

（3）帕克和比尔肤色相同。

（4）比尔和卡尔身高相同。

（5）卡尔和戴夫并非都是高个子。

谁符合玛丽要求的全部条件？

**【经典逻辑 26】尤妮斯的女士类型**

在一次舞会上，杰克先生看到尤妮斯一个人站在酒柜旁边。

（1）参加舞会的总共有 19 人。

（2）有七人是单独一人来的，其余的都是一男一女成双成对地来的。

（3）那些成双成对来的，或是双方已订婚，或是双方已结婚。

（4）凡单独前来的女士都尚未订婚。

（5）凡单独前来的男士都不处于订婚阶段。

（6）参加舞会的男士中，处于订婚阶段的人数等于已经结婚的人数。

（7）单独前来的已婚男士的人数，等于单独来的尚未订婚的男士的人数；

（8）在参加舞会的已经结婚、处于订婚阶段和尚未订婚这三种类型的女士中，尤妮斯属于人数最多的那种类型。

（9）尚未订婚的杰克先生，希望知道尤妮斯是哪一种类型的女士。在尚未订婚、处于订婚阶段、已婚女士这三种类型女士中，尤妮斯属于哪一种？

**【经典逻辑 27】丽云旅馆的房间对号**

精明的旅客住丽云旅馆总是预定单号房间，这是因为单号房间都在旅馆大楼的东部，从那里可以俯瞰美丽的海滨；而双号房间在大楼的另一边，从那里望见的是屠畜场。记住了这一点，洛克为他和他的朋友来这里度假，预定了 9 个相连的单号房间。

第二天早上，朋友们来到了旅馆，每人选了一个房间，放进了各自的行李后就出去游览了。晚上回到旅馆，朋友们都有点醉了，9 把钥匙都集中在洛克手里，谁也记不起自己的房间号码，而且谁也不愿意让别人开自己的房间，弄得洛克一时不知所措。不过，线索还是有一些的。

（1）A、F 和 J 记得他们各在两个相连质数号房间的后面一间；

（2）B 记得他的房间号的号数比 J 大 4；

（3）C 的号数比 H 大，他到 H 房间的距离是到 F 房间的一倍（这里是指相隔的房间间数）；

（4）G 的号数是 9 个人中唯一的两位数，它和 E 的号数相差 4；

（5）E 和 J 不是邻居；

（6）F 的号数比 A 小。

根据这些线索，每人所住的房间号码都被推算出来了。请问：洛克住在哪一间？

【经典逻辑28】内阁改组的升降预言

某国王对他的六位大臣A、B、C、D、E和F进行调动改组。大臣们对这次官位的升降各作预言如下：

A：A和B的官位都将降级。

B：E的官位将高于D和F。

原来官居第3位的C：D的官位将高于F。

D：D恰好官升一级。

E：E将降级，C将高于A。

F：F将降级，C将升级。

结果，预言正确的都升了官，而预言中有错误者都降了职。六名大臣中无一官居原位，至少2名升级，至少2名降职。

请按官位高低次序分别列出6名大臣改组前和后的名单。

【经典逻辑29】古玩失窃的六条线索

这是发生在国外某城市的事。一天晚上，怀特、布莱克和布朗先生3人及他们的太太同到一个朋友家里做客。客人离去后，主人夫妇突然发现他们的一件珍贵古玩被窃。事情很清楚，窃贼就在这6位客人中，此外，还可提供与此案有关的6条线索。

（1）当晚，窃贼的配偶玩扑克输了钱。

（2）由于布朗先生一条腿瘫痪，因此，他不能独自开车。

（3）布莱克太太和另一位女客整个晚上只玩拼板游戏。

（4）这天晚上，布莱克先生第一次见到怀特太太，当他被介绍给怀特太太时，他不慎将饮料泼在她身上。

（5）布朗先生把他赢的钱给了布朗太太一半，以补偿她玩扑克输的钱。

（6）布莱克先生在古玩失窃那天白天打网球时，击败了窃贼。

根据以上六条线索，你能推断出谁是窃贼吗？

【经典逻辑30】销毁核武器的惊险之举

为表现出一种姿态，总统下令销毁50年代就已闲置不用的一部分核物质——铀。

铀是极端危险的，一次若装得太多，一旦爆炸，这周围的城镇都得被它带跑，所以得把铀装在下图的那种小罐里，然后再把它们运到遥远的安全地带销毁。

每个罐盖上的数字是由内装铀的浓度，可是这个装法仍然有限时爆炸的危险，因为装在同一条线上的铀的总浓度不得大于30单位。莎拉很快发现，按现在的装法，头一排（13、6、14）中间一行（6、10、17）和对象线一行（14、10、9）都超过了安全极限30个单位，如右图。

很明显，铀罐的位置要新安排。但是要达到安全的目的，即每条线上的铀罐（水平的、垂直的、对角线的）的浓度总和不超过30单位，最少要挪动几个铀罐？

【经典逻辑31】北南刑警会议的决定

必须及早成立跨国刑警组织来对付日益猖獗的毒品走私犯，联合国秘书长建议南北美洲各派出三支部队来完成这一使命。

北美有 A、B、C、D、E 五国，南美有 V、W、X、Y、Z 五国积极响应了秘书长的倡议。

可是所达成的一致意见仅此而已。北美不同意 W、Y 参加这支部队，而南美则以不同意 A 和 D 国派部队参加来回报。

北美坚持认为如果 V 和 W 国派出部队，Z 国则不应参加。

南美的回答是，除非同意 W 国参加，否则他们就不同意 C 和 D 国参加。此外，如果 Z 国不能参加，南美则不同意 E 国参加。

如果 Z 国派出部队，B 国则拒绝加入。

而 X 国宣布如果 C 国派出部队，X 国就撤出自己的部队。

A 国代表最终提出一个两方面都满意的办法，这一办法最终成为北南刑警会议的决定。

请问，这支部队应由哪几个国家组成？

【经典逻辑 32】无法拒绝的求婚

波兰女孩玛莉来到巴黎大学，主攻物理，波罗教授让她与皮埃尔·居里一同从事研究。

玛莉是一位高智商的女学者，不仅美丽，而且聪明，博学广识，几乎无所不晓。许多青年，包括皮埃尔·居里对她深深爱慕。后来，28 岁的玛莉完成学业，想与志同道合的人返国贡献所学。她在她的实验室门上贴了一张纸条，上面写明：若有哪位男士向她提出问题，而她答不出来，她就心甘情愿地嫁给他，否则，送鲜花、写情书都打动不了她。

这纸条对女学者身边那些巴黎大学才高八斗的先生们颇有刺激性，跃跃欲试者不乏其人。可是，谁也不敢轻举妄动，怕丢脸。36 岁的皮埃尔耐不住心中的热情，准备了一个奇妙深奥的问题，上门去"求教"。同事们见他胸有成竹地去敲女学者实验室的门，便有点后悔：自己居然连试一试的勇气都没有。可是，不出一分钟，皮埃尔满脸苦笑着退了出来。同事们马上拍手称幸，幸好自己没有当傻瓜。这件事一时成了笑柄。几个月过去了，那纸条上的宣言毫无结果。

又过了几个月，皮埃尔突然向同事们宣布：他将获得这位无所不晓的女人。就在这时，恰好玛莉从实验室中走出来，皮埃尔说了一声"瞧我的"，就走到玛莉面前，很有礼貌地深深鞠了一躬，恭敬地向她提出了连续性的两个问题。只见玛莉一愣，有点不知所措。皮埃尔·居里大声地把他准备的问题又说一遍，玛莉还是回答不出来。就这样，玛莉答应了皮埃尔的求婚，成为居里夫人。

两人在蜜月旅行中决定共同努力，解开他们之前偶然发现的沥青里谜样的东西。经过无数次的失败，终于有了科学史上伟大的发现——镭。而那些才高八斗的同事们，则大骂自己是笨蛋，因为皮埃尔提出的问题，凭他们的智力是不难想到的，非但不难，几乎是太简单了。

你能想到皮埃尔·居里提的是什么问题吗？

【经典逻辑 33】招标的结果

某大厦工程建设任务进行招标。有四个建筑公司投标，为简便起见，称它们为甲、乙、丙、丁。在标底公布之前，各公司经理分别做出猜测。

甲公司经理说："我们公司最有可能中标，其他公司不可能。"乙公司经理说："中标的公司一定出自乙和丙两个公司之中。"丙公司经理说："中标的若不是甲公司就是我们公司。"

丁公司经理说："如果四个公司中必有一个中标，那就非我们莫属了。"

当标底公布后，四个人只有一个的预测成真了。

以下判断哪项最可能为真？

（1）甲公司猜对了，甲公司中标了；

（2）乙公司猜对了，丙公司中标了；

（3）甲公司和乙公司的经理都说错了；

（4）乙公司和丁公司的经理都说错了；

（5）甲公司和丁公司的经理都说错了。

【经典逻辑 34】股评家的预言

三位股评专家正在对三家上市公司明天的股价走势进行预测。甲说："公司一的股价会有一些上升，但不能期望过高。"

乙说："公司二的股价可能下跌，除非公司一的股价上升超过 5%。"

丙说："如果公司二的股价上升，公司三的股价也会上升。"

三股价专家果然厉害，一天后的事实表明他们的预言都对，而且公司三的股份跌了。

以下哪项叙述最有可能是那一天股价变更的情况：

（1）公司一股价上升了 9%，公司二股价上升了 4%；

（2）公司一股价上升了 7%，公司二股价下跌了 3%；

（3）公司一股价上升了 4%，公司二股价持平；

（4）公司一股价上升了 5%，公司二股价上升了 2%；

（5）公司一股价上升了 2%，公司二股价有所上升。

【经典逻辑 35】华特利母亲的谬误

"谬误"一词来源于拉丁语"Fallacca"，原有"欺骗"的意思。而在人们日常生活中，"谬误"往往指错误的观点和言论，是"与客观不相一致的认识"。

下面这则华特利母亲给儿子的信，是语言思维学家设计的思维命题，讨论人们在日常生活中最常见的谬误。亲爱的华特利：寥寥数言，让你知道我还活着。深知你读得不快，所以，我也慢慢地写。你回来的时候，将找不到我们的房子了，因为我们已经搬了家。先前住在这里的那户人家，不想改变他们的地址，把门牌拿走了，因此，我无法把我们家现在的门牌号码告诉你。

你父亲找到了有趣的新工作，他下面有 500 多人——他在公墓割草。

今天早晨，你的姐姐生了一个可爱的婴孩，是男的女的我还没弄清楚。因而，你究竟当了舅父还是当了姨父我也说不清。

昨天，你爸爸陪我上医院看病，医生把一根小管子放进我的嘴里检查体温，还叫我 3 分钟不要开口。你爸爸说，要是医生肯卖，他愿意出 10 镑钱把那根管子买下来。

上星期中共下了两场雨，第一场下了整整 3 天，第二场又连续下了 4 天。

附言：我还想给你写点其他的事，可惜我已经把信封了。

母亲<br>4 月 4 日

你能准确指出上面这封信的"背理"之处吗？

【经典逻辑 36】布里格斯先生的人寿保

自商学院毕业之后，布里格斯先生在保险公司找到了一份工作：他每天往市区跑，上门推销人寿保险。

在他为该公司工作一年后的某一天，公司经理把他找去，对他说："布格里斯先生，自你担任推销员以后,我一直在关心你的推销记录,有一件事令我感到非常惊讶,为什么你只向那些年过 95 岁的老人兜售保险?为什么要给他们如此优厚的条件呢?如果再这样下去的话,我们的公司就会毁在你的手里。"

"噢,不,先生,"布格里斯马上辩解道:"在我从事这项工作以前,我看了这个国家在过去 10 年中的死亡数字的统计资料,我可以告诉你,每年极少有人是在 95 岁或超过这个年龄死去的。"

问:布格里斯的辩解有道理吗?

【经典逻辑 37】琼斯先生的炸弹

当今,世界恐怖活动十分猖獗,劫机、爆炸事件经常发生,为此,许多人对乘坐飞机旅行感到惶恐不安。PRC 公司的推销员琼斯先生就是这样,由于工作关系,他经常要乘飞机旅行,他非常担心可能有哪一天,会有一个旅客带着隐藏的炸弹。许多人同琼斯先生一样,也有类似的担心。那些人,也不过就是担心担心罢了,可琼斯则不然。他出于这个担心,采取了一个奇怪的行动:每次坐飞机,他总是在自己的公文包中带一枚卸了火药的炸弹。

倒霉的事终于发生了,有一天,他在 W 国的 H 机场,被机场警卫人员发现了皮包中的秘密。琼斯先生当即被带到警察局。

警察们仔细检查了这颗炸弹,发现它是卸了火药的炸弹。他们百思不解,于是对琼斯先生进行了审问。

"先生们,请相信我,我绝不是恐怖分子,我是一个守法的商人。"琼斯先生发誓说自己是清白的。

"那么,你如何解释公文包中携带的这个东西呢?"警察审问道。

"可这是个空心炸弹,不会爆炸的呀。"

"你总不会把它当玩具而放进你的公文包的吧?"

"不是的,既然你们一定要问个清楚,我就给你们解释个清楚吧。我带这个炸弹的目的是为了大家的安全,当然,这也是为了我自己的安全。告诉你们吧,由于我每次乘飞机都带着一个炸弹,因此我还从没遇上麻烦事。"

"你是说一旦发生劫机事件时你就用它来保护自己?"警方打断了他的话。

"不是的。我带着它的原因是:这样做可以减少劫机事件发生的可能性。"

警察们觉得非常好笑:这人莫不是犯神经病了?一颗没有火药的炸弹竟能减少劫机事件的发生?

这时,琼斯先生对他们慢慢解释道:"我发现,一架飞机上不太可能有某个旅客带着炸弹;进一步推论,一架飞机上同时有两个旅客带炸弹是更加不可能的。如果假定,一架飞机某个旅客带炸弹的概率为 1%,那么一架飞机上同时有两个旅客带炸弹的概率肯定大大少于这个数,可能只有 0.5% 了。由此可见,我带这颗炸弹能使劫机事件的可能性大大减少。"

琼斯先生固执地坚持着这种想法,警方没有办法说服他。警方进一步调查后,相信琼斯先生的确没有劫机或者别的犯罪动机,就开释了他。

显然,琼斯先生的这种理由是不能成立的,你能分析琼斯先生的言论中所包含的谬误吗?

【经典逻辑 38】没有丢失的咖啡壶

吉姆在一条小轮船上当一个船舱服务员。一天上午,他打破了一个咖啡壶,他把破壶扔进海里。

在给船长送早饭时，他对船长说："先生，我可以问你几句话吗？"

"当然可以，"船长说，他看到这个孩子非常恐慌，"什么事呀？"

"如果你知道一件东西在什么地方，那算不算丢了？"吉姆问。

"当然没有丢。"船长说。

"那么，你的咖啡壶没有丢，先生，因为我知道它在哪里。"吉姆笑着说。

"它在哪儿？"船长问。

"在海底。"吉姆说。

吉姆的言论肯定是不对的，问题是他错在哪里？

【经典逻辑39】远航的水手

一位水手准备出海远航，他的一个朋友问他：

"你的父亲是怎样死去的？"

"死在一次海难事故中。"水手平静地回答。

"那你的祖父又是怎样死去的？"

"也死在海上，一次突然而来的热带风暴夺去了他的生命。"

"天啊！"水手的朋友这时大声嚷着，"那你为什么还要当水手，去海上远航呢？"

水手淡淡一笑，反问道：

"你的父亲是怎样死去的？"

"死在床上。"

"祖父呢？"

"也死在床上。"

"朋友，那你为什么每天晚上还要睡在床上呢？"水手爽朗地大笑起来。

水手的反驳对吗？

【经典逻辑40】香车美女的广告

汤姆从电视上看到了一则广告。广告上是一辆漂亮入时的汽车，每辆售价为3万英镑。因此，他来到那家登广告的商店，要求看一下汽车。

商店经理非常热情地接待了汤姆，并让汤姆看了一辆。汤姆仔细地看了一遍，然后转身对经理说："为什么这辆车上没有备用胎，而广告上的那辆却装有备用胎？"

"是的，先生，"经理答道，"可是广告上的那辆车的价格并不包括备用胎，如果要再买备用胎，价格要另外加上去。"

"它不包括在汽车的价格里？"汤姆气愤地说道，"这种做法是很不老实的。既然备用胎已登在广告上，那就应该包括在你们所定的售价里。"

"是啊，先生，"那位经理平静地答道："在我们所登的广告里，车上还坐着一位姑娘呢，可是我们在出售汽车时，也并不给买主提供一位姑娘啊！"

这位经理的回答是否正确呢？

【经典逻辑41】找出不合规格的乒乓球

国际乒乓球赛对乒乓球的规格有越来越严格的要求，尤其是重量方面，不允许有一丝差讹。现在比赛就要开始了，但是发现备用的12个乒乓球中，有一个不合规格，但不知是轻是重。要求用天平称3次，尽快把这个坏球找出来。

【经典逻辑42】福尔摩斯的错误

艾丽斯是一位侦探迷，平时酷爱阅读各国的侦探小说，对福尔摩斯大侦探更是崇拜得五体投地，凡是有关福尔摩斯的文章、书籍，她非看上几遍不可。有一次她在一本杂志上找到一篇介绍福尔摩斯侦探事迹的文章，作者是如此写的：

福尔摩斯："奇怪，门内侧的钥匙孔，插了把钥匙，米力发现尸体时，有没有用手去摸过这把钥匙？"

米力："不，我没有摸，门本来是锁着的，打不开，所以我是从窗口爬进来的。"

福尔摩斯："好，那我们赶快验查指纹。"

福尔摩斯就在插进的钥匙上撒下了一些白粉，用放大镜来观察。

福尔摩斯："啊！钥匙手把的表面和背面都可以清晰看到旋涡型的指纹，好了，这可以和被害者的指纹比对了。"

福尔摩斯用放大镜来观察女尸右手的指纹。

福尔摩斯："啊！钥匙上的指纹与女尸拇指与食指的指纹完全相同。"

米力："这么说被害者是自己把门锁上自杀的？！"

福尔摩斯："正是这种情形，像这种案件，实在是用不着我这个名侦探来侦破。"

艾丽斯阅读了这篇文章后，很生气的认为，这是对福尔摩斯的亵渎，她相信大名鼎鼎的世界级侦探绝对不会犯这等小儿科错误。

究竟这篇文章错在什么地方呢？

【经典逻辑43】女排队员的最佳配合方案

中国女排的两名队员，在训练和实际比赛中存在着队员间是否默契配合的问题，教练为了解决好这个问题，对上场队员的最佳配合方案提出了以下8条原则：

（1）1号和3号要么都上场，要么都不上场；

（2）只有4号不上场，7号才上场；

（3）只有8号不上场，11号就不上场；

（4）如果4号上场，则10号不上场，而如果4号不上场，那么10号就要上场；

（5）除非10号不上场，3号才不上场；

（6）1号和8号两人中，只能上一个；

（7）倘若11号不上场，12号和9号也不上场；

（8）10号和6号也只能上一个。

在一次"超霸杯"大赛中，中国女排迎战八佰伴世界超级明星队，教练决定7号一定要上场。

那么，根据教练对上场队员的最佳配合原则，在这场比赛中，该由哪几名队员上场呢？

【经典逻辑44】集体决斗的真实过程

中午，当炎热的太阳正从戴斯坎岩城的中心大街上升起来时，七个大汉大模大样地从威士忌酒店里走出来，每个人都占据了在他看来是即将开始的集体决斗中最有利的位置。

安迪、比利、查理、迪克、埃迪、费得和冈尼原来在一个团伙里玩得很热火，干了不少使警察局头痛的勾当。当一个名叫珍妮的绝代佳人出现在他们中间时，这些酒肉朋友的关系便僵持起来。经过一番心平气和的讨论，他们决定用集体决斗的方式结束这个不可调和的矛盾。

下图表示他们各自选择的位置。任何在现场的人都可以看出，他们每个人的位置使他可以向两个人瞄准。七个人谁也没有移动位置，便射完了全部子弹。倒霉的迪克是第一个倒下的人，他是被安迪打倒的，安迪是那个恐怖日子的唯一幸存者。

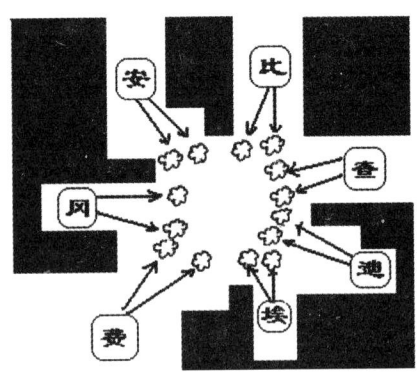

当大侦探德里克博士与他的助手莎拉赶到现场时，事情已经过去了。他们唯一需要做的事情就是弄清楚谁开枪打死了谁，受害者们是按什么顺序先后倒下的，以便填写那份印制考究的刑事调查表。

德里克博士对助手说："亲爱的莎拉，让你干这件讨厌而无用的工作实在不是我的本意，但是它又是必不可少的。"

你能帮助莎拉填写好这份调查表吗？

【经典逻辑45】午夜座次的推理

午夜时分，顾客们陆续离开了喧闹的饭店，驱车回家。当侍者送走了最后一批顾客返回休息厅打扫时，发现沙发上横躺着一具死尸：詹姆斯。

警方从现场调查中发现，詹姆斯死了还不到一刻钟，有人在他饮酒的酒杯中偷偷地放入了毒药。那么凶手究竟是谁呢？据送酒的侍者回忆，当时厅内只有四个人，他们分别坐在壁炉前的一张长沙发椅和两只单人沙发椅里（见下图）。他们的名字是豪威尔、斯科特、詹姆斯和威尔顿。经过警方周密的侦察，发现如下的几条线索：

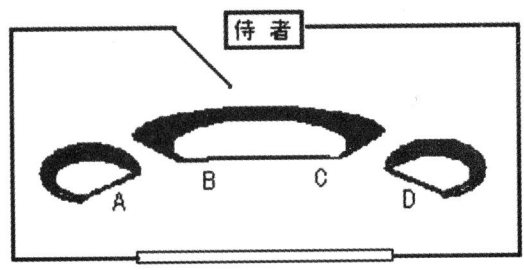

（1）这四个人的身份分别是校长、医生、将军和海军上将；

（2）已有充分证据肯定侍者不是凶手，他曾倒了一杯威士忌给詹姆斯，倒了一杯葡萄酒给斯科特；

（3）豪威尔和斯科特都没有姐妹；

（4）校长是个禁酒者，他当时坐在豪威尔的左边；

（5）将军曾转身和他身边的威尔顿说话；

（6）豪威尔坐在一张椅子里，他和海军上将是甥舅关系；

（7）出事前，上述四人都没有离开过自己的座位，也没有其他人进出过该厅（除侍者送酒进出外）；

亲爱的读者，请你根据上述线索，确定这四个人的身份及出事前各人所坐的位置，然后把凶手找出来。

## 【经典逻辑46】一美元纸币的主人

一家小饭店刚开始营业，店堂中只有三位男顾客和一位女店主。当这三位男士同时站起来付账的时候，出现了以下的情况：

（1）这四个人每人至少有一枚硬币，但都不是面值为1美分或1美元的硬币；

（2）这四个人中没有一人能够兑开任何一枚硬币；

（3）一位名叫卢的男士要付的账单款额最大，一位名叫莫的男士要付的账单数其次，一位名叫内德的男士要付的账单数额最小；

（4）每位男士无论怎样用手中所持的硬币付账，女店主都无法找清零钱；

（5）如果这三位男士相互之间等值调换一下手中的硬币，则每人都能付清自己的账单而无需找零；

（6）当这三位男士一共进行了两次等值调换之后，他们发现每人手中的硬币与各人自己原先所持的硬币没有一枚面值相同；

随着事情的进一步发展，又出现了如下的情况：

（1）在付清了账单而且有两位男士离开之后，留下的那位男士又买了一些糖果。这位男士本来可以用他手中剩下的硬币付账，可是女店主却无法用她现在所持的硬币找清零钱；

（2）于是这位留下的男士用1美元的纸币付了糖果钱，但是女店主不得不把她的全部硬币都找给了他；

（3）不去管那天女店主怎么会在找零钱上屡屡遇到麻烦，这三位男士中谁用1美元的纸币付了糖果钱？

注：美国货币中的硬币有1美分、5美分、10美分、25美分、50美分和1美元这几种面值。100美分合1美元。

## 【经典逻辑47】史密斯死里逃生的谜底

著名的探险家、冒险者、寻宝人、登山员及有很强的脱身本领的阿拉巴马·史密斯又一次身陷困境。他的老对头恶魔诺古博士想彻底摧毁人类文明，统治地球，而他却百般阻挠。为防止史密斯坏事，诺古派了一个爪牙，将他敲昏，然后关进了牢房。史密斯醒来后，发现自己已身陷牢中。他仔细地打量了一下，这间牢房没有门没有窗，亮光完全是由均匀地插在墙上的火把提供的。突然间，火把闪了几下，史密斯听见了一阵嘶嘶声，不久，从扬声器里传来了诺古的声音，这个扬声器可能安在离地面很高的天花板的某个位置。"很高兴你醒过来了，史密斯！"诺古吼道："你刚才听到的嘶嘶声是一种毒气发出的，这种毒气正在涌向这间牢房，不久就会充满。如果你能够完成下面这个序列，那我就放你一条生路。如果说不出，可别怪我冷酷无情！"此时，史密斯闻到了一股极难闻的气味，他极力克制自己内心的恐惧，专心致志地听诺古提出的问题："一个圆的序列，由一些图形构成，你告诉我下一个图形是什么。三角形、点、一个正方形、一个五边形……"史密斯思维敏捷，很快说出了答案，随后便听到诺古用一种外国语言发出的咒骂（史密斯也不知道诺古到底是哪国人）。突然，史密斯发现自己身后的地板塌了下去，露出一个地道，便立即跳了进去，原来这个地道是由山的一侧通往大海的，在地道里滑行了一段距离后，史密斯便掉进海里。他游到了安全的地方，并（最终）挽救了地球，请问：你知道诺古博士那道题的正确答案吗？

【经典逻辑 48】快速抢答的逻辑命题

快速抢答的逻辑命题不仅遵循逻辑规则,按照一定的逻辑秩序展开思维活动,而且要有一定的速度。下面四道命题你能在十分钟内完成么?

(1) 电影院里有四个空座位,现让四个观众随机坐入四个座位中,共有多少种坐法?

(2) 抽屉里共有 50 只袜子,蓝色、绿色、红色、黄色和白色每种各十只。如果这些袜子是任意放置的(即不是成双放置的,也不是按其他规律分类的)。现在把你的眼睛蒙住,让你从抽屉里取袜子,若要保证被取出的袜子至少有两只颜色相同,则至少需取出几只袜子?

(3) 情况与上题相同。在上题中,若要保证被取出的袜子至少有两只颜色不同,则至少应取出几只袜子?

(4) 如果下列每个人说的话都是错误的,则是谁打碎了花瓶?

麦克:沙丽打碎了花瓶。

汤姆:麦克会告诉你谁打碎了花瓶。

埃普尔:汤姆,麦克和我不太可能打碎花瓶。

克力斯:我没打碎花瓶。

艾力克:麦克打碎了花瓶,所以汤姆和埃普尔不太可能打碎花瓶。

吉姆:我打碎了花瓶,汤姆是无辜的。

【经典逻辑 49】单身女郎与金发男子

在一个白雪纷飞的冬夜,京西路 68 号的房门里有一位单身女郎被人杀害,行凶时间大约为当夜 8 点左右。警方一到现场就展开了深入的调查,发现现场的房间中,瓦斯炉被火烧得红红的,室内热的直流热汗,电灯依然亮着,然而紧闭的窗子却只掩上了半边的窗帘。

这时被害人住所附近的居民,一个年轻人向警方提供的目击证据如下:昨晚 11 点左右,我曾目击凶案发生,虽然我的房间离现场有 20 米,但发现凶手是个金发男子,戴着黑边眼镜,并且还蓄着胡子。

警方根据他提供的线索,逮捕了一位死者的金发男朋友。在法庭上,这位金发嫌疑人的律师很有把握地为他辩护,并询问了目击者:"年轻人,案发当时你是偶然在窗子旁看到了这个凶手,是吗?""是的,因为对面的窗子是透明的,而且那天晚上她的窗帘又是半掩的,所以我才能从 20 米外清楚地看见凶手的脸。"这时,律师很肯定地说:"法官大人,这位年轻人所说的都是谎话,也就是犯了伪证罪。以我的判断,他的嫌疑最大,可能是他在行凶后,才把被害人家里的窗帘拉开逃走的。还给警方提供假口供,企图掩盖自己的罪行。"当法官问律师:"你何以能证明他撒谎?"时,这位律师回答说:"因为是不可见的事物,他却硬说看见了,这不是撒谎是什么?"

结果,经过审查,证明了律师的推断是正确的,你知道律师是怎样推断的吗?

【经典逻辑 50】从雪堆里伸出的手

大学教授克雷顿·柏塞尔和妻子莱娜决定驾车去美国加州奥克兰市郊的黑鹰滑雪俱乐部。平时他们的工作总是忙忙碌碌,很少有闲暇出来游玩,正逢今天难得的好气候,是滑雪的好时光,他们一早就出来了。

汽车飞速地奔驰着,莱娜高兴地哼着歌儿,忽然,柏塞尔教授从驾驶窗里看到,路边拢起的积雪里向外伸出一样东西,仿佛是一个人的手臂。柏塞尔关掉发动机,跳出驾驶室,莱娜摇下车窗,惊诧地看着这一异常情况:在厚实的雪堆里,伸出的手臂直挺挺地指向前方。他们感到一阵战栗,乐陶陶的滑雪劲头顿时烟消云散。莱娜拉住柏塞尔的手尖叫着:"不,上帝啊，多可怕！我敢发誓，手臂下面一定是一具尸体。""我也是这样想的。"教授激动地喊着："我们应该马上打电报告诉我们的朋友德里克博士。"

半个小时后，大侦探德里克博士带着三辆警车赶到现场。警察们小心翼翼地扒去手臂周围的积雪，显现出一具尸体。尸体已被冻得僵硬，右手顽固地指向天空。尸体身侧还背着一个药箱，药箱里是医生们出诊时常带的东西。

"这是哈利·伯吉医生。"围观者中有人识别出这具尸体。

"一定是哈利·伯吉医生步行出诊时，遇到暴风雪，他年岁已大，被埋在雪里，他伸出右手呼救，可是茫茫雪海，呼救声被暴风雪淹没了。"柏塞尔教授分析道。

德里克博士似乎没有听到柏塞尔在说什么。他先细心地察看哈利·吉伯医生药箱里的东西，并一件一件地拿出来：一架听诊器、几捆急救带、几盒针水和一些药片，消毒皿里有几支针管，还有一架血压器。似乎觉得缺少什么，他翻动那具僵硬的尸体，在医生贴身口袋里，装着医生们随时备用的笔试体温计。

体温计的红针直指顶端。哈黛博士问道："在什么情况下，体温计能指到42度以上？"

柏塞尔回答道："大概哈利·吉伯医生冒着风雪抢救的是一个发高烧的病危者。"

德里克博士摇摇头，说道："哈利·吉伯医生是被人杀害后丢在雪堆里的，他可能不是冻死的，至少，他的尸体是被人在摄氏42度以上的温度里处理过。例如汽车排气后座之类的地方。"

请问，德里克博士分析的根据何在？

【经典逻辑51】奇怪的供词

有一天，大侦探德里克博士递给助手一份证人的供词，上面写着：

我当时十分害怕，这种事情来得太突然，而且我是完全孤立无助的。我只好坐在车上，双手紧握方向盘。

我的车子是辆旧车，它的机体已慢慢停止转动。周围是那么黑，那么冷，我几乎不能看见外面的东西。

速度是非常重要的，我把雨衣脱下来，虽然在车中并不是件易事，但为了加快速度，争取时间，我只好这样做。

车门虽没锁，但想把它推开，并不容易。而且我知道车门一旦打开，更不易逃走，于是我只得将车窗玻璃用力摇下，然后从窗子洞口爬出来，一头钻进去，竭尽全力向前。尽管离市区那么远，我也要坚定信心，鼓足勇气。当我看到城市的灯光时，我便开心得大叫起来，立刻到警察局报案，并写下这份报告。

助手看完了供词，喃喃自语道："奇怪！真奇怪！这个人到底是在什么地方呀？"德里克博士看到她那样子，不禁笑了起来。

"哦，是不是汽车上藏有炸弹？"

"如果这样，他干吗浪费时间去脱雨衣？而且离开汽车之前，将车窗玻璃摇下，从窗洞钻出来呢？"

"在离去前，他有无关上车窗？"

"没有。哈，亲爱的助手，你不是希望有一个独立破案的机会吗？这次，便有一个机会了。"说罢，德里克博士便匆匆地离去。

助手突然灵机一动，找到了问题的答案。

请问，发生了什么事，证人写下上述的证词？

【经典逻辑 52】恐怖隧道

德里克博士到 A 镇警察所时,警官安德森正痛苦地研究着一份证词,嘴里嘀咕着:"丢下这么一份乱七八糟的证词就走了,难道从这种文字里能辨认出谁是罪犯吗?"

"怎么回事?"博士问。

"一个叫伊斯特利的古玩家,说他随旅游团在我们镇'恐怖隧道'里丢失了一个古玉环,他怀疑是离他最近的人偷走的,我们让他写了份证词,可是他却交给我们了这份东西。"安德森将证词交给了德里克博士,博士看道:

"……我们一行 6 人决定玩一玩'恐怖隧道'的游戏。我们每个人都在那种单座小车上找了个位子,这种小车一个接着一个,共有 11 节,头尾相连,哗啦哗啦地无休止地在洞内循环,时而穿过呼呼作响的门,时而经过一些奇形怪状的岩石,一会儿重见天日,一会儿又陷入黑暗。"

安迪是第一个上车的人。等芭芭拉买好票时,已经又过去七节车,所以她坐上了安迪后面的第八节车,后来又过去了八节车,科拉坐上了芭芭拉后的第九节车,多拉坐上了科拉后的第六节车,爱德华坐上了多拉后面的第四节车。最后,我坐上了爱德华后的第八节车。

我记得我坐上车时,玉环还在,但在黑暗的恐怖隧道里,大家因恐惧而大呼小叫时,我就顾不上脖子上的玉环了。我想只有坐在离我最近的人才有机会把它搞去,这个人应该坐在我和安迪中间的那节小车上。

德里克博士看完证词,笑着对安德森警官说:"好啦,我想如果这位伊斯特利先生的证词没有写错的话,那么只有一个人坐得离他最近,这个是——"

是谁?

【经典逻辑 53】盛开的牵牛花

侦探哈利赶到加州女子住宿学校时,劫持案已经发生了。有人在学校后面长满牵牛花的小溪边发现了玛丽小姐的图画夹和写生用的其他用品,草地里还有从玛丽小姐外衣上掉下来的一粒纽扣。

在发案现场不远处,有汽车停留的痕迹,根据车轮压过的印迹,这是一部"雷诺牌"快速越野车。据守门人反映,这天有两部这种越野车进出大门,一部是上午 8 时出门向东驶去,一部是上午 10 时出门向西驶去。到底向哪个方向追捕劫持犯呢?

哈利询问在场的住宿生,得知她们最后一次看到玛丽小姐是早晨 7 点钟,那么,这两部越野车都有可能成为作案工具。必须弄清罪犯作案的时间。

哈利取过玛丽小姐的画夹,上面只画了几朵盛开的牵牛花,未画藤和叶。哈利立即对跟在身旁的警官说:"发案时间知道了,你们立即——"

朝什么方向追捕?为什么?

【经典逻辑 54】桦树林中的黄昏恋椅

金秋时节,时近黄昏,微风轻拂。一对对恋人从德里克博士面前走过,加州国家公园是恋人们最喜爱的去处。

德里克博士也常在这儿散步,周围的景物常引起他对亡妻的怀念。突然,桦树林中传来一声枪响,他急忙向枪声跑去。

一个男人倒在桦树林中的恋人椅子上,子弹从肩胛骨下边射入,显然有人从背后暗算了他。

德里克将尸体翻过来,发现子弹从死者的左胸穿出。从子弹入口和出口流出来的鲜血染红了死者的白色上衣。德里克博士从死者口袋掏出一个身份证,上面写着弗尔顿的名字。

这时,一位跑得气喘吁吁的金发姑娘跑来,吃惊地瞪大眼睛。当她看见死者的面孔时,颤抖地问道:"是谁——谁干的?"

博士掏出自己的证件,反问道:"你是谁?你认识弗尔顿?"

"我叫克拉拉,是弗尔顿的未婚妻。弗尔顿约我在这里见面——我们常在这里见面,可是,可是,这是谁干的?"

"你知道是谁干的?"德里克反问道。

"一定是约翰尼!"克拉拉气愤地说。"上个月我和他解除了婚约,他一直忌恨弗尔顿。"

"他威胁过弗尔顿吗?"

"我不知道,但是他威胁过我。可能是他乘弗尔顿与我约会之时,从背后开枪杀死了他,这个懦夫!"

"约翰尼可能是个懦夫,而且我相信这件事不是他干的。"

请问,德里克博士对谁产生了怀疑?

【经典逻辑 55】凶宅后门

弗纳把布伦顿吊死在阁楼上,这件事他干得干净利落。

这座带有阁楼的房子是布伦顿几天前才租下的,而今竟成了他人生旅途的终点站,这是布伦顿租房时始料不及的。

弗纳又把阁楼检查一遍,觉得现场伪造得天衣无缝,看不出一丝破绽,这才下楼准备把前门封上,可意外的是,门上的锁坏了,这使他颇感沮丧,而且心里有点慌乱。

"还是迅速离开这里为妙。"他想,同时用显得有些惊恐的目光向外看去,门外不远处,就是一片茂密的树林。几分钟之后,弗纳的身影便消失在树林中。两个小时之后,弗纳已经坐在大侦探德里克的车里,行驶在通向布伦顿住房的途中。

弗纳对德里克博士说:"自从布伦顿离婚以来,他的心情一直抑郁不快。我早就想看望他,可是谁都不知道他在哪里。今天,他突然给我来电话,我才知道他的新住址。从他在电话里所讲的话,我觉得他对生活失去了信心,有轻生的念头,所以我才想到和你一同来看望他,我们和他好好谈谈。"

"他在电话里说,他住在特拉华大街 621 号,一座白色的房子。"

"就在这儿,到了。"

德里克博士先下了车,发现房子的前门半开着。他走进房间,打开电灯。5分钟之后,他们在阁楼里找到了布伦顿,可他死了。

当他们默然注视尸体时,楼下的房门响了一声。

还没等德里克有所反应,弗纳已抽身向楼下的后门奔去。在后门那里,站着一个十几岁的小姑娘。

"妈妈让我把这瓶奶还给布伦顿先生。"小姑娘说。

德里克冷冷地看着弗纳:"不必再演戏了,弗纳先生!"说毕,叫来警察将弗纳逮捕。

请问,弗纳在哪里露出了破绽?

【经典逻辑 56】两个目睹者

天空沉甸甸的,是一个积雪的气候。一到傍晚,空旷的街面上,行人越发少了,德里克博士独自步行回公寓,心中未免有点伤感,突然他发现不远处一位老人"哎哟"一声跌向房门,慢慢地倒下去,躺在门口,便一动不动了。

德里克注意到满街只有三个人，除他外，另外两个都先后往这边跑来。

老人已经死了，俯卧在地上，他背部中弹，鲜血把廊阶都染红了。

刑事专家德里克向另外两人作了自我介绍，然后严肃地说："你们之中，有一个人刚才用无声手枪向他开了枪，之后把枪扔掉了，不过警察会把枪找出来的。现在你们必须讲明刚才在干什么。"

这两个男人都戴着手套，穿着风衣，声称自己不认识死者。

第一位说："我叫巴格斯，我看见这位老人刚要锁门，突然叫了一声，倒了下去我便立即跑来抢救。"

另一位是最后跑来的，他说："我叫西尔德，我看到你俩往这跑，我也跟着赶来，我是个特别好奇的人。"

钥匙还插在房门上的匙孔里。德里克博士打开锁，走进房间，并打电话让莎拉带几个警察来。

15分钟后，警局警察赶到。德里克对警察说："死者的妻子是位体弱的残疾人，她说她的丈夫准备去药店。每当她丈夫外出留她一个人在家时，总是把房门锁上。"

"有线索吗？"警察问。

"有的，"德里克回答，并指着两个目睹中的一个说，"立即逮捕他！"

逮捕谁？为什么？

【经典逻辑57】目击杀人魔王的影子

某日夜，在一幢即将拆毁的破旧楼房6层的一间房子里发生了一起杀人案。被害人被捆在椅子上，头部被击致死。尸体头部上方垂吊着一个电灯，并不是荧光灯，而是一个旧式的钨丝灯泡。在玻璃窗里面拉着褪了色的窗帘。

此案很偶然，有一个目击者，是住在对面楼5层的一位画家。据说他正在自家窗前望着窗外发呆时，突然发现对面大楼一家窗户上有个可疑的人影晃动了一下。说是手里还挥动着一个像啤酒瓶似的东西。画家还素描了那个人影（见下图）。

"从这个素描上看，凶手是个右撇子。用右手握着酒瓶打的。"莎拉侦探边看素描边说。

"不，还不能那么肯定。还不清楚窗户映出来的身影是背对窗户还是面对窗户。如果说是凶手的影子背对窗户就是右撇子，如果是面对窗户，那么拿着瓶子的就是左手。"德里克博士解释说。

"的确有理，这么说这张素描还不能当做证据。被害人是从前面被打的，还是从背后被打的，这一点还没搞清楚哩。""并非如此，如果参照现场情况对比一下，就很容易弄清凶手到底是右撇子还是左撇子了。德里克博士果断地下了结论，真不愧是名侦探。

那么，请你比较对照两张图推理一下试试看。

【经典逻辑58】弄巧成拙

"他老是说有人正想谋杀他，今天你大驾光临，一定会使他恢复正常的。"说话的是波尔的朋友梅尔，他是请莎拉女侦探一块去看望有点麻烦的波尔。车子沿着一条弯弯曲曲的小道行驶着，前面出现一座掩映在树丛中的红砖房，有白色的木制台阶和木制门窗。

"两天前我来过一次，波尔说有人打电话恐吓他，要在三天内结果他的性命，我认为全是无稽之谈。波尔虽然富有，但与世无争，是公认的好人，会有谁呢？所以安慰他后就走了。今天上午我接到他的电话，说他又接到一个该死的匿名电话，我才感到有点麻烦，特请您来排忧解难。"

还没等莎拉把车完全停下来，梅尔便急忙跳下来，"请稍候，我马上就回来。"他大声说着，快步跳上草坪，飞身一跃，跳过台阶。险些滑倒，迅速站稳后便按门铃。

等了一会儿，没有人回答，他便走到窗前，用手敲窗子的玻璃。"波尔！"他喊着："波尔！"

突然，他从门廊处跳下来，惊叫道："在……在灌木后边！"

在门廊左侧，离砖墙4英尺有一排小树墙，波尔的尸体就躺在树墙后边，一个六英尺长的梯子压在尸体上，一桶白色油漆倒在脚边，鞋子上淌满了油漆。

"看来他是在六个小时前死的，"莎拉说，"油漆还未干。"她又走到门廊，摸了摸木框、前门板、四级木台阶以及窗框。"油漆也没干"，她说，"看来，波尔一定是早晨刚刚刷完油漆便遭到杀害。"

"一定是那个打匿名电话的人！"梅尔恨恨地说。

"也许是的吧。"莎拉连房子也没进就重新钻进汽车，"我想得立即给凶犯签发逮捕证。"

十分钟后，警察逮捕了梅尔。莎拉的报告上说："梅尔以为，装扮成和我一起发现尸体，就不会对他产生怀疑，可是他弄巧成拙，正是他自己的举动告诉我他就是凶手。"

梅尔的哪些举动将自己暴露的？

【经典逻辑59】船长是何时被害

早晨9点左右，迪克来到海边散步，赫然看见一艘小帆船倾斜在沙滩上，此时是退潮的时候，迪克愈想愈奇怪，于是就走近帆船，走到船边的时候，他对着船舱大声喊了几声，可并没

有人回答。这么一来，迪克就更好奇了，他沿着放锚的绳子爬到甲板上，从甲板的楼梯口往阴暗的船室一看，呈现在眼前的是一位躺在血泊中的船长，胸前插着一把短剑，看样子是被刺死的。

这位船长的手中紧握着一份被撕破的旧航海图的一角，在他躺卧的床头上，还竖着一根已经熄灭的蜡烛，蜡烛的上端呈水平状态，也许船长是点燃蜡烛在看海图时被杀害的，凶手杀死船长后就吹熄了蜡烛，夺去航海图才逃跑的。迪克认为这是一宗谋杀案，事关重大，于是马上报了警。

警察来了以后开始寻找线索。"这艘船大约是昨天中午停泊在此处，船舱里白天也是非常阴暗的，所以，即使在白天看航海图也需要点蜡烛，因此船长被害的时间并不一定是晚上，可是船长到底何时才遭到毒手的呢？"警察们一面查看尸体，一面讨论着。

"船长被害的时间，就是在昨晚大约9点左右。"迪克干脆利落地判断。

你说迪克根据什么而作出如此大胆的判断呢?

【经典逻辑60】L形餐桌旁的惨案

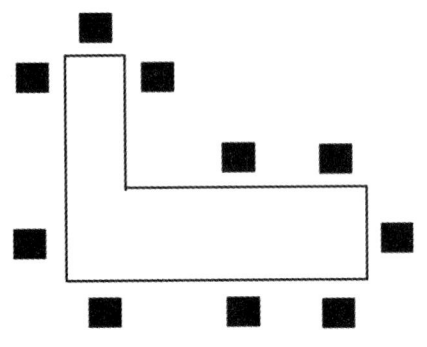

埃布尔和他的妻子贝布举行晚餐会。他们邀请了4对夫妇,其中的四位先生是凯恩、埃兹拉、吉恩和伊凡,四位夫人是迪多、法菲、赫拉和琼。

当他们全部在餐桌旁就座的时候,其中一人站了起来,突然拔枪打死了另一个人。L形餐桌周围的座位安排如左图所示:

(1)他们按埃布尔—贝布—凯恩—迪多—埃兹拉—法菲—吉恩—赫拉—伊凡—琼的顺序沿顺时针方向围桌而坐。

(2)凶手和被害者隔着桌子在两张最新的椅子上相对而坐。

(3)凶手的配偶和被害者的配偶隔着桌子在两张最旧的椅子上相对而坐。

(4)唯一相邻而坐的一对夫妇是男主人和女主人。

(5)被害者没有与凶手的配偶相邻而坐。

(6)男主人单独坐在桌子的一个边上。

(7)凶手没有单独坐在桌子的一个边上。

(8)凶手和被害者都是客人。

这十人中谁是凶手?

(二)参考答案

【经典逻辑1】苏格拉底问甲狱吏:"请问乙狱吏将如何回答他手中拿的是美酒还是毒酒?"甲说乙拿毒酒,则一定为美酒。因为若甲说真话,则乙说假话;乙说自己拿毒酒则定拿美酒,甲如实转述。若甲说假话,则乙说真话;乙说自己拿美酒,甲定说乙拿毒酒。同理,甲说乙拿美酒,则一定拿毒酒。苏格拉底就是靠逻辑思维的力量救了自己。

【经典逻辑2】由于围坐的少年都在沉思,坐在中间的少年可以推测:三组对面而坐的少年,一定是三个人头上戴白帽,三个人头上戴黑帽,这样,自己头上戴的当然是白帽子。

【经典逻辑3】假定这六个人分别是A、B、C、D、E和F,A提问,B回答。

A向B提出第一个问题:"你心中想的人是D、E、B三个人中的一个吗?"

B的回答只有"是"和"不是"两种。根据题意,B心中想的仅限于这六个人中的一个人,那么,假定B回答"不是",于是A知道,B想的人是A、C和F三个人中的一个。

A向B提出第二个问题:"假定在同一时刻,A、C和F都说了一句话,现在已知C说的是假话,A说的是真话,而F说了句'某某说假话'。其实F所说的'某某'就是你心里所想的人。现在请问,F说的前一句话是不是真话?"

显然,如果B心中想的是C,他必定回答"是";如果B心想的人是A,他必定回答"不是";如果B想的是F,那么,他将无法回答。这是因为F如果说的是真话,那么,F说的"某某人正在说假话"这句话是真话,根据题目中已提供的线索,这个某某人就是C。那么,按F的话,B心中所想的人应是C。但是B心中所想的人不是C,而是F。因此,B无法回答。反过来,如果F说的话是假话,则根据题目中也已提供的线索,F所说的某某人并没有说假话,而是说的真话,可见,F所说的某某人就是A。同样,根据F的后一句,B心中所想的人应是 A，但事实上，B 心中所想的人是 F，所以 B 也无法回答。根据 B 的上述三种反应，立即可知 B 心里想的人是谁。

如果 B 对 A 的第一个问题的回答为："是"，则 A 知道 B 心中所想的人，一定是 D、E 和 B 三人中的一个。他同样可以通过巧妙的第二个问题，知道 B 心中想的是谁。

【经典逻辑 4】这天是星期四。

【经典逻辑 5】选项（5），能够判断出 A 的总成绩高于 B。因为 A 的总成绩不会小于最低分的 5 倍，而 B 的总成绩正好是平均成绩的 5 倍，所以，"A 的最低分比 B 的平均成绩高"，意味着"A 的总成绩比 B 的总成绩高"。选项（1）不能提供有用的信息，选项（2）、（3）、（4）提供的信息不充分。

【经典逻辑 6】如果甲是发挥正常的人，则根据甲说的话，可知甲通过了算数考试，但没有通过逻辑考试。（注意，甲发挥正常但没有通过逻辑考试，和他所说的"如果我在考试中发挥不正常我将不能通过逻辑考试"的话并不矛盾，因为从这句话中不能得知"如果我在考试中发挥正常，我将通过考试。"）又由条件可知甲是三人中唯一的没有通过逻辑考试的人；根据丙说的话，可知丙因为发挥不正常也没有通过逻辑考试。这样，就有两个人没有通过逻辑考试，与已知条件矛盾！由此甲不是发挥正常的人。

如果丙是发挥正常的人，则根据丙说的话，可知丙通过了逻辑考试。又由条件可知丙没有通过算数考试，并且是三人中唯一的没有通过算数考试的人。又根据乙说的话，可知因为乙发挥不正常，也没有通过算数考试。这样就有两个人没有通过算数考试，与题目内容矛盾！因此丙不是发挥正常的人。

如果乙是发挥正常的人，则可知乙通过了逻辑考试，但没有通过算数考试。又根据甲和丙说的话，可知甲和丙都没有通过逻辑考试。又由条件可推出甲和丙都通过了算数考试。这里没有任何矛盾，因此，答案是乙。

【经典逻辑 7】分析所有这类策略游戏的奥秘就在于应当从结尾出发倒退回去。游戏结束时，你容易知道何种决策有利而何种决策不利。确定了这一点后，你就可以把它用到倒数第 2 次决策上，如此类推。如果从游戏的开头出发进行分析，那是走不了多远的。其原因在于，所有的战略决策都是要确定："如果我这样做，那么下一个人会怎样做？"因此在你以下海盗所做的决定对你来说是重要的，而在你之前的海盗所做的决定并不重要，因为你反正对这些决定也无能为力了。

记住了这一点，就可以知道我们的出发点应当是游戏进行到只剩两名海盗（即 1 号和 2 号）的时候。这时最厉害的海盗是 2 号，而他的最佳分配方案是一目了然的：100 块金子全归他一人所有，1 号海盗什么也得不到。由于他自己肯定为这个方案投赞成票，这样就占了总数的 50%，因此方案获得通过。

现在加上 3 号海盗。1 号海盗知道，如果 3 号的方案被否决，那么最后将只剩 2 个海盗，而 1 号将肯定一无所获。

此外，3 号也明白 1 号了解这一形势。因此，只要 3 号的分配方案给 1 号一点甜头使他不至于空手而归，那么不论 3 号提出什么样的分配方案，1 号都将投赞成票。因此 3 号需要分出尽可能少的一点金子来贿赂 1 号海盗，这样就有了下面的分配方案：3 号海盗分得 99 块金子，2 号海盗一无所获，1 号海盗得 1 块金子。

4 号海盗的策略也差不多。他需要有 50% 的支持票，因此同 3 号一样也需再找一人做同党。他可以给同党的最低贿赂是 1 块金子，而他可以用这块金子来收买 2 号海盗。因为如果

4号被否决而3号得以通过，则2号将一文不名。因此，4号的分配方案应是：99块金子归自己，3号一块也得不到，2号得1块金子，1号也是一块也得不到。5号海盗的策略稍有不同。他需要收买另两名海盗，因此至少得用2块金子来贿赂，才能使自己的方案得到采纳。他的分配方案应该是：98块金子归自己，1块金子给3号，1块金子给1号。

这一分析过程可以照着上述思路继续进行下去。每个分配方案都是唯一确定的，它可以使提出该方案的海盗获得尽可能多的金子，同时又保证方案肯定能通过。照这一模式进行下去，10号海盗提出的方案将是96块金子归他所有，其他编号为偶数的海盗各得1块金子，而编号为奇数的海盗则什么也得不到。这就解决了10名海盗的分配难题。

Omohundro的贡献是他把这一问题扩大到有500名海盗的情形，即500名海盗瓜分100块金子。大家接着思考一下怎么分？

【经典逻辑8】相邻两人的族别总共有4种可能情况，下面就这4种情况进行分析。

（1）被问人是诚实族，其左侧的人也是诚实族。这时被问人对博士的问题的回答是"是"。

（2）被问人是诚实族，其左侧的人是说谎族，这时被问人的回答是"否"。

（3）被问人是说谎族，其左侧的人是诚实族，这时被问人的回答是"是"。

（4）被问人是说谎族，其左侧的人也是说谎族，这时被问的人的回答是"否"。

由此可见，不管被问人是哪一族的，只要他回答"是"，他左侧的人就是诚实族的；只要他回答"否"，其左侧的人就是说谎族的。由于A、B都回答了"是"，可知D、A为诚实族；C、D都回答了"否"，可知B、C为说谎族。

【经典逻辑9】先分析出席会议的人数是偶数还是奇数。已知在座的人都说自己左边的人是说谎族的，因而在座的人数必为偶数，而且诚实族的人与说谎族的人座位交替（请读者考虑为什么）。

既知出席人数为偶数，那么说出席人数为41人的会议主持就是说谎族的了。与他相邻的副主持自然就是诚实族的了（因两族人座位交替）。因而他说的出席会议的人数是48人是真实的。

【经典逻辑10】不管A是否为盗窃犯，他都会说自己"不是盗窃犯"。

如果A是盗窃犯，那么A是说假话的，这样他必然说自己"不是盗窃犯"。

如果A不是盗窃犯，那么A是说真话的，这样他也必然说自己"不是盗窃犯"。

在这种情况下，B如实地转述了A的话，所以B是说真话的，因而他不是盗窃犯。C有意地错述了A的话，所以C是说假话的，因而C是盗窃犯。至于A是不是盗窃犯是不能确定的。

【经典逻辑11】迪喀尔是这样推理的：

如果我戴的也是红帽子，那么，就马上可以猜到自己是戴黑帽子（因为红帽子只有两顶）；而现在格米修斯并没有立刻猜到，可见，我戴的不是红帽子。

可见，格米修斯的反应太慢了。结果，迪喀尔成为亚里士多德的关门弟子。

【经典逻辑12】真正的武士在2号牢房。骗子（他总是撒谎）一定在1号牢房，赌棍（当时也在撒谎）在3号牢房。

【经典逻辑13】必须搬10次：A→审讯房；C→4号；D→2号；B→1号；A→3号；C→审讯房；D→4号；B→2号；A→1号；C→3号。

【经典逻辑14】假定（1）不能适用，因为如果这个假定能适用，则其中一个的供词就不是实话，所以假定（2）是适用的。既然假定（2）是适用的，则一定是谋杀，那么C·科弗的供词就不能是虚假的，所以只有 A•艾克的供词是虚假的，于是 B•布鲁克必死于谋杀。而且可知这不是 C•科弗干的。

【经典逻辑 15】根据 A 君一家所买古玩情况，可得下列三个等式：

（1）OF+TEA=6.41

（2）FB+IRP=5.69

（3）BT+LP=1.77

从（1）式中可以看出 T 只能是 5 或 6。

若 T 是 5，则由（3）式个位，得 P 得 2，再由（2）式个位得 B 是 7，再由（3）式得 L 是 10，因此不符题意，T 只能是 6。由 T 是 6，同理可得 P 是 1，B 是 8，L 是 9。

从（2）式中同样可以看出 I 只能是 4 或 5。

若 I 是 4，则由（2）式可得 F+R=16。而在此题中，只 7+9=16 才成立，而 L 已是 9，因此 F 和 R 中不可能有 I，故而 I 不是 4，而只能是 5；F+R=6。

对 F+R=6 来说，只能是 F 是 2，R 是 4；或 F 是 4，R 是 2。

若 F 是 2，R 是 4，由（1）式个位是 A 是 9，因 L 是 9 而不符题意，因此 F 只能是 4，且 R 是 2。从而得 A 是 7，及 O+E=3。

对 O+E=3 来说，只能是 O 是 0，E 是 3，或 O 是 3，E 是 0。因有件古玩标有 OF，因此 O 不可能是 0，从而得 O 是 3，E 是 0。

因此 10 个字母分别表示以下 10 个数（见表附 -2）：

**表附 -2**

| P | R | O | F | I | T | A | B | L | E |
|---|---|---|---|---|---|---|---|---|---|
| 1 | 2 | 3 | 4 | 5 | 6 | 7 | 8 | 9 | 0 |

这样亚里士多德买任何一件古玩都不需要向店主问其价格了，那件标有 FAE 的古玩价格一定是 4.70 块钱。

【经典逻辑 16】第 976 位。计算方法为：2 的 10 次方 — X（2 的 10 次方 — 1000）

【经典逻辑 17】这七位朋友一个月只有三天能坐在一起吃饭。下面便是合乎情理的就座顺序：从亚瑟开始，按顺时针方向：第一天：亚瑟（A）、贝迪维尔（B）、加拉哈瑟（G）、朗斯络特（L）、默林（M）、珀西瓦尔（P）、托尔（T）；第二天：A、M、T、B、L、P；第三天：A、L、T、G、P、B、M。

【经典逻辑 18】本题中，A、B、C、D、E 这五个被试关于耶稣裹尸布真伪的言论，都是运用假言推理来进行的。他们的言论是否正确，只要借助假言推理的规则来逐一加以检查就清楚了。

A 的言论实际上是一个充分条件假言推理的否定后件式。这个推理就其形式结构来说是正确的（符合"否定后件，就要否定前件"的规则），但是它的假言前提本身是错误的。因为"如果它是假的，那么它就不可能在 600 多年时间里一直被我们的教会所敬奉"这一充分条件假言判断在事实上是不成立的。由于宗教迷信的影响和欺骗，即使这块裹尸布是假的，也可能在 600 多年时间里一直为教会所敬奉。所以，它的推理的结论（"这件事物是真的"）并不是肯定真实的。

B 的看法实际上也是一个充分条件假言推理。这个推理从推理形式上说就是错误的，因为这是通过肯定后件到肯定前件的，而这是违反充分条件假言推理的规则的。

C的看法实际上是一个必要条件假言推理，它从肯定前件到肯定后件，违反了必要条件假言推理的推理规则。

D的看法是运用充分条件假言推理的否定后件式，即通过否定后件而否定前件，这是符合充分条件假言推理的规则的，因而其推理是合乎逻辑的。

E的看法也是一个充分条件假言推理，但它是从肯定后件到肯定前件，违反了充分条件假言推理的规则，因而其推理是不合逻辑的。

【经典逻辑19】求婚者应选择铅匣子。因为选金匣子或银匣子都不能满足题中"这三句话中只有一句是真话"这个条件。

【经典逻辑20】如果星期日是所说的连续6天中的第一天，那么根据（1）、（2）和（4），古玩店只能在星期日、星期一和星期三关门休息。但根据（3），这是不可能的。

如果星期一是所说的连续六天中的第一天，那么根据（2）和（4），每天至少有一个单位关门休息。由于每星期有一天三家店铺全都开门营业，所以这是不可能的。

如果星期二是所说的连续六天中的第一天，那么根据（1）、（2）和（4），百货店只能在星期二、星期六和星期日关门休息。但根据（3），这是不可能的。

如果星期三是所说的连续六天中的第一天，那么根据（1）、（2）和（4），银器店只能在星期日、星期一和星期五关门休息，而古玩店只能在星期日、星期四和星期六关门休息。但根据（3），这是不可能的。

如果星期四是所说的连续六天中的第一天，那么根据（1）、（2）和（4），银器店只能在星期二、星期六和星期日关门休息。但根据（3），这是不可能的。

如果星期五是所说的连续六天中的第一天，那么根据（1）、（2）和（4），古玩店只能在星期一、星期六和星期日关门休息。但根据（3），这是不可能的。

因此星期六是所说的连续六天中的第一天。根据（1）和（3），古玩店不能在星期三或星期六关门休息。因此古玩店一定是在星期四关门休息。根据（1）、（2）和（4），可以得出下表附-3：

表附-3

| 店铺\星期 | 日 | 一 | 二 | 三 | 四 | 五 | 六 |
|---|---|---|---|---|---|---|---|
| 银器 | 关 | 关 | 开 | 开 | 关 | 开 | 开 |
| 百货 | 关 | 开 | 关 | 关 | 开 | 开 | 关 |
| 古玩 | 关 | 开 | 开 | 开 | 关 | 开 | 开 |

据此必定是星期五这三家店铺全都开门营业。

【经典逻辑21】可用不等式推导，根据题意可知：

（1）$a+b=c+d$

（2）$a+d>b+c$

（3）$b>a+c$

由（1）、（2）可得：$a+b+a+d>c+d+b+c$ 即 $a>c$；

同时（1）+（2）还可得 $c+d+a+d>a+b+b+c$，即 $d>b$ 又由（3）$b>a+c$ 得 $b>a$

综合推出d>b>a>c，即四个球由重到轻的顺序是丁d、乙b、甲a、丙c。

【经典逻辑22】牧师只要让10个基督徒占领1、4、5、8、10、13、14、17、19、22、23这11个位置，就可以避免抛进海里。排列法如右图。

【经典逻辑23】根据（1）、（2）、（3），此人手中四种花色的分布是以下三种可能情况之一：

（a）1、2、3、7；
（b）1、2、4、6；
（c）1、3、4、5。

根据（6），情况（c）被排除，因为其中所有花色都不是2张牌；根据（5），情况（a）被排除，因为其中任何两种花色的张数之和都不是6。

因此，（b）是实际的花色分布情况。根据（5），其中要么有2张红心和4张黑桃，要么有4张红心和2张黑桃。

根据（4），其中要么有1张红心和4张方块，要么有4张红心和1张方块。综合（4）和（5），其中一定有4张红心，从而一定有2张黑桃。因此，黑桃是王牌花色。

概括起来，此人手中有4张红心、2张黑桃、1张方块和6张梅花。

【经典逻辑24】根据题意，我们可以从这8条虚假供词的反面可得出以下8条真实的情况：

（1）这4人中的1人杀害了精神病医生。
（2）埃弗里离开精神病医生寓所的时候，精神病医生已经死了。
（3）布莱克不是第二个去精神病医生寓所的。
（4）布莱克到达精神病医生寓所的时候，精神病医生仍然活着。
（5）克朗不是第三个到达精神病医生寓所的人。
（6）克朗离开精神病医生寓所的时候，精神病医生已经死了。
（7）凶手是在洛克斯之后去精神病医生寓所的。
（8）洛克斯到达精神病医生寓所的时候，精神病医生仍然活着。

根据这里的真实情况（1）、（4）、（8）、（2）和（6），布莱克和洛克斯是在埃弗里和克朗之前去精神病医生寓所的。根据真实情况（3），洛克斯必定是第二个去的；从而布莱克是第一个去的。

根据真实情况（5），埃弗里必定是第三个去的，因此克朗是第四个去的。

精神病医生在第二个去他那儿的洛克斯到达的时候还活着，但在第三个去他那儿的埃弗里离开的时候已经死了。因此，根据真实情况（1），杀害精神病医生的是埃弗里或者戴维斯。

根据真实情况（7），埃弗里是凶手。

【经典逻辑25】根据（1），有3位男士是高个子，另一位不是高个子。根据（4），比尔和卡尔都是高个子。再根据（5），戴夫不是高个子。

根据（2），戴夫至少符合一个条件；既然他不是高个子，那他一定是黑皮肤。（只有玛丽心目中那唯一的白马王子才是相貌英俊，但他又必须是高个子）

根据（1），只有两位男士是黑皮肤。于是根据（3），帕克和比尔要么都是黑皮肤，要么都不是黑皮肤。由于戴夫是黑皮肤，所以帕克和比尔都不是黑皮肤，否则就有三位男士都是黑皮肤了。根据（1）以及戴夫是黑皮肤的事实，卡尔一定是黑皮肤。

由于戴夫不是高个子，帕克和比尔都不是黑皮肤，而卡尔既是高个子又是黑皮肤，所以卡尔是唯一能够符合玛丽的全部条件的人（因而他一定相貌英俊）。

【经典逻辑26】根据（1）和（2），成双成对来参加舞会的共有6对。根据（3）、（4）和（5），如果a是已婚女士的人数，则6-a等于处于订婚阶段的女士的人数，而且6-a还等于处于订婚阶段的男士的人数。于是根据（6），6-a等于已婚男士的人数。如果b是单独前来的已婚男士的人数，那么，已经结婚而偕同夫人一起前来的男士的人数（a）加上单独前来的已婚男士的人数（b），等于已婚男士的总人数：a+b=6-a，于是单独前来的已婚男士的人数（b）等于6-2a。

根据（7），6-2a等于单独前来的尚未订婚的男士人数。于是根据（4），尚未订婚的女士的人数，等于单独前来的人数（7）减去单独前来的已婚男士的人数（6-2a），再减去单独前来的尚未订婚男士的人数：7-（6-2a）-（6-2a），即4a-5。因此，a等于已婚女士的人数，（6-2a）等于处于订婚阶段的女士的人数，而4a-5等于尚未订婚的女士的人数。由于尚未订婚的女士的人数是4a-5，所以，不能等于0或1。根据（9），杰克先生是尚未订婚的男士，于是a不能大于2，否则尚未订婚的男士的数字（6-2a）将成为0甚至负数。所以，a必定等于2。因此，在这次舞会上，共有2位已婚女士；4位处于订婚阶段的女士；3位尚未订婚的女士。根据（8），尤妮斯属于处于订婚阶段的女士。

【经典逻辑27】据题意，九个相连的奇数中只有一个是两位数。由于1～11仅六个奇数，因此，另外八个数不是一位数，而是三位数，即它们是99～115九个奇数（见下表附-4），其中有六个数为质数（表中有*记号者）。

表附-4

| 99 | 101* | 103* | 105 | 107* | 109* | 111* | 113* | 115* |
|----|------|------|-----|------|------|------|------|------|
| G  | H    | E    | F   | D    | C    | J    | A    | B    |

根据（4），G的号数为99，E为103。

根据（1），J的号数可能为105、111、113或115。根据（5），排除105，根据（2），又排除113和115，所以J为111，B为115。

【经典逻辑28】解题可以从推算改组后的名次着手。据题意，升级者的预言正确，降级者的预言中有错误（并非全错）。A、E和F都预言自己降级，他们就不能成为升级者，且因无一官居原位，所以他们都是降级者，其预言中的另一内容必定错误，即从A、E和F分别可推得：改组后B升级，A高于C，C降级。又由于升级者至少2名，余下的D必是升级者。由D的预言可知D升了一级。由降级的C的预言推知F高于D。再由B的预言一并推知：E高于F，F高于D，D非最高位者。由于D只升一级，且D低于F，可见，改组后名列首位的必为B；同时可知，在改组前，B应处在末位，不然降级者A、E、F或C中的某一个人就无法降级。名列末位的必为降级者，应为C（因A>C，E>F>D）。现在已可列出A以外的5人名次为B-E-D-C，余下的A应该如何"插队"？根据C是改组前的第3位、D只升了一级，以及E、F、A都是降级者这3个条件的限制，通过假设-否定（这一过程道理简单，限于篇幅不述，读者可从中享受一次数学游戏的乐趣），推知A应为第5位，并可一举推进改组前的名次。见下表：

| 改组前 | E | F | C | A | D | B |
| 改组后 | B | E | F | D | A | C |

【经典逻辑29】本题可用排除法来推断窃贼。

根据线索（1），窃贼的配偶玩扑克输了钱；根据线索（2），布朗把他赢的钱给了布朗太太一半，可知布朗太太不是窃贼。

既然布朗太太玩了扑克，那么，在线索（3）中提到的另一位女客一定是怀特太太。

根据线索（3），布莱克太太和怀特太太整个晚上只玩拼板游戏，这说明她们没有打过扑克，所以她们的丈夫都不可能是窃贼。

从线索（2）和（6）可知，在失窃古玩的当天，布朗先生不可能与布莱克先生打网球，所以布朗先生也不可能是窃贼。这样剩下可能是窃贼的只有布莱克太太和怀特太太了。

因为布莱克先生在那天晚上去朋友家作客之前同怀特太太没有见过面，因此，当天白天怀特太太和布莱克先生没有打过网球，所以她也不能是窃贼。

通过上面的逐步排除，窃贼就是布莱克太太。

【经典逻辑30】

只需要挪动三个铀罐，把（3）移动（6）的位置,（6）移到（9）的位置上,（9）移到（3）原来的位置上，结果如右图。

【经典逻辑31】唯一组成方法是：A、C、E代表北美，V、Y、Z代表南美，共同组织成一支缉毒部队，这样是双方都能接受的方案。

【经典逻辑32】皮埃尔·居里提的第一个问题是："你愿意嫁给我吗"？皮埃尔·居里提的第二个问题是："对这个问题的回答，与对第一个问题的回答是一样的吗？"聪明的玛莉一下子陷入了窘境。她对第一个问题不能再说"不"了，因为如果她说"不"，那么对第二个问题来说，无论回答"是"或"不是"，在逻辑上都是错误的。因此，她只好认输，心甘情愿地嫁给皮埃尔·居里。

【经典逻辑33】假设甲公司猜对，则丙公司也猜对，不符合只有一人预测准。设乙公司猜对，则丙公司也猜对，丙公司猜对，则更矛盾。丁公司则一定猜对，即丁公司中标。所以选项中，（1）（2）一定排除，（4）（5）也被排除，（3）是对的。

【经典逻辑34】正确答案是（3）。论证如下：

若（3）中叙述为真，股评专家甲的预言正确，因为公司一股价上升了4%，不算太高（与题中5%比较）。股评专家乙说"公司二的股价可能下跌，除非公司一的股价上升超过5%"，其意思是"若公司一的股价上升超过5%，公司二的股价不会下跌"。现在公司一上升了4%，所以公司二的股价有下跌的可能。但是，"可能"的意思不是"肯定"、"必然"，其结果是"公司二股价持平"，是与乙的预计不矛盾的。选（1）、（4）、（5）都不对。可以用反证法，若是（1）、（4）、（5）对，则公司二股价上升了。考虑到丙说的话也对，可以得出公司三的股价也应该上升，这与题目中的假设矛盾。选（2）也不对，因为它与丙说的矛盾。

【经典逻辑35】华特利母亲的信充满着背理。准确地说，它表现在以下5处。

（1）"深知你读得不快，所以，我也慢慢地写"，儿子读信的速度，同她写信的速度是没有因果关系的。

（2）"先前住在这里的那户人家，不想改变他们的地址，把门牌拿走了。因此，我无法把我们家现在的门牌号码告诉你。"门牌可以拿去，但是地址还是要改变的。看来除了华特利的母亲之外，原先住在这里的那户人家的主人也是傻里傻气的；尽管门牌被人拿走了，但华特利新家的门牌号码（即地址）还是有的。

（3）不管华特利姐姐生的是男还是女，华特利总是当了舅舅，而决不会当姨母的。

（4）一个星期只有7天，既然7天内都有雨，那只能说是下了"一场雨"。

（5）既然已经把信封起来了，怎么还可以在信纸上写"附言"？

背理，即违背常识。如果问谬误产生的最大原因是什么？我们可以明确的回答：缺乏逻辑！

【经典逻辑36】本题属于统计学上的谬误。我们在这里先提一个问题。统计资料表明：大多数汽车事故出在中等速度行驶中，极少的事故出在时速大于150公里的高速行驶中。这是否就意味着高速行驶就比较安全？事情决不是这样，统计资料往往不能表明因果关系。之所以极少的事故是出在时速大于150公里的高速行驶中，这是因为多数人是以中等速度驾车行驶的。这个例子可以用来类比为什么布里格斯的辩解是错误的。因为绝大多数人是在95岁以前死的，这样一来，当然是"每年极少有人是在95岁或超过这个年龄死去的。"布里格斯作为保险公司职员，他只向95岁以上的老人兜售人寿保险，理所当然地要受到经理的训斥。

在日常生活中，类似的谬误多得很，我们还可以举几个例子。

有一个统计资料表明，大多数杰出的数学家是大儿子。这是否意味着头生子比以后出生的儿子数学才能高些？不能下这个结论，这只能反映出一个简单的事实：大多数的儿子是头生子。

还有一个统计资料调查表明：脚大的孩子拼音要比脚小的孩子好。这是否能够说明一个人脚的大小是他的拼音能力的度量呢？不是的，这是因为脚大的孩子年龄也大些，年龄大的孩子当然要比年幼的孩子拼音拼得好一些。

【经典逻辑37】琼斯先生的谬误可以称为"概率论"谬误。在日常生活中，做出像琼斯先生这样的蠢举的人固然不多，可是，显然概率论谬误的人确实不少。举个例吧。过去我国农村重男轻女思想严重，有些妇女在生过9个女儿以后，还想生个男孩。她们往往会这样认为，既然已经生了9个女孩子，那么第10个生下来的婴儿，是男孩子的可能性肯定更大。其实，这是个谬误。实际上，她每次生男孩子的概率都是1/2，这与曾经生过几个女孩子是毫不相干的。

许多专家认为，概率是生活的真正指南。许多由直觉所产生的错误都同概率问题有关。在本题中，琼斯先生的立论根本是错误的。为了说明问题，引入概率论中的两个基本概念：相容事件与不相容事件。在我们眼前会出现许多事件，比如，我们眼前出现了A事件与B事件。A事件与B事件很可能是相互联系的，这样，我们称A事件与B事件为相容事件。有时A事件与B事件毫无联系，这就是所谓的不兼容事件（或称独立事件）。例如，你明天早上是否穿绿衣服，同美国总统明天早上是否吃鸡蛋是无关的。琼斯先生是否带炸弹同其他旅客是否带炸弹，属于不兼容事件，琼斯先生带炸弹是决不会影响别的旅客带炸弹的。

【经典逻辑38】古希腊有一个叫《有角的人》的论辩题，内容是：你没有丢的东西就是你还有的东西，你没有丢掉角，所以，你是有角的人。这个论辩题是偷换概念谬误的典型。偷换概念是违反形式逻辑同一律的规则而产生的逻辑错误。同一律的基本内容是：在同一思维过程中，每一思想的自身都具有同一性。同一律要求人们在同一思维过程中，概念必须保持同一，不能任意变换，即原来在什么意义上使用某个概念，就应该一直按这个意义使用这一概念，绝不能随便变换某一概念的含义，也不能把不同的概念加以混淆，违反这个要求，就会产生偷换概念的错误。"有角的人"这个辩题的"你没有丢掉的东西"这个概念的含义，可以表示"你本来就没有的东西"，也可以表示"你本来是有的而以后还有"。在这个推论的小前提中使用的是后一种含义，而在大前提中使用的是前一种含义。经过这一偷换含义的过程，于是就得出"你是有角的人"这个荒唐的结论来。

吉姆的言论同"有角的人"辩题是大同小异的。吉姆对船长说："如果你知道一件东西在什么地方，它算不算丢了？"在这个语言环境中，"丢了"有两个含义，一是可以找回来的丢了，二是再也不能找回来的丢了。吉姆同船长开了个玩笑，或者说耍了一个滑头，他的目的就是要使船长承认既然他的咖啡壶已经沉入海底，也还是没有丢掉。吉姆运用的正是"偷换概念"这一手法。

【经典逻辑39】水手的反驳是一种谬误，逻辑上称这种谬误为"机械类比"。"机械类比"是一种常见的逻辑错误。把实质上不同而偶然相似甚至风马牛不相及的两类对象进行类比，推出结论，就称为"继续类比"。水手的朋友得知水手的父亲死于海难事故，水手的祖父也死于海难事故，从中归纳出"出海远航是危险的"的结论。出于关心，他向水手提出这个问题："那你为什么还要当水手呢？"应该说，水手朋友的思路是合情合理的。作为类比，水手反问道："朋友，那你为什么每天晚上还要睡在床上呢？"这种类比是不对的。因为，第一，死于海上是海难中的死亡，同死于床上的自然死亡是根本不同的；第二，出海远航是有危险的，而睡在床上是毫无危险的。由于这两个不同，水手的类比是错误的，是属于机械类比。

【经典逻辑40】这位经理的答话也是属于机械类比的错误。备用胎是汽车的附属物，备用胎可以包括在汽车整车内出售，也可以另外收费。的确，不同的商店、厂家有不同的计价方法，这些都是允许的。正因为备用胎是汽车的附属物，汤姆为此而向经理提出责问也是合乎情理的。可是，"姑娘"并不是汽车的附属物，用"我们在出售汽车时，也并不给买主提供一个姑娘"来类比"不提供备用胎"是不对的。在进行类比推理时，一定要注意搞清楚什么样的对象与其属性不能进行类推。一般来说，如果把某对象的特有属性或偶有属性类推到其他对象，那就是犯了"机械类比"的错误。因此，一定要仔细分析具体问题，避免出现类似的错误。

【经典逻辑41】

这是一个比较难的逻辑推理题。这个题目难就难在不知道不合格的坏球究竟是比合格的好球轻，还是重。要解出这个题目，不仅要熟练地运用各种推理形式，而且还要有一定的灵活性。

用无码天平称乒乓球的重量，每称一次会有几种结果？有三种不同的结果，即左边的重量重于、轻于或者等于右边的重量。为了做到称三次就能把这个不合格的乒乓球找出来，必须把球分成三组（各为4只球）。现在，我们为了解题的方便，把这三组乒乓球分别编号为A组、B组、C组。

首先，选任意的两组球放在天平上称。例如，我们把A、B两组放在天平上称，这就会出现两种情况：

第一种情况，天平两边平衡，那么，不合格的坏球必定在C组之中。

其次从C组中任意取出两个球，例如C1、C2，分别放在左右两个盘上，称第二次。这时，又该能出现两种情况：

（1）天平两边平衡。这样，坏球必在C3、C4中。这是因为，在12个乒乓球中，只有一个是不合格的坏球。只有C1、C3，同另一个合格的好球，例如C1，分别放在天平的两边，才可以推出结果。这时候可能有两种结果：如果天平两边平衡，那么，坏球必是C4；如果天平两边不平衡，那么，坏球必是C3。

（2）天平两边不平衡。这样，坏球必在C1、C2中。这是因为，只有C1、C2中有一个是坏球时，天平两边才不能平衡。这是称第二次。

称第三次的时候，可以从C1、C2中任意取出一个球，同另外一个合格的好球，例如C3，分别放在天平的两边，就可以推出结果。道理同上。

以上是第一次称之后出现第一种情况的分析。

第二种情况，第一次称过后天平两边不平衡。这说明，C组肯定都是合格的好球，而不合格的坏球必在A组或B组之中。

我们假设：A组重。这时候，需要将盘中的A1取出放在一旁，将A2、A3取出放在轻盘中，A4仍留在重盘中。同时，再将轻盘中的B1、B4取出放在一旁，将B2取出放在重盘中，B3仍留在轻盘中，另取一个标准球C1也放在重盘中。经过这样的交换之后，每盘中各有3个球：原来的重盘中，现在放的是A4、B2、C1，原来的轻盘中，现在放的是A2、A3、B3。

这时，可以称第二次了。这次称后可能出现的是三种情况：B1、B4或是好球或是轻于好球。

这时候，可以把B1、B4各放在天平的一端，称第三次。这时也可能出现三种情况：（1）如果天平两边平衡，可推知A1是不合格的坏球，这是因为12只球只有1只是坏球，既然B1和B4的质量相同，可见这两只球是好球，而A1为坏球；（2）B1比B4轻，则B1是坏球；（3）B4比B1轻，则B4是坏球，这是因为B1和B4或是好球，或是轻于好球，所以第三次称实则是在两个轻球中比一比那一个更轻，更轻的必是坏球。

如果放着A4、B2、C1的盘子（原来放A组）比放A2、A3、B3的盘子（原来放B组）重。在这种情况下，则坏球必在未经交换的A4或B3中。这是因为已交换的B2、A2、A3个球并未影响轻重，可见这三个球都是好球。

以上说明A4或B3之中有一个是坏球。这个时候，只需要取A4或B3同标准C1比较就行了。例如，取A4放在天平的一端，取C1放在天平的另一端，这时称第三次。如果天平两边平衡，那么B3是坏球；如果天平不平衡，那么A4就是坏球（这时A4重于C1）。

如果放A4、B2、C1的盘子（原来放A组）比放在A2、A3、B3的盘子（原来放B组）轻。在这种情况下，坏球必在刚才交换过的A2、A3、B2球之中。这是因为，如果A2、A3、B2都是好球，那么坏球必在A4或B3之中，如果A4或B3是坏球，那么放A4、B2、C1的盘子一定重于放A2、A3、B3的盘子。现在的情况恰好相反，所以，A2、A3、B2并不都是好球。

以上说明A2、A3、B2中有一个是坏球。这时候，只需将A2同A3相比，称第三次，即能推出哪一个是坏球。把A2和A3各放在天平的一端称第三次，可能出现三种情况：（1）天平两边平衡，这可推知B2是坏球；（2）A2重于A3，可推知A2是坏球；（3）A3重于A2，可推知·A3是坏球。

根据称第一次之后出现的A组和B组轻重不同的情况，我们刚才假设A组重于B组，并做了以上的分析，说明在这种情况下如何推论哪一个球是坏球。如果我们现在假定出现的情况是A组轻于B组，这又该如何推论？请你们试着自己推论一下。

【经典逻辑42】问题就是把钥匙上的指纹写错了。因为通常我们用钥匙开门时，使用的是拇指和食指，不过食指并不是用指尖部分，而是用关节旁边部分，贴于钥匙的把柄，这样才能转动钥匙，因此钥匙的把柄处，应该留的是拇指指纹，而不会是留下食指指纹的。假如文章所写，留有拇指与食指指纹，那么案情就很明显，犯人是在故弄玄虚，制造被害者自杀的陷阱，把被害者的拇指与食指拿到钥匙上，故意在钥匙上留下死者的指纹，名侦探如福尔摩斯对此，不会妄下断语的。因此，"钥匙的把柄上，留有被害者拇指和食指的指纹，由此可知是被害者本身把门锁起来自杀的。"这种推断是错误的。

【经典逻辑43】要解题，应该根据已知条件来分析、思考。我们知道，7号是这场必须上场的队员，根据原则②可推知4号不上场。4号不上场，又以原则④推知10号必上场。根据10号上场和原则⑤可推断3号应上场。而原则⑧告诉我们，"10号和6号只能上一个"，既然10号要上场，6号自然就不能上场了。原则①说："1号和3号要么都上场，要么都不上场。"现在3号上了场，1号也得跟着上场。1号上场，根据原则⑥不难推出8号就不能再上场了。"8号不上场，11号就不上场。"这是原则③的规定，原则⑦又规定11号不上场，12号和9号也不得上场。另外2号和5号是不受原则约束应该上场的队员，所以，这场比赛，12名队员中上场的应该是1、2、3、5、7、10号6名队员。

【经典逻辑44】①安迪打死迪克；②查理打死冈尼；③费得打死查理；④比利打死费得；⑤埃迪打死比利；⑥安迪打死埃迪。记住死人不能再开枪，也没有人更换过位置，那么这六个人被打死的顺序只能这样。

【经典逻辑45】我们可根据警方提供的7点线索来进行逻辑推理，从中找出凶手究竟是谁。

1. 我们从线索（6）知道豪威尔坐在一只椅子里。而线索（4）又告诉我们校长当时坐在豪威尔的左边，因此豪威尔一定是坐在A位上，校长坐在长沙发的B位上。根据(5)可知，将军曾转身和他旁边的威尔顿说话，由此推知将军坐在长沙发的C位上，并肯定校长名威尔顿，是个禁酒者。

2. 线索（6）又告诉我们，豪威尔和海军上将是郎舅之亲，这说明他的身份只能是医生，因为坐在B和C位上的分别是校长和将军，所以坐在另一张椅子即D位上的一定是海军上将。

3. 从豪威尔和海军上将是郎舅之亲一点来分析，豪威尔一定是娶了海军上将的妹妹或姐姐。又从线索（3）知道斯科特是没有姐妹的，所以他不可能是海军上将，故可肯定海军上将叫詹姆斯，那么将军就叫斯科特。

另外，既然案发前没有人离开过座位，也没有人进出过休息厅，只有侍者送酒进来给詹姆斯和斯科特，而侍者又肯定不是凶手，所以只有将军斯科特能将毒药偷偷地放入坐在D位椅子上的海军上将詹姆斯的威士忌酒内（因为他最靠近詹姆斯）。

经过上述分析、推理，案情已经真相大白，斯科特将军就是毒死海军上将詹姆斯的凶手，相关图示如下图所示。

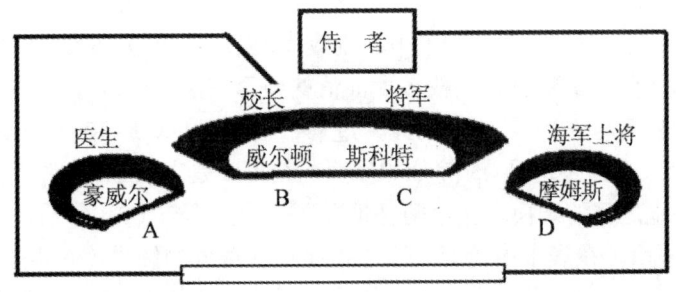

【经典逻辑46】
本题比较复杂，需要我们应用逻辑组合法与逻辑排除法来寻求答案。
根据（6），必定先有一位男士（称其为第一位男士）和另一位男士（称其为第二位男士）调换了硬币，然后第二位男士必定和第三位男士调换了硬币；在这些调换中，第一位男士必定把他的所有硬币都换给了第二位男士。因此，第一位男士手中所持的全部硬币一定可以用硬币的两种组合来表示：这两种组合之间没有一枚硬币面值相同（根据（6）），每种组合中的硬币都不能兑换开一枚较大面值的硬币（根据（2）），每种组合中都不包括 1 美分和 1 美元的硬币（根据（1））。经过对满足这三条要求的硬币组合的寻找，可以发现第一位男士开始和最后持有的硬币只可能有两种总额：一是 55 美分，它的一种硬币组合是 1 枚 25 美分硬币和 3 枚 10 美分硬币。另一种硬币组合是 1 枚 50 美分硬币和 1 枚 5 美分硬币；一是 30 美分，它的一种硬币组合是三枚 10 美分硬币，另一种组合是 1 枚 25 美分硬币和 1 枚 5 美分硬币。因此，第一位男士开始持有的全部硬币和第二位男士开始时持有的部分或全部硬币必定是下列情况之一（N 代表 5 美分硬币，D 代表 10 美分硬币，Q 代表 25 美分硬币，H 代表 50 美分硬币）（见表附 -5）：

表附 –5

|   | 第一位男士 | 第二位男士 |
|---|---|---|
| ① | QDDD | HN…… |
| ② | HN | QDDD…… |
| ③ | DDD | QN…… |
| ④ | QN | DDD…… |

根据（6），在随后第三位男士和第二位男士调换时，他一定把手中所持的全部硬币都换给了第二位男士。第三位男士不可能持有上面列出的第一位男士可能持有的四种硬币组合中的任何一种组合，否则第二位男士将从第三位男士手中换来与他换给第一位男士的某些硬币面值相同的硬币，从而与（6）矛盾。

因此，第三位男士从第二位男士手中换来的硬币必定能兑开他开始就有的某枚硬币。这样，第二位男士换给第三位男士至少 1 枚他从第一位男士手中换来的硬币和至少 1 枚他自己开始就有的硬币。不然的话，第一位男士或第二位男士一开始就能兑开某种面值的 1 枚硬币，从而与（2）矛盾。所以，至少有 1 枚硬币过了三个人的手。这是一枚什么样面值的硬币呢？

由于没有一个人有 1 美元的硬币，所以过三个人的手的硬币不会是 50 美分的。

如果过三个人的手的是一枚 5 美分的硬币，则或代表第一位男士和第二位男士之间的调换。可是这样一来，第二位男士要兑换一枚较大面值的硬币，手中还得有 2 枚 10 美分的硬币或 1 枚 5 美分的硬币，从而与（2）矛盾。因此，过三个人的手的不是 5 美分的硬币。

如果过三个人的手的是 10 美分的硬币，则或代表第一位男士和第二位男士之间的调换。可是这样一来，第二位男士要兑开一枚较大面值的硬币，手中还得有 2 枚 10 美分的硬币或 1 枚 5 美分的硬币，从而与（2）矛盾。因此，过三个人的手的不是 10 美分硬币。

于是，过三个人手的必定是 25 美分的硬币。结果，是上面表附 -5 中①或④代表了第一位男士和第二位男士之间的调换。在这两种情况下，为了不与（2）矛盾，第二位男士不能再有 2 枚 10 美分的硬币（在表 1 中情况①下）或 1 枚 5 美分的硬币（在表 1 中情况④下）。第二位男士也不能再有 1 枚 10 美分的硬币，因为他无法用这枚 10 美分的硬币去调换一枚较大面值的硬币，从而与（6）矛盾。在情况①下他也不能再有 1 枚 50 美分的硬币，因为那会与（2）矛盾。这样，现在只有三种可能的情况（见表附 -6）：

表附–6

|   | 第一位男士 | 第二位男士 |   |
|---|---|---|---|
| ① | QDDD | HN | Q |
| ② | HN | DDD | Q |
| ③ | DDD | DDD | HQ |

根据（1），由于过三个人的手的 25 美分硬币不会用于调换 1 美元的硬币，所以这枚 25 美分的硬币必定是用于调换 50 美分的硬币。因此，在第一位男士和第二位男士调换之后，第三位男士一定是给了第二位男士 1 枚 50 美分的硬币，换来了至少 1 枚 25 美分的硬币。但在在表附 -6 中情况①和情况③下，这样的调换结果与（6）矛盾，于是情况②是符合实际的持币情况。

总结以上情况，得出（见表附 -7）：

表附–7

| 持有时间 | 开始时 | 第一次调换后 | 第二次调换后 |
|---|---|---|---|
| 第一位男士 | QN | DDD | DDD |
| 第二位男士 | QDDD | QQN | HN |
| 第三位男士 | H | H | QQ |

根据（4）和（5），第一位男士的账单数额必定是 10 美分或 20 美分，第二位男士的账单数额必定是 5 美分或 50 美分，第三位男士的账单数额必定是 25 美分。于是，符合实际情况的账单必定是下列四组账单之一（见表附 -8）：

表附–8

|   | 第一位男士 | 第二位男士 | 第三位男士 |
|---|---|---|---|
| ① | 20美分 | 5美分 | 25美分 |
| ② | 10美分 | 5美分 | 25美分 |
| ③ | 10美分 | 50美分 | 25美分 |
| ④ | 20美分 | 50美分 | 25美分 |

表附 -8 中④是不可能的，因为根据（1），女店主开始时至少有 1 枚硬币（非 1 美分）；根据（8），在三份账单付清后，她的硬币总额小于 1 美元。

如果表附 -8 中①符合实际情况，则在收清三份账单之前，女店主没有 25 美分的硬币（第三位男士开始时有 50 美分的硬币，而他的账单数额是 25 美分；可是根据（4），她不能给这个顾客找钱），而且，她也没有 5 美分的硬币（根据第二位男士开始持有的硬币和（4）），也没有 50 美分的硬币（根据（8）），也没有 10 美分的硬币（根据第一位男士开始时持有的硬币和（4）。因此表附 -8 中①的情况与（1）（她至少有一枚硬币）矛盾，从而表附 -8 中①的情况是不可能的。

如果表附 -8 中②的情况符合实际情况，则女店主没有 5 美分的硬币（根据第二位男士开始时持有的硬币和（4）），也没有 25 美分的硬币（根据第三位男士开始时持有的硬币和（4）），也没有 50 美分的硬币（根据第二位男士开始时持有的硬币和（4）），也没有 2 枚或多于 2 枚的 10 美分的硬币（根据第一位男士开始时持有的硬币和（4））。因此在这种情况下，她应该只有 1 枚 10 美分的硬币。如果表附 -8 中②的情符合实际，则女店主有硬币 QDDN，第一位男士有硬币DD，第二位男士有硬币H，第三位男士有硬币Q，根据（8），女店主硬币的总额与1美圆之差等于糖果的差价。因此糖果的价钱是50美分。但是，根据（7），买糖果的那位男士硬币的总额超过糖果的价钱。这样，没有一位男士买了糖果（因为这时每位男士的硬币总额都没有超过50美分）。这也与题意不符。因此，表附-8中②的情况不符合实际情况。

至此，表附-8中③的情况必定是符合实际的。根据（3），内德是第一位男士，卢是第二位男士，莫是第三位男士。在付清三份账单后，女店主有硬币HQDD，内德有硬币DD，卢有硬币N，莫有硬币Q。根据（8），糖果的价钱一定是5美分。于是根据（7），买糖果的既不是有5美分的卢，也不是有25美分的莫。这样，是有2枚10美分硬币的内德买了糖果。因此，是内德给了女店主1美分的纸币。

【经典逻辑47】9边形。诺古提问题时暗示答案与圆有关，数一数这些图形能含的边数，将点当作小数点，你就可以得到3.1415，这很明显是"π"，所以下个数字应该是9。答案就是有9条边的图形：9边形。

【经典逻辑48】（1）24。要得到答案，可以从四个数字或字母入手，象1234，用这四个数字不断地数下去，直到找出所有可能的组合。象1234,1243,1324,1342等。（2）6。（3）11。（4）克力斯。如果他的话"我没打碎花瓶"确实错了，那么我们可以肯定花瓶就是他打碎的。一些人的话中含有"不太可能"，那只代表这些人可能打碎了花瓶，但不能保证他们一定打碎了花瓶。吉姆说"汤姆是无辜的"，这句话有点模糊，我们知道汤姆不是无辜的，但这并不能保证他一定打碎了花瓶。

【经典逻辑49】因为那天晚上大雪纷飞，现场瓦斯炉烧得火红，在这种情况下，室内当然是很暖和，所以，室内有热气，玻璃就会蒙上一层湿气，变的朦胧不明。透过朦胧的玻璃，纵然窗帘全部打开，也无法看见室内人的脸；就算看见室内有人，那也只能看见一个轮廓而已，怎么能看出他是金发，而且蓄有胡须呢？

【经典逻辑50】体温计在温度上升以后，除非用强力摇动，才会再度下跌。哈利·吉伯医生随身携带的体温计上升到顶端，说明它经历过摄氏42°以上的温度。柏塞尔认为他在死前曾替一个摄氏42°的病人测过温度是不可能的。因为，病人如果体温超过摄氏42°，早已死亡了。在冰天雪地里，能使体温计上升到摄氏42°，很可能是汽车排气箱后座之类的地方。

【经典逻辑51】证人驾驶汽车，掉进了水中。

【经典逻辑52】离"我"最近的是多拉。隧道里一共有11节小车，乘客的位置如下图所示。

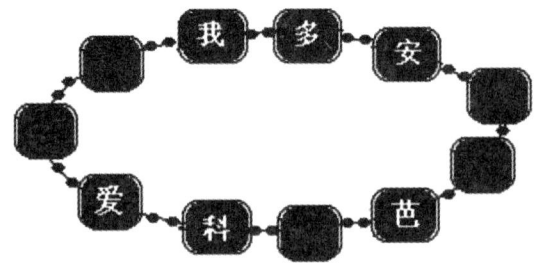

【经典逻辑53】应朝东追捕。根据玛丽未完成的画稿，玛丽小姐是在画牵牛花时被劫走的，而牵牛花只有早晨才盛开，过了上午9点钟就开始萎谢了。所以发案时间应是上午8点之前。

【经典逻辑54】德里克对克拉拉产生了怀疑。因为她说出弗尔顿是背后有人开枪而死。按照常规，当她见到尸体时，本应该根据死者左胸的血迹，想到死者是正面中弹的。

【经典逻辑55】弗纳声称他不知道布伦顿的住址,从来没到过他的家。可是,当他和德里克在阁楼上听到楼下传来门的响动时,他不假思索地便匆匆向后门跑去,这说明他早知道这座房子有后门。

【经典逻辑56】逮捕巴格斯。因为他知道被害人当时在锁房门,不是开房门。他一定是一直窥视着这座房子,否则在这样阴沉的天气,是看不清别人在锁门还是在开门的。

【经典逻辑57】如果凶手是站在被害人正面挥动凶器的话,天棚垂吊的电灯正好在被害人头顶上,窗户上不可能映出凶手举瓶子的影子。窗户上所以能映出凶手的身影,证明凶手是站在被害人的背后挥动酒瓶的。也就是说,凶手是背对窗户的,所以握着凶器的是右手。

【经典逻辑58】梅尔说他两天前来看过波尔,早上又打过电话,这是说他在波尔被杀时不在现场。而实际情况是,他两次跳过台阶,并且他不敲窗框却敲玻璃;尤其明显的是,当按门铃没人应时,他不敲门板,而走过去敲窗子的玻璃,这一切说明他已经知道门板、窗框、台阶都刚刚刷过油漆。

【经典逻辑59】从蜡烛的溶解情况来判定被害时间。由蜡烛的上端溶解部分呈水平状态来看,船在触礁而倾斜时,蜡烛还在燃烧着。海水的涨潮和退潮,其间总是隔着六个小时,轮流变化着,这艘船被发现的时候是上午9点左右,此时恰好是刚退潮,由此可知,此次退潮至上一次的退潮,其间只涨过一次潮,以此可推论船是在昨晚9点左右触礁倾斜,凶手也是在此刻下手的。倘若凶手是在涨潮之时进入船舱吹熄蜡烛作案的话,那么蜡烛上端溶解部分一定会和船体倾斜的状态呈同样的角度才对。

【经典逻辑60】根据(1),每个男士坐在两个女士之间,每个女士坐在两个男士之间。再根据(4),凯恩的妻子是法菲、赫拉或琼三人之一。(a)埃布尔和贝布是夫妻。假设凯恩和法菲是夫妻,则根据(1)和(4),伊凡和迪多必定是夫妻,于是吉恩和琼必定是夫妻,从而埃兹拉和赫拉必定是夫妻。(b)埃布尔和贝布是夫妻。假设凯恩和赫拉是夫妻,则根据(1)和(4),埃兹拉和琼必定是夫妻,于是吉恩和迪多必定是夫妻,从而伊凡和法菲必定是夫妻。(c)埃布尔和贝布是夫妻。假设凯恩和琼是夫妻,则根据(1)和(4),埃兹拉和赫拉必定是夫妻,于是吉恩和迪多必定是夫妻,从而伊凡和法菲必定是夫妻。

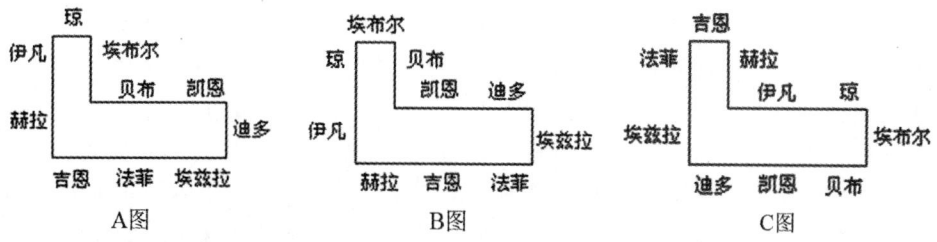

因此,夫妻关系有如下的三种可能:
(a)埃布尔—贝布,凯恩—法菲,伊凡—迪多,吉恩—琼,埃兹拉—赫拉;
(b)埃布尔—贝布,凯恩—赫拉,埃兹拉—琼,吉恩—迪多,伊凡—法菲;
(c)埃布尔—贝布,凯恩—琼,埃兹拉—赫拉,吉恩—迪多,伊凡—法菲。

根据(1)和(6),男士和女士在桌子周围的坐法是下列三种之一(把(4)和(6)结合起来,就可以看出,所谓"相邻",是指"沿着桌子的周边坐在一个人的左侧或右侧"):

根据(2)和(8),在每种可能的坐法中,男主人和女主人以及坐在他们对面的两个人,都分别排除在凶手和被害者之外。根据(3)和(8),他们也被排除在凶手的配偶和被害者的配偶之外。

在每种可能的坐法中,只有一位男士和一位女士相对而坐。

因此,根据(2)和(3),凶手和被害者的性别相同,当然他们配偶的性别也相同。因此,在每种可能的坐法中,相对而坐的男士和女士,都被排除在凶手和被害者之外,也被排除在凶手的配偶和被害者的配偶之外。

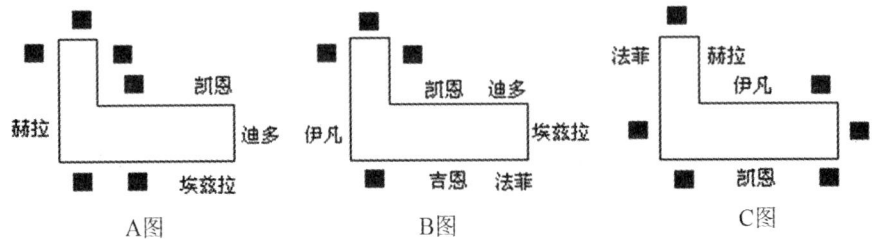

于是凶手及其配偶和被害者及其配偶四人的位置一定被包括在上面三组位置的一组之中:

根据(2)和(3),这四个位置是被两对夫妇所占,因而正确的位置组中必定出现两对夫妇。

A图(坐法的一部分)中的四个位置不可能为两对夫妇所占(前述(a)、(b)和(c)这三种可能的夫妻关系都不可能成立)。在B图(坐法的一部分)中,(a)为其中的四个位置给出了一组可能的夫妻关系:凯恩—法菲,伊凡—迪多;(b)也为其中的四个位置给出了一组可能的夫妻关系:吉恩—迪多,伊凡—法菲。在C图位置组(坐法的一部分)中,(b)为其中的四个位置给出了一组可能的夫妻关系:凯恩—赫拉,伊凡—法菲。

想起凶手和被害者的性别相同,他们的配偶也是性别相同,凶手和被害者相对而坐,他们的配偶也是相对而坐,我们可以发现,位置组中的两组夫妻关系都是不可能的。

于是,(b)中的夫妻关系是正确的,从而C图实际上的坐法。根据(7),赫拉不是凶手。根据(2)和(5),凯恩和法菲也都不是凶手。因此,伊凡是凶手。

## 二、数量关系名题

数量关系是人类运用数学知识所进行的思维活动产品。通常流传在日常生活中或出现在报章杂志等出版物上。一般来说,参加者只需具备初等的数学知识便可参与这些训练。数量关系往往以代数、算术、几何、图论、概率等形式出现,是思维能力训练的重要组成部分。数量关系含有速度与难度测验的双重性质。在速度方面,要求应试者反应灵活,思维敏捷;在难度方面,数量关系涉及的数学知识或原理都不超过初中水平,但在一定的时间限制下,需要既快又准地回答出来,所以该测题难就难在对规律的发现和把握上,它实际测查的是个体的抽象思维能力。因此,解答数量关系测验题不仅要求受试者具有数字知觉能力,还需要判断、分析、推理、运算等能力的参与。

数量关系在历史的长河里演义出脍炙人口的数学名题,成为人们调节生活,放松情绪、开拓思路的训练。例如韩信点兵、孙子问题、九连环、斐波那契兔子问题、哥尼斯堡七桥问题、迷宫等,此外,围棋、象棋、扑克、桥牌等也可引申出不同的数学游戏。如在这些数学游戏的众多理论上加以研究,不但为许多古老及新兴的数学学科提供了不同的素材,而且促进了这些数学学科的诞生及发展。

数量关系名题基本上可分为九类:

（1）代数名题：一般用代数方程或代数方程组来求解的问题都可纳为代数名题。例如在公元前3世纪，古希腊数学家阿基米得提出"群牛问题"：涉及8个未知数的方程组。及一千五百年前《张丘建算经》记载的"百鸡问题"涉及的三元不定方程式组。这些问题对促进代数的发展有很大的帮助。

（2）算术名题：算术名题可分为两种问题，一种是算数，另一种是运用算术知识解决的问题。常见的算术问题包括数字间的有趣关系及各种不同的数学逸事等。例如对数码123456789以不改变它的排列次序，只加上运算符号和必要的括号的方法，使它运算结果等于某数。而另一种算术名题，往往配合文字来表达问题。例如：3世纪古希腊数学家丢番图逝世后，相传他的墓碑上刻着猜他年龄的诗歌碑文，参加者便可透过碑文的提示计算他的年龄。许多算术问题也可以用代数的方法求解的，这可使问题更简化。

（3）几何名题：由勾股定理设计出来的问题在许多国家都出现过，如莲花问题等。而古希腊亦提出了几何作图三大问题，及后人提出的直尺作图问题，图规作图问题以至定角圆规作图问题，以及用相同形状的图形铺满整个平面问题等都是典型的几何名题。

（4）组合名题：13世纪杨辉曾系统的阐述过幻方，中国古代称为纵横图，使它在理论上得到很大的发展，另外，"抽屉原理"亦可构造出大量的有趣问题。至于19世纪中提出的柯克曼女生问题，人们对它的求解使集合论得以不断发展。

（5）数论名题：数论名题是由数论中的基本定理构造出来的问题，能激发起人们学习数学的兴趣。公元3世纪成书的《孙子算经》中记载了著名的"孙子问题"，实际上，这是一次余式问题。由于题解的理论十分深奥而为后人所研究。在13世纪由秦九韶成大衍求一术，这问题就被多种数学的专著改头换面地采用。

（6）图论名题：18世纪提出的柯尼斯堡七桥问题，被后人改为邮递员问题或周游世界问题等式。这些直接地引起了图论的创立，并促进了网络理论及拓扑学的建立。

（7）概率名题：在15世纪末提出，并在17世纪中叶引起了人们对"合理分配赌注问题"的广泛讨论，其影响甚为深远，成为概率论始创的基本问题之一。而在18世纪出现的"比丰投针问题"也开创了几何概率的先河，这亦是最早用随机数处理确定性数学的例证。

（8）分割名题：中国古代流行的七巧板便是分割游戏的典范。在18世纪末已有了专著的论述，并在20世纪后，严格的在数学理论上进行探究，例如：在1942年，证明了七巧板最多可拼成13个不同的凸多边形等。而在公元3世纪，刘徽证明勾股定理所用的"出入相补"原理也是分割名题的一种。

（9）博弈名题：例如中国的"翻摊"游戏，便是博弈名题的一种，而翻摊游戏可以引出深奥的组合数学理论。还有各种的棋类游戏等也属于博弈游戏。此外，博弈游戏还为对策论提供了素材，也对人工智能的发展有莫大的影响。

此外，还有许多数量关系名题，如数字逻辑推理等。数字逻辑推理不但对新数学分支的创立有一定的作用，并对数学知识的普及和传播作出独特的贡献，为数学教育提供了有效的方法。正是由于数量关系具有严格的程序性、准确性、普适性和可通约性等特点，所以在生活中经常用到。

数学来源于生活，生活中处处有数学。把"问题情境"生活化，就是把"问题情境"与人们的生活紧密联系起来，让人们亲自体验问题情境中的问题、增加直接经验，这不仅有利于人们理解问题情境中的数学问题，培养观察能力和解决实际问题的能力，而且使人们体验到生活中的数学是无处不在，并体会学习数学的价值。在这种题型中，往往用故事形式表述数字关系，要求应试者迅速、准确地列出算式做出答案。

另外再补充一点：数学也是自然科学中最可能令人感受到"美"的学科之一。科学技术带来的许多影响或许是丑恶的，然而科学探索的活动本身却应该是洋溢着感受"美"的愉悦的——任何一位伟大的科学家都会这样告诉我们。在山外打转永远也代替不了亲身往山中幽深处摸索探险时的心情。

### （一）测题

**【数量关系1】昂纳尔德·欧拉的趣题**

世界著名数学家列昂纳尔德·欧拉，在他的一生中为人类作出了卓越的贡献。几乎在数学的每一领域中都留下了他的业绩。他一共写了886篇论著，被誉为"多产"的数学家，为青少年写了一本名为《代数基础》的书，精心编写和收集了一些很有趣的题目，下面就是其中之一。

两位农妇，在集市上卖鸡蛋，她们一共有100个鸡蛋，两个人的鸡蛋数目不同，售价也不同，可是卖得的钱数却是一样的。这时甲对乙说："如果你的鸡蛋换给我去卖，我可以卖得15个克罗索（德国古代的一货币）乙回答说："不错，可是你的鸡蛋换给我去卖的话，我就只能卖六又三分之二个克罗索。"

请问这两位农妇各有多少个鸡蛋？

这个题的常规解法有：设未知数，布列方程来解。如果限定用算术的方法，你会解吗？

**【数量关系2】托尔斯泰笔下的贪婪鬼**

著名的俄国作家——列夫·托尔斯泰在他所著的《一个人需要很多土地吗？》一书里，写了一个发人深省的故事。

一个叫巴河姆的人，去购买土地。卖地人提出一个非常奇怪的地价："每天一千卢布"。原来，卖地者提出的价格是：谁出一千卢布，那么他从日出到日落走过的路所围成的土地都归他所有；不过，如果在日落之前，买地人回不到原来的出发点，那他就只好白出一千卢布，一点土地也得不到。

巴河姆觉得这个条件对自己有利，于是他付了一千卢布，等第二天天刚亮，就起床出发。他走了足足有十公里，这才朝左转弯；接着又走了许久许久，才再向左拐弯；这样，又走了二公里。这时夜幕即将降临，而自己离清晨出发点，却足足还有十五公里的路程，于是只得马上改变方向，径直朝出发点拼命跑去……跑呀跑，最后巴河姆总算在日落之前赶回到了出发点。可是他还未站住，两腿一软，倒在地上，呜呼哀哉。

——你能算出巴河姆这一天共走了多少路？他走过的路所围成的土地面积有多大？

**【数量关系3】福尔摩斯和他的医生**

一天，华生大夫和他的客人福尔摩斯，坐在窗户的旁边聊天。窗户开着，一忽儿，从庭院里传来一大群孩子们的嬉笑闹嚷声。

客人说："请告诉我，你有几个孩子？"

主人回答道："那些孩子不完全是我的，那是四家人家的孩子。我的孩子最多，弟弟的其次，妹妹的再次，叔叔的最少。他们乱嚷着闹成一团，是因为他们不能按每队九人凑成两队，可也真巧，如果把我们这四家孩子的人数相乘，其积数正好是我们的门牌号数，这个数字你是知道的。"

客人说："让我来试一试，把每家孩子的数目算出来。不过，要解决这个算题，已知数据还嫌不够。请告诉我，叔叔的孩子是一个呢？还是不止一个？"

主人立即回答了这个问题。

福尔摩斯听了，很快就准确地计算出这个问题，而且完全正确。

请你指出华出家的门牌号码，并说明这四家每家有几个孩子？

【数量关系4】杰克·伦敦的旅行

杰克·伦敦乘套五条狗的雪橇，从斯卡格雅伊赶到自己的营地去，因为那里有个朋友快要死了。

在途中，第一个昼夜，杰克·伦敦规定雪橇全速行驶。一昼夜之后，有两条狗扯断了缰绳，和狼群一起逃走了。于是剩下的路程，杰克·伦敦只好用三条狗拖雪橇了，前进的速度是原来的五分之三。因为这缘故，杰克·伦敦到达目的地的时间比预定的时间迟了两昼夜。

逃跑的两条狗如能再拖雪橇走50公里，杰克·伦敦就能比预定的时间，只迟到一天。

这样，杰克·伦敦就提出了问题：从斯卡格雅伊到营地有多少公里路？

【数量关系5】陶渊明考子

这是一个古老的题目，据说出自我国晋代陶渊明之手。陶渊明原本想考一考自己的几个孩子中谁最聪明，结果发现自己五个孩子的智力都很差，均属痴愚者。因为他们没有一个能回答出这么个简单的题目。现代优生学专家由此推测：这是陶渊明近亲生育的结果。

但是也有反对这种推测，他们认为这道题看似简单，实则繁难，真算出来，还需动一番脑筋。原题是这样的：

公鸡每只值五文钱，母鸡每只值三文钱，小鸡每三只值一文钱。现在用一百文钱，买一百只鸡。问，这一百只鸡中，公鸡、母鸡、小鸡各多少只？

【数量关系6】卡尔·弗里得利希·高斯的算法

大家对德国大数学家卡尔·弗里得利希·高斯（1777～1855）小时候的一个故事，可能已经很熟悉了。

传说他十岁时，老师出了一个题目：1+2+3+……+99+100的和是多少？

老师刚把题目说完，小卡尔就算出了答案：这一百个数的和是5050。

原来小卡尔是这样的算的：挨次把这一百个数的头和尾都加起来，即1+100，2+99，3+98……，50+51，对50对，每对都是101，总和就是101×50=5050。

现在，请你也算一道题：从1到1000000000，这10亿个数的数字之和是多少？

注意：这道题说的是"10亿个数的数字之和"，不是"这10亿个数的和"。例如1、2、3、4、5、6、7、8、9、10、11，这11个数的数字之和就是1+2+3+4+5+6+7+8+9+1+0+1+1=48。

"唷，十亿个！这可怎么加呀？"

请不要着急。你再仔细想想小卡尔用的方法，可能会对你有所启发。

【数量关系7】华罗庚的龙宫盗宝

都说这是一个古老的数学题，其实这是华罗庚为考查他的被试而出的一道龙宫盗宝题：

传说古时一个财主，有五个儿子，他们从小就游手好闲，无恶不作。财主死后，不到一年，家产被挥霍一空。五个无赖，听说东海龙王宫里，珠宝堆积如山，做梦都想去偷一些来。

一天，他们五个在海边徘徊，霎时，狂风搅起暴雨，只得躺进一棵空心大树里。不料这树洞却是无底的。五个人如坠深渊，直往下落，个个吓得一身冷汗。过了一会，方觉两脚着地，睁眼一看，原来他们掉进了龙王宫里。五兄弟心中由恐惧立刻变为欣喜。此时，他们五人哪有心思观赏龙宫奇丽的景色,一心只想把那里的珍宝偷走。

于是他们行动起来,转过了几道弯,突然眼前一亮——一棵大珊瑚树下,有一堆耀人眼目、五光十色的东西!老大禁不住叫了一声:"珠宝!"拔腿直奔过去。一把、两把抓起来往衣袋里塞。另外四兄弟也相继冲了过去。狡猾的老大,得了鼓鼓的几口袋,急于回去;贪婪的老五才抓了一把,自然很不甘心。正在这时,耳边忽然响了厉吼声:"站住!干什么的?!"五个人吓得浑身抖成一团,瘫倒在地。遂被龙宫卫兵抓进牢房。

已是半夜光景,老大怎么也不能入睡——龙王有旨,偷珠宝最多的,明天就要处死,其余的,杖刑之后,赶出宫去。此时老大见四兄弟睡着了,便悄悄地爬起来,把自己偷的珠宝往他们四人口袋里各塞进一些,恰好塞进去的个数等于这四人原有的珠宝数。老大干完后,半天,才安下心来,睡了下去。过了一会儿,老二醒了,摸摸自己的口袋,——奇怪!珠宝怎么变多了?他也悄悄地爬起来把自己口袋里的珠宝给其余四人各塞进去一些,恰好塞进的珠宝数分别等于这四人各自原有珠宝数。接着老三、老四、老五依次相继醒来,都是这样行动。五个人放心地睡到大天亮。当卫兵进来搜查点数后,他们个个目瞪口呆——不多不少,每人 32 颗。

那么,五个人原来各偷了多少珠宝?

【数量关系 8】华罗庚的四人分酒

都说这是一道民间自生的数学题,其实这也是华罗庚为考查他的被试而出的一道思维题:

一家酒店老板新近从山东运来一些好酒,遂通知他的老主顾赵、钱、孙、李四人,问他们要不要买。

赵、钱、孙、李四人,不单是相知的酒友,且是一个作坊里的伙计。他们得到酒店通知后,就各自提出自己需要的数量:赵要 10 斤,钱要 4 斤,孙、李两人各要 3 斤,四人共要 20 斤。

晚上,酒店里把酒送来了,却是满满的两甏,一甏恰容 10 斤。这样,赵就拿一甏 10 斤;但钱、孙、李三人就无法分得恰如其分。

于是赵说:"只要我得到一只恰容 3 斤的空瓶子,就可以分了。"可是 3 斤的瓶子没有找到;却找来了两个较大的瓶子:一可容 4 斤,另一可容 5 斤。

赵想了一想,就说:"这样也可以,只不过多费一些手续。"于是他便用那个甏和两个瓶子翻来覆去地把酒倒来倒去——一会儿从甏里倒入瓶里,一会儿从大瓶里倒入小瓶里,一会儿又从瓶里倒回甏里,——一直倒了好几次,终于把酒分好,四人都按照自己需要的数量拿走。

赵是用什么方法,经过多少次手续,才把那 10 斤酒按照 4 斤、3 斤,3 斤的预定数量分配好的?

【数量关系 9】阿基米德的皇冠成分

锡拉库兹国的统治者让匠师为一座塑像制做一顶王冠,派人给匠师送去了必要的黄金和白银。皇冠制成了。过秤的结果表明其重量足等于发给匠师的黄金白银重量之和。可是有人报告说有一部分黄金被匠师用白银偷换了。于是统治者立即把阿基米德召来,让他计算制成的皇冠中有多少白银和多少黄金。阿基米德知道纯金在水中失重 1/20,而白银失重 1/10,根据这一点,他算出了这道难题。假如发给匠师的黄金是 8 公斤,白银是 2 公斤;阿基米德把皇冠放在水中称得的重量不足 10 公斤,而是 9 1/4 公斤。请计算一下,匠师换了多少黄金(假设皇冠是实心的,没有一点空隙)?

【数量关系 10】巴逊的一题定终身

十八世纪法国数学家巴逊,据说他最初的愿望不是搞数学,他的父亲,只希望他将来做个医生。只是由于一个偶然的机会,才使他改变了志愿。

一次,巴逊和他的朋友到乡间去旅行,在路上,碰到有两人到他的住所附近买牛奶。主人从地窖里取来了一桶八公斤的牛奶,买者要求对半分,可是使主人为难的是他身边没有磅秤,只有两个瓦罐,大的可装五公斤,小的装三公斤,怎么办呢?巴逊想了想,便自告奋勇地为主人解决了这个难题。因此,人们都说他有数学天才。巴逊受到了很大的鼓励,从此,他便埋头攻读数学,后来果然成为法国有名的数学家。

此题并不复杂,请你稍动一下脑子,问题就会解决的。

【数量关系测题 11】中村义作的数学游戏

中村义作教授是一位世界知名的数学游戏专家,他每年圣诞节都要出一些题目,以满足社会各阶层的需要。下面这个题目,就是其中之一。

一家农户以果园为生,有一次他们获得空前大丰收,而且又恰逢春节,于是,父亲便拿出一大堆桔子,共 2520 只,分赏给他的 6 个儿子。他先在纸上计算一阵子,然后根据纸上的数字分配桔子。分完以后,他说:"老大,把你分到的桔子分 1/8 给老二;老二拿到以后,连同原先的桔子分 1/7 给老三;老三拿到以后,连同原先的桔子分 1/6 给老四;老四拿到以后,连同原先的桔子分 1/5 给老五;老五拿到以后,连同原先的桔子分 1/4 给老六;老六拿到以后,也连同原先的桔子分 1/3 给老大。"结果,大家手里的桔子正好一样多。

请问,老大、老二、老三、老四、老五、老六各人原先分到的桔子各有多少只(桔子的个数当然指整数)?

【数量关系 12】中村义作的运算符号

中村义作在 1 2 3 4 5 6 7 8 9 这一串数字中间,插入一些"+"或"−"等运算符号,使其代数和等于 99,他发现前者(1…9)可以有 17 种解,倒过来的后者(9…1)可以有 11 种解。中村义作的运算符号虽然很简单,但它们与 1 2 3 4 5 6 7 8 9 这些数字连在一起,得到同一个数,还是要费一番工夫的,你愿意试一试吗?

【数量关系 13】"继子立"的问题

自秦始皇的长子扶苏遭到废黜,皇帝死后,谁来登基就成了各个朝代共同的问题。

这种现象也反映到数学游戏里头,这就是有名的"继子立"问题。英国李约瑟博士还把它写在了《中国科学技术史》一书内。

下面是一道有关继子立的简单动脑筋题。

有一天,老皇帝突然一命呜呼,他留下了外号叫象、狮、虎、豹…等十八个儿子,但没有遗嘱,而这十八个儿子又互不相让。那么,究竟由谁来登基做皇帝呢?三朝元老某公忽然想出了一个好办法:他叫这些王子们排成一个圆圈(如右图),从某一个人开始点数,按顺时针方向进行,每数到第五个人,就命其退出,这样周而复始,谁最后留下来,就由谁即位做新皇帝。

现在要问:如果从图上的象儿开始数起,那么最后留下的是谁?如果要让最狡猾的狐儿最后留下做皇帝,那么应从哪里开始点数?

【数量关系 14】卓别林规模空前的滑稽

有一次，著名喜剧大师卓别林来到伦敦，不到三天，就收到十余万封信！卓别林只好请来六个打字员代为阅信。经过几天的努力，才将来信整理出个头绪：

一类是向好心的卓别林借钱的，款额从 20 先令到 1 万英镑不等。

第二类是来和卓别林认亲的。自我宣称是他母亲的有九人。她们都有根有据地向卓别林述说他小时候被拐骗的经过。卓别林还"获得"了许多个叔叔、姑姑、婶婶和堂兄弟。

第三类是出自女人的纤纤细笔。许多封这样的信充满柔情地表达对大师的爱慕之情，不少人还附上自己的美容近照，邀卓别林幽会。

这三类信件加起来，是一个比较特殊的数目。这个数目从左到右，每个数字是递增的，而且是一个整数的平方。

面对这一大堆无奇不有的信件，喜剧大师说道："这真是出喜剧，空前绝后的规模，比我演的电影还要滑稽。"

如果每封信代表一个人，那么有多少人参与了这幕滑稽剧？

【数量关系 15】数的家族

现在我们不妨采用拟人化的手法，来讲一讲八位数字族中的奇事。整正如豪门望族里头也有一个"老大哥"，它就是 98765432。

老大哥有个特点，即它是八个数皆备，不重不漏，独缺一个 1（0 除外）。把老大哥除以 2，便得到 98765432÷2=49382716。

这是一个缺 5 的数。再将这个缺 5 的数除以 2，得到 49382716÷2=24691358，又得出一个缺 7 的数来了。常言道："一二不过三"，既然有这等奇事，那么干脆再将这个缺 7 的数除以 2，试一试，即

24691358÷2=12345679

它变成一个缺 8 的数了。

现在要问：你能用什么办法在这个缺 8 的数字的基础上，相继找到缺 4 和缺 2 的数？

【数量关系 16】拿破仑的算术题

据说拿破仑不仅善于打仗，也十分喜爱数学。有一天，他为了考考他手下的几位将领的数学才能，特意召集了几百名士兵进行操练。拿破仑命令身边的几位团长把这些士兵排成几路整齐的纵队。所有的士兵都必须排进去，不许漏掉一人。

第一个团长命令士兵们排三路纵队。可是排好后，结果发现多出一个士兵来，他又命令士兵改排四路纵队，可是结果又多出一个士兵。拿破仑换了一个团长来排队形。这个团长先是命令士兵排五路纵队，以后又改排六路纵队，可是不管怎样，到最后总有一个士兵排不上。这时，有一个年轻的团长自告奋勇要求让他来排，拿破仑答应了。果然，在这个年轻军官的指挥下队伍很快排好了纵队形式，正好一个不多，一个不少，十分整齐。

现在请你动动脑筋，场上一共有多少士兵？那位年轻团长排的又是什么队形？

【数量关系 17】十双袜子

（1）一个女孩在抽屉里放着 20 只袜子，其中 10 只是红色的，10 只是白色的。他们混放在一起。一天晚上，当女孩正准备从抽屉里取袜子时，灯突然灭了。女孩只得在黑暗中从抽屉里取袜子。为了保证她从抽屉里取出的袜子中有一双是相同颜色的，她至少必须取出多少只袜子？

（2）为了保证她从抽屉里取出的袜子中有一双是红色的她至少必须取出多少只袜子？

（3）为了保证她从抽屉里取出的袜子中有两只不同颜色，她至少必须取出多少只袜子？

**【数量关系 18】御前会议的起讫时刻**

一天傍晚，某国的皇宫里灯火辉煌，各部大臣和议员端坐在御前桌旁。皇帝点了一下人头，发现元老和大臣都已到齐，便宣布："御前会议现在开始。随着空间事业的发展，我们已有把握安全地往返于火星与地球之间。因此，今天要议论的一个重大问题是向火星大量移民。这可是一个历史性的时刻啊！"说完，皇帝看了看手腕上的手表，时间正好在 6 点到 7 点之间（如右图）。

这次御前会议非常热闹，到会者个个赞同向火星移民，同时又提出各种切实可行的方案。通过论证，终于选了其中一个方案。最后皇帝满面笑容地宣布御前会结束，他认定这次重大行动一定会载入史册。于是，高兴地再次举起手来，看了看手表。这一看使他非常惊奇，原来此时大约是晚上 9 点到 10 点之间，时针与分针所处的位置，正好与会议开始时两针所处的位置对调了一下，即会议结束时的分、时针位置正好是会议开始时的时、分针位置。

你能求出这个极不寻常的御前会议的准确起讫时刻（要求准确到秒）吗？也许你会说，条件就这一点点，能求得出来吗？且慢轻易否定，请仔细地想一想。

**【数量关系 19】爱因斯坦做过的题目**

一天，几位美国的心理学家要考考爱因斯坦，看看他的思维敏捷性究竟如何。于是，他们给他出了一道题目，题目如右图所示，要求尽快地回答图中的符号 Ω ρ θ δ 各代表什么数？到底是爱因斯坦聪明过人，只见他略加思索，很快就给出了答案。爱因斯坦究竟用了多少时间，因未见史书记载，我们不宜盲目猜测。

现在请读者仔细想一想，你能用多少时间，只通过目测和心算解决这个问题？

**【数量关系 20】莱格福德的颜色板**

苏格兰数学家莱格福德看他的儿子在玩颜色板。他儿子从玩具盒中，把红的、蓝的、黄的颜色板各抽出两块来，相互调来调去，排成一行。莱格福德看到六块板的顺序是：黄红蓝红黄蓝，正好符合下面的条件：

（1）两块红板之间，另有一块颜色板；

（2）两块蓝板之间，另有两块颜色板；

（3）两块黄板之间，另有三块颜色板。

莱格福德用"1"表示红，"2"表示蓝，"3"表示黄。将问题换了个样子，把 1、1、2、2、3、3，六个数字排成一行。要求一对 1 之间，另有一个数字；一对 2 之间，另有两个数字；一对 3 之间，另在三个数字。这样，排列的结果；应是 312132。

莱格福德又提出：

如果有一对 1234，怎么排列，才能使两个"1"之间，另有一个数字，两个"2"之间，另有两个数字，两个"3"之间，另有三个数字，两个"4"之间，另有四个数字。

这个问题，你能解决吗？

**【数量关系 21】奎德尔的酒瓶**

"我就是想知道得准确一点儿。"奎德尔一边说着，一边从口袋里掏出一把尺子，在饭

店的餐桌旁蹲下,将尺子立起来,测量细瓶里还剩多少酒。这是个锥形的瓶,顶部的软木塞刚好将瓶口塞满(如下图)

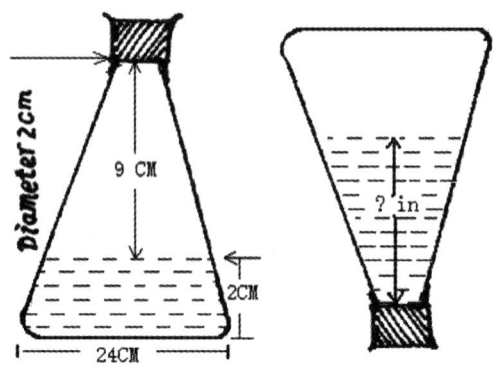

"2 吋",他说。"正好够今天晚餐用的。从瓶底到瓶塞的高度是 11 吋,瓶底是——哦,用英吋测量不是个整数,它的直径是……"说着将尺子翻过来,正好是 24 厘米,瓶塞的直径是 2 厘米。

"这究竟是为什么呀?"他的朋友向他发问。

"当然是怕他们换我们的酒瓶呀?"奎德尔答道。

"下一步你还要把瓶子倒过来量一量吗?"

"不用了,"奎德尔轻松地说:"倒过来瓶里的酒是……"

多少?

(如果你没有公英制换算表,那么解这个题所需的一个大约的换算比例是 1cm= 约 0.39370097259842520314960 63……吋)

注:Diameter——直径;in——吋;cm——厘米

【数量关系 22】安培和会走动的黑板

一天傍晚,安培手持儒勒·凡尔纳的小说在街头散步。突然,他脑子里考虑到书中的一道题目,就向前面的一块"黑板"走去,然后从口袋里掏出粉笔头,在"黑板"上演算起来。可是,"黑板"一下子挪动了地方,而安培的算题还没有算完,他不知不觉地追在"黑板"后面计算。"黑板"越走越快,安培觉得追不上了,这时候他看见街上的行人都朝他哈哈大笑,他才发现那块会走动的"黑板",原来是一辆黑色马车车厢的背面。其实,安培算的是儒勒·凡尔纳借助他的小说中的一位主人公之口出的题目。这个题意是说,当一个身高 1.7 米的人绕地球一周时,他的头顶要比他的脚底多跑多少路?

【数量关系 23】河有多宽

一条大河两对岸各有一个轮渡码头,甲、乙两艘渡轮在同一时刻以不同的速度,分别从 A、B 码头向各自的对方码头(B、A)匀速驶去(如右图)。它们第一次相遇时,甲船离 A 码头的距离为 700 米。在它们各自到达对岸码头后,又立即掉头往回开,两船第二次相遇时,甲船离 B 码头的距离为 400 米。你能否根据这些条件确定这条河多少米宽?

## 【数量关系 24】没有数字的题目

雨果的长篇小说《悲惨世界》，脱稿寄往出版社后，屈指数日，毫无消息。雨果心中忐忑不安，决定写信询问。思忖片刻，他提笔给出版社写了这样一封信："？——雨果。"

出版社的编辑拆阅以后，心领神会，当即给雨果写了回信："！——编辑。"

雨果接到信，点头微笑了。不久，这部轰动世界文坛的《悲惨世界》，便与读者见面了。

智力训练专家巴纳德有心和雨果开个玩笑，他列了一个除法算式，只不过这个算式里没有数字，只用"？"和"！"两种符号表示数字（如右图）。巴纳德要雨果在工作之余将上面"？"和"！"也给破译出来。

这实际是一道除法题，每个数都用橡皮擦掉了，换上了问号和感叹号。你也可以看出，感叹号只表示"0"，因为最后一条线下没有余数。而问号却表示不同的数字。

原来的算式是什么样的？

## 【数量关系 25】安朵奈特式床头板缎罩

老式的安朵奈特式床头板看起来太破旧了，一月份大减价时买的那块缎布头正好可以用来做个罩，但还有个怎样给它配装饰扣的问题。帕特丽夏先是选中了金色的扣子，但是商店老板的存货中只有十个金扣子了。

老板建议："金色的和蓝色的配起来也很好看。例如你可以排成这样一种图案：十个金扣子排成五行，每行四个；其余的用蓝色的扣子。"

于是帕特丽夏买了十个金扣子和十八个蓝扣子。可直到回家后，她才意识到按老板的建议去做是多么困难。

下图是所有扣子在缎罩上的位置，但十个金扣子怎样安排才能构成一个对称的图案，其中可以看出五条直线，每条线上都有四个金扣子？

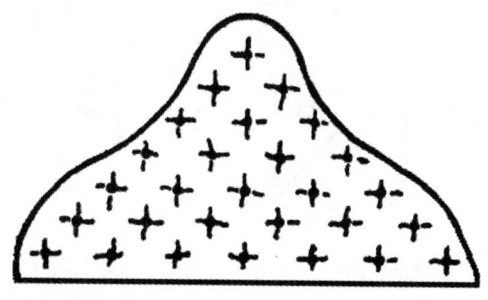

## 【数量关系 26】牛顿的墨迹

牛顿，这位家喻户晓、人人皆知的科学家，1643 年 1 月 4 日，诞生在英格兰林肯郡小镇沃尔索浦的一个自耕农家庭里。牛顿是一个早产儿，出生时只有三磅重，接生婆和他的亲人都担心他能否活下来。谁也没有料到这个看起来微不足道的小东西会成为了一位震古烁今的

科学巨人，并且竟活到了 85 岁的高龄。在学校时，牛顿成绩并不太好，几乎倒数第一。后来他下决心改变这一令人沮丧的状况。有一次，他把自己的作业做得干净整齐，没有任何错误。但正当他把笔和本子收起来时，糟糕的事情发生了：墨水洒了，正好在他的一道算术题中留下了一块墨迹。上图显示了这个令人不快的结果。但还剩下三个数字较为清楚。小牛顿尽了一切努力，可无论如何也想不起来被墨水盖住的都是哪些数字。然而，最后他还是记起来整道题凑巧用了 0、1、2、3、4、5、6、7、8、9 全部十个数，一样一个。

你能把整个题重新写出来吗？

【数量关系 27】巧妙的切割

用巧妙的方法，快速数出右面的棋盘上有多少个圆圈。

【数量关系 28】问号处的数字

问号处应填哪一个数字？

(1)　　　　　　(2)

【数量关系 29】出现了两次的图案

以下 3 个图形，是同一个立方体由于三种不同的放置所呈现出来的三种不同的视面。

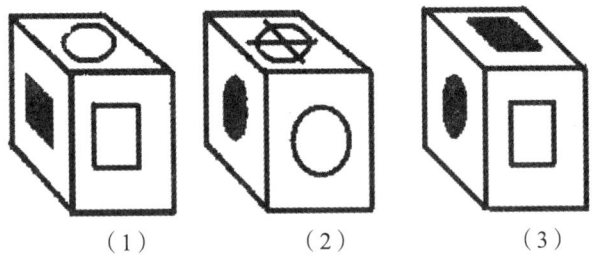

（1）　　　　（2）　　　　（3）

从图中可以看出，有以下 5 重图案分别出现在立方体的各个侧面：

事实上，上述立方体的 6 个侧面都有图案，而出现在立方体的各个侧面上的图案，总共只有这 5 种（a、b、c、d、e），也就是说，有一种图案出现了两次。如果上述三种视面中，位于底部的图案，都不是出现两次的图案，那么，哪个图案出现了两次？

【数量关系 30】互换的重量

右图中有天平秤、水罐、瓶子、杯子、盘子等五种物品。现在根据前三幅的情况,求出瓶子有多重(重量用其他物品来表示)。

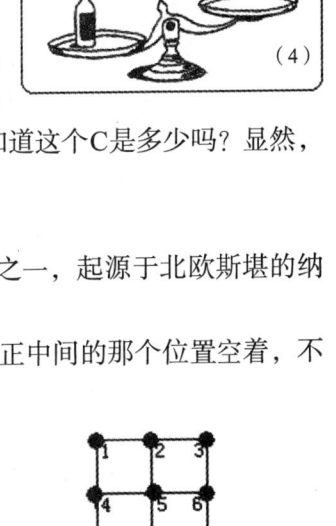

【数量关系 31】异想天开的问题

谁都不会否认,1986 的 1986 次方是个硕大的天文数字,利用对数的性质可以精确地算出 6550 个庞大的数字,注意,不是 6550,是 6550 个数字,要是都写出来的话,就可以密密麻麻地写一张纸,这个数目足以使人吃惊吧!

现在异想天开地提出一个问题:如果把这 6550 个数字加起来,就得到一个和,假定是 A。再将 A 的各位数字相加,又可得到一个和,假定它是 B,继而再将 B 的数字全部相加,又得 C。你知道这个 C 是多少吗?显然,正面强攻是行不通的,希望你能智取。

【数量关系 32】纳维亚半岛的"大钻石"

下面这则游戏的原名叫"大钻石",它是世界著名智力游戏之一,起源于北欧斯堪的纳维亚半岛,现已传遍全世界。

先照右图画一张棋盘。开始时,棋盘上摆着三十二只棋子,正中间的那个位置空着,不放棋子。它们按下面的规则来走棋。

(1)每走一步称为一次"较量",在棋盘上的表现是:一只棋子可以跳过另一只与它相邻的棋子,跳到前方的空格中去。例如,在开始时,棋子可以从 15 跳到 17。跳的时候可以横跳也可以直跳,但不准斜跳,也不能跳过两个或两个以上的子。例如从 2 不能跳到 17;

(2)被跳过的那枚棋子应立即从棋盘上拿掉,意味着它已被"吃"掉;

(3)不跳的话,就不得移动位置。这就是说,"跳"是这种游戏的唯一动作。不允许"走"棋;

(4)只要按照上述规则,一枚棋子可以连续地"跳动"。

本游戏的要求是,要找到一种巧妙的跳法,使最后只剩下一枚棋子。而它又恰好占据在棋盘的中心位置上,犹如屹立于鸡群之中的仙鹤。现在请你开动脑筋,想一想,能否找到一种奇妙的跳法?

这则游戏的评分标准如下:

最后剩下五子者:及格;

最后剩下四子者:良好;

最后剩下三子者:优秀;

最后剩下二子者:颖悟;

最后剩下一子者:高手;

最后剩下一子,且在正中心:大师。

【数量关系 33】梅齐里亚克的砝码问题

法国数学家德·梅齐里亚克在他的名著《数字组合游戏》(1624 年出版)中提出了这样

一个问题：一位商人有一个重40磅的砝码。一天，商人不小心将砝码跌落在地摔成四块。后来，商人称得每块碎片的重量都是整磅数，而且发现用这四块碎片，可以称从1至40磅之间的任意整磅数的重物。

请问这四块砝码碎片各重多少？

【数量关系34】刑事警察的榻榻米疑点

日本人的房间面积是用多少席计算的。席就是榻榻米，是铺席或草垫子的意思。有一天，一位老翁因住宅失火不幸遇难。刑事警察们马上前来检查现场，当时，有个可疑分子作了证言。他说："哎呀，这个老头子的确是个怪人。他每天晚上都在这间7张榻榻米的房间里过夜。他老是说7是吉祥的数字。"

原来，这个可疑分子是做草席生意的。接着，他就画出了房间的草图（见下图，每两个方格可放一张草席）。还用加重的语气反复强调："没错！没错！这个房间的7张草席子是我亲手拿来铺好的……"短小精悍而头脑机灵的刑事警察小川听了这个证言，马上看出了一个大漏洞。请问：可疑之点究竟在哪里？

【数量关系35】笛卡尔的安全返回

在没有飞机的时代，数学家们是不用这么发愁的，现在不行了，因为这么个庞然大物无依无靠地悬在天上可不是玩的。数学家笛卡尔出的这道题表达了这种担忧。

一架飞机（可空中加油）载满油可正好绕地球飞行半圈，若全球只有一个基地，问至少要另外起落几架次加油机，才能保证一架飞机从基地出发安全绕地球飞行一圈？请给出空中加油方案，即在什么时候加油，加多少油？并要保证所有飞机都能安全返回基地。

问题提示：加油机跟主机一样，如果在1/4处加油，那加油机就一点油也没有了，怎么返回基地？

【数量关系36】希腊十字架问题

右图中这只复活节彩蛋上有一个希腊十字架，从它引发出许多切割问题，下面是其中的三个。

（1）将十字架图形分成四块，用它们拼成一个正方形；

（2）将十字架图形分成三块，用它们拼成一个菱形；

（3）将十字架图形分成三块，用它们拼成一个矩形，要求其长是宽的两倍。

【数量关系37】斯威夫特金婚宴会上的趣题

数学家斯威夫特30岁那年与一个名叫玛丽的女子结了婚。夫妻感情很好，一家人生活十分美满。光阴如箭，这年，斯威夫特寿登80，又是他和玛丽金婚纪念日（西方的习惯把结婚满50周年的称为金婚）。斯威夫特看着满堂子孙，分外高兴，为了欢度这个愉快的节日，他从口袋里掏出了一把钱，吩咐家里人去购买一些火鸡、鸭与鹅。

真是无巧不成书，家里人买了这三种家禽各若干只后，正好把这笔钱用光了，更有意思的是，当地的习惯：同种家禽不论大小如何，均以同样价格出售，而且若以先令（英国货币）来计算的话，每种家禽的售价恰巧都是个整数。

斯威夫特这笔钱共有10英镑11先令（1英镑=20先令），而且每种家禽所购买的只数正好是每只家禽的售价数（以先令为单位）。当然，火鸡的价格最贵，鸭其次，鹅最便宜。他们总共买了23只家禽。试问鸡、鸭、鹅每只的售价各多少？在金婚纪念宴会上，斯威夫特就出了上面的趣题。没有多久,有好几个人做出来了,不过极大部分的人解法相当繁琐,唯独一个小外孙所用的办法最为简便易懂,连小学文化程度的人都能明白,因此受到了斯威夫特的夸奖,一同干了几杯鸡尾酒。你能想出一个简单明了的解法吗?

【数量关系38】消失的小钱

这里将要提到的思维趣题名叫"鹅卵石花园问题"。

50余年前,首次在伦敦发表后,原先这个不起眼的问题轰动了英国,犹如在英国广大数学爱好者的眼前撒了一层烟雾。在此以后,它又经常乔装改扮,以歌谣体的、吸引人的词句到处出现,同样迷惑了欧洲大陆上数学趣题迷。故事如下:

史密斯夫人和琼斯夫人在市场里叫卖苹果,不知出于什么原因,史密斯夫人离开了叫卖现场,而把她的苹果交给了另一位卖主琼斯夫人,托她代为销售。

两人都持有同样数量的苹果,但是琼斯夫人的苹果个儿较大,1便士买2个,而史密斯夫人的苹果3个才卖1便士。琼斯夫人为了大家都不吃亏,就把两人的苹果混在一起,按2便士买5个的价格出售。第二天,史密斯夫人回家时,苹果已经全部卖光。在分钱时,却发现缺少7便士。

迷惑数学家达半世纪之久的这个亏空金额,究竟来自何处?

假定为了公平起见,两人把出售苹果的钱平分,那么我们问题是:在这次不走运的合伙经营中,琼斯夫人的损失究竟是多少?

【数量关系39】小国之君

阿齐兹是某国上层人物的儿子,他在美国留学多年,后来风云际会,上台当了国王。新国王上任,有桩当务之急的事,就是要改革币制,铸造新的货币。阿齐兹在美国生活多年,他深深地感到,美国的辅币制度不够健全,1美元以下的辅币只有为数不多的几种,而商品的标价又常常是17.98元之类的价细。如果拿18美元给营业员,零头数往往因为找不出而不找了。为了表示99美分的金额至少需要8枚辅币,那就是:1只五角,1只2角5分,2只1角,4只1分。阿齐兹对这种弊病印象甚深,他觉得必须进行改革。

于是新国王就任命了一位博学之士为造币厂厂长,并郑重地叮嘱他:一定要好好地设计出一套完善的辅币制度,要使得1元以下的任何零头数,至多只要使用2枚辅币就足以应付,辅币的品种可以适当地多一些。厂长接到了这道命令,略一思索就胸有成竹了。当下他禀报国王:"陛下!这有何难哉!我认为这套辅币只要有18种就足以应付了,那就是1分、2分、3分、4分、5分、6分、7分、8分、9分;1角、2角、3角、4角、5角、6角、7角、8角、9角,您的要求不是完全可以得到满足吗?"

不料,国王听到他的这个设计后非常生气,他说:"这是三岁小孩子也能设计的方案,亏您是位博士。难道18种这个数字就不能减少吗?快快给我设计出一个更好的办法来,辅币的品种一定要少于18种,而且最大面值不准超过5角。限你三天解决问题,否则撤职查办!"

厂长回家以后愁眉苦脸,茶饭无心,寝食俱废。眼看两天过去了,他的体重一下子减轻了十多斤。幸而他的一位正在读小学的小儿子聪明过人,帮他解决了问题。

请问他儿子的办法是什么呢?

【数量关系40】数的家族

现在我们不妨采用拟人化的手法,来讲一讲8位数字族中的奇事。真正如豪门望族里头也有一个"老大哥",它就是98765432。

老大哥有个特点,即它是8个数皆备,不重不漏,独缺一个1(0除外)。把老大哥除以2,

即 98765432÷2=49382716.

这是一个缺5的数。再将这个缺5的数除以2，即49382716÷2=24691358，又得出一个缺7的数来了。

常言道，"一二不过三"，既然有这等奇事，那么干脆再将这个缺7的数除以2，试一试，即：

24691358÷2=123456789

它变成一个缺8的数了。

现在要问：你能用什么办法在这个缺8的数字的基础上，相继找到缺4和缺2的数？

【数量关系41】拿破仑的算术题

据说拿破仑不仅善于打仗，也十分喜爱数学。有一天，他为了考考他手下的几位将领的数学才能，特意召集了几百名士兵进行操练。拿破仑命令身边的几位团长把这些士兵排成几路整齐的纵队，所有的士兵都必须排进去，不许漏掉一人。

第一个团长命令士兵们排三路纵队。可是排好后，结果发现多出一个士兵来。他又命令士兵改排四路纵队，可是结果又多出一个士兵。拿破仑换了一个团长来排队形。这个团长先是命令士兵排五路纵队，以后又改排六路纵队，可是不管怎样，到最后总有一个士兵排不上。

这时，有一个年轻的团长自告奋勇要求让他来排，拿破仑答应了。果然，在这个年轻军官的指挥下队伍很快排好了纵队形式，正好一个不多，一个不少，十分整齐。

现在请你动动脑筋，场上一共有多少士兵？那位年轻团长排的又是什么队形？

【数量关系42】总统的如意算盘

在弗洛斯总统统治的国家中，新总统的选期临近了。国内有2000万人选民。其中只有占人口1%的正规军支持总统。弗洛斯想继任总统，但另一方面，他也想使选举成为"民主的"。

弗洛斯这样来安排"民主选举"：先把全体选民分成人数相同的大组，其中每一个大组又分成若干人数相等的组，然后这些组再继续分划，如此等。在最终所分成的那些最小的组中，选举后按简单多数选出一位代表作为复选人来参加较大组选举。这些复选人各组成组后，开始第二轮（较高级的）选举，也是按同样的程序在各自的组内定出一名复选人，组成再高一级的组，参加第三轮选举……最后，最大组的代表直选总统。每一轮选举结束后，弗洛斯可按自己意愿暗中操纵，将复选人分组，并指示他的拥护者该如何参与选举。

试问，弗洛斯能通过自己的操纵来使自己再次当选吗？

【数量关系43】通向埃菲尔铁塔的灯柱

洛克斯和戴维斯承包通向埃菲尔铁塔马路两边的灯柱子的油漆业务。由于两边的灯柱子数量相等，所以，两人商定每人各漆一边。

第二天一早，洛克斯就到道路北边油漆灯柱，当他漆完第3根时，戴维斯来了。他对洛克斯说："你是承包油漆南边灯柱的。"洛克斯无言可答，怪自己记性不好，只好到南边干活。

当戴维斯漆完所承包的北边柱子后，就到南边帮助洛克斯干活，等戴维斯漆完第6根灯柱子时，南边灯柱子也正好全部漆完。

现在请你在1分钟内用心算回答：戴维斯比洛克斯多漆几根路灯柱子？

【数量关系44】心理学家詹姆斯的游戏

心理学家詹姆斯也是数学兴趣爱好者。他把心理学知识与数学结合起来，编制了以下这个游戏。

游戏过程中，詹姆斯始终背对 A、B、C、D 四人而坐，并要求他们保持沉默，只需要按照游戏的要求去做。

首先，詹姆斯要求 A 拿出一张白纸，在上面任意写三个数字（A 在纸上随手写上"539"）。然后，詹姆斯要求 A 这三个数重复写一遍，使它成为一个 6 位数（甲纸上的数字因此成为"539539"）。接着，詹姆斯要求 A 把手中的纸条递给 B，并要求 B 用 7 除纸条上的数。

"不要担心有余数，"詹姆斯对 B 说，"我想不会有余数。"B 惊奇地发现，詹姆斯是对的（539539÷7=77077）。此后，纸条传到了 C 的手里，詹姆斯要求用 11 除 B 的运算结果，结果，仍然没有余数（77077÷11=7007）。最后纸条传到了 D 的手里，詹姆斯对 D 说："用 13 除 C 的计算结果写在纸上交给 A'。"

最后纸条又回到了 A 的手里，詹姆斯说："我并不知道这纸上的最终计算结果是多少，但是我确信，这个结果就是你最初写的那个三位数。"

A 惊讶地发现，詹姆斯是对的（7007÷13=539）！

你能否证明：不管 A 最初选择的三位数是什么，詹姆斯的这个游戏是成立的。

【数量关系 45】蜗牛爬墙的新难题

有一道老掉牙的难题，名叫"蜗牛爬墙"，你们几乎可以在任何一本讲智力测验的书里找到它。但是有位数学家动了点脑筋，把它改编了一下，想不到它竟成了新的难题。这位数学家做了个实验，100 个人中竟有 75 个人的答案是错的。题目如下：

有一堵 11 尺高的墙头，墙的两面都很滑很滑。一只蜗牛从墙脚开始向上爬，它每小时能爬 5 尺。可是这只蜗牛有个习惯，每爬完 1 个小时就要休息 1 个小时，而在休息过程中，由于墙面很滑，它又从墙上滑下 3 尺。请问：蜗牛从墙脚爬到墙要几个小时？这是"蜗牛爬墙"问题的原来提法。

现在这位数学家进行这样的改编：按照同样的说法，蜗牛从墙顶朝墙的另一面向墙脚爬下去，需要多少时候才能够爬到墙脚？当然，这里不考虑蜗牛爬到墙顶后的休息时间。

【数量关系 46】事关重大的炮舰航行

普佐罗总统刚刚获得了一支舰队来保卫他的岛国，这只新舰队由两艘霍萨级炮舰组成。美中不足的是，这两艘炮舰的燃料消耗量大了一点，它们装的燃料只够锅炉烧 24 小时（只能航行 120 哩）。

普佐罗正在计划一次盛大的环岛航行，来炫耀他最好的军舰。但是海军大臣提醒他，该岛的周长可不止 120 哩。因此，这次航行对普佐罗来说，是个荣誉问题，而对军机大臣来说，却是件头疼的事情。

不过本地大学一位数学教授计算了一下，认为如果用其中一艘炮舰充当护航舰，在海上为另一艘舰装运燃料的话，环岛航行还是可以完成的。虽然在港内为一艘炮舰装运燃料要用 8 小时，但这并不需要另一艘炮舰在海上停船等它的姐妹舰赶上来。只有当在海上从一艘舰往另一艘舰上输送燃料时，普佐罗庄严的航行才会被稍微耽误一会儿。如果这个小岛再大一点儿，整个航行将会成为泡影。

如何安排这一次的炮舰航行？这个小岛的周长究竟是多少哩呢？请你不妨来计算一下。

【数量关系 47】痴迷的马克·吐温

马克·吐温在密苏里州办报时，曾有一段罗曼史。

那是一位美丽的金发碧眼的姑娘,她在一家市场收款处工作,当顾客们排队到收款处付款时,马克•吐温就夹在队伍里。

"一瓶西红柿酱、一磅香肠,"她清脆地报出,"27 美元!"这是多么悦耳的声音。

"一包泡泡脆,一罐烤蚕豆,请付 14 美元。"她有着美丽的眼睛。

"一磅香肠,一罐蜂蜜,请付 35 个半美元。"身材也很美。

"一罐烤蚕豆和一瓶西红柿酱,15 个半美元。"她的手指修长而灵巧。

"一罐蜂蜜,一包泡泡脆,一共 28 美元。"笑得多迷人。

马克•吐温付钱了。

她亲切地说:"24 美元。"他又是举帽向她致意,又是伸手在口袋里乱摸,连找的钱也掉了。当他摇摇晃晃,腾云驾雾般地向门口走去时,还被前面的一位胖太太绊了一下。

"等一下,"那悦耳的、天使般的声音又响了起来,"您忘了您买的两样东西了。"

"我买的两样东西?"马克•吐温茫然地问道。这时,他才想起他是买了两样东西,也和别人买的食品同类,但具体是哪两样,他却想不起来了。

您能帮助马克•吐温想起来吗?

【数量关系 48】爱因斯坦的电话号码

掌握了记忆的诀窍,就能记住许多枯燥无味的数字。爱因斯坦的一位女友要求他有空时打电话给她。

"我的电话号码又更换了,难记,请记好。"女友说。

"好,我记着。"

"24361。"

"啊,这有什么难记的呢?"爱因斯坦说,"两打与 19 的平方,我记住了。"

"可是您的电话号码,不是也要更换了?"女友又说。

"我真希望邮局不要再更换我的电话号码了,这实在令人头疼。你不仅要记住新的电话号码,还要通知所有的其他人(除了我的债主以外)。

"不过,我也不应抱怨得太过分,因为这个新的电话号码已经是不错了。有三个特别使我新换的电话号码很好记:"首先,原来的和新换的都是 4 个数字;其次,新号码正好是原来的号码 4 的倍;再次,原来的号码从后面倒着写过来正好是新的号码。所以我不费劲就会记住新号码……"

请问,爱因斯坦的新号码究竟是多少?

【数量关系 49】从主舱到急救艇

一艘船上有四个人,遇到了巨大的海风,船坏了,在 17 分钟后就会陷入海底。他们有一艘急救艇,但是要从主舱到那只艇需要经过一条很窄很脆弱的路。那条路只能走 2 个人每次。再加上船上只有一盏灯,要走那条路必须用灯。

有个老水手——1 分钟跑完全程;

有一个他得力的助手——2 分钟跑完全程;

有一个新手——5 分钟跑完全程;

还有一个独脚水手——10 分钟跑完全程。

问:如何在 17 分钟内使他们都安全到达急救艇?

提示。灯可以任何人拿,还有,1 分钟跑和 2 分钟跑就算 2 分钟。2 分钟和 5 分钟跑就算 5 分钟。必须有人回来送灯。

【数量关系 50】毕加索的立面剖析

毕加索用一块边长为 3 吋的正方体木头，将它漆成黑色，再切成若干个 1 吋的小正方块（如右图）。在角上的 8 个小方块有 3 个面是黑色的，最中央的小方块则一点黑颜色也不会有，其余 18 个小方块中，有 12 个两面是黑色的，6 个一面是黑色的。

请注意，2 面黑色的方块，是一面黑色的方块的两倍；3 面黑色的方块，是一点黑颜色也没有的方块的 8 倍。

现在有一块正方体的木头，可情况正好相反，把它漆成黑色并切成 1 吋的小方块以后，一面黑色的小方块，是两面黑色的小方块的 2 倍，一点儿黑色也没有的方块，是三面黑色的方块的 8 倍。

这块木头，是多大的？

（二）参考答案

【数量关系 1】农妇甲有 40 个鸡蛋，农妇乙有 60 个鸡蛋。

【数量关系 2】据题可算出：巴河姆这一天行走的路程为 39.7 公里；巴河姆这一天走的路所围成的土地面积为 76.2 平方公里。

【数量关系 3】（1）从"他们不能按每队九人凑成两队，"知道四家孩子的总数不到十八个。

（2）叔叔的孩子只能有两个或一个。如叔叔有三个孩子，妹妹至少有四个孩子，弟弟至少有五个孩子，华生最少有六个孩子。因为 3+4+5+6=18（个）。这就不符合题目的要求了。

（3）由于四家各不相同的孩子数（其中一个数要求是 2 或 1）加起来的和小于 18 的情况很多：

如：2+3+4+5=14　2+3+4+6=15　2+3+4+7=16……

1+3+6+7=17　1+4+5+6=16　1+4+5+7=17

而把这四家孩子数相乘，有三种情况相同（见附表 -9）：

附表 -9

|  | 孩子数 | 和 | 积 |
|---|---|---|---|
| 第一种 | 2、3、4、5 | 14 | 120 |
| 第二种 | 1、3、5、8 | 17 | 120 |
| 第三种 | 1、4、5、6 | 16 | 120 |

因为福尔摩斯知道华生的门牌号码，如果乘积不是 120，客人就不必再要求知道叔叔的孩子数 "是一个呢，还是不止一个？" 而当他知道叔叔的孩子数后，就准确地回答了各家孩子的数目，这说明他得到了唯一正确的答案，那必定是第一种情况；叔叔有两个孩子，妹妹有三个孩子，弟弟有四个孩子，华生有五个孩子。如叔叔的孩子是一个，就会有第二种，第三种两个不同的答案，他就不可能得出唯一正确的答案。华生家门牌号码是 "120"。

【数量关系 4】从斯卡格雅伊到杰克•伦敦要赶到的营地有 133 1/3 公里。

事实上，在题目条件中已指出，如以全速再行 50 公里，杰克•伦敦就能早到营地一天。所以，如能以全速再行 100 公里，杰克•伦敦就会准时到达。由此可得出结论，在途中第一天，离营地还有 100 公里。如果杰克•伦敦始终能以全速前进，他就不止走 100 公里，而是能走 100×5/3=166 2/3 公里。多余的 66 2/3 公里，就等于他节约的两天的路程。由此得到，杰克·伦敦预定的全速，是每日 33 1/3 公里。在第一昼夜，他是走了 33 1/3 公里。

这个数再加上还要走 100 公里，全部路程就得出来了。那是：100+33 1/3 =133 1/3 公里。

【数量关系5】公鸡4只，母鸡18只，小鸡78只。或公鸡8只，母鸡11只，小鸡81只。或公鸡12只，母鸡4只，小鸡84只。

【数量关系6】可在10亿个数前面加"0"，再把前面10亿个数两两分组：999999999和0；999999998和1；999999997和2；999999996和3。依此类推，一共可分成5亿组，各组数字之和为9+9+9+9+9+9+9+9+9+0=9+9+9+9+9+9+9+9+8+1……=81。最后一个数1000000000不成对，它的数字之和为1。所以，这10亿个数的数字之和为：（500000000×81）+1=40500000001。

【数量关系7】五人所偷珠宝数为 $5×32=160$。设老大原来偷的珠宝数为 $X_1$，那么其余4人偷得的珠宝总数为（$160-X_1$）。老大第一次给出（$160-X_1$）颗后，余数为：

$X_1-(160-X_1) = 2X_1-160$

第二次他的珠宝数为 $2(2X_1-160)$，

第三次变为 $4(2X_1-160)$，

第四次变为 $8(2X_1-160)$，

最后变为 $16(2X_1-160)$，

由 $16(2X_1-160) = 32$，解得 $X_1 = 81$

又设老二原来偷的珠宝数为 $X_2$。

同理可得方程

$8(4X_2-160) = 32$。解之得 $X_2 = 41$。

设老三、老四、老五原来偷的珠宝数分别为 $X_3$、$X_4$、$X_5$，依次列出方程：

$4(8X_3-160) = 32$，

$2(16X_4-160) = 32$，

$32X_5-160 = 32$，

分别解出得到 $X_3 = 21$，$X_4 = 11$，$X_5 = 6$

由此，可知老大偷得珠宝81颗，其余四人分别偷得宝珠41、21、11、6（颗）。

【数量关系8】赵原要10斤自可单独拿走一甏，仅须把另一个10斤甏和4斤、5斤的瓶来给另外三人分配，其手续如下表附-10：

表附-10

| 次数 \ 容器 | 10斤甏 | 5斤甏 | 4斤甏 |
|---|---|---|---|
| 原装 | 10斤 | 0 | 0 |
| 第一次 | 6斤 | 0 | 4斤 |
| 第二次 | 6斤 | 4斤 | 0 |
| 第三次 | 2斤 | 4斤 | 4斤 |
| 第四次 | 2斤 | 5斤 | 3斤 |
| 第五次 | 7斤 | 0 | 3斤 |
| 第六次 | 7斤 | 3斤 | 0 |
| 第七次 | 3斤 | 3斤 | 4斤 |

【数量关系9】如果定制的皇冠全由纯金制成，它在水外的重量应是10公斤，而在水中应失重1/20，即应失去1/2。但是我们已知皇冠在水中失去的重量不是1/2公斤，而是10-9 1/4公斤＝3/4公斤。这是因为皇冠中还含有白银（它在水中失去的重量不是1/20，而是1/10）多了的缘故。皇冠在水中失去的重量不是1/2公斤，而是3/4公斤，即多失去了1/4公斤。假定在纯黄金制成的皇冠中把1公斤黄金替换为白银，那么，皇冠在水中失去的重量比应失去的多1/10-1/20＝1/20公斤。因此，为了使失去的重量多1/4公斤，就必须用白银来替换黄金，被替换的黄金数量应该是1/4公斤中含有1/20公斤的倍数，即1/4：1/20＝5倍。所以，皇冠的成分不是2公斤白银和8公斤黄金，而是两种各5公斤。有3公斤黄金被匠师用白银偷换了。

【数量关系10】按下表附-11的步骤就可解决：

表附-11

| 次数\容器 | 8斤瓮 | 5斤瓮 | 3斤瓮 |
|---|---|---|---|
| 第一次 | 3 | 5 | 0 |
| 第二次 | 3 | 2 | 3 |
| 第三次 | 6 | 2 | 0 |
| 第四次 | 6 | 0 | 2 |
| 第五次 | 1 | 5 | 2 |
| 第六次 | 1 | 4 | 3 |
| 第七次 | 4 | 4 | 0 |

【数量关系11】这道题目有多种解法，这里我们只介绍通过逆推法来解答的答案。

这堆桔子共有2520只，由于六兄弟拿到的桔子一样多，所以他们每个人都分到420只。老六的420只桔子是他给了老大1/3后剩下的，在他分给老大之前应有：420÷2/3=630（只），他给老大的桔子是：630÷3=210（只）。

老六未分桔子给老大之前，老大的桔子只有：420-210=210（只），这些桔子是他给老二1/8后剩下的，所以他原分到的桔子数应是：210÷7/8=240（只），他给老二的桔子是：240÷8=30（只）。

老二原有的桔子加老大给他的30只，他共有桔子：420÷6/7=490（只），他原分到的桔子数应是：490-30=460（只），他给老三的是：490÷7=70（只）。

老三原有的桔子加上老二给他的30只，他共有420÷5/6=504（只），他原分到的桔子数应是：504-70=434（只），他给老四的是：504÷6=84（只）。

依此类推，就可以算出老四原分到桔子441只；老五原分到桔子455只；老六原分到桔子490只。

【数量关系12】

前半题的十七种解法如下：

12+3+4+56+7+8+9=99　　　　　　　1+2+3-4-5+67+8+9=99
12+3+4+5+6+78-9=99　　　　　　　1+2+3-4-5+6+7+89=99
12+3-4-5+6+78+9=99　　　　　　　1+2-3+4+5-6+7+89=99

12−3+4+5−6+78+9=99
1+23+45+6+7+8+9=99
1+23+4+5+67+8−9=99
1+23+4−5−6−7+89=99
1+23−4−5+67+8+9=99
1+2+34+56+7+8−9=99

1−23+45−6−7+89=99
1−23−4+56+78−9=99
1−2+34+56−7+8+9=99
1−2+3+4+5+6−7+89=99
1−2−3−4+5+6−7+89=99
1−2−3−4−5+6+7+89=99

后半题的十一种解法如下：

9+87+6+5−4−3−2+1=99
9+87+6−5−4−3+2−1=99
9+87+6−5−4+3+2+1=99
9+87−6+5+4−3−2−1=99
9+87−6+5+4−3+2+1=99
9+87−6−5−4−3+21=99

9+8+7+65+4+3+2+1=99
9+8+7+6+5+43+21=99
9−8+76−5−4+32−1=99
9−8+7+6+54+32−1=99
9−8−7+65+43−2−1=99

【数量关系 13】用逐个试验的办法就可以知道，如果从狮开始点数，每点 5 个人就去掉一个，那么第一个去掉的便是猩，第二个是罴……最后剩下来的应该是马。

下面再来解决它的逆问题。要解决逆问题就需要一点数学头脑了，如果硬做，就会显得相当繁琐。由于象、狮、虎、豹……十八只动物排一圆圈。如果他们等间距排列的话，则每两只动物之间的角度为 20 度。（360 度 /18 = 20 度。）。现在我们把上面图形按顺序时针方向旋转 60 度，这时，狐便来到了原来马的位置，而牛却占据了原来狮的位置。

从上面讨论可以立即得知，要想让狐最后留下来做皇帝，那么应该从牛开始点数。解决上述"继子立"问题的这个巧妙办法就叫做"重合法"。

【数量关系 14】有 134689 人参与了这场滑稽剧。134689 是 367 的平方。

【数量关系 15】在题目中，用除以 2 的方法，将原先缺 1 的八位数相继变成了缺 5、7、8 的八位数。读者一定已经试过，如果继续用除以 2 的方法是无法进行下去的，因为它将出现小数点，而且又不是八位数了。但是，如果继续把八位数乘以 5，便得到：

12345679 × 5=61728395

它是一个缺 4 的八位数。

将缺 4 的数与缺 7 的数相加，可得

61728395+24691358=86419753

这便是一个缺 2 的数。

读者或许会问：还有什么方法能得到缺 3、6、9 的三个八位数呢？

还可以告诉大家，在这个家庭中，缺 3、缺 6、缺 9 的八位数是没有的，这也是一个规律。

【数量关系 16】场上一共有 301 个兵，可以排出 7 路纵队，每队 43 个人。

【数量关系 17】

（1）她至少必须取出 3 只袜子。

（2）她至少必须取出 12 只袜子。

（3）她至少必须取出 3 只袜子。

【数量关系 18】表的圆面可以均匀地分成 12 个刻度，我们把每个刻度称为一个"字"。

时针在一小时内走过一个字,而分针在一小时内走过 12 个字。根据题目的条件显然可以得出:会议开始的那个时刻,时针处在 6 与 7 之间,分针处在 9 与 10 之间;会议结束的那一时刻,情况正好颠倒过来(见图)。

现在取表面上的 12 作为参考系的原点。假定会议在 x 点开始,也就是说,时针从 12 的位置开始出发,走过的距离是 x 个字;又假定会议在 y 点结束,时针从原点出发,走过的距离便是 y 个字。

再看分针,它从晚上 6 点(那时,它的位置正好指着原点)起,到会议开始时这段时间内走过的距离是 y 个字。在这段时间内,时针将走过 y/12 个字(因为时针的速度是分针的十二分之一)。因此可以列出方程

x=6+y/12……①

根据同样的想法,从会议结束的角度来考虑,也可以得另一个方程

y=9+x/12……②

把这两个方程联立起来求解,即可得出 x=972/143 个字 =6 点 47 分 49 133/144 秒。y=981/143 个字 =9 点 33 分 59 23/143 秒,即御前会议从 18 点 47 分 49 133/143 秒开始到 21 点 33 分 59 23/143 秒结束。

【数量关系 19】图中画的是四种符号,由横排第一行,我们可看出,四个 Ω 之和为 28,则一个 Ω 即为 7;同样,由第二行,我们可以得出一个 ρ 为 8;第三行和第四行的情况较为复杂,不过我们仔细地观察一下,就可以发现,这两行中有三格的内容是一样的,而只有一格不同,即第三行里是一个 Ω,而第四行中是一个 δ,由此,我们可得出这两行之差即为 Ω 与 δ 所代表的数之差,也就是(Ω-δ)为(20-16),因为一个 Ω 为 7,所以,就不难得出 δ 为 3,这样就很容易得出 Ω ρ θ δ 分别代表的数字为 7、8、2、3。

【数量关系 20】有两个答案,一个是 41312432,另一个是 23421314。

【数量关系 21】瓶子倒过来时,其中的酒将是 8 吋。如果细颈瓶的直径在 11 吋的高度内由 24cm 缩减到 2cm,那么,如高度是 12 吋,24cm 最后则会变为 0。所以,假使我们这样看这个锥体的话,在右图中它的高度就是 a = 12 吋,b = 10 吋。瓶里酒的数量,一定是锥体 A 减去锥体 B,也就是锥体 D 减去锥体 C(见倒过来的锥体)。然而相同斜度的锥体的容积同其高度的三次幂是成正比的,所以 $a^3-b^3=d^3-C^3$,即 $d^3 = C^3-b^3 + C^3$,即 $d^3 = 1728-1000+1$,即 729,由此得出 D=9,这样 X 则等于 9-1=8。(希望你不要上 1cm= 约 0.393700792598425203149606 3……吋的当,用上述推理的办法,就根本用不着把厘米转换成吋了。)

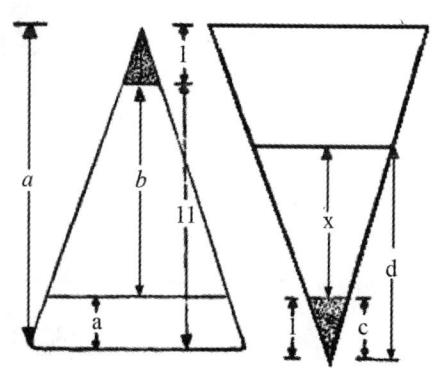

【数量关系 22】设地球半径为 R,由于脚紧挨着地球,所以他走过的路为 2πR。从头部去考虑,它走过的路为 2π(R+1.7)。两者相差为:2π(R+1.7))−2πR = 10.7 米。

【数量关系 23】甲、乙两艘船第一次相遇时,甲船距 A 码头 700 米。这时两船所行驶的路程之和为一个河的宽度。它们相遇后仍各自向对岸驶去,当它们到达对岸后,又离开码头相对行驶并又相遇时(这时甲船离 B 码头 400 米)。在第一次相遇到第二次两船相遇这段时间内,两船又行驶了两个河宽。这样两船共行驶了 3 个河宽。由于两船均以匀速行驶(尽管

两船的速度不同），甲船实际行驶了一个河宽加上 400 米。而每个河宽中，甲船行驶 700 米，所以，它实际行驶了 $700 \times 3 = 2100$（米）。由此可见，河宽为 $2100-400=1700$（米）。

【数量关系 24】

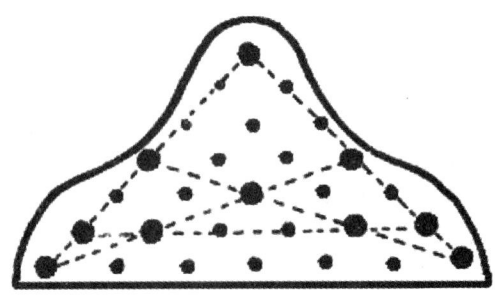

【数量关系 25】十个金扣子如下图这样安排才能构成一个对称的图案，其中可以看出五条直线，每条直线上都有四个金扣子。

【数量关系 26】牛顿的墨迹如下图：

【数量关系 27】如下图：

【数量关系 28】（1）每行数之和为 10，故"？"处应填 1；（2）每行、每列数之和都为 20，故"？"处应填 6。

【数量关系 29】出现了两次的是图 d，我们不妨把它称为空圆。一个图形或者出现 1 次，或者出现2次。假设空圆只出现1次，则图（1）和图（2）的空圆是同一个侧面上的空圆。这样，和空圆相邻的4个侧面上，是4个互相不同并且与空圆也不同的图案。因此，图（1）中位于底部的图案一定出现了2次，这和条件矛盾。所以，图（1）和图（2）中的空圆是两个不同的侧面上的空圆，即出现了2次。

【数量关系30】一只瓶子的重量等于五只杯子的重量。计算方法如下：

高水罐的重量 =A，瓶子重量 =B，盘子重量 =C，杯子重量 =D。由图3可知：2A=3C，所以 C=2/3·A……（1），由图2可知 B=C+D，两边各加 D，得 B+D=C＋2D……（2）

由图1可知：B+D=A……（3）

由（2）和（3）式，得 A=C+2D……（4）

由（1）和（4）式，得 1/3·A=2D，所以 A=6D……（5）

由（3）和（5）式，得 B＋D=6D，则 B=5D。即一只瓶子等于5只杯子的重量。

【数量关系31】正像题目中提示的那样，此题应该用巧妙的方法来解。

我们知道，一位数的最大数是9，两位数的最大数是99，6550位数的最大数应是6550个9，其和为 $9\times 6550$。显然，$A<9\times 6550=58950$，可见 A 的位数至多只有5位；同理 B$<9\times 5=45$，B 的位数至多只有两位，则 C$<9\times 2=18$。又因为 19861986=19862×19861984=32×6622×19861984=9×6622×19861984，显然，19861986 是 9 的整数倍。再根据"能被9整除的数，其各位数字之和也能被9整除"的性质，可知 A 是 9 的整数倍。由此可以推知，B、C 也都是 9 的整数倍。从上面已知 C$<18$，所以 C=9。

这是一道引人入胜的数论方面的趣题。

【数量关系32】让我们采用"序偶"记号（x, y）来把跳法记录下来。所谓"序偶"，就是一对有序实数。这种记号与普通代数里头的坐标记号很类似。不过，这里当然没有纵、横坐标的意思了。

每一对序偶表示一步，其中第一个数字表示这步开始时棋子所在的位置，第二个数字表示它应跳到的位置。例如（5,17）就是表示从5跳到17，被跳过的棋子在此种记法中不予表示，所以，读者应将每步跳法与棋盘紧密地对照，以免发生差错。

为了便于掌握起见，可将以下跳法分成三大阶段。

第一阶段共21步：（29，17），（22，24），（31，23），（33，31），（16，28），（31，23），（4，16），（7，9），（21，7），（10，8），（7，9），（12，10），（3，11），（1，3），（18，6），（3，11），（30，18），（27，25），（13，27），（24，26），（27，25）。

到此为止，棋盘上还剩下十一个子，其样子很美丽，很对称，像只蜻蜓（下左图）。如果你走不到这个结果，那么一定在什么地方出了毛病，请马上检查。

第二阶段共6步：（10，12），（12，26），（26，24），（24，22），（22，8），（8，10）。

在第二阶段的跳法中，有一个根本的特征，那就是出现"连跳"动作，因此，国外书上把它叫做"连锁反应"。此时棋盘上只剩下五个子（下右图），已达到及格的标准。故又名"五子登科"。

第三阶段共4步：（17，15），（5，17），（18，16），（15，17）。

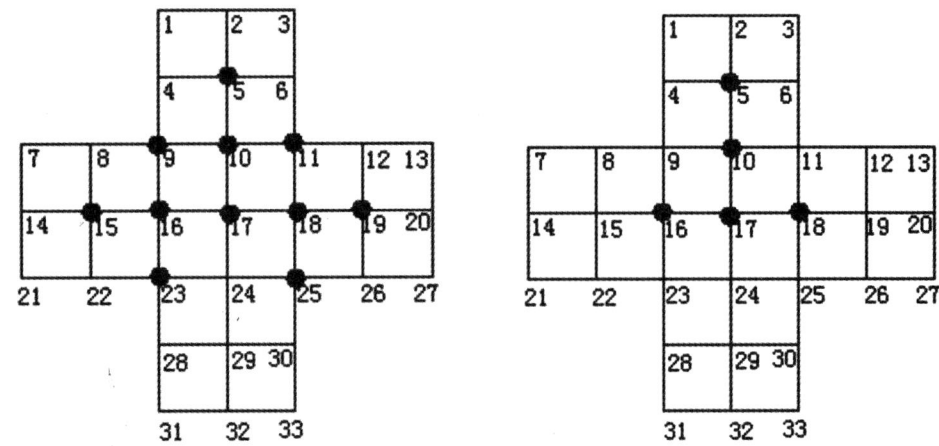

到此大功告成，棋盘上只剩下一枚棋子，且正好占据棋盘的中心位置。

以上跳法共需31步。步数能不能再减少呢？这是一个可以探讨的问题，也许读者能找到更简便的跳法。

【数量关系33】天平的两个秤盘分别为砝码盘和秤量盘，在砝码盘上只能放砝码，而在秤量盘上除了可放重物外还可以加放砝码。

有一系列砝码A、B、C……（均分整数磅），把它们适当地分放在两个秤盘上，就能秤出从1到n所有整数磅的重物。德·梅齐里亚克指出：如果有一块新砝码P，只要它的重量是原有砝码的重量总和n的两倍加1，P=2n+1，那么，当这个新砝码P加入砝码组A、B、C……之后，就能秤出从1至3n+1的所有整数磅的重物。

在商人跌碎的四块碎片中，如果要使碎片A和B能称出最多种重量，那么A必须是1磅，B必须是3磅，这两块碎片就能称出1、2、3、4磅的重物。

假如第三块碎片C的重量等于2n+1，即C=2×4+1=9（磅），那么，用A、B、C三块碎片就能秤出从1至13磅的所有整数磅重物。

第四块碎片D，它的重量等于2×13+1=27（磅），那么，A、B、C、D这四块碎片就能秤出1至40磅的所有重物。

所以，商人跌碎的四块砝码碎片，应分别重1、3、9、27磅。

【数量关系34】日本的刑事警察一般都经过相当严格的训练，他们的文化素质较高。这个问题就可以用简单的"奇偶校验法"来看出破绽。

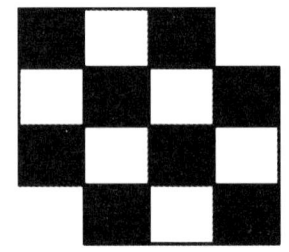

只要像右图那样画出黑白交错的方格，便会恍然大悟：如果黑格数等于白格数，那么就必然可用整张的草席子来铺满这间房间（因为一张整张的草席子正好能覆盖一个黑格和一个白格）。现在，图上却有八个黑格和六个白格，所以用七张榻榻米是无论如何满足不了要求的。

结果，草席商遭到逮捕审问，他果然招供，他确是一个图财害命的纵火杀人犯。

【数量关系35】第一套方案：用5架飞机。5架飞机可分别记为A、B、C、D、E，A为主机，驾驶飞完全程，B、C负责送，C、D负责接。考虑到给主机加油的飞机要安全飞回基地（无论是送还是接），而其本身消耗的油是完全浪费的，故尽量让它们飞行路程最短。因此，从基地算起，中间 1/4 到 3/4 这段距离一定要让主机 A 独自飞完（最大航程为 1/2）。再考虑用最少的飞机去接、送。

（1）A、B、C 3 架飞机同时起飞，在全程 1/8 处，其中一架 C 将其余两架 A、B 补满，自己则飞回基地；剩余的 A、B 继续飞行，至 1/4 处，B 将 A 的油补足，自己返回基地。这样，主机 A 得以飞行至 3/4 处。

（2）A 飞行至 3/4 时，油基本耗尽，恰好遇上独自从基地反方向飞来的 D，此时 D 还剩 1/4 的油，与 A 平分，A、D 均为 1/8。继续飞行至 7/8 处，恰好遇上独自从基地反方向飞来的 E，此时 E 还剩 3/8，A、D 油已经基本耗尽，E 将油分给 A、D 各 1/8，3 架飞机恰好飞回基地。

第二套方案：只需要 4 架飞机（分别为 A、B、C、D）。

方法 1：①A、B 同时起飞，飞到地球 1/6 处，B 将自己 1/3 的油加给 A，这样 B 就可以用余下的 1/3 的油返航；②A 现在是满油，可以飞行到地球的 1/6+1/2=2/3 处，也就是从反方向还将剩 1/3 的路程；③B、C 再从反方向起飞，飞到地球反方向 1/6 处，B 将自己 1/3 的油加给 C，这样 B 仍能用余下的 1/3 的油返航；④C 再飞行地球 1/6 到达地球反方向 1/3 处时恰好与 A 会合，这时 C 只剩 2/3 的油，将其 1/3 加给 A 后，两机各剩 1/3 的油，还能同时飞到地球反方向的 1/6 处；⑤B、D 最后一次起飞，飞到地球反方向 1/6 处与 A、C 会合，B、D 分别将其剩余 2/3 的油的一半即 1/3 的油加给 A、C，这样，每架飞机都有 1/3 的油，恰好完成最后 1/6 的航程。

方法 2：①A、B、C、D 同时起飞，飞到地球 1/6 处，B、D 分别都将自己 1/3 的油加给 A、C，这样 B、D 就可以各自用余下的 1/3 的油返航；②A、C 现在都是满油，再飞行地球的 1/6 路程，到地球的 1/3 处；③这时，A、C 各剩 2/3 的油，C 将自己 1/3 的油加给 A 后，C 剩 1/3 的油，A 现在又是满油。C 返航到地球的 1/6 处，A 将可以飞行到地球的 1/3+1/2=5/6 处，也就是从反方向还将剩 1/6 的路程；④D 再次起飞在地球的 1/6 处与 C 会合，这时 D 只剩 2/3 的油，将其 1/3 加给 C 后，两机各剩 1/3 的油，能同时返航；⑤B 最后一次起飞，飞到地球反方向 1/6 处与 A 会合，B 将其剩余 2/3 的油的一半即 1/3 的油加给 A，这样，每架飞机都有 1/3 的油，恰好完成最后 1/6 的航程。

当然这只是理想情况下的一道题，不考虑加油时间与起飞准备时间。

【数量关系 36】（1）有无限多种办法把一个希腊十字架分成四块，再把它们拼成一个正方形，下图给出了其中的一个解法。奇妙的是，任何两条切割直线，只要与图上的直线分别平行，也可取得同样的结果，分成的四块东西总是能拼出一个正方形。

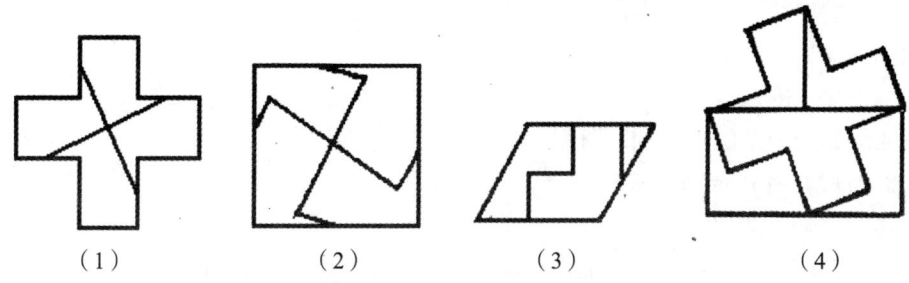

（1）　　　　（2）　　　　（3）　　　　（4）

【数量关系 37】设火鸡、鹅和鸭的每只售价各为 $x$、$y$、$z$（先令）。根据题意，它们分别购买了 $x$、$y$、$z$ 只。由此可得出方程：

$x+y+z=23$（只）

$x^2+y^2+z^2=211$（先令）

这里10英镑11先令等于211先令，而且x>z>y。小外孙的解法如下：

由题意可知，x、y、z的值必须都是正整数。首先从最大的x着手，x的绝对值不可能等于（或小于）15，因为$15^2=225$，已超过了211。那么，设x=14，由于$14^2=196$，于是$y^2+z^2=15$，比15小的平方数只有9、4、1三个，显然它们是不可能满足$y^2+z^2=15$这个方程的。再设x=13，则$y^2+z^2=42$，比42小的平方数有36、25、9、4、1，也容易看出，它们也是不能满足方程$y^2+z^2=42$的。

按照这种方法进行类推，发现x=11时；能满足上面方程，即y=3，z=9。

【数量关系38】设苹果按每只1/3便士与每只1/2便士的价格出售，则按2只平均时，每只价格为5/6×1/2，即5/12便士。为便于和下面的售价比较，我们进行通分，把它化成25/60，如果5只苹果卖2便士，即1只苹果2/5便士，相当于24/60便士。这么一来，每卖掉1只苹果，就要损失1/60便士。

题目已告诉我们，损失了7便士，因此出售的苹果共有60×7=420只，于是就可以了解到，两位夫人当初各有210只苹果。琼斯夫人的210只苹果，照理应当可卖得105便士，现在照5只苹果2便士的价格出售，所得的总收入对半开，她只能分到84便士，损失了21便士。而史密斯夫人，按理说，从她出售的苹果中只能收入70便士，实际得到84便士，多捞14便士。

【数量关系39】造币厂厂长的小儿子设计出来的一种辅币制度，其品种可以减少到16种。它们是：

1分，3分，4分，9分，1角1分（简称11分，下同），16分，20分，25分，30分，34分，39分，41分，46分，47分，49分，50分。

容易验证，1元以下的任何零头数都可以至多使用2枚辅币来支付，譬如说：

8=34+49

94=47+47

本题选自德国数学家鲁朗·斯普莱格的趣题。英国伦敦大学的彼得·瓦格纳先生说，他花了很大的工夫，力图改进设计，可是劳而无功，一点也改进不了。

聪明的读者，您能不能加以改进？

【数量关系40】在题目中，用除以2的方法，将原先缺1的八位数相继变成了缺5、7、8的八位数。读者一定已经试过，如果继续用除以2的方法是无法进行下去的，因为它将出现小数点，而且又不是八位数了。

但是，如果继续把八位数乘以5，便得到：

12345679×5=61728395

它是一个缺4的八位数。

将缺4的数与缺7的数相加，可得：

61728395+24691358=86419753

这便是一个缺2的数。

读者或许会问：还有什么方法能得到缺3、6、9的三个八位数呢？

我可以告诉大家，在这个家庭中，缺3、缺6、缺9的八位数是没有的，这也是一个规律。

【数量关系41】场上一共有301个兵，可以排出7路纵队，每队43个人。

【数量关系42】弗洛斯既然能暗中操纵选民的分组，也就能使自己顺利地当选。他先把这2000万个选民分成400万个小组,每组5人;显然5人中若有3人是他的亲信,那么按照少数服从多数原则,这5人中派出来的代表必定是他们的1名亲信,参加第一轮复选。这样,第一轮复选有400万人,其中至少有66666个亲信参加;弗洛斯再将这400万人每4人分一组,为了在小组中取得多数票,4人中必须有3人是其亲信,这样,弗洛斯又在参加第三轮选举的100万个选民中至少保证有22222个亲信参加。接下去的各轮选举依次为:5人一组,得200000个代表,其中至少7407个亲信;4人一组,得到50000个代表,其中至少2469个亲信;5人一组,得到10000个代表,其中至少823个亲信;5人一组,得到2000个代表,其中至少274个亲信;4人一组,得到500名代表,其中至少91个亲信;5人一组,得到100个代表,其中至少30个亲信;4人一组,得到25个代表,其中至少有10个亲信。5人一组,得到5个代表,其中至少有3个亲信。这5个人参加最后一轮选举,显然最后支持总统了。

这个问题的本质在于:每轮选举后,参加复选的选民是上轮选民数的1/4或1/5;而亲信减少得没那么快,为原来的1/3。无怪乎一开始弗洛斯的亲信作用微乎其微,而越到后来越显得举足轻重。这正是指数爆炸的力量。

【数量关系43】看了这道题目后,不少读者会不假思索地回答,戴维斯比洛克斯多漆了3根柱子。但实际上戴维斯比洛克斯多漆6根路灯柱子。

从题意可以心算出:戴维斯实际油漆灯柱的根数比分担的任务多3根灯柱,但在南边多漆了6根灯柱。而洛克斯尽管在北边漆了3根灯柱,可南边却少漆了6根灯柱,他比分担的油漆灯柱任务少了3根,结果,戴维斯比洛克斯多漆了6根灯柱。

【数量关系44】把一个三位数重复写一遍得到一个六位数,就等于把这个说乘以1001得到一个六位数。例如,483483=483×1001。而1001的三个因子分别是7、11、和13,也就是说,1001=7×11×13。因此,把一个三位数重复一遍,也就等于这个数连续乘以7,乘以11再乘以13。所以,把一个数重复写一遍,然后连续除以7除以11再除以13就得到了原来的数。

【数量关系45】本题答案也应分两段来叙述。

第一段是蜗牛从墙脚到墙顶的时间。这是一个老题目。一般人认为,既然这只蜗牛每2小时只爬上去2尺(上升5尺,下滑3尺,则5-3=2),所以,它肯定要花11个小时才能爬上这堵11尺高的墙壁。这种想法是不对的。因为6小时后,蜗牛虽一共爬上去6尺,但到第7个小时时,它正好爬到墙顶休息,再也不可能下滑3尺。所以,一共只需用7个小时就能爬到墙顶。

第二段是蜗牛从墙上往下爬。这是新的难题。答案相当简单,蜗牛只要1个小时就能从墙顶爬到墙脚。对于这个答案,大家都会感到不可思议,这究竟是什么道理呢?

既然蜗牛在1小时休息过程中就要向下滑3尺,这就是说,只要在墙上呆1个小时,它就一定要滑下去3尺。那么,蜗牛是否只是在休息时才滑,而向下爬行时没有下滑呢?当然不是这样的。一堵墙对于同一只蜗牛的爬行和休息都是"一视同仁"的,所以蜗牛向上爬时的实际距离,应为向上爬(不向下滑行)的距离减去它滑下的距离。这是本题的关键之处。

由此可见,假定蜗牛所爬的是一堵墙面不滑的墙,则它1小时可以爬上8尺,即(5+3)=8,而不是5尺。

因此,蜗牛在向下爬时,除了每小时不滑行地向下爬8尺外,每小时再向下滑行3尺,蜗牛一个小时内的向下速度(连爬带滑)是11尺,正好是该堵墙的高度。于是它只需1小时就能从墙顶爬到墙脚。

【数量关系46】周长是200哩。两艘船同时出发，走了40哩后，护航舰将它剩下的燃料的一半装给旗舰，然后返回港口。重新装好燃料后，从相反的方向去接快要耗尽燃料的旗舰，这时它离港口有40哩。护航舰将自己剩下的燃料的一半再装到旗舰上去，两艘船便可一起返回，燃料恰好够用。

【数量关系47】马克•吐温买了一罐烤蚕豆、一罐蜂蜜。所提到的各项食品的单价是：一瓶西红柿酱10.5美元；一磅香肠16.5美元；一包泡泡脆9美元；一罐烤蚕豆5美元；一罐蜂蜜19美元。

【数量关系48】爱因斯坦的新号码是8712，正好是旧号码2178的4倍。这个题，只能有一种答案。

【数量关系49】先让1分钟的和2分钟的一起过去，需要2分钟；再1分钟的回来送灯，这一共就花了3分钟；再让5分钟的和10分钟的过去，又要10分钟，一共就花了13分钟；过去后再让2分钟的回来送灯，这一共花了15分钟；然后再1分钟和2分钟的一起过去需要2分钟，一共花17分钟。4个人正好在船沉没的时候都过去了。

【数量关系50】方块一定是6吋的。这样大的一块木头切开后成为 $6 \times 6 \times 6 = 216$ 块小木块，其中96块有一面黑色，48块有2面黑色，8块三面有黑色，64块全白色。

## 三、语言思维命题

单项语言思维命题以仿写为主，其命题角度：①仿照原文的句式另写句子（包括补写、续写、改写）；②仿照原文所用的修辞手法另写句子；③根据所提供的文段另写句子，使文段语意连贯，语气顺畅，语境和谐；④仿照范句，选择某一事物，创设情景，另写句子，表达思想感情或托物寓意或阐发哲理。单项语言思维命题的基本原则是形似质新形神兼备。所谓"形似"重在"模仿"，涉及句式特点、表达方式、修辞运用、语句的连贯、语境的协调、想象的丰富合理、大胆的创新等诸多因素；所谓"质新"意在"创新"，"质新"为营造了想象的空间，体现了创新的原则；所谓"形神兼备"即单项语言思维命题要体现文字表达与语意语境的和谐统一。单项语言思维命题要按照其"句式、内容、修辞"协调一致且具有推陈出新的原则，使之前后连贯，保持语境的协调，语脉的流畅。

解题的一般步骤是：①整体感知文段的内容，根据上下文意及语境，仔细揣摩，展开联想，梳理大脑中储备的相关信息，确定仿写内容；②局部分析文段的句式特点、表达方式、修辞手法及感情色彩；③初步仿写，反复揣摩，检查仿写的句子是否合乎要求，切记依样画葫芦。确定"形神兼备"后再做定案。

### （一）测题

【语言思维1】根据下面例句的立意与表达形式仿写。

例句：不是所有的花，都开在美丽的春天。

【语言思维2】根据下面例句的立意与表达形式仿写。

例句：即使青春是一枝娇嫩的花，但一枝独放永远不是春天。春天该是万紫千红的世界。

【语言思维3】仿下面例句，续写3句：

例句：如果你是一朵花，就给人们带来一份温馨。

【语言思维4】阅读下面一段歌词，完成题目。

茫茫人海，漫漫大路，你我相遇，成为知己。知己就是走累了一起扶助；知己就是走远了一起回顾。请根据上面画线的两个句子的结构，以"知己就是"开头，仿写两句。

【语言思维5】仿照原句式和修辞手法，续写。

读书是一种乐趣，知识是它的果实；

运动是一种乐趣，＿＿＿＿＿＿＿＿；

劳动是一种乐趣，＿＿＿＿＿＿＿＿。

【语言思维6】下列文字是关于"爱心"的议论，根据已有的句式、意蕴，仿写上句或下句。

例句：爱心是一片冬日的阳光，使饱受饥寒的人，得到温暖；

【语言思维7】模仿下面句子的格式，另写一个句子。

遗忘是心的缝隙，漏掉了多少珍贵的昨天？

感悟是心的眼睛，读懂了多少尘封的历史？

【语言思维8】英雄品质

有一次，一个小伙子问一个受人尊敬的长者："在你看来，一个真正的英雄具有哪些品质？"长者回答说，一个真正的英雄，应该具有14个"要"和14个"但是"：

（1）要勇敢，但是不要急躁；

（2）要行动迅速，但不要轻举妄动；

（3）要机灵，但是要有决断；

（4）要服从，但是不要卑躬屈膝；

（5）要能统帅，但是不能盛气凌人；

（6）要做胜利者，但是不能贪图虚荣；

（7）要气度高雅，但是不能骄傲自负。

以上仅举七个例子，其余的，我们仅提供前面的："要"，请你试着把"但是"后面的句子补上。这有助于锻炼你思考问题的周密性，从正反两个方面来考虑体现事物。

长者继续说：

（8）要亲切和气，但是＿＿＿＿＿＿＿＿；

（9）要坚定，但是＿＿＿＿＿＿＿＿；

（10）要谦虚，但是＿＿＿＿＿＿＿＿；

（11）要招人喜欢，但是＿＿＿＿＿＿＿＿；

（12）要受人赏识，但是＿＿＿＿＿＿＿＿；

（13）要坦率，但是＿＿＿＿＿＿＿＿；

（14）要坚决果断，但是＿＿＿＿＿＿＿＿。

【语言思维9】0的断想

有位作家写了一首散文诗《0的断想》：

0是谦虚者的起点，骄傲者的终点；

0的负担最轻，但任务最重；

0是一面镜子，让你重新认识自己；

0是一只救生圈，让弱者随波逐流；

0是一面敲响的战鼓，叫勇者奋勇进取。

0的确是一个神奇的数字，它可以引起人们无穷的联想，你从它身上还会想到一些什么呢？比如说，0是一块空地，0是一个袅袅升起的烟圈，

0是一只坚硬无比的铁环……请您按上述散文诗的格式，分别把这三句的后半句写出来。

【语言思维10】把艺术家比作什么

画家林风眠曾把艺术家比作蝴蝶。他说："起初，它是一条蠕动的毛虫。为了能飞起来，它先结一个茧，把自己禁闭在内，化成蛹而彻底变形。最终，也是最重要的是它得从茧里挣脱出来，才能自由地翱翔于空中。茧子即表示艺术家在早期必须刻苦学习技法和接受教育。"

请你思考：

（1）把艺术家比作春蚕，可不可以？

（2）把艺术家比作蜜蜂，可不可以？

（3）把艺术家比作险滩行舟，可不可以？

（4）把艺术家比作苦行僧，可不可以？

如果可以的话，请你选择几个，仿照上文，写一短文。

【语言思维11】关于书的比喻

"我扑在书上像饥饿的人扑在面包上"。"一本好书就是一个好的社会，它能陶冶人的情感与气质，使人高尚。""书是全世界的营养品。"以上是文学家关于书的比喻。还可以把书比喻成什么呢？把书比喻成阶梯、源泉、船只、顾问……行不行？如果行的话，请你仿照以上的写法，选写一句。

【语言思维12】他会变得怎样

一次，一个青年人在路上拾到一张2元钱的钞票。从此，他走路时眼睛总是离不开地面，40年的漫长岁月过去了……他会变得怎样？请你想象一下，用简洁的语言表达一下。

【语言思维13】听者类型

英国诗人柯勒律治把读者分为四类：

第一类好比计时的沙漏，注进去，漏出来，到头一点痕迹也没留下；

第二类好比海绵，什么都吸收，挤一挤，流出来的东西原封不动，甚至还脏了些；

第三类像滤豆浆的布袋，豆浆都流了，留下来的只有豆渣；

第四类是宝石矿厂里的苦工，把矿渣甩在一旁，只拣些纯净的宝石。

读了这段名言，对你有什么启发？其实岂止读者可以分类，仔细想想，听者、写者、说者不也可以分成若干类吗？请模仿柯勒律治文章的写法，用《你属于哪类听者》为题写一短文。

【语言思维14】前者与后者

（1）俄国作家列夫·托尔斯泰说："一个人就好像一个分数，他的实际才能好比分子，而他对自己的估计好比分母，分母愈大分数的值就愈小。"

（2）古希腊哲学家基诺说："大圆圈比小圆圈掌握知识当然多一点，但因为大圆圈的周长长，所以它与外界空白的接触面也比小圆圈大，因此就更感到知识不足，需要努力学习才能弥补。"

如果把这两段比喻作为论据，那么前者与后者有何不同？他们分别对哪两种人提出忠告？请你用一句话分别概括出它们蕴含的哲理。

【语言思维15】历史是什么

历史学家吴晗说："历史是一本书，时间是一支笔"。把历史比作一幅画、一座高山、一棵大树、一条长河、一艘行进的船行不行？请你仿写吴晗的话：要求句式相同，语意连贯。

【语言思维16】两种模式

小孩都没有善恶之分，从小学到了什么，长大了便会成为什么样的人。最先进入孩子心中的东西一旦定型，以后无论是遇到好事还是坏事都很难动摇孩子的习惯。因此，我们应该让孩子从小接近好人，给孩子指引一条好的道路。下面有两种教育模式，一种是消极模式，一种是积极模式，请仿造消极模式，把积极模式填齐。

（1）消极模式

孩子生长于批评中，便学会论断人。
孩子生长于恐惧中，便学会了焦虑。
孩子生长于无助中，便学会了抱憾。
孩子生长于荒唐中，便学会了羞愧。
孩子生长于嫉妒中，便学会了怀恨。
孩子生长于羞辱中，便形成罪恶感。

（2）积极模式

孩子生长于鼓励中，便学会了_____
孩子生长于包容中，便学会了_____
孩子生长于赞美中，便学会了_____
孩子生长于接纳中，便学会了_____
孩子生长于肯定中，便学会了_____
孩子生长于认同中，便有确定_____
孩子生长于分享中，便学会了_____
孩子生长于民主中，便学会了_____
孩子生长于诚实中，便学会了_____
孩子生长于安全中，便充满了_____
孩子生长于友爱中，便将乐于_____

【语言思维17】仿照下面画线的句子，续写一个表达对故土或亲人的思念之情的句子。

我国古典诗歌内涵丰富，很能激起人们的联想和想象。"日出江花红胜火，春来江水绿如蓝"，吟咏这脍炙人口的诗句，谁不为春回大地后祖国母亲多姿多彩的面貌而自豪？

【语言思维18】仿照例句，运用比喻，另写一组句子。（可选择新的本体和喻体，句意需前后联系，字数不一定与原句相同）

例句：一棵树，是一艘大地的船，为春风升起绿帆。

【语言思维19】仿写：要求句式相同，语意连贯。

例句：体谅是友情中的一缕春风，微笑是交往中的一份礼物。

【语言思维20】根据语境，在横线上填上适当的语句，把句子补充完整。

溪流、湖泊、山泉是大自然的杰作，大自然因为有了水而有了灵性，有了生机。水是有灵魂的。水的灵魂如同少女一般韵味十足，如同_____，如同_____。

【语言思维21】模仿下文中画线的句子，按要求再续写一个句子。

人格决定诗格，诗是诗人真情实感的流露，诗的光彩是诗人思想性光彩的折射。试想：屈原如果没有一腔火热的爱国衷肠，能写出感人肺腑的《离骚》来吗？

【语言思维22】根据下面例句的立意与表达形式仿写句子。

例句：吃饭穿衣是为了活着，但是活着决不是为了吃饭穿衣。

【语言思维23】根据下面例句的立意与表达形式仿写句子。

什么样的年龄最理想？鲜花说，我开放的年龄千枝秀。

什么样的心灵最明亮？月亮说，我透明的心灵多坦荡。

【语言思维24】根据下面例句的立意与表达形式仿写以 B 和 C 开头的句子。

例句：A 像一张互相支撑的梯子；像一座高高耸立的铁塔；还像一枚冲向云端的火箭。

【语言思维25】根据下面例句的立意与表达形式仿写句子。

例句：舞台小社会，社会大舞台，演尽人间悲欢离合。

【语言思维26】根据下面例句的立意与表达形式仿写句子。

例句：只要热爱生活，一方静夜的星空，能读出缠绵的诗意；一泓清漾的秋水，能品出空灵的画魂。

【语言思维27】根据下面例句的立意与表达形式仿写句子。

例句：妈妈的爱/是一个枕头/枕着我鹅黄色的梦/我不怕长胡子的陌生人/也不怕黄鼠狼。

【语言思维28】根据下面例句的立意与表达形式，以绿色、蓝色和黑色仿写句子。

例句：红色，如冬日里的太阳，发出光和热，给人带来温暖。

【语言思维29】在横线上续写一句，前后句式、意思、修辞手法要保持一致：

没有一本书的家庭，是一个没有花的花园，是一个没有鸟的树林，是一个没有_____，是一个没有_____。

【语言思维30】依照下面这句话的格式继续仿造三句话，再在后面加一句话，作为前面四句话的总结。

如果你是一棵大树，就洒下一片绿荫；

例句：如果你是一棵大树，就洒下一片绿荫；如果你是一棵小草，就点缀春天；如果你是一支蜡烛，就放出所有的光明；如果你是一只春蚕，就吐出最后一根蚕丝：人人都应当这样奉献！

【语言思维31】仿照下面的格式，在横线上续写两句：

多自豪，如同厨师夸赞精美的菜肴，建筑家夸赞高耸的楼房，母亲夸赞怀中的娇儿，_____；_____。

【语言思维32】请仿照下面的句子的形式，从"鲜花"、"矿石"、"蜡烛"、"航船"等事物中选择两个作为陈述对象，写两组句子。要突出所写对象的特征。

例句：种子，如果害怕埋没，那它永远不能发芽。

【语言思维33】请仿照下面的句子的形式，从"小花"、"小草"、"小树"等事物中选择两个作为陈述对象，写两组句子。要突出所写对象的特征。

例句：山间的清泉，你何必与大海比浩瀚呢？你自有你的清纯。

【语言思维34】仿照下面的格式，在横线上续写两句：

书是火花，能点燃心中之火；

书是雨滴，能滋润荒凉之漠；

书是信仰，能领导教徒之心；

_____

_____

【语言思维35】请仿照下面的句子的形式，从"土地"、"河流"、"大海"等事物作为陈述对象，写3组句子。要突出所写对象的特征。

例句：白云所以为人讴歌，是因为它纯洁多姿。高山所以为人景仰，是因为它正直崇高。

【语言思维36】请仿照下面的例句的形式，以"清风"、"春风"作为陈述对象仿写。

例句：如果我是阳光，我将照亮所有的黑暗。如果我是清风，_____。如果我是春风，_____。

【语言思维37】请仿照前面的句子的形式填空。

我骄傲：我是中国人。黄土高原是我挺起的胸膛，黄河流水是我沸腾的血液，巍峨泰山，是我不屈的_____；奔腾长江，是我跳动的_____。

【语言思维38】根据下面例句的立意与表达形式仿写3个句子。

例句：青春是盛开的鲜花，用它艳丽的花瓣铺就人生的道路。

【语言思维39】根据下面例句的立意与表达形式，从"雪"、"风"、"雷"、"电"等事物中选择1个作为陈述对象。要突出所写对象的特征。

例句：火，闪烁、跳跃、滑动、游移，只要有足够的氧，在任何时空中都能爆裂出辐射状的光芒，不断模拟自我，再现自我。

【语言思维40】根据下面例句的立意与表达形式，从青春"、"年华"等事物中作为陈述对象。要突出所写对象的特征。

例句：生命像花朵。乐现者预祝它将留下甘甜的果，悲现者担心它会消尽短暂的香。

【语言思维41】根据下面例句的立意与表达形式，仍以"拓荒者"为陈述对象仿写句子，越多越好（字数不做严格要求）。

例句：有的拓荒者是天生的冒险家。他将薄田变成沃土，将沙漠变为绿洲。

【语言思维42】根据下面例句的立意与表达形式，以"祖国"为陈述对象仿写句子。

例句：大海啊！哪一颗星星没有光？哪一朵花没有香？哪一次我的思潮里，没有你波澜的清响？

【语言思维43】根据下面例句的立意与表达形式，仍以"时间"为陈述对象仿写句子。

例句：时间是一根铁鞭，生命是一树繁花；一朵一朵地击落，等到击完的时候，把满地残红踏入泥沙。

【语言思维44】根据下面例句的立意与表达形式仿写句子。

例句：路边的那一潭死水，无纹无波。我不要这样的生活！要么就卷入长江大海，要么就无声地滋润田禾。

【语言思维45】根据下面例句的立意与表达形式，仍以"假如生命是——"为陈述对象仿写句子。

例句：假如生命是云，不要炫耀色彩的绚丽，也不要放浪地漂游；要化成雨，无声地洒向大地，滋润万物。

【语言思维46】根据下面例句的立意与表达形式，仍以"——在二月"为陈述对象仿写句子。

例句：太阳在二月升高，柳条在二月长垂。白雪在二月消融，冰凌在二月隐退。

【语言思维47】根据下面例句的立意与表达形式，仍以"试试看"为开头仿写句子。

例句：试试看不是像企鹅那样静静站在海边，翘首期盼机会的来临。而是如苍鹰一般不停的翻飞盘旋，执著地追求。

【语言思维48】根据下面例句的立意与表达形式仿写后两句子。

例句：一片叶子在拥有一棵树之前，先拥有阳光和信心。"人生下来不是为了被打败的。"海名威隔着两万海里重洋说。

【语言思维49】根据下面例句的立意与表达形式仿写。

例句：年轻就是财富。虽然你现在还只是一株稚嫩的幼苗，然而只要坚忍不拔终会成为参天大树。

【语言思维50】根据下面例句的立意与表达形式仿写。

例句：强者面前永远没有无奈！让真理帮你荡去无奈，"林花扫更落，径草踏还生。"荡去了无奈，你就会重新踏上前进的列车。

（二）参考答案

【语言思维1】①不是所有的果，都结在金色的秋季；②不是所有的歌，都唱在温馨的时刻。

【语言思维2】①即使青春是一株伟岸的树，但一株独秀永远不显挺拔，成行成排的林木才是遮风挡沙的绿色长城。②即使青春是一叶孤高的帆，但一叶孤帆很难远航，千帆竞发才是大海的壮观。

【语言思维3】①如果你是一棵小草，就给人们带来一份绿色；②如果你是一片树叶，就给人们带来一份绿阴；③如果你是一缕阳光，就给人们带来一线光明。

【语言思维4】"知己就是知己就是 痛苦时，一起倾诉；""知己就是知己就是 快乐时，一起分享。"

【语言思维5】①健康是它的果实；②收获是它的果实。

【语言思维6】

①爱心是茫茫沙漠上的一片绿洲，使濒临绝境的人重新看到生活的希望；

②爱心是一首飘荡在夜空中的歌谣，使远在他乡的游子思念自己的故乡；

③爱心是一泓清澈的甘泉，使心灵枯萎的人特别感到情感的滋润。

【语言思维7】①记忆是心的储仓，积累了多少珍贵的往事？回忆是心的细线，串起了多少美好的故事？②理解是心的渠道，获得了多少珍贵的友谊？理解是心的钥匙，打开了多少封闭的心扉？

【语言思维8】（8）但是不能虚情假意；（9）但是不能固执己见；（10）但是不能妄自菲薄；（11）但是不能阿谀奉承；（12）但是不能自作聪明；（13）但是不能疏忽大意；(14)但是不能顽固不化。

【语言思维9】0是一块空地，它可以由你耕种五谷；0是一个袅袅升腾的烟圈，在烟雾中叫你虚度年华；0是一只坚硬无比的铁环，一只只铁环连成一体，就能组成一条坚韧的铁链……

【语言思维10】（1）艺术家好比春蚕。蚕吃的是桑叶，但它的消化能力极强，能很好地吸收纤维物质，然后储存、积累，直到吐出白的蚕丝。为人类造福的蚕丝就是它创作出来的"艺术品"。

（2）艺术家好比蜜蜂。蜜蜂是非常勤快的，它不习惯于叮在一朵花上，而喜欢亲近所有的花——这不就是艺术家辛勤创作的写照吗？

……

【语言思维11】（1）"书是人类进步的阶梯。"（高尔基）（2）"爱护书籍吧。它是知识的源泉。"（高尔基）（3）"一本新书像一艘船，带领着我们从狭隘的地方，驶向生活的无限广阔的海洋。"（凯勒）（4）"书是随时在你近旁的顾问，随时可以供给你所需要的知识，而且可以按照你的心意，重复这个顾问的效果。"（凯勃司）

【语言思维12】40年的漫长岁月过去了，他收集的纽扣、别针、小螺钉、破鞋底、橡皮筋等杂物足有几筐，连背也驼了，十分可怜。他失去了友爱，失去了对大自然美景的欣赏，也失去了为别人服务的机会。

【语言思维13】听者可分为四类：第一类好比听相声，内容风趣，他听了哈哈大笑，内容枯燥，他趴在桌上睡大觉；第二类好比录音机，无论什么话，不加分析全部吸收；第三类好比离心器，对听到的内容不记不想，听过就忘记；第四类好比吸铁石，只吸引铁器。

【语言思维14】（1）托尔斯泰的比喻对那种"有了一点成绩就自以为了不起，不知天高地厚"的人提出了忠告；（2）基诺的比喻对那种"有了一点成绩就自满自足，故步自封"的人提出了忠告。

【语言思维15】历史是一幅画，时间是绚丽的色彩；历史是一座高山，时间是嶙峋的巨石。；历史是一棵大树，时间是繁茂的枝叶；历史是一条长河，时间是涌动的波涛；历史是一艘行进的船，时间是一张网。

【语言思维16】

孩子生长于鼓励中，便学会了自信。

孩子生长于包容中，便学会了忍耐。

孩子生长于赞美中，便学会了欣赏。

孩子生长于接纳中，便学会了爱人。

孩子生长于肯定中，便学会了自重。

孩子生长于认同中，便有确定目标。

孩子生长于分享中，便学会了慷慨。

孩子生长于民主中，便学会了公义。

孩子生长于诚实中，便学会了真理。

孩子生长于安全中，便充满了信心。

孩子生长于友爱中，便将乐于存活。

【语言思维17】①"露从今夜白，月是故乡明。"诵读这流传千古的名句，谁不为背井离乡绵绵无尽的思乡之情所感动？②"举头望明月，低头思故乡。"读着这优美的诗句，哪个浪迹天涯的浪子不希望飞回生我养我的故乡？③"马上相逢无纸笔，凭君传语报平安。"吟诵这豪迈的诗句，谁不为在外面建功立业的健儿们的思乡之情所感动？④"日暮乡关何处是？烟波江上使人愁。"读着这凄婉的诗句，谁不理解浪迹天涯的游子那浓浓的思乡之情？

【语言思维18】一本书，是一把智慧的钥匙，为成功开启大门。

【语言思维19】理解是友谊中的一座桥梁，赞赏是鼓励中的一束鲜花。

【语言思维20】仙人一般变幻莫测，婴儿一般清新自然。

【语言思维21】苏轼如果没有一腔超脱的情怀，能写出洒脱飘逸的《水调歌头》来吗？

【语言思维22】所有的果实都曾经是鲜花，但并非所有的鲜花都能成为果实。

【语言思维23】什么样的人生最美好？海鸥说，一生与风浪搏击最壮丽。什么样的青春最辉煌？太阳说，燃烧的青春一片光芒……

【语言思维24】B像两本摞在一起的词典，像可爱的孩子的小脚印，像两个握紧的拳头。C 像古代贵族妇女的发髻，像宁静的避风港，像一张笑歪了的嘴。

【语言思维25】①家庭：家庭小集体，集体大家庭，尝遍生活酸甜苦辣。②课堂：课堂小天地，天地大课堂，做透学问甲乙丙丁。

【语言思维26】只要热爱生命，一节傲然挺立的竹枝，能悟出铮铮的风骨；一枝随风摇摆的杨柳，能引发幽深的思念。

【语言思维27】妈妈的爱 / 是一张犁 / 犁过我红褐色的心田 / 抽出了几片叶子 / 和一个朦胧的幻想。妈妈的爱 / 是一面网 / 网住我褪色的灵魂 / 我从坟墓中爬出来 / 把勇气灌满行囊。

【语言思维28】①绿色，如春雨后的小草，充满生机和活力，给人带来希望；②蓝色，如清澈的天空，充满幻想和希冀，引人孜孜追求。③黑色，如浩瀚的宇宙，充满了神秘和未知，引人不断探索。

【语言思维29】是一个没有鱼的池塘，是一个没有灵魂的躯体。

【语言思维30】如果你是一棵大树，就洒下一片绿荫；如果你是一棵小草，就增添一分春色；如果你是雄鹰，就搏击长空；如果你是蜜蜂，就酿造一份甜蜜：让我们共同创造辉煌！

【语言思维31】老师夸赞优秀的被试、音乐家夸赞动听的乐曲。

【语言思维32】①矿石，如果害怕焚烧，那它永远不能成钢。②航船，如果害怕风浪，那它永远不能到达彼岸。

【语言思维33】①丛林的小花，你何必与大树比高低呢？你自有你的芬芳。②溪边的小草，你何必与繁花比艳丽呢？你自有你的坚韧。

【语言思维34】书是相机，能记录万年至史；书是阳光，能照亮人生之路。

【语言思维35】土地所以为人赞美，是因为它丰厚坚实；河流所以为人依恋，是因为它源远流长；大海所以为人钦羡，是因为它博大深沉。

【语言思维36】我将吹走世间的尘埃。/ 我将吹绿田野的庄稼。

【语言思维37】①头颅、②脉搏。

【语言思维38】青春是美妙的乐章，用它跳跃的音符谱写生活的旋律。青春是翱翔的雄鹰，用它矫健的翅膀搏击广阔的天宇。青春是奔腾的河流，用它倒海的气势冲垮陈旧的桎梏。

【语言思维39】雪，飘舞、旋转、坠落、聚积，只要有适宜的低温，在任何环境中都能凝结出原驰蜡象的壮景，不断强化自我，扩展自我。

【语言思维40】①青春如火焰。进取者为它加油，让它愈烧愈旺；退缩者给它泼水，使它渐熄渐灭。②年华似流水。勤奋者乘风破浪，勇做大有可为的弄潮儿；懒惰者随波逐流，终成碌碌无为的流浪汉。

【语言思维41】①有的拓荒者是孤独的苦行僧。他背负着爱、仁义和道德的十字架，头顶烈日，口含蛇胆，脚踩黄沙起程。②有的拓荒者是不羁的行吟诗人。他浪迹天涯，随遇而安，以天为被，以地为席。③有的拓荒者是肤浅的井底蛙。他省吃俭用，吃苦耐劳，终于在苍茫大漠中筑起一幢像样的小楼，犁出几分贫瘠的农田。④有的拓荒者其实是卑劣的拾荒者。他爱繁华，爱富庶，荒芜是他最憎恨的敌人。

【语言思维42】祖国啊，哪一片云彩不飘向远方？哪一只鸟儿不飞返故乡？哪一个游子的幽梦里，不浮现祖国山河的雄壮？

【语言思维43】时间是一把剪刀 / 生命是一匹绵绮 / 一节一节地剪去 / 等到剪完的时候 / 把一堆破布付之一炬。

【语言思维44】墙壁上的那幅肖像,不哭不乐,我不要这样的生活!要哭就哭出眼泪。要乐就乐出性格。

【语言思维45】①假如生命是草,不要炫耀自己的常绿,也不要自卑;要联合起同类,默默地坚守大地,绿化世界。②假如生命是船,不要只在港湾避风浪,也不要随波逐流;要高扬风帆,朝着人们尚未到达的海域前进。

【语言思维46】湖水在二月露面,迎春在二月吐蕾。燕子在二月来信,大雁在二月起飞。

【语言思维47】①试试看不是面对峰回路转、杂草丛生的前途枉自叹息,而是披荆斩棘,举步探索。②试试看不是囿于命运的禁锢,听凭命运的摆布,而是奋力敲击其神秘的门扉使之洞开一个新的天地。

【语言思维48】"天生我材必有用。"李白隔着一千年的山岳说。

【语言思维49】①虽然你现在只是涓涓细流,然而只要锲而不舍,终会拥抱大海。②虽然你现在只是一只雏鹰,然而只要心存高远,终会占有蓝天。

【语言思维50】①让乐观帮你征服无奈,"莫为霜台愁岁月,潜龙须待一声雷。"征服了无奈,你就获得了新的发展机遇。②让坚毅帮你改写无奈,"千磨万击还坚韧,任尔东南西北风。"改写了无奈,你就会赢来胜利的欢愉。③让智慧帮你战胜无奈,"智慧是命运的征服者。"战胜了无奈,你就成为顶天立地的英雄。

## 四、急智思维名题

在现代社会里,一切工作、学习、生活的节奏都在加快。只要我们稍加注意,就会发现无论做什么事情,速度一慢就跟不上形势。特别是在生活事件中,往往出现一些出其不意、始料不及的突发事件和难堪局面,需要你随机应变有对策,有效化解和解决。例如有些事件的发生并非初始所料,却鬼斧神工地提供了成功的契机;有些事情眼看谬误或败局已定,却又电闪雷鸣,中途变盘;还有些为常人忽视的细枝末节突然成为大决策的重要开端或依据……这些事件有三个特点:一是功自天意,很难复制;二是始于谬误,却超乎常规逆转,终为大成;三是平凡常态中隐伏蹊跷,非慧眼识别不得昭然。这就需要我们"急智思维"——顺其然,夺其时,识其本,成其事。

急智思维又称"急中生智"。意思是在万分紧急情况下猛然想出了好主意、好办法。在现代生活中,人们常在遇险情时采取合理举措,连自己都意想不到;有些运动员或被试,越在紧急时刻,越能发挥出平时难以达到的最佳水平。这都是急中出智慧的结果。急智思维往往能够最大限度地激发人的大脑潜能,瞬间释放出智慧的闪光点。从本质上讲,任何形式的思维过程,都是在不断变化的思维形态中实现的,只不过急智思维来得更迅捷,冲击力更强罢了。

急智思维最主要的特征是简约性。这一特征受制于急智过程的时间性。许多问题来也忽然,去也忽然,要求你能在极短的时间里做出决策。因此,急智思维有个基本任务:要善于把复杂的问题简单化。

《易经》之"易"有三个层次:一是变易,二是不易,三是简易。简易是高层次的思维。明代冯梦龙说:"世本无事,庸人自扰。惟则通简,冰消日皎。"其大意是说,世上许多事情,其实都是人为的。只要善于把复杂的问题简单化,问题就会像太阳触雪一样得到解决。爱因斯坦的思维方法有一个明显的特点,就是简约性原则,相信世界的和谐统一,相信规律是简单的,努力用简单的规律说明世界。世界上的向日葵多种多样,但是,所有向日葵果实的排列都符合对数的螺线。世界上的一切物体之间都有着相互作用，牛顿用万物之间吸引作用总结出万有引力公式，用这个简单的公式能说明千千万万种现象。只要我们注意在思维过程中化杂沓为明晰，变繁复为简单，就可能会发现，在扑朔迷离的万事万物背后，总隐蔽着最简约的规律。

那么，怎么才能善于把复杂的问题简单化呢？首先要寻找最简单的途径。把一个复杂问题化为几个简单的问题，从最简单的问题入手找到解决问题的途径，并用最简单的手段进行尝试。其次，要善于排除次要因素。影响事物的因素是多种多样的，有本质的，也有非本质的，有主要的，也有次要的。这些因素缠绕在一起，往往增加了问题的复杂性，使人不得要领。要想使思维简化，必须排除次要的、非本质的因素，突出主要的、本质的因素。第三，借换功能。实际上就是功能开发或功能变通，将事物不为人知或不为熟知的功能恰到好处地运用到解决问题的实际中，创造性地解决问题。万事万物是有规律的，而规律又是简约的。总之，急智思维是人类在紧急情境中，通过对事物的迅捷认知，立即找到问题转化的最有利的因素，从而在极短的时间内使得事物向有利的方向转化，使问题得到迅速有效解决的思维路径和技法。

急智思维是创造性思维的重要成分，它反映了创造性思维的应运生变的灵活特征。创造性思维触类旁通，灵活多变，不受定势和功能固着的束缚，讲究应运生变，就是顺应事态的变化而采取符合客观事物发展规律的举措。"运"者，时也，应运生变关键在于审时度势，及时发现潜在机遇，舍末求本，构筑最佳方案。

急智思维训练大多将问题放置在紧迫的故事情境之中，让读者从千头万绪中理出来龙去脉，从山重水复中迈向柳暗花明，从走投无路中获得勃勃生机，取得意想不到的成功。无论是哪一个实例，在事件的发展过程中，大量的"信息"实际上已经"裹胁"于其中，鱼龙混杂，真伪莫辨，这就需要我们以缜密的思维方式，经过认真细致的分析判断，由表及里，去伪存真，理清思路，从中找出有用的信息，再经过解剖整理以后，开辟出一条全新的思路，从而达到成功。另外，急智的主角往往思维敏捷，大智大勇，并且能够灵活运用比较、分析、抽象、归纳等方法，根据事实材料和逻辑规律形成概念，从而对事物做出正确判断。所以说，隐于故事中的急智思维能够最大限度地启迪人们思考，调动人们多听、多看、多想、多问的积极因素。人们经常接触急智故事，也会养成故事中主角的思维风格和运筹习惯，产生急智效应。

## （一）测题

**【急智思维1】浴室漫水 绝路逢生**

汤姆落到泰国人妖手中，第二天将被阉割成那种在夜总会被人观赏的男身女形人。

他赤身裸体地被关进一间浴室，肝肠寸断。想到明天就遭阉割，还不如在浴室自尽的好。浴室约有3米高，里面除浴缸外，没有什么东西。他把头往墙上撞去，可是墙是硬橡皮做的，连浴室浴缸都是硬橡皮做的，死倒没死成，痛倒痛得要命。于是，他想到上吊自杀，但是他全身早被剥光，连裤带都被那伙歹徒搜走。他正愁得没有办法时，忽然想到一种超常规的自杀方法，那就是把身子躺在浴缸里，扭开自来水，让水慢慢地没过他的身子，然后自由自在地去见上帝。约摸过了半小时，水早已漫出浴缸，汤姆还是没有死去。原来他在水里憋气憋得实在难受，只得浮上来吸口气，然后再躺下去，如此反复折磨自己。

就在汤姆想死死不了的时候，他发现一个奇怪的现象，只见浴室里的水越积越多。汤姆仔细一看，原来这间浴室的门是扇严丝合缝的密封门，这种门一关死，水一点也流不到外面去。而且这间浴室四周没有窗门，只在顶端有一扇轮胎大小的换气窗用来透气。

汤姆是个水性极好的人，他干脆把水放满整个浴室，快快活活地游着，他准备游累了再把浴池的下水阀放开，把水排掉休息休息。

突然，他眼睛一亮，急忙一头潜入到浴缸底，把水龙头加倍开大，让自己的身体静静地躺在水面上。

又过了半小时，赤身裸体的汤姆逃出了魔室。他顶着满天的星星走在一片油菜地，并用几片叶子给自己遮着。

汤姆很得意，他那么侥幸地绝处逢生。他要去控诉这伙人妖的残暴行径。想到这里，就加快速度向警察署跑去……

你知道汤姆是怎样逃出那浴室的吗？

【急智思维2】子虚乌有 暗示获救

莎特小姐打开了电视机，播音员正在播报一条消息：

"今天19点左右，在贝姆霍德花园街，一名79岁的老人在遭抢劫后被枪杀。据目击者说，凶手穿绿色西装。请知情者速与警察局联系。"

花园街正好是莎特住的这条街，她感到害怕。

正在这时，阳台上的门口突然出现了一个35岁左右的男子，身穿绿色西装，而且衣服上有血。莎特吓得脸都白了。那人让莎特把手表和金戒指给他。

正在这时，突然有人敲门，那人用枪顶着莎特的背，命令道："到门口去，就说你已经睡下了，不能让他进来。"

"谁呀？"莎特问道。

"韦尔曼警官。莎特小姐，你这儿没事吧？"听到这熟悉的声音，她内心平静了许多。

"是的。"她答道。

停了一会儿，她用稍大的声音说，"楼上的山姆大叔也在问你好呢，警官！"

"谢谢，晚安。"不一会儿，巡逻车开走了。

"干得不错，太妙了。"那人高兴地大口喝起酒来。

突然，从阳台上的门里一下子冲进来许多警察，没等那人反应过来，就给他戴上了手铐。

"好主意，莎特小姐，你没事吧？"韦尔曼警官关切地问道。

请问，莎特的好主意是什么？

【急智思维3】老板宰客 "熊掌" 变脸

两名女大学生被试走进一家饭店，服务员热情地递过菜谱。她俩的目光在"熊掌"一栏停住了，一看价格，一盘20.00元，于是要了两盘熊掌，加上饮料、三鲜汤、米饭等。吃完饭准备付账时，一看账单4025元，回头再看菜谱，明明写着熊掌每盘2000元，四位数中间并没有小数点，两人急得满头冒汗，留下被试证，哭着走回学校想法借钱了。

其实，这是黑心老板宰客的常用手段：用"廉价"吸引顾客品尝昂贵的佳品，再用牛蹄筋之类顶替熊掌，然后伺机改换菜谱价格，达到蒙骗的目的。

你现在知晓此事，能设法为这两名被试解难吗？

【急智思维4】黑白反转 重获自由

债务到期了，心怀叵测的老债主许愿一个商人不必还债，也不需要受到惩罚，只要商人把心爱的女儿许配给他。商人和女儿非常恐惧和绝望,请求再给一次机会。债主建议,他要在一个口袋里放上一个黑石子和一个白石子,让商人的女儿从中抓出一个石子。如果她抓到白颜色的,就可以取消父亲的债务,而使自己获得自由,如果抓到了黑颜色的石子,她就要许身给债主,但债务也将同时取消。如果她拒绝抓,商人就要入狱。于是,他们走到撒满石子的途中停了下来。债主从满是白石头和黑石头的路上抓了两个石子迅速地放进了布袋里。这个少女早已看在眼里急在心头:这个老家伙抓的两个石子都是黑的,怎么办?

怎么办?

【急智思维5】滑车空降 高塔逃命

从前,有一个傲慢残暴的大公,他有一个女儿,名叫达妮亚。大公把她许配给一个富翁做妻子,但是达妮亚却一心爱着年轻的铁匠赫乔。由于不得已,达妮亚在她的一个忠实的使女的帮助下,和赫乔一起逃到山里去,却不幸被大公手下的人捉住了。

大公十分愤怒,命令将达妮亚和赫乔暂时关在一个没有完工的阴森森的、荒凉的高塔里,并且把那个年轻的使女和他们关在一起,决定第二天就把他们处死。

赫乔在塔里这里看看,那里瞧瞧,思忖着逃跑的办法。他顺着阶梯走上最高的一层。他望望窗外,不能跳,跳下去会摔死。怎么办呢?无意中他发现一根被建筑工人遗落在窗边的绳子,它搭在一个生锈的滑车上。滑车是装在一个比窗户略高的地方。绳子两头系着空筐子,一头一只。他试了试,筐和绳子都还结实。赫乔想,这大概是水泥匠吊砖头上来和送碎砖下去用的。凭着经验他想:假使一只筐子装的重量比另一只筐子装的重量重10公斤,上下降落仍然是安全的。

赫乔估量了一下,达妮亚大约有50公斤重,那个女仆约40公斤,他知道自己的体重是90公斤。另外,他又在塔里找到了一条30公斤重的铁链。一只筐子可以装一个人再加上铁链的重量,另一只可以装两个人,所以,他们三人都顺利地降到地面。要说明的是,他们下降时,装着人的下降的筐子的重量,不能超过上升筐子重量10公斤。

请问:他们是怎样逃出高塔的呢?

【急智思维6】死坦克拖回活坦克

第二次世界大战的时候,在乌克兰方面军与德国军队的一次战斗中,苏联军队的一辆坦克冲入了敌军的阵地,不料,却陷入了一个水坑里,发动机熄了火,再也无法行动。当时,里面的坦克手们除了手枪就再也没有任何武器。这时候,德国兵一窝蜂地冲上来,有的敲打着坦克的铁甲,喊着:"你们跑不了啦,赶快投降把!"

"俄国人决不当法西斯的俘虏!"坦克传来一个坚定的声音。

德国人气坏了,他们找来了柴草和汽油,准备把坦克里的俄国士兵活活烧死。

"给你们一分钟,如果再不投降,就把你们全都烤熟了!"德国士兵们叫道。

就在这个时候,坦克里传来了"当当当!"的几声枪响和几声惨叫。接着,里面一片沉寂,后来德国人再叫喊也没有回音了。

"他们一定自杀了。"德国兵们说,他们爬上了坦克,想要打开坦克仓门看个究竟。可是,仓门从里边反扣死了,怎么也打不开。

"干脆,把他们拖回去再说。"德国兵们心想。可是,这是一辆超重型坦克,一辆德国坦克拉不动,便又调来一辆坦克,终于将这辆超重型坦克从泥潭中拉了出来。、

可是,德国人做梦也没有想到,当他们费了九牛二虎之力将陷在水坑里的苏联坦克拉出来以后,那辆坦克突然发动起来了,巨大的力量使德国坦克无法与之抗衡。结果,苏联坦克

反将这两辆德国坦克拉回了自己的阵地。

这是怎么一回事？

【急智思维 7】球投自筐 转败为胜

有一次，男子篮球赛的半决赛在保加利亚和捷克斯洛伐克两队之间进行。这两场旗鼓相当的比赛非常激烈，在离比赛结束的时间还有 8 秒钟的时候，保加利亚领先得了 2 分，而且还是保加利亚队开球，看来保加利亚队是稳操胜券了。可奇怪的是，保加利亚队的教练忧心忡忡，而捷克斯洛伐克队的教练却是非常开心，这又为什么呢？

原来，保加利亚队在其他几场比赛中的得分不如捷克队。算起来，这场比赛保加利亚队必须要比捷克斯洛伐克队多得 5 分才能出线，而且要在这最后的 8 秒钟时间里再得到 3 分几乎是不可能的。

这个时候，保加利亚队的教练果断地站起身来，要了一个暂停，他要借此机会对两名队员面授机宜。

当比赛继续进行以后，只见这两位保加利亚队员开球以后，将球带往中场，这个时候，捷克斯洛伐克队队员全都很自然地退回到自己的半场进行防守。突然，带球的保加利亚队一个转身，回到了自己的半场，纵身一跳，竟然将球投进了自己的篮筐！这个时候，裁判的终场哨音也极富意味地吹响了，全场比赛时间到，双方战平。但最后保加利亚队士气高昂，全力拼搏，终于以不多不少的 5 分优势赢得了这场比赛，夺取了决赛权。

保加利亚队为什么将球投进了自己的篮筐？教练的计谋是什么？

【急智思维 8】急等慢待 耳眼育麦

一位农民在场上用木锨扬场，正干得起劲，不巧一阵旋风吹来，扬起的麦粒突然改变了方向，噼噼啪啪地冲着他迎面撒了下来。更不巧的是，一粒麦子不偏不斜，居然直钻进了他的耳朵眼里。农民觉得很难受，用力地去抠耳朵眼儿，却是无论如何也抠不出来。无奈，他只有去医院。

一位年轻的医生对着他的耳朵眼研究了半天，又拿起各种器具捣鼓了好一会儿，可是，因为这颗麦粒又圆又滑，一时很难弄出来。农民兄弟被他弄得龇牙咧嘴，年轻的医生急得满头是汗。

这时，一位老医生走了过来，问明情况以后，笑了笑说道："这样折腾，不但不管用，还有可能将耳膜弄穿孔，严重了，会变成聋子。"

农民急了："我不想成为聋子，快给我想想办法。"他真想不到，小小的一粒麦子，居然会引发成这么大的麻烦。

"别急，我有一个办法。"老医生不慌不忙地对农民说，"你每天向耳朵眼里滴一些清水，过不了几天问题就解决了。"

"什么？"年轻的医生非常奇怪，"这种办法，书本里没有，我在大学里也从没有听说过呀，能行吗？"

老医生肯定地点了点头，并嘱咐农民要有耐心，过几天再来找他。

两天以后，农民觉得耳朵眼里痒痒的，很不安心，就来到了医院。老医生观察了一下说："还需要两天。"

到了第四天，老医生从老农的耳朵里很轻松地把麦粒取了出来。

你大概已经猜到是怎么回事了吧？

【急智思维 9】死囚读经 刑期渺渺

四个世纪之前，英国有个名叫阿奇·阿姆斯特朗的惯盗，他在一次盗窃王室珍宝的犯罪中被詹姆斯侦探抓获，法庭判他偷盗罪被处极刑。

当时英国国王是詹姆士六世，他在位期间因钦定《圣经》而闻名，同时还善于倾听臣民的意见。罪犯阿姆斯特朗得知詹姆士六世有这么个特性后，就想出一个求生的主意。他对狱卒说："听说国王钦定的英译《经》已经完成了，我到现在还没有见过《圣经》，作为对世界最后的留恋，我想把《圣经》读完后再死，请求您替我向尊敬的国王说说看。"狱卒把这件事报告了上级，以后，传到国王耳朵里。

"满足他的愿望吧，在他读完《圣经》之前，暂停执行死刑。"

经国王的许可，崭新的《圣经》送到了阿姆斯特朗手上。接过《圣经》，他对老对头詹姆斯侦探讲了自己的阅读计划，詹姆斯顿时醒悟了，国王上当了。

实际上阿姆斯特朗借此取消了自己的死刑判决。

他的计划是什么呢？

【急智思维10】易容高招 盗终为盗

日本有一位女易容师，手法相当高明，她能使40多岁的男演员变成20多岁的"奶油小生"，也能够把妙龄美女变成丑陋的老太太。

有一天，她家里来了一位不速之客，这是一个刚刚越狱的逃犯。他一进门就手持匕首逼住易容师道："现在警察正在到处搜捕我，我要立刻离开这座城市。我要你为我化装！化装成另外一副模样。只要你老老实实地为我化装，我就不会伤害你，否则要你的命！"

易容师心里恨透了这个恶棍，她一边想着对付的办法，一边装着很顺从的样子说："你想化装成什么样子？化装成女人怎么样？"

"不行，化装成女人行动不方便，你只要给我换个长相就行了。"

"那么，我就让你变成一个非常难看的中年人吧！"只一会儿，易容师果然将他变成了一个脸色黝黑、面目丑陋的中年男子。

这人照了照镜子，觉得现在一点也不像自己了，非常的满意。为了安全，他临走时，还是把女易容师绑了个结实，以防她去报案。

可出乎意料的是，这人刚刚来到大街上，就立即被警察逮捕了。

这位易容师做了什么手脚？

【急智思维11】弱女踩脚 留痕验贼

法国记者安娜在东京的地铁车厢里丢了一个钱包，她在地铁列车停稳后，第一个跑出车厢，焦急地对警察说："先不要放人出站！我的钱包被扒了，请你们帮我查一下。"

警察对安娜的遭遇非常同情，但看到走出车厢的人群，无可奈何地说："这是终点站，不放人走是没有什么问题，不过，我们不能对每一位旅客都要搜身吧！"

"当然不是，只需要男人脱下鞋子，查看一下他的脚背，就能够找到扒手。"安娜非常有把握地说。

"这是怎么一回事？"警察非常奇怪。

"当时我在扒手的脚背上狠狠踩了一脚，一定会留下印迹的。"

原来，安娜当时在车厢里觉得后面有一个男人的手伸向了她的胸部，知道自己如果大声叫喊，就可能要被扒手用刀子捅，她急中生智，装作被前面的人拥了一下，趁势猛地踩了后面的男人一脚。

按照安娜的建议，所有的男旅客集中在出口处，每个人都把鞋子脱下来进行检查。果然，经查发现有一个男人的脚被上有一块红肿，与安娜的高跟鞋后跟形状非常吻合。接着，在他身上果真搜出了安娜的钱包。

警察后来问安娜："当时你背后男人不止他一个，怎么能够断定他一定就是扒手？而不是一般的乘客呢？"

你能回答这个问题吗？

【急智思维12】悬崖叫停 解危为安

两位画家一同去风景秀丽的山上作画，在不知不觉之间，他俩来到了一座悬崖边。一位画家画了一幅自己很满意的画。画家们都有一个习惯，喜欢退到比较远的地方观察自己的作品。谁知道，这位画家完全沉浸在创作的激情之中，向后退的时候，根本就没有想到自己已退到了悬崖的边上，倘若再退后一步就会掉下悬崖！

正在这个危险关头，另一位画家发现了这个险情，当时他可以采取的行动有：

1. 大声叫喊，让他立即回来。
2. 立即猛扑上去，把他抱着。
3. 用别的方式，阻止他后退。

第一种方法固然可能会有效果，但在那种情况下，如果大声叫喊，那位画家一定会因为受到刺激而加速后退，所以，这个办法很不保险。

第二种方法需要时间，但是当时的情形已万分危急，分秒之差，就有可能造成惨祸。

那么，什么方法最好而且最有效果呢？

【急智思维13】皇家考题 最佳答案

英国皇家海军有一次招考雇员，面试题目为：在一个大风雪的夜晚，你开着一辆只有一个空座的车，经过一个车站，有三个人在等车。一位是快病死的老太太、一位是救过你命的医生、一位是你梦寐以求的情人。你会载哪一位？

载老太太，因为救人第一？

载医生，因为知恩图报？

载情人，因为可能一辈子再也碰不到她了？

你的最佳答案是什么呢？

【急智思维14】虚虚实实"枪"探真假

一辆公共汽车正在道路上行驶，突然，车上的女乘务员对大家说道："我捡到了一个提包，里面还有不少钱，请问这只提包是谁的？"

这时候，车厢里的乘客互相看了看，全部陷入了沉默。过了一会儿，一个小伙子站了起来，文质彬彬地说："对不起，这提包是我的，里面装的是我刚从邮局里取的稿费。"

女乘务员打量一下小伙子，说："请您看清楚了，这只提包一定是你的吗？"

小伙子停顿了一下，似乎是认真地看了看包，说："没有错，是我的。"

女乘务员心中已经产生了怀疑，她打开包看了一下，忽然说道："那么，这个提包里的手枪也是你的吗？"

"啊！有手枪？"小伙子掩饰不住脸上的惊慌，"不是，这个包不是我的！"

这时候，满车厢里的人全都看定了这个小伙子，小伙子顿时羞愧得恨不能从车窗一头蹿出去。

可是，提包里真的有手枪吗？

【急智思维 15】特工"减肥"胡佛上当

曾任美国联邦调查局局长的胡佛，为人心计颇多，很少有人能瞒骗过他。但是有一回他手下的一个特工却和他开了一个不大不小的玩笑。

联邦局的所有特工都要严格地控制体重，那些过于肥胖的人知道，一旦胡佛局长发现他们大腹便便，肯定轻饶不了他们。

有一次，一位特工将被提拔为迈阿密地区特警队负责人，胡佛安排好了要接见他，但是这位仁兄发福得厉害，一旦见了面，胡佛不罢免他才怪呢！怎么才能过这一关呢？好在这位特工智商不低，他捉摸着如何想办法让未曾见过面的胡佛感觉到他在减肥。

办法终于被他想出来了，他把胡佛糊弄了一番，胡佛还直夸他减肥有效。

什么办法？

【急智思维 16】举手之劳 借据复得

哈桑借给一个商人 2000 金币，可是第二天不小心，把借据遗失了，到处找也代不到，急得他满头冒汗。

他慌忙去找朋友纳斯列丁："我丢了借据，如果被那商人知道，恐怕不会还我钱了，那是 2000 金币啊，怎么办呢？"

纳斯列丁沉思片刻，说："可以向那商人要回借据。"

"什么？向借钱的人要？"哈桑感到荒唐可笑。

"对，只有这个办法可靠。"纳斯列丁又说，"你马上给商人去封信，要求尽早归还你借他的 2500 金币。"

"我只借给他 2000 金币啊！"

"这，我知道，请你就按我说的去做吧。"

哈桑将信将疑地按纳斯列丁说的那样，给那位商人写了信。果然，不到十天，哈桑就收到了商人寄来的新的借据。

你知道这新的借据，是怎么回事吗？

【急智思维 17】保命为要 无奈之举

伐木场上，人们都在紧张地工作，突然，一棵大树轰然倒下，砸倒了一位工人，不偏不倚，正好砸在他的右腿上，这条腿立刻被砸得血肉模糊，流血不止。

这位工人叫喊起来，叫声惊动了附近的工人，跑过来救他。可很快就发现，这位受伤者的一条大腿被大树死死地压住，必须设法弄走大树才行。可这树太重了，根本搬不动，眼下的办法只有锯断大树。

有人忙找来电锯，却又发现了一个大难题：这棵大树倒下去的时候恰好形成了 45 度斜角，巨大的压力肯定会把锯条卡住，根本无法开锯。

有个人建议用斧头一点一点地将大树砍去，可是，当时的情况十分紧迫，如果再拖延下去，这名受伤者肯定会因流血过多而死去的。

就在这个关口，有人出了一个主意，伤者见没有别的办法，只好咬着牙同意，这一无奈之举果然保全了生命。那么，这无奈之举是什么呢？

【急智思维 18】大智若愚 装聋作哑

有一位老农民将一头驴子拴在了一棵树上，这时，另一个男人也牵来了一头驴子，也要拴在这棵树上。

老农民好言相劝道："俗话说，一棵树上不能拴上两头叫驴，我的这头驴子性情暴烈，恐怕会出乱子的，你还是把它拴在别的树上吧。"

谁知道这个人不但不领情，反而来了脾气："老头！你这是什么话，我偏要拴在这里。"说完，拴好驴子就走了。

过了一会儿，这两个驴子果然相互又踢又咬。很快，老农民的驴子将那个男人的驴子弄得遍体是伤。等那个男人办完事回来，见自己的驴子被弄成这个样子，慌忙一把拉住老农民道："老头子，你要赔我的毛驴！"。老农民与他讲理，可这人却什么也听不进。老农民无奈，只好与他一起去了法庭。

可是，到了法庭以后，不管法官怎么问。那个男人怎么吵，老农民憋足劲就是不开口。"这就难办了，你们之间的原因无法弄清楚了，他是一个哑巴。"法官泄气地说。

"不对！他是假装的，刚才还说话呐。"那个男人气愤地说。

亲爱的朋友，你知道老农民为什么要装哑巴吗？

【急智思维19】女客裸浴 应答满意

一家旅馆招聘侍者，前来应聘的人很多，老板想考考他们：

"有一天当你走进客人的房间，发现一女客正在裸浴，你应该怎么办？"

众人都抢着回答，有的说"对不起，小姐，我不是故意的。"有的说"小姐，我什么都没有看见。"

老板听后不停地摇头。

那么，怎样回答才能使老板满意呢？

【急智思维20】美女推销 欲擒故纵

有一个女推销员推销价格相当高的百科全书，业绩惊人。同行们向她请教成功秘诀，这位美丽的女推销员说："我选择夫妻在家的时候上门推销，手捧全书先对那丈夫说明来意，进行推销。讲解结束后，总要当着妻子的面对丈夫说：你们不用急着做决定，我下次再来，这时候，妻子一般会做出积极的反应。"

为什么妻子会做出积极的反应？

【急智思维21】歪打正着 新呢诞生

有家工厂生产一种呢子。有一次，因为机器出了毛病，生产出来的呢子面料上出现了许多白色的小斑点。

处理的方法大致有如下几点：

（1）产品报废，并追究当事人的责任。

（2）设法补救，尽量减少损失。

（3）一点也不受损失，只要处理得当，另外想出方法，败中取胜。

第一种方法最省事，但损失已无法弥补。

第二种方法很困难，呢子生产出来以后，又不能重新加工，只总结教训，以后不再犯同类的错误。同时，迫不得已地将产品降价处理。

而第三种方法会不会成为现实呢？你如果是这家工厂的设计人员，从歪打正着的角度，有什么变通的好点子？

【急智思维22】面试机变 一纸夺魁

有一位小姐去参加一个公司的面试，她以为自己去得很早，可前面已经排了很多的人了，这家公司只招收3位，看情形成功的机会已经非常小了。

这位小姐灵机一动，找出一张纸来在上面匆匆地写了一行字，把它递给负责接待的先生说:"这张纸条非常重要,请您一定交给老板。"负责接待的先生照办了。

好不容易等到面试了,老板在里边主持面试,这位小姐非常轻松地回答了老板的问题。最后老板拿出她写的字条说:"您的真实水平大约和我期待的一样。"结果,这位小姐战胜了几百名应聘者,如愿以偿。

你能猜测这位应试者给老板写了什么字条?

【急智思维23】哑语探试 辨识真假

某机关来了几个姑娘,打扮十分时髦、怪异,让人看了很不舒服。

只见她们从包里摸出一封介绍信,上面写道:"因为家乡遭受自然灾害,请给予援助。"上面有某乡政府的大红印章。

机关的同志们看见她们的打扮,心中早已怀疑。小王忍不住说:"看你们这身打扮,也不像是受灾的样子。"。

这几个姑娘也不说话。呆了一会,一个姑娘突然在纸上写道:"我们是聋哑人。"一边说一边从包里摸出一些毛笔。这一下,大家全都明白了。

近来有不少冒充聋哑人,利用粗制滥造的毛笔,强行索要财物的事情,看样子只有轰走了事。可是,这几个人任你怎么劝,怎么轰,她们就是装聋作哑赖着不走。

最后,一直在一旁不出声的小刘说话了:"你们再说也没用,她们是聋哑人,好在我会哑语,我来对付。"说罢,向她们打起了手势,那一招一式,还真像那么一回事。

不料,小刘这一打哑语,这些姑娘全都呆住了,你看看我,我看看你,马上自动走开。同事们很是奇怪,纷纷对小刘说:"你来公司多年,可从来没听说你会哑语!"

那么,小刘真的会哑语吗?

【急智思维24】识名有难 巧寄来人

一天,我国著名的语言学家吕叔湘先生收到一封询问有关语言方面问题的读者来信。吕叔湘先生很快把回信写好了,待要寄信时,却把他难住了。

原来,那位写信人在信后留下的签名,写得龙飞凤舞,潦草得无法辨认。不回信吧,当然不好;回信吧,那又寄给谁呢?吕先生费尽心思,还是没有想出好办法。最后他再拿起信端详一番,突然心里一亮,高兴地说:"有办法了。"

请问,这是个什么办法呢?

【急智思维25】简便测试 模特露馅

美国牙膏业模特儿贝蒂·艾伦小姐美丽过人,可谓一笑千金。她盯上了眼前这位来自远东某国的富商阿布卡袋中的珠宝,并决计掠为己有。

当晚8点30分,他们一道住在美人馆,并让旅馆服务员把点心送到房间来,并吹奏销魂之夜的序曲。

他们点了一大盘海蟹和一大盘草莓饼,饼上涂有苹果酱。餐桌上的银制餐具不时地发出碰击声,贝蒂·艾伦目光深沉,若有所思地看着阿布卡用餐叉吃着蟹肉和草莓饼,她的嘴角悄悄抹过一丝微笑。

30分钟后,当旅馆服务员进门准备收拾餐具时,发觉这一对男女都倒在座位下的地毯上。服务员急切地打电话找医生,惊动了正在该旅馆的住宿客人波洛探长。

医生赶来现场抢救。贝蒂·艾伦首先苏醒过来,她茫然地看看四周,张大了嘴巴,露出一排洁白光亮的牙齿,装作什么也不知道的样子。阿布卡仰面躺着,昏迷不醒,打着嗝。

"一定是谁看中了阿布卡的珠宝,在我们的饭菜里做了手脚。"这位女模特儿假作伤心地指着餐桌盘子中剩下的碎末说，"我眼看着阿布卡倒了下去，刚想去扶他，只觉得眼前一片漆黑，什么也不知道了。"

波洛探长说："你真的吃了这些有毒的蟹肉和草莓饼，那么就会发生你刚才所讲的一切。"

贝蒂·艾伦睁大孩子般的蓝眼睛，表示她不懂波洛探长的话。

"如果你没有吃过这些东西，那么在 30 分钟内你完全可以做许多事情。"

贝蒂露出委屈的样子，发誓说她和阿布卡吃了相同的东西。

"这很好办。"波洛探长说道，"我们马上就可以实验一下。"

"难道你们要化验我的粪便？"

"那倒用不着，有一种比这简便多的办法。"

请问，波洛探长为什么怀疑贝蒂·艾伦？他准备用什么方法验证贝蒂是否进食？

【急智思维26】神秘阳台 不速之客

莎拉一直期盼着哈代博士的邀请，她想象着这位大侦探如同伦敦贝克街 22 号 A 座福尔摩斯旧宅一样，充满了惊险、神秘与浪漫色彩。

可这天晚上，当她跟着哈代走过布满灰尘的走廊时，感到非常失望。大侦探的小房子在六楼的最顶端，简直不像一个传奇人物的住所。

哈代博士看出莎拉的失望，便对他说："你大概想象在我的房间里应该有神秘的来客、美丽的女郎和放了毒药的葡萄酒吧？可我倒是接到一个极普通的电话，要我回房间来等一位客人。请吧！"

说着他们来到门口，哈代掏出钥匙又回头加了一句："不过，您很快会看到一份非常重要的文件，它使得好几个人为此而送了命，总有一天它会影响历史进程的。"

他们边说边关上了门，然后拉亮了电灯。灯亮时，莎拉着实吃了一惊，房子的中间站着一个拿手枪的人，黑洞洞的枪口正对准他们。

"马科斯，"哈代喘着气说，"您不是在柏林吗？您来我这里干什么？"

马科斯低声说："那份今晚就要移交的文件涉及一些新式导弹的问题，您把它交给我恐怕更合适些。"

"真见鬼，这回我非得跟旅馆老板算账不可。"哈代恨恨地说，"这是别人第二次从那该死的阳台钻进我的房间里来了。"

"阳台？"马科斯好奇地问，"不，我有万能钥匙，我如果知道窗外有阳台，那就省我不少麻烦了。"

"不是我的阳台。"哈代气愤地说，"它属于隔壁那个房间的，可是却一直伸到我的窗下。上个月就有人从隔壁房间经过阳台，爬进我的房间。旅馆主人答应把它拆掉，可一直没有动手。"

马科斯挥挥手枪命令莎拉坐下，并对哈代说："我想，10 分钟我们总可以把事情办完吧？好吧，现在你快把文件交出来吧，今晚我一定要把它带走。"马科斯的话音未落，忽然门口传来"嘭嘭"的敲门声。

"怎么回事？谁在门外？"马科斯吓了一跳。

哈代笑了笑说："是警察，为了保护这份重要的文件，是我让他们来巡视的。"

马科斯不安地咬着嘴唇，敲门声又响了。"你准备怎么办，马科斯？"哈代接着说，"门没有扣上，如果我不开门，他们闯进来会毫不犹豫地开枪的。"

马科斯气愤极了，他迅速退向窗口，推开窗户，把一只脚伸向窗外茫茫的黑夜。"让他们赶快滚蛋！"他警告道，"我在阳台上等着，否则……"他掂了掂手中的枪。

"嘭！嘭嘭！"门外一个声音在急促地喊道："哈代博士！"

马科斯把枪对着哈代，一只手抓住窗框，把身体的重量移向窗外，门把手转动了，马科斯慌乱地松开左手，跳到窗外。只听见外面尖利的一声惨叫，于是一切又恢复了宁静。

门开了，一个侍从用托盘送来两杯咖啡。"这是您的，先生。"说罢，他把托盘放在桌上，然后离开了房间。

莎拉身体发抖，望着侍从的背景："可是……可是……警察呢。"

"警察？哪有什么警察！"

"那怎么对付阳台上的那个家伙呢！"莎拉还在担忧着。

"哦，他再也不会回来了。"哈代端起咖啡呷了一口，"因为……"

因为什么？

【急智思维27】棋盘应对 矛以攻盾

印度有个国王，是个棋类爱好者。一次，一位方士发明了一种新式棋子，棋局上有64个空格，国王玩得十分高兴，就对发明者说，我要重重赏你，你需要什么，我一定赏赐给你。

这位方士不慌不忙地说，他别无所求，只希望国王赏赐他一些麦粒。在64格棋盘上，第一格放1粒，第二格放2粒，第三格放4粒，第四格放8粒，依此类推，每一格比前一格加1倍，一直加到第64格。

国王下令照办，不料管粮仓的大臣算下来，一共要付18446744073709551615粒麦子。1立方米的麦子有1500万粒，国王赏赐的麦子约有12000亿立方米。全国几万年生产的麦子加在一起，还没有这个数目大。但君无戏言，国王为这件事感到左右为难。

粮食大臣想出了一个绝妙的主意，帮助国王度过了难关，他是怎么帮助国王的？

【急智思维28】古怪顾客 蛋糕陷阱

有个蛋糕店接到了一个非常古怪的顾客订单，订单上面写道："订做9块蛋糕，但是，要分别装在4只盒子里，而且，每一个盒子里至少要装上3块蛋糕。"这位顾客还非常傲慢地说："你们不是以讲信誉而远近闻名吗？如果连这一点事情都做不好，那么，我看还是把这个金字招牌摘掉算了。"

这的确是一个非常难办的事情，如果你是这家食品商店的售货员，你能想出很好的办法吗？

请您注意，一定要跳出思维的陷阱。

【急智思维29】

白宫凶案 时差寻因

这是一个酷热的夏天，下午5时半。白宫女侦探莎拉刚刚关上办公室的大门，一个特工人员跑来告诉她："总统要见您，小姐，越快越好，在林肯起居室。"

莎拉走进林肯起居室，总统、副国务卿贝尔和一名法医围着一把维多利亚式椅子站着。她看到了国务卿布莱恩的尸体。在这张不祥的椅子上，布莱恩被一根生牛皮捆匝得结结实实，脖子上也被绕了三圈。夕阳的余晖透过窗户照在布莱恩痛苦扭曲的脸上，他是窒息而死的。

莎拉感到总统握住了她的手臂，并听到他低声说："我的上帝……白宫里的凶案……"

一切现代侦破技术都用上了，国务卿死于4时半，离发现时间仅半个小时，在此期间，他将自己关在屋内，起草着一份在印度和巴基斯坦之间进行巧妙的秘密调停报告。总统很欣赏这个计划，认为一旦付诸实施，可以避免一场战争，甚至可能是核战争。总统中午暗示他可以问心无愧地继续担任国务卿，尽管外面有贝尔将会接替他的传闻。

莎拉将这一天进出过白宫的所有人员都排了队，发现无任何生人进宫。而在这戒备森严的白宫里，谁要想不得许可进入这间中枢机密要地的林肯起居室，除非有什么隐身术之类的把戏。

总统告诉莎拉，中午他和两个国务卿共进午餐，布莱恩谈到了自己的计划，他立即指示布莱恩拿出书面报告。布莱恩当时很兴奋，没等最后一道菜上桌，就进入林肯起居室起草报告了。

"那么整个下午您都没有再见到他吗？"

"是的，整个下午我都在和贝尔谈论年底的大选，我们俩可以互为佐证。"

"那么，就是说，在4时半布莱恩死亡的时间里，你们也在一起吗？"

"我想这是肯定的，5点我们讨论出一个计划，想听听布莱恩的意见。贝尔打了个电话，但没人接。我们感到很奇怪，就一同到这间屋子里来，打开房门，看到的已经是你所看到的惨状。"

"那么，从午餐到4时半这段时间里，你和贝尔一直在一起吗？"

"午餐？"总统犹疑不定地看着莎拉道，"午餐后，我总要冲一下冷水澡的，这是我的习惯……贝尔在这段时间……可是，布莱恩是在4时半死亡的呀！"

"请立即逮捕贝尔！"莎拉斩钉截铁地说道，"贝尔是西部牛仔出生的官僚，他窥视国务卿的宝座早为世人所知，他制造了一个死亡的'时间差'。"

经周密调查，贝尔确是杀害布莱恩的凶犯，你知道他是怎样制造这个"时间差"的吗？

【急智思维30】以真讹假 妥协有术

大学城的青年女教师艾娃应邀参加一个朋友的生日宴会，直到凌晨2点才结束。回家时，她一个人走在又长又冷清的大街上。

突然，从大楼的阴暗处，冲出一个高个子男人，手里拿着一把明晃晃的尖刀，恶狠狠地对着她。

"你想要干什么？"艾娃故作害怕地问道。

"我不想太难为你。"那男人说，"只要将你身上最值钱的东西丢下来一件就可以了。"

艾娃紧锁的眉头舒展了，她一面用大衣的衣领掩住自己的脖颈上的项链，一面用另一只手摘下自己的耳环，一下子把它们扔在地上。"现在我可以走了吗？"她问。

那男人没有去拾地上的耳环，却冷笑着说："小姐，别糊弄我，快把你的项链给我！"

"噢，先生，它并不比耳环值钱。"

"少废话。快点！"

艾娃不情愿地摘下自己的项链，等那人一走，艾娃才不慌不忙地拾起地上的耳环。

艾娃后来说，她这是"妥协有术"。

你知道这是什么意思吗？

【急智思维31】圈土有术 牛皮围地

古代的腓尼基有个美丽的公主狄多，因为不满意父母安排的婚姻，带了细软和一些随从，离乡背井，辗转奔波，来到了富饶的北非。她决定定居下来，创立新的事业，便与当地的酋长谈判，向他购买一块土地。但酋长只肯出售一张公牛皮能够围住的土地。

一张牛皮能围住多大的土地？但是，狄多还是围了一块很大的土地。

她是怎么围住的？

【急智思维32】手机遭窃 就机寻人

这天是双休日，张女士兴冲冲地打扮好了，要和丈夫一起乘车到一家超市购物。

这天外出的人真多，上车的时候，大家挤来挤去。上车以后，张女士突然想起一件事情，想要取出手机打一个电话。可当她伸手要去拉开背在肩上的皮包拉链的时候，不由愣住了，她发现皮包已经张开了口。再用手一摸，里面的手机、钱包全都没有了。

这时候，她的脑海里疾速地回忆着前面发生的事情。她想起自己等车时还给朋友打了一个电话，而且上车时见有人挤来挤去，自己还将皮包紧紧地夹在胳肢窝下面。看来可能性只有一个，这车上有窃贼。

张女士心里知道，现在的窃贼基本上都是团伙作案，而且一般都带有凶器，如果大喊大叫，肯定不会有好结果。于是，她悄悄地在丈夫耳边说了几句话，然后装作他俩相互不认识的模样，自己走到了另一边去。接着，她丈夫不动声色得悄悄地给110打了一个电话。

这辆公交车行驶不远，还没有到下一站，只见一辆110警车突然拦在车的前面，几位巡警上了车。

可是一个难题摆在面前：不能耽搁大家的时间，应快速找到偷手机的小偷。

这时候，张女士采取一个很简单的方法，使小偷很快暴露无遗。

这是一个怎样的简单的方法？

【急智思维33】简单动作 就势捉贼

一天深夜，一条黑影窜到了上海的一家公司的仓库前。只见他机警地向四周观察了一番，大街上空荡荡的，很少有行人。这人便取出随身携带的工具，迅速地撬开铝合金的卷闸门，一猫腰钻了进去。进去以后，他又用手里的铁撬棍砸碎了两道门的玻璃，钻进房内开始行窃。

这时，隔壁房间值夜的门卫老王头，在睡梦中被砸碎玻璃的声音惊醒了，他连忙起床，顺手抓起一根铁棒跑过来观察动静。发现公司仓库的门已经被人打开，老王大吃一惊，仓库进了窃贼！刚要进去，又突然想到，现在窃贼一般都是团伙作案，还要带着凶器，如果贸然冲进去，自己身单力薄年岁又大，不但不能把窃贼抓住，可能连自己的老命也要搭上去。如果按常规打110，又担心时间来不及了，一时他急得满头是汗。

就在这时，老王头猛然想起，这间仓库是原来的车库改装的，三面都是墙壁，没有窗户。情急之下，他的头脑里闪出了一个绝招。只见他三步并作两步，冲上前去，只用一个简单的动作便使窃贼无路可逃。

什么动作？

【急智思维34】小仲马机智讨债

小仲马的《茶花女》写成后，法国有一所著名的剧院老板找到小仲马，请求他把这个剧本出让给他，并答应如果前26场能卖出6万法郎的票，就给小仲马1000法郎的高额稿酬。小仲马答应了。剧本上演后，每场都是爆满，获得很大成功。

26场演出完后，小仲马到老板处索要他的报酬，但老板却开始抵赖，说只获得59997法郎的票款，最多只能给小仲马100法郎的报酬。

小仲马听了，一言不发地走了出去，很快又回来了，他拿出一件十分简单的东西，放在老板面前。

老板一看,傻了,没想到小仲马来这么一招,只好乖乖地付给小仲马1000法郎。

小仲马拿出一件什么东西,使老板乖乖就范呢?

【急智思维35】惜命惜财 自投罗网

罗斯一辈子研究出了不少化学产品,他成了闻名世界的大化学家、百万富翁。

他买回了好多幅精美绝伦的世界名画和一件件珍贵文物,将这些价值昂贵的东西一一布置在宽敞的客厅里,供客人欣赏。

罗斯多了份生活乐趣,但这事却给一个嗅觉特别灵敏的小偷打听到了,这家伙想去偷几件卖掉,使自己一辈子享受不尽。

某日深夜,他悄悄摸到罗斯家中,环顾四周,发现室内无人,就大胆地摘下了一幅价值20多万美元的名画,抱起桌上的一件古色古香的文物,便欲溜出门去。

这时,桌上一瓶绿色的酒吸引了他,酒液清碧,还散出阵阵扑鼻的酒香,撩拨着他的胃口。这小偷爱酒如命,马上拧开酒瓶盖,仰起脖子咕嘟咕嘟大口大口地灌进喉咙。

忽然门外传来了脚步声,小偷马上放下酒瓶,夺路而逃。

警长乔尼在屋里细细观察,没发现罪犯留下的任何指纹、脚印。"这罪犯,准戴了胶质手套,穿了特种鞋。"

这时罗斯的仆人告诉他,放在客厅里的酒少了半瓶,定是那窃贼贪杯,喝了几口。

乔尼听了心生一计,吩咐罗斯:马上写一份声明,在当天的晚报上注销,那窃贼一定会寻上门来。

第二天,那窃贼真的来叩罗斯家的门了。罗斯打开了门,躲在屋内的警察马上冲出抓住了那窃贼。

罗斯登报声明写了什么内容,竟使小偷自投罗网?

【急智思维36】莽贼入室 弱女应变

这天上午,因病在家的刘女士正躺在床上休息,隐约地听到外面的房门有开锁的声音。她以为是丈夫回家来,也没有在意,继续睡在床上没有动身。

门锁响了一几下,"啪"地打开了。刘女士听到脚步声轻轻地响了片刻,又听到一阵翻弄东西的声音,刘女士还是没有特别在意。接着,这脚步又向卧室传来,只听"咔嚓"一声响,房门突然被打开了。

刘女士这才睁开眼,想要对丈夫说话,却立即张口结舌地说不出来了,因为她发现这是一个从来没有见过的陌生男子。这男人见屋里居然有人,自己也吃了一惊,一下子也呆住了。

在这情急时刻,如果你是刘女士,采取什么措施才能把贼吓跑?

【急智思维37】牛眼炯炯 是左是右

一个农民的牛被人偷走了,他找了很久,终于找到了,可是,偷他牛的人死不承认。于是,官司一直打到乡政府。

在乡政府领导人面前,偷牛人振振有词:"他说我偷他的牛,请问,有什么证据?"

这个农民也不和他争辩,突然去捂住了牛的双眼说:"我的这只牛有一只眼是瞎的,你说是哪一只?"偷牛人心中一惊,心想坏了,我怎么从来没有注意到这个瞎眼,在这种情况下,也只好瞎猜了,万一猜对了,这牛不就归我了吗。于是,偷牛人说:"左眼!"这个农民将左手一松,大家仔细一看,牛眼炯炯有神——明明好好的。

"不!我一急说错了,是右眼。"偷牛人忙分辩道。

这个自我辩解不能不说没有道理,那么,最后的结局会怎样?这个农民能要回自己的牛吗?

【急智思维 38】杨小楼"救场如救火"

救场如救火,这是指戏台演戏出现问题需补救的紧急状态。

杨小楼(1877～1937)在北京第一舞台演京剧《青石山》时,扮关羽。演周仓的老搭档有事告假,临时由一位别的花脸代替。这位花脸喝了点酒,到上场时,昏头昏脑地登了台,竟忘记带上道具胡子。

杨小楼一看要坏事,心想演员出错,观众喝倒彩可就糟了。灵机一动,临时加了一句台词:"呔!面前站的何人?"

饰演周仓的花脸纳闷了,不知怎么回事,"俺是周仓……"

杨小楼急忙接:"原来是周仓儿子!"他做一个动作:理胡子。这一理,把这个演员给吓清醒了,竟呆住了。

杨小楼接着说了一句话,很自然地把他给解脱了,他说什么?

【急智思维 39】国王发难　水有几许

从前,有一个国王在大臣们的陪同下,来到御花园散步,他看见了花园里边的水池,突然心血来潮,对身边的大臣们说:"众爱卿,你们说说看,这花园里边的水池子里有多少桶水?"

大臣们一听,全都是面面相觑,张口结舌地回答不出来。

于是,国王下了一道御旨:"限你们三天的时间去考虑,如果回答不上来,你们全都要重重地受到处罚!"

一眨眼的工夫,三天的时间到了,大臣们全都是一筹莫展,当他们聚在一家大臣的家里,一起商量着如何接受国王惩罚的时候,这位大臣的小孙子在一边听明白了,突然插嘴说:"这有什么为难的,我有办法。"

大家一听,非常高兴,就问是什么办法,小孙子说:"我长这么大,还没有见过国王,请带我去见见。"大家一听,觉得是这孩子想去见见国王,才说他有办法。

可是,小孙子的爷爷,那位大臣知道自己的小孙子非常聪明,于是说:"这孩子从小就常常生出常人意想不到的新点子,不如带他去试一试,反正我们也想不出什么好办法来。"大家一听也只好同意。

在皇宫里,国王见到大臣们来了,就问:"三天已经到了,你们都想出办法了吗?"

"办法我们倒是没有想出,可我们带了一个小孩子来,他说他有办法。"

国王心想,也不知道大臣们找一个小孩子来干什么,就对孩子说:"你大概先要看一看皇宫里的水池吧。"

可是,孩子眨巴眨巴眼说:"不用看了,因为这个问题太容易了!"

国王一听,立即来了兴致:"那你就说说看,究竟有多少桶水?"

那么,小孩子是怎么解决这个问题的呢?

【急智思维 40】粗木匠的细智慧

粗木匠拿来一根雕刻着花纹的小木柱说:"有一次,一位住在伦敦的学者,拿给我一根 3 英尺长,宽和厚均为 1 英尺的木料,希望我将它砍削,雕刻成木柱,如你们现在看到的样子。学者答应补偿我在做活时砍去的木材。我先将这块方木称一称,它恰好重 30 磅,而要做成的这根柱子只重 20 磅。因此,我从方木上砍掉了 1 立方英尺的木材,即原来的三分之一。

但学者拒不承认,他说,不能按重量来计算砍去的体积,因为据说方木的中间部分要重些，也可能相反。

"请问，我在这种情况下，怎样向好挑剔的学者证明，究竟砍掉了多少木材？"

乍一看，这个问题很困难，但却如此简单，以致粗木匠的办法人人皆知。

这种小聪明在日常生活中也是很有用的。

【急智思维41】算命自救 死期不至

国王命令处死小偷，小偷请求国王宽恕。国王说："你犯了大罪，我怎能宽恕你呢？我只同意让你自己选择一种死法……"

小偷忙说："那么就请您让我老死吧！"

这则故事反映了偷儿的机敏。下面这则故事考考你的机敏程度：

有个算命的，预言国王的宠妃很快就要死了。不久后，这妃子果然死了。国王心里怏怏不快，就想把这个算命的杀掉。

国王派人把算命先生召进宫里，对他说："你如果真的能算命的话，算算你自己的死期是哪一天？"

你如果是算命的，该怎么回答？

【急智思维42】牧师考子 快拼地图

一个下雨天，有个牧师在家休息，但他的小儿子吵闹不休，令他十分讨厌。这位牧师在烦躁中拾起了一本杂志，一页一页地翻阅，直到翻到一幅色彩鲜艳的大图——世界地图。他就从那本杂志上撕下这一页，再把它撕成碎片，丢在客厅的地板上，对小儿子说道：

"小约翰，如果你能拼拢这些碎片，我就给你2元5角钱。"

牧师以为这件事会使约翰花费上午的大部分时间，但是没过10分钟，就有人敲他的房门，原来是他的小儿子拼好了地图。牧师十分惊讶，就问道：

"孩子，你怎么把这件事做得这样快的？"

"啊"，小约翰说，"这很容易！"

把无数碎片拼成一张复杂的世界地图是不容易的，但是，这个孩子说很容易，而且很快就拼好了它，这是什么道理呢？

【急智思维43】最快用什么装满屋

有一位老人住着两间一套的房子，他只住了其中一间，而另一间房子空荡荡的什么家具也没有。

有一天晚上，老人的三个儿子来看他。不巧，儿子们刚来就停电了。老人点起蜡烛，把三个儿子叫到身边。

"你们谁愿意搬来和我一起住吗？"老人问三个儿子。

三个儿子都争着说"愿意"。

"这样吧，你们谁能最快地把那个空屋子用什么东西装满，我就让谁搬来住。"

儿子最机敏，他最先采取行动，很快就用一种东西把那空屋子装满了。

他采取了什么行动呢？

【急智思维44】兄弟打鹰 孰先孰后

从前，江南有一对兄弟，因父母双亡，兄弟俩相依为命，以打猎为生。

一天，兄弟二人出外打猎，刚走出家，便遇上本村的刘老伯。刘老伯早知道兄弟俩忠厚老实，为人善良，愿将自己的闺女许配给他们其中一人。今天正好遇上兄弟二人，于是老伯便拉着兄弟二人的手说："我家有一闺女，愿许配你们其中一人。但有一个条件，本村经常有一只秃鹰到村里抓鸡作恶,你们谁先打死这秃鹰,我就将女儿许给谁。"

哥俩听完,十分高兴。

这天,兄弟俩果然将秃鹰打死了。老伯闻声,万分欣喜,拉着女儿来见猎手。可出门一看,只见兄弟二人为打死秃鹰的事吵了起来:

"我一枪打在秃鹰的背上,是我先打死的!"哥哥说。

"是我一枪打在秃鹰的胸膛上,我打死的!"弟弟不甘落后地说。

老伯接过被打死的秃鹰,也分辨不清究竟是谁打死的。

正在这时,老伯的女儿从父亲的手中接过秃鹰说:"爸爸你不要犯愁,女儿自有主张。"

于是,她把秃鹰递给弟弟说:"秃鹰是你打死的……"说着脸一红,进屋去了。

试问,她的根据是什么呢?

【急智思维45】抽烟三袋 智断归属

甲乙两人为了一管旱烟袋争吵不休,彼此都不相让。

甲说:"这烟袋是我的,我花了重金购买的,是我心爱之物。"乙说:"这烟袋是我父亲留下来的,我已经用了20多年了。"讲不清,夺不过,两人就拉拉扯扯到了衙门。

县令听了两人的争辩以后,就说:"这烟袋确实不错,制作精良。根据你们所说,都无证据,老爷断给谁都不公平。现在本县出15两银子买下你们都心爱的这管烟袋,破例让你们在堂上各抽三袋烟,吸完后你们各取一半银子回去。"

在抽烟的时候,甲吹不出烟灰就连续在地上敲击,要把烟灰敲出来;乙吸烟吹不出烟灰,用一根纸片挑烟灰。

等甲乙两人把三袋烟吸完后,县官把惊堂木一拍,大声说:"你们谁是真的,谁是假的,我都知道了,还不从实招来!"

你知道谁是烟袋的假主人吗?

【急智思维46】耶路撒冷的恐怖分子

一次,潜入以色列首都耶路撒冷的3名阿拉伯游击队的恐怖分子,袭击了一所小学校,把十几名儿童当做人质占领了教室,并且提出条件,要求以色列当局释放被逮捕的5名游击队员,并且用直升机送他们去约旦。

以往态度强硬,从来不向恐怖分子妥协的以色列,这次不知为什么一反常态,轻易地答应了所提出的条件。等到天黑后,把那5名囚犯从监狱牢房送到小学校,并派来一架直升机降落在小学校的操场上,驾驶舱里坐着2名驾驶员。

"喂!这架直升机包括2名驾驶员限坐10人,如果让孩子也乘上去的话,会超载坠毁的。有驾驶员做人质,请你们把孩子放了!"

包围在学校周围的以色列警察指挥官喊话后,汇集在一起的8名恐怖分子让儿童们排在直升机登机口前,警惕地用枪对着他们,自己迅速登上直升机。他们的坐舱与驾驶室有门隔开。

"赶快起飞!"他们敲着门大声命令驾驶员。

直升机立刻升空,消失在夜幕之中。可是,在几分钟后,飞到郊外荒野的上空时,不知是发动机发生了故障还是旋翼停止了转动,机身失去了控制,一头扎到地上,引起猛烈的爆炸,连同驾驶员都被埋葬在一片火海之中。

其实,这是以色列方面一次巧妙的安排。

尽管如此,为什么要牺牲自己的飞行员呢?

【急智思维47】方式颠倒 铲除地堡

第二次世界大战的时候，美国军队和日本军队在太平洋上的一些岛屿上展开了争夺战，战斗十分激烈。日本人在这些岛屿上修建了大片大片的地堡群，这些地堡群的位置很低，设置非常巧妙，坚固无比，美国军队没有办法彻底铲除这些地堡群。

美国指挥官一时束手无策。后来，他召集军官开会，要求大家集思广益，共谋良策，打开地堡群。当时，一位工程技术人员出身的军官献计说："日本人的这些地堡是连环堡，出口处非常的狭小，如果我们改变打开地堡群的想法，倒过来想办法堵住些通道……就能成功。"

指挥官听到了这个计划，连连点头说："这是一条妙计！"

请问，这是一条什么妙计？

【急智思维48】如何为国王铺牛皮

很古很古以前，人们是不穿鞋子的。有一个王国，大臣们为了讨好国王，将他所有的房间都铺上牛皮，当国王走在上面的时候，感到十分的舒服。于是国王就下令，将全国所有的土地全部铺上牛皮。这简直是不可能的事！到哪儿去找这么多的牛皮！即使有那么多牛皮，又怎能把国王要走的路全辅满呀。大臣们全慌了，他们抓耳搔腮一筹莫展。

你有什么好办法，既不需要将全国所有的土地全部铺上牛皮，又使国王感到舒适满意呢？

【急智思维49】即兴的心理测验

加州法院正在开庭审理一件预谋杀人案。

琼斯被控告在一个月前杀害了约瑟夫。警察和检察方面的调查结果：从犯罪动机、作案条件到一应人证、物证都对他极为不利。虽然至今警察还没有找到被害者约瑟夫的尸体，但公诉方认为已经有足够的证据能把他定为一级谋杀罪。琼斯请来一位著名律师为他辩护。在大量的人证和物证面前，律师感到捉襟见肘，一时间瞠目结舌，无以为辞。但他毕竟不愧是位精通本国法律的专家，他急中生智，从容不迫地说道："毫无疑问，从这些证词看来，我的委托人似乎确定是犯下了谋杀罪。可是，迄今为止，还没有发现约瑟夫先生的尸体。当然，也可以做这样的推测，是凶手使用了巧妙的方法把被害者的尸体藏匿在一个十分隐蔽的地方或是毁尸灭迹了。但我想在这里问一问大家，要是事实证明那位约瑟夫先生现在还活着，甚至出现在这法庭上的话，那么大家是否还会认为我的委托人是杀害约瑟夫先生的凶手？"

陪审席和旁听席上发出几声窃笑，似乎在讥讽这位远近驰名的大律师竟会提出这么一个缺乏法律常识的问题来。

法官看着律师说道："请你说吧，你想要表达的是什么意思？"

"我所要表达的就是这个意思。"律师边说边走出法庭和旁听席之间的栏栅，快步走到陪审席旁边的那扇侧门前面，用整座厅里都能听清的声音说道，"现在，就请大家看吧！"说着，一下拉开了那扇门。

所有的陪审员和旁听者的目光都转向那扇侧门，但被拉开的门里空空如也，没有任何人影，当然更不见那位约瑟夫先生。

律师轻轻地关上侧门，走回律师席中，慢条斯理地说道："请大家别以为我刚才的那个举动是对法庭和公众的戏弄，我只是想向大家证明一个事实：即使公诉方面提出了许多所谓的证据，但迄今为止，在这法庭上的各位女士、先生，包括各位尊敬的陪审员和检察官在内，谁都无法肯定 那位所谓的被害人确实已经不在人间了。是的，约瑟夫先生并没有在那扇门口出现，这只是我在合众国法律许可的范围之内所采用的一个即兴的心理测验方法。从刚才整个法庭上的目光都转向那道门口的情况来看，说明了大家都在期望着约瑟夫先生在那里出现，从而也证明在场的每个人的内心深处，对约瑟夫到底是否已经不在人间是存在着怀疑的。"说到这里，他顿住片刻，把声音提得更高些，并且借助着大幅度挥动的手势来加重着语气，"所以，我要大声疾呼：在座十二位公正而又明智的陪审员，难道凭着这些连你们自己也存在疑虑的证据，就能裁定我的委托人便是杀害约瑟夫先生的凶手吗？"

霎时间，法庭上秩序大乱，不少旁听者交头接耳，连连称妙。新闻记者竞相奔往公用电话亭，给自己报馆的主笔报告审判情况，预言律师的绝妙辩护有可能使被告琼斯获得开释。

当最后一位排着队打电话的记者挂断电话回到审判庭里时，他和他的那些同行听到了陪审团对这案件的裁决，那是同他们的估计大相径庭的：

陪审团认为被告琼斯有罪！

那么，这一认定又是根据什么呢？原来是即兴的心理测验从另一方面提醒了陪审团，使陪审团获得琼斯有罪的新证据。

请问，琼斯有罪的新证据可能是怎样产生的？

请注意，它必定与刚才律师进行那场"即兴的心理测验"有关。

【急智思维 50】老警察智辨狗公主

老赵是一位有着 20 年警龄的老警察。一天夜里，他路过一家老板的豪华住宅时，在路灯下见到一个西装革履的小青年，手里拎着一个大提包，正从大门里行色匆匆地走了出来。小青年见到了穿着警察制服的老赵，不由一怔，加快了脚步，想从他身边走过去。

老赵对这一带居住的人们十分熟悉，他见这小青年面孔很陌生，凭着直觉，便喊了一声："你，站住！"

那个青年人停下了脚步，说道："什么事情？"

老赵上下打量了一下，发现这个年轻人的脸上虽然故作镇静，可眼神却飘忽不定，不由起了疑心："这么晚了，干什么去？"

小青年马上回答说："我就住在这里，公司里有事，回来取点东西。"说完又要走开。

老赵侧耳向住宅里听了听，心中更加怀疑了：外面这样大声说话，里面却一点动静也没有，这说明住宅里根本没人，于是他又上下打量了一下小青年，说："请您跟我走一趟。"

小青年急了："怎么，我从自己家里取点东西，难道也犯法吗？"话音刚落，从院子里跑出来一条很漂亮的卷毛小狗，冲着这个小青年直摇尾巴。小青年摸着小狗的头说："你看，这是我家的小母狗，名字叫'公主'"。

老赵这下没有理由再怀疑了，连小狗都对他这么亲热，看样子大概自己真的错了，于是说："对不起，请您走吧。"

恰在这时，小狗突然跑到一边的小树旁，抬起了一条后腿，撒了一泡尿。老赵见了，马上伸手抓住这个小青年说道："错不了，你一定是个小偷。"

亲爱的读者，为什么老赵断定这个小青年是小偷呢？

【急智思维 51】开往前线的火车

1942 年，德军入侵前苏联以后，为了切断苏军的交通运输线，他们在连接斯大林格勒（现名伏尔加格勒）和内地的铁路线的上空，出动了大批轰炸机，不间断地进行狂轰滥炸。这样一来，斯大林格勒附近的进出站内的火车一时都无法运行，全部滞留在站内，形成了严重的堵塞，而前线急需的物质也一时无法运出。

面对这种局面，苏军指挥员心急如火，千方百计地想办法加强对空的炮火力量，可这种被动的方法收效甚微。

后来,一位名叫拉宾的车站军代表,来到现场进行调查研究。他发现,德军轰炸机的目标,只是针对开往前线的列车,而对向内地开的列车,几乎不大去管的。经过进一步的观察,他又发现,德国的飞行员是根据列车机头的位置来判断列车运行的方向的。

于是,这位军代表想出了一个非常简单而又很管用的方法,使斯大林格勒的火车开往前线。

这是什么办法?

【急智思维52】自我暴露 紧急调敌

第二次世界大战初期,德国军队采取了闪电战术,重兵进攻前苏联,并且在很短的时间内占领了前苏联的大片国土。苏联军队和人民奋起抵抗,也取得一些战果。

1944年7月,苏联红军经过周密的计划,准备发动利沃夫——桑多梅日战役。苏联红军准备在利沃夫方向实施重兵突击,可是,当时德军无论在人员、装备还是武器上,都占有强大的优势。如果去硬打,无疑是以卵击石。唯一的办法,就是在另一处造成进攻假象,吸引敌人的注意力。可是,当时的情况比较复杂,指挥官们提出的一个又一个方案,都因为种种原因被否决了。指挥官绞尽脑汁,眼看进攻的日子越来越近,他们仍是一筹莫展。

后来,一位名叫瓦里特的少校主动前来请战,他说:"给我30个士兵和30辆汽车,我有办法调动敌人的部队。"起先,指挥官们对他表示怀疑,可是,当他们听了瓦里特的计划以后,都觉得似乎可行了。

第二天晚上,德军夜间侦察机在斯塔尼斯拉夫地区突然发现了一支悄悄地运动的苏联军队,于是,飞行员立即向德军指挥官做了报告。

"要密切注意这支部队的动向,加强侦察,必须弄清楚苏联红军行动的真正目的。"德军指挥官得到这一消息,立即向飞行员命令道。

敌机奉命加强了对整个地区的侦察。第三天、第四天晚上,又连续在多处发现了苏军部队的踪迹,尽管苏军行动好像很隐蔽,并且比较巧妙地躲避着飞机的侦察,可还是暴露出在行动中的蛛丝马迹。

经过周密的和不间断的侦察,飞行员们一致得出结论:这几个晚上,苏联红军在斯塔尼斯拉夫地区有大规模的兵力在调动。

德军指挥官们得到了这个重要的情报以后,经过认真分析,一致认为:斯塔尼斯拉夫是苏联红军主力的突破口。

很快,在沃尔夫地区执行任务的一个德军坦克师和一个步兵师奉命调往斯塔尼斯拉夫地区。

苏军的自我暴露终于达到了目的。

那么,这位瓦里特少校是怎样"暴露"自己的呢?

【急智思维53】夜半间谍 紧急破译

德国女间谍玛塔·哈莉以"舞蹈明星"的身份出现在巴黎,任务是刺探法国军情。

在她结交的军政要人中,有一位名叫莫尔根的将军,原已退役,因战争需要又被召回到陆军部担任要职。将军最近因老伴去世,颇感寂寞,对哈莉追求得也很急切。

不久,哈莉弄清了将军机密文件全放在书房的秘密金库里,但这秘密金库的锁用的是拨号盘,必须拨对了号码,金库的门才能启开,而这号码又是绝密的,只有将军一个人知道。哈莉想:莫尔根年纪大了,事情又多,近来又特别健忘,因此 秘密金库的拨号盘号码肯定是记在笔记本或其他什么地方,而这个地方决不会很难找,很难记。每当莫尔根熟睡后,她就检查将军口袋里的笔记本和抽屉里的东西，但都找不到这号码。

一天夜晚，她用放有安眠药的酒灌醉了莫尔根，蹑手蹑脚地走进书房。这时已是深夜2点多钟。秘密金库的门就嵌在一幅油画后面的墙壁上，拨号盘号码是6位数。她从1到9逐一通过组合来转动拨号盘，但都没有成功。眼看天将透明，女佣人就要进来收拾书房了，哈莉感到有些绝望。

忽然墙上的挂钟引起了她的注意，她发现来到书房的时间是深夜2时，而挂钟上的指针指的却是9时35分15秒。这很可能就是拨号盘上的号码，否则挂钟为什么不走呢？但是9时35分15秒应为93515，只有5位数，这是怎么回事呢？这5位数与什么6位数关系最为密切呢？她进一步思索，终于找到了6位数，完成了刺探情报的任务。

她是怎样找到的呢？

【急智思维54】新娘夜半擒小偷

午夜，新娘子彩华从工厂下班回来。到家开灯后，见丈夫已睡熟了，也就没再打扰他。新娘子一边脱大衣，一边从五斗柜上拿起一把木梳，走到床前对面的橱前，对着穿衣镜梳起头来。

正梳着，猛吃一惊，因为在镜中她清楚地看到床下有四只脚。

他们一定是小偷！怎么办？这夜深人静的，丈夫又睡得这么死，就算叫醒了他，恐怕也制服不了心狠手毒的两个坏蛋啊！

新娘子眼珠一转，见五斗柜上有只热水瓶，一想有了！她做出一副想倒开水喝的样子，摇摇水瓶，空的，于是发火了。

"砰"的一声，热水瓶给她打个粉碎。

"做啥？做啥？"新郎小宋被爆炸声惊醒了。

"叫你冲开水为啥不冲？啊！才结婚就架子十足啦！"新娘子吵开了。

小宋莫名其妙地想，五斗柜上的花壳热水瓶本来就是装饰品，不冲开水的！况且厨房间明明有开水。小宋朝外间指一指，也不多说，又钻进被窝了。

"砰！"新娘子又摔坏了一只杯子。

"让你睡，让你睡！你狠心哪，我走，我走！"说罢新娘妇拎起皮箱就朝外走。

小宋一看事情竟然弄僵了，急忙爬起，"哒哒哒！"追了出去。

开了门，新娘子却又不走了，她把皮箱一摔，倚在门框上大哭大闹起来，非要离婚不可！

你知道新娘子这样做的目的是什么？

【急智思维55】相士智辨千岁妻

唐朝，镇守江西的千岁王李德诚的妻子美貌绝伦。

当地有个相士，此人颇通三教九流，巧舌如簧，察言观色，见风使舵，混得不错。

一天，李德诚邀相士喝酒，酒酣耳热。相士红着酒眼说："千岁大人，我看得出你是个有福之人，明贤之主，日后定能创立大业！"

李德诚问："何以见得？"

相士夸口说："胖瘦高矮，富贵贫贱，小人到眼就能分得清清楚楚。"李德诚记住了，不去反驳，相士继续神吹。

过了几天，李德诚又把相士请来，他指着庭前的五个穿戴一模一样的年轻女子说："你不是说富贵贫贱到眼便能分清楚吗？你看这五个女子中哪一个是我的夫人？"

相士傻眼了，说实在的，他根本没有这本事，只是酒后夸口，顺便说说的，可李德诚却当真了。如果兜底，今后李德诚就会瞧不起自己，赶鸭子上架暂时顶着吧。都说李德诚的妻子漂亮，最漂亮的就是了。相士走到五个女子面前，反反复复把她们上上下下打量个够，反而急出了汗。这五个女子简直是一个胎里出来的，相士眼花缭乱没了主见。

他偷偷朝李德诚瞥去，李德诚露出了可怕的微笑。相士打了个愣，即生出一计："千岁大人，头上有黄云的便是您夫人。"

相士这样说的目的是什么？下面会发生什么事，你知道吗？

【急智思维56】南极探险巧输油

有一年，日本的南极洲探险队准备在南极过冬，他们用船从日本运来了汽油，准备用输油管道将这些汽油送到设在南极的基地里。可是，由于事先计划不充分，他们在实际操作中发现，从日本带来的输油管道总长度不够，根本无法从船上连接到基地，在南极，也没有备用的管子，如果现在再回日本运，时间最快也要两个多月。这可怎么办呢？这个问题把真把人难住了，大家一时也想不出什么好办法来。

队长向国内请示，已准备返程。

一名队员喝水的时候，无意中把水泼洒在一张卷成筒状的报纸上，在南极那样超低温的条件下，自然很快就结成了冰。有一名队员又恰好拿起了这张报纸，发现它非常坚硬而且光滑。

这位队员突然灵机一动，找到探险队队长说："我有办法找到备用的输油管了。"

什么办法？

【急智思维57】赫尔小姐的罗曼之夜

赫尔小姐开着两用车到达阿尔巴尼时，夜幕降临了。这里距她要去的地方还有50英里，她想还是再核对一下旅行路线为好，于是下车走进路的一家酒店。

两杯酒下肚，疲倦的身躯便感到舒适，当赫尔小姐再抬起头时，发现一名英俊的小伙子痴痴地坐在对面看着她。

小伙子说他叫哈林顿——听起来真是一个漂亮的名字，他多少次做梦都梦见和赫尔小姐一模一样的人，今天总算遇上了。赫尔小姐听了很高兴——大概所有的女人都爱听这种罗曼蒂克的话。他们端起酒杯共饮了。

小伙子听说赫尔小姐到阿尔巴尼，而且路途不熟，就告诫赫尔小姐说这地方很不安全，有一个叫巴比伦的坏蛋经常在这路上拦劫。后来他自告奋勇地表示要做她的保镖，把她送到想去的地方。

他们行驶只有五英里，一辆汽车强烈的前灯光从后面射来。

哈林顿转身去看，突然大叫，"是巴比伦，大胡子巴比伦，我认识他，他会杀死我们的！"哈林顿要赫尔小姐拐进黝黑的小路里躲一下。道路很黑，赫尔小姐又不熟。但是她决定仍旧沿着这条通衢大道往前开。后面车很快超过他们前驶了，哈林顿又吓唬说，一定是巴比伦准备在前面拦截他们。

这时赫尔小姐识破了哈林顿的诡计——他想把她带入歧途再对付。当赫尔小姐指出他的阴谋时，闹剧结束了。

赫尔小姐一个人驾车疾驶而去，虽然感到晦气，却不无初次成功的快意：她能够警惕漂亮脸蛋背后的狡诈了。

请问，赫尔小姐根据什么确定自己在遭暗算？

【急智思维58】村姑智退"三角眼"

四明山区张家湾住着青年猎户张诚夫妇。张诚每天都要到深山去打猎，早晨进山，常常深夜返回家中。张诚的妻子秀姑一个人在家里养鸡，织布。

有一天傍晚，从山脚下闪出一个中年男子，走到了张诚家门前东张西望。此人生着一对三角眼，留着长头发，小胡子，肩上背着一个大旅行袋，贼头贼脑的，一看就不像是个好人。

中年男子一双三角眼盯着秀姑从头到脚地看，看得秀姑不寒而栗，连忙要关上门。可是，"三角眼"却一伸手挡住门，一步跨了进来，并且大模大样地在椅子上一坐，两只三角眼贼溜溜地到处乱看。当他发现屋子里没有别人的时候，胆子更大了，嬉皮笑脸地说："大嫂行个方便吧，这里四下里没有人家，只有你这一家，如今天色已晚，我就在这里住一宿，明天早上再走，住宿费要多少给多少。"说完了，"三角眼"还直向秀姑卧室里胡乱地张望。秀姑知道来者不善，可一时又赶不走他，这可如何是好！

秀姑看到"三角眼"正在向她的床上看，她也顺势看去，无意间看到了床下放着丈夫的五双鞋子，不由眼睛一亮，想出了一条妙计，立即装出热情好客的样子，对"三角眼"说："在家千日好，出门一时难，我们当家的也关照过我，能给过路的客人方便的，一定要热情待人。既然你到了我们家，总不能让你住在露天里。你先喝一口茶，歇歇吧。"秀姑一边说一边去倒茶。"三角眼"更加得意。

这时，他却见秀姑进了卧房，从床下取出了一堆鞋子。秀姑来到堂前，顺手将鞋子向地上一放。接着，又搬出一个大脚盆放在中间。"三角眼"一看，这里边的鞋子非常多，有球鞋，皮鞋，布鞋，旅游鞋，拖鞋，一共有5双，便指着这一小堆鞋说："大嫂，怎么这么多鞋子？"

这时，秀姑借机干脆大做鞋子的文章，结果把"三角眼"吓跑了。

后来，两个公安人员追踪到这里，秀姑才知道"三角眼"是被通缉的逃犯。

你如果是秀姑，如何用鞋子做文章把"三角眼"吓跑呢？

【急智思维59】野马战机 怪异功能

1956年的埃以之战，以色列军队企图夺取西纳半岛。以军所进攻的目标，首先是埃及军的核心要塞——米特拉山口。沙龙的第二0二伞兵旅接受任务之后，直向山口扑过来。埃及驻扎在西奈半岛上的守军自然明白以军的意图，因为米特拉山口是以色列进攻的必由之路，如果这里失守，整个西纳半岛也就完了。因此，埃军方面除了派重兵驻守这里之外，还在两侧一带安排了驻军策应，以防止以色列军队的突袭进攻。

"以我们的力量和所占有的地形，米特拉山口坚如磐石，易守难攻，万无一失。"驻守山口的部队向上司这样夸下海口。

有一天，米特拉山口的埃军阵地上，突然出现了几架以军的"野马"式战斗机。"不好的，敌机要进攻了，全体进入阵地，迅速做好战斗准备！"指挥员迅速地下达了作战的命令，埃军士兵们纷纷进入掩体，架起高射机枪，准备战斗。

可是，这几架以色列飞机并没有对埃军的阵地展开攻击，也没有投掷炸弹，只见他们在天空中盘旋了几圈以后，突然一会儿俯冲地面，一会儿又直冲云霄。飞机低飞的时候，距地面仅仅只有3.7米的高度，好像是在做飞行表演特技。不一会儿，飞机就飞得无影无踪了。

埃军对以军飞机这样的举动百思不得其解，莫名其妙。

一个军官连忙拿起电话、想要向上级报告，可是，要了半天电话，话筒里却是一点声音也没有，他不由地向电话接线员发起火来。

电话员受到训斥以后，对着电话交换机检查了半天，也没有查出原因，就连忙跑出去检查电话线。这一看，不由得大惊失色地叫了起来：

"报告长官，我们的电话线不通了！"

这是怎么回事？

【急智思维60】拉斯马森 救命如救火

一位孤独的老太婆，不慎在家中跌倒，一头撞在桌棱上，再也爬不起来。在绝望中，她看到了电话上的报警号码"09"，她忍着剧痛，抓起话筒，拨了这个号码。这是凌晨两点发生在丹麦首都哥本哈根的事。

消防支队的值班员拉斯马森听到报警的电话铃声后，立即拿起话筒："喂，我是消防支队，请讲。"

可是老太婆处于昏迷状态，无法很快回答拉斯马森的问题，这样，拉斯马森只能从话筒里听到那艰难的喘息声。他耐着性子呼叫了许久，终于，一丝微弱的声音传了出来：

"我不行了，快来救命……"

"你是谁？在哪里？"

"我是孤老太婆，在我家中，我跌倒了……"

"请告诉我门牌号码，我们立即就去！"

"我……我记不清……"

"是在市区吗？！"

"……是，是的。靠马路……灯太亮……我受不了……快来呀……"

对方大概昏迷过去了，只有电话里那喘息声还能隐约分辨出来。救命如求火！但必须先查出老太婆的住址才行。

拉斯马森望着手中尚未挂断却无人答话的话筒，望着车库里严阵以待的十几辆救火车，果断做作出决定……

如果你是拉斯马森，将采取什么办法，迅速找到那位亟待抢救的老人的住址？

（二）参考答案

【急智思维1】浴室是封闭的，只要将水放至屋顶，就可从换气窗逃出去了。

【急智思维2】韦尔曼警官是莎特的朋友之一，所以他知道，楼上没有什么山姆大叔。当莎特得知门外是警官时，便故意说山姆大叔也同韦尔曼好，他就明白是怎么回事了。

【急智思维3】首先，让两位被试找饭店开张发票，发票应注明："熊掌两盘，收款4000元"。然后，以此为据，可告之老板"用国家保护动物加工菜肴谋取暴利，违犯了《野生动物保护法》的有关规定"，轻则罚款2万元，重则刑法处置。在这种情况下，老板一般会把女大被试吃的不是熊掌而是牛蹄筋一事的真相说出。第三步，"既然承认用牛蹄筋冒充熊掌，一盘牛蹄筋顶多只值10元钱，那么就该把多收的钱退还给顾客，并赔偿精神损失费1000元"。如果老板不认罚，可会同当地有关部门官员来处理。解决这一问题的关键在手中必须有"熊掌两盘，收款4000元"字样的发票，让证据说话。

【急智思维4】这个少女故意颤抖着从债主口袋里摸出了一个石子，"不小心"地掉在了石子路上，谁也找不出来。她说："这下好了，我们只要看一看袋子里留下来的那个石子，就可以知道我抓的石子是白的还是黑的了。"由摸石子决定命运，改为由留在袋中的石子决定命运，这就显现了逆向变通的特征。这位少女就是这样运用了逆向思维的方法，凭着自己的智慧，救了父亲和自己。

【急智思维 5】他们先把铁链（30公斤）放在筐里降下去，再让女仆（40公斤）坐在上来的空筐里降下去；这时放铁链的筐子回上来。赫乔把铁链取出，叫达妮亚（50公斤）坐在筐里，达妮亚下降后，女仆再上来。达妮亚降到地上后，走出筐子，女仆也从上来的筐中走出，回到塔中。接着赫乔再把铁链放在上面的空筐里，第二次将它降到地面，放着铁链的筐子到了地上，达妮亚坐进去（50+30=80公斤），这时赫乔（90公斤）坐进上面的筐里。赫乔降到地面后，走出筐子，达妮亚从上来的筐中走出，回到塔中，达妮亚把铁链留在上面的筐中。铁链第三次降到地面。这次又轮到女仆（40公斤）坐进上面的筐子降到地面去，有铁链的筐子（30公斤）上来。然后达妮亚从上来的筐中取出铁链，坐到筐里（50公斤）下降，女仆（40公斤）上升。达妮亚到了地上，走出筐子，而女仆回到塔里。现在女仆把铁链放到筐里，又把它降到地面去，然后自己坐进上来的空筐里下降，铁链再回上来。女仆"着地"后，与在等她的达妮亚和赫乔会合，而铁链最后一次落到地上，现在他们三个人终于避开了凶暴的大公，平安地隐匿到山里去了。

【急智思维 6】俄国士兵用假自杀来蒙蔽对方，伺机借助对方之力将坦克从泥潭中拉了出来，转败为胜，创造了奇迹。如果说破釜沉舟，置之死地而后生，靠的是急中生"力"，那么此案中死坦克拖回活坦克则靠的是急中生"智"。坦克陷入泥潭，功能丧失，成了死坦克。坦克中的人是活的，索性将陷入绝境的人和物一块推到更险恶的境地（置之死地）造成死人废物的假象，目的是麻痹敌人，伺机而为。这则案例有其或然性，但反映的"事至极处易再生"的规律却是必然的。

【急智思维 7】根据比赛的规则，双方战平以后，还必须加赛5分钟。保加利亚队就是利用这一比赛的规则赢得加时赛，为自己争取了一个机会。保加利亚队教练非凡地精明——是他故意让自己的队员将篮球投进自己的篮筐里，以求平局，也只有这样，才能赢得这千金难买的5分钟加时赛。保加利亚队教练的计谋是：在一定条件下，暂时性地放弃既得优势，以期赢得更多的机会、更稳固的地位或更多的利益。计谋术中的以输求赢、以退求进、以隐求显、以败求胜等在棋艺中表现为"弃子术"，属常术。但在军事上或商战计谋中属险招，非万不得已时不用。

【急智思维 8】实际上，老医生从老农的耳朵里钳拔出的是一个麦苗。麦粒在耳朵里发了芽，改变了原来的形态，在植物趋旋光性的作用下，芽花向外，成了医生的"抓手"，这样就能很轻松地把麦粒取了出来。

【急智思维 9】阿姆斯特朗对詹姆斯说："我得慢慢地品味着读，每天大约一行左右。"詹姆斯问："那不是需要几百年吗？"阿姆斯特朗说："国王陛下许可我读完《圣经》再被处死，并没有讲什么时候读完的期限啊！"

【急智思维 10】原来，易容师前几天在报上看到了一张通缉犯的照片，于是，就把这个通缉犯的模样移植到了此人的脸上。他一出现，当然会引起警察极大的注意。此案例中，易容师的高明之处就在于"换汤不换药"。如此变脸易容，表面上变了，实际上"通缉犯"的身份并没变，使这个不速之客就犯的目的没变。

【急智思维 11】安娜是这样思维的："我这一脚如果踩了别人，那个人一定会大喊大叫的，说不定还会骂我一通。但那人却默不作声，这说明，他就是扒手，因为他会因为自己的偷盗行为而不敢声张的。"

安娜在扒手的脚上留下痕迹，并以此为证，终使扒手落入法网。在特定的场合中，如果暂时处于劣势的情境之中，制造可用以为凭的痕迹是最好的伏笔，一旦情境转好，痕迹就可以成为间接中的、克敌制胜的武器。另外，此案中安娜最后的判断也值得玩味："我这一脚如果踩了别人，那个人一定会大喊大叫的，说不定还会骂我一通。但那人却默不作声，这说明，他就是扒手，因为他会因为自己的偷盗行为而不敢声张的。"从心理智谋上分析，则属于情境设计的范畴了。

【急智思维12】当时，急中生智的那位画家是这样做的，他飞快地抓住那幅已经画好的画，三两下撕得粉碎。于是，还不知道已身处巨大危险的画家立即停止了后退，反而冲过来，要抢救自己的得意之作，这个反常的举动，反倒拯救了他的性命。激将之法往往能将不可能或想不到的东西作为解决问题的灵丹妙药。

【急智思维13】"给医生车钥匙，让他带着老人去医院，而我则留下来陪我的梦中情人一起等公车！"

这是最佳答案，但很少人一开始就能想到，是否是因为我们从未想过要放弃我们手中已经拥有的优势（车钥匙）？

【急智思维14】这是女乘务员设下的一个假局，为的是要引诱出小伙子的真话。她是在对方猝不及防的情形下，将此作为一种分辨真假的工具罢了。

【急智思维15】他到街上买了一套衣服，号码比他平时穿的要大许多，这样给人的假象就是他已经减下很多分量了。他穿上这身衣服去见胡佛，一见面就感谢胡佛提出了控制体重的要求，说这简直就是"救了他的命"。胡佛听了自然不计较胖瘦，还夸奖他服从上司命令。

【急智思维16】纳斯列丁让哈桑给商人写一封信，要求对方火速归还3000元钱。商人看见来信，认为自己明明只借2000元，对方却写成3000元，一定是对方记错了，只好回信说明了情况，强调自己仅借2000元。而这封信，就成了哈桑手中新的"借据"了。

【急智思维17】大树不能锯，又搬不开，又不能费时费力地用斧子去砍，而受伤者随时都会因为流血过多而死亡。在这个危急的关头，那出主意的工人说："锯掉大腿！"受伤者虽然失去了一条腿，却保住了性命，这也是没有办法的办法。在特定的情况下，任何谋略都失去作用之后，也只能采取这种"丢卒保车"办法。

【急智思维18】老农民已经知道对手是一个蛮不讲理的人，有理也说不清楚，他只好装聋作哑。法官见老农民"不会说话"，心想这官司没法再审理下去了，就宣布要退庭。这个男人气极了："他刚才还会说话的，说得好好的。"接着把开始的时候两个人的对话重复了一遍。法官听了说："原来这位老汉已经告诫过你了，看来，这个责任完全在于你了。"到了这个时候，老农民突然开口说话了："尊敬的法官先生，让他自己把事实的真相告诉您，不是比我说更能让你相信吗？"这位老农民运用大智若愚的方法，让对手在不经意的情形下，自然而然地说出事情的真相。大智若愚的前提是"大智"，不显山露水。大智若愚的表现形式是"愚"，或痴或颠，或呆或傻，或聋或哑，其作用是麻痹、诱陷、利用对方，促使事物沿着谋划好的目标转化。

【急智思维19】老板满意的回答是："对不起，先生！我不是故意的。"明知对方为女士，却称其为先生，不仅解除了自己的难堪，也为对方创造了慰藉，可谓机变有术。

【急智思维20】女推销员使用的是欲擒故纵之策。漂亮的她"重新拜访"话语暗示"再次商谈"对妻子可能产生的危险性，起到毕其功于一役的作用。妻子的"积极反应"实际是不希望自己的丈夫与别的漂亮女人再来往。女推销员的故事，虽然近乎笑话，却足以令人深思。

【急智思维21】在特殊的情况下，只要客观情况许可，完全可以化弊为利。这家工厂的设计人员突发奇想，将错就错，将这批呢子命名为"雪花呢"，这种想法得到了厂领导的同意。结果投放市场以后，居然受到了消费者的热烈欢迎，直到现在，仍然经久不衰，其后便出现了许多专门生产这种上面有着白色小点的呢料的生产线。

【急智思维 22】上面写道："我排在了第 39 位，在您没有见到我之前，千万不要做决定。"这位应试者使用的是延时变通法。

【急智思维 23】小刘并不会哑语，只是胡乱地比比画画而已。小刘是个聪明人，知道那几个姑娘不是聋哑人之后才使出这招。在当时的情况下，靠硬的不行，推推搡搡，拉拉扯扯，会扰乱机关正常工作秩序。用这种"以假治假"之计，一招取胜。

【急智思维 24】吕先生把信上的签名剪下来，贴在信封上，然后根据来信人的地址把信寄出去。

【急智思维 25】贝蒂·艾伦说她也吃了蟹肉和草莓饼，但是她醒来后，露出"一排洁白光亮的牙齿"，引起波洛探长的怀疑。要想知道贝蒂有没有进食，只要端盆清水，让她将漱口的水吐进去，看看有没有残屑的蟹肉和草莓饼就行了。

【急智思维 26】窗外根本没有阳台，这是哈代的误导术。

【急智思维 27】他劝国王照旧赏赐那么多的粮食，只是请那位方士一粒一粒地从国王仓库里数出他所要求的数目。而数的速度是有限的，就算 1 秒钟数 10 粒，1 小时也只能数出 36000 粒，每天数上 10 小时，也只能拿到 36 万粒麦子。数上 1 年，也只有 1.3 亿多粒，合 8~9 立方米的麦子。要全部数清国王赏赐给他的麦子，要 1000 多亿年呢。就这样，方士给国王出的难题，又被聪明的粮食大臣挡了回去。国王没有食言，也没有付清麦子。

【急智思维 28】可以先将 9 块蛋糕分别装在三个盒子里，每一个盒子里装上 3 块，然后，再用一个大盒子把 3 个盒子一起放在里面。这样一来，完全达到了要求。

【急智思维 29】贝尔利用总统冲澡的时间，用生牛皮将布莱恩勒晕过去。随着夏天太阳的烤晒，生牛皮会越匝越紧，最后将布莱恩勒死，贝尔利用生牛皮的这种性能制造了"时间差"。

【急智思维 30】艾娃采取"以真诧假"之术，骗过对方，保护项链是假，保存耳环是真，因为耳环比项链更值钱些。

【急智思维 31】公主让人把公牛皮切成一条一条的细绳，再把它们连接成一根很长的绳子。她在海边把绳子弯成一个半圆，一边以海为界，圈出了一块面积相当大的土地。因为同样周长的平面图形中，圆的面积最大。以海为界，又省下了一半的周长。

【急智思维 32】张女士用丈夫手机，向自己的手机打电话，只听一名西装革履的中年男子怀中的手机响起了一阵和弦音乐声。张女士一听自己设置的熟悉的音乐声，用手一指："是他，就是他偷了我的手机！"巡警们一拥而上，按住了这个打扮得像正人君子一般的中年男子。果然，从他的身上搜出了张女士的手机。随着移动通讯的普及，不少人都有丢手机的经历，因此这个案例很有现实意义。张女士丢手机之后没有张扬，而是考虑双方力量较量时如何壮大己方力量的问题。她首先让她丈夫不动声色地向警方求援，等外援到达时，又利用手机应答功能识别窃贼，很漂亮地解决了问题。

【急智思维 33】老王头就势忽地将卷闸门向下一拉，关紧了。然后用尽全身力气按住，并迅速掏出手机拨打了 110。110 巡警及时赶到了，来了个瓮中捉鳖。

本案例很简单：就势关门，来个瓮中捉鳖。简单的案例却蕴藏着一个思维原则，即解决问题的还原原则。所谓"还原原则"，是指用追根寻源的方法，回归问题本质原点，从原点上解决问题，这是还原思维的根本特征。有人在紧急时刻过分地讲究程序和依赖相关社会机构，而忘记了解决问题的简约化原理。如果老王头发现窃贼，不是"就势关门"，而是急着电话报警，那结果会是什么样？

【急智思维34】很简单，小仲马拿出的是一张刚刚用3法郎买的戏票，正好凑齐6万法郎，当然就要拿回1000法郎的报酬了。在此事中，这个老板玩了一个花招，不承认赚了那么多钱，同时又对场场爆满无法解释，故而来了这样虚伪的一招。但他没料到他这种既要当婊子又要立牌坊的伎俩，偏偏被具有天才思维的小仲马识破并轻轻化解了。

照一般人的做法，假如遇到这种情况，最常见的方式就是大吵大闹，闹不成就告上法庭。但是小仲马没有这样做，而是"用3法郎赚回1000法郎"，轻轻松松地在瞬间就把问题解决了。这则故事，表现了小仲马思维的简约性。

【急智思维35】罗斯的登报声明内容如下："我是化学家罗斯。今天回家，我发现家中桌子上绿色酒瓶里的液体给人喝了几口。那不是酒，是有毒液体，谁喝了快到我家服解药，否则两天内有生命危险。请读者诸君阅后，相互转告。万分感谢！"罗斯使小偷自投罗网一是依靠自己的特殊身份，二是依靠所掌握的一般人心理：惜命大于惜财。

【急智思维36】把贼吓跑的措施应有多种。刘女士采取的是虚张声势之法。机灵的刘女士情急之下，猛地一拍身边的空被筒子，大喊一声："老公，老公，你快起来，看谁来了！"人们常说"做贼心虚"，果不其然，这男子一听，根本顾不上仔细观察床上是否有她所谓的老公，只是转过身去，飞快地逃走了。

当力量薄弱的一方对付力量比较强的一方时，虚张声势，故意显示力量有余，用以震慑敌人，使之不战而退，这就是本案例的关键所在。加之对手是贼，本来心虚，只能是知难而退。所以，虚张声势也是在面临危机时的一种应变术。

【急智思维37】其实，两只牛眼全是好好的，这个农民之所以这样做，是掌握了偷牛人的心理。偷来的牛，必然不久以后就要出卖，绝不可能像主人那样关心和爱护的。于是，在这种情况下，偷牛人无论怎样也不能自圆其说了。

【急智思维38】杨小楼接着说："咳，要你无用，赶紧下去，唤你爹爹前来！""领法旨！"那演员赶紧下去戴好了胡子，又上台来了。

【急智思维39】小孩子胸有成竹地说："我想知道国王陛下要用多大的桶来装这水池里的水，如果与这水池一般大，那么这水池就能装一桶水；如果只有水池一半大，那么这个水池只有两桶水；如果这水桶只有水池的三分之一大，那么，这水池里就有三桶水；如果……"小孩子一口气还要往下说，国王却耐不住性子了，哈哈大笑说："行了，你找到了一个非常正确的办法。"后来，国王重重地奖赏了这个小孩子。

【急智思维40】木匠说，他做一个箱子，内部的尺寸精确得与最初的方木相同，即3×1×1。然后，他把已雕刻好的木柱放入箱内，而在空档处塞满干沙土。然后，他细心地振动箱子，使得箱内沙土填实并与箱口齐平。后来，木匠轻轻取出木柱，不带任何沙粒，再把箱内的沙土捣平，量出其深度，便能证明木柱能占的空间为2立方英尺。这就是说，木匠砍削掉了1立方英尺的木材。

【急智思维41】算命先生马上回答："陛下，我每天晚上都看天象，早算出来，我要比您早死3天。"算命的把自己的生死与国王的生死绑在一起，结果挽救自己的生命。

【急智思维42】小约翰说："在地图的另一面有一个人的照片，我就把这个人的照片拼在一起，然后把它翻过来，这不是很容易吗？"原来如此。

【急智思维43】小儿子把蜡烛拿进空房子，用蜡光装满全屋。

【急智思维44】其实这不难判断：秃鹰在天上飞，必然是胸部朝下，一枪打去必然先打在胸膛上。而哥哥不认输，在秃鹰死后落地时，在背上补了一枪。

【急智思维45】甲是假主人。因为他敲不出烟灰，就在地上敲击，照此办理，这烟袋就敲坏了。

【急智思维46】这两个飞行员是机器人。

【急智思维47】美军采取方式颠倒的计谋：出动了许多由坦克改装成的推土机，将快速凝结的水泥填在地堡的出口处。这样，地堡变成了日本人的"活棺材"，被密封在里面了，没过多久，全都窒息而死。方式发生颠倒，事物作用力的方向、功能效果、内在性质也会发生相应的变化。方式颠倒时，人的思维应更多地核查事物在物理性能的二极特征，如冷热、高低、内外、上下、前后、堵疏等，这些事物固有的空间和时间性能为方式颠倒提供了大显身手的机会和条件。

【急智思维48】只要将牛皮包在国王的脚上，走到那儿都踩在牛皮上，不仅国王的问题解决了，连老百姓走路的问题也解决了，这就是人类鞋子诞生的故事。由铺在地上静止不动的牛皮，将其位置颠倒一下，变成包住脚走动的牛皮，看似简单，却对我们人类的生活产生巨大的影响。

【急智思维49】在律师进行那场"即兴的心理测验"的时候，全厅的目光确实都转向那扇侧门，唯独被告琼斯例外，他依然端坐着木然不动。因此，可以得出推论，在全厅的人中他最明白：死者不会复活，被害者是不可能在法庭上出现的。

【急智思维50】狗儿撒尿的习惯有公母之分。只有公狗才会抬起后腿，小青年说这只小公狗是他家的小母狗"公主"，恰好暴露了他自己的小偷身份。

【急智思维51】将所有开往前线的列车都进行了"改造"——机头挂在列车的尾部，让机头推着列车前进。结果和预计的一样，这样"推"向前线的列车果真没有再受到德军飞机的轰炸，一批批急需的作战物资源源不断地运到了前线。

这只是一则表面形式的以退为进，即"伪退"，而不是我们本节实质性的以退为进。即使这种表面形式的以退为进，也能够起到奇特的效果。在强强相争的过程中，示之以进，则遭阻更强；示之以退，则遭阻减弱。这往往也成定律。

【急智思维52】说起来很简单：他让30个士兵组成两个15个人的小分队，各自带着手电筒，开着汽车，模仿机械化部队夜间集结的方法前进。当德军侦察机出现的时候，士兵门全部打开手电筒，射向天空。当敌机真飞临上空以后，他们就故意关了手电筒，造成躲避敌机的假象。飞机飞过以后，又将手电全部打开了，继续前进。如此表演了几个晚上，德军果然上当。

瓦里特少校采取的方法又叫"实而虚之"，大多用在处于优势和主动地位的时候，故意卖出破绽，或者实"能"却表示"不能"，动而实则不动，诱敌上钩。苏军用手电筒调动敌人军队的主力，实际上就是采用了佯动、伪装、假目标等，造成对方判断的失误。

【急智思维53】哈莉想，如果把它译解为21时35分15秒，就变成了6位数，即213515。

【急智思维54】新娘子这样做的目的是想把左邻右舍的人吵醒，争取援兵，等赶来劝架的人增多时，再将真相说明，这时力量对比已发生根本改变，可乘势将小偷擒拿。

【急智思维55】相士这样说的目的是想看看在场人的反应，从五个女子中寻找哪个是"真夫人"。果然，相士话毕，另外四个女子好奇地向左边第一个女子头上仰望。而这女子则不好意思抬头,脸上泛起红晕。于是相士指着她说:"这是您夫人……"

【急智思维56】可以利用南极的低温,自己制作输油管道。将报纸都卷成筒状,然后在上面淋上水,让它结成冰,这样就成了现成的管子。然后把它们连接起来,在接缝处再淋上水冻实在了,想要连接多长就可以有多长。报纸淋水,虽然能做成冰筒子,但毕竟还是比较脆弱,再说输油管道又太长了,管内的压强肯定很大,这种管子根本承受不了。可以把绷带缠在铁管子外面,然后再淋上水制作成冰管,这样,绷带可以起到"钢筋"的作用,管道的压强承受力将肯定是够大的了。他们按照这个方法制成了冰冻的输油管道,果然成功地完成了输油任务。

本案例在思维科学中多次被引用,能说明多方面的问题。探险队在解决输油管道的思维变通过程中,首先受到原型启发,即在南极那样超低温的条件下一张卷成筒状的浸水报纸的性能上,发现与所要解决的问题之间有某些共同点或相似点,通过联想,找到解决输油管的新方法;其次,将多种物体的非常用功能进行综合利用,如绷带的"钢筋"作用、铁管子的"模具"作用、水的"固化"作用等。也就是说,在有限物质的条件下,探险队员们用集体智能,打破了功能固着,将事物的潜在功能进行全新模式的新组合,充分进行了功能借换。

【急智思维57】当后面汽车强烈的灯光射来时,是看不清坐在汽车里的人。哈林顿说他看见了盗贼巴比伦,完全是别有用心的。

【急智思维58】秀姑借题发挥,用鞋子大做文章,她以鞋比人,虚张声势,从而从心理上战胜了对方。她回答说:"这五双是给我在南面山坡上干活的几个亲戚用的。客人今天来得真巧,这两天我家正好开山种地,我的姐夫、妹夫、姑表兄弟赶来帮忙,他们在后面的山上干活。眼看就要收工了,我还得赶快烧洗脚水,做好晚饭,一会儿等他们都来了,你与他们一起喝上两杯,吃过饭以后,大家再在堂屋里打通铺,凑合一个晚上,明天一早你好赶路。"说完,秀姑就到厨房里去生火做饭,她还从房里量出一斗米,然后,又从楼板上取下了一只火腿,放在案板上"通通"地剁了起来。这个架势把"三角眼"吓坏了,他心想,这么多人回来,我的如意算盘肯定落空,迟走不如早走,于是趁着秀姑在厨房里烧饭的时候,拿起了大旅行袋悄悄地溜走了。

虚张声势常是在对立关系中,力量薄弱的一方对付力量比较强的一方所采取的计谋。秀姑孤身一个弱女子,在力量不足的时候,虚张声势,故意显示她的力量有余,用以震慑敌人,使之不战而退,用的就是这个方法。由于对手是逃犯,本来心虚,所以他只能是知难而退。如果单单用语言震慑不够的时候,也可以在不打算行动的时候,装作将要采取行动的样子,加重震慑的力度,这些都是虚而实之的谋略。

【急智思维59】原来,刚才的以军飞机,是以极为大胆而奇特的举动,将埃军所有的电话线都割断了。他们利用飞机的螺旋桨和机翼割断了电话线,还干扰了无线电的通信设施,致使埃及前沿阵地与后方指挥部完全失去了联系。正当埃军一片惊慌之际,沙龙的部队突然发起了猛烈进攻,一举拿下了米特拉山口。

以色列军队用"飞机割电线",可谓大胆之极。而飞机离地面最低点仅为3.7米,又是何等的冒险!这是完全违背常规的举动。由此可见,将不可能变成可能是一种创造性的思维方式,看起来荒诞不经,但是经过创造实践之后,就能变成活生生的现实。

【急智思维60】拉斯马森采取的办法是:让消防车拉响警笛沿街奔驰。因老太太的电话未挂,消防车一旦经过老太太所住的街道,警笛声就会通过老太太的电话传到值班室,一旦传入,即令消防车上的队员就近查找亮着灯的人家。

# 参考文献

1. 艾德才等. 微型计算机绘图原理与方法. 北京：学苑出版社，1994
2. Akdert Vrij. 说谎心理学. 郑红丽译. 北京：中国轻工业出版社，2005
3. 阿恩海姆. 艺术与视知觉. 滕守尧、朱疆源译. 北京：中国社会科学出版社，1984
4. 巴尔佳斯基等. 拓扑学奇趣. 裘光明译. 北京：北京大学出版社，1987
5. 贝尔纳. 科学的社会功能. 北京：商务印书馆，1995
6. 曹晓平，任百利等. 卡氏16PF中译本常模20余年的变化趋向. 心理科学，1994（3）：184-186.
7. 陈予恕. 非线性振动系统的分岔和混沌理论. 北京：高等教育出版社，1993
8. 陈雪枫. 西方心理测验在中国的应用问题. 华南师范大学学报（社科版），1996.4
9. 陈中永. 心理评价将成为心理测量发展的新阶段. 心理学，1992（9）：51-53.
10. 车文博. 西方心理学史. 杭州：浙江教育出版社，1998
11. 蔡华俭，周颖，史青海. 内隐联想测验及其在性别刻板印象研究中的应用. 社会心理研究，2001，11（4）：6～11
12. 蔡华俭，杨治良. 大学生性别自我概念的结构. 心理学报，2002，34（2）：168～174
13. 丁道群. 网络空间的人际互动：理论与实证研究. 万方硕博士论文数据库，2005
14. 戴忠恒. 心理与教育测量. 上海：华东师大出版社，1987
15. 笛卡尔. 第一哲学沉思集，北京：商务印书馆，1996
16. D. 莫里斯. 人体秘语. 陈明福、刘君祖译. 北京：昆仑出版社，1988
17. 鄂强. 实变函数论的定理与习题集. 李荣涑等译. 北京：人民教育出版社，1982
18. E. 舒尔曼. 科技文明与人类未来. 北京：东方出版社，1995
19. 方企勤. 数学分析（第一册）. 北京：高等教育出版社，1986
20. 付新楚等. 分叉·浑沌·符号动力学. 武汉：武汉大学出版社，1993
21. 樊月娟. 试论科学与艺术. 文艺研究，1996，5
22. 弗洛伊德. 梦的解析. 北京：九州出版社，2003
23. 高觉敷. 拓扑心理学. 高觉敷心理学文选. 南京：江苏教育出版社，1986年版
24. 高崇寿. 对称. 百科知识，1984，1
25. 格拉斯，麦基. 从摆钟到混沌——生命的节律. 潘涛等译. 上海：上海远东出版社，1994
26. 龚镇雄. 科学与艺术的"重逢". 科技日报，1997.1.1，4
27. 龚耀先. 艾森克个性问卷在我国的修订. 心理科学通讯，1984（4）
28. 郭晓川. 九六美术：现实主义的回潮. 光明日报，1997.2.5，6
29. 郭庆科，战秉聚. 墨迹测验的实质. 山东师大学报（社科版），1998.01
30. 郭庆科. 经典测验理论与项目反应理论的对比研究. 山东师大学报（自然科学版），2000.03
31. 国家攀登计划《非线性科学》"九五"延续建议书，内部材料，1996.12
32. 国家攀登计划项目《非线性科学》"八五"结题验收、"九五"延续建议初评文件与资料，北京：内部材料，1996.8
33. 盖瑞·史宾塞. 最佳辩护. 魏丰等译. 北京：世界知识出版社，2003
34. 工科高等数学试题库联合研制组. 高等学校工科高等数学课程试题库系统. 题库建设理论与实践.

p213～219.国家教委考试中心编.北京：光明日报出版社，1991

35. 哈密尔顿.数学家的逻辑.骆如枫等译.北京：商务印书馆，1989
36. 何克抗.创造性思维理论——DC模型的建构与论证.北京：北京师范大学出版社，2000
37. 何克抗.建立题库的理论.全国CBE学会第七届学术会议论文集.北京：国防科技大学出版社，1995.11
38. 何荣桂.'从测验电脑化与电脑化测验'再看网路化测验.测验与辅导，1997（10）
39. 侯阳，迪克.三维图形、动画编程实例.北京：海洋出版社，1993
40. 郝柏林.分岔、混沌、奇怪吸引子、湍流及其他——关于确定论系统中的内在随机性.物理学进展，1983，3（3）：329-416
41. 亨利·哈里斯.科学与人.北京：商务印书馆，1996
42. 胡瑞安.分形的计算机图像及应用.科技导报，1992（3）
43. 胡作玄.数学与社会.长沙：湖南教育出版社，1991
44. 洪昆辉.思维过程论.昆明：云南大学出版社，2001
45. 华特生编选.康德哲学原著选读.北京：商务印书馆，1987
46. 金吾伦.生成哲学导论.自然哲学第一辑.北京：中国社会科学出版社，1994
47. 江泽坚、吴智泉.实变函数论.北京：人民教育出版社，1961
48. 杰罗姆·布鲁纳.心理学与人的图像.北京：商务印书馆，1996
49. J.P.查普林等.心理学的体系与理论.北京：商务印书馆，1983
50. 卡西尔.人论.甘阳译.上海：上海译文出版社，1985
51. 林崇德.当代智力心理学丛书.杭州：浙江人民出版社，1997
52. 林崇德.发展心理学.台湾东华书局，1996
53. 林崇德.教育的智慧.北京：开明出版社，1999
54. 林崇德.信息加工速度.心理学报，1996（4）
55. 林崇德.培养和造就高素质的创造性人才.北京师范大学学报，1999（1）
56. 李政道.艺术和科学.科学，1997，49（1）：1-10
57. 李华山.计算机艺术中的数学问题.中国图像图形学报，1996，1（1）：53-57
58. 李衍达.信息技术发展的新趋势.清华大学发展研究通讯.内部资料.1996.P14
59. 李砚祖.现代艺术的历程与装饰的意义.文艺研究，1996（5）
60. 李雁.科学、艺术与艺术拓扑.科技日报（社会文化周刊），1996.8.11，2
61. 李浙生.数学科学与辩证法.北京：首都师范大学出版社，1995
62. 李铮、姚本先.心理学新论.北京：高等教育出版社，2001
63. 李普曼.舆论学.林珊译.北京：华夏出版社，1989
64. 凌文辁，方俐洛.心理与行为测量.北京：机械工业出版社，2003
65. 拉法格.思想起源论.北京：三联书店，1963
66. 洛伦兹.混沌的本质.刘式达译.北京：气象出版社，1997
67. 刘华杰.本征真浑沌与误差赝浑沌.自然杂志，1995，17（4）：226-230
68. 刘华杰.非线性科学：美的世界.中国科技画报，1996（3）
69. 刘奎林.直觉发生的路线图新探 http://siwei.beida-qinghua.com
70. 刘奎林.从线性到非线性 http://siwei.beida-qinghua.com
71. 刘奎林.潜意识在认识中的地位和作用.哲学研究，1998（3）

72. 刘爱伦主编.思维心理学.上海：上海教育出版社，2002

73. 曼纽尔·卡斯特.网络社会的崛起.北京：北京社会科学文献出版社，2001

74. L.赫林等.项目反应理论.华东师范大学教育咨询中心译.武汉：湖北教育出版社，1988

75. 马克思·恩格斯选集.第四卷.北京：人民出版社，1972

76. 马克·史洛卡.虚拟入侵.台北：远流出版公司，1998

77. 马克·第亚尼.非物质社会.成都：四川人民出版社，1998

78. 迈克尔·海姆.从界面到网络空间：虚拟现实的形而上学.金吾伦，刘钢译.上海：上海科技教育出版社，2000

79. 孟凯韬.哲理数学基础.北京：中国科学技术出版社，1999

80. 苗东升.浑沌的魅力.社会科学研究（西安），1993（3）

81. 苗东升.分形研究的哲学思考.自然辩证法研究，1993（8）

82. 苗东升，刘华杰.浑沌学纵横论.北京：中国人民大学出版社，1993

83. 莫泽.太阳系是稳定的吗？数学译林，1990（1）

84. MPI全国协作组.明尼苏达多相个性调查在我国修订经过及使用评价.心理学报，1982（4）

85. 尼葛洛庞帝.数字化生存.胡泳，范海燕译.海口：海南出版社，1996

86. 潘云鹤.计算机美术.北京：科学普及出版社，1987

87. 钱学森.科学的艺术与艺术的科学.北京：人民文学出版社，1994

88. 钱学森.关于马克思主义哲学和文艺学美学方法论的几个问题.文艺研究，1986

89. 钱学森.我看文艺学.艺术世界，1982

90. 齐东旭.电脑绘图艺术.北京：中国和平出版社，1993

91. 乔姆斯基.乔姆斯基语言哲学文选.徐烈炯等译.北京：商务印书馆，1992

92. 邱章乐.心理测量法.福州：福建科技出版社，1988

93. 邱章乐.人心可测.合肥：安徽教育出版社，1989

94. 邱章乐.中国青少年心理卫生.北京：中国医药科技出版社，1992

95. 邱章乐.思维命题与测量.北京：中国文史出版社，2004

96. 邱章乐，杨一华.变通思维.哈尔滨：黑龙江人民出版社，2003

97. 邱章乐，杨一华.商界思维.哈尔滨：黑龙江人民出版社，2004

98. 邱章乐，杨一华.人类的急智.上海：上海科普出版社，2005

99. 邱章乐.心灵信息.北京：中国科学文化音像出版社，2006

100. 邱章乐.思维风暴.北京：东方出版社，2009

101. 邱章乐.项目反应理论在微格教学中的运用.安徽教育学院学报，1993（2）

102. 邱章乐.皮格马利翁效应得再研究.安徽教育学院学报，1992（1）

103. 邱章乐.项目反应理论在微格教学中的运用.安徽教育学院学报，1993（2）

104. 邱章乐.思维命题研究.淮南师范学院学报，2003（4）

105. 邱章乐.构筑思维测量新体系的理论探究.社联通讯，1990（3）

106. 邱章乐.变通思维概论.合肥学院学报，2003（1）

107. 邱章乐.虚拟情境测验研究.心理学探新，2005（3）

108. 丘仁宗.科学方法和科学动力学.北京：知识出版社，1984

109. 让·博德里亚尔.完美的罪行.北京：商务印书馆，2000

110. 荣格著．探索心灵奥秘的现代人．北京：社会科学文献出版社，1987
111. R. 霍伊卡．宗教与现代科学的兴起．四川人民出版社，1999
112. R. 舍普等．技术帝国．北京：三联书店，1999
113. Robert. D. Nye．三种心理学．北京：中国轻工业出版社，2000
114. 邵志芳．思维心理学．上海：华东师大出版社，2007
115. 史文革．微机图象格式大全．北京：海洋出版社，1992
116. 沈致隆．零点项目——科技竞争与艺术教育．科技日报，1996.8.11
117. 斯图尔特．上帝掷骰子吗——混沌之数学．潘涛译．上海：上海远东出版社，1995
118. 宋维真，张瑶．心理测验．北京：科学出版社，1987
119. 苏霍金．艺术与科学．王仲宣译．北京：三联书店，1986
120. 孙海坚．中枢神经系统时空信息处理与表征的动力学研究．中国科学院生物物理所计算神经科学博士论文，1996
121. 孙伟林．科学美的魅力——科学中的复杂性对简单性与吴冠中教授的艺术创作．科技日报，1996.5.5
122. 苏永华．关于心理测验编制中的几个问题．教育研究与实验，1998（2）
123. 王传旭，杨春鼎．教育思维学．北京：中国社会科学出版社，2006
124. 王传旭，邱章乐．心理测量与咨询．北京：中国文化出版社，2007
125. 王传旭，张建兴．农民工社会心理问题研究．北京：中国文化出版社，2008
126. 王传旭，邱章乐．心理诊疗学．北京：中国文化出版社，2009
127. 王玉塘．现代测验理论．台水：台湾心理出版社，1995
128. 王建中，简南红．心理测验与统计软件的设计与实现．心理科学，1994（4）
129. 王本楠，施寅．生态学中的分形奇葩．科技导报，1991（6）
130. 王东生，曹磊．混沌、分形及其应用．合肥：中国科技大学出版社，1995
131. 吴国盛．科学的历程．长沙：湖南科学技术出版社，1996
132. 吴国盛．自然哲学（第一辑、第二辑）．北京：中国社会科学出版社，1994
133. 汪秉宏．弱混沌与准规则斑图．上海：上海科技教育出版社，1996
134. 汪文勇等．C++图形设计．成都：电子科技大学出版社，1994
135. 维纳．控制论．郝季仁译．北京：科学出版社，1985
136. 漆书青．解放前我国的心理测量研究．江西师范大学学报，1994（3）
137. 夏军．非理性世界．三联书店，1998
138. 奚玮，吴小军．中国古代"五听"制度述评．中国刑事法杂志，2005（2）
139. 徐躬耦．量子混沌．上海：上海科学技术出版社，1995
140. 徐兰．自然哲学研究概述．哲学动态，1996（11）
141. 许良英等编译：爱因斯坦文集．第1卷．北京：商务印书馆，1976
142. 杨振宁．基本粒子发现简史．上海：上海科学技术出版社，1963
143. 杨春鼎．美学概论．郑州：河南人民出版社，1989
144. 杨春鼎．形象思维学．合肥：中国科学技术大学出版社，1997
145. 杨鸿烈．中国法律发达史．北京：商务印书馆，1933
146. 杨荣．弗洛伊德学说的理论核心．川东学刊，1994（3）
147. 俞晓琳．项目反应理论与经典测验理论之比较．南京师大学报（社会科学版），1998（4）

148. 严芳，李伟明．国内外概化理论的研究成果与现状．上海市教育考试学院网站，2004

149. 仪垂祥．非线性科学及其在地学中的应用．北京：气象出版社，1995

150. 余胜泉．通用试题库组卷策略算法．GCCC99．论文集

151. 朱智贤，林崇德．思维发展心理学．北京：北京师范大学出版社，2002

152. 朱腊梅，王小华．中国心理测量近一二十年发展的述评与思考．心理科学，2000（2）

153. 朱照宣．浑沌（非线性力学讲义第五章）．北京：内部资料．1994

154. 朱照宣．非线性动力学中的浑沌．力学进展．1984，14（2）

155. 张厚粲，刘昕．考试改革与标准参照测验．沈阳：辽宁教育出版社，1992

156. 赵一凡．欧美新学赏析．北京：中央编译出版社，1996

157. 赵敦华．现代西方哲学新编．北京：北京大学出版社，2000

158. 詹姆斯·特拉菲尔．未来城．北京：中国社会科学出版社，2000

159. 张厚粲．心理教育与测量（海峡两岸教育与心理测量与咨询学术研讨会论文集）．杭州：浙江教育出版社，1997

160. 张厚粲．当前心理学的发展与现状．心理学探新，1995（1）

161. 张岱年，成中英．中国思维偏向．北京：中国社会科学出版社，1991

162. 张锋．创新研究的系统模型与创新机制的创新．云南师范大学学报（哲学社会科学版）2001,33（5）

163. 赵松年．非线性科学——它的内容、方法和意义．北京：科学出版社，1994

164. 张建新，宋维真等．MMPI—2在中国标准化的过程．中国心理卫生杂志，1999（1）

165. Don Ihde, Technology and Life Word, Indiana University Press, 1990.

166. A rdila A,Rosselli M．Spatial agraphia. Brain and Cognition. 1993,22（2）：137-147

167. Peter Droege,（ ed.）Intelligent Environment, Amsterdam：Elsevier Science B.V.1997.P386-419.

168. Beoin C J Ecriture, alcoolisation,depression. Psychologie Medicale. 1981,13（11）：1809-1811

169. Jean Baudrillard．In the shadow of the silent majorities. New York：Semiotext（e），1983.p100.

170. Don Ihde. Technology and Life Word, Indiana University Press, 1990.

171. Exner. The Rorschach：a comprehensive system,1986,Vol.1.

172. Lance Strate, Ronald Jacobson, Stephanie B. Gibson.（ed.）(1996) Communication and cyberspace：social interaction in an electronic environment. Cresskill, New Jersey：Hampton Press, Inc. P86.

173. Mcbride D, Hazel E A. Adolescect Suicide in Ontario：Lethal learning problems. Dissertation Abstracts International Section A Humanities and Social Sciences, 1950,55（12-A）：3788

174. Satow R, Rector J. Using Gestalt graphology to identify entrepreneurial leadership.Perceptual and Motor Skills, 1995, 81（1）：263-270

175. Lance Strate, Ronald Jacobson, Stephanie B. Gibson.（ed.）(1996) Communication and cyberspace：social interaction in an electronic environment. Cresskill, New Jersey：Hampton Press, Inc.p116.

176. Perron R, Gobineau H. Contribution au dipistage et au diagnostic de l′epilepsie par les moyens de l′analyse graphometrique. Travail Humain, 1957,20：323-338.

177. Satow R, Rector J. Using Gestalt graphology to identify entrepreneurial leadership.Perceptual and Motor Skills, 1995, 81（1）：263-270

178. Keinan G, Barak A, Ramati T. Reliability and validity of graphological assessment in the selection process of military officerl Perceptual and Motor Skills, 1984,58（3）：811-821

179. Eysenck, S.B.G., & Chan, J.（1982）.A comparative study of personality in adults and children：Hong Kong bilinguals. Journal of Language and Social Psychology, 3,153-160.

180. Bond, M.H.（1983）. How language variation affects inter-cultural differentiation of values by Hong Kong bilinguals. Journal of Language and Social Psychology,2,57- 66.

181. White & Chen（1983）A comparison of self-cocept scores of Chinese and White graduate students and professionals. Journal of Non-White Concirns in Personnel and Guidance,11（4）, 138- 141.

182. Berlak,H.（1992）.Toward a new science of educational testing and assessment Albany,N.Y：State University of New York Press

183. Darling-Hammond,L.Ancess,J.& Falk,B.（1995）.Authentic assessment in action：Studies of schools and students at work.New York：Teachers College Press.

184. Ennis,R.H.（1991,APril）.Critical thinking：A streanlined conception.Paper presented at the meeting of the American Educational Research Association,Chicago.

185. Cassel RN,Kahn TC. The group Personality Projective test（GPPT）. Psychllogical Reports, 1996.

186. McDaniel,E.（1994）.Understanding educational measurement Madison.Wis.：WCB Brown & Benchmark.

187. Bond, M.H.（1983）. How language variation affects inter-cultural differentiation of values by Hong Kong bilinguals. Journal of Language and Social Psychology,2,57- 66.

188. White & Chen（1983）A comparison of self-cocept scores of Chinese and White graduate students and professionals. Journal of Non-White Concirns in Personnel and Guidance,11（4）.

189. Yang,K.S., Bond,M.H.（1980）.Ethnic affirmation by Chinese bilinguals. Journal of Cross-Cultural Psychology,11,411-425.

190. Bond, M.H.（1983）.How language variation affects inter-cultural differentiation of values by Hong Kong bilinguals. Journal of Language and Social Psychology,2,57-66.

191. Brooks,J.&Brooks,M.（1993）.In search of understanding：The case for constructivist classrooms. Alexandria,VA：Association for Supervision and Curriculum Development.

192. Baig M.S.et al. Signature size in the psychiatric diagnosis：Asignificant clinical sign？Psychopathology, 1984,17（3）：128-131.

193. Eysenck,S.B.G., & Chan,J.（1982）.A comparative study of personality in adults and children：Hong Kong bilinguals. Journal of Language and Social Psychology, 3 ,153-160.

194. Anderson T.Psychosexual symbolism in the handwriting of male homosexuals. Psychological Reports,1986,58（1）：75-81.

195. Keinan G,Eilat G S. Can stress be measured by handwriting analysis？The effectiveness of the analytic method. Applie — dPsychology：An International Review,1993,42（2）：153-170.

196. Amabile,T.M.et al.（1994）.The work reference inventory：Assessing intrinsic and extrinsic motivational orientations.Journal of Personality and Social Psychology,66,950-967.

197. Besemer,S.P.,& O'Quin,K.（1993）.Assessing creative products：Progress and potential.In S.G.Isaksen,M.C.Murdock,R.L.Firestien,& D.J.Treffinger（Eds.）,Nurturing and developing creativity：The emergence of a discipline（pp.331-349）[Z].Norwood,NJ：Ablex.

198. Colangelo,N.et al.（1992）.The Iowa inventiveness Inventory：Toward a measure of mechanical inventiveness[J].Creativity Research Journal,5,157-163.

199. Csikszentmihalyi,M.（1999）.Implications of a systems perspective for the study of creativity[A].In R.J.Sternberg（Eds.）,Handbook of creativity[D].UK：Cambridge University Press,pp.313-337.

200. Davis,G.A.（1992）.Creativity is forever（3rd ed.）.Dubuque,IA：Kendall Hunt.

201. Dominowski,R.L.,& Dallob,P.（1995）.Insight and problem solving[A].In R.J.Sternberg & J.E.Davidson（Eds.）,The nature of insight（pp.33-62[M]）.Cambridge,MA：MIT Press.

202. Feist,G.J.（1999）.The influence of personality on artistic and scientific creativity[A].In R.J.Stemberg（ eds ）.Handbook of creativity.[D]UK：Cambridge University Press,pp.273-297.

203. Finke,R.A.（1995）.Creative insight and preinventive forms[A].In R.J.Stemberg & J.E.Davidson（Eds.）,The nature of insight（pp.255-280）[M].Cambridge,MA：MIT Press.

204. Gardner,H.（1993）.Creating minds.New York：Basic.

205. Gedo,J.E.,& Gedo,M.M.（1992）.Perspectives on creativity：The biographical method[M].Norwood,NJ：Ablex.

206. problems：Replication and extension[J].Creativity Research Journal,6,435-447.

207. Mayer,R.E.（1999）.Fifty years of creativity research [A].In R.J.Sternberg（Eds.）,Handbook of creativity[D].UK：Cambridge University Press,.pp.449-460.

208. Oldham,G.R.,& Cummings,A.（1996）.Employee creativity：Personal and contextual factors at work[J].Academy of Management Journal,39,607-634.

209. Plucker,J.A.& Renzulli,J.S.（1999）.Psychometric approachto the study of human creativity[A].In R.J.Sternberg（eds）.Handbook of creativity [D]y.UK：Cambridge University Press,pp.35-61.

210. Reis,S.M.,& Renzulli,J.S.（1991）.The assessment of creative products in programs for gifted and talented students[J].Gifted Child Quarterly,35,128-134.

211. Root-Bernstein,R.S.,Bernstein,M.,& Garnier,H.（1995）.Correlation between avocations,scientific style,work habits,and professional impact of scientists[J].Creativity Research Journal,8,115-137.

212. Sternberg,R.J.（1990）.Wisdom and its relation to intelligence and creativity[A].In R.J.Sternberg（Ed.）,Wisdom（pp.142-159）[M].Cambridge University Press.

213. Wallace,D.B.,& Gruber,H.E（1989）.Creative people at work[M].New York：Oxford University Press.

214. Weisberg,R.W.（1993）.Creativity：Beyond the myth of genius.New York：Freeman.

215. Welsh,G.S.,& Barron,F.（1963）.Barron-Welsh Art Scale.Palo Alto[D],CA：Consulting Psychologists Press.

216. Greenwald A G, Banaji M R. Implicit Social Cognition. Attitudes, Self-Esteem and Stereotypes. Psychological Review, 1995, 102（1）：4～27

217. Farnham S D, Greenwald A G, Banaji M R. Implicit self-esteem. In：Abrams, Dominic, Hogg, Michael A ed. Social Identity and Social Cognition. Blackwell Publishers Inc, 1999. 230～248

218. Greenwald A G, Klinger M R, Liu T J. Unoconcious processing of dichoptically masked words. Memory and cognition, 1989,17：35～47

219. Dasgupta N, McGhee D E, Greenwald A G, Banaji M R. Automatic preference for White Americans：Eliminating the familiarity explanation. Journal of Experimental Social Psychology, 2000, 36：316～328

220. McConnell A R, Leibold J M. Relations among the Implicit Association Test, Discriminatory Behavior, and Explicit Measures of Racial Attitudes. Journal of Experimental Social Psychology, 2001, 37：435～442

221. Bosson J K, Swann W B Jr, Pennebaker J W. Stalking the Perfect Measure of Implicit Self-Esteem：

The Blind and the Elephant Revisited？Journal of Personality and Social Psychology, 2000,79（4）：631～643

222. Cunningham W A, Preacher K J, Banaji M R. Implicit Attitude Measures：Consistency, Stability, and Convergent Validity. Psychological Science, 2001,12（2）：163～170
223. Jan De Houwer. A Structural and Process Analysis of the Implicit Association Test. Journal of Experimental Social Psychology, 2001, 37：443～451
224. Rudman L A, Greenwald A G, Mellott D S, Schwart J L K. Measuring the automatic components of prejudice：Flexibility and generality of the implicit Association Test. Social Cognition, 1999, 17：437～465
225. Chilvers,I. & Osborne,H.,The Oxford Dictionary of Art,Oxford Univers ity Press,1988
226. Cvitanovic,P.,Universality in Chaos,Adam Hilger,1984
227. Fischer,P.& Smith,W.R.（eds）,Chaos,Fractal,and Dynamics,Marcel Dekker Inc.,New York,1985
228. Gutzwiller,M.C.,Chaos in Classical and Quantum Mechanics, IAM 1, Spr inger-Verlag,1990
229. Hao Bai-lin,Elementary Symbolic Dynamics and Chaos in Dissipative Systems,World Scientific,Singapore,1989
230. Huajie,L. & Jun,L., A method for generating super large fractal image useful to decoration art. Communications in Nonlinear Science & Numerical Simulation,1996,1（3）：25-27
231. Mark D. Shermis,Paul M. Stemmer & Patrick M. Webb（1996）Computerized Adaptive Skill Assessment in a Statewide Testing Program, Journal of Research on Computing in Education ,29（1）,49～67；
232. Baig M.S.et al. Signature size in the psychiatric diagnosis：Asignificant clinical sign？Psychopathology, 1984,17（3）：128-131.
233. Anderson T.Psychosexual symbolism in the handwriting of male homosexuals. Psychological Reports, 1986,58（1）：75-81.
234. Jean Baudrillard：In the shadow of the silent majorities. New York：Semiotext（e）,1983.p100.
235. Perron R, Gobineau H. Contribution au dipistage et au diagnostic de l'epilepsie par les moyens de l'analyse graphometrique. Travail Humain, 1957,20：323-338
236. Perron R,De Gobineau H. Contribution au diagnostic de l'epilepsie par les moyens de l'analuse graphometrique. Psychol. Franc.1956,110

# 跋

王传旭、邱章乐的《思维测量学》经历30余年的潜心研究，今天终于出炉，近由首都师范大学出版社隆重推出。这部130余万字的原创型学术专著是以作者30余部相关著作、数十篇相关论文为阶梯，步步攀援，提升造就的结果。作者是心理科学工作者，数十年如一日，咬定青山不放松，用生命和智慧攻坚思维科学的难题。我国心理学界泰斗、北京师范大学林崇德教授拨冗审阅了全书，为这部恢宏巨作写序，盛赞这是"心理学界一大幸事"。

思维测量学是一门研究思维评估的科学，是包括量化思维学、差异思维学、思维结构学和思维测验理论等研究范畴的学问。1905年比内—西蒙（Binet-Simon）的智力测验，可说是人类有史以来第一个心理测验，测验理论便是起源于此，并由此发扬光大，成为心理计量学的主要架构。王传旭、邱章乐两位教授创立的思维测量学应该是由心理计量学脱胎而出的、相对独立的一门新兴科学，是思维科学理论体系的重大突破与应用。

## 一

20世纪80年代初以来，著名科学家钱学森发表一系列论著，热心倡导思维科学研究，为思维科学理论体系的创立提出许多开拓性的见解，并以科研系统工程的战略眼光组织研究人员合作攻关。我和本书作者都是这支队伍的成员。从1981年到1996年，我们与钱学森开始了长达16年的书信往来。钱学森亲自写信、寄资料给我达80多封，我与王传旭、邱章乐共同分享。钱老的思想一直滋润着我们创造的土壤，对于钱老提出的"大成智慧工程"、对于教育改革、对于人才培养与思维训练、对于文化与精神文明建设、对于各级领导的科学决策、对于社会管理及社会生活的方方面面的思考，尤其对"钱学森之问"，我们都有认真的应答和具体研究。他们参加了全国教育科学"九五"规划部委重点课题，先后出版了《教育思维学》、《教育方法论》、《农民工社会心理问题研究》、《心理诊疗学》、《心理测量法》、《人心可测》、《思维命题与测量》、《心灵信息学》、《心理测量与咨询》、《变通思维》、《商界思维》、《人类的急智》《思维风暴》等三十余本计1000余万字的专门著作，发表了百余篇相关论文。仅去年出版的《心理诊疗学》就有160余万字，全景式地研究了人类有史以来的各家、各门派的心理诊疗历史和技术、是我国心理诊疗学的扛鼎之作，也是本书的奠基之作。他们积极参与全国思维科学学会的交流活动，先后于1992年、2003年在所在学院举办全国思维研讨会，积极交流学术观点和相关技术；他们在全国范围搜集资料，征集国内思维科学学者的最新研究成果，并在院图书馆创设全国第一家思维科学专门书柜；去年夏天，他们受教育厅委托，在黄山举办数百人的心理健康研讨会，将思维测量纳入大学生心理干预的体系之中；他们组织了20余人的科研队伍用近10年的时间对100余所学校、10余万学生进行大规模的思维测试和人格测试，建立W-QIUS测量系统，并在全国率先编制出一套W-QIUS软件系统；他们还以此积极参与教改，在江、浙、沪、皖26所中小学布点进行思维训练活动，在全国产生积极的影响，获教育部全国师范院校基础教育改革实验研究项目优秀成果奖；最近的三年，他们又以思维测量理论为先导，培养了1000余心理咨询师，其触角伸入学校、乡村、社区甚至农民工的建筑工地……2009年这一有活力的研究团队在广州全国思维研讨会上集体亮相，重点介绍了自己的学术成果,引起学界高度关注。

思维测量科学是一部探索史、创造史,需要代代接力人。除钱老外,毛礼锐、戴忠恒、李丹等学界泰斗都为他们的研究铺路架桥。八十年代初,北师大毛礼锐老前辈为他们规划了研究方向,指引他们走上这条探索之路。华师大戴忠恒教授生前身体力行,亲临现场指导了10万人的取样实验,一直带领他们在这似乎被神秘的雾纱笼罩的领域里攻城略地,他是心力透支过度而倒下的。华师大李丹教授无保留地把她的数字指派技术面授给他们,就在她心脏病发作之际,还指导专题研究。现在,这学界三老远去了,怎不令人痛彻心脾!

钱老领导的思维科学成果也不断滋养着他们前行。田运的《思维论》、刘奎林的《思维科学导论》、张光鉴和张铁声的《相似论》、朱长超的右脑科学研究、张浩的《思维发生学》、李欣复的形象思维史研究、黄浩森与李名方的描述语言研究、刘奎林和陶伯华的灵感思维与创造性思维的研究、孟凯韬的思维数学研究、戴汝为、潘云鹤、李德华、郭俊义、冯嘉礼等专家在机器思维和人工智能等高科技领域的成果,都为本书的研究输入源源不断的新鲜血液。可以说,在当今信息传播技术高度发达的时代,几乎在任何新的精神产品中间都可以找见前人和同时代人思维结晶,这些思维结晶通过互联网打破了疆域国界。本书作者在学术上是十分谦恭的,但他们又不隅于墙根之下,他们有自己独特的视野和创新的精神,他们可以兼容并蓄,但是他们走的是自己的路。

王传旭、邱章乐很早就走上领导工作岗位,工作一直十分繁忙,但他们从未中断过课题研究。清灯夜雨,晨钟暮鼓,岁月冉冉,白发染鬓,青春扬歌以迎滴血夕阳。这本书使他们迈过青年、壮年、中年的人生旅程,他们把人生最宝贵的青春年华奉献给了思维科学研究,他们是"有脊梁的"学术人。现在摆在我们面前的这一归总答卷——《思维测量学》,是在广泛吸收心理学、思维科学、社会学以及现代测量的最新理论成果的基础上,进行大规模测试实践,不断开拓创新的思维评估科学。它虽是从心理计量学脱胎而出的,但由于借助了我国近20年来思维科学的研究成果和信息技术、网络技术、教育技术等许多先进技术,故它的起点要高于传统的心理测量学,成为相对独立的一门新兴科学,成为我国思维科学系统工程的重要构成部分。

## 二

为什么要研究思维测量问题?我们知道,许多现代科学的理论只有用合适的测量工具后才赖以构建自己的体系的,过去我们对温度的感受是十分主观和粗略的,就像目前对思维众说解释一样。后来发现物质有热胀冷缩的性质,也就是发现温度的升降与物质体积有正相纷纭的关,于是发明了温度计。温度计发明之后,热力学才随之诞生和成熟起来。现代思维学应是本世纪的领航学科,全世界有众多的科学家期盼着这架航母早日出港,以引领万架快艇遨游学术之海,但由于没有常效实用的测量工具,这架航母还处于搁浅状态,这是令人十分遗憾的事。钱学森1987年给我的信中不无焦急地说"……我老实讲,对你们这几位文艺理论家论形象思维……总感到不干不净,不那么严密,不够'理论',也就是我常说的'不如逻辑思维学'!现在我明白点了,……你们研究的是应用科学而不是基础科学。"为什么思维的基础科学进展不那么尽如人意呢?这不能怪我们的研究人员无能或不努力。从根本上讲,思维的基础研究比之天体物理和微粒结构的研究更高级、更复杂、更艰深,思维科学的测量较之一般的测量也更难以量化和操作。缺乏测量工具的思维基础研究"不那么严密,不够'理论'"是必然的,是我们亟待要解决的一大难题。王传旭、邱章乐两位教授领悟出钱老信中表达的深刻含义,慎重而严谨地探讨思维命题和测量的途径和方法,历史地、客观地分析各种测量理论与技术,终于填补了科学研究领域的这一空白。

思维测量学不仅在学科的发展领域有其独特的作用,就是在社会实用方面也具有十分巨大的价值。我们知道,考试制度的创设源自中国,并有数千年历史。但国内一直没有人针对考试这门学问进行科学的量化分析,致使近代的测验计量技术上世纪初才在欧美突起。西风东渐后,才传入中国。考试就是考思维。任何考试命题都是让思维来解决问题的。随着国家人事制度改革的不断深入,人才测评已经有了一个可喜的开端。应该说,我们在探索"如何评价"人才选拔方面,已经取得了一定的进步。例如,在人才选拔过程中,重视思想政治素质,强调人才的实际能力,以及开始了向社会公开招考、择优录用的大胆尝试。但是仍然存在一些薄弱环节。例如,虽然建立了考试机制,但缺少统一的标准;在考试的内容上,多偏重于知识考查,忽视发展潜能的预测;在考试技术上,沿用教育测量的作法多,借助于多种科学,引用新技术的尝试少。尽管考试录用人才的作法已赢得社会和用人部门的认可,但是高分低能的问题仍未能得到解决。王传旭、邱章乐两位教授的思维测量研究直接对当前以知识为轴心的命题方式发生撞击,为改革考试模式设计出标准化、情境化、大容量、便于计算机随机提取的题库,特别是当代计算机及其网络通信技术的广泛应用,命题操作和控制的条件应尽可能符合网络技术的要求。还有,作业命题、自陈命题、投射命题及情境命题是传统测验的命题方法,四大命题中,作业命题处于主导和中心位置,但王传旭、邱章乐发现作业测验往往仅关注测试的结果,而忽视测验过程中的全程反应,有远离命题目标的倾向;自陈命题虽然被普遍使用,但无法解决"伪装"倾向,另外,自陈命题普遍适合于西方文化,是否普遍适合于中国文化还是个问题;投射命题因其晦涩难懂难以操作而有衰退倾向,开发具有较好效度并容易操作的投射技术迫在眉睫;情境命题所设计的特定情境只能评估到特定的心理特质,并且要花费大量的人力、物力、财力和时间,故也要革故鼎新;作业命题、自陈命题、投射命题及情境命题在过去的应用方面都是各司其能的,王传旭、邱章乐考虑它们在思维测量中的交叉渗透和综合运用和相互佐证,设计出含有各种测验技术的量表来,以完整的排序,形成思维链,组构等距量表,为目前正在进行的考试改革开辟思维命题与思维测量的新路径。

## 三

王传旭、邱章乐的《思维测量学》在理论上和操作层面上都有重大突破。

首先是图式理论的突破。我们知道,逻辑作为抽象意识的形式,是理性思维的核心结构,但不是全部思维的核心结构。因为思维除理性思维外,还有感性思维(形象思维)和创造性思维的存在。感性思维(形象思维)测量是测量学中的新问题,是著名科学家钱学森提出的"思维科学的突破口",一直缺少深入系统的研究。既然抽象思维有一个核心的逻辑结构存在,那么,同样安家于大脑的感性思维是否也有一个类似的核心结构存在呢?王传旭、邱章乐根据相似论原理,发现感性思维中也有一个相似于逻辑的核心结构存在,并且这个核心结构不比逻辑结构原始和简单。他们认为:

从客观事物对感官的刺激留下印象,到大脑中图像的形成,是思维的最基本的第一个阶段，即感性认识的阶段。完成这一阶段思维活动的，是三个联系在一起的基本的思维结构。它们分别是印象结构、表象结构和图式结构。（见本书第六章）

书中比较了印象结构、表象结构的不同特点：

表象与印象的主要区别在于：印象是对静态的和动态的知觉的再现，表象是对印象的概括和重组。人们还可以从对许多个别事物的知觉中抽取某些共同方面形成一般表象，也可以把印象要素任意组合形成虚构的表象。表象是对印象的重组和加工，接近于理性认识，在感性认识上升到理性认识的过程中有重要作用，但它还没有超出感性认识的界限，仍是感性的具体形象。

表象不但具有印象记忆功能，而且具有对应表达的功能，尤其是使用语言表达事物现象的功能。人总有把所看到的、听到的和接触到事物现象进行交流愿望，为了交流而逐渐产生了语言与其他表象思维方式，并随交流增多，语言与其他表象方式也丰富多彩起来。各民族用各自语言文字表象，因此语言文字是思想外壳，各民族间语言文字对话交流需通过一一对应翻译，以获得信息或思想。（见本书第六章）

在传统哲学、心理学研究的种种理论的基础上，本书提出现代图式理论：

印象结构接受外界信息并将其转化为内在信号，表象结构将印象结构送来的信号进行处理（或同化，或顺应），经结构处理过的信号，就被编码成了模式块或数据集，送入表象结构存储。人的一生要学习和掌握大量的知识，这些知识并不是杂乱无章地贮存在人的大脑中的，而是围绕某一主题相互联系起来形成一定的知识单元，这种围绕某一个主题组织起来的知识的表征和贮存单元就是图式。

图式实际上是一种关于知识的认知模式。图式理论研究的就是知识是怎样表征出来的，以及关于这种对于知识的表征如何以其特有的方式有利于知识的应用的理论。图式结构就像一个巨大的存储器，能够随时将存储的数据或模块调出，从而在脑中再现客观事物的形象。需要指出的是：印象结构、表象结构和图式结构可能是浑然一体的，并不能分开。（见本书第六章）

图式结构就是感性思维的核心结构。尽管感性思维的图式结构还没有像逻辑结构那样被人们广泛地接受，但是他们相信，感性思维的图式结构与逻辑思维的逻辑结构一样，是人的思维的核心结构。这个重大发现，不仅扩大了思维测量领域，也使原本以概念、判断、推理为单一体系的思维结构发生颠覆，促使我们重新审视两千年前由苏格拉底、柏拉图、亚里士多德的学说，精心构建印象结构、表象结构和图式结构这一崭新思维体系，并演示了这一斑斓如斯的测验命题。

两位教授用大篇幅论述了图式命题的前期尝试。

无论何种图式命题，都是从原始图像出发，经过一系列过程，获得对图像的一个新的描述。图像分析的目的是对图像本身或者图像中的内容做出一个判断或者测量。图式作业命题对应的是感性思维，是人类视觉得到的图像中获得关于世界的符号化描述，图式命题系统必须要建立现实世界的模型，然后才能实现感性思维的对象。

书中第六章展示了部分 W-QIUS 图式测验。W-QIUS 图式测验是作者于 1999-2007 年设计的作业技术与投射技术相结合的新型量表，该量表对传统的作业技术与投射技术作了重要改造，除对传统单一的静态图形进行改造外，还改造并设计出动态作业 - 投射测验，从多方面尝试构建崭新的作业 - 投射模式。QIUS 图式测验试图解决人们长期来对感性测验的困惑，其基本假设是：①人们对于外界刺激的反应都是有原因且可以预测的，而且个人本身的感性思维对当时的知觉与反应的性质和方向，都起了很大的作用。②感性思维和其他一些心理结构大部分处于无意识中，个人无法凭其意识说明自己，当他面对一种不明的刺激情境时，可以使隐匿在思维中的能力"泄露"出来，即把一个反映他的图式结构特点反射到刺激上。③感性思维与相关刺激强度成反比关系，相同指数的获取，刺激强度越弱，心理强度越大。这为指派数字提供了一个科学法则。

W-QIUS 图式测验有 200 余幅图片，十五个单元，构成了 W-QIUS 图式训练和测验（另由人民出版社出版）。测验是多元性的，既有静态的，也有动态的；既有单个的，也有系列的，既有抽象的，也有形象的。整个 QIUS 图式测验是测试感性思维的，但为了弱化或隐蔽该目标，另外增加一些其他功能的图片。如设计从相反的方向去观察一些奇怪现象的画面，目的是测试思维固着或灵活度的。这类倾向于认知的测验，对个性中的缄默孤独、审慎幻想、冒险敢为、坦白直率等品性具有较大关联。这与传统投射测验有明显区别：①力图在刺激图的变化上形成一个渐进变化的等距连续统，从而为解决投射测验无法建立效标的问题打下基础；②测验材料从单个看似乎与传统投射测验一样，没有明确的结构和固定意义，但以整体系列分析，却有其明确指向和意义；③受测者有广泛自由的反应方式，可作多种反应，却有客观与谬误之分；④受测者不知道测试的目的，但测验本身却内含有主题；⑤借助三维动画技术，一改投射测验呆板晦涩难懂的图式；⑥遵循测量学的原则，致力于建立客观化的评分标准，并有初步的信度、效度的研究。

## 四

本书的最大特点是命题技术的开发与研究。

全书十六章 58 节，其中有 30 节是直接研究命题技术的。除传统命题技术外，作者创新开拓的命题技术达 12 大类，林林总总 48 小类，给人耳目一新的感觉。除我在上面介绍的图式命题外，他们在创造性思维命题上更显示了非凡的创造才能，我们从本书里看到的 W-QIUS 虚拟情境命题、W-QIUS 多元性思维命题、W-QIUS 求异性思维命题、W-QIUS 信息加工命题、W-QIUS 投射命题等方面的技术，基本都是作者原创。

对创造性思维命题，有一种声音是消极的。他们认为，能进行这种命题的人，必须是发明家、创造家、思辨家，否则就不可能设计出创造性思维命题。他们认为未必。因为他们可以"借势"。

首先，他们借助了历史名人和传统文化。主要是借具有创造性思维的名人的脑子来开展命题。对在本书的命题设计上，我们看到文明社会最有影响的名人：苏格拉底、柏拉图、亚里士多德、休谟、黑格尔……此外，他们还借助传统文化和著名历史事件来开发命题资源：儒学、道学、佛学、兵家等各种智慧的理念，众彩缤纷，让人目不暇接。这无疑是史学上的亮点，同样也是创造性思维的亮点。正如作者所言，人的思想并不是凭空产生的，每个人都是站在巨人的肩膀上才走得更高的。没有黑暗时代的经院哲学，可能就不会有作为西方哲学里程碑的休谟，没有休谟就不会产生康德，没有康德，黑格尔的辩证法就无从说起，没有对黑格尔辩证法的扬弃，马克思就不可能提出辩证唯物主义……今人看到的名人智慧不仅仅是一个个亮点，而是一条延绵的长河。他们在这些历史文化的思维宝库里淘宝，总结了 60 种求异思维方式，为创造性思维命题开辟了一条通道。

其次，他们借助了现代信息技术。他们设置的虚拟情境测验，既可以在 Web 中创建出一个可视的三维环境，如各类卡通动画，演义现实情节，创设问题情境，也可以利用网络虚拟实验室实现多媒体计算机技术、网络技术与仪器技术的结合。虚拟仪器技术与认知模拟方法的结合也赋予虚拟情境的智能化特征，被试可以自由地、无顾虑地进入虚拟情境中扮演虚拟角色，进行各种测验。它不仅能够使测验的空间无限扩展（可用于远程测验），更加重要的是可以增加命题的真实性，使被试产生"身临其境"的体验，甚至和异地的被试进行同步对比测验。

最后，他们借助了传统测验技术，将其改造成新的测量工具。例如，他们在对罗夏测题的改造中加进思维命题的各种命题技术，包括分形命题技术、演练式命题技术、潜变式命题技术、反色命题技术、旋转命题技术等，设计了由感性思维到创造性思维的过度程序，进行链接性命题尝试。当然，他们也继承了罗夏测验的基本功能，让被试有广泛自由的反应方式，可作多种反应，这将迅速唤醒被试大脑中独具创造性的思维空间，激发大脑全部思维（包括左脑和右脑），达到钱学森再三强调的"综合思维"，使右脑积极地与左脑联系在一起，实现训练和测量的双重目的。

## 五

本书在测量技术方面也有重大突破。

首先是构建了新的数学模型。我们知道，思维测量实质上是对行为样组的标准化测量，是一种系统程序。当今测量学界最有影响的三大理论是经典测量理论（Classical Test theory，CTT）、概化理论（Generalizability Theory，GT）和项目反应理论（Item Response theory，IRT），三大理论的核心部分是数学模型，它们是基于不同的假设提出的。经典测量理论和概化理论采用的是线性的定性模型；项目反应理论采用的是非线性的概率模型。尽管如此，三种理论仍有许多相同及相互联系的地方，经典理论中的项目统计量与项目反应理论中的项目参数有着很高的相关性，只是项目统计量依赖于被试团体，不具普遍性；而项目参数与被试原体无关，项目参数具有不变性，这可使各个被试团体所得到的项目参数具有可比性。参数不变对提高测量的质量、对于测验的编制和实施适应性测验都是非常重要的。因此，作者在构建思维测量新体系时，充分考虑并推介了概化理论和项目反应理论。林崇德教授认为他们的这些技术实验是很有特色的。传统的研究是在同一个假设框架内进行的：如果变量b依赖于变量a，那么这两个变量之间关系的性质可以用实验来确定。而他们认为实验不只是揭示变量之间的线性函数关系，而是强调非线性动力学对心理学研究的意义。非线性动力学改变了心理学长期赖以生存的实证主义哲学基础和信奉的决定论的思想。在非线性系统中存在一种并非由外界随机因素所驱动的而是系统自身所固有的随机行为，因此任何一个演化、开放和复杂的对象，都不能用决定性的简单模式来反映。作者对项目反应理论作了深入探讨，对传统测量技术提出挑战。这些研究为思维测量构建了新的数学模型。

其次是计算机算法式创作的运用。例如"分形开拓图形"是将一种新几何学知识结构体系运用于图式命题过程中，在分形图形生成和变化的过程中，我们看到图形内部任何一个相对独立的分形元，在一定程度是都是整体的再现或是相对缩影，人们可以通过认识局部来认识整体。其最大的特点在于它能超越人的想象，打破人的思维定势，并为图式投射命题提供新的素材来源。W-QIUS分形开拓投射测验是王传旭、邱章乐独立开发的一种感性思维测验，作为一种新的数码创作方式，它是设计与创造在数学与思维命题这一交集中的延伸。这种富有美感和科学内涵的新型图形，在创造视觉领域新空间、促进多门学科的交叉发展以及思维测量等实际应用上，为我们提出了许多需要进一步研究的新课题。

再次是现代思维题库的建设。这是思维测量在操作层面上的突破。本书根据 IRT 理论，设计出计算机适应性测验（Computerized Adaptive Testing，CAT）的一些切实有效的方案。作者认为计算机网络发展的基本方向将对传统测量技术提出挑战，对构建思维测量新体系产生深远的影响。为此，他们决定在网络环境下建立现代思维题库。建立思维题库是一个复杂的系统工程，它是严格遵循测量理论，在精确的数学模型基础上建立起来测量工具。尤其对于网络题库来说，它就更为复杂，不仅要考虑到建立系统的数学模型，确定思维命题的属性指标以及思维命题的组成结构，还要考虑到题库的开放性和保密性，不仅要考虑到思维题库自身的系统性和操作性，还要考虑与标准化测验接轨的问题及网络的管理问题。为了保证思维命题的科学性和有效性，还要组织大量的被试样本，进行抽样测试，对思维命题参数的有效性进行校正，一个相对完整的基于现代测量理论的题库系统，需要成千上万道试题，编写和测试这些试题的工作量是无比巨大的，是一般单位所不能承担的，应在国家有关项目的支持下进行。但是两位教授没花国家一分钱，用20余年时间，以精卫填海的精神建立起有一定规模的思维题库，可谓"上穷碧落下黄泉"，用心良苦。也正因为如此，受人力与科研条件的限制，书中也留下让后人继续探索并耕耘的空间。

总之，本书是一部内容翔实、体系完整的、原创性的学术著作，为思维科学基础理论和应用理论的研究开拓了新的领域与途径，全书理论体系给人耳目一新的感觉。相信本书的出版，为日新月异的思维科学研究提供有效测量工具，为正在陷入迷茫的心理测验梳理出清晰的路径，为我国各级各类的人才选拔考试、特别是"高考"提供多元命题方法，为层出不穷的信息技术创新展现更广阔的领域，为人类社会的发展进步更好地发挥思维与智慧的作用！

于顺耕山下
二〇一〇年三月十五日